大学赤本シリーズ

44

東京大学

文 科

文科一類・文科二類・文科三類

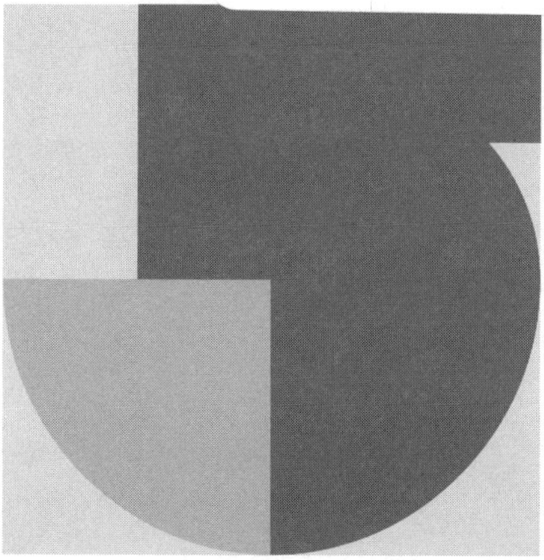

教学社

は　し　が　き

おかげさまで，大学入試の「赤本」は，今年で創刊 70 周年を迎えました。

これまで，入試問題や資料をご提供いただいた大学関係者各位，掲載許可をいただいた著作権者の皆様，各科目の解答や対策の執筆にあたられた先生方，そして，赤本を使用してくださったすべての読者の皆様に，厚く御礼を申し上げます。

以下に，創刊初期の「赤本」のはしがきを引用します。これからも引き続き，受験生の目標の達成や，夢の実現を応援してまいります。

本書を活用して，入試本番では持てる力を存分に発揮されることを心より願っています。

編者しるす

＊　＊　＊

学問の塔にあこがれのまなざしをもって，それぞれの志望する大学の門をたたかんとしている受験生諸君！　人間として生まれてきた私たちは，自己の欲するままに，美しく，強く，そして何よりも人間らしく生きることをねがっている。しかし，一朝一夕にして，この純粋なのぞみが達せられることはない。私たちの行く手には，絶えずさまざまな試練がまちかまえている。この試練を克服していくところに，私たちのねがう真に人間的な世界がはじめて開かれてくるのである。

人生最初の最大の試練として，諸君の眼前に大学入試がある。この大学入試は，精神的にも身体的にも，大きな苦痛を感ぜしめるであろう。あるスポーツに熟達するには，たゆみなき，はげしい練習を積み重ねることが必要であるように，私たちは，計画的・持続的な努力を払うことによって，この試練を克服し，次の一歩を踏みだすことができる。厳しい試練を経たのちに，はじめて満足すべき成果を獲得できるのである。

本書は最近の入学試験の問題に，それぞれ解答を付し，さらに問題をふかく分析することによって，その大学独特の傾向や対策をさぐろうとした。本書を一般の参考書とあわせて使用し，まとはずれのない，効果的な受験勉強をされるよう期待したい。

（昭和 35 年版「赤本」はしがきより）

挑む人の、いちばんの味方

赤本創刊70周年

1954 年に大学入試の過去問題集を刊行してから 70 年。赤本は大学に入りたいと思う受験生を応援しつづけてきました。これからも，苦しいとき落ち込むときにそばで支える存在でいたいと思います。

そして，勉強をすること，自分で道を決めること，努力が実ること，これらの喜びを読者の皆さんが感じることができるよう，伴走をつづけます。

そもそも赤本とは…

受験生のための大学入試の過去問題集！

70年の歴史を誇る赤本は，500点を超える刊行点数で全都道府県の370大学以上を網羅しており，過去問の代名詞として受験生の必須アイテムとなっています。

…………　なぜ受験に過去問が必要なのか？　…………

大学入試は大学によって問題形式や頻出分野が大きく異なるからです。

赤本の掲載内容

傾向と対策

これまでの出題内容から，問題の「**傾向**」を分析し，来年度の入試に向けて具体的な「**対策**」の方法を紹介しています。

問題編・解答編

- 年度ごとに問題とその解答を掲載しています。
- 「**問題編**」ではその年度の試験概要を確認したうえで，実際に出題された過去問に取り組むことができます。
- 「**解答編**」には高校・予備校の先生方による解答が載っています。

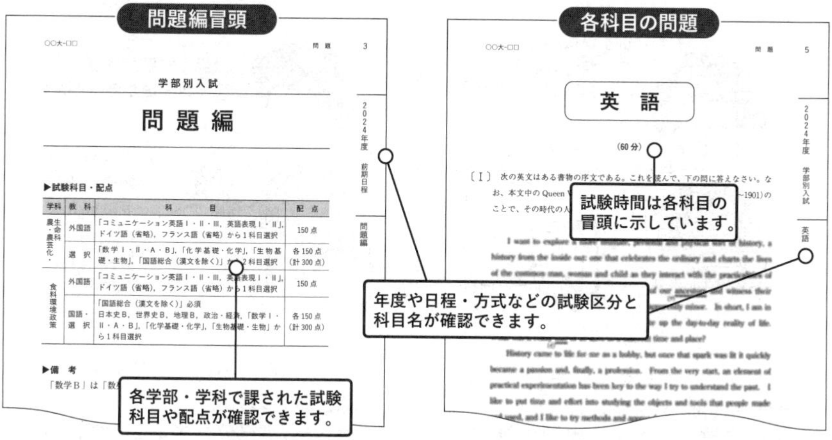

他にも，大学の基本情報や，先輩受験生の合格体験記，在学生からのメッセージなどが載っていることがあります。

掲載内容について

著作権上の理由やその他編集上の都合により問題や解答の一部を割愛している場合があります。
なお，指定校推薦入試，社会人入試，編入学試験，帰国生入試などの特別入試，英語以外の外国語科目，商業・工業科目は，原則として掲載しておりません。また試験科目は変更される場合がありますので，あらかじめご了承ください。

受験勉強は

過去問に始まり，

STEP 1

なにはともあれ

まずは解いてみる

しずかに…
今，自分の心と
向き合ってるんだから
ムーン
それは
問題を解いて
からだホン!

過去問は，**できるだけ早いうちに解く**のがオススメ！
実際に解くことで，**出題の傾向，問題のレベル，今の自分の実力**がつかめます。

STEP 2

じっくり具体的に

弱点を分析する

分析の結果だけど
英・数・国が苦手みたい
スリー
必須科目だホン
頑張るホン

間違いは自分の弱点を教えてくれる**貴重な情報源**。
弱点から自己分析することで，**今の自分に足りない力や苦手な分野**が見えてくるはず！

合格者があかす 赤本の使い方

傾向と対策を熟読
（Fさん／国立大合格）

大学の出題傾向を調べるために，赤本に載っている「傾向と対策」を熟読しました。

繰り返し解く
（Tさん／国立大合格）

1周目は問題のレベル確認，2周目は苦手や頻出分野の確認に，3周目は合格点を目指して，と過去問は繰り返し解くことが大切です。

赤本の使い方 解説

過去問に終わる。

STEP 3

志望校にあわせて

苦手分野の重点対策

明日からはみんなで頑張るよ！
参考書も！ 問題集も！
よろしくね！
呼んだ？
なにを!?
どこから!?
グッ
グッ

参考書や問題集を活用して，苦手分野の**重点対策**をしていきます。**過去問を指針**に，合格へ向けた具体的な学習計画を立てましょう！

STEP 1 ▶ 2 ▶ 3

サイクルが大事!

実践を繰り返す

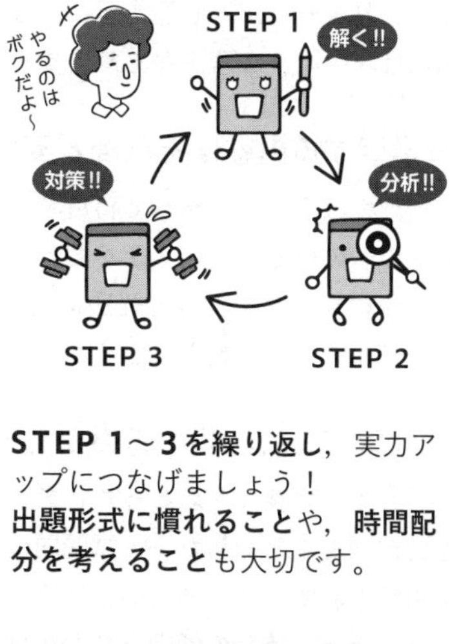
やるのはボクだよ〜
STEP 1
解く!!
分析!!
STEP 2
対策!!
STEP 3

STEP 1〜3を繰り返し，実力アップにつなげましょう！
出題形式に慣れることや，**時間配分を考えること**も大切です。

目標点を決める
(Yさん／私立大合格)
赤本によっては合格者最低点が載っているので，それを見て目標点を決めるのもよいです。

時間配分を確認
(Kさん／私立大学合格)
赤本は時間配分や解く順番を決めるために使いました。

添削してもらう
(Sさん／私立大学合格)
記述式の問題は先生に添削してもらうことで自分の弱点に気づけると思います。

新課程入試 Q&A

2022年度から新しい学習指導要領（新課程）での授業が始まり，2025年度の入試は，新課程に基づいて行われる最初の入試となります。ここでは，赤本での新課程入試の対策について，よくある疑問にお答えします。

Q1. 赤本は新課程入試の対策に使えますか？

A. もちろん使えます！

旧課程入試の過去問が新課程入試の対策に役に立つのか疑問に思う人もいるかもしれませんが，心配することはありません。旧課程入試の過去問が役立つのには次のような理由があります。

● 学習する内容はそれほど変わらない

新課程は旧課程と比べて科目名を中心とした変更はありますが，学習する内容そのものはそれほど大きく変わっていません。また，多くの大学で，既卒生が不利にならないよう「経過措置」がとられます（Q３参照）。したがって，出題内容が大きく変更されることは少ないとみられます。

● 大学ごとに出題の特徴がある

これまでに課程が変わったときも，各大学の出題の特徴は大きく変わらないことがほとんどでした。入試問題は各大学のアドミッション・ポリシーに沿って出題されており，過去問にはその特徴がよく表れています。過去問を研究してその大学に特有の傾向をつかめば，最適な対策をとることができます。

出題の特徴の例	・英作文問題の出題の有無 ・論述問題の出題（字数制限の有無や長さ） ・計算過程の記述の有無

新課程入試の対策も，赤本で過去問に取り組むところから始めましょう。

Q2. 赤本を使う上での注意点はありますか？

A. 志望大学の入試科目を確認しましょう。

過去問を解く前に，過去の出題科目（問題編冒頭の表）と 2025 年度の募集要項とを比べて，課される内容に変更がないかを確認しましょう。ポイントは以下のとおりです。科目名が変わっていても，実際は旧課程の内容とほとんど同様のものもあります。

英語・国語	科目名は変更されているが，実質的には変更なし。 ▶▶ **ただし，リスニングや古文・漢文の有無は要確認。**
地歴	科目名が変更され，「歴史総合」「地理総合」が新設。 ▶▶ **新設科目の有無に注意。ただし，「経過措置」(Q3参照)により内容は大きく変わらないことも多い。**
公民	「現代社会」が廃止され，「公共」が新設。 ▶▶ **「公共」は実質的には「現代社会」と大きく変わらない。**
数学	科目が再編され，「数学 C」が新設。 ▶▶ **「数学」全体としての内容は大きく変わらないが，出題科目と単元の変更に注意。**
理科	科目名も学習内容も大きな変更なし。

数学については，科目名だけでなく，どの単元が含まれているかも確認が必要です。例えば，出題科目が次のように変わったとします。

旧課程	「数学Ⅰ・数学Ⅱ・数学 A・数学 B（数列・ベクトル）」
新課程	「数学Ⅰ・数学Ⅱ・数学 A・**数学 B（数列）・数学 C（ベクトル）**」

この場合，新課程では「数学C」が増えていますが，単元は「ベクトル」のみのため，実質的には旧課程とほぼ同じであり，過去問をそのまま役立てることができます。

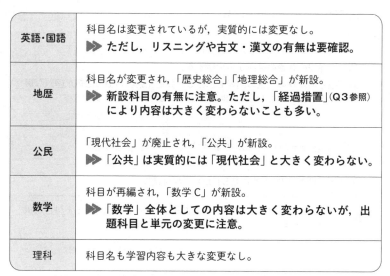

Q3. 「経過措置」とは何ですか?

A. 既卒の旧課程履修者への対応です。

多くの大学では，既卒の旧課程履修者が不利にならないように，出題において「経過措置」が実施されます。措置の有無や内容は大学によって異なるので，募集要項や大学のウェブサイトなどで確認しておきましょう。

◯旧課程履修者への経過措置の例

- 旧課程履修者にも配慮した出題を行う。
- 新・旧課程の共通の範囲から出題する。
- 新課程と旧課程の共通の内容を出題し，共通範囲のみでの出題が困難な場合は，旧課程の範囲からの問題を用意し，選択解答とする。

例えば，地歴の出題科目が次のように変わったとします。

旧課程	「日本史 B」「世界史 B」から１科目選択
新課程	「**歴史総合**，日本史探究」「**歴史総合**，世界史探究」から１科目選択※ ※旧課程履修者に不利益が生じることのないように配慮する。

「歴史総合」は新課程で新設された科目で，旧課程履修者には見慣れないものですが，上記のような経過措置がとられた場合，新課程入試でも旧課程と同様の学習内容で受験することができます。

要チェックだホン

新課程の情報は WEB もチェック！
より詳しい解説が赤本ウェブサイトで見られます。
https://akahon.net/shinkatei/

科目名が変更される教科・科目

	旧課程	新課程
国語	国語総合 国語表現 現代文A 現代文B 古典A 古典B	現代の国語 言語文化 論理国語 文学国語 国語表現 古典探究
地歴	日本史A 日本史B 世界史A 世界史B 地理A 地理B	歴史総合 日本史探究 世界史探究 地理総合 地理探究
公民	現代社会 倫理 政治・経済	公共 倫理 政治・経済
数学	数学Ⅰ 数学Ⅱ 数学Ⅲ 数学A 数学B 数学活用	数学Ⅰ 数学Ⅱ 数学Ⅲ 数学A 数学B 数学C
外国語	コミュニケーション英語基礎 コミュニケーション英語Ⅰ コミュニケーション英語Ⅱ コミュニケーション英語Ⅲ 英語表現Ⅰ 英語表現Ⅱ 英語会話	英語コミュニケーションⅠ 英語コミュニケーションⅡ 英語コミュニケーションⅢ 論理・表現Ⅰ 論理・表現Ⅱ 論理・表現Ⅲ
情報	社会と情報 情報の科学	情報Ⅰ 情報Ⅱ

目　次

解答編

※問題編は別冊

英語リスニング問題の音声を専用サイトにて配信しています（配信期間：2025 年 3 月末まで）。詳しくは，別冊問題編の目次をご覧ください。

掲載内容についてのお断り

著作権の都合上，下記の内容を省略しています。

2023 年度：「英語」大問 3 （リスニング）問題(C)のスクリプト（放送内容）・全訳

2022 年度：「英語」大問 3 （リスニング）問題(A)のスクリプト（放送内容）・全訳

2020 年度：「英語」大問 3 （リスニング）問題(A)・(B)のスクリプト（放送内容）・全訳

下記の問題に使用されている著作物は，2024 年 4 月 17 日に著作権法第 67 条の 2 第 1 項の規定に基づく申請を行い，同条同項の規定の適用を受けて掲載・収録しているものです。

2024 年度：「英語」大問 2(B) 「世界史」大問 1
2022 年度：「英語」大問 3(C)
2020 年度：「日本史」大問 4(1)・(2) 「世界史」大問 1 の史料A・B・C
2019 年度：「英語」大問 2(B)
2018 年度：「英語」大問 2(A)・(B)，大問 3(A)・(B)・(C)

UNIVERSITY GUIDE

大学情報

基本情報

沿革

1877（明治 10）	東京大学創設（東京開成学校と東京医学校を合併，旧東京開成学校を改組し法・理・文の 3 学部，旧東京医学校を改組し医学部を設置，東京大学予備門を付属）
1886（明治 19）	工部大学校を統合して帝国大学に改組（法・医・工・文・理の 5 分科大学を設置）
1890（明治 23）	東京農林学校を統合して農科大学を設置
1897（明治 30）	京都帝国大学の創設に伴い，帝国大学を東京帝国大学と改称
1919（大正　8）	分科大学を廃し学部を置く（帝国大学令改正）。法・医・工・文・理・農の各学部のほか経済学部を設置
	✏1925（大正 14）　大講堂（安田講堂）落成
1947（昭和 22）	東京帝国大学を東京大学と改称（帝国大学令等改正）
1949（昭和 24）	国立学校設置法公布。新制東京大学創設（教養学部・教育学部が新設され，法・医・工・文・理・農・経済・教養・教育の 9 学部設置）

1958（昭和33）	薬学部を設置
2004（平成16）	国立大学法人化により国立大学法人東京大学となる

東京大学の進学選択制度

東京大学では，すべての学生が，教養学部前期課程の6科類に分かれて入学し，教養学部前期課程（駒場キャンパス）で最初の2年間を送る。学生は2年間の前期課程の後，後期課程へ進学する。

一般選抜による入学者は，前期課程で得た広範な分野の知見と学びの基礎力をもとに，後期課程における自分の進むべき専門分野の学部・学科等を主体的に選択する。前期課程各科類から後期課程各学部への進学先はおよそ下表のようなものである。また，各学部には指定科類以外のどの科類からもそれぞれ一定数の進学が可能な「全科類枠」もある。例えば，理科各類から経済学部や文学部に進学することも可能。

学校推薦型選抜による入学者は，入学後は教養学部前期課程の6つの科類のうちいずれかに所属することになるが，前期課程修了後は出願時に志望した学部等へ進学する。

●教養学部前期課程からの主な進学先

前期課程科類（1～2年）	主な後期課程学部（3～4年）*
文科一類	法学部，教養学部
文科二類	経済学部，教養学部
文科三類	文学部，教育学部，教養学部
理科一類	工学部，理学部，薬学部，農学部（応用生命科学課程，環境資源科学課程），医学部（健康総合科学科），教養学部
理科二類	農学部，薬学部，理学部，工学部，医学部，教養学部
理科三類	医学部（医学科）

＊農学部獣医学課程，薬学部薬学科及び医学部医学科は3～6年。

学部・学科の構成

大　学

後期課程　（本郷キャンパス）

※教養学部は後期課程も駒場キャンパスで講義が行われる。

※理学部数学科は駒場キャンパスで講義が行われる。

●法学部

第１類（法学総合コース）

第２類（法律プロフェッション・コース）

第３類（政治コース）

●経済学部

経済学科

経営学科

金融学科

●文学部

人文学科〔専修課程：哲学／中国思想文化学／インド哲学仏教学／倫理学／宗教学宗教史学／美学芸術学／イスラム学／日本史学／東洋史学／西洋史学／考古学／美術史学／言語学／日本語日本文学（国語学）／日本語日本文学（国文学）／中国語中国文学／インド語インド文学／英語英米文学／ドイツ語ドイツ文学／フランス語フランス文学／スラヴ語スラヴ文学／南欧語南欧文学／現代文芸論／西洋古典学／心理学／社会心理学／社会学〕

●教育学部

総合教育科学科〔専修（コース）：基礎教育学（基礎教育学）／教育社会科学（比較教育社会学，教育実践・政策学）／心身発達科学（教育心理学，身体教育学）〕

●教養学部

教養学科〔分科（コース）：超域文化科学（文化人類学，表象文化論，比較文学比較芸術，現代思想，学際日本文化論，学際言語科学，言語態・テクスト文化論）／地域文化研究（イギリス研究，フランス研究，ドイツ研究，ロシア東欧研究，イタリア地中海研究，北アメリカ研究，ラテンアメリカ研究，アジア・日本研究，韓国朝鮮研究）／総合社会科学（相関社会科学，国際関係論）

学際科学科〔コース：科学技術論／地理・空間／総合情報学／広域システム／サブプログラム：科学技術論，地理・空間，総合情報学，広域システム，進化学〕

統合自然科学科〔コース：数理自然科学／物質基礎科学／統合生命科学／認知行動科学／スポーツ科学〕

PEAK（Programs in English at Komaba）*〔コース：国際日本研究，国際環境学〕

＊英語による授業のみで学位取得が可能なプログラム。

●**工学部**

社会基盤学科〔コース：設計・技術戦略／政策・計画／国際プロジェクト〕

建築学科

都市工学科〔コース：都市環境工学／都市計画〕

機械工学科

機械情報工学科

航空宇宙工学科〔コース：航空宇宙システム／航空宇宙推進〕

精密工学科

電子情報工学科

電気電子工学科

物理工学科

計数工学科〔コース：数理情報工学／システム情報工学〕

マテリアル工学科〔コース：バイオマテリアル／環境・基盤マテリアル／ナノ・機能マテリアル〕

応用化学科

化学システム工学科

化学生命工学科

システム創成学科〔コース：環境・エネルギーシステム／システムデザイン＆マネジメント／知能社会システム〕

●理学部

数学科

情報科学科

物理学科

天文学科

地球惑星物理学科

地球惑星環境学科

化学科

生物化学科

生物学科

生物情報科学科

●農学部

応用生命科学課程〔専修：生命化学・工学／応用生物学／森林生物科学／水圏生物科学／動物生命システム科学／生物素材化学〕

環境資源科学課程〔専修：緑地環境学／森林環境資源科学／木質構造科学／生物・環境工学／農業・資源経済学／フィールド科学／国際開発農学〕

獣医学課程（3～6年）〔専修：獣医学〕

●薬学部

薬科学科

薬学科（3～6年）

●医学部

医学科（3～6年）

健康総合科学科〔専修：環境生命科学／公共健康科学／看護科学〕

大学院

法学政治学研究科 / 公共政策学教育部 / 経済学研究科 / 人文社会系研究科 / 教育学研究科 / 総合文化研究科 / 学際情報学府 / 新領域創成科学研究科 / 工学系研究科 / 情報理工学系研究科 / 理学系研究科 / 数理科学研究科 / 農学生命科学研究科 / 薬学系研究科 / 医学系研究科

（注）学部・学科ならびに大学院の情報は，2024年4月時点のものです。

大学所在地

本郷キャンパス

駒場キャンパス

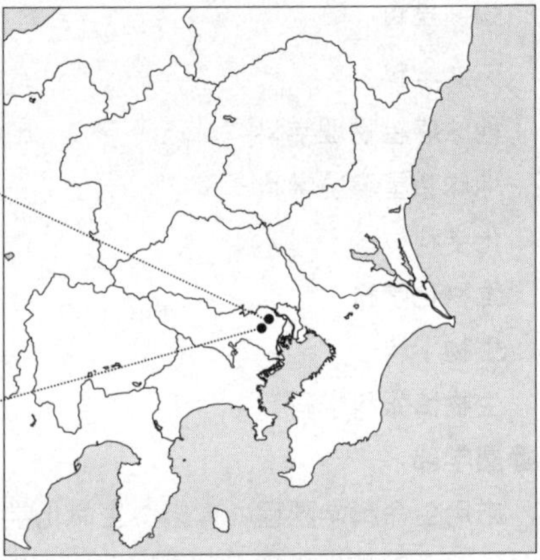

本郷キャンパス　〒 113-8654　東京都文京区本郷 7 丁目 3 番 1 号
駒場キャンパス　〒 153-8902　東京都目黒区駒場 3 丁目 8 番 1 号

東京大学アドミッション・ポリシー

東京大学の使命と教育理念

1877 年に創立された我が国最初の国立大学である東京大学は，国内外の様々な分野で指導的役割を果たしうる「世界的視野をもった市民的エリート」（東京大学憲章）を育成することが，社会から負託された自らの使命であると考えています。このような使命のもとで本学が目指すのは，自国の歴史や文化に深い理解を示すとともに，国際的な広い視野を持ち，高度な専門知識を基盤に，問題を発見し，解決する意欲と能力を備え，市民としての公共的な責任を引き受けながら，強靭な開拓者精神を発揮して，自ら考え，行動できる人材の育成です。

そのため，東京大学に入学する学生は，健全な倫理観と責任感，主体性と行動力を持っていることが期待され，前期課程における教養教育（リベラル・アーツ教育）から可能な限り多くを学び，広範で深い教養とさらに豊かな人間性を培うことが要求されます。この教養教育において，どの専門分野でも必要とされる基礎的な知識と学術的な方法が身につくとともに，自分の進むべき専門分野が何であるのかを見極める力が養われるはずです。本学のカリキュラムは，このように幅広く分厚い教養教育を基盤とし，その基盤と有機的に結びついた各学部・学科での多様な専門教育へと展開されており，そのいずれもが大学院や研究所などで行われている世界最先端の研究へとつながっています。

期待する学生像

東京大学は，このような教育理念に共鳴し，強い意欲を持って学ぼうとする志の高い皆さんを，日本のみならず世界の各地から積極的に受け入れたいと考えています。東京大学が求めているのは，本学の教育研究環境を積極的に最大限活用して，自ら主体的に学び，各分野で創造的役割を果たす人間へと成長していこうとする意志を持った学生です。何よりもまず大切なのは，上に述べたような本学の使命や教育理念への共感と，本学における学びに対する旺盛な興味や関心，そして，その学びを通じた人間的成長への強い意欲です。そうした意味で，入学試験の得点だけを意識した，視野の狭い受験勉強のみに意を注ぐ人よりも，学校の授業の内外で，自らの興味・関心を生かして幅広く学び，その過程で見出されるに違いない諸問題を関連づける広い視野，あるいは自らの問題意識を掘り下げて追究するための深い洞察力を真剣に獲得しようとする人を東京大学は歓迎します。

入学試験の基本方針

したがって，東京大学の入試問題は，どの問題であれ，高等学校できちんと学び，身につけた力をもってすれば，決してハードルの高いものではありません。期待する学生を選抜するために実施される本学の学部入学試験は，以下の三つの基本方針に支えられています。

第一に，試験問題の内容は，高等学校教育段階において達成を目指すものと軌を一にしています。

第二に，入学後の教養教育に十分に対応できる資質として，文系・理系にとらわれず幅広く学習し，国際的な広い視野と外国語によるコミュニケーション能力を備えていることを重視します。そのため，文科各類の受験者にも理系の基礎知識や能力を求め，理科各類の受験者にも文系の基礎知識や能力を求めるほか，いずれの科類の受験者についても，外国語の基礎的な能力を要求します。

第三に，知識を詰めこむことよりも，持っている知識を関連づけて解を導く能力の高さを重視します。

東京大学は，志望する皆さんが以上のことを念頭に，高等学校までの教育からできるだけ多くのことを，できるだけ深く学ぶよう期待します。

『令和 6 年度 東京大学入学者募集要項』より。

入試データ

入試状況（志願者数・競争率など）

○競争率は受験者数÷合格者数で算出。
○各年度とも追加合格はない。
○外国学校卒業学生特別選考を除く。
○2024 年度文科一・二類，2023 年度文科三類，2021 年度文科二類では第 1 段階選抜は実施されていない。

区　分			募集人員	志　願　者　数		受験者数	合格者数	競争率
				第 2 次試験出願時	第 1 段階選抜合格者数			
2024	前期日程	文科一類	401	1,143	―	1,111	402	2.8
		文科二類	353	1,050	―	1,025	355	2.9
		文科三類	469	1,521	1,408	1,396	471	3.0
		理科一類	1,108	3,084	2,776	2,735	1,119	2.4
		理科二類	532	2,218	1,863	1,844	548	3.4
		理科三類	97	416	291	286	98	2.9
2023	前期日程	文科一類	401	1,237	1,203	1,188	406	2.9
		文科二類	353	1,101	1,059	1,044	358	2.9
		文科三類	469	1,416	―	1,392	471	3.0
		理科一類	1,108	2,838	2,770	2,730	1,118	2.4
		理科二類	532	2,294	1,866	1,845	547	3.4
		理科三類	97	420	291	288	97	3.0
2022	前期日程	文科一類	401	1,285	1,203	1,187	405	2.9
		文科二類	353	1,090	1,059	1,039	357	2.9
		文科三類	469	1,498	1,407	1,391	469	3.0
		理科一類	1,108	2,978	2,772	2,734	1,121	2.4
		理科二類	532	2,235	1,869	1,849	547	3.4
		理科三類	97	421	340	326	97	3.4

（表つづく）

区分			募集人員	志願者数		受験者数	合格者数	競争率
				第2次試験出願時	第1段階選抜合格者数			
2021	前期日程	文科一類	401	1,264	1,203	1,183	403	2.9
		文科二類	353	1,016	—	985	355	2.8
		文科三類	469	1,455	1,407	1,388	469	3.0
		理科一類	1,108	2,989	2,771	2,744	1,122	2.4
		理科二類	532	1,980	1,862	1,833	546	3.4
		理科三類	97	385	342	335	98	3.4
2020	前期日程	文科一類	401	1,409	1,204	1,186	407	2.9
		文科二類	353	1,111	1,060	1,051	361	2.9
		文科三類	469	1,433	1,407	1,400	470	3.0
		理科一類	1,108	2,925	2,770	2,737	1,125	2.4
		理科二類	532	1,968	1,863	1,847	550	3.4
		理科三類	97	413	340	330	97	3.4
2019	前期日程	文科一類	401	1,407	1,204	1,192	404	3.0
		文科二類	353	1,183	1,064	1,059	364	2.9
		文科三類	469	1,492	1,408	1,398	471	3.0
		理科一類	1,108	2,915	2,771	2,748	1,128	2.4
		理科二類	532	2,081	1,874	1,855	554	3.3
		理科三類	97	405	340	331	97	3.4
2018	前期日程	文科一類	401	1,323	1,204	1,175	404	2.9
		文科二類	353	1,201	1,068	1,058	361	2.9
		文科三類	469	1,535	1,407	1,394	472	3.0
		理科一類	1,108	2,992	2,774	2,750	1,130	2.4
		理科二類	532	2,174	1,862	1,846	549	3.4
		理科三類	97	450	389	378	98	3.9

合格者最低点・平均点

○前期日程第2次学力試験の得点は，大学入学共通テスト（2020年度までは大学入試センター試験）の成績（配点110点：900点満点を110点に換算）と第2次学力試験の成績（配点440点）を合算し，550点満点としたもの。

○2024年度文科一・二類，2023年度文科三類，2021年度文科二類（無資格者3名は除く）では第1段階選抜は実施されていない。

年度	日程	科類	第1段階選抜合格者			第2次学力試験合格者		
			満点	最低点	平均点	満点	最低点	平均点
2024	前期日程	文科一類	900	—	—	550	331.0222	357.8879
		文科二類	900	—	—	550	332.2333	357.0024
		文科三類	900	623	742.69	550	331.0889	353.2306
		理科一類	900	703	788.01	550	326.2444	355.5756
		理科二類	900	682	764.53	550	314.1444	338.3614
		理科三類	900	691	803.19	550	380.4778	403.9569
2023	前期日程	文科一類	900	479	725.82	550	343.8889	371.4137
		文科二類	900	454	712.03	550	342.4444	368.8971
		文科三類	900	—	—	550	340.3333	363.8835
		理科一類	900	543	764.91	550	314.9778	345.1978
		理科二類	900	711	749.46	550	312.9778	334.7559
		理科三類	900	640	697.91	550	357.6667	389.2253
2022	前期日程	文科一類	900	520	675.62	550	302.5889	331.5381
		文科二類	900	435	692.31	550	306.1444	329.5061
		文科三類	900	595	697.77	550	305.4111	327.6554
		理科一類	900	630	730.01	550	303.2333	334.3703
		理科二類	900	646	700.02	550	287.3778	312.9709
		理科三類	900	529	659.06	550	347.5111	377.1345
2021	前期日程	文科一類	900	562	743.23	550	334.7778	360.8180
		文科二類	900	—	—	550	337.9222	362.0720
		文科三類	900	600	770.24	550	336.6222	356.8357
		理科一類	900	699	789.12	550	333.2667	360.7410
		理科二類	900	629	764.47	550	314.2333	338.5574
		理科三類	900	534	757.92	550	375.7111	405.5365

（表つづく）

年度	日程	科類	第1段階選抜合格者			第2次学力試験合格者		
			満点	最低点	平均点	満点	最低点	平均点
2020	前期日程	文科一類	900	621	750.22	550	343.9444	374.1542
		文科二類	900	612	763.49	550	337.6111	361.6561
		文科三類	900	575	780.21	550	338.8667	358.6730
		理科一類	900	681	791.72	550	320.7222	352.5810
		理科二類	900	626	770.70	550	313.0222	336.9197
		理科三類	900	611	780.01	550	385.6111	414.1081
2019	前期日程	文科一類	900	628	765.14	550	351.8333	378.7604
		文科二類	900	728	794.58	550	358.0667	379.0783
		文科三類	900	750	798.20	550	342.7222	361.4619
		理科一類	900	698	799.62	550	334.6667	363.2257
		理科二類	900	720	786.59	550	330.3778	353.1962
		理科三類	900	630	801.68	550	385.3778	410.8422
2018	前期日程	文科一類	900	582	756.22	550	354.9778	381.0984
		文科二類	900	703	781.30	550	350.6333	373.0185
		文科三類	900	738	788.77	550	343.5778	364.0315
		理科一類	900	715	802.00	550	319.1889	351.7954
		理科二類	900	717	785.31	550	310.9667	336.2429
		理科三類	900	630	793.45	550	392.3444	418.3943

募集要項（出願書類）の入手方法

東京大学の募集要項は，紙媒体としては発行されません。東京大学ウェブサイトからダウンロードしてください。

入学者選抜等に関する照会先

東京大学　入試事務室
〒113-8654　東京都文京区本郷7丁目3番1号
TEL　03（5841）1222

（注）照会は，志願者本人が行うこと。

東京大学のテレメールによる資料請求方法

スマホ・ケータイから　QRコードからアクセスしガイダンスに従ってご請求ください。
パソコンから　教学社 赤本ウェブサイト(akahon.net)から請求できます。

気になること、聞いてみました！

在学生メッセージ

大学ってどんなところ？ 大学生活ってどんな感じ？
ちょっと気になることを，在学生に聞いてみました。

以下の内容は 2020〜2022 年度入学生のアンケート回答に基づくものです。ここで触れられている内容は今後変更となる場合もありますのでご注意ください。

メッセージを書いてくれた先輩　［文科一類］I.S. さん　K.S. さん　［文科二類］K.H. さん　Y.O. さん
［文科三類］T.S. さん　S.N. さん

大学生になったと実感！

大学では自分で受ける授業を選べるという点が高校と大きく違います。興味・関心がある授業をとることができるのが嬉しいです。私は今のところ経済学部に進学予定ですが，心理学にも興味があったので心理の授業もとりました。また，朝起きられないから１限には授業を入れないなどといった工夫をしている人もいます。（K.H. さん／文科二類）

クラスメイトなど周囲の人が資格の勉強を始めたりセミナーに出席したり，将来に向けて本格的に動き始めているのを目の当たりにしています。好きなように履修を組みアルバイトやサークルに参加するなど，より自由に動けるようになった一方で，進学に必要な単位数や成績などは自分で情報を集めなければならず，完全に自己責任で行動するようになりました。（K.S. さん／文科一類）

大学生活に必要なもの

パソコンは課題やオンライン授業のためにほとんど必須です。また，タブレット端末もあると便利だと思います。私は，後者を持っていなかったため入学にあたって購入しました。使ってみると，ノートをとる作業や，資料を保存しておくのに最適で，使い勝手はかなりいいです。さらにタブレット端末であれば，ノートや教科書を広げて勉強することが難しい電車の中でも手軽に勉強できるのでよいと思われます。（T.S. さん／文科三類）

この授業がおもしろい！

私が受けたオンライン授業の中で一番良かったものは，国内外から幅広くゲスト講師を呼び講義をしてもらう法学の授業です。地理的障壁を撤廃できるオンラインの利点を最大限活かした授業であり，とても面白かったです。（K.S. さん／文科一類）

毎年開講されている「美術論」の授業が特に面白かった。ルネサンス初期からフランス革命前までの時代の西洋絵画の見方のレクチャーを受ける。例年大教室で 300 人近い学生が受講する人気の講義であるが，それゆえに大教室ではスクリーンに映し出される絵画をじっくり鑑賞できないという弊害もあったことかと思う。それがオンライン授業であれば誰もが同様に絵画などの資料を見られるので，よりわかりやすくなったのではないかと感じた。（S.N. さん／文科三類）

大学の学びで困ったこと＆対処法

外国人の先生が担当される語学の授業で，先生がいっさい日本語を話してくれないことです。当然と言えば当然なのですが，それにしても内容がまったく聞き取れないことのストレスといったらありません。対処法の1つとしては，電子辞書を購入することが挙げられます。複数の辞書が1つの機器に収録されているし，紙の辞書よりも手早く検索することが可能です。便利です。（T.S. さん／文科三類）

一番困ったのは勉強の進め方だった。高校までのように教科書やプリントに全てがまとまっているわけではなく，ハンドアウトなどから自分でまとめ直すことが必要であったりした。特に，対面授業がなくてクラスメイトなどから情報がなかなか得られなかったため，どのように勉強をしたらよいか悩むことが多かった。結局，特に難しい授業についてはWordを使ってまとめノートを作成し，それ以外は紙のノートを使ったり，配られたPDFに書き込む形で対応した。（Y.O. さん／文科二類）

いま「これ」を頑張っています

資格試験の勉強をしています。私には大学の勉強よりも面白く，寝食を忘れてのめりこんでいます。おまけに将来の仕事にも直接的に役立つものなので，やらない理由がないです。遊び歩いたり，サークルで過ごすのが性に合わないと感じる人は，周囲に流されることなく将来の自分に投資をしましょう。（T.S. さん／文科三類）

塾のアドバイザーと家庭教師のアルバイトを頑張っています。教育系のアルバイトは，仕事内容自体やりがいがありますし，同じ大学生と一緒に働くのでとても楽しいです。今後，海外旅行に行きたいと思っているので，そのためにお金を貯めています。（I.S. さん／文科一類）

東京大学では意外にも語学の授業が多く難度も高いため，語学の勉強が重要です。好成績をとるため，また将来の可能性を広げるために英語と中国語の勉強に励んでいます。（K.S. さん／文科一類）

部活・サークル活動

バドミントンサークルに所属しています。活動は週 2 ですが友達と暇なときに集まって自主練もしています。ほかにも旅行サークルや文化祭実行委員にも所属しています。どれも和気あいあいとしていて楽しいですよ！（K.H. さん／文科二類）

交友関係は？

私はサークルやバイト先で友達を作りました。特にサークルは何回も行けば自然とみんな仲良くなれて，友達と遊びに行ったりする人もいます。また，クラスの中にパ長（パーティー長の略）という人が存在し，クラス間の交流を企画してくれます。対面は少ないですが，クラス間の交流でクラスメイトとも仲良くなれます。（K.H. さん／文科二類）

おススメ・お気に入りスポット

キャンパスの周りにはいろいろな飲食店があり，昼ご飯には困りません。特に菱田屋という定食屋さんは本当においしいです。量も多く学生にはありがたいです。おすすめは生姜焼き定食です。皆さんもぜひ行ってみてください！（K.H. さん／文科二類）

合格体験記

みごと合格を手にした先輩に，入試突破のためのカギを伺いました。
入試までの限られた時間を有効に活用するために，ぜひ役立ててください。

（注）ここでの内容は，先輩方が受験された当時のものです。2025 年度入試では当てはまらないこともありますのでご注意ください。

・アドバイスをお寄せいただいた先輩・

Message

H.T. さん　文科二類
前期日程 2024 年度合格，山口県出身

合格のポイントは，高校 3 年間コツコツ努力したことです。本番で頼りになるのは，頑張ってきた自分だけです。最後の 1 秒まで諦めないで，全力を尽くしてください！

Message

Y.M. さん　文科三類
前期日程 2023 年度合格，山口県出身

直前まで基礎を固めたことと判定が悪くてもあきらめなかったことが合格のポイントだと思っています。受験生の皆さん，つらい時期もあると思いますが，最後まで走り抜けてください。

T.I. さん 文科二類
前期日程 2022 年度合格，東京都出身

合格のポイントは高校 1 年生の 3 月から本格的に受験勉強を開始できたことです。地頭にあまり自信がなくても，勉強量を確保すれば確実に合格できます。

その他の合格大学 慶應義塾大（経済，商），早稲田大（政治経済）

T.S. さん 文科三類
前期日程 2022 年度合格，東京都出身

合格のポイントは適度に息抜きをしたことです。疲れた状態で勉強してもあまり意味はないと思い，1 時間に 3 回ほど休憩をはさんでいました。

入試なんでもQ&A

受験生のみなさんからよく寄せられる，
入試に関する疑問・質問に答えていただきました。

Q 「赤本」の効果的な使い方を教えてください。

A 過去問を解いた後は，赤本・青本・塾（東進）の3つの解答例を見比べて自分の解答を吟味していました。時間はかかりますが，複数の解答例を参照することでより自分に合った（自分にも書けそうな）解答を探すことができます。特に赤本は，受験生の視点や語彙力に一番近い解答が多く，とても参考になりました。また，大学受験といえば赤本なので，志望校の赤本を手にするだけでモチベーションが上がりました。息抜きに先輩の合格体験記を読むのもオススメです。（H.T. さん／文科二類）

A 1学期に地誌を勉強しながら，その知識を確認するために地理の直近5年分の赤本を解いた。地理は共通テストで必要な知識と二次試験で必要な知識が似ているので，早いうちから共通テスト対策をするといいと思う。夏休みからは東大日本史の赤本（『東大の日本史25カ年』）を古い順に解いた。国語は1学期から大問ごとに少しずつ解いた。地理は秋から25年分解いたが，15年分くらいにとどめて最近の他大学の過去問をやるべきだったと思う。共通テストの物理基礎と地学基礎はクリスマス以降にそれぞれ5年分，国語は15年分を12月の初めからひたすら解いた。

（T.I. さん／文科二類）

Q　1年間の学習スケジュールはどのようなものでしたか？

A　高校3年生の1学期は，塾の東大対策の映像授業を受講しました。夏休みは，過去問5年分を本格的に解きました。また，夏の冠模試（河合・駿台・東進）も受け，しっかりと解き直しました。2学期は，学校での模試や秋の冠模試の受験と解き直しに追われ，あっという間に過ぎました。12月は，秋の模試の結果を受けて，苦手な英語と地理の演習を繰り返しました。共通テスト対策は年明けから始めましたが間に合わず，共通テストでは思うように点が取れませんでした。しかし，東大は二次試験の配点が高いため，すぐに切り替えて二次試験対策に集中しました。過去問5年分を解き，苦手な数学は過去問や模試の解き直しをして最後の追い込みをしました。（H.T. さん／文科二類）

A　4～8月は，英語は『鉄緑会東大英単語熟語　鉄壁』（KADOKAWA），数学は『入試精選問題集 文系数学の良問プラチカ 数学Ⅰ・A・Ⅱ・B』（河合出版），国語は「得点奪取」シリーズ（河合出版）や古典単語などの基礎単語や過去問に入る前用の問題集を進めていました。数学は解くのに抵抗が少なかったので夏休み中に過去問に入りました。9～12月は模試対策を軸に基礎的な記述問題の演習をしました。社会は自分で通史を復習しようと考えて，第二次世界大戦の終わりまで進めました。1月は共通テスト対策に充て，共通テスト後には英語を7年分，国語を5年分，数学を10年分，時間を計って解き，世界史は第1問のみを10年分解きました。日本史は過去問ではなく，主に論述問題集を進めました。（Y.M. さん／文科三類）

Q　共通テストと二次試験とでは，それぞれの対策の仕方や勉強の時間配分をどのようにしましたか？

A　東大は共通テスト20％，二次試験80％の配点だったので，二次試験対策を重視しました。共通テスト対策は，学校の授業で扱う共通テスト対策のテキストやマーク模試の解き直しのみをしていました。年明けから本格的に対策を始めた共通テストは本番であまり点が取れずに落ち込みましたが，あくまで二次試験が本命だとすぐに気持ちを切り替えました。二次試験対策は，過去問 10 年分と冠模試計 9 回分を解き直しまでしっかりやり切ったので，大きな自信になりました。

(H.T. さん／文科二類)

Q どのように学習計画を立て，受験勉強を進めていましたか？

A 私は細かな学習計画を立ててもだいたい達成できなかったので，大雑把に学習計画を立てていました。「来週までに課題を終わらせる」「次の模試までに今回の模試の解き直しをする」などのようになるべく緩めに目標設定をすることで，ずぼらな私でも継続的に勉強できました。また，手帳にその日一日の勉強時間を大まかに記入することで，自分の頑張りが可視化できました。私の場合は，教科ごとに厳密に時間を計りすぎると続かないし勉強の質が落ちそうだったので，全教科のだいたいの勉強時間を記入することを心がけていました。

(H.T. さん／文科二類)

Q 学校外での学習はどのようにしていましたか？

A 高校 3 年間，学校近くの東進衛星予備校に通って映像授業を受けていました。映像授業の最大のメリットは，私のような地方の公立高校生でも全国の有名講師陣の授業を受けられることです。東大は都会と地方の教育格差が顕著で，毎年首都圏の中高一貫校や有名進学校出身の合格者が多数を占めます。特に受験競争が激しい東大に地方公立高校から現役合格するためには，こういった予備校などに通い，数学や社会の先取り学習をして徹底的に演習を積むことが大事だと思いました。

(H.T. さん／文科二類)

Q 時間をうまく使うために，どのような工夫をしていましたか？

A 受験生の皆さんにオススメしたいスキマ時間活用法が 2 つあります。1 つ目は，家のトイレの壁に暗記系のプリントを貼ることです。世界史の文化史や英単語など，どうしても後回しにしてしまう分野を選ぶと効果的です。2 つ目は，通学中や入浴中などにスマホで英単語や英語構文の音声を再生して，リピートすることです。特に「日本語→英語」の順に設定して再生すると英訳する問題形式になって，より有意義な時間が過ごせると思います。 （H.T. さん／文科二類）

Q 苦手な科目はどのように克服しましたか？

A 数学が苦手で，高 2 の夏休みまでに「青チャート」（数研出版）の問題が 8，9 割解けるようにして，基礎の解法を身につけることを心掛けました。3 年生からは応用の解法を習得するために『入試精選問題集 文系数学の良問プラチカ 数学Ⅰ・A・Ⅱ・B』（河合出版）を始めました。6 月以降は冠模試や過去問を解いて，解法のバリエーションを増やすようにしました。直前の 2 月には新たな問題を解くことはせず，解いた問題の復習をしました。試験前日は頻出する分野ごとの基本かつ重要な解法の確認をしました。下手に応用問題に走らず，基本の習得に努めたのが克服のポイントだったと思います。 （Y.M. さん／文科三類）

A 東大の日本史は非常に苦手だった。そのため，まず 1 学期中にすべての範囲の暗記を教科書と一問一答を駆使してある程度終わらせた。しかし，それでも過去問では何を答えればよいのかわからないことが多かった。過去問を解くときにだらだら解いていることも一因だと思い，制限時間を 25 分に設定してとりあえず答案を作成するようにした。解答・解説を読んだ後は，教科書の該当範囲を確認したり，自分に不足していた知識や東大日本史独特の問題を読むための技術をノートにまとめた。一つひとつの問題から，自分に不足しているものを丁寧に探していくことで，模試では全教科の偏差値と同じくらいの偏差値になった。

(T.I. さん／文科二類)

Q 東京大学を攻略する上で，特に重要な科目は何ですか？ また，どのような勉強方法をとりましたか？

A 東大文科では，数学が合否を分けると思います。国語は差がつかず，社会はとりあえず暗記，英語も一定のところで差がつきにくい（帰国子女は除く）のに対し，数学は苦手な受験生が多く，安定して高得点を取れると大きなアドバンテージを取れるからです。ちなみに私は数学の点が安定せず苦手意識がありました（秋の東大実戦模試で 80 点中 3 点でした…）。しかし直前期に，新しい問題に一切手を出さずに過去問 10 年分と今まで受けた東大模試 9 回分をすべて解き直すことでやっとコツをつかみ，二次試験本番は周りと差をつけられるくらい点を取ることができました。

(H.T. さん／文科二類)

A 英語と地歴・公民だと思います。英語は，時間が大変厳しく，設問様式も多彩で，得意な人と苦手な人の差が如実に表れます。〔1〕(B)や〔4〕(A)など時間がかかる割に配点が低いと考えられる設問は捨てて，要約，英作文，リスニング，和訳など，慣れれば速く確実に解けて，しかも配点が高そうな設問を重点的に対策しました。地歴・公民は，周りも高得点を取るため失点が多くなると不利になります。知識の確認をしながら，過去問や問題集で形式に慣れるようにしました。(Y.M. さん／文科三類)

Q スランプに陥ったとき，どのように抜け出しましたか？

A どんなにつらくても，朝起きられなくても，頑張って学校に通うようにしていました。学校で友だちと何気ない会話をしたり，しょうもないことで笑いあったりするだけで，驚くほど元気をもらえました。受験期はどうしても視野が狭くなり，精神的にどんどん追い詰められがちですが，友だちパワーで乗り切りましょう。家族とのコミュニケーションの時間も大切にしましょう。今きついのは，高みを目指して頑張っているから。周りのサポートへの感謝の気持ちを忘れずに，適度に息抜きをしながら受験勉強に励んでほしいです。　(H.T. さん／文科二類)

Q　模試の上手な活用法を教えてください。

A　徹底的に解き直しをすることです。模試を受けて復習しないなんて，模試費用と受験時間をむだにしたようなものです。模試は結果返却が遅いことが多いので（1～2カ月程度），受験後はすぐに復習してまとめノートを作り，結果返却後にまとめノートを見直して軽く復習するとちょうどよいと思います。高3の秋は学校の模試と冠模試が続いて解き直しも間に合わずに軽くパニックになりますが，優先順位をつけて復習していくとよいです。　(H.T. さん／文科二類)

Q　試験当日の試験場の雰囲気や，注意点を教えてください。

A　前日に試験場の下見に行ったので，当日はスムーズに試験場に入ることができました。渋谷駅方面から行く場合，渋谷駅は構造が複雑なので一度は当日と同じルートで下見に行っておくとよいと思います。試験室によって違うとは思いますが，リスニングは音がこもっているように聞こえることがありました。部屋の中は暖かいですが，廊下は寒かったので温度差に注意しましょう。試験終了から退室できるまでに1時間程度かかり，退室時刻の直後は駒場東大前駅が大変混雑するので，飛行機などの時間指定がある交通機関を使う予定の人は時間に余裕をもって予約する必要があります。　(Y.M. さん／文科三類)

Q 受験生のときの失敗談や後悔していることを教えてください。

A まずは，スマホを見る時間が長すぎたことです。息抜きのつもりで動画などを見ていると，思ったより時間が経っているということがしばしばありました。運動など，できるだけ屋外で息抜きをすることをおすすめします。もう一つは，冠模試を活用しきれなかったことです。共通テスト模試は選択式で復習もしやすかったのですが，冠模試は直前のもの以外は復習を面倒に感じ，受けっぱなしにしてしまうことが多かったです。模試の復習は関連知識の確認にもつながるので，ぜひ行ってほしいと思います。（Y.M. さん／文科三類）

A 文理選択を誤りました。周囲に流されてなんとなく理系を選択しましたが全く理系科目に興味をもてず，高２の秋に文転する羽目になりました。そのため社会の勉強が遅れていたので，いつも焦っていました。ぜひ将来のことをよく考えて，後悔のない文理選択をしてほしいです。あとは睡眠時間をあまりとらなかったことです。夜中まで勉強するのは愚かな所業です。眠いときには寝て，よく食べることが大事だと思います。

（T.S. さん／文科三類）

Q 受験生へアドバイスをお願いします。

A 「何も咲かない寒い日は，下へ下へと根を伸ばせ。やがて大きな花が咲く」「始まりがあれば終わりがある」「本番で頼りになるのは，頑張ってきた自分だけ」。数多くある受験生応援メッセージのなかで，特に私の心に刺さった３つです。受験勉強は想像以上に長くつらいものです。でも，何も行動しなければ何も生まれませんよね？　合否にかかわらず最後まで受験勉強を頑張ったという自信と経験が，今後の人生において大きな財産となるでしょう。どうか後悔の残らない受験生生活を送ってください。応援しています！（H.T. さん／文科二類）

科目別攻略アドバイス

みごと入試を突破された先輩に，独自の攻略法や
おすすめの参考書・問題集を，科目ごとに紹介していただきました。

英　語

東大英語はそこまで難しい英単語を要求されませんが，要約問題や文補充問題など出題方法が多岐にわたるため，しっかりとした対策が必要です。リスニングは最初から 1.5 倍速くらいで聞く練習をしておくとよいです（普段 1.2 倍速で満足していたら，本番は 1.7 倍速くらいで聞こえました）。
（H.T. さん／文科二類）

おすすめ参考書　『鉄緑会東大英単語熟語 鉄壁』（KADOKAWA）

要約，英作文，和訳は，訓練を積めば速く正確に解けるようになります。リスニングは，多少音質が悪くても聞き取れるようにしておく必要があります。この 4 つを中心に勉強すると，試験中にリーディングに回す時間が増えて楽になると思います。　（Y.M. さん／文科三類）

おすすめ参考書　『鉄緑会東大英単語熟語 鉄壁』（KADOKAWA）
『新 キムタツの東大英語リスニング』（アルク）
『スクランブル英文法・語法』（旺文社）

まず，英語は受験学年になる前にある程度完成させる必要があると思う。早いうちに文法を完璧にして，読解の経験を積むこと。読んだ文章量とその理解度で，初見の文章を読むスピードや理解度が決まると思う。また，文法は文章を正しく読むだけでなく書くときにも必要なので，和文英訳や自由英作文の演習を十分に積むためには，文法を受験学年に入る前に完成させることが非常に重要。リスニング対策は，英語の Podcast をたくさん聴いたのでリスニング能力は上がったと思うが，本番のリスニング音声はとても癖の強いものだったので，non-native などきれいなしゃべり方

をしない人の音声も聴くといいと思う。　(T.I. さん／文科二類)

数　学

むやみに新しい問題に手を出さず，同じ問題を自力で解けるようになるまで時間をおいて繰り返し解くのが効果的です。(H.T. さん／文科二類)

文系数学は非常に難しい問題が出題されることもありますが，「青チャート」レベルの問題が確実に解けるという状態で臨み，基本問題で点を取れば合格は可能だと思います。　(Y.M. さん／文科三類)

おすすめ参考書　「チャート式　基礎からの数学」シリーズ（数研出版）

『入試精選問題集 文系数学の良問プラチカ 数学Ⅰ・A・Ⅱ・B』（河合出版）

高校２年の１年間を使って，「Focus Gold」という網羅系の参考書を完璧にした。それまでは学校のプリントの教材などで断片的な問題を解く能力にとどまっていたが，網羅系の参考書を完璧にしたことで，どんな問題も「Focus Gold」で解いた問題の類題だと思えるようになった。

(T.I. さん／文科二類)

おすすめ参考書　「Focus Gold」シリーズ（啓林館）

国　語

古文単語から逃げることはできません。高１からコツコツやっておくと後が楽です。漢文は１つの漢字からいろんな熟語を連想できるようになるとよいです。　(H.T. さん／文科二類)

おすすめ参考書　『わかる・読める・解ける Key & Point 古文単語 330』（いいずな書店）

古文，漢文を速く正確に解き，現代文に回す時間を増やすことが重要です。早めに古文，漢文の基礎知識を身につけ，問題集や過去問で演習を重ねましょう。第１問は文章の構造を把握することが大切です。段落ごとの役割や筆者の主張を意識して読み進めるとよいと思います。

（Y.M. さん／文科三類）

日本史

資料を使った独特の形式がポイントです。初めは何をどういうバランスでどんな知識と組み合わせればよいのか迷うと思いますが，資料読解型問題が載っている問題集を１冊終わらせてから過去問演習に入るとよいと思います。私大ほどの知識は要求されず，慣れれば得点源になります。

（Y.M. さん／文科三類）

おすすめ参考書 『**“考える”日本史論述**』（河合出版）
『**詳説日本史**』（山川出版社）

世界史

第１問は，歴史の構造や因果関係などの大きな枠組みを理解できていれば，過去問を解いていくことで対策可能です。第２問は，やや細かい知識と厳しい字数制限が特徴です。固有名詞の内容や意義，世界史上での変化を問う問題が多いです。教科書を読み込み，典型的な論述問題に取り組むことで対応できると思います。第３問は，ほとんどが短答記述形式です。１問も落としてはいけないという気持ちで取り組んでください。

（Y.M. さん／文科三類）

おすすめ参考書 『**詳説世界史**』（山川出版社）

地　理

東大の地理は高得点が望みにくいといわれるが，系統地理は理屈をしっかりと理解し，地誌は知識を参考書で蓄えれば，十分高得点が取れると思う。また，他大学の過去問も積極的に解き，『大学入試　地理Ｂ論述問題が面白いほど解ける本』（KADOKAWA）なども利用して典型論述問題をしっかり解けるようになることが重要だと思う。（T.I. さん／文科二類）

おすすめ参考書　『村瀬のゼロからわかる地理Ｂ　地誌編』（学研プラス）

TREND & STEPS

傾向 と 対策

科目ごとに問題の「傾向」を分析し，具体的にどのような「対策」をすればよいか紹介しています。まずは出題内容をまとめた分析表を見て，試験の概要を把握しましょう。

注　意

「傾向と対策」で示している，出題科目・出題範囲・試験時間等については，2024 年度までに実施された入試の内容に基づいています。2025 年度入試の選抜方法については，各大学が発表する学生募集要項を必ずご確認ください。

英　語

年度	番号	項目	内容
2024 ◑	〔1〕(A)	読解	要約（80字）
	(B)	読解	空所補充，語句整序
	〔2〕(A)	英作文	意見論述（テーマ選択，80語）
	(B)	英作文	和文英訳
	〔3〕(A)	リスニング	内容説明
	(B)	リスニング	内容真偽，内容説明
	(C)	リスニング	内容説明
	〔4〕(A)	文法・語彙，読解	誤り指摘
	(B)	読解	英文和訳
	〔5〕	読解	内容説明，語句整序，空所補充，内容真偽
2023 ◑	〔1〕(A)	読解	要約（80字）
	(B)	読解	空所補充，語句整序
	〔2〕(A)	英作文	意見論述（80語）
	(B)	英作文	和文英訳
	〔3〕(A)	リスニング	内容説明
	(B)	リスニング	内容説明，内容真偽
	(C)	リスニング	内容説明，内容真偽
	〔4〕(A)	文法・語彙，読解	誤り指摘
	(B)	読解	英文和訳
	〔5〕	読解	語句整序，内容説明，空所補充
2022 ◑	〔1〕(A)	読解	要約（80字）
	(B)	読解	空所補充，語句整序
	〔2〕(A)	英作文	意見論述（80語）
	(B)	英作文	和文英訳
	〔3〕(A)	リスニング	内容説明
	(B)	リスニング	内容説明
	(C)	リスニング	内容説明，内容真偽
	〔4〕(A)	文法・語彙，読解	誤り指摘
	(B)	読解	英文和訳
	〔5〕	読解	内容説明，語句整序，空所補充，内容真偽

2021 ◑	〔1〕(A)	読解	要約（80字）
	(B)	読解	空所補充，語句整序
	〔2〕(A)	英作文	テーマ英作文（80語）
	(B)	英作文	和文英訳
	〔3〕(A)	リスニング	内容説明，内容真偽
	(B)	リスニング	内容真偽，内容説明
	(C)	リスニング	内容真偽，内容説明
	〔4〕(A)	文法・語彙，読解	誤り指摘
	(B)	読解	英文和訳
	〔5〕	読解	内容説明，語句整序，空所補充，内容真偽
2020 ◑	〔1〕(A)	読解	要約（80字）
	(B)	読解	語句整序，空所補充
	〔2〕(A)	英作文	意見論述（80語）
	(B)	英作文	和文英訳
	〔3〕(A)	リスニング	内容真偽，内容説明
	(B)	リスニング	内容説明
	(C)	リスニング	内容説明，内容真偽
	〔4〕(A)	文法・語彙，読解	誤り指摘
	(B)	読解	英文和訳
	〔5〕	読解	内容説明，語句整序，空所補充，内容真偽
2019 ◑	〔1〕(A)	読解	要約（80字）
	(B)	読解	空所補充
	〔2〕(A)	英作文	テーマ英作文（80語）
	(B)	英作文	和文英訳
	〔3〕(A)	リスニング	内容説明，内容真偽，空所補充
	(B)	リスニング	内容説明
	(C)	リスニング	内容説明，内容真偽
	〔4〕(A)	文法・語彙，読解	誤り指摘
	(B)	読解	英文和訳
	〔5〕	読解	内容説明，語句整序，空所補充，内容真偽

2018 ◑	〔1〕(A)	読解	要約（80字）
	(B)	読解	空所補充，要約（20語）
	〔2〕(A)	英作文	意見論述（60語）
	(B)	英作文	和文英訳
	〔3〕(A)	リスニング	内容説明
	(B)	リスニング	内容説明
	(C)	リスニング	内容説明
	〔4〕(A)	文法・語彙，読解	語句整序
	(B)	読解	英文和訳
	〔5〕	読解	英文和訳，空所補充，内容説明，語句整序

（注）　●印は全問，◑印は一部マークシート法採用であることを表す。
全問理科と共通問題。

読解英文の主題

年度	番号	類別	主題	語数
2024	〔1〕(A)	論説	プロパガンダの目的	約390語
	(B)	随筆	新聞と雑誌の記事の違い	約970語
	〔5〕	随筆	通りを自由に歩けることの意義	約960語
2023	〔1〕(A)	論説	時間不足が生じる理由	約420語
	(B)	論説	笑いの役割	約1000語
	〔5〕	随筆	環境正義の会議でのエピソード	約830語
2022	〔1〕(A)	論説	人間にとって食べ物がもつ意味	約410語
	(B)	論説	会話の引き際はいつなのか	約970語
	〔5〕	随筆	ジェンダーに関する違和感	約970語
2021	〔1〕(A)	論説	10代の若者の気質の変化	約320語
	(B)	論説	人工知能と芸術	約840語
	〔5〕	随筆	目に見えない仕事	約990語
2020	〔1〕(A)	論説	高齢者にやさしい町づくり	約380語
	(B)	論説	都市生態系における進化	約930語
	〔5〕	物語	家を出る日のこと	約890語
2019	〔1〕(A)	論説	子どもの権利という概念の誕生	約320語
	(B)	論説	音楽は世界共通言語か	約760語
	〔5〕	評伝	雲の魅力	約950語
2018	〔1〕(A)	論説	噂の広まり方	約350語
	(B)	論説	言語化による記憶の劣化	約840語
	〔5〕	物語	母と娘の確執	約900語

（注）　英文和訳のみの英文，文法・語彙問題の英文は除く。

傾向　処理の素早さがポイント！ 速読即解＋即表現の総合力が必要

01 出題形式は？

〈問題構成〉　例年大問５題で，読解，英作文，リスニング，文法・語彙と，「話す」以外のすべての英語力が試される出題である。試験時間は 120 分。聞き取り試験は例年，試験開始後 45 分経過した頃から約 30 分間，問題が放送される。それぞれの問題は標準的なものがほとんどだが，量が多いので時間との戦いである。

〈解答形式〉　要約・英作文・英文和訳の本格的な記述が中心だが，選択問題ではマークシート法が採用されている。記述式の解答用紙はＡ３判１枚の両面を使う。草稿用紙が問題冊子の中に与えられており，字数制限のある問題では，それに相当するマス目もある。

02 出題内容はどうか？

⑴　読解問題

①　要約問題

〔１〕(A)として毎年出題されている。英文自体は 300〜400 語程度の短めのものが使われる。要約の制限字数は，過去には 100〜120 字の年度もあったが，2018〜2024 年度は 70〜80 字となっている。いずれにしても，英文に述べられていることから要点を抽出し，わかりやすくまとめる力を試す問題である。使われる英文のテーマは多岐にわたるが，随筆的なものも含めて論説文が中心である。

②　文脈把握問題

例年，〔１〕(B)では文章の流れ・論旨・場面の展開を読み取る力をみる問題が出題されている。出題内容としては，2018 年度は文の空所補充と，文章中で言及されている発見の内容を英語で要約する問題が出題された。2019 年度は文の空所補充と，空所にあてはまる単語１語を文章中から抜き出す問題，2020〜2024 年度は文の空所補充と語句整序であった。

③　英文和訳問題

例年，〔4〕(B)が独立した英文和訳問題になっている。与えられる文章の長さ，和訳箇所の数，和訳部分の分量は年度によって異なる。語数が少ない場合でもなじみのうすい語を文脈から推測しなければならなかったり，一見易しい語ばかりのように見えて，直訳では意味が通らず意訳を求められたりと，何らかの工夫が必要とされる場合が多い。2020・2022年度は，下線部中の語句が指す内容を明らかにして訳すという条件がつけられたものが1問あった。英文の内容は論説系のものが主流であるが，2019・2022・2024年度は随筆であった。

④　読解総合問題

〔5〕は例年読解総合問題である。英文の長さは年度によって異なるが，〔1〕と〔5〕の合計は例年2000～2200語程度である。ただし，2022年度は約2350語とやや多く，2023年度は約2250語，2024年度は約2320語だった。〔5〕の英文が長めの場合には，内容が読み取りやすいことが多く，必ずしも長いから難しいとは言えない。題材としては〔5〕は論説系よりも伝記・物語・随筆といった文学系のものが多い。2018・2020年度は物語，2019年度は評伝，2021～2024年度は随筆が出題された。設問は，意味内容，適切な語句の補充といった各箇所の細かい理解を求めるものが多いが，2019～2022・2024年度は，文章全体にわたる内容真偽が出題されている。物語や2022年度のようにそれに近い随筆が使われている場合には，人物の心理などを問う内容説明といった，想像力を試す設問もみられる。

(2)　英作文問題

①　テーマ英作文・意見論述

与えられたテーマについて60～80語程度で書くものや，意見や理由を求められる問題が出されている。語数はそれほど多くはないので，要点を簡潔にまとめる力が求められるだろう。2018年度は戯曲の一場面が引用され，その対話の内容について思うことを40～60語で述べるというものであった。2019年度は一転して，新たに祝日を設けるとしたらどのような祝日を提案したいかというオーソドックスなテーマで，祝日の意義や望ましいと考える理由について述べることが求められた。2020年度は人が言葉を操っているのか言葉に操られているのかについいての意見を，また2021年度は暮らしやすい街の最も重要な条件を理由を添えて述べるもの，2022年度は「芸術は社会の役に立つべきだ」という主張についてどう考えるか，理由を添えて述べるもの，2023年度は30年後に移動の手段はどうなっていると考えるか，理由を添えて述べるものであった。2024年度は2022年度のように，示された主張に対する自分の考えを理由を添えて述べるものだったが，「紙は人類の最も偉大な発明の一つである」と「自転車は人類の最も偉大な発明の一つである」の2つからいずれか一つを選んで解答するという新形式の問題だった。2019〜2024年度の語数はいずれも60〜80語となっている。

②　要約問題

〔1〕でも求められる要点把握力がベースで，それを英語で表現する力がプラスされることになる。2018年度は，〔1〕(B)で，文章中で言及されている発見の内容を15〜20語程度で要約する問題が出題された。いずれの場合でも限られた語数に収めるのが難しい。

③　和文英訳

長らく出題されていなかったが，2018年度以降は〔2〕(B)で出題されている。短い文章の部分訳で，1990年代まで出題されていたのと同様の形式。難易度も当時と同じレベルである。

(3)　文法・語彙問題

2018年度は一連の文章中の空所を語句整序により埋めるものが出題された。2019〜2024年度は文章中の誤り箇所が問われた。5つの段落に5カ所ずつ下線が入っており，誤りを含むものを各段落から一つずつ選ぶ形式で，文法・語彙の知識と文脈把握力の両方が試される。

(4)　リスニング問題

例年，(A)・(B)・(C)の3パートからの出題が続いている。放送内容は大きく分けて，講義形式のものと会話形式のものとがある。設問内容は，2018年度は内容説明のみであったが，2019年度は内容説明，内容真偽と空所補充が出題された。空所補充も放送内容に合うように説明文を完成させるもので，内容説明と考えてよい。2020〜2024年度は内容説明と内容真偽である。いずれにしても，放送内容の聞き取りがきちんとできていれば答えられるという点には変わりがないので，出題内容の変動に惑わされないよう十分な練習をしておきたい。

講義形式の英文のテーマは，科学的なものから社会・文化的なものまで多岐にわたる。一般にはあまり知られていない内容であったり，聞いたことのある話題でも詳細な説明がされていたりしており，予備知識の助けなしに純粋に聞き取り能力だけで内容を理解できているかどうかを試したいという意図がうかがえる。

会話形式の場合，一人が語り続ける講義よりも変化があり，集中力は保ちやすい。ただ，内容が日常的なおしゃべりではなく，討論や専門的な内容の質疑応答といったものが多いので，油断は禁物である。2017年度の(B)は友人同士の会話という設定ではあったが，やはり内容は討論に近いものであった。

03 難易度は？

読解問題で取り上げられる文章は標準的であり，設問にも難問・奇問はないが，試験問題全体の分量が多く，〔1〕(A)の要約や〔2〕の英作文の記述もあるので，とにかく時間との戦いになるだろう。また〔4〕(A)の誤り指摘や語句整序には，かなり難度の高いものが含まれることもあり，そうした問題に時間を取られすぎると，とうてい時間内に解き終わることはできない。リスニングも読み上げられる英文が非常に長く，日頃から対策を積んでおかないと対応できないものである。問題分量の多さという点だけでも，難度はかなり高いと言える。

対策

01 読解問題

(1) 語彙の充実

読解英文中には極端な難語はなく，専門的な語や特殊な語には注がついているので，標準的な語句を完全消化することを目標にしよう。単語集に載っている代表的な訳語が全部言えるというレベルから，さらにその語の持つ意味の広がりまでつかんでおきたい。そこで大切になるのが，辞書を丁寧に読むことである。訳語のチェックだけでなく用例も見て，その語がどのような使われ方をするのか，どのようなニュアンスなのかをつかむようにしたい。その点で『東大の英単語』（教学社）は，単純な頻度順に集めたものではなく，テーマ別に類義語の使い分けやニュアンスに言及してあり，たいへんわかりやすい。東大の過去問の文章を使った確認問題もあるので，ぜひ活用してもらいたい。

⑵　文脈把握力を培う

精読は必ず行うべきだが，常に全体の構成に目を配るようにしよう。最後まで読んだら改めて最初から通読してみるとよい。そうすることで，各部分が全体の中で占める役割が俯瞰的につかめる。

①　要約問題

筆者の主張をつかむためには，具体例など，枝葉にあたる部分を取り除いてみるとよい。ただし，残りを単純につなぎあわせただけでは，要約としては不十分である。各部分の全体に対する役割を理解し，要点を再構成することを心がけたい。2018年度では，耳慣れない用語が文章の主題に欠かせないカギであるものの，その直訳では意味がわかりにくく，伝わりやすい言葉にまとめ直すことが求められた。このようなケースもあるため，日頃から訓練を積んでおくことが必要である。『東大の英語 要約問題 UNLIMITED』（教学社）は過去61カ年分（1960～2020年度）の要約問題が掲載されており，数多くの練習を重ねるのに大いに役立つ。ぜひ活用したい。

②　英文和訳問題

一連の文章の一部が問題になっていることが多い。下線部以外のところもきちんと読み，全体の流れ，筆者の主張を理解した上で解答すること。近年の傾向としては，分量は少なく，一見難語は含まれていないにもかかわらず，訳しにくいものが多いということがある。これは，文脈の理解に左右されるためであるとともに，基本語が意外な意味で使われていることがあるためだ。過去問を十分研究し，辞書をまめに引いておきたい。また，内容は理解できるものの，わかりやすい日本語にまとめるのが難しい場合もあり，日本語の語彙力や文章作成能力も高めておく必要がある。

③　読解総合問題

英文の長さにしり込みしないために，1000 語程度のものは一気に読めるよう，普段から訓練しておくこと。文章の種類は，文学系のもの（物語・伝記・随筆など）が中心なので，具体的な場面やそのときの人物の気持ちなどを生き生きと思い描けることが重要である。また，こうしたジャンルの文章では，描出話法（本来なら“…”か間接話法の that 節内に入っているはずのセリフや思いが，「地の文」に放り出されているもの）や省略，比喩が多く見られるため，日頃から親しんでおかなければ対応は難しいだろう。1000 語程度の文章は，早稲田大学法学部でも例年出題されている。内容は必ずしも文学系のものではないが，長さに慣れるという点で活用できる。

02　英作文問題

形式にかかわらず，英文として正しいものであることが最低条件なので，語法・文法事項など，辞書や参考書で丁寧に確認しておきたい。

①　テーマ英作文・意見論述

設問内容が多様なので，どのようなものでも素早く対応できるように過去問を十分に研究しておこう。また，大阪大学や，早稲田大学法学部・国際教養学部といった他大学の過去問もぜひ利用したい。根拠・理由を挙げて「賛否」を論じるテーマの場合は，両方の立場で書いてみるとよい。書く練習量が増やせるだけでなく，異なった視点から考える練習にもなる。

②　要約問題

テーマ英作文・意見論述とは異なり，内容に関する自由度はない。指定語数はぎりぎりのことが多く，それに収まるようにする基本的な力は〔1〕(A)と同じである。したがって，〔1〕(A)の解答を作成したら，それを英語で表現してみる，ということで対策ができる。

③　和文英訳

長らく出題されていなかったが，2018 年度以降連続して出題されている。いつ問われても一定のレベルの英語が書けるようにしておきたい。特に，標準的な構文や語法が十分に使いこなせることは，他の形式の英作文でも必要なことなので，市販の問題集の例文などを徹底的にマスターしておこう。また，『東大の英語 25 カ年』（教学社）で過去問にもあたっておきたい。

03 文法・語彙問題

問われる文法事項は基本的なものばかりであるが，完全に理解できていないと解答できないものも多い。英文に接する際は「なんとなく」単語から意味を推測して読んでしまわないよう日頃から意識しておきたい。誤り指摘対策としては，文型の把握，修飾関係など，文中のすべての語について文法機能がしっかり把握できるよう訓練を積んでおきたい。たとえば，日常学習から受験直前期まで使える総合英文法書『大学入試 すぐわかる英文法』（教学社）は，基礎を押さえて英語力を磨くトレーニングに役立つだろう。

04 リスニング問題

試験時にまず実行すべきことは「リスニング放送の前に問題冊子の設問文や選択肢に目を通す」ことである。各パートそれぞれの放送内容の場面設定が簡単に書かれていることが多いので，それも見落とさないこと。2021 年度までは，「(A)と(B)は内容的に関連している」と示されており，(A)の中に(B)で討論されるテーマが述べられていた。また，設問を読めば，どんな内容の講義や会話かある程度推測でき，聞き取る必要のあるポイントもつかめる。試験時間にあまり余裕はないが，リスニング放送が開始される 4，5 分前になったら，これらの準備を始められるようにしておきたい。放送は 2 回しか繰り返されないので，少ない聞き取りのチャンスを逃さないためにも，準備が必要である。最初の 1 回は大きな流れをつかむように心がけること。数値などはできるだけメモしておこう。2 回目は 1 回目で聞き取った内容を確認すると同時に，聞き取りにくかったところに集中して，細部までとらえるようにする。聞き取る力は短期間で身につくものではない。毎日少しずつでも聞く時間を確保すること。本書とは別に『東大の英語リスニング 20 カ年』（教学社）で詳しい解説や聞き取りポイントを示してあるので，ぜひ活用してほしい。

○東大が受験生に身につけてほしいこと【外国語】

人間は「ことば」なしでは生きていけません。誰もが「ことば」で考え，相手の感情を知り，自分の思考を相手に伝えます。「世界的視野をもった市民的エリート」を育てることを使命とする東京大学は，教養教育（リベラル・アーツ教育）を重視しており，そのため，入試問題においては，多くの外国語による受験に門戸を開いています。具体的には，英語のほか，ドイツ語，フランス語，中国語等による受験が可能です。共通して求める能力をまとめるとすれば，「外国語による理解力と表現力」ということに尽きます。

いずれの外国語についても，本学で学ぼうとする皆さんは，高等学校までの教育課程の範囲内で，それぞれの言語によるコミュニケーションに必要とされる理解力と表現力を備えていることが期待されますので，その言語についての正確な知識に裏打ちされた論理的な思考力の養成に努めてください。外国語文の和訳，和文の外国語訳，文法的知識を問う問題は言うまでもなく，ときにその言語の背景にある社会・文化への理解を要求する問題が出題されるのも，そうした努力の成果を見るためです。

以下，外国語として選択されることの最も多い英語について若干付言します。現代社会において，市民的エリートとしての責任を果たそうとすれば，英語力が重要な要素であることは明らかでしょう。ここで求められる英語力は，具体的には3点にまとめられます。

1） 英語による受信力

知的内容のあるコミュニケーションが交わされる場において，相手側の英語による発信を正しく理解する能力が必要不可欠であることは言うまでもないでしょう。読解・聴解を含めた受信力を問う問題が出題されるのはそのためです。

2） 英語による発信力

同様の場において，自分の述べたいことを正しく英語で表現できる発信力が不可欠なこともまた明らかです。英作文の問題が出されるのはこのためであり，現在，「話す」能力の試験を課すことができないのはもっぱら技術的な理由によります。

3） 批判的な思考力

上記2点の能力を発揮し，健全なコミュニケーションを達成するためには，例えば常に何が「正しい」のかを問うような想像力豊かな批判的視点がなければなりません。それがなければコミュニケーションの場には誤解と曲解が渦巻くことになります。

こうした英語力を身につけるためには，発音・語彙・文法構造などの細部の把握と，論理構成の理解や文化的背景についての知識に裏打ちされた大局的な把握との両面での訓練が必要であり，教養教育ではそうした英語教育を目指しています。そのため，本学を志望する皆さんには，高等学校学習指導要領の範囲内で，そうした英語カリキュラムに対応できる能力を身につけるように特に意識して，学習を進めてほしいと思います。

『令和6年度 東京大学入学者募集要項』より

日本史

年度	番号	内容	形式
2024	〔1〕	9世紀前半の政治の変化（60・120字）	論述
	〔2〕	東大寺再建と鎌倉幕府（60・90字）	論述
	〔3〕	江戸幕府の「鎖国」政策（60・90字）	論述
	〔4〕	近代の土地制度と小作農（90字2問）　✓**グラフ**	論述
2023	〔1〕	古代の国家財政と国家的造営工事（180字）	論述
	〔2〕	家督継承決定の変化と応仁・文明の乱（150字）	論述
	〔3〕	天保の改革と江戸の寄席（60・90字）	論述
	〔4〕	独立回復後の政治と外交（90字2問）　✓**グラフ**	論述
2022	〔1〕	律令制下の地方行政と命令伝達（60・120字）	論述
	〔2〕	朝廷の経済基盤と室町幕府（150字）	論述
	〔3〕	元禄時代の政治と社会（60・90字）	論述
	〔4〕	労働生産性の上昇と社会経済（90字2問）　✓**グラフ・史料**	論述
2021	〔1〕	9世紀後半の皇位継承と政治体制（150字）	論述
	〔2〕	鎌倉時代の荘園（60・90字）	論述
	〔3〕	富士山大噴火と被災地の救済（60・90字）	論述
	〔4〕	明治・大正期の華族と議会（90字2問）　✓**史料**	論述
2020	〔1〕	律令国家と漢字文化（60・120字）	論述
	〔2〕	戦国期における京都の自治（150字）　✓**視覚資料・図**	論述
	〔3〕	江戸時代の改暦（60・90字）	論述
	〔4〕	明治前期の軍人と政治・社会情勢（90字2問）　✓**史料（現代語訳）**	論述
2019	〔1〕	平安時代の貴族の日記（30・120字）	論述
	〔2〕	鎌倉時代の朝廷と幕府（60・90字）　✓**系図**	論述
	〔3〕	江戸時代の輸入品の国産化（60・90字）	論述
	〔4〕	近現代の機械工業（90字2問）　✓**史料**	論述
2018	〔1〕	律令制の確立過程と藤原京（使用語句指定：180字）	論述
	〔2〕	室町幕府の財政と徳政令（60・90字）	論述
	〔3〕	江戸幕府の対外政策と異国船打払令（60・90字）	論述
	〔4〕	教育勅語をめぐる政治・社会情勢（90字2問）　✓**史料**	論述

傾向 設問の意図を深く読み取る力が求められる 簡潔な表現力・文章力を鍛錬しよう

01 出題形式は？

〈問題構成〉 例年，大問数は4題である。小問数でみると2024年度は全8問で，〔1〕〔3〕は5つ，〔2〕は4つの資料文を用いた出題，〔4〕は3つの資料と2つのグラフを用いた出題であった。2018年度には使用語句を指定した出題があった。試験時間は世界史・地理のいずれかと2科目で150分である。

〈解答形式〉 例年，すべて論述問題である。指定されるのは行数であるが，解答用紙は地歴共通で，1行30字のマス目となっている。なお，問題冊子には草稿用紙もついている。制限字数は，大問1題あたり5～6行程度で，枝問に分かれている場合はそれを1～4行ずつに分けるような形になる。総字数は，例年630～660字である。2024年度は660字であった。

なお，2025年度は出題科目が「日本史探究」となる予定である（本書編集時点）。

02 出題内容はどうか？

① 新たな視点

歴史には様々な見方があり，歴史学は日々進歩しているが，教科書にそれらを盛り込むのはなかなか難しい。東大では，教科書が十分に書き切れなかった，そうした視点を好んで出題する（2019年度〔1〕，2021年度〔3〕，2022年度〔3〕など）。そのため，資料文・史料文・年表・系図・グラフ・指定語句などがヒントとして与えられており，それらを適切に活用すれば教科書的な知識と理解で解答できるように工夫されている。その意味では最高レベルの良問である。

② 時代区分

〔1〕古代・〔2〕中世・〔3〕近世・〔4〕近現代というのが原則である。同じ時代の中でも問題意識の近いものが繰り返し出題されており，過去に出題されたテーマは要注意である。なお，原始からの出題はみられない。

古代　(主に大問〔1〕で出題)

律令体制と文化史・外交史に関する出題が圧倒的に多い。特に，律令国家の地方行政や官僚制，軍事制のあり方を通して，大化前代・律令国家形成期・展開期・摂関政治期を考察させる出題がよくみられる（2016～2024年度)。「東アジアの中の日本」という視点も重要で（2020年度)，律令国家の対外意識の理解は必須である。文化史も大切であり，仏教史も従来の信仰・習俗との共存のあり方を問う形で出題されている（2015年度)。5～9世紀の外交史も文化史をからめて出題されている（2011・2013年度)。

中世　(主に大問〔2〕で出題)

鎌倉幕府の成立・展開や御家人制・惣領制（2021・2024年度)，室町時代の特色である国人一揆・惣村・自治都市・戦国大名など（2020・2023年度）の出題が多い。室町幕府の政策も問われている（2011・2018年度)。武家政権と朝廷との関係にも注意したい（2019・2022年度)。また，近年は出題がないが，古代同様に「東アジアの中の日本」という視点も重要である（2006・2007年度)。文化史では，仏教の動向や文化の特徴を問う出題が目立っている（2024年度)。

近世　(主に大問〔3〕で出題)

政治史では，幕藩体制の構造とその展開，そこにみられる支配秩序が繰り返し問われている（2021・2022年度)。18世紀後半以降の幕藩体制の危機も注意が必要である（2023年度)。社会経済史では，村請制に基づく村の自治と支配（2012・2017年度)，内外の動向とからめた経済発展（2019年度）がよく問われている。貿易の動向や幕府の対外政策など，「鎖国」下の対外関係も出題されている（2018・2024年度)。文化史は，対外関係や経済発展のあり方と関連して問われている（2009年度)。また，学問の発展も注意しておきたいテーマである（2020年度)。

近代　(主に大問〔4〕で出題)

政治史では，公議政体論と明治憲法体制（2013年度)，大日本帝国憲法と民権派（2014年度)，大正期の社会の変化と政治（2015年度)，軍備をめぐる問題と政党政治（2017年度)，立憲体制下での軍人のあり方（2020年度)，明治・大正期の華族と議会（2021年度）など，明治憲法体制の構造とその展開は頻出テーマである。外交史では，対欧米・対アジアの姿勢が共通の問題意識としてしばしば認められ，内政・軍事・経済と関連づけて学習することも必要である（2010・2012 年度）。経済・産業史では，産業革命，大戦景気，恐慌の連続，井上財政と高橋財政，戦時経済といった時期ごとの特徴をグラフや史料から読み取る出題（2019・2022・2024 年度）も目立つ。

現代　（主に大問〔4〕で出題）

新憲法・農地改革・教育改革など戦後改革は何度も出題されてきた（2018 年度）。戦前との連続・不連続の両面から理解を深めておきたい。近年では，日ソ国交回復（2012 年度），高度経済成長（2016 年度），特需景気（2019 年度），55 年体制（2023 年度）といったように，1950〜60 年代からの出題が多い。1960 年代までは確実に学習しておきたい。

③　史料問題

史料を用いた問題は 2018〜2022 年度に出題されているが，問題文や設問の中で史料が引用されたこともある。史料は現代語訳したものが用いられることが多い。つまり，古文・漢文の読解能力ではなく，史料を通して与えられた情報から的確にヒントを読み取って歴史的思考を展開できるかどうかを試そうとしているといえるだろう。

03　難易度は？

論述という形式そのものが受験生には負担であるが，いくつかの小問に分けるなど書きやすくする工夫がなされており，近年は教科書レベルのまとめやすい問題が目立っている。ときおりユニークなテーマもみられ，問われている内容もしばしば高度なものに及ぶが，必ず資料文などにヒントが用意されているので，それらを吟味してキーワードを探り，慎重に出題意図を考えれば，おのずと解答の方向性がみえてくるはずである。こうした作業を面白く感じられればよいのだが，知識学習ばかりしてきた場合は，資料の奥に潜む問題の本質をみつけることは難しいと思われる。ともかく，大学教育で要求される思考力（歴史に限らない）を試す，最高レベルの良問であることには間違いない。

なお，2 科目 150 分という試験時間内に資料文などを十分活用しつつ解答を練り上げるのは，たやすいことではない。普段から時間配分を意識した演習を行うとともに，解答しやすい問題から処理していくなど，取り組み方を工夫したい。

対策

01 教科書が基本

東大入試においても「教科書が基本」という命題は有効である。山川出版社の『詳説日本史』の執筆陣には東大の教員らが名を連ねている。各時代の特色の変化，いわゆる「流れ」をつかむために読み込むことが大事である。細かい事項の暗記に努める必要はなく，歴史の大きな流れを把握することに重点を置き，歴史の重層的な構造について理解を深めてほしい。主題別にまとめたり，似たものを対比させたりするとなおよい。この点に関しては，問題集として『日本史の論点－論述力を鍛えるトピック 60－』（駿台文庫）が有用だ。教科書と併用すれば，論点に即した文章を書くための練習となるだろう。

02 論述の練習

全問字数（行数）指定があって，しかも字数制限は厳しい。草稿用紙を活用しても，時間内に良い解答を書き上げるのは大変であろう。また，小問ごとに解答を書き分けるにも工夫が必要である。とにかく早い時期から練習しておきたい。まずは市販の問題集で論述問題を解いてみよう。その上で，最低でも本書に掲載されている過去の問題はすべて解き，東大の日本史の雰囲気と解答方法に慣れておくのがよいだろう。問題の設定から注意深く意図を読み取り，与えられた資料を十分に生かした解答を作ることを心がけよう。解き終えたら必ず先生に添削・講評をしてもらい，なおかつ本書の解説を熟読し，もう一度解き直してほしい。『東大の日本史 25 カ年』（教学社）を利用してより多くの過去問にあたっておくとよい。

03 広い視点の涵養

東大の日本史のポイントは「新たな視点に気づくこと」にあるので，学習の際に常に問題意識をもつことが大事である。素朴な疑問から発想を広げ，史実に有機的に関連させていく姿勢こそ，期待されているのである。余裕があれば，読書などによって広い視点を涵養しておくと役に立つだろう。『もういちど読みとおす 山川 新日本史（上・下)』（山川出版社）は，教科書として使われていた『新日本史』をベースにした一般図書である。東大の教員を中心に執筆されたものなので読んでおくとよい。

世界史

年　度	番号	内　容	形　式
2024	〔1〕	1960年代のアジアとアフリカにおける戦乱や対立（使用語句指定：360字），アジア・アフリカの経済的問題の歴史的背景とそれに対する国連の取り組み（150字） ✓**史料**	論　述
	〔2〕	書物と歴史（60字2問，90字2問，120字）	論述・記述
	〔3〕	征服と支配，それに対する抵抗	記　述
2023	〔1〕	1770年前後から1920年前後におけるヨーロッパ，南北アメリカ，東アジアの政体変化（使用語句指定：600字） ✓**地図**	論　述
	〔2〕	河川の歴史的役割（60字4問，90字） ✓**史料・地図**	記述・論述
	〔3〕	病気の歴史と医学の発展	記　述
2022	〔1〕	8～19世紀におけるトルキスタンの歴史的展開（使用語句指定：600字）	論　述
	〔2〕	法や制度を生み出す思想や理念・運動（60字3問，120字2問）	論述・記述
	〔3〕	戦争や軍事衝突が人々の生活・意識に与えた影響	記　述
2021	〔1〕	5～9世紀の地中海世界における3つの文化圏の成立過程（使用語句指定：600字）	論　述
	〔2〕	身分制度や集団間の不平等（90字3問，120字）	論述・記述
	〔3〕	人類の移動にまつわる歴史	記　述
2020	〔1〕	15世紀頃から19世紀末までの東アジアにおける冊封体制と崩壊（使用語句指定：600字） ✓**史料**	論　述
	〔2〕	民族の対立や共存（60字3問，90字2問，120字） ✓**視覚資料**	論　述
	〔3〕	歴史上の思想とそれが与えた影響	記　述
2019	〔1〕	オスマン帝国の解体過程（使用語句指定：660字）	論　述
	〔2〕	国家の歴史と境界線（60字4問，90字） ✓**地図**	論　述
	〔3〕	人の移動による文化の交流と生活や意識の変化	記　述
2018	〔1〕	19～20世紀の女性の活動，女性参政権獲得の歩み，女性解放運動（使用語句指定：600字）	論　述
	〔2〕	世界各地の宗教の生成・伝播・変容（60字，90字3問，120字） ✓**視覚資料・地図**	論述・記述・選択
	〔3〕	地域の人々のまとまりとその変容（30字） ✓**視覚資料・地図・史料**	記述・論述・選択

傾向 〔1〕はグローバルな視点で考察する論述問題 〔2〕〔3〕を手堅く得点することが必須

01 出題形式は？

例年，大問3題の出題で試験時間は2科目150分。〔1〕で長文論述，〔2〕〔3〕で小論述・記述（一部に選択法）が扱われている。

〔1〕 長文論述問題の形式

字数は，2018年度は600字，2019年度は660字で過去最長の長文論述が課されたが，2020～2023年度は再び600字となった。2024年度は2問に分かれ，360字と150字の計510字となった。論述には使用語句が指定されており，その数は近年はほぼ8個であったが，2020年度は6個に減り，かわりに3つの史料の内容（意味）を論述の中で使うことが求められた。2021・2022年度は史料もなくオーソドックスな形式に戻ったが，2023年度は地図が出題された。2024年度は問(1)で4個の使用語句指定があったが，問(2)にはなかった。

〔2〕〔3〕 小論述・記述問題の形式

〔2〕は60～120字の小論述，〔3〕は記述主体となっている。〔2〕の小論述は，2018年度のように選択法が含まれることもあるが，基本的には小論述数問，記述問題数問という構成である。2024年度は60字が2問，90字が2問，120字が1問，記述問題が3問であった。字数は年度により多少は変化するものの，ほぼ定着しているので，長文論述と合わせて十分に対策を行う必要がある。〔3〕は語句を記述する問題がほとんどだが，2018年度には選択法が1問と30字の短文論述が1問出題された。

地歴共通の解答用紙は1行30字となっているため，論述問題は1行30字，2行60字，4行120字，そして20行600字，22行660字のように30字の倍数で設定されている。小論述を含めた全体での字数は，2018・2020年度は1080字，2019・2021年度は990字，2022年度は1020字，2023・2024年度は930字と増減がある。

なお，2025年度は出題科目が「世界史探究」となる予定である（本書編集時点）。

02 出題内容はどうか？

時代的にも，分野的にも，地域的にも幅広く出題されることが特徴となっている。つまり，教科書でいうと，満遍なく，どこからでも出題される可能性があるといえよう。

〔1〕 長文論述問題の内容

長文論述では，テーマにおいて大きく分けて次の2つのパターンがある。

① 一国（一地域）の歴史，あるいは1つのテーマを対象とする

例） 2019年度〔1〕 オスマン帝国の解体過程
2022年度〔1〕 8～19世紀におけるトルキスタンの歴史的展開

1つの国家（地域）について，周辺諸国や当時の国際関係を論述することが求められる。2022年度の問題などはその典型であり，年度によっては2つの地域の歴史を論述させる変形パターンもみられる。また，2018年度の19～20世紀の女性史も1つのテーマを追っていくもので，このパターンに近いものがある。

② 国家（地域）を超えた連関を対象とする

グローバルな視点を必要とする東西混合論述である。以下にみるように，このパターンで出題されることの方が多い。

例） 2023年度〔1〕 1770年前後から1920年前後におけるヨーロッパ，南北アメリカ，東アジアの政体変化

論述対象となる国家（地域）が複数にわたり大きな歴史的視野を必要とするものが多く，2023年度の問題はこのパターンの典型的な問題であった。教科書などから得た世界史の知識を踏まえて背景・理由・意義・影響などを「分析」する能力が求められる問題が多く，時代的に長期間にわたる問題が中心となっている。2021年度の「地中海世界が3つの文化圏に分かれていく過程」は①と②の混合型といえる。

〔2〕〔3〕 小論述・記述問題の内容

地域・時代にとらわれないテーマを設定し，幅広く出題する点が特徴といえる。

記述問題ではおおむね重要事項が問われているが，教科書での言及が少ない歴史事項や知識もみられ，得点差はこうした部分で生まれる。

一方，小論述では語句説明とともに，歴史的背景や影響，事項の説明，共通点・相違点などが扱われ，単純な一問一答的知識では対応できない内容となっている。こうした出題内容は，歴史を単なる事項の暗記と考えてはならないという大学の姿勢を示している。

全体的にみると，長文論述問題であれ，小論述・記述問題であれ，「なぜそうなったのか？」「どういう意味があるのか？」「どのような影響を与えたのか？」というような，「世界史への問い」を常に念頭において学習しなければ対応できない内容となっている。

03 難易度は？

教科書や用語集のレベルを超えた出題はほとんどない。しかし，長文論述問題はスケールの大きいテーマが設定され，幅広い知識と正確な理解が求められているためにやはり難問といってよく，この長文論述問題の出来・不出来が合否を大きく左右すると思われる。一方，小論述・記述問題は，一部に細かな事項も問われるが，大半は教科書・用語集の知識で対応できる標準レベルであるため，かえって失点は許されない。小論述・記述問題で確実に得点し，長文論述問題でどれくらい得点を上乗せできるかが合格の決め手となろう。

2024 年度の難易度：〔１〕の長文論述は，現代史をテーマに 12 行論述と５行論述の２問に分かれて出題された。〔１〕が２問に分かれて出題されたのは 1989 年度以来である。現代史の学習が手薄だと書くべきことが見いだせない可能性はあるものの，２問に分かれ，かつ使用語句指定が１問のみであったことで要点は絞りやすく，論の骨子も立てやすい。レベルとしては例年に比べやや易しかったと考えられる。

〔２〕は，２行論述２問，３行論述２問，４行論述１問と例年より分量はやや多かったが，内容は教科書レベルの基礎的なものであった。歴史用語記述問題３問も基本的なものである。論述は求められていることに忠実に解答できたかが鍵となった。例えば問(1)(a)では「キリスト教と政治権力との関係の推移」を問われており，キリスト教史を問われているわけではない。同じく問(2)(c)についても，「対外戦争の成果」を問われているので成果の部分をきちんと答えなければ満点答案にならない。取り組みやすく，

これもやや易しかったといえる。

〔３〕は例年通り古今東西，様々な時代・地域からの歴史用語が問われた。問(3)ジャムチや問(6)サティーなどは過去に出題されたことのあるもので，東大世界史の過去問対策の重要性がわかる。問(10)のサイードは現代文化史からの出題で難問。問(10)を除けばレベルとしては例年並み，全体を通してみれば標準レベルであろう。

全問をまとめてみると，解答の方針が立てやすい問題が多く，例年よりはやや易化したといえる。

対策

01 教科書の精読から始める

東大に限らず，受験世界史の基本文献は教科書である。教科書に記された事項を正しく理解することこそ，学習の土台となる。難解に思われる東大の世界史も，出題の核心は教科書の中にある。教科書の精読とは，１つの歴史事項に出合ったら，それが教科書のどこに記されているかがすぐにわかり，歴史の流れの中でどのように位置づけられるのかがすぐ思い描けるくらい読み込むことである。もちろん，本文だけでなく，脚注や地図，図版・写真などの視覚資料にも注意する。そのような場所にこそ，問われるポイントが潜んでいるからである。

また，教科書を精読すると，よくわからない箇所（「なぜそういえるのか？」「どういう意味なのか？」など）に出合う。それを用語集や資料集・参考書を利用して調べていけば，知識は増大し，長文論述や小論述に対応できる力も身につくはずである。なお，教科書は『詳説世界史』（山川出版社）が最もポピュラーだが，東大向きの地域交流や社会経済史への言及が充実している『世界史探究』（東京書籍）や『世界史探究』（実教出版）を併用してもよいだろう。教科書はこの３冊以外にも各社から何種類も出版されているが，自分の使用している教科書に掲載されていない内容を確認・理解するためには『世界史用語集』（山川出版社）などの用語集を併用したい。参考書としては『詳説世界史研究』（山川出版社）などをすすめる。

02 長文論述対策に重点をおく

東大の世界史における合否は長文論述問題の出来・不出来にかかっている。よって，この長文論述の攻略こそ最大目標となる。

❶ 一国（一地域）を対象とした論述問題対策

このパターンの論述は教科書のあちこちで記されている当該国（当該地域）に関する部分を導き出し，それを設問に沿って連結させればよい。その際には指定語句が手がかりとなる。指定語句を時系列に沿って並べ，それぞれの語句から推測される状況を想起し，文章化すればよい。よって，このパターンの論述対策としては，教科書などから設問に対応した部分を導き出せる力の育成が必要となる。これは 01 で示した学習の積み重ねによって対応できるが，例えばポーランド・朝鮮といった国の通史の学習は，教科書にとびとびで記述されている部分を自分で探して簡単な年表を作ってみることから始めよう。各国史をまとめるには『各国別世界史ノート』（山川出版社）などを使う方法もあるが，最初は簡単でもよいので自分でノートを作る方が効果が大きい。その際に気をつけたいのは，各国史といってもその国だけで歴史が動くということはないということで，隣国・周辺との関係や世界の大きな動きの中での位置づけを重視しながら作業を行ってほしい。

❷ グローバルな視点を必要とする論述対策

このパターンの論述は，設問の要求と指定語句を「分析」した上で論述しなければならず，受験生にとって負担が大きい。論述対象となる国家（地域）が複数であることから，地域と時代をどうやって構成するかについて，設問の要求を徹底的に考え，指定語句を「分類」し，論述の構図を決めてから文章を書くことをすすめる。この場合は，指定語句を「時代ごと」または「地域ごと」にまとめてみると書くべき内容や構成が見えてくることが多い。できるだけ数多くの問題にあたって試行錯誤しながらパターンを習得してほしい。

03 小論述・記述問題対策をおろそかにしない

東大の世界史を攻略するには，〔2〕〔3〕の小論述・記述問題を得点源にすることが大切になる。これらの問題では教科書・用語集レベルを超えて出題されることはほとんどない。よって，01で示した学習を全範囲（教科書の最初から最後まで）にわたって行うことが肝要となる。その際に注意したいのは，教科書や用語集でつい読みとばしがちな部分にも問われるポイントが潜んでいるということである。この点を意識して学習しよう。また，小論述問題への対策として，重要事項や事件の原因・経過・結果などを常に30字（ないしその倍数の60字・90字・120字など）でまとめる練習を重ねておきたい。

04 本書および本シリーズの活用法

❶ 過去問を解く。その際，長文論述問題において「何を書いてよいのか」思い当たらない場合には，まず教科書などで調べる。そしてその後，教科書などを伏せて書いてみる。

❷ 答案作成後，小論述・記述問題は模範解答を見て，できなかった箇所を教科書などでチェックしておく。一方，長文論述問題については解答例と見比べて，抜け落ちている箇所，説明不足の箇所を発見し，教科書などでその部分を確認する。そして，自分の答案を先生などに添削してもらう。

❸ ❷の作業終了後，もう一度，長文論述問題を見直し，出題者の意図，何が問われているのかを再確認する。

❹ 本シリーズを利用して類似の問題にあたる。京大・一橋大・名古屋大・九州大などの問題にあたることは，知識を深め，さらには論述問題に慣れる点でも有益である。また，論述問題では知識を使いこなすことが求められる。知識を増やし，使いこなすには，問題演習は欠かせない。特に長文論述問題では大きく分けて2つのパターンがあるので，過去の問題にまでさかのぼって，それぞれのパターンを十分に演習しておきたい。『東大の世界史25カ年』（教学社）で東大の過去問に数多くふれ，その問題の特徴を理解し，自分なりの対策をとれるようにしていきたい。

地　理

年　度	番号	内　容	形　式
2024	〔1〕	乳糖耐性者の割合からみた各地の食生活，天然ガスの生産と貿易（60 字 3 問，90 字） **✓統計地図・グラフ・統計表・図**	選択・論述・記述
	〔2〕	標高分布からみた各大陸の特色，人口が 1 億人を超える国々の人口変化率の推移（30 字，60 字 4 問，90 字） **✓グラフ・統計表**	論述・選択・記述
	〔3〕	ニューオーリンズとミシシッピ川の自然災害，先進国と途上国の地下鉄建設（30 字 2 問，60 字 5 問） **✓統計表・年表**	記述・論述
2023	〔1〕	人間活動が地球環境に与える影響，南アジアの環境問題（30 字，60 字 5 問）　**✓グラフ・統計地図**	論述・選択・記述
	〔2〕	いくつかの国の水産物養殖業，4 カ国の小麦の単位収量の変化（30 字，60 字 4 問）　**✓統計表・グラフ**	選択・論述・記述
	〔3〕	自然災害が発生した地域の地形図読図，日本の住宅（30 字，60 字 3 問，90 字 2 問）　**✓地形図・グラフ**	記述・論述・選択
2022	〔1〕	人獣共通感染症の発生リスクと自然環境・社会環境，世界の航路の変化（60 字 4 問，90 字 2 問） **✓統計地図・地図**	記述・論述
	〔2〕	アメリカ合衆国の人口，ブラジルの地域格差（30 字 2 問，60 字 4 問，90 字）　**✓統計地図・統計表・地図**	論述・選択
	〔3〕	東京郊外の変化，日本の果樹生産とその変化（30 字 2 問，60 字 2 問，90 字 2 問）　**✓地形図・グラフ・統計表**	論述・選択・記述
2021	〔1〕	地球温暖化による環境変化と二酸化炭素排出，海岸地形と環境問題（30 字，60 字 2 問，90 字 2 問） **✓地図・グラフ・視覚資料**	論述・選択・記述
	〔2〕	世界の言語状況，アジア諸国から英語圏諸国への留学者（30 字，60 字 3 問，90 字 2 問）　**✓統計表**	記述・論述・選択
	〔3〕	各国の女性の労働力率，日本の女性就業者（60 字 3 問，90 字 2 問）　**✓統計表・グラフ**	選択・論述
2020	〔1〕	日本列島の地形と地形改変事業・農業形態，5 つの県の土地利用（30 字 2 問，60 字 4 問，90 字） **✓図・地図・統計表**	論述・計算
	〔2〕	動物性食品の摂取割合の変化，東南アジアの主要な米生産国（30 字，60 字 2 問，90 字，120 字） **✓グラフ・統計表**	論述・選択
	〔3〕	ドイツの州別人口増減率，三大都市圏の転入超過人口の推移（30 字，60 字 3 問，90 字 2 問） **✓統計表・地図・グラフ**	選択・論述

2019	〔1〕	東アジア・東南アジアの自然と人間活動，メッシュマップの読図（60字3問，90字） ✓**地図・グラフ・統計地図**	選択・論述・計算
	〔2〕	窒素排出量からみた国際貿易，世界と日本の外国人旅行者（60字2問，90字2問） ✓**グラフ・統計表**	記述・選択・論述
	〔3〕	産業構造と都道府県の特徴，日本の5つの半島の社会・経済（30字，60字4問，90字） ✓**統計表・地図**	論述・選択
2018	〔1〕	大気中の二酸化炭素濃度の変化と将来予測，熱帯低気圧と地球環境（30字3問，60字2問，90字） ✓**グラフ・地図**	論述・記述
	〔2〕	国際海運と港湾・輸出入品輸送，インド洋周辺地域の住民と域内協力（60字4問，90字） ✓**統計表**	論述・記述
	〔3〕	日本の地域別人口増減，地方都市の地形と自然災害，大都市の暮らし（30字3問，60字3問，90字2問） ✓**グラフ・統計地図・地図**	選択・論述

傾向　資料の分析による地理事象の理解力を問う　短文論述に対応できる要点把握力の強化が必要

01　出題形式は？

〈問題構成〉　大問3題の出題が続いている。1題はそれぞれ2，3問の設問で構成されることが多く，各設問はさらにいくつかの小問に分かれている。2024年度の設問数は6，小問数は25であった。この分量は，年度により若干の違いはあるが，例年大きく変わってはいない。小問の多くは論述問題で，ここ数年は15問程度のことが多く，総字数は1000字前後で多少の増減がある。2024年度は17問・990字であった。試験時間は2科目で150分。

〈解答形式〉　小問の多くを論述法が占め，これに地名や用語を答える記述法，資料類の読み取りに多い選択法が加わる。論述法の制限字数は解答用紙の行数（1行30字詰）で示され，2行（60字）のものを中心に，1〜3行（30〜90字）の範囲で出されることが多い。2020年度は4行（120字）のものが1問出題された。論述問題には指定語句のある形式もあり，語句を選択して論述する形式もみられる。なお，地図・統計表・グラフ・図などを利用する問題が頻出で，近年はすべての大問に何らかの資料が用いられており，各設問に1つ以上の資料が付けられている年度も多い。2018年度は，2つの設問で資料がなかったが，そのうち1つの設問で会話文が出されるという新傾向がみられた。また，2019・2020 年度は資料の数値を用いた計算問題も 1 問出題された。

なお，2025 年度は出題科目が「地理探究」となる予定である（本書編集時点）。

02 出題内容はどうか？

⑴ 正確な知識をもとにした思考力を問う

各地の地域的特色や地理事象の説明を求める設問はもとより，地名や用語について問う設問でも，それらの背景や関連性などから考えを広げていって判断する問題となっている。このことは，正確で豊かな知識をもとに，地理的でかつ総合的な思考を働かせる能力，さらにはそれに基づく受験生の考え方などを試そうという視点に立って出題内容が選ばれている表れといえる。

⑵ 各種の資料を読み取る力が試される

ほとんどの設問に，何らかの資料（統計表・グラフ・地図・図など）が用いられている。いずれも，高校地理で学習した事項を図や文章の形で表現したもので，そこから地理事象や地域的特色を読み取らせるねらいの内容となっている。教科書や地図帳，副読本などに収められているような資料類は少なく，見慣れないものや入試用にアレンジされたものがほとんどである。種類別では統計表とグラフが多いが，模式図や分布図が出されることも少なくない。2022・2023 年度と続けて地形図が出題された。2018 年度は地表起伏と人口集中地区を示す地図，2019 年度はあまり見慣れないメッシュマップ，2020 年度は地形断面図，2021 年度は衛星写真が出題された。

⑶ 自然と人間の関係についての問題が頻出である

自然環境についての問題は大問または設問として必ず出題され，自然地理の内容のほか，近年は自然と人間活動との関わりをテーマにした問題が目立つ。2018 年度〔1〕地球環境と気候，2019 年度〔1〕アジアの自然と人間活動，2020 年度〔1〕日本の地形と土地利用，2021 年度〔1〕世界の環境問題と地形，2022 年度〔1〕人獣共通感染症，2023 年度〔1〕人間活動と地球環境の関わり，2024 年度〔3〕ミシシッピ川流域の自然災害などと続く。

これらのほかにも，2018 年度〔３〕にある都市域の拡大と自然災害をはじめとして，自然災害や環境問題に焦点を当てた設問が増えつつあり，注目される。

⑷　現代の地理的課題を問う問題が目立つ

地理事象や地域的特色に関して，その地理的背景，地域間の共通点や相違点，変化の状況と要因などを考えさせる問題が多い。主な内容を挙げると次のようになる。

①　経済活動に関係するもの

農林・水産業や鉱工業はもとより，交通や貿易，商業などを含めた経済活動についての問題が頻出である。2018 年度〔２〕国際海運の変化と環インド洋の域内協力，2019 年度〔２〕国際貿易と観光，2020 年度〔２〕世界の食料の生産と消費，2022 年度〔２〕ブラジルの地域格差，2023 年度〔２〕第一次産業の国際比較などがそれで，社会・経済の変化が地域にどのような特色を生み出しているのかを問う内容が多い。

②　地域や社会の特徴に注目したもの

人口や都市，人々の暮らしや交流についての問題が特徴的で，2018 年度〔３〕日本の人口増減率の地域差と大都市の暮らしの変化，2021 年度〔２〕世界の言語状況と教育，2024 年度〔１〕世界の食料資源などが出されている。地域間交流もポイントの一つで，2014 年度〔２〕ヒト・モノ・情報の流動で取り上げられた通信は注目される。

③　時事的な動きに関するもの

国際社会の動きを地理の立場で考える問題にも特色がある。そのなかには，2014 年度〔２〕国際航空旅客と国際航空貨物，2015 年度〔２〕日本の野菜輸入，2018 年度〔２〕環インド洋連合（IORA）のように，ヒトとモノの国際的動向を背景にして答える問題もある。この場合，しばしば発展途上国に関わる事柄が取り上げられ，地誌的内容も含まれることに注意しておきたい。ほかに，2016 年度〔１〕ジェントリフィケーション，〔２〕植物油の需要増加，2017 年度〔２〕水資源をめぐる国際関係，2024 年度〔３〕アジアの大都市における地下鉄建設なども時事的な地理事象と言えよう。

⑸　日本に関する問題が必出である

日本各地の地域性の相違をはじめ，日本の自然環境や地理事象の特徴，世界と日本の関わりなど，日本に関する内容の出題頻度も高い。この場合，産業活動や人口・都市，あるいは生活に関係する内容が多いことに注意したい。2018 年度〔3〕都道府県別人口増減率・地方都市の拡大・大都市の生活の変化，2019 年度〔3〕日本の産業と国土，2020 年度〔3〕日本の人口の動向，2021 年度〔3〕日本の女性就業者，2022 年度〔3〕東京郊外の変化と日本の果樹生産とその変化，2023 年度〔3〕居住と自然環境などがそれである。地形図の読図を含む自然地理関係，特に地形については日本の事例が多いことは言うまでもない。

⑹ 文章の表現力が試される

論述問題では簡潔さが求められ，答えなければならない事柄のわりには主に 30～90 字と制限字数が少なめに設定されている。用いる語句が指定されることも多いので，どの分野の内容であっても，設問のポイントがどこにあるかを見極める力とともに，簡潔でしかも題意にあった文章をまとめる表現能力が試される。

03 難易度は？

年度によって難易度に若干の変化が認められるが，ここ数年間を平均してみると標準ないしやや難のレベルであろう。各年度とも極端な難問はなく，高校地理の学習目的と学習内容に準拠した良問が並べられている。もっとも，見慣れない資料類がよく出されることから，その読み取りの段階で難しいと感じるかもしれない。しかし，一見難しそうにみえても，学習した知識をもとに地理的に考えれば十分に正答が得られる問題なので，「覚えていないのでお手上げ」なのではなく「考えれば簡単」という面もある。求められているのは，地理的な判断力や思考力，さらには地域の現状と将来を見通す洞察力なのである。ただし，短い制限字数に多くの内容を含める文章力が必要なため，このことが難度を高くする要因となっている。また，設問数や論述字数に対して試験時間が長くはないので，素早い判断で答えていくことが求められる。

対策

01 基本事項を確実に自分のものにする

基本的な地名，地理用語，地理事象が正しく答えられるかどうかは，得点に影響するだけでなく，それらの知識が不十分だと思考力を働かせることもできない。その意味で，基本事項をしっかりと自分のものにすることは最大の武器となる。まずは，教科書を確実にマスターするとともに，地名の位置や地理事象の分布を地図帳で押さえておく。その上で，用語の意味や事例を『地理用語集』（山川出版社）などの地名・用語事典で確認し，『新編 地理資料』（東京法令出版）ほかの副読本で知識の幅を広げておこう。

02 地理的思考力を養う

東大の問題に対処するには，幅広い知識をもとに総合的に思考力を働かせて判断する力を養っておくことが最も大切である。そのためには，「地理事象の特徴を知る」ことはもとより，「事象の分布とそれが生じた背景を考える」「事象間の相互関連性や地域による共通点と相違点をさぐる」などに力点を置いた学習を心がけてほしい。思考力を高めるために，データを「読み取る力」や，「結びつける力」を身につけておくことが望まれる。

❶ 自然環境と人間活動の関係を考える

自然環境に関しては，地形，気候だけでなく，植生，土壌，水環境などを幅広く学習しておく必要がある。自然そのものの理解はもちろんだが，産業や暮らしとの関係，例えば2017年度〔2〕で出されたPM2.5のような環境問題や，2018年度〔1〕の二酸化炭素濃度増加のシナリオと人間活動など，「自然が人間活動といかに関わるか」「人間活動が自然へいかに影響するか」に焦点を当てることが重要である。日本をはじめとした地域ごとの特色を知るほか，地球規模で考えることも大切である。

❷ 現代的諸問題への理解を広げる

世界各地の地理的諸問題について，どこで，何が，どのようにみられるのか，その理由は何かなどに気をつけておこう。いわゆる時事的な事柄にも注目して，環境問題をはじめ，資源問題，産業の変化，民族・社会問題，経済的・政治的国際関係なども具体的にとらえたい。例えば，2014 年度〔2〕の国際電話やインターネットに関する問題は，ボーダレス時代の国や地域の変化に留意しておく大切さを教えてくれる。平素から新聞，テレビの報道や解説に注意するほか，『現代用語の基礎知識』（自由国民社）のような用語年鑑の活用も有効である。

❸ 生活に関連する事項に注目する

都市や人口，食料問題，人々の暮らしなど，人間生活に関わる事項に注目しておいてほしい。この分野では，2016 年度〔3〕の市町村合併の影響や 2018 年度〔3〕の大都市でも買い物の不便さのある地域のように，政治や経済，社会の変化が地域の特色としていかに表れるか，地域の特色が暮らしにどう反映されているかに焦点が当てられることが多い。そのため，一般に教養と呼ばれる知識を幅広く身につけ，さまざまなデータを総合的に組み合わせて判断できるようにしておくことが大切となる。

03 地域別の特徴をまとめる

項目では経済活動や人口現象などが多いが，その他の分野を含めて系統地理の内容を地域別に整理してまとめておこう。あまり細かな地域区分ではなく，やや大きな区分のなかで地域の特色を考えてみるのがよい。

❶ 日本に関しては念入りに

日本に関する問題は，必ず出されると考えておいたほうがよい。自然環境をはじめ，産業・人口・都市の問題が多い。経済や社会の年代による変化もよく出されるので，高度経済成長や円高，バブル崩壊，大震災など，各年代を知るキーワードをもとに流れを理解しておこう。さらに，それに伴う暮らしや地域の変化にも注意し，身の回りの地理的事象に気をつけておきたい。地方別や都市・農村別，大都市圏と地方圏，都心と郊外などの区分をしてみることも必要である。

❷ 地域単位のまとめをする

総合的な地誌問題というわけではないが，設問や小問に地誌的内容が出されたり，地域を決めて系統的な項目が出題されることは多い。ヨーロッパやアメリカといった広域的な範囲のほか，2017年度〔1〕で出された太平洋の島嶼，2018年度〔2〕の環インド洋のような海洋を巡る自然的な単位，国家や国家群，2016年度〔1〕で出されたメガロポリスのような特色ある地域について，自然環境や民族の動向，産業の特色，ヒト・モノの動きなどを整理しておくのがよい。

❸ 発展途上国・地域に注目

発展途上国・地域については，資源問題のように国際関係と関わるもの，食料問題や人口・民族問題など地域事情と関係するものの両方に気をつけたい。特に注意したいのはアジア諸国で，なかでも中国は，経済発展の実態とその社会的影響の面から学習を深めておこう。また，2015年度〔2〕で中国のアフリカ進出が取り上げられたように，発展途上国・地域をめぐる国際的な時事問題と関わるテーマの出題も考えられる。日頃から積極的に新聞やニュースなどに接し，特に発展途上国・地域の大きな話題を目にしたときは，さまざまな地理的観点から自分なりに整理してみよう。

04 統計・地図・グラフなどに強くなる

統計表・グラフ・地図などの資料類を用いた問題は，東大地理の大きな特徴となっている。これらは地域の特徴を考えさせる材料として出されるので，数値などを覚えるのではなく，全体的な傾向から地域や地理事象の特色を読み取れるようにしておくことが大切である。出題される資料類には見慣れないものも多いが，練習としては，まず教科書や副読本などの図表を読み，さらに学習用の『データブック オブ・ザ・ワールド』（二宮書店），より詳細な『日本国勢図会』『世界国勢図会』（ともに矢野恒太記念会）などを活用して学習を進めるのがよい。地図については，常に地図帳を手元に置き，世界地図や大陸・主要な島などの地図が頭の中で描けるようにしておくほか，地名の位置や地理事象の分布を確認してほしい。地形図についても，等高線から地形がイメージできるようにするなど，読図の練習をしっかりとしておかねばならない。なお，2022・2023年度は2015

年度以来となる地形図が出題された。今後も要注意である。

05 コンパクトな論述の練習が大切

論述問題は制限字数が少なめなので，題意にあわせてポイントを絞り，簡潔で論理的な文章が書けるようにしておこう。出題頻度の高い60字で書く練習が大切だが，まずは30字程度の短文でまとめができるようにし，それを2つ，3つと組み合わせて内容を詳しくしていくのがよいだろう。地理事象の説明をする，その分布や要因をまとめる，地域ごとの特色やいくつかの地域の共通点・相違点を述べてみる，統計表や地図などから読み取った事柄を文章にしてみるなどが効果的である。使用語句が指定される場合もあるので，2～4個程度のキーワードを決めてから書いていく練習も必要である。

06 過去問に学ぶ

東大の地理では，同じ内容が繰り返し出題されることはほとんどないと考えてよい。しかし，よく似た事象が1，2年の間隔をあけて出されることや，テーマや出題姿勢，出題形式に類似性がみられることから，テーマを別の視点でとらえ直すため，また論述問題などの形式に慣れるために，過去問に学ぶ意味は大きい。ことに資料類の読み取り練習には，これまでに出題された統計表やグラフなどに目を通し，問題を解いてみるのが効果的である。『東大の地理25カ年』（教学社）でさらに多くの過去問に当たっておくのもよいだろう。

○東大が受験生に身につけてほしいこと【地理歴史・公民】

過去と現在，世界の各地域など，人間社会で一見バラバラに起こっている事象は相互に関連しています。それらについて一定の知識を身につけることはもちろん必要ですが，東京大学は細部にわたる知識の量ではなく，知識を関連づけて分析，思考する能力を重視します。そうした能動的で創造的な思考力は，暗記を目的とした勉強ではなく，新聞やテレビなどで報じられる現代の事象への関心や，読書によって養われる社会や歴史に対する想像力を通じて形成されます。そのため本学を志望する皆さんには以下の点を期待します。それに留意して学習に励んでください。

1）　総合的な知識

本学は，狭い特定分野の知識や能力（いわゆる「一芸」）ではなく，幅広く，総合的な知識を求めます。それが複雑な社会現象を理解する上での前提となるからであり，狭い視野から導き出される結論は独善的なものになりがちだからです。地理歴史の入試問題においても，幅広い分野からバランスよく出題するようにしています。

ただし，入学試験の解答に必要とされる知識の程度は，現行の高等学校学習指導要領を超えるものではありません。

2）　知識を関連づける分析的思考力

地理歴史・公民の各科目では，便宜上の理由から，様々な知識が細切れに習得されることになりがちですが，そのような各分野の知識を関連づけて理解する能力が求められます。そのためには，入学試験で選択する科目だけに偏ることなく，地理歴史・公民の各科目を高等学校段階で広く学習し，複雑な社会現象を捉える眼を養うことが期待されます。入試問題において，地図，図表などの資料を用いた問題の出題されることがあるのも，単なる知識の量ではなく分析的思考力を測るためです。

3）　論理的表現力

本学は，思考を論理的に表現する能力を重視します。入試問題においても，分析的思考力と論理的表現力の双方を的確に測る目的で，文章で解答する論述式の問題が出題されます。

『令和６年度 東京大学入学者募集要項』より

数　学

年　度	番号	項　目	内　容
2024	〔1〕	図形と方程式，微・積分法	円と放物線が接する条件，放物線が囲む面積　✓証明
	〔2〕	指数・対数関数	対数を用いた不等式の評価
	〔3〕	三角関数，高次方程式	座標平面上でなす角が等しい条件
	〔4〕	確率	円の中心を内部に含む四角形ができる確率
2023	〔1〕	数と式	2次方程式の2解の対称式の最小値
	〔2〕	微・積分法	放物線上の点と直線の距離の関数の定積分値，関数の最大値と最小値
	*〔3〕	確率	3色の玉12個の並べ方に関する条件付き確率
	〔4〕	空間図形	ある断面に関して対称な四面体の体積
2022	〔1〕	図形と方程式	原点で直交する2接線をもつ放物線の方程式の係数　✓証明
	〔2〕	図形と方程式，微分法	3次関数のグラフの接線に直交する直線と交点，3次関数の増減　✓証明
	〔3〕	数列，整数	整数からなる数列の mod 3 での周期性，3つの項の最大公約数
	〔4〕	確率	コインの裏表の出方と点の移動に関する確率
2021	〔1〕	微分法	3次関数のグラフと単位円の共有点の個数，3次関数の極値の符号
	〔2〕	場合の数	$2N$ 個の整数から N 個を選ぶとき連続する整数を選ぶ場合の数
	*〔3〕	図形と方程式	2つの放物線の共有点の x 座標，放物線の通過範囲　✓図示
	*〔4〕	整数	4で割った余りと二項係数　✓証明
2020	〔1〕	微分法，不等式	3次関数のグラフと格子点
	〔2〕	場合の数	16個の格子点から条件を満たす5点を選ぶ場合の数
	〔3〕	図形と方程式	放物線上の動点と領域，正三角形の頂点，直線の回転　✓図示
	*〔4〕	数列	多項式の係数と数列

2019	*〔1〕	図形と方程式，微分法	三角形の面積，3文字の関係式から1変数関数への帰着
	〔2〕	ベクトル，積分法，図形と方程式	不等式と領域，領域内の点と原点を結ぶ線分と x 軸とのなす角　✓図示
	〔3〕	確率	正八角形の頂点を移動する動点についての確率
	〔4〕	ベクトル，図形と方程式	領域内を動く2点で定まる点の動く範囲，ベクトルと図形の移動　✓図示・証明
2018	〔1〕	図形と方程式	直線と点の距離，点の存在範囲　✓図示
	〔2〕	整数，数列	項の大小と不等式
	*〔3〕	図形と方程式，微分法	3次方程式の実数解の評価と3次関数のグラフ　✓図示
	〔4〕	図形と方程式，積分法	放物線の通過範囲と面積　✓図示

(注)　＊印は理科との共通問題を示す（一部共通も含む）。

出題範囲の変更

2025年度入試より，数学は新教育課程での実施となります。詳細については，大学から発表される募集要項等で必ずご確認ください（以下は本書編集時点の情報）。

2024年度（旧教育課程）	2025年度（新教育課程）
数学Ⅰ・Ⅱ・A・B（数列，ベクトル）	数学Ⅰ・Ⅱ・A・B（数列，統計的な推測）・C（ベクトル）

旧教育課程履修者への経過措置

2025年度において，旧教育課程履修者に対しては，出題する教科・科目の問題の内容によって配慮を行うものとする。

傾向　論理的思考力が問われる問題と方針の立てやすい素直な問題の組み合わせ

01　出題形式は？

〈問題構成〉　試験時間100分，大問4題の出題である。ほとんどの年度では4題とも小問に分かれている。小問による誘導を的確に見抜き，見通しよく解いていく訓練とともに，小問設定のない問題では自ら最初の一手を考え出し，いろいろな発想を養う訓練が必須である。

〈解答形式〉　解答形式は全問記述式である。根拠を明確にし，場合を尽くした吟味を行い，計算を慎重に行うこと。

〈解答用紙〉　解答用紙はA3判の大きさ1枚である。表面のみでなく裏面も使い，１面に２題ずつ割り当てられている。実質は１題につきＢ５判程度の大きさしかない。解答はその指定された箇所に記入する。

計算量が多いことや，場合分けが煩雑なこともある。記述すべきことをよく考え，解答用紙におさまるような答案の記述を普段から心がけよう。入試本番では，紙面を縦に２分割して記入していくなどして，スペース不足になるのを防ぐよう工夫したい。

〈計算用紙〉 解答用紙の余白には何も書いてはいけないが，問題冊子の余白は計算に使用できる。余白の部分は非常に多いので，計算だけでなく，例えば，題意の理解，解法の模索，答案の下書きなど使い道は多い。

02 出題内容はどうか？

〈出題範囲〉

2025年度の出題範囲は前掲の表のように予定されているが，数学Ｂで「統計的な推測」が出題範囲に含まれていることに注意しておきたい。

〈頻出項目〉

頻出項目は微・積分法，図形と方程式（点の存在範囲・曲線や線分の通過範囲を含む），数列，整数，確率・場合の数である。

〈出題の特徴〉

① 関数のグラフ，領域，点の存在範囲，曲線や線分の通過範囲

これらはほぼ毎年出題されている。処理能力と場合分けの力が試される。

② 確率・場合の数

確率においては場合を尽くして調べ上げる力，推移図から規則性を見出す力，場合の数においては数え上げの巧拙が問われる。2020〜2024年度は漸化式によらない解法の問題であったが，以前は漸化式を利用した確率の処理もよく出題されていた。標準〜やや難の問題が多い。2019〜2024年度は，具体的な場合の数を数え上げるタイプの出題となっている。

③ 数列，整数

整数においての基礎である整除（約数，倍数，素数・互いに素）の理論に関する論証や，数列と整数の融合問題はきわめて重要である。

④ 図形と方程式

放物線や３次関数のグラフと直線・円の問題は頻出である。空間図形は

2002 年度以降は出題されていなかったが，2023 年度に 22 年ぶりに出題された。また，ベクトル自体の問題は少ないが，解法において利用できることがある。

03 難易度は？

年度によって難易度の変動はあるが，易，標準，やや難，難が組み合わさったセットである。この 7 カ年の難易度の変動をみると，2018 年度は標準的であったが，2019 年度は最後まで詰め切るのが難しい問題もあり難化。2020・2021 年度は解法の発想力が問われるものや記述に時間を要するものもある標準～難のセットとなり，2022 年度はさらに難化した。2023 年度は一転してほとんどが標準レベルとなったが，2024 年度は再び難化した。

年度により多少の幅や変化があっても，計算ミスで大きな差が生じるので，難易度によらず正確な数値計算の練習はとても大切である。

対策

01 粘り強い思考と論理的な展開記述

東大の数学は，発想力・計算力・場合分け・論証力が問われる問題構成である。丁寧な思考と粘り強い分析を行う勉強を続けた者とそうでない者との違いがはっきり出るので，そのような努力を軽視しないこと。記述にあたっては，論理的な思考を端的に表現するように心がけなければならないが，立式の根拠などポイントになる理由づけは簡潔でもよいから省かずに記述すること。

02 場合分けと計算力

領域，確率・場合の数，整数などの分野においては，とりわけ思考を整理する上で，場合分けの良し悪しが決定的なはたらきをすることが多い。

見逃している場合がないか，最終的にどうまとめるかも含めて，普段から意識的に学習することが大事である。また，積分計算や漸化式，確率などでは計算ミスが致命的になることが多い。計算量を減らす工夫をする，計算を素早くチェックする，数値の妥当性を検討する，代入する数値や分数計算，符号に誤りがないか確かめる，特別な値で結果を検証するなどを常に心がけることで，計算ミスを減らすことができる。また，ミスに気づいて時間をロスしても決して狼狽しない精神力，周囲を気にしない集中力も大切である。

03　基礎事項を軽視しない

解答の多くはたくさんの基礎事項で組み立てられる。通常の授業で扱われる定義，証明，基礎的な操作，公式の適用などを絶対に軽視してはならない。それとともに『東大の文系数学 25 カ年』（教学社）などを活用して過去問に多く接し，それらの基礎事項を総合的に理解しながら定着させていくことも重要である。その過程で，よく使われるアイデアも身につけることができるだろう。

東大「数学」におすすめの参考書

Check!

✓『東大の文系数学 25 カ年』（教学社）

○東大が受験生に身につけてほしいこと【数学】

数学は，自然科学の基底的一分野として，人間文化の様々な領域で活用される学問であり，科学技術の発展に貢献するだけでなく，社会事象を客観的に表現し予測するための手段ともなっています。そのため，東京大学の学部前期課程（1，2年生）では，理科各類の全学生が解析・代数を必修科目として履修し，文科各類の学生も高度な数学の授業科目を履修できるカリキュラムが用意されています。

本学に入学しようとする皆さんは，入学前に，高等学校学習指導要領に基づく基本的な数学の知識と技法を習得しておくことはもちろんのことですが，将来，数学を十分に活用できる能力を身につけるために，次に述べるような総合的な数学力を養うための学習を心掛けてください。

1） 数学的に思考する力

様々な問題を数学で扱うには，問題の本質を数学的な考え方で把握・整理し，それらを数学の概念を用いて定式化する力が必要となります。このような「数学的に問題を捉える能力」は，単に定理・公式について多くの知識を持っていることや，それを用いて問題を解く技法に習熟していることとは違います。そこで求められている力は，目の前の問題から見かけ上の枝葉を取り払って数理としての本質を抽出する力，すなわち数学的な読解力です。本学の入学試験においては，高等学校学習指導要領の範囲を超えた数学の知識や技術が要求されることはありません。そのような知識・技術よりも，「数学的に考える」ことに重点が置かれています。

2） 数学的に表現する力

数学的に問題を解くことは，単に数式を用い，計算をして解答にたどり着くことではありません。どのような考え方に沿って問題を解決したかを，数学的に正しい表現を用いて論理的に説明することです。入学試験においても，自分の考えた道筋を他者が明確に理解できるように「数学的に表現する力」が重要視されます。普段の学習では，解答を導くだけでなく，解答に至る道筋を論理的かつ簡潔に表現する訓練を十分に積んでください。

3） 総合的な数学力

数学を用いて様々な課題を解決するためには，数学を「言葉」や「道具」として自在に活用できる能力が要求されますが，同時に，幅広い分野の知識・技術を統合して「総合的に問題を捉える力」が不可欠です。入学試験では，数学的な思考力・表現力・総合力がバランスよく身についているかどうかを判断します。

『令和6年度 東京大学入学者募集要項』より

国語

年度	番号	種類	類別	内容	出典
2024	*〔1〕	現代文	評論	内容説明（100～120字他），書き取り	「時間を与えあう」 小川さやか
	*〔2〕	古文	日記	口語訳，内容説明，和歌解釈	「讃岐典侍日記」 藤原長子
	*〔3〕	漢文	文章	口語訳，内容説明，指示内容	「書林揚觶」 方東樹
	〔4〕	現代文	随筆	内容説明	「クレリエール」 菅原百合絵
2023	*〔1〕	現代文	評論	内容説明（100～120字他），書き取り	「仮面と身体」 吉田憲司
	*〔2〕	古文	説話	口語訳，内容説明	「沙石集」 無住
	*〔3〕	漢文	思想	口語訳，内容説明	「貞観政要」 呉兢
	〔4〕	現代文	随筆	内容説明	「詩人であること」 長田弘
2022	*〔1〕	現代文	評論	内容説明（100～120字他），書き取り	「ナショナリズム，その〈彼方〉への隘路」 鵜飼哲
	*〔2〕	古文	物語	口語訳，内容説明	「浜松中納言物語」
	*〔3〕	漢文	思想	口語訳，内容説明	「呂氏春秋」 呂不韋
	〔4〕	現代文	随筆	内容説明	「影絵《ワヤン・クリット》の鏡」 武満徹
2021	*〔1〕	現代文	評論	内容説明（100～120字他），書き取り	「ケアと共同性」 松嶋健
	*〔2〕	古文	物語	口語訳，内容説明	「落窪物語」
	*〔3〕	漢文	論説	口語訳，内容説明	「霞城講義」 井上金峨
	〔4〕	現代文	随筆	内容説明	「子規の画」 夏目漱石
2020	*〔1〕	現代文	評論	内容説明（100～120字他），書き取り	「神の亡霊」 小坂井敏晶
	*〔2〕	古文	絵巻詞書	口語訳，内容説明	「春日権現験記」 鷹司基忠ら
	*〔3〕	漢文	史伝	口語訳，内容説明	「漢書」 班固
	〔4〕	現代文	随筆	内容説明	「詩を考える」 谷川俊太郎

2019	*〔1〕	現代文	評論	内容説明（100～120 字他），書き取り	「科学と非科学のはざまで」 中屋敷均
	*〔2〕	古　文	俳文	口語訳，内容説明	「誹諧世説」 高桑闌更
	*〔3〕	漢　文	思想	口語訳，内容説明	「明夷待訪録」 黄宗羲
	〔4〕	現代文	随筆	内容説明	「ヌガー」 是枝裕和
2018	*〔1〕	現代文	評論	内容説明（100～120 字他），書き取り	「歴史を哲学する」 野家啓一
	*〔2〕	古　文	軍記物語	口語訳，内容説明，和歌解釈	「太平記」
	*〔3〕	漢　文	文章	語意，内容説明，口語訳	「新刻臨川王介甫先生文集」 王安石
	〔4〕	現代文	随筆	内容説明	「緑の色鉛筆」 串田孫一

（注）　＊印は理科との共通問題を示す（一部共通も含む）。

古文出典・内容一覧

年　度	出　典	類別	内　容
2024	「讃岐典侍日記」	日記	堀河天皇の死を悼み新天皇への出仕を逡巡
2023	「沙石集」	説話	福耳を売って不幸になり品性も衰えた僧
2022	「浜松中納言物語」	物語	中国で契りを結んだ后との別れを悲しむ中納言
2021	「落窪物語」	物語	落窪の君の夫道頼一行と父源中納言家の車争い
2020	「春日権現験記」	絵巻詞書	興福寺の僧に下された春日大社の神の託宣
2019	「誹諧世説」	俳文	妻が猫を過度に愛することから発した夫婦の一件
2018	「太平記」	軍記物語	和歌の代詠と引き歌による返事の解釈

傾向　現代文〔4〕は随筆が連続して出題
古文・漢文は標準的な良問

01　出題形式は？

〈問題構成〉　現代文 2 題，古文 1 題，漢文 1 題の計 4 題という構成が続いている。試験時間は 150 分。

〈解答形式〉　全問記述式である。〔1〕の 100～120 字の内容説明を除けば，字数制限はない。したがって，指定された解答欄の大きさからおおよその字数を判断することになる。

〈解答用紙〉 例年，解答用紙の指定の枠内に記入する形式。説明問題の1行の長さは13.5cm程度，幅は各行とも約9mmとなっている。1行の枠内に2行以上書いたり，枠をはみ出したりしないこと。逆に空白が多すぎるのも望ましくない。解答分量は1問につき1～2行である。「ことばを補って」「わかりやすく説明」「平易な現代語に」などと示されている設問では，スペースを考えるとポイントを絞ってまとめるのに苦労するかもしれない。

02 出題内容はどうか？

▶現代文〔1〕

本文：例年，抽象度の高い論理的文章が出題されている。その内容は哲学や科学思想史，言語や美術を含めた文化論，社会論や文明論が主なものである。

設問：論旨をきちんと把握できているかどうかを問う説明問題が中心である。特に本文の論理展開上重要な箇所についての説明問題が多い。記述問題とはいえ，解答の方向性は定まっており，解釈の仕方でさまざまな解答が出るようなものはあまり出題されない。設問の意図するものに答えるには，単に本文からの引用をまとめるだけでは不十分なものが多い。ふだんから語彙を豊富にすることを意識し，自分の言葉で文章をまとめることがきわめて大切といえる。抽象的な語句をわかりやすく説明する表現力も必要である。さらに，字数指定のあるなしを問わず，ポイントを押さえながら簡潔にまとめる要約力も欠かせない。

なお，本文全体の趣旨（論旨）をふまえて100字以上120字以内でまとめる設問が定着している。漢字の書き取り（音・訓含めて）も例年3問出題されている。

▶現代文〔4〕

本文：感性的文章と論理的文章の両方が出題されているが，2014年度以降は随筆が連続している。

設問：〔1〕と同じく説明問題が中心である。感性的な文章では比喩表現の具体的説明や筆者の表現意図を問うものが目につく。このような設問に対しては，評論以上に，本文の語句を適当につないでまとめるだけでは不十分で，自分なりにその内容を深く読み込んだうえで自分の言葉でまとめねばならない。ただし，自分勝手な読み込みをしたのでは的はずれな解答や根拠のない解答になるので注意が必要である。〔1〕以上に表現力や豊富な語彙力が必要となる。

論理的な文章については，〔1〕と傾向はたいして変わらない。全体の趣旨をふまえてまとめる設問や漢字の書き取りがないくらいで，いずれも要所要所のポイントを的確に判断して説明する設問となっている。ただし，〔1〕よりも難度は高い。読解力・表現力がともにないと歯が立たないだろう。

▶古　文

本文：標準的な文章が出題される。物語や日記の一部が出題される場合はリード文が丁寧に付されるし，それ以外の作品でも必要な限りの注や系図が付けられ，専門的な古典の知識，作品に対する予備知識の有無で解答作成に差が出ることはない。

出典は中古と中世が中心となっている。ジャンルは，物語系の作品が出題されることが多い。2024年度は中古の日記が出題された。それ以外では，2020・2023年度は説話や説話的な文章，2019年度は俳文が出題されているので，典型的な中古文を中心にしつつも，近世の作品まで目を通しておきたい。

設問：口語訳を中心に，本文全体の主旨や部分の理解を説明問題で問う，典型的な記述型読解問題である。傍線箇所も基本的な古語や語法・文法などに着眼点をおいたもので，これといって難問が課されることもなく，良問で構成されている。口語訳でも指示語の指示内容や具体的な内容を記す必要のある場合には設問でその旨が指示されるので，何を書けばよいか戸惑ってしまうというようなことはない。前後の文脈をふまえた人物の心情を説明する問題がよく出題されている点には注意を払っておきたい。文法問題が単独で出題されることは近年はないが，口語訳においても説明においても，助動詞・助詞・敬語などの正確な理解が求められていることはいうまでもない。なお，解答欄が小さいのでコンパクトにまとめる必要がある。

和歌に関しては，2022・2024 年度に大意の説明（2022 年度は下の句のみ），2018・2020 年度に掛詞の理解をふまえた内容説明が出題されたが，修辞そのものを問う問題は少なく，詠まれた状況や詠み手の心情に即した解釈を問うものが主体である。散文の中に含まれている修辞表現については，前後の文脈をふまえた心情や内容理解の説明といった形で問われることがある。

▶漢　文

本文：史伝や経書，思想，文章，説話などの出題が多い。2011・2016 年度には漢詩の出題もみられる。

本文は，一部の設問箇所を除いて，返り点，送り仮名が付けられていることがほとんどである。会話を示す「　　」や注も親切に付されていて，読解しやすいように問題文が作られている。

設問：例年の傾向として口語訳中心の問題構成となっている。また，心情や状況などの具体的な説明も求められるが，こういった問題も口語訳の延長にあるものとみてよい。説明問題に関しては，解答欄の大きさから推定して，さほど詳細な説明が要求されているのではないようで，むしろ，多く記された情報をより簡潔にまとめるといったポイントを絞った要約力が問われているといえる。

03　難易度は？

▶現代文　年度により難易度にやや揺れがあるが，いずれにしてもかなりの読解力と知識・教養がないと，短時間で読み解くのは困難であろう。加えて表現力や要約力を十分身につけておかないと，高得点は難しい。〔４〕は５～６割の得点が目処といえよう。時間配分は〔１〕が 40 分，〔４〕が 30 分というのがひとつの目安となるだろう。

▶古文・漢文　全国の国公立大学の同傾向の問題の中でみても，古文・漢文ともに標準的な問題で，特別難度の高い問題が出題されることはない。この出題傾向はここ数年安定している。時間配分は〔２〕に 35 分，〔３〕に 30 分が目安となるだろう。

対策

現代文

01 論理的思考力

人文科学・社会科学・自然科学など各分野の評論文を幅広く読んでおくことが望ましい。基礎知識や論理的思考力があるかないかは，読解の正確さや速さに大きくかかわってくる。教科書はいうまでもなく，新聞の社説や論文，文芸雑誌，新書や文庫，単行本などを精力的に読み込もう。例えば，2021年度に出題された「ケアと共同性」が収録されている『文化人類学の思考法』（松村圭一郎他編，世界思想社），『現代の哲学』（木田元，講談社学術文庫），『現代思想の源流』（今村仁司他，講談社），『現代思想のコミュニケーション的転回』（高田明典，筑摩選書），『哲学で何をするのか』（貫成人，筑摩選書）あたりがすすめられる。現実にはなかなか時間がとれないというのであれば，最近の思潮を取り上げていて短い文章を集めたもの，例えば，『高校生のための現代思想エッセンス ちくま評論選 二訂版』（岩間輝生他編，筑摩書房），『高校生のための評論文キーワード100』（中山元，ちくま新書）や，『術語集』『術語集 II』（中村雄二郎，岩波新書），『現代思想を読む事典』（今村仁司編，講談社現代新書），『いまを生きるための思想キーワード』（仲正昌樹，講談社現代新書）などを読んでみてはどうだろうか。また，現代文のキーワードを解説した参考書の一読もすすめる。

02 豊かな感性の育成

論理的思考力とともに感性の豊かさ，鋭さも求められている。教科書や新書・文庫などを利用して韻文や随筆，小説などに数多くふれておきたい。手っ取り早いものとしては韻文の短い批評を集めたもの，例えば，『折々のうた』（大岡信，岩波新書）などを利用するのもよい。あるいはエッセイのアンソロジー『ベスト・エッセイ』（日本文藝家協会編，光村図書出版）などもすすめられる。

03 表現力の養成

全問記述式であるからその訓練は不可欠である。問題集や本書などで訓練しておくべきだが，その際，以下の点に注意したい。

① **抽象的表現を具体的表現に**
② **比喩表現を普通の表現に**
③ **本文のキーワードとなる語句の意味を具体的に**
④ **反語など修辞を使った表現を率直・簡明な表現に**
⑤ **省略された意図を明らかに**
⑥ **倒置された因果関係を本来の順番どおりに**

こうした点の読み込みの深さと，それを簡潔な答案に仕上げる的確な表現力の向上をめざすこと。設問で問われるのは，このような箇所である。

04 表現の正確さ

実際に文章を書いてみた後で，必ず以下のことをチェックしておこう。これは古典でも同様である。

① **誤字・脱字がないか**
② **主語と述語，修飾語と被修飾語が正しく対応しているか**
③ **副詞や助詞などの使い方が間違っていないか**
④ **読点の付け方が適切か**

古　文

01 基礎的知識

基本中の基本である，単語と文法をマスターすること。

【単語】 ① 陳述の副詞　② 古今異義語　③ 多義語　④ 慣用表現
【文法】 ① 助詞・助動詞　② 敬語　③ 紛らわしい語の識別

以上の知識を，読解の前提として身につけなければならない。

02 古典常識

設問は，内容読解に終始している。適切な注が付いているとはいえ，古文の世界観や一般的宗教観，風俗，暦，有職故実などの古典常識についての一定レベルの教養を身につけておく必要がある。むろん，古文を多く読むに越したことはないが，現代語訳または小説化されたものなどで一度なじんでおくだけでも違う。『源氏物語』をはじめとして多くの現代語訳版が出版されているし，谷崎潤一郎や芥川龍之介，円地文子など，近現代の小説にも中古を題材としたものが多い。

03 口語訳・内容説明

口語訳は基本的には正確な逐語訳をする。内容説明は傍線部を文脈を補って説明する。必要に応じて，指示内容や省略された主語・目的語・述語を補おう。ただし，いずれも現代語の表現として自然な言葉になるよう気をつけたい。このような配慮は，古文に慣れた者ほど注意が必要であろう。古文の表現に慣れてしまうと，現代語としての不自然さを見落としがちになる。自分が読み手になっても理解できる文を作るように心がけたい。

04 和歌修辞

〈傾向〉で述べたように和歌修辞そのものが直接問われることは少ないとはいえ，解釈や説明問題で掛詞・序詞などの修辞がからむことがある。折句や沓冠なども含めて和歌修辞の知識を身につけ，その修辞が反映された口語訳の仕方をマスターしておきたい。『大学入試 知らなきゃ解けない古文常識・和歌』（教学社）を利用して，和歌を含む設問に集中的に取り組むのもよいだろう。

漢　文

01 基礎の充実で確かな読解

主語を補いつつ本文の流れを正確に押さえる読解力が問われる。難解な文章は出題されないから，まず教科書の復習を中心にする。

訓読そのものが問われることはほとんどないが，漢文を正確に素早く読むためには訓読に慣れておくことが必要である。訓読の基本法則，再読文字・返読文字，助字，基本句形，多義（多読）語を確実にマスターしよう。内容の理解に際しては，疑問，反語，抑揚，感嘆，否定の表現に注意しよう。過去には副詞「何」を本文の流れから疑問・反語のどちらで読むのかが書き下し文で問われている。また，漢文の背景となる思想や歴史などの知識を学んでおくと，読解の助けとなる。

02 口語訳

訓読ができれば直訳は難しくないだろうが，漢文はたとえ話や比喩表現が多く，また文章が簡潔なので，解答では適宜言葉を補って訳す必要がある。日本語として意味の通じる訳文を書く練習をしておこう。古文においては，単に「現代語訳せよ」という口語訳問題も多いが，漢文では「平易な現代語に訳せ」などという問い方をされることがある。東大の受験生のレベルを考えると，標準的な問題だけに，ちょっとした表現の不備や説明の不明瞭さが致命傷となりかねないので十分に注意したい。

漢詩：2011・2016 年度に漢詩が出題された。漢詩の形式や着想などについて一通りの学習を行うと同時に，『唐詩選』（岩波文庫）などを利用して漢詩に親しんでおきたい。古文の理解に役立つこともある。漢詩は，日本の和歌と同じく，比喩などによって重層的な意味を含んでいる。例えば

《根が抜けて，風に吹かれていく草》=《頼りない自分の境涯》

という連想ができるよう，想像力と鑑賞力を養っておくとよい。漢詩の参考書などでパターンをつかんでおこう。

○おすすめ参考書

『東大現代文プレミアム』（教学社）

東大現代文の「解き方」を丁寧に解説する一冊。現代文が苦手で解答に自信が持てない人，現代文は得意だが東大の問題には苦戦する人，現代文で安定して得点したい人におすすめ。

○東大が受験生に身につけてほしいこと【国語】

国語の入試問題は，「自国の歴史や文化に深い理解を示す」人材の育成という東京大学の教育理念に基づいて，高等学校までに培った国語の総合力を測ることを目的とし，文系・理系を問わず，現代文・古文・漢文という三分野すべてから出題されます。本学の教育・研究のすべてにわたって国語の能力が基盤となっていることは言をまちませんが，特に古典を必須としているのは，日本文化の歴史的形成への自覚を促し，真の教養を涵養するには古典が不可欠であると考えるからです。このような観点から，問題文は論旨明快でありつつ，滋味深い，品格ある文章を厳選しています。学生が高等学校までの学習によって習得したものを基盤にしつつ，それに留まらず，自己の体験総体を媒介に考えることを求めているからです。本学に入学しようとする皆さんは，総合的な国語力を養うよう心掛けてください。

総合的な国語力の中心となるのは

1）　文章を筋道立てて読みとる読解力

2）　それを正しく明確な日本語によって表す表現力

の二つであり，出題に当たっては，基本的な知識の習得は要求するものの，それは高等学校までの教育課程の範囲を出るものではなく，むしろ，それ以上に，自らの体験に基づいた主体的な国語の運用能力を重視します。

そのため，設問への解答は原則としてすべて記述式となっています。さらに，ある程度の長文によってまとめる能力を問う問題を必ず設けているのも，選択式の設問では測りがたい，国語による豊かな表現力を備えていることを期待するためです。

『令和６年度 東京大学入学者募集要項』より

東大「国語」におすすめの参考書

Check!

- ✓『文化人類学の思考法』（松村圭一郎他編，世界思想社）
- ✓『現代の哲学』（木田元，講談社学術文庫）
- ✓『現代思想の源流』（今村仁司他，講談社）
- ✓『現代思想のコミュニケーション的転回』（高田明典，筑摩選書）
- ✓『哲学で何をするのか』（貫成人，筑摩選書）
- ✓『高校生のための現代思想エッセンス ちくま評論選 二訂版』（岩間輝生他編，筑摩書房）
- ✓『高校生のための評論文キーワード 100』（中山元，ちくま新書）
- ✓『術語集』『術語集 II』（中村雄二郎，岩波新書）
- ✓『現代思想を読む事典』（今村仁司編，講談社現代新書）
- ✓『いまを生きるための思想キーワード』（仲正昌樹，講談社現代新書）
- ✓『折々のうた』（大岡信，岩波新書）
- ✓『ベスト・エッセイ』（日本文藝家協会編，光村図書出版）
- ✓『唐詩選』（岩波文庫）
- ✓『東大現代文プレミアム』（教学社）
- ✓『大学入試　知らなきゃ解けない古文常識・和歌』（教学社）

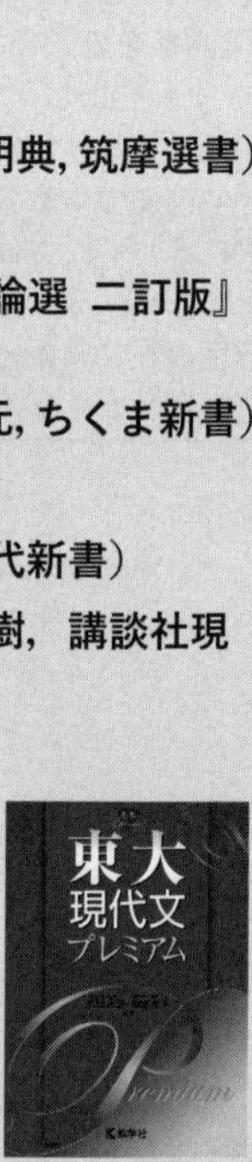

2024年度

解答編

前期日程

解答編

英語

1 (A) — 解答　**〈解答1〉**　民主主義に不可欠な大衆心理の操作を目的とするプロパガンダは，暴力に訴えない手段だが，第二次大戦中にイメージが悪化したため，現在ではこの用語自体は使われていない。(70～80字)

〈解答2〉　プロパガンダは暴力に代わる大衆心理操作の手段であり，民主主義の本質的特徴である。第二次大戦中のイメージの悪化で，現在は呼び名を変えて世界中に広まっている。(70～80字)

〈解答3〉　非暴力的に大衆心理を操作し，民主社会の構造を維持する手段であるプロパガンダは米国で生まれ，第二次大戦中の悪印象を払拭する別の用語で，現在世界中に広がっている。(70～80字)

…………………… **全訳** ……………………

《プロパガンダの目的》

1　米国現代史の主要な論争点の一つがコーポレート・プロパガンダであることは間違いない。プロパガンダは商業メディア全体に広がっているが，娯楽産業，テレビ，学校で見られるもののかなりの部分，新聞に登場する多くのことなど，一般大衆に届く全般的な仕組みも含んでいる。その非常に多くが広告産業から直接生まれているが，この産業はこの国で確立され，主に1920年代以後，発展した。現在では世界の他の地域全体に広がりつつある。

2　その目標はまさに最初から，彼らが言うように，完全に公然と意識的に，「大衆の心を操作する」ことだった。大衆の考え方は，企業には最大の脅威とみなされていた。米国は非常に自由な国なので，自由，諸権利，公正を手に入れようとする人々の努力を押しつぶすことを，国家の権力の行使に求めることは難しい。そのため，人々の心を操作する必要が出てくるだろうと，早い段階で認識されていた。武力や暴力の効果的な使用に取って代わる，あらゆる種類の操作の仕組みが考え出されなければならなくなるだろう。武力や暴力は初期には今よりかなり大きな程度まで使えたし，幸いなことに長年の間に，一律ではないものの，減ってきている。

[3]　広告産業の第一人者は，高く評価されている自由主義者エドワード=バーネイズである。彼は，さかのぼること1920年代に，広告産業の基準となる手引書を書いたのだが，これは非常に読む価値のあるものだ。私はここで右翼のことを語っているのではない。これははるか遠く離れた，アメリカ政治の左派自由主義側の話である。彼の著書は『プロパガンダ』という題名である。

[4]　バーネイズの『プロパガンダ』は大衆の組織立った習慣や意見の意識的操作が民主社会の中心的特徴であると指摘することで始まっている。彼は次のように言う。私たちはこれを実行する手段を持っており，これを行わなければならない。何よりもまず，それが民主主義の本質的な特性なのだ。しかしまた（一言付け加えれば）権力構造，権威構造，富などを，おおまかにそれが今あるとおりに維持する方法なのである。

[5]　第二次世界大戦の間に用語が変わったことには言及しておくべきだろう。第二次世界大戦前は，「プロパガンダ」という用語はまったく公然と自由に使われていた。そのイメージは，ヒトラーのせいで大戦中に相当悪くなったため，その用語は使われなくなった。今では他の複数の用語が使われている。

解説

◆読解する

全体の構成を意識しながら，各段を検討しよう。

〔第１段〕

この段では，米国現代史で論じるべきことがプロパガンダであり，これがアメリカで確立された広告産業から生まれたこと，この産業が現在では世界全体に広がりつつあることを述べている。

〔第２段〕

この段では，広告産業の目標は当初から大衆の心の操作であり，国家権力や暴力に代わる効果的な手段が必要だと述べている。

〔第 3 段〕

この段では，広告産業の第一人者で高い評価を受けている自由主義者エドワード=バーネイズと，その著書『プロパガンダ』が広告産業の手引書であることを紹介している。

〔第 4 段〕

この段では，『プロパガンダ』において，大衆の組織立った習慣や意見を操作することが民主社会の中心的特徴であり，操作する手段があること，操作しなければならないこと，またそれは権力や権威の構造や富を維持する手段であることが述べられていることを紹介している。

〔第 5 段〕

この段では，「プロパガンダ」という言葉が，第二次世界大戦中にヒトラーのせいでイメージが悪くなり，今では他の言葉が使われるようになっていることを述べている。

各段と各文の内容をまとめると次表のようになる。

各段の要旨		各センテンスの内容
第1段	米国現代史の論点，プロパガンダの現状	第 1 文：米国現代史の主要な論争点の一つは間違いなくコーポレート・プロパガンダである。 第 2 文：それは商業メディアだけでなく一般の人々が触れるすべての領域に広がっている。 第 3 文：その多くは，アメリカで確立し，1920 年代から発展した広告産業から生まれている。 第 4 文：現在では世界中に広がりつつある。
第2段	大衆の心の操作に使える手段	第 1 文：広告産業の当初からの目標は「大衆の心の操作」だった。 第 2 文：大衆の考えは企業の最大の脅威とみなされていた。 第 3 文：米国は自由な国であり，人々の活動を抑えるのに国家権力に訴えるのは難しい。 第 4 文：そのため，人々の心を操作する必要性が早い段階で認識されていた。 第 5 文：暴力に代わる操作の仕組みを考え出さなければならなくなる。 第 6 文：暴力は以前には使えたが，減ってきている。

第3段	広告産業の第一人者とその著書『プロパガンダ』の紹介	第１文：広告産業の第一人者は，自由主義者エドワード=バーネイズである。 第２文：彼は1920年代に広告産業の手引書を書いた。 第３文：筆者は右翼の話をしているのではない。 第４文：アメリカ政治の左派自由主義側の話である。 第５文：彼の著書の書名は『プロパガンダ』である。
第4段	『プロパガンダ』の主張	第１文：『プロパガンダ』は，大衆の習慣や意見の操作が民主社会の中心的特徴であると指摘する。 第２文：バーネイズは次のように語る。「操作する手段があり，操作しなければならない」 第３文：「それが民主主義の本質的特徴である」 第４文：「それは権力・権威構造，富を維持する手段でもある」
第5段	用語の変化	第１文：第二次世界大戦中に用語が変わった。 第２文：第二次世界大戦前は，「プロパガンダ」という言葉は公然と自由に使われていた。 第３文：大戦中にヒトラーのせいでイメージが悪くなり，使われなくなった。 第４文：今は他の語が使われている。

◆答案を作成する

広告産業の立役者であるエドワード=バーネイズとその著書のことがかなり詳しく述べられているが，字数を考えるとバーネイズ個人や著書に言及するより，そこで述べられていることをもとに，「プロパガンダとは何のためのものであり，現状はどうなっているか」をまとめる。「暴力によらずに大衆の心理を操作することを目的とする」「それが民主主義の本質的特徴である」「大戦中にイメージが悪くなり，現在は異なる用語になっている」という流れでまとめるとよいだろう。字数を調節して「アメリカから始まり今では世界中に広がっている」といったことを盛り込むことも考えられる。

語句・構文

(第１段)　●the public「一般の人々，一般大衆」　●a good bit of ～「～のかなりの部分」　●public relations「広告，宣伝」　●from *A* on「*A* 以後（ずっと）」

(第２段)　●as *A* put it「*A* の言うように，*A* の言葉を借りれば」　●call on〔upon〕*A* to *do*「*A* に～してくれるように訴える，求める」　●violence「（不当な）権力の行使，暴力」　●early on「早い段階で」

(第3段) ●leading figure「第一人者，重鎮」 ●highly regarded「高く評価されている」 ●way「はるかに」

(第4段) ●the way S V「SがVするように，SがVするとおりに」

(第5段) ●terminology「専門用語，術語」 ●drop「～をやめる，捨てる」

1 (B) ― 解答

(ア)(1)― b ） **(2)**― a ） **(3)**― d ） **(4)**― c ） **(5)**― e ）

(イ)asked an editor if I could describe a particular street as tree-lined but trash-scattered

全訳

《新聞と雑誌の記事の違い》

1 1990年代半ば，私の妻はリベリア共和国で国連人権委員会の役員を務めていた。当時，私は『ニューヨーク』誌で執筆を始めたばかりであり，私の編集者はリベリア内戦を最も緊急を要する項目リストの上位には入れていなかった。しかし，私は運がよかった。編集者は，私が『ニューヨーク・タイムズ・マガジン』に，その内戦について書くことを許可してくれるほどには理解があった。それが私の最初の正式な海外任務だったのである。

2 リベリア内戦に関するすべてのことが普通ではなく，おぞましく，そして心をとらえるものだった。しかし，私はとりわけリベリアの報道陣に魅せられた。精力的で，賢く，決然とした記者，編集者，カメラマンの集団である。モンロビアには十分な食料はなく，きれいな水はまったくなく，電気もほとんどない状態だったが，それでも報道陣は驚くべき新聞・雑誌を幾分かでも出すのに十分なインクと紙をどうにか見つけていた。

3 奇妙なことに，いまだに私が最もはっきりと覚えているのは，こうしたリベリアの新聞のある広告である。それは，私がちょうどそのころ身につけようとしていた雑誌の執筆，編集に取り組む最善の方法を私が理解する，まさしく雷に打たれたような理解だったが，それを助けてくれた広告だった。

4 その広告は地元の肉屋のもので「牛のすべての部位」と書いてあった。(1)[b ）これが肉屋の名前だったのか，販売のスローガンだったのか，単なる事実を述べたものなのか覚えていないが，それはどうでもよい]。「牛のすべての部位」という言葉がほぼ30年にわたって私の頭に残っているのは，それが新聞の執筆と雑誌の執筆の違いを私が説明する方法になったからである。

5　雑誌に携わる多くの人と同様に，私も新聞から始め，アドレナリンが出るわ，切迫しているわ，重圧の大きい共同作業をしなければならないわで，その仕事が大好きだった。『ワシントン・ポスト』紙で警察の夜の警らにはりついた駆け出しの記者だったとき，一度私は午前4時に編集室を出て，地下の印刷室にふらっと入り，まさに印刷ほやほやの朝刊を1部つかんだことがある。それは第1面に私の署名記事のある朝刊だった。記事はいちばん下だったが，そんなことはどうでもいい。それでも私は素晴らしい気分だったのだ。

6　(2)［a）しかし，そのころには実は私は自分の書く文が気になり始めており，新聞業務に携わることの限界を懸念していたのである]。私が言おうとしているのは，新聞や新聞に携わる人たちを批判しようという意図のものではない。明らかに新聞は，とりわけ大きな全国紙は，創造的で勇敢な才能ある人たちで満ちており，ちなみに彼らは，私たちの民主主義を救う手助けもしている。それは決して小さなことではない。

7　私が抱えていた問題には2つの要素があった。第一は常套句の量だった。警察のデスクで，私たちは，街には2種類の通りしかないと冗談を言っていた。「静かで並木のある通り」か「ゴミの散らかった薬物がまん延する通り」のどちらか，ということだ。私は一度ある編集者に，私が特定の通りを，並木はあるがゴミの散らかった，と言うことができるかどうか尋ねたが，彼はその冗談を理解する暇もなかった。

8　常套句はどこにでもあり，とりわけ文章の中ではそうだ。常套句は，ジャーナリズムではスピードと引き換えにしている代償の一つだが，用心深くし，編集前にてきぱきと削ることでその大半は取り除けるだろう。(3)［d）私は文を書くのがうまくはないが，そうなるように努力したいと思っていたし，今でも思っており，私に努力してほしいと思うような人たちのために働くことを望んでいた]。

9　第二の問題は，新聞を編集するとき，荒々しい感情，奇妙な詳細，異常な意見，筆者が対象となるものや世間と影響しあう不穏な力学は取り除くのがふつうであることだ。『ニューヨーカー』誌の才気ある編集者，故ジョン=ベネットは，かつて私にジャーナリズムの本当の先入観は，一貫性に向かうものだと語ったことがある。もちろん他の先入観もあるが，これは間違いなく正しいように思えた。吟味されることのないこの先入観のせいで，私たちは，記事には始まり，中間部分，結末がある，あらゆる疑問に答えなければならない，この世界で起こることはすべて何らかの理由があって起こると思ってしまうのだ。

10　雑誌に携わる人たちは，一般的に言って，別の理解をしている。すべての記事に結末があるわけではない，始まりさえ，すべての記事にあるわけではないということだ。すべてのことが筋のとおるものでなければならないわけではないのである。すべてのことが理解可能なわけではない。そして最も重要なことだが，記事を書くことに，常にずっと混乱や複雑さを加えるものがある。つまり，書き手（とその経験，信念，個性，来歴，性分）の存在は，書き手が述べたり説明したりしているどんなものでも，その実態を必ず変えてしまうということだ。(4)［c）私は時がたつうちに，最も優れた雑誌編集者は，複雑さを恐れるのではなく，それに向かうということを学んだ］。「入れてしまえ，全部入れてしまえ」というのが，こうした編集スタイルを表すのに有効な言い方だ。それを表すもう一つの言葉がある。それが「牛のすべての部位」である。

11　昨年，ちょうど『アトランティック』誌のスタッフに加わったばかりのジェニファー=シニアに，（昔から世界史的な出来事の節目の年については独創性が乏しいのだが）9/11 のテロ攻撃から 20 周年に際して，彼女には何か言うべき独自のことはあるかどうか私が尋ねたとき，彼女は少し考えてから「たぶんありますけれど，やっかいです」と言った。そのとき彼女が私に略述してくれた話は，やっかいどころではないものだった。それは非常に個人的なもので，あらゆる人々の中で，9/11 テロ陰謀説を信じている，一人の人物を取り上げたものだった。「いい人ですよ」とジェンは言ったが，これは 9/11 テロ陰謀説の信奉者に関して以前には正気の人から一度も言われたことのないことだ。私たちは話しに話した。そしてそのとき私は「牛のすべての部位」だと思い，「やってみよう」と言った。ともかく全部入れてしまえ，である。それからジェンと彼女の編集者スコット=ストッセルは何か魔法のようなことを起こし，私たちは彼女の記事を出版して，それが全米雑誌賞の特集記事部門とピューリッツァー賞の特集記事部門を受賞した。(5)［e）それが人生のあらゆるごたごたを含んでおり，散文ではなく詩のように書かれていると言う以外，説明するのは不可能だ］。ジェンとスコットと私は，その過程の終わりごろに，記事にはナットグラフと似ているものさえ含まれていないことに気づいた。ナットグラフとは，なぜあなたが，つまり読者が，この記事を読み続けるべきなのかを説明した短い文章のことを表す，新聞業界からの借用語である。ときには，雑誌の一記事はその全体が自身のナットグラフであるほど人を引きつけることがあり，ジェンの場合にはこのことが当てはまったのである。

解説

(ア)　(1)　空所の前に「その広告は地元の肉屋のもので『牛のすべての部位』と書いてあった」とあり，空所の後には「『牛のすべての部位』という言葉がほぼ30年にわたって私の頭に残っているのは，それが新聞の執筆と雑誌の執筆の違いを私が説明する方法になったからである」とある。ある意味，空所部分がなくても話はつながっている。したがって，この広告が筆者の心に残っている理由には関係のない補足情報が入ると考えられる。b）の「これが肉屋の名前だったのか，販売のスローガンだったのか，単なる事実を述べたものなのか覚えていないが，それはどうでもよい」が適切。

(2)　空所の直後に「私が言おうとしているのは，新聞や新聞に携わる人たちを批判しようという意図のものではない」とある。空所には，「新聞や新聞に携わる人たちへの批判」とも受け取れるようなことが入ると考えられる。a）の「しかし，そのころには実は私は自分の書く文が気になり始めており，新聞業務に携わることの限界を懸念していたのである」が適切。

(3)　第7段第1文（The problem I had …）に，「常套句」は当時筆者の抱えていた問題の一つであると述べられており，空所の直前には「常套句は，ジャーナリズムではスピードと引き換えにしている代償の一つだが，用心深くし，編集前にてきぱきと削ることでその大半は取り除けるだろう」とある。筆者は，書き手の工夫が要らない定番表現で文章をつづることに疑問を感じていたと思われる。d）の「私は文を書くのがうまくはないが，そうなるように努力したいと思っていたし，今でも思っており，私に努力してほしいと思うような人たちのために働くことを望んでいた」が適切。

(4) 空所を含む段は，雑誌に携わる人が新聞に携わる人とは記事の書き方が違っていることを述べている。新聞に携わる人は，第9段第3文（This unexamined bias …）に「(一貫性という）吟味されることのないこの先入観のせいで…記事には始まり，中間部分，結末がある，あらゆる疑問に答えなければならない，この世界で起こることはすべて何らかの理由があって起こると思ってしまう」と述べられているとおり，記事をすっきりと型にはめてしまう傾向がある。第10段第1文（Magazine people, …）〜第3文（Not everything …）では，雑誌に携わる人たちがそれと対照的であることが述べられている。続く第4文（And most importantly, …）では「書き手の存在が，記事を書くことに…混乱や複雑さを加える」としている。c）の「私は時がたつうちに，最も優れた雑誌編集者は，複雑さを恐れるのではなく，それに向かうということを学んだ」が適切。

(5) 空所の前には，ジェニファー=シニアの書いた記事が大きな賞を2つも受賞したことが述べられており，空所の後には「ジェンとスコットと私は，その過程の終わりごろに，記事にはナットグラフと似ているものさえ含まれていないことに気づいた」とある。空所には，受賞したジェニファーの記事に何が含まれているか（あるいは含まれていないか）といった説明が入ると考えられる。e）の「それが人生のあらゆるごたごたを含んでおり，散文ではなく詩のように書かれていると言う以外，説明するのは不可能だ」が適切。

使用しなかった選択肢は以下のとおり。

f）「効果的だと私たちがプロの新聞記者に見うける類の，自分との距離の置き方には，それなりの意味がある」

文章中に，新聞記者のとるべき態度について言及した箇所はなく，当てはまるところがない。

(イ) 当該箇所は「私は一度（　　　），しかし彼はその冗談を理解する暇もなかった」となっている。空所の前のI once「私は一度」に続く述語動詞はasked か could describe になるが，if や an editor があることを考えると asked an editor if「〜かどうかある編集者に尋ねた」とするのが妥当。if 節のＳＶに I could describe が使える。describe の語法として，describe *A* as *B*「*A* を *B* と言う」がある。*A* は目的語で名詞でなくてはならないのでstreetを使うが，可算名詞なのでaを補う。その間に形容詞particularを入れるとa particular street「ある特定の通り」とできる。残るのはbut trash-scatteredとtree-linedで，butが生きるためには，tree-lined but trash-scattered「並木はあるがゴミの散らかった」となり，これを*B*に置く。全体で「(私は一度) ある編集者に，私が特定の通りを，並木はあるがゴミの散らかった，と言うことができるかどうか尋ねた」となる。

語句・構文

(第1段) ●legitimate「正式な，本物の」

(第2段) ●be taken by～「～に魅せられる，夢中になる」 ●the press「報道陣，新聞〔雑誌〕記者」 ●journalism「新聞・雑誌」

(第3段) ●after all this time「いまだに」

(第4段) ●read "…"「(看板，掲示などに)『…』と書いてある」

(第5段) ●novice「駆け出し（の），初心者（の）」 ●beat「巡回（区域)」 ●newsroom「ニュース編集室」

(第6段) ●be stuffed with～「～が詰め込まれている，～でぎゅうぎゅうである」

(第7段) ●twofold「2要素のある」 ●get a joke「冗談（の意味）がわかる」

(第8段) ●pay a price for～「～の代償を払う」 ●scrub「ごしごしみがく（こと），取り除く（こと)」

(第9段) ●bias「先入観，偏見」 ●consistency「一貫性」

(第10段) ●make sense「道理にかなう，意味がわかる」 ●disposition「性分，気質」 ●inevitably「必然的に」

(第11段) ●more than～「～どころではない」 ●sane「正気の，まともな判断のできる」 ●piece「(新聞などの) 記事」

②(A)―解答例

〈解答例1〉 I believe paper is one of the greatest inventions of humankind. It has enabled us, humans, to record our thoughts and ideas and share them beyond the limitations of space and time. Thanks to this, we have been able to develop science and technology efficiently, create great literature, and spread education among ever more people. Without paper, we would not be what we are today. Thus, paper must be listed as one of the greatest inventions.（60～80 語）

〈解答例 2〉 I think there is some truth in the assertion that paper is one of humankind's greatest inventions. It has contributed to human progress by helping spread knowledge and information. However, paperlessness has been advocated in recent years, partly because many trees are being cut down due to the increasing use of paper. It is not eco-friendly, and trees are very important in this global warming age. Therefore, it is time to rethink about the widespread use of paper.（60～80 語）

〈解答例 3〉 In my opinion, the bicycle is one of the greatest human inventions. Of course, it is much slower than the motorcycle, the car, and the train, but within our livelihood zones, it is the most convenient. It surpasses walking in speed, can go through narrow paths, and doesn't need a large parking space. Moreover, it doesn't need any fuel or power and only requires our muscular strength. It is environment-friendly and, at the same time, helps us enjoy good health.（60～80 語）

〈解答例 4〉 I doubt that the bicycle is one of the greatest inventions of humanity. I admit it allows us to travel faster than walking and makes it easier to go to school or go shopping at a supermarket in the neighborhood. However, it is difficult to travel long distances by bicycle. Moreover, owing to its convenience, some cyclists ignore traffic rules and ride recklessly. In many cities, the illegal parking of bicycles is a problem. Bicycles can be a nuisance.（60～80 語）

解説

〈解答例〉の全訳は以下のとおり。

〈解答例 1〉 私は紙が人類の最も偉大な発明の一つだと思う。紙のおかげで私たち人類は思想や着想を記録し，それを空間や時間の限界を超えて共有できてきた。このおかげで，私たちは科学技術を効率的に発達させ，偉大な文学を生み出し，ますます多くの人に教育を広めることができている。

紙がなかったら，私たちは今日のようにはなっていないだろう。したがって，紙は最も偉大な発明の一つに挙げなければならない。

〈解答例 2〉　紙は人類の最も偉大な発明の一つであるという主張には一理あると思う。紙は知識や情報を広めるのに役立つことで，人類の進歩に貢献してきた。しかし，近年ペーパーレス化が叫ばれており，これは一部には紙の使用の増加のせいで，多くの木が切り倒されているからである。それは生態系に優しいものではないし，この地球温暖化の時代に木は非常に大切である。したがって，紙の広範な使用について再考すべき時期が来ている。

〈解答例 3〉　私の意見では，自転車は人類の最も偉大な発明の一つである。もちろん，オートバイ，自動車，電車よりもずっと遅いが，生活圏内では自転車は最も便利である。速さで徒歩にまさり，狭い道を通り抜けることができ，広い駐輪スペースも要らない。さらに，何の燃料も動力も要らず，必要なのは自分の筋力だけである。環境に優しく，同時に私たちが健康でいる手助けになる。

〈解答例 4〉　私は自転車が人類の最も偉大な発明の一つであるとは思わない。自転車のおかげで徒歩よりも速く移動したり，通学や近所のスーパーマーケットに買い物に行くのが容易になったりすることは認める。しかし，長距離を自転車で移動するのは難しい。さらに，その手軽さのせいで，自転車に乗る人の中には，交通ルールを無視し，無謀な乗り方をする人もいる。多くの都市では，違法駐輪が問題になっている。自転車は迷惑なものになることもあるのだ。

● 「紙は人類の最も偉大な発明の一つである」，「自転車は人類の最も偉大な発明の一つである」のいずれかの主張を選び，それに対して理由を添えながら自分の考えを述べる問題。直接賛否を問われてはいないので，両面を述べることも可能である。いずれにしても限られた指定語数で，妥当な理由を簡潔に示し，説得力のある内容にまとめることが求められる。

2 (B)—解答

〈解答 1〉　The quota system, whether it is temporary or not, is an effective means aimed at quickly eliminating inequalities that have taken root over a long time. When this objective is achieved, the quota system can be abolished in light of the very principle of equality.

〈解答 2〉 Whether it is transitory or not, the quota system is an effectual method meant to promptly eradicate inequalities that have put down roots over a long period of time. Once this goal has been accomplished, it is possible to do away with the system according to the very principle of equality.

解説

(第１文)「クオータ制は，それが一時的であろうがなかろうが一つの有効な手段であって，長い時間の中で根付いてしまった不平等を迅速に解消することを目的としている」

- 前半は「クオータ制は一つの有効な手段である」が骨組み。system は可算名詞であり，「クオータ制というもの」の意で，the quota system と定冠詞をつけるのが妥当。語注は，文中で適切な冠詞類や数までは示していないのがふつうなので気をつけたい。「有効な」には effective / effectual,「手段」には means / method / step などが使える。measure はこの意味では複数形で使うのが通例なので，避けておくのがよいかもしれない。「一つの」は不定冠詞で十分である。The quota system is an effective means などとなる。
- 「それが一時的であろうがなかろうが」は譲歩節 whether … or not で表す。「一時的な」には temporary / transitory / transient などがあり，whether it is temporary or not などとなる。主節の主語の後に挿入すると原文に忠実な展開になるが，主節の前においてもかまわない。その場合，代名詞 it が，指示する the quota system よりも先に出るが，何を指すかすぐにわかり，むしろ従属節が代名詞になっているほうがバランスがよいだろう。
- 後半は「(クオータ制は)～を目的としている」が骨組みであるが，「(クオータ制は)～を目的としている（手段である)」と考えると，より自然な英文になる。「～することを目的とする」は aimed at *doing* が文字どおり。内容上，meant to *do*「～することを意図されている」も使える。
- 「不平等を迅速に解消する」は quickly eliminate inequalities が文字どおり。「不平等」は不可算扱いもあるが，多くの場合さまざまな不平等を指して複数形で使われる。「〜を解消する」には eradicate「〜を根絶する」, remove「〜を取り除く，なくす」, sweep away「〜を一掃する」なども使える。「迅速に」は quickly のほかに swiftly / promptly などもある。なお，「〜を目的とする」を aimed at＋名詞とするなら，a quick elimination of 〜「〜の迅速な解消」と表現できる。

●「長い時間の中で根付いてしまった」は「不平等」を先行詞とする関係代名詞節で表す。「根付く」は take root が文字どおり。put down roots という表現もある。「長い時間の中で」とあるので，これらを現在完了で使う。「長い時間の中で」は over a long (period of) time「長期の間に」などとなる。for a long time は「長期にわたって（ずっと〜し続ける）」と継続の意味になるので，「完了・結果」を表す同文では使えない。

（第2文）「それが達成されたあかつきには，クオータ制は，まさに平等の原理に照らして廃止することもできる」

●「〜したあかつきには」は when「〜したときに」, if「もし〜したら」, once「もし〜したら」といった接続詞で表現できる。

●「それが達成された」の「それ」は第1文の「不平等を解消すること」を指している。it や this では指示性が弱く，何を表すかやや伝わりにくいので，this aim〔goal / objective〕などと補うとよい。「達成される」は be achieved〔accomplished / attained〕とできる。時制は，上記のいずれの接続詞でも，「時と条件の副詞節では未来のことも現在形」というルールに当てはまる。また「完了」の意味をしっかり出したければ，現在完了にしてもよい。

●「クオータ制は廃止することもできる」は the quota system can be abolished が文字どおり。it is possible to do away with the quota system ともできる。なお，the quota system の反復を避けたければ，the〔this〕system としてもよい。

●「〜に照らして」は in light of 〜 が使える。内容上，according to 〜〔in accordance with 〜〕「〜にしたがって」, based on〔upon〕〜「〜に基づいて」, under「〜のもとに」なども可能である。

●「まさに平等の原理」の「まさに」は the very 〜 で表す。「平等の原理」は principle of equality と文字どおりでよい。

3 (A)―解答 (6)―a) (7)―a) (8)―c) (9)―b) (10)―e)

全訳

《1隻のコンテナ船の事故の大きな影響》

1 初めは，それは冗談のように思えた。1隻の船がスエズ運河をふさいでいる？ そんなことがどうして起こりうるというのだ？ しかし，これは，インターネット上では急速にそうなったにせよ，冗談ではなかった。やがて，わかりきったことを指摘するコメントがあふれるようになった。どういうわけか狭い運河で動けなくなった巨大な船は，2021年に世界が直面しているあらゆる問題の，完璧すぎる象徴だ，ということである。たとえあなたがひどい一日を味わっていても，少なくともあなたは世界貿易の10パーセントをどういうわけか妨害している5万トンのコンテナ船ではない。それはばかげたことと恐ろしいことが完全に混ざり合ったものだった。どうして1カ所にある1隻の船が世界貿易を止めうるというのだろう？

2 ことの始まりは2021年3月23日だった。エバー=ギブンという名のコンテナ船がスエズ運河を航行中に，時速50マイルにも達する風を伴う季節的な砂嵐に見舞われた。あおられて航路から外れたため，乗組員たちは荒々しい風に対峙しながら一晩中なんとか制御しようと努力した。朝には，エジプト当局者は想像もできないようなことを発表した。巨大な船がスエズ運河に斜めに嵌まったというのである。船はどこにも動けそうになかった。そして船が運河の一航路区間をふさいでいたため，他の誰もどこにも動けなかったのである。

3 エバー=ギブンは世界最大級のコンテナ船で，要は浮かぶ超高層ビル，海を行く巨人である。エンパイアステートビルの大きさがあり，エッフェル塔30基分より重く，貨物専用コンテナ2万個を運べる。船が動けなくなったとき，船荷の見積価は7億7500万ドルだったが，そのほとんどは果物と野菜で，後日廃棄せざるをえなかった。船にはあるアドベンチャーゴルフ場に送られることになっていた，ディノという愛称の恐竜の10メートルの模型もあった。

4 運河がふさがれていた6日の間，400隻近い貨物船がどちらかの端で足止めされ，100億ドル近くに相当する貿易を停止させることになった。供

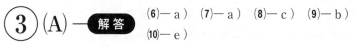

給の遅れのせいで石油の世界価格は上がっては落ち，コンピュータチップといったその他の商品の市場も損害を被り，世界規模のサプライチェーンへの影響は数カ月後にもまだ感じられていた。このすべてが，まさにこうした出来事が起こるのを防ぐ大きな動機を与えていたと思われるだろう。何がいけなかったのだろうか？

5　多くの点で，これは起こるべくして起こった災害だった。世界貿易は過去50年の間に非常に拡大し，相当な交通量がスエズ運河のような世界の狭い航路にますます重圧をかけることになっている。そして運河を拡幅したり深くしたりする努力が絶えず行われているものの，まだ追いついていない。

6　エバー=ギブンは新世代の超巨大コンテナ船の最初のものの一つで，まさにその大きさが，小型の船なら直面しない問題を引き起こす。一つには，船が満載の状態だと高さが164フィートになる。これはサッカー場2面分よりも大きな帆のようなものだ。強烈な横風を受けると，航路上に船をとどめるのはたいへんな難題になる。

7　運河の航行不能は1週間足らずで解決したが，配送への影響が小さくなるのには何カ月も要した。エバー=ギブンが起こした最大の問題の一つは，すでに不足していた輸送コンテナの供給が遅れたことだ。それは今でも急を要する問題である。今日，ほぼあらゆることに生じた遅れが長引き，通常の郵便さえ遅れ気味になっている中で，この災害が警告してくれた世界に私たちは暮らしている。スエズ運河は支障なく流れているかもしれないが，世界貿易はまだ砂地から抜け出せないままである。

解説

(6)「2021年3月の状況は『ばかげたことと恐ろしいことが完全に混ざり合ったもの』と表現されている。話し手はこれで何を意味していたと思うか」

第1段第1文（At first …）に「初めは，冗談のように思えた」，同段第4文（But this was no joke, …）に「インターネット上では急速にそうなったにせよ，冗談ではなかった」とある。後者も裏を返せばネット上では冗談のように取り沙汰されていたということである。一方，同段第6文（Even if you were …）に「たとえあなたがひどい一日を味わっていても，少なくともあなたは世界貿易の10パーセントをどういうわけか妨害している5万トンのコンテナ船ではない」，同段最終文（How could one …）に「1カ所にある1隻の船が世界貿易を止めうる」とあることから，冗談のような出来事が世界貿易にかかわることが述べられている。a）の「ある意味では滑稽だが，世界貿易の脆弱さも明らかになった」が正解。

b）「たった1隻の船が運河の一部を破壊しうるというのはばかげていた」

c）「現代のコンテナ船は非常に大きいので，他のすべてのものが小さく見える」

d）「インターネット上のコメントは，冗談と嘆きのメッセージに二分されていた」

e）「その出来事は私たちに，物事が予想外にうまくいかないことがあるのを思い出させてくれる」

(7) 「話し手によると，『エバー＝ギブン』はどのようにして動けなくなったのか」

第2段第2・3文（While travelling along …）に「時速50マイルにも達する風を伴う季節的な砂嵐に見舞われ…あおられて航路から外れた」とある。a）の「きわめて強い風が吹きつけて船を制御できなくした」が正解。

b）「運河のその部分に砂が堆積していた」

c）「砂が船のエンジンを完全にふさいだ」

d）「嵐の最中に船が航路を変えていたときに押し込まれた状態になった」

e）「気象状況を考えると，船の航行速度が速すぎた」

(8) 「話し手によると，『エバー＝ギブン』は…を運んでいた」

第3段第2文（When it got stuck, …）に「船が動けなくなったとき，船荷の…ほとんどは果物と野菜だった」とある。c）の「主に果物と野菜」が正解。

a）「恐竜の模型1つとアドベンチャーゴルフ場丸ごと1つ」

b）「7500万ドル相当の商品」

d）「2万個を超えるコンテナ」

e）「エッフェル塔のレプリカ30個」

(9) 「なぜ話し手はこの出来事を『起こるべくして起こった災害』と言うのか」

第5段第2文（Global trade has expanded …）に「世界貿易は過去50年の間に非常に拡大し，相当な交通量がスエズ運河のような世界の狭い航路にますます重圧をかけることになっている」とある。b）の「増加する世界貿易がこのような航路に重圧をかけるようになった」が正解。

a）「気候変動が運河の水圧を上げた」

c）「この種の出来事が起こったのは初めてではない」

d）「その運河は過剰な交通のせいで少しずつ損傷していた」

e）「拡幅された運河は船を制御しにくくする」

⑽ 「運河がふさがれたことで生じた最大の問題の一つとして，話し手は何に言及しているか」

第7段第2文（One of the biggest problems …）に「エバー=ギブンが起こした最大の問題の一つは，すでに不足していた輸送コンテナの供給が遅れたことだ」とある。e）の「船に積まれたままのコンテナの数が不足につながった」が正解。

a）「航行不能は解消したが，運河の砂は相変わらず問題である」

b）「その問題を解決しようという試みは，世界的に海運の遅れを引き起こしている」

c）「現代の船舶はとても長いので，この種の事故は繰り返し起こるだろう」

d）「海運会社は今では積載量を減らして，より小型の船舶を使っている」

語句・構文

（第1段） ●a flood of ～「多数の～，～の洪水」 ●bring *A* to a halt「*A* を停止させる」

（第2段） ●in the face of ～「～に直面して」 ●wedge「～を押し込む」 ●diagonally「斜めに」

（第3段） ●cargo「貨物」 ●destined for ～「～行きの」

（第4段） ●take a hit「損害を被る」

（第5段） ●choke-point「狭い航路」

（第6段） ●stack「～に積む」 ●side-on「横からの」

（第7段） ●hold up ～「～を遅らせる」

3 (B)—解答　(11)—e)　(12)—c)　(13)—a)　(14)—c)　(15)—e)

全訳

《輸送問題に関する会話》

パトリック（以下P）：こんにちは。「パトリック=スミスとともに輸送を考える」へようこそ。私たち自身や私たちが必要とするものをどのようにしてある場所から別の場所へ移動させるかについてお話ししていきます。ゲストのアディサ=イブラヒムさんは，輸送研究所にお勤めで，このことについて私たちがもっと理解する手助けに来てくださっています。

アディサ（以下A）：お招きいただいてありがとうございます，パトリック。楽しみにしていました。

P：始めに，私たちの多くがしたことのある経験について話し合いたいと思います。たとえば，荷物を早めに注文したのに，着いたのは遅かったなどということがありますよね。翌日配達が翌週配達になったりもします。配達業者や送り主を責めるのは正当なことでしょうか。それとも，ことはそんなことより複雑なのでしょうか。

A：それよりずっと複雑ですね。こういった配達サプライチェーンに関わる変動する部分というのはたくさんありますし，どこかで支障が一つ出ると，配達できなくなることも起こりかねません。それを考えるなら，正しい注文処理をしなくてはなりませんし，正しい在庫品を選び，運送業者を選び，製品を正しいルートにのせ，渋滞を避け，駐車する場所を見つけなくてはなりません。そうした一連の工程には物事がうまくいかなくなるところが非常にたくさんあります。

P：だからこそサプライチェーンと呼ばれているわけですね。その一番弱い連結部分の強度しかないのですから。

A：そのとおりです。それはすばらしい比喩ですし，本当にチェーンなのです。そして，私たちは玄関口に立っている人までつながるチェーンの長さを忘れていることが多いと私は思います。一つの側面を例にとれば，道路のシステムを大きな漏斗と考え，お米をその漏斗にかなりゆっくりと注ぎ込むと考えると，お米は流れ込んで，まったく何の問題もありません。ですが，ざーっと注ぎ込めば詰まってしまうかもしれませんね。実際，より多くのルート，おそらく私たちが予想していなかった，そして私たちのシステムがその準備をまったくできていなかったルートの上に，突如より多くのトラックが走るようになっているのです。

P：それで，会話の中で輸送の問題について話し合うといつも，貨物輸送や配送という状況での可能性のある解決策の分野として，技術が持ち出されます。そして，おそらくそれは自動配送とかドローン配送とかですよね。近い将来，どの程度まで技術が解決策にうまくはまり込むと思われますか。

A：技術は確かに解決策に一役買うものです。今後もそうでしょう。どれだけ短い期間でそうなるかというのがおそらくもっとよい質問でしょうね。自動配送はもう始まりつつあります。私はたぶんもうちょっと先だと思います。ドローンもあります。ドローンに関しては空域規制や騒音，プライバシーに関連する当面の障害がいくつかありますが，大きな投資が行われています。

P：ウェブサイトを開いて注文しようとしているといつも，大きなピカピカ光るバナーが「無料翌日配送」とか「無料即日配送」とか言ってきますが，実際その無料配送は本当に無料というわけではないですよね。

A：まさにそのとおりです。購入者には無料に感じられるかもしれません，翌日無料発送というのは。いつだってコストはかかっていますし，私たちはみんな社会として，その影響の対価を払うことになるんです。それは環境への影響かもしれません。このあらゆる包装やプラスチックで生み出しているもの，作られている不必要なものの影響かもしれません。

P：輸送研究所の上級研究技師アディサ=イブラヒムさんでした。あなたの見識を教えてくださって，本当にありがとうございました，アディサ。

A：機会をいただいてありがとうございました，パトリック。

解説

⑪「アディサによると，多くのことが，配達がうまくいかなくなる原因となりうるが，彼女が言及していないのはどれか」

アディサの２番目の発言第３文（If you think …）に正しい配達のため

に必要なことが述べられている。順に，①「正しく注文を処理する」，②「正しい在庫品を選ぶ」，③「運送業者を選ぶ」，④「製品を正しいルートにのせる」，⑤「渋滞を避ける」，⑥「駐車する場所を見つける」となっている。

a）「駐車する場所を見つけるのに長い時間がかかる可能性がある」は⑥と一致する。

b）「配達するのに間違った品物を選んでしまうかもしれない」は②と一致する。

c）「注文の処理に間違いがあるかもしれない」は①と一致する。

d）「配送ルートをあまりにも多くの車が走っているかもしれない」は⑤と一致する。

e）「配達に使われている車が事故を起こすかもしれない」は言及されていない。これが正解。

⑿　「漏斗の比喩の要点は何か」

アディサの3番目の発言第4・5文（To take one aspect, …）に「道路のシステムを大きな漏斗と考え，米をその漏斗にかなりゆっくりと注ぎ込むと…米は流れ込んで…何の問題もないが，ざーっと注ぎ込めば詰まってしまうかもしれない」とある。漏斗は道路，米は配送車をたとえたものであり，c）の「配送の突然の増加は大きな影響を及ぼす可能性がある」が正解。

a）「よい漏斗はものをゆっくりと通す」

b）「準備不足はシステムが停止することにつながりうる」

d）「配送の過程には私たちが思うよりも多くの段階がある」

e）「道路のシステムは効率的な配送を促す」

⒀　「技術と輸送についてパトリックは何と言っているか」

パトリックの4番目の発言第1文（And anytime we talk …）に「輸送の問題について話し合うといつも…可能性のある解決策の分野として，技術が持ち出される」とある。a）の「輸送問題についての議論は通常，技術の話になる」が正解。

b）「ドローンは商品の配達によく使われている」

c）「配送が自動でできればそのほうがよい」

d）「技術が唯一の解決策だとは思わない人もいる」

e）「輸送問題はさまざまな技術を組み合わせないと解決できない」

⒁「インターネットで商品を注文することについて，パトリックはどんな警告をしているか」

パトリックの5番目の発言（Whenever we have …）に「ウェブサイトを開いて注文しようとしていると…『無料翌日配送』とか『無料即日配送』とか言ってくるが…本当に無料というわけではない」とあり，直後のアディサの発言はこれを肯定し，購入者からは見えにくいコストに言及している。c）の「速い無料の配送を提供するサイトはふつう，隠れたコストを抱えている」が正解。

a）「あるサイトは素早い配送を提供するが，それは保証されえない」

b）「『即日』配送と『翌日』配送は間違えやすい」

d）「無料配送を謳っているが実際には客に料金を請求するサイトもある」

e）「ウェブサイトは，客を誘い込むためにピカピカ光るバナーのような視覚的なしかけを使うことが多い」

⒂「安価で速い配達のコストとして，アディサは何に言及しているか」

アディサの5番目の発言第2～4文（It might feel free …）に「翌日無料発送というのは…コストはかかっているし，私たちは…その影響の対価を払うことになる。それは環境への影響かもしれない」とある。e）の「地球に余分な負荷がかかる」が正解。

a）「配送員は過労になっている」

b）「素早く作られた商品はすぐ壊れもする」

c）「商品は，購入後すぐに捨てられることが多い」

d）「配送料は最終的には上がるだろう」

語句・構文

(パトリック第2発言)　●let's say「たとえば～」　●shipper「送り主」

(アディサ第2発言)　●inventory「在庫品」

(パトリック第4発言)　●bring *A* up「(話題などに) *A* を持ち出す」

●freight「貨物輸送」

(パトリック第5発言)　●place an order「注文する」

3 (C) ― 解答

(16)—c）　(17)—e）　(18)—a）　(19)—d）
(20)—b）

全訳

《パプアニューギニアの言語多様性》

1　インドは，13億の国民，広大な領土，22の公用語（数百の非公用語とともに）を抱え，世界で最も言語的に多様な国の一つとしてよく知られている。それでも，太平洋にある，住民がわずか760万人の国にはかなわない。その国とはパプアニューギニアである。この国は世界で3番目に広い雨林と，世界の生物多様性の5パーセントを有しているが，口頭語の驚くべき多様性の本場でもある。この国では850近い言語が話されており，総数でも一人当たりでも，そこは明らかに地球上最も言語的に多様な場所になっている。

2　なぜパプアニューギニアにはそれほど多くの言語があり，地元民はどのように対処しているのだろうか。パプアニューギニアの諸言語のうち，最古の言語群は4万年前に最初に定住した人たちが持ち込んだ，いわゆる「パプア」諸語である。この範疇に分類されてはいるものの，これらの言語は共通の単一の起源があるわけではない。そうではなく，それらは数十の無関係な語族と，いくつかの「孤立言語」，すなわち同族言語がまったくない言語である。これはパプアニューギニアの比較的新しい諸語と対照的だ。それらは約3500年前に入ってきたもので，おそらく台湾に単一の起源をもっている。1800年代に英語話者，ドイツ語話者の植民者がやってきたことによって，事態はいっそう複雑になった。1975年にオーストラリアから政治的独立を果たしたあと，パプアニューギニアは，英語をはじめとして，わずか3つの公用語を採用した。しかし，残りの言語に対する国の承認の欠如が多様性を減じることはなかった。今日，この国の850の言語のそれぞれに，数十人から65万人の話者がいるのである。場所によっては，たった一つの言語しか話さない人たちが，5平方キロメートル足らずの範囲で暮らしているところもある。

3　一つには，こうした言語のうちの非常に多くは，パプアニューギニアの自然のままの地形のおかげで生き残ってきた。山々，ジャングル，沼地が村民たちを孤立させ，彼らの言語を保存してきたのだ。農村で暮らす人たちもその一助である。パプア人で都会に住んでいるのは，およそ13パーセントにすぎない。それどころか，パプア人の中には外部世界と一度も接触したことがない人たちもいる。部族間の激しい対立も，人々が自分自身の言語に誇りをもつことを促している。時間の経過がもう一つの重要な要因である。言語学者ウィリアム=フォーリーによると，単一の言語が2つに分かれるのにはおよそ1000年を要する。進化するのに4万年あったので，パプア諸語は自然に変化するのに十分な時間があったのだ。

4 この信じがたいほどの言語的多様性を前にして，パプア人たちは「トクピシン」と呼ばれる一つの言語を受け入れている。これは英語を土台にしているが，ドイツ語，ポルトガル語，現地のパプア諸語が混ざっている。それは，意思疎通を容易にするために，19世紀に貿易業者たちが発達させたものである。しかし，最近の数十年の間に，それはパプアニューギニアの主要言語になった。トクピシン語の新聞があり，教会ではよく使われている。トクピシンは今では人口の多数を占める400万人のパプア人に話されている。貿易言語としての起源がその成功の理由を説明してくれる。つまり，簡単な語彙のおかげで学習しやすいということである。いろいろな言語が混ざり合っていることが，この言語を驚くほど表現豊かにしてもいる。

5 しかし，トクピシンの成功はパプアニューギニアの言語の多様性を脅かしもするかもしれない。他の言語を徐々に締め出してもいるのである。十数の言語がすでに消えてしまった。現代パプア語が栄えるにつれて，古代からの言語が廃れていく危機にあるのだ。

解説

(16) 「話し手によると，パプアニューギニアはどのように言語的に多様なのか」

第1段第4文（There are nearly 850 …）に「この国では850近い言語が話されており，総数でも一人当たりでも，そこは明らかに地球上最も言語的に多様な場所になっている」とある。c）の「他のどの国と比べても，一人当たりの（話す）言語が最も多い」が正解。

a）「世界の850の言語の5パーセントがそこで話されている」

b）「インドとほぼ同じくらい多くの口頭語がある」

d）「領土の小ささと比較して最も多くの言語がある」

e）「世界の他の地域を合計したよりも多くの言語が話されている」

⒄「パプア諸語は何年間パプアニューギニアで話されているか」

第2段第2文（The oldest group of languages …）に「パプアニューギニアの…最古の言語群は4万年前に最初に定住した人たちが持ち込んだ，いわゆる『パプア』諸語である」とある。e）の「40000」が正解。

a）「850」 b）「1800」 c）「3500」 d）「14000」

⒅「1975年のオーストラリアからの独立後，物事はどのように変わったか」

第2段第7文（After achieving political independence …）に「1975年にオーストラリアから政治的独立を果たしたあと，パプアニューギニアは，英語をはじめとして，わずか3つの公用語を採用した」とある。a）の「英語が公用語の一つと宣言された」が正解。

b）「ドイツ語と英語がもっと広まった」

c）「ほんの数十人の人しか話していない，複数の新しい言語が発見された」

d）「新しい独立政府は，言語の多様性を促進した」

e）「口頭語数は850以下に減った」

⒆「話し手によると，パプアニューギニアの言語の多様性を説明するのは何か」

第3段第2文（Mountains, jungles and …）に「山々，ジャングル，沼地が村民たちを孤立させ，彼らの言語を保存してきた」とある。d）の「場所から場所へと移動することの困難さ」が正解。

a）「村同士の頻繁な行き来」

b）「豊かな生物多様性」

c）「1000年ごとの新しい移住者たちの到来」

e）「言語学者ウィリアム=フォーリーの影響」

⒇「現代のパプアニューギニアの『トクピシン』を説明しているのはどの文か」

第4段第3文（But in recent decades, …）に「最近の数十年の間に，それ（=トクピシン）はパプアニューギニアの主要言語になった」，同段第6・7文（Its root as a trading …）に「簡単な語彙のおかげで学習しやすく…驚くほど表現豊かでもある」とある一方，第5段第1文（Yet Tok Pisin's success …）に「トクピシンの成功はパプアニューギニアの言語の多様性を脅かしもするかもしれない」とある。b）の「パプア人は『トクピシン』を便利だと思っているが，言語の多様性を犠牲にしている」が正解。

a）「『トクピシン』はより表現豊かなので，他の地元の言語は徐々に姿を消しつつある」

c）「宗教の普及が最近『トクピシン』の人気を高めた」

d）「『トクピシン』は，複数の言語の要素を含んでいるため，より学習しやすい」

e）「貿易業者は，ヨーロッパ言語を推奨するために『トクピシン』を作ることにした」

語句・構文

（第1段） ●be no match for ～「～にはかなわない」

（第2段） ●fall under this category「この範疇に入る，分類される」

（第3段） ●in part「一つには，ある程度，いくぶん」

（第4段） ●mixed heritage「ミックスルーツ」 通常は人種，民族または文化などの観点で人が複数のバックグラウンドを持っていることを指すが，ここでは多様な言語からなるトクピシンに対して使われている。

（第5段） ●crowd *A* out「*A* を締め出す，立ち行かなくする」 ●fall away「減る，落ち込む」

4 (A) ― 解答　(21)―(b)　(22)―(e)　(23)―(a)　(24)―(e)　(25)―(e)

全訳

《時間経過の認識と心臓の関係》

(21)　時間の認識はまったく一定不変のものではない。2つの新しい研究が，心臓の鼓動が時間の経過をよりゆっくりあるいはより早く感じさせている可能性があると示唆している。別個の研究グループによって行われた実験が，一致する発見を明らかにした。それらを合わせると，彼らの研究は心臓の活動が経過する時間の認識に影響することを裏付けている。身体と切り離して時間の経験を見ることはできないことを示しているのである。

(22)　2023年4月，ロンドン大学ロイヤル=ホロウェイ校のイレーナ=アルスラノワが主導する神経科学者のグループが，時間の認識は1回の鼓動

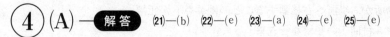

毎に変化することを報告した。彼らの実験では，28人の人が2つの視覚的刺激か2つの聴覚的刺激の継続時間を区別することを学習した。たとえば，被験者は2つの形を見る，あるいは2つのはっきり違う音を聞いた。各組のうちの一方の図形あるいは音は200ミリ秒提示され，他方は400ミリ秒続いた。

(23)　次に，人々は新たな手がかり，つまり前のとは別の音や形を見聞きして，前の1組を参照しながら，提示が短く感じられるか，それとも長く感じられるか判断しなくてはならなかった。しかし，あるひねりが加えられていたのである。これらの新たな音や形は，人の心拍数のリズムのある特定の瞬間，すなわち，心臓が鼓動の間に引き締まっているとき（心臓収縮期）か，緩んでいるとき（心臓弛緩期）と一致させていたのだ。収縮期には被験者は実際よりも継続時間を短いと感じた。弛緩期にはまさしくその逆が当てはまった。

(24)　アルスラノワと彼女の共同研究者たちによると，その現象は血管壁にある圧力センサーが脳に信号を送って，入ってくる情報を処理する脳の能力に影響を与えるという事実で説明できるかもしれないということだ。センサーの影響のこうした増加が，時間を長く感じさせる可能性がある。同様の発見が，コーネル大学の研究者グループによって2023年3月に発表されたが，彼らは各鼓動間の時間認識の違いに焦点を当てた。その間隔が長いときには，時間は遅く感じられることを彼らは発見した。2つの鼓動間の時間が短いときは，時間は早く流れるように思える。

(25)　両方のグループの研究者たちは，こうした経験は情緒や注意力を含めて，多くの要因に影響されるものだと注意を促している。そうした経験はまったく違う尺度でも起こりうる。しかし，3月の研究を行った研究者の一人であるアダム=K.アンダーソンは，その新しい研究はそれが展開するにつれ，心臓がどのように時間の経験に影響するかということを明らかにすると説明している。彼は，身体と脳がどのように関係しているかということは，神経科学において関心が高まっているとはっきり述べている。「人々は，脳が心臓のすることに影響を及ぼしうるという考えには慣れているでしょう」と彼は言う。しかし，その関係を逆にすることは，今までになく新しく，実に魅力的である。「あなたの脳は，時間の流れと同様に根本的なことを形成するために，心臓のパターンに耳を傾けているかもしれません」と彼は付け加える。

解説

(21) (b)の to feel either slower and faster が誤り。either *A* or *B* で「*A* もしくは *B*」とするのが正しい。

(22) (e)の presented for 200 milliseconds が誤り。主語の「各組のうちの一方の図形あるいは音」は被験者に「提示される」was presented と受動態でなければ意味上成り立たない。presented の目的語がないことからも判断できる。

(23) (a)の how the presentation felt shorter or longer が誤り。これだと how が「どのようにして提示がより短くあるいはより長く感じられるか」という「方法」の意になる。内容上,「より短く感じられるかそれともより長く感じられるか」となるべきであり, how ではなく whether を使うのが正しい。

(24) (e)の When there is more time between two beats が誤り。直前の文に「その間隔がより長いときには, 時間はより遅く感じられる」とあり, (e)の直後の主節では「時間はより早く流れるように思われる」と対照的な事実が述べられている。後者は「間隔が短いとき」でなければならない。more ではなく less が正しい。

(25) (e)の similarly fundamental as the passage of time が誤り。単独でうしろに名詞しかない as は基本的に「～として（の）」の意の前置詞で, 同文では意味をなさない。similarly を as に変えることで as fundamental as ～「～と同じくらい根本的な」の同等比較になり, 文意に合う。

語句・構文

(段落(21)) ●uncover「～を明らかにする, 暴露する」
(段落(25)) ●illuminate「～を解明する」 ●novel「新奇な」

4 (B) ― 解答 全訳下線部(ア)・(イ)・(ウ)参照。

全訳

《人間の生存本能についての疑問》

1 母が私をベジタリアンに育てたので, 私は肉を食べたいという本物の欲求を抱いてはいなかったが, 夏にはときどき, スイカの大きな一切れを家の庭の遠くの片隅に持っていき，それを死んだばかりの動物に見立てたりした。四つんばいになって，その甘く赤い果肉に顔をうずめて，かぶりついた。(ア)ときどき，私はひとつかみもぎ取っては口に詰め込んだものだが，それは私が知っているどの動物の食べ方ともあまり似ていなかった。私は特定の種類の動物を演じているというより，自分の中に認識していたある種の野性味を実行していたのである。

2　私は，PBSのテレビ番組「ワイルドアメリカ」を見たのだが，その番組では保護論者マーティ=ストーファーが動物界の荒々しさを示していた。(イ)家の裏の森の中，一人きりで，誰か他の人の目には私がどのように見えるかなど考えもせずに，私は自分の胸を叩いて，自分自身が創作した物語を演じたことがあった。私は，リスたちのせわしない所作とうちのゴールデンレトリーバーの荒っぽいしつこさに共鳴した。私はフォークやナイフに当惑した。私たちは腕の先にこんなに完璧な道具を持っているのに，一体なぜフォークやナイフは存在しているのだろう，と思ったのである。

3　どれほど繰り返しストーファーが人間の語りを（非常に頻繁に）活写されている動物たちに押しつけてもなお，生き延びることが動物界のすべてに価値を与える最優先事項であることは常に明らかだった。野生のテンは自分の感情に流されたとしても，そのせいで赤ん坊のためにエサをとるのをやめることはない。(ウ)私は小学校で，私たちは動物であると教わったが，他の動物と違って，私たちは身体的生存を求める本能によって突き動かされているようには思えなかった。先生たちはその連続性を強調したが，私たちは食物連鎖のはるかに上のほうにいたので，生き延びること（という本能）はもはや私たちには見えもしなかったのだ。私たちは生き延びることなどはるかに超え，天に届くほど高い暗い領域におり，そこでは私たちの本能が資本主義や脱毛のような悪趣味なものへと歪められていたのである。私はこれに名前をつけることはできなかったかもしれないが，気づいてはいたのだ。

解説

(ア) Sometimes, I'd rip handfuls out and stuff them in my mouth, which wasn't much like the way any animal I knew of ate.

● Sometimes, I'd rip handfuls out「ときどき，ひとつかみもぎ取って」がおおまかな訳。I'd は I would の短縮形で，would は過去の習慣を表す。通常「～したものだ」の訳をあてる。rip *A* out「*A* をもぎ取る，はぎとる」の目的語の handful は「ひとにぎり（の量）」の意。複数形になっていることから，もぎ取る行為が繰り返されたことがわかる。「もぎ取っては」とするとそれが表せるだろう。

● stuff them in my mouth「自分の口に詰め込んだ」

● …, which wasn't much like ～「…が，それはあまり～のようではなかった」が直訳。「～とはあまり似ていなかった」などと日本語を整える。

● (the way) any animal I knew of ate は，土台になるのが（the way）animal ate「動物が食べる様子，動物の食べ方」である。I knew of は animal を先行詞とする関係代名詞節，any＋単数は「どの～でも」の意なので，「私が知っているどの動物の食べ方（とも）」などとすると通りがよい。なお，knew，ate は時制の一致で過去形になっているため，時制の一致をしない日本語では現在形のように訳すこと。

(イ)　Alone in the woods behind our house I had beaten my chest, acted out my own invented stories without a thought to how another's gaze might see me.

● Alone in the woods behind our house「家の裏の森の中で一人きりで」が直訳。そのままで問題ないが，あえて言えば「で」の連続がやや稚拙に響くので，「森の中，一人きりで」,「森の中で一人，…」などと工夫することも考えられる。

● I had beaten my chest, acted out my own invented stories「私は自分の胸を叩いて，私自身の創作された物語を演じていた」が直訳。beaten と acted はカンマで並んでいるが，acted が分詞構文であれば受動を表す。目的語 stories があるのでその可能性はなく，この2つの過去分詞は had とともに過去完了を成す述語動詞である。過去完了になっているのは，直前の文の watched よりも前に行われたことを表していると考えられる。期間を表す表現がない点や「私」の行為の内容などを考慮すると，「～してきた」という訳は避けたほうがよいだろう。act out ～ は「(物語など) を実演する」の意。my own invented stories は「自分自身が創作した物語」などと日本語として自然な訳を工夫したい。

● without a thought to ～「～への思考なしに」が直訳。「～など考えもせずに」などと整える。

●how another's gaze might see me「他の凝視が私をどのように見るかもしれないか」が直訳。another は自分とは別の人を指し，「他者，他人，誰か他の人」などとするとよい。gaze「凝視，注視」は動詞のように訳して，「誰か他の人が私をどのように見るか」，さらに「誰か他の人の目には私がどのように見えるか」などと日本語を工夫したい。なお，might は「～かもしれない」と推測や可能性を表すが，あえて訳出しないほうが日本語としては自然である。

(ウ) I learned in elementary school that we were animals, but unlike other animals we did not seem driven by the instinct for physical survival.

●I learned in elementary school that we were animals「私は小学校で，私たちは動物であると習った」が直訳で，そのままでよい。learned は「教わった」ともできる。なお，「人間が動物である」は変わらぬ真実であり，時制の一致の例外にあたるが，このように時制の一致が起こることもある。

●…, but unlike other animals「…が，他の動物と違って」が直訳で，そのままでよい。

●we did not seem driven by the instinct for physical survival「私たちは身体的生存のための本能によって突き動かされているようではなかった」が直訳。for は要求を表し，「身体的生存を求める本能」などとするとわかりやすい。physical をあえて訳出せず「生存本能」とまとめても，この survival が「身体の」生存を指すことは十分伝わるだろう。did not seem driven は「突き動かされているようには思えなかった」とすると通りがよい。

語句・構文

(第1段) ●harbor「～を心に抱く」 ●on all fours「四つんばいで」 ●play「～を演じる」 ●enact「～を演じる，実行する」

(第2段) ●business「所 作，し ぐ さ」 ●obsession「執 念」 ●why should ～?「一体なぜ～なのか」 should は感情の強調。

(第3段) ●impose *A* on *B*「*A* を *B* に押しつける」 ●depict「～を描写する，活写する」 ●assign *A* to *B*「*A* を *B* に割り当てる，指定す

る」 ●continuity「連続性」 ここでは動物と人間が，人間も動物であるという点でつながっていることを表している。●no longer「もう～ない」 not の位置に置かれることに注意。●atrocity「ばかげたもの，ひどいこと」

5　解答　(A)自宅への帰り道が，おびえずに自分らしくいることができる場所になったということ。

(B) had told me was that I was the one

(C)夜，白人女性が自分のほうに向かって歩いてくるのを見たら，彼女を安全だと安心させるために通りの反対側に渡ったことと，自分のうしろに誰かがいるときには，急に振り向いて怖がらせることのないようにしたこと。

(D)(ア)(26)－d）　(27)－e）　(28)－a）　(29)－b）　(30)－c）　(31)－f）

(イ)－e）

(ウ)－b）

全訳

《通りを自由に歩けることの意義》

1　私が歩くことを愛好するようになったのは子どものときだったが，必要に迫られてのことだった。私は家にじっとしていたくなかったのだ。家から出ているありとあらゆる理由を見つけて，誰か友達の家とか子どもがいるべきではない街頭祝典とかにいて，公共交通機関に乗るには遅すぎる時刻まで，たいてい外に出ていた。だから歩いたのだ。

2　1980 年代のジャマイカのキングストンの通りはひどい状態のことが多かったが，私は見知らぬ人たちと友達になった。乞食や街頭の物売りや貧しい労働者たちといった，経験豊富な放浪者で，彼らは私の夜間の先生になった。彼らは通りのことを知っていて，それをどう探検し楽しむかについて教えてくれた。通りには通りなりの安全性があった。家とは違って，通りでは私はおびえることなく自分でいられた。歩くことはいつものことでなじみ深かったので，家までの道のりは心の安らぎだった。

3　通りには通りのルールがあり，それをものにするという課題が私は大好きだった。私は自分を取り巻く危険や近くにある楽しいことに対して敏感になる方法を学び，仲間たちが見逃してしまう重要な細かいことに気づけることを自慢に思った。キングストンは，複雑で，多くの場合奇怪な，文

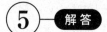

化的，政治的，社会的活動があちこちにあり，私は自分を夜の地図作成者に任命した。

[4]　私は「カリブ海最北の都市」と呼ばれるのを聞いていたニューオリンズにある大学に行くため，1996 年にジャマイカを離れた。私はそこの何がカリブ的で何がアメリカ的なのか，もちろん歩いて，はっきりさせたかったのだ。

[5]　ニューオリンズでの最初の日，私はその場所の感じをつかみに，そして寮の部屋を居心地のよい空間に変えるための必需品を買いに，数時間歩きに出かけた。大学の職員が何人か，私が何をしようとしているか気づいて，私の歩く範囲を旅行者や新入生の親たちにとって安全だと推奨されている場所に限定するよう忠告してきた。彼らはニューオリンズの犯罪率に関する統計のことに言及した。しかし，キングストンの犯罪率は彼らが言った数字をはるかに上回っていたので，私はこれらの善意の警告を無視することにした。発見されるのを待っている都市があり，面倒な事実に邪魔させるつもりはなかった。こんなアメリカの犯罪者はキングストンの犯罪者と比べれば何でもない，と私は思った。彼らは私にとって真の脅威ではない，と。

[6]　誰も私に言わなかったのは，私こそが脅威とみなされるであろう人物だということだった。

[7]　数日のうちに，私は通りを行く多くの人が私を怖がっているようだと気づいた。近づいてきたときに私をちらっと見て，それから通りの反対側へ渡ってしまう人もいれば，前を歩く人の中には，うしろを振り返って私がいるのに気づくと，足早になる人もいた。年配の白人女性は自分のバッグを抱え込み，若い白人男性はあたかも自分の安全のために挨拶を交わすかのように，そわそわした様子で「やあ，元気？」と挨拶してきた。私がやってきてからひと月足らずのことだが，あるとき，通りの真ん中で車椅子が動かせなくなってしまった男性を助けようとしたことがあった。彼は顔を撃ち抜くぞと私を脅し，白人に助けを求めた。

[8]　私はこうしたことには何も準備ができていなかった。私は自分の肌の色のせいで私を警戒するような人がまったくいない，大半が黒人の国からやってきた。今は，誰が私のことを怖がるのかわからなかった。警官に対しては特に準備ができていなかった。彼らは決まって私を呼び止め，私が罪

を犯していることを前提とした質問をしていじめた。それまで私は，アフリカ系アメリカ人の友人の多くが「例の話」と呼ぶものを受けたことがなかった。警官に呼び止められたらどう振る舞えばよいか，彼らが私に対して何を言おうと，何をしようと，できるだけ礼儀正しく，協力的でいる方法を教えてくれる両親などいなかったのだ。

9　私の生き残り戦術が始まった。活気ある通りのあるこの都市では，歩くことは複雑で，多くの場合重苦しいやり取りになった。夜，私のほうに向かって白人女性が歩いてくるのを見たら，彼女を安全だと安心させるために通りを反対側へ渡ったものだ。家に何かものを忘れてきても，もし誰かが私のうしろにいたら，すぐにはくるっと身をひるがえさないようにした。突然うしろを向くと警戒させることがあると知ったからだ。ニューオリンズは突然，ジャマイカよりも危険に感じられるようになった。最善を尽くしても，通りが心地よく安全だと感じられることはまったくなかった。簡単な挨拶さえ怪しまれた。

10　ハリケーン・カトリーナがその地域を襲った後，おばがニューヨーク市に来て暮らしなさいと私を説得した。初めは友人たちと，その後は付き合い始めた女性と，この街を探検した。彼女はいつまでも私と一緒に歩き回り，ニューヨーク市の多くの楽しみを吸収した。この都市の私の印象は，彼女と歩き回っている間に形作られた。しかし間もなく，現実が，とりわけ一人歩きのときには，自分が安全ではないことを思い出させた。

11　ある夜，イースト・ヴィレッジで，私が食事に行くのに走っていたところ，私の前にいた白人男性が振り返ると，突然私の胸をぶんなぐったのだ。私は彼が酔っ払っているか，私を昔からの仇と間違えたのだと思ったが，彼は私の人種を理由に私を犯罪者だと思ったに過ぎないことがすぐにわかった。私が自分の想像した輩ではないことを知ったとき，彼は自分が攻撃したのは背後に走って近づいてきた私のせいだと続けて言った。私は，ニューオリンズで自分に課した昔のルールに戻った。

12　私は今なお，完全に自分のものとは言えない都市に到達しようとしている。「ホーム」の定義の一つは，それが最も自分でいられる場所であるということだ。そして，歩いているとき，つまり私たちが最初に覚えた行為の一つを繰り返す自然な状態にあるとき以外のいつ，より自分でいるだろう？　一方の足が地面から離れ，一方の足が着地し，私たちの願望がそれに静止点から静止点へと進むための弾みをつける。私たちは見ること，考えること，話すこと，逃げることを望む。しかし，他の何よりも，私たちは自由でいることを望む。私たちは，おびえることなく，そして誰もおびえさせることなく，私たちが選ぶどこでも歩くという自由と喜びを望んでいるのである。私は10年近くニューヨーク市で暮らしてきて，その魅力的な通りを歩くのをやめてはいない。そして，私はいまだに子どものころキングストンの通りで見つけた心地よさを見出したいと思っているのである。

解説

(A) 解答欄は約17cm×2行。主語 the way home の home は「家へ」という副詞で，the way「道のり」をうしろから修飾しており，「家への道のり」の意。この home は文字どおり，自分の暮らす家，家庭の意。became home「『家』になった」の補語の home については，当該文前半に「歩くことはいつものことでなじみ深かった」，直前の同段第3文（The streets had …）には「通りでは私はおびえることなく自分でいられた」とあることから，街に出ていた筆者が家まで帰る道中は，筆者にとって落ち着ける時間だったことがわかる。at home に「自宅にいて」の他に「(自宅にいるように) くつろいで」という意味があるように，この home は安心していられる場所のことである。本文中の言葉を使えば「おびえずに自分で〔自分らしく〕いられる場所」となるだろう。

(B) 当該文の前の段で述べられているのは，筆者が大学職員に危険な地域へは行かないようにと助言されたことである。一方，直後の第7段ではその第1文（Within days I noticed …）に「数日のうちに，私は通りを行く多くの人が私を怖がっているようだと気づいた」とある。そのことを踏まえ，文法・語法上のルールにしたがって考える。空所の後に who would be considered a threat「脅威とみなされるであろう」とあり，第7段へのつなぎになっていることがわかる。与えられた語のうち，who の先行詞（＝必ず名詞）にできるのは one のみであり，the もこれとともに使う以外にない。空所の前には What no one とあり，what が導く節を構成する必要がある。no one はその主語だが，動詞が was では後が続かないため，told を選ぶ。tell *A* *B*「*A* に *B* を話す」と第4文型の動詞であり，What no one told me とすれば「誰も私に話さなかったこと」とできる。ただし，残る動詞は2つのwasのほかにhadがあるが，目的語にできるものがもうないため，had toldと過去完了にするしかない。名詞節What no one had told meが文全体の主語になり，述語動詞はwasとなる。残る語の中にIがあり，節を作る必要があるため，wasの補語はthat節になる。that I was the one（who～）とすれば，「私が～人物だということ」となり，文構造上も内容上も正しくつながる。全体で，(What no one) had told me was that I was the one (who would be considered a threat.)「誰も私に言わなかったのは，私こそが脅威とみなされるであろう人物だということだった」となる。

(C)　解答欄は約17cm×3行。下線部は「私は，ニューオリンズで自分に課した昔のルールに戻った」となっている。ニューオリンズで故郷のジャマイカとはまったく異なる経験をした筆者が用心深く振る舞うようになった様子は第9段に述べられている。同段第3文（I would see a white woman…）に「夜，私のほうに向かって白人女性が歩いてくるのを見たら，彼女を安全だと安心させるために通りを渡ったものだ」，第4文（I would forget something…）に「もし誰かが私のうしろにいたら，すぐにはくるっと身をひるがえさなかった。突然うしろを向くと警戒させることがあると知ったからだ」とある。この2つの行動をまとめる。

(D)　(ア)(26)　当該箇所は「私は見知らぬ人たちと友達（　　）」となっている。直後の文に「彼らは私の夜間の先生になった」とあり，親しくなったことがわかる。d）のmadeを補い，made friends with～「～と友達になった」とするのが適切。

(27)　当該箇所は「仲間たちが見逃してしまう重要な細かいことに気づけること（　　）」となっている。e）のpridedを補えば，pride *oneself* on *doing*「～することを自慢する，誇る」の語法に合い，文意にも適する。

(28)　当該箇所は「彼らは私の歩くという行為を旅行者や新入生の親たちにとって安全だと推奨されている場所に限定する（　　）」となっている。空所の後にはme to restrict…と続いており，a）のadvisedを補えば，advise *A* to *do*「*A*に～するよう勧める，忠告する」の語法に合い，内容上も適切。

(29)　当該文は「彼ら（＝警官）は決まって私を呼び止め，私が罪を犯していることを前提とした質問をして私（　　）」となっている。筆者が黒人であるというだけで，当然何かよからぬことをしているだろうと決めてかかっている警官の様子から，b）の bullied「～をいじめた」が適切。

(30) 当該箇所は「私が，彼が（　　　）ものではないことがわかったとき」となっている。直前の文に「彼は私の人種を理由に私を犯罪者だと思ったに過ぎない」とあるので，c）の imagined を補い，「私が彼の想像したもの（＝犯罪者）ではない」とするのが適切。

(31) 当該箇所は「私は10年近くニューヨーク市で暮らしてきて，その魅力的な通りを歩くのを（　　　）ない」となっている。空所直後が動名詞 walking であること，直後の文に「私はいまだに子どものころキングストンの通りで見つけた心地よさを見出したいと思っている」とあり，またこの文章が「私が歩くことを愛好するようになったのは子どものときだった」（第1段第1文）で始まっていることから，f）の stopped「やめる」を補えば，文法・語法上も内容上も適切。

(イ) 当該箇所は「しかし間もなく，現実が，とりわけ一人歩きのときには，自分は（　　　）ではないことを思い出させた」となっている。同段では，筆者がニューヨーク市に移り，ガールフレンドとともに同市を歩き回って，なじみ始めたことが述べられている。しかし直後の第11段では，食事に行くのに急いでいた筆者が前にいた白人男性に殴られた出来事が書かれており，ニューオリンズにいたころと同様，黒人であるだけで敵意を向けられることを思い知らされたことがわかる。e）の invulnerable「弱みがない，安全な」が適切。a）「恐れている」　b）「勇敢である」　c）「有罪である」　d）「興味を持っている」　f）「準備ができていない」

(ウ) 第1～3段では，筆者が子どものころ，故郷のキングストンの通りを歩くことが心の安らぐ時間だったことが述べられている。第4～9段では，ニューオリンズで筆者が通りで怖がられる存在になってしまった経験，第10・11段では，ニューヨーク市で気を抜くとやはり自分が脅威になることを知った経験が述べられている。第12段で，そうした経験をした後，筆者がどのように思っているかがまとめられており，同段第6・7文 (But more than anything …) では「他の何よりも，私たちは自由でいることを望む。私たちは，おびえることなく，そして誰もおびえさせることなく，私たちが選ぶどこでも歩くという自由と喜びを望んでいる」としている。b）の「街の通りをおびえたり心配したりせずに歩けることは，筆者にとって自由の重要な源である」が適切。

a）「アメリカ合衆国でしばらく暮らして，筆者はキングストン，ニューオリンズ，ニューヨーク市は安全という点でそれほど違いがないと気づく」

c）「筆者にとって，歩くことは人種差別や警察に対する反抗の行為である」

d）「アメリカ合衆国の都市を歩くことは，筆者にとってストレスのかかる経験ではない。なぜなら，彼は通りで自分が取るすべての動きに注意を払うのに慣れているからである」

e）「キングストンで暮らしている間，筆者は幼少期の家にいるのと，街のさまざまな通りにいるのを同じように快適に感じている」

語句・構文

（第1段） ●out of necessity「必要上，必要に迫られて」

（第2段） ●deliver「（演説，講演などを）する」

（第3段） ●challenge of *doing*「～するという難題，課題」 ●bizarre「奇怪な，風変わりな」 ●appoint *A*（to be / as）*B*「*A* を *B* に任命する」

（第5段） ●well-meant「善意の」 ●get in the way「邪魔になる」

（第8段） ●be wary of ～「～に用心深い，～を警戒する」 ●cop「警官」 ●take *A* for granted「*A* が本当だと決めつける，*A* を当然のことと思う」

（第11段） ●S was *doing*(,) when S' V（過去形）「Sが～していると，S' がVした」 主節が過去進行形で when 節が後にくる場合，主節から訳していくと自然になることが多い。この when は and then の意の関係副詞とも考えられる。●punch *A* in the chest「*A* の胸をげんこつでなぐる」「叩く」の意の動詞はこのパターンを取ることがある。e.g. pat *A* on the shoulder「*A* の肩をぽんぽんと叩く」 ●go on to *do*「続けて～する」

（第12段） ●momentum「弾み，勢い」

講評

大問数が5題であること，選択問題での解答方式がマークシート法であることは例年どおりである。内容や出題形式に多少の変化が見られることがあり，2024年度は大問2(A)の意見論述が2つの主張から1つ選択する形式となった。

1　(A)英文の内容を日本語で要約するもの。字数は70～80字。(B)文の空所補充と語句整序。

2　(A)意見論述。日本語で示された主張について自分の考えを述べるもの。60～80語。(B)和文英訳。2段落ある短い和文中の下線部を英訳するもの。

3　リスニング。3つのパートに分かれており，いずれも2回ずつ放送される。(A)・(C)はモノローグ，(B)はインタビューで，内容はそれぞれ独立している。リスニングは試験開始後45分経過した頃から約30分間問題が放送される。

4　(A)文法・語彙，読解問題。各段落に5カ所ある下線部のうち，誤りを含む箇所を1つ指摘するもの。(B)英文和訳問題。一連の英文中の3カ所を和訳するもの。

5　長文読解。通りを歩くことに関して筆者の経験と考えを述べた文章。

以下，各問題の詳細をみる。

1　(A)　英文量は約390語で，例年並の長さとなっている。「プロパガンダ」がどのようにして生まれ，どのような役割を果たしてきたか，またこの言葉自体の現状を論じた文章。述べられている事柄がさまざまであるため，制限字数に収めるには何に焦点を当てるか絞ることが重要である。

(B)　英文量は空所に入る文も含めて約970語。例年並の長さとなっている。5カ所ある空所に合う文を選ぶ問題と，文意に合うように語句を並べ替える問題の2種類。空所補充の選択肢に紛らわしいものはなく，並べ替えの箇所も与えられた語句の語法や文法事項に照らせば比較的容易に答えられる。

2　(A)　意見論述。前述のとおり，新形式である。示された主張について，理由を添えて自分の考えを述べるという点では2023年度と同じだが，示された主張が2つあり，そのいずれかを選択する形式だった。主張は「紙は人類の最も偉大な発明の一つである」,「自転車は人類の最も偉大な発明の一つである」というもの。単純な賛否を問われてはいないので，両面から述べることも可能である。いずれにしても語数は60〜80語と，それほど多いわけではないので，簡潔に説得力のある文章にまとめることが重要だろう。

(B) 和文英訳。一連の文章中の下線部1カ所（2文）を英訳するもの。英訳箇所の長さは2023年度（1文）よりやや長いが，2文に分かれているため各文の構造は取りやすく，難易度に大きな差はない。素早く解答したい問題である。

3 (A) スエズ運河で起きた出来事とその影響について解説した記事。出来事の状況がどのようなものかしっかり把握することが重要である。選択肢自体には紛らわしいものはない。

(B) 荷物の配送にまつわる問題についてのインタビュー。話し手が変わることでモノローグより注意力が刺激されるだろう。日本でも荷物の再配達，トラック運転手の不足や労働時間に制限が設けられることによる配送の困難が問題になっている。こうしたことを見聞きしていれば話についていきやすい。日ごろからさまざまなことに関心をもち，注意を払っておくことは，リスニングに限らず理解の助けになる。

(C) パプアニューギニアの言語の歴史や現状についての講義。数値や年代がやや多めに出てくるので，それぞれ何に関連するものか確実に聞き取りたい。

4 (A) 5段落構成の一連の文章で，各段落に5カ所ずつ下線が入っており，そのうち誤りを含むものを選ぶ問題。語句や文法事項の知識と文脈の把握力が試されているが，いずれも比較的容易である。時間をかけずに解答したい問題である。

(B) 一連の文章中の3カ所の英文和訳。いずれの箇所も短く，語句，構文面で難解なものはない。ただし，随筆であるため，日本語表現として自然で文学的な言い回しに工夫する必要がある部分も見られる。日本語力をつけておきたい。

5 通りを歩くという日常的な行為が，筆者にとってどのような意味をもっているか，自身の経験をもとに述べた文章。日本では考えにくい状況が描かれているが，アメリカの黒人差別の現状については何らかの形で見聞きしたことがあるはずである。そうした知識をもとに，筆者の経験を追体験しながら読みたい。設問は，記述式が内容説明と語句整序，選択式が単語の空所補充と内容真偽である。内容真偽は 2023 年度には出題がなかったが，2019〜2022 年度には出題されており，2024 年度に復活した。

日本史

1　解答　**A．** 太上天皇は共同統治者として天皇と同等の政治的権限をもつ立場だったが，嵯峨天皇の譲位後，国政に関与しない立場に変化した。(60字以内)

B． 奈良時代まではヤマト政権以来の有力氏族が，上級官人の地位を独占して天皇に世襲的に奉仕した。9世紀前半，官僚制の整備と唐風化政策によって天皇の権力が強化されると，中国的学識を備えた文人官僚が上級官人に登用され，実務能力で天皇の政務を支えた。(120字以内)

解説

《9世紀前半の政治の変化》

A．〔解答の指針〕

▶設問の要求

(前提)　9世紀前半に，太上天皇の政治的立場は大きく変化した。

(主題)　それはどのようなものか。

▶資料文の検討

資料文(2)に孝謙太上天皇，資料文(3)に平城太上天皇の事例が述べられている。これらと資料文(3)の嵯峨天皇の譲位を対比して，9世紀前半の変化を考えればよい。

(2)　**藤原仲麻呂（恵美押勝）の乱**

孝謙天皇は譲位したが，しばらくして淳仁天皇と対立した。……①

孝謙太上天皇は国家の大事は自らおこなうと宣言した。……②

孝謙太上天皇は藤原仲麻呂の乱後，淳仁天皇を廃して再び天皇となった。……③

(3)　**平城太上天皇の変**

平城天皇は譲位したが，しばらくすると嵯峨天皇と対立し，政治的混乱が生じた。……④

平城太上天皇は平城京に遷って国政への意欲を強めた。……⑤

嵯峨天皇は平城太上天皇の変をおさめ，平城太上天皇は自ら出家した。……⑥

嵯峨天皇は，譲位すると，内裏から離宮に居所を移して隠棲した。

……⑦

▶論点の抽出

太上天皇とは譲位した天皇のことである。資料文⑵の藤原仲麻呂の乱，⑶の平城太上天皇の変は，いずれも太上天皇と天皇の対立を背景に起こった出来事である（①・④）。太上天皇の行動として，孝謙太上天皇が国家の大事は自らおこなうと宣言したこと（②），平城太上天皇が国政への意欲を強めたこと（⑤）が指摘されている。この点に注目すれば，太上天皇は，国政に関与できる政治的立場にあり，天皇と並立して統治を行い，国政上の権限を行使できる存在だったことがわかる。

大宝律令では，太上天皇は天皇と同等の政治的権限をもつと位置づけられていた。このような二重権力の構造は天皇と太上天皇の関係が良好であれば問題ないが，両者の関係が悪化すれば即座に国政の混乱を招くことにつながった。

藤原仲麻呂の乱では太上天皇側が勝利したが（③），９世紀前半に起こった平城太上天皇の変は天皇側の勝利に終わった（⑥）。これにより天皇権力の優位が確立し，太上天皇との二重権力の構造は大きく変化することになった。嵯峨天皇は譲位すると，内裏を離れて隠棲したと指摘されている（⑦）。このことから，嵯峨天皇の譲位を契機に，太上天皇は国政に関わらない立場へと変化したことがわかる。

▶注意点

太上天皇が天皇とどのような関係にあったかを軸にして，政治的立場を考えればよい。変化が問われているので，Ａという立場からＢという立場へと変化したと表現する。

B.〔解答の指針〕

▶設問の要求

（主題）　９世紀前半に，天皇と官人との関係は，どのように変化したか。

（条件）　奈良時代までとの違いに留意する。

▶資料文の検討

奈良時代の天皇と官人との関係は資料文⑴に示されている。その関係が９世紀前半にどのように変化したかを，資料文⑷・⑸から考察する。対比的な表現に注目するとよい。

(1)　**奈良時代の官人**

大宝令によって朝廷の位階や官職の仕組みが整えられた。……①

要職を占める五位以上の官人が特権的な待遇を受けた。……②

彼らの多くは，古くから天皇に奉仕してきた畿内の有力氏族であった。……③

(4)　**官人制度の改革**

令制に定められた官人制度の改革が行われた。……④

官司の統廃合が積極的に行われ，大学の制度を改変して学問を奨励した。……⑤

優秀な者は家柄によらず中央や地方の要職に採用された。……⑥

(5)　**唐風化政策の進展**

平安宮の諸門の呼び名が中国風に改められた。……⑦

中国唐の儀礼を参考に朝廷の儀礼を整え，儀式書が編纂された。……⑧

天皇に対する拝礼の作法が「日本の古い習俗を起源とするもの」から「中国風のもの」に改められた。……⑨

▶論点の抽出

まず，大宝令によって整えられた位階や官職の仕組み（①）を確認したい。律令制のもとでは，官位相当制により，官人は位階を与えられて位階に対応する官職に任じられた。官人は，五位以上の位階をもつ上級官人とそれ未満の下級官人に区分され，前者は蔭位の制などにより特権的な待遇を受けた（②）。本問では「五位以上の官人」「要職」（②・⑥）に焦点があたっているので，上級官人に限定して考察すればよい。

9世紀前半に奈良時代から何が変化したのかを，資料文の対比的な表現に注意して整理しよう。

		奈良時代	9世紀前半
官人	制度	大宝令によって仕組みが整う（①）	令制に定められた制度が改革される（④）
	要職	古くから天皇に奉仕してきた畿内の有力氏族（③）	優秀な者は家柄によらず採用（⑥）
天皇	拝礼	日本の古い習俗を起源とするもの（⑨）	中国風のもの（⑨）

奈良時代から考えてみよう。「古くから天皇に奉仕」（③），「日本の古い

習俗」(⑨) に注目するとよい。ヤマト政権の中枢は大王と畿内の豪族によって構成され，豪族は氏ごとに特定の職務を世襲して分担し，大王に奉仕する関係にあった。律令制が導入されても，畿内の有力氏族が特権的な待遇を受け，上級官人の地位を独占したということは (②・③)，官人は天皇に対して世襲的に奉仕する関係にあったことを示している。

天皇に対する拝礼の作法の解釈は難しい。ヤマト政権の時代には，大王は神話的世界につつまれ，祭祀を掌る存在であった。このようなあり方は律令制が導入されても継承された。天皇は神話的・宗教的な権威を有する存在と位置づけられ，その権威のもとに有力氏族との関係が秩序化されていたのである。

9世紀前半にどのように変化したのか。変化を促した要因として，資料文(4)では官人制度の改革が指摘されている (④)。その改革内容は官司の統廃合，大学制度の改変による学問奨励である (⑤)。また，資料文に書かれている事柄の他にも，蔵人・検非違使といった令外官が設置されるなかで官司の統廃合が進められたこと，大学では儒教・漢詩文といった中国的学識が重視されたこと，有力氏族は大学別曹を設けて一族子弟の教育に尽くしたことが想起できる。蔵人と検非違使は天皇の代替わりごとに任命される天皇直属の官職であり，それらの設置により，天皇に対する権力の集中化が図られた。また，学問奨励は，官人に対して中国的学識や官僚としての実務能力を求めたことを意味する。こうして，天皇の信任を得た有能な文人官僚の登用が進んだのである (⑥)。

資料文(5)は嵯峨天皇が進めた唐風化政策を述べている (⑦・⑧)。儀礼の唐風化は儀式書の編纂により制度化し，その際，天皇に対する拝礼の作法は「中国風のもの」に改められたという (⑨)。唐風化政策は天皇が中国的な皇帝を目指す動きであった。天皇の権力は強化され，氏族制的な秩序につつまれた天皇は，中国風の専制君主化することになったのである。

以上をふまえ，9世紀前半には中国的学識を備えた文人官僚が登用され，実務能力で天皇の政務を支えたことを述べればよい。

▶注意点

天皇と官人の関係がどのように変化したのかを明確に表現したい。〔解説〕では，天皇が有する神話的・宗教的性格に言及したが，教科書の記述を超える知識・理解であるので言及しなくてよい。

2 解答

A. 日宋間の盛んな民間貿易や僧侶の往来を背景に，東大寺再建では巨大な仏像や建築物をつくる大陸伝来の新技術が用いられた。(60字以内)

B. 朝廷からの権限獲得で権力を確立した源頼朝は，朝廷の方針に従い，奥州藤原氏を牽制しつつ多額の寄付を行った。また主従関係にある御家人に命じて建築資材を提供し，仏像・伽藍を造営させた。(90字以内)

解説

《東大寺再建と鎌倉幕府》

A.〔解答の指針〕

▶設問の要求

(主題) 東大寺再建に用いられた技術の特徴を説明する。

(条件) その背景にふれる。

▶資料文の検討

東大寺再建に用いられた技術は資料文(3)に述べられている。再建の責任者であった重源は資料文(1)に説明がある。

(1) **再建方針と責任者**

責任者に任じられた重源は宋に渡った経験がある。……①

(3) **大仏鋳造と伽藍造営**

大仏鋳造は技術者不足で難航していた。……②

重源は陳和卿を抜擢して大仏鋳造を成功させた。……③

陳和卿は宋から来日していた商人で技術にも通じていた。……④

伽藍造営には大仏様の建築技法が用いられた。……⑤

▶論点の抽出

再建にどのような技術が用いられたかを，資料文(3)の大仏鋳造と伽藍造営の事例から考察しよう。巨大な仏像と建築物であることを念頭に置くとよい。大仏鋳造は技術者不足で難航していたとある（②）。奈良時代の鋳造技術は伝承されず，再建当時の日本に鋳造できる技術者がいなかったことがうかがえる。それを成功に導いた陳和卿は宋から来日していた商人（④）とあるので，当時の日本になかった大陸伝来の技術が用いられたと判断できる。重源は宋に渡航経験があるので（①），宋の技術ならば鋳造できると考えたはずで，それゆえ陳和卿を抜擢したのである（③）。伽藍造営に用いられた大仏様の技法は知識として知っていることが求められている。大仏様は，宋から伝えられた建築様式で，大陸的な豪放さを特徴とする。東大寺南大門が代表的な遺構で，用材の規格を統一することにより，少ない用材で短期間のうちに巨大な建築物を建てるのに適していた。

以上をふまえれば，宋から伝えられた大陸の技術，当時の日本になかった新しい技術という点が特徴と指摘できる。その背景は，盛んな日宋間の交流があったことを想起すればよい。民間商人による貿易や僧侶の往来があったから，大陸伝来の新技術を用いた再建が可能となったのである。

▶注意点

技術の特徴については，大陸伝来の新技術であることを指摘できればよい。背景の日宋間の交流については，民間の貿易に加え，それを通じた人の往来にも言及したほうがよい。

B.〔解答の指針〕

▶設問の要求

（主題） 源頼朝は東大寺再建にどのように協力したか。

（条件） 頼朝の権力のあり方に留意する。

▶資料文の検討

源頼朝の協力は資料文(2)・(4)に述べられている。権力のあり方は資料文(1)の朝廷，(2)の藤原秀衡，(4)の地頭・御家人に注目するとよい。

(1)　**朝廷の再建方針と責任者**

朝廷は広く財物の寄付を集めて東大寺再建を行うこととした。……①

(2)　**重源による寄付のよびかけ**

重源は後白河院から庶民に至る広範な人々に寄付をよびかけた。……②

藤原秀衡は奥州産の金の寄付を約束した。……③

源頼朝は米や金，絹など，たびたび多額の寄付を行った。……④

(4)　**源頼朝と地頭・御家人**

源頼朝は周防国で伐採した材木の運搬を西国の地頭に命じた。……⑤

源頼朝は有力御家人の責任で仏像や伽藍を造営するよう命じた。……⑥

▶論点の抽出

源頼朝の協力は，資料文(2)・(4)に基づけば，多額の寄付を行ったこと（④），建築資材を提供したこと（⑤），仏像や伽藍の造営を行ったこと（⑥）の3点とわかる。これらを頼朝の権力のあり方と関連付けて説明する。資料文(1)の朝廷，(2)の藤原秀衡，(4)の地頭・御家人が頼朝の権力とどのような関係にあったかを考えるとよい。

源頼朝は，平氏打倒を目指して挙兵した後，主従関係を結んだ武士を御家人として組織し，鎌倉を拠点に東国支配を進め，1183年に朝廷から東国支配権の承認を得た。平氏滅亡後の1185年には守護・地頭の任命権を朝廷から獲得し，全国の軍事警察権を掌握した。さらに1189年に奥州藤原氏を滅ぼして奥羽を支配下に置いた。頼朝は，朝廷から権限を獲得して権力を確立し，併存した平氏・奥州藤原氏を打倒して権力を固めたのである。また，頼朝は御家人を地頭に任命してその所領支配を保障し，従者として軍事動員や経済的奉仕などの御家人役につとめることを求めた。この御恩と奉公からなる主従関係は，鎌倉幕府の根幹をなす頼朝の権力基盤であった。

以上をふまえて，東大寺再建への協力を整理しよう。重源が広範な人々によびかけた寄付は（②），朝廷が打ち出した再建方針である（①）。多額の寄付という頼朝の協力は（④），権力を与えた朝廷の方針に従うものであった。また，権力をめぐって対立する藤原秀衡が金の寄付を約束したこと（③）への対抗意識もあったはずである。建築資材の提供（⑤）と仏像・伽藍の造営（⑥）は，地頭・御家人に命じられている。頼朝の権力基盤である御家人との主従関係に基づいて，奉公として行うことを求めたと判断できる。

▶注意点

「頼朝の権力のあり方」は多様な捉え方ができるが，頼朝の権力が確立される過程と関連付けて説明するとよい。資料文に示された朝廷・奥州藤原氏・御家人と頼朝の権力の関係について言及したい。

3　解答　**A.** 幕府は禁教のため日本人の海外渡航と帰国を禁止した。布教防止を前提に中国産生糸をもたらすポルトガル船の来航を容認したが，島原の乱でキリシタンの脅威を認識すると，その来航を禁止した。(90字以内)

B. ポルトガル船の再来航による軍事衝突や宣教師密入国を警戒する幕府は，大名に領内の沿岸警備の強化を促すために政策を伝えた。(60字以内)

解説

《江戸幕府の「鎖国」政策》

A.〔解答の指針〕

▶設問の要求

（主題） この間，長崎やポルトガル船に対する幕府の政策は，どのように転換したか。

（条件） 島原の乱の影響を考慮する。

▶資料文の検討

資料文(1)～(5)から「この間」は 1633～39 年である。島原の乱が 1637～38 年であったことをふまえ，長崎やポルトガル船に対する幕府の政策がどのように表現されているかを確認しよう。

(1) **1633 年の命令書**

第 1 条～第 3 条：奉書船以外の海外渡航禁止，日本人の海外渡航禁止，海外在住 5 年以上の日本人の帰国禁止 ……①

第 6 条～第 16 条：長崎に来るポルトガル船とその貿易に関わる諸規程 ……②

(2) **1634 年の命令書と出島の築造**

1634 年の命令書は前年と同一内容 ……③

1634 年から貿易に従事するポルトガル人を収容する施設として出島の築造を開始し，1636 年にポルトガル人を出島に移した。……④

(3) **1635 年と 1636 年の命令書**

第 1 条～第 3 条：日本船と日本人の海外渡航禁止，海外在住日本人の帰国禁止 ……⑤

第 6 条～第 16 条：前年までとほぼ変わりがない。……⑥

1636 年の命令書にはポルトガル人の血縁者の追放規定が追加されたが，ポルトガル船とその貿易に関わる諸規程は前年と変わりがない。……⑦

(4) **1638～39 年の幕府の質問**

島原の乱の鎮圧後 ……⑧

幕府はオランダ商館長に「ポルトガル人が日本にもたらしているような商品」を供給できるかと複数回尋ねた。……⑨

(5) **1639 年の幕府の措置**

ポルトガル船の日本来航禁止 ……⑩

▶論点の抽出

「転換」とは，それまでの方針が異なる方向に変わることをいう。幕府の政策にどのような「転換」があったかを考えよう。

資料文(1)～(3)に示された一連の命令書は，第１条～第３条が日本人の出入国に関する規定（①・⑤），第６条～第16条がポルトガル船とその貿易に関わる諸規定（②・⑥・⑦）である。第１条～第３条を見ると，1633年に奉書船以外の海外渡航禁止などの制限がなされ（①），1635年に日本船・日本人の海外渡航と海外在住日本人の帰国が全面的に禁止された（⑤）ことがわかる。1633年以前は朱印船貿易が盛んに行われ，東南アジア各地に日本町が形成されたことをふまえれば，日本人の海外渡航と帰国の禁止に至ったことは政策の転換だったといえる。その背景に禁教政策と貿易統制があったことは自分の知識・理解で導けるはずである。

いっぽう1636年まではポルトガル船とその貿易に関する諸規定は一貫して変化がない（②・③・⑥・⑦）。ポルトガルの対日貿易はキリスト教（カトリック）の布教と貿易活動・領土獲得が一体化しており，出島の築造とポルトガル人収容（④）は布教を防止する隔離措置だった。また，資料文(4)にいう「ポルトガル人が日本にもたらしているような商品」（⑨）とは，当時アジア最大の交易品である中国産生糸である。以上から，幕府は中国産生糸をもたらすポルトガル船との貿易は，布教防止の措置をとりつつ継続する方針だったことがわかる。しかし，この方針は1639年に転換され，ポルトガル船の日本来航は禁止された（⑩）。

1637～38年の島原の乱は，領主による厳しい年貢賦課と潜伏キリシタンの弾圧を背景に牢人と信者が蜂起した出来事で，幕府は諸大名を動員した大軍でようやく鎮圧した。幕府は島原の乱をキリシタン蜂起と見なし，大きな衝撃を受けた。それゆえ，島原の乱の鎮圧後（⑧），貿易活動に布教をともなわないオランダに中国産生糸の供給を打診したうえで（⑨），1639年にポルトガル船の日本来航禁止を断行したのである。島原の乱は幕府にキリシタン蜂起の脅威を与えたのである。

▶注意点

日本人の出入国禁止とポルトガル船来航禁止という２つの転換を指摘する。いずれも禁教政策が背景にあるが，ポルトガル船来航を容認する方針が，島原の乱を契機に来航禁止へと転換したことを明記する。

B.〔解答の指針〕

▶設問の要求

(主題) (5)において，幕府が，それまでと異なり，政策を広く大名たちに知らせたのは，何のためだったと考えられるか。

▶資料文の検討

「それまでと異なり」は資料文(1)と比較したい。資料文(5)に政策を知らせて「警戒を呼びかけた」と述べられていることに注目したい。

(1) **1633年の命令書**

長崎へ赴く奉行に命令書を出した。……①

(5) **1639年の幕府の措置**

ポルトガル船の日本来航禁止　……②

この決定を諸大名にも伝えて警戒を呼びかけた。……③

▶論点の抽出

「政策」とは1639年のポルトガル船の日本来航禁止である（②）。1633年の命令書は長崎奉行に出したもので（①），1634年以降の命令書も同様であったと類推できる。いっぽう1639年のポルトガル船の日本来航禁止は，広く諸大名に伝えられた点が異なっている。資料文(5)に「警戒を呼びかけた」（③）とあることに注目すれば，幕府がどのような事態を警戒したのかを考えればよい。

多くの教科書には，ポルトガル船来航禁止を命じた「寛永十六年令」が史料として掲出されている。その史料では，来航を禁止する理由として，禁教政策を知っていながら宣教師を密入国させていることをあげ，再び来航すれば船を破却して船員を斬罪に処すと述べられている。幕府は，宣教師の密入国とポルトガル船の再来航を警戒していたのである。

諸大名に広く伝える意図を考えてみよう。宣教師の密入国やポルトガル船の再来航は，幕府の直轄地の長崎に限らず，広く大名の領内で起こりうることが想定された。それゆえ，幕府は諸大名に警戒を呼びかけ，領内の沿岸警備の強化を促す必要があったのである。

▶注意点

広く諸大名に警戒を呼びかけたのは，大名の領内の軍事的対応を促す必要があったからである。軍事衝突への対応や宣教師密入国の防止のために，沿岸警備の構築が課題となったことを表現する。

4 ― 解答　**A.** 1880 年代の松方財政でデフレが生じ，米価下落で地租の実質的負担が増大すると，土地を手放す自作農が続出した。1890 年代以降も地租増徴と日露戦争の増税で負担が増加し，小作地率は上昇した。(90 字以内)

B. 戦時体制のもとで国民の食料確保が課題となり，政府は強制的に米を買上げる供出制を導入した。政府は貸借権の強化や生産者米価の優遇などで小作農の生産意欲を高め，食料増産を図ろうとした。(90 字以内)

解説

《近代の土地制度と小作農》

A.〔解答の指針〕

▶設問の要求

(前提)　小作地の比率は図 1 のように変化した。

(主題)　その要因を述べる。

▶問題文・資料・図の検討

問題文冒頭に 1870 年代前半の土地制度の変化が述べられている。資料 1 は地租改正に関係して出された規則である。地租と地方税は土地所有権の移転で負担者が変わることに注目したい。図 1 は小作地の比率がどの時期に増加したかを確認する。

(1)　**問題文**

「農地売買が自由化され，農地を担保に借り入れた資金を返せない際に，土地所有権を移転することも容易になった」 ……①

(2)　**資料 1　1873 年 1 月地所質入書入規則（大意）**

土地を担保として金銭を借り入れ，かつその土地を引き続き耕作している場合，その土地の地租・地方税は借り主が負担する。……②

借入金を返済せず，土地を貸し主に引き渡す場合，貸し主が新しい地券の発行を申請し，以後，地租・地方税を納付する。……③

(3)　**図 1　小作地と自作地の比率**

小作地の比率：27 %（1873 年）→36 %（1883 年）→40 %（1892 年）→45 %（1907 年）→45 %（1916 年） ……④

▶論点の抽出

まず，問題文冒頭の記述をふまえ，資料 1 の内容を確認しよう。1873 年に始まる地租改正では，地券を発行して土地所有者を明確にし，土地所有権を確立した。これにより農地の売買は自由化された（①）。資料1によれば，土地を担保に資金を借り入れ，かつその土地を引き続き耕作している場合は，借り主が地租・地方税を負担するが，借入金を返済せず，土地を借り主から貸し主に引き渡すときは，貸し主が以後の地租・地方税を負担することになった（②・③）。これにより，租税負担の増大などで借入金を返済できなかった場合，土地所有権の移転が起こりやすかったことがわかる。

図1に示された小作地と自作地の比率によれば，農地に占める小作地の割合は，X：1870～1880年代に急増し，Y：1890年代以降も微増したことがわかる（④）。XとYの要因を自分の知識に基づいて説明すればよい。

Xの要因は1880年代前半の松方財政の影響である。1881年に大蔵卿となった松方正義は徹底した緊縮財政を実行した。デフレ政策によって米価・繭価は著しく下落し，農民の収入は減少した。地租は定額金納とされたので，農民の実質的な租税負担は増大した。租税納入に窮し，負債の返還に苦しむ自作農が土地を手放して小作農に転落するケースが続出した。

松方デフレが収束した1890年代以降，米価は上昇したが，小作地の比率も上昇し続けた。Yの要因を租税負担との関係で考えよう。1900年には地租増徴案が可決され，地租は2.5％から3.3％に引き上げられた。1904～05年の日露戦争の戦費調達に際しては，非常特別税として地租をはじめとする諸税が大幅に引き上げられた。このような増税の負担に耐えきれない自作農が土地を手放し，小作地が拡大する要因となったと判断できる。

▶注意点

図1に示されたすべての時期の要因を述べる必要があるのか判断に迷うかもしれないが，地租改正に伴う要因は問題文冒頭で述べられているので言及しなくてよい。また，1907年から1916年にかけては変化がない。変化の要因が問われているので，変化しない要因は答えなくてよい。

B.〔解答の指針〕

▶設問の要求

（主題） 図2に見られる収益配分の変化はどのような政策的意図によってもたらされたか。

▶**問題文・資料・図の検討**

問題文冒頭に1930年代後半から1940年代前半の土地制度の変化が述べられている。資料2・3は戦時体制下の政策である。図2からは収益配分がどのように変化したかを確認する。

(1)　**問題文**

「農地改革に先立ち，地主の権利への規制が強められた」……①

(2)　**資料2　1938年4月農地調整法（大意）**

地主は特段の事情がない限り，小作契約の解約や更新拒否をできない。……②

(3)　**資料3　1941年11月農林次官通牒（大意）**

米の政府買上価格の引き上げや生産奨励金の交付　……③

「米の生産が有利になる」……④

農業経験が乏しい地主が小作契約を解約して自作しようとするなどの恐れがあるが，農地調整法に照らして認められない。……⑤

「食料増産のためにあってはならず」……⑥

(4)　**図2　地主と小作農の間の収益配分の変化**

米の政府買上価格引き上げと生産奨励金交付の効果　……⑦

地主：50％（1941年8月）→43％（1943年4月）→30％（1945年4月）→18％（1945年11月）　……⑧

▶**論点の抽出**

図2に見られる収益配分の変化から，1941年から1945年にかけて地主の収益配分が大幅に減少したことが読み取れる（⑧）。また，資料2・3と図2から，日中戦争から太平洋戦争にかけての戦時体制下の時期について問われていることがわかる。この時期にどのような政策が行われたのか確認していこう。

問題文の記述から，1930年代後半から1940年代前半に「地主の権利への規制」を強める政策が行われたことがわかる（①）。資料2の1938年に成立した農地調整法によれば，特段の事情がなく小作契約の解約や更新拒否をできないとされた（②）。これは小作農の貸借権を強化する政策である。地主による小作契約の解約が認められないことは，資料3でも強調されている（⑤）。

資料3によれば，1941年11月に米の政府買上価格の引き上げと生産奨励金交付が実施され（③），その効果が地主の収益配分の大幅な減少につながったと判断できる（⑦・⑧）。寄生地主制のもとでは，地主は農業生産の活動には携わらず，小作農は地主に高率かつ現物の小作料を支払うことが一般的であった。戦時体制のもとで国民の食料確保と安定的供給が課題となり，1940 年から政府による米の強制的買上げ制度である供出制が実施された。1941 年には食料生産を担う生産者に対して生産奨励金を交付することで，生産農民からの買上米価を，地主から小作米を買上げる際の米価よりも高く設定した。つまり政府は生産者米価を優遇する政策を行ったのである。

以上のような政策の意図は何であったか。資料 3 に注目すれば，食料増産を図るために（⑥），米の生産を有利にしようとした（④）ことがわかる。地主の権利を規制し，米生産の中心を担う小作農を優遇することで，食料増産を図る政策的意図があったのである。

▶注意点

戦時体制下であることをふまえた説明が必要である。図 2 は 1941～45 年の時期を示したものなので，政策として 1940 年から始まった米の供出制に言及する。

講評

1　資料文をもとに，奈良時代と比較し，9 世紀前半の政治の変化を考察する問題である。Aでは太上天皇の政治的立場の変化，Bでは天皇と官人の関係の変化が問われている。Aは資料文から天皇との関係を考察すればよい。Bは過去問で類似の視点が問われている。唐風化政策を含む 9 世紀前半の政治の変化は 2005 年度に出題があり，律令制には官僚制としての側面と氏族制を継承する側面があることは，2006・2014 年度に問われている。過去問研究をしていれば取り組みやすかったはずである。

2　資料文をもとに，東大寺再建と鎌倉幕府の関係を考察する問題である。Aでは，再建に用いられた技術の特徴が背景を含めて問われている。資料文から宋の技術とわかるので，その背景に日宋間の貿易と人的交流があったことも想起しやすい。Bは，再建への源頼朝の協力について，頼朝の権力のあり方に留意して説明することが問われた。協力は資料文から容易に読み取れるが，頼朝の権力のあり方を解答にどう反映させるかが悩ましい。

3　資料文をもとに，江戸幕府の「鎖国」政策を考察する問題である。Aでは，1630年代の政策の転換が問われた。資料文の内容を整理して，2つの転換を的確に表現したい。Bはポルトガル船来航禁止を広く大名に伝えた目的が問われている。資料文にいう「警戒」が何であるかを考察すればよいが，教科書に掲載されている史料「寛永十六年令」の内容を知っていると，解答の方向性を導きやすい。

4　近代の土地制度と小作農に関係するグラフと資料をもとに，Aでは1873～1916年の小作地率の変化をもたらした要因が，Bでは1941～45年の収益配分の変化をもたらした政策的意図が問われている。Aは松方デフレで小作地率が上昇したことは基礎知識で判断できる。その後も徐々に上昇したことを増税とからめて指摘したい。Bは戦時体制のもとで実施された米の供出制の理解を前提に，資料とグラフを考察すればよい。

世界史

1 **解答** (1) フランス植民地であったアルジェリアでは，軍・フランス人入植者と民族解放戦線の間で戦われた独立戦争が長引く中，第五共和政のド=ゴール政権が1962年に独立を承認した。独立後のコンゴではカタンガ州の鉱産資源の確保を狙う旧宗主国ベルギーが州の分離独立を図り動乱となった。ソ連とアメリカが介入し内戦は混乱，国連軍の出動で内戦は収束した。英領インドは，ヒンドゥー教徒の多いインドとムスリムの多いパキスタンに分かれて独立した後も対立が続き，カシミール帰属問題から第2次印パ戦争が勃発した。ベトナムでは，アメリカが支援する南のベトナム共和国内で南ベトナム解放民族戦線が成立し，中国・ソ連が支援する北のベトナム民主共和国と連携してゲリラ戦を展開，内戦状態が続いた。1965年にはアメリカが北爆を開始し，ベトナム戦争は激化した。(360字以内)

(2) 植民地や半植民地は宗主国により原料供給地や市場として開発され，独立後も資本・技術不足で十分な工業化ができず低開発状態が続き，国際分業体制の中で経済的に苦しんだ。こうした国々の加盟を受け，国際連合は南北問題解決のため国連貿易開発会議を発足させ，国際分業体制の是正や途上国への開発援助の促進を図った。(150字以内)

解説

《1960年代のアジアとアフリカにおける戦乱や対立，アジア・アフリカの経済的問題の歴史的背景とそれに対する国連の取り組み》

例年第1問は20行程度の長文論述が出題されてきたが，2024年度は第3代国連事務総長を務めたミャンマーのウ=タントの演説資料を基にした12行論述と5行論述の2問に分かれた。

問(1)

▶設問の要求

(主題)　1960年代のアジアとアフリカにおける独立の過程での戦乱，独立国同士の対立

▶論述の方向性と指定語句の使い方

4つの指定語句が「アルジェリア・コンゴ・パキスタン・南ベトナム解放民族戦線」であるので，取り上げるアジア・アフリカの国家は，**①アルジェリア**，**②コンゴ**，**③パキスタン**，**④ベトナム**の4つに容易に確定する。これらの戦乱・対立を考えそれぞれ3行前後でまとめればよいのだが，その際問題文の「道のりが容易ではない場合も多かった」という部分に注目したい。それぞれに生じた複雑な問題点（宗主国との関係性・宗教対立・領土問題・冷戦構造の関わり等）を指摘できるかどうかが得点の分かれ目となろう。

上記を踏まえて4つの国家に関する論の構成を考えよう。

▶論述の構成とポイント

①アルジェリア

アルジェリアは1830年シャルル10世による出兵以降，フランスの植民地となった。第二次世界大戦後の1954年より独立戦争が始まり，1962年にエヴィアン協定が結ばれ独立が達成された。しかし戦乱が長期間にわたっていることから想像できるように，その道のりは容易ではなかった。独立戦争は民族解放戦線（FLN）の武装蜂起に始まる。アルジェリアには多くのフランス人入植者（コロンと呼ばれる）がいたため，第四共和政下のフランス政府はこの戦いを「国内の秩序維持」と位置づけ，軍を派遣して激しい戦闘を繰り広げた。フランス政府は，直前にインドシナ戦争に敗北するなど植民地政策の失政もあり，アルジェリア独立をめぐるフランス国内世論は二分された。そもそも第四共和政は小党乱立状態であり，歴代連立内閣は巨費を投じるものの鎮圧に至らず，内閣への支持は低下した。1958年，アルジェリア駐留軍の反乱を機に第四共和政は崩壊し，ド=ゴールが大統領となって政権を握り，大統領権限の強い第五共和政を発足させた。彼は軍部の反対を押し切り，1962年にエヴィアン協定でアルジェリアの独立を承認した。

以上を3行程度でまとめるためには取捨選択が必要になる。細かな部分は教科書にもあまり記載はないため，受験生の持つ知識の範囲で解答が作成できればよい。以下の2点をまとめたい。フランス国内に大きな影響を及ぼしたことに言及できるかが鍵となる。

- アルジェリアがフランス植民地であり，入植者と民族解放戦線の間で独立戦争となった。

- 第五共和政を立てたド=ゴール政権が1962年に独立を承認した。

②コンゴ

コンゴは1960年，いわゆる「アフリカの年」にベルギーより独立を果たした。しかし独立後，中央集権派と地方分権派の対立が激しく，加えて旧宗主国ベルギーは鉱産資源（銅・ウラン・コバルト）の豊富なカタンガ州の分離独立を図り，同州を支援したためコンゴ動乱が発生した。これに際し首相のルムンバが国内鎮圧のためソ連に支援を求めたため，ソ連のコンゴへの影響力強化・共産化を恐れたアメリカがモブツ派を支援して介入した。モブツ派は軍事クーデタを起こし，ルムンバを逮捕・処刑したため動乱は泥沼化した。その後，国連軍が積極的に動乱収拾に動いたことにより内戦は収束に向かった。

以上を3行程度でまとめる。アルジェリア同様，教科書や図説に見られる記載をポイントとし，以下の4点をまとめたい。米ソの対立にも触れること。

- コンゴはベルギーの植民地であった。
- 独立後，カタンガ州の鉱産資源を確保したい旧宗主国ベルギーが，同州の分離独立を図って動乱が発生した。
- ソ連とアメリカが介入した。
- 国連軍の出動で動乱が収束した。

③パキスタン

イギリス領であったインドでは，第二次世界大戦後の独立が約束されていたが，パキスタンの分離独立を求める全インド=ムスリム連盟の指導者ジンナーと，統一インドとしての独立を主張するガンディーらの間で対立が生じた。1947年，本国イギリスの議会でインド独立法が成立すると，ヒンドゥー教徒の多いインド連邦とムスリムが多くインドを挟んで東西に領土を持つパキスタンの2国に分かれて独立することとなった。独立後も両国の対立が続き，藩王がヒンドゥー教徒であるが住民の大部分がムスリムであるカシミール地方の帰属をめぐって武力衝突も発生した（1947年：第1次印パ戦争）。その後，インドが実効支配していたカシミール地方の完全統合を宣言したことでパキスタンが反発し，1965年に第2次印パ戦争が勃発した。背景にはチベット問題に端を発する中印国境紛争でインドが敗北したこと（1962年）があるが，この点は詳細な内容でもあり，字数制限からも触れる必要はないだろう。

以上の内容を3行程度でまとめたい。ポイントは以下の3点である。宗教対立について触れることを忘れないようにしたい。

- イギリスの植民地であったインドは，ヒンドゥー教徒の多いインドとムスリムが多いパキスタンの2国に分かれて独立し，両国の対立が1960年代も続いている。
- 両国が，カシミール地方の帰属問題で対立。
- 1960年代に第2次印パ戦争が勃発。

④ベトナム

第二次世界大戦中，日本の占領下に入ったフランス領インドシナでは，ホー=チ=ミンがベトナム独立同盟会を組織し，日本敗戦直後，ベトナム民主共和国の独立を宣言した。旧宗主国フランスはこれを認めず，インドシナ戦争が勃発した。フランスは1949年に阮朝最後の皇帝であったバオダイを立て，ベトナム南部にフランス寄りのベトナム国を建国させた。1954年，ディエンビエンフーの戦いに敗北したフランスは，ジュネーヴ休戦協定を結びインドシナから撤退，南北統一の選挙も予定された。しかしここでベトナムの共産化を恐れるアメリカが介入し，1955年，アメリカ支援の下，南部にベトナム共和国のゴ=ディン=ジエム政権を発足させた。このためベトナムの南北分断は続いた。1960年，南ベトナムの解放を目指す南ベトナム解放民族戦線が結成され，中国とソ連の支援を受ける北のベトナム民主共和国と連携してゲリラ戦を展開した。1963年にジエム政権が軍のクーデタで崩壊すると，アメリカは本格的な軍事介入を始めた。1965年にはトンキン湾事件を機に北爆を開始，ベトナム戦争の泥沼化が始まった。ベトナム戦争に対し国際世論は批判を高め，アメリカ国内でも反戦運動が高まった。こうした情勢を受け，1973年にベトナム（パリ）和平協定が結ばれ，アメリカ軍は南ベトナムから撤退した。

ベトナムに関してはこれまでもよく出題されているので，受験生も書きやすいと思われるが，1960年代という指定をしっかり踏まえ，必要なポイントのみを記述することが大切である。3行程度にまとめていくにあたり，米ソの冷戦が背景にあることも触れておきたい。

- アメリカが支援する南のベトナム共和国内で南ベトナム解放民族戦線

が成立した。
- 中国とソ連が支援する北のベトナム民主共和国と南ベトナム解放民族戦線が連携してゲリラ戦を展開し，内戦状態が続いた。
- アメリカが北爆を行って本格的に内戦に介入し，ベトナム戦争は激化した。

問(2)

▶設問の要求

(主題)　①独立後のアジア・アフリカ諸国が抱えた経済的問題とその歴史的背景

②国連が1960年代に経済的問題解決のためどう対処したか

▶論述の方向性とポイント

問題の資料文の2段落目以降を読めば，上記の国家が抱えた経済的問題の骨組みは見えるだろう。「発展途上地域」「深刻かつ持続的な低開発の状態」「工業化された社会に比べて，ますます遅れをとって」といった部分と問(1)でみた「植民地および半植民地とされていた諸民族の政治的解放」の部分から，途上国が独立後も資本や技術の不足もあり開発が遅れて十分な工業化に至らず，結局旧宗主国の原料供給地あるいは製品市場という地位を脱することができずに経済的に苦しんできたことを指摘する。モノカルチャー経済という言葉を使ってもよいだろう。さらにそれは国際的分業体制の中で半ば固定化してしまっているという点にも言及したい。いわゆる南北問題である。

1960年はアフリカの年といわれ，こうした発展途上のアフリカの国々が国連加盟を果たした時期でもあった。これを受けて国連では国際分業体制を是正し，途上国への開発援助で南北問題を解決するために常設機関として国連貿易開発会議（UNCTAD）を1964年に発足させた。

ポイントは以下の5点である。5行なので端的にまとめていきたい。
- 歴史的背景として，植民地や半植民地は宗主国により原料供給地や市場として開発されたことを述べる。
- 独立後も，資本・技術不足で上記の状況を脱することができないことに言及する。
- 国際分業体制の中で，北側の先進国に対する原料供給地や製品市場としての位置づけが続いていることも指摘（南北問題）。

- 国連が解決への取り組みとして，国連貿易開発会議（UNCTAD）を発足したことを述べる。
- 国連貿易開発会議の役割として，国際分業体制の是正や途上国への開発援助の促進を指摘する。

2 解答

(1)(a)　ネロ帝の迫害以外は弾圧は少なかったが，3世紀には皇帝崇拝拒否などを理由に迫害が増加した。ディオクレティアヌス帝の大迫害の後，コンスタンティヌス帝は帝国安定の必要からミラノ勅令でキリスト教を公認，4世紀末にテオドシウス帝が国教化した。（120字以内）

(b)　コンスタンティヌス帝が教義統一のために開いたニケーア公会議で，父なる神と子なるイエスは同質であるとするアタナシウス派が正統とされ，イエスの人性を強調するアリウス派が異端とされた。（90字以内）

(c)　アリストテレス

(2)(a)　トゥグリル=ベク

(b)　第4回十字軍がヴェネツィア商人らの要請を受けてビザンツ帝国の都コンスタンティノープルを攻略し，ラテン帝国を建国した。（60字以内）

(c)　シーア派のサファヴィー朝を破った後，マムルーク朝を倒してシリア・エジプトを領有し，メッカ・メディナの保護権を獲得した。（60字以内）

(3)(a)　漢人学者に『古今図書集成』や『四庫全書』等の大編纂事業を行わせて伝統的中国文化を尊重する一方，反清思想を含む文書を禁書としたり，文字の獄といわれる言論弾圧も行った。（90字以内）

(b)　考証学，黄宗羲（顧炎武も可）

解説

《書物と歴史》

問(1)(a)　主題：1世紀から4世紀末のローマ帝国におけるキリスト教と政治権力との関係の推移

注意したいのは，当該期間の「キリスト教の歴史」が問われているのではなく，政治権力との関係の推移が問われている点である。歴代皇帝がキリスト教にどのように接したかを想起すれば解答の骨子は組み上がる。その際，「迫害」というキーワードがすぐに浮かぶであろうが，初期には多神教を拒む特異な集団とみなされ，反感をもたれることはあったものの，帝国が組織的に迫害を行うことはほとんどなく，帝国の祭儀への不参加や皇帝崇拝拒否を理由とする迫害は3世紀以降のことである点に留意したい。ここでは皇帝別のキリスト教徒への政策を考えてみよう。

〔解答のポイント〕

ネロ帝：ローマの大火時にキリスト教徒を迫害（64年）

※　ネロ帝の迫害以外は，民間の弾圧などはあるものの，大きな迫害はなかったが，次第に帝国の祭儀への不参加・皇帝崇拝の拒否などを理由に迫害が激化

ディオクレティアヌス帝：大迫害（303年）

コンスタンティヌス帝：信者増大→帝国安定の必要性からミラノ勅令でキリスト教を公認（313年）

テオドシウス帝：他の宗教を禁じてキリスト教を国教化（392年）

(b)　**主題**：325年に行われたキリスト教教義に関する重要会議の名称と内容

条件：会議の名称に触れる

325年という年代からニケーア公会議を指すことがわかる。内容としては開催した皇帝名，教義の対立と正統・異端の決定に触れることが重要であるが，正統とされたアタナシウスの教説，異端とされたアリウスの教説に踏み込めるかが得点の分かれ目となろう。

〔解答のポイント〕

①会議の名称として「ニケーア公会議」を指摘する。

②コンスタンティヌス帝が開催したことに言及する。

③アタナシウスの教説（アタナシウス派）が正統，アリウスの教説（アリウス派）が異端とされたことを述べる。

④アタナシウス派は父なる神と子なるイエスは同質であると主張。

⑤アリウス派はイエスの人性を強調。

(c)　中世のスコラ学者たちに多大な影響を与えた，「万学の祖」とも呼ばれる古代ギリシアの哲学者はアリストテレスである。アリストテレスの哲学・思想はスコラ学の体系化に大きな影響を与えた。13世紀のスコラ学の完成者とされるトマス=アクィナスはアリストテレスの哲学を踏まえ，神学を中心とするあらゆる学問の体系化を図った。その著書が『神学大全』である。

問(2)(a)　リード文中に『トルコ諸語集成』は「1077年頃にバグダードで書かれた」とある。その頃西アジア一帯を支配したトルコ系王朝といえばセルジューク朝であり，その初代スルタンなのでトゥグリル=ベクが正解である。彼がスルタンの称号をカリフから得たのが1055年であることを想起できれば，すぐに正解に辿り着くだろう。

(b)　**主題**：13世紀初めに「イスタンブル」に建てられた国家の成立の経緯を説明する

条件：国家の名称を挙げる

「イスタンブル」が下線部であるものの，13世紀初めといえば，まだこの地がイスラームの手に落ちる以前のことと気づけるかが1つ目のポイントである。オスマン帝国によるこの地の攻略は15世紀半ばなので，時期をよく見て誤って誘導されないように注意したい。

13世紀初めといえば，11世紀末から13世紀まで続いた十字軍運動の最中であり，イスタンブル（コンスタンティノープル）に建てられた国家ということで「ラテン帝国」に辿り着けば，「第4回十字軍」「ヴェネツィア商人」といった他のキーワードも想起できよう。第4回十字軍の提唱者はインノケンティウス3世であるが，2行指定の設問であるので，ここでは教皇名まで触れる必要はないだろう。

〔解答のポイント〕

①国家の名称として「ラテン帝国」を挙げる。

②第4回十字軍が建国したことに言及する。

③第4回十字軍がコンスタンティノープルを攻略した背景に，ヴェネツィア商人の要請があったことを指摘する。

(c)　**主題**：オスマン帝国のセリム1世時代の対外戦争の成果

セリム1世の対外戦争といえば，マムルーク朝を滅ぼしエジプトを支配下においたことがすぐに想起されるが，それ以前にシーア派を奉じるサファヴィー朝との争いでこれを撃破したことも言及したい。ただ，この問題の核は対外戦争の相手を挙げることではなく「対外戦争の成果」であることに留意する。特にマムルーク朝を滅亡させたことは単なる支配領域の拡大ではなく，マムルーク朝の保護下にあったメッカ・メディナ両聖都を支配下においたということであり，以後，オスマン帝国はスンナ派イスラーム世界の盟主の地位を持つこととなった点は必ず指摘したい。

〔解答のポイント〕

①シーア派のサファヴィー朝を撃破したことを述べる。

②マムルーク朝を滅亡させ，その保護下にあったメッカ・メディナ両聖都を支配下においたことに言及。

③オスマン帝国が，スンナ派イスラーム世界の守護者としての地位を確立したことに触れる。

問(3)(a)　主題：清朝の書物に関する政策について説明する

条件：書物や編纂物の名称を挙げる

清は中国の伝統的な学問を尊重する姿勢を見せ，漢人学者らを優遇して種々の大編纂事業を行わせた。これには漢人学者らを学問に没頭させることで政治への批判を逸らす狙いとともに，反清的な書物を摘発し処分（禁書）する狙いもあった。書物に関する「政策」であるので解答では後者を指摘したい。反清思想がうかがえる文書を記したものが直ちに処罰された文字の獄と呼ばれる事件もあったことも合わせて指摘しよう。条件に関しては，大編纂事業で成立した『康熙字典』，『古今図書集成』，『四庫全書』のうちいずれかを挙げればよいだろう。

〔解答のポイント〕

①書物や編纂物として『康熙字典』『古今図書集成』『四庫全書』いずれかを挙げる。

②漢人学者を用いて大編纂事業を行い伝統的中国文化を尊重したことを述べる。

③反清思想の文書を摘発して禁書としたこと，文字の獄といわれる言論弾圧が行われたことを指摘する。

(b)　清の下で発展した，「儒学の経典や歴史書を厳密に校訂・検討する学問」とは考証学のことである。(a)で見たように，清では学者を優遇した反面，清に対する政治批判や異民族排斥思想などは禁書や文字の獄により厳しく取り締まられた。そのため政治的論議を必要としない古典研究が進んだ。これが考証学である。清初に考証学の基礎を確立した学者といえば，明末から清初にかけて活躍した黄宗羲か顧炎武のどちらかということになるだろう。

3　解答

(1)　属州

(2)　高句麗

(3)　ジャムチ〔站赤〕

(4)　イヴァン3世

(5)　ワッハーブ

(6)　サティー

(7)　劉永福

(8)　(a)フランス　(b)イギリス

(9)　サパタ

(10)　サイード

解説

《征服と支配，それに対する抵抗》

問(1)　ローマが征服戦争で得たイタリア半島以外の支配地を属州と呼ぶ。第1回ポエニ戦争で占領したシチリア島が初の属州である。ローマは属州に総督と軍を置いて統治を行い，属州の人々は徴税請負人から税を搾取された。その富はローマにもたらされ繁栄を支えた一方で，属州からの安価な穀物の流入は，ローマの中小農民の没落の一因ともなり，ローマ社会に大きな変化をもたらした。

問(2)　楽浪郡を滅ぼしたのは高句麗である。高句麗は，前1世紀頃に建国され，中国東北部から朝鮮半島北部をおさえて繁栄した。313年には楽浪郡を滅ぼして南に勢力を拡大，4世紀半ば以降は，半島南部に成立した百済・新羅と抗争を繰り返した。4世紀末～5世紀初頭の広開土王の治世が最盛期であり，この頃日本（倭）の勢力と交戦したことが広開土王碑に記されている。

問(3)　モンゴル帝国が帝国内交通を円滑にするために整備した駅伝制をジャムチ（站赤）という。続く元の時代には首都の大都を中心にユーラシア規模に拡大され，広域ネットワークを支える制度となった。約10里ごとに駅が設けられ，ここではハンから出された使用許可書（牌符という）を持つ官吏・軍人や外国の使節に，駅馬や食料などが提供された。

問(4)　15世紀後半，「タタールのくびき」を終わらせたモスクワ大公はイヴァン3世。1480年にキプチャク=ハン国から自立し，ロシア発展の基礎を築いた。最後のビザンツ皇帝の姪ソフィアと結婚し，ビザンツ帝国の後継者を自任，皇帝を意味するツァーリの称号を初めて使用した。

問(5)　18世紀，アラビア半島の豪族サウード家と協力し，イスラーム法に基づく国家建設を主導した原理主義的な一派とはワッハーブ派である。イブン=アブドゥル=ワッハーブによって創始され，神秘主義や聖者崇拝を否定し，預言者ムハンマドの最初の教えに戻ろうとする原始イスラームへの回帰を主張した。アラブ人の民族意識と結びついて勢力を拡大，上記の国家建設運動を成功させワッハーブ王国を成立させた。これが現在のサウジアラビア王国の前身となった。

問(6)　インドで古くから続いた寡婦殉死の風習をサティーという。夫の遺体が焼かれる時に妻も焼かれてともに死ぬ，つまり夫に殉ずることが妻の模範であり，家に功徳をもたらすものであるというヒンドゥー教社会の考えからきている。知識人の一人ラーム=モーハン=ローイはベンガル地方でサティー反対運動を展開，イギリス植民地政府も1829年に法律でこれを禁止した。

問(7)　19世紀後半，フランス支配下のベトナムで黒旗軍を組織し，反仏抵抗運動を行ったのは劉永福である。清代の広東地方の客家出身で，若いころは天地会という秘密結社に所属，太平天国の乱に呼応して天地会も反乱を起こすとこれに参加した。その後ベトナムに移って阮朝に帰順し黒旗軍を組織，反仏抵抗運動で活躍した。清とフランスが阮朝への宗主権をめぐって清仏戦争を開始すると清側に立って戦ったが，清の敗北によって台湾に移った。ここでも日清戦争の際，抗日運動を展開している。

問(8)　アフリカにおける1898年の軍事衝突の危機とはファショダ事件のことである。これは西アフリカ・サハラ地域とジブチの連結を目指し横断政策を展開したフランスと，エジプトとケープ植民地の連結を目指す縦断政策を展開したイギリスの両軍が，スーダンのナイル河畔のファショダで遭遇した事件である。よって，(a)フランス，(b)イギリスとなる。ドレフュス事件で国内が混乱し，ドイツのアフリカに対する動きを警戒するフランスが譲歩したため軍事衝突は回避された。

問(9)　1910年に始まるメキシコ革命の際，農地改革の推進を目指し，ビリャとともに農民運動を指導したのはサパタである。マデロに呼応して農民軍を組織して活躍したが，1911年にディアス政権が打倒されマデロが大統領となると農地改革に否定的なマデロと決別し，農民運動を継続した。

その後，1919 年に暗殺されている。

問⑽ 難問。『オリエンタリズム』を著し，東洋に対する西洋の見方を批判的に論じた，ポスト=コロニアル研究の第一人者はパレスティナ系アメリカ人でコロンビア大学教授のサイードである。サイードは，もともと美術分野において「東洋趣味」といった意味で使用された「オリエンタリズム」を，東洋に対する西洋人の偏った見方であるとし，人種主義や帝国主義の考えが内包されているとして批判的に検討，ポスト=コロニアル理論を確立したとされる。彼のこの考えは学者の間で論争を巻き起こすことになった。

講評

1 2024 年度の長文論述は 2 問に分かれての出題であった。第 1 問で複数の設問が出題されたのは 1989 年度以来である。2023 年度の第 1 問も 1992 年度以来の地図を用いた出題であったことを考えると，以前の出題を意識している部分が見え隠れする。また，20 世紀後半の現代史をテーマとした出題は 2016 年度の「1970 年代から 80 年代にかけての東アジア・中東・ラテンアメリカの情勢」についての出題以来である。

本問は第 3 代国連事務総長のウ=タントの演説資料から，問⑴ 1960 年代のアジア・アフリカにおける戦乱や対立，問⑵アジア・アフリカの経済的問題の歴史的背景とそれに対する国連の取り組みを述べる問題である。問⑴は，事例は様々に考えられるものの，指定語句からアフリカ：アルジェリア・コンゴ，アジア：パキスタン・ベトナムに限定し，それぞれについて 90 字程度でまとめればよいだろう。その際，4 つの国の事例が問題文のどれに該当するのか，すなわち「独立を得る過程では戦乱が起こった」事例なのか「独立した国どうしが対立を深める」事例なのかを意識したい。問⑵は演説で述べられている「発展途上地域」の「持続的な低開発の状態」の歴史的背景を想起し，そこから発生したいわゆる南北問題に国連がどう対処したかを述べればよい。難易度としては書くべきことは見えやすい出題なので対応しやすい部類であるが，いずれも現代史であり，戦後・現代史まで十分学習が追い付かなかった受験生には苦しかったかもしれない。

2　書物から歴史を捉えるというテーマで，２行論述が２問，３行論述が２問，４行論述が１問，記述問題が３問の形式で出題された。記述で問われた用語はいずれも基礎的レベルである。問(1)(a)はオーソドックスではあるが，「キリスト教と政治権力との関係の推移」が問われているのでそこに注意したい。問(2)(b)は13世紀初めという限定からラテン帝国を想起できれば完答できよう。(c)はサファヴィー朝にも言及することを忘れず，また「成果」の部分をしっかり解答に反映させたい。問(3)(a)は清の書物に関する「政策」が問われていることに注意。思想統制・言論弾圧まで考えて，大編纂事業と禁書だけでなく，文字の獄まで言及したい。全体を通じて書きにくい出題は見られず標準レベルであるが，３行論述は短いゆえに何を書くべきか絞り込む作業が難しかったかもしれない。題意をしっかりくみ取りたい。

3　歴史上の征服と支配，それに対する抵抗に関する短答式の問題が計10問。論述問題もなく，すべて歴史用語の記述問題であった。問(10)は昨今のパレスティナ情勢を意識したと思われるサイードが出題され難問となった。この問題以外の失点は避けたい。標準レベルの出題であったといえよう。

地理

1 解答

A. (1) **A**—フィンランド　**B**—中国　**C**—パキスタン　**D**—ナイジェリア

(2) 乾燥した気候で作物は栽培できないが，羊やラクダなどの家畜が飼育され，その乳を飲用し続けたことで乳糖に適応したため。(60字以内)

(3) 肉の保存が困難な夏は，羊・山羊・馬などの家畜の乳をヨーグルトや馬乳酒などの発酵食品に加工することで乳糖を減らしている。(60字以内)

(4) 古くからの稲作地域で米が主食であるが，米は他の穀物に比べて必須アミノ酸の量が多く，乳製品などで補う必要がなかったため。(60字以内)

B. (1) **A**—北米　**B**—独立国家共同体　**C**—中東

(2) シェール

(3) アジア太平洋—ウ　独立国家共同体—エ　ヨーロッパ—カ

(4) 石油の輸入先は生産量は多いが政情不安定な中東に偏るが，産地が分散する天然ガスは輸入先も近距離のアジア太平洋や北米などに分散し，LNGを輸入するため液化設備の建設なども行っている。(90字以内)

解説

《乳糖耐性者の割合からみた各地の食生活，天然ガスの生産と貿易》

設問A. (1) 穀類はどの国も割合が高いので，他の食品から判断する。乳糖耐性者の割合の高低を示した図１－１も，各国の牛乳・乳製品の供給割合の高低を決めるヒントとなる。一般に，経済が発展するにつれて，肉類・卵・魚介類などの動物性タンパク質の供給が増える。肉類・卵・魚介類の割合が高いＡ・Ｂはフィンランドと中国のいずれかで，Ａは牛乳・乳製品の割合も高いのでフィンランド，牛乳・乳製品の割合が低いＢは中国である。Ｃは牛乳・乳製品の割合が高いが，肉類・卵・魚介類の割合は低いのでパキスタン，イモ・豆類の割合が高いＤは熱帯に位置するナイジェリアである。

(2) 西アフリカ，アラビア半島から南アジアにかけての地域は，乾燥した気候で作物の栽培が困難なため，古くから牧畜を行い家畜の乳を飲用してきた。もともとヒトには乳糖耐性がなかったが，突然変異により乳糖耐性の遺伝子が獲得されると，その個体は生存に有利となるため生き残り，子孫に遺伝子が伝えられる。長い期間これが繰り返されて，現在では乳糖耐性者の割合が高くなったと考えられる。指定語句の「気候」と「飲用」は，乾燥「気候」，乳の「飲用」として使用するしかない。「適応」は環境への「適応」となるが，この場合の環境は乳糖を摂取せざるを得ない状況と考えると，上述の遺伝子獲得過程を「適応」と表すことができる。

(3)　乳糖を減らすには，乳を発酵させて乳糖を分解すればよい。乳酸菌による乳酸発酵でも酵母によるアルコール発酵でもよい。乳酸発酵の代表的な食品はヨーグルトやチーズ，アルコール発酵は酒であるが，モンゴルでは馬乳酒が家庭で造られている。馬乳酒はビタミンCが豊富で，野菜や果物を食べる機会のほとんどない遊牧民にとっては貴重なビタミン源であり，アルコール分が低いので子どもも飲用する。馬の搾乳は夏に限られていて，馬乳酒やヨーグルトは発酵に適した夏の食品となる。冬は羊などの肉を食べるが，夏は肉の保存が困難なのでほとんど食べられない。

(4)　米は，表1－1にあるように，アミノ酸スコアが他の穀物よりも高い。小麦やトウモロコシを主食とすると，必須アミノ酸を肉や乳・乳製品で補わなければならないが，アミノ酸スコアが高い米を主食にすると，乳糖耐性がない人が多く摂取しにくい乳・乳製品で補う必要はない。東南アジアが稲作地域で，アミノ酸スコアが高い米を主食としていることが乳の利用がなかった理由である。東南アジアでも牛，水牛，豚などの家畜が飼育されてきたが，豚は搾乳が難しく量も少ないため乳を利用しないし，牛・水牛は農耕用のため乳をあまり利用しなかった。

設問B. **(1)**　天然ガスの主要生産国はアメリカ合衆国とロシアである。Aは早くから生産量が多かったので北米，Bは1990年ごろまで順調に増加していたが，1990年代に一時生産量が減少したことから，その時期が社会主義経済から市場経済に移行する混乱期であった独立国家共同体，Cは最近の生産量の増加が目立つので中東である。

(2)　技術革新によりシェール（頁岩）層からの天然ガスの採掘が可能になり，アメリカ合衆国では天然ガス生産量が急増した。これをシェール革命と呼ぶ。

(3) パイプラインによる天然ガスの輸送は，同じ地域内と陸続きとなる地域（近距離なら海底パイプラインもある）で行われ，LNGは海上輸送となる。図1－4から，ウとカが天然ガス・LNGの輸入地域で，ア，イ，エ，オが輸出地域である。世界で天然ガスの輸入地域なのはアジア太平洋とヨーロッパであり，アフリカ，中東，独立国家共同体は輸出地域である。アジア太平洋はパイプラインによる天然ガスの輸入量よりもLNGの輸入量が多いのでウである。パイプライン網が発達するヨーロッパは，域内（主にノルウェー）やロシアからのパイプラインによる輸入が多いから，同じ地域やエからのパイプラインでの輸入量が多いカで，エは独立国家共同体である。アは域内とヨーロッパ（カ）へのパイプラインによる天然ガスの輸出が行われており，域内よりもヨーロッパへの輸出量が多いからアフリカ，イはアジア太平洋（ウ），ヨーロッパ（カ），キへはLNGの輸出量が多いが，パイプラインは域内だけなので北米，オは域内とアフリカ（ア），ヨーロッパ（カ）へのパイプラインによる輸出量が多いから中東，残りのキは輸出量の少ない中南米である。

(4) 「日本のエネルギー資源確保の観点から」とあるので，天然ガスのエネルギーとしての特徴（カロリーが高い，クリーンエネルギーであるなど）ではなく，生産国・輸入先が分散していることや，輸入先と日本との関係，輸入先における開発などについて述べる。石油の主要生産地は中東と北米であるが，消費量の多い北米からの輸入は難しいので，日本の輸入先は中東に偏っている。しかし，中東地域は政情が不安定で，資源の安定確保という点では難がある。これに対して，天然ガスの産地は，北米，ロシア，中東，アジア太平洋などに分散しており，日本の輸入先もこれらの地域に分散している。原油のまま輸入することが多い石油と異なり，日本が輸入する天然ガスは液化（加工）したLNGであるが，アジア太平洋は距離も近く，輸送コストの高いLNGを輸入している日本にとっては好都合である。北米とともに日本にとって友好的な国が多く，政治的・経済的関係も深い。こうした点から，石油に比べると，資源を安定的に確保しやすいと考えられる。このほか，これらの地域では，資源の安定確保に向けて，ガス田の開発やLNG基地の建設なども行われている。

2 **解答** **A.** (1)　レアメタルなどの希少な鉱産資源が多く埋蔵されており，現在は技術的・経済的に採掘できなくてもいずれ採掘可能になるため。(60字以内)

(2)　**ア**―アジア　**イ**―南アメリカ　**エ**―ヨーロッパ　**オ**―オーストラリア

(3)　標高の高い新期造山帯の山脈や高原の占める面積が大きい。(30字以内)

(4)　温暖で降水量が多く人口密度の高いエでは森林，耕地，市街地の割合が高く，乾燥した気候のオでは荒れ地や牧草地の割合が高い。(60字以内)

B. (1)　アフリカ大陸

(2)　ケ国とコ国では経済発展により出生率が低下し人口変化率も低下したが，イ国は国内の経済格差が大きく大多数の国民の生活水準が低いため，出生率が高く人口変化率も高いまま推移している。(90字以内)

(3)　シ国は一人っ子政策と経済発展により人口変化率の低下が早かったが，カ国は近年まで経済が停滞していて人口変化率が高かった。(60字以内)

(4)　サ国は若い移民の流入が多く人口変化率が高いが，セ国は少子高齢化が進んだため人口変化率が低下し近年は人口が減少している。(60字以内)

解説

《標高分布からみた各大陸の特色，人口が1億人を超える国々の人口変化率の推移》

設問A. (1)　深海底が「将来の世界の経済に大きな影響を与える」のは，現在は未利用であるが，将来利用可能になると考えられているからである。深海底にはレアメタルなどの希少資源，メタンハイドレートなどのエネルギー資源が埋蔵されており，これらは現在は技術的・経済的問題により採掘されていないが，将来はそれらの問題が解決されて採掘できるようになる。そうなれば排他的経済水域だけでなく公海の海底も資源の採掘に利用され，世界の経済に影響する。

(2)　アとイは3000m以上の標高の高い土地の割合が高いので，新期造山帯の面積割合が高いアジアと南アメリカのいずれかで，より標高の高い土地の面積割合が高いアがアジア，イが南アメリカとなる。エとオのうち，2000m以下の土地でほぼ100％を占めるオは新期造山帯のないオースト

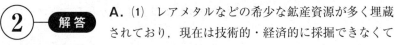

ラリアで，2000m 以上の土地もあるエは新期造山帯のあるヨーロッパである。

(3)　アジアにはプレートの衝突帯が形成されており，新期造山帯であるアルプス=ヒマラヤ造山帯の山脈や高原の占める面積の割合が高いため，標高の高い土地の面積が大きい。

(4)　エのヨーロッパとオのオーストラリアでは，気候や人口密度などの違いにより 500m 以下の陸地の土地利用や土地被覆が異なっている。温帯の地域が広く人口密度も高いヨーロッパでは，森林，耕地，市街地として利用される面積が大きく，乾燥気候の割合が高いオーストラリアでは，砂漠などの荒れ地（不毛地）や牧草地などがほとんどを占める。

設問B. (1)　2000～2020 年で最も人口増加率が高い大陸と考えればよい。アはエチオピア，イはナイジェリア，ウはエジプトである。

(2)　ケはインドネシア，コはブラジルである。インドネシアとブラジルの人口変化率が低下したのは，経済発展により生活水準が向上し，出生率が低下したためである。イのナイジェリアの人口変化率が低下しないのは，その逆に，経済発展が十分でなく生活水準が低く出生率が低下しないからである。もう少し具体的に説明すると，ナイジェリアは原油の生産と輸出に依存したモノカルチャー経済の国である。鉱産資源のモノカルチャー経済では一部の支配層はその恩恵にあずかれるが，国民全体の所得の向上には結びつかず，大多数の国民は貧しいままである。国内の経済格差が大きく，国民全体の生活水準が低いままでは出生率の低下にはつながらず，人口変化率も高いままとなる。

(3)　カはインド，シは中国である。中国とインドの比較という点では，人口変化率の低下の時期の違いとその背景を説明するのがよいだろう。中国の人口変化率が 1980 年以降低下してきたのは，1979 年から始まった一人っ子政策と改革開放政策による経済発展で生活水準が向上したからである。インドも 2000 年以降は人口変化率がやや低下しているが，これは 1991 年以降の経済の自由化政策により経済成長が進んだからである。しかし，中国のような強力な人口抑制政策がとられることはなく，経済発展の時期が遅れたため，最近まで人口変化率は高かった。

(4)　サはアメリカ合衆国，セは日本である。両国の人口変化率の差異については，アメリカ合衆国は人口変化率があまり下がっていないこと，日本は低下し，2000〜2020 年では人口減少になっていることを述べる。その背景は，アメリカ合衆国では移民の流入があるためであり，日本は少子高齢化が進んだためである。

3 解答 **A.** ⑴ ニューオーリンズ

⑵ **ア**―ミシシッピ **イ**―三角州〔デルタ〕 **ウ**―自然堤防

⑶ 流域は小麦や綿花の産地であり，その積出港となったため。(30 字以内)

⑷ 所得水準の低い黒人の多くは地価の安い排水不良の低湿地に集住しており，こうした人種・所得階層による住み分けがあったため。(60 字以内)

⑸ 船舶の航行に支障をきたし農産物の輸出に打撃を与えるほか，海水が逆流し水に塩分が混じることで農業や工業などにも影響する。(60 字以内)

B. ⑴ 既存の輸送力の小さい路面電車では，都市圏の拡大と人口密度の上昇による都市内の移動人口の増加に対応できなくなったこと。(60 字以内)

⑵ 早くから自動車が普及し，道路網も整備されて広大な都市圏を形成しており，建設費の高い地下鉄を作る必要がなかったため。(60 字以内)

⑶ 人口と自動車台数の増加による激しい交通渋滞や大気汚染。(30 字以内)

⑷ 経済成長により建設資金の調達が容易になったことと，先進諸国や中国が技術支援と鉄道システムの輸出を行うようになったこと。(60 字以内)

解説

《ニューオーリンズとミシシッピ川の自然災害，先進国と途上国の地下鉄建設》

設問A. ⑴ メキシコ湾沿岸にあり，「カナダ東部に入植したアカディアン…の一部がここに定住」などの記述からニューオーリンズである。アカディアンはフランス系の人々で，メキシコ湾岸のルイジアナには，英仏の植民地争奪戦争に敗れ，イギリスに追放された人々の一部が移住した。

(2) **ア.** ニューオーリンズが河口に位置する河川はミシシッピ川である。
イ. ミシシッピ川河口は三角州を形成しており，その形状は鳥趾状三角州である。
ウ.「周辺より少し高い河畔」とあるので自然堤防である。
(3) ニューオーリンズが港湾都市として最も栄えたのは，大陸横断鉄道が開通する前の19世紀前半である。ミシシッピ川流域は，小麦，トウモロコシ，綿花などの農産物の産地であり，これらの農産物が河口のニューオーリンズまで船で運ばれ，東部へ輸送されたり，輸出されたりした。
(4) 下線部(C)に「特定のエスニック集団が顕著に被災」とあるから，特定のエスニック集団の名称，および顕著に被災した理由とそれが問題になった背景を述べる。表3－1を見ると，直後に自宅が浸水していた人口では，どのエスニック集団も総人口の5～7割で，エスニック集団による差はあまりないが，1週間後にも自宅が浸水していた人口では，黒人以外は2～3割程度であるが，黒人だけが約6割である。浸水被害を受けた人口では，他のエスニック集団は4～6割が1週間後には浸水から回復しているのに対して，黒人だけは約9割が1週間後も浸水したままである。このように黒人だけが「顕著に被災」したのは，アメリカ合衆国の都市では，エスニック集団ごとに集まって居住する住み分け（セグリゲーション）が行われ，黒人の居住地の多くは，浸水しやすく，浸水からの回復も遅れる，排水不良の低湿地であったためである。こうした土地は地価が安いため，所得水準の低い人々が居住する。
(5) 河川の水位が低下すると，船舶の航行に支障をきたす。ミシシッピ川は現在でも農産物の輸送路となっており，それらの農産物は輸出向けも多いので，農産物輸出に打撃を与える。これに加えて，河口に近い位置で河川の水位が低下すると，海水の逆流が起こり，河川水に塩分が混じることになる。河川水は生活用水や農業・工業用水に利用することが多いから，河川水に塩分が混じると，生活や農業・工業にも影響を及ぼす。
設問B. (1) 第一次世界大戦後くらいから東京や大阪では，都市内への人口流入とともに，郊外への市街地の拡大が始まった。東京・大阪とそれぞれの郊外を結ぶ鉄道も発達し，都心への通勤者も増加したが，郊外から都心に直接乗り入れる鉄道は少なく，ターミナルで乗り換えて都心に向かう必要があった。ターミナルから都心までの移動手段は路面電車が中心で，都市内部では路面電車網が発達していた。都市内の人口（人口密度）と郊外からの通勤者が増加すると，都市内部の移動人口も増加し，輸送力の小さい路面電車では対応できなくなってきた。このため，地下空間を有効に活用できる地下鉄の建設に踏み切った。

⑵　ロサンゼルスは，20 世紀に入ってから発展した都市で，自動車が早くから普及し，それに伴って，高速道路（フリーウェー）などの道路網も整備されたため，郊外化が進み，都市圏も自動車移動を前提とした広大なものとなった。都市内の移動は自動車による個人的な移動が中心で，建設費のかかる地下鉄のような大量輸送機関の必要性が小さかった。地下鉄の建設が遅かったのはこのためである。

⑶　アジアの大都市で地下鉄を建設する必要が生じたのは，人口の大都市への集中とそれに伴う自動車台数の増加により，激しい交通渋滞や大気汚染などの都市問題が発生したためである。

⑷　地下鉄の建設には多額の資金が必要である。経済成長により資金の調達（先進国からのODA，世界銀行やアジア開発銀行などからの借り入れなど）が可能となって，ようやく地下鉄建設に踏み切ることができる。地下鉄の建設には高度な技術も必要であるが，それに加えて，車両や運行システム，運転士の養成なども必要になる。これらの鉄道システムを途上国が自前で築き上げるのは難しいが，近年は先進諸国（主に日本とヨーロッパ諸国）や中国が鉄道システムの輸出に熱心で，その輸出先としてアジアの途上国にねらいを定め，競い合っている。以上の２点がアジアの大都市で地下鉄建設が可能となった理由である。

講評

2024 年度も大問３題であるが，それぞれＡ，Ｂの設問に分割され，実質的には６つのテーマからなる。ここ数年と同様で，この形が定着したといえる。論述の設問数は 17 問（１行３問，２行 12 問，３行２問），総論述字数は 990 字で，いずれも 2023 年度と同じである。グラフ，地図，統計表などの読み取りをもとに，地理的事象の分布や変化，その理由・背景を説明させる問題が中心であるが，2024 年度はやや知識問題が多かった印象である。

1　世界の食料資源とエネルギー資源に関する問題。設問Aは乳糖耐性者の割合という見慣れない地図に戸惑ったかもしれないが，気候や農牧業の分布図と照らし合わせて考えればよい。(3)のモンゴルで行われている乳の乳糖を減らす加工法を述べる問題は，生活文化の問題と考えれば地理の学習範囲内であるが，教科書的な知識というわけではなく，また，字数が多く答えにくい。設問Bは天然ガスの生産と貿易に関する問題で，図1－4の地域名判定を求める(3)は，パズル的であり糸口が見つかれば答えられるものの，時間がかかるであろう。(4)は，石油との比較では天然ガスの輸入先が分散しているという点が最も重要であるが，字数が多いので，ほかに何を書くのかの判断が難しい。

2　世界の地勢と人口の変化に関する問題。設問Aは大陸別の標高分布のグラフを用いた問題で，特に難しい小問はなかったであろう。設問Bは人口が1億人を超える国々の人口変化率の推移の背景に関する問題である。表2－1は問われている国だけ確実に判定できればよい。(2)はケ国とコ国の区別はつけられないので，ブラジルとインドネシアのどちらかとわかればよい。両国とイ国（ナイジェリア）の比較については，設問文の問い方から見て，ケ国・コ国については簡潔に説明し，ナイジェリアのほうに解答の重点を置こう。(3)はインドについての説明が難しい。中国に比べて人口変化率がずっと高いまま推移していると考えて，その背景を述べるという答え方もあるし，近年の経済発展と実際に出生率が低下している点から，近年の人口変化率の低下とその背景を述べるという答え方もある。

3　都市に関する問題。設問Aはニューオーリンズとミシシッピ川の自然災害に関する問題である。(4)は表3－1から「特定のエスニック集団」が黒人であることは明らかであり，エスニック集団ごとに住み分けていること，黒人が土地条件の悪い低湿地に居住していることを述べる。設問Bは先進国と途上国の地下鉄建設に関する問題である。(1)の指定語句の「密度」は人口「密度」として使うとよい。人口密度の増加が「どのような都市交通の問題」をもたらしたのかを考えてみる。(4)はアジアの大都市で地下鉄の建設が「可能になった要因」を述べる問題である。経済成長により資金面で可能になったことは想像できるが，もう1つは何を述べるのか悩ましい問題である。

数　学

①

発想

(1)　点Pは円 $x^2+y^2=1$ 上にあるから，この点で円と C が共通の接線をもっている条件は，C が点（$\cos\theta$, $\sin\theta$）を通り，かつ，この点での C の接線の傾きと円の接線の傾きが一致するということである。

(2)　定積分を用いて面積を計算する。

(3)　A は $\sqrt{s^2+1}$ を含む式であるから，$A^2-3\geqq 0$ を示す。

解答　**(1)**　曲線 C は2点P，Qを通るから

$$\begin{cases} a\cos^2\theta+b\cos\theta+c=\sin\theta & \cdots\cdots① \\ a\cos^2\theta-b\cos\theta+c=\sin\theta & \cdots\cdots② \end{cases}$$

①－② より，$2b\cos\theta=0$ すなわち

$$b=0 \quad (\cos\theta\neq 0 \text{ より})$$

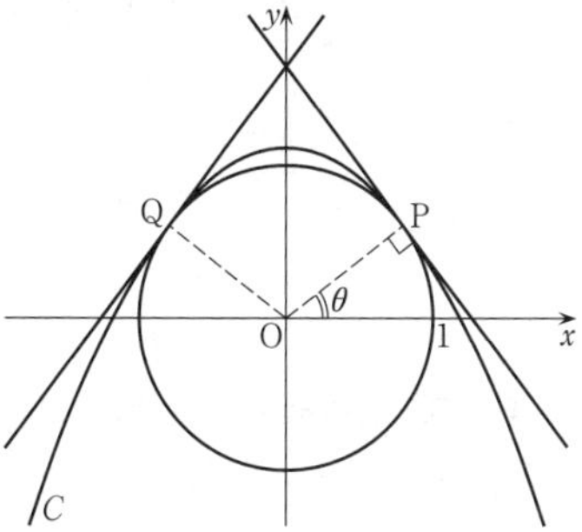

また，点Pにおける円の接線の傾きは $-\dfrac{\cos\theta}{\sin\theta}$ であるから，点Pにおける C の接線の傾きも $-\dfrac{\cos\theta}{\sin\theta}$ である。

よって，$f(x)=ax^2+c$ とすると

$$f'(\cos\theta)=-\frac{\cos\theta}{\sin\theta}$$

$$2a\cos\theta=-\frac{\cos\theta}{\sin\theta}$$

$$a=-\frac{1}{2\sin\theta}=-\frac{1}{2s}$$

で，このとき①および $b=0$ より

$$c=\sin\theta-a(1-\sin^2\theta)=s+\frac{1}{2s}(1-s^2)=\frac{s^2+1}{2s}$$

（このとき，y 軸に関する対称性からQにおける円と C の接線は一致する。）

以上をまとめて

$$a=-\frac{1}{2s},\ b=0,\ c=\frac{s^2+1}{2s}\quad \cdots\cdots(答)$$

(2)　$C:y=-\frac{1}{2s}x^2+\frac{s^2+1}{2s}$ と x 軸の交点の座標は

$$(\pm\sqrt{s^2+1},\ 0)$$

であるから，求める面積 A は，y 軸に関する対称性から

$$\begin{aligned}A&=2\int_0^{\sqrt{s^2+1}}\left(-\frac{1}{2s}x^2+\frac{s^2+1}{2s}\right)dx\\&=\frac{1}{s}\left[-\frac{1}{3}x^3+(s^2+1)x\right]_0^{\sqrt{s^2+1}}\\&=\frac{2(\sqrt{s^2+1})^3}{3s}\quad \cdots\cdots(答)\end{aligned}$$

(3)

$$\begin{aligned}A^2-3&=\frac{4(s^2+1)^3}{9s^2}-3\\&=\frac{4(s^6+3s^4+3s^2+1)-27s^2}{9s^2}\\&=\frac{4s^6+12s^4-15s^2+4}{9s^2}\\&=\frac{(2s^2-1)^2(s^2+4)}{9s^2}\geqq 0\end{aligned}$$

よって，$A^2\geqq 3$ であり，$A>0$ であることから $A\geqq\sqrt{3}$ が成り立つ。

（証明終）

解説

《円と放物線が接する条件，放物線が囲む面積》

(1)・(2)　特につまずくようなところはないだろう。計算ミスがないようにしたい。また，(2)においては $\alpha=\sqrt{s^2+1}$ として

$$A=\int_{-\alpha}^{\alpha}\left\{-\frac{1}{2s}(x-\alpha)(x+\alpha)\right\}dx=\frac{1}{12s}\{\alpha-(-\alpha)\}^3=\frac{2\alpha^3}{3s}$$

というように $\frac{1}{6}$ 公式を用いて計算してもよい。

(3)　様々な方法が考えられる。$s^2=t$ とおくと

$$A^2-3=\frac{4(t+1)^3-27t}{9t}$$

と表せ，$g(t)=4(t+1)^3-27t$ とおくと，$0<t<1$ において $g(t)\geqq 0$ を示すことになる。

$$g\left(\frac{1}{2}\right)=\frac{3^3}{2}-\frac{27}{2}=0$$

となるから，〔解答〕では因数分解を考えた。

また

$$g'(t)=12(t+1)^2-27=3(2t-1)(2t+5)$$

から，$g(t)$ の $0<t<1$ における増減は右のとおり。

t	(0)	$\cdots$	$\frac{1}{2}$	$\cdots$	(1)
$g'(t)$		$-$	0	$+$	
$g(t)$		↘	0	↗	

ここから，$g(t)\geqq 0$ を示してもよい。

また，p，q，r が正の実数のとき

$$p+q+r\geqq 3\sqrt[3]{pqr}\quad（相加平均と相乗平均の関係）$$

であることを用いて $A^2\geqq 3$ を示すこともできる。

$$A^2=\frac{4}{9}\left(\frac{t+1}{\sqrt[3]{t}}\right)^3 \text{ であり}$$

$$\frac{t+1}{t^{\frac{1}{3}}}=t^{\frac{2}{3}}+\frac{1}{2}t^{-\frac{1}{3}}+\frac{1}{2}t^{-\frac{1}{3}}$$

$$\geqq 3\sqrt[3]{t^{\frac{2}{3}}\cdot\frac{1}{2}t^{-\frac{1}{3}}\cdot\frac{1}{2}t^{-\frac{1}{3}}}$$

$$=\frac{3}{\sqrt[3]{4}}$$

から，$A^2\geqq\frac{4}{9}\left(\frac{3}{\sqrt[3]{4}}\right)^3=3$ が示せる。

②　発想

(1)　$5^n>10^{19}$ の両辺の常用対数をとる。

(2)　そのまま対数をとってもうまくいかない。(1)や，4^m は 5^m に比べてはるかに小さいことなどから答えを予測し

「$m=m_0$ のとき条件を満たし，$m\leqq m_0-1$ のとき条件を満たさないこと」

を示し，答えを m_0 とすればよい。

(1), (2)のいずれにしても対数の値が不等式で表されており，近似計算は（答えの見当をつけるのには有効なものの）答案には書けないので注意。

解答　**(1)**　$5^n>10^{19}$ となる条件は，両辺の常用対数をとって

$$n\log_{10}5>19$$

$$n>\frac{19}{\log_{10}5}\quad\cdots\cdots①\quad(\log_{10}5>0\text{ より})$$

ここで，$\log_{10}5=1-\log_{10}2$ より

$$1-0.31<\log_{10}5<1-0.3$$

であるから

$$\frac{19}{1-0.3}<\frac{19}{\log_{10}5}<\frac{19}{1-0.31}$$

$$27.1\cdots<\frac{19}{\log_{10}5}<27.5\cdots$$

よって，①を満たす最小の自然数 n は

$$n=28\quad\cdots\cdots(\text{答})$$

(2)　(1)より，$5^{28}>10^{19}$ であるから

$$5^{28}+4^{28}>10^{19}\quad\cdots\cdots②$$

また

$$5^{27}+4^{27}=5^{27}\cdot\left\{1+\left(\frac{4}{5}\right)^{27}\right\}<5^{27}\cdot\left\{1+\left(\frac{4}{5}\right)^{9}\right\}$$

$\left(\frac{4}{5}\right)^3=0.512<0.6$ であり

$$\left(\frac{4}{5}\right)^9<(0.6)^3=0.216<\frac{1}{4}$$

であるから

$$5^{27}+4^{27}<5^{27}\cdot\left(1+\frac{1}{4}\right)=\frac{5^{28}}{4}=\frac{10^{28}}{2^{30}}$$

よって，上式の両辺の常用対数をとって

$$\log_{10}(5^{27}+4^{27})<\log_{10}\frac{10^{28}}{2^{30}}$$

$$=28-30\log_{10}2$$

$<28-30\cdot 0.3$

$=19$

すなわち

$5^{27}+4^{27}<10^{19}$　……③

m が増加すると 5^m+4^m も増加するから，③より $m\leqq 27$ のときは $5^m+4^m>10^{19}$ を満たさない。

②と合わせて，求める最小の自然数 m は

$m=28$　……(答)

解説

《対数を用いた不等式の評価》

(1)　求めるものは

$$n>\frac{19}{\log_{10}5}\quad\cdots\cdots④$$

を満たす最小の自然数である。

$0.3<\log_{10}2<0.31$ が問題文にあるから

$$\frac{19}{\log_{10}5}>\frac{19}{1-0.3}\ (=27.1\cdots)\quad\cdots\cdots⑤$$

$$\frac{19}{\log_{10}5}<\frac{19}{1-0.31}\ (=27.5\cdots)\quad\cdots\cdots⑥$$

が成り立つ。

答案には⑤，⑥両方を示すべきであり，⑤だけであると

- n が 27 以下のときは④を満たさないことがわかるが，$n=28$ が④を満たすかわからない

⑥だけであると

- $n=28$ は④を満たすことはわかるが，n が 27 以下では④を満たさないかわからない

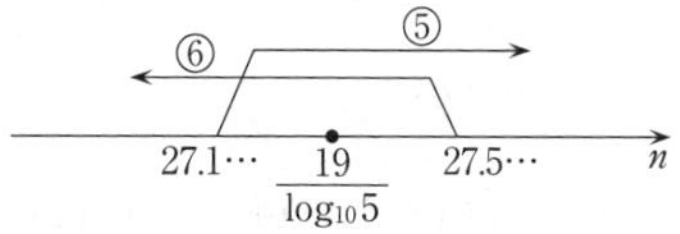

ことになる。

(2)　(1)より，$m=28$ は条件を満たす。4^{27} は 5^{27} に比べてはるかに小さいから，よほどの（つまり，5^{27} が 10^{19} よりわずかに小さく，小さな 4^{27} を加えても繰り上がりがおきる）状況でなければ，$m=27$ は条件を満たさず答えは $m=28$ ではないかと考える。この状況がおこりうるのか，つま

り $5^{27}+4^{27}$ が 10^{19} を超えるかどうか調べる。

$$\log_{10}5^{27}=27\log_{10}5=27(1-\log_{10}2)<27(1-0.3)=18.9$$

$$\log_{10}8\cdot10^{18}=3\log_{10}2+18>3\cdot0.3+18=18.9$$

から，$5^{27}<8\cdot10^{18}$ なので

「4^{27} が 5^{27} の $\frac{1}{4}$ 倍以下つまり $\left(\frac{4}{5}\right)^{27}\leqq\frac{1}{4}$ ならば，繰り上がりがおきずに $5^{27}+4^{27}<10^{19}$ である」

とわかる。こう考えて，〔解答〕のように $5^{27}+4^{27}$ が「どう大きく見積もっても」10^{19} を超えないことを示した。

もちろん，直接 $4^{27}<2\cdot10^{18}$ を示してもよい。$4^{27}=2\cdot2^{53}$ であり

$$\log_{10}2^{53}=53\log_{10}2<53\cdot0.31=16.43<18$$

であるから

$$2\cdot2^{53}<2\cdot10^{18}$$

となり

$$5^{27}+4^{27}<8\cdot10^{18}+2\cdot10^{18}=10^{19}$$

が示せる。

③

発想

(1)さえできれば，(2)，(3)は計算問題である。

(ii)の条件は正接（tan）を用いると考えやすい。

解答　(1)　$\angle OAP=\angle PMQ=\theta$ とすると，(i)で $0<p<1$ より

$$0<\theta<\frac{\pi}{4}$$

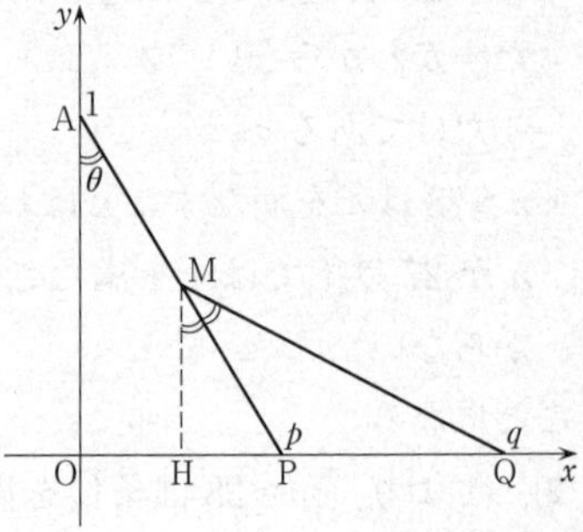

また，Mから x 軸に下ろした垂線の足をHとすると，$\angle HMP=\theta$ であるから

$$\angle HMQ=2\theta \quad \cdots\cdots①$$

ここで，$\angle OAP=\theta$ より

$$\tan\theta=\frac{OP}{OA}=p$$

また，$M\left(\frac{p}{2},\ \frac{1}{2}\right)$ より $MH=\frac{1}{2}$，$HQ=q-\frac{p}{2}$ であるから，①となる条件

は

$$\tan 2\theta = \frac{\mathrm{HQ}}{\mathrm{MH}}$$

$$\frac{2\tan\theta}{1-\tan^2\theta} = 2\left(q - \frac{p}{2}\right)$$

$$\frac{p}{1-p^2} = q - \frac{p}{2}$$

$$q = \frac{1}{2}\left(p + \frac{2p}{1-p^2}\right) = \frac{p(3-p^2)}{2(1-p^2)} \quad \cdots\cdots(答)$$

(2) $q = \frac{1}{3}$ より

$$\frac{1}{3} = \frac{p(3-p^2)}{2(1-p^2)}$$

$$3p^3 - 2p^2 - 9p + 2 = 0$$

$$(p-2)(3p^2+4p-1) = 0$$

$0<p<1$ より

$$p = \frac{-2+\sqrt{7}}{3} \quad \cdots\cdots(答)$$

(3) $$S = \frac{1}{2}\cdot\mathrm{OA}\cdot\mathrm{OP} = \frac{1}{2}p$$

$$T = \frac{1}{2}\cdot\mathrm{MH}\cdot\mathrm{PQ} = \frac{1}{2}\cdot\frac{1}{2}(q-p) = \frac{1}{4}(q-p)$$

よって，$S>T$ となる条件は

$$\frac{1}{2}p > \frac{1}{4}(q-p)$$

$$3p > q$$

$$3p > \frac{p(3-p^2)}{2(1-p^2)}$$

$$6(1-p^2) > 3-p^2 \quad (p>0,\ 1-p^2>0 \text{ より})$$

$$5p^2 < 3$$

$0<p<1$ より，求める p の値の範囲は

$$0 < p < \frac{\sqrt{15}}{5} \quad \cdots\cdots(答)$$

解説

《座標平面上でなす角が等しい条件》

(ii)の条件をどのように p, q の式で表すかがポイントとなる。〔解答〕以外にも

(ア)　内積を用いる

(イ)　初等幾何的な方法

などが考えられる。

(ア)の方法：〔解答〕のように θ を設定したとして，$\angle\mathrm{OAP}=\theta$ より

$$\cos\theta=\frac{1}{\sqrt{p^2+1}}$$

よって，$\angle\mathrm{PMQ}=\theta$ となる条件は

$$\overrightarrow{\mathrm{MP}}\cdot\overrightarrow{\mathrm{MQ}}=|\overrightarrow{\mathrm{MP}}||\overrightarrow{\mathrm{MQ}}|\cos\theta$$

$\overrightarrow{\mathrm{MP}}=\left(\frac{p}{2},\ -\frac{1}{2}\right)$, $\overrightarrow{\mathrm{MQ}}=\left(q-\frac{p}{2},\ -\frac{1}{2}\right)$ より

$$\frac{p(2q-p)}{4}+\frac{1}{4}=\frac{\sqrt{p^2+1}}{2}\cdot\frac{\sqrt{(2q-p)^2+1}}{2}\cdot\frac{1}{\sqrt{p^2+1}}$$

$$p(2q-p)+1=\sqrt{(2q-p)^2+1}$$

両辺正なので2乗して

$$p^2(2q-p)^2+2p(2q-p)+1=(2q-p)^2+1$$

両辺から1を引いて $2q-p>0$ で割って

$$(p^2-1)(2q-p)+2p=0$$

$$2q-p=\frac{2p}{1-p^2}$$

$$q=\frac{1}{2}\left(p+\frac{2p}{1-p^2}\right)$$

(イ)の方法：たとえばAを通り直線MQに平行な直線と x 軸の交点をRとすると，$\angle\mathrm{PAR}=\angle\mathrm{PMQ}$ である。よって，(ii)より，直線APは三角形OARの $\angle\mathrm{A}$ の内角の二等分線である。

Rは線分PQを2：1に外分する点であるから

$$\mathrm{R}\,(2q-p,\ 0)$$

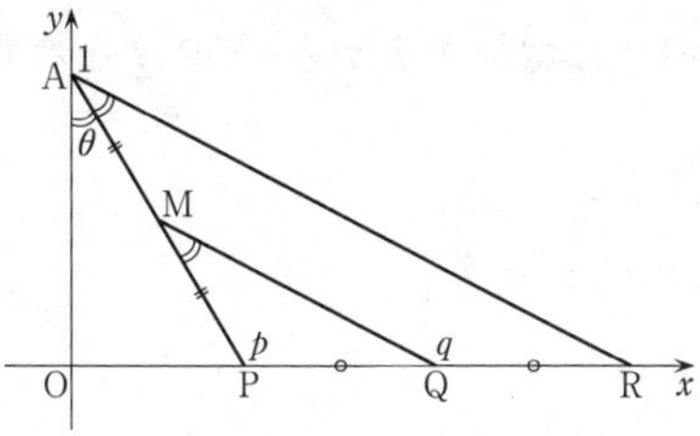

よって

$$\mathrm{AO}:\mathrm{AR}=\mathrm{OP}:\mathrm{PR}$$

$$1:\sqrt{1+(2q-p)^2}=p:2q-2p$$

$$p^2\{1+(2q-p)^2\}=\{(2q-p)-p\}^2$$

$$(p^2-1)(2q-p)^2+2p(2q-p)=0$$

となり，後の計算は(ア)と同様になる。

いずれにしても，途中で$\sqrt{\ }$が出てくるから〔解答〕より計算量は増える。

(2)は(1)が解けたら方程式を解くだけの問題。

(3)は(1)を解いて S，T を p，q で表した後，$S>T$ となる条件を p で表すことになる。

ただし，(1)がなければ次のようにも考えられる。

参考　(〔解説〕の(イ)の設定までは同様)

面積比について，△MPQ：△APR＝1：4であるから，$S>T$ となる条件は

$$4S>\triangle\mathrm{APR}\quad\cdots\cdots②$$

となることである。

$$S=\frac{1}{2}\mathrm{AO}\cdot\mathrm{AP}\cdot\sin\theta,\quad \triangle\mathrm{APR}=\frac{1}{2}\mathrm{AR}\cdot\mathrm{AP}\cdot\sin\theta$$

であるから，②は

$$4\mathrm{AO}>\mathrm{AR}$$

AO＝1であるから，AR＝t とすると，$1<t<4$ である。

三角形の内角の二等分線の性質より

$$\mathrm{OP}:\mathrm{PR}=\mathrm{AO}:\mathrm{AR}=1:t$$

であるから

$$\mathrm{OP}=\mathrm{OR}\cdot\frac{1}{1+t}=\frac{\sqrt{t^2-1}}{1+t}=\sqrt{\frac{t-1}{t+1}}=\sqrt{1-\frac{2}{t+1}}$$

関数 $1-\frac{2}{t+1}$ $(t>1)$ は増加するから，OP すなわち p のとりうる値の範囲は

$$\sqrt{1-\frac{2}{1+1}}<p<\sqrt{1-\frac{2}{1+4}}$$

$$0<p<\sqrt{\frac{3}{5}}$$

④

発想

正 n 角形の頂点によって，円周が n 個の区画に分割されているとする。四角形がOを内部に含まないということは，どの四角形のどの頂点間の弧も $\frac{n-1}{2}$ 区画分以下ということである。

解答　異なる n 個の点から 4 個の点を選ぶ選び方は

$${}_nC_4 \text{ 通り}$$

あり，これらは同様に確からしい。

$n=5$ のとき，どのように 4 個の点を選んでもそれを頂点とする四角形はOを内部に含むから

$$p_5=1$$

$n\geqq 7$ とする。4 個の点を頂点とする四角形がOを内部に含まない確率 q_n を求める。

四角形の 4 つの頂点を反時計回りにA，B，C，Dとし，四角形がOを内部に含まないとき，最長辺が存在するので，それが辺 AD であるとする。

頂点Aの選び方は n 通りあり，そのそれぞれに対して 3 点B，C，D の選び方は

$${}_{\frac{n-1}{2}}C_3 \text{ 通り} \quad \cdots\cdots☆$$

ずつある。

よって

$$q_n=\frac{n\cdot{}_{\frac{n-1}{2}}\mathrm{C}_3}{{}_n\mathrm{C}_4}$$

$$=\frac{n\cdot\dfrac{(n-1)(n-3)(n-5)}{48}}{\dfrac{n(n-1)(n-2)(n-3)}{24}}$$

$$=\frac{n-5}{2(n-2)}$$

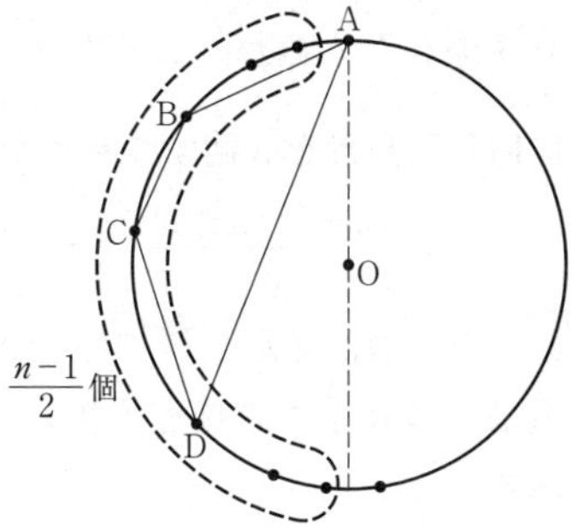

であるから，求める確率 p_n は

$$p_n=1-q_n=\frac{n+1}{2(n-2)}$$　（これは，$n=5$ のときも含む）　……(答)

別解　四角形がOを内部に含むとき，対角線を1本引けばその対角線がOを通ることはないから，次の①，②に分けることができる。

　　Oを内部に含む三角形　　　……①

　　Oを内部に含まない三角形　……②

①の個数を数える。正 n 角形の n 個の頂点を反時計回りに A_0，A_1，…，A_{n-1} とする。

Oを内部に含む，すなわち鋭角三角形の頂点の1つを A_0 とし，残り2つの頂点を A_j，A_k $(1\leqq j<k\leqq n-1)$ とする。

三角形 $A_0A_jA_k$ が鋭角三角形ということは

$$j\leqq\frac{n-1}{2},\quad k-j\leqq\frac{n-1}{2},\quad n-k\leqq\frac{n-1}{2}$$

ということである。

これより $j\leqq\dfrac{n-1}{2}$，$k\leqq\dfrac{n-1}{2}+j$，$\dfrac{n+1}{2}\leqq k$ であるから，各 j $\left(j=1,\ 2,\ \cdots,\ \dfrac{n-1}{2}\right)$ に対して k の選び方は

$$k=\frac{n+1}{2},\quad \frac{n+1}{2}+1,\quad \cdots,\quad \frac{n-1}{2}+j$$

の j 通りある。よって，三角形 $A_0A_jA_k$ は全部で

$$\sum_{j=1}^{\frac{n-1}{2}}j=\frac{1}{2}\cdot\frac{n-1}{2}\left(\frac{n-1}{2}+1\right)=\frac{(n-1)(n+1)}{8}$$ 通り

A_1，A_2，…，A_{n-1} を1つの頂点とする鋭角三角形も $\dfrac{(n-1)(n+1)}{8}$ 通

りずつ存在するが，このようにして数えた $n\times\dfrac{(n-1)(n+1)}{8}$ 個の三角形は同じ三角形を3回ずつ数えたことになるから，鋭角三角形は全部で

$$n\cdot\frac{(n-1)(n+1)}{8}\cdot\frac{1}{3}=\frac{n(n-1)(n+1)}{24}\text{ 通り}$$

①を1つ決めたとき，②，つまり辺の1つを①と共有する三角形の作り方は，残り1つの頂点の決め方と等しいからそれぞれ $(n-3)$ 通りずつある。

よって，①，②の三角形の組は

$$\frac{n(n-1)(n+1)}{24}\cdot(n-3)\text{ 通り}$$

存在するが，Oを含む1つの四角形に対して，①，②の三角形の組は2組ずつ作れる。

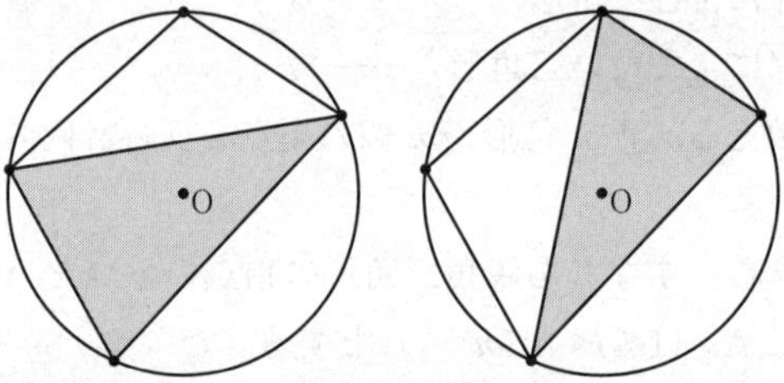

よって，求める確率 p_n は

$$p_n=\frac{\dfrac{n(n-1)(n+1)(n-3)}{24}\cdot\dfrac{1}{2}}{{}_nC_4}=\frac{n+1}{2(n-2)}$$

解説

《円の中心を内部に含む四角形ができる確率》

〔別解〕のように，正 n 角形の n 個の頂点を反時計回りに A_0，A_1，…，A_{n-1} とする。四角形 $A_0A_iA_jA_k$ $(0<i<j<k<n)$ がOを内部に含むのは

$$i\leqq\frac{n-1}{2},\ j-i\leqq\frac{n-1}{2},\ k-j\leqq\frac{n-1}{2},\ n-k\leqq\frac{n-1}{2}$$

となるときである。

$i=a_1$，$j-i=a_2$，$k-j=a_3$，$n-k=a_4$ とすると

$$a_1+a_2+a_3+a_4=n\quad\cdots\cdots★$$

$\left(a_1 \sim a_4 \text{ はすべて } \dfrac{n-1}{2} \text{ 以下の正の整数}\right)$

となる組 $(a_1,\ a_2,\ a_3,\ a_4)$ を考えることになる。

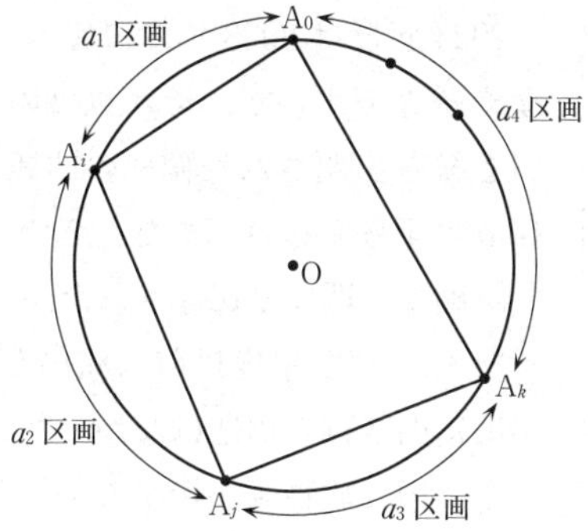

この組を直接数えるのは難しい。

Oを内部に「含まない」四角形であれば

★を満たし，かつ $a_1,\ a_2,\ a_3,\ a_4$ のうち少なくとも 1 つは $\dfrac{n+1}{2}$ 以上となる正の整数の組 $(a_1,\ a_2,\ a_3,\ a_4)$

を数えることになる。たとえば a_1 が $\dfrac{n+1}{2}$ 以上となるときは $\left(\text{このとき，他の 3 つの数は } \dfrac{n-1}{2} \text{ 以下}\right)$，$b=a_1-\dfrac{n-1}{2}$ とすると

$$b+a_2+a_3+a_4=\frac{n+1}{2}$$

となる正の整数の組 $(b,\ a_2,\ a_3,\ a_4)$ の個数と等しい。

これは○を $\dfrac{n+1}{2}$ 個ならべてできる $\dfrac{n-1}{2}$ 個の隙間から 3 つを選んで｜を入れる場合の数で，${}_{\frac{n-1}{2}}C_3$ 通りある。

これが〔解答〕の☆の数え方に相当する。

また，最後にOを内部に含まない四角形の個数を単に ${}_{\frac{n-1}{2}}C_3$ の n 倍として求めているが，これは ${}_{\frac{n-1}{2}}C_3$ 個の四角形を「ADが最長辺となる場合」に限定しているからである。

〔別解〕のように，1 つの頂点を決めたとき，この点を頂点とする鋭角三角形が $\dfrac{(n-1)(n+1)}{8}$ 個あれば，鋭角三角形は全部で

$n\times\dfrac{(n-1)(n+1)}{8}\times\dfrac{1}{3}$ 個となる。

講評

2024年度は2023年度に比べ，やや難化した。1は方針に迷うことがなく解きやすいが，それ以外の設問はやや難しい。特に，2023年度に引き続き出題された確率の問題は，2024年度は小問がなく手がかりを探るのすら難しい。また，2で「不等式で与えられた常用対数」を用いて議論する問題が出題されたが，このような出題は珍しい。

なお，2022年度以前は頻出だった整数の性質に関する問題は，2023年度に引き続き出題はなかった。

1　円と放物線が接する条件を出発点として様々なことが問われている。各小問ごとにやるべきことは明確である。ぜひ最後まで解き切りたい。

2　(1)は比較的解きやすいが，(2)はやや難しい。〔解説〕にもあるように，「答えを見積もる→それが答えであることを示す」設問であると捉えられるかどうかである。

3　(1)は方針を誤ると計算量が増えて大変である。(2)・(3)は(1)さえできていればほぼ計算問題である。(1)が解けたならば，そこで満足せずに貪欲に完答を狙いたい。

4　これは難しい。先にも述べたとおり，小問もないので手がかりを見つけるのすら大変である。〔解説〕に余事象を考えるのが自然である理由も書いているので，しっかり理解してほしい。緊張感があり時間制限のある中で冷静に判断するのは大変であるが，普段の自宅学習の題材としては良問である。しっかり復習したい。

ある。㈠の口語訳は、手紙文または心内文にあたる箇所で、誰の言葉かを把握していることが大前提となる。㈡の内容説明は、「いつしか」「〜といひ顔」「参る」「あさまし」などの重要語句の理解とともに、文脈に即した解釈を示す。㈢の内容説明は、傍線部の前の心内文から、出家を想定していることを読み取る。㈣の内容説明（理由説明）は、一連の心内文の内容を踏まえて考える。㈤の和歌の大意の説明は、「墨染めの袂」が喪服を意味していることの理解がポイント。少し前の出家の話題から僧衣と混同しないように注意したい。

三　漢文（文章）　著作や著述のありかたについて論じた文章。普遍的で確固とした言説を示すことができず、剽窃に終始している現状を批判しているという内容で、対句的な表現が多用された漢文らしい文体のものであった。㈠の口語訳はごく標準的。比喩の理解がポイントとなる。㈡の内容説明は、後の内容も視野に入れた理解を示したい。㈢の内容説明は、並立されている部分の〔注〕の説明も見逃せない。㈣の内容説明（指示内容）は、本文全体から肝心な内容を見出して簡潔にまとめる必要がある。

四　現代文（随筆）　母語以外の言語習得がもたらすものについて語った菅原百合絵の随筆で、読みやすい文章であった。㈠・㈡は標準レベルで、㈡は東大ではあまり見かけない問い方であった。「本文に即して」という指示は、全体的な構成を踏まえて考えることを求めている。㈢は標準〜やや難レベル。「検閲と抵抗」とはどういうことかの理解が求められている。㈣はやや難レベル。本文中の根拠を探して推測する力を試している。

物」という比喩が用いられていることからすると、「閉じ込められ」＝抑圧されていたものが解放されてよかったのだという思いである。〔解答〕には「発見」と「解放」の両方を入れたが、どちらか一つでもよいだろう。また、「ふと口をついて」「独言」（ともに第七段落二行目）が出るほど母語でない言語に習熟できたからこそもたらされた発見・解放なのだ＝母語しか知らなければ生まれない発見・解放だったのだという解釈も成り立つだろう。解答に際してのポイントは以下の通りである。

① **不意に発した外国語が直視したくない自分の欠点を自覚させる**
② **つらいことである**
③ **未知の自己の発見（抑圧からの解放）なのだという思い**

参考 菅原百合絵（一九九〇年～）はフランス文学研究者、歌人。東京都生まれ。京都大学人文科学研究所准教授。歌集『たましひの薄衣』（二〇二三年）で第49回現代歌人集会賞、および第24回現代短歌新人賞を受賞。

講評

一　現代文（評論）　タンザニアの行商人たちが行う掛け売りがどのような可能性につながるものかを考察した小川さやかの評論で、文章の表現・内容ともに平易でわかりやすいものであった。㈠・㈡はやや易～標準レベルで、慎重さと、的確にまとめるスピードが必要である。㈢は標準レベルで、「生活全般の上では」という条件を解答に反映できたかがポイントになる。㈣はやや難レベル。二〇二三年度に続き「どのようなことを言っているのか」という設問であった。日頃の問題練習時から設問の表現に注意する習慣を身につけておきたい。㈤は基本レベルである。

二　古文（日記）　平安時代後期の日記『讃岐典侍日記』から、崩御した堀河天皇の喪に服している作者が再出仕を要請されて苦悩する様子を綴った部分が出題された。前書きを踏まえた作者の立場を考慮しつつ読み進めていく必要が

② 外国語という他者の言語は母語のような抵抗や検閲をすり抜けて表現される

③ 意図せずに発した言葉

㈣

傍線部エの「そのようなほの暗い場所」とは、直前の文の「意識と無意識の隙間に明滅し、母語という手綱が手放されたときだけ束の間浮かび上がる心の『空き地』」を指している。だが、このままでは比喩表現が多く、わかりにくいため、言い換える必要がある。㈢でも見たように、直視したくないような自己の欠点は、無意識の裡に留め置かれ（＝「心のもっとも奥ふかくに秘匿されている」（第六段落最終行））、意識化・言語化されていないものだが、意図せずに、母語でない言葉の形で言語化されることで、母語による検閲（＝「手綱」）をくぐり抜けて姿を現す。それは無意識の存在が初めて姿を見せる瞬間であり、この瞬間には言語化されたものの未だ意味とのつながりが確立せず、自己認識と承認されていない（すなわち意識レベルで存在していない）――それゆえに検閲をくぐり抜けることができた――、つまり無意識と意識のはざまに存在しているような状態である。

次に、なぜ「不思議と静かな慰めを与えてくれる」のか、考えてみよう。「不思議と」とあるのは、直視したくないような自己の欠点を認めることは、当然耐え難いつらさや苦しみを伴うはずなのに、逆に「静かな慰め」を感じる点が筆者自身にとっても「不思議」に感じられるからである。ただし、筆者はつらさや苦しみを感じていないわけではない。それは傍線部エ末尾の「慰めを与えてくれる経験でもある」という表現から言外に読み取れるだろう。では、「静かな慰め」とはどのようなものだろうか。これを単に肯定的な受け止めと解釈するだけでは不十分であろう。筆者にとってどういう点で肯定できるのかにまで踏み込みたい。手がかりは、第六段落の最初の文の「『もうひとりの自分』を発見させてくれる」という表現である。この表現から、筆者にとってはどんなに不快な自己認識であっても、それは未知のものとの出会い、「発見」であり、知ることができてよかったのだという思いが窺える（単につらく苦しいだけの経験と捉えるなら、「発見させてくれる」ではなく、むしろ「暴露してしまう」や「露呈させる」などの表現を用いたはずだと考えられる）。もう一つ考えられるのは、第六段落の六～七行目で「檻に閉じ込められた小動からは逸れてしまうけれども」とあることから、第三段落では「文学の話」をしていると考え、「世界の見方」とは作品内部の世界、事物からどんな意味を読み取るかという見方・読み方であるとしてもよいかもしれない。これらを踏まえてポイントを整理すると、以下のようになる。

①「クレリエール」という語を元の語から理解する
②空き地が陽光のまばゆさのイメージを帯びた場所に変わる
③新しい見方で世界を捉えられるようになった

㈢

「本当の答え」が何を意味しているかを傍線部ウのある第六段落から押さえよう。それは、悩みごとを生み出した本当の原因であり、傍線部ウの直後にある「自分の愚かさ、認めたくない欠点、人から見えないように守ってきた心の柔らかな未熟な部分。とても直視に堪えないこうした自分の瑕疵」、すなわち、今まで認めることを拒絶してきた、自分の中にある「もうひとりの自分」（第六段落一行目）である。では、なぜ「もうひとりの自分」は外国語、つまり母語でない言語によって「口から飛び出てくる」のか。その理由をこの段落の最後の文と本文最後から二文目に着目して理解しよう。無意識の裡に存在しているものはまだ言語化も意識化もされていないものであるが、それが言語化・意識化されるのは、検閲（ここでは、自分がそれをよしとするかどうかの判断）を通過し存在を認められたものだけである。逆に言えば、自己の存在を揺るがすようなものは母語による検閲を通過できず、言語化・意識化されることはない。ここで、「口から飛び出てくる」という表現に着目しよう。これは意味を考えて発した言葉ではないことを表している。つまりその言葉の意味を認識して発しているのではなく、何を意味するかをよく考えないまま、つまり意図せずに発しているのである。音と意味の結びつきが強い母語よりも、母語でない言葉の方が意味を把握するまでの時間は長くなる、すなわち意味が遅延されている。このことによって、適切かどうかについて意味レベルで判断を下す検閲をすり抜けやすくなるのだと考えられる。以上から、解答のポイントは以下の三点となる。

①認めたくない自分の欠点があらわとなる

あたっての「障壁」であることが明確になるように解答しよう。次に、「ガラス」という比喩だが、第三段落の一文目と三文目がほぼ同義であるなら、「ガラスの壁」＝「外国語」ということになる。そして、これが筆者に「じかに触れたいものにガラス越しにしか接近できないようなもどかしさ」（傍線部アの前文）をもたらしている。ここで一つ注意したいのは、フランス文学を訳すときとフランス語で自分の考えを表現するときの両方で、この「もどかしさ」を感じている（傍線部アの前文）という点である。母語とは異なるフランス語が持つ異質性や独自性ゆえに、理解と表現の両方で不自由さを感じているのであり、どちらかに限定した書き方にならないようにしよう。最後に、「ガラスは薄くなっていく」と「障壁がなくなる日は決して来ない」の内容を確認しておこう。「ガラス」が「薄くな」るとは、対象により近くまで接近できるようになったこと、すなわち理解、言語化できるレベルが上がってきたことを述べている。しかしながら、「障壁がなくなる」ことはない、つまり今後も母語と同じレベルで把握、言語化できるようにはならない、それは把握や言語化ができないもどかしさが消えることはないことを意味している。解答のポイントを整理しておこう。

① **母語でない言語を用いた、文学研究における読み書きの能力は上がった**
② **だが、母語と同じようにはならない**
③ **不全感（もどかしさ）は消えない**

㈡　傍線部イは「世界を見る新しい方法」（第三段落一行目）の言い換えにあたる。設問に「具体的に説明せよ」とあるので、直後の具体例を用いた解答が求められている。「それまでただの『ひらけた土地』でしかなかった場所」（第三段落五行目）が、「クレリエール」というフランス語をその元になった形容詞（clair）まで遡って理解することによって、「木々の葉を透かして空き地を照らす陽光のまばゆさ」のイメージを帯びた場所として捉えられるようになったという変化を答えよう。つまり、言葉を理解することで世界の見え方が変化するということである。ここでの「世界」とは現実世界のことなのか、作品に描かれた世界のことなのかという点については、第六段落冒頭に「文学の話て現れてくるということ。

(四) 不意に発した外国語により直視したくない自分の欠点を自覚するのはつらいが、抑圧されてきた未知の自己の発見、解放なのだと思うから。

要旨

フランス文学の研究にはフランス語の習得が求められる。母語でないため読み書きの不自由さがなくなることはないが、世界の新たな見方を教えてもくれる。また、母語でないテクストを読むときの「遅さ」にも、そのスピードでしか得られないものがあるとの思いを深めるとともに、逆に、外国語を経由することで、母語で書かれたテクストの構造を明瞭に理解できるようにもなった。一方で、母語でない言語は、母語による自己検閲をくぐり抜けやすいため、直視したくない自分の欠点を無惨にもあらわにするが、それは「もうひとりの自分」の発見なのだと肯定しようとする思いも湧いてくる。

解説

本文は、フランス文学研究者である筆者が、フランス語という母語でない言語を習得することで実感し、見えてきた意義について、「クレリエール」というフランス語と絡めながら、語った文章である。全体は七段落から成るが、ここでは前半と後半に分けて整理しておこう。

1 第一～五段落（「日本語を…」）
文学研究において、母語でない言語を使うことの不自由さと三つの意義

2 第六・七段落（文学の話からは…）
母語でない言語があらわにする「もうひとりの自分」

(一) 第二段落から、フランス文学を日本語に訳したり、考えをフランス語で表現したりする際、適切な言葉が見つからないもどかしさについて述べていることを押さえよう。筆者にとってフランス語は母語でないこと、外国文学を学ぶに

の「降而不能乃剽賊矣。夫剽賊以為文、且不足以伝後、而況剽賊以著書邪」を指している。「降」は「古文章之士」の「古」との対比で〝近年・現代〟の意でとらえる。「不能」の「能」は、直前文の「能及之」（＝〝その境地に到達することができる〟）にあたり、「之」とは、さらに前の「要各能自見於天下後世」（＝〝重要なことはそれぞれそのこと自体を世の中全体に後の時代まで知られるようにすることができる〟）ことを指している。その「要」とは、本文の前半で述べられている内容から、「要」（＝〝重要〟）で「確」（＝〝確か〟）な言説のありかたのこと。「降而不能乃剽賊矣」は、〝時代が下って、重要なことや確かなこととして後世に知られる言説ができなくなり、剽窃を行うようになった〟ということを言っている。「夫A、且B、而況C」は〝そもそもAさえBなので、ましてC（がBなの）は言うまでもない〟という抑揚の構文で、「夫剽賊以為文、且不足以伝後、而況剽賊以著書邪」は、〝剽窃して書いた文章さえ後世に伝える価値がないのだから、ましてや剽窃した文章で書物を著しても後世に伝える価値がないのは言うまでもない〟ということ。近年の著作物の有様を述べた以上の内容を簡潔にまとめる。

参考 『書林揚觶』は、清代の学者方東樹が著述や著書のありかたについて論じたもの。方東樹は朱子学を重んじ、当時盛んであった考証学派に対抗した。

四

出典 菅原百合絵「クレリエール」（『群像』二〇二三年七月号　講談社）

解答

㈠ 母語でない言語を用いた文学研究における読み書きの能力が向上しても、母語の自在さに達することはなく、不全感は残ってしまうということ。

㈡ 「クレリエール」という語を知ることで空き地が陽光のまばゆさを帯びたイメージへと変わったように、新たな視点が開け、世界の意味が深化したということ。

㈢ 母語では表現したくないような自分の欠点が、意図せず発した外国語という形をとることで、抵抗感なく言語化され

d、「丘山の利」と読む。「有丘山之利」は後の「無毫末之損」と対句表現になっており、「丘山」は多大な様子の比喩。

e、「偏なりと雖も」と読む。「雖」は逆接を表す。「偏」は〝偏っている・偏向している〟の意。「老荘申韓之徒、学術雖偏、要各能自見於天下後世」は、〝老子・荘子や申不害・韓非子などの古代の思想家の門弟は、専門的な教義は偏りがある（＝それぞれ独自の教義を立てている）とはいえ、重要なことはそれぞれそのこと自体を世の中全体に後の時代まで知られるようにすることができた〟という意味で、「学術雖偏」は、それぞれの教義には偏りがあるということを譲歩的に示す部分となっている。

㈡　「著書立論」は、書物を著したり論を示したりすること。「必本～」は〝必ず～に基づく・～があって初めてできる・～を前提とする〟ということ。「不得已」は〝せずにいられない・しないわけにはいかない〟ということで、ここでは、〝述べずにいられない〟ということ。「言」はここでは〝言論・言説〟の意で、最終的に「剽賊」を戒める本文全体の内容から、〝自分の言説・自分が述べたいこと〟ということを示す必要がある。〔解答〕は、前提条件である「不得已而有言」を先に示す形としたが、傍線部の語順の通りに〝著作や論説は、述べずにいられない自分の言説を持っているからこそ成り立つものだということ〟のようにまとめてもよい。

㈢　「寒暑」は〝暑さや寒さ・暑い時も寒い時も〟、「昼夜」は〝昼と夜・昼も夜も〟ということから、「寒暑昼夜」は、一年や一日の時間の流れを意味している。この「寒暑昼夜」は、並立されている「布帛菽粟」とともに、「無可疑、無可厭」（＝〝疑うはずもなく、嫌悪するはずもない〟）様子の比喩となっている。「布帛菽粟」に付された〔注〕の説明に「日常の衣服」「日常の食物」とあることもふまえると、誰もが自然に受け入れるありかたをたとえたものであると考えられる。

㈣　傍線部f自体は「見識ある者が常に書物が多いことを心配するのは、どうしてこのことに起因しないだろうか、いや、このことに起因する」という意味で、「此」は、有識者が書物が多いことを心配する理由のことで、具体的には、前がないのだから、ましてや剽窃して書物を著しても後世に伝える価値がないのは言うまでもない。だから、見識ある者が常に書物が多いことを心配するのは、どうしてこのことに起因しないだろうか、いや、このことに起因する。

読み　凡《およ》そ書《しよ》を著《あらは》し論を立つるは、必ず已《や》むを得ずして言《げん》有るに本《もと》づく。而《しか》る後《のち》に其《そ》の言当たり、其の言信《まこと》にして、其の言用有り。故《ゆゑ》に君子《くんし》の言、事理に達して止《や》み、敷衍流宕《ふえんりうたう》、放言高論《はうげんかうろん》し、快《くわい》を一時に取るを為《な》さず。蓋《けだ》し要《えう》に非《あら》ざれば則《すなは》ち厭《いと》ふべく、確ならざれば則ち疑ふべし。既《すで》に厭ひ且《か》つ疑へば、其の書貴《たふと》び信ずべからず。君子の言は、寒暑昼夜《かんしよちうや》、布《ふ》帛菽粟《はくしゆくぞく》のごとく、疑ふべき無《な》く、厭ふべき無し。天下万世《ばんせい》信じて之《これ》を用《もち》ゐ、丘山《きうざん》の利有《あ》りて、毫末《がうまつ》の損《そん》無し。此《これ》を以《もつ》て古今《ここん》の作者を観《み》れば、昭然《せうぜん》として白黒のごとし。書を著すに諸《これ》を身に本《もと》づけざれば、則ち只《た》だ是《こ》れ其の言を鬻《ひさ》ぐ者なるのみ。老荘申韓《らうさうしんかん》の徒《と》、学術偏《へん》なりと雖《いへど》も、要は各《おのおの》能《よ》く自《みづか》ら天下後世に見《あらは》る。斯《こ》の義や、古《いにしへ》の文章の士は猶《な》ほ能く之に及ぶ。降《くだ》りて能くせずして乃《すなは》ち剽賊《へうぞく》せり。夫《そ》れ剽賊して以て文を為《つく》るすら、且つ以て後に伝ふるに足《た》らず、而《しか》るに況《いは》んや剽賊して以て書を著すをや。然《しか》り而《しかう》して識有る者恒《つね》に書の多きを病《や》むや、豈《あ》に此に由《よ》らざらんや。

解説

本文のおおまかな内容は次の通りである。

> 書物を著して論を立てる者は、述べ立てずにいられない重要な自分の言説を持っていて初めて、その言説が世間に認められ、道理を示すことができる。言説には適正な内容と述べ方が必要で、重要かつ確かなものでなければならない。君子の言説は、普遍的で信用と利益を得ることができるものである。ところが現在の著作者は、剽窃を専らとする売文家で、その著作は後世に伝える価値もないため、書物ばかりを世に出しても意味がない。

㈠　**b**、「快を一時に取るを」と読む。「取快」は〝良い気分になる・満足を得る〟、「一時」は〝わずかな間・短い時だけ〟の意。「不為敷衍流宕、放言高論、取快一時」で〝節度なく述べ立てたり、無責任なことを分を越えて述べたりして、満足を一時的に得たりはしない〟ということ。

三

出典　方東樹《ほうとうじゅ》『書林揚觶《しょりんようし》』〈巻上　著書必有宗旨〉

解答

(一)　b、満足を一時的に得る
　　d、多大な利益
　　e、偏りがあるとはいえ

(二)　述べずにいられない自分の言説があって初めて、著作や立論を行うことができるということ。

(三)　誰もが常に自然に受け入れ、疑念や反感を持つはずもないありかた。

(四)　剽窃した文章を集めただけの近年の著作物は、重要で確実なものとして後世に伝える価値がないこと。

全訳

そもそも書物を著し論を起こすことは、必ず抑えようがなくて言説がある（＝述べずにいられない自分の言説を持っている）ことに基づく。その後でその言説が適切で、その言説が真実で、その言説が有用となる。だから君子の言説は、道理に達するところで終わり、節度なく述べ立てたり、無責任なことを分を越えて述べたりして、満足を一時的に得たりはしない。思うに重要なことでなければ排除しなければならず、確かでなければ疑わなければならない。もはや排除しまた疑ったならば、その書物を立派だと見なしたり信じたりしてはならない。君子の言説は、季節が巡り時が流れるさまや、日常の衣服や日常の食物のように、疑うはずもなく、嫌悪するはずもない。すべての世の中で永久に信用して従い、多大な利益があって、ほんのわずかな損害もない。このことに基づいて古今の著作者について考察すると、白黒のようにはっきりと区別がつく。書物を著すにあたってそれらを自分の基準としなければ、ただ自分の言葉を売る者であるに過ぎない。老子・荘子、申不害・韓非子の門弟は、専門的な教義は偏りがあるとはいえ、重要なことはそれぞれそのこと自体を世の中全体に後の時代まで知られるようにすることができた。このようなあり方は、昔の文章家はやはりその境地に到達することができた。時代が下ってそうできなくなって剽窃している。そもそも剽窃して文章を作ってさえ、後世に伝える価値とやはあらん」は、そのような人たちが作者のことを良いとは思わないだろうということ。その予想は、傍線部カの前に「昔のみ恋しくて」と書かれていることに基づく。「昔」は亡き堀河天皇のことを言ったもので、作者は、自分が堀河天皇のことをひたすら恋しく思うだろうと自覚している。そもそもそのように考えるのは、作者が白河上皇から要請された鳥羽天皇への出仕について思い悩んだ挙げ句のことで、自分の状況やかつての有様などをさまざまに思い起こし、職務をきちんと果たすことができるとは思えず、幼い鳥羽天皇にも自分の事情などを理解してはもらえないだろうと考えてのことである。要するに、自分が鳥羽天皇のもとに出仕した場合を想定して、亡き堀河天皇のことを偲んでばかりいるようでは、新天皇であり堀河天皇の子でもある鳥羽天皇に対してはばかられるため、同僚として仕える周囲の女房たちに良くない印象を持たれてしまうだろうと予想しているのである。

(五)

傍線部キの和歌は三句切れで、逐語訳は〝乾く間もない墨染めの袂だなあ。ああ、昔を思い出すよすがだと思うと〟である。「墨染めの袂」は、ここでは喪服のことで、前書きにあるように、崩御した堀河天皇の喪に服している作者の服装である。喪服が「乾くまもなき」とは、堀河天皇を悼む涙で喪服が乾く間もないほど濡れているということ。「あはれ」は感動詞。「昔のかたみ」は、亡き堀河天皇を偲ぶよすがとなるものの意。「あはれ昔のかたみと思ふに」「乾くまもなき墨染めの袂かな」という文が倒置されている和歌なので、大意を説明する際にはわかりやすい語順に整え、感動詞や詠嘆表現などは省いてまとめる。

参考　『讃岐典侍日記』は、平安時代後期に藤原長子（讃岐典侍）が著した日記。上下二巻から成り、堀河天皇の崩御から新帝鳥羽天皇に再出仕する経緯などが、堀河天皇を追慕する思いを中心に綴られている。

(二) 傍線部イは作者の心内文で、現代語訳は〝早く（鳥羽天皇のもとに出仕したい）というような様子で参上するようなことは、嘆かわしい〟のようになる。「いつしか」は、ここでは、その時が来るのを待ち望む気持ちを表す副詞として用いられている。「〜顔」は、〝いかにも〜な様子〟の意。「参ら」（「参る」）は、作者が新天皇である鳥羽天皇のもとに出仕することを言っている。「ん」は助動詞「ん」（「む」）の婉曲の用法。「あさましき」（「あさまし」）は意外なことに驚きあきれる様子を表す形容詞で、ここでは、驚きあきれるほど情けなく嘆かわしい気持ちととらえることができる。以上の内容を、敬語表現は省き、わかりやすく簡潔にまとめる。

(三) 傍線部エは作者の心内文で、逐語訳は〝どのような機会を見つけ出そうか〟である。「ついで」は、事柄のつながりを表す名詞で、ここでは〝機会・時機・折〟の意。「取り出づ」は、「ついでを」につながる表現として、〝見つけ出す・探し出す〟のように訳すのがよい。「ん」は助動詞「ん」（「む」）の適当や可能推量などの用法。「ついで」について、何をするための機会のことを言っているのかを読み取ることがポイントになる。鳥羽天皇の御所への出仕をためらう作者は、傍線部エの前の心内文で、「世を思ひ捨てつと聞かせたまはば、さまで大切にもおぼしめさじ」＝〝（私が）俗世を見限っ（て出家し）たとお聞きになったならば、（白河院は）それほどまで（私を）必要だともお思いにならないだろう〟と、自分が出家すれば出仕を免れることができるのではないかと考えている。「世を思ひ捨つ」は、〝出家する〟という意味で、傍線部エの「ついで」は出家する機会のことを言ったものである。なお、傍線部エの後の「さすがに、われと削ぎすてんも、……まめやかにも思ひ立たず」では、自ら進んで出家することは自他ともに疎ましく思われるため、やはり出家を本気で決心するわけではないということが吐露されているので、傍線部エでは出家の機会を求める思いになりながらも、その一方では実際に出家を決意はしないという、相反する気持ちがそれぞれの文で述べられていると見て、傍線部エの「いかなる」は反語の意ではないと判断する。

(四) 傍線部カは作者の心内文で、現代語訳は〝ふと見るような人は良いとは思うだろうか、いや、思わないだろう〟。「うち見ん人」は作者をふと見るような人で、作者が出仕した場合の同僚の女房たちを意味していると思われる。「よし鳥羽天皇のもとに出仕しても、鳥羽天皇にも周囲の人にも良いとは思われないだろうと思い悩み、堀河天皇の喪に服しながら悲しみの涙に暮れ続けている思いを和歌に詠んだ。

㈠

ア、「年ごろ」は〝長年・何年にもわたって〟の意。「させ」は助動詞「さす」の尊敬の用法、「たまふ」は尊敬語補助動詞で、「させたまふ」で二重尊敬の形となっており、弁の三位から作者への敬意を表している。尊敬の接頭語の「御」も忘れずに訳出すること。「宮仕へせさせたまふ御心」は、宮仕えをする作者の心がけ・気立てのことを言っている。「ありがたさ」は、めったにない様子を表す形容詞「ありがたし」（「有り難し」）の語幹に、名詞を作る接尾語の「さ」が付いて成った名詞。ここでは良い意味で用いられているので、〝めったにないほどのすばらしさ・奇特な様子〟のように訳す。

ウ、「ゆかしく」は、心引かれる様子を表す形容詞「ゆかし」の連用形で、ここでは、作者が鳥羽天皇に対して抱いている気持ちとして〝お目にかかりたく・慕わしく〟のように訳す。「まゐらすれ」は、謙譲語補助動詞「まゐらす」の已然形で、作者から鳥羽天皇への敬意を表している。「ど」は逆接を表す接続助詞。

オ、「かやうにて」は〝このような様子で・このような状態で〟。具体的には、あれこれと思い悩んでいる作者自身の様子を指しているが、現代語訳なので指示語のままでよい。「心づから」は〝自分の心から・自分の思いのままに〟の意。「身づから」（「自ら」）（＝〝自分から〟）や「手づから」（＝〝自分の手で〟）と同類の副詞である。「弱りゆけ」は、〝弱っていく・衰弱していく〟の意の動詞「弱りゆく」の命令形。「かし」は念押しの終助詞。「心づから弱りゆけかし」は、作者が自分の身に対して、〝自分の思いのままに衰弱していけよ〟と命令する形で、思い悩むあまり自分の身が弱っていくならそれでかまわないという投げやりな気持ちを表したものである。傍線部オの後の「さらば、ことつけても」の「さらば」は、この「弱りゆく」ことを受け、このまま自分の身が衰弱していったなら、そのことにかこつけてでも出仕を免れることができるのではないかという見込みを言っている。

ていらっしゃる。（私のことを）そのようにして長らく仕えてきてしまった者だとお思いになることもないだろう。そのようなままでは、昔（＝亡き堀河天皇）ばかりが恋しくて、ふと（私を）見るような人は良いとは思うだろうか、いや、思わないだろう」などと次から次へと思うと、袖が隙間なく濡れるので、

（悲しみの涙で）乾く間もない墨染め（＝私の喪服）の袂だなあ。ああ、昔（＝亡き堀河天皇）を思い出すよすがだと思うと

解説

本文のおおまかな内容は次の通りである。

第一段落（かくいふほどに、…）

十月になり、弁の三位を介して、院（＝亡くなった堀河天皇の父である白河上皇）が作者に新天皇（＝堀河天皇の子である鳥羽天皇）への出仕を求めているとの言葉が伝えられた。作者は茫然とし、生前の堀河天皇が鳥羽天皇への出仕を望んではいないようだったことなども思い起こして出仕をためらいながら、自分と同じ立場におかれた周防の内侍の和歌を想起して共感した。

第二段落（「故院の御かたみには、…）

作者は、亡き堀河天皇の子である鳥羽天皇を慕う気持ちもあるが、かつて親や姉に勧められて心ならず出仕したことも思い合わせてやはり出仕には気が進まず、いっそ出家すれば院も諦めてくれるかとも考えるが、その決心もつかず、このまま自分の身が衰弱していけばよいとまで思い悩み続けた。何日か過ぎて、早く出仕せよと促す手紙が何度も届けられるが、その気にもなれない。

第三段落（「過ぎにし年月だに、…）

作者は、かつて堀河天皇のもとに出仕したときでさえ、周囲に気が引けてばかりでいたのに、今になってまた

と詠んだとかいうのは、なるほどその通りだと思われる。

「故院（＝亡き堀河天皇）の御形見としては、（鳥羽天皇に）お目にかかりたく思い申し上げるけれども、出しゃばるようなことは、やはりあってよいことではない。かつて出仕したときさえ、晴れがましさ（＝晴れがましい場に出て行くこと）は思い悩んだけれども、親たちや、（姉の）三位殿などでなさる（＝私に出仕を勧めなさる）ようなことだからと思って、言いたいことを言うことができなかったので、心の中だけで、海人の刈る藻のように思い乱れた。本当に、今回のことも、自分の思い通りにはできなくともきっと言わなければならないことであるけれども、一方で、（私が）俗世を見限っ（て出家し）たとお聞きになったならば、（白河院は）それほどまで（私を）必要だともお思いにならないだろう」と思い乱れて、もう少しこの数カ月の間よりも物思いが募った気持ちがして、「（出家するための）どのような機会を探し出そうか。そうはいうもののやはり、自分から髪を切り捨てるようなことも、昔の物語にも、そのようにしている人を、他人も『厭わしい心の持ちようだなあ』などと言うようだけれども、自分の心でも、本当にそのように思われることであるので、そうはいうもののやはり本気でも（出家の）決心がつかない。このような様子で自分の思いのままに弱っていけよ。それならば、それにかこつけても（出仕を免れることができるだろう）」と次から次へと思わずにいられなくて、何日も過ぎると、「（鳥羽天皇の）御乳母たちが、まだ六位で、五位にならないうちは、（天皇に）お食事を差し上げないことである。この二十三日と、六日と、八日が良い日だ。早く、早く」と書いてある手紙が、何度も届けられるけれども、（出仕を）決意することができる気もしない。

「過ぎてしまった年月でさえ、一身上の悩みの後は、女房などの中に入ることができそうな様子でもなく、みっともなく痩せ衰えてしまったので、どうしたものだろうかとばかり思い悩まずにいられなかったけれども、（亡き堀河天皇の）お心への慕わしさで（出仕し）、女房たちなどのお気持ちも、（姉の）三位がそうして（出仕して）いらっしゃるので、そのお気持ちに背かないようにしようという思いによってか、ちょっとしたことにつけても、ひたすら気遣いをせずにいられなくて過ぎたのに、今になってまた出仕して、かつて経験したときのようにするようなことも難しい。鳥羽天皇は幼く

二　出典　藤原長子『讃岐典侍日記』〈下〉

解答

㈠　ア、長年、宮仕えをなさるお心がけのめったにないほどのすばらしさ
ウ、お目にかかりたく思い申し上げるけれども
オ、このような状態で自分の思いのままに衰弱していけばよいよ

㈡　待ち望んでいたかのように新天皇に出仕するのは心外だということ。

㈢　どのような機会を見つけて出家するのがよいだろうかということ。

㈣　作者が堀河天皇を偲んでばかりいるのは鳥羽天皇に失礼だから。

㈤　自分の喪服姿は亡き堀河天皇を偲ぶよすがだと思うと涙が絶えない。

全訳

このように言ううちに、十月になった。「弁の三位殿からお手紙」と言うので、取り入れて見ると、「長年の間、宮仕えをなさる（あなたの）お心のめったにないほどのすばらしさなどを、十分に以前からお聞きになっていたからであろうか、院から、この（鳥羽天皇の）御所にそのような人が必要である、すぐに参上せよとの、お言葉があるので、そのような心づもりをなさってください」と書いてあるのを、見ると、驚きあきれる思いで、見間違いかと思うほどまで茫然とせずにいられないことだよ。（堀河天皇が）御存命だったときから、このようには耳にしたけれども、どうとも（堀河天皇の）お返事がなかったからには、そうでなくてもと（堀河天皇は）お思いなのだっただろうか、それなのに、早く（鳥羽天皇のもとに出仕したい）というような様子で参上するようなことは、嘆かわしい。周防の内侍が、後冷泉院に先立たれ申し上げて、後三条院から、七月七日に参上せよとのことを、おっしゃったところ、

天の川は同じ流れと聞きながらも、渡るようなことはやはり悲しい（＝後冷泉天皇と後三条天皇は同じ血筋だとはわかっているけれども、引き続いて出仕するようなことはやはり悲しい）

に『贈与交換』を含むという了解は、彼ら自身が交渉の過程において共同で生み出している」と述べ、交渉過程で生み出されている見方であると結論づけている。したがって、交渉を通じて掛け売りについての見方がどう生まれてくるかがわかるように解答したい。具体的には〈掛け売りの交渉（契約内容の話し合い）が、行商人と客双方に、贈与交換の必要を感じさせる〉という流れが示せればよいだろう。なお、商交渉＝「代金支払いの契約」ではなく、商交渉には「ツケの交渉」も含まれる（傍線部エの二行前）ため、利益と損失という視点での駆け引き全般が商交渉である。一方、「贈与交換」は相手のために、善意に基づいて何かを与える行為であり、その違いと重なりに注意しよう。
以上を踏まえて、解答のポイントを整理しておこう。

① **掛け売りは値段やツケをめぐる交渉に止まらない**
② **行商人も客も損得を、相手を助けた／相手に助けられたという贈与と記憶する**
③ **この贈与への返礼の必要を感じ、贈与交換を導く**
④ **交渉時の損得が相殺される**
⑤ **相互扶助の関係につながる**

㈤　設問に「楷書で」とあるので、細かいところまで一画一画明瞭に書くこと。a、「曖昧」は偏の部分に注意する。b、「憤」る（〝怒りの気持ちを抱く〟）も偏に気をつける。c、「拘泥」は〝こだわること〟で、ハネにも気を配ること。

参考　小川さやか（一九七八年～）は文化人類学者で、専門はアフリカ地域研究。愛知県生まれ。立命館大学大学院先端総合学術研究科教授、日本文化人類学会理事。二〇一一年に『都市を生きぬくための狡知――タンザニアの零細商人マチンガの民族誌』（二〇一一年）で第33回サントリー学芸賞（社会・風俗部門）を受賞、二〇二〇年には『チョンキンマンションのボスは知っている――アングラ経済の人類学』（二〇一九年）で第8回河合隼雄学芸賞および第51回大宅壮一ノンフィクション賞を受賞。他の著作に『「その日暮らし」の人類学――もう一つの資本主義経済』（二〇一六年）がある。

これが「贈与交換に回収させる」という表現で述べられている内容である。この内容をいかに短く的確にまとめられるかが鍵となるだろう。

次に、設問の表現に着目しよう。この設問で出題者は「どういうことか」ではなく、「筆者はどのようなことを言っているのか」と問うている。この表現は単なる言い換えではなく、より高次の言い換えを求めている。本文の末尾に「この交渉で実践されているのは、市場取引の体裁を維持しながら、二者間の基盤的コミュニズムを胚胎させることに他ならない」とあり、筆者は、贈与交換で恩を返す行為を要請するような交渉を、単なる市場取引を超えた「二者間の基盤的コミュニズム」につながるものだと評価していることがわかる。「コミュニズム」とは一般的には〝貧富の差のない平等な社会を目指す共産主義〟を指すが、本文には「基盤的コミュニズム」の説明がない（原文では「はじめに」において、デヴィッド・グレーバーが「コミュニズム」と区別するために用いた重要な概念として紹介・説明されている）ため、自分で類推する必要がある。行商人と客という個人間（＝「二者間」）で、相手が困難な状況、すなわち経済的に苦しい状況にあるときに、手を差し伸べるような相互扶助の関係は、貧富の差の解消と、平等な社会関係を志向するという意味での「コミュニズム」に通じるものがあると理解できればよいだろう。つまり、筆者は、掛け売りをめぐって行われる交渉が、単なる商取引（商品の売買）、単なる贈与交換（プレゼントの交換）の次元に止まらない、相互扶助の関係という望ましい社会関係構築の可能性を持つもの（人間関係・社会のあり方に関わるもの）と評価しているのである。

最後に、「本文全体の趣旨を踏まえて」とあるので、傍線部エの中の「時間や機会の贈与交換」という本文全体のキーにもなっている用語に注目し、これに関して筆者が述べてきた内容を押さえよう。㈡で見たように、筆者は、〈掛け売りを「代金支払いの契約」と「時間・機会の贈与交換」と捉える〉仮説を繰り返し提示（第七段落一〜二行目、第八段落三〜四行目）し、その後、行商人や客の言動を通して検証している（第九段落）。したがって、この掛け売りに対する見方が本文の主軸を成している。さらに、最終段落一行目では「掛け売りが代金支払いの契約と同時

(三) ①が必要である。

傍線部ウを含む文は、「『商品代金の支払い』は遂行されなくても」＝「商売の帳尻があわなくても」、「『時間や機会の贈与』に何らかの返礼が遂行される」結果、「生活全般の上では帳尻があっている」状態になると述べている。商品の代金が支払われなければ、行商人は当然商売上の損害を被る。では、なぜ「生活全般」では「帳尻があ」う、すなわち、損失の穴埋めが起こるのかといえば、「『時間や機会の贈与』に何らかの返礼が遂行される」からである。具体的には、客が「『ツケのお礼に』と食事を奢ってくれ」たり、客が行う「商売で行商人に掛け売りしてくれたり」する（傍線部を含む第九段落四〜六行目）のである。より一般的な形に言い換えると、〈商売の収入とは別のところで客から何らかの利益がもたらされる〉となり、この結果、商売上の損失が補塡される形になるのである。もう一つ、客の（そして行商人にも共通する）認識として押さえておくべきは、客は代金とは別に、贈与に対する返礼が必要だと考えていることである。第九段落の四〜七行目の事例は、代金支払いと贈与の返礼（贈与交換）とは明確に区別されていることを示している。こうした理解がなければ、代金が未納であるにもかかわらず贈与の返礼を行うということはないだろう。さて、解答に入れるべきポイントを整理すると以下のようになる。

① **代金未払いの損失**
② **客は代金とは別に時間をもらったお礼が必要だと考え、実行する**
③ **商売の収支とは別のところで生活上損失は補塡される**

(四) 傍線部エの「この余韻」が指す内容をこの段落、特に直前の二つの文を参照し、押さえていこう。自分の困難な状況を訴えあう値段やツケの交渉での成功／失敗は、相手に助けられた／相手を助けたという贈与として記憶される。これが「余韻」である。この記憶により、相手に助けられた（贈与を受けた）と感じた側は、相手の状況に鑑みながら今度は相手を助けようという意識を持って贈与を行う。助けた（贈与を与えた）側が困っている状況では相手に助けてもらうような贈与を期待し、求める。このような贈与交換の結果として交渉の成功／失敗は相殺されることになる。

① 客の確保・維持につながる
② 商品購入の機会が増える
③ 販売数が増えれば仕入れ先から優遇される
④ ツケは緊急時に使用できる資金となる

これら四つの要素を解答欄に合わせ、短くまとめよう。その際、単に四つの要素を並列するのではなく、①〈客の確保〉と②〈購入機会の増加〉が、③の前半の〈販売数が増える〉原因となるものであるという因果関係を作って記述できるとよいだろう。

(二) 傍線部イを含む文の次の第七段落一～二行目に「彼らは……掛け売りを『市場交換』と『贈与交換』のセットで捉えているのではないかと考えるようになった」とあり、その次の第八段落の三～四行目にも「『支払い猶予を与える契約』を『代金支払いの契約』と『時間・機会の贈与交換』に分割して考えると、彼らの言動はつじつまがあい」とある。ここから、行商人たちが掛け売り（＝「支払い猶予を与える契約」）を二つの側面が結合したものと認識していることがわかり、その認識が傍線部イのような発言を生み出していると考えられる。この認識は、第七段落の二～五行目で「ツケは商品やサービスの対価であり、……返してもらう必要がある」（＝「代金支払いの契約」の認識）、一方、「ツケを支払うまでの時間的猶予……は『贈与』したものなので」「特別な理由」がなければ、「いつ返すかは」「与えられた側が決めるのだ」（＝「時間・機会の贈与交換」の認識）と詳しく説明されている。ここから解答のポイントは以下の二点になる。

① 商品の代金は支払ってもらう
② 支払うまでの時間は贈与したものなので、いつ返すかは客が決める

解答作成にあたっては、傍線部には含まれていないが、誰の認識かがわかるよう「行商人」の語を入れておきたい。
また、傍線部イの主張は、その後に〈いつかは返してもらう〉という内容が省略されているものと考えられるので、

「代金支払いの契約」と「時間・機会の贈与交換」であると捉えているためである。この「贈与交換」では、客からの贈与は、その取引自体とは別のところで行われるため、商売上の損失はより広い生活全般のレベルで補塡され帳尻があっているように思われる。掛け売りにおいて行商人と客は、商交渉で得をし、助けられたと感じた側が、今度はその返礼として贈与を行う。こうした実践は困難な状況に対して互いに助け合う関係に道を拓くものである。

解説

本文は、タンザニアの行商人たちが行っている掛け売りが、我々の社会で行われている商取引とは決定的に異なる次元を持つものであることを示した文章である。一般に、我々の常識的な見方と異なるもの（近代以前のもの・西洋以外の地域のもの）を提示する評論は、我々の常識を揺さぶるとともに、そこに新しい可能性があるものとして論じられるのが普通であるから、我々の常識的な見方とどう異なるか、どんな可能性があるのかといった問題意識を持って読むことが求められている。本文全体は十段落から成っている。ここでは全体を四つに分けて、構成を整理しておこう。

1　**第一～三段落（タンザニアの…）**
行商人が行う掛け売りの功罪

2　**第四～六段落（ただ、それは…）**
ツケの回収に関する行商人の言動

3　**第七～九段落（これらの商人や客の…）**
掛け売りを「市場交換」と「贈与交換」のセットとみる捉え方

4　**第十段落（いまから振り返ると、…）**
行商人と客との交渉がもたらす可能性

㈠　傍線部アを含む第三段落から、掛け売りの商売上の利点がどのようなものか押さえていこう。

国語

一

出典 小川さやか「時間を与えあう――商業経済と人間経済の連環を築く『負債』をめぐって」〈2 金品の取引と時間・機会の贈与 2-1 ツケの返済と時間／機会の贈与〉（佐久間寛編『負債と信用の人類学――人間経済の現在』以文社）

解答

㈠ ツケは客の確保や販売機会の増加により販売数を増やし、その結果仕入れ時の優遇も招き、また未払金は緊急時の資金になるという利点があるから。

㈡ 行商人たちは、代金は払ってもらうが、払うまでの時間は相手に贈与したものなので、いつ支払うかは相手が決めるものだと考えているから。

㈢ 代金は受け取れなくても、客は代金とは別に猶予時間の贈与には返礼が必要だと考え実行するため、売り上げでない形で損失は補塡されるということ。

㈣ 掛け売りは値段やツケをめぐる商交渉に止まらず、行商人も客もそこでの損得を、相手を助けた／相手に助けられたという贈与と捉えるため、それへの返礼という贈与の必要を感じ、贈与交換を導く。これにより損得が相殺される点で相互扶助につながるということ。（一〇〇字以上一二〇字以内）

㈤ a、曖昧 b、憤 c、拘泥

要旨

タンザニアの行商人たちは客の確保や販売機会の増加など商売上の利点から、掛け売りに応じている。ツケをいつ返済するかを客が決めることや、ツケを支払っても行商人に「借り」があるような言動をするのは、行商人も客も掛け売りを

////////////////////// · memo · //////////////////////

////////////////////// · memo · //////////////////////

2023年度

解答編

解答編

英語

1 (A) 解答

<解答 1>　経験が重視される現代において，消費力も経験の選択肢も増したことや，携帯電話の過剰使用で時間不足が生じており，人々の心身の健康や生産性に悪影響を及ぼしている。(70〜80 字)

<解答 2>　現代では経験が重視されるが，消費力と選択肢に対して時間が足りない。携帯電話の使いすぎも時間不足の一因であり，不足を感じる人ほど心身の健康や生産性に問題がある。(70〜80 字)

<解答 3>　現代人はものの消費より経験を重視するが，消費力の激増，選択肢過多，また携帯電話の過剰使用で時間不足に陥っており，そのせいで心身の健康や生産性に問題を抱えがちだ。(70〜80 字)

◆全　訳◆

≪時間不足が生じる理由≫

2010 年代，私たちはあまりにも多くのものを持ちすぎていることを心配していた。大量消費が環境に与える影響に対する意識の高まりと，ソーシャルメディアで自分の生活を吹聴したいという欲求によって，私たちはものより経験を評価するようになった。現在，私たちは新しいことを心配し始めている。時間が少なすぎるということである。

心理学者たちは，経験は物質的な商品よりも，幸福感をもたらしてくれる可能性が高いということを発見しているが，もちろん私たちはどの経験を追求すべきか選択しなくてはならない。間違った選択をするのではないか，そのために貴重な時間を無駄にするのではないかという不安は，私たちの多くが痛感することである。

この問題には，皮肉なところがある。過去数十年間よりも現在のほうが私たちは自由な時間がある。しかし，いくつかの理由でそんなふうには感じないということである。

2019 年の自著『時間を過ごすこと』で，ダニエル=S. ハマーメッシュは，私たちの寿命が 1960 年から 13 パーセントと少し伸びている一方で，私たちの消費力は 198 パーセントと急激に増したと説明している。「そのため，私たちが欲しいと思い，今では買う余裕のあるすべてのものを，増えているとはいえますます相対的にずっと限られている，そうしたものを購入し生涯にわたってそれらを楽しむための時間に詰め込むのは難しくなる」と，彼は書いている。

次に，私たちの携帯電話中毒がある。アメリカの成人は，大量のメール，テキスト，ソーシャルメディアの更新，四六時中流れるニュースに遅れないようについていこうとして，毎日携帯電話に約 3 時間半を費やしている。そして，私たちの時間の多くは「汚染された時間」，つまり一つのことをしながら，何か他のことを考えている時間なのである。ツイッターに目を通しながらテレビを見るというように，一瞬一瞬からより多くのものを得ようとすることで，私たちは自分が生産的になっていると思うが，実際にはそれでいっそう疲れ果てているだけである。

こうした状況を助長するのが，今日の経験経済において絶えず広がっていく選択肢である。今夜行こうと思えば行けるあらゆる演劇や講話や勉強会のことを考えてみるとよい。

心理学者たちが言うところの「時間欠乏」に私たちの多くが悩まされるのも当然である。関心経済に抵抗しようという呼びかけは以前からあるが，私たちに時間が足りないと感じさせる要因は，すぐになくなりそうにはない。たとえば，テクノロジー会社は，端末にどれだけ時間を費やしているか教えてくれるアプリを作ったかもしれないが，彼らのビジネスモデルは消費者が端末を使い続けることに依存している。

時間が足りないと感じている人たちのほうが，不安やうつに陥りやすい。彼らのほうが運動し，健康的な食べ物を食べている可能性が低い。そして，彼らのほうが仕事では生産性が低い。それなら，最もよい時間の使い方に対する心理学者の関心が高まっていることもうなずける。

◀解　説▶

◆読解する

全体の構成を意識しながら，各段を検討しよう。

〔第1段〕

この段では，2010年代の消費行動においては，ものを持ちすぎることが懸念されていたが，ものより経験が重視されるようになり，現在は時間不足が新たな懸念となっていることを述べ，文章のテーマを示している。

〔第2段〕

この段では，追求する経験の選択を間違えると時間を無駄にすることになるという恐れを多くの人が感じている実情を述べ，新たな懸念の内容の一端に触れている。

〔第3段〕

この段では，この何十年かで自由時間が多くなっているのに，いくつかの理由でそうは感じられないという皮肉な状況を述べている。

〔第4段〕

この段では，その皮肉な状況の理由の一つとしてある学者の言葉を引用し，激増した消費力で手に入れられるものを，限られた時間に詰め込むのが困難になっていると述べている。

〔第5段〕

もう一つの問題として携帯電話中毒を挙げ，人々は大量のメールや情報を処理するのに多くの時間を費やしている上に，同じ時間でできるだけ多くのことをしようと複数の作業を同時に行うことで，実は疲れ切っているだけであるとしている。

〔第6段〕

この段では，経験として楽しめるものが無数にあることに言及している。

〔第7段〕

この段では，上記のような現状から，人々が時間不足に悩まされていると述べ，その要因がすぐにはなくならない事情を説明している。

〔第8段〕

時間不足を感じている人たちは，精神的にも肉体的にもよくない状態にあって生産性も落ちるとし，心理学者が時間の最善の使い方に関心を寄せるのも当然だと締めくくっている。

各段と各文の内容をまとめると次表のようになる。

各段の要旨		各センテンスの内容
第1段	消費生活における問題の変遷	第 1 文：2010 年代の問題はものを持ちすぎていることだった。 第 2 文：大量消費の環境への影響に対する意識と SNS で自分の生活を紹介したいという欲求で，ものより経験が評価されるようになった。 第 3 文：現在では，時間不足が新たな懸念である。
第2段	時間不足に関する一つの懸念	第 1 文：ものより経験のほうが幸福をもたらすことはわかっているが，人々はどの経験を追求すべきか選択しなくてはならない。 第 2 文：間違った選択をし，時間を無駄にすることを多くの人が恐れている。
第3段	自由時間に見られる皮肉な状況	第 1 文：この問題には皮肉なところがある。この何十年かを比べると，今の私たちは多くの自由時間を持っている。 第 2 文：しかし，いくつかの理由でそうは感じられない。
第4段	皮肉な状況の原因	第 1 文：ある学者は 1960 年から寿命は少しだけ伸びたが，消費力は激増していると述べている。 第 2 文：そして，現在の消費力で手に入れられるすべてのものを，限られた時間に詰め込むのが難しいとしている。
第5段	携帯電話中毒がもたらす問題	第 1 文：次に，携帯電話中毒という問題もある。 第 2 文：アメリカの成人は，大量のメールや情報の処理に 1 日約 3 時間半，携帯電話を使っている。 第 3 文：そして，人々の時間の多くは同時に複数のことを行うという「汚染された時間」である。 第 4 文：同時に複数のことを行って生産的になっていると人々は思っているが，実際には疲れ切っているだけである。
第6段	時間不足を助長するもう一つの理由	第 1 文：この状況を，経験経済で選択肢が広がっていることが助長している。 第 2 文：今夜行こうと思えば行ける楽しみ（経験を与えてくれるもの）はいくらでもある。
第7段	時間不足を感じさせる原因がなくならない理由	第 1 文：心理学者が言う「時間欠乏」に私たちの多くが悩まされるのも当然である。 第 2 文：関心経済に抵抗するように呼びかける声はあるが，時間不足を感じさせる原因はすぐにはなくなりそうにない。 第 3 文：テクノロジー会社は，消費者がどれだけ端末に時間を使っているかわかるアプリを作ったかもしれないが，彼らの仕事は消費者が端末を使い続けることをモデルとしている。
第8段	時間不足を感じる人の実情	第 1 文：時間が足りないと感じている人のほうが（そうでない人より），不安やうつを抱えている。 第 2 文：彼らのほうが運動不足で健康的な食事をしていない。 第 3 文：彼らのほうが仕事では生産性が低い。 第 4 文：時間の最善の使い方に対する心理学者の関心が高まっているのも当然である。

◆答案を作成する

この文章は，人々の関心がものの消費から経験の消費へと移った現代において，時間不足という新たな懸念が生じている理由について論じている。第 4 段にある消費力の激増，第 5 段の携帯電話中毒，第 6 段の選択肢の過多が理由として述べられており，これらを中心にまとめることになる。また，第 8 段で述べられている，時間不足を感じている人ほど心身の健康や生産性が低水準であるという点にも言及する必要があるだろう。

●語句・構文●

(第 1 段)　●broadcast「～を吹聴する」

(第 2 段)　●feel *A* deeply「*A* を痛感する」

(第 4 段)　●spending power「消費力，購買力」　●surge「急にとてつもなく増加する」　●stuff *A* into *B*「*A* を *B* に詰め込む」

(第 5 段)　●24/7 (twenty-four seven)「1 日 24 時間週 7 日の，四六時中の，年がら年中の」　●we are being productive「今，生産的になっている」 be 動詞でも，今この時だけの状態を示すときには進行形にできる。

(第 6 段)　●Add to this the … options「選択肢が，これを増す」が直訳。もとの語順は The … options add to this。

(第 7 段)　●No wonder S V「S が V するのも当然だ，少しも不思議ではない」 もとは It is no wonder that S V の形式主語の文。

●attention economy「関心経済」情報の質より人々の注目度に重きを置く経済。

(第 8 段)　●feel short of ～「～が不足していると感じる」　●make sense「道理にかなう，意味がわかる」

1 (B) 解答

(ア)(1)― f)　(2)― b)　(3)― c)　(4)― d)
(5)― g)

(イ) as able to identify the nature of the laughs as fellow Americans

◆全　訳◆

≪笑いの役割≫

「病気や悲しみにも伝染性はあるが，この世に笑いや陽気な気分ほどいやおうなくうつりやすいものはない」『クリスマスキャロル』の中で，チャールズ=ディケンズはそう書いた。彼は1840年代のロンドンにいたのだが，この言葉はいついかなる場所でも真実の響きがある。笑いは，人類に普遍的に見られる数少ない特徴の一つである。困難なときでも，楽しい穏やかな笑いがストレスや不確かなことに対処する助けになったことがある人は多い。

したがって，心理学者たちがかつては，その多くが笑いは不幸や絶望ほど重要ではないと考えて，笑いに真剣な注意を向けるのをしぶっていたのは驚きである。(1)［ f ）心理学はまだ，後ろ向きの感情と前向きな感情について知られていることのバランスをとるのに，遅れを取り戻すべくやるべきことがたくさんある］。

これは科学における損失である。最近の研究で，笑いには想像よりはるかに多くの意味があるとわかっているからである。気分との明らかな関連以上に，笑いは人間関係の本質や健康状態に対する実に深遠な洞察を与えてくれる。幼児のくすくす笑いの研究は，私たちが自己意識や他人の心を読む能力をどのように発達させるのかを理解する手助けにさえなるかもしれないのだ。

笑いは他の種でも驚くほどよく見られるが，人間関係は平均的な動物間の関係よりもずっと複雑で，人間は自分の声をはるかによく制御できる。(2)［ b ）その結果，人間の笑いは影響力があり柔軟な社交上の道具に進化した］。バージニア大学のエイドリアン=ウッドによれば，笑いは主に3つの目的に役立つ。第一は，報酬である。つまり，私たちが笑い合うとき，それはある特定のふるまいを評価していることを表し，ふれあいを強化して，私たちは今後より一層同じようにふるまうようになる。

笑いの2つめの機能は，つながりを知らせることだ。こうした友好関係の笑いは，自発的なもの（つまり「作り笑い」）で，特定のふるまいを強化するというより，緊張や気まずさを和らげる傾向がある。たとえば，あなたが何か感情を傷つける可能性のあることを言ってしまったら，思いやりのあるくすくす笑いは，それがほんの冗談のからかいだということを表して人を安心させるのに役立つかもしれない。

笑いの3つめの目的は，あなたの上司があなたの型破りな考えを笑い飛ばすというように，優位を知らせることだ。直截な異議や批判は敵対心を誘発するかもしれないが，笑いは不賛成をもっと微妙な示し方で示す。

「(3)［c）それは社会的調和の見た目を維持してくれます］」と，ウッドは言う。

この主張の証拠を示すために，ウッドと彼女の共同研究者たちは，762 人の人々に笑いのさまざまなサンプルを，それが報酬を与えるように聞こえるか，安心させる（友好関係の印）ように聞こえるか，それともばかにしている（優位の印）ように聞こえるかに基づいて評価してくれるように頼んだ。笑いのタイプのそれぞれが，異なる聴覚的特徴を持っていることがわかった。報酬の笑いはより大きく長かった。友好関係の笑いはより静かで短く微妙だった。一方，優位の笑いは他の笑いが持つ響きの美しい喜びにつながる特徴を欠いていた。「そういう笑いは基本的により不快で耳障りで，こういう聴覚的な混沌の印をすべて持っていました」と，ウッドは言う。

笑いは強力な社会的信号であるという結論は，カリフォルニア大学ロサンゼルス校のグレゴリー=ブライアントとその共同研究者たちによる，実験参加者は人々の親密さを彼らの笑い声の響きだけに基づいて予測できるという研究結果と一致する。実験で使われた笑い声はすべてアメリカ合衆国で集められたものだったが，それでもヨーロッパ，アジア，アフリカの人たちも，アメリカ人の参加者とまったく同じように，笑いの性質を特定することができた。人々の，ある笑いが自然に起こったものか作り笑いかを判断できる能力もまた，文化を超えて同じように高い。他の研究では，文化の異なる人々の笑い方の微妙な違いを突き止めているが，ブライアントの出した結果は，中核となる信号は世界のどこでも認識可能であることを示唆している。

笑いの普遍性を裏づけるさらなる証拠は，子どもの情緒的な語彙にその初期の表れが見られることにある。赤ん坊の最初の笑いは，一般に生後 4 カ月までに生じるが，これは最初に言葉を話すよりずっと前である。「それは純粋に情緒的なものなので，複雑さが最も少ないタイプの笑いです」と，ノーザンバーモント大学のジーナ=ミローは言う。

幼児の世話をする人ならだれでも知っていることだが，人は赤ん坊をキャッキャと笑わせるのに，あきれるほどなんでもするものだ。ウッドの見解の枠組みだと，これは報酬の笑いで，愛情に満ちたふれあいを強めてくれる。ミローも同様の主張をしており，笑いは明らかな進化上の恩恵をもたらすと指摘している。「(4)［d）それは，世話役と幼児とのつながりを保つ，一種の『接着剤』の役割を果たしているかもしれません］」と，彼女は言う。「幼児はそのあと，その肉体的な生存の点でも，世話役に対するそうした重要な愛着感情を発達させるという点でも，積極的に関わってくれる世話役を得ることから恩恵を受けます」

笑いは社会的ふれあいに非常に密接に関連しているので，笑えるようになることは重要なことである。「もし笑いの中に加われないとしたら，あるいは笑いに加わりたくないと思うのなら，また笑いがそのままあなたをいらいらさせるとしたら，それはあなたが人々と持つふれあいに本当に大きな影響を及ぼすでしょう」と，ロンドン大学ユニバーシティカレッジのソフィー=スコットは言う。

笑いを研究している多くの科学者と同様，スコットは当初，彼女の研究を真剣な関心を向ける価値がないと見なす同僚たちからの抵抗に幾分直面した。今では彼女は，笑いが与えてくれる，人間の状態の理解に役立つ深い洞察にかつてないほど確信を持っている。「(5)［g）ばかげていて取るに足りないように思える物事が，実際には人間の生活の最も重要な要素かもしれません］」と，彼女は言う。私たちは，笑いは気分の単純な表現にすぎないと思うかもしれないが，笑いは実は笑いごとではないのだ。

私たちの社会生活における笑いの重要性を考えると，友情や恋愛関係を後押しするのに笑いを戦略的に使うことはできるのだろうかとも思うかもしれない。21 の異なる社会に及ぶある研究で，一般に人は作り笑いと本物の笑いを区別できることが明らかになった。しかし，さらなる実験ではどちらの種類の笑いも人の好ましさを高めうることを示唆している。

しかし，あなたの笑いに関する人々の認識は，あなたについてすでに彼らが持っている意見に左右されるであろうから，もし彼らがあなたのことをいらいらするとすでに思っているのであれば，笑いには効果がないだろう。代わりに，あなたと知人が自然に笑える状況を探すほうがよいかもしれない。ある研究では，一緒に面白い映画を見た人たちは，そのあと打ち解けて，互いに個人的な情報を明かす傾向があることがわかった。したがって，もしだれかと真剣に向き合いたいなら，まず冗談でも言うことだ。

◀解　説▶

◆(ア)　▶(1)　空所の前に「心理学者たちがかつては，その多くが笑いは不幸や絶望ほど重要ではないと考えて，笑いに真剣な注意を向けるのをしぶっていた」とあり，空所に続く第3段第1文（This has been …）には「これは科学における損失である」と述べられている。f）の「心理学はまだ，後ろ向きの感情と前向きな感情について知られていることのバランスをとるのに，遅れを取り戻すべくやるべきことがたくさんある」が適切。

▶(2)　空所の前には，「他の動物でも笑いはよく見られるが，…人間は声をずっとよく制御できる」と，他の動物と人間の違いに言及している。そこから，人間特有の笑いの話になると考えられる。b）の「その結果，人間の笑いは影響力があり柔軟な社交上の道具に進化した」が適切。

▶(3)　当該段第1文（The third purpose …）に，上司が部下の型破りな着想を笑い飛ばすことで不賛成を表す状況が述べられており，続く第2文はそれを受けて「直截な異議や批判は敵対心を誘発するかもしれないが，笑いは不賛成をもっと微妙な示し方で示す」としている。つまり，笑いが敵対心，対立が露わになることを防いでいると言える。c）の「それは社会的調和の見た目を維持する」が適切。

▶(4)　空所の前には「笑いは明らかな進化上の恩恵をもたらす」とあり，空所のあとには「幼児はそのあと…積極的に関わってくれる世話役を得ることから恩恵を受ける」とある。赤ん坊が笑うことで，人が世話をしてくれる，自分に関わってくれるということを述べていると考えられる。d）の「それは，世話役と幼児とのつながりを保つ，一種の『接着剤』の役割を果たしているかもしれない」が適切。

▶(5)　空所の前には「笑いは人間の状態を理解するのに役立つ深い洞察を与えてくれる」と述べられており，空所のあとには「笑いは気分の単純な表現にすぎないと思うかもしれないが，笑いは実は笑いごとではない」とある。笑いが単なるおかしさの表れではなく重要なものだと述べており，g）の「ばかげていて取るに足りないように思える物事が，実際には人間の生活の最も重要な要素かもしれない」が適切。

　使用しなかった2つの選択肢は以下のとおり。

a）「かつてはとりわけ人間的だと考えられていた現象が，他の種と共通のふるまいと密接に結びついていることがわかる」

第4段第1文（While laughter is …）に「笑いは他の種でも驚くほどよく見られる」とあるが，人間と共通するふるまいとの結びつきについて述べられている箇所はない。

e)「それは，それが他のだれかが考えていることに影響を及ぼし得ると幼児が理解していることを示している」

第 9 段（Further evidence …）・第 10 段（As any …）に幼児の笑いのことが述べられており，第 10 段最終文（“The infant subsequently …）には赤ん坊が世話をしてくれる人の存在から恩恵を受けることが述べられているが，そのことと幼児が何かを理解していることとの関連は見出せない。

◆(イ)　当該箇所は「笑い声はすべてアメリカ合衆国で集められたものだったが，それでもヨーロッパ，アジア，アフリカの人たちはちょうど（　　　）」となっている。空所のあとに were があることにも注意。同段は笑い合っている人たちの関係性を笑い声だけで推測できるかどうかの実験について述べている。第 1 文（The conclusion that …）では，「実験参加者は人々の親密さを彼らの笑い声の響きだけに基づいて予測できるという研究結果」が出ていることが述べられている。当該文にあるようにサンプルの笑い声はアメリカ人のものだったが，yet「それでも」として当該箇所が続いていることから，「アメリカ以外の地域の人たちも推測できた」という内容だと考えられる。as ～ as …「…と同じように～」の同等比較の～の部分に入るのは形容詞か副詞で，与えられている語句のなかでは形容詞の able のみ。これに to identify the nature of the laughs「笑いの性質を特定する」と続けられるのは容易にわかる。比較対象を示す 2 つめの as には Americans が続き，were の主語にもなる。これで（… were just）as able to identify the nature of the laughs as Americans (were.) となる。残る fellow は形容詞的に「仲間の，同じ地位の」の意があり，fellow Americans とすることで「同じ実験に参加したアメリカ人」といった意味にすることができる。

●語句・構文●

(第 1 段)　●ring true「真実の響きがある」

(第 5 段)　●smooth over ～「～を和らげる，取り繕う」

(第 7 段)　●mocking「人をばかにしたような」　●acoustic「聴覚の，音響的な」発音は［əkúːstik］なので注意。日本語では「アコースティック」と表記されることが多い。

(第 8 段)　●fit in with ～「～と一致する」

（第 10 段）　●go to length to *do*「～するためにどんなことでもする」
（第 13 段）　●given「～を考えると」　●boost「～を促進する，高める」
（第 14 段）　●open up「打ち解ける」　●get funny「冗談を言う，面白くする」

2 (A) 解答例

＜解答例 1＞　I think the vehicle-control system will be completely automated, and cars will have literally become automobiles. Some cars have come to be driven automatically under certain conditions over these past ten or twenty years. And this can be applied to other means of transportation, such as buses and taxis. So, thirty years is enough for automakers to evolve cars into automatic transportation. Thus, even the elderly or the differently abled will be able to get about freely on their own.（60～80 語）

＜解答例 2＞　In my opinion, transportation will be much the same even in thirty years. Today, we use various means of transportation, such as cars, trains, planes and ships, and now we can't possibly go back to getting about only on foot or by bicycle. So, although fuels may become cleaner and more efficient, what we will see on the road and the sea or in the sky won't change dramatically.（60～80 語）

◀解　説▶

▶＜解答例＞の全訳は以下のとおり。

＜解答例 1＞　自動車制御の仕組みが完全に自動化され，車は文字どおり自動車になっていると思う。この 10 年 20 年で，一定の条件下では自動運転ができる車も出てきている。そして，これはバスやタクシーのような他の移動手段にも適用できる。したがって，30 年は，自動車メーカーが車を自動移動手段に進化させるのには十分である。そうなると，高齢者や障害者も，自分で自由に移動できるようになるだろう。

＜解答例 2＞　私の意見では，移動手段は 30 年後でもほぼ同じだろう。今日，私たちは，自動車，電車，飛行機，船といったさまざまな移動手段を使っており，今さら徒歩や自転車だけで移動することを再開することはとてもではないができない。したがって，燃料はもっと環境に優しく効率のよいものになるかもしれないが，私たちが道路や海，空で目にするものは劇的には変わらないだろう。

▶「今から30年後，移動の手段はどうなっていると考えるか」という問いかけに対して，理由も添えて自分の考えを述べるもの。「どうなっていると考えるか」なので，必ずしも変化しているという方向で述べる必要はない。ポイントは，妥当な理由を限られた指定語数で，簡潔に説得力のある内容にまとめることだろう。

2 (B) 解答

＜解答1＞ If I dig a little more deeply into the reason, I think I felt (that) I had to learn more about Europe in order to consider the path (that) Japan's modernization (had) followed under its influence.

＜解答2＞ Thinking a bit more (deeply) about the reason, I realize I felt (that) I needed to know more about Europe so as to think over how Japan (had) modernized, influenced by Europe.

◀解　説▶

「さらにもう少し掘り下げてみると，日本の近代化がヨーロッパの影響を受けながら辿ってきた道筋を考えるには，そのヨーロッパのことをもっと知らなければならない，といったことも感じていたのだった」

●「さらに掘り下げてみると」は「何を」を補う必要があるだろう。文章冒頭に「なぜ歴史を学ぶようになったのか」とテーマが示されており，「その理由を」などとできる。「掘り下げる」は dig deeply が直訳で，比喩的にも使えるので，If I dig a little more deeply into the reason とできる。「掘り下げる」が「考察する」の意であることから，think a little more (deeply) about ～ / reflect a little more on ～ / give a little more thought to ～ などの表現も使える。また，これらを分詞構文にすることも考えられる。「もう少し」は a little bit more / a bit more ともできる。なお，主節の述語動詞が「感じていた」のままではこの部分との整合性がとれないので，「感じていたとわかる」とする必要がある。主節は I realize〔think〕などとなる。

●「そのヨーロッパのことをもっと知らなければならない」が felt の目的語の that 節内のＳＶ～にあたる。I had to know more about Europe

ともできる。時制の一致に注意すること。「知る」はこれから学ぶということなので learn がより近いとも言える。「～しなければならない」を needed to *do* としても問題はない。「その」は訳出不要。

●「道筋を考えるには」は，(in order / so as) to think about the path〔route〕がほぼ直訳で，このままでよい。「～を考える」には think over や consider も使える。「道筋」は「どのようにして～したか」と how の節に読み換えることもできる。

●「日本の近代化が…辿ってきた（道筋）」は（the path）that Japanese modernization (had) followed が文字どおり。「日本の」は Japan's とすることも可能。「辿ってきた」の時制は，I felt との関係で言えば厳密には過去完了だが，内容上この 2 つが同時のことではないのは明白なので，過去形でも問題ないだろう。how 節なら how Japan (had) modernized〔was / had been modernized〕，あるいは how Japan (had) achieved modernization などとなる。modernize は自動詞として使うことも，他動詞を受動態にして使うこともできる。ただし，本問の和文ではどちらでもよいかもしれないが，自動詞は日本が近代化において主体的だったこと，受動態は当然，受動的だったことを表す点には注意。

●「ヨーロッパの影響を受けながら」は分詞構文を使って，influenced by Europe とできる。「ヨーロッパの影響下で」under the influence of Europe としてもよい。Europe の反復を避けたければ，under its influence としてもよい。なお，分詞構文は前に必ずカンマを打つこと。how Japan, influenced by Europe, (had) modernized のような挿入にすると収まりがよいが，無理に挿入にする必要はない。

3 (A) 解答　(6)―b）(7)―a）(8)―c）(9)―d）(10)―b）

◆全　訳◆

≪伝書鳩の帰巣の特性≫

家鳩は，巣に帰るときに特定のルートをとることが知られている。この帰巣本能を何が支えているのか推測できるだろうか。私がこれから語る新しい研究では，家鳩が最初に移動してから 4 年後でさえも，同じ経路をたどってもとの場所に帰ることができることがわかっている。それはすごいことではないだろうか。

実は，動物の記憶能力を調べるのは非常に困難である。オクスフォード大学の動物学者ドーラ=ビロは，動物が，数年前に記憶に蓄えた情報を検索することを求められることはめったにないと認めている。最近の論文で，ビロと彼女の共同研究者たちは，伝書バトが8.6キロ離れた農場から自分のハト小屋へ戻るルートを確立してから3，4年後にそのルートを比較した。この研究は最初，ハトが数回の飛行の間に異なる社会的状況でルートを覚えるという2016年のある実験からデータを収集した。ハトたちは単独で飛ぶこともあれば，道筋を知っている仲間，知らない仲間と一緒に飛ぶこともあった。

一時的に鳥の背中に取り付けられたGPS装置のデータを使って，研究者たちは2016年にハトの集団がとった飛行ルートと，2019年，あるいは2020年に同じ鳥がとったルートの多くを比較した。途中で少し目印を見逃したものもいたが，他の多くは彼らが2016年に使ったルートと「びっくりするほど似た」ルートをとった。オクスフォード大学のもう一人の動物学者で，この調査の共同研究者でもあるジュリアン=コレットは，「それは彼らがそこを飛んだのは4年前ではなくて，ほんの前日であるかのようでした」と言っている。

研究チームは，ハトたちが最初に単独で飛んでも他のハトと一緒に飛んでも同じようにルートをよく覚えており，2016年に飛んでいなかったハトよりもずっと成績が良いことを発見した。伝書鳩が，他の渡りをする動物と同様，巣に飛んで戻るとき，正確な体内方位磁石を使うことは以前から知られていたが，この調査は，彼らが何年ものちにハト小屋へ戻るルートをたどるのに目印を記憶することも示した。

この結果は驚くことではないと，ボウリンググリーン州立大学で動物行動学の研究をしているが，この調査には参加していないヴァーマー=ビングマンは言う。そして，彼はその調査が伝書鳩の注目すべき記憶力の新しい確証を与えてくれることも指摘している。「それは，人間の能力に対する私たちの自己中心的な認識と動物たちが実際にできることの間にある距離を少し縮めてくれます」

◀解　説▶

▶(6)「ドーラ=ビロによると，動物はどれほどの頻度で数年前に蓄えた情報を使うように求められるか」

第2段第2文（Dora Biro, a zoologist …）に「ドーラ=ビロは，動物が，数年前に記憶に蓄えた情報を検索することを求められることはめったにないと認めている」とある。b）の「めったにない」が正解。

a）「ほぼ毎日」　c）「ひと月に1回」　d）「1年に1回」

e）「4年に1回」

▶(7)「ビロと彼女の共同研究者たちによる研究は，伝書鳩が…からの同じルートをとるかどうかを調べた」

第2段第3文（In a recent article, …）に「ビロと彼女の共同研究者たちは，伝書鳩が8.6キロ離れた農場から自分のハト小屋へ戻るルートを確立してから3，4年後にそのルートを比較した」とある。a）の「3，4年の間をあけて，8.6キロ離れた農場」が正解。

b）「GPS装置をハトの背中につけずに，2016年に建てられた農場」

c）「10年の間をあけたあと，8.6キロも離れたところに位置する丘」

d）「数年後に，3，4キロ離れた家」

e）「互いに8.6キロ離れたところに位置する3つか4つの異なる場所」

▶(8)「2016年にハトの集団がとった飛行ルートは…」

第3段第1・2文（Using data from GPS …）に「研究者たちは2016年にハトの集団がとった飛行ルートと，2019年，あるいは2020年に同じ鳥がとったルートの多くを比較し…多くは彼らが2016年に使ったルートと『びっくりするほど似た』ルートをとった」とある。c）の「彼らの2019年，あるいは2020年のルートと驚くほど似ていた」が正解。

a）「そのルートを知っているハトに付き添われるときは似ていることがわかった」

b）「多くのハトが迷い，さまざまだった」

d）「自分の進む経路を知らない他のハトたちにはまったくたどれなかった」

e）「2019年，もしくは2020年に飛んでいるハトがとったルートとは大きく違っていた」

▶(9)「その調査は，伝書鳩が…に頼っていることを裏付けている」

第4段第2文（Homing pigeons, like other …）に「伝書鳩が…巣に飛んで戻るとき，正確な体内方位磁石を使うことは以前から知られていたが，この調査は…戻るルートをたどるのに目印を記憶することも示した」とある。d）の「彼らの体内方位磁石だけでなく目印の記憶（に）も」が正解。

a）「彼らが単独で飛ぶときにだけ記憶する情報」

b）「仲間と一緒に飛んでいる間にだけ蓄える目印の記憶」

c）「彼らの体内方位磁石と嗅覚」

e）「彼らの仲間だけでなく視覚的な目印（に）も」

▶(10)「ヴァーマー=ビングマンによると，この調査は動物の能力は…ことを示している」

第5段最終文（“It closes the distance …）に「それ（＝その調査）は，人間の能力に対する私たちの自己中心的な認識と動物たちが実際にできることの間にある距離を少し縮めてくれる」とある。b）の「私たちが人間の能力と見なしているものにより近い」が正解。

a）「私たちが当然そうだろうと考えがちであるとおりに，ほぼ人間の能力と等しい」

c）「記憶能力の点では人間のものと等しい」

d）「異なるルートの長さを比較するという点では，人間の能力よりもはるかに発達している」

e）「私たちが当然そうだろうと想像するとおりに，人間の能力よりわずかに劣っているだけである」

●語句・構文●

(第 3 段)　●a handful of ～「少数の～，わずかな～」

(第 5 段)　●close the distance「距離を縮める，詰める」

3 (B) 解答　(11)— d）　(12)— d）　(13)— b）　(14)— d）　(15)— d）

◆全　訳◆

≪大気中の二酸化炭素を取り除く取り組み≫

先月，アメリカ合衆国東部メイン州沖で，研究者とエンジニアのチームが一続きの小さな水に浮く物体を海に流した。チームはそれを「ブイ」と呼んでいたが，むしろ緑のリボンに張り付けられた調理前のラーメンの包みのように見えた。その役割はたった一つ，流れて行って二度と見えなくなることだった。運がよければ，その後継者たちが間もなく大海に放たれ，そこを流れ去り，大気中の炭素を少し吸収して，その後海底まで沈んで，その残骸はそこに何千年も留まることになるだろう。

このチームはあるビジネスモデルを作ろうとしているのである。彼らはランニングタイドという会社に勤めており，この会社は海藻の魔法で海洋と大気から二酸化炭素を取り除けると主張している。ランニングタイドは，熱をこもらせる汚染物質を大気中から取り除き，何世紀にもわたって閉じ込めることを目的として，過去2，3年の間に登場した一連の炭素除去会社の一つである。スイスのクライムワークスやカナダのカーボンエンジニアリングのような最も有名な会社は，大気中の炭素を化学的に浄化するというよくある工業的方法を使って，直接空気回収を行っている。

ランニングタイドが焦点を当てているのは海藻である。海藻は1日に2フィートという速さで成長し，それは海藻が大量の炭素を吸収することを意味している。その海藻はその後収穫するか，処分するか，海の底まで自然に漂っていくに任せることができるだろう。それは，海と大気から炭素を吸収するための完璧な自然の道具のように思えた。しかし，私は怪しいと思った。海藻を育てることで人類が大気から二酸化炭素を取り除けるという考えは，ただもう話がうますぎて本当とは思えなかったのである。

だから，今月の早い時期にランニングタイドのリーダーたちに会ったとき，私には嬉しい驚きがあった。ランニングタイドの中核において，炭素の除去とは大量の炭素を一つの場所から別の場所に移動することなのだと，ランニングタイドのCEOであるマーティ=オドリンがメイン州にある彼の自宅から私に語ってくれたのだ。カギとなる問題は，化石燃料によって放出される何百ギガトンもの炭素をどのようにして，炭素が化石燃料から大気，そして植物へと移動する「速いサイクル」から，炭素が何千年も地中に閉じ込められたままになる「遅いサイクル」に戻すかということである。「その大量の移動を成し遂げるのに可能な中で最も効率のよい方法は何だろうか」 この問いは本当に本当に重要である。国連は最近，気候変動を改善するためには炭素の除去が「不可欠」であると述べたが，これまでのところ，それを安価にそして大規模に行う技術はない。

オドリンはメイン州の漁師の家の生まれで，大学ではロボット工学を学び，地球表面の3分の2を覆う海は炭素除去に不可欠になるだろうという理論に基づいて，2017年にランニングタイドを設立した。少なくとも今のところ，ランニングタイドの方法のカギとなる側面はそのブイである。ブイはそれぞれ，廃材，石灰石，海藻でできており，これらはある点で気候問題に取り組むことを意図した素材である。つまり，木材はそうでなければ捨てられる森林の炭素を表し，石灰石は海洋酸性化を後退させ，そして最も重要なことだが，海藻は素早く成長して陸と海から炭素を吸収する。最終的に，石灰石は溶け，木と海藻は漂って海底に沈んで，ブイは分解するようになっている。

◀解　説▶

▶(11)「ランニングタイドが設計した『ブイ』は…ことを意図されている」

第1段第3・4文（They had only one …）に「その役割はたった一つ，流れて行って二度と見えなくなることだった。…大海に放たれ…流れ去り…その後海底まで沈んで，その残骸はそこに何千年も留まる」とある。d）の「海底まで沈む」が正解。

a）「水の中でゆでられ食べられる」

b）「大気中に漂っていく」

c）「大気中に炭素を放出する」

e）「船に浅い海域を警告する」

▶(12)「ランニングタイドが選り抜きの材料として海藻を使う理由ではないのは次のどれか」

第3段第2文（Kelp grows as fast …）に「海藻は1日に2フィートという速さで成長し…大量の炭素を吸収する」とあるのが，e）「海藻は速く成長し，多くの炭素を吸収できる」にあたる。続く第3文（That kelp could …）に「海藻はその後収穫するか，処分するか，海の底まで自然に漂っていくに任せることができる」とあるのが，a）「海藻は海底まで沈むに任せることができる」，b）「海藻は簡単に捨てられる」，c）「海藻は収穫できる」にあたる。d）の「海藻は建築材料に使える」は述べられていない。これが正解。

▶(13)「マーティ=オドリンによると，気候変動と効果的に戦うためには，化石燃料で生み出される炭素をどれほど取り除く必要があるか」

第4段第3文（The key issue is how to …）に「カギとなる問題は，化石燃料によって放出される何百ギガトンもの炭素をどのようにして…炭素が何千年も地中に閉じ込められたままになる『遅いサイクル』に戻すかということだ」とある。b）の「何百ギガトンも」が正解。

a）「数ギガトン」　c）「何百トンも」　d）「数メガトン」

e）「何千トンも」

▶⒁　「『速いサイクル』では何が起きているか」

第 4 段第 3 文（The key issue is how to …）に「炭素が化石燃料から大気，そして植物へと移動する『速いサイクル』」とある。d）の「炭素は化石燃料から大気へ，そして植物へと移動する」が正解。

a）「炭素は中性になる」

b）「炭素は海中深く送り込まれる」

c）「炭素は化石燃料に移動する」

e）「炭素は地中に閉じ込められたままである」

▶⒂　「オドリンについて正しくない文は次のどれか」

第 5 段第 1 文（Odlin, who comes …）に「オドリンはメイン州の漁師の家の生まれで…2017 年にランニングタイドを設立した」とあり，a）「彼は 2017 年にランニングタイドを設立した」，e）「彼は漁師の家に生まれた」は正しい。第 4 段第 2 文（At its core, …）に「ランニングタイドの CEO であるマーティ=オドリンがメイン州にある彼の自宅から私に語ってくれた」とあり，b）「彼はランニングタイドの CEO である」，c）「彼はメイン州に住んでいる」は正しい。d）の「彼は大学でロボット工学を教えていた」は，第 5 段第 1 文に「オドリンは…大学ではロボット工学を学んだ」とあることと一致しない。これが正解。

●語句・構文●

（第 1 段）　● with any luck「運がよければ」

（第 2 段）　● with the hope of *doing*「～することを目的として」

（第 3 段）　● too good to be true「話がうますぎて本当とは思えない，信じられない」

（第 4 段）　● remedy「～を改善する，正しい状態に戻す」

3 (C) 解答 (16)— e) (17)— e) (18)— d) (19)— d) (20)— a)

◆全　訳◆

≪脱成長とは何か≫

著作権の都合上，省略。

著作権の都合上，省略。

著作権の都合上，省略。

◀解 説▶

▶⒃ 「ヒッケルによると，『脱成長』の目的は…である」

ヒッケルの２番目の発言第１・２文（I think …）に「脱成長とは…資源とエネルギーの使用を計画的に減らすことであり，…不平等も減らし…それを地球の限界の範囲内で行うことを意味している」とある。e）の「地球の限界内に留まるように，不平等と資源の使用を減らすこと」が正解。

a）「伝統的な経済と先住民族の哲学を結びつけること」

b）「高収入の国々には環境破壊の責任があると考えること」

c）「環境保護を犠牲にして資本主義を推進すること」

d）「技術革新を通じてすべての人によい生活を与えること」

▶⒄ 「ヒッケルによると，『成長』という概念は…」

ヒッケルの４番目の発言第３・４文（So, it's a very powerful …）に「成長という言葉でそのように特徴づけられているため，私たちはみんなそれを受け入れ…さまざまな意見のどちらの側であれ，いわば何らかの形で経済成長を強く批判する政党を見つけるのはとても難しい」とある。e）の「政治的な領域の両側で一般に受け入れられている」が正解。

a）「グローバルな南の国々によって，高収入の国々に売られてきた」

b）「台頭する環境保護経済という分野の根本的な概念である」

c）「自然界の自然現象だが，経済原理では不自然である」

d）「経済学者には非常に重要だが，再定義の必要がある」

▶⒅ 「環境保護経済の『定常状態』に関する次の文のうち，ヒッケルがインタビューで述べていることと一致しないのはどれか」

ヒッケルの６番目の発言第２文（For example, …）に「環境保護経済の『定常状態』という原理を見てみると…年単位でもとに戻せないほど多くのものを生態系から決して搾り取ってはならない，生態系が確実に吸収できないほど多くの廃棄物を決して生み出してはならない」とある。c）の「１年単位でもとに戻せないほど多くのものを環境から決して搾り取ってはならない」，e）「環境が確実に吸収できないほど多くの廃棄物を決して生み出してはならない」はこの部分と一致する。同発言第３文（And so, …）に「この概念は，ともに生きている生態系とのこのバランスを維持するということだ」とある。a）の「ともに生きている生態系とのバランスを維持することが重要だ」はこの部分と一致する。同発言第４文（And this is like …）に「これは環境保護経済の公式の原理のようなもので，経済や交易に関する先住民族の考え方に同じものがある」とある。b）の「それは経済や交易に関する先住民族の考え方と似ている」はこの部分と一致する。d）の「先住民族の共同体から決して天然資源を搾り取ってはならない」は述べられていない。これが正解。

▶⒆　「聞き手は，環境保護経済は…と示唆している」

聞き手の７番目の発言（So in a way …）に「ある意味，環境保護経済は，何千年も存在してきたこういう先住民族の知識の多くにちょっと追いついてきているということですね」とある。d）の「何千年も存在してきた先住民族の知識にちょっと追いついてきている」がこの部分と一致する。これが正解。

a）「グローバルな北向けに先住民族の知識由来の考え方の名称を変えた」

b）「先住民族の知識と根本的に異なっている」

c）「先住民族の知識から生じている考え方にきわめて批判的である」

e）「何千年も存在してきた先住民族の知識から生じる考え方をただ真似ているだけである」

▶⒇　「ヒッケルによると，その土地と近い関係で暮らしている人たちは…生きている世界と相互作用している」

ヒッケルの最後の発言第２文（“People who live close …）に「『その土地と近い関係で暮らしている人たち』は，彼らが依存している，生きている世界と意味深い形で相互作用するさまざまな方法を持っている」とある。a）の「さまざまな方法で」が正解。

b）「同様の方法で」

c）「豊かな経済圏と同じ方法で」

d）「何千年も同じままである方法で」

e）「祖先への敬意をもって」

●語句・構文●

（ヒッケル第２発言）　●meet「（必要・条件など）を満たす」

(聞き手第3発言)　●Global North「グローバルな北」北半球に先進富裕国が多く見られることから，地球規模での南北問題を言うときに先進諸国・地域を指して使う。対する Global South「グローバルな南」は，発展途上諸国・地域を指す。

(ヒッケル第4発言)　●buy into ～「～を受け入れる，～に賛成する」

●spectrum「(観念，活動などの) 範囲，さまざまな意見」

(ヒッケル第5発言)　●intact「そのままの，損なわれない」

4 (A) 解答　(21)―(d)　(22)―(a)　(23)―(d)　(24)―(b)　(25)―(b)

◆全　訳◆

≪共通語の非中立性≫

(21)　言語は決して中立ではない。はっきりと平和や幸福を人類にもたらす言語はない。他の言語に優先して，ある特定の言語を選ぶことは，ある特定の状況で特定の話し手によっては，より中立と見なされるかもしれない。しかし，この一つの言語が，別の状況で別の話し手によっては政治的な含みの多い偏りのある選択と見なされる可能性がある。英語もこうした社会的現実の例外ではない。もっとも，その世界的な共通語としての立場が疑問の余地なく受け入れられていることが多いことが，英語をそのようなものに思わせるかもしれないが。

(22)　共通語としての英語は，異なる第1言語を話す人たちの間の「中立の」媒体と表現されることが多かった。南アフリカでは，英語は一般的に「中立の」媒体とはほど遠く，私は，南アフリカ人が共通語を使う状況で，英語をどのように話し，聞き，書き，受け取り，解釈するか，その方法の非中立的で曖昧な性質を正確に調査している。実は，私の主な主張は，曖昧さというのは，南アフリカという場における共通語としての英語の，最も疑われることが少なく，最も決定的でありながら，なお十分には認識されていない特徴である，ということだ。

(23)　共通語としての英語を使う人たちに見られる両義性を調べることは，絶えず変わる世界を理解しようとするときに，彼らが自分の言語的，社会的財産をどのように見ているかを再評価する機会になる。言語人類学者にとっては，一貫性のなさや矛盾するように見える立場にもっと注意を払うことによって，こうした両義的な立場や曖昧な側面を観察することに利点がある。人類の歴史を通して，共通語の機能を獲得した言語はいくつかあり，共通語は国際的な異文化間の状況だけでなく，南アフリカのようにある国の国内においても利用される。

(24) 世界には，英語を共通語とするさまざまな状況があるが，それらはすべて，話者間の英語能力のレベルが多様であることで特徴づけられる。言語のイデオロギー的な枠組みは，変種の一つ，最もよくあるのはいわゆる「標準」を，他より優れていて優勢であると位置づける。そうした標準英語と非標準ではあるが共通語の形態をとっているものとの共存が，しばしば人種差別的な性格を持つ複雑な権力の力学を生み出す。共通語としての英語が使われる状況の分析が，一言語のみの話者と二言語話者や英語がうまく話せない人とのやり取りが行われる交流を考慮に入れないとしたら，現実を無視していることになるだろう。共通語での交流に関する私自身の概念化は，ある程度は，さまざまなレベルの能力を持つ英語話者の集団による交流のプラットフォームの役割を果たす，多くの社会言語学的な変動によって特徴づけられるタイプの意思疎通ということである。

(25) 私の主張は，本質的に，ただしこれだけではないが，権力とイデオロギーに関するものである。こうした概念は言語の政治学に根本的な影響を及ぼすからである。私が英語の共通語としての立場の曖昧さを分析するさまざまな状況は，力関係が対等ではない対話に基本的に基づいている。こうした対等ではない力や政治の多くは，アフリカの人々が歴史を通じて差別されてきたという単純な事実のせいである。したがって私の主張は，ただ言語的なものであるだけではなく，英語を共通語とする意思疎通に焦点をあてた，その多様な形態における人種的なアイデンティティの政治に関するものでもある。

◀解　説▶

▶(21) (d)の The English language has no exception が誤り。同段第１・２文（Language is …）に「言語は決して中立ではない。はっきりと平和や幸福を人類にもたらす言語はない」とある。当該文後半に「もっとも，その世界的な共通語としての立場が疑問の余地なく受け入れられていることが多いことが，英語をそのようなものに思わせるかもしれないが」，つまり「英語は他の言語と違って“本当の”共通語のように思えるかもしれないけれども」とあるので，前半では英語も他の言語と同様であると述べようとしていると考えられる。したがって，(d)は「英語が例外を持っていない」ではなく「英語も例外ではない」の意にすべきである。has ではなく is である。

▶(22)　(a)の has often portrayed as a ‘neutral’ medium が誤り。主語の English as a lingua franca は「表現する」側ではなく，「『中立の』媒体として」表現される側である。portray が他動詞であるのに，目的語がないことにも注意。has often portrayed を has often been portrayed とする。

▶(23)　(d)の inconsistencies and seeming contradictory positions が誤り。「一貫性のなさ」と並んで contradictory positions「矛盾する立場」とあるが，形容詞 seeming では「うわべの（立場）」となり意味不明である。seemingly「見たところ」と副詞にして，「矛盾するように見える立場」とするのが適切。

▶(24)　(b)の create complex power dynamics が誤り。同文の主語は The coexistence と 3 人称単数であり，creates が正しい。この主語に of such a Standard English と alongside non-Standard and lingua franca forms という前置詞句がかかっており，forms が主語ではない。なお，通常は coexistence *A* with *B*「*A* と *B* の共存」となるが，この with の代わりに alongside が使われていると考えられる。

▶(25)　(b)の a fundamental impact to the politics of language が誤り。直前に have があり，have a … impact「…な影響を及ぼす」の意であることは明らか。「何に」には to ではなく on を使うのが正しい。これは influence や effect でも同様。

●語句・構文●

(段落(21))　●loaded「一方に有利〔不利〕な，多くを含んだ」

(段落(22))　●far from ～「～とほど遠い，まったく～ではない」

●disputed「異議を唱えられる，疑われる」

(段落(23))　●make sense of ～「～を理解する」

(段落(24))　●competency「能力」　●racialize「～に人種差別的な性格を与える，人種で区別する」

4 (B) 解答　全訳下線部(ア)・(イ)・(ウ)参照。

◆全　訳◆

≪食物と感情の関係≫

食物と摂食に基づく関係性の理論のいくつかによると，食べ物と感情は，子ども時代の早期から混ざり合うようになる。(ア)まさしく人生の最初から，食べ物は私たちの感情を満たす方法になり，生涯を通じて，感情は私たちがいつ，何を，どのくらい食べるかに影響を及ぼす。最も確実な日常的例の一つは，私たちの多くが空腹の結果として機嫌が悪くなったり，いらいらしたりしがちであることだ。こうした感情は，「空腹でいらいら」として知られるようになっている。しかし，感情に関する最も優れた洞察は，私たちが何かを食べているが，空腹でさえないというときに生じることもある。

ときには，食べ物自体が，私たちにさかのぼって感情や状況を見出させてくれることがある。たとえば，シャンペンのボトルを開けることが，成功のお祝いの印となる傾向があるが，一方で，フードライターのナイジェラ=ローソンは，彼女のチョコレートケーキは，「ふられたときにまるごと1個食べたいと思うようなもの」であると示唆している。(イ)心を落ち着かせる砂糖の力はまさに最初から存在するようであり，わずか生後1日という幼い赤ん坊でもその効果が実証されている。それでも，ローソンの考え方は，まだ多くの未解決の疑問がある食物研究の領域に私たちを連れて行く。情緒的な，つまり慰めの食物摂取である。これは，身体は実際にはカロリーの必要な状態にはないのに，感情のほうが優勢になる類の食物摂取のことである。

慰めの食物摂取や情緒的な食物摂取に関する研究は，矛盾する結果を生みがちであり，そのため，慰めの食べ物，コンフォートフードは根拠のない話だと結論する人もいる。たとえば，チキンスープはコンフォートフードの最有力候補であることが多く，ある調査では参加者の半分近くが1位に挙げている。しかし，別の調査では，チキンスープが慰めになるのは，チキンスープをコンフォートフードと見なしている人にとってだけであることがわかった。これはもっともなことだ。(ウ)コンフォートフードの選択は，良いとき悪いとき両方の，そしてそれらと結びついている食べ物の固有の記憶に左右される。私にとって慰めとなるものが，あなたにとってはそうではないかもしれない。コンフォートフードは，年齢，性別，文化，食べ物そのものの種類，慰めとなる食物摂取を引き出す感情によってさまざまに変わることが示されている。それは大きなるつぼなのである。

◀解　説▶

▶(ア)　Right from the start food becomes a way to satisfy our feelings, and throughout life feelings influence when, what and how much we eat.

- Right from the start「まさしく最初から」 right は「ちょうど，まさしく」と後の語句を強調する副詞。「最初」とは，直前の文に from early childhood「子ども時代の早期から」とあることから，「人生の最初」ということ。
- food becomes a way to satisfy our feelings「食べ物は私たちの感情を満たす方法になる」 a way to *do* は「～する（ための）方法」の意。
- and throughout life「そして生涯を通じて」
- feelings influence when, what and how much we eat「感情は私たちがいつ，何を，どのくらい食べるかに影響を及ぼす」 when 以下は，when we eat, what we eat and how much we eat の意。繰り返される we eat が共有されている。

▶(イ)　The power of sugar to soothe appears to be present from the very beginning, with effects demonstrated in those as young as one day old.

- The power of sugar to soothe「気持ちを落ち着かせる砂糖の力」が同文の主語。soothe は「気持ちを落ち着かせる，慰めをもたらす」の意。
- appears to be present from the very beginning「まさに始めから存在するようである」 appear to *do*「～するように思える，～するようだ」very は名詞を修飾すると「まさに～」の意。このあとの内容から，(ア)の right from the start と同様，「人生のまさに最初から」の意と考えられる。
- with effects demonstrated in ～ は with O C「OがCの状態で」の意の付帯状況で「～において影響〔効果〕が実証され〔示され〕ていて」が直訳。訳し上げて「存在しているようだ」を修飾してもよいし，訳し下ろして，「存在するようであり…実証されている」としてもよい。

●those as young as one day old「生後 1 日という幼い人たち」の意。as ～ as … はここでは「…ほども～」という強調の表現。one day old「生後 1 日」が非常に幼いことを強調している。内容上 those は「赤ん坊」とする。

▶(ウ) the choice of comfort food depends on unique memories of both good and bad times and the foods associated with them; what's comforting to me, might not be to you

●the choice of comfort food depends on …「コンフォートフードの選択は…に左右される」が直訳であり，そのままで問題ないが，主語を「何をコンフォートフードに選ぶか」などとしてもよいだろう。

●unique memories of both good and bad times「良いとき悪いとき両方の固有の記憶」が直訳。「楽しいとき辛いとき」などとすることもできる。

●and the foods associated with them「そしてそれらと結びついている食べ物」の them は both good and bad times を指す。and がつなぐのが unique memories と the foods なのか，both good and bad times と the foods なのかやや迷うが，「良いとき悪いときと結びついている食べ物」と述べていることから，「良いとき〔悪いとき〕にあれを食べたな」という思い出と考えて，(memories) of の目的語は both good and bad times と the foods の 2 つとするのが妥当と思われる。

●what's comforting to me, might not be to you「私にとって慰めとなるものがあなたにとってはそうではないかもしれない」 might not be のあとに comforting が省略されている。me のあとのカンマは主語と動詞の間に打たれており，通常はこのように使うことはないが，ひと息おいている感じを出したかったのかもしれない。和訳に反映することはできないので，通常どおりに訳してよい。なお，me と you は文字どおりの訳でよいが，「ある人」「別の人」などとすることもできるだろう。

●語句・構文●

(第 1 段) ●reliable「確実な，当てになる」 ●hangry「空腹でいらいらした，怒りっぽい」 hungry「空腹の」と angry「腹を立てた」を合わせて作られた語。

（第2段）　●take over「（前のものに代わって）優勢になる」

（第3段）　●front-runner「一番人気のもの，最も有力なもの」　●make sense「道理にかなう，意味がわかる」　●bring out ～「～を引き出す」

5 解答

(A) problems by repeating the kind of behavior that brought us

(B)スペインでの殺人罪の刑期が平均して7年だとギルモアから聞いてその短さに怒りが向いたため，ギルモアの刑務所廃止論に対する強い反感が少し和らいだということ。

(C)子どもたちに話したスペインの刑罰のことを，子どもたちはよそで起きている自分たちとは無関係なことだと判断して，刑務所を自分たちの生活にとっての危険な要素とは考えないだろうと予想していたから。

(D)(ア)(26)－d）　(27)－f）　(28)－a）　(29)－c）　(30)－e）　(31)－b）

(イ)－c）

(ウ)－c）

◆全　訳◆

≪環境正義の会議でのエピソード≫

2003年にフレズノで開かれた環境正義に関する会議に出席したことについて，ルース=ウィルソン=ギルモアが話したいと思っているエピソードがある。カリフォルニア州のセントラル・ヴァレーの各地から来た人々が，彼らの共同体が直面している環境の深刻な危険について話すために集まっていた。この危険は主に何十年にもわたる工業型農業の結果で，状況はまだ変わっていない。会議では若い人たちのための勉強会があり，そこでは子どもたちが彼らの懸念について話し合い，その後グループで環境正義の名のもとに何を最も行う必要があるか決めることになっていた。有名な地理学教授であり，刑務所廃止運動で影響力のある人物であるギルモアは来賓演説者だった。

彼女が自分の演説の準備をしていると，だれかが彼女に子どもたちが彼女と話したがっていると伝えてきた。彼女は子どもたちが集められている部屋に入って行った。子どもたちは主にラテンアメリカ系で，その多くは農場労働者やその他の農業関係の仕事についている人たちの息子，娘だった。彼らの年齢はさまざまだったが，ほとんどは中等学校生だった。強固な意見を持ち，大人を疑うのには十分な年齢だ。彼らは肩を上げ，腕を組んで，彼女にしかめ面を向けていた。彼女はこの子どもたちのことを知らなかったが，彼女に反対していることはわかった。

「どうしたのですか？」と，彼女は尋ねた。

「あなたは刑務所廃止論者だと聞いています」と，一人が言った。「刑務所を『閉鎖』したいのですか？」

ギルモアはそのとおりだ，確かに刑務所を閉鎖したいと思っている，と言った。

でも，なぜ？と彼らは尋ねた。そして彼女に返事をする間も与えず，一人が言った。「でも何か重大な不正をする人についてはどうなんですか？」他の子どもたちがそうだ，そうだと言った。「他の人たちを傷つける人はどうなんですか？」「もしだれかがだれかを殺したらどうなんですか？」

小さな農業の町から来たのであれ，フレズノのような都市周辺の公共住宅から来たのであれ，この子どもたちが彼ら自身の経験から世界の厳しさを理解しているのが，ギルモアには明らかにわかった。簡単には説得できそうになかった。

「あなたたちがなぜそう問いたいのかわかります」と，彼女は言った。「でも，これはどうですか？　だれかが閉じ込められるべきか解放されるべきか問うのではなくて，なぜ私たちはそもそも私たちにその問題をもたらしたようなふるまいを繰り返すことによって問題を解決するのかについて考えてはどうかしら？」 彼女は彼らに，社会として，なぜ私たちは残酷さや罰を許すことを選ぶのか考えてみてくださいと言っていたのだ。

彼女はしゃべっているとき，子どもたちが自分を，何か間違った主張を提示し，これはあなたたちのためなのだと言いに来た新任教師であるかのように無視しようとしているのを感じた。しかし，ギルモアは決然と続けた。彼女は彼らに，スペインでは人が他の人を殺すことは極めてまれで，殺人で服役する平均的な期間は７年だと言った。

「何ですって？　それだけ？　７年なの！」 子どもたちは殺人に対する７年の刑がとても信じられず，少し態度が和らいだ。彼らはギルモアの考え方の代わりにそのことについて憤慨したのだろう。

ギルモアは彼らに，もしスペインのだれかが他の人を殺すことで問題を解決しようと考えたら，その反応は，自分が何をしてしまったのか，釈放されたらどのように生きるべきか答えを出すために，その人物が自分の人生の7年を失うというものだと話した。「この方針が私に教えてくれることは」と彼女は言った。「命が尊重されるところでは，本当に命が尊重されるということです」 つまり，スペインでは，人生は十分な価値があるから，人を傷つける人に対して暴力的で人生を破壊するようなふるまいをしないと人々は考えているのだ，と彼女は続けた。「そして，これが表しているのは，日々の問題を解決しようとしている人たちにとって，暴力的で人生を破壊するようなふるまい方をするのは解決策ではない，ということです」

子どもたちは，疑い以外何の感情もギルモアには示さなかった。彼女は話し続けた。彼女は自分自身の主張を信じていたし，活動家，学者として長年それらを熟考してきたが，子どもたちを納得させるのは難しかった。彼らはギルモアに，あなたが言ったことを考えてみると言って，彼女を去らせた。部屋を出たとき，彼女は完全に敗北した気分だった。

最後に，その子どもたちは会議で発表を行い，ギルモアが驚いたことに，勉強会で自分たちは，セントラル・ヴァレーで成長していく子どもとしての自分たちの生活に影響を及ぼす環境の危険は3つあるという結論に達したと述べた。その危険とは，農薬，警察，刑務所だった。

「子どもたちの話に耳を傾けながらそこに座っていて，私は心臓が止まりました」と，ギルモアは私に話した。「どうして？　別の場所の例を子どもたちに話したとき，この子たちは，どこか他の場所の人たちがセントラル・ヴァレーの人たちよりも単に善良であるか優しいだけだという結論を下すかもしれない。言い換えると，どこか他のところで起きることは自分たちの生活には無関係だと判断するのだろうと気をもみました。でも，彼らの発表から判断すると，子どもたちは私が伝えようとしたことのもっと大きな点を理解していました。つまり，命が尊重されるところでは，命は尊重されるということです。彼らは，『なぜここでは命は貴重ではないと毎日感じるのだろう』と自問したのでしょう。それに答えようとして，彼らは自分たちを傷つきやすくしているものを特定したのです」

◀解　説▶

◆(A)　当該箇所は「なぜ私たちはそもそもその問題（　　　）を解決するのか」となっている。空所の前の we solve に続く目的語には内容上

problems しか考えられない。why we solve problems「なぜ私たちは問題を解決するのか」のまとまりができる。the kind には of が続くと考えられ，定冠詞であることから the kind of＋名詞のあとに that を関係代名詞として続けるのが妥当である。関係代名詞節の動詞には brought しかなく，文型上 us が続き「私たちに…をもたらした〈　　〉」となる。「…を」にあたる語として，残る名詞 behavior「ふるまい」は意味を成さないので，空所の直後にある the problem「その問題」を当て，〈　　〉に behavior を入れる。これで the kind of behavior that brought us 〈the problem〉「私たちにその問題をもたらした類のふるまい」となる。残る by と repeating は by repeating「～を繰り返すことによって」となり，repeating の目的語として the kind … が続く。

◆(B)　解答欄は約 17cm ×3 行。当該箇所は「彼らは少しリラックスした」となっている。下線部を含む段の前の段第 1 文（As she spoke, …）に「彼女はしゃべっているとき，子どもたちが自分を…無視しようとしているのを感じた」とあり，子どもたちはギルモアに対して強硬な態度を示していた。しかしその後，ギルモアがスペインでの殺人罪の刑期が平均 7 年だと言うと，彼らは驚きを隠せず，下線部直後の文には「彼らはギルモアの考え方の代わりにそのことについて憤慨した」とある。relaxed は「(厳しさなどが) ゆるくなった，反対などをゆるめた」の意と考えられる。「スペインでの殺人罪の刑期が平均して 7 年だとギルモアから聞いてその短さに怒りが向いたため，ギルモアの考えに対する強い反感が少し和らいだ」などとなるだろう。「ギルモアの考え」については，そのままでも十分かもしれないが，「刑務所廃止論」とすれば，スペインの話との関連をより明確にすることができる。

◆(C)　解答欄は約 17cm ×3 行。当該箇所は「子どもたちの話に耳を傾けながらそこに座っていて，私は心臓が止まった」となっている。直後のギルモアの言葉（When I gave the kids …）に「この子たちは…どこか他のところで起きることは自分たちの生活には無関係だと判断するのだろうと気をもんだ」とある。ギルモアは子どもたちにスペインの刑期の話をしたが，子どもたちが納得しているようには思えなかった。ところが，最終段第 4 文（But judging from …）には「彼らの発表から判断すると，子どもたちは私が伝えようとしたことのもっと大きな点を理解していた」とあり，自分たちには関係ないと思っているという予測に反していたことがわかる。実際，最後から2つ目の段最終文（Those hazards were …）には，子どもたちが自分たちの生活を脅かす3つの危険の一つに刑務所を含めていたことが述べられている。「子どもたちに話したスペインの刑罰のことを，子どもたちはよそで起きている自分たちとは無関係なことだと判断して，刑務所を自分たちの生活にとっての危険な要素とは考えないだろうと予想していたから」などとなるだろう。厳密には，ギルモアは子どもたちが発表で刑務所を危険な要素に挙げるかどうかを予想していた，といったことは述べられていないので，同段の内容には触れず，最終段の当該箇所をまとめるだけでもよいかもしれない。

◆(D)　▶(ア)　(26)　当該箇所は「人々が，彼らの共同体が（　　　）環境の深刻な危険について話すために集まっていた」となっており，空所はhazards「危機」を先行詞とする関係代名詞節である。関係代名詞は省略されており，目的格だとわかるので，元になる文は「彼らの共同体は危険（　　　）」である。d）の faced「～に直面している」を補うと意味が通る。

(27)　当該箇所は「子どもたちが彼らの（　　　）について話し合い，その後グループで環境正義の名のもとに何を最も行う必要があるか決めることになっていた」となっている。子どもたちの勉強会は，第1段第2文（People from all over …）「共同体が直面している環境の深刻な危険について話すため」の会議で催されたものであり，子どもたちも「問題」について話し合うことになっていたと考えられる。選択肢中では f）の worries「心配事」が適切。

(28)　当該箇所は「彼らは肩を上げ，腕（　　　），彼女にしかめ面を向けていた」となっている。with their shoulders up and their arms（　　　）は，with O C「OがCの状態で」の付帯状況であり，a）の crossed を補い，「腕を組んで」という挑戦的な様子にするのが適切。

(29)　当該箇所は「子どもたちは，（　　　）以外何の感情もギルモアには示さなかった」となっている。2文あと（She believed her own …）の後半に「子どもたちを納得させるのは難しかった」とあり，子どもたちはギルモアの話に釈然としていないことがわかる。c）の doubt「疑い，疑念」が適切。

⑶0　当該箇所は「彼女は…活動家，学者として何年もの（　　　）をそれらに加えてきた」となっている。「それら」は直前の her own arguments「自分自身の主張」を指している。give *A* thought で「*A* を熟考する」の意。e）の thought「熟考」が適切。

⑶1　当該箇所は「部屋を出たとき，彼女は完全に（　　　）気分だった」となっている。⑵9で見たとおり，ギルモアは子どもたちを納得させることは難しいと感じていた。b）の defeated「打ち負かされた」が適切。

▶(イ)　当該箇所は「この子どもたちは彼ら自身の経験から世界の（　　　）を理解している」となっている。第 2 段第 7 文（"What's going on?" …）～第 15 文（… kills someone?"）にある子どもたちとギルモアのやり取りでは，刑務所廃止論者のギルモアに対して，子どもたちは「重大な不正を犯した人，他の人を傷つけた人，人を殺した人はどうなのか（刑務所から出すのか)」と，矢継ぎ早にその疑問点をぶつけている。罪を犯した人が自由でいるなど許せないという態度であり，世の中，そんなに甘くないと言いたげである。c）の harshness「厳しさ」が適切。a）「高価さ」 b）「幸せ」　d）「不思議さ」　e）「豊かさ」　f）「疲労」

▶(ウ)　下線部は「命が貴重なところでは，命は本当に貴重だ」が直訳（life は「命」「人生」「生活」の意があり，ここではこれらすべてを含むと考えられるが，便宜上「命」としておく)。スペインでの殺人罪の刑期が 7 年であることに関して，刑務所廃止論者のギルモアは下線部を含む段第 1 文（Gilmore told them that …）で「だれかが他の人を殺すことで問題を解決しようと考えたら…その人物が自分の人生の 7 年を失う」，同段第 3 文（Which is to say, …）で「スペインでは，人生は十分な価値があるから，人を傷つける人に対して暴力的で人生を破壊するようなふるまいをしないと人々は考えている」，同段第 4 文（"And what this demonstrates …）で「日々の問題を解決しようとしている人たちにとって，暴力的で人生を破壊するようなふるまい方をするのは解決策ではない」と説明している。人の命を奪うことは自分の人生・命を奪うに等しい，また，殺人犯にたとえば無期懲役，死刑の判決を下すのであれば，その判決は殺人犯と同じことをすることになる，ということを述べている。c）「命の貴重さが本当にわかっている人たちは，暴力的または人生を破壊するようなどんな制度も自分たちの社会では許さないだろう」が適切。

a)「命の価値を理解している社会は，人間の幸福だけでなく，動物や植物の命も守るだろう」

b)「命が非常に貴重な社会では，殺人者は自分の罪の償いをして人生を過ごすことになるだろう」

d)「刑務所制度に関するアメリカ合衆国とスペインの方針は，どちらも命の貴重さを考慮に入れているという点で似ている」

e)「命の意味を本当に正しく評価している人たちは，彼ら自身の命のほうが受刑者の命よりも貴重だと主張するだろう」

●語句・構文●

(第1段)　●industrial farming「工業型農業」　●mean *A* to *do*「*A*（人）に～させる，してもらうつもりである」　●in the name of ～「～の名のもとに」　●renowned「有名な」　●figure「(形容詞を伴って)～な人物」

(第8段)　●in the first place「第一に，そもそも」

(第9段)　●for *one's* own good「～のためになるように」　●press on「(仕事などを）続ける，強行する」

(第13段)　●to *one's* surprise「～が驚いたことに」

(最終段)　●irrelevant to ～「～に無関係な」　●vulnerable「傷つきやすい，冒されやすい」

❖講　評

大問数が5題であること，選択問題での解答方式がマークシート法であることは例年どおりである。例年，内容や出題形式に多少の変化はみられるが，2023年度は2022年度と同様であった。

1　(A)英文の内容を日本語で要約するもの。字数は70～80字。(B)文の空所補充と語句整序。

2　(A)意見論述。示されたテーマについて自分の考えを述べるもの。60～80語。(B)和文英訳。1段落分の和文中の下線部を英訳するもの。

3　リスニング。3つのパートに分かれており，いずれも2回ずつ放送される。(A)・(B)はモノローグ，(C)はインタビューで，内容はそれぞれ独立している。リスニングは試験開始後45分経過した頃から約30分間問題が放送される。

4　(A)文法・語彙，読解問題。各段落に5カ所ある下線部のうち，誤りを含む箇所を一つ指摘するもの。(B)英文和訳問題。一連の英文中の3カ所を和訳するもの。

5　長文読解。環境正義の会議で刑務所廃止論者の女性が経験した出来事を紹介した文章。

以下，各問題の詳細をみる。

1　(A)　英文量は約420語でやや長めである。「時間不足が生じる理由」は，現代社会において人々の消費行動が，ものから経験へと移っており，消費力や選択肢が過度に増したため，さらに携帯電話を過剰に使用しているため，人々が時間不足に陥り，心身の健康や生産性に問題が生じていることを論じた文章。要点ははっきりしているので，それを制限字数に収まるようにまとめることがポイントである。

(B)　英文量は約910語（空所を埋めると約1000語）で，このタイプの問題ではやや長めである。5カ所ある空所に合う文を選ぶ問題と，文意に合うように語句を並べ替える問題の2種類。空所補充の選択肢に紛らわしいものはなく，並べ替えの箇所もどのような意味になるかわかりやすかった。

2　(A)　意見論述。「今から30年後，移動の手段はどうなっていると考えるか」という問いに，理由を添えて自分の考えを述べるもの。「どうなっているか」と問われているので，「(大きく) 変化している」と論じることも「(あまり) 変わっていない」と論じることもできる。指定語数はあまり多くはないので，説得力のある理由を簡潔に述べることが求められる。

(B)　和文英訳。一連の文章中の下線部1カ所（1文）を英訳するもの。英訳箇所の長さは2022年度とほぼ同じである。語句，構文ともに比較的解答しやすい問題であった。

3　(A)　伝書バトの帰巣の特性に関する研究を紹介したもの。講義に類する。研究の内容には年や距離を表す数字が含まれており，いつ，どこで，どのような結果が明らかになったか正確に聞き取る必要がある。

(B)　大気中の二酸化炭素を減らす取り組みについて説明したもの。(A)と同様，いつ，どこで，だれが，何をしたかという事実を正しく聞き取りたい。小問の中に「当てはまらないもの」を選ぶ問題が含まれており，一つの項目，一人の人物についての情報をもれなく聞き取る必要がある。

(C)　脱成長に関する本の著者をゲストに迎えたラジオ番組のインタビュー。「脱成長」「成長」を始め，関連する概念の説明を正しく聞き取る必要がある。(B)と同様，「当てはまらないもの」を選ぶ問題が含まれている。全体的に，選択肢の表現が放送内容とほぼ同じであるものが多いので，比較的解答しやすい。

4　(A)　5段落構成の一連の文章で，各段落に5カ所ずつ下線が入っており，そのうち誤りを含むものを選ぶ問題。語句や文法事項の知識と文脈を把握する力が試されるが，いずれも比較的容易である。

(B)　一連の文章中の3カ所の英文和訳。いずれの箇所も短く，語句，構文面で難解なものはないが，2通りに解釈できるところが1カ所あり，文意・文脈を十分に検討する必要があった。

5　環境正義の会議で，刑務所廃止論者の女性が，地元の子どもたちに詰め寄られたエピソードを紹介した文章。この女性の主張を集約したフレーズがシンプルであるのに深い意味を持っているので，しっかり解釈することが求められる。また，それに対する子どもたちの反応を正しく理解する必要がある。設問は，語句整序，記述式の内容説明，選択式の空所補充，選択式の内容説明で，2019～2022年度に出題された内容真偽がなく，代わりに選択式の内容説明が出題された。

日本史

1 解答

律令制期は戸籍・計帳に基づく人民支配が行われ，造営工事は戸を単位に地方から徴発された仕丁と中央に納入された庸を財源に雇用された雇夫が担った。摂関期には受領の地方支配の強化を前提に，徴税により蓄財した諸国の受領に造営工事を割り当てて請け負わせるようになった。院政期に荘園公領制が確立すると，造営工事の費用は一国平均役として荘園・公領を問わず全国一律に賦課された。(180字以内)

◀解　説▶

≪古代の国家財政と国家的造営工事≫

〔解答の指針〕

▶設問の要求

(前提)　国家的造営工事のあり方は，国家財政とそれを支える地方支配との関係を反映して変化した。

(主題)　国家的造営工事のあり方の変化。

(条件)　律令制期，摂関期，院政期の違いにふれる。

▶資料文の検討

資料文(1)・(2)が律令制期，(3)が摂関期，(4)が院政期に対応している。各時期の違いは労働力と財源に焦点が当たっていることに注意したい。

(1)　律令制下で造営工事を担った人々

仕丁と雇夫が造営工事に動員された。……①

仕丁は「全国から 50 戸ごとに成年男子 2 名」が徴発された。……②

雇夫は「諸国から納められた庸」を財源として雇用された。……③

(2)　律令制期の造営工事

石山寺の造営工事では仕丁と雇夫らが従事した。……④

平安京の造営などの大規模工事では，労働力不足のため，畿内周辺の諸国に多数の雇夫を集めることが命じられた。……⑤

(3)　摂関期の造営工事

960 年に平安宮の内裏が焼失し，再建工事が行われた。……⑥

中央官司だけでなく，27カ国の「受領に建物ごとの工事を割り当てて」行われた。……⑦

⑷　院政期の造営工事

1068年に即位した後三条天皇は，平安宮全体の復興工事を進めた。……⑧

造営費用をまかなうため，一国平均役の制度が確立した。……⑨

一国平均役は「国衙領だけでなく荘園にも一律に賦課」された。……⑩

▶論点の抽出

国家的造営工事とは，問題冒頭に「古代の宮都などの大規模造営」とあり，資料文⑵～⑷には寺院や宮都の造営工事が述べられている（④・⑤・⑥・⑧）。また，問題と資料文⑵には「労働力」（⑤），資料文⑴・⑷には「財源」（③），「造営費用」（⑨）とあるので，労働力と財源に焦点を当てて考えればよい。国家財政とそれを支える地方支配との関係に留意して，各時期の国家的造営工事のあり方を明確にすれば，違いと変化を説明したことになる。

律令制期の造営工事には，資料文⑴にいう仕丁と雇夫が動員された（①）。仕丁は「全国から50戸ごとに成年男子2名」が徴発された（②）。戸籍に基づいて，戸を単位として地方から労働力を確保したことがわかる。いっぽう雇夫の雇用は「諸国から納められた庸」を財源とした（③）。庸は計帳に基づいて徴収され，地方から中央に貢納される租税である。資料文⑵から，実際に仕丁と雇夫が造営工事に従事し（④），大規模造営で労働力不足が生じた場合は雇夫で補おうとしたことがわかる（⑤）。雇夫を雇用する財源は庸だから，やはり律令制の枠組みのなかで行われている。律令制期には戸籍・計帳に基づく人民支配が行われ，それに依拠して地方から労働力と財源を確保したことを述べればよい。

摂関期は，資料文⑶によると，中央官司だけでなく，「受領に建物ごとの工事を割り当てて」いる（⑦）。内裏焼失が960年であることをふまえ（⑥），10世紀に国家財政と地方支配がどのように変化したかを考えよう。浮浪・逃亡や偽籍の横行により，戸籍・計帳に基づく人民支配が崩れると，国家財政は再編を余儀なくされた。そこで政府は一定額の租税納入と引き替えに，国司に一国内の統治を委ねる方針に転換した。任国に赴く国司の最上席者である受領は，大きな権限を得て地方支配を強化し，有力農民が経営する土地の広さに応じて官物・臨時雑役を徴収した。受領は課税率を独自に決定できたので，巨利を得て私腹をこやすこともできた。このような受領の徴税強化と蓄財を背景に，公的な奉仕として受領に造営工事を請け負わせることが可能となった。

院政期には，資料文(4)によれば，後三条天皇が進めた造営工事（⑧）を契機に，その費用を賄うために一国平均役が制度化したという（⑨）。一国平均役は，臨時雑役を「国衙領だけでなく荘園にも一律に賦課」する制度である（⑩）。ここで後三条天皇の治世の1069年に延久の荘園整理令が出されたことに気付くとよい。11世紀後半に官物・臨時雑役の免除を認められた荘園が増加すると，受領による徴税は圧迫され，中央に納入される租税が減少した。荘園整理はその対応策であり，それが徹底された結果，荘園と国衙領（公領）が明確となった。こうして院政期に荘園公領制が確立すると，それに対応する新たな租税として一国平均役が成立したことがわかる。一国平均役が，公領だけでなく，従来であれば臨時雑役の納入を拒否できた荘園にも賦課され，造営工事の財源となったのである。

▶注意点

資料文(3)のように造営工事を割り当てられた受領は，任国に臨時雑役を賦課して造営費用をまかなった。見返りを期待して蓄えた私財を供出する成功・重任とは異なる方式なので，間違えないように注意しよう。また，院政期になるにつれて，国家的造営工事でも成功・重任が盛んになったが，それを示唆する記述はとくにないから言及しなくてよい。

2 解答

家督決定は親の意思だけでなく，一族・家臣や将軍の支持を必要とした。しかし，将軍の家督干渉は家系分立と一族・家臣の内紛を招き，将軍権力が弱体化すると実力による家督決定が行われた。斯波・畠山の両管領家と将軍家の家督争いは，幕府実権をめぐる有力者の対立とからんで争乱となり，下剋上の風潮が戦乱を拡大させた。（150字以内）

◀解　説▶

≪家督継承決定の変化と応仁・文明の乱≫

〔解答の指針〕

▶設問の要求

(前提)　応仁・文明の乱の発生と拡大には，この時期の武士の家における家督継承決定のあり方の変化がかかわっていた。

(主題)　その変化と乱との関係。

▶資料文の検討

資料文(1)〜(4)の事例から，家督継承がどのように決定されているかを読み取ろう。変化の契機については，資料文(3)に見える嘉吉の変に注目する。資料文(3)・(4)には，嘉吉の変後に起きた畠山・斯波両管領家の内紛が述べられている。なぜ内紛となったかを考察したい。

(1)　小早川家の家督継承決定

父則平は，当初兄の持平を後継者に指名したが，死去直前にあらためて弟の凞平を指名した。……①

将軍足利義教が有力守護に意見を問うたところ，「まず一族・家臣の考えを尋ねるべし」という回答が大勢を占めた。……②

(2)　斯波家の家督継承決定

将軍義教は，有力候補であった弟の持有を退け，兄の義郷を後継者に指名した。……③

(3)　家督をめぐる畠山家の内紛

惣領の持国は将軍義教との関係が良くなかった。……④

有力家臣たちが将軍義教に願い出て，弟の持永を家督に擁立した。……⑤

足利義教が嘉吉の変で討たれた。……⑥

兄の持国は軍勢を率いて弟の持永を京都から追い落とし，家督に復帰した。……⑦

(4)　家督をめぐる斯波家の内紛

有力家臣の甲斐常治が主導権を握った。……⑧

一族の義敏が家督を継承したが，常治と義敏の父持種が対立した。……⑨

義敏は家臣たちの支持を失い，家督を退いた。……⑩

▶論点の抽出

設問文の「この時期」については，資料文(1)〜(4)に1433年から1459年の事例が示されていることと，応仁・文明の乱の発生が1467年であることをふまえて，将軍足利義教から将軍足利義政の時期と考えればよい。事例から家督継承がどのように決定されているかを確認しよう。

資料文(1)にある 1433 年の小早川家の事例によると，家督決定は親の意思で指名がなされたが（①），一族・家臣の意向も重視されていた（②）ことがわかる。兄弟間で家督争いが起こっているが，これには単独相続が一般化し，嫡子が庶子に比べて圧倒的に優位な立場となっていたことが関係している。また，鎌倉時代には，御成敗式目に悔返し権が規定され，子に所領を相続させて鎌倉幕府による確認手続きが済んだのちでも，親の意思で相続者を変更できた。しかし，室町時代には，家督決定は親の意思だけではなく，一族・家臣の支持も必要となっていたのである。

資料文(2)によれば，1433 年に斯波家の家督継承者を指名したのは将軍足利義教で，以前からの有力候補だった弟は退けられたという（③）。資料文(3)にある 1441 年の畠山家の事例では，家督の地位にあった兄が退けられ，将軍足利義教の支持を前提として，有力家臣たちが擁立した弟が家督についている（⑤）。これらの事例から，家督決定は一族・家臣の支持に加えて，将軍の意向も影響していたことがわかる。

ここで将軍が家督継承に干渉していることに注意したい。資料文(3)によれば，家督の地位にあった兄は将軍足利義教との関係が良くなかったという（④）。足利義教は将軍権力の強化をねらって専制政治を進め，有力守護を弾圧していた。義教との関係が険悪になれば家の存続が危うくなるので，そのような家の主人は一族・家臣からの支持を失う。家における主人と一族・家臣のこうした関係性を義教はたくみに利用し，有力守護である斯波家と畠山家の家督継承に介入をはかったのである。

しかし，将軍足利義教が 1441 年の嘉吉の変で殺害されると（⑥），状況は一変する。それまで有力守護の家督争いに裁定を下してきた将軍権力が一気に弱体化したことから，斯波家と畠山家では家系が分立し，一族・家臣の内紛が激化した。資料文(3)によれば，畠山家では嘉吉の変後，兄が軍勢を率いて弟を京都から追放し，家督に復帰した（⑦）。軍事力によって家督継承が決まったわけである。資料文(4)の斯波家の事例では，有力家臣が主導権を握り（⑧），家督継承者の父と対立した（⑨）結果，1459 年に家督継承者は家臣の支持を失って退いている（⑩）。有力家臣が家中において実力を持つからこそ，このような事態になったと考えられる。つまり，嘉吉の変で将軍権力が弱体化すると，将軍の支持ではなく，軍事力や実力で家督継承が決まるようになったと判断できる。

以上のような変化は，応仁・文明の乱とどのように関係するのだろうか。応仁・文明の乱の発生と拡大は資料文には示されていないので，自分の知識・理解に基づいて考察する必要がある。応仁・文明の乱は，畠山・斯波両管領家の家督争いに加え，将軍足利義政の弟の義視と子の義尚の家督争いが起こり，これらの家督争いに幕府の実権をめぐって対立する細川勝元と山名持豊が介入したことで発生した。両管領家は家督をめぐって内紛状態にあり，将軍家の家督決定も家臣の支持を必要としたから，両管領家と将軍家の家督争いが結びついた。家督継承は軍事力や実力で決まるから，家内部で家督を争う両派は幕府有力者を頼るようになり，それが応仁・文明の乱を発生させたのである。乱の拡大との関係については，有力家臣の実力が家督決定に影響したことをふまえるとよい。家臣によって力量不足と判断された家督継承者は，いつでも放逐される危険にさらされた。これこそが下剋上の内実であり，このような風潮が戦乱を拡大させたといえる。

▶注意点

家督継承決定のあり方が，嘉吉の変を契機にどのように変化したかをまとめる。中世後期に単独相続が一般化したことは家督争いを激化させる要因になったといえるが，それはこの時期に変化した家督継承決定のあり方ではないので，必ずしも指摘しなくてよい。また，設問の要求に沿って，応仁の乱の発生だけでなく，乱の拡大との関係まで含めた解答をすること。

3 解答

A　貧農の流入によって急増した江戸の下層民にとって，寄席は時間帯を問わず，多様な芸能を安価に楽しめる娯楽の場となったから。(60字以内)

B　天保の飢饉による物価高騰や雇用減少に加え天保の改革の風俗統制や人返しの法などで江戸の下層民は不満を高めており，娯楽や雇用のさらなる減少が打ちこわしや治安悪化を招くことを懸念した。(90字以内)

◀解　説▶

≪天保の改革と江戸の寄席≫

A　〔解答の指針〕

▶設問の要求

(主題)　(1)のように江戸で寄席が急増したのは，どのような理由によったと考えられるか。

(条件)　歌舞伎と対比される寄席の特徴に留意する。

▶資料文の検討

歌舞伎と対比される寄席の特徴は資料文(1)に述べられている。資料文(2)の寄席の客層と，資料文(4)の江戸の町方人口の動向を結びつけて考察したい。

(1)　寄席と歌舞伎

多様な芸能を興行する寄席は 1820 年頃から急増した。……①

歌舞伎：日中だけ興行，入場料が次第に高額化　……②

寄席：夜も興行，入場料は歌舞伎の 100 分の 1 ほど　……③

(2)　寄席をめぐる老中と町奉行の対立

「歌舞伎などに行けない職人や日雇い稼ぎの者などのささやかな娯楽の場」……④

(4)　江戸の町方人口

1842 年の江戸の町方人口のおよそ半分は「その日稼ぎの者」……⑤

▶論点の抽出

設問文の「(1)のように」とは，1820 年頃から江戸で寄席が急増した（①）ことを指す。それだけの需要が存在したと推察できるから，寄席の観客が急増した理由を考えればよい。江戸の繁栄と下層民をも基盤とした化政文化の特徴を念頭に置いておこう。

歌舞伎と対比される寄席の特徴は，資料文(1)によれば，日中だけでなく夜も興行が行われ，多様な芸能を安価な値段で楽しめたことにある（①・②・③)。寄席で興行された多様な芸能（①）とは，落語・講談・物まね・娘浄瑠璃などをいう。資料文(2)から，寄席は収入の少ない職人や日雇い稼ぎの者（④）など江戸の下層民を客層とし，彼らに娯楽を提供する場であったとわかる。

資料文(4)によれば，1842 年の江戸の町方人口のおよそ半分は日雇い稼ぎの下層民だったという（⑤)。寄席の客層と重なる江戸の下層民が，この時期になぜ町方人口の半分を占めるほど増加したのか考えよう。18 世紀後半以降，村では本百姓の階層分化が進展し，貧農のなかには潰れ百姓となって離村し，都市に流入するものが増大した。特に関東の農村では，19 世紀になると江戸地廻り経済圏が発達する一方で，没落して江戸に流入する百姓も急増した。こうして江戸では町方人口の半数を下層民が占めるに至ったのである。

寄席は，昼間に労働し，収入の少ない下層民でも，労働後の夜に安価に楽しむことができた。ここから，江戸の下層民の増加が寄席の急増につながったと判断できる。

▶注意点

歌舞伎との対比で寄席の特徴を指摘するだけでは不十分である。寄席の客層である江戸の下層民が急増した事情を，近世後期の社会変容の視点をふまえて簡潔に述べる必要がある。

B 〔解答の指針〕

▶設問の要求

(主題) 町奉行が(2)(5)のように寄席を擁護したのは，どのような事態が生じることを懸念したためと考えられるか。

(条件) 江戸に関する幕府の当時の政策や，幕府がこれ以前に直面したできごとにふれる。

▶資料文の検討

町奉行が寄席を擁護した理由は資料文(2)に述べられている。懸念した事態は資料文(3)を考察しよう。幕府の当時の政策は資料文(2)・(4)，これ以前に直面したできごとは資料文(3)から考えればよい。

(2) 寄席をめぐる老中と町奉行の対立

1841年，老中水野忠邦が江戸の寄席の全廃を主張した。……①

町奉行は寄席の全廃に反対した。……②

「寄席は歌舞伎などに行けない職人や日雇い稼ぎの者などのささやかな娯楽の場」「そこで働く人々の仕事も失われる」 ……③

15カ所だけが寄席の営業を認められた。……④

(3) 天保の飢饉と江戸

「これより以前の1837年」 ……⑤

「江戸で例年に比べ米価などが高く，盛り場もにぎわっておらず，建物の普請による仕事の口も少ない」……⑥

「職人などは何をするかわからない」「彼らが騒ぎ立てないよう手を打つべきだ」 ……⑦

(4) 江戸の町方人口

1842 年の江戸の町方人口のおよそ半分は「その日稼ぎの者」 ……⑧

(5) 寄席の統制緩和

1844 年，新任の町奉行は(2)とほぼ同趣旨の理由で寄席の統制緩和を主張した。……⑨

▶論点の抽出

まず，「(2)(5)のように寄席を擁護した」とはどのようなことかを，資料文(2)・(5)から確認しよう。寄席の全廃を主張した老中に対して，町奉行は反対して存続を訴え（①・②），軒数の制限後も統制緩和を求めている（④・⑨）。町奉行は寄席を擁護して，その存続と統制緩和を主張していたことがわかる。

なぜ町奉行はこのような主張をしたのか。資料文(2)には，その理由として，寄席が江戸の下層民の娯楽の場であり，寄席で働く人々の雇用も失われると述べている（③）。娯楽と雇用が失われるとどうなるかを考えればよい。

「幕府がこれ以前に直面したできごと」から考察しよう。「これ以前」は資料文(3)に「これより以前の 1837 年」（⑤）とあるので，1837 年の状況と見てよい。この時期，町奉行は米価などの物価高騰や不景気による雇用減少を問題視していた（⑥）。1837 年は天保の飢饉による混乱の中にあった。町奉行は状況がさらに悪化すれば「職人などは何をするかわからない」「彼らが騒ぎ立てないよう手を打つべきだ」（⑦）と述べている。ここから治安の悪化，特に打ちこわしの発生を懸念していたことがわかる。

「江戸に関する幕府の当時の政策」はどうであったか。1841 年から 1843 年にかけて，老中水野忠邦のもとで（①）天保の改革が行われていた。改革における江戸の都市政策を考えればよい。資料文(2)には寄席の軒数制限が示されている（④）。江戸では，下層民にもっとも人気のあった寄席を大幅に減らすなど，風俗の取締りが強化された。また，資料文(4)にいう江戸の下層民増加（⑧）に対応すべく，人返しの法で強制的な帰村をはかろうとした。このような生活と風俗の厳しい統制は，江戸の下層民の不満をいっそう増大させた。

天保の飢饉の状況と天保の改革の諸政策が江戸の下層民の不満を高まらせており，さらに寄席を廃止して下層民の娯楽を取り上げたり，そこで働く人々の仕事が失われたりすれば，その不満が打ちこわしなどの事態を招きかねないと懸念されたのである。

▶注意点

設問文の「幕府がこれ以前に直面したできごと」に関しては，〔解答〕で「天保の飢饉」と明示すること。また，「江戸に関する幕府の当時の政策」は，ぜいたく品や華美な衣服を禁じた倹約令や，物価高騰に対応した株仲間解散令を指摘することもできるが，下層民に焦点が当たっているので，風俗統制と人返しの法を挙げるほうがよい。

4　解答

A　冷戦下の単独講和で西側陣営となり，安全保障を対米依存した。鳩山内閣が平和共存を掲げたソ連と国交回復し，国連加盟で国際的地位を向上させると，岸内閣は安保改定で日米対等化を目指した。(90字以内)

B　保守・革新の政党は分裂状態だったが，鳩山内閣の憲法改正を阻止するために社会党が統一されると，保守合同により自由民主党が結成された。保革対立は岸内閣の安保改定をめぐって先鋭化した。(90字以内)

◀解　説▶

≪独立回復後の政治と外交≫

A　〔解答の指針〕

▶設問の要求

(主題)　占領終結から岸内閣期において日本の対外関係はどのように変化したか。

(条件)　国際政治の動向に留意する。

▶資料文の検討

資料文(2)〜(4)は内閣ごとの記述で，「日本の対外関係」を構築した条約が明示されていることを確認する。

(2)　吉田内閣の政治と外交

サンフランシスコ平和条約（1951年）　……①

日米安全保障条約（1951年）　……②

(3)　鳩山内閣の政治と外交

日ソ共同宣言（1956年）　……③

(4)　岸内閣の政治と外交

新しい日米安全保障条約（1960年）　……④

▶論点の抽出

①はアメリカの主導のもとで西側陣営と結んだ講和条約，②・④は日米間，③は日ソ間で結ばれた条約だから，主題の「日本の対外関係」は東西冷戦下の日米関係・日ソ関係を考えればよい。①〜④の条約が，どのような国際政治の動向のもとで締結され，どのような対外関係を構築したかを，自分の知識・理解に基づいて考察する。

1951 年のサンフランシスコ平和条約と日米安全保障条約は，前年に勃発した朝鮮戦争によって冷戦が激化するなかで締結された。平和条約によって日本は独立を回復したが，西側陣営のみと結んだ単独講和であり，これによって冷戦下の西側陣営に組み込まれた。また，独立回復後の安全保障については，アメリカと安保条約を結び，施設を提供するかわりにアメリカ軍に依存する道を選んだ。

1953 年には朝鮮戦争の休戦協定が成立した。また，同年のスターリンの死後，フルシチョフが平和共存路線を打ち出すと，冷戦下における東西の緊張関係は緩和に向かった。このような動向を背景に，鳩山内閣は「自主外交」をとなえ，アメリカに追従した吉田内閣の外交姿勢から転換をはかり，1956 年の日ソ共同宣言によってソ連との国交回復を実現した。国連安保理の常任理事国であるソ連が支持にまわったことで，日本の国連加盟も実現した。

国連加盟は国際社会への復帰を意味し，日本の国際的地位は向上した。この動向を背景に，岸内閣は「日米新時代」をとなえ，安保条約を改定してアメリカと対等な立場で提携関係の強化をはかることを目指した。1960 年の新しい日米安全保障条約では，アメリカの日本防衛義務を明確にすることで，日米関係の対等化がはかられた。

本問は字数が限られており，簡潔にまとめる必要がある。単独講和→ソ連との国交回復，対米依存の安全保障→日米関係の対等化，の 2 点の変化について明確に説明したい。

▶注意点

対等な日米関係を要求する背景には，日本の国際的地位の向上がある。また，国連加盟の実現は指摘すべきである。日本の「外交」ではなく「対外関係」を述べることが求められており，日本の外交姿勢を示す「自主外交」や「日米新時代」には必ずしも言及しなくてよい。

B　〔解答の指針〕

▶設問の要求

(主題)　1950 年代後半から岸内閣期における政党間対立はどのように変化したか。

(条件)　内閣の施策に留意する。

▶資料文の検討

1950 年代後半から岸内閣期とあるので，1955 年から 1960 年を対象として考察する。「政党間対立」は，資料文(3)・(4)に掲出された選挙結果のグラフをもとに，どのような変化があったかを考えよう。与野党だけでなく，保守と革新の関係にも注意したい。資料文(1)は改憲発議の条項だから，「内閣の施策」と与野党の議席数に留意すべきことを示唆している。

(1)　日本国憲法第 96 条

憲法改正は「各議院の総議員の三分の二以上の賛成」で国会が発議する。……①

(3)　鳩山内閣の政治と外交

グラフ：1955 年の選挙結果　……②

与党：日本民主党（保守，185 名）

野党：自由党（保守，112 名）・日本社会党左右両派（革新，89＋67＝156 名）など

(4)　岸内閣の政治と外交

グラフ：1958 年の選挙結果　……③

与党：自由民主党（保守，287 名）

野党：日本社会党（革新，166 名）など

▶論点の抽出

1955 年と 1958 年の選挙結果を対比して変化を確認したい。1955 年には，保守勢力は日本民主党と自由党，革新勢力は日本社会党左右両派に分裂していた（②)。しかし，1958 年は自由民主党の結成と日本社会党の統一により，保守と革新の二大政党が成立したことがわかる（③)。この変化は 55 年体制の成立を意味する。保守一党優位のもとで保守と革新が対立するいっぽう，革新勢力が 3 分の 1 以上の議席を占めることで改憲発議を阻止した（①)。

つぎに 55 年体制の成立前後の政治動向を確認したい。1951 年にサンフ

ランシスコ平和条約の批准をめぐって，日本社会党は批准賛成の右派と批准反対の左派に分裂した。また，1954 年には吉田内閣への批判が強まるなかで，鳩山一郎ら反吉田派が離党して日本民主党を結成し，吉田内閣の退陣後，鳩山内閣が成立した。

鳩山内閣は憲法改正・再軍備を主張し，推進する姿勢をとった。1955 年 2 月の総選挙で日本社会党の左右両派が，改憲阻止に必要な 3 分の 1 以上の議席を確保すると，10 月に両派の再統一を実現した。これに対抗すべく，11 月には日本民主党と自由党による保守合同が実現し，自由民主党が結成され，初代総裁に鳩山首相が就任した。

55 年体制の成立で保守と革新の対立構造が形成された。自由民主党の岸内閣は，1958 年 5 月の総選挙で絶対安定多数となる議席を確保して日本社会党に勝利すると，革新勢力との対決姿勢を強め，安保改定を推進した。岸内閣が新安保条約を調印し，衆議院での批准を強行すると，革新勢力を中心とする 60 年安保闘争は最高潮に達した。

以上の知識・理解をふまえ，保革の分裂状態→55 年体制の成立→保革対立の激化という変化をまとめればよい。対立の争点となった内閣の施策は，鳩山内閣の憲法改正，岸内閣の安保改定を指摘する。

▶注意点

保革の分裂状態から書き始めるとよいが，55 年体制の成立から書き始めても，それ以前は分裂状態だったことが示せるので問題ないだろう。

❖講　評

1　資料文をもとに，国家的造営工事のあり方の変化を，国家財政や地方支配と関連づけて説明する問題である。律令制期，摂関期，院政期の違いにふれることが求められている。奈良時代から平安時代にかけての政治や社会の変化を問う問題は，東京大学では頻出である。各時期の政治・社会構造の知識と理解があれば，資料文の読み取りは難しくない。論旨の組み立ても各時期ごとに示せばよいから，取り組みやすかったはずである。

2　資料文から武士の家における家督継承決定のあり方の変化を読み取り，その変化と応仁・文明の乱との関係を述べることが求められている。資料文に示される畠山・斯波両管領家の家督争いが，応仁・文明の乱の発生につながったという解答の方向性は見出しやすい。しかし，家督継承決定のあり方の変化と結びつけて論理的に説明するのが難しい。資料文の読み取りと解答のまとめ方で苦戦した受験生も多かっただろう。

3　資料文をもとに，天保の改革と江戸の寄席を考察する問題である。**A**では，江戸で寄席が急増した理由が問われた。歌舞伎との対比は資料文から容易に判断できる。江戸の下層民が急増した事情をふまえて説明できればよい。**B**は，町奉行が何を懸念して寄席を擁護したのかが問われている。打ちこわしの発生と見抜けば解答の方向性は定まる。**A**・**B**ともに比較的取り組みやすい問題だった。

4　選挙結果のグラフを含む資料文が提示され，独立回復後の1952〜1960 年の政治と外交が出題された。**A**では日本の対外関係の変化，**B**では政党間対立の変化が問われている。2012 年度に1950 年代の外交，2016 年度に1960 年代の経済が出題されているが，**A**・**B**ともに戦後史のみを対象とした出題は初めてだった。制限字数が厳しく，簡潔に表現することがやっかいである。題意を的確に把握できたかがポイントとなる。

世界史

1 **解答** アメリカ独立革命を経て人民主権に基づく憲法が制定され共和政のアメリカ合衆国が成立し，中南米ではシモン=ボリバルらの指導でスペイン植民地から多くの共和国が独立したが，少数の白人支配層による寡頭政が続いた。フランス革命は絶対王政を倒し，憲法制定や共和政を実現したが，その後，帝政，王政，共和政と政体は変転，二月革命で男子普通選挙が実現し，2度目の帝政とその崩壊後，共和政が継続することになった。イギリスは成文憲法を持たないが，早くから責任内閣制が形成され数次の選挙法改正で参政権が拡大した。ドイツ帝国では憲法が制定され，帝国議会は男子普通選挙で選ばれたが，その権限は弱く外見的立憲主義であった。その後，ドイツ革命を経て成立したヴァイマル共和国の憲法では男女普通選挙が実現している。ロシア帝国では日露戦争後に国会が開設されたが，ロシア革命で帝政は倒れ，社会主義国家ソ連が誕生した。第一次世界大戦後，ヴェルサイユ体制のもとで民族自決に基づいて旧ロシアやオーストリアから多数の共和国が独立したが，強権主義に陥る国も多かった。また欧米各国では総力戦での活躍を背景に女性参政権が次第に実現していった。日本は明治維新後，ドイツ憲法を範とする大日本帝国憲法が制定され国会も開設されたが，参政権は一部に限られた。清も光緒新政で憲法大綱制定・国会開設などで立憲君主政を模索したが，辛亥革命で共和政の中華民国が成立した。(600字以内)

◀解　説▶

≪1770年前後から1920年前後におけるヨーロッパ，南北アメリカ，東アジアの政体変化≫

▶設問の要求

(主題)　1770年前後から1920年前後におけるヨーロッパ，南北アメリカ，東アジアにおける政治のしくみの変化，およびどのような政体の独立国が誕生したか

(条件)　地図Ⅰ・Ⅱを参考にする

▶論述の方向性と指定語句の使い方

●論述の方向性

1770 年前後から 1920 年前後におけるヨーロッパ，南北アメリカ，東アジアの政体変化について説明する問題である。問題文の「植民地が独立して国家をつくったり」や「一つの国の分裂や解体によって新しい独立国が生まれたり」，「当初からの独立国であっても，革命によって政体が変わる」といった部分から

①植民地からの独立

②国家の分裂・解体による独立

③革命による政体変化

の 3 つのパターンの国家独立・政体変化を念頭に置くことが一つ目のポイントである。

もう一つのポイントは，「憲法を定めるか，議会にどこまで権力を与えるか，国民の政治参加をどの範囲まで認めるか」の部分から

A．憲法

B．議会の権限

C．参政権

を意識することである。

以上①～③，A～Cについて，ヨーロッパ，南北アメリカ，東アジアの 3 地域に分けて論述の骨子を作っていきたい。その際，地図Ⅰ・Ⅱを参考にしなければならないが，一つ一つの国について論ずる余裕はないため，特徴的な国家・地域に絞って考えよう。また大局的に記述しなければ字数がかさんでしまうので，説明内容を取捨選択する力，要約力が求められる。これは，東京大学の第 1 問の典型的な特徴でもある。地図と指定語句を見て，書くべき事象をしっかり絞りこみたい。

●指定語句の使い方

時系列で書くか地域別で書くか迷うかもしれないが，指定語句の年代を分析すると，時代（年代）がバラバラで，3 地域が比較的固まっていることに気づくだろう。なお，ヴェルサイユ体制は最も新しい事項だが，〔解答〕では，ヨーロッパをまとめる形で述べている。もちろん時系列を優先して論述の最後に持ってきても問題ない。

①～③と指定語句，地図を見て，どの国家・地域を 3 地域の中から扱うべきかを選択し，A～Cを踏まえて論述の構成を考えてみよう。

◎南北アメリカ◎

アメリカ独立革命：1775～83年
シモン=ボリバル→ラテンアメリカ独立：1810年頃～20年代

◎ヨーロッパ◎

選挙法改正（注より第4次まで）：1832年（第1次）～1918年（第4次）
二月革命（注よりフランスの二月革命）：1848年
帝国議会（注よりドイツ帝国の帝国議会）：1871年に初開催
ヴェルサイユ体制：1919年成立

◎東アジア◎

大日本帝国憲法：1889年発布
光緒新政：1901年の義和団事件後～1911年の辛亥革命まで

▶論述の構成

(1)　南北アメリカ

【指定語句：アメリカ独立革命，シモン=ボリバル】

問題文の時期指定が1770年前後となっていることから，論述のスタートはアメリカ独立革命の開始に設定するのがよいだろう。

①植民地からの独立

地図Ⅰ・Ⅱの南北アメリカの地図を参考に，アメリカ合衆国，ラテンアメリカ諸国を書くのが妥当だろう。指定語句のアメリカ独立革命，シモン=ボリバルもこれに合致する。アメリカ合衆国についてはAとして人民主権による共和政を定めたアメリカ合衆国憲法を，ラテンアメリカ諸国については独立して共和政国家となったものの，白人支配層による寡頭政が続いたことを指摘できるだろう。

なお，〔解答〕ではラテンアメリカについて指定語句のシモン=ボリバルを中心に述べたが，ポルトガル植民地であったブラジルの独立と帝政から共和政への移行，メキシコ革命における憲法の制定などについても，まとめていくのは難しいものの，対象となるだろう。また，アメリカ合衆国については，ジャクソン大統領の下での白人男性普通選挙制度の普及，南北戦争後の黒人への選挙権付与とその法的剝奪などについても言及できる。

(2)　ヨーロッパ

【指定語句：二月革命，選挙法改正，帝国議会，ヴェルサイユ体制】

③革命による政体変化

革命による政体変化については，フランス革命とロシア革命に加えドイツ革命にも言及したい。

●フランス革命

フランス革命以降の政体の変遷は非常に複雑であるので，詳述すると到底600字では収まらない。とはいえ，主題は「政体変化」であるから，指定語句の二月革命の部分だけを扱っては題意に沿わないことになる。フランス革命以降の変遷を〔解答〕では「帝政，王政，共和政」「2度目の帝政～共和政」などのようにまとめたが，「政体は数次にわたって変化し憲法も複数制定された」などとコンパクトにまとめても許容されると思われる。二月革命で男子普通選挙が行われた点を必ず指摘してCの参政権をクリアしたい。

●ドイツ革命

ドイツに関連する指定語句は帝国議会である。1871年に成立したドイツ帝国ではドイツ帝国憲法を制定し，連邦参議院と帝国議会の二院制の議会が置かれ，帝国議会は男子普通選挙で議員が選出された。しかし，連邦参議院が帝国議会に優越し，帝国議会は予算審議権があるのみで他の権限は弱かった。また，宰相は皇帝に対して責任を負い責任内閣制ではなく，ドイツ帝国は外見的立憲主義に過ぎなかった。第一次世界大戦末期にドイツ革命が起こり，ドイツ帝国は崩壊，戦後ヴァイマル共和国が誕生した。当時最も民主的とうたわれたヴァイマル憲法の下，男女普通選挙が実現しているので，この点を解答に盛り込みたい。これでAの憲法，Bの議会の権限，Cの参政権を指摘できる。

●ロシア革命

ロシア帝国では，日露戦争後，ニコライ2世によって制限選挙による国会（ドゥーマ）開設や憲法制定が十月宣言で示された。民主化の一歩に見えるが，実態は程遠いもので，その後1917年のロシア革命につながっていく。この革命により帝政が打倒され，世界初の社会主義国家であるソ連が誕生した。

②国家の分裂・解体による独立

地図Ⅱが1914年頃の地図，時期指定が1920年前後まで，指定語句ヴェルサイユ体制に着目すると「解体」による独立が見えてくる。ロシア革命によるロシア帝国と第一次世界大戦敗北によるオーストリア=ハンガリー帝国の解体に気づきたい。ヴェルサイユ体制では民族自決に基づいて東欧諸国やフィンランド，バルト3国などが独立している。これらの国家の中で，ポーランドのピウスツキやハンガリーのホルティなどが強権主義・権威主義に陥った点を想起できるだろう。

また，第一次世界大戦下，総力戦で女性が活躍したことで戦後の欧米各国で女性参政権が認められる流れができたことについても触れると論に厚みが出るだろう。

※イギリスについて

指定語句のイギリスの**選挙法改正**については，イギリス革命で政体が共和政となったのは 17 世紀のことであり，しかも王政復古以降は王政が継続したので，上記①～③のいずれにも当てはまらない。地図Ⅰ・Ⅱを見るとイギリスには☆がなく，成文憲法を制定していないことがわかるが，この点は他のヨーロッパ諸国と異なっている。

A～Cについては以下のように考えたい。

- 成文憲法を持たない（Aの憲法）
- 早くから責任内閣制が成立していた（Bの議会の権限）
- 選挙法改正で参政権が徐々に拡大されていった（Cの参政権）

(3)　東アジア

【指定語句：大日本帝国憲法，光緒新政】

③革命による政体変化

●明治維新

大日本帝国憲法は日本の明治維新と関連して説明しなければならないが，明治維新は江戸幕府から新国家として明治政府が成立しているため，一種の革命ととらえることも可能である。

明治維新によってドイツ憲法を範とする大日本帝国憲法を 1889 年に発布，国会も開設したが，制限選挙であり女性にも参政権はなかった。

●辛亥革命

清では，日清戦争敗北後，日本の明治維新を範とした変法自強運動が進んだが，西太后ら保守派によって挫折した。その後，義和団事件を契機に清朝を継続するには立憲君主政への移行はやむなしと保守派も考えるようになり，光緒新政で憲法大綱制定や国会開設などが発表された。しかし，結局は清の延命策に過ぎず，1911年の辛亥革命に至ることになる。革命によって清朝は終焉を迎え，中国には新たに共和政の中華民国が成立した。余裕があれば光緒新政以前も書きたいが，結局失敗した改革なので，新政以降の流れを書ければ十分題意に沿うだろう。

2 **解答**　(1)　(a)　呉，建業，晋〔西晋〕

(b)　明では対外交易の活発化に伴い，綿織物・絹織物などの家内制手工業が発展し，穀倉地帯であった長江下流域では綿花や桑などの栽培が盛んとなり，稲作の中心が長江中流域の湖広地方に移った。(90字以内)

(2)　(a)　アッバース朝，バグダード

(b)　騎馬に長じたトルコ系軍人奴隷で，カリフの親衛隊に組織されて軍隊の中核となり，カリフの政治的権力を支えた。(60字以内)

(c)　初期のパルティアは，ヘレニズム文化を保護しギリシア語を公用語としたが，後にイラン伝統文化が復興し，ペルシア語を用いた。(60字以内)

(3)　(a)　ナイル川の定期的な増水・氾濫で上流から運ばれてきた肥沃な土壌により，小麦などを栽培する灌漑農業が行われた。(60字以内)

(b)　カーリミー商人がインド商人から香辛料や絹・陶磁器を購入して紅海経由で運び，イタリア商人の銀・毛織物と交換した。(60字以内)

◀解　説▶

≪河川の歴史的役割≫

◆問(1)　▶(a)　3世紀前半の3人の皇帝が並び立つ時代とは魏・呉・蜀の三国時代のことであり，このうち長江下流域に国を置いたのは呉である。呉の都は建業（現在の南京）で，呉は司馬炎が魏から禅譲を受けて建国した晋（西晋）に280年に滅ぼされた。

▶(b)　主題：「湖広熟すれば天下足る」ということわざの背景にある経済の発展と変化

ことわざ自体は，明代中頃に長江中流域が新たな穀倉地帯となったことを示すものであるが，本問では背景となる「経済の発展と変化」についての説明が求められている。宋代のことわざ「江浙（蘇湖）熟すれば天下足

る」との比較から，穀倉地帯がこの時期長江下流域から長江中流域に移動したこと，そして下流域では綿織物業や生糸生産・絹織物業などの家内制手工業の進展から，その原料となる綿花や養蚕のための桑といった商品作物の栽培が広がったことを想起し，冒頭の部分と結びつけたい。また，こうした国内の経済発展と変化の他，明が海禁を緩めた結果，貿易活動が活発化するようになったことも対外要因として考えられる。

〔解答のポイント〕

①時期が明代であることを指摘する。

②経済の発展として，具体的な綿織物・絹織物などの手工業の発展を指摘し，その上で下流域がそれらの原料（綿花・桑）となる商品作物生産に転換したことを述べる。

③変化として稲作の中心が下流域から中流域（湖広地方）に移動したことに言及する。

◆問(2)　▶(a)　資料中の「ティグリス川」「マンスール」がヒントとなる。マンスールはアッバース朝第2代目のカリフであるから，王朝名はアッバース朝で，都はティグリス川中流域に建設されたバグダードである。

▶(b)　主題：「マムルーク」の特徴と彼らが王朝で果たした役割

マムルークの特徴として，資料中の下線部に「武将」とあるので，彼らが軍人奴隷であることをまず指摘したい。マムルークは，トルコ人などの奴隷をイスラーム教に改宗させて教育・訓練し，軍人に育て上げたものである。ユーラシア草原地帯の騎馬遊牧民であったトルコ人は騎馬技術に長けていた。

アッバース朝でマムルークが果たした役割については，マムルーク軍団が軍の中核を担い，カリフの親衛隊として用いられたこと，また，カリフの政治的権力を支えたことに触れたい。やがて実力を蓄えたマムルークはカリフの廃立に関わるようになっていく。

〔解答のポイント〕

①マムルークの特徴として，トルコ系の軍人奴隷であること，騎馬技術に長けていたことを指摘する。

②マムルークの役割として，軍事面と政治面を考える。

▶(c)　主題：クテシフォンを建設した国家で起こった文化的変容

条件：国家名を明示する。言語面を中心に説明する。

まずはクテシフォンを造営した国家としてパルティアを明示する。その上で，パルティアでの文化の変容を説明すればよい。その際「言語面を中心に」という条件があるので，「言語が○○から△△に変化した」点は必ず盛り込む必要がある。

前3世紀中葉，イラン系遊牧民がセレウコス朝から自立して建国したのがパルティアである。建国者の名をとってアルサケス朝ともいう。この国はイラン系ではあるが，当初はヘレニズム世界の一部を構成し，その文化を保護するとともにギリシア語を公用語としていた。しかし，次第にイラン伝統文化が復権し，言語もペルシア語などイラン系言語が使用されるようになった。

〔解答のポイント〕

①国家名としてパルティアを明示する。

②ヘレニズム文化からイランの伝統文化が復活したことを指摘する。

③言語面ではギリシア語からペルシア語への変化を指摘する。

◆問(3)　▶(a)　主題：近代以前に，ナイル川の自然特性を利用する形で行われた農業

地図中のAはアスワンで，「ナセル政権下に作られた公共建造物」はアスワン=ハイダムを指す。ダムの建設によって起こった農業の決定的変化とは，古代から行われてきたナイル川の氾濫の恵みを利用した農業が行えなくなったことである。

ナイル川は夏に増水・氾濫が起こり，上流から肥沃な土壌が下流に向けて運ばれた。エジプトの人々は，水が引いてできた流域の沃土で小麦栽培の灌漑農業を行い，次の氾濫を待つというサイクルを繰り返した。古代エジプト文明は，このナイルが育む肥沃な土壌での小麦栽培に支えられて発展したのである。なお，小麦の他，サトウキビがエジプトにもたらされてからはサトウキビ栽培も広く行われているため，これについても言及してよいだろう。

〔解答のポイント〕

①ナイル川の自然特性として夏に定期的な増水（氾濫）があり，上流から養分豊かな土が運ばれてくることを述べる。

②肥沃な土壌で小麦などを育てる灌漑農業が行われたことを指摘する。

▶(b)　主題：12世紀から15世紀頃に国際的な東西交易に従事した商人た

ちが扱った物産と取引相手

地図中のBはアレクサンドリア，Cはアデンである。しかし，都市名を明らかにする条件は示されていないので，これらには無理に触れなくてもよいと思われる。明らかにすべきはこの「商人たち」が何者であるのかと，彼らが交易で扱った「物産」とその「取引相手」である。

12世紀以降，アレクサンドリアを中心にインド商人がもたらす東の物産と，イタリア商人がもたらすヨーロッパの物産を中継して繁栄した商人集団はカーリミー商人と呼ばれる。彼らはCのアデンでインド商人から香辛料や絹，陶磁器などを買い付け，それを紅海やナイル川を通じてBのアレクサンドリアに運び，ここでジェノヴァやヴェネツィアのイタリア商人がもたらした銀や毛織物と交換・売却した。

〔解答のポイント〕

①商人たちを「カーリミー商人」と明示する。

②カーリミー商人の交易相手（インド商人，イタリア商人）を指摘する。

③インド商人から香辛料・絹・陶磁器などを購入し，イタリア商人に売却して彼らから銀・毛織物などを入手したことをまとめる。

3 解答

⑴　ペロポネソス戦争

⑵　デカメロン

⑶　本草綱目

⑷　バタヴィア

⑸　コッホ

⑹　京都議定書

⑺　茶

⑻　マウリヤ朝

⑼　イブン=シーナー

⑽　陰陽家

◀解　説▶

≪病気の歴史と医学の発展≫

▶問⑴　前5世紀に起こった，アテネ中心のデロス同盟とスパルタ中心のペロポネソス同盟による全ギリシアを二分する戦争は，ペロポネソス戦争である。開戦の翌年，アテネで疫病（ペストとも天然痘とも言われる）が大流行し，戦争を指揮した将軍ペリクレスも疫病で命を落とした。その後アテネではデマゴーゴスが現れて政治が混迷し，衆愚政治に陥った。結果，アテネはアケメネス朝ペルシアの支援を受けたスパルタ側に敗北した。

▶問(2)　14世紀半ばのヨーロッパのペスト大流行を背景とし，人間の愛憎や欲望を綴った小説はボッカチオの『デカメロン（十日物語）』である。

▶問(3)　明代後期の16世紀末，李時珍が編纂した薬物に関する実学書は『本草綱目』である。日本にも江戸時代に伝わり，医学・薬学に大きな影響を与えた。明代後期には科学技術への関心の高まりから実学が発達し，他にも宋応星の図解入り産業技術解説書である『天工開物』や，徐光啓の農業技術・政策の総合書である『農政全書』などが刊行された。

▶問(4)　19世紀にオランダ東インド会社が根拠地としていたジャワ島の都市の当時の名称はバタヴィア（現ジャカルタ）。

▶問(5)　結核菌やコレラ菌を発見したドイツ人医師はコッホである。純粋培養法や染色法などの研究手法を開発し，結核菌感染の診断に用いられるツベルクリンを精製するなど，医学の進歩に貢献した。

▶問(6)　1997年に温室効果ガス削減の数値目標を設定した国際会議は京都で開催され，その際の議定書を京都議定書と呼ぶ。1994年発効の気候変動枠組み条約を受けて成立したが，温室効果ガス大量排出国であるアメリカが批准を拒否するなど課題を残すものとなった。

▶問(7)　唐代に民衆に普及し，後に欧米にも貿易で広がって，アヘン戦争の原因にもなった嗜好品（飲料）とは茶である。茶は17世紀にヨーロッパにもたらされて以降，イギリスでは中・上流階級で砂糖を入れて飲む風習が定着し，産業革命期には労働者の疲労軽減の飲み物として広まった。このためイギリスの中国からの茶の輸入は貿易赤字を生み出すほどになり，対価の銀がイギリスから中国へ大量に流出した。この回収のためにイギリスは植民地インドのアヘンを中国に密輸し始めた（三角貿易の開始）。これがアヘン戦争の契機となった。

▶問(8)　仏教の経典編纂やスリランカ布教を行った王とはアショーカ王で，彼はインド初の統一国家マウリヤ朝の第3代国王である。統一戦争の最中，カリンガ国の征討における惨状に心を痛め，武力による統治からダルマ（倫理・法）に基づいた統治に改め，自らも仏教に帰依した。

▶問(9)　『医学典範』を著し，ラテン語名アヴィケンナとしてヨーロッパにも知られたイスラームの医学者とはイブン=シーナーである。サーマーン朝をはじめ様々な宮廷に医師や宰相として仕えて活躍した。また，アリストテレス哲学の研究者でもあった。同じくアリストテレス哲学の注釈で名を知られ，『医学大全』の著者でもあるイブン=ルシュド（ラテン語名アヴェロエス）と混同しないようにしたい。

▶問(10)　天体の運行と人間生活や社会現象を結びつけて考える思想を唱えた集団は，陰陽家である。諸子百家の一つに数えられ，万物を陰と陽に二分し，世の中の全ての現象はこの二気の影響で起こると説いた（陰陽説）。後に木・火・土・金・水の五要素の消長が万物に影響すると考える五行説と結びつき，陰陽五行説となった。陰陽五行説の大成者は鄒衍であり，彼の説は王朝交代の理論や讖緯思想に影響を与えた。

❖講　評

1　2023年度の長文論述では，資料として2つの地図が出された。長文論述で地図を参考にして論述する形式は1992年度以来のことである。2020年度の3つの資料を読み，その意味を繙いて論述解答の中で使用するという形式も難易度が高かったが，地図を参考にする問題も，広範囲の地域から情報を読み取り，それらを取捨選択する能力が試されるためハイレベルな問題である。今後も資料や地図を読み解く，あるいは使用する出題は十分考えられるので動向には十分注意したい。

本問は，1770年前後から1920年前後までのヨーロッパ，南北アメリカ，東アジアにおける政治のしくみや政体の変遷について，600字で説明する問題である。この問題には大きく2点の難しさがあったと思われる。一つ目は，参考とする地図から読み取れる情報を指定語句と照らし合わせ，論ずる国家・地域をいち早く特定し，論述の骨子を考えていかねばならない点である。地図から考え始めると，様々な国家について書きうることがわかるが，題意に沿うような内容を描き切れる地域は少ない。例えばブラジルやベルギー，イタリア，オスマン帝国から自立したバルカン諸国なども対象となるが，それらを対象には書きにくいと思われる。いかに短時間で論述すべき地域や内容を見抜くかが，受験生にとってかなり難しかったのではないだろうか。

二つ目は，記述のポイントを絞って広く浅く書いていく必要がある点である。一つの国家の政体変遷などについて，詳細に書き過ぎるとたちまち字数がかさんでしまう。要求に従って「独立」「政体変化」「憲法」「議会の権限」「参政権」といったポイントのみを簡潔にまとめていくことが求められる。ハイレベルな要約力が問われた問題といえる。

2　河川が各地の歴史に果たした役割をテーマに，2 行論述が 4 問，3 行論述が 1 問，語句記述問題が 2 問出題された。問(1)の(b)は，明代の江南の様子を表す有名なことわざの背景となった経済変化について記述する問題。難易度は高くないものの，3 行にまとめるには工夫がいるところである。問(2)の資料の読み取りは標準レベルである。(b)マムルークの特徴は容易に説明できるだろうが，その「役割」というところが少し難しい印象である。(c)はまず，クテシフォンを建設した国家としてパルティアを想起できなければならない。さらにパルティアの文化的変容について問われており，やや書きにくい論述であったと思われる。問(3)の(a)は古代エジプト文明を育んだナイル川流域の農業の特徴について述べる問題で，古代史からの定番の出題。(b)は何を書くべきなのかを間違えないようにしたい。カーリミー商人とその活動については，近年の大学入試問題ではよく扱われている印象がある。

3　病気の歴史と医学の発展に関する短答式の問題が計 10 問。例年，この大問では難問はほとんどない。まれに 1 行から 2 行の記述問題が出題されることもあるが，単語記述が大半である。ここでの失点は避けたい。2023 年度の問題では文化史からの出題がやや多かったが，難易度的には標準レベルといえる。問(6)の京都議定書が現代史からの出題なので，この問題は得点差が生じやすいと思われる。

地理

1 解答

A ⑴ 旧大陸の牛や新大陸のトウモロコシが，ヨーロッパ人の植民活動を契機とした新旧大陸間の移動により全地球的に広がった。(60字以内)

⑵ イギリスで始まった産業革命以降の鉱工業生産の拡大により，化石燃料や金属鉱石が採掘され，温室効果ガスが大量に放出された。(60字以内)

⑶ 冷戦下で核開発が進められ，各地で核実験が行われたため。(30字以内)

⑷ A―アルミニウム　B―コンクリート　C―プラスティック

⑸ 廃棄物は焼却の際に温室効果ガスを排出し，また自然分解されず微細粒となって海洋中に残留し生物などに悪影響を及ぼす。(60字以内)

B ⑴ メタン，米

⑵ 米の作付けが行われる雨季の初めと小麦の作付けが行われる乾季の初めに，地力回復や害虫駆除を目的に野焼きが行われるため。(60字以内)

⑶ 北部の大都市で自動車や工場・発電所などから発生した汚染物質が，夏の南西季節風に乗ってヒマラヤ山脈中腹まで達するため。(60字以内)

◀解　説▶

≪人間活動が地球環境に与える影響，南アジアの環境問題≫

◆設問A　▶⑴　16世紀は大航海時代であり，ヨーロッパ人が北アメリカと南アメリカを植民地化した時期である。これにより，それまでヨーロッパなどの旧大陸だけに分布していた牛，羊，豚などの家畜や小麦などの栽培植物が新大陸に持ち込まれ，逆に，新大陸だけで栽培されていたトウモロコシ，ジャガイモ，トマトなどが旧大陸に持ち込まれ，栽培されるようになった。動物と植物の例を1つずつあげるという指定があるので，旧大陸から新大陸へ広がったものとしては牛などの家畜，新大陸から旧大陸へ広がったものとしてはトウモロコシなどの栽培植物をあげる。

▶⑵　18世紀後半に始まるが，「全地球的に同時期に起こったわけではない」ということから，人間活動としては産業革命に始まる工業化とそれに伴うエネルギー・鉱産資源の採掘および化石燃料の燃焼に伴う温室効果ガスの排出を答える。地層中に残る証拠としては，石炭，石油などの化石燃料や鉄鉱石などの金属鉱石の採掘が地層の改変として明瞭である。

▶(3)　1950年代は，「放射性物質」という記述から，第二次世界大戦後の冷戦期におけるアメリカ合衆国やソ連などによる核実験が盛んに行われた時期と考える。

▶(4)　A，B，Cで重量のスケールが異なることに注意する。また，Cは生産量が急増する時期が1960年頃からと，A・Bに比べてやや遅れていることにも着目する。コンクリートは最も重量が大きく，最も早くから生産されていたので，Bが該当する。プラスティックは19世紀に発明されたが，石油を原料として大量生産されるようになったのは1960年頃からで，Cが該当する。アルミニウムはプラスティックよりも大量生産の開始時期がやや早く，重量が小さいので，Aが該当する。

▶(5)　プラスティックによる環境問題は多岐にわたる。プラスティックは石油を原料として製造されるため，焼却すると二酸化炭素を排出し，大気中の二酸化炭素濃度が増加し地球温暖化の原因となる。また，低温で焼却すると有毒なダイオキシンが発生することもある。ただ，現在最も問題になっているのはプラスティックゴミ，特に海洋プラスティックゴミの問題であろう。プラスティックは化学的に安定した物質なので自然分解されず，微生物によっても分解されることはないが，断片化してごく小さな細粒（マイクロプラスティック）となる。それらが海洋に流出すると，長期間海洋を漂い，その一部は海洋生物の体内に取り込まれ，食物連鎖を通して人間の体にも取り込まれる。ここでは海洋プラスティックゴミの問題を中心に述べ，字数に余裕があれば他の問題にも言及するとよいだろう。

◆**設問B**　▶(1)　「湿地などから発生する」とあるから，温室効果ガスはメタンである。メタンは，湿地の泥の中や牛・羊などの反すう動物の胃などにいる微生物によって作られ，大気中に放出される。Aは，ガンジス川下流域のバングラデシュ付近であるから，農作物は米である。米を作る田は，作付け期間中，ほぼ湿地の状態である。

▶(2)　Bは，インドからパキスタンにかけてのパンジャブ地方である。南アジアでは，季節風の影響で，おおよそ5～10月が雨季，11～4月が乾季となるから，5月は雨季の初め，11月は乾季の初めである。パンジャブ地方では雨季は米，乾季は小麦の二毛作が行われており，それぞれの収穫後（作付け前）に，次の作付け準備として刈り株を焼き払う，野焼きが行われる。農地に火を入れることで，地力の回復や害虫の駆除の効果も見込まれる。雨季の初めと乾季の初めに林野火災が増えるのはこのためである。

▶(3)　粒子状大気汚染物質の主な発生源は，自動車の排ガス，工場や火力発電所から出る煤煙などである。インド北部の大都市では，経済成長により自動車台数が増加し，工場や火力発電所も増加している。しかし，先進国と異なり，自動車の排ガス規制や工場などの煤煙の排出規制が不十分であり，粒子状大気汚染物質の排出が増えている。これらの物質は発生源の都市部から風によって各地に運ばれるが，特に6月から9月にかけては，夏の南西季節風に乗って発生源の北東に位置するヒマラヤ山脈中腹まで運ばれる。

2 解答

A　(1)　アーベトナム　イー韓国　ウーチリ

(2)　世界的な水産物需要の増大に対して漁獲量が増えていないため，冷凍・輸送技術の進歩で安定供給できる養殖業が発展した。（60 字以内）

(3)　Aーコイ，河川や池沼　Bーエビ，マングローブ林

Cーサケ，フィヨルド

(4)　えさとなる魚や稚魚の大量の漁獲は生態系を損なうので，稚魚を放流する栽培漁業や，卵から育てる完全養殖が進められている。(60 字以内)

B　(1)　生産責任制を導入したことで農民の生産意欲が高まったため。（30 字以内）

(2)　社会主義経済から市場経済に転換したことで農業補助金削減が行われ，化学肥料の購入が難しくなってその使用量が減少したため。(60 字以内)

(3)　肉類消費の増加により飼料作物などの穀物自給率が低下したが，食料安全保障の観点から主食の小麦は自給する政策をとったため。(60 字以内)

◀解　説▶

≪いくつかの国の水産物養殖業，4カ国の小麦の単位収量の変化≫

◆設問A　▶(1)　養殖生産量のうち淡水域の割合が高いアはベトナムであ

る。海水域の割合の高いイとウのうち，イは水生植物の割合が高いので，ノリやワカメなどの海藻類の養殖が行われる韓国，残るウがチリである。

▶(2)　1990年以降，新興国，発展途上国の経済成長や生活水準の向上などで世界的に水産物の需要が増大したが，漁業の生産量は過剰な漁獲などによる水産資源量の減少により横ばいとなっている。このため，輸送技術や冷凍技術の進歩により安定的に供給できる水産物養殖が世界的に盛んになった。

▶(3)　(A)中国やインドネシア，ベトナムなどの東南アジア諸国では，河川や池沼での淡水養殖が盛んである。いろいろな淡水魚の養殖が行われているが，各国で共通する魚種としてはコイ，ティラピアなどがある。

(B)汽水域とは海水と淡水が混じる水域である。インドネシア，ベトナムなどの汽水域では，潮間帯に分布するマングローブ林を開発してエビの養殖が行われている。

(C)チリとノルウェーの海水域では，ともにフィヨルドの入り江を利用したサケ，マスの養殖が盛んである。

▶(4)　養殖業の持続性における課題はいくつか考えられる。養殖魚がサケやマグロのように食物連鎖の上位に位置する魚である場合，えさとなる小魚を大量に漁獲しなければならない。このため，資源量の減少など海洋「生態系」に悪影響を及ぼすおそれがある。また，えさや薬剤などにより水質が悪化することもあり，それによる生態系への影響もある。「解決に向けた取り組み」は，これらの環境や天然資源への負荷を少なくする取り組みについて述べるが，指定語句の「稚魚」から栽培漁業について説明するとよい。栽培漁業とは，人工ふ化により育てた稚魚を自然界に放流することで資源量そのものを増やす取り組みであり，完全養殖は卵を採取して成魚まで育てるものである。

◆設問B　▶(1)　中国で1980年代前半に小麦の単位収量が急激に増加したのは，生産責任制が導入されたためである。中国では，1970年代末に改革開放政策が始まり，農業では，人民公社の集団経営から生産責任制による個人経営に移行した。生産責任制の下では，農民個人の努力で生産を増やせばその分個人の収入増につながった。このため，農業の生産性が向上し，単位収量が大きく増加した。

▶(2)　ハンガリーは1980年代までは社会主義国であり，1989年の東欧革命を経て市場経済に転換した。急激な市場経済化の過程で，農業経営が社会主義時代の集団農場から個人経営に転換するとともに，政府による農業補助金が削減された。このため，農家は化学肥料の購入資金が不足し，小麦の単位収量が低下した。ハンガリーでは市場経済化により農業生産全般が低迷したが，ここでは単位収量の低下の理由が求められているので，社会主義経済から市場経済への転換，「農業補助金削減」，農家の資金不足，化学「肥料」使用量の減少，単位収量の低下という流れで述べる。

▶(3)　中国で，一時期減少した小麦生産量がその後急激に増加した政策的背景を説明する問題である。指定語句の「肉類消費」の増加が何をもたらしたか，その事態が「食料安全保障」とどう関わり，小麦の生産量増加をもたらしたのかを説明する。中国では，経済成長と生活水準の向上により肉類の消費量が増えた。このため，飼料となる穀物は，国内生産量が増加しても，それだけでは供給が不十分となり，輸入量が増加し，自給率が低下した。問題は，飼料作物だけでなく小麦のような主食作物も輸入量が増えていることである。このままでは将来的に食料需要が増大するとともに，自給率が低下し続けていくと予想され，食料安全保障の観点からは見過ごすことのできない問題である。そこで少なくとも米と小麦という主食作物については国内で自給するという方針に転換した。小麦の生産量の増加にはこのような政策的背景がある。

3　解答

A　(1)　扇状地

(2)　尾根や山腹は針葉樹林に覆われ，一部の谷に荒地がみられる。(30 字以内)

(3)　集中豪雨により土砂が谷を流れ下る土石流が発生し，住宅が被災するとともに谷が荒地になった。そこで住宅地の上流側の谷に砂防ダムを建設し，新たな土石流による災害を防ごうとした。(90 字以内)

(4)　災害リスクが低い土地はすでに宅地化されていたので，住宅需要の増加に伴い利便性の高い鉄道の駅に近い土地が開発されたため。(60 字以内)

B　(1)　A―富山県　B―沖縄県　C―北海道　D―東京都

(2)　冬季の降雪量の多い北海道では屋根からの落雪を防ぐため，台風が頻繁に襲来する沖縄県では強風による家屋の被害を避けるため。(60 字以

内）

(3)　地方からの人口移動により大都市圏では住宅需要が旺盛であるが，地価が高く，非木造の高層集合住宅の建設が増えているため。(60字以内)

(4)　核家族化や少子化により世帯規模が小さくなり住宅総数は増加したが，若年層の流出と高齢化が進む地方圏では高齢者だけの世帯が増え，高齢者の死亡などで居住者のいない住宅が増加したため。(90字以内)

◀解　説▶

≪自然災害が発生した地域の地形図読図，日本の住宅≫

◆設問A　▶(1)　鉄道より北西側の住宅地域は山麓の緩斜面に立地している。山麓にある緩斜面は，山地から河川によって運ばれた土砂が堆積してできた扇状地である。

▶(2)　山地にみられる地図記号は針葉樹林と荒地である。尾根や山腹など山地の大部分は針葉樹林に覆われるが，一部の谷に荒地がみられる。

▶(3)　A・Bはせきの記号で，ここでは砂防ダムを表す。説明すべき事柄は，砂防ダムが建設された目的，山地のうち谷が荒地となった理由，2014年に発生した自然災害の特徴であるが，時系列で説明するとよい。2014年に発生した自然災害は，集中豪雨により山地斜面が崩壊し，土砂が土石流となって谷を流れ下り，下流の住宅地域の家屋を押し流したものである。土石流は樹木も巻き込みながら流れ下るため，土石流が流れた後の谷は樹木がなくなった荒地となる。この地域では，今後も集中豪雨による土石流の発生が予想されるため，土石流が発生した際に，住宅地域の上流でせき止め，住宅地域まで流れ下るのを防ぐ目的で砂防ダムが建設された。

▶(4)　人口増加により住宅需要が拡大し，都市の郊外に新たに宅地開発が行われる。災害リスクの高い土地でも宅地化が進むのは，災害リスクの低い土地がすでに宅地化されていて，土地が余っていないからである。リスクの高い土地の中でも，鉄道の駅に近く利便性の高いところが開発されている。

◆設問B　▶(1)　1世帯当たり人員数，1住宅当たり居住室数とも，大都市圏で少なく地方圏で多いが，地方圏でも，沖縄県は住宅の規模が小さく，北海道は1世帯当たり人員数が少ない。よって，Aが富山県，Bが沖縄県，Cが北海道，Dが東京都である。

▶(2)　冬季の降雪量が多く屋根への積雪も多い北海道の都市部では，かつては三角屋根が多かったが，今では多くが平屋根になっている。平屋根の利点は，屋根からの落雪を防げることである。中央部をくぼませ，とけた雪を集め排水する工夫がなされた平屋根もある。沖縄県で平屋根が多いのは，台風がしばしば襲来し強風が吹くためである。平屋根にして建物の高さを低くすると，強風の影響を受けにくくなる。

▶(3)　マンションなどの集合住宅の多くは非木造であり，非木造住宅の割合が上昇してきたのは，日本の住宅の中で集合住宅が増えたためである。その背景を「日本における人口移動の特徴」を踏まえて説明する。日本の人口移動は地方圏から大都市圏へという移動が継続しており，大都市圏では人口の増加とともに住宅需要が旺盛で，新規の住宅建設が活発に行われている。しかし，用地に余裕がなく地価も高いために1戸建て住宅よりも集合住宅の建設が多い。集合住宅のほとんどは非木造なので日本全体での非木造住宅の割合が上昇している。

▶(4)　住宅総数が長期的に増加を続けてきた理由と近年空き家率の上昇が著しい理由の2点を説明する問題である。指定語句のうち，「世帯規模」はその縮小が住宅総数の増加につながることを説明し，「地方圏」と「高齢化」は空き家率の上昇と関連づける。日本の世帯規模（1世帯当たり人員数）は継続的に小さくなっている。その理由は，核家族化，少子化，単身世帯の増加などである。一般に，住宅は世帯ごとに居住するわけだから，世帯規模が小さくなると，総人口が大きく減少しないかぎり，住宅総数は増加する。空き家は地方圏でも大都市圏でも増加しているが，特に地方圏での増加理由として，若年層の流出と高齢化が進み高齢者だけの世帯が増えていることがあげられる。このため，高齢者の死亡や老人ホームなどへの入居，子ども世帯との同居のための移住などによって，これまで生活していた住宅が空き家となってしまう事例が増えている。

❖講　評

2023 年度も大問3題であるが，それぞれ**A**，**B**の設問に分割され，実質的に6つのテーマからなる。論述の設問数は，17 問（1行3問，2行 12 問，3行2問）で，総論述字数は 990 字である。2022 年度よりも設問数・論述字数ともやや減少した。例年通り，グラフ，地図，統計表などの読み取りをもとに，地理的事象の分布や変化とその理由・背景を説明させる問題が中心である。また，2022年度に引き続いて地形図（地理院地図）の読図問題も出題された。

1　人間活動と地球環境の関わりに関する問題。設問Aは人新世の3つの開始時期と人間が作った物質について問われた。(1)～(3)は大航海時代，産業革命期，核開発の時代ということがわかれば，論述内容の指示も多く，説明は容易だろう。(4)は3つの物質の積算生産量の推移だけでは判断できず，重量のスケールが異なることに注意しなければならない。(5)は説明することがいろいろあるので，字数内で述べることをどのように取捨選択するかが悩ましい。現在最も問題になっていること（海洋プラスティックゴミの問題）を中心に，焼却時あるいは生産過程における環境問題なども述べておくのがよい。設問Bは南アジアの大気汚染についての問題であるが，南アジアの気候と農業の特徴を理解していれば説明できるだろう。

2　第一次産業の国際比較に関する問題。設問Aは6カ国の水産物養殖業について出題された。(2)は養殖生産量の増加の背景を需要と供給の面から説明する。需要は発展途上国を中心に世界的に水産物需要が増加していることを述べるが，供給は漁業生産量が伸び悩んでいることと，輸送などの技術発展により養殖水産物の安定供給ができるようになったことの2点が必要であろう。(4)も課題はいろいろあり1つに絞りにくい。解決の取り組みは，「稚魚」から栽培漁業の説明につなぐことができるかが決め手である。設問Bは中国とハンガリーについて小麦の単位収量の増減の背景が問われた。(2)は社会主義経済から市場経済に移行してどのような問題が起きたかという点から説明すればよい。指定語句の「農業補助金削減」を上手に使いたい。(3)は「肉類消費」から穀物自給率が低下してきたこと，「食料安全保障」から自給率向上の政策をとるようになったことを説明できればよい。

3　居住と自然環境に関する問題。設問Aは災害が起きた地域の地形図の読図問題である。(2)で谷が荒地になっていることは読図できるようになっておきたい。それができれば(3)で谷が荒地になったのは自然災害の影響であり，それはどのような災害なのかもわかってくるだろう。設問Bは日本の住宅について問われた。(2)の北海道についての説明は，雪があまり降らない地域の受験生にとっては難問であろう。(4)は設問文を

▒ よく読み2点についての説明が求められていることに注意する。

数学

1

◇発想◇ 解と係数の関係 $\alpha+\beta=-1$，$\alpha\beta=-k$ を用いて与式を k で表す。これを相加・相乗平均の関係が使えるように変形する。

解答
$$\frac{\alpha^3}{1-\beta}+\frac{\beta^3}{1-\alpha}=\frac{\alpha^3(1-\alpha)+\beta^3(1-\beta)}{(1-\beta)(1-\alpha)}$$

$$=\frac{\alpha^3+\beta^3-(\alpha^4+\beta^4)}{1-(\alpha+\beta)+\alpha\beta}\quad\cdots\cdots①$$

解と係数の関係から，順次

$$\alpha+\beta=-1,\ \alpha\beta=-k$$

$$\alpha^2+\beta^2=(\alpha+\beta)^2-2\alpha\beta$$
$$=1+2k$$

$$\alpha^3+\beta^3=(\alpha+\beta)^3-3\alpha\beta(\alpha+\beta)$$
$$=-1-3k$$

$$\alpha^4+\beta^4=(\alpha^2+\beta^2)^2-2\alpha^2\beta^2$$
$$=(1+2k)^2-2k^2$$
$$=2k^2+4k+1$$

よって

$$①=\frac{(-1-3k)-(2k^2+4k+1)}{1-(-1)+(-k)}$$

$$=\frac{2k^2+7k+2}{k-2}$$

$$=2k+11+\frac{24}{k-2}$$

$$=2(k-2)+\frac{24}{k-2}+15$$

$$\geqq 2\sqrt{2(k-2)\cdot\frac{24}{k-2}}+15$$ （$k>2$ から相加・相乗平均の関係）

$$=8\sqrt{3}+15$$

不等式における等号は

$$2(k-2)=\frac{24}{k-2}\quad \text{かつ}\quad k-2>0\qquad \text{すなわち}\qquad k=2+2\sqrt{3}$$

のときに成り立つ。

ゆえに，求める最小値は　$8\sqrt{3}+15$　……(答)

〔注〕 α，β は $x^2+x-k=0$ の解であるから，順次

$$\alpha^2=-\alpha+k$$

$$\alpha^3=-\alpha^2+k\alpha=-(-\alpha+k)+k\alpha=(1+k)\alpha-k$$

$$\alpha^4=(1+k)\alpha^2-k\alpha=(1+k)(-\alpha+k)-k\alpha=(-1-2k)\alpha+k^2+k$$

同様に

$$\beta^2=-\beta+k$$

$$\beta^3=(1+k)\beta-k$$

$$\beta^4=(-1-2k)\beta+k^2+k$$

これらから

$$\alpha^3+\beta^3=(1+k)(\alpha+\beta)-2k=-1-3k$$

$$\alpha^4+\beta^4=(-1-2k)(\alpha+\beta)+2k^2+2k=2k^2+4k+1$$

とすることも可。あるいは，二項定理から

$$\begin{aligned}\alpha^4+\beta^4&=(\alpha+\beta)^4-4\alpha\beta(\alpha^2+\beta^2)-6\alpha^2\beta^2\\&=(-1)^4-4(-k)(1+2k)-6(-k)^2\\&=2k^2+4k+1\end{aligned}$$

とすることも可。

◀解　説▶

≪２次方程式の２解の対称式の最小値≫

〔解答〕は３つの段階からなる。

第１段階は，$\alpha+\beta=-1$，$\alpha\beta=-k$ を利用して与式を k の分数式とすることである。これには〔解答〕や〔注〕のような式変形を行うとよいが，ここでの計算の成否で差が出るので慎重な計算が大切である。

第２段階は，割り算によって分子の次数を下げることである。

第３段階は，相加・相乗平均の関係が使えるように式変形を行うことである。これは経験がいると思われるが，この発想の有無で差が出る。

特段の難所のない問題であるから，計算に集中することが重要である。

2

◇発想◇　(1)　点と直線の距離の公式から t の値の場合分けによって絶対値を外す。その後，a の値の場合分けで積分計算を行う。
(2)　(1)の結果から $g(a)-f(a)$ を計算し，微分により増減表をつくり，必要な値を求める。

解答　(1)　$f(t)=\dfrac{|2t-(3t^2-4t)|}{\sqrt{2^2+(-1)^2}}=\dfrac{1}{\sqrt{5}}|3t(t-2)|$

$$=\begin{cases}\dfrac{1}{\sqrt{5}}(3t^2-6t) & (t<0,\ 2<t)\\ -\dfrac{1}{\sqrt{5}}(3t^2-6t) & (0\leqq t\leqq 2)\end{cases}$$

よって

(i)　$-1\leqq a<0$ のとき

$$g(a)=\frac{1}{\sqrt{5}}\int_{-1}^{a}(3t^2-6t)\,dt$$
$$=\frac{1}{\sqrt{5}}\Big[t^3-3t^2\Big]_{-1}^{a}$$
$$=\frac{1}{\sqrt{5}}(a^3-3a^2+4)$$

(ii)　$0\leqq a\leqq 2$ のとき

$$g(a)=\frac{1}{\sqrt{5}}\int_{-1}^{0}(3t^2-6t)\,dt-\frac{1}{\sqrt{5}}\int_{0}^{a}(3t^2-6t)\,dt$$
$$=\frac{1}{\sqrt{5}}\left\{\Big[t^3-3t^2\Big]_{-1}^{0}-\Big[t^3-3t^2\Big]_{0}^{a}\right\}$$
$$=-\frac{1}{\sqrt{5}}(a^3-3a^2-4)$$

ゆえに

$$g(a)=\begin{cases}\dfrac{1}{\sqrt{5}}(a^3-3a^2+4) & (-1\leqq a<0)\\ -\dfrac{1}{\sqrt{5}}(a^3-3a^2-4) & (0\leqq a\leqq 2)\end{cases}\quad\cdots\cdots(\text{答})$$

(2)　$h(a)=g(a)-f(a)$　$(0\leqq a\leqq 2)$　とおくと，(1)から

$$h(a)=-\frac{1}{\sqrt{5}}(a^3-3a^2-4)+\frac{1}{\sqrt{5}}(3a^2-6a)$$

$$= -\frac{1}{\sqrt{5}}(a^3-6a^2+6a-4)$$

$$h'(a) = -\frac{3}{\sqrt{5}}(a^2-4a+2)$$

$$= -\frac{3}{\sqrt{5}}\{a-(2-\sqrt{2})\}\{a-(2+\sqrt{2})\}$$

よって，$h(a)$ の増減表は次のようになる。

a	0	$\cdots$	$2-\sqrt{2}$	$\cdots$	2
$h'(a)$		$-$	0	$+$	
$h(a)$	$\frac{4}{\sqrt{5}}$	↘	$\frac{4(2-\sqrt{2})}{\sqrt{5}}$	↗	$\frac{8}{\sqrt{5}}$

ゆえに，最大値は $\frac{8}{\sqrt{5}}$，最小値は $\frac{4(2-\sqrt{2})}{\sqrt{5}}$　……(答)

◀解　説▶

≪放物線上の点と直線の距離の関数の定積分値，関数の最大値と最小値≫

▶(1)　点と直線の距離の公式を適用した後，t の値の場合分けによって絶対値を外す作業を正しく行う。その後，a の値の場合分けによって積分計算を行う。特段の難所がないので確実な計算が大切である。

▶(2)　本問も発想において迷うことはない。何よりも正しい計算が大切である。

本大問は易問であるが，入試ではこのような問題を計算間違いなく解き切ることが大切である。

3

◇発想◇　(1)　玉はすべて区別して考える。黒玉と白玉の計 8 個を並べ，それらの間 7 カ所と両端 2 カ所の計 9 カ所から異なる 4 カ所を選び，そこに赤玉を 1 個ずつ入れる場合の数 N を求める。

(2)　どの赤玉も隣り合わない並べ方のうち，少なくとも 2 個の黒玉が隣り合う場合の数 M を求めると，$q=\frac{N-M}{N}$ である。隣り合う黒玉の個数が 3 個である場合の数 M_1 と，2 個である場合の数 M_2 を求める。M_2 では，連続する 2 個の黒玉をまとめて 1 個として考えるが，これに残りの 1 個の黒玉が連続し，3 個の黒玉が連続する場合を除く必要がある。これを計算する際に M_1 が利用できる。例えば, M_1 通りの1つ $\boxed{B_1B_2B_3}$ からは除くべき $\boxed{B_1B_2}B_3$ と $B_1\boxed{B_2B_3}$ の2通りが得られる。

解答　(1)　黒玉と白玉の計8個を並べ，それらの間7カ所と両端2カ所の計9カ所から異なる4カ所を選び，そこに赤玉を1個ずつ入れる場合の数を N とすると

$$N=8!\cdot{}_9C_4\cdot 4!=8!\cdot\frac{9!}{4!\cdot 5!}\cdot 4!=9!\cdot 8\cdot 7\cdot 6$$

12個の玉の並べ方は12!通りあるから

$$p=\frac{9!\cdot 8\cdot 7\cdot 6}{12!}=\frac{8\cdot 7\cdot 6}{12\cdot 11\cdot 10}=\frac{14}{55}\quad\cdots\cdots(答)$$

(2)　どの赤玉も隣り合わない並べ方のうち，少なくとも2個の黒玉が隣り合う場合の数を M とすると，$q=\dfrac{N-M}{N}\left(=1-\dfrac{M}{N}\right)$ である。隣り合う黒玉の個数が3個である場合と，2個である場合の数をそれぞれ M_1，M_2 とすると

$$M=M_1+M_2\quad\cdots\cdots①$$

(i)　M_1 を求める。

連続する黒玉3個の並べ方は3!通りある。その各々に対して連続する3個の黒玉をまとめて1個と考え，これと5個の白玉の計6個の並べ方が6!通りある。その各々に対してそれらの間5カ所と両端2カ所の計7カ所から異なる4カ所を選び，そこに4個の赤玉を1個ずつ入れる場合の数が ${}_7C_4\cdot 4!$ 通りあるので

$$M_1=3!\cdot 6!\cdot{}_7C_4\cdot 4!=6\cdot 6!\cdot\frac{7!}{4!\cdot 3!}\cdot 4!=6!\cdot 7!\quad\cdots\cdots②$$

(ii)　M_2 を求める。

連続する2個の黒玉の選び方が ${}_3C_2$ 通りあり，その各々に対して2個の並べ方が2!通りある。この2個をまとめて1個と考え，これと残りの1個の黒玉と5個の白玉の計7個を並べ，それらの間6カ所と両端2カ所の計8カ所から異なる4カ所を選び，そこに4個の赤玉を1個ずつ入れる場合の数を M_2' とする。

$$M_2'={}_3C_2\cdot 2!\cdot 7!\cdot{}_8C_4\cdot 4!=3\cdot 2!\cdot 7!\cdot\frac{8!}{4!\cdot 4!}\cdot 4!$$

$=6\cdot 7!\cdot 8\cdot 7\cdot 6\cdot 5$

これら M_2' 通りのうちで黒玉が 3 個隣り合っている場合の数を M_2'' とすると

$$M_2=M_2'-M_2''$$

である。

ここで，黒玉を B_1，B_2，B_3 とするとき，M_2'' 通りの 1 つ 1 つは(i)の M_1 通りの各々，例えば $\boxed{B_1B_2B_3}$ から，$\boxed{B_1B_2}B_3$ と $B_1\boxed{B_2B_3}$ のように 2 通りに区別して得られるので，$M_2''=2M_1$ となり

$$M_2=M_2'-M_2''=M_2'-2M_1 \quad \cdots\cdots ③$$

①，②，③から

$$\begin{aligned}M&=M_1+M_2=M_2'-M_1\\&=6\cdot 7!\cdot 8\cdot 7\cdot 6\cdot 5-6!\cdot 7!\\&=6\cdot 5\cdot 7!(8\cdot 7\cdot 6-4\cdot 3\cdot 2)\\&=6^2\cdot 5\cdot 7!\cdot 52\\&=6^2\cdot 5\cdot 7!\cdot 4\cdot 13\end{aligned}$$

ゆえに

$$\begin{aligned}q&=\frac{N-M}{N}=\frac{9!\cdot 8\cdot 7\cdot 6-6^2\cdot 5\cdot 7!\cdot 4\cdot 13}{9!\cdot 8\cdot 7\cdot 6}\\&=\frac{9\cdot 8\cdot 8\cdot 7-6\cdot 5\cdot 4\cdot 13}{9\cdot 8\cdot 8\cdot 7}\\&=\frac{3\cdot 8\cdot 7-5\cdot 13}{3\cdot 8\cdot 7}\\&=\frac{103}{168} \quad \cdots\cdots(答)\end{aligned}$$

〔注〕 (1)の式中の ${}_9C_4\cdot 4!$，(2)の式中の ${}_7C_4\cdot 4!$，${}_3C_2\cdot 2!$，${}_8C_4\cdot 4!$ はそれぞれ ${}_9P_4$，${}_7P_4$，${}_3P_2$，${}_8P_4$ としてもよい。

◀解　説▶

≪3 色の玉 12 個の並べ方に関する条件付き確率≫

12 個の玉をすべて異なるものとして考える。確率ではどの玉も平等に扱うことが基本である。同様に起こる場合をまとめて考えることもあるが，玉を赤 1，赤 2，…のようにすべて区別して考えて立式するとよい。

▶(1)　大多数の受験生が経験済みと思われる発想で立式できて特に難所は

ない。落とせない設問なので，計算に注意すること。

▶(2)〔解答〕は4つの段階からなる。

第1段階は，どの赤玉も隣り合わない並べ方の中での余事象を考えることである。余事象の場合の数は，どの赤玉も隣り合わないという条件のもとで，隣り合う黒玉の個数が3個である場合の数 M_1 と，2個である場合の数 M_2 の和となる。

第2段階は，M_1 を求めることである。3個の黒玉をまとめて1個として考え，(1)と同様に考える。連続する黒玉の並び順も考慮する。

第3段階は，M_2 を求めることである。ここが難しく，差が出るところである。連続する2個の黒玉をまとめて1個として考えるが，これに残りの1個の黒玉が連続する場合を除かねばならない。例えば，M_1 通りの1つ $\boxed{B_1B_2B_3}$ からは除くべき $\boxed{B_1B_2}B_3$ と $B_1\boxed{B_2B_3}$ の2通りが得られる。これに気づくことがポイントである。

第4段階は，$\dfrac{N-M}{N}$ あるいは $1-\dfrac{M}{N}$ の計算を誤らず行うことである。〔解答〕では念のため少し詳しくその過程を記してあるが，間違えやすいので慎重に行いたい。

本大問は(2)が難の問題である。

4　◇発想◇　(1)　$\tan\left(\dfrac{1}{2}\angle ACB\right)$ の値を求める解法と AC（＝BC）の値を求める解法が考えられる。

(2)　△CDM（Mは辺 AB の中点）あるいは△ABN（Nは辺 CD の中点）を底面とする解法と，△ABC を底面とみる解法が考えられる。前者では，辺 AB の中点をMとして外接球の中心Oが直線 MN 上にあることを導き，次いで平面 CDM で考えて MN，CD の長さを順次求める。後者では，Dから平面 ABC に下ろした垂線の足Hが直線 CM 上にあることを導き，やはり平面 CDM で考えて DH の長さを求める。(1)がなければ四面体 ABCD の平面 CDM に関する対称性に基づく前者の発想が自然であり，本質的である。

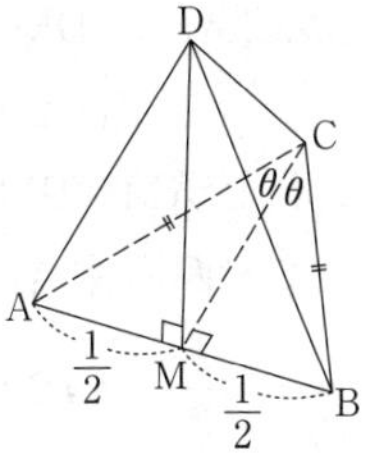

解答　(1)　$\angle ACB = \angle ADB = 2\theta \left(0 < \theta < \dfrac{\pi}{2}\right)$ とおく。

$\cos 2\theta = \dfrac{4}{5}$ から，$2\cos^2\theta - 1 = \dfrac{4}{5}$ であり

$$\tan^2\theta = \frac{1}{\cos^2\theta} - 1 = \frac{1}{9}$$

$0 < \theta < \dfrac{\pi}{2}$ から，$\tan\theta = \dfrac{1}{3}$ である。

三角形 ABC は AC＝BC の二等辺三角形であり，辺 AB の中点を M とすると，CM⊥AB である。また，$AM = BM = \dfrac{1}{2}$ である。よって

$$CM = \frac{AM}{\tan\theta} = \frac{3}{2} \quad \cdots\cdots ①$$

となり

$$\triangle ABC = \frac{1}{2}\cdot 1\cdot\frac{3}{2} = \frac{3}{4} \quad \cdots\cdots (答)$$

別解　AC＝BC＝t とおくと，三角形 ABC で余弦定理から

$$t^2 + t^2 - 2t^2\cos\angle ACB = 1$$

$$2t^2\left(1 - \frac{4}{5}\right) = 1$$

$$t^2 = \frac{5}{2}$$

よって

$$\triangle ABC = \frac{1}{2}t^2\sin\angle ACB$$
$$= \frac{1}{2}\cdot\frac{5}{2}\sqrt{1 - \left(\frac{4}{5}\right)^2}$$
$$= \frac{3}{4}$$

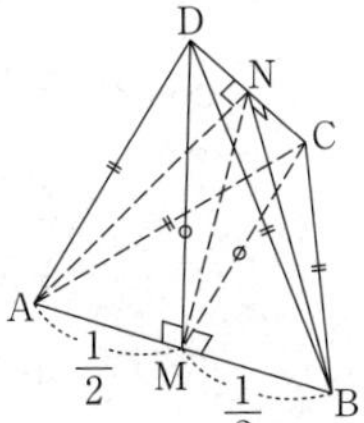

(2)　三角形 ABC，ABD は底辺と頂角の大きさが等しい二等辺三角形なので合同であり

AC＝BC＝AD＝BD，CM＝DM，CM⊥AB，
DM⊥AB

である。

CM⊥AB と DM⊥AB から

(平面 CDM)⊥AB

これと AM＝BM から，2点A，Bは平面 CDM に関して対称である。よって，四面体 ABCD の体積は

$$\frac{1}{3}\cdot\triangle\mathrm{CDM}\cdot\mathrm{AB}=\frac{1}{3}\cdot\triangle\mathrm{CDM}\quad\cdots\cdots②$$

また

A，Bから等距離にある点は平面 CDM 上にある　……③

さらに，AC＝BC＝AD＝BD から，三角形 ACD，BCD は CD を底辺とする合同な二等辺三角形であり，辺 CD の中点をNとすると，AN⊥CD と BN⊥CD から

(平面 ABN)⊥CD

これと CN＝DN から

C，Dから等距離にある点は平面 ABN 上にある　……④

③，④から，四面体 ABCD の外接球の中心をOとすると，Oは平面 ABN と平面 CDM の交線 MN 上にある。

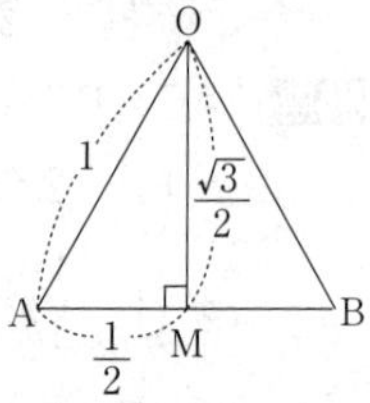

以下，平面 CDM 上で考える。

まず，三角形 OAB は AB＝OA＝OB＝1 の正三角形なので

$$\mathrm{OM}=\frac{\sqrt{3}}{2}$$

また，①から

$$\mathrm{DM}=\mathrm{CM}=\frac{3}{2}$$

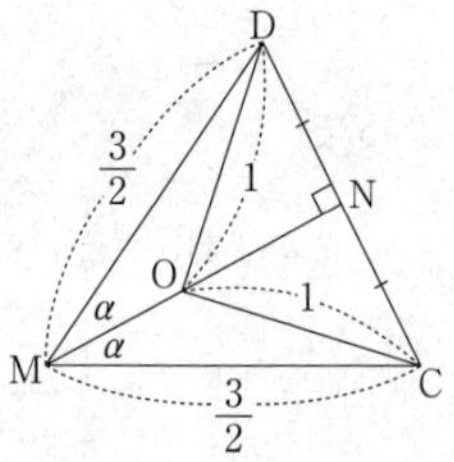

よって，$\angle\mathrm{CMO}=\alpha$　$(0<\alpha<\pi)$　とおくと三角形 CMO で余弦定理から

$$\cos\alpha=\frac{\mathrm{OM}^2+\mathrm{CM}^2-\mathrm{OC}^2}{2\mathrm{OM}\cdot\mathrm{CM}}$$

$$=\frac{\frac{3}{4}+\frac{9}{4}-1}{2\cdot\frac{\sqrt{3}}{2}\cdot\frac{3}{2}}=\frac{4\sqrt{3}}{9}$$

$$\sin\alpha=\sqrt{1-\left(\frac{4\sqrt{3}}{9}\right)^2}=\frac{\sqrt{33}}{9}$$

$$\sin 2\alpha=2\sin\alpha\cos\alpha=2\cdot\frac{\sqrt{33}}{9}\cdot\frac{4\sqrt{3}}{9}=\frac{8\sqrt{11}}{27}$$

$$\triangle\mathrm{CDM}=\frac{1}{2}\cdot\left(\frac{3}{2}\right)^2\cdot\frac{8\sqrt{11}}{27}=\frac{\sqrt{11}}{3}$$

ゆえに，②から四面体 ABCD の体積は　$\dfrac{\sqrt{11}}{9}$　……(答)

〔注 1〕 上の図では，O が線分 MN 上にあることになっているが，線分 MN の N の側の延長上にある場合でも $\cos\alpha$ の値は同じ値となる。また，O が線分 MN の M の側の延長上にくることはない。この場合には α が鈍角となり，三角形 CMO の最大辺は OC となるが，$\mathrm{OC}=1$，$\mathrm{CM}=\dfrac{3}{2}$ であるので，矛盾となるからである。

〔注 2〕 $\cos\alpha=\dfrac{4\sqrt{3}}{9}$ を得た後，$\mathrm{MN}=\mathrm{CM}\cos\alpha=\dfrac{3}{2}\cdot\dfrac{4\sqrt{3}}{9}=\dfrac{2\sqrt{3}}{3}$ から，$\mathrm{CN}=\sqrt{\mathrm{CM}^2-\mathrm{MN}^2}=\dfrac{\sqrt{33}}{6}$ を用いて△CDM を求めてもよい。あるいは，$\sin\alpha=\sqrt{1-\left(\dfrac{4\sqrt{3}}{9}\right)^2}=\dfrac{\sqrt{33}}{9}$ から，$\mathrm{CN}=\dfrac{3}{2}\cdot\dfrac{\sqrt{33}}{9}=\dfrac{\sqrt{33}}{6}$ とするなどバリエーションがある。

〔注 3〕〔解答〕では $\angle\mathrm{CMO}=\alpha$ とする解法によっているが，これとは別に，$\mathrm{ON}=x$ とおく解法も考えられる。
直角三角形 CMN，OCN で三平方の定理から，CN^2 を 2 通りに計算し

$$\left(\frac{3}{2}\right)^2-\left(\frac{\sqrt{3}}{2}+x\right)^2=1^2-x^2\quad より\qquad x=\frac{\sqrt{3}}{6}$$

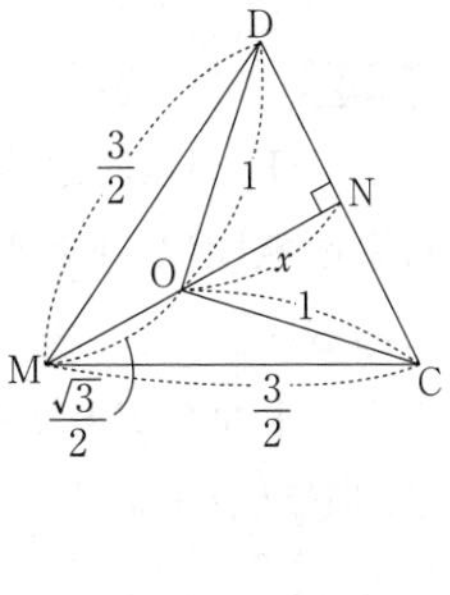

を得て，これより　　$\mathrm{MN}=\dfrac{\sqrt{3}}{2}+\dfrac{\sqrt{3}}{6}=\dfrac{2\sqrt{3}}{3}$

および　　$\mathrm{CD}=2\mathrm{CN}=2\sqrt{1^2-\left(\dfrac{\sqrt{3}}{6}\right)^2}=\dfrac{\sqrt{33}}{3}$

が求められ，$\triangle\mathrm{CDM}=\dfrac{\sqrt{11}}{3}$ となる。

別解 1 $\Bigl($O が直線 MN 上にあり，$\mathrm{OM}=\dfrac{\sqrt{3}}{2}$ となるところまでは〔解答〕

に同じ)

$$\mathrm{O}\,(0,\ 0,\ 0),\ \mathrm{A}\left(\frac{\sqrt{3}}{2},\ \frac{1}{2},\ 0\right),\ \mathrm{B}\left(\frac{\sqrt{3}}{2},\ -\frac{1}{2},\ 0\right)$$

とおくことができる。

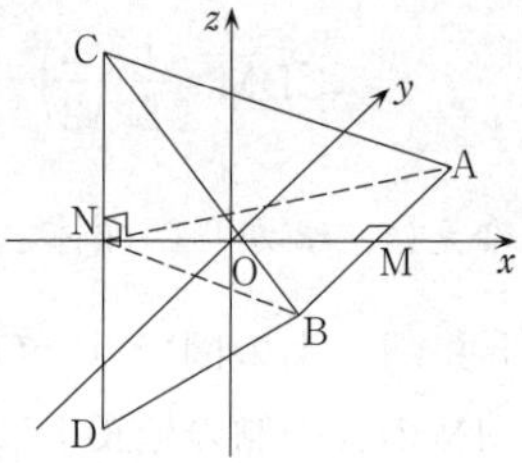

さらに，CD⊥(平面 ABN)，CN＝DN から

$$\mathrm{C}\,(a,\ 0,\ b),\ \mathrm{D}\,(a,\ 0,\ -b)\ \ (b>0)$$

とおくことができる。このとき，CO＝1 から

$$a^2+b^2=1\ \ \cdots\cdots⑤$$

また，(1)の〔別解〕にあるように，$\mathrm{AC}^2=\dfrac{5}{2}$ であるから

$$\left(a-\frac{\sqrt{3}}{2}\right)^2+\frac{1}{4}+b^2=\frac{5}{2}$$

$$a^2+b^2-\sqrt{3}\,a=\frac{3}{2}\ \ \cdots\cdots⑥$$

⑤，⑥から

$$a=-\frac{\sqrt{3}}{6},\ b=\sqrt{\frac{11}{12}}=\frac{\sqrt{33}}{6}$$

よって

$$\mathrm{CD}=\frac{\sqrt{33}}{3},\ \mathrm{MN}=\frac{\sqrt{3}}{2}+\frac{\sqrt{3}}{6}=\frac{2\sqrt{3}}{3}$$

となる。ゆえに求める体積は

$$\frac{1}{3}\cdot\triangle\mathrm{ABN}\cdot\mathrm{CD}=\frac{1}{3}\cdot\left(\frac{1}{2}\cdot1\cdot\frac{2\sqrt{3}}{3}\right)\cdot\frac{\sqrt{33}}{3}=\frac{\sqrt{11}}{9}$$

別解 2　(O が直線 MN 上にあるところまでは〔解答〕に同じ)

CM⊥AB，DM⊥AB と三垂線の定理から，D から平面 ABC に下ろした垂線の足 H は直線 CM 上にある。

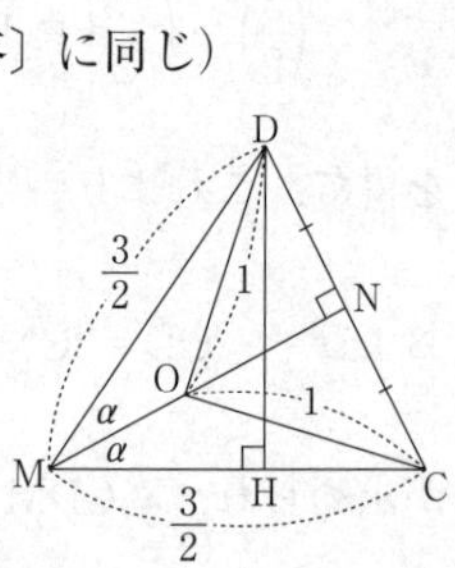

以下，平面 CDM で考える。

∠CMO＝α とおくと，〔解答〕と同様に

$$\sin 2\alpha=\frac{8\sqrt{11}}{27}$$

よって

$$\mathrm{DH}=\frac{3}{2}\sin 2\alpha=\frac{4\sqrt{11}}{9}$$

ゆえに，四面体 ABCD の体積は

$$\frac{1}{3}\cdot\triangle \mathrm{ABC}\cdot \mathrm{DH}=\frac{1}{3}\cdot\frac{3}{4}\cdot\frac{4\sqrt{11}}{9}=\frac{\sqrt{11}}{9}$$

◀解　説▶

≪ある断面に関して対称な四面体の体積≫

(1) 〔解答〕のように辺 AB の中点をMとして CM の長さを求める解法と，〔別解〕のように AC（＝BC）の長さを求める解法が考えられる。前者では $\cos\angle \mathrm{ACB}=\frac{4}{5}$ から $\tan\left(\frac{1}{2}\angle \mathrm{ACB}\right)$ を求めることがポイントであり，後者では余弦定理を用いることがポイントである。いずれにしても易しい設問であり確実に解きたい。

(2) 〔解答〕では，四面体 ABCD の平面 CDM に関する対称性から，△CDM を底面とする解法によっている。(1)があるので，△ABC を底面とみてDから平面 ABC に垂線 DH を下ろす解法によると，〔別解２〕となる。東大の問題では小問誘導がない方が自由な発想でよい解答が得られることもあるので，注意が必要かもしれない。

〔解答〕は３つの段階からなる。第１段階は，２点A，Bが平面 CDM に関して対称であることから，体積を $\frac{1}{3}\cdot\triangle \mathrm{CDM}\cdot \mathrm{AB}=\frac{1}{3}\cdot\triangle \mathrm{CDM}$ とすることである。

第２段階は，２点A，Bから等距離にある点の全体は平面 CDM となり，２点C，Dから等距離にある点の全体は平面 ABN となることから，外接球の中心Oが直線 MN 上にあることを導くことである。これと同じことであるが，「A，Bは平面 CDM に関して対称なので，A，Bから等距離にある点Oは平面 CDM 上にあり，C，Dは平面 ABN に関して対称なので，C，Dから等距離にある点Oは平面 ABN 上にある」という記述でもよい。このような根拠を端的に記述することは，東大文科での空間図形の出題が 2001 年度以来であることも考慮すると難しいかもしれない。何が何に対して対称なのかを明記せず，単に「対称性から」という表現では曖味であり好ましくない。

第3段階は，三角形CDMの面積を求めることである。このためには cos∠CMOの値を利用するとよい。この場合には，〔注2〕にあるようにバリエーションが考えられる。これとは別に，〔注3〕のようにON$=x$とおき，三平方の定理を利用してxを求める解法も考えられる。さらに，〔別解1〕のように座標を設定して求めることもできる。〔別解2〕では，Dから平面ABCに下ろした垂線の足Hが直線CM上にくることを捉えることがポイントである。この理由は，本質的には三垂線の定理による。

本大問は(2)において必要な数値を次々と得ていくだけでなく，そのための明快で適切な根拠記述も考慮すると，文系ではやや難の問題である。

❖講　評

2023年度は2022年度に比べ，易化した。3(2)以外は標準レベルの問題である。頻出の整数の出題がなく，2001年度以来出題がなかった空間図形が出題された。また2020年度以降出題がなかった積分が2023年度は出題された。また，2022年度同様，頻出の点や曲線の存在範囲や図示の出題がなかった。理科との共通問題は確率の3であり，(2)が難しい。1が小問なしで，他は小問2問の構成である。

東大文科入試としての難易度は，3(2)以外すべてやや易～標準で好ましい構成である。

1　2次方程式の2解の対称式（分数式）の最小値の問題。計算に注意し，相加・相乗平均の関係にもっていく問題。小問がないが解き切りたい。

2　放物線上の点と直線の距離に関する積分と最大値と最小値の問題。(1)は積分を問うためのやや作為的な出題である。(2)微分による増減の考察が必要。標準的な問題だが計算と処理力で差が出る問題。

3　3色の玉の並びに関する条件付き確率の問題。(1)はよくある易問。(2)は余事象の捉え方で難所が1カ所ある。

4　四面体の体積の問題。(1)は易問で落とせない。(2)は(1)に捉われず，ある断面に関する頂点の対称性に基づいて求めるのが望ましい。標準レベルなのだが，東大文科として22年ぶりの空間図形の出題だったため差が出たかもしれない。落ち着いて処理したい問題。

いわゆる重要句法の暗記によるものではなく、話の内容に応じた語句の意味を考察する必要がある。㈡の「『爾』の指す対象を明らかにして」という条件付きの口語訳は、発言者の立場からの言葉遣いで条件に対応する。㈢の発言についての内容説明と㈣の本文の趣旨を踏まえた内容説明は、発言や本文全体の肝心な内容を的確に要領よくまとめる力量を要する。

四　現代文（随筆）　長田弘が独自の感性や視点から言葉について語った随筆が取り上げられている。長田弘の文章は、かつて京都大学や一橋大学でも出題されたことがあった。筆者が望む言葉のありようと対極にある、「『そうとおもいたい』言葉」や「合言葉」といった、本文読解のうえで鍵となる重要な表現を理解するのは手ごわかったと思われる。設問の難易度は、㈠～㈢がやや難レベル、㈣が標準となっている。㈠は比喩表現をどう説明するかが問われている。比喩表現は一般的・辞書的な意味と文脈上の意味をどう結びつけるかがポイントであるが、この問いでは一般的・辞書的な意味がつかみにくかったのではないだろうか。

九章から成っている。

❖講　評

一　現代文（評論）　吉田憲司の、仮面について考察した評論が出題された。広範な事例を挙げながら論が進められ、仮面の研究意義、一つ目の普遍的特性、憑依との異同までは、論理展開も明快で、内容も読み取りやすかったのではないだろうか。ただし、身体（顔）との関わりについての考察以降では、より慎重で深い読解が求められている。設問の難易度は㈠〜㈢が標準レベル、㈣はやや難で、㈤が基本となっている。解答にあたって本文中の用語を用いてよいが、文は抜き出しに頼らず、自分で組み立てることが必要である。また、㈣では「どのようなことを言っているのか」と問われており、解答の方向を考える必要がある設問となっている。どの記述問題についても、書く内容を吟味し、どう組み立てるかを明確にしてから、解答欄の大きさに合うよう文章化するという一連の作業を、高いレベルでこなせるように準備しておきたい。

二　古文（説話）　鎌倉時代の仏教説話『沙石集』から、福耳を売ったことによって運勢も心根も落ちぶれてしまった僧の話が出題された。話の展開は読みやすく、設問も決して難解なものではないので、それぞれの解答の精度が問われることになるだろう。㈠の口語訳はやや易しい感がある。㈡の「『何れも』の中身がわかるように」という条件付きの口語訳も同様。㈢の内容説明（理由説明）は、自分の想像は排し、あくまでも本文の記事に基づいて解答するように注意が必要。㈣の「状況がわかるように」という条件付きの口語訳は、何をどこまで補って解答するべきか迷うが、人物の動向の理解を簡潔に示す表現力をはかるものでもあると考えられる。㈤の内容説明は、主人公の僧がとらわれるようになった執着心についての理解が求められている。

三　漢文（思想）　愚かな主君を正面から諫めず陰口を言うばかりであった臣下について批判する見解が示された文章。全体の論旨を把握した上で、部分的な内容や趣旨の理解を求める問いに対応しなければならない。㈠の口語訳は、

▼㈣　傍線部エは〈言葉が他者の発見につながる〉ことを述べている。ここで「他者」とは「共有しえていない」（二行前）何か、つまり「差異」（三行前）を持った存在である。したがって、〈言葉→差異→他者〉という認識の流れがあると考えられるだろう。では、どのような「言葉」が「差異」を認識させるのか。それは、㈡で見たような「一人のわたしの自律」（傍線部イ）が成立しているような「言葉」ということになる。つまり、独自の具体的な「言葉」との関わりの体験に裏付けられ、その人独自の方法で育まれた「言葉」は、その人独自の意味やニュアンス、用法などを持つため、受け手に自分や他の人々との「差異」を（おそらく鮮烈な印象とともに）認識させるのである。他人の中にある他の誰とも違う「差異」に気づいたとき、自分にも誰とも違う「差異」がないかを考えはじめる。そのなかで「避けがたくじぶんの限界をみいだす」（傍線部エの直前）ことになるのだろう。これらを踏まえて、解答には〈他者一般〉とは明確に区別できるような表現として、〈固有な他者〉、〈唯一の他者〉や〈かけがえのない他者〉などを用いたい。なお、筆者はここで見た「言葉」を㈡で見た「『そうとおもいたい』言葉」や㈢の「合言葉」の対極に位置づけているが、これらについては、ここまでの設問で説明したため、省略してよいだろう。したがって、解答に必要なポイントは以下の三点である。

①　独自の経験との結びつきに裏打ちされた言葉
②　自分も含め誰とも異なる差異
③　かけがえのない他者として認識

解答にあたっては、①は相手側の言葉、②と③は受け手である自分側の認識としてまとめると書きやすいだろう。

参考　長田弘（一九三九～二〇一五年）は詩人・児童文学作家・文芸評論家・随筆家。福島市生まれ。早稲田大学第一文学部独文専修卒業。一九六五年に第一詩集『われら新鮮な旅人』を刊行する。詩集に『深呼吸の必要』（一九八四年）、『世界は一冊の本』（一九九四年）、『世界はうつくしいと』（二〇〇九年）など、著書に『アウシュヴィッツへの旅』（一九七三年）、『私の二十世紀書店』（一九八二年）などがある。なお、『詩人であること』は一九八三年に発表され、全三十が込められていることも押さえておきたい。次に、「合言葉」とはどのようなものか見ていこう。一般的には〝味方であることを確認するために使われる符牒としての言葉〟や〝仲間内の主義や信念・主張などを端的に表した言葉〟という意味で用いられる語である。本文には、傍線部ウの二行後に「言葉を合言葉としてつかって、逆に簡単に独善の言葉にはしって、たがいのあいだに敵か味方かというしかたでしか差異をみない、あるいはみとめないような姿勢が社会的につくられてゆく」とある。ここから考えると、「合言葉」とは、〈何となく正しくて望ましい内容だという印象で思考を停止させ、自分だけでなく他人もそう受け取るのが当然であると押しつけ（同調圧力をかけ）、もし拒否したり否定したりする者がいれば、それを敵として排除し、社会を二分してしまうような言葉〉と言えるだろう。ここで、例えば、日本の戦時中の「それでも日本人か」という非難が、本来、多様であるはずの「日本人（らしさ）」という言葉の意味を一方的に決めつけ、「非国民」という排除と蔑みの言葉による威嚇とセットになって、これを国民全員が望ましいものとして受け入れ、賛同することを強要したという事象を想起してもよいだろう。このような「合言葉」によって物事を考えることは、自らが正しいと思うことを掘り下げて考えたり疑問を抱いたりせず、他人もまた当然それに賛同するはずだから、全体の意見であるという発想や表現につながるものである。これらを整理すると、解答に必要なポイントは以下の三点である。

①　社会全体に共有されているかのような表現

②　独善的な思考

③　賛成を強要し、反対する者を排除する

なお、第五段落の五行目「敵か味方かというしかたでしか差異をみない」という表現は、〈本来、多様な差異が存在するのに、「合言葉」で思考する者は、独善的（自分の正しさを疑わない）思考ゆえに自分の正しさを受け入れる人とそうでない人という差異しか予想できない〉ことを述べている。これを踏まえ、〔解答〕には〈多様性を封殺する〉という表現を加えている。

に、傍線部イのある第四段落中から、傍線部イの態度と類似・対比関係にある態度を押さえ、解答作成の手がかりにしたい。傍線部イの態度は、二行後の「言葉を一人のわたしの経験をいれる容器として」とらえ、用いる態度であり、傍線部イの前の「一つの言葉がじぶんのなかに……はいってくるきかたのところから、その言葉の一人のわたしにとっての関係の根をさだめてゆく」結果として生まれる態度である。さらに詳しく述べた部分を第四段落以外からも探そう。第一段落二行目の「それぞれのもつとりかえのきかない経験を、それぞれに固有なしかたで言葉化してゆく」ことで生まれた態度も同様であり、特に、「それぞれに固有なしかたで言葉化してゆく」という内容は第四段落には述べられなかった内容として注目しておきたい。以上が類似関係にあるものである。一方、この態度は、傍線部イの次行の「『そうとおもいたい』言葉にじぶんを預けてみずからあやしむことはない」態度や二行後の「言葉を社会の合言葉のようにかんがえる」態度と対比関係に置かれている。「社会の合言葉」については㊂の解答で説明が必要になるので、この問いでは、「『そうとおもいたい』言葉」の方をわかりやすく説明すればよいだろう。この言葉は、多くの人々が当然そうあるべきだと思っていること（常識的な理解）に流され、自分も安易に受け入れ、肯定しているだけの言葉、すなわち、〈多くの人々が深く考えず肯定しているような抽象的で理念的な内容の言葉〉と考えられる。こうした言葉は社会に流布し、無反省に使われてしまうことになるだろう。これらを整理すると、解答のポイントは以下の三点である。

① 言葉と自分の具体的な経験との関わりを踏まえる
② 独自の方法により固有の意味を確立する
③ 社会に流布している理念的な意味に頼らない

▼㊂ 傍線部ウ中の「『公共』の言葉、『全体』の意見」は〈社会全体の人々が共通に持つ言葉や意見〉であり、傍線部ウ中の「口吻をかり」るとは、〈言い方を用いる〉ということである（「口吻」は〝口ぶり、言い方〟の意）。ここには、実際は社会全体に共有されているわけではないのに、あたかも共有されているかのように主張するというニュアンス

「文化」という言葉を例として説明していくという役割を果たしている。「『そうとおもいたい』言葉」の二つの特徴を押さえていこう。一つ目の特徴は、第一段落から「経験の具体性の裏書き」（四行目）を持たない言葉、つまり「それぞれに独自の、特殊な、具体的な経験」（一行目）、「それぞれのもつとりかえのきかない経験」（二行目）を捨象した言葉であるという特徴で、これは〈独自で具体的な経験〉（＝中身・内実）から切り離されている点で、先ほどの「錠剤」の意味ⓐに対応しており、傍線部ア直前の「誰もが弁えていない」という表現が意味するものでもある。二つ目の特徴は、「錠剤」の意味ⓑ、および傍線部ア直前の「誰もが知ってて」に対応する特徴になる。これは本文中ではまとまった形で説明されていないが、第二段落二行目の「抽象的」、傍線部アの「観念」を手がかりに推測すると、〈抽象化された観念的な意味として安易に理解されている（簡単に飲み込んでいる）〉という特徴になる。これらを整理すると、解答のポイントは以下の三点になる。

①「平和」や「文化」という言葉
②独自の具体的経験から切り離されている
③抽象的な意味でのみ安易に理解されている

傍線部で話題となっている事柄（おもに主語や主部にあたる事柄）は、前後の文脈で明らかな場合、本文では省略されていることが多いが、解答ではこれを示さないと相手に何についての話なのかが伝わらないため、補って説明することを普段から心がけてほしい。その意味で、①のポイントも解答に入れたいところである。

なお、〔解答〕では、「『そうとおもいたい』言葉」という表現には、人々の間で〈当然そうあるべき、それが望ましい〉と考えられているというニュアンスが含まれていることを踏まえ、〈理念〉（＝〝物事がどうあるべきかについての根本的な考え〟）という表現を加味している。

▼㈡「自律」とは〝自ら立てた規範に従い、自分のことは自分でやっていくこと〟の意だが、傍線部イ「言葉にたいする……わたしの自律」とあるので、ここでは生き方全般ではなく、〈言葉に関する自律〉に限定してよいだろう。次

る姿勢が潜んでいるということ。

㈣　その人独自の体験との結びつきの中で育まれた言葉は、自分や他の人々との差異に気づかせ、相手をかけがえのない他者として認識させるということ。

◆要　旨◆

「そうとおもいたい」言葉に寄りかかる、あるいは言葉を社会の合言葉ととらえ、合言葉で考える。このことが言葉に対する一人のわたしの自律を失わせ、敵か味方かという差異だけに還元する二元論的姿勢を生む危険性へと道を開き、多様な差異を持った他者については十分な言語化ができないという言葉の脆弱さを生んでいる。言葉に対する自律を立ち上げ、こうした状況を克服するためには、その言葉とどのように出会い、付き合ってきたのかという具体的な経験を、その人なりの方法で言葉化していくことが必要とされている。そうして育まれ獲得された言葉は、多様な差異の存在とかけがえのない他者の存在に眼を開かせるのだ。

▲解　説▼

本文は戦後の言葉を批判しつつ、言葉のあるべき姿、自らの経験を託した独自の言葉の必要性を訴えた内容となっている。詩人である筆者の主張は、詩や韻文にとどまらず文章を鑑賞し、そして書く上で重要な視点を提示していると重く受け止めたい。

本文は「白味噌の雑煮」と題された文章の第十二～十八段落にあたる部分である。原文は二十一の段落から成り、特に標題や見出しは付されていない。

▼㈠　「錠剤のように」という比喩表現をどう理解し、説明するかが問われている。比喩は言葉の一般的・文字通りの意味を踏まえながら、文脈中の意味を考えることが必要となる。「錠剤」の一般的な意味を、ここではⓐ〈中身・内実に触れずに〉、ⓑ〈簡単に飲み込むことができる〉ものと考えておこう。次に、文脈での意味を確認していこう。第二段落は「たとえば、……」と始まり、第一段落の末尾で述べた「『そうとおもいたい』言葉」について、「平和」や

②「吾毎見主上…」という発言内容＝武帝は国政を顧みないため晋の世は長続きしないと

③「後言」自体の内容＝自宅で家族に陰口として伝えた発言（※「陰口」という理解がポイント）

▼㈣「顚《たふ》れて扶《たす》けずんば、安《いづ》くんぞ彼《か》の相《しやう》を用《もち》ゐんや」と読む。「安」は反語を表し、〝（補助する相手が）倒れて（それを）助けないならば、どうしてそのような補助者を用いるだろうか、いや、そのような補助者を用いる必要はない〟と述べることによって、補助する相手の危機を救うことこそが補助者の役割であるということを表している。本文に即して言えば、主君である武帝の愚かさゆえに国が滅びそうな危機にある中、最高位の臣下にあたる何曽がとるべきなのは、武帝の過ちを諫めて国家の危機を救おうと助力する態度だというのである。「臣下」の立場として「主君」や「国家」に対してどうあるべきかを示す形でまとめる。解答のポイントは次の二点である。

①「安用彼相」に基づいた内容＝忠義の臣下に求められるのは

②「顚而不扶」に基づいた内容＝主君の過ちを諫めて国家の危機を救うために助力する態度である

参考『貞観政要』は、唐代の歴史家呉兢が唐の太宗の言行をまとめたもので、太宗と臣下の問答の形をとり、政治のあり方や戒めについての話が全十巻四十篇にわたって記されている。

四

出典　長田弘『詩人であること』〈18　白味噌の雑煮〉（岩波書店）

解答

㈠「平和」も「文化」も、自分独自の具体的な経験と無縁の、単に抽象的、理念的意味を持つ語として安易に理解されているということ。

㈡ 社会に流布する理念的な意味に流されず、自分に関わる具体的な経験を元に独自の方法で育んだ、固有の意味を持つ言葉を獲得し使用すること。

㈢ 社会に共有されているとする主張の裏には、多様性を封殺する独善的な思考によって、賛成を強要し反対派を排除すう。「之」は何曽やその言動を指す。「美」は、「前史」を主語とする述語であることに注意し、〝賛美する・賞賛する〟といった簡潔な表現で訳したい。

c、「辞《じ》を直《なほ》くして」と読む。「直」は飾り気がなくありのままの様子を表す。「辞」は〝言葉〟の意。「直辞」でひとまとまりの表現として〝率直な言葉を用いて・ありのままのことを言って〟のようにわかりやすく訳すとよいだろう。

d、「時《とき》を佐《たす》く」と読む。「佐」は動詞として〝補佐する・補い助ける〟の意。「時」は、この文章の話題から〝時の政治・その時の治世〟という意味でとらえる。

▼(二)「爾《なんぢ》が身《み》は猶《な》ほ以《もつ》て免《まぬか》るべし」と読む。「爾」はここでは振り仮名の通り「なんぢ」と読み、第二人称として用いられている。傍線部は何曽が子の劭に語った言葉なので、〝おまえ〟は劭を指している。「爾身」の訳は〝おまえの身〟でよいわけだが、設問の「『爾』の指す対象を明らかにして」という指示に応じて、「劭」の名に呼び掛ける形を添え、「(諸)孫」と区別するために〝子・息子〟という立場を示して解答しておくのが無難かと思われる。「猶」はここでは〝それでも〟の意の副詞で、後の「此等必遇乱死」＝〝この者(＝孫)たちはきっと乱世を迎えて死ぬだろう〟との対比が匂わされている。〔解答〕は〝そうはいっても・まだしも〟の意で〝まだ〟とした。「可」はここでは可能を表している。「以」は〝それで・そうして〟といった程度の意で、直接の訳出はしづらい。

▼(三)「後言《こうげん》」は〝本人がいない所で言う悪口・陰口〟の意で、第一段落で、何曽が、主君である武帝について、退勤後に自宅で家族に向けて言った悪口を指している。具体的な内容は、武帝は国政の遠大なはかりごとを論じることなくありきたりな話をするばかりで、先行きを考えて国を保とうとする姿勢がないため、孫の代には国は滅びるだろうと予想するものである。発言内容を簡潔にまとめ、「後言」自体の意味の理解を示して解答するのがよいだろう。解答のポイントは次の三点である。

① 何曽の

ては朝廷で強く意見を言うことがない。それを優れた智恵の者と見なすのは、間違いではないか。倒れて助けないならば、どうしてそのような補助者を用いるだろうか。

読み　朕《ちん》聞く晋《しん》の武帝《ぶてい》呉《ご》を平《たひら》げしより已後《いご》、務め驕奢《けうしや》に在《あ》り、復《ま》た心を治政《ちせい》に留《とど》めず。何曾《かそう》朝《てう》より退《しりぞ》き、其《そ》の子劭《せう》に謂《い》ひて曰《い》はく、「吾主上《われしゆじやう》に見《まみ》ゆる毎《ごと》に、経国《けいこく》の遠図《ゑんと》を論《ろん》ぜず、但《た》だ平生《へいぜい》の常語《じやうご》を説《と》く。此《これ》厥《そ》の子孫《しそん》に貽《のこ》す者に非《あら》ざるなり。爾《なんぢ》が身は猶《な》ほ以《もつ》て免《まぬか》るべし」と。諸孫《しよそん》を指《ゆび》さして曰はく、「此等《これら》必ず乱《らん》に遇《あ》ひて死せん」と。孫《まご》の綏《すい》に及び、果《はた》して淫刑《いんけい》の戮《ころ》す所《ところ》と為《な》る。前史之《ぜんしこれ》を美《び》とし、以て先見《せんけん》に明《あきら》かなりと為す。

朕が意《い》は然《しか》らず。謂《おも》へらく曾の不忠《ふちゆう》は、其の罪大《つみだい》なり。夫《そ》れ人臣《じんしん》と為りては、当《まさ》に進《すす》みては誠《まこと》を竭《つ》くさんことを思《おも》ひ、退きては過《あやま》ちを補《おぎな》はんことを思ひ、其の美を将順《しやうじゆん》し、其の悪《あく》を匡救《きやうきう》すべし。共《とも》に治《ち》を為す所以《ゆゑん》なり。曾位台司《くらゐたいし》を極《きは》め、名器崇重《めいきすうちよう》なり。当に辞《じ》を直《なほ》くして正諫《せいかん》し、道《みち》を論じて時《とき》を佐《たす》くべし。今乃《いますなは》ち退きては後言《こうげん》有《あ》り、進みては廷諍《ていさう》無《な》し。以て明智《めいち》と為すは、亦《ま》た謬《あやま》りならずや。顛《たふ》れて扶《たす》けずんば、安《いづ》くんぞ彼《か》の相《しやう》を用《もち》ゐんや。

▲解　説▼

本文のおおまかな内容は次の通りである。

> **第一段落**　政治に無関心になった武帝について、何曾は子孫に対して、武帝は政治に不熱心で国の存続を考慮していないため、孫の代には乱世を迎えて災禍が及ぶだろうと語ったところ、その通りになり、史書ではそれが先見の明に富む美談とされている。
>
> **第二段落**　太宗の見解は史書に反し、何曾の忠義心のなさを断罪するものであった。臣下は常に君主を助けて国家に尽くす必要があるのに、何曾は最高位の臣下であるにもかかわらず陰口を言うばかりで武帝を強く諫めもせず、国政の危機に何の役にも立っていないからである。

▼(一)　b、「前史之《ぜんしこれ》を美《び》（なり）とし」（または「前史之を美《ほ》め」）と読む。「前史」は〃以前の歴史書〃の意でよいであろ

三

出典　呉兢《ごきょう》『貞観政要《じょうがんせいよう》』〈巻第一　君道第一〉

解答

㈠　b、以前の歴史書は何曾を賛美し

c、率直な言葉を用いて

d、時の政治を補佐する

㈡　劭よ、子であるおまえの身はまだ災禍を免れることができるだろう

㈢　何曾の、武帝は国政を顧みないため晋の世は長続きしないと、自宅で家族に陰口として伝えた発言。

㈣　忠義の臣下に求められるのは、主君の過ちを諫めて国家の危機を救うために助力する態度であること。

◆全　訳◆

私が聞くところによると晋の武帝は呉を平定した時から後、おごってぜいたくであることを追い求めるばかりで、以前のようには政治に心を留めなくなった。何曾は朝廷から戻り、その子である劭に告げて言うことは、「私が主上（＝武帝）にお目にかかるたびに、（武帝は）国を治めていく遠大なはかりごとを論じず、ただ普段のありきたりな話を言って聞かせるだけだ。この者は子孫のために国を保ち残す者ではないのである。おまえの身はまだ（災禍を）免れることができるだろう」と。孫たちを指さして言うことは、「この者たちはきっと乱世を迎えて死ぬだろう」と。孫の綏の時になって、その通り（綏は）不当な刑罰によって殺された。以前の歴史書は何曾を賛美し、先見の明があったとしている。

私の見解はそうではない。考えるところ曾の忠義のなさは、その罪は重大だ。そもそも主君に仕える臣下となっては、（主君の）そばに仕えては誠実を尽くそうとすることを思い、そばを離れては（主君の）過ちを補おうということを思い、主君の長所を助け従い、主君の欠点を正し救わなければならない。（それが）共に政治をする手段である。曾は位を最高位の官職まで極め、爵位やその爵位にふさわしい車や衣服も崇高で重々しい。率直な言葉を用いて正しい意見を述べて諫め、道義を論じて時の政治を補佐しなければならない。今それなのに（主君のもとを）離れては陰口を言い、そばに仕え

えず、僧の顔も見たくない気持ちでそっけない態度をとってとりあえず去らせたということを意味していると思われる。以上の内容を読み取った上で、設問の「状況がわかるように」という指示には、主語として〝神主の妻子・病人の家族〟を補い、神主を死に至らせた僧に対する態度であることがわかるように書いて対応する。解答欄は一行なので、補足も訳自体もできる限り簡潔な表現をとらざるを得ない。

▼㈤　この段落の傍線部キの前までの内容は、僧が神主の家を追い出された帰途に災難に遭ったり、布施が少なそうだと見込んで行かなかった先では多くの布施が出されたとのことであったりして何もかもうまくいかなかったのは、福耳を売ったせいであろうというもので、傍線部キは耳を売った僧の有様を言ったものであるという理解が大前提。その上で「心も卑しくなりにけり」とされているのは、耳を売った後の僧の一連の言動は、ひたすら布施を多く取ることを目論むものになっていたということである。「心も」の「も」は、不運に見舞われたことに加え、「心」のあり方までもが卑しくなったということを示している。傍線部の前に書かれている内容は具体的に盛り込めそうにないので、耳を売った僧のことであるという理解を示し、「も」による累加の意味を出すのは忘れずにまとめるのが妥当かと思われる。解答のポイントは次の二点である。

①「耳売りたる僧」が

②「心も卑しくなりにけり」＝金銭に執着する下品な人間にまでなった

参考　『沙石集』は、鎌倉時代に無住が著した仏教説話集。十巻から成り、各巻には、霊験譚や遁世譚などのテーマに応じた話が百五十話ほど収められている。無住は臨済宗の僧で、仏道を民衆に広く説くために著したものとされる。

現代語訳の問いなので、「そ」の指示内容の具体化や〝吉相は〟の補いなどはないままでよいだろう。
ウ、「予」は第一人称。動詞「赴く」は〝出向く・行く〟ということ。「給へ」は尊敬語補助動詞の用法の「給ふ」の命令形。「かし」は念押しの終助詞で〝よ〟または〝ね〟と訳す。

▼㈡「何れも」は、神主の子息が望んだ「真読の大般若」と「逆修」の二つの祈禱を指している。「得たる事」は〝得意としていること〟の意。「なり」は断定の助動詞。

▼㈢ 本来は相当な酒飲みである僧が〝(酒は)一滴も飲まない〟と言った理由は、傍線部オの前の二つの心内文に求められる。「酒を愛すと云ふは、信仰薄からん」は、酒好きだと言うと施主はあまり自分を信じ敬いはしないだろうということ。「いかにも貴げなる体ならん」は、酒好きを隠すことによっていかにも貴い様子の僧に見せかけようということ。〔解答〕のほかに、酒好きだと答えた場合の危惧を説明する形で、〝酒好きだと言うと貴い僧に見えず、信用を得られないと思ったから〟のようにまとめることもできるだろう。解答のポイントは次の二点である。

①「酒を愛すと云ふは、信仰薄からん」＝酒好きだと言うと信用を得られない∴酒好きを隠して信用を得よう

②「いかにも貴げなる体ならん」＝(酒好きを隠して)いかにも貴い僧らしく見せかけよう

▼㈣「中々」(「なかなか」)は、通常の認識やもともとの予想とは逆の側面があることを示す副詞で、〝かえって・むしろ・逆に〟のように訳す。「とかく」は〝どうともこうとも・あれこれ〟の意の副詞。「申す」は、ここでは〝言う〟の対象である僧への敬意を表しているわけではなく、表現に重みを持たせるために用いられているようである。地の文に散見される「申す」はいずれも同様で、訳は〝申します〟またはそのまま〝申す〟として処理する。副助詞「ばかり」はここでは程度の用法。傍線部カ全体の逐語訳は〝かえってどうともこうとも申しますようなこともなくて〟となる。これは神主の妻子の様子で、病気の神主に僧が餅を食べさせた結果、神主が死んでしまったため、本来なら泣き叫んで僧に怒りをあらわにしたり僧をなじったりしそうなものだが、かえってそうもしないということであろう。後に「『孝養の時こそ、案内を申さめ』とて返しけり」と続いているのは、僧に対して怒りを通り越して逆に何も言

第三段落（既に海を渡りて、…）
耳を売った僧が訪れた神主は老齢で病床に臥していた。息子が二種類の祈禱を望んでいると申し出ると、耳を売った僧は、両方を勧めて多額の布施を得ようと目論み、どちらも得意だと答えて自分の祈禱の能力を誇示した。
第四段落（「さて、酒はきこしめすや」と…）
神主の家族に酒を飲むかと問われ、耳を売った僧は、酒飲みだと正直に答えたら貴く見えず信用を得られないと考え、まったく飲まないと偽ると、餅を勧められた。その餅を祈禱の一環だとして病人に食べさせると、病人はむせて亡くなってしまい、耳を売った僧は帰らされた。
第五段落（帰る路にて、…）
耳を売った僧は、帰途、海が荒れて命を落としかけるほどの災難に遭った。一方、今回行かなかった方の仏事では多額の布施が出されていた。耳を売った僧は、福耳をなくしたせいで万事がうまくいかなくなった上、心も、金銭に執着する卑しいものになってしまった。

▼㈠ ア、「たべ」はバ行四段活用動詞「給《た》ぶ」の命令形。「給《た》ぶ」は、「給《たま》ふ」の音便縮約形とされるもので、ここでは〝与ふ〟の尊敬語として用いられており、〝お与えください〟や〝ください〟と訳す。「御坊」は僧に対する敬称で、ここでは第二人称として〝あなた〟や〝貴僧〟と訳す。「買はん」の「ん」は助動詞「ん」（「む」）の終止形で意志の用法。
イ、副助詞「ばかり」はここでは限定の用法。係助詞「こそ」と「おはすれ」で係り結びが成立し、そこで文が終止せずに逆接で後へ続く形となっている。「福相」は〝吉相・幸運の兆し〟のこと。「おはすれ」はサ行変格活用動詞「おはす」の已然形で、〝あり〟の尊敬語として用いられている。「耳ばかりこそ福相おはすれ」から逆接で続く「その外は見えず」は、〝耳以外には吉相は見当たらない〟ということであるが、何かを補うようには指定されていない

と思って、「一滴も飲まない」と言う。「それならば」ということで、（神主の子息は）温かい餅を勧めた。したがって、『大般若経』の法会の趣旨や願意を仏に申し上げて、あの餅を（病人に）食わせて、「これは『大般若経』の仏法の妙味で、不死の薬でございます」と言って、病人に与えた。病人はありがたく思って、横になったままで合掌して、三宝諸天（＝仏と仏法と僧と、仏を守護する神々）の御恩恵と信じて、一口で食べたところ、何日も食事をしていないため、（餅を噛むのに）疲れた様子で、うまく食べることができなくて、むせた。妻や、子供が、抱えて、あれこれしたけれども、その甲斐なく、死んでしまったので、かえってどうともこうとも申しますようなこともなくて、「亡き親の追善供養のときに、お知らせを申し上げよう」と言って（耳を売った僧を）帰らせた。

帰る道中で、風や波が荒くて、波をどうにか切り抜け、やっとのことで命が助かり、着物やその他の持ち物は損ない失った。またもう一方の所の（仏事の）営みは、布施が、非常に多いものであった。これも、耳の福を売ったことの結果が現れたものかと思われた。あらゆることが食い違ってうまくいかないのに加え、心も卑しくなってしまった。

◀解　説▶

本文のおおまかな内容は次の通りである。

第一段落（南都に、ある寺の僧、…）

奈良の都にいた福耳の僧が貧乏な僧に請われて耳を売ったところ、人相見は、耳を買った僧には幸運が訪れ、売った僧はもとあった福耳以外には吉相はないと占った。耳を売った僧は、耳と同様に貧乏を売ることもあるかもしれないと考えて奈良を去り、東国に住んだ。この僧は説法などもする者であった。

第二段落（ある上人の云はく、…）

ある高僧が、耳を売った僧に、自分の代わりにどちらかの仏事に出向いてほしいとして、遠路で布施が少なそうな所と、近くて布施が多そうな神主の所を示すと、耳を売った僧は布施が多い後者を選ぶと即答して出向いた。

在まで暮らし向きがよくない人である。「このように耳を売ることもあるので、貧乏を売ることもきっとあるにちがいない」と思い、奈良の都を出て行って、東国の方に住みましたが、学僧であって、説法などもする僧である。

ある高僧が（耳を売った僧に）言うことは、「老いた僧（＝私）を仏事に招くことがある。身が老いて道のりが遠い。私に代わって、出向いてくださいよ。ただし三日の道のりである。想像するところ、布施は十五貫文を超えるはずはない。またここから一日の道のりである所で、ある神主で裕福な者が、七日の逆修（＝生前に死後の冥福を祈る仏事を修すること）をすることがある。ここも私を招くとはいうものの（私は）行くようなことを望まない。ここは、一日に最悪ならば五貫、うまくすると十貫ずつは（布施を）しようとしているだろう。あなたは、どちらにお行きになるだろうか」と言う。あの（耳を売った）僧は、「（どちらに行くかなどと）おっしゃるまでもない。遠い道のりをどうにか我慢して、十五貫文などを受け取りますようなことより、一日の道のりを行って七十貫を受け取りましょう」と言う。「それならば」ということで、一方（＝遠路の方）へは別の人に行かせる。神主のもとへはこの僧が行った。

（耳を売った僧は）もはや海をわたって、その場所に到着した。神主は年齢が八十歳に及んで、病床に臥している。（神主の）子息が申しましたのは、「年老いた身に加え、病気が何日も長く続いて、無事は期待することが難しゅうございますけれども、ひょっとして（回復することもあるか）と、何はともあれ祈禱に、真読の大般若（＝『大般若経』六百巻を省略せずに読誦すること）を行うことを望みます」と申します。「また、（もともとお願いしていた）逆修は、どうあっても準備をいたしまして、そのまま引き続いていたしましょう」と言う。この僧が思うことは、「先に大般若の布施を受け取るのがよい。さらに逆修の布施は手に入ったも同然なこと」と思って、「たやすいことでございます。参上しているからには、お言葉に従うつもりだ。どちらも得意としていることである。とりわけ祈禱は私の宗派の秘法である。きっと霊験があるにちがいない」と言う。

（神主の子息は）「ところで、酒はお飲みになるのか」と申します。（耳を売った僧は）普段は十分な酒飲みではあるけれども、「酒を好むと言うのは、（先方が私を）信じ敬う心が薄いだろう」と思って、「どう見ても貴そうな様子でいよう」

見」——驚異の部屋からヴァーチャル・ミュージアムまで』（一九九九年）、『宗教の始原を求めて——南部アフリカ聖霊教会の人びと』（二〇一四年）などがある。なお、「仮面と身体」は二〇二一年に発表された。

二

出典　無住『沙石集』〈巻第九　二十三　耳売りたる事〉

解答

㈠　ア、お与えください。あなたの耳を買おう
　イ、耳にだけは吉相がおありだけれども、それ以外には見当たらない
　ウ、私に代わって、出向いてくださいよ

㈡　真読の大般若も逆修も、どちらも得意としていることである

㈢　酒好きを隠し、貴い僧らしく見せかけて信用を得ようと思ったから。

㈣　神主の妻子は、神主を死なせた僧にかえってどうとも申しようがなくて

㈤　耳を売った僧は、金銭に執着する下品な人間にまでなったということ。

◆全　訳◆

奈良の都に、ある寺の僧で、耳たぶが厚い僧に、ある貧乏な僧がいて、「お与えください。あなたの耳を買おう」と言う。（耳たぶが厚い僧は）「早くお買いになれ」と言う。（続けて）「どれほどでお買いになるだろうか」と言う。（貧乏な僧は）「五百文で買おう」と言う。「それでは」ということで、銭を受け取って売った。その後、京へ上って、人相見のもとに、耳を売った僧と一緒に行く。（人相見が耳を買った僧を）占って言うことは、「幸運はおありにならない」と言うときに、耳を買った僧が言うことは、「あのお坊さんの耳を、その代金はこれこれのような額で買っています」と言う。「それでは（その）御耳で、来年の春の頃から、御幸運が成って、御安心だろう」と占う。そうして、耳を売った僧に対しては、「耳にだけは幸運の相がおありになるけれども、それ以外には見当たらない」と言う。あの（耳を売った）僧は、現

同レベルの言い換え（だけ）を求めているのではなく、文章全体における意味（筆者の問題意識においての意味・別のレベルの意味）を理解し、説明することを求めているのだと考えられる。したがって、第二段落に述べていた、仮面研究が明らかにするはずの「普遍的なもの、根源的なもの」（傍線部ア）にあたるものがここ（傍線部エ）にあることも読み取りたい。すなわち、仮面には〈異界の力や自己というともに不可視のものを認識したいという根源的な欲求〉が関わっているということである。では、解答に必要なポイントをまとめておこう。

① 仮面は異界の力を可視化する
② 仮面は変化し続け不可知だった自分のありようを、固定し可視化する
③ 不可視のものを認識したいという根源的な欲求

なお、〔解答〕では、設問に例年通り「本文全体の趣旨を踏まえて」とあるので、顔＝自己のありようを知ることがなぜ希求されるのかがわかる内容を補足した。それは、顔が「私を私として認知する要となる」（第十一段落二行目）だけでなく、「他者と私とのあいだの……境界」（傍線部ウ）として他者や「世界に対する関係」（第十四段落後ろから二行目）を規定するという重要性を持つためである。

▼㈤ a、拗音（小さい「ヤ」・「ユ」・「ヨ」）を含んでいるので、慌てて読み間違えないように注意する。b、「遂げて」（〝ある結果に達して〟という意味）は、字形の似ている「逐」と適切に使い分けられるようにしよう。熟語のときは、音読みで区別できるようにしておくとよい（「スイ」と読む場合→遂、「チク」と読む場合→逐）。c、「衝撃」も「衝」（音読み「ショウ」）と字形の似ている「衡」（音読み「コウ」）の使い分けができているか、この際に確認しておこう。

参考 吉田憲司（一九五五年〜）は文化人類学者。京都市生まれ。京都大学文学部哲学科卒業後、大阪大学大学院文学研究科博士課程修了。二〇〇〇年より国立民族学博物館教授、総合研究大学院大学教授を併任し、二〇一七年に同博物館長に就任。著書に『仮面の森――アフリカ、チェワ社会における仮面結社、憑霊、邪術』（一九九二年）、『文化の「発

② 仮面は私にも認識でき、形が固定化されている

ただし、これだけでは、「顔」と「仮面」の違いを説明したに過ぎず、「他者と私とのあいだ」の「境界」であることが説明できていない。そこで、顔や仮面が「私を私として認知する要となる」(第十一段落二行目)もの、つまり、他者に私についての認識をもたらし、関わり方を決定するもの(＝「他者と私とのあいだ」の「境界」)であり、これが変化することまでを解答に入れる必要がある。よって、もう一つのポイントは以下の内容である。

③ 他者が私を認識する対象が変化する

▼㈣ 傍線部エは、「仮面」が〈「異界」を可視的に認識する装置である〉ことと〈自分自身を可視的に認識する装置である〉ことを述べている。前者については第三・四段落で説明されている。その内容を第五段落の冒頭で、「仮面が……異界の力を可視化し、コントロールする装置である」と整理しているので、解答にはこの箇所を使いたい。ただし、傍線部エが「可視的なかたちでつかみ取るための装置」という表現なので、単なる抜き出しでは言い換えとして説明の方向がズレてしまう。そこで、「コントロールする」ことは省き「可視化」することだけに絞る、あるいは、〈「コントロールする」ために「可視化」する〉と、順序を逆にすることで傍線部エとの整合性をより高めよう。

次に、後者の〈自分自身を可視的に認識する装置である〉ことについては、第九～十五段落までのまとまりの中で読み取っていこう。㈢で見たように、自分の顔は〈変化し続ける〉〈私には不可知なもの〉であるが、仮面は「定まった形をもった」(第十四段落一行目)「自分の目で見て確かめることができる」(同二行目)ものである。なお、〈不可視のものが可視化される〉だけでは不足である。というのも、たとえ可視化されても「常に揺れ動き定まることのな」いものは、対象化し把握することは極めて難しく、仮面により「固定された」とき「自身の可視的なありかた」(以上同五行目)は初めて対象化、把握可能なものとなるからである。

さて、ここでさらに注意したいのは、㈠～㈢までの「どういうことか」という問い方ではなく、この設問だけが「どのようなことを言っているのか」と問うていることである。この表現の意図するところは、傍線部の逐語的な、

が好んでかぶる仮面に、憑依という宗教的な体験を想定することはできない」と、これらの仮面が「憑依」との結びつきを失っていることを指摘している。これがより〈新しい時代〉の仮面のありかたである。ちなみに、「子どもたちが好んでかぶる仮面」の例は第三段落の「月光仮面」（段落三行目）や「ウルトラマン」（同四行目）などの仮面だと推測できるが、ここで〈新しい時代〉＝現代のことだと早合点しないようにしよう。というのも、「芸能化した仮面」の例にあたるのが、第三段落三行目の「能・狂言」で使われる仮面だからである。したがって、ここでのより〈新しい時代〉は現代に限定してはならないため、〈現代〉や〈最近〉などの表現を使うのは不適当である。解答は二つの時代それぞれの仮面と憑依の関係を示せればよいだろう。よって、必要なのは以下の二点である。

①　かつて憑依の道具としての仮面は憑依と切り離せなかった

②　その後、憑依を必要としない仮面が登場した

なお、〔解答〕には、空間的・歴史的に多様な仮面に共通する特性とは何かという筆者の問題意識を踏まえて、〈憑依現象は仮面の共通性ではない〉という内容を付け加えている。

▼㈢　まず、傍線部ウ中の「新たな境界」という表現に着目しよう。この表現には、それ以前の「境界」とはありかたが異なることが示唆されている。したがって、仮面をつける前＝顔が境界だった状態と仮面をつけた状態を対比的に整理してみよう。第十一段落では、顔を「私自身は見ることができない」（段落二行目）、すなわち「顔は私にとってもっとも不可知な部分」（同四行目）であることが示されている。続く第十二段落では、「顔はひとときとして同じ状態でそこにあることはない」（段落二行目）と、顔が終始変化し続けるものであることを述べている。一方、仮面は、第十四段落で「自分の目で見て確かめることができる」（段落二行目）ものであり、「固定し対象化したかたどりを与える」（同三行目）、つまり一定の形に固定化されているという特徴を持っている。以上を踏まえて、二組の対比のセットを盛り込んだ解答をめざす。ここまでで最低限必要な解答のポイントは以下の二点である。

①　顔は私にとって不可知なもので、豊かに変化し続ける

仮面は自己のありようを可視化するというもう一つの普遍的性格を持つ

▼(一)　第一段落の冒頭および末尾で、〈仮面は人類にとって普遍的な文化ではない〉ことが述べられている。だが、傍線部アでは、「仮面の探求」が「普遍的なもの、根源的なものの探求につながる」と、第一段落の内容と一見矛盾する結論を導き出している。その根拠にあたる内容を受けているのが、傍線部アの「その意味で」という指示語である。指示内容は傍線部アの前文で、〈交流のない、遠隔地に仮面に関わる酷似した現象がみられるのは、人類の普遍的な思考や行動に基づくものだからだ〉という内容である。ここまでを押さえると、解答に必要なポイントは次の二点に整理できる。

①　交流がなくとも共通する現象が存在するのは、普遍的思考や行動に基づくからである

②　仮面に共通した特性の探求は、普遍的・根源的なものを明らかにする

このうちより重要なのは、②の根拠となる①である。ⓐ〈交流がない〉にもかかわらず、ⓑ〈共通する現象〉が存在することが、人類にとっての普遍的な欲望や認識・思考・行動などに基づいていることの証拠となるのであるから、ⓑだけでは不十分である。ⓐ・ⓑ両方を解答に入れるには、抜き出しではほぼ不可能で、短くまとめる工夫（自分の言葉を使って短く表現するなど）が必要である。なお、①から②という論理展開は演繹（普遍的法則から特殊命題へ）にあたることも理解しておこう。

▼(二)　傍線部イを含む文は、「仮面のありかたの歴史的変化」（傍線部イ直前）から〈傍線部イの内容〉が明らかになると述べている。ここで押さえておくべきは、この「仮面のありかたの歴史的変化」の中身である。第五段落で「神霊の憑依」のための道具として仮面が用いられていたことが示され、第六段落末尾で「仮面と憑依との結びつきは、動かしえない事実のようである」と主張している。仮面がこのような形で宗教的儀礼や神事に用いられていた状態を筆者は、〈古い時代〉の仮面のありかただと考えている。これに対して、第七段落冒頭で「芸能化した仮面や子どもたち

できる固定された形を与え、そのことで他者や世界との関係を固定化する仮面は、自分のありようを把握可能にする装置でもある。こうした仮面の共通性から、不可知のものを可視的に認識したいという普遍的・根源的な願望を読み取ることができる。

◀解　説▶

本文は仮面の文化人類学的考察をテーマとしている。最初に仮面研究の意義・目的を述べ、その後、仮面に共通する特性から二つの結論を導き出している。一つ目は、仮面は異界の力を可視化、コントロールする装置であるという結論、二つ目は、自分のありようを把握させる装置であるという結論である。

本文の段落数は全部で十五。原文には、この本文の第一～四段落に「仮面の普遍性」、第五～八段落に「仮面と憑依」、第九～最終十五段落に「仮面と身体」という見出しがそれぞれ付されている（なお、原文は、本文の前に「はじめに」という見出しを持つ二つの段落があり、全十七段落で構成されている。本文の第一段落は、原文では第三段落となっている）。筆者の分け方に従うと三部構成ということになるが、ここでは解説の都合上、第一部を第一・二段落と第三・四段落の二つに分け、四部構成として扱う。

1　第一・二段落（いまさら…）
　仮面文化の研究は人間にとっての普遍的・根源的なものを解明する意義がある

2　第三・四段落（地域と時代を…）
　仮面は異界の力を可視化、制御するという普遍的特性を持つ

3　第五～八段落（ここでは、…）
　仮面にとっての普遍的性格は、憑依ではなく、身体とのかかわりの中に存在する

4　第九～十五段落（仮面と身体との…）

一

出典　吉田憲司「仮面と身体」（『學鐙』第118巻第4号　丸善出版）

解答

㈠　交流のない土地に成立した共通の現象は普遍的なものの現れであるため、仮面の共通性が人類普遍の思考や行動の解明につながるということ。

㈡　かつて仮面は憑依と切り離せない道具であったが、その後憑依を必要としない仮面が登場したため、憑依現象は仮面の共通性たり得ないということ。

㈢　自分では見ることができず、豊かに変化する顔に代わり、自ら確認でき形が定まった仮面が、他者が私を認識し関係を築く土台になるということ。

㈣　仮面は、異界の力を可視化する一方で、他者が私を認識し関係を築く土台となる顔の変動性や不可視性を打ち消し、自分のありようを固定し視認可能にする。これらの仮面の共通性から不可視のものを把握したいという人間の根源的な願望が読み取れるということ。（一〇〇字以上一二〇字以内）

㈤　a―狩猟　b―遂　c―衝撃

◆要　旨◆

交流のない地域同士にも共通の現象がみられる仮面文化についての研究は、人類の普遍的な思考や行動のありかたの解明をもたらす。仮面は異界の力を可視化し、制御する装置である。同様の装置に憑霊があるが、仮面は憑依を前提としない形態が成立するだけでなく、身体、特に顔とのかかわりにおいて固有性を有する。不可知で変転きわまりない顔に視認

//////////////////// · memo · ////////////////////

2022年度

解答編

解答編

英語

1 (A) 解答

＜解答1＞　食べ物を常に分け合うことは人類特有の行為で，食は人間の特徴と文明を生むもとである。また，食べることは生存に不可欠であるため，食べ物は単なる栄養以上の意味をもつ。(70～80字)

＜解答2＞　食物の積極的な分配という人類だけの行為が人間特有の営みを生み，食料の確保が文明を生んだ。また，生存に欠かせない食に，人間はただの栄養源という以上の意味を与えた。(70～80字)

＜解答3＞　人間らしい特徴の基礎は食料の継続的な分配という人類固有の行為であり，文明の根底には食の確保がある。また，生存に不可欠な食は，単なる栄養摂取を超えた意味をもつ。(70～80字)

◆全　訳◆

≪人間にとって食べ物がもつ意味≫

食事の作法は，人類の社会そのものが生まれたときからある。その理由は，それがなければどんな人間社会も存在できないからである。積極的に食べ物を分け合うこと，つまり食べ物を見つけてその場で食べるのではなく，持ち帰って計画的に分け与えることは，今日でさえも，私たちを動物とは違うものにしているものの根源にあると考えられている。鳥，犬，ハイエナはエサを子のために巣に持ち帰るが，それは子が自力でエサを見つけられるようになるまでであり，チンパンジーは群れの他の大人に肉を要求して受け取りさえするかもしれない。(チンパンジーは，肉を食べるときにだけこの行動を示すようである。彼らの主食である植物性の食物は，ほぼ必ず，分け与えずに見つけたその場で食べる。) 人間だけが積極的に，定期的に，継続的に，食べ物の分配を行うのだ。

この行動は多くの基本的な人間の特徴に基づいており，おそらくそうした特徴をもたらすのに役立った。その特徴とは，家族や共同体（だれがだれと一緒にいるか，どの人たちが一緒に食事をするか)，言語（過去，現在，未来の食べ物のことを話し合い，食べ物を手に入れる計画を立て，争いを防ぎながらそれをどのように分配するかを決めるため)，技術（獲物をどのように仕留め，切り分け，保存し，運ぶか)，道徳性（公平な分け前とはどれくらいか）といったものである。食べ物を欲しがる私たちの胃袋の基本的な欲求は，人間のあらゆる企ての背後にある原動力の多くを与え続ける。私たちは食料を狩り，それを求めて戦い，それを見つけなければならず，あるいは食料の種をまき，食べられるようになるまで待たなければならない。それから，食料を運び，腐る前に分配しなければならない。加えて，食べ物を刻んだり，挽いたり，加熱したり，柔らかくなるまで放置して食べるほうが楽である。文明自体，食料供給が確保されて初めて起こる。そして，食べ物のこととなると，私たちは決して止まることができない。食欲が私たちを止まらせないのである。

自分が食べようとするものを積極的に分け与えることは，ほんの始まりにすぎない。私たちは食べ物について好みがうるさくならざるをえない。私たちが一口食べるたびに好みが入り込むのだ。私たちは食べ物をつつき回し，ひけらかし，讃えたり嫌ったりする。食べることに関する主な決まりは単純だ。食べなければ死ぬ。そして豪華な食事がどれほどたっぷりあっても，またすぐにお腹がすく。まさしく食べなければならないこと，食べ続けなければならないことの両方が理由で，人間は食べ物をそれ以上のものにすることに膨大な労力をつぎ込んできたのであり，その結果，食べ物は体の栄養というその主な目的を超えたさまざまな意味をもっているのである。

◀解　説▶

◆読解する

全体の構成を意識しながら，各段を検討しよう。

〔第1段〕

この段では，「人間だけが食べ物をいつも分け合う」ことが述べられており，「それこそが人間が人間たるゆえんである」としている。これが文章のおおよそのテーマである。

〔第2段〕

この段では，「家族や共同体，言語といった人間の特徴をもたらすもとになったのが食べ物を分け合うことだった」こと，「食べ物を得たり，より食べやすくしたりする工夫が文明を起こす」ことが述べられており，この文章の中心をなす。

〔第3段〕

この段では，「食べなければ死ぬという当然の理由に加えて，人間は食べ物については好みがうるさく，ただの栄養という以上の意味をもたせる」ことを述べて文章を締めくくっている。

各段と各文の内容をまとめると次表のようになる。

各段の要旨		各センテンスの内容
第1段	人間だけに見られる食事の作法	第1文：食事の作法は人間社会が存在するために欠かせない。 第2文：積極的に食べ物を分け合うことが，人間を他の動物と異なるものにしていると考えられる。 第3文：他の動物は，子が独り立ちするまでしかエサを運ばなかったり，特定のエサしか分け合わなかったりする。 第4文：(チンパンジーは肉だけは分け合うが，植物性のエサは分け合わない。) 第5文：人間だけが積極的に，定期的に，継続的に，食べ物を分け合う。
第2段	食べ物を分け合うことがもつ意味	第1文：食べ物を分け合うことは社会や言語などの人間の基本的な特徴に基づいており，それらが生じるもととなったと考えられる。 第2文：お腹を満たすという基本的な欲求が，人間が企てることすべての大きな原動力となっている。 第3文：食べ物は刻んだり，挽いたり，加熱したり，柔らかくなるまで放置したりすることで食べやすくなる。 第4文：文明は食料供給が確保されて初めて生じる。 第5文：食べ物に関しては，人間は止まることを知らない。
第3段	食べ物に対する人間の飽くなき欲求	第1文：食べ物を分け合うことは始まりにすぎない。 第2文：食べ物には好みがうるさくならざるをえない。 第3文：私たちは食べ物を自慢したり嫌ったりする。 第4文：食べ物に関するルールは単純で，食べなければ死ぬということである。 第5文：そのため，人間は食べ物に単なる栄養という以上の意味を与えている。

◆答案を作成する

この文章は「積極的に食べ物を分け合うことが人間を他の動物と異なるものにしていること」，「食べ物を得ることが文明につながったこと」を述べている。いずれも第2段に詳細が述べられており，上記の2点について具体的な例を示しながら筆者の論点をわかりやすく伝えることが重要である。第3段は，さらに人間は当然食べ続けなければならないから，「食べ物に対して栄養という以上の意味をもたせてきたこと」が述べられており，締めくくりとしてこの点にも言及したい。

●語句・構文●

（第1段）●as old as human society itself「人間社会自体と同じくらい古い」が直訳。「人間社会ができたときからある」という意味。●～, the reason being that …（＝～, and the reason is that …）「そして理由は…ことである」の意の独立分詞構文。●on the spot「その場で」

（第2段）●give rise to～「～を起こす，もたらす」●the driving force「原動力，推進力」●where *A* is concerned「*A*に関する限り，*A*のこととなると」

（第3段）●choosy about～「～について好みがうるさい」●play with～「～(食べ物）を食べずにつつき回す，いじり回す」

1（B）解答

(ア)(1)―e）　(2)―c）　(3)―d）　(4)―b）　(5)―f）

(イ) when they would have liked the conversation to have been over

◆全　訳◆

≪会話の引き際はいつなのか≫

ある夕方，アダム=マストロヤンニはオックスフォード大学でまた開かれる，行きたくもない格式ばったパーティーに行くためにしぶしぶと蝶ネクタイをつけていた。当時同大学の心理学の修士だったマストロヤンニは，パーティーに行けば必ず，彼が望んでおらず，失礼にならないように辞する方法もない長々しい会話から抜け出せなくなることがわかっていた。さらに悪いことに，突如として気づいたのだが，彼自身が知らぬ間に，他の人たちに望まぬ会話のわなをしかける張本人になっているかもしれなかった。「両方とも全く同じことを考えているのに，どちらも本当に話が尽きて先に進めないために行き詰まっているとしたらどうなるのだろう」と彼は思った。

マストロヤンニの考えは的を射ていたかもしれない。特定の会話がどれほど続くべきかに関する話し手の気持ちを測るために，彼らの頭の中を研究者たちが探ったときに発見したことについて，最近の研究が報告している。(1)［e）研究チームは，双方が望んだときに終わる会話はほとんどないことを発見した。］ 実際，人々は相手がいつ会話をやめたいと思っているかに関しては，非常に判断が下手である。ただし，場合によっては，人々は会話があまりにも長く続くことではなく，短すぎることに不満を感じていた。

「相手が何を望んでいるとあなたが思うとしても，たぶんあなたは間違っているでしょう」と，現在はハーバード大学の心理学研究生であるマストロヤンニは言っている。「だから，最初に適切だと思えたときに辞するのがいいんです。もういいと思わせるよりもっと聞きたいと思わせるほうがいいですからね」

会話に関する過去の研究のほとんどは，言語学者か社会学者によって行われてきた。一方，会話を研究してきた心理学者たちはたいてい，人が説得するのに言葉をどのように使うかといった，他のことを調べる手段として自分たちの研究を活用してきた。個々の人が会話の終わりにどのような言い回しを口にするかを調査した研究は二，三あったが，その焦点は人がいつそれを言うことにするのかには当てられていなかった。「心理学は，これが本当に興味深く根本的な社会的行動なのだという事実に，今まさに気づきかけているんです」と，マストロヤンニは言う。

彼と彼の共同研究者たちは，会話の力学を調べるために 2 つの実験を行った。最初の実験では，彼らはオンラインの参加者 806 人に，最近の会話の持続時間を尋ねた。(2)［c）会話のほとんどは，家族か友人と行ったものだった。］ 実験に参加した人たちは，会話が終わってほしいと思った時点が会話の途中にあったかどうかを報告し，実際に会話が終わったときと比較して，それがいつだったかを見積もった。

2 つめの実験は研究室で行われ，研究者たちは 252 人の参加者を知らない者同士のペアに分け，1 分から 45 分までの間ならどれだけでもよいので，何でも好きなことを話すように指示した。その後，研究チームは被験者にいつ会話が終わってくれていたらよかったのにと思ったか尋ね，同じ質問に対する相手の答えについて推測するように言った。

マストロヤンニと共同研究者たちは，会話を交わした 2 人ともが望んだときに終わった会話は2パーセントにすぎず，2人のうちの一方が望んだときに終わった会話は30パーセントしかなかったことを発見した。会話のおよそ半分で，2人のどちらも会話はもっと短いほうがよいと思っていたが，会話を終えたいと思った時点はたいてい異なっていた。(3)[d）どちらの研究の参加者も，平均すると，会話の望ましい長さは実際の半分ほどだと報告した。] 研究者たちが驚いたことに，人がそんなにしゃべりたくないと常に思っているわけではないということもわかった。会話の10パーセントでは，双方の研究の参加者が，やりとりがもっと長く続けばよいのにと思っていたのだ。そして，見知らぬ者同士のやりとりの約31パーセントでは，少なくとも2人のうちの一方は話を続けたいと思っていた。

また，ほとんどの人が，相手の望みを正しく推測することができなかった。相手がいつしゃべるのをやめたいと思ったかを参加者が推測すると，そのずれは会話全体の長さの64パーセントほどだった。

会話の相手がいつ会話をやめたいと思うかを判断するのに人々がこれほど完全に失敗するということは「驚くべき，そして重要な発見である」と，同調査には加わっていないダートマス大学の社会心理学者セーリア=ホイートリーは言う。その他の点では，会話は「相互協調関係の非常に洗練された表現」だと彼女は言う。「それでも会話が結局失敗に終わるのは，いつやめるべきか私たちがまったく正しく判断できないからです」 この謎は，おそらく人々がコーヒーや酒を飲みながら，あるいは食事をしながらおしゃべりするのが好きな理由の一つだろうとホイートリーは付け加える。なぜなら，「空になったカップやお皿が，出口を与えてくれますからね。それらは会話を終える決定的な合図なんです」。

今回の調査チームに参加していない，シカゴ大学の行動科学者ニコラス=エプリーは，ほとんどの会話がまさに終わってほしいと思うときに終わるとしたらどうなるのだろうと考えている。(4)[b）「私たちは相手ともてたかもしれないもっと長い，あるいは深い会話を避けたために，人生に関する新しい洞察や新奇な観点，興味深い事実をどれほど逸してきたでしょうか」] と彼は問う。

このことは日常生活の中の無数のやりとりでは判断しかねるが，科学者たちは，会話に参加している一人が最初にやめたいと思ったちょうどそのときに会話が終わるか，その時点を超えて会話が続く実験を設定することはできる。「会話をやめたいと思ったときにちょうど会話が終わる人たちは，実際のところ，もっと長く続く会話よりもよい会話をしていることになるのでしょうか」とエプリーは問う。「それはわかりませんが，その実験の結果はぜひ見てみたいです」

こうした発見はまた，他の多くの疑問へとつながる。会話のルールは，他の文化ではもっとはっきりしているのだろうか。合図があるとしたら，話の上手な人はどれに気づくのだろうか。(5)[f)集団でのおしゃべりの力学についてはどうなのだろうか。]

「会話に関する新しい科学は，このような厳密な記述的研究を必要としますが，会話に関わる重要で広く見られる課題をうまくくぐり抜ける手助けとなるかもしれない戦略を試すような，因果関係を説明する実験も必要です」と，この研究には参加していない，ハーバードビジネススクールの企業経営学教授アリソン=ウッド=ブルックスは言う。「それはかなりやっかいなものだと思いますが，それでも人々がどのように語り合うのか私たちは厳密に理解し始めたばかりです」

◀解 説▶

◆(ア) ▶(1) 空所の前に「特定の会話がどれほど続くべきかに関する話し手の気持ちを…探ったときに発見したことについて，最近の研究が報告している」とあり，空所の直後に「実際，人々は相手がいつ会話をやめたいと思っているかに関しては，非常に判断が下手である」とある。研究で，会話をいつやめるべきか人はうまく判断できないことがわかったことになる。e)の「研究チームは，双方が望んだときに終わる会話はほとんどないことを発見した」が適切。

▶(2) 空所の前には「最初の実験では，彼らはオンラインの参加者 806 人に，最近の会話の持続時間を尋ねた」，直後には「実験に参加した人たちは，会話が終わってほしいと思った時点が会話の途中にあったかどうかを報告し，実際に会話が終わったときと比較して，それがいつだったかを見積もった」とあり，当該箇所は実験内容を説明していると考えらえる。選択肢中で展開が不自然ではないのは c)の「会話のほとんどは，家族か友人と行ったものだった」である。

▶(3) 第 5・6 段で 2 つの実験の内容が説明され，空所を含む第 7 段ではその結果が示されている。1 つめの実験は第 5 段最終文（The individuals involved …）で「実験に参加した人たちは，会話が終わってほしいと思った時点が会話の途中にあったかどうかを報告し，実際に会話が終わったときと比較して，それがいつだったかを見積もった」と述べられているが，そこから空所までの間に結果への言及はない。一方，２つめの実験の結果は空所の前の２つの文（Mastroianni and his colleagues found …）で「研究者たちは…２人のうちの一方が望んだときに終わった会話は 30 パーセントしかなかったことを発見した。会話のおよそ半分で，２人のどちらも会話はもっと短いほうがよいと思っていたが，会話を終えたいと思った時点はたいてい異なっていた」と述べられている。そして空所直後の文には both study participants「双方の研究の参加者」とある。この展開から考えると，ｄ)の「どちらの研究の参加者も，平均すると，会話の望ましい長さは実際の半分ほどだと報告した」が適切。

▶(4)　空所直後に，he asks「…と彼は問う」とあるので，選択肢のうち疑問文になっているものに絞れる。空所の前には「行動科学者ニコラス＝エプリーは，ほとんどの会話がまさに終わってほしいと思うときに終わるとしたらどうなるのだろうと考えている」とある。次の第 11 段第２文（“Do those whose …）に「『会話をやめたいと思ったときにちょうど会話が終わる人たちは，実際のところ，もっと長く続く会話よりもよい会話をしていることになるのでしょうか』とエプリーは問う」とあることから考えると，ｂ)の「私たちは相手ともてたかもしれないもっと長い，あるいは深い会話を避けたために，人生に関する新しい洞察や新奇な観点，興味深い事実をどれほど逸してきたでしょうか」が適切。

▶(5)　当該段第１文（The findings also open …）には「こうした発見はまた，他の多くの疑問へとつながる」とあり，続いて「会話のルールは，他の文化ではもっとはっきりしているのだろうか。合図があるとしたら，話の上手な人はどれに気づくのだろうか」と，疑問の具体例が挙がっている。ここまでの本文では「会話をしている人たちが，いつ会話が終わってほしいと思うか」「相手がいつ終えたいと思っているか判断できるか」が述べられてきた。選択肢中で疑問文になっているもののうち，この内容と関わる新しい問いとしてはｆ)の「集団でのおしゃべりの力学についてはどうなのだろうか」が適切。使用しなかった選択肢ａ)は「相手がいつ会話を始めたいと思っているか正しく推測することがどうして可能だろうか」となっている。会話を始めるタイミングは，本文での関心事とは合致しないと考えられるので不適。

◆(イ) 当該箇所は「その後，研究チームは被験者に（　　）尋ねた」となっている。この実験の結果は第7段第1文（Mastroianni and his colleagues found …）に「研究者たちは，会話を交わした2人ともが望んだときに終わった会話は2パーセントにすぎず，2人のうちの一方が望んだときに終わった会話は30パーセントしかなかったことを発見した」と述べられていることから，質問内容は「いつ会話を終えたいと思ったか」といったことだと考えられる。間接疑問文の書き出しは when they となる。与えられている語句から「*A* に～してほしいと思う」would like *A* to *do* ができそうだが，実際には望んだときには終わらなかったことがわかっており，liked となってもいるので，would have liked「～してほしかった（がそうならなかった)」となる。「～が終わる」be over も be 動詞が been で与えられており，不定詞部分は to have been over となる。全体で when they would have liked the conversation to have been over「いつ会話が終わってくれていたらよかったのにと思ったか」となる。

●語句・構文●

(第2段) ●on the mark「的を射た，正しい」 ●a poor judge of～「～の判断が下手である」

(第3段) ●may well *do*「たぶん～するだろう」 ●might as well *do*「～したほうがよい」 ●leave *A* wanting more「*A* にもっとほしいと思わせて終わる」

(第5段) ●in relation to～「～と比較して」

(第7段) ●it is not always the case that～「～ことは常に事実〔正しい〕とは限らない」 be 動詞の補語になる the case は「事実，実情，真相」の意。

(第8段) ●they were off by～「それら（＝見積もった時間）は～の差で外れていた」が直訳。by は〈差〉を表す。

(第12段) ●conversationalist「話の上手な人」 ●pick up on～「～を見抜く，～に気づく」

(第13段) ●rigorous「厳密な」 ●pervasive「浸透性のある，広がる」

2 (A) 解答例

＜解答例1＞　I agree with this opinion. It is true that works of art are products of people's free expression, but they are meaningful only when they encourage and inspire their audiences. Those who enjoy paintings, music, or plays probably cannot live without them, or at least their lives would be less vibrant. A society without artworks would surely be dull and boring. In this sense, art is and should be useful to society.（60〜80語）

＜解答例2＞　I do not think art should be created just to be useful to society. Definitely, art is useful. However, art, whether it is painting, music, or theater, is a product of free expression. People can express themselves artistically however they want. If artistic activities must always result in something useful, artists would lose the freedom to express themselves artistically. Moreover, there might be a risk of rendering artworks as propaganda, and those regarded as "useless" might be neglected.（60〜80語）

◀解　説▶

▶＜解答例＞の全訳は以下のとおり。

＜解答例1＞　私はこの主張に賛成だ。確かに，芸術作品は人々の自由な表現の産物ではあるが，鑑賞者を元気づけ，活気を与えて初めて，それは意味をもつ。絵画や音楽や演劇を楽しんでいる人たちは，おそらくそれなしではやっていけないし，少なくとも彼らの生活は活気がなくなることだろう。芸術のない社会はきっとつまらなくて退屈だろう。このような意味で，芸術は社会の役に立つべきであり，実際役に立っている。

＜解答例2＞　私は芸術が社会の役に立つためだけに生み出されるべきだとは思わない。間違いなく，芸術は役に立っている。しかし芸術は，それが絵画であれ，音楽であれ，演劇であれ，自由な表現の産物だ。人々は好きなように，自己を芸術的に表現することができる。もし芸術活動が役に立つものを必ずもたらさなければならないとしたら，芸術家は自己を芸術的に表現する自由を失うだろう。さらに，芸術作品がプロパガンダに利用されてしまう危険があり，「役に立たない」とされた作品が黙殺されるかもしれない。

▶「芸術は社会の役に立つべきだ」という主張について，理由も添えて自分の考えを述べるもの。まず考えを表明し，その理由を続けるという展開になる。「役に立つ」とはどういうことか，「べき」と義務であることをどう考えるかが，解答をまとめるカギになるだろう。

2 (B) 解答

＜解答 1＞ That in itself is fine, as there are (some) things we can see clearly because we are (standing) outside. As for me, I often wonder what the town would look like if I were not traveling but were instead living there.

＜解答 2＞ It is not a problem. You can definitely see (some) things (precisely) because you are an outsider. However, I often wonder how the town would look if I were not a traveler but a local (resident).

◀解　説▶

「外部に立っているからこそ見えるものがあるのだから，それはそれでいい」

- 「それ」は下線部直前の「旅人はあくまで『よそ者』『お客様』だ」という内容を指す。内容を訳出する必要はないが，訳出しても問題はない。
- 文のバランスを考えると，「それはそれでいい」から文を書き出すのがよい。この場合の「いい」は積極的に評価するというより，「かまわない」「問題ない」のニュアンスなので，fine / all right / not a problem などが使える。「(それは) それで」は「それ自体は」in itself などを加えるとイメージが近くなるだろう。
- 「見えるものがある」は一般論なので you や we を使って，there are (some) things you〔we〕can see，あるいは you〔we〕can see (some) things などとできる。また，「見える」は「はっきりと見える」という意味合いだと考えて clearly や definitely をつけてもよいだろう。
- 「のだから」は，同じく理由を表す「からこそ」とは異なる語を当てるのが望ましい。because の他に，as / since / for が使える。「それはそれでいい」で文を切って，「外部に立っているからこそ見えるものがある」と続けるだけでもよいだろう。
- 「外部に立っている」は文字どおり you〔we〕are (standing) outside としてもよいし，「よそ者である」ことを表しているので you are an outsider としてもよい。

●「からこそ」は上記のとおり，「のだから」と異なる語を当てる。because を用いる場合は precisely because とできる。

「…のだが，わたしなどは～と考えることも多い」

●「のだが」は，前半とつないで…，but ～ としてもよいが，文を切ったほうがわかりやすくなる。その場合は However, ～ を使うことができる。

●「わたしなどは」は単純に「わたしは」としてよいが，「わたしに関して言えば」as for me を添えることも考えられる。これを添えた場合は，上記の However, ～ はなくてもよいだろう。

●「考える」は目的語が「どんな風に見えるのだろう」と疑問の内容なので，wonder を使う。「～ことも多い」は often で表せる。

「もし自分が旅人ではなく現地人だったらこの町はどんな風に見えるのだろう」

●「もし自分が～だったら」は，現実ではないことを想定しているので，仮定法過去を使って if I were〔was〕～ とする。

●「旅人ではなく現地人」は not a traveler but a local（resident）が文字どおり。「旅をしているのではなくそこに住んでいる」not traveling but were instead living there などとすることもできる。

●「この町」は文字どおり this town でよいが，実際には具体的に示されている町はないので，ややあいまいに the town とすることも考えられる。

●「～はどんな風に見えるか」は what ～ looks like / how ～ looks が使えるが，前述のとおり仮定法過去なので，what ～ would look like / how ～ would look とする。間接疑問文なので語順に注意すること。

●なお，wonder に続く部分なので，if 節を前に置くとこれが目的語「～かどうか」に見えるので，配置に気をつけたい。

3 (A)

解答　(6)― c)　(7)― a)　(8)― b)　(9)― b)　(10)― e)

◆全　訳◆

≪ヒロベソオウム貝の探索≫

著作権の都合上，省略。

著作権の都合上，省略。

◀解　説▶

▶(6)「話し手がヒロベソオウム貝に興味をもったのは…からだ」

第1段最終文（As a marine biologist …）に「環境保護のために太平洋で仕事をしている海洋生物学者として，私は長年，この種が今でもここで生きているのだろうかと思ってきた」とある。c)の「環境保護に対する関心から，彼らがまだ存在しているのか知りたかった」が正解。

a)「海洋生物学者として，その生物のライフサイクルに関心がある」

b)「海岸で見られる空の貝殻が，それが絶滅してしまったかもしれないことを示唆していた」

d)「海洋生物学者たちが，貝殻の表面の外殻は特定の地域だけで形成すると推測していた」

e)「その生物を覆っている外殻が環境保護の観点で重要である」

▶(7)「話し手がすぐに旅を行うべきだと感じたのは…からだ」

第3段（Our journey has taken …）に「私たちの旅はやや切迫感を帯

びている。というのも，パプアニューギニアは近年急速に深海採掘を拡大する方向に動いているからだ。産業によって変えられてしまう前に，ここの深海の生態系の一部に何が存在しているのか記録に収めることは，それらの保護のカギであるかもしれない」とある。a)の「深海の生態系は脅かされているかもしれず，情報を集めることがそれらを保護する助けになりうる」が適切。

b)「気候変動のせいで，深海の環境が急速に変わりつつある」

c)「生物たちが絶滅する前にビデオに収めることが重要だった」

d)「採掘会社がその地域の環境調査を妨げる方向に動いていた」

e)「パプアニューギニアの陸上の採鉱で出る廃棄物が，近海に悪影響を及ぼしていた」

▶(8) 「ブリスベンからパプアニューギニアに飛んだあと，チームは…移動した」

第4段第1・2文（From Brisbane,…）に「ブリスベンから…パプアニューギニア…に飛び，それから…1984年に生きているヒロベソオウム貝が最後に目撃されたもっと小さな島へ，船で数時間南下する」とある。b)の「1980年代にヒロベソオウム貝が生きたまま見つかった島へ」が適切。

a)「地元の共同体の人たちと会うために，最近保護地域と宣言された島へ」

c)「首長が海岸は保護されていると宣言した地元の共同体にあいさつするために」

d)「ヒロベソオウム貝を保護しようとしてきた小さな島の共同体にあいさつするために」

e)「マヌス島へ，それから地元民が捕らえたヒロベソオウム貝を見るためにもっと小さな島へ」

▶(9) 「その島からバナナボートで海へ出たあと，チームは…を沈めた」

第5段（Eager to get started …）に「わなを2つ沈める。ブイが水面に浮いてわなの位置を示している」，続く第6段（The next morning …）に「翌朝私たちは海に戻る。1つめのわなは夜の間に強い潮流で流されており…それを引き上げるが，かごは空っぽだ。私たちは急いで2つめのわなへと移動する。これも空っぽだ。チームは全員，見るからに落胆している」とある。2つのわなに何もかかっていなかったことがわかる。b)の「一晩複数のわなを（沈めた）が，わなはまったくの空であることがわかって落胆した」が適切。

a)「300メートルの深さに1つのわな（を沈めた）が，このわなには何もかからなかった」

c)「水面にブイを浮かべて複数のわな（を沈めた）が，ブイがわなから外れて流された」

d)「速い潮流ではわなは役に立たないと知らずに複数のわな（を沈めた）」

e)「同じ深さに2つのわな（を沈めた）が，どちらも夜の間に流された」

▶⑽ 「最初の落胆のあと…」

第7段（We gather together …）に「1984年の探検を覚えている数人の年配の漁師たちが，彼らのチームが若干浅い海域で標本を見つけたことを思い出す。私たちは彼らの助言を採用することにする。私たちは再び出かけ，もっと浅い海域にわなを沈め（た）」とある。e)の「わなを最初の試みのときほど深くないところに設置した」が適切。

a)「年配の漁師たちの助言に基づいて，チームはわなをもっと長時間水中に放置した」

b)「わなを引き上げるのではなく，話し手はそれらを調べるために潜った」

c)「チームは年配の漁師たちが過去に使用してうまくいったわなを使うことにした」

d)「チームはその生物が1984年に最後に目撃されたところへわなを持っていった」

●語句・構文●

(第2段)　●set out to *do*「～し始める，～しようと試みる」　●embark on ～「～に乗り出す」　●video footage「ビデオ映像」

(第3段)　●take on ～「～を帯びる，呈する」　●a sense of ～「～という感じ」

(第5段)　●lower「～を下す，沈める」

(第6段)　●well over ～「～を優に超える」

(第7段)　●wait out ～「～（不利な状態）をしのぐ，好転するのを待つ」

(第9段)　●so that S can V「SがVできるように」

3 (B) 解答　(11)— a)　(12)— c)　(13)— b)　(14)— a)　(15)— c)

◆全　訳◆

≪内的発話の研究≫

1秒前，あなたは何を考えていただろうか。と言うより，それをどのようにして考えていただろうか。これは驚くほど答えるのがやっかいな問いである。

自分自身の頭の中で何が起きているのか調べることは，難しい作業ではないように思える。しかし，そうした思考に光を当てようとすると，もともと測りたいと思っているまさにそのものを乱してしまう。それは，暗闇がどのように見えるのか確かめようとして素早く明かりをつけるのと似ている。

ラスベガスにあるネバダ大学の心理学者ラッセル=ハールバートは，私たちの内的経験について何らかのことを知るために，自分自身の頭の中をもっとはっきり見られるように人々を訓練することにこの数十年を費やしてきた。彼が明らかにしたことは，私たちの頭の中を駆け抜けていく思考は，私たちが思うよりもずっと多様であることを示唆している。

ひとつには，日々の思考において言葉は，私たちの多くが考えるほど重要ではないらしいのである。「ほとんどの人は，自分が言葉で考えていると思っていますが，そのことに関して多くの人が間違っています」と，彼は言う。

例えば，ある小規模な調査で，16人の大学生が読むための短い話を渡された。読んでいる最中に，彼らは何を考えているか不定期に尋ねられた。サンプルとして採られた思考のうち，ともかく言葉を含んでいるものは4分の1しかなく，内的な発話を含んでいるものはわずか3パーセントだった。

しかし，ハールバートのような心理学者にとって，内的発話を調べることは簡単な作業ではない。単純に人々に何を考えているか尋ねることは，必ずしも正確な答えを促すことにはならない，とハールバートは言う。それは，一部には，私たちが自分の取りとめのない思考にしっかり注意を払うことに慣れていないからである。

カナダのマウントロイヤル大学にある内的発話研究所の責任者ファミラ=レイシーと彼女の共同研究者たちは，思考リスト作成と呼ばれる方法を最近使った。これは意外ではないだろうが，被験者にある特定の時点の自分の思考をリストにしてもらうことを含んでおり，人が頭の中で何を考えているかだけでなく，なぜ，いつ，人は内的発話を使うのかをもっと広く検討するのが目的である。研究者たちは，この研究の参加者たちが，歩いたりベッドに入ったり出たりといった日常的な作業をしながら，学校のことから，自分の感情，他の人たちのこと，自分のことまであらゆることについて，自分に語りかけていることを発見した。

レイシーによると，研究は内的発話が自己規制行動，問題解決，批判的・論理的思考，未来思考で重要な役割を果たしていることを示している。

また，内的発話が内省にとって重要である証拠も増えている。科学者のジル=ボルト=テイラーは，37歳のときに彼女を襲った脳卒中から回復したあと，何週間も内的発話のない「沈黙した頭」を経験するのはどういうことかについて記した。沈黙した頭の真ん中でただそこに座り，自分はだれなのか，何をしているのか思い出そうとするのは非常にたいへんな作業だったと彼女は書いている。

しかし，現在の研究が私たちの頭の中の働きについて，こうしたより大きな真実にまだ光を当てることができていないとしても，自分の思考に注意を払う方法を学ぶことは，個人レベルでは助けになりうるだろう。

◀解　説▶

▶⑾「話し手によると，自分自身の頭の中を調べるときの難しさは…ことだ」

第2段第2・3文（But by trying to …）に「思考に光を当てようとすると，もともと測りたいと思っているまさにそのものを乱してしまう。それは，暗闇がどのように見えるのか確かめようとして素早く明かりをつけるのと似ている」とある。暗闇を見ようとして明かりをつければ，もう暗闇ではなくなるという比喩を考えると，a）「自分自身の思考を見ようとすることが，必ずそれを変えてしまう」が適切。

b）「自分自身の思考を明らかにすることは，明かりをつけることほど簡単ではない」

c）「光自体に光を当てることができないのと同じように，頭はそれ自体について考えることはできない」

d）「自分の思考の中にある暗闇を見ることは心情的に難しいことがある」

e）「自分自身の思考を見ようとするとき，どのようにそれを評価すればよいかはっきりしない」

▶⑿　「心理学者ラッセル=ハールバートによると…」

第4段第2文（"Most people think …）に「『ほとんどの人は，自分が言葉で考えていると思っているが，そのことに関して多くの人が間違っている』と，彼は言う」とある。c)の「人々は自分が言葉で考えていると思っているが，これは多くの場合正しくない」が適切。

a）「日常生活で，私たちは言葉で考えているが，語彙は驚くほど限られている」

b）「ふつうの状況では，人々は思うほど多くの思考をしていない」

d）「私たちが思考の中で使っている言葉は，以前思われていたよりもはるかに多様である」

e）「私たちはさまざまな状況で考えるために言葉を使う」

▶⒀　「16人の大学生が関わった小規模の研究では…」

第5段最終文（Only a quarter of …）に「サンプルとして採られた思考のうち，ともかく言葉を含んでいるものは4分の1しかなく，内的な発話を含んでいるものはわずか3パーセントだった」とある。b)の「サンプルとして採られた思考のうち，内的発話を伴うものはほとんどなく，ほとんどは言葉にならないものだった」が適切。

a）「短い話を読んだあと，大学生たちは自分の意見を記録するように言われた」

c）「学生が本を読みながら抱いた思考の3分の1しか言葉を伴っていなかった」

d）「サンプルとして採られた思考の25パーセント以上が内的発話を伴っていた」

e）「短い話を聞きながら，大学生は自由に思考するように言われた」

▶⒁　「ファミラ=レイシーの研究では，被験者は…自分に語りかけた」

第7段第2文（They found that …）に「研究の参加者たちが…あらゆ

ることについて，自分に語りかけていることを発見した」とある。a)の「幅広いテーマについて」が適切。

b)「とりわけ，歩いたりベッドに入ったりそこから出たりするときに」

c)「感情的な状況で」

d)「他の人に話しかけるのと同じように」

e)「主に他の人のことについて」

▶(15)「ジル=ボルト=テイラーの事例は…ことの証拠として言及されている」

ジル=ボルト=テイラーのことは第9段で取り上げており，その第1文（There's also growing …）に「内的発話が内省にとって重要である証拠も増えている」とあり，このあとにテイラーのことが述べられている。c)の「内的発話は，私たちの自己意識にとって重要である」が適切。

a)「年を取るにつれて，内的発話が私たちのアイデンティティにとってより重要になる」

b)「脳の損傷は，内的発話に影響されることがある」

d)「内的発話が欠如すると，私たちは自分がだれなのかに関して熟考するようになることがある」

e)「内的発話がないと，短期的な記憶が消滅する」

●語句・構文●

（第1段）●tricky「扱いにくい」

（第6段）●wandering「取りとめのない」

（第7段）●co-ordinator「責任者」

（第9段）●self-reflection「内省」

3 (C) 解答 (16)—e） (17)—e） (18)—a） (19)—e） (20)—a）

◆全 訳◆

≪科学捜査の実情≫

こんにちは，私の名前はジェイン=ケンタラです。この科学捜査の入門コースの教官です。まず，科学捜査，あるいは法科学とは何でしょうか。犯人に有罪判決を下すためには，私たちは被疑者が罪を犯した証拠が必要です。法科学とは，犯罪を捜査するためにどのように科学的手法を適用するかに関するものです。犯人に有罪判決を下すためにDNAが使われる映画を，きっとみんな見たことがあると思います。ですが，現実にはDNAの証拠に基づいて有罪とされた被疑者もいるものの，その中には何年もあとになって，より信頼できるDNA技術によって無罪とされた人もいました。ですから，私たちは今日でもDNAの証拠はまだ100パーセント信頼できるわけではないこと，そしてこれがとても重要なのですが，それがいつでも利用できるわけではないことを念頭においておかなくてはなりません。では，DNAの代わりに，あるいはそれに加えて，他にどんな種類の証拠が使えるのでしょうか。

目撃者の証言でしょうか。事件に関する目撃者の記憶は信頼できるでしょうか。それは本当に当てにできるのでしょうか。彼らの記憶が彼らの期待に影響を受けたり，トラウマに左右されたりすることはないのでしょうか。もし目撃者が声を「聞いた」だけだとしたらどうでしょう。人はある声を別の声と間違いなく区別できるのでしょうか。こうした問題はすべてあとで議論します。ですが，今日は犯行現場や電話越しに行われた録音について話しましょう。

多くの映画では，録音は記録された言葉のほとんどが理解できるくらい十分にクリアで，単に録音と被疑者の声が一致するかどうかの問題です。捜査官は通常こうしたことを，数秒以内に一致を確認できる見事な技術でやってのけます。ですが，残念ながら現実にはこのような驚くべき技術は存在していません。少なくとも今はありません。なぜでしょうか。

ある人物の声と録音の声が一致する可能性を評価するために，話し声をコンピュータのソフトウェアで分析できます。音声科学者は話し声のさまざまな特徴を分析できますが，ある声と別の声を区別するのにどの特徴が使えるのかはまだ明らかではありません。それは，話し声は個人「間」で変わるだけでなく，同じ人物「の中」でも変わるからです。言うまでもなく，人の声は，病気，疲労によって影響を受けるかもしれません。それにお酒も忘れてはいけませんね。ですが，それに加えてその人物が話しかけている相手，社会的状況，周りの状態などによっても声は変わるかもしれません。

さらなる問題は録音の質にあり，これはたいてい非常にひどいです。私が言っているのは，本当に本当にひどいということです。そうした録音はたいていひそかに，あるいは偶然に行われているのですから，低品質のマイクが，ことによるとスーツケースの中に隠され，時には犯罪が行われている中心から遠く離れている状態で，また背景の騒音がかなりある状態で行われるのが普通なのです。このように質が欠如しているために，録音音声を適切に分析する能力がさらに影響を受けます。だれが話しているのか特定することが困難になりうるだけでなく，何が話されたり行われたりしたのかを探り出すことさえ難しいかもしれません。

この問題を解決しようとして，録音は法廷で提出される前に「音質を高め」られることがあります。これは通常，音声信号の操作をすることで行われますが，そのため録音がよりよく理解できるという「印象」を与えます。そして私が「印象」と言ったのは，科学捜査員はそれが録音を理解しやすくするわけでは「ない」ことを示しているからです。そうではなく，それは人々が聞こえた「と思う」ものについて間違った自信を与えてしまうのです。さらに悪いことに，録音を文字に起こしたものが法廷で提出されることがあり，これはこの間違った自信をいっそう強めてしまいます。しかし，その文字起こしされたものの信頼性は疑わしいままなのです。

◀解　説▶

▶(16)「講義によると，forensics とは何か」

第1段第4文（Forensics is about …）に「forensics とは，犯罪を捜査するためにどのように科学的手法を適用するかに関するものだ」とある。e)の「犯罪を捜査するための科学的手法の使用」が正解。

a)「質を高めた音声録音の信頼性の分析」

b)「目撃者の話の分析」

c)「刑事裁判での先進技術の使用」

d)「被疑者に有罪判決を下すための DNA の証拠の使用」

▶(17)「この講義で，教官は DNA の証拠が…ことを話している」

第1段第7文（So, we must keep in mind …）に「DNA の証拠はまだ100パーセント信頼できるわけではないこと，そしてこれがとても重要なのだが，それがいつでも利用できるわけではないことを念頭においておかなくてはならない」とある。e)の「いつも信頼できるとは限らない」が適切。

a)「場合によっては操作するのが簡単すぎることもある」

b)「法廷に間違った自信を与えることがある」

c)「間違いなく使える」

d)「不正確である可能性がたいへん高い」

▶⒅　「教官によると…」

第 3 段第 1 ・ 2 文（In many movies, …）で「映画では録音と被疑者の声が一致するかどうか，数秒以内に確認できる見事な技術でやってのける」ことを述べたあと，第 3 ・ 4 文（I'm afraid that …）で「残念ながら現実にはこのような驚くべき技術は，少なくとも今は存在していない」と述べている。a)の「特定の声をだれのものか識別するのは難しい」が適切。

b)「録音からある人物が疲れているかどうか知るのは難しい」

c)「ある声を録音の音声と一致させるのは簡単だ」

d)「目撃者の証言を記録するのは重要だ」

e)「犯罪者を有罪にするのに録音を使うことは不可能だ」

▶⒆　「『音質を高められた音声録音』に関する次の文のうち，正しくないのはどれか」

a)「聞き手に間違った印象を与える可能性がある」　第 6 段第 2 文（This is usually …）の後半および第 3 文（And I say …）に「録音がよりよく理解できるという『印象』を与えるが…科学捜査員はそれが録音を理解しやすくするわけでは『ない』ことを示している」とあることと一致する。

b)「音声信号を操作することで作られる」　第 6 段第 2 文（This is usually …）の前半に「これは通常，音声信号の操作をすることで行われる」とあることと一致する。

c)「刑事裁判の法廷に提出されることがある」　第 6 段第 1 文（In an attempt to …）に「録音は法廷で提出される前に『音質を高め』られることがある」とあることと一致する。

d)「裁判官たちにいっそう自信をもたせる」　第 6 段第 4 文（Instead, it provides …）に「それは…（間違った）自信を与えてしまう」とあることと一致する。

e)「録音をより理解しやすいものにする」　第 6 段第 3 文（And I say …）に「科学捜査員はそれが録音を理解しやすくするわけでは『ない』こ

とを示している」とあることと一致しない。この選択肢が正解。

▶(20)「教官によると，音声録音を書き起こしたものは…」

第6段最終文（To make matters worse, …）に「録音を文字に起こしたものが法廷で提出されることがあり，これはこの間違った自信をいっそう強めてしまう」とある。a)の「誤解を招く可能性がある」が適切。

b)「法廷では決して使えない」

c)「かなり信頼できる」

d)「たいてい非常に質が悪い」

e)「法廷に提出されなければならない」

●語句・構文●

（第1段）●convict「～に有罪判決を下す」

（第2段）●testimony「証言」●What if ～?「もし～ならどうなるのだろう」

（第5段）●more often than not「たいてい」

4（A）解答　(21)―(c)　(22)―(e)　(23)―(b)　(24)―(d)　(25)―(a)

◆全　訳◆

≪公開討論の重要性≫

(21)　私はイアン=スティーブンズとの会話でいくつかのことを学んだが，最も深く学んだのは，なぜ公開討論の抑圧が，ある地域の全住民にとって損害の大きなものになり，飢饉を引き起こす一因にさえなりうるのかということだった。こうした災害を引き起こすような政府は，そのニュースがうまく抑え込めれば，大衆の怒りを免れる見込みがあるかもしれない。そうすれば，その政策の失敗に対する批判に直面しなくてもよくなる。それこそ，英国人がベンガル飢饉の事例である程度行ったことだ。スティーブンズが声を上げたあとになってやっと，英国議会が飢餓について議論し，英国の報道機関が飢饉を即刻止めるべきだと要求した。そのときになって初めて，植民地政府は対策を取らざるをえなくなったのである。

(22)　公開討論は明らかに，ある社会がどのようにふるまうかを決定することに重要な役割をもっている。ジョン=メイナード=ケインズが説得を強調したことは，ジョン=スチュアート=ミルが健全な政策決定における公開議論を唱道したことと非常にしっくりと合う。「討論による政治」という，ミルによる民主主義の特徴説明は同じ領域に属する。ついでながら，それは厳密にはミルの言葉ではなく，ウォルター=バジョットの言葉だ。とは言え，その考えが理解されるように最も尽力したのはミルだが。

(23) よりよい政策決定を追求するための公開議論は 18 世紀の啓蒙運動以降の西洋世界だけで使われてきたのではなく，他の社会，他の時代でも使われてきた。アテネに起源をもつ投票という手続きはよく思い出されるが，アテネの人たちは啓蒙の源として議論を行っていたことに注意を払うことも重要である。その考え方はインドでも，とりわけ仏教の伝統の中でも大いに注目を集めた。紀元前 3 世紀，インド亜大陸のほとんど（そして現在のアフガニスタンにも広く及んで）を統治していた仏教徒の皇帝，アショーカ王は，首都パトナ（当時はパータリプトラと呼ばれていた）の第三にして最大の仏教評議会を主催し，同じやり方で数々の紛争を解決した。彼は，社会が必要としているもののよりよい理解に対して公開討論が果たしうる貢献を強調した。彼はその考えを社会に広めようと，簡単に読める言葉を国中と国外の石柱に刻み，意見の相違を解決するための定期的で秩序の保たれた公開討論だけでなく，平和と寛容を唱道した。

(24) 同様に，7 世紀初期の日本でいわゆる「十七条憲法」を 604 年に作ったとき，仏教徒の聖徳太子は協議を通じてよりよく情報を得る必要性を擁護する論を張った。すなわち「重要事項に関する決定は，ただ一人の人によって行われるべきではない。多くの人によって議論されるべきである」ということである。民主主義は「討論による政治」である——そして，選挙だけが目的ではない——という考えは，今日でもきわめて重要である。近年の民主主義政府の大きな失敗の多くは，何らかの明らかな制度上の障害というより，まさしく公開討論が不十分であることから生じていると私は言いたい。

(25) 私は祖父のクシティ=モハンが私の注意をアショーカ王の公開討論に基づいた決定に向けてくれた学生時代からこの問題に興味を抱いてきたが，社会的選択における公開討論の役割について私に新しい理解を与えてくれたのは，ミルとケインズだった。これは，このテーマに関するケネス=アローの考えで，とりわけ目立つ社会的選択の一面ではなかったものの，他の点では私に大きな影響を与えたものだが，午後の散歩をしながらピエロ=スラッファと私が議論できた社会的選択理論の多くの話題のうちの一つだったことは嬉しく思った。ピエロは（専門的すぎると思っていた）「社会的選択理論」という言葉をあまり使いたがらなかったが，議論と説得は，投票とちょうど同じように社会的選択の重要な一部だということを私に教えるという点で重要な役割を果たした。

◀解　説▶

▶(21)　(c)の it is to be effectively suppressed が誤り。当該箇所は条件を表す if 節中であり，be to *do* は「もし～したければ，～するつもりなら」と願望や意図を表す。主節が「災害を引き起こすような政府は大衆の怒りを免れる見込みがあるかもしれない」であり，to be を外して「そのニュースがうまく抑え込めれば」と単純な受動態にしなければ意味をなさない。

▶(22)　(e)の had made the most for が誤り。最後の for は続く the idea to be understood と合わせて「その考えが理解されるように」と目的を表す副詞用法の不定詞の意味上の主語である。had done the most for「(その考えが理解されるように）最も尽力した」とするのが適切。do much for ～「～のために大いに尽力する，貢献する」の much が最上級の the most に置き換わった形である。

▶(23)　(b)の in other societies and at other time, too が誤り。other は無冠詞であとに単数名詞を取ることができない。直前の in other societies「他の社会において」と同様に，at other times「他の時代に」と time を複数形にするのが適切。単数名詞で特定のものなら the other＋単数，不特定のものなら another＋単数とするのが正しい。another が an＋other だと考えるとわかりやすい。

▶(24)　(d)の remains as extremely relevant today が誤り。当該箇所は明らかな比較対象が省略された as ～ as …「…と同じくらい～」の同等比較の文にみえるかもしれないが，同等比較の as ～ as の間に使われる形容詞・副詞には extremely「きわめて」など強調の副詞をつけることはできない。remain が「相変わらず～である」の意味であり，過去と today を比較する必要がないので，as を外すのが正しい。

▶(25)　(a)の I was interested in this question が誤り。直後に since my schooldays があり，「学生時代以来（現在までずっと）」の意なので，現在完了にして，I have been interested … とするのが正しい。

●語句・構文●

(第1段)　●bring about ～「～を引き起こす」
(第3段)　●popularize「～を社会に広める」
(第4段)　●institutional「制度上の」
(第5段)　●prominence「目立つこと」

4 (B) 解答

全訳下線部(ア)・(イ)・(ウ)参照。

◆全　訳◆

≪子どもの読書のあり方≫

ある年，学校の図書館司書として，私は学校初日に本の貸し出しを開始した小学校の図書館にいた。私は貸出受付のところで手伝いをしていた。一人の4年生の子が，ある本を貸してもらえるかと尋ねてきた。「もちろん！」と，私は言った。(ア)彼は自分が借りたい本を借りられるとは思っていなかった。というのも，彼の先生が彼に黄色いラベルのついた本を借りるように言っていたからだ。それで私は自分の司書の名刺を取り出し，その裏に先生に向けてメモを書き，彼が借りたかった本にはさんで，その子に貸し出した。

教育上の優先順位に基づく本と自分の楽しみのために読みたい本のどちらかを子どもたちが選ばなくてはならないというこうしたシナリオが，学校の図書館や教室で頻繁に起きていると私は想像する。(イ)子どもに本の読み方を教えるという崇高な使命感と，子どもを読書好きにするという同じように崇高な使命感の間には隔たりがある。私たち学校司書は，毎日この隔たりをあっちへこっちへ踊らされている。

本を読む動機は，おおむね自己決定によるもので，何を読むかという選択は強力な駆動力である。子どもも含めて，人は楽しいか，個人的にためになるか，簡単なものを読むのを選ぶ。ここが例のダンスが始まるところだ！　学習者が多様なフォーマットで広く深く読書をすることで個人的な好奇心を伸ばし，満たすのなら，私たちは学習者を機会で包み，彼らが図書館にある本と自分の関心を結びつける手助けをしなくてはならない。本を見つけて借りること（あるいは他の種類の文書を使うこと）は楽しくて，簡単に行えて，障害のないものであるべきだ。私たちは，自分たちの方針，手続き，所定の手順がすべての学習者の知的自由の権利を保証する方法だけでなく，子どもたちを鼓舞し，文章に関わることを促す方法を考える必要がある。(ウ)ラベル貼り，年齢に関する規則，貸し出しに関する制限を設ける方針のいずれによってであろうと，選択肢を減らすことは，子どもが本や読書を大好きになるようにする戦略ではない。もし私たちの目標が，学習者が自分を読書家と思う手助けをすることなら，私たちは読書生活を賛美する実践によって，彼らが文章とつながる手助けをしなくてはならない。

◀解　説▶

▶(ア)　He didn't think so, as his teacher had told him to check out a book with a yellow label.

- He didn't think so「彼はそう思っていなかった」の so「そう」が指す内容を明らかにして訳すという条件なので，前述の内容を検討する。
- 下線部直前の第1段第3・4文（One fourth grader …）に「一人の4年生の子が，ある本を貸してもらえるかと尋ねてきた。『もちろん！』と，私は言った」とある。筆者からすると「もちろん借りられる」なのだが，少年は「借りられない」と思っていたという流れである。「何を」がわかるように補い，「自分が借りたい本が借りられるとは思っていなかった」などとする。
- 〜, as his teacher had told him to …「彼の先生が彼に…するように言っていたから〜」が通常の訳し方だが，前にカンマがあるので訳し下して「〜というのも，彼の先生が彼に…するように言っていたからだ」と処理することもできるだろう。
- check out a book with a yellow label「黄色いラベルのついた本を借り出す」 check out 〜 は「(図書館などの施設から)〜を借り出す」の意。

▶(イ)　There is a divide between the noble calling to teach children how to read and the equally noble calling to inspire a love of reading.

- There is a divide between 〜 and …「〜と…の間には，隔たり〔違い〕がある」が文の大きな枠である。
- the noble calling to teach children 〜「子どもに〜を教えるという立派な使命感」 noble は「立派な，崇高な」の意。calling は「職業，天職」

の訳もあるが，不定詞を伴っており，「～することへの使命感」とするのが妥当だろう。下線部直後の文に「私たち学校司書は，毎日この隔たりを…」とあるように，ここは学校司書の葛藤を説明しているのであって，２つの職業を対比しているわけではないことに注意。

●how to read は「読み方」が文字どおりだが，文章の内容から，単に「文字の読み方」というより，「本の読み方，読書の仕方」とするのが適切。

●the equally noble calling to ～「～するという同じように崇高な使命感」

●inspire a love of reading「読書を愛する気持ちを吹き込む」が直訳。文脈上，「子どもに」吹き込むのが明らかなので，「子どもに読書を愛する気持ちを起こさせる」，「子どもを読書好きにする」などと言葉を補うとわかりやすくなる。

▶(ウ) Reducing choice, whether through labeling, age-related rules, or restrictive policies, is not a strategy that makes children fall in love with books and reading.

●Reducing choice … is not a strategy「選択肢を減らすことは戦略ではない」が骨組み。

●whether は通常 whether *A* or *B*「*A* だろうと *B* だろうと」だが，ここは３つの項目が挙がっている。

●through ～「～を通じて，～によって」は Reducing を修飾する。直訳は「ラベル貼り（labeling）によってであろうと，年齢に関する規則（age-related rules）によってであろうと，制限的な方針（restrictive policies）によってであろうと」となる。やや冗長になるので，「ラベル貼り，年齢に関する規則，制限的な方針のいずれによってであろうと」などとまとめることも考えられる。また，最後の「制限的な方針」は，「貸し出しに関する制限を設ける方針」などと言葉を補うとわかりやすい。

●that makes children fall in love with books and reading「子どもを本や読書と恋に落ちさせる」は strategy を先行詞とする関係代名詞節。makes children fall in love with ～「子どもを～と恋に落ちさせる」は「子どもが～を大好きになるようにする」などとするとよい。

●語句・構文●

(第1段) ●circulate「〜(本など) を貸し出す」
(第2段) ●play out「起こる，続く」

5 **解答** (A)ミュージカルで男の子の役を女の子に演じさせたことを指しており，1980年代のアメリカでは，一般に男性と女性のふるまい方が明確に区別されていたため，これは「考えられない」ことだった。

(B) How had they known what they looked like

(C)男の子の姿をして舞台に立った筆者が，女の子であることへの違和感から解放され，自らが抱いている自己像としっくりくるものであったために気が楽になっていた。

(D)(ア)(26)— a） (27)— b） (28)— f） (29)— d） (30)— c） (31)— e）

(イ)— a）

(ウ)— c）

◆全 訳◆

≪ジェンダーに関する違和感≫

私は8歳で，子ども時代のキッチンに座り，父が撮ったホームビデオの1つを見る準備ができている。そのビデオテープはまだどこかにあるのだから，彼女はまだどこかにいる。あの画面上の女の子。もつれた髪，いずれは額の片側に広がることになる，鼻をまたぐようなそばかすのあの女の子。父親が教えてくれたとおりに野球ボールを投げられる体。母親が与えた幅広の腰へと花開いていく準備をして待ち受けている骨やホルモンがその中にある体。いろんな傷のある体。赤ん坊のときに彼女の命を救った外科用メスによる肺と心臓の傷，彼女が幼いときに彼女に触れた男が残した見えない傷。体はひとつの記録だ。あるいは，体は自由である，または体は戦場だ。8歳にしてすでに，彼女は体がその3つのすべてであることを知っている。

しかし，だれかが小さな間違いをした。学校がミュージカル『南太平洋』を上演しようとしており，女の子のための役が十分ない。そして，彼女は男の子と同じくらい，あるいは男の子たちより背が高い。だから学校は，この典型的な1980年代のアメリカの町，男が車を運転し，女はバックミラーをのぞきながら口を完全なOの字の形にして口紅を塗るようなこの場所では考えられないことをした。ミュージカルのために，彼女を男の子にしたのだ。

いや，と彼女は思う。学校は彼女が男の子になるのを「許した」のだ。

私が覚えているのは，父がそのビデオテープをプレーヤーに入れるときに自分の顔が紅潮するのを感じたことである。ふだんは，私は自分の映ったビデオを見るのが嫌いである。たいていは，画面上にこの見知らぬ人，パステルカラーの服を着たこの女の子が映っており，私は彼女が自分であるふりをすることになっている。そして彼女は私であり，私は彼女が私だと知っているが，同時に，彼女は私ではない。3年生のとき，私は美術の授業で自画像を描きなさいと言われることになる。この先何年もの間，この感じ，つまり自分の体が何なのか，自分が何者なのかを説明できる言葉がないという感じがいつ始まったのか理解しようとするとき，私は自分の絵をクラスメートたちの絵の隣に置いたときのショックを思い出すことだろう。クラスメートたちは丸い頭にブロンドのカールした髪かクルーカットの髪をした棒人間を描いていた。彼らは自分の家族や飼い犬や太陽の明るい黄色の光を描いていた。ある子はロングヘアに三角の形をした服を，またある子はショートヘアにジーンズを描いていた。どうしてみんな自分がどう見えるかそんなに簡単にわかっていたのだろう？

私が描いたのは渦巻きだった。

今，私はキッチンにいて，気づくことは私の兄弟姉妹たちが椅子に座って居心地が悪そうにし，行ってもいいかと尋ね，私はどういうわけかどぎまぎはしていないということだ。私は完全に落ち着いて座っている。自分がこのビデオを見たがっているなんてありうるだろうか？　この気持ちは奇妙なものだ。私はまだ，何かを心の底から自分のものだとみなし，世間が反応するのを見る喜びを知らない。いつか，私は作家になるだろう。いつか，私はこの気持ちを愛するだろう。でも8歳では，私の個人的な世界は私を苦しめも支えもする。そして，それを人と分かち合うのは初めてのことだ。

母は私の兄弟姉妹を静かにさせ，テーブル上でポップコーンを回す。父は上座にある自分の場所を占める。画面上には小学校の講堂が現れる。舞台の隅には，板に色を塗って作ったヤシの木々がある。

そして幕が開き，そこに私がいる。髪はうしろになでつけられ，ポニーテールはピンで留めて隠され，白い水兵帽が頭に載っている。髪が隠れて見えないと，私の顔は違って見える。やせて骨細だ。私は無地の白いTシャツを着てブルージーンズの中にたくし込んでいる。ふだんの服についているフリルや飾りは全部はぎ取られている。そして，それと一緒に，どういうわけか，そのほかもろもろのしがらみも取り払われたのだ。生まれてこの方ずっと私はぎこちなく感じてきた。大きさが違うし形が変だ。

でも，見よ。画面上を。安らぎしかない。

私が覚えている沈黙がキッチン中に広がったのか，私の中だけに広がったのかわからない。最初に口を開いたのは母だ。「あなた，かっこいい男の子になるのね！」と母は言った。

私は口に出す勇気のない言葉を感じる。「知ってる」

その後すぐ，私は自分をしっかり女の子だと特徴づけるロングヘアを無視し始めた。髪は何日も続けて同じポニーテールにしたままで，とうとうもつれて固く黒い塊になった。私の友達はみんな男の子で，いちばん楽しい時間は，私の双子の弟と隣の家の男の子と一緒に芝生の上でティーンエイジ=ミュータント=ニンジャ=タートルズごっこをして過ごす時間だった。私の部屋は青が基調だったし，テディベアも青色，私がなりたかった（ミュータント）タートルはレオナルドだったが，それは彼が頭がいいからというだけではなく，彼の色が青だったからだ。双子の弟が私の手に入らないものを手に入れ――例えば，私たちみんなファンだったのにもかかわらず野球の試合に行くとか，姉妹と私がバレエに連れて行かれているかたわらボーイスカウトでキャンプするとか，私が彼の寝室で見つけたような成人向け雑誌を持っておくとか――，聞かされた理由が「彼は男の子だから」だったとき，激しい怒りが涙で私ののどを詰まらせた。それは嘆きだった，と今は思う。正しく理解されていないという嘆きだ。

ある日の午後，弟がキャッチボールをするのにまたシャツを着ないでいて，私はそれを許されなかったとき，私は父に女の子でいたくない，女の子でいることがシャツを着なくてはならないという意味なら女の子なんかいやだと宣言した。父は母を呼びに行った。2人はひそひそと言葉を交わし，それから母が私に，女の子でいるのは楽しいはずよ，女の子でいることにはいいことがたくさんあるんだから，と言った。いいことがあるのは知っていた。それは問題ではない。問題は，人が私を女の子と呼び続けることだった。このことを母に説明することはできないと悟ったのを覚えている。

1985 年当時，今私が自分はそうだと思っており，最終的に自分自身を理解する手助けになる，「ジェンダークイア」という言葉は，まだ生み出されていなかったのだ。

◀解　説▶

◆(A)　下線部は「この典型的な 1980 年代のアメリカの町では考えられないこと」となっている。直後に this typical 1980s American town を言い換えて，「男が車を運転し，女はバックミラーをのぞきながら口紅を塗るのに口を完全なＯの字にするようなこの場所」と述べている。男性はこうあるべき，女性はこうすべきというふるまい方が性別で明確に分かれていたことがわかる。これが unthinkable の理由になる。続いて同段最終文（For the musical, …）に「ミュージカルのために，彼女を男の子にしたのだ」とあり，女の子に男の子の役を振ったことが述べられている。これが下線部の指している内容である。

◆(B)　当該箇所は，筆者が学校の美術の授業で自画像を描くように言われたときのことを述べている。下線部の２つ前の文（They'd drawn stick …）に「クラスメートたちは丸い頭にブロンドのカールした髪かクルーカットの髪をした棒人間を描いていた」，下線部の直前文（One had drawn …）には「ある子はロングヘアに三角の形をした服を，またある子はショートヘアにジーンズを描いていた」と，ごく一般的な人の絵が描かれていたことが述べられている。下線部直後の第５段には「私が描いたのは渦巻きだった」とあり，筆者は自分の姿をうまく人間の姿に描けなかったことがわかる。この文脈と与えられた語から，what they looked like「彼らがどのように見えるか」というまとまりが作れる。下線部の文は so easily?「そんなに簡単に」で終わっており，疑問文なので，残る語と文意から，how had they known「どのようにして彼らは知っていたのか」が作れるので，その目的語として上述の what 節を続けると，「どうして彼らは自分がどう見えるか（そんなに簡単に）わかっていたのだろう？」となり，文脈に合う。

◆(C)　下線部は「安らぎしかない」となっており，直前には「でも見よ。

画面上を」とある。これは筆者が父親の撮ったビデオを家族と一緒に見ている場面で，第8段第2～4文（My hair brushed …）にあるように，当時の女の子の服には当たり前だったフリルなどの飾りがついていない白いTシャツとジーンズを身につけ，長い髪を水兵帽に隠して男の子の役を演じている筆者が画面に映し出されている。同段最終文（All my life, …）の「生まれてこの方ずっと私はぎこちなく感じてきた。大きさが違うし形が変だ」，第13段第1文（One afternoon, …）の「私は父に女の子でいたくないと宣言した」，第14段（Back then, …）の「ジェンダークイア」からわかるとおり，筆者は女の子として生まれたが，それに違和感を覚えている。ease はその違和感から解放されて気が楽になった状態を表しており，男の子の恰好をしている自分が筆者にとってしっくりくるものだったと考えられる。ease があるのは画面の中，つまり筆者が男の子を演じている時点なので，解答では「男の子を演じる自分を見ている筆者」ではなく「男の子を演じる筆者」を主体とし，「どのように感じたか」も過去のこととして表現する必要がある。なお，下線部が現在時制なのは，筆者が映像を見て説明しているのが「今」だからである。「誰がどのように感じたかを，その理由も含めて説明せよ」という問いに適したまとめ方を心がけること。

◆(D)　▶(ア)　(26)　当該箇所は「父がそのビデオテープをプレーヤーに入れるときに自分の顔が（　　）のを感じた」となっている。feel O C「OがCなのを感じる」の第5文型であり，選択肢中で意味をなすのは a)の flush「紅潮する」である。同段第3文（Usually there is …）に「たいていは，画面上にこの見知らぬ人，パステルカラーの服を着たこの女の子が映っており，私は彼女が自分であるふりをすることになっている」とあり，ふだんは自分の映像を見て違和感を覚えていることが示されている。一方ここは第6～8段で描写されているように，男の子の恰好をした自分が映っているビデオを家族と一緒に見ることに多少の緊張や興奮を感じたと考えられる。

(27)　当該箇所は「ふだんは，私は自分の映ったビデオを見るのが（　　）」となっている。(26)でみたように，直後の文で「たいていは，画面上にこの見知らぬ人，パステルカラーの服を着たこの女の子が映っており，私は彼女が自分であるふりをすることになっている」と述べられており，ふだんは自分の映ったビデオは見たくないと思っていることがわかる。b)の hate「大嫌いである」が適切。

(28) 当該箇所は「私は自分の絵をクラスメートたちの絵の隣に置いたときの私の（　　）を思い出す」となっている。直後の2つの文（They'd drawn stick …）では，クラスメートが自画像としてごく一般的な絵を描いたことが述べられており，第5段（I had drawn …）に「私が描いたのは渦巻きだった」とある。自分の絵が他の子どもたちとまったく違うことに気づいたことから，f)の shock「ショック，動揺」が適切。

(29) 当該箇所は「私はまだ，何かを心の底から自分のものだとみなす（　　）を知らない」となっている。第5段（I had drawn …）で述べられている，自画像を描く授業で渦巻きを描いたことに代表されるように，筆者は自分の身体と心の不一致による違和感を覚えており，「これが自分だ」という自信や満足感を感じていなかった。d)の pleasure「喜び」が適切。

(30) 当該箇所は「いつか，私はこの気持ちを（　　）だろう」となっている。直後で「でも8歳では，私の個人的な世界は私を苦しめも支えもする」と述べている。筆者が自分の性の違和感に悩まされていることはこれまでみてきたとおりであり，「この気持ち」とはこのことに関する8歳当時の違和感のことである。最終段（Back then, …）に「1985年当時，今私が自分はそうだと思っており，最終的に自分自身を理解する手助けになる，『ジェンダークイア』という言葉は，まだ生み出されていなかった」とあることから，この違和感は「本当の自分」が感じているものであり，それを筆者が将来全面的に受け入れるようになることを述べていると考えられる。c)の love「～を愛する」が適切。

(31) 当該箇所は「聞かされた理由が『彼は男の子だから』だったとき，（　　）が涙で私ののどを詰まらせた」となっている。「理由」とは，同文冒頭にあるように「双子の弟が私の手に入らないものを手に入れる」理由である。直後の文に「それは嘆きだった，と今は思う。正しく理解されていないという嘆きだ」とあることからも，双子なのに弟と同じに扱われないことで筆者が感じたのはe)の rage「激しい怒り」が適切。

▶(イ) 当該箇所は「姉妹と私が（　　）に連れて行かれているかたわら（双子の弟は）ボーイスカウトでキャンプする」となっている。ここは

「双子の弟が，（女の子である）私の手には入らないものを手に入れる」例のひとつ。選択肢中いわゆる「女の子らしい」イメージのものはａ）のballet「バレエ」である。

▶(ウ)　ａ)「筆者は自分の体が嫌いだった」

身体に関しては第１段第３～６文（A body that can …）に言及があるが，明快に自分の身体に対する嫌悪は述べられていない。

ｂ)「筆者が男の子と遊ばなくてはならなかったのは，家族の中や近所に男の子しかいなかったからだ」

第６段第１文（Now, in the kitchen, …）などに姉妹がいること，第 12 段第２文（All my friends were …）には，男の子と一緒に遊ぶのがいちばん好きだったことが述べられており，仕方なく男の子と遊んだのではない。

ｃ)「筆者は小学校のミュージカルで男性の役を演じた」

第２段最終文（For the musical, …）に「ミュージカルのために，彼女（＝筆者）を男の子にした」とあることと一致する。この選択肢が正解。

ｄ)「筆者は女の子でいることには何もいいことがないと思っていた」

第 13 段第３・４文（They whispered together, …）に「母が私に，女の子でいるのは楽しいはずよ，女の子でいることにはいいことがたくさんあるんだから，と言った。いいことがあるのは知っていた」とあることと一致しない。

ｅ)「筆者は小学生のときは女の子でいることが幸せだった」

文章冒頭に I am eight years old「私は８歳だ」とあり，第３段第２文（They have *allowed* …）の「彼女（＝筆者）が男の子になることを『許した』」などにみられるとおり，文章全体で基本的に当時の筆者が女の子として扱われることに違和感を抱いていたことが描写されている。

●語句・構文●

(第２段)　●slip「(些細な) 間違いをする」　●put on ～「～ (劇など) を上演する」

(第 10 段)　●make a good-looking boy「格好のよい男の子になる」make は第２文型で「(主語) が (素養があって)～になる」の意を表す。

(第 14 段)　●genderqueer「ジェンダークイア」は性自認が既存の性別にあてはまらなかったり，流動的だったりする人を表す。

❖講　評

大問数は 5 題で例年どおりである。選択問題での解答方式がマークシート法であることも 2015 年度以降同じである。例年，内容や出題形式に多少の変化がみられるが，2022 年度は 2021 年度と同様であった。

1　(A)英文の内容を日本語で要約するもの。字数は 70〜80 字。(B)文の空所補充と語句整序。

2　(A)意見論述。示された主張に対して，自分の考えを述べるもの。60〜80 語。(B)和文英訳。1 段落分の和文中の下線部を英訳するもの。

3　リスニング。3 つのパートに分かれており，いずれも 2 回ずつ放送される。(A)はモノローグ，(B)・(C)は講義で，内容はそれぞれ独立している。リスニングは試験開始後 45 分経過した頃から約 30 分間行われる。

4　(A)文法・語彙，読解問題。各段落に 5 カ所ある下線部のうち，誤りを含む箇所を一つ指摘するもの。(B)英文和訳問題。一連の英文中の 3 カ所を和訳するもの。

5　長文読解。今で言う性別違和に幼い頃に気づいた筆者が当時のことを独特な時制で語った随筆。

以下，各問題の詳細をみる。

1　(A)　英文量は約 410 語でやや長めである。「人間にとって食べ物がもつ意味」は，食べ物を分け合うという行為を取り上げ，食べ物が単に生きていくための必要物であることをはるかに超えて，人間を人間たらしめるものの基礎にあることを論じたもの。論旨は明快であるが，豊富に示された例が表すことを，定められた字数に収まるように表現することがポイントである。

(B)　英文量は約 880 語（空所を埋めると約 970 語）で，このタイプの問題ではやや長めである。5 カ所ある空所に合う文を選ぶ問題と，文意に合うように語を並べ替える問題の 2 種類。選択肢に紛らわしいものはなく，並べ替え箇所もどのような意味になるかは推測しやすい。

2　(A)　意見論述。「芸術は社会の役に立つべきだ」という主張について，理由を添えて自分の考えを述べるもの。「役に立つか」ではなく「役に立つべきだ」となっていることで，どのような視点から述べるかにある種のひねりが生まれる。指定語数はあまり多くないので，妥当な理由を簡潔かつ説得力をもたせて述べることが求められる。

(B)　和文英訳。一連の文章中の下線部１カ所（１文）を英訳するもの。英訳箇所の長さは 2021 年度とほぼ同じである。１文ではあるが，内容上複数の文に分けることも可能。語句面でも構文面でも比較的解答しやすい問題であった。

3　(A)　希少なオウム貝の探索についての記録を述べたもの。記録であるため，出来事の順序など事実関係を聞き取ることが中心である。

(B)　頭の中に流れている考えがどのようなものかに関する研究を述べた講義。思考に関する一般のイメージを覆す調査結果がさまざまに示されており，しっかりと話についていく必要がある。

(C)　科学捜査に関して，テレビ番組や映画でよく見るものが実際とは異なることを説明した講義。専門的な語句が使われており，それ自体が問いになっているものもあるので，説明をよく聞き取って対応したい。

4　(A)　５段落構成の一連の文章で，各段落に５カ所ずつ下線が入っており，そのうち誤りを含むものを選ぶ問題。語句や文法事項の知識と文脈を把握する力が試されるが，いずれも比較的容易である。

(B)　一連の文章中の３カ所の英文和訳。いずれの箇所も短く，語句，構文面で難解なものはないが，１カ所，指示内容を明らかにして訳すことが求められた。

5　性別違和に幼くして気づいた筆者が当時を振り返って語る随筆。前半は子どもの頃のことを現在形で語るという独特な述べ方であるため，状況がつかみにくいかもしれないが，現在と過去が交錯するフラッシュバックのような効果を上げている。設問は，記述式の内容説明，語句整序，選択式の空所補充，内容真偽で，2019～2021 年度と同様であった。

日本史

1 **解答** A　命令の伝達は，中央政府が文書を作成し，畿内・七道の行政区分ごとに，都と国府を結ぶ官道に沿った順序で国司に伝えられた。(60 字以内)

B　国司から郡司に文書で命令が伝えられ，郡司の指示のもとで，管轄下にある役人が道路沿いに文字で掲示し，その内容を民衆に口頭で説明して周知した。また，村落の共同体的性格を利用し，多くの人々が集まる祭祀の場で，役人が文書の命令を口頭で知らしめた。(120 字以内)

◀解　説▶

≪律令制下の地方行政と命令伝達≫

A 〔解答の指針〕

▶設問の要求

(主題)　中央政府から諸国に命令を伝えるときに，都から個別に使者を派遣する場合もあったが，そうではない場合はどのような方法がとられていたか。

▶資料文の検討

資料文(1)・(2)に「そうではない場合」として全国一律に同じ内容を伝える際の文書を用いた命令伝達の方法が説明されている。律令制下の地方行政や交通制度の仕組みをふまえ，どのような方法がとられたかを読み取ろう。

(1)　文書を用いた命令伝達

諸国への連絡には文書が用いられた。……①

8 通の文書が作成され，畿内や七道の諸国に伝達された。……②

文書は国司が受け取って写し取った。……③

(2)　出雲国の文書目録

伯耆国を通って出雲国に文書が到着した。……④

出雲国から隠岐国や石見国へ文書が伝達されることもあった。……⑤

▶論点の抽出

都から使者が派遣されない場合として，文書を用いた命令伝達（①）の方法が資料文(1)・(2)に述べられているので，これを説明すればよい。

資料文(1)によれば，中央政府は８通の文書を作成し，畿内や七道の諸国に伝達している（②）。律令制下では，全国は畿内・七道に行政区分され，国・郡・里がおかれていた。行政区分ごとに文書が１通ずつ作成され，その文書を諸国の国司が受け取って写し取る（③）かたちで伝えられたことがわかる。

行政区分ごとの文書の取り扱いは資料文(2)に示されている。伯耆国→出雲国→隠岐国や石見国（④・⑤）の順序で文書が伝達される事情を推論しよう。律令制下では，中央と地方とを結ぶ交通制度として，都をかこむ畿内を中心に七道の諸国府へのびる官道（駅路）が整備されていた。この知識に基づけば，行政区分ごとに，都と国府を結ぶ官道に沿った順序で文書が伝達されたと判断できる。

▶注意点

読み取った情報を整理してまとめればよいが，知識に基づいて，官道に沿った順序で伝達されたことを指摘する必要がある。

B　〔解答の指針〕

▶設問の要求

(主題)　諸国では，どのようにして命令が民衆にまで周知されたと考えられるか。

(条件)　具体的な伝達方法に注意する。

▶資料文の検討

民衆は，資料文(3)に「村人たち」，資料文(4)に「村の成人男女」と記されているので，資料文(3)・(4)から考えればよい。律令制下の地方行政のあり方を念頭において，「具体的な伝達方法」を読み取ろう。

(3)　石川県で発掘された木札

木札には郡司の命令が国司からの命令を引用して記されていた。……①

郡司は管轄下の役人に，道路沿いに掲示し，村人たちに諭し聞かせるよう指示した。……②

(4)　村落の農耕祭祀

祭りの日には宴会が行われた。……③

村の成人男女が集合すると「国家の法」が告知された。……④

▶論点の抽出

まず，律令制下の地方行政のあり方を確認しておこう。地方官として国司・郡司が任じられ，国司は中央から一定の任期で官人が派遣されたが，郡司はかつての国造など在地の地方豪族が任命された。郡司は国司に従属したが，終身・世襲の官職で，勧農・徴税・司法・司祭といった地方行政の実務を担った。郡司は在地社会を実質的に支配する存在であり，郡司のもつ伝統的な支配力に依拠して，律令制の民衆支配は成り立っていた。

このような理解を念頭において，資料文(3)・(4)から読み取れることをまとめればよい。資料文(3)には木札の掲示という伝達方法が述べられている。命令は国司から郡司に文書で伝えられた（①)。ついで，郡司は管轄下の役人に，道路沿いに掲示し，村人たちに諭し聞かせるよう指示した（②)。命令を周知するためには，識字能力がない民衆に，その内容を役人が口頭で説明する必要があったとわかる。

資料文(4)には村落の農耕祭祀を利用した伝達方法が述べられている。祭りの日の宴会前に，村の成人男女に対して「国家の法」が告知されたとある（③・④)。「国家の法」が何を指すかは明確ではないが，文字で書かれた国家の命令であろうし，告知は郡司の管轄下にある役人が口頭で行ったと推測できる。古代の村落は共同体的性格をもち，祭祀を通じて人々は結びつきを強めた。その性格を利用して，人々が集まる場面で命令が口頭伝達されたのである。

▶注意点

木札の掲示と農耕祭祀での告知という 2 つの伝達方法を述べる。「具体的な伝達方法」と条件があるので，資料文に示された具体例に即してまとめよう。その際，郡司の管轄下の役人は里長と推測できるので明示してもよい。命令は，文書に基づく行政的伝達だけでなく，識字能力のない民衆には口頭伝達されたことを表現したい。

2 **解答**

鎌倉時代の朝廷は荘園群を所持し，自ら一国平均役を徴収して経済基盤とした。南北朝動乱のなかで武士の荘園侵略が進むと，室町幕府は守護を通じて天皇家の所領の確保と一国平均役の徴収を行い，朝廷を経済的に支えた。応仁の乱以降，室町幕府と守護が衰えると，天皇は室町幕府から譲位にともなう諸経費を得られなくなった。（150 字以内）

◀解　説▶

≪朝廷の経済基盤と室町幕府≫

〔解答の指針〕

▶設問の要求

(主題)　(5)に述べる３代の天皇が譲位を果たせなかった理由。

(条件)　鎌倉時代以来の朝廷の経済基盤をめぐる状況の変化と，それに関する室町幕府の対応にふれる。

▶資料文の検討

朝廷の経済基盤を資料文(1)と(3)から確認しよう。室町幕府の対応は資料文(2)と(3)に記述がある。資料文(4)は室町時代最後の譲位の事例だから，これと資料文(5)を対比的に読み取ることが必要である。

(1)　鎌倉時代の両統迭立

持明院統では長講堂領，大覚寺統では八条院領という荘園群が経済基盤となっていた。……①

(2)　南北朝動乱と半済令

諸国の守護や武士による荘園公領への侵略がすすむ。……②

半済令には荘園領主の権益を半分は保全するという目的もあった。……③

1368 年，天皇や院，摂関家などの所領については全面的に半済を禁止した。……④

(3)　一国平均役の賦課

内裏の造営や即位にともなう大嘗祭などの経費　……⑤

平安時代後期から各国内の荘園公領に一律に賦課する一国平均役でまかなわれていた。……⑥

室町時代には幕府が段銭や棟別銭として守護に徴収させた。……⑦

(4)　後花園天皇・後土御門天皇と室町幕府

1464 年，後花園天皇は譲位して院政を始めることになった。……⑧

後花園天皇は上皇の所領を設定するよう足利義政に求めた。……⑨

1466 年，後土御門天皇は幕府の経費負担で大嘗祭を行った。……⑩

後土御門天皇の即位にともなう大嘗祭が室町時代最後のものとなった。……⑪

(5)　正親町天皇と織田信長

1573 年，織田信長は正親町天皇に譲位を取りはからうとの意思を示した。……⑫

後土御門天皇から 3 代の天皇は譲位を果たせなかった。……⑬

▶論点の抽出

本問は条件を考察することが，主題に答える誘導になっている。朝廷の経済基盤が何であるかを確認し，それをめぐる状況の変化と室町幕府の対応を読み取ろう。

資料文(1)では，鎌倉時代の両統迭立の状況が述べられている。鎌倉時代の朝廷の経済基盤は，長講堂領や八条院領といった荘園群にあった（①）。長講堂領や八条院領は，院政期に形成された膨大な天皇家領荘園で，その相続は，皇位の継承や院政を行う権利とともに，両統が対立する原因となった。

資料文(2)の半済令は，南北朝動乱のなかで室町幕府が出したものである。1352 年には守護に一国内の荘園公領の年貢の半分を徴発する権限を認め，守護や武士の荘園侵略（②）を後押しする役割を果たした。天皇家領荘園も侵略にさらされたことが推測できる。一方で，半済令には荘園領主の権益を半分は保全するという目的（③）があり，1368 年には天皇や院，摂関家などの所領については全面的に半済を禁止した（④）と述べられている。ここから室町幕府は，天皇家の所領の確保につとめたことがわかる。半済令は守護に対する命令だから，所領の確保は守護を通じて行われたことにも留意したい。

資料文(3)では，朝廷の経済基盤として，内裏の造営や即位にともなう大嘗祭などの経費（⑤）をまかなった一国平均役が説明されている。一国平均役は，平安時代後期から各国内の荘園公領に一律に賦課したもので（⑥），室町時代になると幕府が段銭や棟別銭として守護に徴収させた（⑦）と述べられている。鎌倉時代と室町時代を対比的にとらえれば，鎌倉時代には朝廷が徴収権を有していたが，室町時代になると室町幕府が徴収権を有し，守護を通じて徴収していたと理解できる。

資料文(4)では，後花園天皇の譲位と後土御門天皇の即位の事情が述べられている。譲位は上皇となって院政を行うためであった（⑧）。室町幕府は，上皇の所領の設定を行う（⑨）ものとされ，大嘗祭の経費を負担している（⑩）。このことから，朝廷は室町幕府によって経済的に支えられていた状況がわかる。

資料文(5)に述べる 3 代の天皇が譲位を果たせなかった（⑬）理由を，資料文(4)と対比させて考えよう。譲位にともなう諸経費を室町幕府が負担していたことなどをふまえれば，経済的支援などの幕府の援助が得られなかったから譲位できなかったと推測できる。後花園天皇の譲位が 1464 年（⑧），室町時代最後となる後土御門天皇の即位にともなう大嘗祭が 1466 年（⑩・⑪）と記されている。ここから 1467 年に始まった応仁の乱を想起したい。応仁の乱以降，室町幕府は衰退し，守護を通じた全国支配が機能しなくなったため，譲位にともなう諸経費の負担などができなくなったのである。織田信長の譲位を取りはからうとの意思（⑫）は，室町幕府にかわって諸経費などを負担する意味だとわかる。天皇が譲位して院政を開始するためには，上皇の所領設定や新天皇の即位にともなう大嘗祭の経費を必要とするから，権力者の援助なくして譲位はできなかったのである。

▶注意点

鎌倉時代以来の朝廷の経済基盤は，荘園群と一国平均役を指摘する。状況の変化と室町幕府の対応は，両者の関連性に留意しながら，南北朝期（南北朝動乱以降），戦国期（応仁の乱以降）に区分して答案をまとめる必要がある。

3 解答

A 刀狩令では兵農分離を進めて農業に専念させ一揆を防止するために百姓の鉄砲を没収したが，江戸幕府は農業生産力の向上を考慮し，鳥獣害防止の用途に限って所持や使用を認めた。（90 字以内）

B 将軍徳川綱吉は，生類憐みの令によって生命尊重を徹底していた。また，弱者救済など儒学に基づく仁政を政治理念に掲げていた。（60 字以内）

◀解　説▶

≪元禄時代の政治と社会≫

A 〔解答の指針〕

▶設問の要求

（主題） 江戸幕府はどのような用途を想定して鉄砲の所持や使用を認めたと考えられるか。

(条件)　(1)で没収された理由と対比する。

▶資料文の検討

資料文(3)に江戸幕府が鉄砲の所持や使用を認める条件が明示されており，これを手がかりにどのような用途を想定したのかを考える。資料文(1)は豊臣政権の刀狩令であることを確認する。

(1)　1588 年の刀狩令

諸国の百姓から刀・鉄砲などの武具の類を没収した。……①

百姓は農具さえ持って耕作に専念すれば子孫まで末永く繁栄する，と述べた。　……②

(3)　1687 年の諸国鉄砲改め，1689 年の補足説明

条件をつけて鉄砲の所持や使用を認め，それ以外の鉄砲を没収した。……③

作毛を荒らされるか，人間や家畜の命に関わるような場合には鉄砲を使ってよい。　……④

▶論点の抽出

刀狩令で鉄砲が没収された理由から考えよう。資料文(1)には，百姓から武具を取り上げて（①），農具で耕作に専念させる（②）方針だったことが述べられている。ここから武具を持つ武士と農具を持つ百姓の身分を明確にして，兵農分離を進める目的であったことがわかる。また，刀狩令の別の条文では，武具を持つ百姓が一揆を起こすことが警戒されている。以上から，兵農分離と一揆防止を理由に鉄砲を没収したとまとめればよい。

これと対比して，資料文(3)を見てみよう。1687 年，江戸幕府は条件をつけて鉄砲の所持や使用を認め，それ以外の鉄砲を没収した（③）。その条件とは「作毛を荒らされるか，人間や家畜の命に関わるような場合」（④）である。「作毛」とは田畑からの収穫物のこと。農作物を荒らし，人間や家畜の命を脅かす存在は何か。それはイノシシ，シカをはじめとする鳥獣である。つまり，鳥獣害防止の用途を想定して認めたのである。

17 世紀は大開発時代と呼ばれ，新田開発により耕地面積が飛躍的に拡大したが，新たな開発は野生動物との接触頻度を高めた。鳥獣との戦いなくして，農業生産力の向上は望めなかったのである。

実際には刀狩令以降も村に鉄砲は残され，新たな開発が進むなかで鉄砲は増え続けた。資料文(3)の措置は諸国鉄砲改めと呼ばれる。江戸幕府は，

物騒な場合に備え置く用心鉄砲，鳥獣を追い払う威嚇鉄砲，猟師が仕事として使う猟師鉄砲を除いて，全国規模で村々から鉄砲を没収した。本問では威嚇鉄砲の用途を答えればよい。

▶注意点

(1)で没収された理由は，知識・理解に基づいて兵農分離と一揆防止を指摘する。(3)で認めた理由は，鳥獣害防止の用途を想定したことを読み取る。両者を対比すれば答案となるが，新田開発の進展にともない，農業生産力の向上に鉄砲が必要だったという，認めた背景を含めて説明できるとよい。

B　〔解答の指針〕

▶設問の要求

(主題)　(4)のような手厚い対応をとるようになった背景として，どのようなことが考えられるか。

(条件)　(2)(3)をふまえる。

▶資料文の検討

同じ大名の江戸藩邸の出来事が，資料文(2)と(4)で対比的に示され，資料文(3)がその対応の違いを考える手がかりとなっている。

(2)　1675 年の出来事

藩邸の門外にむしろに包んだ乞食の死体が置かれていた。……①

江戸では時々あることと聞き，死体を他所へ捨てさせた。……②

(3)　1687 年の諸国鉄砲改め，1689 年の補足説明

人間や家畜の命に関わるような場合には鉄砲を使ってよい。……③

(4)　1696 年の出来事

藩邸の堀に老女が落ちた。……④

藩邸は老女を救助し，幕府の指示で介抱して，町奉行所に引き渡した。……⑤

▶論点の抽出

資料文(2)では，乞食の死体を他所に捨てさせる（①・②）というぞんざいな対応をとっている。それに対して，資料文(4)では，堀に落ちた老女を救助して保護する（④・⑤）という手厚い対応をとっている。資料文(2)は 1675 年の出来事で，その当時は死体の放置や遺棄を何とも思わない風潮があったことがうかがえる。一方，資料文(4)は 1696 年の出来事で，その当時は生命の危険にさらされた老女の救助と保護が江戸幕府から求められ

ていたことがわかる。

資料文(3)には，鉄砲の使用条件は人間や家畜の命に関わるような場合（③）と述べられており，1687〜89年の時点で江戸幕府は生命尊重の姿勢を打ち出していることがわかる。このような姿勢につながる政策として，17世紀末の元禄時代に繰り返し出された生類憐みの令を想起したい。

生類憐みの令は，生命を尊重する仏教思想に基づき，5代将軍徳川綱吉が1685年から20年余りにわたって出した，生類すべての殺生を禁じる一連の法令をいう。犬などの動物愛護だけでなく，捨子や捨病人の禁止なども含まれる。生類憐みの令によって生命尊重が徹底されたことが，資料文(2)と資料文(4)の対応の違いを生み出したと判断できる。

本問で答える背景は，藩邸の対応の違いに注目すればもう少し広くとらえることも可能である。徳川綱吉は儒学を重視し，「仁政」を政治理念に掲げていた。「仁政」とは，恵み深い，思いやりのある政治をいい，この儒学思想に基づけば，為政者である武士は弱者の救済などに努め，民衆を慈しむことが求められた。資料文(4)の藩邸の手厚い対応は，武士に求められた「仁政」の実践と見なすこともできる。

▶注意点

〔解答例〕は儒学を重視した政治姿勢も背景の一つに含めたが，生類憐みの令に限定して答案をまとめてもよい。元禄時代には，忌引を定めた服忌令によって死を忌み嫌う風潮が生まれていた。その風潮も背景の一つであるが，資料文(4)の老女の死を防いだ出来事を，藩邸が老女の死を忌み嫌ったと解釈するのは少し無理がある。

4　解答

A　機械技術を導入した企業が勃興し，蒸気機関の導入や在来技術の改良で効率的生産が拡大した。義務教育が普及して国民の識字・計算能力などが向上した。さらに憲法で国民の財産権が保護された。(90字以内)

B　大戦景気以降，大量の資本設備を要する重化学工業が発展し，電力の普及で効率的な機械制生産が進んだ。また，中等教育の普及と高等教育の拡充で，専門性をもつ労働者や俸給生活者が増加した。(90字以内)

◀解　説▶

≪労働生産性の上昇と社会経済≫

A〔解答の指針〕

▶設問の要求

(主題)　1880 年代半ばから 1890 年代における労働生産性の上昇をもたらした要因。

(条件)　具体的に述べる。

▶問題文・グラフ・史料の検討

問題文には，労働生産性とは「働き手 1 人が一定の時間に生み出す付加価値額（生産額から原材料費や燃料費を差し引いた額)」によって計られるものという定義が示されている。また，労働生産性の上昇をもたらす要因は，「機械など，働き手 1 人当たり資本設備の増加」と，「その他の要因」に分けられ，「その他の要因」には，「教育による労働の質の向上」，「技術の進歩」，「財産権を保護する法などの制度」の 3 つが含まれると説明されている。この 4 点の要因を「具体的に」示せば解答となる。

労働生産性上昇率の推移を示すグラフを確認しよう。1885～99 年の上昇率は 1.7～1.8％程度で，多くは「その他の要因」が占めている。よって「働き手 1 人当たり資本設備の増加」よりも，「その他の要因」に重点をおいて考察すればよい。

史料は『学問のすゝめ』からの引用である。1872 年と 1874 年の刊行だから，本問で考察する要因につながると見ておきたい。一つ目では「専ら勤むべきは人間普通日用に近き実学なり」，二つ目では「固く政府の約束を守りその法に従って保護を受くる」といった部分に注目したい。

▶論点の抽出

1880 年代半ばから 1890 年代は産業革命の時期にあたり，産業構造は繊維産業が中心だったことを前提に，知識・理解に基づいて考えよう。

「機械など，働き手 1 人当たり資本設備の増加」は，1880 年代後半に鉄道・紡績業を中心として，企業勃興と呼ばれる株式会社設立ブームが到来し，機械技術の本格的導入が進んだことに気付けばよい。1890 年，恐慌に直面したが，日清戦争後にはふたたび企業勃興が生じている。

「教育による労働の質の向上」は，1872 年の史料が参考になる。史料には，国民各自が文字・計算などを習得し，日常生活に役立つ実学を身に付けて家業を営むことの重要性が説かれている。この価値観は 1872 年公布の学制にも反映され，政府は国民皆学を目指して小学校教育の普及に力を入れた。その結果，義務教育の就学率は次第に高まり，1886 年の学校令を経て，1890 年の小学校令改正で 3，4 年間の義務教育が明確化された。義務教育の普及によって，新たな技術を幅広く活用していくことが可能となったのである。

「技術の進歩」は，産業革命は繊維産業を中心に展開したから，紡績業・製糸業における生産拡大をもたらした技術を考えよう。紡績業ではイギリス製の紡績機械を導入して，蒸気機関による機械制生産が急増した。製糸業では在来技術の改良による器械製糸が普及した。また，鉱業では巻上機や排水用蒸気ポンプが導入された。このような機械化が効率的生産を促したのである。

「財産権を保護する法などの制度」は，1874 年の史料が参考になる。国民の役割の一つとして，政府との約束を守って保護を受けるとあることから，1889 年に発布された大日本帝国憲法で国民の権利が規定されたことを想起したい。憲法第 27 条では「日本臣民ハ其ノ所有権ヲ侵サルルコトナシ」として，法律の範囲内で所有権の不可侵が認められ，国民の財産権が保護された。なお，財産権は，民法典論争を経た後，1896 年に施行された民法で具体的に規定された。ただし，1896 年の民法の施行が，1890 年代の労働生産性に影響を与えたとは考えづらいので，言及しなくてよい。

なお，本問にいう労働生産性は，特定の産業分野に限定されるものではなく，農林水産業や鉱工業，交通や通信を含む商業・サービス業などの分野を含むと考えられる。第一次世界大戦期以前は工業生産額より農業生産額が多かった。しかし，農家は零細経営で，農業生産は停滞していた。農業は機械化されておらず，金肥の普及や品種改良など技術の進歩も限定的である。「機械など，働き手 1 人当たり資本設備の増加」や「技術の進歩」については，農業の動向が要因となる可能性は低いと判断できる。

▶注意点

「機械など，働き手 1 人当たり資本設備の増加」と「技術の進歩」の要因は，整理してまとめて述べると字数が節約できる。史料は，1872 年のものを「教育による労働の質の向上」，1874 年のものを「財産権を保護する法などの制度」と結びつけて利用すればよい。

B　〔解答の指針〕

▶設問の要求

(主題)　第一次世界大戦期以後において，労働生産性の上昇がさらに加速している要因。

(条件)　具体的に述べる。

▶グラフの検討

第一次世界大戦期以後とあるので，グラフの 1913～26 年，1926～40 年を見てみよう。上昇率は 3.0％前後で，1885～99 年と比べると，「その他の要因」も伸びているが，「働き手 1 人当たり資本設備の増加」の伸びが顕著で 2 倍以上となっている。「その他の要因」よりも「働き手 1 人当たり資本設備の増加」に重点をおいて考察すればよい。

▶論点の抽出

1913～40 年は，大戦景気から恐慌の時代を経て，戦時経済へと移行していく時期である。第一次世界大戦期に重化学工業が大きく成長し，その生産額は 1930 年代前半に繊維工業を上まわり，1930 年代後半には工業生産額全体の過半を占めた。これを前提に，知識・理解に基づいて考えよう。

「機械など，働き手 1 人当たり資本設備の増加」は，第一次世界大戦期以降，鉄鋼・造船・化学など重化学工業が発展していったことに尽きる。経済学では，労働力または生産量に比して大量の資本設備を用いる産業を資本集約型産業という。これに該当するのが重化学工業で，機械や装置などの設備に大量の資本を必要とする。一方，その反対概念を労働集約型産業といい，繊維産業が該当する。このような経済学の概念を知らなくても，重化学工業が大量の資本設備を要することに気付けばよい。

「教育による労働の質の向上」は，中等・高等教育の普及を指摘する。明治末期に義務教育の就学率がほぼ 100％となったことを前提に，1920 年代には中学校など中等教育段階への進学率が高まった。また，1918 年に大学令が制定され，単科大学や公・私立の大学の設置が認められ，高等教育の拡充がはかられた。このような中等・高等教育の普及によって，専門的知識をもつ労働者や，会社員・銀行員・公務員などの俸給生活者が大量に現れ，労働の質は向上した。

「技術の進歩」は，第一次世界大戦期に電力が普及し，工業原動力の蒸気力から電力への転換が進んだことがあげられる。電気機械の国産化も進んだ。電動機は蒸気機関よりも小型・簡便な原動機で，中小工場での利用に便利だった。電力の普及は，繊維産業などの中小工場にも恩恵をもたらし，大工場も含めて効率的な機械制生産を促進させることになった。

「財産権を保護する法などの制度」に関しては，教科書に記述がない。「など」を広く解釈し，1874 年の史料で政府の保護が示唆されていることをふまえれば，1911 年に最初の労働者保護立法として工場法が制定されたことがあげられる。1916 年から実施され，労働時間の規制が労働生産性の向上に寄与したとも考えられる。ただし，財産権の保護ではないし，「その他の要因」の上昇率は「働き手１人当たり資本設備の増加」の上昇率よりも低いので，指摘しなくてもよいはずである。

なお，一部の教科書には，農業では脱穀機が普及し，化学肥料の使用など技術の進歩が見られたという記述がある。しかし，寄生地主制のもとで農業生産は停滞し，昭和恐慌のもとでは帰農者で農村人口が過剰だったことから，労働生産性の上昇につながったとは考えにくい。脱穀機も足踏み式である。農業の動向は考慮しなくてよい。

▶注意点

Aと同様に，「機械など，働き手１人当たり資本設備の増加」と「技術の進歩」の要因は，整理してまとめて述べると字数が節約できる。第一次世界大戦期以後，大量の資本設備を必要とする重化学工業が発展としたことに気付けるかがポイントとなる。なお，**B**では「さらに加速している」要因が問われているので，**A**で解答した要因を繰り返す必要はない。

❖講　評

1　資料文を読み取って，律令制下の命令伝達のあり方を考察する問題である。**A**では各国への伝達方法，**B**では民衆への伝達方法が問われている。必要な知識・理解は基礎レベルで，読み取りに傾斜した出題であった。2000 年に律令制下の駅制，2016 年に律令制下の国司と郡司の出題があり，類似の視点もみられる。例年，古代からの出題は読み取りの難度が高いが，2022 年度は**A**・**B**ともに資料文の具体例を整理してまとめればよく，取り組みやすかっただろう。

2　資料文を読み取って，後土御門天皇から３代の天皇が譲位を果たせなかった理由を述べる問題である。本問は条件が解答への誘導になっている。鎌倉時代以来の朝廷の経済基盤が何であるかを確認し，状況がどのように変化し，さらに室町幕府がどう対応したかを考察する。応仁の乱以降の室町幕府の衰退が，経済的に天皇の譲位を困難にしたと気付けばよい。解答の方向性は見出しやすいが，資料文の情報が豊富だから，状況の変化と幕府の対応を整理してまとめるのがやや難しい。

3　資料文をもとに，元禄時代の政治と社会を考察する問題である。テーマは異なるが，2021 年度に続いて元禄時代からの出題となった。**A**では，江戸幕府が鉄砲の所持や使用を認めた理由が問われた。資料文から考察すればよいが，村々で鳥獣害が多発した事情は想起しにくい。対比すべき刀狩令で没収された理由は基本事項である。**B**は藩邸が堀に落ちた老女に手厚い対応をとった背景を考察する。生命尊重の姿勢を読み取り，生類憐みの令に気付けばよい。

4　労働生産性の上昇をもたらした要因について，グラフと史料が提示され，**A**では産業革命期が，**B**では第一次世界大戦期以後が問われている。グラフを用いた出題は 2016 年度以来であった。史料はどう使えばよいか戸惑ったかもしれない。本問は問題文が示す 4 つの要因を，当該時期の社会経済の状況に即して，知識・理解に基づいて具体的に示せば解答となる。労働生産性との関係を意識してまとめるのが，少しやっかいである。近現代の出題において，正確な知識・理解が求められるのは例年通りであった。

世界史

1 解答

8世紀，唐がパミール高原の東西地域を支配し，ソグド人が西部のソグディアナを拠点として活躍したが，唐がタラス河畔の戦いでアッバース朝に敗れて後退したことでイスラーム化が進んだ。9世紀，キルギスに敗れたウイグルが東部に逃れてトルコ化が始まり，西部ではイラン系サーマーン朝のもとでトルコ人のイスラーム化が進展した。10世紀には東部で初のトルコ系ムスリム王朝であるカラハン朝が自立している。11世紀，西部に興ったセルジューク朝がトルコ人の西アジア進出を促す一方，ホラズム朝が成立した。12世紀には，東部で宋・金に敗れた遼の皇族がカラハン朝を倒して西遼を建国した。13世紀，ナイマンが西遼を滅ぼしたが，モンゴルがナイマンを征服，ホラズム朝も滅ぼし，東西トルキスタンはチャガタイ=ハン国が支配した。14世紀，西チャガタイ=ハン国出身のティムールが自立しアンカラの戦いでオスマン帝国を破った。ティムール朝ではイラン文化の影響を受けたトルコ=イスラーム文化が開花したが，ウズベク人の侵入で滅亡し，西部にはブハラ・ヒヴァ両ハン国が成立した。また，ティムール朝滅亡の際，一族のバーブルが北インドに逃れムガル帝国を建国した。17世紀，東部ではジュンガルが台頭したが，18世紀，清の乾隆帝に破れてこの地は藩部とされた。19世紀，ロシアが南下して西部に進出，両ハン国を保護国化し，東部では新疆のムスリム反乱を機に清とイリ事件を引き起こした。(600字以内)

◀解　説▶

≪8～19世紀におけるトルキスタンの歴史的展開≫

▶設問の要求

(主題)　8世紀から19世紀までの時期におけるトルキスタンの歴史的展開

(条件)　①トルキスタンの周辺地域の勢力の進出

②トルキスタンに勃興した勢力が周辺地域に及ぼした影響

▶論述の方向性と指定語句の使い方

●論述の方向性

8 世紀から 19 世紀までという 1000 年以上にわたる長い時期のトルキスタンの歴史的展開を詳述する問題である。問題文冒頭にあるように，トルキスタンはパミール高原の東西に広がる広範な地域を指し，その歴史展開も東トルキスタン（以下，東部）と西トルキスタン（以下，西部）で異なっている場合が多い。ここにきちんと着目して，両者の歴史展開を追うことができるかどうかが一つのポイントとなるだろう。

今一つのポイントは，非常に長いスパンの歴史展開を説明するように要求されているため，何を書き，何を書かないかという取捨選択する力，端的に事象を説明する要約力があるかどうかである。西部に勃興する国家はイランやイラクまで進出することが多いが，あまり論述の幅を広げてしまうと到底 600 字には収まらない。指定語句を見て，書くべき事象をしっかり絞り込みたい。

●指定語句の使い方

さて，東京大学の第 1 問（長文論述）では，以前にもこうした一地域の長いスパンの歴史展開を扱う問題が出題されている。このような場合はやはり時系列で論を展開していくのが手法として好ましい。そこで先に述べた条件①・②とトルキスタンの③西部，④東部の歴史展開を意識しつつ，指定語句をどこでどのように使用するのかを考え，論の骨子を作ってみよう（下表参照，表中の**太字**は初出の指定語句）。

世紀	③西部	④東部
8	唐の保護下，ソグド人が交易 → アッバース朝が進出① イスラーム化の進展	唐の支配下①
9	サーマーン朝成立	ウイグル滅亡→この地へ① トルコ化が進む
10	サーマーン朝	カラハン朝（初のトルコ系ムスリム王朝）自立，西部にも進出② →トルコ人のイスラーム化の進展
11	セルジューク朝成立① →西アジアへ勢力拡大② ホラズム朝成立	カラハン朝
12	ホラズム朝	宋と金に敗れた遼の皇族が西走 →カラハン朝を倒し西遼（カラキタイ）建国①

13	モンゴルによりホラズム朝滅亡① →チャガタイ=ハン国	モンゴル，西遼を乗っ取ったナイマンを滅ぼす① →チャガタイ=ハン国
14	西チャガタイ=ハン国よりティムールが自立	ティムール朝支配
15	ティムールがアンカラの戦いでオスマン帝国撃破② トルコ=イスラーム文化の開花	ティムール朝
16	ウズベク人の侵入でティムール朝滅亡 →ブハラ・ヒヴァ両ハン国成立 →バーブル，インドへ逃れる②	ティムール朝滅亡
17	ブハラ・ヒヴァ両ハン国	ジュンガルの勢力拡大①
18	ブハラ・ヒヴァ両ハン国	清の乾隆帝，ジュンガル遠征① →藩部に組み込み，新疆成立
19	ロシアの南下① →両ハン国が保護国に	ロシア，ムスリム反乱を機に新疆に進出①→清とのイリ事件

▶論述の構成

(1)　8世紀～10世紀：トルキスタンの成立

【指定語句：カラハン朝】

8世紀，後にトルキスタンと呼ばれることになる地域は唐の支配下にあった。西部のソグディアナ地方では，サマルカンドを拠点にイラン系のソグド人が隊商交易を営んでいたが，ここにイスラーム勢力が拡大してくる。751年タラス河畔においてアッバース朝軍と唐の軍勢が衝突すると，敗れた唐は後退し，西部におけるイスラーム化が進むことになる。

一方，モンゴル高原に居住していたトルコ系のウイグルは，744年に建国し，唐の安史の乱の際には援軍を派遣するなど強勢を誇った。しかし，840年にキルギスの侵入により民族は四散し，一部がパミール高原東部のオアシス地帯へ流入したことで，この地のトルコ化が進むことになった。

パミール高原の西部では，875年，イラン系のサーマーン朝がアッバース朝より自立し，この地のイスラーム化が一層進むことになった。サーマーン朝下でイスラームに改宗するトルコ人も現れたが，その流れは10世紀に初のトルコ系ムスリム王朝となった東部のカラハン朝のもとでより一層進展した。カラハン朝は西部にも進出し，このころから「トルキスタン」の呼称が定着していくこととなる。

⑵　11世紀〜13世紀：トルキスタンに成立した諸王朝

【指定語句：ホラズム朝，宋，カラハン朝】

11世紀には西部でトルコ人のセルジューク朝が勃興した。イランを経てイラクに進出し，ブワイフ朝勢力をバグダードから駆逐，君主はアッバース朝カリフよりスルタンの称号を得た。さらにアナトリアに進出してビザンツ帝国を圧迫したことで，十字軍遠征のきっかけとなった。このこと自体は歴史上重要な事象であるものの，本問で問われているのは「トルキスタンの歴史的展開」である。ここを細かく述べると論点がずれ，限られた字数も使ってしまうので注意したい。なお，セルジューク朝の分裂・衰退に伴い，11世紀に西部のアム川下流のホラズム地方に成立したのがホラズム朝である。

12世紀，中国東北地方からモンゴル高原東部を支配していた遼が，1125年に宋と金による挟撃で滅亡した。このとき遼の皇族耶律大石が西方に逃れ，カラハン朝を滅ぼして1132年に東部に西遼（カラキタイ）を建国したが，13世紀にナイマンによって王位を簒奪されている。

東部のナイマンや西部のホラズム朝を一気に攻略するのが，チンギス=ハン率いるモンゴルの軍勢である。以後，東西トルキスタンはモンゴル帝国(大モンゴル国)の勢力下となった。モンゴル帝国は，チンギス=ハンの子や孫によって治められた地方政権と，大ハンが治める本国の緩やかな連合体である。東西トルキスタンを押さえた地方政権は，チンギス=ハンの次男の系統であるチャガタイ=ハン国であった。この国はやがて内紛で東西に分裂した。

⑶　14〜16世紀：ティムール朝とトルキスタン

【指定語句：アンカラの戦い，トルコ=イスラーム文化，ブハラ・ヒヴァ両ハン国，バーブル】

西部の西チャガタイ=ハン国から台頭したティムールは1370年にティムール朝を建国すると，瞬く間に旧イル=ハン国領のイラン・イラクを支配し，キプチャク平原や北インドに進出，広大な帝国を築き上げた。1402年にはアナトリアに進出して当時勢力を伸ばしていたオスマン帝国と戦い，スルタンを捕虜にした。これをアンカラの戦いという。その後，ティムールは明への遠征をもくろんだが，その途上で病没した。

ティムールによるトルコ人世界とイラン人世界の融合は，イラン=イスラーム文化をトルキスタンに伝える契機となり，首都サマルカンドを中心にトルコ=イスラーム文化が開花した。

ティムールの死後，王朝は内紛などで安定せず，16世紀初頭，ウズベク人によってティムール朝は滅亡し，西部にはウズベク人のブハラ=ハン国，ヒヴァ=ハン国が成立した（18世紀初頭にはブハラ=ハン国よりコーカンド=ハン国が自立した。合わせて3ハン国という）。この滅亡の際，ティムールの末裔であったバーブルはアフガニスタン・北インド方面に逃れた。彼はパーニーパットの戦いで北インドのロディー朝を破り，1526年にムガル帝国を建国した。

(4)　**17～19世紀：清・ロシアとトルキスタン**

【指定語句：乾隆帝】

17世紀には，東部でオイラトを継承したジュンガルが勢力を伸ばした。ジュンガルは部族長のガルダンがオイラトの諸部族を統一し，外モンゴル・チベット・青海に勢力を拡大し，強勢となった。これに対し康熙帝が親征を行ったものの，ジュンガルとの争いはその後，雍正帝時代も続いた。続く乾隆帝の遠征により，18世紀（1758年）にようやくジュンガルを滅ぼすことに成功した。乾隆帝はこの地を藩部に編入し，新疆と名付けた。

一方，19世紀にはロシアがトルキスタンに向けて南下政策を展開した。ロシアはブハラ・ヒヴァ両ハン国を19世紀後半に支配下に置き，コーカンド=ハン国を併合した。また，新疆で起こったムスリムの反乱に介入してイリ地方を占領し，トルキスタンへの進出を強めた。反乱は左宗棠率いる清軍が鎮圧したものの，ロシアが撤兵せず，清朝との間に対立を生じた（イリ事件）。この対立はイリ条約によって終結する。すなわち，イリ地方は清に帰属し，ロシアは新疆における通商権を認められた。しかしこの辺りの顛末をあまり詳しく述べる必要はない。ロシアの西部進出，3ハン国支配により，清との対立が生じた点を指摘すればよいだろう。

2　解答

(1)　(a)　前18世紀頃バビロン第1王朝で制定され，同害復讐の原則と身分による刑罰差を特徴とする刑法の他，民法・商法なども含む。(60字以内)

(b)　イブン=ハルドゥーン

(c)　親米路線のパフレヴィー2世が進めた白色革命といわれる西欧的な近代化政策で，女性参政権導入や土地改革などが行われた。(60字以内)

(2)　(a)　イングランド王ジョンがフランス王フィリップ2世との戦いに敗れて大陸領の大半を失い，戦争継続のため国内で重税を課した。これに反発した貴族は，1215年新たな課税には高位聖職者と貴族の承認が必要とすることなどを定めた大憲章を王に認めさせた。(120字以内)

(b)　イタリアの分裂抗争状態を憂い，政治を宗教や道徳から切り離し，軍事力や権謀術数による君主の強力な統治が必要と主張した。(60字以内)

(3)　(a)　康有為・梁啓超

(b)　孔子を政治改革者と捉える公羊学派の立場から洋務運動を批判し，日本の明治維新を模範とする立憲君主政を目指す変法自強を主張した。光緒帝の下，次々に改革案が発令されたが，性急に過ぎ支持が得られず，西太后ら保守派による戊戌の政変で改革は挫折した。(120字以内)

◀解　説▶

≪法や制度を生み出す思想や理念・運動≫

◆問(1)　**▶(a)**　主題：ハンムラビ法典が制定された時期とその内容の特徴

ハンムラビ法典は，前18世紀頃，バビロン第1王朝の最盛期を現出した第6代国王ハンムラビが制定した。内容の特徴に関しては，「目には目を歯には歯を」の文言で有名な同害復讐の原則，身分によって刑罰に差があった点だけでなく，設問文の「イスラーム法にも影響を与えたとされる」という部分に着目して，イスラーム法(シャリーア)は，人間の社会生活全般を規定することから，ハンムラビ法典が民法や商法の規定も多く含んでいることを指摘したい。

〔解答のポイント〕

①法典が制定された時期として前18世紀頃，バビロン第1王朝の時代を指摘する。

②内容の特徴として同害復讐の原則と身分による刑罰差という刑法の部分と，民法・商法も含むという点も指摘したい。

▶(b)　14世紀に『世界史序説（歴史序説）』を著し，王朝の興亡の法則性を説いた学者は，イブン=ハルドゥーンである。北アフリカの諸王朝で政治家としても活躍したが，学者・思想家としての側面で名高い。それぞれ固有の文明をもつ遊牧民と都市民の交流を中心に，王朝の変遷・交替を説明する文明論を展開した。

▶(c)　主題：イラン革命で批判されたそれまでの政策

「批判された政策」とあるので，批判の対象となったポイントをしっかりと解答に反映したい。革命以前のイランでは，パフレヴィー 2 世による親米路線や西欧的な近代化政策が推進されていた。これを白色革命と呼ぶ。国王はアメリカの支援の下，土地改革や国営企業の払い下げ，女性参政権の実現や識字率の向上などの近代化を進めたが，これは上からの強権的な改革であり，イスラームの伝統を軽視するものであった。この専制に反対した宗教家や知識人は弾圧され，言論・思想の自由は封殺された。改革による富は国王周辺に集中し，農地改革などによって国民の貧富差は拡大し不満は高まった。1978 年頃から国民の国王専制に対する反対運動が広まり，この運動の精神的支柱となって先導したのが，パリに亡命していたシーア派の宗教指導者ホメイニであった。革命運動が高揚すると，パフレヴィー 2 世は亡命し，帰国したホメイニを中心とする新政権が誕生した（イラン革命)。

〔解答のポイント〕

①パフレヴィー 2 世による白色革命を，親米路線や西欧的な近代化政策として言及する。

②政策については具体例として女性参政権導入や土地改革を挙げたい。

◆問(2)　▶(a)　主題：大憲章（マグナ=カルタ）が作成された経緯

条件：課税をめぐる事柄を中心に説明

大憲章は，プランタジネット朝下のイングランド王国で，ジョン王に対して貴族が提出したものである。当時，ジョン王はカペー朝のフランス王フィリップ 2 世とイングランドのもつ大陸領をめぐって戦争状態にあった。ところがジョン王はノルマンディーなど大陸領の大半をフィリップ 2 世に奪われ，戦争継続のために増税を行い，貴族はこれに反発して反乱に発展した。結局，ジョン王は妥協し，1215 年，貴族が作成した文書に署名，発布した。これが大憲章（マグナ=カルタ）である。大憲章の内容は多岐にわたるが，貴族に諮ることなく国王が従来の慣習を破ることを禁じ，貴族の封建的諸権利を保障した（換言すれば王権を制限する）ものであり，国王もまた法に従うというイギリス憲政の第一歩とされる。ここでは「課税をめぐる事柄」に焦点を絞り，国王が新たな課税には高位聖職者と貴族の承認を必要とすることが定められた点を指摘したい。

〔解答のポイント〕

①ジョン王がフィリップ2世に大陸領土を奪われ，戦争継続のため課税が必要となった経緯をまとめ，これに貴族が反発し，大憲章が作成されたことを述べる。

②課税に関する大憲章の内容として，新たな課税には高位聖職者と貴族の承認を必要とする点を指摘する。

▶(b)　主題：マキァヴェリが著書『君主論』で述べた主張

マキァヴェリがこの書を著した背景として，まず当時のイタリアが小国の乱立状態にあり，イタリア戦争に代表されるように諸外国からの侵攻・干渉が激しかったことを挙げる。フィレンツェ共和国の外交官を務めたマキァヴェリはこの状況を憂い，メディチ家の専制が復活して失脚した後『君主論』を著した。その中で彼はイタリア統一のためには，信義を守る公明正大な君主ではなく，軍事力を握り，権謀術数に長けた強権的な君主が必要であると述べている。また，そのためには政治と宗教・道徳を切り離して考えねばならないという，近代政治学的な方法論を展開している。

〔解答のポイント〕

①『君主論』で述べられる主張の前提として，当時のイタリアの状況に言及する。

②イタリア統一のために，政治と宗教・道徳を切り離して考え，権謀術数に長けた強力な君主による統治が必要であると述べている点を指摘する。

◆問(3)　▶(a)　日清戦争の敗北を契機に清で生じた運動とは，変法（戊戌の変法）である。変法の中心として活躍した人物は，康有為・梁啓超などで，2人は戊戌の政変の際，日本に亡命している。

▶(b)　主題：変法の主張と経緯

変法の中心となった(a)の康有為や梁啓超は，日清戦争の敗北に衝撃を受け，現体制のまま西洋技術を導入する「中体西用」を理念に掲げた洋務運動の限界を痛感した。彼らは，近代西洋の政治思想に刺激を受け，立憲君主政を樹立した日本の明治維新を近代化改革のモデルとした改革を主張した。光緒帝は彼らの主張に心を動かされ，1898年に康有為・梁啓超を登用して政治改革を断行させた。これが変法の開始である。

運動の主張を述べるにあたっては，彼らが「公羊学派」であったことも指摘したい。公羊学派とは，孔子の著『春秋』に対する注釈である公羊伝に基づき，孔子は，過去の聖人君子の道の単なる伝承者ではなく，聖人の言葉を借りて当時の世の中を改革しようとした政治改革者であると解釈する学派である。

彼らは科挙制改革や近代的学校の創設（京師大学堂：後の北京大学），行政改革案などを次々と発令したが，発令のスピードがあまりにも性急であり，また上からの改革であって広範な支持を獲得するには至らず，西太后をはじめとする保守派が変法に反対して結束し，クーデタを起こしたため，変法は3カ月余りで失敗（百日維新）に終わった。西太后らは光緒帝を幽閉し，康有為と梁啓超は日本に亡命した（戊戌の政変）。こうして変法は幕を下ろしたが，後の義和団事件で諸外国列強に敗れると，西太后ら保守派も変法的な改革に着手することになる（光緒新政）。

〔解答のポイント〕

①変法の主張について，洋務運動への批判を指摘し，日本の明治維新をモデルに立憲君主政を目指したことを述べたい。また，思想的背景として公羊学派について説明したい。

②変法の経緯について，光緒帝時代に開始され，保守派によって挫折するまでを説明する。

3 解答

(1)　アクスム王国

(2)　マムルーク朝

(3)　アチェ

(4)　ラス=カサス

(5)　フィヒテ

(6)　イギリス・フランス

(7)　大陸横断鉄道

(8)　ヒンデンブルク

(9)　スカルノ

(10)　インティファーダ

◀解　説▶

≪戦争や軍事衝突が人々の生活・意識に与えた影響≫

▶問(1)　「エチオピア高原を拠点」「4世紀にキリスト教を受容した」から

アクスム王国と判断したい。クシュ王国と混同しやすいが，クシュ王国はエジプト南部からスーダンを領域とし，キリスト教を受容していない。

▶問(2)　13世紀末，十字軍の最後の拠点アッコンを陥落させた王朝はマムルーク朝である。「13世紀末」からアイユーブ朝（1169〜1250年）と迷う受験生もいるだろう。第6回十字軍でフランス王ルイ9世がマムルーク朝を攻撃したことや，1258年にアッバース朝を滅ぼしてシリアに進出したモンゴル軍を撃退したのがマムルーク朝のバイバルスである点を想起できれば，マムルーク朝と判断できるだろう。

▶問(3)　ポルトガルのマラッカ占領（1511年）以降，ムスリム商人らが拠点とし，新たに発展したスマトラ島北西部の港市はアチェである。アチェ王国の名称と，後に東南アジアに進出したオランダとの抗争であるアチェ戦争の名称から港市としてのアチェと判断したい。

▶問(4)　『インディアスの破壊についての簡潔な報告』を著してスペイン人のアメリカ大陸における蛮行を告発したのは，スペイン人でドミニコ会宣教師のラス=カサスである。彼の活動は当時，植民者らの激しい反対を受けたがそれに屈せず，先住民の待遇改善を訴え続けた。

▶問(5)　連続講演「ドイツ国民に告ぐ」を行った哲学者フィヒテは，ドイツ観念論の哲学者で，ヘーゲルやシェリングらに大きな影響を与えた。ナポレオンによるドイツ支配に屈せず，教育改革によって国力を増強すべしとする彼の連続講演は，ドイツ人聴衆の国民意識を高揚させた。

▶問(6)　ナイティンゲールら女性看護師が野戦病院で活躍した多国間戦争とはクリミア戦争のことである。この戦争においてオスマン帝国側で参戦したのはイギリス・フランス・サルデーニャ。イギリス・フランスは，ギリシア正教徒の保護を名目にオスマン帝国と開戦したロシアの南下を警戒し，オスマン帝国側で参戦した。サルデーニャは，フランスに接近するために宰相カヴールの提案で参戦している。これが後のイタリア統一戦争におけるフランスによるイタリア支援の布石となった。

▶問(7)　アメリカ合衆国では，スエズ運河完成と同年の1869年に最初の大陸横断鉄道が完成した。なお，鉄道建設には多くのアイルランド移民や中国人移民（苦力）が労働力として使役されたことも押さえておきたい。

▶問(8)　ヒンデンブルクは第一次世界大戦中のタンネンベルクの戦い（1914年）でロシア軍を撃破した将軍で，エーベルトの死後の1925年，ヴァイマル共和国の第 2 代大統領に就任した。1932 年に再選されたが，議会政治が混乱する中，1933 年に大統領大権でヒトラーを首相に任命し，結果的にナチス独裁の契機を作ることとなった。彼がヒトラーを首相に任命した背景には，世界恐慌の影響の中，大統領や軍部，保守派勢力が共産主義勢力の増大を不安視していたことが挙げられる。

▶問(9)　スカルノは 1928 年にインドネシア国民党を組織，オランダからの独立運動を指導した。第二次世界大戦で日本軍がインドネシアに進駐したが，日本の降伏直後にインドネシアは独立を宣言し，スカルノが初代大統領に就任した。オランダとの武力闘争を経て 1949 年にハーグ協定で独立が承認され，以降，スカルノは 1955 年のアジア=アフリカ会議（バンドン会議）を主催するなど，非同盟諸国のリーダーとして活躍した。

▶問(10)　1987 年末から始まった，イスラエル軍に対するパレスチナ住民の抵抗運動をインティファーダという。投石やデモによる民衆暴動で，1987 年のものは第 1 次インティファーダ，2000 年に始まったものは第 2 次インティファーダと呼ぶ。

❖講　評

1　2022 年度の長文論述は，指定語句を使用するオーソドックスな論述形式であった。2020 年度に出題された 3 つの史料を読み，その意味をひもといて論述の中で使用するという形式は，今のところこの単年度のみとなっているが，今後の動向には注意したい。

本問は，8 世紀から 19 世紀までという非常に長い時期における「トルキスタン」の歴史的展開について 600 字で説明する問題である。問いかけとしては複雑さはないものの，トルキスタンの歴史は教科書ではまとまって記述されているわけではない。また，東トルキスタンと西トルキスタンは異なる勢力の影響下にあるということも多い。そのあたりを考慮しつつ，長期間の歴史を追うとなると，論の骨子を作る時点でも大変であり，かつ字数も簡単に 600 字に収まりきるものではない。苦戦したり，また，大きく時間を取られた受験生も多かったと思われる。

こうした一つの地域の数百年以上にわたる長い時期の歴史展開を問う長文論述に対処するためにも，資料集・図説などの「○世紀の世界」というページを常に見ながら学習するという姿勢をつけておきたい。また，長文論述では時代としては19～20世紀の近現代史に関する出題が圧倒的に多いものの，古代・中世も含めた穴のない学習を心掛けたい。

2 法や制度を生み出す思想や理念・運動をテーマに，2行論述が3問，4行論述が2問，記述問題が2問の形式で出題された。取り上げられている事象はすべて有名なものである。問(1)(a)は有名なハンムラビ法典の説明であり，刑法の内容は容易に書けるであろうが，制定時期や刑法以外の内容を示せるかといった部分が鍵となる。(c)はイラン革命はお馴染みであるものの，現代史でもあることから得点差が出たと思われる。資料集や用語集を活用した学習を進めていたかどうかが点数の分かれ目となったであろう。問(2)(a)もまた問(1)(a)同様，あまりにも有名な大憲章についての説明問題だが，「作成された経緯」を「課税をめぐる事柄を中心に」という問われ方に注意したい。(b)は当時のイタリアの状況を踏まえてマキァヴェリが執筆したものであることを説明に反映できるか否かで得点差が生じよう。問(3)(b)は「経緯」よりも「主張」の部分が難しい。公羊学派に触れることができるかどうかが鍵であろう。

3 戦争や軍事衝突に関する短答式の問題10問である。例年，この大問では難問はほとんどないので，失点は極力避けたい。すべて教科書レベルの事項であるが，問(2)はアイユーブ朝と間違えやすい。問(10)は現代史であり，やや難問に感じるかもしれない。

地理

1

解答　A　(1)　交通機関の発達による人流・物流の増加。

(2)　蚊などの媒介生物の生息域の拡大と，洪水などの気象災害が頻発することによる衛生環境の悪化が感染症の増加に影響する。（60字以内）

(3)　夏に高温多雨となる気候で，集約的な水田稲作を生業とし，森林や農地に生息する生物の多様性に富む。それに加えて，家畜の飼育頭数や農業人口も多く，人と生物との接触機会が多いため。(90字以内)

(4)　都市近郊での山林の宅地化や農村部での耕作放棄地の増加により，野生動物が人の居住域に侵入する機会が増加しているため。(60字以内)

B　(1)　当時は風を利用して進む帆船が使用されており，赤道付近は貿易風，中緯度は偏西風を利用して航海していたため。(60字以内)

(2)　パナマ運河の開通により北米東岸と西岸を結ぶ航路の距離が短縮されたため，マゼラン海峡を経由する南米回りの航路がすたれた。(60字以内)

(3)　北米とヨーロッパを結ぶ航路に加えて，北米と東アジアを結ぶ航路が増加し，これらは従来の等角航路からGNSSの利用により最短距離となる高緯度の海域を経由する航路をとるようになった。(90字以内)

◀解　説▶

≪人獣共通感染症の発生リスクと自然環境・社会環境，世界の航路の変化≫

◆設問A　▶(1)　人獣共通感染症の増加要因のうち，社会経済的要因としては，交通機関の発達による人流や物流の活発化があげられる。具体的には，昆虫などの生物が貨物に紛れ込んで生息域以外の地域に運ばれることや，交通機関の速度が速くなり生物が生きたまま運ばれる可能性が高くなることなどが，交通機関の発達による人獣共通感染症の増加要因となる。

▶(2)　地球温暖化による気温上昇や降水量の増加が，人獣共通感染症の増加に影響することを説明する。指定語句の「媒介生物」は，蚊などの人獣共通感染症を媒介する生物のことである。気温が上昇するとこれらの媒介生物の生息域が拡大し，従来は人獣共通感染症が発生しなかった地域でも発生するようになる。また，地球温暖化により集中豪雨が頻発すると予測されており，それによる洪水などの「気象災害」も発生頻度が高まる。災害発生により衛生環境が悪化すると感染症の増加要因となる。

▶(3)　南アジア・東南アジアから東アジアにかけての地域の自然環境と，それに対応して営まれている生業を説明し，それらが人獣共通感染症のリスクの高さにどのように影響しているのかを述べる。

図１－１を見ると，人獣共通感染症の発生リスクが高い地域は，気温が高く降水量が多い地域で，寒冷地域や乾燥地域の発生リスクは低い。高温多雨地域は，寒冷・乾燥地域に比べて，野生生物の種類や数が多く，人獣共通感染症を媒介する生物も多い。モンスーンの影響で夏に高温多雨となる南アジア・東南アジアから東アジアにかけての地域もそれに該当し，森林などの自然の生態系が豊かであり，生物の多様性に富んでいる。それに加えて，この地域の主たる生業である水田稲作は，農地でありながら森林とは別の水田という生態系を構成し，生物の多様性をさらに増す要因となっている。

図１－１で比較的気温の低いヨーロッパでリスクがやや高く，南アメリカの熱帯地域でリスクがやや低いことからわかるように，人獣共通感染症の発生リスクは気候だけでなく人口密度の高低も関係している。さらに，水田稲作は多数の労働力を必要とするため，この地域は農業人口が多く，この点も人獣共通感染症の発生リスクが高くなる理由となる。農業人口が多いだけでなく，鶏などの家禽類，中国の豚，インドの牛など家畜の飼育頭数も多いため，野生生物と人との直接の接触だけでなく，野生生物と家畜との接触を通した人との接触機会も多くなる。このような自然環境と生業，それと関係した人口と家畜の多さなどの要因で，南アジア・東南アジアから東アジアにかけての地域は，人獣共通感染症の発生リスクが高い。

▶(4)　日本で近年人獣共通感染症の発生リスクが高まっている原因を，「人と野生動物との接触機会の増加」と「土地利用形態の変化」と関連づけて説明する問題である。これまで野生動物の生息していた地域に人の生活圏が及ぶようになったことや，逆に，人の生活圏だった地域に野生動物が侵入するようになったことが，人と野生動物との接触機会の増加となるが，これらはどのような土地利用形態の変化によるものであるかを述べればよい。前者の例では，都市近郊において山林の宅地化が進むと，野生動物の生息地域と人の生活圏が近づくことがある。後者の例では，農山村において過疎化や高齢化により耕作放棄地が増加すると，これまで人の生活圏だった地域に野生動物が侵入するようになることがある。

◆設問B　▶(1)　かつては赤道付近と中緯度において特定の緯度に沿って船が移動する傾向があった理由を説明する問題である。図1－2は18世紀後半から19世紀半ばまでの時期であるから「当時の船の構造」は帆船が主体である。帆船は大洋を航海する際には貿易風や偏西風などの卓越風を利用して航行したため，貿易風の吹く赤道付近や偏西風の吹く中緯度では特定の緯度に沿って進むことが多かった。

▶(2)　図1－2の時期には活発であったが図1－3の時期にはすたれた水運の経路の例とその理由を説明する。2つの図を比べてみると，大西洋の南米南部の航路と南米南部と北米西岸を結ぶ太平洋の経路の衰退が顕著である。この経路は，北米の東岸から南米南端を回って北米西岸に至る航路であったが，1914年のパナマ運河の開通により，北米の東岸と西岸を結ぶ航路がパナマ運河を経由するようになったため衰退した。

▶(3)「水運の分布の拡大」は図から読み取って説明する。特に増加したのは経済発展を遂げた東アジアと北米を結ぶ北太平洋で，以前から多かったヨーロッパと北米を結ぶ北大西洋でもさらに増加している。これらの海域では，以前に比べると，より「高緯度」を経由する航路が増えていることも読み取れる。高緯度を経由する航路が増えたのは「水運の経済性を高めるため」，つまり距離を短縮するためであり，「技術的な進歩」はGNSS（全球測位衛星システム）の利用などによる航海技術の進歩である。以前は大洋の航海においては，距離は長くなるが目的地まで確実に到達できる「等角航路」をとることが多かったが，GNSSが利用できるようになると，最短距離に近い航路をとるようになり，北半球ではそれは等角航路に比べて高緯度側を経由することになる。このため，北太平洋，北大西洋では高緯度を経由する航路が増加したのである。

2　解答

A　(1)　ア州では先端技術産業の生産機能の縮小により人口流入が抑制されたが，イ州では新規の工業立地が進み人口流入が続いたため。(60字以内)

⑵　農業地域で雇用不足のウ州は若年層が他州に流出したためで，温暖な気候のエ州は退職した高齢者が他州から移住してきたため。(60字以内)

⑶　失業者の増加により治安が悪化し，商業機能が衰退した。(30字以内)

⑷　社会主義革命後のキューバから多数の亡命者が移住したため。(30字以内)

B　⑴　アー南部　イー北東部　ウー北部

⑵　ブラジル高原にありセラードの原野であった中西部では農地開発により輸出向けの大豆の生産が増え，熱帯雨林の広がるウ地域では自由貿易地区が設置され，外国資本の進出により工業化が進んだ。(90字以内)

⑶　大都市がある南東部は商工業が発展し所得が高いが，植民地時代からの農業が中心のイ地域は貧困層が多く，所得格差が大きい。(60字以内)

⑷　貧しい農村地域から都市に移住した低所得層は，定職を持てずインフォーマルセクターに従事しながらスラムを形成している。(60字以内)

◀解　説▶

≪アメリカ合衆国の人口，ブラジルの地域格差≫

◆設問A　▶⑴　ア州（カリフォルニア州）で人口増加率が低下し，イ州（アリゾナ州）で人口増加率が高いままである理由を説明する問題である。アリゾナ州の人口増加率が高い理由は比較的明瞭であるが，カリフォルニア州で人口増加率が下がってきた理由は難しい。カリフォルニア州についてはアリゾナ州との違いが明瞭になるよう説明するとよい。

カリフォルニア州もアリゾナ州もサンベルトに位置し，先端技術産業の立地と発展に伴う人口流入により人口が増加してきた。アリゾナ州の先端技術産業の立地は比較的新しく，州都のフェニックスを中心に，半導体・エレクトロニクスなどの生産工場の立地が進み，雇用吸収力が大きいため他州からの人口流入数が多い。元々の人口が少ないこともあって人口増加率は高くなっている。シリコンヴァレーを中心としたカリフォルニア州の先端技術産業は，当初は生産部門の立地で発展したが，近年は地価や賃金の上昇などにより生産機能が縮小して他州や海外に移転し，研究開発部門が中心になっている。研究開発は高度な人材が必要であるが，生産部門ほど多数の労働力は必要ではないため，雇用という点では以前よりも縮小してきた。このため人口増加率が低下した。

▶(2)　ウ州（アイオワ州）とエ州（フロリダ州）で75歳以上人口比率が高い理由の違いを説明する問題である。アイオワ州は中西部の典型的な農業州である。農業以外の産業での雇用はあまり多くないため，若年層は雇用を求めて州外に流出する。年齢構成で若年層の比率が低くなったため，高齢者の比率が高くなったわけである。一方，温暖な気候のフロリダ州には老後を過ごすため退職した高齢者が多数移住している。フロリダ州で高齢者の比率が高いのは高齢者が流入しているためである。「両州の違いが分かるように」とあるから，アイオワ州は若年層の流出，フロリダ州は高齢者の流入という点を明確に述べておく。

▶(3)　中西部の州の中心都市で人口減少に拍車をかけている「基幹産業の斜陽化，およびそれが引き起こした社会問題」とは，インナーシティ問題である。基幹産業の斜陽化は失業者の増加をもたらすが，失業者の増加は治安の悪化につながる。それを嫌った富裕層や若年層が郊外に流出すると，低所得層が多くなり購買力が低下するため，商業機能が衰退する。老朽化した建物がスラム化し，市の税収も減るため，道路などのインフラの整備も進まなくなり，ますます都市が荒廃する。これらを総称してインナーシティ問題という。

▶(4)　フロリダ州ではヒスパニックのうちキューバ系の人口が多い。キューバの社会主義革命後，キューバに近いフロリダ州に亡命者や難民が多数移住したためである。

◆設問B　▶(1)　ブラジルは国内の経済格差が大きい国である。サンパウロやリオデジャネイロの位置する南東部や南部は1人あたりGDP（国内総生産）が高いが，北東部や北部は低い。北部は熱帯雨林が広がるため人口は少ないが，北東部は最初にポルトガルの植民地となった地域で人口は多い。以上からアは南部，イは北東部，ウは北部である。

▶(2)　それぞれの地域の自然環境と経済開発・経済発展を具体的に説明する。指定語句の「ブラジル高原」と「農地」は中西部で，「自由貿易地区」はウ地域（北部）の説明で使用する。中西部はブラジル高原の一部で，セラードとよばれるサバナの原野が広がっていたが，1970年代以降，農地開発が進み，輸出向けの大豆の生産地となった。北部は熱帯雨林の広がるアマゾン川流域であるが，マナオスにアマゾン開発の拠点として自由貿易地区が設置され，外国企業が誘致されて工業化が進んだ。

▶(3)　南東部とイ地域（北東部）の経済格差は，表2－2にあるように，1人あたりGDPに大きな差があることである。この点はほとんど自明だからその背景を中心に説明する。南東部は，(1)でも述べたように，大都市があり，商工業が発達した先進地域であるため，1人あたりGDPが高い。北東部は最初に植民地となった地域で，当時からの大土地所有制に基づいたサトウキビのプランテーションが現在も行われている。工業は未発達で農業も生産性が低く，1人当たりGDPが低い。

▶(4)　南東部でも大都市はさまざまな問題を抱えている。そのうちの「国内の地域的な経済格差を背景に持つ問題」とは，貧困地域からの人口流入に伴うスラムの拡大の問題である。貧困地域から雇用を求めて大都市に流入する「低所得層」は，大都市でも職を得られず街頭での靴磨きや露天での物売りなどの「インフォーマルセクター」に従事する。このため設備の整った住宅に住むことができず，無秩序に広がるスラム（ファベーラ）に居住することが多い。

3　解答

A　(1)　台地面には森林と古くからの集落，侵食谷には田が分布する。(30字以内)

(2)　高速道路網の整備が進み，首都圏内や全国各地との輸送に便利で広い土地が得られるため，大型倉庫や物流センターが建設された。(60字以内)

(3)　A－②　B－③　C－①

(4)　情報通信技術を活用したサービス業の新規創業を促進し，都市のインフラや業務などの最適化・効率化を進める。これにより住民の利便性を高め，高齢化社会の課題の解決を図ろうとしている。(90字以内)

B　(1)　ア－和歌山　イ－長野　ウ－千葉

(2)　傷みやすいが高収益で，消費地近くでの栽培が適しているため。(30字以内)

(3)　高度経済成長期は所得向上による需要の増加を見込んだ栽培拡大政策により増加したが，その後は果実需要の多様化や輸入自由化でみかんの消費量が伸び悩み，生産調整が行われたため減少した。(90字以内)

(4)　りんごの栽培が難しい温暖な気候の台湾・香港などで，所得増により高価格でも高品質な日本産りんごの需要が拡大しているため。(60字以

内）

◀解　説▶

≪東京郊外の変化，日本の果樹生産とその変化≫

◆設問A　▶(1)　台地面と侵食谷に分け，それぞれの土地利用を説明する。土地利用は「従来からの地形と土地利用との対応関係」に該当するものだけを述べる。工業団地やゴルフ場，新興住宅地などは「従来からの土地利用」ではない。

▶(2)　図3－2では，高速道路のインターチェンジ付近に大型の建物が多数みられる。これらが「新たな施設」で，大型倉庫や配送センターなどの物流施設である。これらが東京郊外のインターチェンジ付近に立地する理由は，都心部と異なり広い土地が得られることと，全国的に高速道路が整備され，自動車（トラック）輸送が貨物輸送の主体になり，首都圏内だけでなく，全国各地と東京とを結ぶ物流拠点として適していることである。

▶(3)　3つの地区の住宅地の建設時期の違いから判断する。建設時期の古い住宅地がある地区ほど高齢化が進んでいるといえる。③は図3－1ですでに住宅地になっているから，最も古い住宅地で，最も高齢化が進んでいるB地区である。②は公園や大学などの施設が大部分を占めており，人口は南部の住宅地が多いと考えられる。この住宅地は住宅密度が高く，鉄道の新線（つくばエクスプレス，2005年開業）ができる前からの住宅地と読み取れる。①は住宅の密度が低いから，鉄道の新線と駅ができてから住宅地となった地区である。①より②が古いから，高齢化は②のほうが進んでいる。また，C地区は2010年から2020年にかけて高齢者の割合がほとんど増加していないが，これは若い新住民の移住が進行しているためである。よって，②がA地区，①がC地区である。①は図3－1にもある小青田という古い集落を含むが，旧集落の人口が地区全体の人口に占める比率は小さく，高齢者の割合には影響していない。

▶(4)　「これまでのX市の産業構造を変えるような動き」と「スマートシティ」について説明する。「これまでのX市の産業構造」は，図3－1で工業団地が建設されているように，工業中心の産業構造と考えられる。それを変える動きは，第3次産業が中心となる産業構造への変化であり，具体的には，「情報通信技術」を活用したサービス業などの「新規創業」である。スマートシティもこうした動きに対応した取り組みである。スマートシティとは，情報通信技術を活用して，インフラや施設，サービスなどを最適化・効率化した都市であり，これによって住民や企業の快適性や利便性の向上を目指すとともに，「高齢化社会」や都市型災害などの課題の解決を図る取り組みである。指定語句から考えられるポイントは，「情報通信技術」の活用，サービス業の「新規創業」，「高齢化社会」の課題の解決となるだろう。

◆設問Ｂ　▶(1)　みかんとうめの収穫量１位のアは和歌山県，りんごが２位のイは長野県，なしが１位のウは千葉県である。

▶(2)　ブルーベリーは収穫後日持ちしない果実なので，消費地に近いところでの栽培が有利である。また，価格が比較的高く収益性が高いため，地価の高い東京でも栽培できる。

▶(3)　1960年代から1970年代初めまでの作付面積の急増とその後の変化の理由を説明する。指定語句の「政策」は，1961年の農業基本法において，選択的拡大部門の１つに畜産などとともに果樹があることから，作付面積増加の理由として用いるとよい。また，作付面積減少の理由となる，各種果物（特にオレンジ）の輸入自由化「政策」としても用いることができる。

1960年代の高度経済成長期には，経済成長による所得の向上により，果物の需要が増加すると見込まれていた。農業基本法で示された選択的拡大により，代表的な果樹であるみかんの栽培拡大が推進され，みかんの栽培に適した西日本の各地で作付面積が急増した。しかし，1970年代になると，作付面積の拡大でみかんの供給量は急増したが，多くの果物の輸入が自由化されたことや，みかん以外の果物の需要が増えて消費が多様化したことにより，みかんの消費量は伸び悩んだ。みかんは生産過剰となり，生産調整が行われたため，作付面積は減少に転じ，その後も減少し続けている。

▶(4)　りんごの輸出先がどのような国かということがポイントとなるから，輸出先の国名（地域名）をあげて説明する。りんごは冷涼な気候に適した果樹なので，主な輸出先である温暖な気候の台湾や香港では栽培に適さない。台湾や香港では，中国その他の地域からのりんごの輸入も可能であるが，日本産のりんごの需要が拡大している。日本産のりんごは甘くて実が大きいが価格は高い。それにもかかわらず，需要が拡大しているのは，経済成長により所得が向上し，高価格であっても高品質な日本産のりんごを消費者が求めるようになったためである。2002年の台湾のWTO加盟により関税が引き下げられたことを受け，この年より台湾への輸出量が増加している。

❖講　評

2022年度も大問3題であるが，それぞれ**A**・**B**の設問に分割され，実質的には6つのテーマからなる。論述の設問数は，19問（1行4問，2行10問，3行5問）で，総字数は39行1170字。2021年度よりも設問数・論述字数ともやや増加した。例年通り，分布図やグラフの読み取りから地理的事象の特徴，背景，理由を説明させる問題が中心であった。2022年度は2015年度以来となる地形図が出題されたが，地形図の読図そのものの問いは基本的な内容であった。

1　世界規模の事象の分布や変化に関する問題。設問**A**は人獣共通感染症の発生リスクを示した分布図から，人獣共通感染症の増加や高リスクの理由などが問われた。**(3)**は「自然環境と生業の観点から」という指示があり，書きやすい自然環境と生業について字数を費やしてしまいやすいが，なぜその特徴が人獣共通感染症の発生リスクと関連するのかが設問の主旨であることを理解し，自然環境と生業について書きすぎないように注意したい。設問**B**は過去と現在の船の航路を示した地図の読み取りから，航路の変化や技術的進歩などについて問われた。**(1)**と**(2)**は比較的書きやすいだろう。**(3)**は指定語句の使い方が難しいが，「水運の分布の拡大」した海域をあげ，「水運の経済性を高めるために行われてきた技術的な進歩」が最短距離を経由するための技術であることを述べておきたい。

2　南北アメリカの経済と社会に関する問題。設問**A**はアメリカ合衆国のいくつかの州について，人口増加率の違いや高齢者人口割合の背景などが問われた。カリフォルニア州とアリゾナ州の人口増加率に違いが生じた理由を説明させる**(1)**は難しい。ともに先端技術産業が発達した州であるが，その内容に違いがあることから説明する。設問**B**はブラジルの地域格差についての問題である。**(1)**の地域の判定理由が**(3)**の論述内容であり，南東部と北東部の地域格差の背景についての理解が問われている。(2)は字数は長いが，教科書にも記述があり，説明しやすい。設問Aの(3)はインナーシティ問題，設問Bの(4)はスラムについて書けばよいのだが，直接用語をあげて問わないところが東大らしい。

3　日本の都市と農業に関する問題。設問Aは東京郊外（千葉県柏市）の新旧地形図に関して出題された。地形と土地利用の関係，インターチェンジ付近に立地する施設，住宅地の開発時期の違いによる年齢別人口構成の違いという読図関連の問題は基本的であるが，(4)の東京郊外における新たな街づくりの特徴についての論述問題は難問である。リード文該当部分にある「スマートシティ」の内容説明を求めていると思われるが，指定語句があるとはいえ，それらをつないでも3行も書くのは難しいだろう。設問Bは日本の果樹生産とその変化についての問題で，(2)・(3)・(4)とも教科書的な内容ではないが，グラフの読み取りと常識に基づく思考力が問われている。

数学

1　◇発想◇　(1)　C と接する直線 $y=mx$ が 2 本あって，それらが直交するための a，b の条件と，そのときの a のとりうる値の範囲を求める。別解として，P_1，P_2 の x 座標をそれぞれ p_1，p_2 とおき，l_1，l_2 の方程式を利用する解法もある。

(2)　円 D_1，D_2 の中心をそれぞれ A_1，A_2 とし，P_1，P_2 から C の軸にそれぞれ垂線 P_1H_1，P_2H_2 を下ろし，P_1A_1 の傾きが m_2，$P_1H_1=-\dfrac{a}{2}-p_1$ であることから，P_1A_1 の長さを m_1，m_2 で表すことを考える。別解として，$\triangle A_1H_1P_1\backsim\triangle P_2H_2A_2$（二角相等）とその相似比 2：1 を利用する解法もある。

解答　(1)　x 軸に垂直な直線は C と接しないので，C と接する原点を通る直線 $y=mx$（m は実数）が 2 本あって，それらが直交するための a，b の条件と，そのときの a のとりうる値の範囲を求める。

$y=x^2+ax+b$ と $y=mx$ から y を消去した x の 2 次方程式は

$$x^2+(a-m)x+b=0 \quad\cdots\cdots①$$

$y=mx$ が C と接する条件は，①の判別式を D_1 として，$D_1=0$ から

$$(a-m)^2-4b=0 \quad \text{すなわち} \quad m^2-2am+a^2-4b=0 \quad\cdots\cdots②$$

よって，m についての 2 次方程式②が異なる 2 つの実数解をもち，その積が -1 となるための a，b の条件を考えたらよい。

これは，②の判別式を D_2 として，$D_2>0$ と解と係数の関係から

$$\begin{cases} a^2-(a^2-4b)>0 \\ a^2-4b=-1 \end{cases} \quad \text{すなわち} \quad \begin{cases} b>0 \\ b=\dfrac{a^2+1}{4} \end{cases} \quad\cdots\cdots(答)$$

となる。

$b=\dfrac{a^2+1}{4}$ のとき，任意の実数 a に対して $b>0$ が成り立つので，a の値はすべての実数をとりうる。　　（証明終）

〔注〕 l_1, l_2 の方程式をそれぞれ $y=m_1x$, $y=m_2x$ とおき, $x^2+(a-m_1)x+b=0$, $x^2+(a-m_2)x+b=0$ の判別式 $=0$ と, $m_1m_2=-1$ となるための a, b の条件を考える解法でもよいが, 〔解答〕よりも煩雑となる。

(2) (1)から, ②は　$m^2-2am-1=0$　……②′

となる。この2解を m_1, m_2 $(m_1<0<m_2)$ とおく。

また, P_1, P_2 の x 座標をそれぞれ p_1, p_2 $(p_1<p_2)$ とおく。$f(x)=x^2+ax+b$ とおくと, $f'(x)=2x+a$ から

$$m_1=2p_1+a,\ m_2=2p_2+a \quad \cdots\cdots ③$$

円 D_1, D_2 の中心をそれぞれ A_1, A_2 とする。また, P_1, P_2 から C の軸にそれぞれ垂線 P_1H_1, P_2H_2 を下ろす。

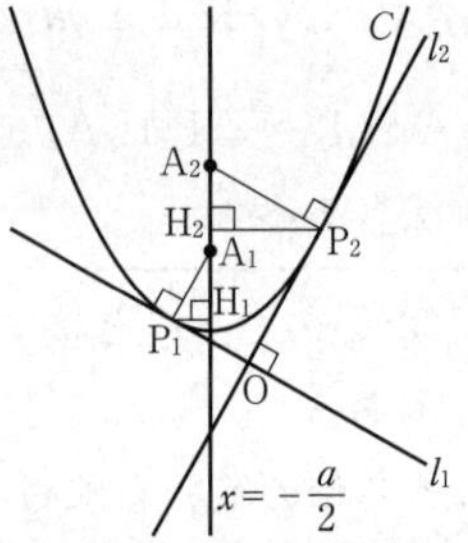

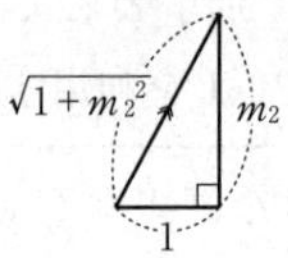

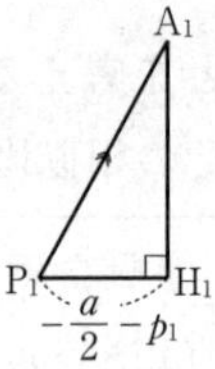

P_1A_1 の傾きは m_2, $P_1H_1=-\dfrac{a}{2}-p_1$ であるから

$$P_1A_1=-\left(\frac{a}{2}+p_1\right)\sqrt{1+m_2{}^2}$$

$$=-\frac{m_1\sqrt{1+m_2{}^2}}{2} \quad (③より)$$

同様に

$$P_2A_2=\frac{m_2\sqrt{1+m_1{}^2}}{2}$$

$P_2A_2=2P_1A_1$ から, $\dfrac{m_2\sqrt{1+m_1{}^2}}{2}=-m_1\sqrt{1+m_2{}^2}$ となり

$$m_2{}^2+m_1{}^2m_2{}^2=4(m_1{}^2+m_1{}^2m_2{}^2)$$

$m_1m_2=-1$ より

$$m_2{}^2+1=4\left(\frac{1}{m_2{}^2}+1\right)$$

$m_2{}^4-3m_2{}^2-4=0 \qquad (m_2{}^2+1)(m_2{}^2-4)=0$

これより，$m_2{}^2=4$ となり，$m_2>0$ から，$m_2=2$ となる。

これを②′ に代入して　　$a=\dfrac{3}{4}$　……(答)

〔注〕 ③は，「p_1，p_2 が，①で m をそれぞれ m_1，m_2 としたときの重解なので，$p_1=\dfrac{m_1-a}{2}$，$p_2=\dfrac{m_2-a}{2}$」として求めてもよい。

また，②′ から，$m_1=a-\sqrt{a^2+1}$，$m_2=a+\sqrt{a^2+1}$ であり，この値を用いる式処理も可能である。

参考　③以降は，ベクトルを用いて以下のように解くこともできる。

$A_1P_1 /\!/ l_2$ から，実数 t_1 を用いて，$\overrightarrow{P_1A_1}=t_1(1,\ m_2)$ と書ける。

また，$\overrightarrow{OP_1}=(p_1,\ p_1m_1)$ である。

このとき

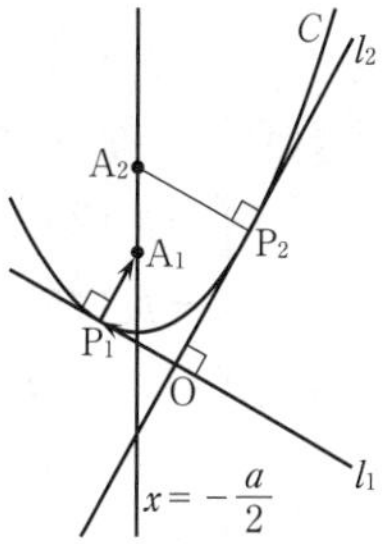

$$\begin{aligned}\overrightarrow{OA_1}&=\overrightarrow{OP_1}+\overrightarrow{P_1A_1}\\&=(p_1,\ p_1m_1)+t_1(1,\ m_2)\\&=(p_1+t_1,\ p_1m_1+t_1m_2)\end{aligned}$$

A_1 は直線 $x=-\dfrac{a}{2}$ 上にあるから

$$p_1+t_1=-\frac{a}{2}$$

$$t_1=-\left(p_1+\frac{a}{2}\right)=-\frac{m_1}{2}\quad(③より)$$

よって

$$\begin{aligned}\overrightarrow{P_1A_1}&=t_1(1,\ m_2)\\&=\left(-\frac{m_1}{2},\ \frac{1}{2}\right)\quad(m_1m_2=-1\ より)\end{aligned}$$

$$|\overrightarrow{P_1A_1}|=\frac{1}{2}\sqrt{m_1{}^2+1}$$

同様に

$$|\overrightarrow{P_2A_2}|=\frac{1}{2}\sqrt{m_2{}^2+1}$$

$|\overrightarrow{P_2A_2}|=2|\overrightarrow{P_1A_1}|$ から，$\sqrt{m_2{}^2+1}=2\sqrt{m_1{}^2+1}$ となり

$$m_2{}^2+1=4(m_1{}^2+1)$$

$m_1m_2=-1$ より

$$m_2{}^2+1=4\left(\frac{1}{m_2{}^2}+1\right)$$

（以下，〔解答〕に同じ）

別解　(1)　$f(x)=x^2+ax+b$ とおく。また，P_1，P_2 の x 座標をそれぞれ p_1，p_2 $(p_1<p_2)$ とおく。

$f'(x)=2x+a$ から，l_1，l_2 の傾きは，それぞれ $2p_1+a$，$2p_2+a$ である。

$l_1\perp l_2$ であるための条件は

$$(2p_1+a)(2p_2+a)=-1$$

$$4p_1p_2+2(p_1+p_2)a+a^2+1=0 \quad \cdots\cdots④$$

また

$$l_1: y=(2p_1+a)(x-p_1)+f(p_1)$$

$$l_2: y=(2p_2+a)(x-p_2)+f(p_2)$$

これらが，原点を通るための条件は

$$\begin{cases}-p_1(2p_1+a)+p_1{}^2+ap_1+b=0\\-p_2(2p_2+a)+p_2{}^2+ap_2+b=0\end{cases}\quad \text{すなわち}\quad \begin{cases}b=p_1{}^2\\b=p_2{}^2\end{cases}$$

$p_1\neq p_2$ から，これは

$$\begin{cases}p_2=-p_1\\b=p_1{}^2=-p_1p_2\end{cases}\quad \cdots\cdots⑤$$

となる。⑤を④に代入して

$$-4b+a^2+1=0$$

ゆえに　$b=\dfrac{a^2+1}{4}$

また，a のとりうる値の範囲は，④かつ⑤かつ $p_1<p_2$ を満たす実数 p_1，p_2 が存在するための a の範囲である。任意の実数 a に対して，$p_1=-\dfrac{\sqrt{a^2+1}}{2}$，$p_2=\dfrac{\sqrt{a^2+1}}{2}$ とすると，$b=\dfrac{a^2+1}{4}$ のもとで，④かつ⑤かつ $p_1<p_2$ が成り立つので，a の値はすべての実数をとりうる。

(2)　C の軸の方程式は $x=-\dfrac{a}{2}$ である。円 D_1，D_2 の中心をそれぞれ A_1，A_2 とする。また，P_1，P_2 から C の軸にそれぞれ垂線 P_1H_1，P_2H_2 を下ろす。次図から，$\triangle A_1H_1P_1 \backsim \triangle P_2H_2A_2$（二角相等）であり，その相似比は $2:1$

なので

$$P_2H_2 = 2A_1H_1 \quad \cdots\cdots ⑥$$

ここで

$$P_2H_2 = p_2 + \frac{a}{2} = \frac{1}{2}(2p_2 + a) \quad \cdots\cdots ⑦$$

また，$A_1P_1 /\!/ l_2$ であり，l_2 の傾きは $2p_2 + a$ であるから

$$A_1H_1 = (2p_2 + a) \times P_1H_1$$

$$= (2p_2 + a)\left(-\frac{a}{2} - p_1\right) \quad \cdots\cdots ⑧$$

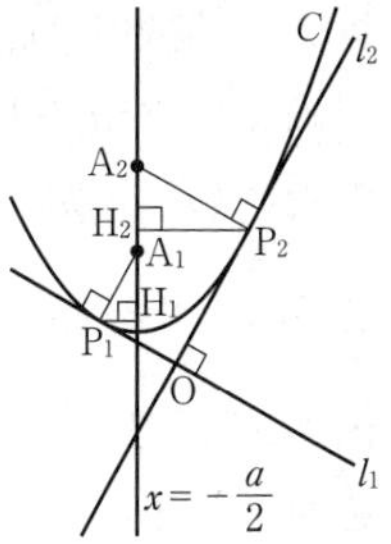

⑥，⑦，⑧から

$$\frac{1}{2}(2p_2 + a) = 2(2p_2 + a)\left(-\frac{a}{2} - p_1\right)$$

$$a + 2p_1 = -\frac{1}{2}$$

ここで，(1)から，$p_1 = -\frac{\sqrt{a^2+1}}{2}$ なので

$$a - \sqrt{a^2+1} = -\frac{1}{2}$$

$$2\sqrt{a^2+1} = 2a + 1$$

$$\begin{cases} 2a + 1 > 0 \\ 4(a^2 + 1) = (2a + 1)^2 \end{cases}$$

よって　　$a = \frac{3}{4}$

◀解　説▶

≪原点で直交する２接線をもつ放物線の方程式の係数≫

どのような文字や値を用いるかで解答にはいろいろなバリエーションがある。途中でいろいろな方向性が見えてくるので，その方向性により，式処理の煩雑さが異なり，意外と手間取ることも考えられる。本問のような問題では，各自の方向性を明確に保って解き切ることが大切である。

▶(1)〔解答〕は原点を通る直線を $y = mx$ として m を用いた式処理による。〔別解〕は P_1，P_2 の x 座標 p_1，p_2（$p_1 < p_2$）を用いた l_1，l_2 の方程式を立式した式処理による。いずれにしても，完答してほしい設問である。

▶(2)〔解答〕は，$y=mx$ が C と接するための条件から得られる m の方程式 $m^2-2am-1=0$ の 2 解 m_1，m_2 を用いて解き進める解法である。そのためには，p_i，m_i，a の間の関係式 $m_i=2p_i+a$ をつかむことが不可欠である。〔解答〕では，P_1A_1 の傾き m_2 と，$P_1H_1=-\frac{a}{2}-p_1$ を用いて，P_1A_1 の長さを m_1，m_2 で表すことを考えている。直線上の 2 点間の距離を傾きと 2 点の x 座標の差を用いて求める発想である。この発想とその利用に習熟しておくことが望まれる。これにより，m_1 または m_2 の値を求めることができ，この値を $m^2-2am-1=0$ に代入して a を求める。
〔参考〕はベクトルを用いて，$\overrightarrow{P_1A_1}=t_1(1,\ m_2)$ として，$\overrightarrow{OA_1}=\overrightarrow{OP_1}+\overrightarrow{P_1A_1}$ とする解法である。これと A_1 が直線 $x=-\frac{a}{2}$ 上にあることから，t_1 を m_1 で表すことができ，P_1A_1 の長さを m_1，m_2 で表すことができる。
〔別解〕は，$\triangle A_1H_1P_1\backsim\triangle P_2H_2A_2$（二角相等）とその相似比 2：1 を利用する解法である。この〔別解〕では，(1)で，l_1，l_2 の傾きを，それぞれ $2p_1+a$，$2p_2+a$ として考え，$p_1=-\frac{\sqrt{a^2+1}}{2}$，$p_2=\frac{\sqrt{a^2+1}}{2}$ を得ていることを前提にしているので，直接 a に関する方程式を得ることができる。一見すると〔解答〕よりも煩雑に見える解法だが，〔解答〕のように，m_i，a，p_i の 3 つの文字の関係を見出すことなく，a と p_i の関係を見出すことに注力すればよいという利点もある。なお，〔別解〕での相似比を利用する発想は，〔解答〕の m_i を主体とした解法でも有効であり，そのような組み合わせの解法も可能である。

2

◇発想◇　(1)　P における接線に直交する直線 l と C の方程式から y を消去した x の 3 次方程式が相異なる 3 つの実数解をもつための α の条件を考える。

(2)　β，γ についての 2 次方程式の解と係数の関係を用いる。あるいは，l の傾きを考える。

(3)　u を α の 3 次関数で表し，その増減を考える。

解答　(1)　$y=x^3-x$ について，$y'=3x^2-1$ なので，$\mathrm{P}(\alpha,\ \alpha^3-\alpha)$ における接線の傾きは $3\alpha^2-1$ である。

$3\alpha^2-1=0$ のときは，接線に垂直な直線は y 軸に平行となり，C と相異なる 3 点で交わることはない。

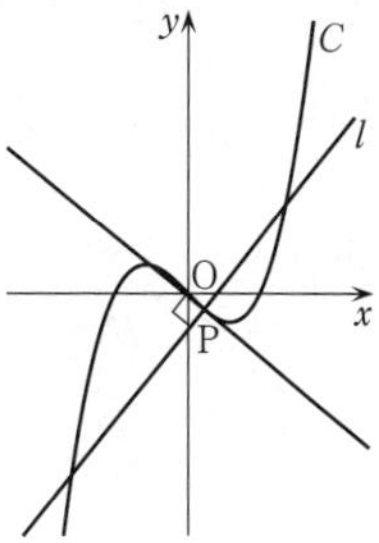

よって，$3\alpha^2-1\neq 0$ であり，l の傾きは，$-\dfrac{1}{3\alpha^2-1}$ となり，l の方程式は

$$y=-\frac{1}{3\alpha^2-1}(x-\alpha)+\alpha^3-\alpha$$

これと $y=x^3-x$ から y を消去した x の 3 次方程式は

$$x^3-x+\frac{1}{3\alpha^2-1}(x-\alpha)-\alpha^3+\alpha=0$$

$$(x-\alpha)(x^2+\alpha x+\alpha^2)-(x-\alpha)+\frac{1}{3\alpha^2-1}(x-\alpha)=0$$

$$(x-\alpha)\left(x^2+\alpha x+\alpha^2-1+\frac{1}{3\alpha^2-1}\right)=0$$

ここで

$$x^2+\alpha x+\alpha^2-1+\frac{1}{3\alpha^2-1}=0 \quad \cdots\cdots①$$

を考え，①の左辺で $x=\alpha$ とすると

$$3\alpha^2-1+\frac{1}{3\alpha^2-1}=\frac{(3\alpha^2-1)^2+1}{3\alpha^2-1}\neq 0$$

よって，①が 2 つの実数解をもつとき，それらは α とは異なるので，C と l は異なる 3 点で交わる。したがって，条件を満たす α のとりうる値の範囲は，(①の判別式)>0 となる α の範囲となり

$$\alpha^2-4\left(\alpha^2-1+\frac{1}{3\alpha^2-1}\right)>0$$

$$\frac{9\alpha^4-15\alpha^2+8}{3\alpha^2-1}<0$$

$$(3\alpha^2-1)(9\alpha^4-15\alpha^2+8)<0$$

$$(3\alpha^2-1)\left\{9\left(\alpha^2-\frac{5}{6}\right)^2+\frac{7}{4}\right\}<0$$

$$3\alpha^2-1<0$$

$$-\frac{\sqrt{3}}{3}<\alpha<\frac{\sqrt{3}}{3} \quad \cdots\cdots(\text{答})$$

(2) β, γ は①の 2 解であるから，解と係数の関係から

$$\beta+\gamma=-\alpha,\ \beta\gamma=\alpha^2-1+\frac{1}{3\alpha^2-1}$$

よって

$$\begin{aligned}\beta^2+\beta\gamma+\gamma^2-1&=(\beta+\gamma)^2-\beta\gamma-1\\&=\alpha^2-\left(\alpha^2-1+\frac{1}{3\alpha^2-1}\right)-1\\&=-\frac{1}{3\alpha^2-1} \quad \cdots\cdots②\\&\neq 0\end{aligned}$$

(証明終)

別解 l は点 $(\beta,\ \beta^3-\beta)$ と点 $(\gamma,\ \gamma^3-\gamma)$ を結ぶ直線なので，その傾きは

$$\begin{aligned}\frac{(\beta^3-\beta)-(\gamma^3-\gamma)}{\beta-\gamma}&=\frac{(\beta-\gamma)(\beta^2+\beta\gamma+\gamma^2)-(\beta-\gamma)}{\beta-\gamma}\\&=\beta^2+\beta\gamma+\gamma^2-1\end{aligned}$$

である。

一方で，これは $-\frac{1}{3\alpha^2-1}$ に等しいので

$$\beta^2+\beta\gamma+\gamma^2-1=-\frac{1}{3\alpha^2-1}\neq 0$$

となる。

(3) ②より

$$\begin{aligned}u&=4\alpha^3+\frac{1}{\beta^2+\beta\gamma+\gamma^2-1}\\&=4\alpha^3-3\alpha^2+1\end{aligned}$$

$$u'=12\alpha^2-6\alpha=12\alpha\left(\alpha-\frac{1}{2}\right)$$

$-\frac{\sqrt{3}}{3}<\alpha<\frac{\sqrt{3}}{3}$ での u の増減表は次のようになる。

α	$\left(-\dfrac{\sqrt{3}}{3}\right)$	$\cdots$	0	$\cdots$	$\dfrac{1}{2}$	$\cdots$	$\left(\dfrac{\sqrt{3}}{3}\right)$
u'		$+$	0	$-$	0	$+$	
u	$\left(-\dfrac{4\sqrt{3}}{9}\right)$	↗	1	↘	$\dfrac{3}{4}$	↗	$\left(\dfrac{4\sqrt{3}}{9}\right)$

ここで，$\dfrac{4\sqrt{3}}{9}<\dfrac{4\cdot 2}{9}<1$ であるから，u のとりうる値の範囲は

$$-\frac{4\sqrt{3}}{9}<u\leqq 1 \quad \cdots\cdots(答)$$

◀解　説▶

≪3次関数のグラフの接線に直交する直線と交点，3次関数の増減≫

▶(1)　Pにおける接線に直交する直線 l の方程式と C の方程式から y を消去した x の3次方程式が $x=\alpha$ を解の1つにもつことから，因数分解を考えると，（2次方程式の判別式）>0 に帰着する。これにより，α の6次式が現れるが，α の複2次式なので，扱いは難しくない。

$$9\alpha^4-15\alpha^2+8=9\left(\alpha^2-\frac{5}{6}\right)^2+\frac{7}{4}>0$$

とするところがポイントである。

また，$x^2+\alpha x+\alpha^2-1+\dfrac{1}{3\alpha^2-1}=0$ が $x=\alpha$ を解にもたないことの確認も忘れないこと。

▶(2)　$x^2+\alpha x+\alpha^2-1+\dfrac{1}{3\alpha^2-1}=0$ の解と係数の関係を用いるだけなので，易しい。〔別解〕のように，式の形をみて l の傾きに注目してもよい。

▶(3)　(2)の解答中で得られる $\beta^2+\beta\gamma+\gamma^2-1=-\dfrac{1}{3\alpha^2-1}$ を用いると，u は α の簡単な3次関数となるので，$-\dfrac{\sqrt{3}}{3}<\alpha<\dfrac{\sqrt{3}}{3}$ での u の増減表を考えるとよい。

3

◇発想◇　(1)　mod3 での $n(n+2)$ の周期性をとらえ，次いで，これを用いて，a_n の周期性をとらえる。

(2)　$a_{2023}-(a_{2022})^2$ と $a_{2024}-(a_{2023})^2$ を考える。

解答　(1)　$a_1=4$，$a_{n+1}=a_n{}^2+n(n+2)$（n は正の整数）から，a_n はすべて正の整数である。以下，mod3 で考える。

まず，$n(n+2)$（$n=1, 2, 3, \cdots$）について考える。

3 で割った余りについて

• n は順次，1，2，0 の繰り返し

• $n+2$ は順次，0，1，2 の繰り返し

なので

$n(n+2)$ は順次，0，2，0 の繰り返し（周期 3）　……①

となる。

次いで，①のもとで，a_n（$n=1, 2, 3, \cdots$）について考える。

$a_1\equiv1$,

$a_2\equiv1^2+0\equiv1$，$a_3\equiv1^2+2\equiv0$，$a_4\equiv0^2+0\equiv0$,

$a_5\equiv0^2+0\equiv0$，$a_6\equiv0^2+2\equiv2$，$a_7\equiv2^2+0\equiv1$

したがって，a_n を 3 で割った余りは a_2 以降順次，1，0，0，0，2，1 の繰り返し（周期 6）

$\boxed{1, 0, 0, 0, 2, 1}$，$\boxed{1, 0, 0, 0, 2, 1}$，…

となる。このことと，$a_1\equiv1$ から，a_n は a_1 以降順次

$\boxed{1, 1, 0, 0, 0, 2}$（mod3）の繰り返し（周期 6）

となる。このことと，$2022=6\cdot337$ から

a_{2022} を 3 で割った余りは　　2　……(答)

〔注〕$\boxed{1, 1, 0, 0, 0, 2}$（mod3）の繰り返しとなることを数学的帰納法で示す解法も可能である。

(2)　$a_{n+1}=a_n{}^2+n(n+2)$ から

$$a_{2023}-(a_{2022})^2=2022\cdot2024$$

$$a_{2024}-(a_{2023})^2=2023\cdot2025$$

a_{2022}，a_{2023}，a_{2024} の最大公約数を g とすると，g は $a_{2023}-(a_{2022})^2$ と $a_{2024}-(a_{2023})^2$ の公約数，すなわち $2022\cdot2024$ と $2023\cdot2025$ の公約数であることが必要である。

ここで，隣り合う 2 整数は互いに素なので

2022 と 2023，2023 と 2024，2024 と 2025

はそれぞれ互いに素である。

よって，$2022\cdot2024$ と $2023\cdot2025$ の公約数は，2022 と 2025 の公約数に限

られる。

さらに，$2025-2022=3$ なので，2022 と 2025 の正の公約数は 1，3 に限られる。

したがって，g は 1 または 3 となる。

ここで，(1)から，a_{2022} は 3 の倍数ではないから

$g=1$ ……(答)

〔注〕 $2022\cdot 2024=(2\cdot 3\cdot 337)\cdot(2^3\cdot 11\cdot 23)=2^4\cdot 3\cdot 11\cdot 23\cdot 337$ と，$2023\cdot 2025=(7\cdot 17^2)\cdot(3^4\cdot 5^2)=3^4\cdot 5^2\cdot 7\cdot 17^2$ から，g は 1 または 3 である，としてもよい。

◀解　説▶

≪整数からなる数列の mod3 での周期性，3 つの項の最大公約数≫

▶(1)　3 で割った余りを考えるので，$\{a_n\}$ を mod3 で見るという発想は馴染みのものと思われる。a_1，a_2，a_3，… を直接 mod3 で見ても許されると思われるが，a_{n+1} が $a_n{}^2$ と $n(n+2)$ の和となっているので，まず，$n(n+2)$ の mod3 での周期性をとらえてから，a_n を見ている。mod3 で $n(n+2)$ が周期 3 で繰り返され，a_2 以降が周期 6 で繰り返されるが，$a_1\equiv 1$，$a_7\equiv 1$ なので，結局 a_1 以降が周期 6 で繰り返される。

▶(2)　$a_{2023}-(a_{2022})^2=2022\cdot 2024$ と，$a_{2024}-(a_{2023})^2=2023\cdot 2025$ から，a_{2022}，a_{2023} の公約数は，$2022\cdot 2024$ の約数でなければならず，a_{2023}，a_{2024} の公約数は，$2023\cdot 2025$ の約数でなければならない。したがって，a_{2022}，a_{2023}，a_{2024} の公約数は，$2022\cdot 2024$ と $2023\cdot 2025$ の公約数でなければならない。最大公約数も公約数の 1 つなので，結局，$2022\cdot 2024$ と $2023\cdot 2025$ の公約数の中から見出すことになる。この絞り込みの発想が第 1 のポイントである。次いで，連続する 2 整数は互いに素であることを用いると，$2022\cdot 2024$ と $2023\cdot 2025$ の公約数は，2022 と 2025 の公約数の中から見出すことができる。さらに，これは，2 数の差である 3 の約数に限定される。これが第 2 のポイントである。最後は(1)の利用による。

なお，一般に，整数 a，b，c，d について，$a+bc=d$ が成り立つとき，a と b の最大公約数と，b と d の最大公約数は一致することも確認しておくとよい。

4

◆発想◆　表が出ることを A，裏が出ることを B として，A，B が起きた順に文字AとBを並べる場合の数を考える。裏が出たときは，$\vec{0}$ を加えると考えると，$\overrightarrow{\mathrm{OX}_N}$ は結局，$\vec{v_j}$ $(j=0,\ 1,\ 2)$ の和となる。Bは，Bが出た順に B_1，B_2，B_3，… と区別し，Aの下に $\vec{v_j}$ $(j=0,\ 1,\ 2)$ を記して考える。

$N=8$ のとき，たとえば，

B_1	B_2	A	B_3	A	B_4	A	B_5
$\vec{0}$	$\vec{0}$	$\vec{v_2}$	$\vec{0}$	$\vec{v_0}$	$\vec{0}$	$\vec{v_1}$	$\vec{0}$

なら，$\overrightarrow{\mathrm{OX}_8}=\vec{v_0}+\vec{v_1}+\vec{v_2}\ (=\vec{0})$ となる。$\vec{v_0}$，$\vec{v_1}$，$\vec{v_2}$ のそれぞれの移動が生じる回数を a，b，c として，$\overrightarrow{\mathrm{OX}_N}=\vec{0}$ となる $(a,\ b,\ c)$ の組を考える。

(1)　$\vec{v_0}+\vec{v_1}+\vec{v_2}=\vec{0}$ から，$\overrightarrow{\mathrm{OX}_5}=\vec{0}$ となるのは，$(0,\ 0,\ 0)$ または $(1,\ 1,\ 1)$ のときである。

(2)　$(30,\ 30,\ 30)$ のときを考える。90個のAと，8個のBの並べ方を考える。

解答

$$\vec{v_k}=\begin{cases}\vec{v_0}=(1,\ 0) & (k\equiv 0\ (\mathrm{mod}\,3)\ のとき)\\[2mm] \vec{v_1}=\left(-\dfrac{1}{2},\ \dfrac{\sqrt{3}}{2}\right) & (k\equiv 1\ (\mathrm{mod}\,3)\ のとき)\\[2mm] \vec{v_2}=\left(-\dfrac{1}{2},\ -\dfrac{\sqrt{3}}{2}\right) & (k\equiv 2\ (\mathrm{mod}\,3)\ のとき)\end{cases}$$

であり，$\vec{v_0}+\vec{v_1}+\vec{v_2}=\vec{0}$ である。

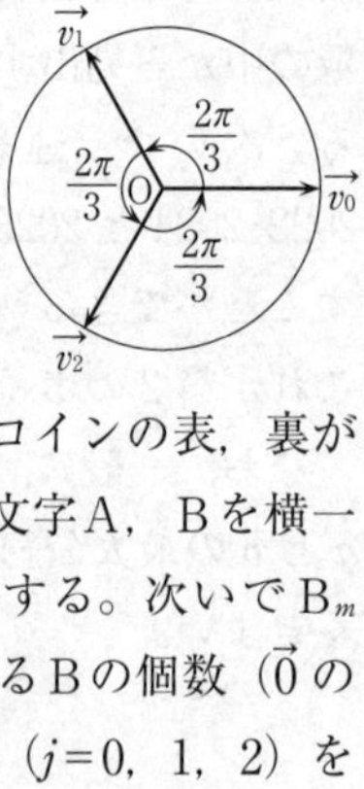

$\vec{v_0}$，$\vec{v_1}$，$\vec{v_2}$ のそれぞれの移動が生じる回数を a，b，c としたとき，$\overrightarrow{\mathrm{OX}_N}=a\vec{v_0}+b\vec{v_1}+c\vec{v_2}$ となる。ここで，移動は表が出たときにのみ1回ずつ起きるので，$a+b+c$ は表が出た回数の和となる。このとき，$\overrightarrow{\mathrm{OX}_N}=\vec{0}$ となるための条件は，$a=b=c$ のときである。コインの表，裏が出る事象をそれぞれ A，B として，A，B が起きた順に文字A，Bを横一列に並べ，Bは，Bが出た順に B_1，B_2，B_3，… と区別する。次いで B_m の下には $\vec{0}$ を記し，Aの下には，それ以前に置かれているBの個数（$\vec{0}$ の個数）が k のとき，k を3で割った余りを j として，$\vec{v_j}$ $(j=0,\ 1,\ 2)$ を

記す。

$N=5$ のとき，たとえば，$\begin{array}{|ccccc|}\hline \mathrm{A} & \mathrm{B}_1 & \mathrm{A} & \mathrm{B}_2 & \mathrm{A} \\ \overrightarrow{v_0} & \vec{0} & \overrightarrow{v_1} & \vec{0} & \overrightarrow{v_2} \\ \hline\end{array}$ なら

$$\overrightarrow{\mathrm{OX}_5}=\overrightarrow{v_0}+\overrightarrow{v_1}+\overrightarrow{v_2}\ (=\vec{0})$$

となる。

(1)　X_5 が O にあるのは，$0\leqq a+b+c\leqq 5$ かつ $a=b=c$ のときなので，$(a,\ b,\ c)=(0,\ 0,\ 0)$，$(1,\ 1,\ 1)$ のときに限られる。

(i)　$(0,\ 0,\ 0)$ のとき，Bが5個並ぶ1通りがある。

(ii)　$(1,\ 1,\ 1)$ のとき

　Aを3個，Bを2個置くことになる。

　$\overrightarrow{v_0}$，$\overrightarrow{v_1}$，$\overrightarrow{v_2}$ がそれぞれ1回ずつ現れるので

　$\begin{array}{|ccccc|}\hline \mathrm{A} & \mathrm{B}_1 & \mathrm{A} & \mathrm{B}_2 & \mathrm{A} \\ \overrightarrow{v_0} & \vec{0} & \overrightarrow{v_1} & \vec{0} & \overrightarrow{v_2} \\ \hline\end{array}$ の1通りがある。

(i)，(ii)から，求める確率は　$\dfrac{1+1}{2^5}=\dfrac{1}{16}$　……(答)

(2)　$a+b+c=90$ かつ $a=b=c$ すなわち $(a,\ b,\ c)=(30,\ 30,\ 30)$ である。

まず，8個のBを並べ，次いで，これらの間または両端に90個のAを置いていく。B_m と B_{m+1} $(1\leqq m\leqq 7)$ の間に置くAの個数を x_m とおく。また，x_0 は一番左端に置くAの個数，x_8 は一番右端に置くAの個数とする。このとき，$j=0,\ 1,\ 2,\quad 0\leqq m\leqq 8$ として，Aの下に現れる $\overrightarrow{v_j}$ の個数の和は

$$\overrightarrow{v_j}\text{ の個数の和}=\begin{cases} m\equiv 0\ (\mathrm{mod}\,3)\text{ となる }x_m\text{ の和}\quad (j=0\text{ のとき}) \\ m\equiv 1\ (\mathrm{mod}\,3)\text{ となる }x_m\text{ の和}\quad (j=1\text{ のとき}) \\ m\equiv 2\ (\mathrm{mod}\,3)\text{ となる }x_m\text{ の和}\quad (j=2\text{ のとき}) \end{cases}$$

なので，$N=98$ かつ X_{98} がOにあるのは

$$\begin{cases} x_0+x_3+x_6=30\quad (\overrightarrow{v_0}\text{ の個数の和}) \\ x_1+x_4+x_7=30\quad (\overrightarrow{v_1}\text{ の個数の和}) \\ x_2+x_5+x_8=30\quad (\overrightarrow{v_2}\text{ の個数の和}) \end{cases}$$

がすべて成り立つ場合である。

ここで，0以上の3つの整数の和が30となるような $(x_0,\ x_3,\ x_6)$，$(x_1,\ x_4,\ x_7)$，$(x_2,\ x_5,\ x_8)$ の組はどれも ${}_{32}\mathrm{C}_2$ 通りある。なぜなら，32個

の○を横一列に並べ，これらの 32 個から 2 個を選び，仕切り｜に変え，2 つの仕切りのそれぞれの左側の○の個数と 2 番目の仕切りの右側の○の個数を順に，たとえば，x_0，x_3，x_6 の値とすることによって，第 1 式を満たす 3 個の 0 以上の整数の値の組（x_0，x_3，x_6）のすべてが得られるからである。第 2 式と第 3 式についても同様である。

$$ {}_{32}\mathrm{C}_2=\frac{32!}{2!30!}=16\cdot 31 $$

よって，求める確率は　$\dfrac{(16\cdot 31)^3}{2^{98}}=\dfrac{31^3}{2^{86}}$　……(答)

◀解　説▶

≪コインの裏表の出方と点の移動に関する確率≫

$\overrightarrow{\mathrm{OX}_N}=\vec{0}$ となるための条件は，N 回目までの $\overrightarrow{v_0}$，$\overrightarrow{v_1}$，$\overrightarrow{v_2}$ の移動回数が等しいことである。これらの移動は，表が出たときのみ起きる。表が出る以前の裏の出た回数が等しいときは，同じ種類の移動が生じる。どの種類の移動が起きるかは，それまでの裏の出た回数を 3 で割った余りによって定まる。以上の観点を明確にとらえることがポイントであるが，それだけでは，解答の道筋を端的にとらえることは平易ではない。

以上の観点を〔解答〕のように，A，B の並びとその下の $\overrightarrow{v_j}$ の並びを同時に記した図でとらえてみると，解法のイメージがつかみやすいと思われる。A の下に $\overrightarrow{v_k}$ ではなく，k を 3 で割った余りで置き換えたものを用いるところがポイントである。

さらに，B を B_1，B_2，B_3，… と区別すると，説明がしやすくなる。必ずしもこのような図が必要というわけではないが，B_m と B_{m+1} の間の A では同じ $\overrightarrow{v_j}$ が現れるという観点が重要である。

▶(1)　$(a,\ b,\ c)=(0,\ 0,\ 0)$，$(1,\ 1,\ 1)$ のときなので易しい。

▶(2)　B_m と B_{m+1} の間に置く A の個数を x_m とおくと，たとえば，$\overrightarrow{v_0}$ が現れる個数が，$m\equiv 0 \pmod 3$ となるような x_m の和 $x_0+x_3+x_6$ となることに気づくことがポイントである。これができると，本問は和が 30 となるような 0 以上の 3 個の整数の組（x_0，x_3，x_6）の個数などの問題となる。これは，たとえば，32 個の○を横 1 列に並べ，そこから 2 個を選んで仕切り｜に変えるという，よく見かける問題の考え方で解決する。

❖講　評

2022 年度は 2021 年度に比べ，難化した。標準的な問題は 2 のみで，他は解きにくく，試験場では，たちまちのうちに時間が過ぎていくセットである。したがって，高得点をとるのは難しかっただろう。数学Ⅱの図形と方程式の問題が 2 題，整数，確率が各 1 題の構成であった。2021 年度同様，積分法の出題がなかった。また，頻出の点や曲線の存在範囲などの図示問題がなかった。整数の問題は，2021 年度よりはとらえやすいが，文科としてはレベルが高い。確率の問題は，実質，場合の数の問題であり，2021 年度も易しくはなかったが，それよりも考えにくく難しい。理科との完全な共通問題はなかったが，3・4 が類題であり，理科よりは易しいが，文科には厳しい問題であった。1(1)，2，3(1)をきちんと取り切ることが必須である。

東大文科入試としての難易度は，1(1)標準，(2)やや難，2(1)標準，(2)・(3)やや易，3(1)易，(2)やや難，4(1)やや難，(2)難であった。

1　原点で直交する 2 接線をもつ放物線に関する問題。素材はよく見かけるものだが，意外と解きにくい。

2　3 次関数のグラフの接線と法線の問題。これもよくある素材だが，簡単な問題ではない。ただし，2022 年度では唯一，素直で標準的な問題なので，解き切りたい。

3　数列と整数の問題。(1)は易しく，過去にも類題がある。(2)は少し構想力が必要であり，また，根拠の記述も問われる設問。数学が得意な受験生は解き切ることができるであろうが，文科の受験生には難しい。

4　本質的な観点をとらえるのが難しい問題。確率だが，実質はコインの裏表の場合の数の問題である。(1)は具体的に書き出してみるのも難儀な設問。(2)は問題の内容を明確にとらえる発想がないと解けない。難問である。

本文全体の理解を前提に、傍線部の前に述べられている内容を素直にまとめることで対応できる。

四　現代文（随筆）　武満徹の文章は入試現代文でもたまに見かける。当然ながら音楽をテーマとしたものが多い。

本文は筆者の経験と深い思索をもとにした随想で、宇宙との交感といったことをテーマとしている。設問はいずれもやや難のレベル。随想のような主観が前面に出た文章は、どこまで掘り下げ、どこまで深読みすればよいのか非常に迷わされる。表面的なところで済ませてまとめれば浅い内容の解答になるだろうし、深読みして（それこそ筆者の意識の深層にまで光を当てて）まとめれば、根拠に乏しい解答になりかねない。そのあたりのバランス感覚が難しい。特に㈡と㈣でそれがいえよう。

「休み」となっている。そのため指揮者とオーケストラ（初演ではピアニスト）は舞台で何も演奏することなく終わってしまう。この作品は発表以来、賛否さまざまな論議を呼んだ。でもこれが話題となるということ自体、現代音楽の行き詰まり、とまでは言わなくても暗中模索を示しているといえるのではないだろうか。

❖講　評

一　**現代文**（評論）　ナショナリズムを論じた鵜飼哲の文章からの出題である。筆者の海外での経験から始まっているので、取り組みやすい印象を受けるだろう。しかし内容はかなり深刻で、同じ日本人として重い問題を背負わされた感じで読み終えるだろう。その意味で入試現代文として適切な文章であるといえよう。設問は㈠～㈢が標準、㈣がやや難、㈤が基本レベルである。㈠はある程度自分の言葉で説明する必要があって、ややまとめにくいだろう。㈣は本文全体を踏まえた内容説明を求めており、本文の語句を単につなぎ合わせただけでは高得点は得られないだろう。その言わんとするところをおさえ、しかも本文全体を視野に入れてまとめる必要がある。

二　**古文**（物語）　平安時代後期の物語『浜松中納言物語』からの出題。非常に複雑な事情がリード文で説明されているが、要は、日本への帰国を前にして愛する后との別れを悲しむ中納言の様子を中心に描いた部分である。㈠の口語訳は、基本古語の知識に加え、多義語について文脈に応じた解釈を示すことが求められていた。㈡の和歌の大意の説明は、中納言と后の贈答歌全体の内容を把握することが前提。㈢～㈤の内容説明は、中納言の心情描写と心内文に注目し、何についてのどのような気持ちが述べられているかを正確に理解する必要がある。全体的に、やや難レベルの出題といえる。

三　**漢文**（思想）　君主のあり方について述べた文章。例と論の対応もわかりやすく、論旨は明確につかむことができる。㈠の口語訳は、文意に応じた解釈と表現を示すにはかなり難しいものが含まれていた。㈡の指示内容を明らかにしての口語訳と㈢の内容説明（比喩の説明）はごく標準レベルで、確実に得点したい。㈣の内容説明（理由説明）も、含めて）を前提とした上で新しい音楽を創造したいという思いも読み取れよう。以上より解答のポイントは次の二点となる。なおガムランの演奏や伝統舞踊（レゴン・バロンダンス）やワヤン・クリットはインターネットのユーチューブなどでも見ることができる。

① 未知なるガムランの響きを取り込む
② 新しい西洋音楽を創造する

▼(四) 傍線部の「何か」とは何か。最終段落の「宇宙と会話している」「何かを、宇宙からこの世界へ返すのだ」「意識の彼方からやってくるものがある」などに着眼すると、やはり宇宙的なものということになるだろう。筆者は通訳のワヤンを通じて、老人が人形を操って影絵芝居を演じながら宇宙と会話しているのだと説明され、自分も何かを感じられるだろうかと思ってスクリーンを眺め続ける。すると「何かをそこ（＝スクリーン）に見出したように思った」というのだから、それは宇宙と交感しているような感覚、あるいは宇宙とじかにつながっているような感覚を覚えたということであろう。「見出した」とは言っても実際には何も見えないのだから、感じとったとしか説明できないだろう。以上より解答のポイントは次の二点となる。

① 老人の操る影絵のスクリーンには何も映っていない
② 宇宙と交感しているような感覚を覚えた

参考 武満徹（一九三〇～一九九六年）は作曲家・音楽プロデューサー。若い頃、シャンソンやジャズを聴いて音楽家になる決意を固め、ほぼ独学で音楽を修得し、前衛的な音楽活動を行った。また著述活動にも力を入れ、『武満徹著作集』全五巻を残した。代表的な音楽作品に「ノヴェンバー・ステップス」（琵琶、尺八とオーケストラのための作品）などがある。またビートルズの曲（「イエスタデイ」「ミッシェル」など）をギター用に編曲しており、武満音楽の入門曲として勧められる。「影絵《ワヤン・クリット》の鏡」は一九七三年、新潮社の月刊読書情報誌『波』に発表された。

武満徹と親交のあったジョン・ケージといえば「4分33秒」という作品が有名である。これは三楽章から成り、すべて

▼㈡　傍線部の「周囲の空気」とは「あの沈黙に支配された時空」（第五段落）、「それを気むずかしい表情で眺めている」（第七段落）などとあるように、巨大な火口に言葉を失うほどに圧倒され、真剣に見入っている人々の様子をいったものである。「かれ」はもちろんケージを指す。そのケージがその場の緊張した、真面目な雰囲気を感じて、筆者を呼んで「nonsense!」と言い、「バカラシイ」と歌うように言った。その意味するところははっきりしないが、人々は「ごく素直な気持でその言葉を受容れていたよう」（第六段落）であり、筆者も確かに「ひとつの穴にすぎない」と、その「バカラシイ」という言葉に同意する。でも「かならずしも否定的な意味で受けとめたのではなかった」といい、「またケージはこの沈黙の劇に註解（＝〝意味を説明すること〟）をくわえようとしたのでもない」という。これは、人々は巨大な火口を深刻な表情で眺める自分たちを嘲笑するものとして受けとめたのではないということであろうし、またケージは部外者の客観的な立場に立って人々を批評したということではないということであろう。だとすれば「ちょっとした振動をあたえたにすぎない」とは、人々の緊張をほぐしたというほどの意味であると理解してよいだろう。「ごく素直な気持」とあるのは、この理解を後押ししてくれよう。以上より、解答のポイントは次の二点となる。

①　ケージのバカラシイという言葉
②　巨大な火口に圧倒され緊張していた私たちの心をほぐしてくれた

▼㈢　傍線部の「かれら」は「フランスの音楽家たち」を指す。おそらくクラシック音楽の作曲家や演奏家であろう。彼らにとってガムランの響きは「途方もない未知の領域から響くもの」であり、「その異質の音源」は「自分たちの音楽表現の論理へ組みこむこと」に「熱中」するのに値するものであったと述べている（傍線部の前後）。すなわち西洋音楽（特にクラシック音楽）にとって異質なガムランの音楽を「新資源」として取り入れて、西洋音楽の新たな道を開拓したいというのである。ここには現代の西洋音楽の行き詰まりを打開したいという切なる思いがあるのだろう。また音階・調性・構造・ジャンルといった西洋の伝統的な音楽形式（十二音技法や無調といった、新しい音楽形式も

えない仕組の内にあり、宇宙の法則の外では一刻として生きられまいと感じられた。またキラウェア火山の巨大な火口は私たちの空想や思考の一切を拒むように思われ、ひととしての意識は少しも働かなかった。さらにインドネシアのバリ島でガムランの演奏を聴いていると、音の内に在る、音そのものと化すという感覚を覚えた。またなにも見えない影絵のスクリーンを眺めていると、意識の彼方からやってくるものがあるのを感じ、やがて何かをそこに見出したように思った。

◀解　説▶

本文は「影絵《ワヤン・クリット》の鏡」の全文である。全十段落から成り、空白行によって前半（第一～第七段落）と後半（第八～第十段落）に分かれる。前半は信州の火山とハワイ島のキラウェア火山という二つの火山を見たときの、意識を超える大いなるものの存在を感じた経験を語る。また後半はインドネシアのバリ島で、ガムランの演奏を聴いたときの、音に包まれる経験と、影絵の何も見えないスクリーンを通して何かの存在を感じた経験を語る。

▶㈠　傍線部の「ひととしての意識」は本文冒頭近くにも見えるが、これは人間として何かと対峙しようとする意識ということであり、第二段落の「知的生物として、宇宙そのものと対峙するほどの意識をもつようになった人類」もふまえれば、人間としての自負ということも含意しているのだろう。だがこのようにすぐれた知性をもつ人類も「眼には感知しえない仕組の内にあるのであり」（第二段落）、「どのような形容をも排けてしまう絶対の力をも」つ「巨大な火口」を眼前にすると、「私たちの空想や思考」は一切拒まれ、「沈黙に支配され」、「言いしれぬ力によって突き動かされ」、「意識は意識それ自体を超える大いなるものにとらえられていた」（以上、傍線部前後）と当時を振り返る。つまり巨大な火口を眼前にすると、人間としての自負など生じようもないほどに、「大いなるもの」にとらえられたような感覚に襲われたということであろう。この「大いなるもの」とは要するに「宇宙」（第二段落および最終段落）を意味するとみなせばよいだろう。以上より解答のポイントは次の二点となる。

①　巨大な火口を眼前にすると、人間として対峙しようとする意識がなくなった

②　大いなる宇宙にとらえられたような感覚を覚えた

「絶」に該当するので、殷と夏が滅んだ理由としては、君主が愛と利益に依拠することなく権威をふるったからだということを説明する。「本文の趣旨を踏まえて」という指示に注意し、「主」が「民」に対して「威」をふるうということがわかるようにまとめる。解答のポイントは次の三点である。

①「主」が「民」に＝君主が民衆に
②「託於愛利」に反して＝愛や利益をもたらさず
③「徒疾行威」＝権威ばかりをふるった

参考『呂氏春秋』は、秦の呂不韋が中心となって編纂した書物で、二十六巻から成り、道家、儒家、墨家、兵家、農家等さまざまな思想にわたる幅広い論説がまとめられている。

四

出典　武満徹「影絵《ワヤン・クリット》の鏡」（『武満徹著作集1』新潮社）

解答

㈠　巨大な火口を眼前にして、大いなる宇宙にとらえられたような感覚を覚え、人間として対峙しようとする意識がなくなったから。

㈡　ケージのバカラシイという言葉は、巨大な火口に圧倒され緊張していた私たちの心をほぐしてくれたということ。

㈢　フランスの音楽家たちは未知なるガムランの響きを取り込めば新しい西洋音楽が創造できると考え、喜んだということ。

㈣　老人の操る影絵のスクリーンには何も映っていなくても、眺めていると宇宙と交感しているような感覚を覚えたということ。

◆要　旨◆

信州の雪を残した火山の地表を見つめていると、宇宙と対峙するほどの意識をもつようになった人類も、眼には感知し頼るのは十分ではない〟）と続いているので、末尾は逆接表現とする。

▼㈡　逐語訳は〝人民の君主で愚かな者はこれと同じようなところがある〟となる。「人主之不肖者」は〝愚かな君主〟、「有似於〜」は〝〜と同じようなものだ〟のように表現するとわかりやすい。「此」は第一段落に挙げられている「宋人」を指す。その人が馬を操ることができず次々と殺した行為について、「雖造父之所以威馬、不過此矣。不得造父之道而徒得其威、無益於御」（＝〝〈昔の車馬を御する名人である〉造父が馬を脅して従わせる方法といっても、これよりゆきすぎることはない。造父の〈馬を操る〉方法を会得せずにただその威嚇する行為だけを実行しても、〈馬の〉制御には役に立たない〟）と述べられており、馬を操る適切な方法を会得せずに過剰に馬を脅すだけで結局馬を操ることができない者であるととらえられている。傍線部bは、愚かな君主をそのような者にたとえた文である。

▼㈢　「之」は「威」を指し、君主のふるう権威が「塩之於味」（＝〝調味においての塩〟）にたとえられている。「威」については、傍線部eの前の文で、「不可無有、而不足専恃」（＝〝ないわけにはいかないけれども、それだけに頼るのは十分ではない〟）とされている。傍線部eの後の「凡塩之用、有所託也。不適則敗託而不可食」は、塩を用いるにも基準があり、適量を用いなければ味付けが悪くなって食べることができない料理になってしまうということ。塩によって料理の味が悪くなるということは、「威」に即していえば、君主が国を破滅に至らせるということになる。解答のポイントは次の二点である。

①「塩」について＝調味に必要な塩も適量を誤ると味を損なう

②「威」について＝為政に必要な権威も過度にふるうと破滅を招く

▼㈣　傍線部fは「此殷《これいん》と夏《か》の絶ゆる所以《ゆゑん》なり」と読み、〝これが殷と夏が滅亡した理由である〟の意。設問に「なぜなのか」とあるのは、殷と夏が滅亡した理由、すなわち「此」にあたる内容の説明を求めるものととらえてよいだろう。傍線部fまでに書かれている一連の内容は、権威は愛と利益を拠り所とするものであり、愛と利益が民衆に実感されないままに権威だけを激しくふるうと君主の身に必ず災いが起こるということ。「身必咎矣」が傍線部fの「殷夏」

▲解　説▼

本文のおおまかな内容は次の通りである。

第一段落	言うことを聞かない馬を何度もすぐに殺す者がいたが、適切な方法を会得せずに脅して従わせようとしても、馬を操ることはできない。
第二段落	愚かな君主も同様に、適切な政策をとらずに権威のみをふりかざしても、民衆を活用することはできず、国の滅亡を招く。
第三段落	権威は必要ではあるが、民衆に愛と利益をもたらさずに権威ばかりをふるうと、国の滅亡を招くことになる。

▼㈠　a、「所以」はここでは〝方法・手段〟の意。「威馬」は、「造父」（＝〝車馬を御する名人〟）の行動なので、〝脅して従わせる・威圧して服従させる〟という意味で解釈する。

c、「愈」は〝ますます・よりいっそう〟の意の副詞。「民」と「用」は、第一段落に挙げられている逸話の「馬」と「御」（＝〝操る・制御する〟）にあたるものとみて、「用」は〝活用する・役立てる・有効に働かせる〟という意味で解釈する。「民」「不用」とは、宋人が馬を操ることができなかったのと同様に、「人主之不肖者」（＝〝人民の君主で愚かな者〟）が民衆を活用することができないということ。「民」は「不用」の目的語にあたるが、強調のために前に置かれている。「用ゐられず」という仮名に従えば、〝民衆が（愚かな君主によって）活用されない〟という解釈になる。

d、「威は有ること無かるべからざるも」と読む。「威」は、君主が民衆にふりかざすものとして〝権威・威光〟といった解釈をするのがよい。「不可」は不可能や打消当然を表す。「無有」は〝あることがない〟、つまり〝ない〟ということ。傍線部d全体で、権威はないわけにはいかないということを言っている。後に「不足専恃」（＝〝それだけに名人である）造父が馬を脅して従わせる方法といっても、これよりゆきすぎることはない。造父の（馬を操る）方法を会得せずにただその威嚇する行為だけを実行しても、（馬の）制御には役に立たない。

人民の君主で愚かな者はこれと同じようなところがある。その方法を会得せずにただその権威だけを大きくふるう。権威がますます大きくふるわれると、民衆はますます活用されない。国を滅ぼす君主は、大きな権威でその国の民衆を使役することが多い。

だから権威はないわけにはいかないけれども、それだけに頼るのは十分ではない。これをたとえるなら塩の調味においての（働きの）ようなものだ。だいたい塩の効用は、依拠するものがあってのものである。ちょうどよく用いなければ依拠するものを損なって食べることができない。権威もまた同様である。必ず依拠するものがあって、その後でふるわなければならない。何に依拠するか。愛と利に依拠する。愛と利の心が理解されて、初めて権威はふるわなければならない。権威が非常に大きいと愛と利の心はなくなる。愛と利の心がなくなって、ただ激しく権威だけをふるうと、（君主の）身には必ず災いがある。これが殷と夏が滅亡した理由である。

読み　宋人《そうひと》に道を取る者有《あ》り。其《そ》の馬進まず、剄《ころ》して之《これ》を溪水《けいすい》に投《とう》ず。又《ま》た復《ま》た道を取るも、其の馬進まず、又た剄して之を溪水に投ず。此《か》くのごとき者《こと》三《み》たびあり。造父《ぞうほ》の馬を威《い》する所以《ゆゑん》と雖《いへど》も、此《これ》に過ぎず。造父の道を得ずして徒《た》だ其の威を得るも、御《ぎょ》に益《えき》無し。

人主《じんしゅ》の不肖《ふせう》なる者此に似たる有り。其の道を得ずして徒だ其の威を多くす。威愈《いよいよ》多くして、民《たみ》愈用《もち》ゐられず。亡国《ばうこく》の主、多威を以《もっ》て其の民を使ふこと多し。

故《ゆゑ》に威は有ること無かるべからざるも、専《もっぱ》ら恃《たの》むに足らず。之を譬《たと》ふれば塩の味に於《お》けるがごとし。凡《およ》そ塩の用は、託する所有り。適《てき》せざれば則《すなは》ち託を敗《やぶ》りて食らふべからず。威も亦《ま》た然《しか》り。必ず託する所有りて、然る後《のち》に行《おこな》ふべし。悪《いづ》くにか託する。愛と利に託す。愛利の心諭《さと》られて、威乃《すなは》ち行ふべし。威太《はなは》だ甚《はなは》だしければ則ち愛利の心息《や》む。愛利の心息みて、徒《た》だ疾《はげ》しく威を行へば、身必ず咎《とが》あり。此殷《いん》と夏《か》の絶ゆる所以なり。

ている。解答のポイントは次の二点である。解答欄に収まるように表現を工夫して簡潔にまとめる必要がある。

①「いとせめては…もてなし給はば」＝后は中納言に親しみ深い態度を見せている

②「若君のかたざまにつけても」＝后と中納言との間には子の若君もいる

語句 ●未央宮＝唐の都長安にある宮殿の名。本文の場面から約一カ月半前の八月十五日に、未央宮で中納言の帰国を惜しむ宴が催され、中納言と后の関係を知らない御門が、后に女房の姿をさせて琴を弾かせたことがあった。

参考 『浜松中納言物語』は、平安時代後期に成立した作り物語で、作者は菅原孝標女とする説もあるが未詳。数奇な運命に翻弄される中納言の半生を、日本と中国を舞台に描いたもので、『源氏物語』の影響が色濃くみられながらも、輪廻転生や夢のお告げなどが取り入れられているところに特徴がある。

三

出典 呂不韋《りょふい》『呂氏春秋』〈巻第十九　離俗覧第七　用民〉

解答

(一) a、馬を脅して従わせる方法

c、民衆はますます活用されない

d、権威はないわけにはいかないが

(二) 愚かな君主は、適切な方法を会得せず馬を脅すばかりで操ることができない宋人と同じようなものだ。

(三) 調味に必要な塩も適量を誤ると味を損なうように、為政に必要な権威も過度にふるうと破滅を招く。

(四) 君主が民衆に愛や利益をもたらさず、権威ばかりをふるったから。

◆全　訳◆

宋の人で道を行く者がいた。その者の（乗っている）馬が走らず、殺してその馬を㶉水に投げ捨てた。また再び道を行く際にも、彼の馬が走らず、また殺してその馬を㶉水に投げ捨てた。このようなことが三度あった。（昔の車馬を御するれないと考えるのが適切であろう。解答のポイントは次の二点である。

①「これは」＝中国は・中国に

②「またかへり見るべき世かは』と思ひとぢむる」＝再び戻って来ることができる国ではないと諦めている・再び戻って来ることはできないと諦めている

▼㈤　傍線部カは中納言の心内文で、逐語訳すると〝私をすっかり思い捨てなさらないのであるようだ〟となる。「われ」は中納言自身を指す。「ひたぶるに」は、一途な様子を表す形容動詞「ひたぶるなり」の連用形で、ここでは後の動詞「おぼし放つ」に係り、〝すっかり・完全に〟の意で用いられている。「おぼし」は「思ふ」の尊敬語「おぼす」で、「おぼし放た」は、〝思い捨てる・見限る〟という意味の複合動詞「おもひ放つ」の尊敬表現にあたる。「ぬ」は打消の助動詞「ず」の連体形。「なん」は断定の助動詞「なり」の連体形「なる」の語尾が撥音便化したもの。「めり」は推定の助動詞。「われをばひたぶるにおぼし放たぬなんめり」は、中納言が、后は自分を完全に思い捨てはしないようだと推し量っているものである。その理由は、この心内文の前の部分に書かれている。「いとせめてはかけ離れ、なさけなく、つらくもてなし給はばいかがはせむ」を逐語訳すると〝たいそう極端に関係を隔て、思いやりがなく、冷淡にあしらいなさったならばどうしようか、いや、どうしようもないだろう〟となる。「いとせめてはかけ離れ、なさけなく、つらくもてなし給はば」全体が仮定条件となっていることに注意しよう。「いかが」は反語の意。この文全体で、要するに、もし后が中納言に対して粗略な態度をとったならばしかたがないけれども、実際にはそうではなく、親しみ深い様子で接しているため、まだしも心強く思うという中納言の気持ちが述べられている。「いかがはせむ」の部分は、后の態度に望みが持てるということで、傍線部カと重なる内容にあたるので、その前の「いとせめては…もてなし給はば」を現実の側面から説明した内容が傍線部カの理由であるととらえることができる。「若君のかたざまにつけても」は、〝后と中納言との間の子である若君についてのことにつけても〟ということで、前文の内容に加え、若君という存在もあるため、中納言に対する后の気持ちが離れることはないだろうという推察につながっ

「日本に母上をはじめ、大将殿の君に、見馴れしほどなく引き別れにしあはれなど」は、〝日本で母上をはじめとして、大将殿の姫君と、親しく過ごしたという間もなく別れ去ってしまった悲しみなど〟ということで、日本で、母親や、まだ一緒になって間もない妻と別れた悲しみについて、「たぐひあらじと」「おぼえ」たというつながりになっている。この構文の通りに、〝日本で母や妻と別れた悲しみについて、自分で日本を離れると決めたことだとはいえ、比類ないだろうと思った〟のように説明したいところだが、解答欄に収めるためには、〝日本での別れについて、自分の決断ながら比類なく悲しいと思った〟のように簡潔にまとめる必要がある。解答のポイントは次の三点である。

① 日本での別れについて

② 「人やりならず」＝自分の決断ながら

③ 「たぐひあらじと」「おぼえしか」＝比類なく悲しいと思った

▼㈣　傍線部オ自体の逐語訳は〝すべてが目に留まり、しみじみ悲しいのはもっともなことであって〟で、「目とまり」の主語で「あはれなる」と感じているのは中納言である。中納言がそのような心情になっている理由は、傍線部オの前に「これは、またかへり見るべき世かは』と思ひとぢむるに」と書かれている。「これは、またかへり見るべき世かは」は、逐語訳すると〝ここは、再び戻って来て見ることができる国か、いや、戻って来ることができる国ではない〟となる。その前の文で、「日本」については「ながらへば、三年がうちに行き帰りなむ」と述べられていることとの対比で、「これ」は中国を指し、「かは」は反語を表していると判断する。「思ひとぢむる」は〝諦める・断念する〟という意味の動詞「思ひとぢむ」（＝「思ひ閉ぢむ」）で、中納言は、今回中国から日本に帰国すると、中国に戻って来ることは二度とないにちがいないと諦めており、そのように思うことが原因で、今いる中国のあらゆるものが目に留まってしみじみ悲しく感じているのである。なお、傍線部オの「…をさることにて」は、言うまでもなく当然のことをまず初めに挙げる表現で、後に、「后の、…さまことなる心づくしいとどまさりつつ」と続いているので、傍線部オの「よろづ目とまり、あはれなる」の理由は中国を去ることへの名残惜しさのみで、后に対する気持ちは含ま

文に書かれていることと、本文冒頭から傍線部アまでの内容をふまえると、中納言は三年前に結ばれた后に未練があり、別れを深く悲しんでやりきれなく思う気持ちを、かつての逢瀬は夢であったのだろうかと詠んで訴えたものと読み取れる。「夢とだに…」の返歌は、まず、上の句で、中納言が逢瀬を「夢」だと詠んだことに対して、〝夢とさえどうしてあなたは思い出したりもしてしまっているのだろうか〟と切り返している。それに続く下の句である傍線部イは、逐語訳すると〝ただ幻として結ばれるのは結ばれるといえるか、いや、いえない〟となる。ここでの「見る」は、〝結ばれる・契りを交わす・逢瀬を持つ〟の意、「かは」は反語を表し、ただ幻のようにはかない逢瀬は逢瀬とはいえないようなものだということを詠んでいる。かつて自分が中納言と結ばれた出来事が念頭に置かれていることは当然だが、傍線部イの部分には過去の助動詞「き」などが用いられていないので、はかない逢瀬というものを一般化する形で詠まれていると考えられる。設問では「大意を示せ」と指示されているので、「まぼろし」の意味がわかるように配慮し、反語は打ち消しの部分のみを示してまとめる。解答のポイントは次の二点である。

①「ただまぼろしに見るは」＝ただ幻のようにはかない逢瀬は

②「見るかは」＝現実の逢瀬とはいえない

▼(三)

中納言の心内文で、逐語訳すると〝比類ないだろうと自分でそうしたことだとはいえ思われたけれども〟となる。「たぐひあらじと」は「おぼえ」に係っており、「人やりならず」がその間に挟み込まれた形になっている。「人やりならず」は、「人」＋動詞「やる」（「遣る」）の名詞形「やり」（「遣り」）＋断定の助動詞「なり」＋打消の助動詞「ず」という組成の連語で、〝他人が強いることではない〟ということから、〝自分の意志ですることだ・自ら招いたことだ〟の意で用いられる。自分の行為が不本意な事態を招いたことを悲しんだり後悔したりする気持ちを述べる場合に、〝自分で決めたことだとはいえ・自分の決断ながら〟という前置きとして添えられることが多い。傍線部エ自体は、

要するに〝自分で決めたことだとはいえ比類ないだろうと感じた〟ということであるが、設問文で指示されている「何について」「どのように思ったのか」について、この文の前の内容をふまえて検討しよう。

だしい様子を表したりして広く用いられる。ここではどのような意味でとらえればよいか迷うところだが、后が中納言の和歌に形ばかりの返歌をして御簾の奥に入ってしまったという状況と、傍線部ウの前に「おぼろけに人目思はずは、ひきもとどめたてまつるべけれど」（＝〝並一通りに人目を気にしないならば、〈中納言は后を〉引き止めもし申し上げるにちがいないけれども〟）と書かれていることとをふまえた中納言の様子として、〔解答〕では〝身を慎んで〟とした。甚だしい様子を表すものとみて〝しっかりと・しっかりわきまえて〟や、賢明な行動が良い結果につながったことを表すものとみて〝うまく・うまい具合に〟などと解釈することもできそうである。「思ひつつむ」は、気持ちが表に出ないように控えめにすること。后が御簾の中に入るのを引き止めたい気持ちが態度に出ないようにするということで、〔解答〕のほかに、〝自制する・思いとどまる〟などの表現も考えられる。

キ、「なほ」は、物事をあらためて認識する様子を表す副詞で、〝やはり〟と訳す。「いと」は強調を表す副詞で〝たいそう〟など。「せちに」は、切迫した様子を表す形容動詞「せちなり」の連用形で、ここでは、間もなく后と別れて日本に帰らなければならない中納言の状況をふまえ、〝痛切で〟のように解釈するのがよい。「やるかたなき」は、気持ちを思い通りに進める方法もない様子を表す形容詞「やるかたなし」（「遣る」＋「方」＋「なし」という連語）で、〝心の晴らしようもない〟のように訳す。「ほど」は時や場所や様子などをおおまかに表す名詞で、ここでは「暮れゆく秋の別れ」について言っているので、〝時節・頃〟と訳すのが適切である。「なり」は断定の助動詞。なお、リード文などに直接書かれてはいないが、中納言は九月末に日本への帰国の途につくことになっており、本文はその三日前に催された別れの場面で、傍線部キの前の「暮れゆく秋の別れ」は、秋が終わるのとともに中納言が中国を去るということをふまえた表現となっている。

▼㈡　傍線部イを含む和歌は后が詠んだもので、中納言が詠み贈った「ふたたびと…」の和歌に対する返歌である。贈答歌全体の内容をみていこう。まず、「ふたたびと…」の和歌は、〝二度と（あなたと逢瀬を持ったことを現実だと）合点する手立てもない。（あなたと逢瀬を持ったのは）どのように見た夜の夢であるのだろうか〟というもの。リード

贈った。后は、あれは夢どころか幻のようなものだとさりげなく応じて御簾の中に入ってしまい、中納言はそれを引き止めることをかろうじて自制した。

第二段落（内裏より皇子出でさせ給ひて…）

管絃の遊びが始まり、中納言がどうにか思いをこらえて皇子からの贈り物の琵琶を貰い受けると、后も御簾の中で琴《きん》の琴《こと》を弾き、その琴を中納言への贈り物とした。中納言は、たいそう親しみ深く自分に接してくれた后の様子を身に染みて思い、日本への帰国を決心したことを後悔するほど気が動転した。日本で母や妻と別れたときの悲しみとは異なり、中国へは二度と戻って来ることができないと思うと悲しみが募り、后との間柄にあれこれと思いを致しては、どうしようもなく心が乱れるのであった。御門や東宮をはじめとする人々は、中納言の帰国を非常に惜しんで悲しんだ。

▼㈠

ア、「さすがに」は、前述の内容や既存の様子とは逆の側面があることを示す副詞で、〝そうはいってもやはり〟と訳す。「あらず」は〝そうではない・違う〟という意味の連語で、ここでは、前に「忍びがたき心のうちをうち出でぬべきにも」（＝〝隠しきれない内心を口に出してしまいそうなのにつけても〟）と書かれていることから、〝口に出さない・何も言わない〟ということを意味していると判断する。「わりなく」は、道理に合わない様子や度合いを超えた様子などを表す形容詞「わりなし」の連用形で、ここでは、本文冒頭に「忍びがたき」とあるのに相当する中納言の気持ちを表すものとして、〝どうしようもない・耐えがたい〟といった表現で訳すのがよい。「かなしき」は、情感が胸に迫るような様子を表す形容詞「かなし」の連体形で、ここでは〝悲しい〟でよいだろう。「に」は、時や状況を表す格助詞、または単純接続を表す接続助詞のいずれとも取れそうである。

ウ、「かしこう」は、形容詞「かしこし」（「畏し」や「賢し」）の連用形「かしこく」の語尾がウ音便化したもの。「かしこし」は、畏怖や畏敬の気持ちを表す意がもとで、高貴なものに対して恐縮したり、賢明さに敬服したり、甚で母上をはじめとして、大将殿の姫君と、親しく過ごしたという間もなく別れ去ってしまった悲しみなどは、比類ないだろうと自分でそうしたことだとはいえ思われたけれども、生き長らえたならば、三年の間にきっと戻って来ようと思う気持ちで心をなだめたことによっても、心が安まるときはあった。ここは、再び戻って来て見ることができる国か、いや、戻って来ることができる国ではない」と諦めるので、すべてが目に留まり、しみじみ悲しいのはもっともなことであって、后が、もう一度の出会いを、隔たった関係ながらも、普通の態度でたいそう親しみ深く振る舞ってお思いになっているのも、（中納言は）世間一般とは異なるさまざまな物思いがいっそう募っては、自分の身も后の御身も、あれこれとごたごたしたことが起こってしまうにちがいない仲への気が引ける思いを、（后が）胸の内に秘めていらっしゃる道理も、（中納言は）ひたすらに恨み申し上げるような筋合いはないので、どのようにすれば（よいのだろうか）、と思い乱れる心の中は、表現し尽くすすべもなかった。「（后が）たいそう極端に関係を隔て、思いやりがなく、冷淡にあしらいなさったならばどうしようか、いや、どうしようもないだろう。若君についてのことにつけても、私をすっかり思い捨てなさらないのであるようだ」と、推察せずにはいられない心がどきどきしても、（その一方で）すっかり正気を失ってしまいそうに気持ちが落ち込んで、暮れていく秋の別れは、やはりたいそう痛切で心の晴らしようもない時節である。御門や、東宮をはじめとし申し上げて、（中納言との別れを）惜しみ悲しみなさる様子は、日本を離れたときの（人々が別れを惜しんだ）様子をも、いくらか上回っている。

▲解　説▼

本文のおおまかな内容は次の通りである。

第一段落（忍びがたき心のうちを…）

別れの宴席で、后へのこらえきれない思いを口にも出せないまま悲しんでいる中納言は、皇子も席を立って、女房たちも雑談などをしているのに紛れて、かつての逢瀬は夢であったのだろうかと訴える和歌をこっそりと詠み

㈣　中国に戻って来ることは二度とないにちがいないと諦めているから。

㈤　中納言との間の子も産んだ后が、親しみ深い態度を見せているから。

◆全　訳◆

（中納言は）隠しきれない内心を口に出してしまいそうなのにつけても、そうはいってもやはりそうはせず、どうしようもなく悲しいときに、皇子もちょっと退席なさるので、（后の）おそばにいる女房たちも、それぞれ何かお喋りをするのだろうかと（思われる声が）聞こえるのに紛れて、

二度と（あなたと結ばれたことを現実だと）合点する手立てもない。（あなたと結ばれたのは）どのように見た夜の
　夢であるのだろうか。

（中納言は）非常に声をひそめて人にわからないようになさっている。

夢とさえどうしてあなたは思い出したりもしてしまっているのだろうか。ただ幻として結ばれるのは結ばれるといえ
　るか、いや、いえない。

（后は）こらえきることができそうにもない御様子のつらさのために、（はっきりと）言うともなく、かすかな声で人にわからないように言って、そっと（御簾の中に）お入りになった。並一通りに人目を気にしないならば、（中納言は后を）引き止めもし申し上げるにちがいないけれども、身を慎んで気持ちを抑える。

宮中から皇子がお出ましになって、管絃の御遊びが始まる。（中納言は）何の音色もわからない思いがするけれども、今夜を最後だと思うので、気丈に思いこらえて、（皇子から）琵琶をいただきなさるのも、現実だという気はしない。御簾の中で、琴《きん》の琴《こと》を合奏なさっているのは、未央宮で聞いたもの（＝以前、未央宮で女房に身をやつして演奏したのと同じ后の演奏）であるにちがいない。（后は琴の琴を）そのまま（中納言への）中国からの御贈り物に加えなさる。（中納言は）「もうこれで（帰国しよう）」と無念なことにもすっかり決心してしまったのに、たいそう親しみ深くお話しになった（后の）御物腰や、様子が、耳に留まり心に染みて、気が動転して心乱れ、まったく正気でもいらっしゃらない。「日本

わけである。以上の事情を説明する。解答のポイントは次の三点である。ちなみに原文では傍線部に続けて、ある保守系の大物政治家がハト派的姿勢を示したために「国賊」というレッテルを貼られた例が挙げられている。

①　国籍は一つの制度であり、制度が変われば国籍を剝奪されることもありうる
②　日本のナショナリズムは異分子を集団から排除しようとする傾向が強い
③　日本人としてのアイデンティティが脅かされる可能性は誰にもある

▼㈤　a、「緩む」は〝ゆるくなる。緊張がほぐれる〟の意。b、「滑稽」は〝言動がおどけていて、おかしいこと〟の意。本文では筆者が「パラサイト」を非難されたときの自らの反応を回想して、このように述べている。c、「意味深長」は〝意味に深みや含みがあるさま〟の意。「慎重（＝〝注意深く行動すること〟）」ではない。

参考　鵜飼哲（一九五五年～）は哲学者。東京都生まれ。京都大学文学部卒業。同大学院文学研究科フランス語学フランス文学専攻博士課程退学。一橋大学経済学部助教授、同言語社会研究科助教授などを経て、二〇二二年現在、一橋大学名誉教授。著書に『償いのアルケオロジー』『抵抗への招待』『応答する力——来るべき言葉たちへ』『主権のかなたで』『ジャッキー・デリダの墓』などがある。『ナショナリズム論・入門』は二〇〇九年刊。

二

出典　『浜松中納言物語』〈巻の一〉

解答

㈠　ア、そうはいってもやはり口に出さず、どうしようもなく悲しいときに
ウ、身を慎んで気持ちを抑える
キ、やはりたいそう痛切で心の晴らしようもない時節である

㈡　ただ幻のようにはかない逢瀬は、現実の逢瀬とはいえない。

㈢　日本での別れについて、自分の決断ながら比類なく悲しいと思った。

とを述べているようにみえる。その前文でも、「ある土地の広がり」（＝自然）が「フランス」とか「日本」という名で呼ばれるのは少しも「自然」ではないと述べるのも、当たり前のことを言っているようにみえる。ではなぜこのような当然すぎることをわざわざ言わなければならないのか。それは「自然的性格」が「仮構された」「制度」（以上、第十一段落）、「操作」（第十一・十二段落）にすぎず、ナショナリズムが主張するような自然性、当然性に根拠がないことを指摘するためである。要するに、生地や血統に基づくとされる国籍など人為的に定められたものにすぎず、自然本来のものではないと言いたいわけである。そしてこのことを指摘するために、言語化される前の原初的な自然を持ち出したわけである（もちろん言語による自然の分節という言語哲学的視点もふまえているだろう）。ただし、傍線部ウの時点では、まだ「生地」のみの説明に留まっているので、国籍の話は含めず、単に国が自然発生的なものではないという説明のみで十分である。以上より解答のポイントは次の二点となる。

①　あらゆる物事には本来名前がなく、人為的に名づけられたものである

②　国も自然に存在するものではない

▼㈣　傍線部の直前に「だから」とあり、傍線部の理由づけがその前で行われている。すなわち「『非自然化』はいつでも起こりうる」からである。「自然化」とは何か。それは第十一段落で説明されるように、ナショナリズムが主張する生地や血統の同一性つまり国籍は、あたかも自然に由来するかのように仮構され、操作された一つの制度であるということである。したがって「非自然化」とは、同段落の「その人に国籍が付与されるとき……『自然化』によってなされる」、また第十二段落の「昨日まで……突然自然でなくなる」をふまえれば、「自然化」が単なる制度であることを自ら暴露すること、さらには国籍を剝奪することまで含むだろう。そうなれば「その人」は「国民的同一性」すなわち国民としてのアイデンティティを奪われることになる。だから「誰も安心はできない」。これに加えて「日本人であること」ゆえの事情もある。それは㈡で検討したように、日本人は異質な人間を敵視して集団から排除しようとする傾向が強いことである。だから自分がいつ異分子として排除されるかわからないから「誰も安心はできない」

想定だった」と反省する。傍線部の「その『甘さ』」とはこの事情をいう。同じ日本人だからという馴れ合いの感情が自然と出てしまうのが日本人の国民的心性であるというのであり、筆者はこの心性をガイドによって手厳しく非難されたわけである。確かに外国の観光地で日本人のツアーに出会うと、安心感や親近感を覚える一方で疎外感を味わうものである。以上より解答のポイントは次の二点となる。

① 日本人は国内では集団の壁を築く

② 国外では馴れ合いの感情がつい出てしまった

▼㈡ 傍線部の「その」は直前の「ナショナリズム」を指す。「残忍な顔」とは同段落の「『国民』の一部を『非国民』として、『獅子身中の虫（＝〝組織の中にいながら害をなす人間〟）』として、摘発し、切断し、除去する」および「『外国人』を排除する」ことについていう（特に前者）。「〈外〉と〈内〉」は外国人と日本国民。すなわち外国人を排除しようとするだけでなく、国民の一部を敵視し、「非国民」として除去しようとするのが日本のナショナリズムの性格であると筆者は指摘する。戦前・戦中に猛威を振るったナショナリズムが、「鬼畜米英」をスローガンに掲げて国威発揚をはかる一方で、国民総動員体制に従わない一部の国民を「非国民」として弾圧・排除した過去の歴史を思い浮かべるとよいだろう。筆者の力点はナショナリズムが内部にも向かう点にあり、「このガイドのようにきちんと振る舞える人々」（＝体制維持に積極的な人々）が「非国民」を作り出してナショナリズムの風潮を強める点を指摘する。「日本のナショナリズムはこの点で特異な道を歩んできた」「残忍な顔」と述べるゆえんである。以上より解答のポイントは次の二点となる。

① 外国人を排除する

② 国民の一部を敵視して除去する

▼㈢ 第七段落以下、「あらゆるナショナリズムが主張する『生まれ』の『同一性』の自然的性格」（第十一段落）へと議論が展開している点に注意しよう。傍線部は一見、あらゆる事物や現象にはもともと名前がなかったという凡庸なこ

◀解　説▶

本文は筆者が自らの経験に基づいてナショナリズム（＝〝国家主義・国粋主義・民族主義〟）の本質を二点えぐり出したものである。一点は、ナショナリズムは外部に対して発動されるだけでなく、内部に対しても発動されるということであり、もう一点は、ナショナリズムが主張する同一性は自然化された制度であり、「自然」は〈非自然〉に逆転しうるということである。

本文は全十二段落から成る。第一～第五段落には「1　あるパラサイトの経験」という標題が、第六～第十二段落には「2　ナショナリズムとは何か」という標題が付してある。その区分に加え、後者をさらに二区分して全体の構成を確認しよう。なお原文は横書きである。また、本文には原文の語句が改められた箇所が数箇所ある。

1　第一～第五段落（五年ほど前の…）
　ガイドによって排除された経験は、ナショナリズムが〈外〉と〈内〉に同時に働くことを示した

2　第六～第九段落（もちろん私は…）
　ナショナリズムは「生まれ」が「同じ」という平等性と、「生まれ」が「違う」という排他性を不変の核にする

3　第十～第十二段落（しかし、生地…）
　ナショナリズムが主張する「同一性」は自然化されたものであり、それゆえ非自然化も起こりうる

▼㈠　傍線部は筆者の海外での経験から導かれている。その経験とは、カイロの博物館で日本のツアー団体客に交じってガイドの説明を聞いていたところ、このグループの人間ではないとガイドにとがめられたことである。これを筆者は「『排外神経』の正確な標的になった」（第四段落）といい、自分の油断を反省する。そして傍線部の前で「日本のなかでは日本人同士種々の集団に分かれてたがいに壁を築く。しかし、ひとたび国外に出れば……」と述べ、国外では「壁」を壊して同じ日本人として仲間意識を持つという内容を示唆する。だがそれは日本人特有の「無意識の、甘い

国語

一

解答

出典　鵜飼哲「ナショナリズム、その〈彼方〉への隘路」〈1　あるパラサイトの経験　2　ナショナリズムとは何か〉（大澤真幸・姜尚中編『ナショナリズム論・入門』有斐閣）

(一)　いかにも日本人らしく、国内では集団の壁を築いても、国外では馴れ合いの感情がつい出てしまったということ。

(二)　日本のナショナリズムは外国人を排除すると同時に、国民の一部を敵視して除去する動きを強めているということ。

(三)　あらゆる物事には本来名前がなく、人為的に名づけられたのであって、国も自然に存在するものではないということ。

(四)　生地か血統によって付与される国籍は一つの制度であり、制度が変われば国籍を剥奪されることもありうる上に、日本のナショナリズムは異分子を集団から排除しようとする傾向が強く、日本人としてのアイデンティティが脅かされる可能性は誰にもあるということ。（一〇〇字以上一二〇字以内）

(五)　a―緩　b―滑稽　c―深長

◆要　旨◆

ナショナリズムは「国民」の一部を「非国民」として摘発し除去する能力なくして「外国人」を排除する力を持てない。その不変の核としてあるのが、「生まれ」が「同じ」者の間で「自然」だからこそ「当然」として主張される平等性と、それと表裏一体をなす、「生まれ」が「違う」者に対する排他性である。しかし、「生まれ」の「同一性」の自然的性格は仮構されたものであり、それは自然ではなく一つの制度である。ただし強力に自然化された制度である。この自然化はいつ逆流するかわからず、「非自然化」はいつでも起こりうる。だから日本人であることに誰も安心はできないのだ。

////////////////// · memo · //////////////////

2021年度

解答編

解答編

英語

1 (A) 解答 ＜解答 1＞　10 代で若者の気質が一時的に悪化することは親子とも認めているが，評価は親のほうが厳しい。この差の原因は，親子関係の変化や評価基準の違いにあるのかもしれない。（70～80 字）

＜解答 2＞　10 代の気質の悪化は一般に認められるが，親子間では評価が異なり，親子関係の変化や評価基準の違いが原因と考えられる。また，悪化は一時的であることも明らかになった。（70～80 字）

＜解答 3＞　10 代の若者の気質の一時的な悪化とその後の改善に関して，親のほうが子ども自身より悪化を深刻にとらえている。この差は親子関係の変化や評価基準の違いによると思われる。（70～80 字）

◆全　訳◆

≪10 代の若者の気質の変化≫

2005 年に始まったオランダの 10 代数千人に関する研究を考えてみよう。彼らのうち開始時の最年少は 12 歳であり，彼らは 6 ～ 7 年にわたって毎年性格テストを受けた。結果は，10 代の散らかった部屋や気分の揺れ動きに関して私たちが抱いている通念のいくつかを証拠立てているように思われた。ありがたいことに，気質におけるこうした好ましくない方向の変化は一時的なもので，オランダのデータは，10 代の人たちのそれ以前の好ましい特徴は思春期後期には元に戻ることを示している。

親もその 10 代の子どもたちも，さまざまな変化が起こることでは意見が一致しているが，驚くべきことに，2,700 人を超えるドイツの 10 代に関する 2017 年の調査によると，変化のとらえ方は誰がそれを評価しているかで変わる可能性があるのだ。その 10 代たちは 11 歳のときと 14 歳のときの 2 回，自分自身の気質を評価し，彼らの親たちも同じときに子どもの気質を評価した。いくつか意味深い違いが生じた。たとえば，10 代は自分を大人とうまくやっていく能力が低下していると評価したが，彼らの親はこの低下がずっと大きいと見なしていた。また，10 代はお互いに対してはどんどん友好的になっていると見なしていたが，親はますます内向的になっていると見なしていた。「親は全体として，自分の子どもをだんだんいい子ではなくなっていくと見なしている」というのが，研究者たちの解釈だった。もっと肯定的な話をすると，親は子どもたちの正直さの低下を，子どもが思うほど著しいとは思っていなかった。

この食い違いは，初めは矛盾するように思えるかもしれないが，10 代の自立やプライバシーへの欲求が増すことによってもたらされる，親子関係に起きている大きな諸変化でおそらく説明できるだろう。研究者たちは，親と 10 代の子どもたちは，使っている基準も違っているかもしれないと指摘する。親は 10 代の特徴を典型的な大人と比較して評価しているが，10 代は自分自身の特徴を同年代の人が示している特徴に照らして評価している，ということだ。

これはいくつかのさらなる調査と一致しており，その調査も思春期初期の，特に気立てのよさや自己修養といった，よい特徴の一時的な低下のパターンを明らかにしている。したがって，一時的な気質の葛藤という 10 代の全体的なイメージは，間違ったものではないようである。

◀解　説▶

◆読解する

全体の構成を意識しながら，各段を検討しよう。

〔第 1 段〕

この段は「10 代の若者の気質に関する，一般的なマイナスのイメージ」がオランダの研究で裏付けられたが，そのような特徴は「一時的なものである」という，文章のテーマの要点を述べている。

〔第 2 段〕

この段は，ドイツでの同様の調査の結果から「親と子の間で気質の変化に対する認識にずれがある」ことがわかったことを，いくつかの例を挙げて説明している。

〔第 3 段〕

この段では，その「ずれ」が生じる原因として考えられることを述べている。

〔第 4 段〕

この段では，こうしたことが他の研究でも確かめられており，よい気質が低下するのは一時的であることもわかっていることを述べ，10 代に関する全体的なイメージは正しいと締めくくっている。

各段と各文の内容をまとめると次表のようになる。

各段の要旨		各センテンスの内容
第1段	10 代の性格テストの結果 1	第 1 文：オランダで数千人の 10 代の人たちが数年にわたって毎年性格テストを受けた。 第 2 文：結果は，10 代の生活や気分の乱れに対する通念を証拠立てているように思われた。 第 3 文：この乱れは長続きせず，思春期後期には元に戻ることもわかった。
第2段	10 代の性格テストの結果 2	第 1 文：ドイツの調査では，思春期の変化は親も子も認めるが，その評価は親と子で違う可能性があることがわかった。 第 2 文：子どもが 11 歳のときと 14 歳のときの 2 回，その気質を本人と親が評価した。 第 3 文：両者の評価の違いが明らかになり，その一例は大人とうまくやっていく能力の低下で，親のほうが子ども自身より低下が大きいと評価した。 第 4 文：もう一つの例としては，子ども同士は友好的になっていると感じている一方で，親は子どもが内向的になっていると評価した。 第 5 文：研究者の解釈は，親は全体として子どもがだんだんいい子ではなくなっていくと考えているというものだった。 第 6 文：子どもの正直さの低下を，親は子どもが思うほど著しいとは考えていなかった。
第3段	親と子での評価の違いの原因	第 1 文：こうした食い違いは，10 代が自立やプライバシーを求めることで，親子関係に起きる変化のせいだと考えられる。 第 2 文：親と子では，評価基準が違っていることも食い違いの原因かもしれない。
第4段	結　論	第 1 文：いくつかのさらなる調査でも同様に，思春期初期のよい特徴の一時的な低下のパターンが見られた。 第 2 文：10 代の一時的な気質の葛藤に関する全体像は間違っていないようだ。

◆答案を作成する

この文章は，「10 代の若者の気質」に関する子ども自身の評価と親の評価の調査結果から，10 代で気質が悪化することは親子とも認めていること，悪化の程度の評価では親子の間で違いがあること，食い違いの原因として親子関係の変化や評価基準の違いが考えられること，また，そうした10 代の全体的なイメージは正しいが一時的なものであることを述べている。筆者の主張という側面はほぼなく，調査結果の報告なので，明らかになったことをわかりやすくまとめるとよい。食い違いの原因については，本文で「評価基準の違い」のほうが具体的に説明されているからといって，「親子関係の変化」を抜かさないように注意。この 2 つは別個のものとして挙げられており，「どちらか一方だけで十分である」とは言えない。

●語句・構文●

(第 1 段)　●back up ～「～を証拠立てる」　●adolescence「思春期」

(第 2 段)　●on a＋比較級＋note「もっと～な話をすると」

(第 3 段)　●underway「進行中の」

(第 4 段)　●be in line with ～「～と一致している，～に沿っている」　●general picture「全体像」

1 (B) 解答

(ア)(1)— g)　(2)— h)　(3)— c)　(4)— a)　(5)— d)

(イ) do little more than play with form

◆全　訳◆

≪人工知能と芸術≫

多くの芸術家が人工知能にうんざりしている。彼らは，人工知能がその効率のよさで人々の仕事を奪い去ってしまうのではないかという不安で希望を失っているかもしれない。機械が創造的になれるのかと疑問に思っているかもしれない。あるいは，人工知能の用途を探求したいという気持ちを持っているかもしれないが，その専門用語を理解できないでいるのだ。

こうしたことはすべて，別の技術について人々が同様に疑念を抱いていた時代のことを私に思い出させる。カメラである。19 世紀，現代的写真術の発明で，カメラは問題も恩恵ももたらした。(1)［ g ）芸術家の中には，その技術を喜んで受け入れる人がいた一方で，扱うための専門知識を必要とする異質な装置と見なす人もいた。］これが自分の仕事を脅かすと感じる人もいた。

しかし，自分の仕事の道具としてカメラを進んで探求しようとした芸術家たちにとっては，写真の可能性はひらめきを与えてくれるものだとわかった。実際カメラは，技術の進歩で普通の人たちにも手に入れやすくなり，肖像画制作のような芸術上の試みにそれまでとは別の技巧と形式を与えた。

芸術が重要なのは，人間として，私たちはみんな創造的になることができるからだ。(2)［h）時とともに，私たちが作る芸術は進化し，その過程で技術は重要な役割を果たす。］写真が新しい道具・媒体として，何が芸術と見なせるのかに関する考え方を拡大することによって，現代の芸術家たちの作品制作の仕方を革命的に変える一助になったことを，歴史は示している。写真は最終的に美術館に飾られるものとなった。カメラは芸術を殺したのではなく，ただ人々が視覚的に自分を表現する新たな手段を与えたのだと，今日ではわかっている。

この比較は人工知能が今世紀の芸術に影響を及ぼす可能性を理解するのに非常に重要である。

私たちがテキストメッセージを送る電話から運転する車まで，あらゆるものに機械学習が組み込まれ，それが私たちの日常生活に占める部分が増大するにつれて，(3)［c）そのような人工知能の支配する社会における芸術の未来はどのようなものになるのか問うのはもっともなことだ。］この問いは，機械が芸術の「制作者」として芸術の領域に踏み込むにつれてさらに重要になる。2019 年の夏，ロンドンのバービカンセンターは，「人工知能：人間を越えて」と題する展覧会で，人工知能が作った作品を展示した。その後同じ年の 11 月には，コンピュータプログラムを使って作られた多くの作品が展示された，中国国家博物館での芸術と科学を探求する展覧会に 100 万人を超える人たちが訪れた。

私は，2012 年に芸術・人工知能研究所をラトガーズ大学に設立した。人工知能研究者である私の主な目標は，その技術を発展させることである。私にとっては，このことは視覚芸術，音楽，文学において人間が成し遂げてきたことを理解するだけでなく，その分野の作品を制作，あるいは共同制作するプログラムを開発するために，人間の創造性に目を向けることを要する。何といっても，私たちを人間として特有の形で区別するのは，創造的技能を，基本的な問題解決を越えて芸術的表現にまで広げられる私たちの能力なのである。

人間の創造性は人工知能の発明につながり，今では機械自体が創造性の原動力になりうる。当然のことだが，私たちは人工知能にはどのようなことができるのか，人工知能はどのように発達する可能性があるのかを見たいと思っている。過去８年の間に研究所では，研究者たちは人工知能が芸術における問題を解決する大きな可能性を秘めていることに気づいた。たとえば，道具としては，機械の知能は個々の筆づかいを分析することによって，本物の絵画と偽物とを識別する助けになる。

人工知能はまた，異なる時代の芸術作品が類似の影響を受けている可能性を明らかにするのを助けることで，芸術を理解することもできる。ある試験では，機械学習は芸術史の流れを変えた作品を特定し，その歴史がどのように展開したかに関する新しい側面に光を当てることができた。

(4)[a)情報を消化することを越えて，機械は新しい画像を作ることもできるようになっている。] それは，ほぼ完全に自力で，見る人が人間の芸術家の作った作品と区別できない。人工知能は，携帯電話で聞くことができる音楽を作曲することさえできる。

芸術家は昔から，創作活動に新しい技術を取り入れてきた。人工知能も例外ではないが，根本的な違いもある。今回は，機械がそれ自身の創造性の源だということである。膨大な歴史的，社会的データを検索することができるので，人工知能は私たちの想像を越えたイメージを作り出すことができる。この驚きの要素は，芸術の媒体を新しい方向へと進めることができる力である。機械が芸術家のための道具としてだけでなく，芸術家のパートナーとしても機能するからである。

しかし，人工知能の機械は自分だけで芸術家になりうるのだろうか。私の答えはノーだ。

芸術の定義は常に変化するが，その核心では，人間同士の伝達の一形態である。機械の背後に人間の芸術家がいなければ，人工知能は形式をもてあそぶ以上のことはほとんどできない。それが画面上のピクセルを操作することを意味するのであれ，五線譜上の音符を操作することを意味するのであれ，そうである。こうした活動は人間の感覚には魅力的で興味深いことがあるが，芸術家とそれを鑑賞する人たちの間の相互作用がなければ，意味を欠く。

私が気づいたことは，新しい技術は多くの場合，最終的に取り入れられる前に，まず疑念を向けられるということだ。人工知能にも同じ道が生じているのがわかる。カメラと同様に，人工知能は芸術家にも芸術家ではない人にも，自己表現する手段を与える。そのため，私は(5)［d)賢い機械は人間の創造性を助けこそすれ損なうことはない］と確信している。芸術の未来は明るいようだ。

◀解　説▶

◆(ア)　▶(1)　空所の前に「カメラは問題も恩恵ももたらした」，空所の直後には「これが自分の仕事を脅かすと感じる人もいた」とあり，空所では人によってカメラの受け止め方がどのように違ったかが具体的に示されていると考えられる。g)の「芸術家の中には，その技術を喜んで受け入れる人がいた一方で，扱うための専門知識を必要とする異質な装置と見なす人もいた」が適切。

▶(2)　空所のあとには「写真が新しい道具・媒体として…作品制作の仕方を革命的に変える一助になったことを，歴史は示している」とある。芸術の発展とそれにおける技術の役割について言及しているh)の「時とともに，私たちが作る芸術は進化し，その過程で技術は重要な役割を果たす」が文脈にふさわしい。

▶(3)　空所の前には「機械学習が…私たちの日常生活に占める部分が増大するにつれて」とあり，空所の直後に「この問いは」とあることから，空所では機械学習・人工知能に関係する疑問が述べられていると考えられる。c)の「そのような人工知能の支配する社会における芸術の未来はどのようなものになるのか問うのはもっともなことだ」が適切。

▶(4)　空所の直後のダッシュではさまれた挿入部分を除くと，そのあとの that 以下は distinguish の目的語がなく，関係代名詞節と考えられる。その内容は「見る人が人間の芸術家の作った作品と区別できない」とあり，この先行詞となる名詞で終わる選択肢を選ぶことになる。また，同段第2文（A.I. is even …）で「人工知能は，携帯電話で聞くことができる音楽を作曲することさえできる」とあることから，a)の「情報を消化することを越えて，機械は新しい画像を作ることもできるようになっている」が適切。

▶(5)　当該文は「このことは私に（　　　）を確信させる」が直訳。「このこと」とは，直前の文の「カメラと同様に，人工知能は芸術家にも芸術家ではない人にも，自己表現する手段を与える」を指し，空所のあとには「芸術の未来は明るいようだ」とあることから，筆者は技術が人間に自己表現の手段を与えるものだと考え，それを肯定的にとらえていることがわかる。d)の「賢い機械は人間の創造性を助けこそすれ損なうことはない」が適切。

◆(イ)　当該箇所は「機械の背後に人間の芸術家がいなければ，人工知能は…できる」となっているが，直前の第12段（But can an artificially …）には「人工知能の機械は自分だけでは芸術家になりえない」と述べられている。よって当該箇所は「できない」の意にする必要があり，can に do little を続けて「ほとんど何もできない」とする。「ほとんどない」とは，できることもあることを意味しており，more than ～「～以上のことは（ほとんどできない)」を続け，残る語で play with form「形式をもてあそぶ」とすれば，全体で（A. I. can）do little more than play with form「形式をもてあそぶ以上のことはほとんど何もできない」となり，文脈に合う。

●語句・構文●

（第1段）　●be turned off by ～「～にうんざりする」
（第2段）　●pose a threat to ～「～を脅かす」
（第4段）　●find *one's* way into ～「～に進出する，～に取り入れられる」
（第11段）　●integrate *A* into *B*「*A* を *B* に取り込む，統合する」
（第12段）　●in *one's* own right「それだけで，他に頼らずに」

2 (A)　解答例

＜解答例1＞　I think what makes a city comfortable to live in is safety. If a city is not safe, you have no moment of ease. While walking on a street, you have to look out for pickpockets. Going out at night is too dangerous. Or you might not be able to have a good night's sleep as you are afraid of burglars. This is very stressful and lowers the quality of your life.（60～80語）

＜解答例2＞　When it comes to defining a comfortable city to live in, convenience is what I put first. I want stores and some kind of public transportation to be within walking distance. Buying food and commuting to my school or workplace are everyday matters, and I want to avoid spending a lot of time on them. I would rather use my time to do something more meaningful, such as enjoying hobbies or doing some exercise.（60〜80 語）

◀解　説▶

▶＜解答例＞の全訳は以下のとおり。

＜解答例１＞　街を暮らしやすくするものは治安のよさだと思う。もし街が安全でなければ，気の休まるときがない。通りを歩きながら，スリに気をつけなければならない。夜出歩くのは危険すぎる。あるいは，泥棒を恐れて，夜ぐっすり眠ることもできないかもしれない。これは非常にストレスがかかり，生活の質を低下させる。

＜解答例２＞　暮らしやすい街を定義するということになると，利便性が私の最優先するものだ。さまざまな種類の店や何らかの公共交通機関が歩いて行ける距離にあってほしいと思う。食料品を買ったり通学や通勤をしたりすることは毎日のことなので，それらに多くの時間を費やすのは避けたい。それより，私は趣味を楽しんだり運動したりといった，もっと意味のあることに自分の時間を使いたい。

▶暮らしやすい街の，最も重要な条件とその理由を述べるもの。まず条件を挙げ，理由を続けるという順で書けばよい。比較的内容を決めやすい問題なので，妥当な理由を手際よくまとめたい。

2 (B) 解答

＜解答１＞　But learning a (foreign) language is (just) like practicing riding a bike. While practicing (it), you may find it difficult, but once you have learned to ride it, you can automatically do it. Then, all you have to do is (to) keep riding it.

＜解答２＞　However, (foreign) language learning is (quite) similar to learning to ride a bicycle. You may have difficulty while practicing (it), but once you become able to ride it, you will find it quite easy. After that, you only have to ride it as often as you can.

◀解　説▶

（第１文：前半）

●やや長く，内容が展開しているので，「自転車に乗る練習のようなものだ」で一度文を切るとよい。

●「だが，語学の習得は…のようなものだ」

「だが」は but あるいは however でよい。however は直後にカンマを打つこと。逆に but は打ってはならない。「語学の習得」は「言語を習得すること」learning a language,「語学学習」language learning とできる。前者の場合,「言語」の数は一般論として複数もありうるが，比喩に使われている「自転車」が単数（次の項目を参照）なので，それに合わせるほうがよいだろう。なお,「語学」は外国語のことと考えられるので，それぞれ learning a foreign language / foreign language learning としてもよい。「～のようなものだ」は「～と似ている」be (just) like ～ でよい。just は「ちょうど」と意味を強める。なくてもよいが，たとえ話として「ちょうどよい」と筆者が考えているのだから，ニュアンスとして入れておくのもよいだろう。be (quite) similar to ～ も使える。

●「自転車に乗る練習」は,「自転車に乗る練習をすること」practicing riding a bicycle〔bike〕,「自転車に乗れるようになること」learning to ride a bicycle,「自転車の乗り方を学ぶこと」learning how to ride a bicycle などとできる。

（第1文：後半）

●「練習しているあいだは大変（だ）」は,「大変」とは「何が」なのか,「大変」とはどういう意味かを考えて整え直す必要がある。「練習しているあいだは」を while practicing (it)（practice は他動詞でも自動詞でも使える）とそのまま訳すなら,「大変（だ）」は「それが難しいと思う」find it difficult などとできるだろう。この場合の「思う」は実行して気づくことなので，think や consider ではなく find が適している。あるいは「苦労する」have (great) difficulty などとすることも考えられる。なお，このあと「～でも」が続くので，may を補って「～かもしれないが」とすると英文として整う。また，一般論として主語は you がふさわしい。他の考え方としては，この部分全体の構造を変えて,「練習するのには困難が伴う」practicing (it) may involve difficulties,「それをすることを習得する〔それができるようにする〕のは辛い作業である」it may be a painstaking task to learn to do it などとしても原文の内容を表せるだろう。

●「…でも，一度乗れるようになってしまえばなんでもない」

「…でも」は，上記のように may と呼応する but で表せばよい。「一度乗れるようになってしまえば」は接続詞 once を使い，「乗れるようになる」は once you have learned to do〔ride〕it「一度それをすること〔自転車に乗ること〕を身につけてしまうと」とできる。「乗れるようになる」become able to ride it としてもよいだろう。「なんでもない」は，さまざまに言い換えられる。「自動的にそれができる」you can automatically do it,「それが簡単だとわかる」you will find it quite easy,「もう何も苦労しない」you will have no trouble などとできる。

（第 2 文）

●「あとは」は「それから，すると」then や「そのあとは」after that などで表せる。

●「…してさえいればいいのだ」は all you have to do is（to）*do* や you only〔just〕have to *do* / you have only to *do* が使える。

●「いつも乗っている」は always ride it が直訳だが，「常時自転車に乗っている」という意味になり不自然。乗る習慣を途切れさせないという意味で「乗り続ける」keep riding it,「できるだけ頻繁に乗る」ride it as often as you can〔possible〕,「可能なときにはいつでも乗る」ride it whenever possible などとするとよい。

3（A）　**解答**　(6)— b）(7)— a）(8)— e）(9)— a）(10)— e）

◆全　訳◆

≪贋作絵画の見破り方≫

デイブ=デイビーズ，聞き手：もしあなたが人に感銘を与える絵画を制作する芸術的才能を持っているとしたら，その才能を過去の芸術家の作品を模倣するのに使うことを想像できるでしょうか。今日のゲストは，美術研究者のノア=チャーニーさんです。チャーニーさんの新しい著書は，ルネサンス期にさかのぼる贋作の技術，興味深い特徴とその後の結果に注目しています。

ノア=チャーニーさん，番組へようこそ。さて，本物であると判断する手がかりに，どんな物理的なものを絵画の中に探すのでしょうか。

ノア=チャーニー：そうですね，油絵の場合は，模写しなければならないものの一つはクラクルーアと呼ばれます。

デイビーズ：クラクルーアとはどのようなものか教えていただけますか。

チャーニー：クラクルーアは網目のようなひび割れで，時間の経過とともに，油絵の具が膨張したり収縮したりするのに伴い自然に生じます。表面にクモの巣のような模様が出ます。人にできるのは，その模様を調べ，手っ取り早く古く見せるために人工的に作られたのか，自然に生じたのかを判断することです。

デイビーズ：クラクルーアをどうやって作るのでしょう。

チャーニー：私の著書に登場する人物の中には，有名になりたいがために，自分のやり方を説明してくれた人もいて，そのうちの一人がエリック=ヘボーンです。そしてもし，お気に入りの人物がいるのを許してもらえるなら，それは彼ですね。

デイビーズ：それはなぜですか。

チャーニー：私に言わせれば，彼は自分が模倣した人たちと同じ芸術的水準にあった唯一の人物なのです。彼は最近の自著で，油絵をバターのようなもので覆い，それから文字どおりクッキーのようにオーブンで焼いて，クラクルーアのように見えるものを作り出す方法を説明しています。これには時間と労力が必要ですが，彼はうまくそれをやり遂げられました。

デイビーズ：他に重要なことは何でしょう。ラベルとか文字とか，絵が描かれている画布とかでしょうか。

チャーニー：そうですね，絵画や版画の裏を見るのはとても重要です。そこには，オークションや以前の所有者の古いスタンプのように，人々が見ない傾向のある情報がたくさんありますから。額縁自体に情報があることもあります。たとえば，キャンバスはどこで購入したとか。そうした種類の細かいことはとても重要ですが，人々は絵画の表面を見る傾向があり，絵をひっくり返してみることはしないです。

デイビーズ：そして，虫食い穴も何か語ってくれるのですよね。

チャーニー：そうです。それは再現するのが最も難しいものの一つです。これは文字どおり小さな昆虫が作る穴です。虫は突き抜けるように絵を食うのですが，小さなドリルやねじといった道具を使って人の手で再現しようとすると，生物由来で不規則に見える仕事をするのは，とてつもなく難しいのです。

ですから，贋作を作る人が使う手段の一つ一つに対して，それを突き止めることができる方法があるわけです。ですが，問題はその贋作が深い分析という段階にはめったに至らないことです。芸術品取引の性質は，もし見た目が相当よいもので，その点で専門家の意見が一致すれば，そしてもし文書化された来歴が信用に足るように見えるなら，あえて科学的検査をする人はいない，というものです。たぶんそうあるべきではないのでしょうが，非常に長い間そのように行われてきたのです。

◀解　説▶

▶(6)「『クラクルーア』とは何か」

チャーニーの2番目の発言第1文（Craquelure is the web …）に「クラクルーアは網目のようなひび割れで，時間の経過とともに，油絵の具が膨張したり収縮したりするのに伴い自然に生じる」とある。b)の「絵の具が膨張したり収縮したりして生じる線」が正解。

a)「長年にわたって絵画を覆うことによって生じる傷」

c)「絵画の表面にクモが作る跡」

d)「絵画を食い荒らす虫によって作られる模様」

e)「芸術家によって作られる絵画上のシミ」

▶(7)「チャーニーが書いたすべての人の中で，なぜエリック=ヘボーンが彼のお気に入りなのか」

チャーニーの4番目の発言第1文（He's the only one …）に「彼は自分が模倣した人たちと同じ芸術的水準にあった唯一の人物だ」とある。a)の「彼は自分が模写した作品を描いた芸術家と同じ水準の技術を持っているから」が正解。

b)「彼が贋作のテーマに関する数冊の本を書いているから」

c)「彼が絵画を模倣する数多くのテクニックを発明したから」

d)「彼が最も有名だから」

e)「彼がクラクルーアをうまく再現する唯一の人物だから」

▶(8)「虫食い穴に関する次の文のうち正しくないのはどれか」

a)「機械的に再現するのは難しい」 チャーニーの最後の発言第1段第3文（They eat their way …）の内容と一致する。

b)「規則的な形をしていない」 チャーニーの最後の発言第1段第3文（They eat their way …）の内容と一致する。

c)「模倣するのが最も難しい絵画の側面の一つである」 チャーニーの最後の発言第1段第1文（Yes, and that is …）の内容と一致する。

d)「昆虫が絵画を食うことで作るものである」 チャーニーの最後の発言第1段第2文（These are literally holes …）の内容と一致する。

e)「適切な道具を使うことで簡単に再現できる」 チャーニーの最後の発言第1段第3文（They eat their way …）の内容と一致しない。「道具を使って人の手で再現しようとすると，…とてつもなく難しい」とある。これが正解。

▶(9)「チャーニーによると，多くの贋作の絵画がそれと認識されない理由は…ことだ」

チャーニーの最後の発言第2段第2文（But the trick is that …）に「問題はその贋作が深い分析という段階にはめったに至らないことだ」とある。a)の「綿密な検査を受ける芸術作品がほとんどない」が正解。

b)「専門家が絵画の額縁を見ることはまれである」

c)「贋作者が絵画を模倣する方法をあまりにも多く持っている」

d)「贋作の絵画を特定する効果的な方法が十分にない」

e)「時間の経過で絵画がどのように変化するかに関する知識があまりにも少ない」

▶(10)「我々は…贋作を本物の作品と最もはっきりと識別できる」

チャーニーの最後の発言第2段第1・2文（So for each means …）に「贋作…の手段の一つ一つに対して，それを突き止めることができる方法がある…が，問題は，その贋作が深い分析…にはめったに至らないことだ」，続く第3文に，作品自体がかなりよいもので来歴の文書が本物らしく見えれば「あえて科学的検査をする人はいない」とある。逆に言えば，科学的検査で分析すれば，贋作であることは突き止められるということ。e)の「絵画を調べる最新の科学的な技法を使うことによって」が正解。

a)「様式がその芸術家の知られている他の作品と一致することを調べることによって」

b）「絵画で使われている正確な材料を特定することによって」

c）「絵画の裏にある文字や他の印を見ることによって」

d）「絵画に付された文書化された来歴を研究することによって」

●語句・構文●

（チャーニーの 4 番目の発言）　●He's the only one who I would argue was at the same artistic level as …「彼は…と同じ芸術的水準にあると私が主張した唯一の人物だ」 関係詞節が複文であり，元の文は I would argue (that) he was at the same artistic level as …「私は彼が…と同じ芸術的水準にあると主張した」である。

（チャーニーの最後の発言）　●bother with ～「～を気にかける」

3 (B) 解答　(11)— d ）　(12)— b ）　(13)— c ）　(14)— c ）　(15)— c ）

◆全　訳◆

≪贋作の価値≫

メアリー=ルイーズ=ケリー，司会者：マンハッタンの裁判所で，芸術界の注目を集めている裁判が行われています。その裁判は，有名な画家のマーク=ロスコによるもので，800 万ドル以上の価値があると考えられていた絵画に関するものです。と言いますか，少なくとも，その絵がロスコのものではなく実は贋作で，まあ 800 万ドルよりはるかに価値が低いとわかる瞬間まではそうでした。もっと詳しく知るために，ノア=チャーニーさんにお電話しました。芸術作品の贋作に関する新しい本の著者です。チャーニーさん，よろしければその絵画のことを説明してください。その絵画は実際にはマンハッタンの法廷にあり，証人席の横に置かれていると思いますが。

ノア=チャーニー：そうですね。キャンバスに描かれた大きな作品です。赤色と黒色の。そしてロスコのほとんどの作品について私たちが思うとおり，抽象画です。たしかに，様式の観点では，ロスコによる本物の絵のように見えます。

ケリー：では，ものすごくよくできた贋作ということでしょうね。裁判に関する記事をいくつか読んでいると，あるコラムニストが，ロスコがその画家の手を導いているかのように見えるほどよくできていると書いていました。どうやら買い手をだますのに十分なほど優れたものだったようです。その買い手は誰あろう，世界で最も有名な競売会社サザビーズの会長なんですから。

チャーニー：それは興味深い問題ですね。ある芸術作品が贋作かどうか知ることは，何世紀にもわたる問題ですからね。ときには贋作の画家が，自分が様式を模倣した元の芸術家よりも有名になることがあります。ですから，物としては，そうした贋作は極めて見事な物だということになります。

ケリー：贋作はだんだん巧妙になっているのですか。

チャーニー：贋作はよりうまくなっているかもしれませんが，そうである必要はないでしょうね。そしてここがちょっと複雑なところです。これまでずっと専門家の意見にあまりにも頼りすぎてきたのですが，それは主観的なものです。それではよくないのですが，まだ人々はそれに頼っているわけです。ですから専門家が本物だと言えば，人々はそれを信じがちです。

ケリー：この絵を売った画廊のオーナーのような専門家ということですか。

チャーニー：そのとおりです。ですから，芸術界の内部にはこれまで何世紀にもわたって存在してきた依存や一種の全般的な合意があります。おわかりでしょうが，その合意とは，私たちがこれは本物だと言えば，わかる限りでそれは本物であり，話はそれで終わりというものです。ですが，他にも考慮すべきことが2つあります。作品の表面に見られるものと一致しているかどうか確かめるために，作品の文書化された来歴を調べるという調査ができます。それから，科学的検査もあります。科学的検査に合格する贋作はほとんどないでしょう。とはいえ合格する必要はなく，贋作画家はこのことを知っているのです。もし贋作がとても素晴らしい見栄えで，芸術作品の来歴が十分もっともらしければ，科学的に検査されることはほぼないでしょう。

ケリー：最終的に裁判でこの絵はどうなると思いますか。

チャーニー：私はそれが保存されて，教育目的のために贋作として美術館に展示されることを望みますね。ですが，偽物の芸術作品は破棄することを求める国もあります。それは残念なことです。美しい物だし，何の害もなく，将来誰もだますことがない限り，そこから学ぶことができるものだからです。

ケリー：なるほど。美術史家のノア=チャーニーさんでした。どうもありがとうございました。

チャーニー：ありがとうございました。

◀解　説▶

▶(11)「ロスコの贋作絵画の特徴として，チャーニーが言及していないのは次のどれか」

a)「それは大きな絵である」 チャーニーの最初の発言第2文（It's a large-scale work …）の内容と一致する。

b)「それは抽象画である」 チャーニーの最初の発言第4文（And it's abstract …）の内容と一致する。

c)「それはロスコの様式で描かれている」 チャーニーの最初の発言第5文（Certainly, in terms …）の内容と一致する。

d)「それは一度ロスコが使ったキャンバスに描かれている」 チャーニーの最初の発言第2文（It's a large-scale work …）に「キャンバスに描かれた作品だ」とはあるが，ロスコが使ったキャンバスであるとは述べられていない。これが正解。

e)「それは赤色と黒色を使っている」 チャーニーの最初の発言第3文（It's red …）の内容と一致する。

▶(12)「会話によると，その絵画はロスコの作品にたいへんよく似ていたので…をだました」

ケリーの2番目の発言最終文（Apparently it was …）に「買い手をだますのに十分なほど優れたものだったようで，その買い手は…サザビーズの会長だ」とある。b)の「サザビーズの会長」が正解。

a)「ノア=チャーニー」

c)「最初にその絵画について書いたコラムニスト」

d)「マンハッタンの裁判所の判事」

e)「その裁判を取材している記者」

▶(13)「その絵画は今どこにあるか」

ケリーの最初の発言最終文（I gather …）に「その絵画…はマンハッタンの法廷に…置かれていると思う」とあり，続くチャーニーの発言の冒頭に It is.「そうです」とある。c)の「それは法廷にある」が正解。

a）「それは破棄された」
b）「それは教育に使用されている」
d）「それは美術館のコレクションになっている」
e）「それはノア=チャーニーの所有物になっている」

▶⒁「ある絵画が本物かどうか判断するために，芸術界が通常頼るのは次のどれか」

チャーニーの3番目の発言第3文（There has always …）に「これまでずっと専門家の意見にあまりにも頼りすぎてきた」，続く第4文に「まだ人々はそれに頼っている」とある。c）の「専門家の意見」が正解。

a）「様式の分析」　b）「文書化された来歴」　d）「所有者の記録」
e）「厳密な検査」

▶⒂「芸術の贋作に関してノア=チャーニーが同意する意見は次のどれか」

チャーニーの5番目の発言第1文（I would like to …）に「私はそれが保存されて，教育目的のために贋作として美術館に展示されることを望む」とある。c）の「それらは教育目的のために保存されるべきだ」が正解。

a）「それらは，それらにだまされる人たちの面目をつぶす」
b）「それらは，誰かがそれらから利益を得ることを防ぐために破棄されるべきだ」
d）「それらは，それらがどのようにして作られたか明らかにするために，科学的に検査されるべきだ」
e）「それらは，他のどの芸術作品とも同じように扱われ，美術館に展示されるべきだ」

●語句・構文●

（ケリーの最初の発言）　●gather「～と推測する」　●prop up「(もたせかけるように）置く」

（ケリーの2番目の発言）　●none other than ～「ほかならぬ～」

（チャーニーの4番目の発言）　●that's that「それで話は決まった」「これで閉会にします」など，議論が決したときの決まり文句。

3 (C) 解答 (16)—e) (17)—a) (18)—d) (19)—d) (20)—c)

◆全　訳◆

≪文明の崩壊が持つ意味≫

私たちの歴史においては，文明の終焉が突然で予想外なものであることはめったになかった。通常その過程は長期にわたるゆっくりとしたもので，社会や文化は何年も継続し続ける。たとえば，中央アメリカのマヤ文明の崩壊は，紀元 750 年から 1050 年までの 300 年にわたって進行した。その崩壊では 10 パーセントから 15 パーセントの死亡率の増加が目立ち，いくつかの都市は見捨てられたが，他の地域は繁栄しており，文筆，貿易，都市生活は，1500 年代にスペイン人がやって来るまで残っていた。

文明の崩壊は一部の人たちに恩恵をもたらすこともある。ヨーロッパの民族国家の出現は，西ローマ帝国が何百年も前に終わっていなければ起こらなかっただろう。このことから，学者の中には崩壊は森林火災のようだと考える人もいる。つまり，進化の源と再建の余地を与える創造的破壊の行為というわけである。

過去の崩壊に関する私たちの見解は，一般にその最も特権的な犠牲者，すなわち，貧しい人たちと違って，その生活が比較的よく記録されているエリートたちの目を通して見られたものである。しかし，たとえば，古代メソポタミアのシュメールの小作農たちにとっては，紀元前 2000 年の初めに起こった政治的崩壊は，起こりうる中では最高のことだった。しばらく前から，研究者たちは初期の国家がその住民の多くの自由を制限しなくてはならなかったことを知っている。シュメール文明が終わり残酷な支配者が都市から消えたことは，小作農が過酷な労働と重い課税から逃れられることを意味した。

しかし，こうしたことはどれも，将来の崩壊の可能性について心配しなくてよいという意味ではない。私たちはこれまでになく国家のインフラストラクチャーに依存している。インフラがなければ大混乱が生じうる。1977 年にニューヨーク市を襲ったほぼ全面的な停電を例にとろう。犯罪と破壊行為が急増した。550 人の警官が負傷し，4,500 人が逮捕された。これは，単純な停電だけでなく 1970 年代の財政危機の結果だった。対照的に，1877 年のニューヨーク市の送電停止は，おそらく気づかれさえしなかっただろう。

現代文明は，以前の文明よりも深刻な崩壊から立ち直る力が弱いかもしれない。狩猟採集民の一人一人は，その土地で生きていく方法を知っていた。しかし，産業社会の人々は，基本的な生存技術を持っていない。知識はますます個人ではなく集団や組織に握られるようになっている。もし私たちの現在の社会が崩壊したら，私たちが回復できるかどうかはわからない。

最後になるが，世界がいっそう相互に関連し合い複雑になっていることは重要である。このことは私たちのさまざまな能力を拡大してくれるが，互いに関連し合ったシステムは，孤立したものより偶発的な機能停止に陥りやすい。金融システムの相互関連性は，初めは保護を与えてくれるが，ある時点を越えると，実はすべてを崩壊させてしまう可能性がある。歴史的には，これが地中海の青銅器時代の社会に起きたことである。この地域の人たちの相互関連性は地域の繁栄を高めたが，地震，戦争，気候変動，反乱の強力な組み合わせによって打ち倒されるドミノの列を作っていたのだ。

したがって，崩壊は諸刃の剣である。時には，腐敗した機構を回復する機会ではあるが，人口，文化，政治構造の喪失につながる可能性もある。過去において崩壊がよい結果も悪い結果ももたらしたとしても，現代においては崩壊はただ暗い未来につながるだけなのかもしれない。

◀解　説▶

▶(16)「マヤ文明の崩壊と一致しないのは次の文のどれか」

a)「文明が衰退するにつれて，死亡する人の数が増した」 第1段最終文（It was marked …）前半の内容と一致する。

b)「文明の没落にもかかわらず，繁栄し続けた地域もあった」 第1段最終文後半（but other areas flourished, …）の内容と一致する。

c)「人口の低下で見捨てられた都市もあった」 第1段最終文（It was marked …）前半の内容と一致する。

d)「スペイン人の到来まで文化的活動の一部は続いた」 第1段最終文後半（but other areas flourished, …）の内容と一致する。

e)「マヤ文明は比較的急速に崩壊した」 第1段第3文（The collapse of …）の内容と一致しない。「マヤ文明の崩壊は…300年にわたって進行した」とある。これが正解。

▶⒄「文明の崩壊について，講義で言及されていないのは次の文のどれか」

a)「それは，生態系全体が永遠に失われる森林火災のようである」 第2段最終文（This has led …）の内容と一致しない。「崩壊は森林火災，つまり進化の源と再建の余地を与える創造的破壊の行為のようだ」とある。これが正解。

b)「それは，成長と没落の自然な過程の一部である」 第2段最終文（This has led …）の内容と一致する。最後の部分に「崩壊は森林火災のようだと考える人もいる。つまり，進化の源と再建の余地を与える創造的破壊の行為というわけだ」とある。文明の崩壊を，森林火災で一旦は焼け野原になるが，そこにまた新たな草木が生えてくることに喩えており，崩壊してもそのまま何もなくなるわけではなく，そこから新たな文明・文化が当然生じると述べている。この選択肢は本文の内容と一致すると考えられる。

c)「それは，民族国家がヨーロッパで出現することを可能にした」 第2段第2文（The emergence of …）の内容と一致する。

d)「それは，私たちが通常歴史をエリートたちの観点から見るため，否定的な見方をされる傾向がある」 第3段第1・2文（Our visions of past …）の内容と一致する。「過去の崩壊に関する私たちの見解は，一般に…エリートたちの目を通して見られたものである。しかし，たとえば，シュメールの小作農たちにとっては…政治的崩壊は，起こりうる中では最高のことだった」とある。「しかし」ということは，崩壊はエリートにとっては悪いことであり，彼らの観点では否定的な見方をされるということになる。

e)「社会の最貧者たちに起きたことの記録はほとんどない」 第3段第1文（Our visions of past …）の内容と一致する。

▶⒅「講義によると，古代メソポタミアのシュメールの崩壊は…」

a)「都市だけに影響を及ぼした没落の例である」 シュメールの例は第3段第2文（But for the peasants …）に出てくるが，この前後で「都市だけに」と限定するようなことは述べられていない。また，「小作農にとっては」とあることから，都市だけでなく農村部にも影響が及んだと考えられる。

b)「重い課税につながった」 第 3 段最終文（The end of …）の内容と一致しない。

c)「紀元前 2000 年の終わりに起こった」 第 3 段第 2 文（But for the peasants …）には「紀元前 2000 年の初めに」とあり一致しない。

d)「シュメール社会の下層階級の人たちには安堵をもたらすものだった」 第 3 段最終文（The end of …）の内容と一致する。「シュメール文明が終わり残酷な支配者が都市から消えたことは，小作農が過酷な労働と重い課税から逃れられることを意味した」とある。これが正解。

e)「土地の所有者にとっては，起こりうる最高のことだった」 第 3 段第 2 文（But for the peasants …）の内容と一致しない。小作農にとって最高のことだったのである。

▶⒆ 「1970 年代のニューヨーク市の停電に関する講演者の意見に最もよく一致する文を選べ」

第 4 段第 2 文（We are more …）に「私たちはこれまでになく国家のインフラストラクチャーに依存している。インフラがなければ大混乱が生じうる」とあり，直後の第 3 文に「1977 年にニューヨーク市を襲った…停電を例にとろう」とあることから，ニューヨーク市の停電は，今がこれまでになくインフラに依存した時代であることの一例だとわかる。d)の「科学技術への私たちの依存は今，他のどの時代よりも大きい」が正解。

a)「多くの人が地下鉄の事故で負傷した」

b)「文明の崩壊は，どこでもいつでも起こりうる」

c)「ニューヨーク市は，犯罪を減らすためにもっと対策をとるべきだった」

e)「停電のせいで，犯罪者が刑務所から逃げられた」

▶⒇ 「講義によると，現代社会が以前の社会と比べて崩壊する可能性が高いのは…からである」

第 6 段第 1・2 文（Finally, it's significant …）に「世界がいっそう相互に関連し合い複雑になっている…が，互いに関連し合ったシステムは，孤立したものより偶発的な機能停止に陥りやすい」とある。c)の「世界がかつてないほど相互に関連している」が正解。

a)「気候変動が緊急の脅威になる」

b）「人々が暗い未来の可能性を案じている」
d）「現代社会の政治構造がより脆弱である」
e）「今では戦争がずっと大きな破壊力を持っている」

●語句・構文●

（第１段） ●CE「西暦紀元」 Common Era の頭文字で，イエスの誕生をもとにした AD（Anno Domini キリスト紀元（後）「主の年」の意）の代わりに用いられる。「紀元前」も同様に，BC（before Christ「キリスト以前」）の代わりに BCE（before Common Era）を用いる。BCE は第３段第２文（But for the peasants …）で使われている。

（第２段） ●nation-state「民族国家，国民国家」

（第５段） ●live off ～「～で生計を立てる，～を食べて生きる」 live off the land で「（狩猟採集や農業によって）その土地で得られるものを食べる」の意。

4 (A) 解答 (21)―(e) (22)―(d) (23)―(c) (24)―(c) (25)―(d)

◆全　訳◆

≪人類と家畜化された動物の共通点≫

(21) まずイヌがやって来て，そのあとにヒツジとヤギが続いた。それから水門が開いた。ブタ，ウシ，ネコ，ウマ，鳥類が飛び込んできた。過去およそ３万年にわたって，人類は食料や狩猟，輸送，さまざまな素材のために，野獣を操ったりペットとして飼ったりしようと，あらゆる種類の種を家畜化してきた。しかし，どの種であれそれを飼い慣らす以前に，私たちはまず自分自身を飼い慣らさなくてはならなかった，と言う人もいる。

(22) ダーウィンによって，そしてアリストテレスによって始まったとさえ言ってよいのだが，人類の飼い慣らしという考えは，ずっとそれだけのもの，つまりただの考えだった。現在，これまでで初めて，私たちとネアンデルタール人の遺伝子的な比較が，私たちが実は，野生のオオカミに対する子犬なのかもしれないことを示唆している。これは，なぜ私たちの脳が石器時代の祖先の脳と比べて奇妙にも小さいのかを含む積年の謎をいくつか説明してくれるだけでなく，人類の進化に見られるある意外な展開を理解する唯一の方法だと言う人もいる。

(23)　野生の動物が飼い慣らされるとき何が起こるのかに対する主な洞察の一つは，1959年にソビエト時代のシベリアで始まった注目すべき実験から得られる。その実験で，ドミトリー=ベリャエフは，エストニアの毛皮農場から比較的野生に近いキツネを連れてきて繁殖させた。新しい世代のそれぞれで，彼は最も協調的なものを選んでつがいになるようにした。徐々に，キツネたちはますますペットのようにふるまい始めた。だが変化したのは行動だけではなかった。より穏やかなキツネは見た目も違っていた。10世代とたたないうちに，毛に白い斑点が現れ始めた。数世代あとには，耳がより折れた形になった。ついには，頭蓋骨が小さなサイズに縮み始めたのだ。

(24)　これらはまさしくベリャエフが求めている特徴だった。飼い慣らされた哺乳類は，そのほとんどが入念に選んで繁殖させたものではなく，徐々に人間のそばで暮らすように変えられてきたのだが，その多くが類似点を持っていることに彼は気づいていた。たとえば，ウサギ，イヌ，ブタは多くの場合白い毛の斑点や折れ耳を持っており，彼らの脳は概して野生の仲間の脳より小さい。年月を経ると，野性を失うことと関連づけられる身体的特徴の集積は，より小さな歯や短い鼻にまで及んだ。全部を合わせて，それらは家畜化症候群として知られている。

(25)　家畜化症候群の側面を持っている動物は多いが，それには注目すべき種が一つ含まれている。私たち自身である。私たちも比較的顔が短く歯が小さい。私たちの比較的大きな脳は，親戚筋のネアンデルタール人の脳と比べれば小さい。これは多くの進化生物学者を悩ませてきたことだ。そして多くの飼い慣らされた種と同様に，幼い人間は非常に長い期間，自分の仲間から学ぶようにプログラムされてもいる。人間と飼い慣らされた動物とのこうした類似点の一部は，20世紀初期には指摘されていたが，追跡調査はまったくなかった。ベリャエフが自身の実験を公にしてからやっと，数人の進化生物学者が，現生人類は私たちの絶滅した親類や祖先の家畜化版かもしれないという可能性を再び検討し始めたのである。

◀解　説▶

▶(21)　(e)の had little to domesticate ourselves が誤り。同文下線部までの部分が「どの種であれそれを飼い慣らす以前に，私たちはまず」とあるので，「自分自身を飼い慣らさなくてはならなかった」の意になるはずである。「ほとんどない」の意を持つ little を外し，(we first) had to domesticate ourselves として上記の意味にする。

▶(22) (d)の but also including why our brains are strangely smaller が誤り。この部分はダッシュではさまれた挿入で，直前の some long-standing mysteries の一例を示している。but also を外し，some long-standing mysteries—including why …「なぜ…なのかを含むいくつかの積年の謎」とする。(c)の Not only could this explain の語順は，否定の副詞（ここでは Not only）が文頭に出ると，疑問文と同じ語順の倒置になるため，正しい。

▶(23) (c)の encouraged them to mating が誤り。encourage *A* to *do* で「*A* に～するように促す」であり，mating ではなく mate が正しい。

▶(24) (c)の are generally smaller like が誤り。下線部直後の those of their wild relatives「彼らの野生の仲間のそれ（＝脳）」と比較して小さいとしなければ意味をなさない。like ではなく than が正しい。(b)の最終部分 adapted to live は adapted to living（adapt to ～「～に適応する」：to は前置詞）が正しいように思えるかもしれないが，(b)の最初にある weren't と合わせて，adapt *A* to *do*「*A* を～するように変える」の受動態である。

▶(25) (d)の are also programmed to learn their peers が誤り。「仲間を学ぶ」では意味をなさない。learn from their peers「仲間から学ぶ」が正しい。(c)の many an evolutionary biologist は正しい表現。many a＋単数名詞＝many＋複数名詞である。

●語句・構文●

(第 2 段)　●twist「急変，意外な進展」

(第 5 段)　●follow-up「追跡調査」　●modern humans「現生人類」ホモ・サピエンスのこと。

4 (B)　**解答**　全訳下線部(ア)・(イ)・(ウ)参照。

◆全　訳◆

≪伝達以外の言語の機能≫

私たちは自分が考えていることをすべて人に言うわけではない。少なくとも，このことはほとんどの人に（おそらく）ほとんどの社会的な状況で当てはまる。ある学者は，「私たちはうそをつく，ゆえに私たちは考える」とさえ結論づける。たぶん，この言い方を逆にしたいとも思うだろう（「私たちは考える，ゆえに私たちは時々うそをつく」）。いずれにせよ，伝達には，明かすことと隠すこと，暴露と隠蔽の間の葛藤が絶えずある。私たちは程度の差こそあれ，あらゆる反応を表現したいという衝動を抑えるのに長けている。(ア)仮に自分が考えていることをすべて声に出して言うことで公にするとしたら，それは話し手にとってだけでなく，話し手と聞き手の双方（あるいは居合わせているすべての人）にとって，かなり困惑させるもの，あるいは面子をつぶすものになることがあるだろう。先ほどとは別の研究者は，社会的な状況における語りは，沈黙の抗議や秘密の同盟といった，隠蔽を促す状況を伴うことが多いと指摘する。(イ)したがって，口に出される事柄もあれば，そうではない事柄もあるのだ。

暴露と隠蔽の葛藤を説明するためには，内的対話の対話理論が必要だと人は主張するかもしれない。たしかに，生態心理学者のエドワード=リードは，「(ウ)言語の第一の機能は，自分が何を考えているのかを知ることから他者の注意をそらし，考えを隠すことだと言えるだろう」と示唆している。聞き手を前提としない個人発話に基づく伝達理論は，外的対話を個人が生み出したメッセージの機械的な転送と解釈しており，この点を発展させることができるようには思えない。

◀解 説▶

▶(ア) If we were to make everything we think public by saying it aloud, it would sometimes be quite embarrassing, or face-threatening, not only for the speaker, but for both (or all) parties.

- If … were to *do* は起こる可能性がないことを想定する仮定法。
- make everything we think public は，we think が everything を修飾する関係詞節で，public は make O C「O を C にする」の C で，everything we think が O である。したがって，「私たちが考えていることを公にする」となる。
- by *doing* は「～することによって」と手段を表す。
- say it aloud の it は everything we think を指す。aloud は「声に出して」の意。loudly「大声で」と同じ意味で使うこともあるが，ここでは内容上，大声である必要はない。

●it would sometimes be … の it は if 節の内容を受ける。would は仮定法であるために使われている。sometimes は「～することもある」などと訳せば日本語が滑らかになる。

●quite embarrassing, or face-threatening は be の補語で「非常に人を困惑させる，あるいは面子をつぶす」の意。face-threatening は見慣れぬ語だろうが，face「顔」と threatening「脅かす」から推測したい。日本語で「顔に泥を塗る」などと「顔」が「面子」の意で使われるように，face にも「面子，体面」の意がある。

●not only for the speaker「話し手にとってだけでなく」は文字どおりの訳でよい。

●but for both … parties の party は「当事者，関係者」の意。「両方の当事者」とは，会話の場面であることから，話し手と聞き手のこと。

●(or all) は or all parties のこと。「話し手」と「聞き手」以外の関係者は，会話が聞こえている第三者であり，「その場に居合わせているすべての人」などと説明的に訳す必要がある。

▶(イ) Accordingly, some things get said, others not.

●accordingly は接続詞的な副詞で「したがって，それゆえ」の意。「それに応じて」の意味もあるが，その場合，動詞を後ろから修飾する形で使われる。

●some things get said の some は，あとの others と呼応して「～するものもあれば (…するものもある)」と訳すのが定番。get said は一種の受動態で，be *done* の「～されている」状態に対して，「～される」という動作を明確にするのに使われることがある。したがって「言われる，口に出される」などとなる。なお get と be で変化と状態を区別して表現するのは，get angry「腹を立てる」と be angry「腹を立てている」などでも見られる。

●others not は others do not get said から前半の反復となる (do) … get said が省略され，not だけに述語部分を代表させたもの。「言われないものもある」となる。

▶(ウ) the primary function of language is for concealing thoughts, diverting others' attention from knowing what one is thinking

● the primary function of language is は「言語の第一の〔主な〕機能は」とそのままの訳でよい。

● for concealing thoughts は「考えを隠すことのために」が直訳。for が不要に思えるだろうし，実際日本語では「考えを隠すことだ」が自然。英語では *A* is *B*.「*A* は *B* だ」の文の *B* の部分に，主語から連想される前置詞が入ることがある。この場合，function「機能」は「何かのためのもの」であるから，for が入っている。同種の例として，So your real interest is <u>in</u> people's tendency to help others?「では，あなたの本当の関心は，他人を助けようという人々の傾向（にあるの）ですね」という文が，2018 年度大問 3 (A)のスクリプトに使われていた。The way … is by *doing*「…の方法は～することである」などもよく見られる。

● …, diverting others' attention from knowing … の divert *A* from *B* は「*A* を *B* からそらす」の意。concealing と diverting をつなぐ接続詞 and がないので，diverting は分詞構文と考えられる。「そらして，隠す」とするのが内容上適切と思われるが，「人の注意を…を知ることからそらす」ということは，「…を知られないようにする」ことである。よって「隠して…を知られないようにする」とすることも考えられる。

● what one is thinking「人が何を考えているか」「人が考えていること」のいずれの方向でもよいが，一般の人を表す one は「自分」などとしたほうが日本語としては自然である。

●語句・構文●

(第 2 段)　● account for ～「～(の理由・原因) を説明する」

5 解答

(A)レストランのテーブルにある塩の詰め替え，売り場の服の積み直し，ATM のお金の補充，ホテルのタオルの取り替えといった，利用者が来るたびに生じて，利用者が気づかないうちに繰り返し行われている仕事のこと。

(B)筆者の誕生日にボーイフレンドがくれたレインコートと帽子のセットは，東京の特別な店で買ったもののはずが，梅田のごく普通の店でも売っていたので，店員がボーイフレンドに一点ものだとうそをついて売った可能性があるということ。

(C) whose task it is to sort the pieces

(D) (ア) (26)― h) (27)― g) (28)― a) (29)― e) (30)― c) (31)― d)

(イ)― d)

(ウ)― b)

◆全　訳◆

≪目に見えない仕事≫

ウェイトレスの忙しい行き来，会話のざわめき，グリルで調理される肉のにおいに囲まれて，レストランというか，ごく普通の喫茶店や食堂でよいのだが，そういうところで食事をしていて，卵に振りかけようと塩を手に取ったとき，目に見えない手でいっぱいにされ，準備ができた状態になって，あなたに所望されるのを待ち受けている振り出し器という，単純な驚きに心を打たれたことはあるだろうか。あなたにとっては，その振り出し器はその日のためだけに存在する。しかし実際には，それは何度も詰め直されて，何時間も延々と同じテーブルの上にあるのだ。その証拠は，繰り返しひねられて摩耗したキャップの下にあるいくつもの筋に見て取れる。誰か他の人，おそらくペンとメモを手に，あなたがアイスクリームを選ぶのを辛抱強く待っている女の子，汚れたスニーカーをはいたエプロン姿の男の子，たぶん今後の人生で二度と会わない誰かの骨折りだ。この振り出し器は，物として具現化した労力である。そして，そこにあなたが来て，その労力をまた無にする。

あるいは，デパートをぶらぶらと歩いていて，ボタンの留めてあるシャツがきちんと積まれた山に目を向けたことがあるかもしれない。あなたの好みのサイズや色のシャツは山のいちばん下にあり，シャツを持ち上げるのをできる限りそっとやって，選んだシャツだけ取り出しても，あなたがあとに残して行く山は，まったく元のようにきちんと整っておらず，目に見えない人物が戻って来て直すまで，元のようにきちんと整うことはない。

ATM の中のお金。ホテルの床の上のタオル。世界はこの種の仕事で満ちており，きちんと整えられては，また乱されて再び整えられるように，常に用意されている。

今朝，私はアパートの部屋にボーイフレンドが散らかした空き缶や空き瓶を全部集めて袋に入れ，アパートのゴミ置き場へと持って降りた。彼は 1 週間ここには泊まっていないが，私は大学の図書館に遅くまでいて，秘書の仕事に間に合うように，何とかベッドから起き出してお風呂に入り，神戸の中心部にあるオフィスまで走って行った。オフィスでは，毎日繰り返される退屈な仕事をする。だが，私はそれがかなりうまい。完璧に真ん中に，完璧にまっすぐになるように，注意深くファイルホルダーにラベルを貼るし，すべてがきちんと組織立っているようにするために，インクと付箋の色の使い分けをしている。ペンやクリップを切らすようなことは決してしない。誰かがアスピリンとかガムとか咳止めを必要とするとき，引き出しにそれがある人物は私だ。常に。魔法のように。

今日は日曜日で，オフィスも大学の図書館も閉まっている。私のボーイフレンドが１時に着くとメールしてきたので，私は午前中いっぱい，部屋を片付けて買い物をする時間がある。昨夜 11 時頃，私は年度末のレポートを仕上げ，２，３週間後に授業がまた始まるまではもうレポートはない。いい気分だ。

缶と瓶の他に，お持ち帰りの焼きそばの容器がある。先週末に晩ごはんに一緒に食べたときのもので，乾燥したネギが張りついている。それに，三宮にあるパン屋で閉店前に半額で買うペストリーが入っていた油のしみた紙袋がある。これは平日の夜に，一人で，ベッドで食べる。朝起きると，ペストリーのくずやクリームのシミが枕にあることもある。ボーイフレンドはぞっとすることだろう。

その容器と紙袋を，溢れかえったくず入れに放り込むと，ベッドシーツをはがしてベッドの横の山の隣に置く。他にもしなければならないことはたくさんあるが，空模様が怪しいので，激しく降り出す前に買い物をすることにする。

出かけるために，私は彼が誕生日にくれたサーモンピンクのレインコートと帽子を身に着ける。彼は控えめに，それは東京の特別な店で買ったものだと言った。それからあまり経たないうちに，私は同じセットを梅田のごく普通の衣料品店で見つけた。東京の店員が彼をだました可能性がある。その店員はおそらく，どの客にも買った品物が一点ものだと思わせるのだろう。そして，客が帰ったら，しれっと奥からもう一つ出してくるのだ。

私は同じコートを見つけたことを彼には言わなかった。そのピンクの色合いが，道をちょっと行ったところにある保育所の幼い男の子，女の子が着るスモックとまったく同じだということも言わなかった。初めてそれを着たとき，私は狭い路地で保育所の付き添いの人たちと，グロテスクなピンクの芋虫のように動く小さな子どもたちの長い列に行き合わせた。付き添いの人たちは，私が姿を消そうと壁に背中を押しつけ，それから反対方向に急いで立ち去ったのを見て，にやっとした。

だが，日曜日は子どもたちはみんな家にいるはずだ。

財布，買い物袋，集めた空き缶と空き瓶を持ち，私は部屋を出て重い金属のドアにカギをかけ，そこを後にする。部屋は最上階にあるので，駐車場階まで一続きの階段が３つある。昇り降りする人を見かけることはめったにない。数年前から，この建物には外国人が住んでいる。近所の会話学校の英語の教師たち，韓国人の牧師たち，時折，アミューズメントパークの芸人といった人たちだ。誰もそれほど長期間ここにはいない。私の部屋は，私が働くオフィスの，前の秘書が住んでいて，彼女が結婚して職場を離れるときに自分の賃貸契約を私にどうか，と言ってくれたのだ。それが５年前だ。今では私は，この建物の最も忠実な入居者である。

ゴミ置き場は残念な状態だ。異なる種類のガラスやプラスチックごとにはっきりと印のついた箱があり，収集日のカレンダーが貼ってあるのに，他の入居者は自分の選んだ場所に，いつでも選んだときにゴミを放置する。私は適切な箱に自分の缶と瓶を入れ，足で他のゴミの包みをそれぞれの場所に動かそうとする。入居者の中には，違った種類のものを一つの袋にまとめて入れてしまう人もいるので，この私の小さな努力さえ，乱雑な状態を片付けることにはならない。ゴミ収集作業員を気の毒に思う。彼らはゴミを一つ一つ分別するのが仕事の人たちなのだ。

◀解　説▶

◆(A)　下線部は「この種の仕事」の意。第１段でレストランの塩の振り出し器，第２段でデパートの積み上げられたシャツ，第３段で ATM の中のお金とホテルの使用済みのタオルといった例を挙げ，下線部のあとに「きちんと整えられては，また乱されるために用意されている」とある。第２段第２文（The size or color …）の最終部分に「目に見えない人物が戻って来て直すまで，元のようにきちんと整うことはない」とあるように，人が気づかないところで整え直すという地味だが欠かせない仕事ということになる。また，これらは一度整え直せば終わるものではなく，利用者がいる限り何度も行われる仕事だという点も解答に含める必要がある。

解答欄は約 17cm× 3 行。列挙した具体的な仕事をまとめて「この種の仕事」と言っているのだから，例に言及しながらまとめることが望ましい。

◆(B)　下線部は「東京の店員が彼をだました可能性がある」の意。同段第 2・3 文（He mentioned, modestly, …）に「彼は…それ（＝レインコートと帽子のセット）は東京の特別な店で買ったものだと言った。それからあまり経たないうちに，私は同じセットを梅田のごく普通の衣料品店で見つけた」とあり，下線部の直後には「その店員はおそらく，どの客にも買った品物が一点ものだと思わせるのだろう」とある。筆者のボーイフレンドは，店員に量産品を一点ものだと思い込まされた可能性があるということである。解答欄は約 17cm× 3 行。「具体的に説明せよ」とあるので，筆者がその可能性を考えるようになった経緯や，品物がレインコートと帽子のセットであること，買った場所が東京であることなどを示してまとめる。

◆(C)　当該箇所は，the garbage collectors「ゴミ収集作業員」を同格的に言い換えた箇所である。与えられた語の中に関係代名詞 whose があるので，空所の前の the people を先行詞とする関係代名詞節を作ればよい。whose には無冠詞の名詞が続くので，内容上 task「仕事，任務」が適切。直前の文に「違った種類のものを一つの袋にまとめて入れてしまう人もいる」ことが述べられていることから，その「仕事」は to sort the pieces「そのゴミを分類すること」とできる。元になる文が their task is to sort … だとすると，(the people) whose task is to sort the pieces (one by one) となり英文としては正しいが，これでは it が残る。it is their task to sort the pieces「ゴミを分別することが彼らの仕事である」と，to sort … は補語ではなく主語で，形式主語の文が元になっていると考えられる。したがって，whose task it is to sort the pieces が正解。

◆(D)　▶(ア)　(26)　当該箇所は「ウェイトレスの忙しい行き来，会話のざわめき，グリルで調理される肉のにおいに（　　　）レストランで食事をしている」となっている。レストラン内の様子が空所のあとに続いていることから，h) の surrounded「囲まれて」が適切。

(27)　当該箇所は「(　　　) ひねりによって摩耗したキャップの下にあるいくつもの筋」となっている。「ひねって筋がいくつもできる」のだから，何度もひねったということである。g) の repeated「繰り返された」が正解。

(28)　当該箇所は「あなたの好みのサイズや色のシャツは，山のいちばん下にあり，シャツを持ち上げるのをできる限りそっとやって，（　　　）シャツだけ取り出しても」となっている。自分の好みのシャツを取り出している状況である。a)の chosen「選ばれた」（日本語では「(あなたが) 選んだ」が自然）が文意に合う。

(29)　当該箇所は「すべてを（　　　）ようにする，インクと付箋の色の使い分けをしている」となっている。同文前半には「完璧に真ん中に，完璧にまっすぐになるように，注意深くファイルホルダーにラベルを貼る」とあり，筆者が几帳面に仕事をしていることが述べられている。e)の organized「組織立てられた」を補うと文意に合う。

(30)　当該文は「ボーイフレンドは（　　　）だろう」となっている。直前の文には「(夜，ベッドでペストリーを食べるので) 朝起きると，ペストリーのくずやクリームのシミが枕にあることもある」とある。これから訪ねてくるボーイフレンドがそんなものを見たらどうするかを考えると，c)の horrified「ぞっとする」が適切。

(31)　当該箇所は「数年前から，この建物は外国人によって（　　　）されている」となっており，続いて「近所の会話学校の英語の教師たち，韓国人の牧師たち，時折，アミューズメントパークの芸人」と，外国人の例が挙がっている。その直後には「誰もそれほど長期間ここにはいない」とあり，このアパートに外国人が住んでいることを述べた箇所であると考えられる。d)の occupied が適切。occupy で「(部屋・家など) に居住する」の意。

▶(イ)　当該文は「今では私は，この建物の最も（　　　）入居者である」となっている。直前の文の「それが 5 年前だ」とは，今の部屋に暮らし始めた時期のことである。同段第 5 文（None of them …）に「誰もそれほど長期間ここにはいない」とあり，今いる中では筆者が最も長い期間暮らしている入居者だと考えられる。d)の faithful「忠実な」を補えば，アパートを「見捨てず」ずっといることをユーモラスに表現していると考えられる。

a) boring「人を退屈させる」　b) difficult「気難しい」　c) egocentric「自己中心的な」　e) popular「人気のある」

▶(ウ)　a）「筆者は，服の趣味がよくないボーイフレンドが好きではない」
ボーイフレンドがプレゼントしてくれたレインコートと帽子のことは，第8段第1文（To go out, I put …）から述べられている。同段第2・3文（He mentioned, modestly, …）で，彼は特別なものだと言っていたのに，普通の店で同じものを筆者が見つけたこと，第9段第1文（I didn't tell my boyfriend …）後半に，その色合いが近所の保育所の子どもたちのスモックとまったく同じだということは述べられているが，筆者はこのレインコートを着て出かけており，「服の趣味がよくない」とまでは述べられていない。筆者がボーイフレンドを嫌っていることも読み取れず，これは本文の内容と合致しない。

b）「筆者は，気づかれずに行われている必要な労働に注目している」
第1段ではレストランの塩の振り出し器に常に塩が入っていること，第2段ではデパートで客が崩してもまたきれいに整え直される積み重なったシャツのことを述べ，第3段では，さらにATMの中のお金（引き出す人が困らないように常に補充されている），ホテルの（使用済みで）床に置かれたタオル（次の客のために常に新しい清潔なものに取り替えられる）のことを挙げたあと，同段第3文（The world is full …）で「世界はこの種の仕事で満ちており，きちんと整えられては，また乱されて再び整えられるように，常に用意されている」と述べている。第4段では，筆者自身も秘書の仕事で人知れずオフィス内を整え，必要なものが必要なときに使えるようにしていること，最終段では，乱雑なゴミ置き場に言及し，ゴミ収集作業員が混在するゴミを一つ一つ分別する手間をかけることを述べている。第6・7段で筆者の部屋の乱雑さに言及しているのも，何もしなければ乱雑は乱雑のままであることを印象づけるためのものと考えられる。これが正解。

c）「筆者は，魔法使いのように常に彼女を助けてくれるよい友達がオフィスにいる」
本文にこのような記述はない。

d）「筆者は，地元の地域社会と公共福祉を改善しようという野望を抱いている」
本文にこのような記述はない。

e）「筆者は，家回りの決まりきった仕事や秘書としての自分の仕事にうんざりしている」

第 4 段第 2 文（He hasn't slept …）の最終部分に「オフィスでは，毎日繰り返される退屈な仕事をする」とはあるが，直後の文に「だが，私はそれがかなりうまい」とある。boring「退屈な」とは，それにうんざりしているというより，変化のない決まりきった仕事であることを表していると考えられる。家回りの仕事については特にどう思っているかの言及はない。

●語句・構文●

（第 1 段） ●thread「筋，線」

（第 2 段） ●the pile as you leave it「あなたがそのままにする（ような）山」 as はもともと様態を表す接続詞だが，このように直前の名詞を限定する用法もある。

（第 4 段） ●round「繰り返し」 ●run out of ～「～を切らす，～がなくなる」

（第 8 段） ●one-of-a-kind「唯一の，特別な」

（第 9 段） ●shade「色合い」 ●grin「にやっとする」

（第 11 段） ●flight「階と階，階と踊り場の間の一続きの階段」

（最終段） ●unlike「異なる」

❖講　評

大問数は 5 題で例年どおりである。選択問題での解答方式がマークシート法であることも 2015～2020 年度と同じである。例年，内容や出題形式に多少の変化がみられるが，2021 年度は 2020 年度と同様であった。

1　(A)英文の内容を日本語で要約するもの。字数は 70～80 字。(B)文の空所補充と語句整序。

2　(A)テーマ英作文。与えられたテーマに沿って，自分の考えを述べるもの。60～80 語。(B)和文英訳。短めの 2 段落構成の和文中の下線部（連続する 2 文）を英訳するもの。

3　リスニング。3 つのパートに分かれており，いずれも 2 回ずつ放送される。(A)会話，(B)会話，(C)講義という構成で，(A)と(B)は関連する内容になっている。リスニングは試験開始後 45 分経過した頃から約 30 分間行われる。

4　(A)文法・語彙，読解問題。各段落に 5 カ所ある下線部のうち，誤りを含む箇所を一つ指摘するもの。(B)英文和訳問題。一連の英文中の3カ所を和訳するもの。

5　長文読解。世の中にあふれている，誰かが気づかれずに行っている地道な作業に関するエッセー。

以下，各問題の詳細をみる。

1　(A)　英文量は約320語でやや短めである。「10代の若者の気質の変化」に関する調査結果を中心に述べたもので，内容は理解しやすいが，定められた字数に収まるようにまとめるためには，言葉の選び方や述べる順序を工夫する必要がある。

(B)　英文量は約760語（空所を埋めると約840語）で比較的短い。5カ所ある空所に合う文を選ぶ問題と，文意に合うように語を並べ替える問題の2種類。選択肢に紛らわしいものはなく，素早く解答したい。

2　(A)　テーマ英作文。暮らしやすい街の最も重要な条件を，理由を添えて述べるもの。2019・2020年度に続いて，古典的な設問である。条件自体は思いつきやすいので，理由を限られた語数で要領よくまとめることが重要である。

(B)　和文英訳。一連の文章中の下線部1カ所（連続する2文）を英訳するもの。英訳箇所の長さは2020年度と比べるとやや短い。2文に分かれているが，第1文が長く，2つに分けたほうが書きやすい。日本語がこなれており，英語として成立するように構造を整え直したり，言葉を補ったりする必要がある。

3　(A)　絵画の贋作について，その技術や見破り方を研究者に聞くというインタビュー。専門的な語句が使われており，それ自体が問いになっているものもあるが，会話中で行われている説明をよく聞き取っていれば十分に対応できる。

(B)　(A)のインタビューに登場した研究者に，別の司会者が実際の贋作を話題として話を聞く会話。取り上げられた贋作に関する事実と贋作に対する研究者の考え方を正確に聞き取りたい。

(C)　「文明の崩壊が持つ意味」に関する講義。文明が終わることには肯定的・建設的な側面もあるが，さまざまな要素が複雑に関係する現代においては，一度崩壊が起きると回復できない可能性があることを論じている。独特な視点からの内容であり，話し手の主張がどのようなことなのか，注意して聞き取りたい。

4 (A) 5 段落構成の一連の文章で，各段落に 5 カ所ずつ下線が入っており，そのうち誤りを含むものを選ぶ問題。語句や文法事項の知識と文脈を把握する力が試されたが，いずれも比較的容易である。

(B) 一連の文章中の 3 カ所の英文和訳。いずれの箇所も短く，語句・構文面で難解なものはないが，ある程度推測を要する語や，日本語として自然な文になるように訳し方を工夫する必要のある箇所も含まれる。

5 身の回りで絶えず行われているが，人が気づかない仕事に目を向けた随筆。文章冒頭は何の話が始まったのかわかりづらいかもしれないが，読み進むうちに誰でも思い当たる事実であり，筆者の視点が味わい深い。設問は，記述式の内容説明，語句整序，選択式の空所補充，内容真偽で，2019・2020 年度と同様であった。

―――「英語」の記述式問題の出題の意図（東京大学 発表）―――

本学の学生に期待される外国語力とは，知的活動の一環として，外国語で円滑に意思疎通を図る能力を意味しています。相手が発信した内容を正しく理解し，自分が相手に伝えたい事柄を適切に表現する能力がその根幹をなしていることは言うまでもありませんが，そのような理解力や表現力を十分に発揮するためには，その言語についての正確な知識を土台として培われた論理的な思考力と，場面や状況に応じた的確な判断力も必要になります。これらの能力が現時点でどの程度身についているかを測るために，外国語科目の記述式問題には以下のような設問が含まれています。

1．要約問題【1(A)】

各段落の構成と段落間のつながりに注意を払いながら，文章全体の論理的な展開を正確にたどり，主要な論点を把捉する力が試されています。

2．作文問題【2(A)・2(B)】

和文の外国語訳においては，日本語で与えられた情報を外国語で過不足なく，正確に読み手に伝える能力が試されています。自分の考えを外国語で表現する問題においては，自らの意見が読み手に明確に伝わるよう，適切な語句や表現を用いて，論理的で説得力のある文章を作成する能力が試されています。

3．外国語文の和訳問題【4(B)】

文中に含まれる語句の意味とその使い方，文構造，文法事項についての基本的な知識が問われています。和訳の対象となる文が長い文章の一部となっている場合には，前後の文脈を踏まえて該当箇所の意味を解釈する能力も問われています。

4．長文読解問題【5(A)～(C)】

文章全体の流れを大局的に把握しながら，文章の細部に含まれる表現のニュアンスをも同時に読み取れるような総合的な理解力が求められています。より具体的には，文章に書かれた出来事や事象がどのような経緯をたどって生起しているのかを正確に把握しつつ，細部の表現に込められた書き手や登場人物の心情や価値観，ものの見方などを的確に理解することが重要です。

日本史

1　解答

能力で天皇に奉仕する文人官僚の排斥が進むと太政官の中枢は藤原北家など天皇家と血縁関係をもつ貴族で独占され，大学別曹の設置や格式・儀礼の整備により，国政運営上この官僚機構が有効に機能すると，天皇個人の政治的力量は問われなくなり，藤原北家が天皇の外戚の地位を独占したことで直系の皇位継承が可能となった。

（150 字以内）

◀解　説▶

≪9 世紀後半の皇位継承と政治体制≫

〔解答の指針〕

▶設問の要求

(主題)　9 世紀後半に，皇位継承をめぐるクーデターや争いがみられなくなり，安定した体制をもたらした背景の変化。

▶資料文の検討

資料文(1)・(2)には，皇位継承をめぐる争いとして承和の変が説明され，皇位と太政官の中枢に就く官僚の変化が示されている。この変化をふまえて，安定した体制を生み出した背景を資料文(3)・(4)・(5)から考察する。資料文(3)の「官僚機構の整備」，「天皇がその場に臨まなくても支障のない体制」，(4)の「外祖父」，(5)の「法典編纂」に注目したい。

(1)　承和の変と皇位継承

842 年に嵯峨上皇が没した。……①

仁明天皇を廃して淳和天皇の子である皇太子恒貞親王を奉じようとする謀反が発覚した。……②

仁明天皇の長男道康親王（文徳天皇）が皇太子に立てられた。……③

以後皇位は，直系で継承されていく。……④

(2)　承和の変と太政官

嵯峨・淳和天皇は有能な文人官僚を公卿に取り立てていった。……⑤

承和の変の背景には，淳和天皇と恒貞親王に仕える官人の排斥があった。……⑥

以後，文人官僚は勢力を失っていった。……⑦

太政官の中枢は嵯峨源氏と藤原北家で占められるようになった。……⑧

(3)　官僚機構の整備

文徳天皇は出御して政治をみることがなかった。……⑨

官僚機構の整備によって天皇がその場に臨まなくても支障のない体制になった。……⑩

藤原氏の勧学院，在原氏や源氏の奨学院　……⑪

有力氏族は子弟のための教育施設を設けた。……⑫

(4)　幼帝の誕生と摂政

清和天皇はわずか９歳で即位した。……⑬

外祖父で太政大臣の藤原良房が実質的に摂政となった。……⑭

譲位する時に，清和天皇は藤原基経を摂政に任じ，良房が自分を補佐したように陽成天皇に仕えるよう命じた。……⑮

(5)　法典編纂

『貞観格』『貞観式』や，唐の儀礼書を手本とした『儀式』　……⑯

清和天皇のもとで法典編纂が進められた。……⑰

▶論点の抽出

設問は，「９世紀後半になると，奈良時代以来くり返された皇位継承をめぐるクーデターや争いはみられなくなり，安定した体制になった。その背景にはどのような変化があったか」と問いかけている。資料文(1)・(2)に，842 年に起きた「皇位継承をめぐるクーデターや争い」である承和の変が説明されている（①・②・③・⑥)。「奈良時代以来くり返された」ことは資料文に示されていないため，念頭におく必要はあるものの，具体的にふれなくてよいと判断できる。つまり，本問は，承和の変以後，「皇位継承をめぐるクーデターや争いはみられなくなり，安定した体制」をもたらした「その背景の変化」をまとめればよい。

資料文(1)によれば，嵯峨上皇の死去（①）によって承和の変が起きたことがわかる。ここでは嵯峨上皇に注目して，平城太上天皇の変を想起しておくとよい。これは，嵯峨天皇が即位すると兄の平城上皇との間で対立が生じ，平城上皇が藤原薬子やその兄の仲成とはかって重祚を企てた事件である。この事件の対応にあたって，嵯峨天皇は信任の厚い藤原冬嗣を蔵人頭として機密の文書を扱わせた。兄弟間の皇位継承が争いを招いたこと，その背景には，平城上皇と結ぶ官人と嵯峨天皇と結ぶ官人という対立構造があったことがわかる。このことを念頭におき，９世紀後半の変化を考えていく。

資料文(1)には承和の変の説明として，仁明天皇を廃して淳和天皇の子である皇太子恒貞親王を奉じようとする謀反が発覚し（②），仁明天皇の長男道康親王（文徳天皇）が皇太子に立てられた（③）とある。系図が示されていないのでわかりにくいが，淳和天皇は嵯峨上皇の弟，仁明天皇は嵯峨上皇の子にあたる。兄弟間の皇位継承によって皇太子の地位が複雑化し，争いを招いたと推測できる。以後皇位は，直系で継承されていく（④）と述べられている点に注目したい。仁明天皇の後，資料文(3)の文徳天皇（⑨），資料文(4)の清和天皇（⑬），陽成天皇（⑮）と皇位が直系で継承された。この変化によってクーデターや争いがみられなくなったと判断できるが，皇位が直系で継承できるようになった背景について考察を深める必要がある。

承和の変は藤原北家による他氏排斥という側面もある。資料文(2)には，嵯峨天皇・淳和天皇は有能な文人官僚を公卿に取り立てていったが（⑤），承和の変では淳和天皇と恒貞親王に仕える官人が排斥され（⑥），文人官僚が勢力を失っていった（⑦）と述べられている。橘逸勢や伴健岑らの有力氏族が排斥されたことも知っているだろうが，文人官僚が強調されていることに注意したい。天皇に能力を見出された文人官僚は，その天皇と子に対して奉仕する関係をもっていたと考えられる。このような天皇と官人の人格的関係は，クーデターや争いにつながる背景となっていた。

文人官僚の排斥が進むと，太政官の中枢は嵯峨源氏と藤原北家が占めた（⑧）と説明されている。太政官の中枢は国政を主導する立場にある。藤原北家は嵯峨の皇統と姻戚関係を結んでいた。資料文(4)には藤原良房が清和天皇（嵯峨天皇の曾孫）の外祖父である（⑬・⑭）ことが示されている。また，嵯峨源氏は，その名称から臣籍降下した嵯峨天皇の血を引く一族と考え，ここから現天皇と父方・母方で血縁関係を有する者が国政を主導するようになったことが，政治的な安定をもたらしたとみることができる。

資料文(3)には，文徳天皇は自らが政治をみなかったとある（⑨）。それでも支障が生じなかった理由として，「官僚機構の整備」（⑩）が挙げられている。「官僚機構の整備」とは何だろうか。

9世紀前半には，令外官の設置や法制の整備によって，天皇と太政官の連携が強まり，実情に即したかたちで国政が運営された。唐風化政策のもとでは，官僚には儒教の教養などが重んじられており，資料文(3)には，有力氏族が子弟の教育のための寄宿施設（大学別曹）を設置した（⑫）ことが示されている。大学別曹の事例として，藤原氏の勧学院と在原氏や源氏の奨学院が挙げられており（⑪），太政官の中枢を占める藤原北家と嵯峨源氏は，こうした施設を利用し，大学で実務官僚として必要な教養を身につけ，国政を主導していった。ここから官僚制の整備・充実が読み取れる。

先に資料文(5)をみてみよう。ここでは，格式の編纂，唐風の儀礼の規定（⑯）といった「法典編纂」（⑰）について述べられている。格式や儀礼の整備は，官僚たる貴族の役割を明確化し，政務の円滑な遂行を促した。このことも「官僚機構の整備」にあたる。

こうした官僚機構の整備により，天皇が実質的に不在であっても，太政官の中枢によって安定して国政運営ができるようになり（⑩），天皇個人の政治的力量は問われなくなった。それが，資料文(4)にある清和天皇が9歳で即位したという幼帝の誕生（⑬）に象徴的に示されている。官僚制の頂点に立つ太政大臣の藤原良房が摂政となることで（⑭），天皇の権限行使を代行する体制を生み出した。この体制は，続く陽成天皇の摂政となった藤原基経にも引き継がれた（⑮）。

では，ここで皇位が直系で継承できるようになった背景の考察に戻る。資料文(4)の藤原良房が清和天皇の外祖父であった（⑭）という事実は，皇位継承の観点でも考えることができる。資料文にある文徳・清和・陽成天皇は直系の皇位継承によるものであり，いずれも母が藤原北家の出身である。藤原北家が天皇家の外戚の地位を独占したことで，直系の皇位継承が実現したと判断できる。

▶注意点

解答にあたっては，皇位継承と藤原北家との血縁関係，太政官中枢の構成と官僚機構の整備の2つの観点を考える必要がある。官僚機構の整備による天皇の政治上の役割の変化をふまえてこの2つをつなげ，直系の皇位継承が可能となった背景として本問を大きくとらえると，論理的にまとめやすい。

2 解答

A　荘園領主は，現地の支配権を誇示し，地頭による新たな開発地を含む荘内の田地面積を正確に把握して年貢徴収の強化をはかった。(60 字以内)

B　地頭請は荘園領主が一定の年貢納入を条件に地頭に荘園の管理を委ねる契約だったため地頭の検注拒否の根拠となった。地頭は荘内で新たな開発を進めて独自の収益をあげ現地の支配権を掌握した。(90 字以内)

◀解　説▶

≪鎌倉時代の荘園≫

A　〔解答の指針〕

▶設問の要求

(主題)　荘園領主が検注を実施しようとした理由。

▶資料文の検討

資料文(2)に検注の定義と目的が説明されている。資料文(3)には，検注の実施をめぐって起きた荘園領主と地頭の紛争が述べられている。紛争の背景は，資料文(1)の記述に注目したい。

(1)　地頭による開発

各地の地頭は積極的に荒野の開発を進め，田地を拡大していた。……①

(2)　検注の定義と目的

荘園領主が現地に使者を派遣して行う土地の調査　……②

荘内の田地の面積などを調べる。……③

荘園領主に納める年貢の額を決定する。……④

(3)　検注の実施をめぐる紛争

荘園領主がかわった時などに実施されるのが慣例　……⑤

それ以前に開発された田地の検注を地頭が拒否して裁判となった。……⑥

▶論点の抽出

検注とは何かを資料文(2)から確認しよう。検注とは，荘園領主が現地に使者を派遣して行う土地の調査（②）である。その目的は，荘内の田地の面積などを調べて（③），荘園領主に納める年貢の額を決定する（④）と説明されている。

資料文(3)によれば，検注は，荘園領主がかわった時などに実施されるのが慣例（⑤）とされ，新領主が検注を実施しようとしたところ，それ以前に開発された田地の検注を地頭が拒否して裁判となった（⑥）事例が示されている。それ以前に開発された田地とは，資料文(1)をふまえれば，荘園領主がかわる前に地頭が積極的に荒野を開発し，拡大した田地（①）である。つまり，荘園領主は検注によって地頭による新たな開発地を把握し，そこからも確実に年貢を徴収したかったことがわかる。

なお，検注は土地を調査する権利であるから，荘園領主が現地の支配権を有していたことを象徴している。荘園領主がかわった時に（⑤），現地に使者を派遣して（②）荘内の田地の面積などを調べる（③）のは，荘園領主が現地の支配権を誇示するねらいもあったと考えられる。

▶注意点

地頭が田地拡大を進めるなか，その新たな開発地を把握して，その年貢まで徴収したかったことを表現できればよい。Bの設問を視野に入れ，〔解答〕では荘園領主が現地の支配権を誇示するねらいも指摘したが，この点については言及がなくても問題ない。

B 〔解答の指針〕

▶設問の要求

（主題） 地頭請は地頭の荘園支配にどのような役割をはたしたか。

（条件） 検注や開発との関係にふれる。

▶資料文の検討

地頭請については，鎌倉幕府の判決の根拠として資料文(4)に記述がある。開発や検注との関係にふれることが求められているので，資料文(1)・(3)にも注意しよう。

(1) 地頭による開発

各地の地頭は積極的に荒野の開発を進め，田地を拡大していた。……①

(3) 検注の実施をめぐる紛争

新しい荘園領主がそれ以前に開発された田地の検注を実施しようとした。……②

(4) 地頭請所の検注に関する鎌倉幕府の判決

荘園領主による検注の実施を地頭が拒否して裁判となった。……③

鎌倉幕府は地頭請所であったことを理由に検注の停止を命じた。……④

▶論点の抽出

地頭請の記述がある資料文(4)をみてみよう。荘園領主による検注の実施を地頭が拒否して裁判となったところ（③），鎌倉幕府は地頭請所であったことを理由に検注の停止を命じた（④）と述べられている。

本問は地頭請とは何であるかを知っていることを前提としている。13 世紀の荘園では，年貢未納などをめぐる荘園領主と地頭の紛争が多発した。地頭請とは，その解決手段として，荘園領主が地頭に荘園の管理を全面的に委ねる代わりに，一定の年貢納入だけを請け負わせる契約をいう。地頭請は，地頭の荘園支配を強める役割を果たした。地頭請の契約が結ばれると，荘園領主がもつ現地の支配権は地頭に移り，地頭が荘内の土地と人を独自に支配していくことを可能としたのである。

以上の理解をもとに鎌倉幕府が出した判決を考えると，地頭請と検注の関係がみえてくる。鎌倉幕府は，地頭請所では，荘園の管理を全面的に委ねたのだから，現地に介入する検注はできない，また一定の年貢納入だけを請け負わせたのだから，新たな開発地の年貢を徴収しようとする検注はできない，と判断したと推察できる。つまり，地頭請は，地頭が荘園領主の検注を拒否する根拠としての役割を果たしたのである。

開発との関係はどうだろうか。検注は，資料文(3)にいう開発された田地（②）の把握に主眼が置かれていた。地頭請所の場合，検注を拒否すれば，開発された田地は荘園領主に把握されず，課税されることもないため，そこから得られる収益はすべて地頭の手に入ることになる。それは，資料文(1)に積極的に荒野の開発を進めた（①）とあるから，地頭の開発意欲をいっそう刺激したと判断できる。地頭請は，地頭の新たな開発を促進し，独自の収益を拡大させて現地の支配力をいっそう強める役割を果たしたのである。

▶注意点

地頭請とは何かを説明する必要がある。その説明をもとに，検注や開発との関係を考えて地頭請の果たした役割を述べる。資料文(4)の鎌倉幕府の判決をふまえ，地頭請所の荘園と，そうでない荘園の違いを意識して考察するとよい。

3 解答

A　鉱山収入が減少するなか，明暦の大火後の江戸城と市街の再建費，元禄期の寺社造営費で支出が増加し，幕府は財政難に陥った。(60 字以内)

B　幕府は年貢収入が多い平野部の河川工事に資金を集中し，生産力が低い山麓の砂除は村々の自助努力を基本とする方針をとった。その結果，山麓から砂が河川に流出して平野部の洪水を多発させた。(90 字以内)

◀解　説▶

≪富士山大噴火と被災地の救済≫

A〔解答の指針〕

▶設問の要求

(主題)　幕府が⑴⑷のような対応をとる背景となった 17 世紀後半以降の幕府財政上の問題。

▶資料文の検討

資料文⑴・⑷から，幕府財政に関することがらを確認しよう。

⑴　富士山大噴火による被害と「諸国高役金」

1707 年に富士山が大噴火した。……①

「近年出費がかさんでおり，砂が積もった村々の御救も必要」……②

全国の村々から「諸国高役金」を徴収した。……③

⑷　「諸国高役金」の使途

約 49 万両の「諸国高役金」が幕府に上納された。……④

被災地の救済に使われたといえるのは 6 万両余にすぎなかった。……⑤

▶論点の抽出

資料文⑴・⑷によれば，幕府は 1707 年の富士山大噴火（①）に際して，「近年出費がかさんでおり，砂が積もった村々の御救も必要」(②）として，全国の村々から「諸国高役金」を徴収した（③)。約 49 万両の「諸国高役金」が幕府に上納された（④）が，被災地の救済に使われたといえるのは 6 万両余にすぎなかった（⑤）と述べられている。ここから「諸国高役金」の大半を，幕府は被災地の救済ではなく，別の用途に用いたことがわかる。「近年出費がかさんでおり」(②）に注目すれば，悪化していた幕府財政の補塡にあてられたことも推測できる。

このような対応の背景にある「17 世紀後半以降の幕府財政上の問題」とは，財政難と判断できる。財政難に陥った事情は資料文には示されていないので，自分の知識・理解に基づいて答えることとなる。

教科書では，金銀産出量の減少にともない鉱山収入が減少したこと，明暦の大火後の江戸城と市街の再建費，元禄期の寺社造営費などの支出が増加したことがあげられている。この収入減と支出増を述べ，幕府が財政難に陥った，幕府財政が逼迫していたなどと結論づけるとよい。

▶注意点

幕府が財政難に陥った事情を，収入と支出の両面から指摘する。自分の知識・理解に基づいて正確に書くことが求められている。

B 〔解答の指針〕

▶設問の要求

(主題) 被災地の救済にあたって幕府はどのような方針をとり，それにはどのような問題があったか。

(条件) (2)(3)のように対応が異なる理由に注意する。

▶資料文の検討

被災とは何を意味するかについては，資料文(1)に記されている。資料文(2)・(3)を読み取り，対応の違いを比較することから考え始めよう。

(1) 富士山大噴火による被害と「諸国高役金」

広範囲に砂（火山灰）が降った。……①

砂はさらに川に流れ込んで大きな被害をもたらした。……②

(2) 酒匂川下流域の救済事業

「豊かな足柄平野」……③

上流から砂が流れ込んで堆積し，氾濫の危険性が高まっていた。……④

幕府は他地域の大名にも費用を分担させた。……⑤

最も危険な箇所を補強する工事を緊急に行った。……⑥

砂の除去が不十分で堤が切れ，下流域で洪水が繰り返された。……⑦

(3) 酒匂川上流域の救済事業

砂が最も深く積もった。……⑧

「冷涼な富士山麓の村々」……⑨

砂除には莫大な費用が見込まれたが，幕府からの手当はわずかだった。……⑩

村々では一部の田畑を潰して砂を捨てていた。……⑪

後には砂を流す水路の開削費用が支給されるようになった。……⑫

捨てた砂は酒匂川に流れ込み，下流部に堆積した。……⑬

(4) 「諸国高役金」の使途

6 万両の大半は酒匂川の工事にあてられた。……⑭

▶論点の抽出

本問にいう被災とは，資料文(1)の記述から，富士山大噴火によって広範囲に砂（火山灰）が降りつもったこと（①），砂が川に流れ込んで被害をもたらしたこと（②）の２点であるとわかる。被災地の救済に幕府がどう取り組んだかについては，教科書に説明されていないので，資料文(2)・(3)から読み取って考察することとなる。

資料文(2)・(3)が異なる対応であったことは条件に示されているので，どのように異なるのかを比較しよう。

	資料文(2)	資料文(3)
地域	「豊かな足柄平野」（③） ＝酒匂川の下流域	「冷涼な富士山麓の村々」（⑨） ＝酒匂川の上流域
被災状況	上流から流れ込んだ砂が堆積し氾濫の危険性が高まる（④）	砂が最も深く積もった（⑧）
幕府の対応	幕府は危険箇所を補強する緊急の河川工事を行った（⑥） →他地域の大名にも費用を分担させた（⑤）	村々では一部の田畑を潰して砂を捨てていた（⑪） →幕府が支給した砂除の手当はわずかだった（⑩） →後には幕府は砂を流す水路の開削費用を支給した（⑫）
影響	砂の除去が不十分で堤が切れ，洪水が繰り返された（⑦）	砂が酒匂川に流れ込み，下流部に堆積した（⑬）

この表をもとに幕府の方針を考察する。幕府の方針が投入した資金に現れているとみれば，氾濫の危険性が高まっていた（④）平野部の河川工事に資金を集中し（⑤・⑥），被害の大きかった（⑧）山麓の村々の救済は基本的には自助努力に任せた（⑩・⑪）ことがわかる。このことは，資料文(4)に被災地救済資金の大半が酒匂川の工事にあてられた（⑭）と述べられていることからも確認できる。

なぜ異なる対応をとったのか。資料文(2)に「豊かな足柄平野」（③），資料文(3)に「冷涼な富士山麓の村々」（⑨）と，２つの地域が対比的に表現されていることに注目したい。下流域の足柄平野は，土地の生産力が高く，年貢収入が見込める地域であったのに対し，上流域の山麓の村々は，冷涼であるがゆえに農業に適さず，土地の生産力が低かったと推測でき，幕府や藩の財政基盤は年貢収入にあるため，平野部の救済を優先する方針をとったことがわかる。

こうした幕府の方針にはどのような問題があったのか。上流域と下流域の関係に注目しよう。上流域の山麓では，村々の自助努力に委ねられていた（⑩・⑪）が，幕府が場当たり的に支給した資金で水路を開削して砂を流した（⑫）。その砂は酒匂川に流れ込んで下流域の平野部に堆積し（⑬），緊急の河川工事（⑥）だけでは砂の除去が十分とはいえなかった下流域の平野部で洪水が多発することになった（⑦）。財政難に陥っていた幕府は，流域全体の構造的問題に配慮せず，目先の損得勘定で対応したため，二次災害を生み出す結果となったのである。

▶注意点

平野部と山麓における幕府の対応を比較し，なぜ資金を山麓ではなく平野部に集中させたのかを考える。対応の違いを指摘する必要はあるが，それを幕府の方針としてまとめる点に注意しよう。また，幕府の方針の問題点については，〔解答〕では上流域と下流域の関係を意識したものとしたが，〔論点の抽出〕の最後にあるように，幕府が河川の流域全体を考えずに目先の対応に終始した結果，二次災害を引き起こしたというような包括的な内容でもよい。

4 解答

A　公家・大名出身者に限定されていた華族の範囲を広げ，国家に功績があった者も華族に加えた。立憲体制を導入して二院制を採用する上で，下院を牽制する上院の選出母体を確保する意図があった。(90 字以内)

B　貴族院を基盤に清浦奎吾内閣が成立すると護憲三派は第二次護憲運動を起こした。総裁が被選挙権を得て総選挙を戦うことで貴族院より衆議院を重視する姿勢を示し政友会の躍進を遂げようとした。(90 字以内)

◀解　説▶

≪明治・大正期の華族と議会≫

A　〔解答の指針〕

▶設問の要求

(主題)　華族令がもたらした華族の構成の大きな変化。

　　　　華族の構成を大きく変化させた意図。

▶問題文と資料文の検討

問題文の冒頭に，1869 年に誕生した華族の定義が示されている。資料文(1)の華族叙爵内規は，1884 年の華族令に基づく内規と判断できるので，両者を比較すれば構成の変化がわかる。意図は，資料文(2)の大日本帝国憲法第 34 条との関連に注意したい。

○ 問題文

公卿・諸侯の称を廃し，華族と称す ……①

(1) 華族叙爵内規

親王諸王より臣位に列せらるる者，旧摂家，徳川宗家 ……②

国家に偉勲ある者 ……③

(2) 大日本帝国憲法第 34 条

貴族院は皇族・華族及び勅任された議員によって組織される。……④

▶論点の抽出

華族の構成の変化を確認しよう。問題文の冒頭に，1869 年に公卿・諸侯を華族の呼称に変えた（①）とあり，当初の華族は公家・大名出身者で構成されていた。一方，資料文(1)の 1884 年の華族令で公爵を授けられた者をみると，「親王諸王より臣位に列せらるる者，旧摂家，徳川宗家」（②）は従来の華族の最上位の者だが，新たに「国家に偉勲ある者」（③）が加えられたことがわかる。すなわち，華族の範囲が広げられ，維新の功労者など国家に功績があった者も華族になれるようにしたのである。これを大きな変化として指摘すればよい。

その意図はどこにあったか。資料文(2)によれば，大日本帝国憲法のもとで華族は貴族院の構成員であった（④）。華族令が制定された 1884 年当時，政府は議会開設に向けて憲法制定を本格化させるなど，立憲体制を導入する準備を進めていた。こうしたなか，二院制を採用する方針をとった政府は，公選制の下院を牽制する役割を上院に期待した。将来の上院（貴族院）の土台となりうるのは華族だったが，公家・大名出身者は政治の中心からすでに遠ざかっており，政治能力の点で問題があった。そこで，華族の範囲を国家に功績があった者にまで拡大することで，将来の上院の選出母体を確保しようとしたのである。

▶注意点

従来の華族：公家・大名出身者に限定。華族令：国家に功績があった者を華族に追加。この変化を明瞭に表現すること。意図は，将来の上院の選出母体を確保する点を述べればよいが，その際に，帝国議会開設に向けて政府が二院制を採用する方針をとっていたことなど，立憲体制移行期という時期をふまえた説明を加えるとよい。

B　〔解答の指針〕

▶設問の要求

(主題)　高橋是清がこうした行動をとったのはどうしてか。

(条件)　この時期の国内政治の状況にふれる。

▶資料文の検討

「こうした行動」をとった法令上の問題は，資料文(3)・(4)から判断できる。

(3)　大日本帝国憲法第36条

衆議院と貴族院の議員を兼ねることはできない。……①

(4)　改正衆議院議員選挙法第12条

華族の戸主は衆議院の選挙権・被選挙権をもたない。……②

▶論点の抽出

主題の「こうした行動」と条件の「この時期」を確認しよう。

設問には，高橋是清が立憲政友会の総裁であり，子爵の爵位をもっていたとある。「こうした行動」とは，隠居をし，貴族院議員を辞職して，衆議院議員総選挙に立候補したことである。衆議院議員総選挙に立候補するには，資料文(3)・(4)をふまえると，華族の戸主は被選挙権をもたない（②）ので隠居をする必要があり，衆議院と貴族院の議員を兼ねることはできない（①）ので貴族院議員を辞職する必要があったと判断できる。「この時期」とは，1924年に清浦奎吾内閣が発足し，衆議院の解散・総選挙が行われた時期と説明されている。

条件として示された国内政治の状況は，以下のような知識・理解をもっていることが求められている。

1924年，元老の松方正義と西園寺公望は，予定されている衆議院議員総選挙を公平に実施するため，枢密院議長であった清浦奎吾を首相に推薦した。清浦内閣は，陸相と海相を除く全閣僚を貴族院から選出して成立したが，これに対して憲政会・立憲政友会・革新俱楽部の三党は，超然内閣の出現であると批判して護憲三派を結成し，政党内閣の実現を目指す第二次護憲運動を起こした。立憲政友会では，貴族院との協調を重視して第二次護憲運動に反対する勢力が脱党し，政友本党を結成した。政友本党の支持を得た清浦内閣は，衆議院を解散して総選挙にのぞんだが，結果は護憲三派の圧勝に終わった。衆議院第一党となったのは憲政会で，加藤高明総裁を首相とする護憲三派の連立内閣が成立した。

以上の国内政治の状況をふまえて，高橋是清の行動の理由や目的を考えてみる。立憲政友会総裁という立場を念頭において，(ア)貴族院議員を辞職する，(イ)衆議院議員総選挙に立候補する，の 2 点から考えるとよい。

(ア)の点では，総裁が貴族院議員では，貴族院を基盤とする清浦内閣を批判しても説得力をもたないからである。(イ)の点では，総裁自らが被選挙権を得て総選挙を戦えば，公選制の衆議院を貴族院よりも重視していると国民から評価され，総選挙で勝利して立憲政友会の党勢拡大につながると期待したからである。また，政友本党が分裂したことを考えると，立憲政友会の躍進とともに自らの統率力を高める必要もあった。

▶注意点

資料文(3)・(4)の法令は，高橋是清の行動を理解する前提として用いる。1924 年の国内政治の状況に即した説明が求められているので，華族の戸主や貴族院議員のままでは衆議院議員になれないという法令上の問題については言及しなくてよい。なお，行動の理由や目的として，辞職しないと貴族院を批判しづらい点も指摘できるが，字数も限られているので，衆議院議員総選挙に立候補するねらいを優先して述べたほうがよい。

❖講　評

1　資料文を読み取って，9 世紀後半に皇位継承をめぐるクーデターや争いがみられなくなり，安定した体制をもたらしたその背景の変化を述べる問題である。承和の変を契機に，皇位継承と政治体制に変化があったことを述べればよいが，資料文の内容が豊富な反面，系図が示されていないので，読み取った情報の分析と整理に苦労する。直系の皇位継承という変化はすぐに気づくが，それを政治体制の変化と結びつけて説明するのが難しい。2021 年度の出題のなかで，答案作成に最も多くの時間を要した問題だろう。

2　鎌倉時代の荘園をテーマに，資料文を読み取って考察する出題である。**A**は荘園領主が検注を実施しようとした理由が問われている。検注は初めて目にする用語だろうが，資料文に定義と目的の説明があるので，それをもとに考えればよい。**B**は，検注や開発との関係にふれながら，地頭請が地頭の荘園支配にはたした役割を説明する。こちらは逆に地頭請を自分の知識で定義しないと，検注や開発との関係を説明できない。**A**・**B**ともに解答の方向性は見出しやすく，取り組みやすい問題であったといえる。

3　資料文をもとに，富士山大噴火における被災地の救済を考察する問題である。**A**は 17 世紀後半以降の幕府財政上の問題を，**B**は幕府が行った救済策の方針と問題点を述べる。**A**は知識・理解型の出題，**B**は読解・類推型の出題と対照的である。**A**は基本問題で取り組みやすかった。**B**は題意を把握して資料文の考察を重ねるのがやや難しい。地域の生産力の違いが幕府の異なる対応につながったことに気づくのがポイントとなる。

4　明治・大正期の華族と議会に関する問題で，資料文は華族に関する規則と法令である。**A**では，華族令の制定によって生じた華族の構成の変化とその意図が問われた。華族令の内容と意図は教科書にも説明されているため，資料文を確認しながらまとめればよい。**B**では，華族であった高橋是清が，隠居をし，貴族院議員を辞した上で，衆議院議員総選挙に立候補した理由や目的が問われた。資料文からわかる法令上の問題は確認するにとどめ，政治状況に即して考えるとよい。**A**は 1884 年，**B**は 1924 年の政治状況を把握している必要があり，近現代の出題については正確な知識と理解を求めているという傾向は，例年と変わりはなかった。

「日本史」の出題の意図（東京大学 発表）

問題はいずれも，①日本史に関する基礎的な歴史的事象を，個別に記憶するのみならず，覚えた事実を互いに関連づけ，統合的に運用する分析的思考を経た知識として習得しているか，②設問に即して，受験までに習得してきた知識と，設問において与えられた情報とを関連付けて分析的に考察できるか，③考察の結果を，設問への解答として，論理的な文章によって表現できるか，を問うています。歴史的な諸事象が，なぜ，どのように起こったのか，相互の間にどのような関係や影響があったのか。それを自ら考えつつ学んできた理解の深さと，自らの理解を論理的に表現する力を測ろうとしています。

第1問は，9世紀前半と後半の政治の変化を，承和の変の意義を中心にして，その背景を広い視点から問うものです。天皇のあり方の変化（幼帝の即位）と，官僚制や法典・儀礼の整備，藤原良房・基経による摂政の成立とが相互に関連しながら，安定した体制が生まれることに気付いてもらうことを意図しています。

第2問は，荘園領主と地頭との関係を地頭による開発を切り口にして問うものです。開発の成果を荘園領主・地頭がそれぞれどのようにして吸収，もしくは確保しようとしていたかを説明文から読み取ることが求められています。また教科書でもよく取り上げられる地頭請が地頭の荘園支配に果たした役割を具体的に理解できるかが解答の要点になります。

第3問は，富士山の噴火で降砂の被害が出た地域の救済にあたり，幕府がとった方針とそれに伴う問題について，当時の財政状況をふまえて問うものです。酒匂川上流域と下流域とで幕府の対応が異なった理由について，それぞれの地域的な特質や砂除に伴う事情を説明文から読み取ることで考え，複数の事柄の結びつきを整理して説明することを求めています。

第4問では，明治・大正期における華族について，立憲主義との関わりから問いました。主として制度面の史料を読み取ることで，華族の構成や役割が変化していったことを把握し，整理して記述することを求めています。衆議院と貴族院からなる二院制による立憲政治において華族がもった意味について，気づいてもらうことを意図しています。

世界史

1 **解答** ゲルマン大移動の混乱の中，5 世紀後半西ローマ帝国が滅亡し，旧領内にゲルマン人国家が分立した。フランク王国はクローヴィスがアタナシウス派に改宗し，旧ローマ住民を取り込んで発展，ローマ教会も教皇グレゴリウス 1 世がゲルマン布教を進め影響力を強めた。6 世紀にビザンツ皇帝ユスティニアヌスが地中海を一時再統一するが，帝の死後統一は崩れ，7 世紀に公用語がギリシア語になると，西ヨーロッパ世界との差異が明確化した。その頃アラビア半島からイスラーム勢力が台頭し，ビザンツ帝国からシリア・エジプトを奪い，8 世紀初めにウマイヤ朝が西ゴート王国を滅ぼしてヨーロッパにも進出した。イスラームに対抗してビザンツ皇帝レオン 3 世が聖像禁止令を発布したが，ゲルマン布教に聖像画（イコン）を使用するローマ教会は反発し，東西教会の対立が決定的となった。政治的保護者を求めたローマ教会はイスラームを撃退したフランク王国に接近し，カール大帝をローマ皇帝として戴冠したため，ローマ・ゲルマン・カトリックが融合した西ヨーロッパ世界が確立した。一方イスラーム世界ではマワーリーにジズヤを課していたウマイヤ朝への不満から 8 世紀半ばにアッバース朝にかわり，ムスリム間の平等を実現してイスラーム文化圏が確立した。9 世紀にはビザンツ帝国がバルカン半島に進出したスラヴ人への布教を進めてギリシア正教文化圏を形成，地中海世界には 3 つの文化圏が鼎立した。(600 字以内)

◀解　説▶

≪5～9 世紀の地中海世界における 3 つの文化圏の成立過程≫

▶設問の要求

(主題)　5～9 世紀の地中海世界における 3 つの文化圏の成立過程

(条件)　宗教の問題に着目する

▶論述の方向性と指定語句の用い方

●論述の方向性

5 世紀後半の西ローマ帝国滅亡後，ローマ帝国によって統一されていた地中海世界に，3 つの文化圏が成立していく過程を述べる問題。この 3 つの文化圏とは，西ヨーロッパのカトリック文化圏（ローマ・ゲルマン的要素を含む），ギリシア正教文化圏（ビザンツ・ギリシアの要素を含む），そしてイスラーム文化圏である。

３つの文化圏の成立それぞれを追って述べてもよいが，互いに影響し合っているため，まとまりのない文章になってしまうだろう。やはり５世紀，６世紀というように，世紀ごとに述べていくのが簡明だと思われる。

西ヨーロッパでは西ローマ帝国滅亡前後からゲルマン人諸国家が分立したが，その中でカトリック化したフランク王国が発展していったことをまず述べたい。一方ビザンツ（東ローマ）帝国は６世紀のユスティニアヌス帝のとき地中海再統一に一時成功するが，その死後は西方から撤退し，ギリシア化が進行して西方とは違う独自性をもっていったことを述べる。８世紀前半の聖像禁止令で東西教会の対立が決定的となったことを強調したい。以後，ビザンツ皇帝と対立し政治的な後ろ盾を欲したローマ教会はフランク王国に接近し，ローマ皇帝の冠を授けたカールの戴冠によってローマ・カトリック・ゲルマンの要素をもつ西ヨーロッパ世界が確立した。一方ビザンツはイスラームの圧迫を受けながらもスラヴ人への布教などで独自のギリシア正教文化圏を形成したことに言及したい。これに７世紀に台頭したイスラーム勢力の動向を絡めるわけだが，詳細な政治的動向まで述べる余裕はないだろう。指定語句に「マワーリー」や「ジズヤ」があるので，ウマイヤ朝からアッバース朝への交替，非アラブ改宗者のマワーリーに課されていたジズヤが廃止され，ムスリムの平等が実現したアッバース朝時代にイスラーム文化圏と呼べるものが成立したことに言及したい。

●指定語句の用い方

クローヴィス…フランク王国の発展で使用。アタナシウス派（カトリック）への改宗が重要。

グレゴリウス１世…ゲルマンへのカトリック布教で使用。

ギリシア語…７世紀以後ビザンツ帝国ではギリシア語が公用語になり，西欧との差異が明確になった。

聖像画（イコン）…ビザンツ皇帝レオン３世の聖像禁止令関連だが，カトリック教会が布教に聖像画を使っていたという形で使用した方がよいだろう。

マワーリー…非アラブのイスラーム改宗者。ウマイヤ朝ではアラブ人ムスリムと同じ権利や地位が認められず差別され，アッバース朝への交替を支持した。

ジズヤ…イスラーム支配下の異教徒に課せられた人頭税。ウマイヤ朝ではマワーリーもジズヤを負担していたが，アッバース朝ではムスリムは民族に関係なく免除された。

バルカン半島…西欧とへだたったビザンツはバルカン半島に進出してきたスラヴ人にギリシア正教の布教を進めた。あるいは，イスラームの進出でビザンツ帝国の領土がアナトリアとバルカンに限られたことで使用してもよいだろう。

▶論述の構成

(1)　5～6 世紀

【指定語句：クローヴィス，グレゴリウス 1 世】

476 年にゲルマン人傭兵隊長オドアケルによって西ローマ帝国が滅ぼされる前後から西ヨーロッパにはゲルマン人諸国家が分立していたが，その中で特に発展したのがフランク王国だった。フランク王国では 481 年クローヴィスがメロヴィング朝を建て，496 年にはアタナシウス派（カトリック）へ改宗している。これによりローマ教会の支持を取りつけ，支配下においた旧ローマ帝国の有力者や住民の支持を得ることができ，異端のアリウス派を信仰していた他のゲルマン人の国家より発展することができた。なお，他のゲルマン国家の動向についてはふれる必要はないだろう。

ローマ=カトリック教会はフランク王国の改宗以後，ゲルマン人への布教を進めていたが，そのなかで特に功績があったとされるのが教皇グレゴリウス 1 世（位 590～604 年）で，ブリタニアに修道士を派遣してアングロ=サクソン人への布教を行ったことで有名である。こうしてゲルマン人のカトリックへの改宗が進むと，西ヨーロッパ世界ではローマ=カトリック教会が次第に影響力を強めていった。

一方，ビザンツ帝国はゲルマン移動の混乱期にもなんとかその領土を維持し，6 世紀になるとユスティニアヌス帝（位 527～565 年）が地中海再統一の夢を抱いて西方に遠征軍を派遣した。北アフリカのヴァンダル王国（534 年），イタリアの東ゴート王国（555 年）を滅ぼし，イベリア半島の沿岸部分も獲得して地中海の再統一に成功したが，帝の死後はイタリアにランゴバルド人が侵入するなど，西方からは撤退していった。

⑵　7～8 世紀

【指定語句：ギリシア語，聖像画（イコン），マワーリー，ジズヤ】

7 世紀，東地中海世界は大きな変動期を迎える。イスラーム勢力（アラブ人）の台頭である。神の啓示を受けたとするムハンマドは，イスラーム教によるアラビア半島のゆるい統合に成功，その後，正統カリフ時代にはイランのササン朝を滅ぼし，ビザンツ帝国からはシリア・エジプトを奪った。さらに 661 年に成立したウマイヤ朝は，北アフリカを西進し，711 年にはイベリア半島にあった西ゴート王国を滅ぼしてヨーロッパの一部まで領有することになった。

こうして領土がバルカン半島とアナトリアに限られたビザンツ帝国では，西ヨーロッパ世界との差異が明確になっていった。ゲルマン移動の混乱を生き延びたビザンツ帝国は，ゲルマンに影響されずに古代ギリシア・ローマの文化を維持し，7 世紀になると公用語もラテン語からギリシア語に替わっていった。

8 世紀になるとビザンツ帝国はアナトリアをめぐってイスラーム勢力と激しく争うが，その過程で偶像崇拝を禁じるイスラーム側からキリスト教の聖像画崇拝（偶像崇拝）について非難を受けた。ビザンツ皇帝レオン 3 世が 726 年聖像禁止令を発布すると，これに対しゲルマン布教で聖像画を使用していたローマ=カトリック教会は反発し，ビザンツ帝国に対抗するためにフランク王国に接近していく。折しもフランク王国の宮宰カール=マルテルが 732 年のトゥール・ポワティエ間の戦いで，ピレネーを越えて侵入してきたウマイヤ朝の軍隊を撃退し，イスラーム勢力からキリスト教世界を救うという功績をあげていた。751 年カール=マルテルの子ピピン（ピピン 3 世，小ピピン）がクーデタによってメロヴィング朝を倒し，カロリング朝を開くとローマ教皇はそれを支持，ピピンはランゴバルド王国を討ってその一部のラヴェンナ地方を教皇領として寄進した。こうしたフランク王国とローマ教会の提携はピピンの子のカール大帝の時にさらに強まり，カールがランゴバルド王国を滅ぼし，ドイツのザクセン人を制圧してカトリックに改宗させ，アジア系のアヴァール人の侵入を撃退したといった功績に対し，教皇レオ 3 世はカールをローマ皇帝として戴冠した。これはいわば「こちらにも皇帝がいるので，もうあなたの世話にはなりません」という東ローマに対する絶縁宣言でもあった。こうしてローマ教会がビザンツ帝国から自立すると，ローマ的要素・ゲルマン的要素・カトリック的要素が融合した西ヨーロッパ世界が確立していった。

一方イスラーム世界では，8 世紀に入るとウマイヤ朝内の矛盾が表面化してきていた。ウマイヤ朝はアラブ人による征服国家であり，要職はアラブ人が独占し，イラン人などの非アラブ諸民族はさまざまな差別を受けていた。その代表的なものが税制上の差別で，非アラブ人は土地面積に応じて地租ハラージュを負担したのに対して，アラブ人は広い土地をもっていてもハラージュは免除された。また人頭税（ジズヤ）もアラブ人は免除されていたが，非アラブ人はたとえイスラーム教に改宗しても課された。非アラブ人のイスラーム教改宗者であるマワーリーは「これは神の前の信者の平等というコーランの教えに反している」として，ウマイヤ朝に対する不満を高めていった。これを利用したアッバース家のアブー=アルアッバースはマワーリーやシーア派の支持のもと，750 年ウマイヤ朝を倒してアッバース朝を興した。アッバース朝ではイラン人なども要職に起用されるようになるとともに，税制も土地所有者はアラブ人であってもハラージュを負担し，非アラブ人もイスラーム教に改宗すればジズヤを免除されるようになった。こうしてイスラーム教徒（ムスリム）間の平等を達成したアッバース朝は「イスラーム帝国」と呼ばれるようになって，独自のイスラーム文化圏を形成していくことになる。

(3)　9 世紀

【指定語句：バルカン半島】

9 世紀になると，西ヨーロッパ世界ではヴェルダン条約・メルセン条約でフランク王国が分裂して独・仏・伊の原形が形作られたり，イスラーム世界ではアッバース朝が次第に衰退して地方政権が各地に成立したりするが，これらは各文化圏の中の出来事なので，論述で取り上げる必要はないと思われる。最後はビザンツ帝国の動向を述べてまとめたい。

イスラーム教徒の攻撃から何とかアナトリアを死守したビザンツ帝国は，9 世紀頃から積極的にバルカン半島へのギリシア正教布教を進めた。7 世紀頃からバルカン半島に侵入・定住したセルビア人などの南スラヴ人や，トルコ系のブルガール人に対して，9 世紀からキュリロスが考案したグラゴール文字を使って布教し，彼らをギリシア正教に改宗させていった。こうしてギリシア正教圏が拡大していったため，9 世紀の地中海世界には西ヨーロッパのローマ=カトリック文化圏，東ヨーロッパのギリシア正教文化圏，そしてイスラーム文化圏の3つの文化圏が鼎立することになった。

2 解答

(1) (a)　商業や都市の発展で貨幣地代が普及し，貨幣の蓄積などで農民の経済力が向上した。一方寒冷化や黒死病の流行で人口が激減すると，領主は労働力確保のため農民の待遇改善を余儀なくされた。(90字以内)

(b)　土地の分与は有償であり，農民が土地を手に入れるためには高額な買い取り金を領主に支払う必要があった。また土地は農村共同体のミールに引き渡されたため，農民はミールに束縛されたから。(90字以内)

(2) (a)　ホセ=リサール

(b)　スペインからの独立を求めるフィリピン革命が進展する中，1898年アメリカ=スペイン戦争が始まるとアメリカは革命派を支援し，アギナルドはフィリピン共和国の独立を宣言したが，戦争後領有権を獲得したアメリカは独立を認めず，武力で直轄植民地とした。(120字以内)

(3) (a)　アパルトヘイト

(b)　白人政権が非白人の選挙権や市民権を奪い，居住地を制限する人種隔離政策だったが，国際的な非難による経済制裁の本格化と，国内やアフリカ民族会議による反対運動の激化で撤廃された。(90字以内)

◀解　説▶

≪身分制度や集団間の不平等≫

◆問(1)　▶(a)　14～15世紀に農民の地位が向上した「複数の要因」を挙げることが求められているので，最低でも2つの要因は挙げておきたい。

①　この時期，西ヨーロッパでは三圃制や鉄製農具，重量有輪犂の普及などで農業生産力が増大し余剰生産物が流通し始めたことや，十字軍の影響で東方貿易が発展したこともあって，商業が盛んとなり貨幣経済が浸透してきた。その結果，領主はそれまでの賦役労働や生産物地代に代わって貨幣による地代を求めるようになった（貨幣地代）。農民はそれまでの労働（賦役）を強いられる半奴隷的な状況から地代さえ納めればよいという立場になり，また貨幣を蓄積して経済力をもつ農民も現れるようになった。特に貨幣地代が普及したイギリスでは，独立自営の自由な農民（ヨーマン）となるものも現れた。

② 14 世紀は天候が不順で，ヨーロッパでは寒冷化が進み飢饉もたびたび起こった。また百年戦争をはじめ戦乱が相次ぎ，特に 14 世紀半ばの黒死病（ペスト）の大流行によって人口が激減した。その結果，領主は労働力確保のため，農民の待遇を改善する必要に迫られることになった。

▶(b) 1861 年ロシアでは皇帝アレクサンドル 2 世によって農奴解放令が発布された。これはクリミア戦争（1853～56 年）に敗れた皇帝が国の近代化，富国強兵の第一歩として行ったものだが，貴族領主との妥協のもとで発布されたため，不徹底な内容だった。

農民は農奴の地位から人格的には解放されたものの，土地の分与は有償であった。したがって農民が土地を手に入れるには高額な買い取り金が必要であり，その資金は政府が援助することになっていたが，それは有利子であって，土地を手に入れた農民は政府に莫大な借金を負うことになった。また，土地は買い取り金が完済されるまで農村共同体（ミール）に引き渡され，返済できない場合はミールの連帯責任とされた。その結果，農民の生活はミールに縛り付けられることになった。

◆問(2)　▶(a) ホセ=リサールはスペインの圧政を批判する小説を発表し，1892 年にはフィリピン民族同盟を組織して平和的な独立を主張したが逮捕され，1896 年に武力闘争による独立を目指す急進的な秘密結社カティプーナンが蜂起すると，関与を口実に処刑された。

▶(b) 問題文には，どこに対する革命あるいは闘争なのかは明記されていない。当然スペインだとわかっていることであっても，解答には「スペインに対する」といった語句を入れる必要があるだろう。1896 年のカティプーナンの武装蜂起でフィリピン革命が始まり，以後も各地でスペインに対し独立を求める武力闘争が続いた。こうした中，キューバの独立問題から 1898 年にアメリカ=スペイン戦争（米西戦争）が起こると，アメリカはスペインを牽制するために独立運動を支援。独立闘争の指導者となっていたアギナルドはスペイン勢力を駆逐し，翌 99 年フィリピン共和国の独立を宣言して，大統領となった。しかし，パリ条約でフィリピンの領有権を獲得したアメリカはこの独立を認めずに派兵。今度はフィリピン=アメリカ戦争（1899～1902 年）となったが，1901 年アギナルドは降伏，フィリピンはアメリカの直轄植民地となった。

◆問(3)　▶(a) アパルトヘイトは，オランダ語から派生した言葉であるアフリカーンス語で「分離・隔離」を意味する。

▶(b)　南アフリカでは1948年にブール人系の国民党が政権を握るとアパルトヘイトが本格化し，非白人を政府の定めた居留地に住まわせる集団地域法や，非白人の公共施設利用を制限する公共施設分離法など数々の差別的法律が制定された。このような政策に対して1960年代以降，国連をはじめ世界からの非難が高まり，オリンピックなどの国際大会から閉め出され，経済制裁が行われるとともに，アフリカ民族会議（ANC）を中心とする抵抗運動も激しく，南アフリカはアフリカ内で孤立した。国内においても労働組合や白人を含む市民グループによる反アパルトヘイト運動が高揚したため，白人のデクラーク政権は1990年にANCのリーダーで獄中にあったネルソン=マンデラを釈放。翌91年にはすべてのアパルトヘイトに関する法の廃止を宣言し撤廃，アパルトヘイトは終焉した。

3　解答

(1)　安史の乱

(2)　両シチリア王国（ノルマン=シチリア王国）

(3)　ガズナ朝

(4)　メスティーソ

(5)　鄭成功

(6)　ナポレオン=ボナパルト

(7)　マオリ人

(8)　ジャガイモ飢饉

(9)　大韓民国臨時政府

(10)　ベルリンの壁

◀解　説▶

≪人類の移動にまつわる歴史≫

▶(1)　安禄山は父がソグド系の突厥人，母も突厥の出身といわれる。玄宗に信任されて3節度使を兼任していたが楊貴妃の一族と対立，755年に挙兵して翌年皇帝を称したが，子の安慶緒に殺された。

▶(2)　両シチリア王国の建国者はルッジェーロ2世。ルッジェーロ2世の父ルッジェーロ1世は兄のロベール=ギスカールとともに地中海に進出し，ギスカールは南イタリアを，ルッジェーロ1世はシチリア島を征服した。そしてルッジェーロ2世が1130年シチリア島と南イタリアにまたがる両シチリア王国を建国したのである。

▶(3)　ガズナ朝（962～1187 年）はサーマーン朝のトルコ系軍人奴隷アルプテギンが建てた独立政権を起源とするイスラーム王朝。最盛期の王マフムード（位 998～1030 年）の時にはアフガニスタンからイラン東北部を領有，インドへの侵入と略奪を繰り返して，インドにイスラーム教が広まる端緒となった。ガズナ朝に仕えたイラン系詩人フィルドゥシーが長編叙事詩『シャー=ナーメ（王の書)』をマフムードに捧げたことは有名。

▶(4)　メスティーソは現在でもラテンアメリカの半分の国々（メキシコ・エクアドルなど）では総人口に占める割合が高い。一方，ヨーロッパ系白人とアフリカ系黒人との混血の人々はムラートといい，ブラジルやカリブ地方で比率が高い。

▶(5)　鄭成功は長崎県の平戸で明の武将鄭芝竜と日本女性の間に生まれ，明が滅んで清が中国に侵攻すると父とともに反清運動に加わり，父が清に降ったのちも運動を続けた。その頃台湾にはオランダがゼーランディア城を築いて拠点としていたが，鄭成功は 1661 年ゼーランディア城を占領してオランダ人を駆逐，台湾を反清復明運動の中心とした。しかし，翌年鄭成功は病死，一族はその後も清への抵抗を続けたが，1683 年康熙帝の攻撃により清に帰順した。

▶(6)　1791 年にサン=ドマング（ハイチ）で始まった黒人奴隷の武装蜂起は独立運動へと発展し，1801 年にはトゥサン=ルヴェルチュールによって事実上の独立宣言がなされた。しかし翌年，統領だったナポレオンの派遣したフランス軍に敗れ，彼はフランスで獄死した。その後ハイチは 1804 年初の黒人共和国として独立を達成した。

▶(7)　マオリ人はポリネシア系の先住民族で，ニュージーランドの総人口の約 1 割強を占める（2018 年)。イギリスは 1840 年にマオリ人とワイタンギ条約を結び，「マオリ人の伝統的な権利は保障される」とされたが，実際はマオリ人はイギリス人に土地を収奪され，伝統文化も抑圧された。

▶(8)　アイルランドでは 17 世紀のクロムウェルの征服以後，土地の多くはイギリス人不在地主のものとなり，農民は地代として小麦を納めなくてはならず，痩せた土地でも生育可能なジャガイモを主食とするようになっていた。その結果 1845 年から起こったジャガイモの不作は飢饉（ジャガイモ飢饉）に発展し，100 万人以上の餓死者を出すとともに，100 万人以上の人々がアメリカに渡り，50 年間の間に人口は半減した。アメリカの第 35 代大統領ケネディはアイルランド移民の子孫である。

▶(9)　大韓民国臨時政府は 1919 年三・一独立運動の展開の中で上海で組織され，臨時大統領となったのは李承晩《イスンマン》である。第二次世界大戦後解体されたが，1948 年の南北朝鮮分離独立の際には国名としてそのまま使われ，初代大統領も李承晩となった。

▶(10)「建造物」という指定に対して建物のようなものを想起すると迷ってしまったかもしれない。ベルリンの壁は 1961 年に建造されたが，その背景には 1949 年の東西ドイツ建国から 1961 年までの 12 年間に約 250 万人の東ドイツ市民が西ドイツに脱出していたという事態があり，東ドイツの経済そのものに大きな打撃を与える状況になっていた。1989 年東欧革命が進み，東ドイツの共産政権が崩壊すると，11 月に開放され，その後市民によってベルリンの壁は打ち壊された。

❖講　評

2021 年度も，大問 1 が長文論述，2 が小論述，3 が記述式という基本構成は変わらなかった。

1 の長文論述は 20 行（600 字）で，2020 年度と同じ字数であった。2014 年度から 600 字の字数が続き，2019 年度だけ 22 行（660 字）であった。2 の小論述は 4 行（120 字）が 1 問，3 行（90 字）が 3 問で，総字数は 390 字。2020 年度の 480 字より 90 字減少しており，かわりに 2020 年度はみられなかった単答問題が 2 問出題された。3 は例年通りの単答問題が 10 問で，2018 年度にみられた短文論述や選択問題は出題されなかった。

時代的には 1 が中世，2 が中世から 1 問，あとは近現代，3 が古代〜近現代でバランスはとれている。2020 年度と同じく 2 で近現代の比重が高かった。

地域は 1 が地中海世界，2 はヨーロッパ・東南アジア・アフリカ，3 は例年通り幅広い地域からの出題で，全体として中国関係の問題が少ない。

1　5 〜 9 世紀の地中海世界で，ローマ=カトリック，ギリシア正教，イスラームの 3 つの文化圏が成立していく過程を 600 字で述べる問題。

2020 年度は 3 つの史料を読み，その意味を論述の中で用いるという，共通テストをある程度にらんだ問題と思われたが，2021 年度はそれ以前のシンプルな形式に戻っている。使用語句はこれまで 8 個が中心で，2020 年度だけ 6 個であったが，2021 年度はその中間の 7 個であった。テーマとしては複数の地域や文化圏を比較対照しながら述べるという，東大（文科）では比較的よく出題される形で，些末な知識よりも大きな歴史の流れを理解し，それを簡潔に表現することを求めている良問であった。過去問としては 1995 年度に「古代·中世の地中海世界における交流と対立」があり，その前半部と類似している。いずれにしても，古代から中世への過渡期にあたる時代の全体像をつかめている必要があるが，2020 年度の東アジアの冊封体制に比べれば，やや書きやすいテーマだったと思われる。

2　身分制度や集団間の不平等がテーマだが，具体的には⑴中世末期の農民の地位向上，ロシアの農奴解放令，⑵フィリピン革命，⑶アパルトヘイトに関する理解を求めている。総字数は 2020 年度より 90 字少ないが，120 字 1 問，90 字 3 問と単なる用語説明で済む字数ではなく，意外に苦戦したかもしれない。⑴の農民の地位向上は小論述では定番のテーマだが，農奴解放令は「1861 年」「アレクサンドル 2 世」「不徹底に終わる → ナロードニキの活動」といった知識はあっても，どういう点で不徹底だったのかまで理解し説明できる受験生は少なかったのではないだろうか。⑵のフィリピン革命は意表を突かれた受験生もいるかもしれないが，教科書でも説明されている標準的な問題であった。⑶のアパルトヘイトに関しては具体的な説明は難しいかもしれないが，90 字という字数から考えて詳細な説明は無理なので，「国際的な非難，孤立」といった言葉が使えるかどうかがポイントであろう。

3　人類の移動の背景や，移動による影響という，東大（文科）では頻出のテーマである。時代は中世から第二次世界大戦後まで，地域もヨーロッパ，中国，西アジア，ラテンアメリカ，ニュージーランド，韓国と幅広い。ただ実際に求められている語句は，例年通り教科書レベルの標準的なものである。⑼の大韓民国臨時政府はやや細かい印象だが，近年の教科書にはほぼ記載されている用語である。⑴では「唐王朝で節度使を務めた人物が 755 年に起こした反乱の名称」が問われているが，よく読まずに「安禄山」と答えてしまった受験生もいたのではないだろうか。(6)もうっかり「トゥサン=ルヴェルチュール」と答えてしまいそうである。3は例年難問は出題されないため，ケアレスミスだけは避けたいところである。

「世界史」の出題の意図（東京大学 発表）

本年度の世界史の試験問題では，歴史上の多様な事柄を広い文脈の中で考えてみる力を問うことを意図しました。教科書のなかでは異なった部分で説明されていることも，自分なりに整理して把握することが大切です。また，支配や差別，移動といった現象について，異なる地域と時代ごとに，どのような相違点や類似点があったのかを比較してみることも，歴史的位置づけを深く考えてみるのに役立ちます。

第1問は，古代ローマ帝国の覇権崩壊から中世初頭までの地中海地域の歴史的変遷を主題としています。古代や中世の社会では政治・文化と宗教がとりわけ密接に結びついているため，特に以下の三点に関する理解を問いました。第一は，それまでキリスト教を中心的な宗教に位置づけて統治を行っていたローマ帝国の支配域が，民族移動などの影響を受けて，ゲルマン諸王国，ビザンツ帝国，イスラーム勢力に分かれていく政治的過程です。第二に，支配者層が入れ替わる中で被支配者との間で生じた宗教に関するさまざまな軋轢が，政治的変動といかに関わっているかという問題です。最後に，宗教的・言語的に特徴ある文化圏が形作られていくと同時に，その地理的範囲が時々の情勢に応じて変容を遂げていった過程を，先の二点と関連させながら叙述できるかどうかを問いました。

第2問では，支配や差別について歴史的に考えてみることをめざしました。身分制や集団間の不平等は，それを禁止する法律を制定したり反対運動を起こしたりするだけでは解消されないことがあります。社会のさまざまな構造と複雑に絡まりあっているため，一部だけの変更では不十分だからです。むしろ，構造が変われば，自ずと不平等が解消の方向に向かうこともあります。本問では，世界史上で根強く続きながらも変化することもあった身分制や不平等の問題をそのように構造的に捉え，歴史を動かす原動力を見出す力を問うことを意図しています。

第 3 問は，さまざまな人間集団が歴史を通じて行ってきた（および，強いられてきた）移動を主題としています。出題された具体的な事例は，時代においては古代から現代におよび，場所においてはアジア・ヨーロッパ・南北アメリカ・オセアニアを含みます。また移動の性質も，商業活動，征服・入植，難民や労働移民など多岐にわたっています。本問では，これらの移動に関する基本的な知識を問いつつ，あわせて，歴史上の国家や社会，さらには文化が，決して固定的もしくは「純粋な」性質を維持してきた存在ではないことを確認してもらうことも意図しています。

地理

1 解答　**A** ⑴　気温上昇で海陸とも動植物の生態系に影響が及ぶが，海では海氷の融解により北極海の航路や海底資源の開発が可能となり，陸では永久凍土の融解により地盤の陥没やメタンガスの放出が進む。(90 字以内)

⑵　減少－D　増加－B

⑶　水不足により干ばつや森林火災が頻繁に起こるようになる。(30 字以内)

⑷　a－EU　b－インド　c－ロシア　d－日本

⑸　石炭の供給が多い中国は二酸化炭素排出量の抑制のため太陽光発電を増やし，石油・天然ガスの供給が多いアメリカ合衆国は国内需要を満たすためシェール層の石油・ガスの開発を進めている。(90 字以内)

B　⑴　図１－６三角州〔デルタ〕　図１－７おぼれ谷

⑵　図１－６は河川の運搬した大量の土砂が河口付近に堆積してできたが，図１－７は河谷が沈水したことで形成されたため。(60 字以内)

⑶　養殖業。波が穏やかで栄養分が豊富なため発達しているが，沿岸に大都市が多く生活排水や廃棄物の流入で海洋が汚染されやすい。(60 字以内)

◀解　説▶

≪地球温暖化による環境変化と二酸化炭素排出，海岸地形と環境問題≫

◆設問A　▶⑴　図１－１で気温が 3℃以上上昇する地域は，北極海とその周辺であり，北半球の寒帯・亜寒帯の地域である。気温が上昇すると，海では海氷，陸では永久凍土が融け，さらにさまざまな影響が生じる。これらについて指定語句を用いて説明すればよい。指定語句の「生態系」と「資源」は海と陸の両方に関係するが，一方だけに用いてもよいだろう。「航路」は海，「地盤」は陸の説明で用いる。

気温が上昇し，海の凍結期間が短くなると，北極海の大部分など，これまで年中凍結していた海域でも船舶の航行が可能となり，北極海を経由して東アジアとヨーロッパを結ぶ航路も利用可能となる。また，氷に閉ざされていたため開発できなかった海底の石油・天然ガスなどの資源も採掘できるようになる。陸では，地下の永久凍土が融解すると地盤が陥没し，湖や湿地ができる。また，永久凍土中に含まれる温室効果ガスのメタンが放出され，地球温暖化を加速することにもなる。気温が上昇すると，海でも陸でも，現在この地域に分布する動植物の生息域が狭まったり，逆に拡大したりする可能性があり，寒冷地域の脆弱な生態系に変化をもたらす。

▶(2)　図1－2で降水量が減少する大陸上の地域は，緯度30°前後の乾燥帯や地中海性気候（Cs）の地域が多い。図1－3には乾燥帯の雨温図はないが，夏に降水量が少ないDは地中海性気候の雨温図である。降水量が増加する大陸上の地域は，緯度60°以上の寒帯・亜寒帯の地域と北アフリカの乾燥地域，インド西部などである。図1－3には寒帯・亜寒帯や砂漠気候（BW）の雨温図はないので，インド西部の雨温図と考えられる，乾季のみられる熱帯気候のBを選ぶ。Aは熱帯雨林気候（Af），Cは温暖湿潤気候（Cfa）の雨温図であり，増加地域にも減少地域にも該当しない。

▶(3)　降水量が減少すると予想されている地域は，現状でも降水量が少ない地域である。この先さらに降水量が減少すると乾燥度が増し，干ばつや森林火災が多発するようになったり，砂漠化が進行したりする。

▶(4)　図1－4では，1990～2000年を境に，二酸化炭素排出量が急増している中国とb，減少しているaとc，増減のほとんどないアメリカ合衆国とdに分けられる。図1－5のa～dは，石油が最も多いaとd，石炭が最も多いb，天然ガスが最も多いcという特徴がある。これらの点から，aはEU，bはインド，cはロシア，dは日本と判定できる。

▶(5)　中国とアメリカ合衆国の一次エネルギー供給の特徴は，中国は石炭がきわめて多く，アメリカ合衆国は石油と天然ガスが多いことである。この点をまず明確にし，それに対する政策的対応を指定語句から想定し説明する。

中国の一次エネルギー供給は石炭が中心で，その量も非常に多いが，石炭は二酸化炭素排出量が他の化石燃料よりも多い。このまま石炭中心のエネルギー供給を続けていくと二酸化炭素排出量が急増し，地球温暖化の責任を負うこととなる。このため，政策として太陽光発電などの再生可能エネルギーの供給を増やすという対応をしている。アメリカ合衆国は石油と天然ガスの両資源とも，これまでは国内需要が多く自給できなかったが，今後も石油と天然ガスをエネルギー供給の中心とすることに変化はないと考えられる。このため，これら資源の国内生産を増やし，旺盛な国内需要を満たす政策を進めた。それがシェール層に含まれるシェールオイルやシェールガスの採掘を進めることである。これにより天然ガスは世界最大の産出国（2018年）となり，輸出もできるようになった。

◆設問B ▶(1) 図1－6はガンジス川河口付近で，三角州（デルタ）が発達している。図1－7はアメリカ合衆国のチェサピーク湾で，細長く湾入したおぼれ谷という入り江になっている。

▶(2) 図1－6の三角州は，河川の運搬した土砂が河口付近に堆積して形成されたものであり，図1－7のおぼれ谷は，かつて河川によって形成された谷（河谷）が沈水したことで形成されたものである。

▶(3) おぼれ谷のように陸側に深く入り込んだ入り江は，波が穏やかで栄養塩類が豊富なので，海面養殖業に適している。チェサピーク湾はカキの養殖で知られる。しかし，チェサピーク湾沿岸には大都市が多いため，生活排水やプラスチックゴミなどの廃棄物が流入し，海洋汚染が進む恐れがある。

2 解答

A (1) アー中国語 イーアラビア語 ウースワヒリ語

(2) 国際社会の共通語としての英語の地位がさらに高まった。(30字以内)

(3) インドは州ごとに公用語があり，英語が共通語となるため，ヒンディー語の使用地域や人口は限られるが，インドネシアでは地域語に加えて，共通語としてインドネシア語が国内全域で使用される。(90字以内)

(4) 広東語。中国南部から鉱山・農園労働力として東南アジアに移住した華僑が，南部の方言を母語とする華人社会を形成したため。(60字以内)

B (1) A―インド B―韓国 C―マレーシア 教育制度の類似したイギリス連邦の構成国への留学者が多く，イギリスは旧宗主国のため，オーストラリアは距離が近いためである。(90字以内)

(2) 多文化主義政策がとられアジアからの移民が多く差別や偏見があまりない。生活費などの費用が安く治安がよいため生活しやすい。(60字以内)

(3) 厳しい学歴社会の国で，激しい国際競争下にある大企業への就職には，

大学卒業だけでなく，英語に堪能なことが求められるため。(60 字以内)

◀解　説▶

≪世界の言語状況，アジア諸国から英語圏諸国への留学者≫

◆設問A　▶(1)　国連の公用語は，安全保障理事会常任理事国の言語（英語，フランス語，ロシア語，中国語）と設立時に使用する加盟国が多かったスペイン語であったが，1973 年にアラビア語が加えられた。

▶(2)　インターネットはアメリカ合衆国で開発され，進化してきた情報ネットワークであり，当初はもっぱら英語が使用された。このため，インターネットの普及とともに，もともと国際共通語として認知されていた英語の地位がさらに高まった。

▶(3)　インドとインドネシアでは公用語の使用の広がりが異なることを説明する問題である。指定語句のうち，「地域語」はインドとインドネシアのどちらでも使用可能であるが，「英語」と「州」をインドの説明で用いなければならないので，インドネシアの説明で「地域語」を使用するとよい。

インドでは，主にインド=ヨーロッパ語族の言語とドラヴィダ語族の言語が使用されるが，州境が主な言語の分布に基づいて引かれ，州ごとに公用語が決められている。連邦公用語のヒンディー語は，インド=ヨーロッパ語族の言語で，主要言語の中では最も使用人口が多く，地域的な広がりも大きいが，インド北部での使用に限られ，全人口の 4 割程度しか話せない。南部のドラヴィダ語族の言語は，ヒンディー語とは異なる言語で，南部では連邦公用語のヒンディー語はほとんど使用されない。このため，旧宗主国の言語の英語が普及し，共通語としての役割を果たしている。

多数の島からなるインドネシアも島ごとに言語が異なるが，パプア州など一部を除くと，いずれもオーストロネシア語族の類似の言語である。独立後，マレー語をもとにしたインドネシア語を国語とし，共通語として学校教育を通じて普及させた。このため，国民の多くは母語である各地域の言語とインドネシア語を話せ，国内のほぼ全域でインドネシア語が通じる。

▶(4)　シンガポール，マレーシア，インドネシアなど東南アジアの華人は，中国南部の広東省や福建省出身の華僑の子孫が多い。華僑の多くは 19 世紀に中国から東南アジアに移住しているが，当時は中国南部には北京語をもとにした標準中国語は普及しておらず，広東語や福建語しか使用されていなかった。これらの方言を使用する人々が移住し，広東語や福建語を母語とする華人社会を形成したため，現在も標準中国語は使用されていない。

◆設問B　▶(1)　表は，20～24歳人口1万人に対する比率なので，人口の絶対数がそのまま反映されるのではなく，1人当たり所得などの経済水準や留学の必要性などの各国固有の事情が数値に大きく関係する。最も留学者数が少ないAはインド，4カ国への留学者の合計が最も多いBは韓国，最大の留学先が他国と異なりイギリスであるCはマレーシアである。

中国，日本を含め表中のC以外の4カ国の最大の留学先はアメリカであるが，Cのマレーシアはイギリスであり，オーストラリアもそれに次いで多い。その理由が問われている。マレーシアからイギリスやオーストラリアへの留学者が多いのは，ともにイギリス連邦の一員であることが大きいと考えられる。イギリス連邦はイギリスと旧イギリス植民地との緩やかな連合体であり，加盟国は英語を共通語とし，政治・法律・教育などの社会制度もイギリスにならった国が多い。教育制度が類似していると留学しやすいといえ，このうちイギリスは旧宗主国で有名大学が多いこと，オーストラリアは近距離であることが留学者の多い理由となる。アメリカは教育制度が異なり，カナダはイギリス連邦加盟国であるが遠距離のため留学者は少ない。

▶(2)　オーストラリアはアジア諸国からの留学者の多い国である。理由の1つは，多文化主義政策をとり，アジア諸国からの移民を多数受け入れていて，アジア人留学者に対しても差別や偏見があまりないこと，もう1つは，他の3カ国に比べれば，渡航費用や留学先での生活費が安く，また治安がよいことである。

▶(3)　留学先の4カ国は英語圏の国である。Bの韓国は厳しい学歴社会で，大学進学率が高いが，就職先として人気の大企業に就職するには大学を卒業しているだけでは十分ではない。財閥系の大企業は国際競争に勝ち抜くため英語のできる人材を求めているため，大企業に就職するには英語に堪能なことが必要である。このため英語圏諸国の大学に留学する人が多い。

3　解答

A　(1)　A－スウェーデン　B－トルコ　C－日本

(2)　周辺諸国は女性の社会的地位の低いイスラム教国だが，イスラエルは教育水準が高く男女平等と個人の自由を尊重する社会の

ため。(60字以内)

(3)　少数の富裕層の女性は高等教育を受け，社会進出が活発で，管理職に就く機会を有するが，大多数の貧困層の女性は十分な教育を受けられず，社会進出が阻まれ，主に家事労働に従事しているため。(90字以内)

B　(1)　アーサービス職業　イー農林漁業　ウー生産工程

(2)　生産工程の自動化で工場での雇用が減少したのと同様に，電子商取引などの無店舗販売の増加で実店舗での雇用が減少したため。(60字以内)

〔別解〕(2)　海外移転などによる工場の廃止で生産工程従事者が減少したのと同様に，高齢化や後継者不足により廃業する商店が増加したため。(60字以内)

(3)　首都圏への中枢管理機能の集積によりオフィスの立地が進み，企業の管理部門に勤務する若年層の女性の雇用が増加しているため。(60字以内)

(4)　高度経済成長期は人口流入により若年層が多く，結婚後の女性は仕事を辞め育児に専念したが，その後は晩婚化・非婚化に加えて，結婚後の育児と就労を両立させる環境整備が進んでいないため。(90字以内)

◀解　説▶

≪各国の女性の労働力率，日本の女性就業者≫

◆**設問A**　▶**(1)**　3カ国のうち，女性の労働力率も管理職に占める女性の割合も最も高いAは，女性の社会進出が進んでいるスウェーデンである。女性の労働力率が低いBは，イスラム教の影響が強いトルコで，残るCが日本である。

▶**(2)**　イスラエルで女性の労働力率が高い理由と周辺に位置する国で低い理由を述べる。イスラエルの周辺諸国はイスラム教徒の多い国である。イスラム教では，女性は家庭を守る存在とされ，女性の社会進出が進んでいないため，女性の労働力率が低い。イスラエルは，第二次世界大戦後，主にヨーロッパからのユダヤ人移住者によって建国された国で，男女の平等や個人の自由を尊重する西欧的な自由主義的価値観を有しているため，ヨーロッパ諸国と同程度の女性の労働力率となっている。

▶**(3)**　フィリピンでは貧富の差が大きく，大多数を占める貧困層の女性は十分な教育を受けていないため，社会進出が阻まれている。こうした女性は主に家事労働に従事しているため，労働力には含まれていない。一方，少数の富裕層の女性は高等教育を受けることができて，活発に社会進出している。高等教育を受けて社会進出した場合は，男女の差はあまり意識されず，能力を発揮して管理職に登用される女性が多くなっている。

◆設問B　▶(1)　北海道を除いて増加しているアはサービス職業である。なかでも女性の従事者が多い介護サービス職が増加している（医師・看護師は専門的・技術的職業従事者である)。イとウの区別は，全体としてイよりウの減少数が大きいこと，イは首都圏や近畿の減少数が小さく，ウは相対的にこの２地域の減少数が大きいことなどから，イを農林漁業，ウを生産工程と判断する。首都圏や近畿はもともと農林漁業従事者が少ないので減少数も小さいと考えられる。逆に，生産工程従事者はもともと従事者が多い首都圏，中部，近畿での減少数が大きい。東北の減少数が大きいのは東日本大震災で工場が被災したためと考えられる。

▶(2)「（　ウ　）と比較しながら」とあるので，生産工程従事者と販売従事者の減少には何らかの共通点があると考えられる。生産工程従事者と販売従事者は，ともに工場や商店といった現業部門の従事者である（販売従事者には小売店主も含まれる)。現業部門の従事者が減少してきた理由は，大きく分けて２つある。１つは働く場所はあるが，働く人数が少なくて済むようになったこと，もう１つは働く場所そのものが減りつつあることである。

１つめの理由について，製造業では，生産工程の自動化（工場のオートメーション化）が早くから進んだことで，生産工程従事者は減少傾向にある。商店での自動化は工場ほど簡単ではないが，インターネットを利用した通信販売（電子商取引）の普及で無店舗販売が増加し，実店舗での販売従事者は減少している。人員を多く必要としないオートメーション化や無店舗販売の増加が現業部門の従事者の減少理由の１つと考えられる。もう１つの理由として，工場や商店の廃止，廃業による従事者の減少も考えられる。生産工程従事者の減少は，工場の海外移転や後継者不足による中小工場の廃業などによるものであり，販売従事者の減少も，商店の店主や従事者の高齢化，後継者不足などによる商店の廃業が理由であるといえる。

▶(3)　管理的職業従事者，専門的・技術的職業従事者，事務従事者のうち，最も数が多く，女性の占める割合が大きいのは事務従事者である。指定語句が「オフィス」と「若年層」であることから，ここでは首都圏で若年層の女性の事務従事者が増加している理由を考えればよい。事務従事者は，主に企業や官庁の管理部門（総務，経理，人事など）で事務作業を行う，いわゆるオフィスワーカーである。中枢管理機能を有する企業の管理部門は，首都圏，特に東京に集積する傾向がある。このため，首都圏ではオフィスビルが次々と建設されてオフィスの立地が進み，そこで働く事務従事者の雇用が増えた。特にオフィスのオートメーション化やデジタル化が進む中では，低賃金の割に適応能力の高い若年層の女性に対する需要が多い。

▶(4)　1960 年代後半から 1970 年代にかけて首都圏で合計特殊出生率が高かった理由とその後低下した理由を述べる。1960 年代後半から 1970 年代にかけての高度経済成長期の理由は，もともとの住民に加えて他の地方から首都圏に移住した若い女性が多く，出産適齢期の女性の人口が多かったこと，および当時は，首都圏のようにサラリーマン世帯の多い地域では，結婚後は仕事を辞め専業主婦になる女性が多く，育児に専念できたことである。1970 年代以降低下した理由は，女性の結婚年齢の上昇（晩婚化）と結婚しない女性が増えたこと（非婚化），結婚後も働く女性が増えたが，女性が働きながら出産・育児を行う環境の整備が進んでいないことである。これらは全国共通の少子化の理由であるが，首都圏で特に顕著である。

❖講　評

2021 年度も大問 3 題で，それぞれテーマの異なる **A**・**B** の設問に分割されている。論述の設問数は，16 問（1 行 2 問，2 行 8 問，3 行 6 問）で，総字数は 36 行 1080 字。2 の設問 **B**(**1**)は統計判定を含めた字数である。2020 年度よりも設問数・論述字数もやや減少したが，語句指定の論述問題は 3 問から 6 問に増加した。扱われる資料は統計表が多いが，1 では地図，グラフ，衛星写真などあわせて 7 点の資料が示された。例年通り，資料の読み取りから地理的事象の状況，背景，理由を説明させる問題が中心であった。

1　世界の環境と地形に関する問題。設問 **A** は，地球温暖化の影響と温暖化に関係する二酸化炭素の排出やエネルギー供給に関して問われた。(**1**)と(**3**)は地球温暖化の影響を受ける地域を地図から読み取り，その影響について説明する問題である。このうち(**1**)の北極地方における影響は，最近他大学でも問われている内容で，字数は長いが指定語句も多く答えやすい。(5)の中国とアメリカ合衆国の一次エネルギー供給の特徴とそれに対する政策的対応も指定語句から推測できるであろう。「需要」の使い方に戸惑うかもしれないが，一般的な語句であり，誤った使い方をしなければどこで使ってもよいだろう。設問Bの衛星写真を使った２地域の海岸地形の問題も答えやすい論述であった。１は大問３題中では最も解答しやすかったであろう。

２　世界の言語状況と教育に関する問題。設問A(3)は，インドとインドネシアの公用語について，使用地域の広がりの違いを比較する問題である。インドの公用語とその使用範囲については教科書にも記述がある基本事項である。インドネシアについては設問文からインドと違うことが明らかなので類推して答えられるであろう。(4)は華僑の出身地を知っていれば答えられるだろうが，移住当時は中国南部では標準中国語が使われていなかったことにも触れておきたい。設問Bはアジア諸国から英語圏諸国への留学者に関する問題で，(1)の国名は後の論述問題にも関係するので慎重かつ確実に判定したい。マレーシアが他の国と留学国の構成が異なる理由は，マレーシア，イギリス，オーストラリアがイギリス連邦の構成国であることに気づくかどうかが鍵となる。(3)は指定語句の「学歴社会」からBが韓国とわかるが，「国際競争」は使いにくく，韓国社会の現状をどれだけ知っているかが問われている。

３　世界と日本における女性の労働に関する問題。大問３題中では最も難しかったであろう。設問Aはいくつかの国の女性の労働力率についての問題で，(2)はイスラエルの女性の労働力率が高い理由と周辺諸国が低い理由の両面から答える。(3)はなかなか書けないかもしれないが，フィリピンでは貧富の差が大きく，男女の差よりも貧富の差が社会的地位の違いをもたらすことから考えてみる。設問Bは日本の女性就業者に関する問題で，(1)の統計判定ではイとウの区別が難しく，ウの判定を誤ると(2)の論述でも失点することになるので，やや酷な問題であった。(3)・(4)の論述も難しい。(3)は指定語句が必ずしもキーワードというわけではないので指定語句を含めた解答を作成するのに苦労するかもしれない。(4)は現在の合計特殊出生率が低い理由は書けるだろうが，高度経済成長期に高かった理由は，現在と当時の結婚後の女性の就労状況の違いについての知識が必要である。

「地理」の出題の意図（東京大学 発表）

本年度の地理の問題では，次のような能力や知識を問いました。

第 1 問

設問Ａ　気候変化とその影響は一様ではなく，気候帯や気候要素によって異なります。また，気候変化の原因である二酸化炭素排出をもたらすエネルギー利用の特徴も国によって異なります。本問では，分布図と統計データを示して，気候変化とエネルギー利用の地域・国による特徴を説明することを求めています。

設問Ｂ　衛星写真を読み解き，基本的な知識と組み合わせて，地形の特徴と発達史を論じる力を問いました。さらに，地形を活かした漁業の特徴とその持続を脅かす環境問題について説明を求めました。

第 2 問

設問Ａ　世界の言語状況に関して，国際社会で用いられる言語，母語が異なる人々の間での共通言語，多民族社会を構成する特定の集団の言語の事例に焦点を当て，今日の状況やそこに至る背景を歴史的視点や比較の方法を用いて説明する力を問うています。

設問Ｂ　国家間関係の形成における歴史的・文化的影響の理解を問いました。また，グローバル化の下での経済的変化が，どのような社会的帰結をもたらしているのかを論理的に説明することを求めています。

第 3 問

設問Ａ　世界各国における女性の労働に関する統計データから，女性の社会進出状況についての知識を問いました。さらに，このような違いが生じている社会経済的・文化的背景を説明することを求めています。

設問Ｂ　日本における女性の就業や出生率の変化を統計データから読み取る力を問いました。特徴的な事象の変化について，要因を説明するとともに，地域差を産業構造の変化や人口移動から説明するための知識も必要です。

数学

1 ◆発想◆ 曲線 C と円の方程式から，y を消去した x の6次方程式が相異なる6個の実数解をもつための a の条件を求める。$t=x^2$ とおくことで，t の3次方程式が相異なる3個の正の実数解をもつための a の条件に帰着する。

解答 $y=ax^3-2x$ と，原点を中心とする半径1の円の方程式 $x^2+y^2=1$ から y を消去した x の方程式は

$$x^2+(ax^3-2x)^2=1$$

$$a^2x^6-4ax^4+5x^2-1=0$$

これが相異なる6個の実数解をもつための正の実数 a の範囲を求める。

$t=x^2$ とおくと，この方程式は t の3次方程式

$$a^2t^3-4at^2+5t-1=0 \quad \cdots\cdots①$$

となる。

t の正の1つの値に対して $t=x^2$ となる異なる2つの実数 x が得られるので，①が相異なる3個の正の実数解をもつための正の実数 a の範囲を求めればよい。

①の左辺を $f(t)$ とおくと

$$f'(t)=3a^2t^2-8at+5$$

$$=(at-1)(3at-5)$$

これと $a>0$ から，$f(t)$ の $t>0$ での増減表は次のようになる。

t	(0)	$\cdots$	$\frac{1}{a}$	$\cdots$	$\frac{5}{3a}$	$\cdots$
$f'(t)$		$+$	0	$-$	0	$+$
$f(t)$	(-1)	↗		↘		↗

よって，求める a の条件は

$$f\left(\frac{1}{a}\right)>0 \quad \text{かつ} \quad f\left(\frac{5}{3a}\right)<0$$

ここで

$$f\left(\frac{1}{a}\right)=\frac{1}{a}-\frac{4}{a}+\frac{5}{a}-1$$
$$=\frac{2-a}{a}$$
$$f\left(\frac{5}{3a}\right)=\frac{125}{27a}-\frac{100}{9a}+\frac{25}{3a}-1$$
$$=\frac{50-27a}{27a}$$

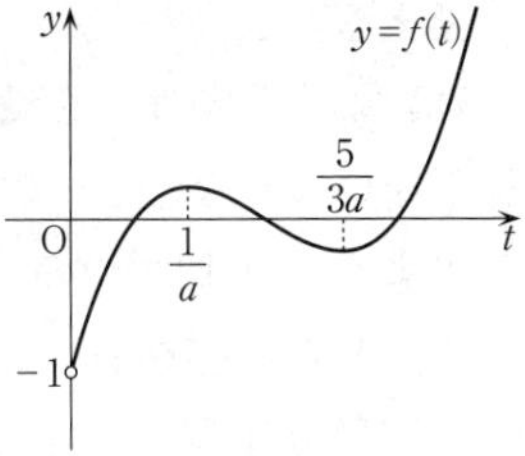

したがって，求める a の条件は

$$\frac{2-a}{a}>0 \quad かつ \quad \frac{50-27a}{27a}<0$$

すなわち　$\dfrac{50}{27}<a<2$　……(答)

◀解　説▶

≪3次関数のグラフと単位円の共有点の個数，3次関数の極値の符号≫

6次方程式が相異なる6個の実数解をもつための条件の問題だが，複2次の6次方程式なので，実際は3次方程式が相異なる3個の正の実数解をもつための条件となる。増減表を利用して，極値の値の正負に帰着する。確実に解き切りたい問題である。t の正の1つの値に対して $t=x^2$ となる異なる2つの実数 x が得られることを記しておくとよい。

2

◆発想◆　(1)　N 個の○と N 個の×を横一列に並べるとき，左端が○で，かつどの2つの○も連続しない並べ方の個数を求める。

(2)　連続する $N-2$ 個以上の数の最初の $N-2$ 個をひとまとめにしたものを□で，残り2個の選んだ数の1つずつを○で，選ばなかった数の1つずつを×で置き換える。左端が□か○，□と○が連続する場合は□の右に○がくるような□，○，×の並べ方を数える。別解として，このような置き換えによらず，少なくとも $N-2$ 個の連続する数の最小値を m として，$m=1$ と $m\neq1$ の場合分けで考える解法もある。

解答　(1)　1以上 $2N$ 以下の整数を小さい方から順に横一列に並べる。選んだ数の1つずつを○で，選ばなかった数の1つずつを×で置き換える。

これにより，条件 1 を満たす選び方と，左端が○でかつどの 2 つの○も連続しないような○と×の横一列の並べ方が 1 対 1 に対応する。

このような N 個ずつの○，×の並べ方の個数を求める。

まず，N 個の○を並べ，それらの $N-1$ カ所の間に×を 1 個ずつ置く。次いで，残り 1 個の×をこれら $N-1$ 個の×か，右端の○の直後の計 N カ所から 1 カ所を選んで置く。

このような並べ方の個数は，残り 1 個の×の置き方の個数に等しく

N 通り　……(答)

(2)　1 以上 $2N$ 以下の整数を 1 から順に横一列に並べる。

選んだ数のうち，連続する $N-2$ 個以上の数の最初の $N-2$ 個をひとまとめにしたものを□で，選んだ数の残り 2 個の 1 つずつを○で，選ばなかった N 個の数の 1 つずつを×で置き換える。ここで，$N \geqq 5$ なので，$N-2 \geqq 3$ であり，2 個の○が連続してもこれは $N-2$ 個以上の連続する数とはならない。よって，□は 1 個となる。また，□と○が連続する場合は必ず□の右に○がくるようにする。

これにより，条件 2 を満たす選び方と，左端が□か○で，□と○が連続する場合は□の右に○がくるような□（1 個），○（2 個），×（N 個）の横一列の並べ方が 1 対 1 に対応する。

このような□，○，×の並べ方の個数を求める。

(i)　左端に□を置く場合

□に次いで，N 個の×と 2 個の○を自由に並べる並べ方の個数から，

$${}_{N+2}\mathrm{C}_2=\frac{(N+2)(N+1)}{2}$$ 通りがある。

(ii)　左端に○を置く場合

1 個目の○に次いで N 個の×を置く。

次いで，各×の直後の N カ所から 1 カ所を選んで□を置く。

この N 通りの各々に対して，各×の直前か，×と□を並べた全体の最後尾の計 $N+1$ から 1 カ所を選んで残り 1 個の○を置く。

このような並べ方は，$(N+1)N$ 通りがある。

以上，(i)，(ii)から，条件 2 を満たす選び方は

$$\frac{(N+2)(N+1)}{2}+(N+1)N=\frac{(N+1)(3N+2)}{2}\text{通り}\quad\cdots\cdots(\text{答})$$

別解1 (1)　まず，$\{a_1(=1),\ a_2(=3),\ a_3(=5),\ \cdots,\ a_N(=2N-1)\}$（奇数の列）を考える。

次いで，$\{a_1,\ a_2+1,\ a_3+1,\ \cdots,\ a_N+1\}$ を考える。

さらに，$\{a_1,\ a_2,\ a_3+1,\ \cdots,\ a_N+1\}$ を考える。

順次このように考えて

最後に，$\{a_1,\ a_2,\ a_3,\ \cdots,\ a_{N-1},\ a_N+1\}$ を考える。

以上の選び方が条件 1 を満たす選び方のすべてである。

ゆえに　　N 通り

(2)　選んだ N 個の数 $b_1,\ b_2,\ \cdots,\ b_N$（小さい順で $b_1=1$）の中に連続する数が少なくとも $N-2$ 個あり，$N\geqq 5$ から，$N-2\geqq 3$ である。

少なくとも $N-2$ 個の連続する数の最小値を m とする。

(i)　$m=1$ の場合

b_1 から b_{N-2} までは，1 から $N-2$ までの連続する数として確定している。b_{N-1}，b_N は，残り $N+2$ 個から 2 個を自由に選ぶ。

よって，この場合は，${}_{N+2}C_2=\dfrac{(N+2)(N+1)}{2}$ 通りがある。

(ii)　$m\neq 1$ のとき，m として可能なのは，3，4，$\cdots$，$N+3$ の $N+1$ 通りがある（$m\geqq N+4$ なら，連続する $N-2$ 個の整数の最大値が $N+4+(N-3)=2N+1$ 以上となってしまうため）。

このそれぞれに対して，m から連続する $N-2$ 個の数と 1 の計 $N-1$ 個が確定している。残り 1 個をこれらと $m-1$ を除いた N 個から選ぶので N 通りがある。

よって，この場合は，$(N+1)N$ 通りがある。

以上，(i)，(ii)から，条件 2 を満たす選び方は

$$\frac{(N+2)(N+1)}{2}+(N+1)N=\frac{(N+1)(3N+2)}{2}\text{通り}$$

別解2 (2)　1 以上 $2N$ 以下の整数を小さい方から順に横一列に並べる。選んだ数のうち連続する $N-2$ 個以上の数をひとまとめに□で，選んだ数のうち□に現れないものの 1 つずつを○で，選ばなかった数の 1 つずつを×で表す。このとき，左端は必ず○か□である。また，□に含まれる数の

個数は N, $N-1$, $N-2$ のいずれかであり，$N \geqq 5$ から，□は１個，○は０，１，２個のいずれか，×は N 個である。

このような□，○，×の並べ方と，条件２を満たす数の選び方が１対１に対応する。そこで，このような□，○，×の並べ方の個数を求める。

(i)　□に含まれる数がちょうど N 個の場合

○は現れない。

まず，□を置き，その後に N 個の×を置く１通りがある。

(ii)　□に含まれる数がちょうど $N-1$ 個の場合

○は１個である。

- まず，□を置き，その後に N 個の×を置く。各×の直後の N カ所から１カ所を選び○を置く N 通りがある。
- まず，○を置き，その後に N 個の×を置く。各×の直後の N カ所から１カ所を選び□を置く N 通りがある。

よって，(ii)の場合は，$2N$ 通りがある。

(iii)　□に含まれる数がちょうど $N-2$ 個の場合

○は２個である。

- まず，□を置き，その後に１個の×を置く。
  次いで，その×の後に，$N-1$ 個の×と２個の○の計 $N+1$ 個を任意に置く。○の位置を考えて，${}_{N+1}\mathrm{C}_2=\dfrac{(N+1)N}{2}$ 通りがある。
- まず，１個の○を置き，その後に N 個の×を置く。
  次いで，各×の直後の計 N カ所から２カ所を選び，□と残り１個の○を置く。○と□の順も考え，$2{}_{N}\mathrm{C}_2=N(N-1)$ 通りがある。
- まず，２個の○を置き，その後に N 個の×を置く。
  次いで，各×の直後の計 N カ所から１カ所を選び，□を置く。
  これは ${}_{N}\mathrm{C}_1=N$ 通りがある。

よって，(iii)の場合は，$\dfrac{(N+1)N}{2}+N(N-1)+N=\dfrac{N(3N+1)}{2}$ 通りがある。

以上，(i)，(ii)，(iii)から，条件２を満たす選び方は

$$1+2N+\frac{N(3N+1)}{2}=\frac{3N^2+5N+2}{2}\ 通り$$

◀解　説▶

≪ 2N 個の整数から N 個を選ぶとき連続する整数を選ぶ場合の数≫

数え方を伝える記述に苦労する問題である。(2)は数え方自体を正しくつかむことも易しくない。

▶(1)　○と×の並べ方で考える解法は類題での経験があるのではないだろうか。

▶(2)　(1)と類似の考え方を試みる。1 以上 $2N$ 以下の整数を小さい方から順に横一列に並べ，選んだ数のうち連続する $N-2$ 個以上の数の最初の $N-2$ 個をひとまとめに□とすると，○は常に 2 個の状態で考えることができ，場合分けも少なくできる。$N\geqq5$ なので，必ず□は 1 個となる。また，連続する $N-2$ 個以上の数の最初の $N-2$ 個をひとまとめにしているので，□と○が連続するときには，必ず□○となるようにする。これにより，重複して数えることを回避している。ただし，以上の設定の工夫に気づくのは易しいわけではない。〔別解 1〕は，連続する $N-2$ 以上の部分の最小の数に着目している。これは自然な発想で，このように考えた受験生が多かったのではないだろうか。また，連続する $N-2$ 個の数を確保した上でその他の数をどう選ぶのかと考えることで場合分けを簡素化している。実はこれらの発想は〔解答〕と実質同じものである。〔別解 2〕は〔解答〕と同様に，□，○，×の並べ方を考える解法だが，□に含まれる数の個数で互いに排反な場合に分けて数えている。重複を避けるには確実な考え方で部分点も期待できる利点はあるが，場合分けが増えて少し煩雑になる。

なお，〔別解 1〕でも〔別解 2〕と同様に $N-2$ 個以上の連続する数が $N-2$ 個，$N-1$ 個，N 個の 3 つの場合に分けて考えることもできるので各自で試みるとよいだろう。

3

◇発想◇　(1)　$f(x)=2x^2+ax+b$ として，$y=f(x)$ のグラフから，$f(-1)$，$f(0)$，$f(1)$ の符号を考える。

(2)　xy 平面上の任意の点 $(X,\ Y)$ に対して，ab 平面で，直線 $b=-Xa+Y-X^2$ と(1)の範囲が共有点をもつための X，Y の条件に帰着させる。傾き $-X$ の値での場合分けを考える。b 切片

$Y-X^2$ の値での場合分けでもよい。

解答　(1)　$x^2+ax+b=-x^2$ すなわち $2x^2+ax+b=0$ が $-1<x<0$ と $0<x<1$ の範囲に1つずつ解をもつための条件を求める。

この条件は，$f(x)=2x^2+ax+b$ として

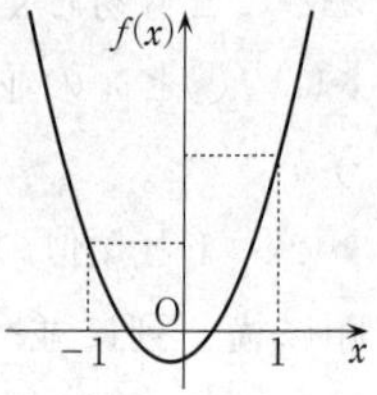

$$\begin{cases} f(-1)>0 \\ f(0)<0 \\ f(1)>0 \end{cases} \quad \text{すなわち} \quad \begin{cases} 2-a+b>0 \\ b<0 \\ 2+a+b>0 \end{cases}$$

これより　$\begin{cases} b>a-2 \\ b<0 \\ b>-a-2 \end{cases}$

となり，これを ab 平面に図示すると，下図の網かけ部分（境界は含まない）となる。

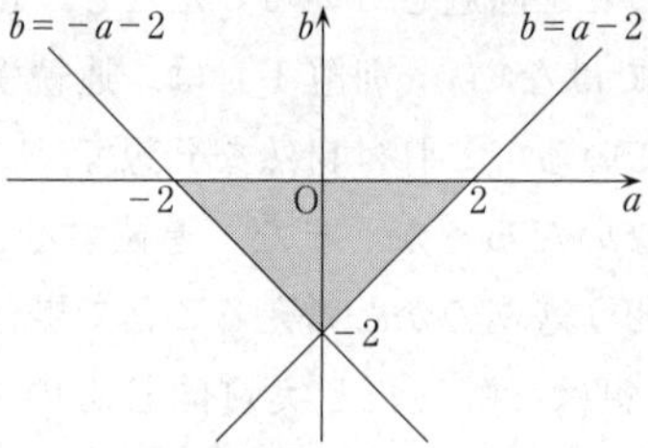

(2)　求める範囲を S，(1)の範囲を T とする。xy 平面上の任意の点 $(X,\ Y)$ に対して

$(X,\ Y)\in S$ $\iff$ $(a,\ b)\in T$ かつ $Y=X^2+aX+b$ を満たす $a,\ b$ が存在する

$\iff$ ab 平面で，T と直線 $b=-Xa+Y-X^2$ が共有点をもつ

このための $X,\ Y$ の条件を求める。

$g(a)=-Xa+Y-X^2$ とおき，直線 $b=g(a)$ の傾き $-X$ の値で場合分けを行う。(1)の領域の境界の端点での $g(a)$ の値を考えて，条件は次のようになる。

(i)　$-X\geqq 1$ つまり，$X\leqq -1$ のとき

$g(-2)<0$ かつ $g(2)>0$ から　　$X^2+2X<Y<X^2-2X$

(ii)　$0\leqq -X\leqq 1$ つまり，$-1\leqq X\leqq 0$ のとき

$g(-2)<0$ かつ $g(0)>-2$ から　　$X^2-2<Y<X^2-2X$

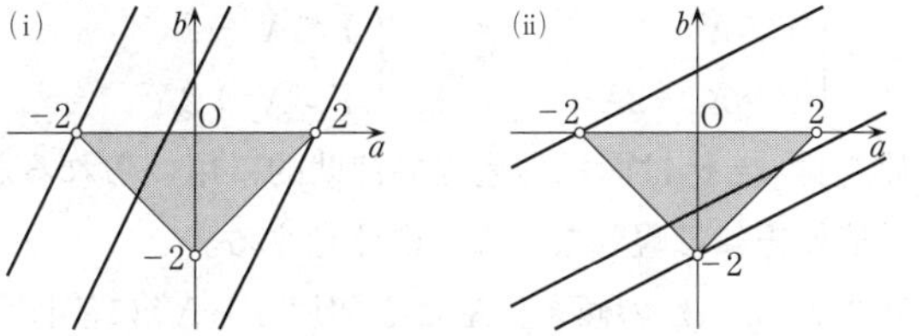

(iii)　$-1\leqq -X\leqq 0$ つまり，$0\leqq X\leqq 1$ のとき

$g(2)<0$ かつ $g(0)>-2$ から　　$X^2-2<Y<X^2+2X$

(iv)　$-X\leqq -1$ つまり，$X\geqq 1$ のとき

$g(-2)>0$ かつ $g(2)<0$ から　　$X^2-2X<Y<X^2+2X$

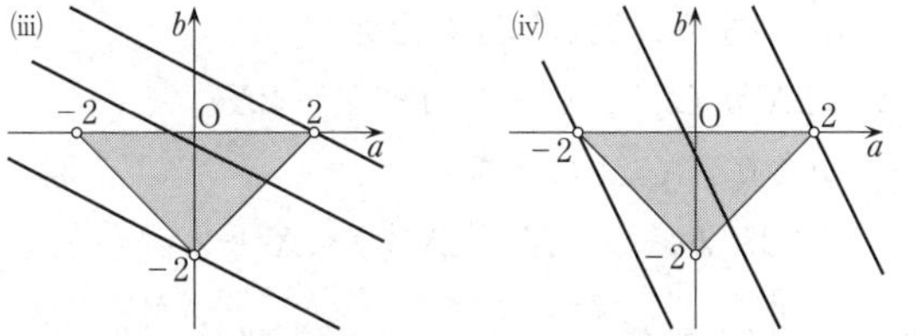

以上から，求める範囲は下図の網かけ部分（境界は含まない）となる。

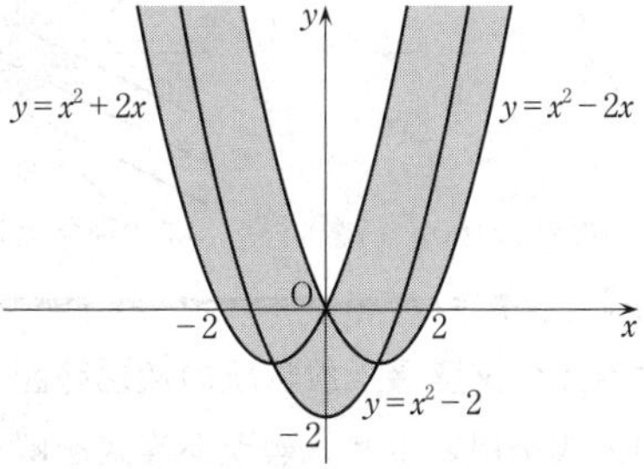

〔注〕〔解答〕は傾き $-X$ で場合を分けているが，b 切片 $Y-X^2$ の位置で場合を分けてもよい。

以下にその例の概略を述べておく。

（その１）　直線 $b=g(a)$ の b 切片の値で場合分けを考える。

(i)　$-2<Y-X^2<0$ つまり，$X^2-2<Y<X^2$ のとき，すべて条件を満たす。

(ii)　$Y-X^2\geqq 0$ のとき，条件は $g(-2)<0$ または $g(2)<0$ である。

これより　$\begin{cases} Y\geqq X^2 \\ Y<X^2-2X \end{cases}$　または　$\begin{cases} Y\geqq X^2 \\ Y<X^2+2X \end{cases}$

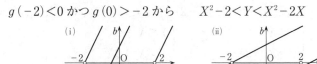

(iii)　$Y-X^2 \leqq -2$ のとき，条件は $g(-2)>0$ または $g(2)>0$ である。

これより　$\begin{cases} Y \leqq X^2-2 \\ Y > X^2-2X \end{cases}$　または　$\begin{cases} Y \leqq X^2-2 \\ Y > X^2+2X \end{cases}$

この場合，放物線 $y=x^2$ は図示の過程で補助的に用いられるが，最終結果には不要で，境界線には現れないことに注意する。

（その２）　直線 $b=g(a)$ の傾き $-X$ と b 切片 $Y-X^2$ に注目する。

(i)　$-X \geqq 1$ つまり，$X \leqq -1$ のとき

$2X < Y-X^2 < -2X$ から　　$X^2+2X < Y < X^2-2X$

(ii)　$0 \leqq -X \leqq 1$ つまり，$-1 \leqq X \leqq 0$ のとき

$-2 < Y-X^2 < -2X$ から　　$X^2-2 < Y < X^2-2X$

(iii)　$-1 \leqq -X \leqq 0$ つまり，$0 \leqq X \leqq 1$ のとき

$-2 < Y-X^2 < 2X$ から　　$X^2-2 < Y < X^2+2X$

(iv)　$-X \leqq -1$ つまり，$X \geqq 1$ のとき

$-2X < Y-X^2 < 2X$ から　　$X^2-2X < Y < X^2+2X$

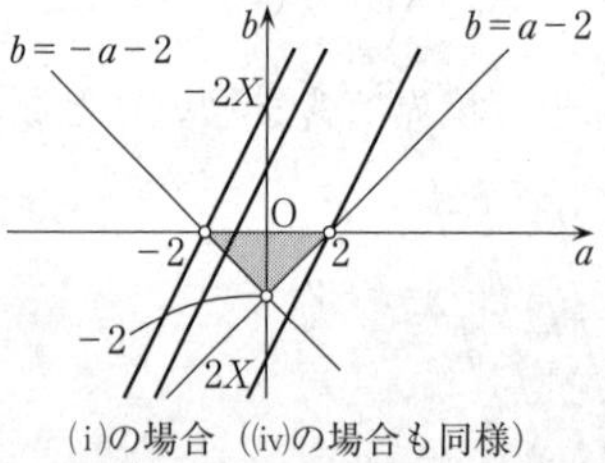

(i)の場合（(iv)の場合も同様）

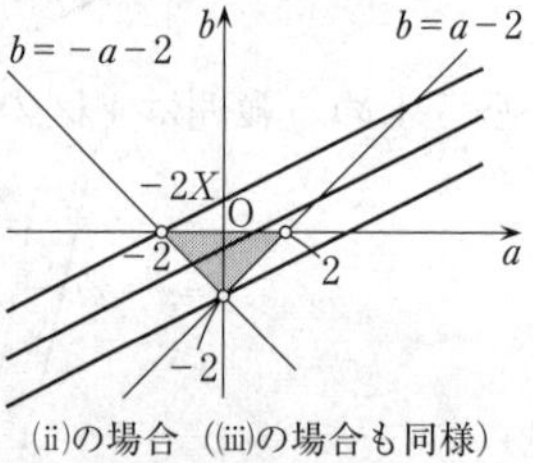

(ii)の場合（(iii)の場合も同様）

◀解　説▶

≪２つの放物線の共有点の x 座標，放物線の通過範囲≫

▶(1)　判別式や解の公式を用いると，無理不等式を解くことになり，煩雑である。$y=f(x)$ のグラフを利用して x の範囲の端の値で考えるとよい。

▶(2)　東大入試で頻出の曲線の通過範囲の問題である。平面上の任意の点 $(X,\ Y)$ が通過範囲にあるための条件を「存在」という言葉を用いて書き直すと，ab 平面上で(1)の領域と，直線 $b=g(a)$ が共有点をもつための X，Y の条件に帰着する。このように，簡単な図形の共有点の存在条件となることは類題でよく経験することである。この条件は(1)の領域の境界の端点での $g(a)$ の値に注目し，領域の境界の直線の傾きも考慮して，直線 $b=g(a)$ の傾き $-X$ の場合分けで考える。ただし，〔注〕のように直線 $b=g(a)$ の b 切片 $Y-X^2$ を利用した考え方もできるので，参考にすると

よい。

4

◇発想◇ (1)　$KA \equiv LB \pmod 4$ と $K \equiv L \pmod 4$ を用いる。

(2)　${}_{4a+1}\mathrm{C}_{4b+1} = \dfrac{(4a+1)\cdot 4a\cdot \cdots \cdot(4a-4b+1)}{(4b+1)\cdot 4b\cdot \cdots \cdot 1}$ の分母・分子を 4 の倍数の項のみの積とそれ以外の項の積に分けて考える。さらに，後者の中の 4 で割って 2 余る数の項を約分してみる。

(3)　(2)で定めた K，L にはそれぞれ $4b+j$，$4a+j$ の形の項が同数ずつ現れ，$2b+k$，$2a+k$ の形の項が同数ずつ現れることを利用する。

(4)　(3)の利用を考える。

解答　(1)

$$KA \equiv LB \pmod 4 \quad (KA = LB \text{ より})$$
$$\equiv KB \pmod 4 \quad (K \equiv L \pmod 4 \text{ より})$$

ここで，K は正の奇数なので 4 と互いに素であるから

$$A \equiv B \pmod 4$$

すなわち，A を 4 で割った余りは B を 4 で割った余りと等しい。

(証明終)

(2)

$${}_{4a+1}\mathrm{C}_{4b+1}$$
$$= \frac{(4a+1)\cdot 4a\cdot(4a-1)(4a-2)\cdot \cdots \cdot(4a-4b+2)(4a-4b+1)}{(4b+1)\cdot 4b\cdot(4b-1)(4b-2)\cdot \cdots \cdot 2\cdot 1}$$

右辺の分母・分子において，4 の倍数の項のみの積は

$$\frac{4a(4a-4)(4a-8)\cdot \cdots \cdot(4a-4b+8)(4a-4b+4)}{4b(4b-4)(4b-8)\cdot \cdots \cdot 8\cdot 4}$$
$$= \frac{a(a-1)(a-2)\cdot \cdots \cdot(a-b+2)(a-b+1)}{b(b-1)(b-2)\cdot \cdots \cdot 2\cdot 1}$$
$$= {}_a\mathrm{C}_b$$

となる。分母・分子の残りの項の積のうち，4 で割って 2 余る数の項を 2 で約分すると

$$\frac{(4a+1)(4a-1)(4a-2)\cdot \cdots \cdot(4a-4b+2)(4a-4b+1)}{(4b+1)(4b-1)(4b-2)\cdot \cdots \cdot 2\cdot 1}$$
$$= \frac{(4a+1)(4a-1)(2a-1)\cdot \cdots \cdot(2a-2b+1)(4a-4b+1)}{(4b+1)(4b-1)(2b-1)\cdot \cdots \cdot 1\cdot 1} \quad \cdots\cdots ①$$

この分母・分子はどちらも奇数のみの項の積であり，それぞれを K，L とおくと，K，L は正の奇数で

$$ {}_{4a+1}\mathrm{C}_{4b+1} = {}_a\mathrm{C}_b \cdot \frac{L}{K} $$

すなわち　　$KA = LB$

よって，$A = {}_{4a+1}\mathrm{C}_{4b+1}$，$B = {}_a\mathrm{C}_b$ に対して $KA = LB$ となるような正の奇数 K，L が存在する。　(証明終)

(3)　①から，(2)の K，L にはそれぞれ $4b+j$，$4a+j$（j は 1 以下で $-4b+1$ 以上の奇数）の形の項が同数ずつあり，$2b+k$，$2a+k$（k は -1 以下で $-2b+1$ 以上の奇数）の形の項が同数ずつある。

$4b+j$ の形の項の積を K_1，$2b+k$ の形の項の積を K_2

$4a+j$ の形の項の積を L_1，$2a+k$ の形の項の積を L_2

とおくと，$K = K_1K_2$，$L = L_1L_2$ である。

ここで，$4b+j \equiv 4a+j \pmod 4$ から

$K_1 \equiv L_1 \pmod 4$　……②

また，$(2a+k)-(2b+k) = 2(a-b)$ において，$a-b$ は 2 で割り切れるので，$2(a-b)$ は 4 で割り切れ，$2a+k \equiv 2b+k \pmod 4$ となり

$K_2 \equiv L_2 \pmod 4$　……③

②，③から

$K_1K_2 \equiv L_1L_2 \pmod 4$

すなわち　　$K \equiv L \pmod 4$　……④

である。

いま，$K \cdot {}_{4a+1}\mathrm{C}_{4b+1} \equiv L \cdot {}_a\mathrm{C}_b$ なので，④と(1)から

${}_{4a+1}\mathrm{C}_{4b+1} \equiv {}_a\mathrm{C}_b \pmod 4$

すなわち，${}_{4a+1}\mathrm{C}_{4b+1}$ を 4 で割った余りは ${}_a\mathrm{C}_b$ を 4 で割った余りと等しい。

(証明終)

(4)　以下，合同式は 4 を法として考える。

(3)により

$$ {}_{2021}\mathrm{C}_{37} \equiv {}_{505}\mathrm{C}_9 \quad (2021 = 4\cdot 505+1,\ 37 = 4\cdot 9+1,\ 505-9 \text{ は偶数から}) $$

$$ \equiv {}_{126}\mathrm{C}_2 \quad (505 = 4\cdot 126+1,\ 9 = 4\cdot 2+1,\ 126-2 \text{ は偶数から}) $$

$$ = \frac{126\cdot 125}{2\cdot 1} = 63\cdot 125 $$

$\equiv 3\cdot 1\equiv 3$

ゆえに，${}_{2021}\mathrm{C}_{37}$ を 4 で割った余りは　3　……(答)

別解 (1)　いま，$KA=LB$ より

$$KA-KB=LB-KB=(L-K)B$$

であり，ここで，K を 4 で割った余りと L を 4 で割った余りが等しいとき，$L-K$ は 4 の倍数となるので，$KA-KB=K(A-B)$ も 4 の倍数となる。

K は正の奇数であるため，$A-B$ も 4 の倍数となる。

以上より，A を 4 で割った余りは B を 4 で割った余りと等しい。

◀解　説▶

≪4で割った余りと二項係数≫

▶(1)　$KA=LB$ と $K\equiv L \pmod 4$ を組み合わせて，$KA\equiv KB \pmod 4$ を導く。最後は一般に，$ab\equiv ac \pmod m$ で a と m が互いに素ならば，$b\equiv c \pmod m$ であることを用いる。

▶(2)　${}_{4a+1}\mathrm{C}_{4b+1}$ を分数で表現すると，分母・分子とも連続する同じ項数の積となる。この中の 4 の倍数の項のみの積を取り出して考えることがポイントである。これに気づくことが難しい。次いで分母・分子のそれぞれで残りの項の積を考えて，4 で割って 2 余る項を 2 で割ると，奇数のみの項の積が残る。最後は設問の式の形に向けた記述を行う。

▶(3)　(2)の K，L を〔解答〕にあるように，$K=K_1K_2$，$L=L_1L_2$ と表し，$K_1\equiv L_1 \pmod 4$ かつ $K_2\equiv L_2 \pmod 4$ を示すと，$K\equiv L \pmod 4$ となる。最後は(1)を用いるとよい。

▶(4)　(3)を用いる。

❖講　評

2021 年度は 2020 年度同様，東大文科の受験生には厳しい問題もあったが，2020 年度に比べてとても易しい問題もあり，また，各小問とも(1)が易しいので，極端な高得点も極端な低得点も出なかったと思われるセットであった。間違えてはいけない問題が 1 題（1），数え上げが煩雑な問題が 1 題（2），頻出で標準的な曲線の通過範囲の図示の問題が 1 題（3），発想を要する難問が 1 題（4）の構成であった。1 のみ小問のない問題で，4 は 4 つの小問で構成されていて，総設問数は 9 問で

ある。2以降の(1)は易または標準であったので，小さな得点の積み上げも見込める。2020年度同様，確率ではなく，場合の数の問題が出題され，例年通り，空間図形やベクトルからの出題はなく，2020年度と同様に積分もなかった。東大文科の狭い範囲からの出題傾向が継続されている。理科との共通問題は3・4の2題で，4は理系でも難しく，文系にはかなり厳しい問題であった。結果として，1・3をきちんと解答することが望まれるセットである。

東大文科入試としての難易度は，1易，2(1)標準，(2)やや難，3(1)易，(2)標準，4(1)易，(2)難，(3)やや難，(4)易であった。

1　3次関数のグラフと単位円の共有点の個数の問題。とても平易なので，完答したい設問である。

2　数え上げの問題。(1)は類題の経験がある受験生も多かったであろう。(2)は数え間違いも多く出そうで，自分が試験場で出した答えに自信のもてそうにない問題。あまり得点差が出なかったかもしれない。

3　放物線の通過範囲の問題。(1)は易しい。(2)は直線と(1)の領域が共有点をもつ条件に帰着する問題で，境界の端点での直線の上下関係で端的に捉えることができるかどうかで差が出る。東大頻出の類型の問題なので，完答してほしい問題だが，図示の問題は時間を取られることが多い。過去問等で訓練しておくことが重要。

4　(1)は易しい。(2)は二項係数の計算式の分母・分子に現れる数を眺めて，4で割り切れる項，4で割って2余る項に着目する発想が試験場では難しいだろう。(3)・(4)は(2)が突破できると解答できるが，解けた受験生はごくわずかと思われ，あまり得点差が出なかったものと思われる。

「数学」の出題の意図（東京大学 発表）

数学は自然科学の基底的分野として，自然科学に留まらず人間文化の様々な領域で活用される学問であり，科学技術だけでなく社会現象を表現し予測などを行なうために必須です。

そのため，本学を受験しようとする皆さんには，高等学校学習指導要領に基づく基本的な数学の知識と技法について習得しておくことはもちろんのこと，将来，数学を十分に活用できる能力を身につけるために，以下に掲げる総合的な数学力を養うための学習をこころがけて欲しいと考えています。

1）　数学的に思考する力

問題の本質を数学的な考え方で把握・整理し，それらを数学の概念を用いて定式化する力

2）　数学的に表現する力

自分の考えた道筋を他者が明確に理解できるよう，解答に至る道筋を論理的かつ簡潔に表現する力

3）　総合的な数学力

数学を用いて様々な課題を解決するために，数学を自在に活用できると同時に，幅広い分野の知識・技術を統合して総合的に問題を捉える力

これらの能力の習得度を判定することを意図して「数学」の問題は出題されます。

「国語」の出題の意図（東京大学 発表）

国語の問題は、高等学校までに培った国語の総合力を測ることを目的として、文科・理科を問わず、現代文・古文・漢文の三分野すべてから出題されます。選択式の設問では測りがたい国語の主体的な運用能力を測るため、解答はすべて記述式としています。なお、文科・理科それぞれの教育目標と、入学試験での配点・実施時間をふまえ、一部に文科のみを対象とした問いを設けています。

第一問は現代文の論理的文章についての問題で、医療における「ケア」の意義を論じた文章を題材としました。近代医療が患者の自己責任と国家の管理に支えられるのに対し、「ケア」は関係者すべての共同作業であり、公共的な営みなのだと明快に説かれています。論旨を正確にとらえる読解力と、それを簡潔に記述する表現力が試されます。また、ある程度の長文によって全体の論旨をふまえつつまとめる能力を問う問題を設けています。

第二問は古文についての問題で、『落窪物語』の車争いの場面を題材としました。古文の基礎的な語彙・文法の理解をふまえつつ、従者たちの言い争うありさまを正確に理解する力が試されています。文科ではさらに、話の鍵となる箇所を具体的に説明させる問題をも出題しました。

第三問は漢文についての問題で、江戸中期の儒者、井上金峨の『霞城講義』を題材にしました。漢文の基礎的な文法・文型をふまえることと、「君子」と「小人」との対比に表れた儒教的発想をつかむことが求められます。文科ではさらに、「聡明之主」に限って陥りやすい誤りとはどのようなことか、文脈を正確にふまえて答えさせる問題をも出題しました。

第四問は文科のみを対象とします。文学的内容をもつ文章についての問題で、今回は夏目漱石が亡友正岡子規を偲んだ文章を題材としました。行間が雄弁な文章なので、表面的な読み取りでは太刀打ちできません。「拙」の語に込められた万感の思いをどこまで丹念にくみ上げ、心情という一見曖昧模糊とした領域で明確な理解を組み立て、適切なことばでそれを表現できるかどうかが問われます。豊富な語彙を自在に操れるだけの読書量が要求されているともいえるでしょう。

できるかどうかが決め手となる。㈢の主語を補っての口語訳は、主語を適切な理解と表現で示すことと、動詞「領ず」の意味の理解が問われている。㈣の内容説明は、傍線部が誰の発言かを特定するのはかなり難しい。㈤の内容説明は、「この殿」が道頼を指すという理解を前提に、源中納言の従者が道頼の権勢に恐れをなしたということを読み取る必要がある。

三　漢文（論説）　江戸時代中期の日本の儒学者、井上金峨が著した『霞城講義』からの出題。政治のありかたについて論じた抽象的な内容の文章で、全体の論旨を理解するのはやや難しい。㈠の口語訳は、受身・比較・願望などの基本句形の理解を問うもので、ごく標準的。㈡の内容説明（理由説明）は、前後の内容を踏まえ、「庸愚之主」がどのように位置づけられているかを読み取る必要があり、かなり難しい。㈢の口語訳は、比較の句形の理解を前提に、「一時」と「子孫」の対比を明確に示すことがポイント。㈣の内容説明は、「未信之民」が本文の冒頭部分に示された「上」「下」「信」を踏まえたものであると判断できるかが決め手となる。

四　現代文（随筆）　夏目漱石の文章である。漱石の文章が東大で出題されるのは珍しい。本文はいたって短い。それだけに深く読み込む読解力が要求される。ただ〔参考〕で述べたように、引用されている子規の短歌の結句は改訂前の「帰り来るかな」となっている。設問はいずれもやや難のレベルになる。深く読み取った上で、ポイントを押さえて限られた解答欄に収めるのは至難の業であろう。

参考　夏目漱石と正岡子規はともに慶応三年（一八六七年）生まれで、漱石は東京都、子規は愛媛県松山市の出身である。二人は同年、東京大学予備門に入学し、そこで知り合う。数年の交友を経て別々の道に進むも、その交流は生涯続くことになる。子規が夭折したのは、漱石が熊本の第五高等学校に赴任し、その後イギリスへ留学していた時であった。

「子規の画」は『東京朝日新聞』明治四十四年七月四日の「文芸欄」に掲載され、その後『切抜帳より』（春陽堂）に収められ、さらに各社の単行本や全集に採録された。その中に引用されている子規の短歌は、初めは「東菊活けて置きけり火の国に住みける君が帰り来るかな」となっていたが、その後「が」が「の」、「かな」が「がね」に改められた。特に後者は重要である。この「がね」は上代の終助詞で、〝～だろう、～してほしい〟などの意を表す。すなわち「帰り来るがね」であれば、漱石に東京に帰って来てほしいという子規の痛切な思いが存分に伝わってくる。『万葉集』を愛読した子規らしい。ちなみに、ネットで「子規の画」と画像検索すれば、東菊の画がヒットする（二〇二一年現在）。その画も「帰り来るかね」と読める（「かね」は「がね」と発音する）。

❖講　評

一　現代文（評論）「ケア」という非常に今日的なテーマを文化人類学の視点から扱った文章である。論旨の展開が明快で、内容的にも説得力があり、文・理共通問題として最適なものと言えるだろう。設問は㈠～㈢・㈤が標準、㈣がやや難レベルである。このうち㈢は「個人主義」についての基本的な説明も求められていると見るべきだろう。㈣は「本文全体の趣旨を踏まえて」とあるが、実質的には第八段落以降の内容をまとめることになる。それを前半の内容にも触れなければならないと思い込むと、解答の方向性を間違うことになる。

二　古文（作り物語）平安時代の作り物語『落窪物語』からの出題。リード文で状況が丁寧に説明されているものの、人物の動向や発言を正確に読み取るのはやや難しい。㈠の口語訳は、「さうざうし」「御達」「もろともに」の語意や、反語や敬語など、基本的な古文学習の成果が問われている。㈡の内容説明は、「しふねがる」の意味を適切に表現の〔注二〕俳句や短歌を作った子規が、画となると、とたんに才能のなさを露わにしたというのである。この「矛盾」を説明することになるが、「微笑」の意味合いを汲んで、そこに人間らしい一面を見て好ましく感じていることを補足する必要がある。解答のポイントは次の二点である。

① 子規は才能のおもむくままに俳句や短歌を作ったが、画は拙くて愚直であった

② 人間らしい一面を見た

▼㈣　傍線部は「したかった」と過去形になっている。リード文に「正岡子規を偲んで記した」とある点も考え合わせれば、漱石が子規の早すぎる死を惜しんでいることがわかる。「淋しさ」については㈡で問われているので、ここでその内容に触れる必要はないだろう。その「償い」とは直前の「この拙な所をもう少し雄大に発揮させ」ることをいう。この「拙」に関して同段落で、「子規は人間として、また文学者として、もっとも『拙』の欠乏した男であった」「彼の拙を笑い得るの機会を捉え得たためしがない」「彼の拙に惚れ込んだ瞬間の場合さえもたなかった」と記している。子規が拙、すなわち不器用さとは無縁の人間であったと回想しつつ、子規が拙を大いに発揮するところに出くわして、彼の人間味に深く惚れてみたかったと愛惜している。そしてそれを、せめて子規の画なりを見て楽しみたかったと言っているのである。以上の事情をまとめることになる。解答のポイントは次の二点である。

① 画にだけは認められた不器用さをもっと大胆に発揮して楽しませてほしかった

② 子規の早すぎる死を惜しむ

語句

●表具屋＝巻物・掛け軸・屏風などの表装を業とする職人・店。

●渋紙＝和紙に柿渋を塗って乾かしたもの。

●悟入＝物事を体験してよく理解すること。

●幅＝「ふく」と読む。掛け軸。またはそれを数える語。

●始末＝物事の締めくくりをつけること。処理。

は相手が親友の漱石だからである。漱石なら自分の弁解の辞に、相手におもねるような心情を読み取る、あるいは不快に思うことはせず、素直に受け取ってくれるだろうという思いが読み取れる。漱石の寛大な心に期待するのである。よって解答のポイントは次の二点となる。

① 病を押して画を描くことの難しさを訴えて画の拙さを弁解する

② 寛大な心で画を見てくれるだろうと期待する

▼㈡ 漱石が子規の描いた東菊の画を「いかにも淋しい」と感じる理由は二つ考えられる。まず一つ目は直後で記される画の概要である。色は三色のみで、花が一輪と蕾が二つと葉が九枚だけ、おまけに周囲が白く、表装の絹地が寒い藍色だという。前段落でも「図柄としては極めて単簡（＝〝簡単〟）なものである」と述べられている。次に二つ目は画に添えた子規の短歌である。「東菊」はキク科の多年草で、本州中部以北の山野に生え、四月～六月ごろ花をつける。子規がこの花を選んで描いたのは、「東」という字が漱石に望郷の念を起こさせると考えたからであろう。実際「火の国に住みける君が帰り来るかな」と詠んで、漱石の帰京を待ち望んでいる（「かな」については〔参考〕を参照のこと）。そんな孤独な心情を漱石は読み取り、東菊の画に重ねているのである。以上より解答のポイントは次の二点となる。

① 東菊の画は図柄が簡単で三色しか使わず、表装も藍色である

② 漱石の帰京を待ちわびる孤独な心情が感じられる

▼㈢ 傍線部にあるのは苦笑でも哄笑でも嘲笑でもなく「微笑」である。ほほえましく思って笑うヒューマンな笑いである。その理由は直前で「子規の画は、拙くてかつ真面目である……穂先の運行がねっとり竦んでしまったのかと思う」と述べられる。傍線部の続きを見ても「拙が溢れている」「働きのない愚直ものの旨さ」などとある。すなわち下手なくせに愚直なまでに真剣であると評している。さらに直前の第四段落にも目をやると、「非常な努力を惜しまなかった」「いかにも無雑作に……明らかな矛盾である」などとある。「才能のおもむくままに」（「才を呵して……」

四

出典　夏目漱石「子規の画」（『思い出す事など　他七篇』岩波文庫）

解答

(一)　病を押しながら画を描くことの難しさを訴えて画の拙さを弁解し、寛大な心で見てくれるだろうと期待する心情。

(二)　東菊の画は図柄が簡単で三色しか使わず、表装も藍色である上に、漱石の帰京を待ちわびる孤独感が感じられるから。

(三)　才能のおもむくままに俳句や短歌を作った子規が、画は拙くて愚直であった点に、彼の人間らしい一面を見たから。

(四)　画にだけは認められた不器用さをもっと大胆に発揮して楽しませてほしかったと、子規の早すぎる死を惜しむ心情。

◆要　旨◆

子規の描いた東菊の画はどこからどこまでも丹念に塗り上げている。拙くてかつ真面目である。才能のおもむくままに俳句や短歌を作り上げる彼の文筆を思えば、微笑を禁じ得ない。働きのない愚直ものの旨さと見られなくもないけれど、拙の一字はどうしても免れ難い。子規は人間としても文学者としても、もっとも拙の欠乏した男であっただけに、この画に拙の一字を認めることのできたのは多大の興味がある。ただ画がいかにも淋しい。できれば子規にこの拙なところをもう少し雄大に発揮させて、淋しさの償いとしたかった。

▲解　説▼

本文は「子規の画」の全文である。全六段落から成る。第一・第二段落は、子規から東菊の画をもらったいきさつなどを記す。第三～第五段落は、この画を批評して、いかにも淋しい、拙が溢れていると述べる。そして第六段落は子規の人柄を回想し、そして拙なところをもう少し雄大に発揮させてやりたかったと旧友の死を悼む。

▼(一)　傍線部は子規が東菊の画の傍らに記した註釈の一節である。子規は自分の画を「下手い」と認めつつ、「病気の所為だ」と弁解する。直後でも「嘘だと思わば肱をついて描いて見たまえ」と述べて、病を押しながら画を描くことの難しさを強調する（子規は床に伏しながら描いたのだろう）。言い訳といえば言い訳にすぎないが、その率直な言明

の効果をすぐに見ること〟で、「其」は政策を行うことを指している。「取成於子孫」の逐語訳は〝成果を子孫に取れ〟で、「子孫」は「一時」と対比されているので、〝子孫の代・後々の時代〟を意味している。

▼㈣　傍線部fを逐語訳すると〝その政策に短期的な効果がないために、これをまだ信じていない人民に施行するにあたり、従わないからである〟となる。「其」は、前文の「維持数百世之後、置国家於泰山之安者」、すなわち、長期的に安定した世を保つ政治を指すが、解答でその内容を示す際には、〝善政〟といった簡潔な表現にすればよいだろう。「未信之民」は、本文の冒頭二文目の「為上者、為下所信、然後令有所下」を踏まえ、〝主君を信頼していない人民〟と解釈する。「所以〜」は〝〜だから・〜という理由〟の意。傍線部fは、善政には即効性がないように見えるという前文の理由を述べたものであるが、傍線部f自体の内容として、善政と人民の関係を説明する。解答のポイントは次の三点となる。

①　「以其無近効」＝善政には即効性がないため
②　「行之於未信之民」＝主君を信頼していない人民に施行しても
③　「不服」＝人民は従わない

参考　『霞城講義』は、江戸時代中期の日本の儒学者、井上金峨が著した政治論。井上金峨は、特定の学説に縛られず、諸学派のすぐれた点を抽出する「折衷学」という学問方法を大成した。

d、「無レ～二於…一」は比較（最上級）を表す句法で、「…より～は無し」と訓読し、〝…より～はない・…が最も～だ〟と訳す。「便」は〝都合がよい・便利だ・よい〟の意。「此」（＝〝これ〟）は、傍線部の前の「承弊」「弊」（＝弊害を受けている状況）を指しているが、〝現状・今の状況〟程度の表現でよいだろう。

e、「欲レ～」は願望や意志を表す句法で、「～んと欲す」と訓読し、〝～たいと望む・～ようとする〟の意。「矯」は〝正す・矯正する〟の意。「其」はその時に施行されている政策を指すが、「其弊」で〝政策の弊害〟としておけばよいだろう。「欲矯其弊」は「則」で後の「愚者狃其所習、而不肯之」につながっており、末尾は〝～れば〟でもよいが、内容的には逆接にあたるので、〝～ても〟等とする。

▼(二)　傍線部bの逐語訳は〝凡庸で愚かな主君は決してこの心配をしない〟。「斯」は、前の「事不欲速。欲速則不行也」（＝〝事を早く進めようとしない。早く進めようとすると実行されないのである〟）を指しており、凡庸で愚かな主君が事を早く進めた場合のことを憂慮しないのはなぜかを説明することが求められている。「庸愚之主」との対比で、次の文に「聡明之主」とあるのが見出せるので、その内容を見ると、〝ただ聡明な主君で自分の才能に自信を持っている者だけが、もしかするとただちに事を行い、後悔することがない境地に至るのかもしれない〟と述べられている。自分の才能に自信を持っている主君だけが、思い切って事を実行できるというのである。さらに次の文から第一段落最後までにかけては、目先の成果を求めずに後々までを見越して事を行うことが政治の大要であるという見解が示されている。あらためて傍線部bとの関係を確かめると、凡庸で愚かな主君は、才能もなく、すぐに事を行う力もないため、そもそも事を行ってからの成果について憂慮することさえないということになる。解答のポイントは次の二点となる。

①　「恃其材」ではない＝自分の才能を頼ることができず

②　「一旦行之」ことができない＝ただちに政策を実行できない

▼(三)　「与～、寧…」は比較を表す句法で、〝～よりは、むしろ…のほうがよい〟の意。「其見効於一時」の逐語訳は〝そ

事なり。君子《くんし》は則ち然らず。一言一行、其の及ぶ所大いに遠し。其の効を一時に見んよりは、寧《むし》ろ成《せい》を子孫に取れ。是《こ》れ大体を知ると謂《い》ふなり。

下民《げみん》の愚、弊《へい》を承《う》くるの日久《ひさ》しければ、則ち其の弊に安《やす》んじ、以《もつ》て此《これ》より便なるは無しと為《な》す。加之《しかのみならず》狡猾《かうくわつ》なる者は心其の弊を知り、而《しか》れども口言はず、因《よ》りて以て自《みづか》ら之を恣《ほしいまま》にす。今其の弊を矯《た》めんと欲すれば、則ち愚者は其の習ふ所に狃《な》れて、之を肯《がへん》ぜず。狡者《かうしや》は乃《すなは》ち其の機に乗《じよう》じて、之に啗《くら》はすに利あらざるを以てす。是に於《お》いて擾乱《ぜうらん》して成らず。大抵《たいてい》数百世の後を維持し、国家を泰山《たいさん》の安《やす》きに置く者は、近効無きがごとし。其の近効無きを以て、之を未だ信ぜざるの民《たみ》に行ふ、服《ふく》せざる所以《ゆゑん》なり。

◀解　説▶

本文のおおまかな内容は次の通りである。

第一段落　為政者と民衆は互いの信頼関係が成立してからでないと陳情や命令を行うことができないので、事を急いで進めようとしても成立しない。聡明で自分の才能に自信のある君主のみが、思い切った政策をすぐに実行することができる。すぐに成果を出そうとするのではなく、後々に成果が出ることを見越して施策を行うのが、政治の大要である。

第二段落　下々の人民は、政治の弊害が長く続くとそれに安住し、正そうとしても従わないばかりか、狡猾な者はその弊害を利用し、弊害を正しても利がないと人民を誘導するため、政治が乱れる。長期的で安定した政治は即効性がないように見えるが、それは、主君を信頼していない人民が、即効性のない善政に従わないからである。

▼㈠　a、「為二～所レ…」は受身を表す句法で、「～の…所と為る」と訓読し、〃～に…される〃と訳す。「上」は、〃目上の者・上位者・主君〃の意。

㈢　施政は効果をすぐに求めるよりも、子孫の代に成果を出すほうがよい

㈣　善政には即効性がないため、主君を信頼していない人民に施行しても、人民は従わないということ。

◆全　訳◆

総じて（立場が）下である者は、目上の者に信頼され、その後で言うことが聞き入れられるようになる。（立場が）上である者は、目下の者に信頼され、その後で命令が下々に及ぼされるようになる。事を早く進めようとしない。早く進めようとすると実行されないのである。凡庸で愚かな主君は決してこのような憂慮がない。ただ聡明な主君で自分の才能に自信を持っている者だけが、もしかするとただちに事を行い、後悔することがない境地に至るのかもしれない。そもそも善を知ってすぐに成果を出したがるのは、つまらない人間のすることである。君子はそうではない。一つ一つの言動は、それらが達するところは非常に遠い。施政は効果をすぐに求めるよりは、むしろ成果を子孫の代に出すほうがよい。これは政治の大要を知るということである。

　下々の人民の愚かさは、弊害を受ける日が長いと、その弊害をよしとして、それによってこれよりよいものはないと考える。それだけではなく狡猾な者は心ではその弊害を知っていて、それでも口では言わず、そのことによって自分でその弊害を思い通りに利用する。今政策の弊害を正そうとしても、愚者は弊害に従うことに馴染んで、それを聞き入れない。狡猾な者はかえってその機会に乗じて、愚民を誘導するために（弊害を正しても人民には）利益がないことを利用する。だから秩序が乱れて（善政を）実行できない。だいたい数百代の後までそのままに保ち、国家を泰山のように安定したままにする場合は、短期的な効果がないように見える。その政策に短期的な効果がないために、これ（＝政策）をまだ（主君を）信じていない人民に施行するにあたり、（人民が）従わないからである。

読み　凡《およ》そ下《げ》たる者、上《じやう》の信ずる所と為《な》り、然《しか》る後言《のちげん》取る所有り。上たる者、下の信ずる所と為り、然る後令下《くだ》る所有り。事速《すみ》やかにせんと欲せず。速やかにせんと欲すれば則《すなは》ち行《おこな》はれざるなり。庸愚《ようぐ》の主《しゆ》は必ず斯《こ》の憂《うれ》ひ無し。唯《た》だ聡明の主其《そ》の材《ざい》に恃《たの》む者のみ、或いは一旦之《これ》を行ひ、顧《かへり》みる所有らざるに至る。夫《そ》れ善を知りて速やかに成《な》さんと欲するは、小人《せうじん》の

に追いやった者たちの主人である道頼を指している。傍線部キを含む一文「ただ今の太政大臣の尻は蹴るとも、この殿の牛飼ひに手触れてむや」を逐語訳すると〝現在の太政大臣の尻は蹴っても、この殿の牛飼いに手を触れることができようか、いや、できないだろう〟となる。「とも」は逆接仮定条件を表す接続助詞。「てむや」は、「て」が助動詞「つ」の強意の用法、「む」は助動詞「む」の推量（可能推量）の用法、「や」は係助詞「や」が終助詞的な位置で用いられているもので、ここでは反語の用法。時の最高権力者である太政大臣に諍《いさか》いをしかけるような無謀な行為を引き合いに出し、道頼の従者に手出しをするのはそれ以上に無謀なことだとして、道頼の権勢の強さを誇張的に表現したものである。解答のポイントは次の三点となる。

①　道頼を

②　「この殿の牛飼ひに手触れてむや」＝その従者にさえ手出しできないほど

③　権勢があると評価した

参考　『落窪物語』は、平安時代中期に成立した作者未詳の作り物語。継母に疎まれ虐待されていた主人公「落窪の君」が、貴公子の道頼によって救い出され、道頼は落窪の君の継母に手厳しい報復をするが、やがて和解して大団円を迎えるという筋で、継子いじめの物語としての典型をなしている。

三

出典　井上金峨《きんが》『霞城講義《かじょうこうぎ》』

解答

(一)　a、目上の者に信頼され

d、現状よりよい状況はないと

e、政策の弊害を正そうとしても

(二)　凡庸で愚かな主君は才能がなく、ただちに政策を実行できないから。

④ 「聞かぬ」＝聞き入れなかった・承知しなかった

▼㈢ 傍線部オを含む発言は、源中納言の従者の言葉で、牛車を移動させようとして車に手を掛けた道頼の従者たちに向かって文句をつけているものである。傍線部オの主語は、前の文の「わが殿」（＝〝あなたたちの御主人〟）と同じ。〔注〕を参照すること。「領じ」は、〝治める・土地を領有する・自分のものとする〟という意味のサ行変格活用動詞「領ず」。「給ふ」は尊敬の補助動詞で、源中納言の従者から「わが殿」（＝道頼）への敬意を示す慇懃《いんぎん》な言葉遣いとして用いられている。「べき」は助動詞「べし」の連体形で、強い意向を表す用法。自分たちの牛車をどかせようとする道頼の従者たちに対して、あなたたちの主人は市中の道をも自分の領有地のように思って横暴に振る舞うつもりなのかと反発する気持ちを表明した言葉である。

▼㈣ 傍線部カを含む発言は道頼の従者の言葉で、前の二つの発言で源中納言の従者が道頼のことを、権勢を盾に横暴なことをすると悪口を言ったことに対して言い返したものである。「殿」は自分たちの主人である道頼を指している。「一つ口に」は、直前の「同じものと」と同様の意味で、傍線部オを含む発言で源中納言の従者が「豪家だつるわが殿も、中納言におはしますや」と言ったことを踏まえ、自分たちの主人である道頼を源中納言と同じ中納言だとして同列に扱うことを意味している。「な〜そ」は禁止を表す。全体として、自分たちの主人である道頼は源中納言とは別格だということを告げる言葉である。説明問題なので、話し手の立場を踏まえ、誰のことを言っているのかが客観的にわかる表現をとるように注意が必要である。解答のポイントは次の三点である。

① 「殿を」＝（当方の主人である）道頼を

② 源中納言と

③ 「一つ口にな言ひそ」＝同列に扱う言い方をするな

▼㈤ 傍線部キを含む発言は、源中納言の車の先払い役をする従者の言葉で、自分たちの主人の牛車を道頼の従者に引きのけられたため、牛車を近くの家の門に入れる際に言ったものである。「この殿」は、自分たちの牛車をいとも簡単

▼㈠　ア、「さうざうし」は〝物足りない・物寂しい〟の意の形容詞。「に」はここでは接続助詞で順接を表している。「御達」は〝女房たち〟の意。「見せ」は〝見せる〟という意味のサ行下二段活用動詞「見す」の未然形。「む」は助動詞「む」の終止形で意志の用法。〔解答〕では、「さうざうし」がどのような状況かを示すために、〝家にいても〟を添えておいた。

イ、「誰ばかり」は〝どれほどの者・どのような人〟。「かは」は係助詞で、ここでは反語を表している。「取る」はここでは〝（前もって確保している）場所を横取りする〟ということ。「む」は助動詞「む」の連体形（係助詞「かは」の結び）で推量の用法。反語を忠実に〝～か、いや、～ない〟と訳すと解答欄に収まらないので、〔解答〕では最終的な打消表現のみを示している。「思す」は「思ふ」の尊敬語。

ウ、「もろともに」は〝一緒に・共に〟の意の副詞。「見る」はここでは〝（祭を）見物する〟ということ。「む」は助動詞「む」の終止形で意志の用法。「聞こゆ」は「言ふ」の謙譲語。「給ふ」は尊敬の補助動詞。「けれ」は過去の助動詞「けり」の已然形。順接の接続助詞「ば」は、ここでは已然形に接続しているので確定条件の用法。

▼㈡　「しふねがる」は、「執念《しふねん》」という名詞が形容詞化した「しふねし」（「執念《しふね》し」）の語幹に〝～と思う〟という意味の動詞を作る語尾の「～がる」が付いて成った動詞で、〝執着する〟ということ。ここでは、牛車を停めた場所に執着して、他に移りたがらない様子を表している。「聞かぬ」は、道頼一行が牛車を停めようとした場所に停まっていた牛車の従者が、道頼の従者から牛車を移動させるように求められたのを〝聞き入れない〟ということ。傍線部エの後で、その牛車は源中納言のものであったということが判明するので、「誰が」は「源中納言の従者が」とする。解答のポイントは次の四点となる。

①　源中納言の従者が
②　「しふねがりて」＝強情に・意地を張って　等
③　牛車を移動させる（ように道頼の従者が求めた）ことを

今回、（このままでは）喧嘩をしてしまうにちがいないようだ。（けれども）今の太政大臣の尻は蹴っても、この（衛門督の）殿の牛飼いに手を触れることができようか、いや、できないだろう」と言って、よその家の門に入って（牛車を）停めた。目をそっと外に向けて見ている。

（道頼は）少し短気で恐ろしい者に世間では思われなさっているけれども、実際の御心は、たいそう親しみやすく、穏やかでいらっしゃった。

▲解　説▼

本文のおおまかな内容は次の通りである。

第一段落（かくて、「今年の賀茂の祭、…）

道頼が、女房たちに賀茂の祭を見物させようと準備し、当日、車を停める場所を確保するための杭を打たせた上で出発した。

第二段落（御車五つばかり、…）

道頼の一行が総勢二十台余りの牛車を連ねて賀茂の祭に出向くと、前もって杭を打って確保しておいた場所の向かいに、二台の牛車が停まっていた。

第三段落（御車立つるに、…）

道頼は、一行の牛車を停めるために、向かい側に停めてあった源中納言の牛車を引きのかせようとするが、相手は抵抗し、言い争いになる。道頼が従者に命じて相手の牛車を強引に移動させ、源中納言の従者は道頼の権勢に恐れをなした。

第四段落（少し早う恐ろしきものに…）

道頼は短気で恐ろしい人物のように世間では思われているが、実は親しみやすく穏やかな人物であった。

と出発なさる。

御車は五台ほどで、大人が二十人、二台には、童が四人、下仕えの者が四人乗っている。男君（＝道頼）がお連れになっているので、車列の先払いをする供の者は、四位と五位（の者）が、たいそう多くいる。弟で侍従であったお方は今は少将で、童殿上（＝元服前から見習いで昇殿を許され仕える子供）でいらっしゃった方は兵衛佐で、（道頼が弟たちに）「一緒に見物しよう」と申し上げなさったので、皆がそれぞれいらっしゃった牛車までもが加わっているので、二十台余りが列をなして、皆が、身分の順に整然と並んだなあと（道頼が）見ていらっしゃると、自分が打杭をしている場所の向かいに、古めかしい檳榔毛の車が一台と、網代車が一台停まっている。

御車を停めると、（道頼が）「男車の配置も、疎遠な人ではないので、親しく向かい合わせに停めて、互いに見えるように（一条大路の）北側と南側に停めよ」とおっしゃるので、（供の者が）「この向こう側にある牛車を、少し引きのけさせよ。（私たちの）御車を停めさせよう」と言うのに、（相手側の従者が）意地を張って聞かないので、（道頼が）「誰の牛車か」と尋ねさせなさると、「源中納言殿」と申し上げるので、男君が、「中納言の牛車でも、大納言であっても、これほど（牛車を停める場所が）多くある所で、どうしてこの打杭があると見つつも停めたのか。少し引きのけさせよ」とおっしゃるので、雑色たちが近寄って牛車に手を掛けると、牛車の人が出てきて、「どうして、またあなたたちがこうするのか。たいそう勇み立つ雑色だなあ。権門らしく振る舞うあなたたちの御主人も、中納言でいらっしゃるのか。一条大路もすべて自分のものとなさるつもりか。横暴なことをする」と笑う。「西も東も、斎院も恐れ多く思って、まわり道してお通りになるにちがいないそうだよ」と、口の悪い男がまた言うと、「同じもの（＝中納言）と、殿を同列に言ってはならない」などと（道頼の供の者が）争って、すぐに引きのけることができないので、男君たちの御車は、まだ停めることができない。男君は、先払いをする供の人や、左衛門の蔵人をお呼びになって、「あの牛車を、指図して、少し遠くに行かせよ」とおっしゃるので、（牛車に）近く寄って、ひたすら無理に引きのけさせる。（相手側の牛車の）男たちは少なくて、たやすく引き止めることができない。（相手側の）先払いをする供の者は、三、四人いたけれども、「（抵抗しても）無駄だ。

参考　松嶋健（一九六九年〜）は文化人類学者。大阪府生まれ。京都大学大学院人間・環境学研究科博士後期課程研究指導認定退学。二〇二一年現在、広島大学大学院社会科学研究科准教授。著書に『プシコ　ナウティカ――イタリア精神医療の人類学』、『トラウマを生きる――トラウマ研究1』（共著）、『トラウマを共有する――トラウマ研究2』（共著）などがある。

二

出典　『落窪物語』〈巻二〉

解答

㈠　ア、家にいても物足りないので、女房たちに賀茂の祭を見物させよう

イ、どれほどの者も場所を横取りしたりしないだろうとお思いになって

ウ、「一緒に見物しよう」と申し上げなさったので

㈡　源中納言の従者が、牛車を移動させるのを強情に拒んだ。

㈢　あなたたちの御主人は一条大路もすべて自分のものとなさるつもりか

㈣　当方の主人道頼を源中納言と同列に扱う言い方をするなということ。

㈤　道頼を、その従者にさえ手出しできないほど権勢があると評価した。

◆全　訳◆

こうして、（人々が）「今年の賀茂の祭は、たいそう立派だろう」と言うので、衛門督の殿（＝道頼）が、「（家にいても）物足りないので、女房たちに（賀茂の祭を）見物させよう」ということで、前もって御車を新しくあつらえ、女房たちの装束などをお与えになって、「見苦しくないようにせよ」とおっしゃって、支度をして、その日になって、一条の大路の打杭（＝牛車を停める場所を確保するための杭）を打たせなさっているので、（供の者が）「もう（出かけましょう）」と言うけれども、どれほどの人が（その場所を）取るだろうか、いや、誰も取らないだろうとお思いになって、のんびり

①　患者は自分の欲望に従い主体的に医療を選択できる

②　個人の権利と自由を尊重する

▼(四)　まず傍線部の「それ」は直前文の「家族、関係のある人びと……共同的で協働的な作業」、すなわちケアを指す。ケアの論理は終わり二段落で説明されている。「状況を適切に判断する」「身体の世話をし調える」「身体の養生にかかわる……調整しつづける」などとあるように、ケアとは二者間の行為なのではなく、関係するあらゆるものが関わる共同的・協働的な行為である。次に傍線部では、「人間だけを行為主体と見る世界像（＝〝世界の捉え方〟）」と「関係するあらゆるものに行為の力能（＝〝能力〟）を見出す生きた世界像」とが対比されている。前者は「選択の論理」と結びつくもので、世界が人間の主体的な行為によってのみ成り立つという個人主義に通じる考え方である。これに対して後者は「ケアの論理」と結びつくもので、人間だけでなく、関わりのあるあらゆるものに世界を成り立たせる可能性を認めようとする考え方である。以上より解答のポイントは次の三点となる。

①　ケアは身体の世話や養生に関わるすべての人や物事から成る、共同的で協働的な作業である

②　世界は人間の主体的な行為によってのみ成り立っている

③　世界は関わりのあるすべてのものが働くことで成り立っている

▼(五)　a、「診察」は〝医師が患者の病状を調べるために質問したり、身体を調べたりすること〟。b、「諦める」は〝断念すること〟。「諦念」「要諦」などの熟語がある。c、「羅針盤」は〝方位や進路を測るための器械〟。

語句

●フェーズ＝物事の局面・段階。位相。

●田辺繁治＝一九四三年〜。文化人類学者。

●アネマリー・モル＝一九五八年〜。文化人類学者・哲学者。

●インフォームド・コンセント＝医師が患者に治療方法を説明して同意を得ること。

●リソース＝資源。資産。

よってこのような二つのタイプのケアのあり方を対比しながら説明すればよいことになる。なお「親密性」については〈強く結びつくさま〉などと無難に言い換えればよい。解答のポイントは次の二点である。

① ＨＩＶ感染者たちが相互的なケアによって強く結びつく

② 医療機関や家族による一方的なケアではない

▼(二)　傍線部は、イタリアにおける精神障害の治療法の変革を紹介する一節にある。それによると、精神障害者は「社会的に危険であるとみなされ」、治療とは名ばかりの、「隔離と収容の場」である精神病院に隔離されていたという（第五段落）。これが傍線部直後文にある「精神医療」の実態である。ところが状況が変わり、「精神医療」に取って代わって「精神保健サービス」が登場する。これが傍線部直後文の「精神保健」である。それは「苦しみを抱える人びとが地域で生きることを集合的に支えようとするものであり」（傍線部直前）、「苦しむ人びとの傍らに寄り添い……ケアの論理を最大化しようとする」（第七段落）ものであるという。〈精神障害者から社会を守る〉→〈精神障害者に寄り添う〉という転換が、傍線部に言う「社会」→「人間」への転換である。以上より解答のポイントは次の二点となる。

① 危険な精神障害者から社会を守るという論理

② 精神障害に苦しむ人びとを集合的に支えるケアの論理

▼(三)　「選択の論理」は直前の段落で「ケアの論理」と対比されているが、すでに「近代医療全体は人間を徹底的に個人化する」（第四段落）、「私的自由の論理」「個人の自由の論理」（第七段落）と、その特徴が部分的に説明されている。それをより具体的に述べたのが傍線部以下である。それによると、患者は顧客として、自分の希望や欲望に従って主体的に医療を選択すること、一人の個人として自分だけの責任において選択することが説明される。要するに患者が自由に主体的に医療を選択できるという考え方が「選択の論理」である。これが「個人主義にもとづく」というのだから、個人主義、すなわち個人の自由と権利を尊重する思想・立場を前提にしていることを説明すればよい。よって解答のポイントは次の二点となる。

めに、家族、関係者、同じ病気をもつ人、薬、食べ物などのすべてから成る共同的で協働的な作業を行うものである。

▲解　説▼

本文は人類学の視点から、医療の場における「ケアの論理」に光を当てたもので、従来の「選択の論理」と対比しながらその特徴を論じている。全十一段落。原文には小見出しが掲げてあり、第一～第七段落が「福祉国家から排除された存在」、第八～第十一段落が「ケアの論理と選択の論理」となっている。これに基づいて全体を三つの部分に分けて内容をまとめよう。

1　第一・第二段落（「近代化」は、…）
国家のなかにありながら福祉国家の対象から排除された人びとが形づくる生のあり方がある

2　第三～第七段落（第一の例は、…）
タイではＨＩＶ感染者が自助グループを作り、イタリアでは精神障害者を支える精神保健サービスがある

3　第八～第十一段落（二つの人類学的研究から…）
「選択の論理」が個人主義にもとづくのに対して、「ケアの論理」は共同的で協働的である

▼㈠　傍線部は、タイにおけるＨＩＶ感染者たちの自助グループを紹介する一節にある。彼らは「医療機関から排除され、さらには家族や地域社会からも差別され排除される」（第三段落）なかで、感染者同士の「相互的なケア」によって「独自の知や実践を生み出していく」（いずれも第四段落）という。傍線部の「一元的」は〝ある一つの原理によって統一されているさま〟の意で、ここでは「ケア（＝〝世話、介護〟）」の原理に基づいてケアする者→ケアされる者という関係が成り立つことをいう。言い換えれば〈一方的〉あるいは〈一方向的〉〈非対称的〉な関係であるということ。具体的には前述の「医療機関」や「家族」と感染者の関係をいうと見ることができる。ではこれとは「異なったかたち」とは何かといえば、前述の「相互的なケア」にほかならない。「相互的」は〈双方向的〉と言ってもよい。

国語

一

出典　松嶋健「ケアと共同性――個人主義を超えて」（松村圭一郎・中川理・石井美保編『文化人類学の思考法』世界思想社）

解答

㈠　ＨＩＶ感染者たちが医療機関や家族による一方的なケアではなく、相互的なケアによって強く結びつくさま。

㈡　危険な精神障害者から社会を守るという論理から、精神障害に苦しむ人びとを集合的に支えるケアの論理への転換。

㈢　患者が自分の欲望に従い主体的に医療を選択できるという考えは、個人の権利と自由を尊重する思想を前提とするということ。

㈣　患者の身体の世話や養生に関わるすべての人や物事から成る、共同的で協働的な作業であるケアによって、世界は人間の主体的な行為によってのみ成り立つのではなく、関わりのあるすべてのものが働くことで成り立つと考えるようになるということ。（一〇〇字以上一二〇字以内）

㈤　a―診察　b―諦　c―羅針

◆要　旨◆

福祉国家の対象から排除された人びとが形づくる自助グループに見られるのは、個人を基盤にしたものとも社会全体を基盤におくものとも異なる共同性の論理である。この論理は「選択の論理」に対比される「ケアの論理」である。医療における「選択の論理」は個人主義にもとづき、患者は顧客として自由に選択できるように見えて、実は孤独に自分の責任での選択を強いられる。これに対して「ケアの論理」の出発点は人が何を必要としているかで、身体の世話をし調えるた

· memo ·

2020年度

解答編

解答編

英語

1 (A) 解答 ＜解答 1＞　すべての年齢層を考慮することを目指す高齢者にやさしい町づくりは，実際には高齢者側のことしか考えていない。目標の実現には，幅広い世代からデータを取る必要がある。(70～80 字)

＜解答 2＞　高齢者にやさしい町づくりが，実は高齢者とその関係者しか考慮していない原因は，高齢者に良ければ万人にも良いという前提にある。異なる年齢層の考えを取り入れるべきだ。(70～80 字)

＜解答 3＞　すべての年齢を考慮し，社会的絆の強化を図る町づくりが，実際には高齢者優先になっている。目標を達成するためには，考えの異なる世代の意見に耳を傾ける必要がある。(70～80 字)

◆全　訳◆

≪高齢者にやさしい町づくり≫

高齢者にやさしい町づくりの動きが，国民の急速な高齢化に対する説得力のある反応として生じている。「高齢者にやさしい町」の定義はさまざまに異なり，多様な取り組みや方法があることを表しているが，多くのモデルが，社会的な絆を強化することの重要性に注目し，あらゆる年齢層を考慮に入れる構想を推進している。たとえば，第 7 代国連事務総長を務めたコフィー=アナンは，1999 年の高齢化に関する国連国際会議の開会の辞で次のように言明した。「すべての年齢層のための社会は，あらゆる世代を包み込むものです。それは，若者，大人，高齢者がそれぞれの道を歩み，ばらばらになっているものではありません。そうではなく，異なる世代の人たちが共通の利害を認識し，それに基づいて行動する，すべての年齢層を含んだものです」

世界保健機関（WHO）や他の国際組織はこの前提をさらに明確に表現するため，高齢化を生涯続く過程と定義し，次のように述べている。「私たちはみんな，人生のどの瞬間にも年を重ねており，私たち全員に健康で活動的に年を重ねる機会があるべきだ。高齢期の生活の質を可能な限り高く保つために，WHOは一生を通じて健康に影響を与える要因に出資する取り組みを支持する」

しかし，実際には，高齢者にやさしい町づくりは，高齢者と彼らの世話をする人たちや彼らにサービスを提供する企業の必要や利害に主に焦点を当ててきた。その際に，何が町におけるよい生活条件を生み出すか，また高齢者とともに働く機会やそれを妨げる障害となるものについて，若者や家族から十分なデータを集めることをしてこなかった。

構想と実際のこうしたずれは何が原因なのだろうか。答えの一つは，高齢者によいことはすべての人によいという，高齢者にやさしい町づくりの一般的な前提にあるのかもしれない。言い換えると，もし高齢者にやさしい町づくりが高齢者に適した町を作るのに成功すれば，そうした町はすべての世代に適したものになるだろう，ということである。異なる世代間に共通の利害は数多くある一方で，合衆国とヨーロッパでの最近の研究は，成人のうち若い人たちと高齢の人たちでは，投票パターンや心構えの違いが1970年代以降最も大きくなっていることを示唆している。こうした研究が示すのは，高齢化の過程の異なる段階にある人たちにとって何をもってやさしい町と言うのかを十分に理解するためには，今成長しつつある人たちにも高齢化しつつある人たちにも何が町をよいものにするのかに関して，複数の世代からデータを集めることが非常に重要であるということだ。

◀解　説▶

◆読解する

全体の構成を意識しながら，各段を検討しよう。

〔第1段〕

この段は，「高齢者にやさしい町づくり」は何を目指しているのか，アナン元国連事務総長の言葉を引用して説明している。

〔第2段〕

この段は，さらに「高齢化」とは一生続く過程であるという世界保健機関などの国際組織の定義を紹介している。

〔第3段〕

この段では，実際には高齢者や高齢者に関わる人たちの必要や利害にだけ焦点が当てられてきたという，理念とのずれを説明している。

〔第 4 段〕

この段では，そのずれの原因と解決策を示している。

各段と各文の内容をまとめると次表のようになる。

各段の要旨		各センテンスの内容
第1段	高齢者にやさしい町づくりの理念 1	第 1 文：急速に進む高齢化に反応して，高齢者にやさしい町づくりの動きが起きている。 第 2 文：「高齢者にやさしい町」のモデルの多くは，社会的絆の強化を重視し，あらゆる年齢層を考慮する構想を推進している。 第 3 文：アナン元国連事務総長の言葉の引用 ①「すべての年齢層のための社会はあらゆる世代を包含する。 第 4 文：②各年齢層が独自の道を歩み，ばらばらになっているものではない。 第 5 文：③異なる世代が共通の利害を認識しそれに基づいて行動する，すべての年齢層を含んだものである」
第2段	高齢者にやさしい町づくりの理念 2	第 1 文：世界保健機関などの「高齢化」の定義 「人はみなどの瞬間にも年を取っており，健康で活動的にそうなる機会をもつべきである」 第 2 文：そのための世界保健機関の決意 「高齢期の生活の質を可能な限り高く保つために，世界保健機関は出資を支持する」
第3段	理念と現実のずれ	第 1 文：しかし，実際には高齢者にやさしい町づくりは高齢者とその世話やサービスに関わる人たちの必要や利害に主に焦点を当ててきた。 第 2 文：若者や家族からのデータは集めていない。
第4段	ずれの原因と解決法	第 1 文：このずれの原因は何だろうか。 第 2 文：答えの一つは，高齢者によいことはすべての人によいという前提にあるのかもしれない。 第 3 文：換言すれば，高齢者に適した町づくりが成功すれば，それはすべての世代に適した町になるということである。 第 4 文：若年層と高齢層の投票行動や心構えの違いは，1970 年代以降で最も大きくなっていると研究が示唆している。 第 5 文：異なる年齢層の人たちにやさしい町とは何かを十分に理解するためには，複数の世代からデータを取る必要がある。

◆答案を作成する

この文章の主旨は，「高齢者にやさしい町づくり」の現実が理念とずれていることを指摘し，その解決策を述べるところにある。したがって，第

1・2段で述べられている「高齢者にやさしい町づくり」の理念は，共通の要素を抜き出して，簡潔にまとめるのがよいだろう。第1段では第2文（Although definitions of …）の「あらゆる年齢層を考慮に入れる」，第3文（For example, …）の「すべての年齢層のための社会」に典型的に現れている。第2段第1文（The World Health Organization …）後半のコロン以下にある「私たちはみんな，人生のどの瞬間にも年を重ねている」は，aging とはすでに高齢である人たちだけのことではなく，すべての人に関係することだという意味であろう。第3段第1文（In practice, however, …）で，その理念に対して「現実には高齢者とその関係者しか考慮していない」ことを指摘し，第4段最終文（These studies suggest …）で解決策として「複数の世代からデータを取る必要がある」としている。概ねこれらで全体の要点を述べられるが，第4段第2・3文（One answer may …）にある「理念と現実のずれの原因」，すなわち「高齢者にやさしい＝すべての人にやさしい」という考え方を盛り込んでまとめるのもよいだろう。

●語句・構文●

（第1段）　●takes into account all ages「すべての年齢（の人）を考慮に入れる」 take *A* into account「*A* を考慮に入れる」の *A* がうしろに置かれている。この語順は通常 *A* が節（SV を備えたまとまり）の場合に起こる。

（第2段）　●premise「前提」　●endorse「～を支持する」

（第4段）　●account for ～「～の原因となる」

1 (B) 解答

(ア) Thanks to mosquitoes that get trapped in cars

(イ)(1)— a)　(2)— d)　(3)— e)　(4)— c)　(5)— f)

◆全　訳◆

≪都市生態系における進化≫

クレックス＝モレストゥスは蚊の亜種でロンドン地下鉄蚊として知られている。この名前がついたのは，初めて報告されたのが，1940年のドイツによるロンドンの空襲の期間，地下鉄のトンネルが一時的な防空壕として使われていたときだったからである。クレックスは非常にありふれたタイプの蚊で，多くの種類がいる。モレストゥスは，地上で見られる近縁種クレックス=ピピエンスと見た目は同じだが，行動はかなり異なっている。地上のロンドンの通りでは，蚊は人間ではなく，鳥の血を吸う。地上の蚊は産卵する前にこうして血を摂取しなければならず，冬眠する。地下鉄では，蚊は乗客の血を吸い，摂餌の前に卵を産む。また 1 年中活動する。

最近の研究が明らかにしたことだが，その名前にもかかわらず，地下鉄蚊はロンドンに特有のものではない。世界中の地下室や地下鉄に生息しており，人間が作った環境に自分の生き方を合わせてきたのだ。自動車や飛行機の中に閉じ込められる蚊のおかげで，その遺伝子が都市から都市へと広がるが，同時に現地の地上の蚊と異種交配し，その源からも遺伝子を取り入れる。(1)［a）そして，こうしたことはすべてごく最近起こったということも明らかになっている。］おそらく人間が地下建築物を造り始めて初めてクレックス=モレストゥスは進化したのだろう。

ロンドン地下鉄蚊の進化が私を魅了するのは，特にそれが進化の標準的な一覧表における非常に興味深い追加事項に思えるからだ。私たちはみんな，進化が遠く離れたジャングルにいるゴクラクチョウの羽や高い山の頂上に咲く珍しい花の形を完全なものにすることを知っている。しかし，どうやらその過程は文字どおり私たちの足の下，都市の地下鉄網の汚れた動力ケーブルの間で起きているほどふつうのことなのだ。それほど面白く，ユニークで，身近な例なのである！　生物学の教科書の中で見つかるような類のことなのだ。

だが，それがもはや例外ではないとしたらどうだろう。地下鉄蚊が，人間や人間の作った環境と接触するあらゆる植物や動物の典型だとしたらどうなるのだろうか。地球の生態系に対する私たちの支配力がとても強くなっているために，地球上の生物が完全に都会的な惑星に適応する方法を発達させている最中だとしたらどうしようか。

2007 年，史上初めて，都市部で暮らす人のほうが農村部で暮らす人より多くなった。(2)［d）それ以降，その統計値は急速に増加している。］21 世紀半ばには，推定 93 億人になる世界人口の 3 分の 2 が都市部にいることになる。念のために言っておくが，それは世界全体でということである。西ヨーロッパでは，田舎よりも都市で暮らしている人のほうが 1870 年以降ずっと多く，合衆国では 1915 年にその転換点に達した。ヨーロッパや北米のような地域では，1世紀以上ずっと都市大陸になる道を確実に歩んできたのである。合衆国での最近の研究は，地図上のある地点からいちばん近い森林地までの平均距離は，毎年およそ1.5パーセント増加していることを明らかにした。

生態学的には，私たちが今日置かれているような状況は世界にとって初めてのものだった。単一の大型動物種が，この惑星を完全に占領し，自分に都合のよいように変えているという状況である。目下，私たち人間は，世界の植物すべてが生み出す食物のまるまる4分の1，世界全体の真水の多くを自分たちのために使っている。これもまた，以前には一度も起きたことがないことである。進化が生み出した種の中で，これほどの地球規模でこのような中心的な生態的役割を果たせる種はこれまで他にない。(3)[e) そのため，地球は完全に人間の支配するものになりつつある。] 2030年には，地球上の土地の10パーセント近くが人口稠密になり，残りの多くは人間が形作った農場，畑，プランテーションで覆われることになる。要するに，まったく新しい一つの生息地で，これまで自然にはなかったようなものである。それでも，生態と進化，生態系と自然について語るとき，私たちは頑固に人間という要素を無視し，代わりに人間の影響がまだ非常に小さい，減少しつつある生息地のほんの一部分に注意を向けている。

そのような態度はもはや維持できない。人間の活動が世界でまさに最も強い生態的影響力をもつものであるという事実を認める時期である。好むと好まざるとにかかわらず，私たちはこの惑星上で起こるすべてのことと完全に結びついているのである。(4)[c) おそらく，私たちは想像の中では，まだ自然を人間の環境とは切り離しておけるのだろう。] しかし，外に広がる現実の世界では，人間の活動という糸は，自然の織物の中にしっかりと織り込まれている。私たちはガラスと鋼鉄でできた新しい種類の建造物に満ちた都市を造る。私たちは気候を変える温室効果ガスを大気中に出す。その土地のものではない植物や動物を放ち，他の種を獲り，自分自身の必要のためにさまざまな天然資源を使う。地球上の人間以外の生物はどれも，直接的，間接的に人間と遭遇することになるだろう。そして，ほとんどの場合，そのような遭遇は，当該の生物に何らかの影響を及ぼさずにはいない。それはその生物の生存や生き方を脅かすかもしれない。しかし，そのような遭遇はまた，ちょうどクレックス=モレストゥスの祖先に対してそうしたように，新たな機会を生み出すのかもしれない。

では，難題や機会に出会うとき，自然は何をするだろうか。自然は進化するのである。ともかくも可能であれば，自然は変化し適応する。圧力が大きければ大きいほど，この過程はより速くより広範囲になる。地下鉄の乗客が痛いほどわかっているように，都市には大いなる機会があるが，また大いなる競争もある。生き延びたければ，毎秒が重要であり，自然はまさにそれを行っている。(5)［ f ）私たちはみんな，手つかずの自然の量が減っていることに焦点を当ててきたが，都市生態系は私たちの背後で急速に進化しているのだ。］

◀解　説▶

◆(ア)　空所を含む当該文前半は「その遺伝子が都市から都市へと広がる」となっている。空所の直後に and planes「そして飛行機」と続いており，与えられた語句の中に cars「自動車」があること，trapped「捕らえられる，閉じ込められる」から，蚊が自動車や飛行機に乗って遺伝子が広がるのだと考えられる。thanks to ～「～のおかげで」の目的語に mosquitoes「蚊」を続け，that を関係代名詞と考えれば，Thanks to mosquitoes that get trapped in cars (and planes)「自動車（や飛行機）の中に閉じ込められる蚊のおかげで」となり，文意に合う。

◆(イ)　▶(1)　空所に続いて「おそらく人間が地下建造物を造り始めて初めてクレックス=モレストゥスは進化したのだろう」とある。ダッシュで補足してモレストゥスの進化の時期を具体的に推測していることから，a）の「そして，こうしたことはすべてごく最近起こったということも明らかになっている」を補う。すると，「人間が地下建造物を造り始めてから」が「最近」を説明し直したものだと考えられる。また，「～ことも明らかになっている」と also「～も」があることが，同段第 1 文（Despite its name, …）に「最近の研究が明らかにしたことだが」とあることとうまく合う。

▶(2)　空所の前に「2007 年に都市人口が農村人口を史上初めて上回った」ことが述べられており，空所のあとには 21 世紀半ばという将来の予測が述べられている。d）の「それ以降，その統計値は急速に増加している」を補うと，前後とうまく合う。

▶(3)　直前の文にあたる第 6 段最終文（No other species …）に「これ（＝人類）ほど地球規模で中心的な生態的役割を果たせる種はこれまで他にない」とあり，空所のあとには 2030 年までには，人口稠密地が増え，地球上の土地の多くを人間が農地などに変えてしまうという予測が述べられている。e）の「そのため，地球は完全に人間の支配するものになりつつある」を補うと，前後とうまく合う。

▶(4)　空所直後の文（Out in the real world, …）は「しかし，外に広がる現実の世界では，人間の活動という糸は，自然の織物の中にしっかりと織り込まれている」となっている。however「しかし」とあるので，対照的な内容のものを補うことになる。c）の「おそらく，私たちは想像の中では，まだ自然を人間の環境とは切り離しておけるのだろう」を補えば，「想像の中」と「外の現実の世界」，「自然と人間の環境を切り離しておく」と「人間の活動が自然の中に織り込まれている」がちょうど対照的になり，適切。

▶(5)　第 9 段第 1・2 文（So what does nature …）に「難題や機会に出会うとき，自然は…進化する」，第 7 段最終文（And yet, when we …）・第 8 段第 1 文（Such an attitude …）に「生態系と自然について語るとき，私たちは…人間の影響がまだ非常に小さい，減少しつつある生息地のほんの一部分に注意を向けている。そのような態度はもはや維持できない」とあるように，筆者は人間の作った環境の中でも進化が起こっていることを，ロンドン地下鉄蚊を引き合いに出して述べてきた。f）の「私たちはみんな，手つかずの自然の量が減っていることに焦点を当ててきたが，都市生態系は私たちの背後で急速に進化しているのだ」を補うと適切。

●語句・構文●

（第 1 段）　●overnight「一晩の，一時的な」

（第 2 段）　●cross-breed「異種交配する」　●only since humans began …, did *Culex molestus* evolve「人間が…して初めてクレックス＝モレストゥスは進化した」 only が副詞（句・節）を伴って文頭に置かれると，否定の副詞と同様に主節が疑問文と同じ語順の倒置になるため，did … evolve となっている。

（第 3 段）　●not least「特に」　●portfolio「一覧表」　●bird of paradise「ゴクラクチョウ」は，尾羽や飾り羽の美しい鳥の名。

（第4段）　●what if …?「…だとしたらどうだろうか」　●*one's* grip on ～「～に対する…の支配力」

（第5段）　●Mind you「念のために言っておくが」 相手の注意を喚起するために用いる。

（第6段）　●appropriate「～を（不法に）私用に供する」

（第7段）　●much of the rest covered by …「残りの多くは…に覆われることになる」 同文前半の nearly 10 per cent … will be densely populated と同じパターンになるので，rest のあとの will be が省略されている。 ●altogether「（文頭で）全体的にみて，要するに」 ●the like「似たもの，匹敵するもの」

（第8段）　●in question「当該の」

2 (A) 解答例

＜解答例1＞ I think we are under the control of language. Since we use language to think clearly, it is natural that speakers of different languages think differently. Vocabularies influence how we interpret things, and even one word evokes different images. For example, Japanese people generally associate “lemon” with freshness, while speakers of English connect the word with sourness and bitterness, or even with something unsatisfactory or a feeble person. We cannot think without being affected by such differences.（60～80語）

＜解答例2＞ In my opinion, we manipulate language. Imagine that your close friend is depressed and that you want to cheer her up. Probably you think hard about what to say and how to say it. Your good choice of words and effective use of language can give her encouragement. Language is a tool. Fiction writers create nonexistent worlds using words, and philosophers even coin new words and phrases to express the concepts of their thought. Thus, we handle language.（60～80語）

◀解　説▶

▶＜解答例＞の全訳は以下のとおり。

＜解答例1＞ 私たちは言葉に操られていると思う。明確に考えるために言語を使うのだから，異なる言語の話し手が違ったふうに考えるのは当然である。語彙は私たちが物事をどのように解釈するかに影響を及ぼすし，ほんの一つの単語でさえ，異なるイメージを喚起する。たとえば，日本人は一般に「レモン」で爽やかさを連想するが，英語の話し手はその単語で酸っぱさや苦さ，あるいは満足のいかないものや弱々しい人のことさえ連想する。私たちはそのような違いに影響を受けずに考えることはできないのである。

＜解答例2＞ 私の考えでは，私たちが言葉を操っている。親しい友達が落ち込んでいて，その人を励ましたいと思っているとしよう。おそらく，何をどのように言うか一生懸命考えるだろう。言葉をうまく選択し効果的な言葉の使い方をすれば，その人を励ますことができる。言葉は道具なのだ。小説家は言葉を使って実在しない世界を創り出し，哲学者は自分の思想の概念を表現する単語や言い回しを新たに造りさえする。このように，私たちは言葉を操っているのである。

▶私たちは言葉を操っているのか，言葉に操られているのかについて意見を述べるもの。まず，どちらの立場かを表明し，その理由や具体例を挙げるという手順になるだろう。もちろん，どちらの立場に賛成か反対かを問われているわけではないので，どちらの側面もあるという考え方もできる。いずれにしても，説得力をもたせるためには，わかりやすい例を示すことが大切である。

2 (B) 解答

＜解答1＞ However, if we push (things) forward only based on self-confidence, we will someday find ourselves in a position that harms others. We should always be conscious that our beliefs are groundless to some degree, and only then can we develop a tolerant attitude.

＜解答2＞ But doing things just based on your understanding of what is right will someday put you in a position that hurts others. You cannot cultivate open-mindedness unless〔until〕you understand that your beliefs can be wrong to some extent.

◀解　説▶

(第 1 文)

● 主語は，下線部第 2 文に「自分たち」と複数で述べていること，下線部に続く文章の最終部分に「われわれ」とあることから，we を使えばよい。ただし一般論なので，you を使っても不可とまでは言えない。

●「しかし自信ばかりで押し切っては」
「しかし」は however，but でよい。yet も使える。「～しては」とあるので if 節にする。「押し切ることは…立場に置く」と全体を無生物主語で処理することも考えられる。「自信」は self-confidence が文字どおり。confidence だけでも意味は伝わる。また，文章の内容から，ここでの「自信」は自分の正しさに対するものと考えられるので，「何が正しいかという自分の解釈」your understanding of what is right などとすることもできる。「押し切る」は通常，「相手の意見や反対を聞き入れずに自分の考えを通す」ことだが，ここでは「何を」押し切るのかが述べられていない。「自信〔何が正しいかという自分の解釈〕だけに基づいて（物事を）押し進める〔行う〕」push (things) forward only based on self-confidence / do things just based on your understanding of what is right などとできる。

●「やがていつかは他人を害する立場に立つ」
「やがていつかは」は，ほぼ同じ意味の言葉の繰り返しなので「いつかは」someday / some day (or other) でよい。「(他人を害する) 立場に立つ」を文字どおりに訳すと，自ら進んでその立場を取ることともとれてしまうので，「気づいたら立場にいる」we〔you〕will find ourselves〔yourself〕in a position などとするとよい。「立場」にこだわらず，「気づいたら…（害）している」find *oneself doing* とすることもできる。無生物主語で書く場合は，「(他人を害する) 立場に私たち〔あなた〕を置く」will put us〔you〕in a position とできる。「他人を害する」は harm others でよい。harm の代わりに hurt「傷つける」も使える。

(第 2 文)

●「自分たちは，いつも…悟り，かくて初めて～できる」という文全体の運びをどうするかあらかじめ考える必要がある。①「自分たちは，いつも…を悟るべきであり，そして，そのとき初めて～できる」が原文に近い。「かくて初めて」に重点を置けば，②「悟らなければ〔悟るまで〕～できない」とすることもできる。

●「自分たちは，いつも自分たちの信念がある程度までまゆつばものだということを悟り」

「いつも…を悟り」は，「いつも…を意識し」always be aware〔conscious〕that … などとできる。「悟る」を understand / realize などの動詞で表す場合は，always との相性がよくないので，「いつも」は訳出しない。上記の②の考え方であれば，これらの動詞を使うのが適切。「自分たちの信念」は文字どおりの our〔your〕beliefs でよい。「ある程度まで」は to some degree〔extent〕が定番。「まゆつばもの」は「真偽が確かではないもの」の意だが，ここでは「(自分たちの信念が) 間違っている可能性がある」can be wrong,「根拠がない」groundless といった意味合いだと考えられる。call *A* into question「*A* を疑問視する」を受動態で用い，「自分たちの信念には疑問の余地がある」our beliefs can be called into question とすることもできる。

●「かくて初めて寛容の態度を養うことができる」

「かくて初めて」は，上記の①の考え方なら only then などとなる。これを文頭に置くと，続く節は疑問文の語順の倒置になることに注意。「寛容の態度を養う」は develop a tolerant attitude が文字どおり。「養う」には cultivate / nurture なども使える。また，「態度」にこだわらず，「寛容さ」tolerance / open-mindedness としてもよいだろう。

3 (A) **解答**　(6)—e）(7)—c）(8)—d）(9)—b）(10)—b）

◆全　訳◆

≪子育ての庭師モデルと大工モデル≫

著作権の都合上，省略。

著作権の都合上，省略。

著作権の都合上，省略。

◀解　説▶

▶(6)「子育ての大工型概念と合わないものは次のどれか」

大工モデルはゴプニックの２番目の発言第１段（Well, if you look …）と５番目の発言（That's exactly right. …）で述べられている。

a）「子育ては，基本的な素材を特定の形に形成するようなものだと考える」 ２番目の発言第１段第２文（The idea is that …）の内容と一致する。

b）「子育ての最終的な目標についてのはっきりとした考えを含んでいる」 ５番目の発言第２文（Imagine you could …）の内容と一致する。

c）「子どもを上手に育てるための特定の計画に従うことを伴う」 ２番目の発言第１段第２文（The idea is that …）後半の内容と一致する。

d）「今日の先進国での優勢な子育てモデルである」 ２番目の発言第１段第１文（Well, if you look …）の内容と一致する。

e）「親と他の行為主体との協力を必要とする」 ゴプニックの2番目の発言第2段第2文（For one thing, …）で述べられている庭師モデルの内容と一致しており，大工モデルではない。これが正解。

▶(7) 「先進国で優勢な子育てモデルを生み出すのに比較的重要だった人間社会の変化は次のどれか」

ゴプニックの3番目の発言第2段第1文（During the 20th century, …）に「20世紀の間に，家族は規模が小さく流動的になり，夫婦が子どもをもつ年齢が高くなり，家族を営み始める多くの人が，子どもの世話をする経験はあまりない…ということが初めて起こった」とある。c）の「自分の子どもをもつ前に子どもの世話をするという経験の減少」が正解。

a）「産業経済の発達」 b）「高等教育の出現」

d）「大きな拡大家族の隆盛」

e）「狩猟採集社会から定住農耕社会への移行」

▶(8) 「インタビューの中で言及されていない発言は次のどれか」

a）「現代社会においては，人々はまず子どもの世話をする経験をすることなく，家族を営み始めることが多い」 ゴプニックの3番目の発言第2段第1文（During the 20th century, …）後半の内容と一致する。

b）「子育ては20世紀に変わり始めた」 a）と同様，ゴプニックの3番目の発言第2段第1文の内容と一致する。

c）「子育ては学業や仕事と同じようなものだと見なされてきた」 ゴプニックの3番目の発言第2段第2文（So I think it was …）の内容と一致する。

d）「子育ては，まず仕事で成功すればより順調にすすむ」 このように述べられている箇所はない。これが正解。

e）「子どもを上手に育てるために適切な手引きを探す親もいる」 ゴプニックの3番目の発言第2段最終文（If I can just find …）の内容と一致する。

▶(9) 「人間の子ども時代が特に長い理由としてゴプニックが言及しているのは次のどれか」

ゴプニックの4番目の発言第4・5文（One idea is …）に「長い子ども時代が，新しい状況にどのように適応すればよいか考えることができる…時期を与えてくれ…人間がこんなにも多くの異なる環境で生きることを可能にしてくれる」とある。b）の「それは人間がより柔軟性と適応力をもてるようにする」が正解。

a）「それは人間が言語を獲得できるようにする」

c）「それは人間がより大きな脳を発達させられるようにする」

d）「それは人間が人生をより十全に経験できるようにする」

e）「それは人間が自分を取り巻く環境を守れるようにする」

▶⑽「この会話によると，ゴプニックと司会者ヴェダンタムの考えを最もよく表しているのは次の文のどれか」

ヴェダンタムの5番目の発言（It seems to me …）に「私には，庭師モデルが，そういう長く続く人間の子ども時代という条件に完璧に合うものに思える」とあり，続いてゴプニックが「まさしくそのとおり」と言っている。b）の「ゴプニックもヴェダンタムも庭師モデルのほうがよいと考えている」が正解。

a）「ゴプニックもヴェダンタムも大工モデルのほうがよいと考えている」

c）「ゴプニックとヴェダンタムは両方のモデルに多くの評価すべき点を見出している」

d）「ゴプニックは大工モデルのほうがよいと考えているが，ヴェダンタムは庭師モデルのほうがよいと考えている」

e）「ゴプニックは庭師モデルのほうがよいと考えているが，ヴェダンタムは大工モデルのほうがよいと考えている」

●語句・構文●

（ゴプニックの2番目の発言） ●culture「文化，（行動・考え方の）パターン」

（ゴプニックの5番目の発言） ●turn out ～「～になる」

3（B） 解答 ⑾－c） ⑿－a） ⒀－a） ⒁－b） ⒂－e）

◆全 訳◆

≪現代の子育ての問題≫

著作権の都合上，省略。

著作権の都合上，省略。

著作権の都合上，省略。

◀解　説▶

▶⑾「ゴプニックによると，大工モデルの子育てのありそうな結果は何か」

ゴプニックの最初の発言第２文（They're achieving …）に「彼ら（＝現代の若者）は…危険を冒すことが以前より少ない」，同最終文（And I think, …）に「これは大工の筋立てからちょっと予測できることだ」とある。c）の「子どもたちは注意深くなる可能性が高まるだろう」が正解。

a)「子どもたちは危険を冒すことによってより多くのことを成し遂げるだろう」
b)「子どもたちは不確かなことによりうまく対処できるようになるだろう」
d)「子どもたちはのちの人生でよりバランスのとれた人になるだろう」
e)「子どもたちはより大きな自由から利益を得るだろう」

▶⑿ 「ヴェダンタムによると，ゴプニックは何を主張しているか」

ゴプニックの2番目の発言第1文（Well, in the carpenter …）の「大工の筋立てでは…子どもに危険を冒したり，探求したり，自律したりする自由を与えていない」という言葉を受けて，ヴェダンタムの3番目の発言第1文（So, Dr. Gopnik, …）に「ゴプニック博士，あなたの主張は，子どもたちが自由に学んだり探求したりできる環境を作り出すことによって…よりうまく対処できるようになる子どもを育てるということですね」とある。a）の「子どもたちは危険を冒すことによって価値ある教訓を学ぶ」が正解。

b)「子どもたちは幼いときから特殊な技能を伸ばす必要がある」
c)「親は自分の子どものための特定の目標をもつ必要がある」
d)「大工モデルは子どもたちの自由感を増すように考えられている」
e)「現在の子育ての考え方がうまくいくためにはほんのちょっとした調整が必要なだけである」

▶⒀ 「ゴプニックの主張に対してウェブはどのような異議を唱えているか」

ウェブの最初の発言第1～3文（Well, I think …）でオリンピック選手を例に挙げ，特定のことをうまくできる人が報われると主張したあと，第4・5文（And even though …）で「子どもに自分のしたいことを考えさせ…14 歳でアイススケーターに本当になりたいとわかったとしても，その時点では…おそらく遅すぎる。それが問題だ」と述べている。a）の「子どもに多くの自由を与えることは，彼らの将来の機会を制限しかねない」が正解。

b)「不安をなくそうとするなら，しっかりした人生が必要である」
c)「成功しようとするなら，一つを選ぶ前に多くのことを試してみる必要がある」

d）「オリンピック選手になるためには，14歳になる前にレッスンを受け始めなくてはならない」

e）「人生における成功の基礎には，子どもの天性の能力がある」

▶⑭「ウェブが説明する問題について，ゴプニックはどう思っているか」

ゴプニックの3番目の発言第2・3文（I mean, parents …）に「10代の子どもたちが…毎晩2時まで寝ないで勉強している…そんなのはどうかしている」と述べている。b）の「子どもたちは，成功するためにそんなに懸命に努力することを期待されるべきではない」が正解。

a）「子どもたちは，自分の親を信じるように奨励されるべきだ」

c）「競争的な文化にいる親は，自分の子どもに多大な要求をするべきだ」

d）「親は，子どもが成功するのを手助けするために，可能な限りあらゆる強みを与えるべきだ」

e）「私たちはこのような状況にいる親に同情すべきだ」

▶⑮「ウェブはこの議論から最終的にどのような結論を引き出しているか」

ウェブの3番目の発言第2文（But perhaps it isn't …）に「変わる必要があるのは子育てではなく，社会が学校での出来に対してどのように賞罰を与えるかである」とある。e）の「本当の問題は社会にある」が正解。

a）「人生は不公平な競争のようだ」

b）「子育てモデルのほとんどは，人生に対する十分な備えを子どもにさせていない」

c）「子どもが人生で成功する手助けをどのようにしてやればよいのか理解している親は十分にはいない」

d）「子育ては，非常に報われない活動であるかもしれない」

●語句・構文●

（ヴェダンタムの最初の発言）　●gifted「天賦の才能のある」

（ゴプニックの2番目の発言）　●come out ～「～という結果になる」

●autonomous「自律した」

3 (C) 解答 ⑯ー b ） ⑰ー e ） ⑱ー d ） ⑲ー d ） ⑳ー d ）

◆全　訳◆

≪作物増産の新技術≫

農家や植物育種家は時間と戦っている。オーストラリアの植物学者のリー=ヒッキーによると,「私たちは世界中の人を食べさせていくという点で重大な難題に直面している。2050 年には，地球上におよそ 100 億人が存在することになる。したがってすべての人を食べさせるためには，60 パーセントから 80 パーセント多くの食糧が必要だ」と，彼は言う。

育種家たちは，より生産性がよく病気に抵抗性のある，新しい種類の作物を開発するが，それは従来の技術を使うと 10 年以上かかることもあるゆっくりとした過程である。したがって，そのペースを速めるために，オーストラリアのヒッキー博士のチームは，これまでよりも早く種を収穫し作物の次の世代を育て始められる「促成栽培」に取り組んできた。彼らの技術は，宇宙ステーションでの食物の育て方に関する NASA の研究に触発された。彼らは，1 日に 22 時間青と赤の LED 照明を照らし，温度を摂氏 17 度から 22 度に保つことで，作物をだまして早期に花を咲かせる。従来の方法だと年に 1，2 世代しか産出されないのに対して，彼らは 1 年でコムギを最高 6 世代まで育てることができるのだ。

研究者が最初に人工照明で植物を育て始めたのはおよそ 150 年前のことだ。当時は，炭素アーク灯と呼ばれるもので生み出された光を使っていた。それ以降，LED 技術の進歩のおかげで，科学者が個々の作物種に合うように照明の設定を調節する際の正確性が大いに向上した。

研究者たちはまた，植物の望ましい特徴の発生を早める新しい遺伝子技術を採用している。歴史的に，人類はこうした恩恵を得るために，自然な変異とそれに続く人工的な選別の組み合わせに頼ってきた。今では，育種家はたいへん速く正確に DNA を変更する遺伝子編集手段を使っている。2004 年，ヨーロッパで研究している科学者たちが，オオムギの一種を深刻な病気に対して抵抗性のあるものにしている単一遺伝子の変異を特定した。10 年後，中国の研究者たちが，世界で最も重要な作物の一つであるコムギの同じ遺伝子を編集し，それも抵抗性のあるものにした。

遺伝子編集手段は，コメを病気から守り，トウモロコシやダイズに特定の化学物質に対する抵抗性をつけ，アジアや南北アメリカで作物を台なしにしたある種のバクテリアからオレンジを守るために使われてきた。韓国では，バナナの絶滅危惧種を破壊的な土壌の病気から救うために，科学者たちがこうした手段を使っている。

比較的安価で効果的な技術のおかげで，世界中の作物を改良するためのさまざまな機会が開かれつつある。ヒッキー博士のチームは，次の数年にわたってインド，ジンバブエ，マリの農家を手助けするために，こうした発見を使うつもりである。その発見が発展途上国にも利益になってほしいと考えているからである。

ヒッキーによると，将来の食糧確保という難題に応えようというのであれば，促成栽培と遺伝子編集を，今ある他のあらゆる手段と組み合わせる必要がある。「一つの技術だけでは，私たちが抱えている問題を解決することにはなりません」と，彼は言う。

しかし，基本的な促成栽培が一般に受け入れられている一方，多くの人が遺伝子編集技術を採用するのには乗り気でない。彼らは，長期的な予想外の結果を心配しているのである。この革命的な技術の恩恵は，その潜在的な危険と天秤にかけてみなくてはならないと，彼らは感じているのだ。

◀解　説▶

▶(16)「促成栽培の最近の発達を可能にした科学的進歩はどれか」

第2段第4文（They trick crops …）に「1日に22時間青と赤のLED照明を照らし…作物をだまして早期に花を咲かせる」，第3段第3文（Since then, …）に「LED技術の進歩のおかげで，科学者が個々の作物種に合うように照明の設定を調節する際の正確性が大いに向上した」とある。b）の「LED技術の進歩」が正解。

a）「宇宙飛行技術の向上」　c）「気象制御技術の改善」
d）「収穫方法の効率化」　e）「炭素アーク灯の発明」

▶(17)「中国の科学者たちが，世界できわめて重要な作物の一つを病気に抵抗性のあるものにすることで突破口を開いたのはいつか」

第4段最終文（Ten years later, …）に「10年後，中国の研究者たちが，世界で最も重要な作物の一つであるコムギ…も抵抗性のあるものにした」とある。直前の文に「2004年」とあり，その10年後なのでe）の「2014年」が正解。

a)「2002年」　b)「2004年」　c)「2008年」　d)「2012年」

▶(18)「下の作物リストのうち，遺伝子編集がどのように植物を病気から守ってきたかを示すために使われていないのはどれか」

第5段第1文（Gene-editing tools …）に「遺伝子編集手段は…トウモロコシやダイズに特定の化学物質に対する抵抗性をつけ…ために使われてきた」とある。d)の「ダイズ」が正解。

a)「バナナ」　b)「オオムギ」　c)「コメ」　e)「コムギ」

▶(19)「研究プロジェクトが現在行われている場所として言及されていないのは次のどれか」

第6段第2文（Dr. Hickey's team plans …）に「ヒッキー博士のチームはこうした発見を，インド…の農家を次の数年にわたって手助けするために使うつもりである」とある。インドではまだ新しい技術が使われていないことがわかる。d)の「インド」が正解。

a)「オーストラリア」　b)「中国」　c)「ヨーロッパ」　e)「韓国」

▶(20)「ヒッキーによると，食糧確保という将来の難題に応えることは…を必要とする」

第7段第1文（According to Hickey, …）に「ヒッキーによると，将来の食糧確保という難題に応えようというのであれば，促成栽培と遺伝子編集を，今ある他のあらゆる手段と組み合わせる必要がある」とある。d)の「利用できるあらゆる技術の応用」が正解。

a)「促成栽培の継続的な進歩」

b)「人口増加を制御する努力」

c)「遺伝子編集の新しい突破口」

e)「新しい手段の開発」

●語句・構文●

(第2段)　● trick *A* into *doing*「*A*をだまして～させる」

(第4段)　● the generation of desirable characteristics「望ましい特徴の発生」　第2段の generations は「世代」。　● gain「利益」

(第7段)　● if S is to *do*「もしSが～するつもりなら，～したいなら」

● meet a challenge「難題に対応する，難局に立ち向かう」

(第8段)　● weigh *A* against *B*「*A*と*B*を比較検討する」

4 (A) 解答 (21)―(c)　(22)―(c)　(23)―(b)　(24)―(e)　(25)―(b)

◆全　訳◆

≪空想小説における木や森の意味≫

(21)　空想小説の中で神秘的な力を付与される自然界のさまざまな要素のうち，木や森は，それらを自然界の領域から超自然の領域に高める変更を施されることが特に多い。その結果，それらが空想的な物語の中に生き生きとしたキャラクターや神秘的な森林地帯として登場すると，物語のもつ心をとらえる別世界のような魅力が強まる。それでも，空想小説の木や森を，面白いがその他の点ではほぼ重要ではないキャラクターにすぎないと見るのは考え違いである。

(22)　世界中のさまざまな神話に，人間と神々をつなぐものという役割を果たす聖なる木が登場する。言い換えると，木はしばしば，特定の神と結びつけられたり，その構造が宇宙の本質を反映しているため「小宇宙」と呼ばれる礼拝の場所を，聖なる石とともに形成したりしたのである。根が空にあり，枝が地に達している聖なる「さかさまの木」のように，木はまた宇宙の象徴としても機能した。さらに，木の生えている場所は，現実世界の究極の中心とみなされることがよくあり，木自体が天と地をつなぐものとなった。木が葉を落として再生させるという循環が理由で，多くの文化は木を生命の象徴とみなし，数多くの神話が，人間の命は木や他の植物とつながっている，あるいはそれどころか，そこから生じたと主張した。

(23)　空想の木や森を自分の世界構築の重要な要素としてしか使わない空想小説の作家もいるが，他の多くの作家たちは，神話やおとぎ話のイメージの中に込められている潜在力を認めてきた。その結果，現代の空想小説では，木や森は神々が宿るもの，苦難と試練の場，主人公の身体的精神的変化の触媒，紛争の解決における積極的主体にもなる。さらに，木や森は，現代世界における神話の最後の痕跡として描かれることがよくあり，その描写は，著者が人類と自然界の関係に関する重要なメッセージを伝えようとする比喩となることもある。

(24)　今日，地球の生態系を商品のように扱い，その物質的実際的価値しか認めない人が多い。もちろん，森林は何世紀にもわたって人々に資源を供給してくれた。それでも現在，かつてないほど，環境は人間の進歩によって危機にさらされている。それは増え続ける私たち人間の人口がますます多くの空間と資源を必要とするからだけではなく，命ある世界の他のものたちと自分の関係について簡単に忘れてしまうサイバー空間に，私たちがゆっくりと「移住」しつつあるからでもある。

(25)　さいわいにも，神話やおとぎ話の伝統を受け継ぐ空想小説は，まだ私たちに自然のもつ精神的な価値を思い出させてくれるかもしれない。空想小説では，木や森は不可欠の役割を果たし，空想世界とその住人の幸福にとって必須の実体として描かれている。自然界と調和し続けることは，非常に有益な経験として述べられているが，それは自然界が神的な特質に満たされているからである。マクドナルド，トールキン，ルイスなどの空想小説の作家たちは，自身の生活の中で自然を宗教的に受け止めており，自然に対するこの宗教的な感性を読者に伝えるために，神話を使ったのだ。

◀解　説▶

▶(21)　(c)の in fantastic stories lively characters が誤り。下線部(c)は主語 their appearance を修飾する部分だが，in fantastic stories「空想物語の中の」のあとが lively characters「生き生きとした登場人物」という名詞のまとまりしかなく，前とつながらない。lively の前に as を補い「生き生きとした登場人物としての（登場）」とする。

▶(22)　(c)の was functioned also as a representation が誤り。function「機能する」は自動詞。was を取り除くのが適切。

▶(23)　(b)の the potential locking in the image が誤り。lock *A* in *B*「*A* を *B* に閉じ込める」であり，lock の目的語がないこと，内容上も「イメージの中に閉じ込められた潜在力」とするのが妥当であることから，locking を locked とするのが正しい。

▶(24)　(e)の where we are easy to forget about が誤り。S is easy to *do*「Sは～するのが簡単だ，～しやすい」は，不定詞の意味上の目的語＝文の主語という関係になっていなくてはならない。(*ex.* This problem is easy to solve.≒It is easy to solve this problem.)「私たちは～を忘れやすい」は，「私たちは～を簡単に忘れる」we easily forget about とするのが適切。

▶(25)　(b)の remind us the spiritual value of nature が誤り。remind *A* of *B* で「*A* に *B* を思い出させる」である。us のあとに of を補うのが正し

い。

●語句・構文●

（第1段）　●invest *A* with *B*「*A* に *B* を付与する」　●perceive *A* as *B*「*A* を *B* であると理解する」（*B* は名詞・形容詞）

（第2段）　●shed「（木が葉など）を落とす」

（第3段）　●agent「行為主体」

（第5段）　●heir to ～「～の継承者，後継者」　●entity「実体」

4 (B)

解答　全訳下線部(ア)・(イ)・(ウ)参照。

◆全　訳◆

≪「三つ子の魂百まで」は本当か≫

社会心理学者で作家のダニエル=ギルバートは，人類は「完成したと誤解している制作途中の作品」であると示唆している。そして，「今の自分がそのままであり続けることはない。今の自分は，これまでのあらゆる自分と同様，一時的なものだ。私たちの人生で唯一不変なのは変化である」と主張している。(ア)<u>時間は強烈な力であり，私たちの価値観，性格，そして音楽や行きたいと思う場所から友情に至るまであらゆるものにおける好みを絶え間なく変えていく力であると，彼は言う。</u>

エジンバラ大学の研究者たちは，人間の性格の安定性に関するこれまでで最長の研究を行い，10代の私たちを特徴づけていると思われる性質がのちの人生にはほぼ消えてしまうことがあるということを発見して，同様の結論に至った。特性は短期間には不変であるように見えるかもしれないが，数十年の間には変わる。その研究者たちは，1947年のスコットランド知能調査の一部から取られたデータを使った。この調査は70,805人の子どもたちの集団の成長を追跡したものである。研究者たちは1,208人の14歳の子どもたちという，より小さな抽出標本を使い，10代から成人に移行する際の，子どもたちの性格の安定性を調べた。調査では，自信，決断力，気分の安定性，誠実さ，独創性，学習意欲という6つの特定の特性を確認していた。(イ)<u>2012年に，1947年の調査で当時14歳だった被験者1,208人を見つけ出す試みがなされ，見つかった人たちのうち174人が継続調査に参加することに同意した。</u>彼らは，前の調査と同じ6つの特性と，それらが自分の行動においてどの程度優勢な要素のままであるかについて，自身を評価するように求められた。家族，パートナー，被験者と親しい友人も，以前の特性がどれほど継続的に存在しているか評価するように頼まれた。その結果，(ウ)こうした特性の中には被験者の人生の比較的短い期間では変わらないままだったものもあるが，気分の安定性を除くと，そのほとんどが著しく変化しており，時には完全に消えてしまっていたということがはっきりした。

◀解　説▶

▶(ア) Time is a powerful force, he says, and one that perpetually revises our values, personalities, and preferences in everything from music and the places we would like to go to friendship.

●…, he says, … は本来の主節の挿入であり，前後ともに彼の発言であることに注意。He says that time is … と同じように訳せばよい。

●Time is a powerful force「時間は強力な力だ」が直訳。「力」が重複しないように，powerful を「強烈な，強大な」などとしたい。単に「強い」でもよいだろう。

●and one that ～ の one は a force を受ける代名詞で Time is の 2 つめの補語，that はこれを先行詞とする関係代名詞である。

●perpetually revises our values, personalities, and preferences in everything「私たちの価値観，性格，あらゆるものにおける好みを絶え間なく変える（力）」が直訳で，そのままでよい。perpetually「永久に，絶え間なく」 revise「～を変える，改訂する」 values は複数形で「価値観」の意。preference はしばしば to や over といった前置詞を伴うが，これは「～よりも」と比較対象を表す。ここでは，何の好みかを問題にしているので，「～における」と分野を表す in が使われている。

●from music and the places we would like to go to friendship は everything を修飾する形容詞句。「音楽や行きたい場所から友情に至るまで」が直訳で，そのままでよい。from *A* to *B*「*A* から *B* まで」の *A* が music and the places, *B* が friendship である。最後の部分は go to friendship ではないので注意（「友情に行く」では意味をなさない）。we would like to go は the places を先行詞とする関係詞節。関係副詞 where が省略されている。

▶(イ) In 2012, an attempt was made to track down that same pool of participants and, of those found, 174 agreed to take part in the continued research.

● In 2012, an attempt was made to track down ～「2012年に～を見つけ出す試みがなされた」が文字どおりで，ほぼそのままでよい。もとになっている make an attempt to *do* は「～する（という）試みを行う」が直訳。不定詞は attempt を修飾する形容詞用法（内容としては同格）であり，「～するために」と目的を表す副詞用法ではないことに注意。track down ～は「～を（追跡して）見つけ出す」の意。track「～を突き止める」の訳でも許容範囲だろうが，あとに those found「見つけられた人たち」とあることもヒントにしたい。

● that same pool of participants「その同じ参加者〔被験者〕集団」が直訳。これが何を指しているかを明らかにするのが設問条件である。第2段第3・4文（The researchers used …）に「研究者たちは，1947年のスコットランド知能調査の一部からデータを取り…1,208人の14歳の子どもたちという，より小さな抽出標本を使った」とある。したがって，「その同じ参加者集団」とは，「1947年の調査で当時14歳だった被験者1,208人」などとまとめられる。

● and, of those found, 174 agreed to ～「そして見つかった人たちのうちの174人が～することに同意した」が直訳で，ほぼそのままでよい。those found は those who were found の意。本来の語順なら 174 of those found である。

● take part in the continued research「継続される調査に参加する」が直訳。continued とは1947年の調査に続く調査ということである。「継続調査」とすれば訳文がすっきりする。

▶(ウ) while some of these characteristics remained steady over shorter periods of the participants' lives, most of them, with the exception of mood stability, had changed markedly, sometimes vanishing entirely

● while some of these characteristics remained steady「これらの特性のうちの一部は安定したままだったが」が直訳。while は対比を表す接続詞で「～するが，～する一方」などと訳せる。some は「～するものもある」と訳すこともできる。remained steady は「変わらないままだった」などとするとわかりやすい。

●over shorter periods of the participants' lives「参加者の人生の比較的短い期間にわたって」が直訳で，remained を修飾する副詞句。participants は調査・研究への参加者であり「被験者」とできる。shorter は比較の対象を明示しない絶対比較級で「比較的短い」などとする。

●most of them, with the exception of mood stability「気分の安定性という例外を伴って，そのほとんどが」が直訳。with the exception of ～ は「～を除いて，～以外は」と訳す定番の表現。「気分の安定性を除いて，そのほとんどが」となる。

●had changed markedly「著しく変わっていた」が直訳で，そのままでよい。markedly は「著しく，明らかに」の意。

●sometimes vanishing entirely「時には完全に消えていた」が直訳。vanishing は分詞構文で，and sometimes vanished entirely の意。

●語句・構文●

(第１段)　●The social psychologist and writer Daniel Gilbert「社会心理学者で作家のダニエル=ギルバート」 人名に伴う同格名詞には定冠詞をつけることがある。 ●in progress「進行中の」 ●constant「一定不変のもの」

(第２段)　●the degree to which S V「SがVする程度」が文字どおり。「どの程度SがVするか（ということ）」などと訳すとわかりやすくなる。

5 解答

(A)人が自ら日々を意識的に暮らして変化を生み出すのでなければ，毎日がほとんど代わり映えのしないものだったということ。

(B) she fooled me into thinking we were equal

(C)自分が泣いていることに気づかないほど感情が筆者を圧倒し，こみあげる不安でいっぱいになったということ。

(D) (ア) (26)― d ） (27)― a ） (28)― f ） (29)― b ） (30)― h ） (31)― e ）

(イ)― d ）

(ウ)— e)

◆全　訳◆

≪家を出る日のこと≫

「賭けをしよう」と，私の15歳の誕生日に父は言った。15歳だったことをとてもはっきりと覚えている。というか，15歳の人間にとって15歳がどのように感じられるかを覚えているのだ。その年齢は，飛び込み板か，半分開いた箱だ。

私たちは芝生の上に置いた固い木の椅子に座って，夕暮れが町に訪れ，あの害のない薄れる光が世界を和らげていくのを見ていた。

「私は，お前が18歳でここを離れて，二度と戻ってこないのに賭けるよ。一度たりとも帰ってこない」と，彼は言った。

私たちはロサンゼルスから2時間の，他と連なる郊外の一群のひとつに暮らしており，そこでは自分が代わりにそうするのでないかぎり，日々はほとんど何の変化もなかった。

「顔を見せに帰ってくるとさえ思わないの？」と，私は言った。

「ああ」と，彼は言った。「思わないね」 父は道理をわきまえた人だった。一般化などしなかった。大袈裟であいまいな発言をする傾向はなく，賭け事はめったにしなかった。私はその提案に傷つきかつ興奮した。

「母さんはどうなの？」と，私は尋ねた。

「母さんはどうかって？」

私は肩をすくめた。どうやら父の予言に母はほとんど関係なさそうだった。

「それでジェームズは？」と，私は尋ねた。

「ジェームズのことはわからない」と，彼は言った。「それについては賭けはできないな」

ジェームズは私の弟だった，もちろん今も弟だ。私は彼に対する責任はほとんど感じなかった。彼は10歳で，知能が高かったが，落ち着きがなく，大いに両親の悩みの種だった。母は弟にめろめろだった。もっとも，私たちは平等だと私が考えるようにごまかせていると思っていたが。誤解してはいけない。私たちは等しく愛されていた。だが，どちらが好きかということでは平等ではなかったということだ。親というものはえこひいきしないとしても，間違いなく同盟者はもつ。

家の中では，母が夕食の準備をしており，ジェームズは台所で母について回り，変わった形に折り畳んだ紙を母に手渡していた。そのときでさえ，彼には幾何学の才能があったのだ。

「私はどこへ行くの？」 私は父に尋ねた。私の成績はほんの平均的なものだった。私は，15 歳のときには漠然と，地元の短期大学で数年過ごしたらどこかへ移るつもりだった。

「どこかというのはどうでもいいことだよ」と，鼻先を飛び回るハエを追い払いながら，彼は言った。

お隣の，物静かな子どものカールが，自分の家の芝生を行ったり来たりして，やはりカールという名前の飼い犬を散歩させていた。天気は心地よいものだった。

「私が戻ってきたらどうなるの？」 私は尋ねた。

「戻ってきたらお前の負けだ」と，彼は言った。

私は負けるのが大嫌いだった。そして父はそれを知っていた。

「また父さんに会うことはあるの？」と，私は聞いた。まるでその日が非現実的で遠く，もう記憶になってしまったかのように，私は 15 歳にして，今までにないような感傷的な気分になった。父が隣に座って自分の毛深い膝をなでているときでさえ，私は父や彼の一部薄くなった頭や，歯磨き粉のにおいのする息に涙が出そうな気持ちがした。

「もちろん，母さんと私が会いに行くよ」と，彼は言った。

母が弟と一緒に玄関のところに姿を現した。弟は母のジーンズの後ろポケットを握っていた。「晩ごはんよ」と，彼女は言った。私は父の頬にキスをした。まるで列車のプラットホームに立っているかのように。夕食の間もずっと同じように感じていた。テーブルの反対側から父を見つめ，さようならと声には出さずに言いながら。

私の 18 回目の誕生日は，高校を卒業したあとの夏にやって来た。お祝いに，４人の友達と一緒にロサンゼルスの劇場でミュージカル『ウィキッド』を観た。座席は深々としてすべすべしていた。両親が私たちを車で送ってくれ，劇場に入る前に駐車場で，父は私たち一人一人にシャンペンを１杯ふるまってくれた。私たちは，彼がこの機会のために特別に買ったに違いないプラスチックの小さなコップを使った。私は父がスーパーマーケットを歩いてすべてのコップを見て回り，決めるのを思い描いた。

私の誕生日の１週間後，父はいつもより静かに私を起こした。彼は厳粛な面持ちに見えた。私はまだ卒業式の記念の帽子を壁に鋲で留めていた。卒業の日に私が着たドレスを母がクリーニングに出してくれたが，それがまだカバーのかかったまま床に置いてあった。

「行く準備はできているかい？」と，彼は聞いた。

「どこへ連れて行くつもりなの？」 私は知りたかった。

「駅だよ」と，父はゆっくりと言った。「行く時間だ」

父は旅をすることを考えるのがずっと好きだった。空港を歩いて通るだけでも彼はわくわくした。世界を急いで通り抜けて他のどこかへ行く途中の人たちを見て陽気になった。父は歴史や自分がじかに見たことのない場所の建築物に深い関心を抱いていた。彼がなんとか旅行するということがまったくできなかったのは，彼の人生の大きな悲劇だった。母はというと，夫が不幸せでそれを少しも隠そうとしなかったことが，彼女の人生の大きな悲劇だった。当時私にはそれがわからなかったとしても，今はわかる。

「母さんはどこ？」と，私は尋ねた。「それとジェームズはどこ？」

「スーパーマーケットだよ」と，父は言った。ジェームズはスーパーマーケットが大好きだった。すべてが列にきちんと並んで，ものが秩序立っているのが好きだったのだ。「泣くんじゃない」と，そのとき父が，まだ温かい私の枕を整えながら言った。彼は辛そうな表情をしていた。「泣くんじゃない」と，父はまた言った。私は自分が泣き出したことに気づいていなかった。あのとき，体中が感情に揺さぶられていた。スプーンの上でバランスを取られている卵みたいだった。

「大丈夫だよ」と，父は言った。「お前はうまくやれる」

「でも短大はどうなるの？」と，私は尋ねた。「いろんな計画はどうなるの？」 私はすでに，大量のきらきらした学校のパンフレットを郵便で受け取っていた。確かに，それをどうすればよいかまだわかっていなかったが，それでもやっぱり持っていた。

「時間がないよ」と，父は言い，その声の緊迫感が私を急がせた。

◀解　説▶

◆(A)　distinguish *oneself* は「自身を（他と）区別する」というところから，通常は「目立つ，有名である」の意で使われるが，ここでは主語が

the days「日々」であり，1日1日が他の日と区別できる，つまり日々に変化があるということである。それが rarely で打ち消されて「日々はほぼ代わり映えがしなかった」となる。unless you did it for them は「あなたがそれらに代わってそれをしないかぎり」が直訳。them は days を受け，did it は「1日1日を他の日と区別する」ことを表している。「人が自分で日々に変化をもたらすようなことをしないかぎり」あるいは「人が自ら1日1日を意識的に生きるのでなければ」ということである。「人が自ら日々を意識的に暮らして変化を生み出すのでなければ，毎日がほとんど代わり映えのしないものだったということ」などとまとめられる。

◆(B)　下線部の直後の文（Make no mistake：…）に「私たち（＝筆者と彼女の弟）は等しく愛されていたが，どちらが好きかということでは平等ではなかった」とある。下線部の前には「母は彼を溺愛していた」とあり，母親が弟のほうをよりかわいがっていたという状況がわかる。与えられた語で，動詞 fooled に注目すると，fool *A* into *doing*「*A* をだまして～させる」という語法が使える。she fooled me into thinking「彼女は私をだまして考えさせた」となる。残る語で thinking の目的語に当たる we were equal「私たちは平等だ」が作れる。接続詞 that は省略されている。全体で，she fooled me into thinking we were equal「彼女は私をだまして私たちは平等だと思わせた」となる。この部分のニュアンスは，母親が弟により強い愛情を抱いていることを，筆者にはうまくごまかせていると思っていたということだと考えられる。

◆(C)　下線部は「私の全身が感情的であるような感じだった」が直訳。直後に「私はスプーンの上でバランスを取られている卵のようだった」という比喩がある。スプーンに生卵を載せて運ぶ競走があるが，その卵のイメージである。スプーンの上で卵は不安定であり，バランスを失うと落ちて割れてしまう。こみあげる不安の比喩だろうが，下線部直前の文（I hadn't noticed …）に「私は自分が泣き出したことに気づいていなかった」とあるように，その感情が筆者を圧倒していたことがわかる。「自分が泣いていることに気づかないほど感情が筆者を圧倒し，こみあげる不安でいっぱいになったということ」などとまとめられる。

◆(D)　▶(ア)　(26)　空所の直後に but「だが」があり，anxious，problem という否定的な語が続いているので，空所には否定的でなく，なおかつ

but 以下と矛盾しない語が入ると考えられる。空所の次の段落の最終文（Even then, he …）に「そのときでさえ，彼には幾何学の才能があった」とある。直前の文で，夕食の準備をする母親に，10 歳の弟のジェームズが変わった形に折った紙を渡している様子が述べられている。d）の intelligent「知能が高い」が適切。

(27)　当該文は「私の成績はほんの…だった」となっている。成績に言及するのは，どの程度の成績かを述べるためだと予想できる。merely「ほんの」とあることからも，a）の average「平均的な，並みの」が適切。(26)で見たように弟のジェームズの「知能が高かった」ことと対照をなしている。

(28)　筆者が家を出る日の朝，筆者を起こしにきた父親の様子を述べている箇所。直前の文（A week after …）に「父はいつもより静かに私を起こした」，空所(31)の 2 つ後の文（He had a pained look on his face.）に「彼は辛そうな表情をしていた」とある。こうした状況から f）の solemn「厳粛な，まじめな」が適切。

(29)　当該箇所の直前に「空港を歩いて通るだけでも彼はわくわくした」とある。直前の文（My father had always …）に「父は旅をすることを考えるのがずっと好きだった」ともあり，b）の cheerful「陽気な，快活な」が適切。

(30)　当該文は「母はというと，夫が…でそれを少しも隠そうとしなかったことが，彼女の人生の大きな悲劇だった」となっている。直前の文（It was the great tragedy …）に「彼がなんとか旅行するということがまったくできなかったのは，彼の人生の大きな悲劇だった」とあり，h）の unhappy「不幸せな」を補えば文脈に合う。

(31)　当該文は「ジェームズはスーパーマーケットが大好きだった。すべてが列に…ものが秩序立っているのが好きだった」となっている。the order of things は「体制，条理」などと訳されることが多いが，ここではスーパーマーケットで品物が並べられている様子を表しており，文字どおり「ものが秩序立っていること」だと考えられる。e）の neat「きちんとした，こぎれいな」を補えば「すべてがきちんと並んで」となり，文意に合う。all neat in their rows は all の後ろに being が省略された分詞構文。

▶(イ)　最初の空所の部分は「私は 15 歳で，まるでその日が非現実的で遠く，もう記憶になってしまったかのように今までになく…感じた」となっている。父親から 3 年後に家を出ることを促された筆者の気持ちを考えたい。この段落の 2 つ後の段落第 2 文（“Dinnertime,” she said, …）に「父の頰にキスをした。まるで列車のプラットホームに立っているかのように」，同段第 3 文（I spent all of dinner …）には「夕食の間もずっと同じように感じていた…さようならと声には出さずに言いながら」とある。永遠ではないものの，家族や慣れ親しんだ環境から離れることを突き付けられた気持ちとしては，d）の sentimental「感傷的な，涙もろい」が適切。

▶(ウ)　a）「筆者は，最終的には地元の短期大学に行くことにした」

最後から 5 行目（“But what about … I asked.）に「『でも短大はどうなるの？』と，私は尋ねた」とあり，同行から 3 行にわたって（I'd already received … just the same.）「私はすでに，大量のきらきらした学校のパンフレットを郵便で受け取っていた。確かに，それをどうすればよいかまだわかっていなかった」とある。短大に行くことにしたとは考えられない。

b）「筆者は 15 歳のときから家を出る計画を立てていた」

8 行目（“I bet you'll … he said.）に「私は，お前が 18 歳でここを離れて，二度と戻ってこないのに賭ける」とあるが，これは父親が言い出したことで，筆者自身が決めたことだとは述べられていない。

c）「筆者が家を出なければならなかったのは，両親の間に争いがあったからだ」

本文中に，筆者が家を出る理由として両親の不仲があったとは述べられていない。

d）「筆者の父親は，彼女が嫌いだったので彼女を追い払った」

本文中に，父親が彼女を嫌っていたという記述はなく，2 つめの空所イを含む文の次の 2 文（“Of course,” … I will visit.”）で，父親は筆者が家を出た後は「もちろん，母さんと私が会いに行く」と言っている。

e）「筆者の父親は，自分と母親が彼女を訪ねるが，彼女は家に戻ってこないだろうと予言した」

8 行目（“I bet you'll … he said.）および d）の〔解説〕でみた文（“Of course,” … I will visit.”）の内容と一致する。これが正解。

●語句・構文●

（1行目） ●make a bet「賭けをする」

（11行目） ●a string of ～「一続きの～，～の一群」

（26行目） ●have favorites「えこひいきする」 favorite は「お気に入り」の意味の名詞。

（41行目） ●shadowy「非現実的な，架空の」

（57行目） ●picture *A doing*「*A* が～するのを心に描く」

（70行目） ●in person「自分で，自ら」

（72行目） ●don't take any pains to *do*「少しも～しようとしない」

（83行目） ●a stack of ～「大量の～，～の山」 ●in the mail「郵送で」

❖講　評

大問数は5題で例年どおりである。選択問題での解答方式がマークシート法であることも2015～2019年度と同じである。内容や出題形式に多少の変化があるのは例年のことだが，2020年度は1(B)で語句整序が出題されるという小さな変化にとどまった。

1　(A)英文の内容を日本語で要約するもの。字数は70～80字。(B)語句整序と文の空所補充。

2　(A)意見論述。与えられたテーマに沿って，自分の考えを述べるもの。60～80語。(B)和文英訳。1段落程度の和文中の下線部（連続する2文）を英訳するもの。

3　リスニング。3つのパートに分かれており，いずれも2回ずつ放送される。(A)会話，(B)会話，(C)講義という構成で，(A)と(B)は関連する内容になっている。リスニングは試験開始後45分経過した頃から約30分間行われる。

4　(A)文法・語彙，読解問題。各段落に5カ所ある下線部のうち，誤りを含む箇所を一つ指摘するもの。(B)英文和訳問題。一連の英文中の3カ所を和訳するもの。

5　長文読解。筆者が生家を出る日のことを描いた物語。

以下，各問題の詳細をみる。

1　(A)　英文量は約380語で例年同様の長さである。「高齢者にやさしい町づくり」の理念と現実，そのずれの解決法を述べたもので，内容は理解しやすい。定められた字数に収まるように，何を盛り込み，何を削るかの判断と，手際のよい日本語表現に工夫を要する。

(B)　英文量は約 860 語（空所を埋めると約 930 語）で例年よりやや長い。文意に合うように語を並べ替える問題と，5 カ所ある空所に合う文を選ぶ問題の 2 種類。選択肢にやや紛らわしいものもあるが，空所の前後，全体の流れを丁寧に考慮すれば判断がつくだろう。

2　(A)　意見論述。私たちは言葉を操っているのか，それとも言葉に操られているのかというテーマに対して自分の意見を述べるもの。2019 年度と同様，古典的な設問である。内容は比較的思いつきやすいだろうが，意見を支える理由や具体例を限られた語数で要領よくまとめるのに苦労するかもしれない。

(B)　和文英訳。一連の文章中の下線部 1 カ所（連続する 2 文）を英訳するもの。英訳箇所の長さは 2018・2019 年度と同程度。2 文に分かれており，それぞれは短いが，日本語がこなれているので，英語でどのように表現するか，語句・文構造を整え直す必要がある。

3　(A)　子育てに対する 2 つの考え方を対比して述べた本の著者へのインタビュー。「庭師」と「大工」の仕事ぶりに喩えられた子育ての姿勢をそれぞれしっかりつかむこと。

(B)　(A)のインタビューに新たに 1 人の論者が加わった討論。意見の相違点・類似点を把握することが重要である。

(C)　「作物増産の新技術」に関する講義。どのような技術か，いつ・どこで・どのような作物に対して用いられたか，といった事実を正確に聞き取りたい。

4　(A)　5 段落構成の一連の文章で，各段落に 5 カ所ずつ下線が入っており，そのうち誤りを含むものを選ぶ問題。語句や文法事項の知識が問われた。

(B)　一連の文章中の 3 カ所の英文和訳。いずれの箇所も比較的短く，語句・構文面でも難解なものはないが，挿入や分詞構文などを自然な日本語にすることが求められる。また，1 カ所は下線部中の語句が指しているものを明らかにして訳すという条件が付けられていた。

5　筆者が，高校卒業後に家を出るように父親から言われる場面と，実際に家を出る日の朝のことを描いたもの。筆者自身の経験のようではあるが，全体的には小説・物語ととらえてよいだろう。何の話をしているのか，何が起きているのか，事情をつかむのに苦労した受験生もいたかもしれない。設問は，記述式の内容説明，語句整序，選択式の空所補充（共通語による空所補充を含む），内容真偽で，2019 年度と同じであった。

「英語」の記述式問題の出題の意図（東京大学 発表）

本学の学生に期待される外国語力とは，知的活動の一環として，外国語で円滑に意思疎通を図る能力を意味しています。相手が発信した内容を正しく理解し，自分が相手に伝えたい事柄を適切に表現する能力がその根幹をなしていることは言うまでもありませんが，そうした理解力や表現力を十分に発揮するためには，その言語についての正確な知識を土台として培われた論理的な思考力と，場面や状況に応じた的確な判断力も必要になります。これらの能力が現時点でどの程度身についているかを測るために，外国語科目の記述式問題には以下のような設問が含まれています。

1．要約問題【1(A)】

各段落の構成と段落間のつながりに注意を払いながら，文章全体の論理的な展開を正確にたどり，主要な論点を把捉する力が試されています。

2．作文問題【2(A)・2(B)】

和文の外国語訳においては，日本語で与えられた情報を外国語で過不足なく，正確に読み手に伝える能力が試されています。自分の考えを外国語で表現する問題においては，自らの意見が読み手に明確に伝わるよう，適切な語句や表現を用いて，論理的で説得力のある文章を作成する能力が試されています。

3．外国語文の和訳問題【4(B)】

文中に含まれる語句の意味とその使い方，文構造，文法事項についての基本的な知識が問われています。和訳の対象となる文が長い文章の一部となっている場合には，前後の文脈を踏まえて該当箇所の意味を解釈する能力も問われています。

4．長文読解問題【5】

文章全体の流れを大局的に把握しながら，文章の細部に含まれる表現のニュアンスをも同時に読み取れるような総合的な理解力が求められています。より具体的には，文章に書かれた出来事や事象がどのような経緯をたどって生起しているのかを正確に把握しつつ，細部の表現に込められた書き手や登場人物の心情や価値観，ものの見方などを的確に理解することが重要です。

日本史

1　**解答**　**A**　律令国家は文書による支配を行ったので中央・地方の官吏は漢字の文筆能力と儒教の教養を求められ，その習得に木簡を利用した。(60 字以内)

B　遣唐使により王羲之の書やその模本，仏教経典が伝来した。律令国家が書を官吏教育に採用し，鎮護国家の思想のもと写経事業を進め，天皇家も書の模写を重視したので，書の定着が促された。これらは漢字・仏教などを共有する東アジア文化圏の形成に寄与した。(120 字以内)

◀解　説▶

≪律令国家と漢字文化≫

A　〔解答の指針〕

▶設問の要求

(主題)　中央の都城や地方の官衙から出土する 8 世紀の木簡に，『千字文』や『論語』の文章の一部が多くみられる理由。

▶資料文の検討

『千字文』と『論語』は，資料文(1)・(3)に述べられている。木簡に書き記した理由は，資料文(4)を手がかりとして考えたい。

(1)　『千字文』と『論語』の伝来

『千字文』は「初学の教科書」……①

千字の漢字を四字句に綴ったもの　……②

習字の手本としても利用された。……③

(3)　官吏の教育と写経事業

中央に大学，地方に国学が置かれた。……④

『論語』は「共通の教科書」　……⑤

(4)　律令制の文書主義

戸籍は国府で 3 通作成された。……⑥

郡家で郡司らが貢納する調を計帳などと照合し木簡に墨書した。……⑦

▶論点の抽出

まず『千字文』と『論語』がどのような書籍で，どのように利用されたかを，資料文(1)・(3)から読み取ろう。

『千字文』は，千字の漢字を四字句に綴った書籍（②）で，「初学の教科書」（①）と述べられている。習字の手本としても利用された（③）とあるので，初学者が漢字を習得するために用いたとわかる。

『論語』がどのような書籍かは示されていないが，儒教の基本となる経典であることは常識である。律令国家は，官吏の教育機関として中央に大学，地方に国学を置いた（④）。『論語』は，大学と国学で用いられた「共通の教科書」（⑤）とある。中央・地方を問わず，官吏は漢文で書かれた『論語』を学んで，儒教の教養を身につける必要性があったと判断できる。

次に誰が木簡に『千字文』や『論語』の文章を書いたかを確認したい。『論語』が官吏の教育に用いられたこと，設問に木簡が中央の都城や地方の官衙から出土するとあることから，中央・地方の官吏が書いたと判断できる。漢字や漢文を習得するために，木簡に『千字文』や『論語』の文章を書き写したのである。

なぜ官吏はこのようなことを行ったのか。資料文(4)には，国府における戸籍作成（⑥），郡家における租税納入（⑦）の手続きが述べられている。官吏が，戸籍・計帳や荷札の木簡といった文書を用いて行政事務を行っていることに注目したい。律令国家の中央集権的な支配は，官吏が文字で文書を作成し，それを用いて中央と地方が情報伝達を行うことで成り立っていた。それゆえ中央・地方の官吏は，漢字の文筆能力が求められたのである。

▶注意点

教科書には「文書主義」とあるので，それを用語として用いてもよい。官吏に求められた能力として，儒教の教養にもふれたほうがよい。

B　〔解答の指針〕

▶設問の要求

（主題）　中国大陸から毛筆による書が日本列島に伝えられ，定着していく過程において，唐を中心とした東アジアの中で，律令国家や天皇家が果たした役割。

（条件）　具体的に述べる。

▶資料文の検討

毛筆による書の伝来は資料文(2)に，定着は資料文(5)に示されている。律令国家と天皇家の役割は，資料文(3)・(5)から考察する。

(2)　王羲之の書の伝来

遣唐使は唐皇帝から下賜された王羲之の書の模本を持ち帰った。……①

(3)　官吏の教育と写経事業

大学寮には書博士が置かれ，書学生もいた。……②

長屋王家には書の手本を模写する人が存在した。……③

国家事業としての写経所が設立され，写経生が仏典を書写した。……④

(5)　王羲之の書の定着

聖武天皇の遺品に王羲之の真筆や手本が含まれていた。……⑤

光明皇后は王羲之の書を模写した。……⑥

空海・橘逸勢は唐代の書で王羲之の書法を学んだ。……⑦

▶論点の抽出

まず「毛筆による書」とは何だろうか。資料文(2)・(5)に王羲之の書とその模写（①・⑤・⑥・⑦），資料文(3)に仏典（④）が出てくるので，これらを指しているとわかる。

次に「日本列島に伝えられ，定着していく」過程とは，何を指しているのかを確認する。資料文(2)に遣唐使が王羲之の書の模本を持ち帰った（①）とあるので，これが伝来で，資料文(5)に唐風の書で著名な三筆の登場が示されている（⑦）ので，これが定着である。この間に律令国家と天皇家が果たした役割を，資料文(3)・(5)から考察すればよい。

律令国家の役割からみてみよう。資料文(3)に大学寮に書博士が置かれ，書学生もいたとある（②）。大学は官吏の教育機関であるから，書は官吏教育に採用されたとわかる。また資料文(3)からは，写経事業が国家的に推進されたこと（④）もわかる。仏典（仏教経典）も遣唐使が持ち帰ったこと，鎮護国家の思想を背景に写経事業が進められたことは，自分の知識を活用して指摘するとよい。

天皇家の役割はどうだろうか。資料文(3)の長屋王家（③）は広義の天皇家としてとらえればよい。資料文(5)の聖武天皇と光明皇后の事例（⑤・⑥）とあわせて考えれば，天皇・皇族は王羲之の書の受容に積極的で，天皇家では書の模写という行為が重視されていたことがわかる。王羲之の真筆（⑤）も，遣唐使が持ち帰ったはずである。

遣唐使が書をもたらしたことを前提に，律令国家と天皇家は以上のような取り組みによって，書を日本の政治・社会に定着させる役割を果たしたといえる。しかし，設問は「唐を中心とした東アジアの中で」果たした役割を述べることを求めており，この視点のなかに役割を位置づける必要がある。

資料文(2)の唐の皇帝による模本の下賜という行為（①）に注目したい。遣唐使の派遣は，実際には唐に臣従する朝貢であり，日本は唐を中心とした国際秩序に組み込まれていた。新羅・渤海も唐に朝貢を行っていた。日本・新羅・渤海は，唐を中心とした国際秩序に組み込まれることで，漢字・仏教・儒教などを文化的に共有することになったのである。律令国家と天皇家の取り組みは，漢字・仏教などを共有する東アジア文化圏の形成に寄与する役割を果たしたと位置づけたい。

▶注意点

資料文に示された具体的事例は，一般的には抽象化して答案をまとめる姿勢が求められる。しかし，本問は「具体的に」という指示があるので，資料文の引き写しのような表現でも許容されるだろう。

2 解答

山鉾は，下京の町ごとに所有と管理がなされ，その費用は各町が負担し，各町の町衆を担い手として巡行が行われた。山鉾の名が町名となるなど，通りをはさんで土地をもつ住人は地縁的に結びつき，町法を定めて共同体秩序を維持した。町同士の連帯も進んで町組・惣町を形成し，下京全体で月行事を中心とした自治が強化された。（150 字以内）

◀解　説▶

≪戦国期における京都の自治≫

〔解答の指針〕

▶設問の要求

（主題）　16 世紀において，祇園祭の山鉾はどのように運営され，それは町の自治のあり方にどのように影響したのか。

▶資料文と絵画・図の検討

山鉾の運営は，資料文(1)～(3)に記述があるが，山鉾巡行を描いた図1にも注意しよう。町の自治のあり方は，資料文(3)に出てくる山鉾の名称が図2の町名と対応していることに注目し，何を意味するのかを考えたい。

(1)　山鉾巡行と月行事

「下京の六十六町の月行事たち」 ……①

幕府の延期命令に対して，山鉾巡行を行いたいと主張した。……②

(2)　下京の各町

「下京の各町」 ……③

祇園祭の山鉾を確実に用意するため ……④

他町の者へ土地を売却することを禁じるよう幕府に求めた。……⑤

町の住人に賦課された「祇園会出銭」から「山の綱引き賃」を支出した。……⑥

(3)　『洛中洛外図屏風』に描かれた山鉾巡行

多くの人々に綱で引かれる装飾を施された山鉾（図１） ……⑦

「長刀鉾」「蟷螂山」「傘鉾」 ……⑧

(4)　現代の京都市街図にみえる町名

通りをはさむように町名が連なっている。……⑨

16 世紀にさかのぼる町名もみえる。……⑩

「長刀鉾町」「蟷螂山町」「傘鉾町」（図２） ……⑪

「函谷鉾町」「菊水鉾町」「鶏鉾町」（図２） ……⑫

▶論点の抽出

教科書には，戦国期における京都の自治について，以下のようなことが説明されている。

- 富裕な商工業者である町衆が自治の担い手であった。
- 町が自治の単位で，独自の町法を定めていた。
- 町が複数集まって町組をつくり，さらに上京・下京のまとまり（惣町）を形成した。
- 町や町組は町衆から選ばれた月行事を中心に自治的に運営された。
- 祇園祭は町を母体とした町衆たちの祭りとして再興された。

山鉾の運営という特殊な視点から問われているが，以上のような知識と理解を前提に考える必要がある。

山鉾は図１に描かれているように，装飾を施された山車（⑦）である。祇園祭では数十基の山鉾が京中を練り歩き，これを山鉾巡行というと問題の冒頭に説明がある。この山鉾はどのように運営されたのか。

祇園祭の山鉾巡行を行う主体は，資料文(1)に「下京の六十六町の月行事たち」(①) と示されているから，下京の各町が共同して巡行を行っていたことがわかる。また，資料文(2)に「下京の各町」が山鉾を用意する(③・④) と述べられていることから，山鉾を所有し，管理する主体は各町である。所有と管理，巡行には多額の経費が必要である。その費用は，各町が町の住人に賦課した「祇園会出銭」から支出されている (⑥) ので，各町が負担したとわかる。

図1をみてみよう。多くの人々に綱で引かれる山鉾 (⑦) が，京中を巡行する様子が描かれている。綱を引く人々は各町の住人とみてよい。町の自治が町衆によって担われていたことを想起すれば，巡行の担い手は各町の町衆であったと判断できる。

このような山鉾の運営が町の自治のあり方にどのように影響したのか。解答の方向性として，山鉾は町ごとに運営されるから，各町の住人の結束を促し，町の自治を強化する影響をもたらした，という見通しは立てやすい。この見通しを資料文(1)〜(4)と図2を手がかりにして，考察を深めたい。

まず気付きたいのが，資料文(3)に出てくる「長刀鉾」「蟷螂山」「傘鉾」(⑧) の名称が，現代の京都市街図にみえる町名 (⑪) と一致することである。資料文(4)の 16 世紀にさかのぼる町名もみえる (⑩) ということから，山鉾の名称が町名になったと判断できる。「函谷鉾町」などの町名(⑫) も，山鉾に由来すると類推できる。これらの町は通りをはさむように形成されていた (⑨)。このような成り立ちをもつ町を両側町という。室町時代の京都では，商工業の発展を背景に通りの重要性が増した。通りをはさんで土地をもつ住人が地縁的に結びつくことで，一つの町を形成したのである。地縁的に結びつく契機となったのが山鉾の運営であり，それは町を単位とする自治を成立させることにつながった。

町の自治の具体的な姿は，資料文(2)に述べられている。他町の者へ土地を売却することを禁じようとした (⑤) のは，共同体の秩序を維持するためであり，地縁的な結びつきを重視していたとわかる。町が祇園祭の費用を住人に賦課すること (⑥) も，共同体として自治的に運営されている姿を示している。教科書の知識を援用して，共同体の秩序を維持するために，町が独自の町法を定めていたことにも言及したい。

町の自治のあり方は，もう少し広くとらえることも可能である。資料文(1)には，「下京の六十六町の月行事たち」(①) が，幕府に要求を突きつけるほどの自立的な姿勢を示したこと（②）が述べられている。これは，町組や惣町の形成，月行事による自治の主導を示唆していると考えられる。町同士の連帯が進んで町組・惣町が形成され，選ばれた月行事たちが，下京全体に関わる課題の解決にあたるなど自治を強化していたことが導き出せる。周辺と連帯を深めることも，町の自治の一つのあり方ととらえられるので，広域的な自治に言及してもよい。

▶注意点

「山鉾巡行」の運営ではなく，「山鉾」の運営が問われているから，各町が共同して山鉾巡行を行ったことは書かなくてもよいだろう。町の自治のあり方は，〔解答〕では各町が連携する広域的な自治にも言及したが，町単位の自治に限定した答案でもよい。「自治のあり方」が問われているので，「山鉾の名が町名になった」ことだけを指摘するのではなく，自治のあり方がわかるよう表現を工夫しよう。

3　解答

A　幕府は改暦を判断して暦を作成し全国に施行する実務的役割を担い，朝廷は改暦の儀式と命名を行うといった権威的役割を担った。(60字以内)

B　当初は中国の知識に依拠したが，幕府が漢訳洋書の輸入制限を緩和すると，中国を経由した西洋の知識が利用された。洋学が発達すると，天文方で蘭書を翻訳して得られた西洋の知識に依拠した。(90字以内)

◀解　説▶

≪江戸時代の改暦≫

A　〔解答の指針〕

▶設問の要求

(主題)　江戸時代に暦を改めるに際して，幕府と朝廷はそれぞれどのような役割を果たしたか。

(条件)　両者を対比させる。

▶資料文の検討

資料文(1)・(2)に貞享暦への改暦が説明されている。幕府と朝廷が何を行っているのかを確認しよう。

(1)　渋川春海と天文方の設置

渋川春海は新たな暦を考え，幕府はその暦を採用した。……①

幕府は天体観測や暦作りを行う天文方を設置した。……②

(2)　貞享暦への改暦

幕府は改暦の申し入れを朝廷に行った。……③

朝廷は暦を改める儀式を行った。……④

朝廷は渋川春海の新たな暦を貞享暦と命名した。……⑤

幕府は貞享暦を全国で施行した。……⑥

この手順は江戸時代を通じて変わらなかった。……⑦

▶論点の抽出

教科書には，改暦の権限は朝廷にあったが，幕府の承諾を必要としたことが記されている。これ以上の説明はないので，貞享暦への改暦を述べた資料文(1)・(2)から考えよう。改暦の手順は，江戸時代を通じて変わらなかった（⑦）とあるので，貞享暦の事例に基づいて考察すればよい。

幕府と朝廷が改暦の手順にどのように関わっているかを抽出したい。

まず，幕府は渋川春海が考えた新しい暦を採用し（①），天文方を設置した（②）。天文方の業務として「暦作り」と明示されているので，暦の作成は幕府の役割である。

その後，幕府は朝廷に改暦を求める申し入れを行った（③）。改暦の権限を有したのは朝廷だからであるが，少し思考を重ねたい。申し入れたのは，幕府が改暦の必要性があると考えたからである。幕府は天文方で天体観測を行い（②），改暦を判断するようになったといえる。朝廷は，改暦の儀式を行い（④），新たな暦を貞享暦と命名した（⑤）とあるので，儀式と命名を行うのは朝廷の役割である。その貞享暦を幕府が全国で施行した（⑥）とあるから，幕府が全国に広める役割を果たしたことがわかる。

設問は，役割について「両者を対比させて」述べることを求めている。解答は，江戸時代の幕府と朝廷がどのような存在であったかを念頭においてまとめるとよい。幕府は全国の支配者だから，改暦の判断，暦の作成，全国での施行といった実務的な役割を担った。一方，朝廷は伝統的な権威者という立場から，儀式と命名を行うといった権威的役割を担ったのである。

▶注意点

資料文の抜き書きに終始してはいけない。江戸時代の幕府と朝廷がどのような存在であったかを考え，それぞれの役割を対比的に表現したい。

B　〔解答の指針〕

▶設問の要求

(主題)　江戸時代に暦を改める際に依拠した知識は，どのように推移したか。

(条件)　幕府の学問に対する政策とその影響に留意する。

▶資料文の検討

「依拠した知識」は，資料文(1)に貞享暦，資料文(5)に寛政暦と天保暦の事例が示されている。資料文(3)を「幕府の学問に対する政策」，資料文(4)を「その影響」ととらえると，解答の方向性を見出しやすい。

(1)　渋川春海と天文方の設置

「元の暦」「明で作られた世界地図」……①

(3)　漢訳洋書の刊行許可

西洋天文学の基礎を記した清の書物『天経或問』は禁書だった。……②

幕府は『天経或問』を有益と判断し，1730 年に刊行を許可した。……③

(4)　宝暦暦への改暦

土御門泰邦が作成を主導した宝暦暦は修正を必要とした。……④

麻田剛立ら各地の天文学者が事前に警告した。……⑤

幕府は天文方の学術面での強化を進めていった。……⑥

(5)　寛政暦と天保暦への改暦

麻田剛立の弟子高橋至時　……⑦

「清で編まれた西洋天文学の書物」……⑧

「オランダ語の天文学書の翻訳」……⑨

▶論点の抽出

資料文(1)〜(5)には，貞享暦，宝暦暦，寛政暦，天保暦の 4 回の改暦が述べられている。これらのうち，宝暦暦以外は「依拠した知識」が具体的に明示されているので，それらを抽出し，推移としてまとめればよい。

貞享暦は「元の暦」「明で作られた世界地図」(①) とあるので，中国の暦や地図に基づく知識である。寛政暦は「清で編まれた西洋天文学の書物」(⑧) とある。これは中国で洋書を漢文に翻訳した漢訳洋書とよばれる書物で，中国を経由した西洋天文学の知識である。天保暦は「オランダ語の天文学書の翻訳」(⑨) とあり，天文方で蘭書（洋書）を翻訳して直接得られた西洋天文学の知識である。

このような推移を,「幕府の学問に対する政策とその影響」と関連づけよう。ここは教科書に基づく知識と理解が必要である。

資料文(3)には,幕府は禁書としていた『天経或問』(②)を,有益であるとの判断から1730年に刊行を許可したこと(③)が述べられている。これは享保の改革において,実学を奨励する立場から,キリスト教に関係がない漢訳洋書の輸入を許可したことに関連する政策である。漢訳洋書の輸入制限の緩和は,幕府が西洋の学問が優れていると認めたからであり,18世紀後半以降,蘭学(洋学)の発達を促すという影響をもたらした。

資料文(4)の読み取りが難しいが,土御門泰邦が作成を主導した宝暦暦が修正を必要としたこと(④)は,旧来の知識に依拠した限界と類推できる。一方,警告を与えた麻田剛立(⑤)は寛政暦を作成した高橋至時の師(⑦)だから,西洋天文学の優位を唱えていた人物と判断できる。宝暦暦の反省から,天文方では改暦に際して西洋天文学の知識に依拠するようになり,その成果が寛政暦を生み出したのである。

幕府は1811年に天文方に蛮書和解御用を設置して,大槻玄沢らを登用し蘭書(洋書)の翻訳にあたらせた。資料文(4)に幕府が天文方の学術面での強化を進めていった(⑥)とあるのは,このあたりの事情を示唆していると考えたい。それゆえ天文方で蘭書を翻訳して,直接西洋天文学の知識を参照することが可能となり,天保暦につながったのである。

▶注意点

推移は3段階を示す必要がある。中国の暦や地図→漢訳洋書→蘭書といったように具体的表現でもよいし,中国の知識→中国を経由した西洋の知識→直接に参照した西洋の知識といったように抽象化をはかってもよい。幕府の政策は,漢訳洋書の輸入制限の緩和を必ず明示すること。影響は蘭学(洋学)の発達を促したことを指摘できればよい。

4 解答

A　政府は漸進的に立憲体制を導入する方針を表明し,地方議会の開設をはかろうとしていた。一方,西南戦争後,国会開設を求める自由民権運動が再び高揚し,運動は国民的な広がりをみせていた。(90字以内)

B　政府は国会開設を公約し欽定憲法の制定に着手したが,民権派による政党結成が進展していた。政府は軍が天皇に直属する関係を明確にして，軍人に民権派や政党の影響が及ぶことを防ごうとした。(90字以内)

◀解　説▶

≪明治前期の軍人と政治・社会情勢≫

A 〔解答の指針〕

▶設問の要求

(主題) (1)の主張の背景にある，当時の政府の方針と社会の情勢。

▶史料の検討

「当時」は1878年5月である。「主張」を確認するだけでなく，「政府の方針と社会の情勢」を示唆する記述に注意しよう。

(1)　陸軍将校に対する西周の講演記録（1878年5月）

世の風潮の一つに「民権家風」があるが，軍人はこれに染まることを避けなくてはいけない。……①

政府は人民の自治・自由の精神を鼓舞しようとしているが，軍人はこれに呼応すべきではない。……②

▶論点の抽出

史料(1)の主張は①・②の通りだが，社会の情勢として「民権家風」の風潮があり，政府の方針が人民の自治・自由の精神を鼓舞することを促していたとわかる。この2点を，1878年5月という時期を意識して，教科書の知識と理解に基づいて具体的に述べれば解答となる。「民権家風」とあるから，自由民権運動を想起したい。

政府の方針からみてみよう。自由民権運動は，1874年1月の民撰議院設立の建白書によって口火が切られた。政府を主導する大久保利通は，翌1875年，政権安定のために大阪で木戸孝允・板垣退助と会談し，立憲体制の樹立に向けて進むことを約束した。これを受けて，1875年4月に漸次立憲政体樹立の詔が出され，大審院・元老院・地方官会議を設置した。以上の経緯から，政府が漸進的に立憲体制へ移行する方針を表明していたことが指摘できる。

また，1877年に西南戦争を鎮圧した政府は，地方制度の整備に取り組んでいた。政府は，1878年4月に2回目となる地方官会議を開催し，その議論をふまえて，7月に郡区町村編制法・府県会規則・地方税規則のいわゆる地方三新法を制定した。地方三新法の制定は(1)の史料（1878年5

月）の後ではあるが，西南戦争後，政府が地方議会を開設する方針を固めていたことに言及してもよいだろう。

社会の情勢は，国会開設を求める自由民権運動が高揚していたことに尽きる。政府の弾圧と懐柔によって自由民権運動は一時沈滞したが，西南戦争の最中の 1877 年 6 月に立志社建白が行われ，1878 年 9 月に愛国社が再興されるなど，再び高揚する機運をみせていた。注意したいのは，1878 年頃には，運動の担い手は士族だけでなく，地主や都市の商工業者などにも拡大していたことである。運動が国民的な広がりをみせていたからこそ，軍人が民権論に影響される懸念が生じていたのである。

▶注意点

〔解答〕では地方議会の開設をはかる方針にも言及したが，漸進的に立憲体制を導入する方針が指摘できれば問題ないだろう。社会の情勢は，自由民権運動が国民的な広がりをもつ運動に発展していたことまで言及したい。

B 〔解答の指針〕

▶設問の要求

（主題） ⑵のような規律を掲げた政府の意図。

（条件） 当時の国内政治の状況に即して述べる。

▶史料の検討

「当時」は 1882 年 1 月である。「国内政治の状況」を示唆する記述はないので，「規律」の内容だけを確認すればよい。

⑵ 軍人勅諭（1882 年 1 月）

軍人は忠節を尽くすことを本分とすべきである。……①

世論に惑わず，政治に関わらず，ひたすら忠節を守れ。……②

▶論点の抽出

史料⑵の軍人勅諭は，「大元帥」である天皇への軍人の忠節を強調し，軍人の政治関与をいましめたと教科書に説明されている。このことはそのまま①・②と示されており，忠節を尽くす対象は明記されていないが，天皇であることに気付けばよい。解答はまず教科書の知識と理解に基づいて，1882 年 1 月の国内政治の状況を説明しよう。その際，自由民権運動の展開と政府の対応の両面に留意する必要がある。

前年の 1881 年は国内政治の大きな転換点であった。開拓使官有物払下げ事件をきっかけに世論の政府攻撃が激しくなり，明治十四年の政変がおこった。1881 年 10 月，政府は大隈重信を罷免するとともに，欽定憲法を制定する方針を決定し，国会開設の勅諭を出して 1890 年に国会を開設することを公約した。政府が国会開設を公約したことは，民権派による政党結成を促した。政変の直後に板垣退助を総理として自由党が結成された。そして(2)の史料の後となるが，1882 年 3 月，大隈重信を総理として立憲改進党が結成された。また，民権派による私擬憲法の作成も盛んだった。

政府が国会開設を公約したこと，それにともない政府は憲法制定を本格化させたこと，一方で民権派は政党結成に動いたことが，国内政治の状況である。これらをふまえて①・②の規律を掲げた政府の意図を考えよう。

大日本帝国憲法では，陸海軍の統帥権は議会・内閣から独立して天皇に直属していた。このことを想起すれば，憲法制定を本格化させるにあたり，政府は軍が天皇に直属する関係を明らかにする必要があったと判断できる。それゆえ，天皇への軍人の忠節を強調したのである。また，民権派による政党結成が進展している以上，開設された議会に民権派が進出してくることが予想された。政府が軍人の政治関与をいましめるのは，軍人が民権派や政党の影響を受け，同調するような事態を阻止する狙いがあったのである。

▶注意点

史料を引き写して「天皇への軍人の忠節を求めた」「軍人を政治に関わらせないようにした」と記すのではなく，そのような規律を必要とした政府の意図を説明しよう。

❖講　評

1　律令国家と漢字文化をテーマに，資料文を読み取る形式の問題である。**A**は，8 世紀の木簡に『千字文』や『論語』の文章が多くみられる理由が問われている。律令国家の「文書主義」に気付くかがポイントとなる。**B**は，毛筆の書の伝来から定着の過程で，唐を中心とする東アジアの中での律令国家と天皇家の果たした役割が問われた。題意がわかりにくいため，どう「役割」を論じればよいかが難しかった。

2　戦国期における京都の自治がテーマであった。資料文だけでなく，絵画・京都市街図の読み取りも求められている。室町・戦国期の惣村や都市の自治は論述問題の頻出テーマだが，山鉾の運営という特殊な視点から問われているので戸惑った受験生も多かっただろう。山鉾の運営が町ごとに行われていることに気付くのが最初のポイントになる。自治のあり方は，山鉾の名称が町名と対応していることに注目し，これが何を意味するのかを考えたい。答案は，ある程度，教科書の知識を活用してまとめるとよい。

3　江戸時代の改暦をテーマにした問題である。**A**は改暦に際して，幕府と朝廷が果たした役割が問われている。「対比」が求められているので，資料文の引き写しではない表現を工夫したい。**B**は，改暦に際して依拠した知識の推移を，幕府の政策とその影響に留意して述べることが求められている。難しくはないが，資料文に示された情報量が豊富であるため，その取捨選択に悩んだ受験生も多かっただろう。

4　軍人が実践すべき道徳を論じた明治時代の史料をもとに，そのような道徳が求められた政治・社会情勢が問われている。**A**は 1878 年 5 月の「政府の方針と社会の情勢」，**B**は 1882 年 1 月の「国内政治の状況」の説明が求められており，自由民権運動の展開と政府の対応を正しく理解していることが前提となる。例年言えることだが，近現代では正確な知識と理解がないと解答できない問題がほとんどである。教科書を丁寧に学習する必要性を強調しておきたい。

「日本史」の出題の意図（東京大学 発表）

問題はいずれも，①日本史に関する基礎的な歴史的事象を，個々に暗記するだけでなく，互いに関連づける分析的思考を経た知識として習得しているか，②設問に即して，習得してきた知識と，設問で与えられた情報を関連付けて分析的に考察することができるか，③考察の結果を，設問への解答として，論理的な文章によって表現することができるか，を問うています。歴史的な諸事象が，なぜ，どのように起こったのか，相互にどのような関係や影響があったのか。それを自ら考えつつ学んできた深さを測ろうとしています。

第 1 問は，毛筆による書の技法が日本列島にもたらされて以降，三筆の書の確立以前の，日本の書（書道）の形成過程において，『千字文』などが律令官人に手習いの手本としても用いられていたことや，律令国家や天皇家が果たした役割を問うものです。日本の書（書道）の受容・形成が東アジア世界の中にあることに気づいてもらうことを意図しています。

第 2 問は，戦国時代の都市民衆による自治の内実を，祭礼の運営状況から問うものです。具体的には，京都の祇園祭の担い手と運営方法について，絵図をも参考にして考察することにより，祭礼と町とが密接不可分の関係にあることを導き出すことが求められます。また両者の関係の強さが，町名に反映されていくに至ることを現代の市街図から導き出すことが期待されます。

第 3 問は，説明文を読み取って，近世の暦が公的に改められ施行される際に，江戸幕府と朝廷がそれぞれ担った不可欠な役割，また改暦に活用された外来の学問・知識が幕府の政策により変化していった過程を，どの程度理解したかを問うものです。比較し，また通時的にみることで相違点や段階差を把握し，整理して叙述することを求めています。

第 4 問は，明治前半期における，自由民権運動，立憲制の導入，士族反乱，近代的軍隊の確立といった複数の流れを，総合的に結びつけて説明できるかどうかを問うものです。(1)・(2)はいずれも，直接には軍事史と関わりの深い史料ですが，実は立憲政治の成立過程（漸次立憲政体樹立の詔，明治十四年の政変）と関連していると読み取れるかどうかが，解答作成の要点になります。

世界史

1 解答

東アジアでは，中国が朝貢してきた周辺国家の首長に官爵を与えて名目的な君臣関係を結ぶ冊封体制がとられてきた。朝鮮もベトナムも明から冊封を受けて制度や儒教倫理を取り入れ，明は壬辰・丁酉倭乱の際に宗主国として朝鮮に援軍を送った。日本では室町幕府が冊封を受け勘合貿易を行った。琉球は，朝貢貿易を軸に各地を結ぶ中継貿易で繁栄し（史料C），薩摩藩に征服されたものの，明清への朝貢を続けて日中両属体制となった。朝鮮は清にも冊封を受けたが，異民族王朝の清を明の後継国家とは認めず，自らを中華文明の後継者と自認する小中華の意識を支配体制に利用した（史料A）。19 世紀以降，欧米が東アジアに進出し，対等な関係で条約を結ぶ主権国家体制が持ち込まれたことで冊封体制に変化が生じた。アヘン・アロー戦争に敗れた清は，総理衙門を設置して新たな体制を受け入れつつ，従来の冊封体制も保とうとした。しかし，日清修好条規で清は日本と対等な国交を樹立し，琉球は沖縄県として日本の領土となって清から切り離された。ベトナムは阮朝がフランスの進出を受けながらも清への朝貢を継続したが（史料B），清は清仏戦争に敗れ天津条約で宗主権を失った。朝鮮は日朝修好条規で開国され，清は壬午軍乱や甲申政変で宗主国としての影響力を確保しようとしたが，日清戦争に敗れて下関条約で朝鮮を独立国として認め，これら一連の情勢により東アジアの冊封体制は崩壊することになった。(600 字以内)

◀解　説▶

≪15 世紀頃から 19 世紀末までの東アジアにおける冊封体制と崩壊≫

▶設問の要求

(主題)　東アジアにおける国際関係のあり方と近代における変容

(条件)　① 15 世紀頃から 19 世紀末まで

②朝鮮・ベトナムを中心に述べる

③ 3 つの史料にふれる

▶論述の方向性と指定語句・史料の用い方

●論述の方向性

中国を中心とする東アジアの冊封体制の実態，あるいは 19 世紀の冊封体制の崩壊というテーマは比較的よくみられる論述テーマで，本問ではこの２つを組み合わせてその変化を述べていくことになる。ただ，冊封体制については問題文で若干触れられているが中途半端なので，最初に冊封体制について少し説明を入れた方が出だしの文も書きやすくなると思われる。

「朝鮮とベトナムの事例を中心に」とあるので，それぞれの地域について通史的に述べていく方法もあるが，やはり時系列に沿って，⑴明代（15～17 世紀）の冊封体制，⑵清代（17～18 世紀）の冊封体制，そして⑶ 19 世紀の冊封体制の崩壊，の３つに分けて述べていくのが簡明だと思われる。

●指定語句の用い方

朝貢…冊封体制は朝貢に対する官爵授与という形で成立する。

小中華…中国で異民族王朝の清が成立して以後，朝鮮が持つようになった意識。

薩摩…17 世紀初頭（1609 年：中国では明代）に薩摩藩が琉球を征服したことで琉球が両属体制となったことの記述で使用。

条約…主権国家が対等の立場で結ぶもので，冊封に代わる新しい国際関係となる。

清仏戦争…ベトナムをめぐる清とフランスの戦争。清はベトナムの宗主権を失った。

下関条約…日清戦争の講和条約。清は朝鮮の宗主権を失った。

●史料の用い方

A：〔論述の構成〕の⑵で使用。年号の「崇禎」とは明最後の皇帝崇禎帝が使用していた年号で，崇禎帝の自殺（1644 年）で明は滅亡し，清がかわって中国を支配した。しかし明の制度・文化を取り入れてきた朝鮮は，清を明の後継国家とは認めず，中華文明は朝鮮のみが維持し続けているという小中華意識を持つようになり，明最後の年号を使用し続けた。

B：〔論述の構成〕の⑶で使用。フエはベトナムの阮朝の首都だったところ。1870 年代にフランスのベトナム進出が本格化したのちも，阮朝が清への朝貢を続けていたことが述べられている。

C：〔論述の構成〕の⑴で使用。史料は 1458 年に琉球国王が鋳造させた「万国津梁の鐘」の銘文で，漢文で記されている。琉球が明と日本との中間に位置し，中継貿易で繁栄している様子が述べられている。

▶論述の構成

(1)　明と周辺国家の冊封体制

【指定語句：朝貢，薩摩】

前述のように，まず冊封体制が周辺国の朝貢に対する官爵授与という形で成立することを説明したい。

朝鮮半島では高麗の部将で倭寇討伐に活躍した李成桂が 1392 年に新王朝を建て，明（1368 年成立）に朝貢して朝鮮国王に封じられ，明の冊封体制に入った（正式に朝鮮国王として冊封されたのは第 3 代太宗のときであるが，そこまで言及する必要はないだろう）。以後朝鮮では明の制度や文化（儒教倫理，特に朱子学）を取り入れ，また明との関係を支配の強化に利用していった。16 世紀末の豊臣秀吉による朝鮮出兵に際しては明の援助によって撃退に成功している。

ベトナムは元の侵入を 3 度にわたって撃退した陳朝が 1400 年に滅亡すると，明の永楽帝が一時ベトナム北部を支配下に置いたが，1428 年黎朝がそこから独立し，明に朝貢して冊封されている。以後，黎朝では科挙を行い，朱子学を取り入れるなど中国式の集権制度の確立が目指された。

日本では南北朝の動乱を収拾した室町幕府の足利義満が 1401 年明に遣使し，翌年「日本国王源道義」の称号を得，その後の日本からの国書でも「日本国王臣源」と署名している。これは日本が明の冊封体制に入ったことを意味するが，目的は朝貢貿易の形式で行われるものの利潤の大きい勘合貿易にあった。第 4 代将軍足利義持はこのような朝貢形式を屈辱的であるとして勘合貿易を一時中断している。その後，勘合貿易は断絶し，1603 年に成立した江戸幕府も明・清と貿易は行ったが冊封関係を結ぶことはなかった。「朝鮮とベトナムの事例を中心に」とあるため，日本についてはそれほど詳しく言及する余裕はないと思われる。

琉球では北山・中山・南山の 3 つの小国が抗争していたが，1429 年中山王の尚巴志が統一し，明に朝貢して琉球国王として封じられた。以後，史料Ｃにあるように中国と日本を結ぶ中継貿易で繁栄した。琉球は江戸幕府が成立した後の 1609 年に島津氏の侵入を受け，薩摩藩の支配下に入ることになったが，明・清への朝貢を続けたため日中両属という形になった。

⑵　清と冊封体制

【指定語句：小中華】

1644年に明が滅亡し，代わりにツングース系女真の清が支配を受け継いだことで冊封体制にも変化が生じることになった。

朝鮮は明が滅亡する前の1637年に清の侵攻を受けて服属し，清の属国として清の年号を使うことが義務づけられた。しかし異民族王朝の清が中国も支配するようになると，知識人の間では「中国では古代の聖王の制度は失われた。中国の伝統的な制度や文化を維持しているのはわが朝鮮だけである」という小中華意識が高まり，明最後の皇帝の年号である崇禎を使い続けることになった。

またベトナムでは1802年に阮福暎が阮朝を建て，清から越南国王として封じられているが，ベトナムについてはフランスの進出時に触れる形でよいと思われる。

⑶　冊封体制の崩壊

【指定語句：条約，下関条約，清仏戦争】

清はアヘン戦争（1840〜42年），アロー戦争（1856〜60年）に敗れ，南京条約（1842年），天津条約（1858年）・北京条約（1860年）などの不平等条約を結ぶことになった。内容はともあれ，条約は対等な国（主権国家）同士が合意によって結ぶものであるから，清が英仏を冊封体制に組み込んだわけではなく，逆に総理各国事務衙門の設置にみられるように清が近代的な主権国家体制に組み込まれたことを意味し，それは東アジアの冊封体制全体を揺るがせることになった。

明治維新によって近代的国家体制と国際関係を構築しようとしていた日本は，1871年に清と対等の立場で日清修好条規を結ぶと，1872年には琉球王国を琉球藩として外務省の管轄下に置き，1875年以後琉球藩の清への朝貢を禁止し，明治年号の使用を命じた。これらに対して清は抗議したが日本は無視し，1879年には沖縄県が設置され，併合を完了した。こうして清と琉球の冊封関係は消滅した。

ベトナムでは阮朝の建国当初から阮福暎がフランスの宣教師ピニョーの支援を受けたこともあってフランスが影響力を持っていたが，ナポレオン3世が仏越戦争後のサイゴン条約（1862年）でコーチシナ東部を獲得して以降，カンボジアを保護国化（1863年）し，その後，第三共和政のもと，ユエ条約（1883年・1884年）でベトナムを保護国化した。しかし，そうした中でも史料Bにみられるように阮朝は清に朝貢し続けていた。こうしてベトナム全土の支配をねらうフランスと，冊封体制の維持を図る清の間で清仏戦争（1884～85年）が勃発した。敗れた清は，天津条約でベトナムの宗主権を放棄しフランスのベトナム保護権を認めることになった。

朝鮮では日本が1875年の江華島事件を機に，翌年日朝修好条規を結んで朝鮮を開国させたが，この条約には朝鮮に独立国として日本との国交を開かせるため朝鮮の自主独立宣言も含まれていた。これに対して清も朝鮮への干渉を強め，以後朝鮮では清と結ぶ勢力と日本と結ぶ勢力との抗争が続いて複雑な展開を見せ，清は壬午軍乱や甲申政変で朝鮮の内政に干渉する形で影響力を維持しようとした。結局，清と日本の対立は1894～95年の日清戦争につながって日本の勝利に終わった。講和条約の下関条約では清も朝鮮の自主独立を認めることとなり，朝鮮はその後国号を大韓帝国と改称し（1897年），清の冊封から完全に離れることになった。

こうして，清と琉球・朝鮮・ベトナムを含む東アジアの冊封体制は完全に崩壊することになった。

2 解答

(1) (a) 匈奴は冒頓単于によって統一され，月氏をオアシス地帯から追って交易路を支配し，前漢を建てた劉邦を破って貢納を課した。(60字以内)

(b) 漢族主導の近代化に不満を持っていた外モンゴルが辛亥革命に際し独立を宣言，ロシアの介入で自治権を獲得し，チベットでもダライ=ラマ13世が独立の布告を出したが中華民国は認めなかった。(90字以内)

(2) (a) エジプトにフランス主導でスエズ運河が開削されたが，イギリスはスエズ運河会社の株をエジプトから買収し，財政への圧力も強めた。これに対し立憲制と外国排斥を求めるウラービー運動が起こったが，イギリスはこれを武力で鎮圧し事実上の保護国とした。(120字以内)

(b) クック到達後流刑植民地となったが，牧畜を行う白人の入植が始まり，金鉱発見後の中国系移民に反発して白豪主義がとられた。(60字以内)

(3) (a) 白人至上主義の風潮が強まり，黒人や非白人を迫害するKKKの活動が活発化した。また移民に対する反発から，1924年の移民法ではアジアからの移民を禁止し，東欧・南欧の移民も制限した。(90字以内)

(b)　アメリカのテキサス併合を契機としてアメリカ=メキシコ戦争が起こり，アメリカが勝利してカリフォルニアなどを獲得した。(60字以内)

◀解　説▶

≪民族の対立や共存≫

◆問(1)　▶(a)　匈奴は，前4世紀に戦国時代の中国への侵入を始めた。前3世紀末に現れた冒頓単于（位前209～前174年）は東胡を討ち，月氏を追って全モンゴリアを統一した。さらに始皇帝が修築していた長城を越えて中国の農耕地帯に侵入し，前200年に平城（現大同）郊外の白登山で前漢を建てた劉邦（高祖）が率いる軍を破り，毎年多額の貢納を送る和約を結ばせた。以後，武帝が積極策に転じるまで前漢は匈奴の属国的扱いを受けることになった。

▶(b)　やや難。モンゴルやチベットでは清の時代藩部として大幅な自治を認められていた。しかし，清末の光緒新政で漢族主導の近代的な中央集権化が進められると反発が強まり，辛亥革命を機に外モンゴルが独立を宣言し，チベットでもチベット仏教の教主ダライ=ラマ13世が独立を主張する布告を出した。これに対し，辛亥革命で成立した中華民国は，清の領土を継承したと考え，モンゴルやチベットの独立を認めなかった。結局，外モンゴルはロシアの介入もあって中華民国の宗主権下での自治が認められたものの，内モンゴルとチベットは中華民国内に留まった。その後，外モンゴルではチョイバルサンやスヘバートルが結成したモンゴル人民革命党が，1921年にソ連の支援を受けて中華民国から完全に独立，1924年にはモンゴル人民共和国として世界で2番目の社会主義国となったが，問題文の「辛亥革命前後」という指定と，字数制限から考えると，ここまで言及する必要はないと思われる。

◆問(2)　▶(a)「どこで何が造られたかを明らかにし」と指定されているので，「エジプトにスエズ運河が造られた」ことに必ず言及すること。スエズ運河はフランスの支援をもとに，フランスの技師レセップスが中心となって開削が始まり，1869年完成した。完成後はフランスとエジプトによるスエズ運河会社が運営にあたったが，インドへの航路を確保したいイギリスは，運河開削の出費で財政難に陥ったエジプトから，首相ディズレーリが1875年にスエズ運河会社の株を買収し，さらにフランスとともにエジプトの財政も管理下に置いた。この内政干渉に反発したエジプトでは軍人のウラービーを中心に立憲制の確立と議会の開設などを求める運動（ウラービー運動）が広がるが，イギリスは1882年単独で出兵して以後，エジプトを事実上の保護国とした。

▶(b)　オーストラリアへの「入植の経緯」に関しては，最初は流刑植民地であったことに言及したい。オーストラリアは太平洋を探検したイギリスのクックが1770年にイギリス領を宣言し，1788年にはイギリスの流刑植民地となった。その後羊毛生産が拡大すると1830年代から自由移民も本格化し，流刑制度も19世紀後半に廃止された。1851年に金鉱が発見されると植民者が急増したが，中国系の移民に対する白人労働者の反発が次第に強まり，1901年に自治領となったときに制定された移民制限法によって白人以外の移民は禁止された。しかし，白豪主義に対する国際的な非難が高まったこともあって，1970年代に移民制限は撤廃され，以後はアジア系移民の増加によって多民族・多文化主義を掲げるようになった。

◆問(3)　▶(a)「永遠の繁栄」「黄金の20年代」と呼ばれた第一次世界大戦後のアメリカは不寛容の時代でもあった。大戦中に労働力不足と工業化の進展によって南部の黒人の北部への大移動が起こるとともに，アジア系の移民も増加し，北部の白人労働者だけでなく中間層もこれに反発した。WASP（White, Anglo-Saxon, Protestant）と呼ばれるアメリカ社会の中心層の間では伝統的な価値観を強調する風潮が高まって，非白人や新移民と呼ばれる東欧・南欧系移民への差別意識が助長された。こうした背景のもと，KKK（クー=クラックス=クラン）が復活し白人至上主義を唱えて大きな勢力となり，1924年の移民法では東欧・南欧からの新移民を制限し，日本を含むアジア諸国からの移民は全面的に禁止された。なお，無政府主義者でイタリア系移民の2人が殺人事件の犯人とされて逮捕され，後に処刑されたサッコ・ヴァンゼッティ事件（1920年）は新移民に対する差別事件でもあったが，社会主義や左翼勢力への恐れと弾圧の一例として取り上げられることが多く，字数の関係もあって〔解答〕には入れていない。

▶(b)　アメリカ=メキシコ戦争（1846〜48年）の背景にはテキサス併合問題があった。1821年にメキシコが独立した当時はメキシコ領だったテキサスにはアメリカ系の移民が増大し，アメリカの支持のもと1836年にはメキシコからの独立を宣言しテキサス共和国が成立した。さらにアメリカはテキサスから要請を受けたとして 1845 年にテキサスを併合して州に編入した。メキシコは反発し，両国の関係が悪化する中，さらなる領土拡大をねらったアメリカ大統領ポークは，1846 年にテキサス州とメキシコの国境に軍隊を送って挑発し，アメリカ=メキシコ戦争を引き起こした。戦争に勝利したアメリカはカリフォルニア・ニューメキシコ両地方を獲得して領土拡大に成功した。

3　解答

(1)　ソロン
(2)　墨家
(3)　コルドバ
(4)　ガザーリー
(5)　全真教
(6)　トンブクトゥ
(7)　考証学
(8)　バーブ教
(9)　マルサス
(10)　フロイト

◀解　説▶

≪歴史上の思想とそれが与えた影響≫

▶問(1)　ソロンは前 594 年にアルコン（執政官）となり，まず債務の帳消しを宣言し，身体を抵当に借金することを禁じて市民が奴隷に転落するのを阻止しようとした。また，市民を土地や財産で 4 等級に分け，それぞれの権利と義務を定める財産政治を行った。彼の改革はのちの民主政治の基礎を造ったものではあったが，貴族・平民どちらからも不評であり，平民の不満を利用した僭主政治を招くことになった。

▶問(2)　墨家は墨子を始祖とする思想集団。儒家の家族愛を基盤とする仁は差別愛だと批判して平等な愛（兼愛）を主張し，侵略戦争を否定し（非攻），貴賤を問わず賢者を登用する（尚賢），葬儀の簡素化（節葬）や音楽の廃止（非楽）なども唱えている。墨家は宗教者，軍事技術者，弁論家などが集まった特異な集団で，都市の下層技術者集団の連帯を背景として生まれたものだといわれる。例えば「非攻」は侵略戦争を否定したが防衛戦争は肯定しているので，そのための築城技術や防戦の戦略を伝授するために各国に軍事技術者を派遣するといったことも行っていた。

▶問(3)　コルドバはスペイン南部アンダルシア地方の都市。8世紀にアブド=アッラフマーン1世によって建てられた壮大なモスクは，1236年キリスト教徒がコルドバを奪回すると，キリスト教の聖堂に転用された。16世紀スペイン王カルロス1世の時代にモスク回廊の中央部に教会堂が建設されている。正式には「聖マリア大聖堂」という名称だが，一般的にはモスクを意味するスペイン語の「メスキータ」の名で呼ばれることが多い。

▶問(4)　ガザーリー（1058～1111年）はイスラーム最大の思想家の一人で，セルジューク朝の時代，バグダードのニザーミーヤ学院の教授となり，正統のスンナ派イスラームを代表する学者となった。しかし，後年神秘主義（スーフィズム）に傾倒し，スーフィー（イスラーム神秘主義者）として修行を始めた。学問的にはアリストテレスの哲学を取り入れ，イスラーム正統派の理論と神秘主義を融合した。

▶問(5)　全真教は金が華北を支配していた時代，王重陽（1113～70年）が創始した道教の一派。道教に仏教，特に禅宗の要素と儒教の要素を取り入れた。華北に広まり，以後江南の正一教と道教界を二分するようになった。

▶問(6)　トンブクトゥは現在のマリ共和国中央部，ニジェール川左岸の都市。金や塩，奴隷の集散地で，マリ王国，ソンガイ王国の中心都市として栄えた。黒人最初といわれる大学もあり，その名はヨーロッパにも知られた。19世紀に探検家ルネ=カイエがヨーロッパ人として初めてこの街を訪れたが，その頃にはすでに衰退していたという。

▶問(7)　考証学は机上の空論に陥っていた朱子学や陽明学を批判した顧炎武や黄宗羲が，確実な文献に典拠を求めて経書を解釈し，それを政治に生かす経世実用の学問を唱えたのが始まりで，清に入って戴震・銭大昕らによって大成された。考証学は文献学として出発し，その後，歴史学・地理学・音韻学などに分化して発達したが，清の厳重な思想統制のため本来の経世実用の面は失われていった。

▶問(8)　バーブ教のバーブは「門」という意味で，19世紀前半にサイイド=アリー=ムハンマドが，自らをシーア派の十二イマーム派の救世主である隠れイマームであると宣言して創始したイスラーム教シーア派の一派。特に貧困農民の間に信者を獲得し，カージャール朝の支配と英露への屈従に対する抵抗を唱えて1848年に蜂起したが鎮圧され，サイイド=アリー=ムハンマドも1850年に処刑された。バーブ教は教祖の弟子によって，男女平等・世界語の採用などを唱える特異なバハーイー教に発展し，現在でも信者が存在する。

▶問(9)　マルサス（1766～1834年）は，人口爆発が大きな問題となっている現代になって再評価されているイギリスの古典派経済学者。彼は『人口論』の他に，『経済学原理』も著しているが，これは，『経済学および課税の原理』で古典派経済学を大成したリカードへの反論として書かれた。

▶問(10)　フロイト（1856～1939年）は人間の心理を，無意識の領域内に抑圧された性的衝動（リビドー）の働きとその制御という観点から分析することを提唱し，ここから潜在意識・コンプレックスなどの心理学説を立てた。その理論は従来の精神病理学や心理学に衝撃を与えただけでなく，20世紀の人文・社会科学，宗教などにも大きな影響を与えた。主著は『夢判断』。

❖講　評

2020年度も，1が長文論述，2が小論述，3が記述式という基本構成は変わらなかった。

1の長文論述は20行（600字）で，2019年度の22行（660字）から60字減少し，2014～2018年度の字数に戻った。ただ，2の小論述は4行（120字）が1問，3行（90字）が2問，2行（60字）が3問だったので総字数は480字で，2019年度の330字より増加している。1・2を合わせた総字数は1080字で，2019年度の990字より増加し，2018年度の1～3の総字数と同じになった。時代的には1が近世～近代，2が古代から1問，あとは近現代，3が古代～近代でバランスはとれているが，例年に比べると2で近現代の比重が高かった。

地域は1が東アジア史で，2は中国・アフリカ・オセアニア・アメリカ，3は例年通り幅広い地域からの出題であったが，ヨーロッパ関係の問題が少ない印象である。

1　15世紀頃の中国を中心とする東アジアの冊封体制の実態と，19世紀にそれが崩壊していく過程を600字で述べる問題。大きな変更点としては，例年8個だった指定語句が6個に減少したことと，3つの史料を読み，その意味を論述の中で用いるということで，共通テストをある程度にらんだ問題と考えられる。史料は教科書に記載されているような有名なものではないが，読めば内容とともにどこで使用するかも理解できるものであった。ただ史料Aは朝鮮の「小中華」思想に関するもので，小中華という用語が理解できていないと，史料の使用だけでなく朝鮮関係の記述が難しくなったはずである。明と清の冊封体制をどのように扱うかも迷ったはずだし，全体の構成も工夫が必要である。

2　人の移動や接触によって生じる民族の対立や共存を主題とした小論述問題 6 問で，東京大学では頻出のテーマである。視覚資料が使用されたが，問題文だけでもスエズ運河と判断できる。地域が中国とその周辺，エジプト，オーストラリア，アメリカ合衆国と幅広いが，未学習の地域というのはなかったと思われる。それでも問(1)(b)の辛亥革命前後のモンゴルとチベットは，やや意表を突かれたかもしれない。1924 年のモンゴル人民共和国の成立は覚えていても，その前段階までは理解していなかったのではないだろうか。問(1)(a)の匈奴，問(2)(a)のスエズ運河，問(3)(b)のアメリカ=メキシコ戦争は標準的な問題。問(3)(a)の戦間期のアメリカも KKK や移民法は最低限書けるはずである。ただ 2 の総字数が 480 字で，2019 年度の 330 字よりかなり増えている。迅速に処理しないと 1 に割ける時間が少なくなって対応が難しくなったと思われる。

3　歴史上現れたさまざまな思想やそれが与えた影響が主題となっているが，実際に求められている語句は，思想家のほか，地名・宗教名・学問名など幅広い。すべて教科書レベルの標準的なものであり，設問文もかなり丁寧なので迷うことはないだろう。問(2)の墨家は，「人をその身分や血縁に関係なく任用し（＝尚賢）かつ愛する（＝兼愛)」というところがヒント。例年と同じく，3 はいかにミスなく迅速に解答できるかがポイントであった。

「世界史」の出題意図（東京大学 発表）

本年度の世界史の問題においては，世界各地で過去から現代にいたるまで生起してきた諸事象について，知識だけではなく，史料と結びつけたり，現代的課題と結びつけたりして考える力を問いました。また，いろいろな思想を世界史の中に位置づける広い視野をもって分析・思考できる力を問いました。

第1問は，①東アジアの伝統的国際秩序はどのようなものであるのか，②それが19世紀になって欧米諸国の進出にともないどのように変容していくのか，という2点についての理解と関連する史料の読解力とを問うものです。①については，中国王朝と近隣諸国との間で取り結ばれた朝貢・冊封関係について，近世期に焦点を合わせ，朝鮮・ベトナムを軸に，琉球を加えて，事例に則して説明することを求めました。②については，理念上階層的な関係である朝貢・冊封関係が，形式上は対等な主権国家間で結ばれる条約（不平等条約を含む）や近代国際法に基づく関係に取って代わられる過程を史料と結びつけながら説明することを求めました。

第2問は，世界史における異なる文化に属する人々の移動や接触を主題とした上で，東アジア，中東地域，アメリカ合衆国といったさまざまな地域に関連して，諸時代における事例についての総合的な知識を問うものです。民族や異文化間の対立や衝突が相互におよぼす影響に留意しながら，それぞれについての知識を関連づけられるような分析的思考力を求めました。さらに，現代にもつながる差別や対立の歴史的背景について，具体的かつ客観的な事実に基づいて述べる力を問うものでもあります。

第3問は，人はどのように生きるべきか，政治や社会はどのようにあるべきか，という根源的な問いをめぐって，人類が世界史上展開させてきた思想について考えてもらうものです。思想は，人類が抱える普遍的な問題に答えるものであると同時に，それぞれの時代や地域が抱える問題にも対応しながら生まれてきました。また，そのようにして生まれた思想は，いったん時代や社会の文脈におかれると，個人の生き方にとどまらず，社会や政治をも変革する潜在力を持っています。思想と社会とのこうした相互作用に注目することは，思想を世界史の文脈に位置づけて理解する上で重要です。思想は，宇宙の成り立ちや人間の生死について考える哲学思想から，政治思想，社会思想，経済思想，宗教思想にいたるまで，およそ人間のあらゆる知的活動に及ぶものです。単純な知識を問うのではなく，以上のような問題について考える中から解答を導き出してもらうことを意図して出題しました。

地理

1 解答

A (1) X山地は低くなだらかであるが，Y山地は内的営力により大きく隆起し，外的営力の激しい侵食作用も受けたため，高く険しい。(60 字以内)

(2) 褶曲山脈であり，火山活動も活発なため，標高が高い。(30 字以内)

(3) 戦後の食糧不足を背景に，干拓による農地の造成を図った。(30 字以内)

(4) c は水利のよい沖積平野のため，稲作が行われているが，d は台地が卓越し，水が得にくいため，畑作や酪農が中心である。(60 字以内)

(5) 5×10^1 倍

B (1) 西南日本外帯に位置するため高く険しい山地の面積が広く，河川は小規模で沖積平野が未発達なため可住地となる平地は狭い。(60 字以内)

(2) 水資源。降水量の多い太平洋側の高知県は人口が少なく水が余っているが，雨の少ない瀬戸内海側の香川県は人口が多く産業も発達しており水が不足しがちなため，高知県から水が供給されている。(90 字以内)

(3) 市場に近く輸送費が安い茨城県は平地での栽培に適した時期に出荷し，高地で冷涼な長野県は価格が高くなる夏に出荷するため。(60 字以内)

◀解　説▶

≪日本列島の地形と地形改変事業・農業形態，5つの県の土地利用≫

◆設問A ▶(1) アは，中央部に標高 0m の部分があるから瀬戸内海を横切る③の断面図で，X山地は中国山地，Y山地は四国山地である。両山地の地形的特徴は，中国山地は最高所の標高が低いだけでなく，山地の幅に対して標高が低いこと，言い換えれば，傾斜が緩やか（なだらか）なこと，四国山地は海抜高度が高く，山地の幅に対して標高が高いこと，つまり急傾斜（険しい）ということである。四国山地が高く険しい地形になったのは，内的営力による隆起が続いている一方で，日本有数の多雨地域であり，外的営力の河川による侵食作用が活発で，深い谷が形成されたためである。

▶(2) イは，太平洋側に山地があるから北上高地を横切る②の断面図で，

Ｚは奥羽山脈である。奥羽山脈は両側の山地（出羽山地と北上高地）に比べて，海抜高度が高く険しい。奥羽山脈は，日本列島の脊梁をなす褶曲山脈であり，かつ火山活動が活発で，多数の火山が噴出しているため，さらに標高が高くなっている。

▶(3)　ａは宍道湖，ｂは八郎潟干拓地である。元来ａとｂは湖という「同じ環境」であったが，ｂは干拓により「人工的に形成された土地」となった。八郎潟は，かつては琵琶湖に次ぐ日本第２位の面積を有する湖であったが，水深が浅いため，干拓によって農地を造成する計画が立てられた。干拓事業が始まったのは 1957 年である。事業開始当初は，まだ食糧生産が不安定な時期で，主食である米ですら自給できない年が続いていた。このような背景から，農地を造成して米の増産を図り，自給率を高めることを目的に，八郎潟の干拓という大規模事業がなされたのである。

▶(4)　ウは，日本海側に広い平野があり太平洋側にも平坦な土地が広がるから①の断面図で，ｃは石狩平野，ｄは十勝平野である。ともに広い平野であるが，石狩平野は石狩川の形成した沖積平野で，水利がよいため稲作地域になっている。十勝平野は火山灰に覆われた台地で，河川が台地を刻む谷では稲作もみられるが，大部分を占める台地では，水利が悪いため，麦類，豆類，ジャガイモ，テンサイなどの畑作や酪農が行われている。

▶(5)　ア～ウの断面図の水平距離は，高さと水平距離が等倍になっているとすると，標高の目盛りから考えて，5000 m ほどである。しかし，①～③の実際の距離は 200～250 km とみなせるので（東京—静岡間よりも長く，東京—名古屋間よりも短い，あるいは東京—大阪間のおよそ半分と考える），高さは水平距離の 40（200000 m ÷ 5000 m）～50（250000 m ÷ 5000 m）倍となる。問題にあるｋに１，２，５，ｎに１，２を１つずつ当てはめて計算することもでき，ｋが１の場合，実際の距離は n＝1 のとき 50 km，n＝2 のとき 500 km（東京—大阪間の距離がこれくらい），ｋが２の場合，n＝1 のとき 100 km，n＝2 のとき 1000 km となり，いずれも該当しない。ｋが５の場合，n＝1 のとき 250 km，n＝2 のとき 2500 km となり，ｋが５で，ｎが１の場合，①～③の実際の距離に近くなる。

◆**設問Ｂ**　▶(1)　ａは県人口/総面積，ｂは県人口/可住地面積の値なので，b/a は総面積が可住地面積の何倍であるかを示している。つまり，b/a の値が高い県は，総面積に占める可住地面積の割合が小さい，言い換えれば，林野面積の割合が大きい。さらにそれは，地形的には，山地の面積割合が大きく，平地の面積割合が小さいということになる。「地形的特徴」が問われているので，解答では，山地と平地の面積割合だけでなく，その背景となる和歌山県と高知県に共通する地形の特徴についても説明する。両県で山地の面積割合が大きいのは，ともに西南日本外帯に位置し，その特徴である高く険しい山地が広がるからである。平地の面積割合が小さいのは，両県とも海に面しているが，山地が海岸に迫っていて，河川は流長が短く小規模で，河口部にも平野が発達していないからである。

▶(2)　高知県と香川県の間でやりとりされている資源とは，水資源である。太平洋側の高知県は日本有数の多雨地域で，人口も少なく，水は余っている。逆に，瀬戸内海側の香川県は日本でも雨の少ない地域であり，人口は多く，農業や工業も盛んであるから水不足となりやすい。このため，吉野川上流のダムに貯水し，讃岐山脈を貫通するトンネルを通じて高知県から香川県に水が供給されている。設問の「この資源の供給」は両県の降水量の違い，「消費」は両県の人口や産業の発達の違いについて述べる。

▶(3)　茨城県ではレタスは主に春と秋に出荷されるが，長野県は夏が出荷期であり，この違いの説明が求められている。平地の広がる茨城県では露地栽培での生育に適した時期が出荷期であり，それが春と秋になる。夏は高温すぎるためレタスの栽培には適していない。長野県の高地で栽培されるレタスは，同じ露地栽培でも平地よりも冷涼なため夏が出荷期となる。「地形的要因」は，茨城県が平地で栽培，長野県は冷涼な高地で栽培という点を述べる。「経済的要因」はそれぞれの利点について述べる。茨城県は，出荷量が多いためレタスの価格は安くなるが，東京市場に近く輸送費が安価であるという点，長野県は，市場から遠いが，冷涼なため他県の生産量が少なく価格が上がる時期に出荷できるという点である。

2　解答

A　(1)　家畜頭数の増加や放牧地造成により砂漠化や森林破壊が進む。(30字以内)

(2)　高カロリー・高脂質で，水などの資源を大量消費する動物性食品の摂取量の多い国々では，その過剰摂取による悪影響が意識され，健康維持や環境保全の目的で摂取を控えるようになったため。(90字以内)

(3)　アルゼンチンやブラジルはヨーロッパ系白人の割合が高い<u>民族構成</u>で，

広大な平原で大規模な牧畜が行われているため動物性食品の摂取量が多いが，ペルーは，山岳地帯で自給的な農業を行う先住民の人口が多く，その食文化はジャガイモや穀物が中心であるため。(120 字以内)

B (1)　**A**―マレーシア　B―ベトナム　C―タイ　D―インドネシア　E―フィリピン

(2)　生産量は増加したが，工業化の進展と所得水準の向上により，輸入が増えて国内供給量の増加が上回り，自給率が次第に低下した。(60 字以内)

(3)　人口増加に伴って国内供給量も増加したが，高収量品種の導入などによる生産量の増加が上回り，近年は自給できるようになった。(60 字以内)

◀解　説▶

≪動物性食品の摂取割合の変化，東南アジアの主要な米生産国≫

◆**設問A**　▶**(1)**　食生活において動物性食品の割合が増えるということは，肉類や乳製品の生産が増えることであり，さらにそれは家畜の飼育頭数が増えたり，放牧地が増えたりすることにつながる。それによる陸上の自然環境への悪影響としては，過放牧による草地の破壊（砂漠化）や放牧地の造成による森林破壊といった植生破壊があげられる。

▶**(2)**　1～6の国々は，いずれも早くから動物性食品の割合が高い先進国である。これらの国々では，動物性食品の過剰摂取による悪影響が意識され，その摂取があまり増加していないか，減少している。悪影響の1つは健康への影響で，高カロリー・高脂質の動物性食品の過剰摂取により，肥満や生活習慣病を患う人が増えている。もう1つは環境への影響で，動物性食品を生産する畜産は，(1)で問われた植生破壊以外にも，水や穀物の大量消費，家畜排せつ物による悪臭や水質汚濁などの問題が指摘されている。先進国では，これらの健康や環境への意識の高まりにより，動物性食品の摂取を避けたり，減らしたりする人が増えている。

▶**(3)**　ペルーは動物性食品の割合が低いが，アルゼンチンやブラジルは高い。ペルーは1人あたり GDP が上昇しても動物性食品の割合はあまり増加していないから，この差の理由は，経済水準以外にあると考えられる。指定語句から考えると，2つの理由とは，1つは「民族構成」の違いとそれに関係する「食文化」の違い，もう1つは「農業」の違いである。アルゼンチンやブラジルは，総人口に占めるヨーロッパ系白人の割合が高く，ヨーロッパと同じように動物性食品の割合の高い「食文化」である。ペルーは先住民の割合が高く，その「食文化」は，ジャガイモやトウモロコシなどの植物性食品が中心で，動物性食品の摂取量は少ない。また，アルゼンチンやブラジルは，広大な平野や高原で牛を放牧する企業的牧畜が行われており，肉類生産量が多く，国民の肉類摂取量も多くなるが，ペルーでは，アンデス山脈の「山岳地帯」においてジャガイモやトウモロコシなどを栽培する自給的な農業が行われ，肉類の摂取量は少ない。これらの点から動物性食品の割合の違いが生じると考えられる。

◆**設問B**　▶(1)　5カ国の中で，米の輸出国として知られているのはベトナムとタイなので，両国は自給率のきわめて高いBとCのいずれかである。国内供給量は人口に比例すると考えられるから，Bがタイよりも人口の多いベトナムで，Cがタイである。国内供給量の最も多いDは人口が5カ国中最も多いインドネシア，自給率の低いAとEのうち，国内供給量の少ないAが，5カ国中最も人口の少ないマレーシアで，残るEがフィリピンとなる。

▶(2)　Aのマレーシアの米の自給率は低く（自給できない＝輸入している），かつ，次第に低下している。生産量・国内供給量は，ともに増加しているが，国内供給量の増加率が高い。生産量の増加以上に国内供給量が増加したことが自給率低下の要因であり，その背景を説明する。米の国内供給量が増加したのは，近年の工業化の進展による経済成長と所得水準の向上，および人口増加により，米の消費量が増えたことが大きいと考えられる。

▶(3)　Dのインドネシアは自給率が次第に上昇し，近年は100％であるから，米はほぼ自給できている。生産量の増加率が国内供給量の増加率よりもやや高く，自給率上昇の背景としては，生産量が増加したことを指摘したい。インドネシアでの米の生産量増加は，緑の革命の成果であり，具体的には，高収量品種の導入，灌漑施設の整備，化学肥料や農薬の使用などによる。

3 解答

A ⑴ ア－5 イ－16 ウ－6

⑵ 東西ドイツ統一後の雇用と高所得を求めた人口移動により，旧東ドイツの州では人口減少，旧西ドイツの州では人口増加となった。(60字以内)

⑶ かつては国際競争力のある機械工業の発達した南部で人口が増加し，産業構造の転換に後れた北部は人口が停滞していたが，サービス経済化の進展で大都市を中心に北部でも雇用機会が増えたため。(90字以内)

⑷ 東欧諸国からの移民や中東諸国からの難民の流入が増えたため。(30字以内)

B ⑴ 重化学工業が産業の中心となり，工業立地によって雇用機会が増加した三大都市圏に，農村部から大量の労働力が移動したため。(60字以内)

⑵ 経済の国際化・情報化により諸機能の首都への一極集中が進んだため東京圏は転入超過が続くが，産業構造の転換に後れた大阪圏は転出超過，自動車工業が発達した名古屋圏は転出入の差が小さい。(90字以内)

⑶ 郊外への転出超過が続いた東京都特別区部が，バブル経済崩壊後の地価下落や再開発で転入超過となり，人口の都心回帰が進んだ。(60字以内)

◀解 説▶

≪ドイツの州別人口増減率，三大都市圏の転入超過人口の推移≫

◆設問A ▶⑴ アは「豊富な石炭資源」「製鉄や化学といった重化学工業」などから，ルール地方が含まれる5のノルトライン・ヴェストファーレン州である。イは「エルベ川の上流部」から16のザクセン州で，2つの中心都市のうち，現在の州都はドレスデン，古くからの交通の要衝はライプツィヒ。ウは「欧州中央銀行の本部」からフランクフルトが位置する6のヘッセン州である。

▶⑵ 1990年～2000年にかけて，人口増加率が高い州は，ニーダーザクセン（4），ラインラント・プファルツ（7），バーデン・ヴュルテンベルク（9），バイエルン（10）などの旧西ドイツの州である。逆に，人口減少率が高い州は，ザクセン・アンハルト（14），メクレンブルク・フォアポンメルン（11），ザクセン（16），テューリンゲン（15）などの旧東ドイツの州である。このように東西ドイツで人口増減率の明瞭な地域差が生じたのは，1990年に東西ドイツが統一されたことで，経済水準が低く失業者が多かった旧東ドイツから，雇用と高所得を求めて，旧西ドイツへ移住する人が増えたためである。

▶(3)　1970年代から1980年代にかけて，旧西ドイツ南部のバイエルン（10），バーデン・ヴュルテンベルク（9），ヘッセン（6）などは人口増加率が高く，北部のハンブルク（2），ブレーメン（3），ニーダーザクセン（4），ノルトライン・ヴェストファーレン（5）などは人口増加率が低かったが，2000年代以降は，南部の州の人口増加率が低下し，北部の州の人口増加率が上昇している。1970年代から1980年代にかけて，人口増加率に南北格差が生じているのは，南部と北部の「産業構造」の違いが関係する。南部は自動車工業をはじめとする「国際競争力」のある機械工業が中心であったが，北部は「国際競争力」が失われた鉄鋼，造船などの工業が主体で，「産業構造」の転換が後れていた。このため，南部は雇用機会が多く人口が増加したが，北部は人口増加率が低かった。ところが，2000年代以降は，ドイツ全体で「サービス経済化」が進み，北部でもその影響で，大都市を中心に雇用が増加したため，以前に比べて北部の人口増加率が高くなった。

▶(4)　最近，ドイツ全体で人口増加率が高くなった理由が問われている。ドイツ全体では死亡率が出生率を上回る自然減少が続いているから，人口増加の要因は，社会増加つまりドイツ国外からの人口流入である。主に東欧諸国からの移民の増加や中東諸国からの難民の流入が要因と考えられる。

◆設問B　▶(1)　1960年代前半は高度経済成長期の前半であり，日本の産業の中心が農業・軽工業から重化学工業へと変化した時期である。重化学工業化の進展により多くの雇用が創出されたが，その中心となった鉄鋼，石油化学，造船などの工業は三大都市圏やその周辺の臨海部に立地した。このため，雇用機会に恵まれた三大都市圏に，農村部から大量の労働力が流入した。

▶(2)　1980年代以降，ごく一時期を除いて東京圏は転入超過が続いている。これに対して，大阪圏は転出超過が続き，名古屋圏は，年によって転入超過や転出超過であるが，その差は小さい。その理由を1980年代以降の日本経済の動向と産業構造の変化などから考える。1980年代以降，日本経済の国際化，情報化，サービス化が進み，首都である東京に，政治，経済，文化などのさまざまな機能が一極集中するようになり，多数の新規雇用が発生した。このため，人口も東京圏へ集中するようになり，東京圏の転入超過が続いた。大阪圏は，高度経済成長期の工業が中心の時期は転入人口が多かったが，石油危機後，産業構造の転換に後れをとり，関西企業の東京への本社移転の影響などもあって，現在まで転出超過が続いている。名古屋圏も工業中心の産業構造であるが，大阪圏と異なり，国際競争力のある自動車工業が中心で，転出入人口の差は小さくほぼ横ばいで推移している。

▶(3)　1990 年代初めを境とした東京都特別区部の人口推移について説明する。東京都特別区部は 1990 年代初めまでは転出超過が続いていたが，1990 年代後半からは転入超過に転じている。1990 年代初めまでの転出超過は，いわゆるドーナツ化現象とよばれるもので，東京圏の中心部の人口が地価高騰，過密，環境悪化などの理由で郊外へ転出したことによる。東京圏の人口分布は，中心部で減少，郊外で増加した。しかし，1990 年代初めのバブル経済の崩壊により，この状況が一転した。中心部の地価が下落し，遊休地も発生したことで再開発が進み，住宅供給が増えたため，中心部の転入人口が増加した。東京圏の人口分布は中心部も郊外も増加しているが，中心部の人口増加率が高く，人口の都心回帰が進んでいる。

❖講　評

2020 年度も大問 3 題で，それぞれテーマの異なる **A**・**B** の設問に分割されている。論述の設問数は，18 問（1 行 4 問，2 行 9 問，3 行 4 問，4 行 1 問）で，総字数は 38 行 1140 字。2019 年度に比べて，設問数，論述字数とも増加し，近年はなかった 4 行 120 字の問題も出題された。論述以外の設問は 3 問だけとなり（1 問は 2019 年度に続いて計算問題），1 の設問 **B**，2 の設問 **A**，3 の設問 **B** は論述問題だけである。2020 年度は，目新しい資料は特にないが，資料の読み取りとその背景を説明させる問題が多かった。

1　日本の地形と土地利用に関する問題。設問 **A** では，3 カ所の地形断面図を用いて，山地の地形の特徴，地形改変事業の背景，地形と農業形態の特徴などが問われている。断面図と地図との対応は解答させていないが，各小問の論述が書けていれば，判定できたかわかるので，あえて問うまでもないということなのだろう。(1)の論述は指定語句の使い方に工夫を要する。キーワードは隆起と侵食なので，「内的営力による隆起」，「外的営力による侵食」と使用したい。「内的営力と外的営力の作用による」などという解答では高得点は難しいだろう。(5)の計算は，地図上の①〜③の基線の長さの把握が正解の決め手となろう。設問**B**では，日本の５つの県の土地利用の特徴が問われている。(2)は資源名が水資源とわかれば，説明は容易であろう。(3)は字数制限が厳しい。相当文章に工夫が必要となろう。

2　世界の食料の生産と消費に関する問題。設問**A**は，各国の１人あたり GDP の伸びと動物性食品の割合の変化を示したグラフをもとに問われている。(1)は牧畜業に関係する環境問題を書けばよい。(2)は先進国で動物性食品の割合が増えないか減少している理由を説明する問題で，健康問題はすぐに思いつくだろうが，字数が長いのでそれ以外の問題も指摘したい。(3)の指定語句は，キーワードというよりも論述内容を示す語句であり，これらをヒントに解答をまとめよう。設問**B**は，東南アジア５カ国の米の生産と消費に関する問題で，論述の２問はいずれも平易。ただし論述内容に関する指示が多いので，記述に漏れがないよう注意を要する。

3　ドイツと日本の人口の動向に関する問題。設問**A**は，ドイツの州別人口増減率の推移についての問題で，(1)の３つの州の選択は難しいだろう。(2)は 1990 年の東西ドイツ統一から考える。(3)の論述は難問であろう。人口増加率が高い州は経済が好調で雇用が多いが，人口増加率が低い州はその逆であることから考える。2000 年代以降に人口増加率の地域差が小さくなったのは，以前は雇用が少なかった北部の州での雇用増加を示している。指定語句の国際競争力や産業構造は人口増加率が高い州の説明でも低い州の説明でも使用可能である。設問**B**は，問い方は違っても，内容的にはこれまで出題されてきた高度経済成長期以降の日本経済の動向と人口移動に関する問題である（2005 年度３の設問**B**，2006 年度３の設問**B**，2015 年度３の設問**A**など）。過去問学習の重要性を改めて思い知らされる。

「地理」の出題の意図（東京大学 発表）

本年度の地理の問題では，次のような能力や知識を問いました。

第１問

設問Ａ　小縮尺の地形断面図を用いて，日本列島の地形環境の地域特性に関する基本的な知識，および，それと農業・土地利用形態との関係についての理解度を問いました。比較地理的視点に立って，地域間にみられる相違点を的確に説明する能力も必要です。

設問Ｂ　居住環境に関する数量的な資料から，地形の特徴を読み解く力を問うています。さらに，自然環境や経済・社会環境と地域間の結びつきや地域間の差異の関係を，資源利用や経済行動の観点から説明することを求めています。

第２問

設問Ａ　食生活の変化に起因する環境問題についての知識を問いました。また提示された資料から，国や地域により食生活の変化傾向が異なることを読み取り，その違いを高校地理の知識に基づいて考察し論じる力を問いました。

設問Ｂ　世界の特定の地域の国々に共通する主要な農産物の生産と消費に関する統計データから，両者を結びつけてその長期的動向の国ごとの違いを読み取る力を問いました。さらにそうした違いをもたらした社会経済的・歴史的背景の理解を問うています。

第３問

設問Ａ　地域の事象に関する説明文を読んで，それぞれの地域の位置を地図の上で特定します。また，地域に関する統計データを活用し，地域差の特徴や要因を読み取るとともに，鍵となる語句を用いて，地域の人口や産業の変化について説明します。

設問Ｂ　日本の地域や大都市の地理的特徴がどのように変化したか，統計データから読み取ります。そして，その変化の理由を，人口移動や産業構造変化と関連付けて説明します。

数学

1

◇発想◇　b を a で表すには，極小値が 0 となることを用いる。a の取り得る値の範囲は，$x=0$，± 1 のときの C 上の点の y 座標の条件に帰着させる。

解答　$f(x)=x^3-3ax^2+b$ とおくと

$$f'(x)=3x^2-6ax=3x(x-2a)$$

となり，$a>0$ より右の増減表を得る。

x	$\cdots$	0		$2a$	$\cdots$
$f'(x)$	+	0	−	0	+
$f(x)$	↗	b	↘	$-4a^3+b$	↗

条件 1 から，$b=0$ または $-4a^3+b=0$ であるが，$b>0$ なので

$$-4a^3+b=0$$

すなわち　$b=4a^3$　……(答)

よって

$$f(x)=x^3-3ax^2+4a^3=(x-2a)^2(x+a)$$

となり，x 軸と C で囲まれた領域（D とする）は右図の網かけ部分（境界は含まない）である。

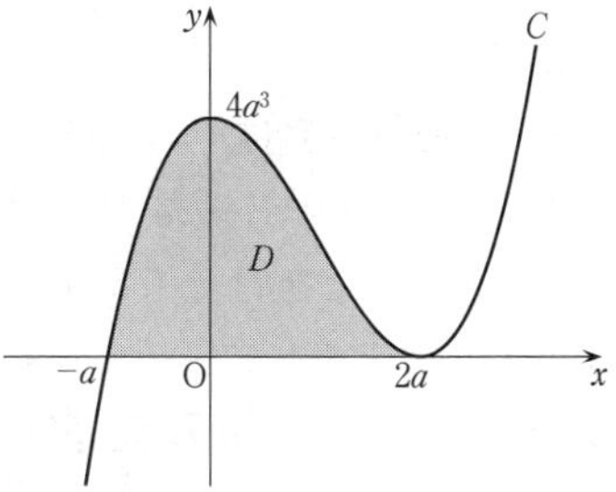

D は領域 $y>0$ に含まれる。また，$f(x)$ は $-a\leqq x\leqq 0$ で単調増加，$0\leqq x\leqq 2a$ で単調減少であるから，D が格子点（x 座標，y 座標とも整数となる点）をただ 1 つ含むなら，その y 座標は 1 でなければならず，$(0,\ 1)\in D$ かつ $(0,\ 2)\notin D$ が必要である。その条件は

$$1<4a^3\leqq 2$$

すなわち　$\dfrac{1}{\sqrt[3]{4}}<a\leqq\dfrac{1}{\sqrt[3]{2}}$　……①

このとき，$\dfrac{1}{8}<\dfrac{1}{4}<a^3\leqq\dfrac{1}{2}<1$ から，$\dfrac{1}{2}<a<1$ であり

$$-1<-a<0\quad かつ\quad 1<2a<2$$

である。

以上から，右図を得る。

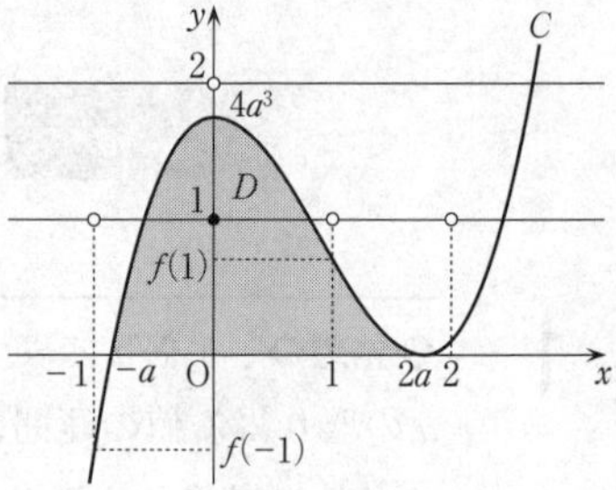

よって，①のもとで，条件 2 は，$f(1) \leqq 1$ となり

$$1-3a+4a^3 \leqq 1 \quad \text{すなわち}$$

$$a\left(a^2-\frac{3}{4}\right) \leqq 0$$

これと $a>0$ より

$$0<a \leqq \frac{\sqrt{3}}{2} \quad \cdots\cdots ②$$

ゆえに，a の取り得る値の範囲は①かつ②となる。

ここで

$$\left(\frac{1}{\sqrt[3]{2}}\right)^6=\frac{1}{4}=\frac{16}{64},\ \left(\frac{\sqrt{3}}{2}\right)^6=\frac{27}{64}$$

なので，$\dfrac{1}{\sqrt[3]{2}}<\dfrac{\sqrt{3}}{2}$ であり，①かつ②は

$$\frac{1}{\sqrt[3]{4}}<a \leqq \frac{1}{\sqrt[3]{2}} \quad \cdots\cdots(\text{答})$$

となる。

〔注〕〔解答〕では，$(0,\ 1) \in D$ かつ $(0,\ 2) \notin D$ のとき，$1<4a^3 \leqq 2$ から $-1<-a<0$ かつ $1<2a<2$ を示し，このもとで条件 $f(1) \leqq 1$ を得ているが，$2a \leqq 1$ のときはそもそも D に含まれる格子点は $(0,\ 1)$ 以外にはあり得ないことや，$f(-1)<f(1)$ であることなどから，必ずしも，1 と $2a$ の大小，-1 と $-a$ の大小を調べる必要はなく，単に，条件 2 を $(0,\ 1) \in D$ かつ $f(1) \leqq 1$ ととらえても正答が得られる。しかし，根拠記述としての明快さを考えると，$-1<-a<0$ かつ $1<2a<2$ をとらえることは有用である。

◀解　説▶

≪3 次関数のグラフと格子点≫

　まず，$f(x)=x^3-3ax^2+b$ として，この増減表を考える。これにより，条件 1 は極小値が 0 となることと同値であることがわかり，$f(2a)=0$ から b を a で表すことができる。

次いで，C の概形と x 軸と C で囲まれた領域 D を図示してみる。極大値が $f(0)$ であること，y 軸の両側の D の境界（x 軸以外）が y 軸の右側では単調減少，左側では単調増加であることから，条件 2 は D に含まれる格子点が $(0,\ 1)$ のみであることと同値となる。本問のポイントは，このための条件が，$1<f(0)\leqq 2$ かつ $f(1)\leqq 1$ であるととらえることである。後は連立不等式と数値の大小を正しく処理することで解決する。正答を得ること自体は難しくないが，根拠記述は易しいというわけではない。根拠記述にはバリエーションがあるが，できるだけ明快な根拠を提示したい。

2

◇発想◇　(1)　選んだ点を含まない 2 本の直線が，ともに x 軸に垂直な場合，ともに y 軸に垂直な場合，1 本が x 軸に垂直で 1 本が y 軸に垂直な場合の 3 つの場合がある。各場合ごとに，丹念に数える。

(2)　x 軸に垂直な 4 本の直線上から選ぶ点の個数の組が ｛1 個，1 個，1 個，2 個｝であることから，たとえば，直線 $x=1$ から 2 点 $(1,\ 1)$，$(1,\ 2)$ を選ぶときを考えて，やはり丹念に数える。

解答　(1)　選んだ点を含まない 2 本の直線の組合せは次の 3 つの場合がある。

(i)　ともに x 軸に垂直な場合

(ii)　ともに y 軸に垂直な場合

(iii)　1 本が x 軸に垂直，もう 1 本が y 軸に垂直な場合

(i)の場合：

どの 2 本かで ${}_4C_2=6$ 通り。

そのそれぞれに対して，たとえば，右図のように

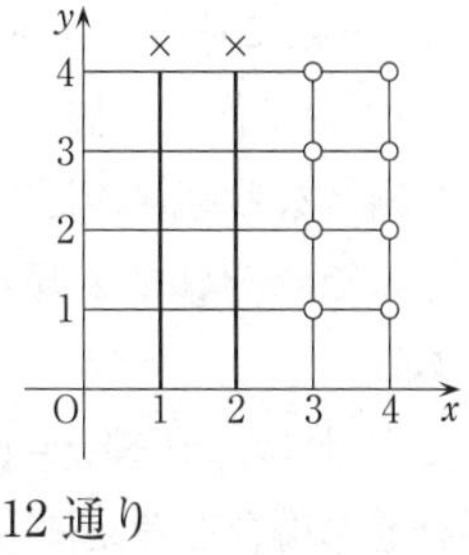

- $x=3$ から 4 個，$x=4$ から 1 個を選ぶのが 4 通り
- $x=3$ から 3 個，$x=4$ から 2 個を選ぶのが $4\cdot 3=12$ 通り
- $x=3$ から 2 個，$x=4$ から 3 個を選ぶのが $4\cdot 3=12$ 通り
- $x=3$ から 1 個，$x=4$ から 4 個を選ぶのが 4 通り

よって，(i)の場合は，$6\cdot 2(4+12)=192$ 通りある。

(ii)の場合：

(i)と同様に，192 通りある。

(iii)の場合：

どの 2 本かで ${}_4\mathrm{C}_1\cdot{}_4\mathrm{C}_1=16$ 通り。

そのそれぞれに対して

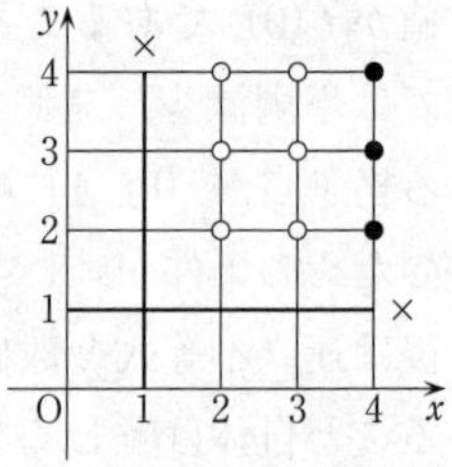

$x=4$ から 3 個を選ぶ場合

- x 軸に垂直な 3 本からそれぞれ 1 個，1 個，3 個を選ぶとき

  3 個を選ぶ直線がどれかで 3 通り，

  それぞれで点の選び方が ${}_3\mathrm{C}_1\cdot{}_3\mathrm{C}_1\cdot{}_3\mathrm{C}_3=9$ 通り　なので

  $3\cdot 9=27$ 通り

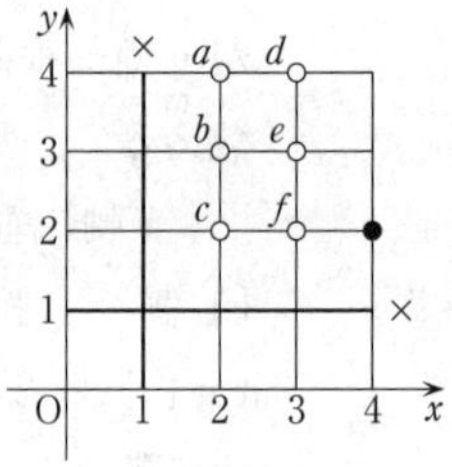

$x=4$ から 1 個を選ぶ場合

- x 軸に垂直な 3 本からそれぞれ 1 個，2 個，2 個を選ぶとき

  1 個を選ぶ直線がどれかで 3 通り，

  それぞれで点の選び方が ${}_3\mathrm{C}_1\cdot 7=21$ 通り

  （7 通りは，右図で $(a,\ b,\ d,\ e)$，$(a,\ b,\ d,\ f)$，$(a,\ b,\ e,\ f)$，$(a,\ c,\ d,\ e)$，$(a,\ c,\ e,\ f)$，$(b,\ c,\ d,\ e)$，$(b,\ c,\ d,\ f)$）

  なので

  $3\cdot 21=63$ 通り

よって，(iii)の場合は，$16(27+63)=1440$ 通り　ある。

以上から，条件を満たす 5 点の選び方は

$2\cdot 192+1440=1824$ 通り　……(答)

(2)　x 軸に垂直な 4 本の直線上から選ぶ点の個数の組は

{1 個，1 個，1 個，2 個}　である。

2 個となる直線の選び方が ${}_4\mathrm{C}_1=4$ 通り。

そのそれぞれで 2 個の点の選び方が ${}_4\mathrm{C}_2=6$ 通りある。

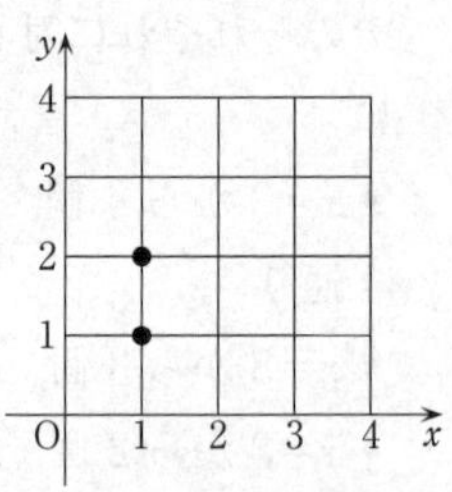

$x=1$ から 2 個を選ぶ場合

たとえば，直線 $x=1$ から 2 点 $(1,\ 1)$，$(1,\ 2)$ を選ぶ場合を考える（他の場合も同じである）。

直線 $x=2$ から選ぶ 1 個がどの点かで場合を分ける。

(i)　(2, 1) または (2, 2) のとき

残り 2 点は (3, 3), (4, 4) であるか, (3, 4), (4, 3) なので

$2\cdot2=4$ 通り

(ii)　(2, 3) のとき

残り 2 点の選び方は

(3, 4) と (4, k) ($1\leqq k\leqq4$) の 4 通りと,

(4, 4) と (3, k) ($1\leqq k\leqq4$) の 4 通りがあり,

これら 8 通りには (3, 4) と (4, 4) を選ぶ選び方が重複して数えられているので

$2\cdot4-1=7$ 通り

(iii)　(2, 4) のとき

(ii)と同じ 7 通り

以上から, 条件を満たす点の選び方は

$4\cdot6\,(4+7+7)=432$ 通り　……(答)

別解　(1)　((i)〜(iii)の場合分けは〔解答〕に同じ)

(i)の場合：

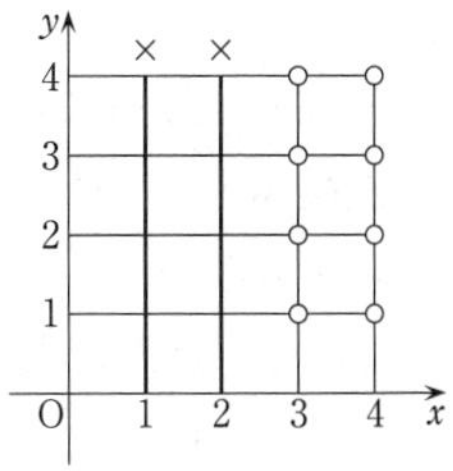

どの 2 本かで ${}_4\mathrm{C}_2=6$ 通りある。

そのそれぞれに対して, 右図のように, 8 個の点から 5 個を選ぶ方法が ${}_8\mathrm{C}_5=56$ 通りある。

これら 56 通りのうち, 選んだ点を含まない直線が 3 本になるとき, 直線 $y=l$ ($1\leqq l\leqq4$) から 1 本の選び方が ${}_4\mathrm{C}_1=4$ 通りある。

そのそれぞれに対して, 5 点の選び方が ${}_6\mathrm{C}_5=6$ 通りある。

よって, (i)の場合は, $6\,(56-4\cdot6)=192$ 通りある。

(ii)の場合：

(i)と同様に, 192 通りある。

(iii)の場合：

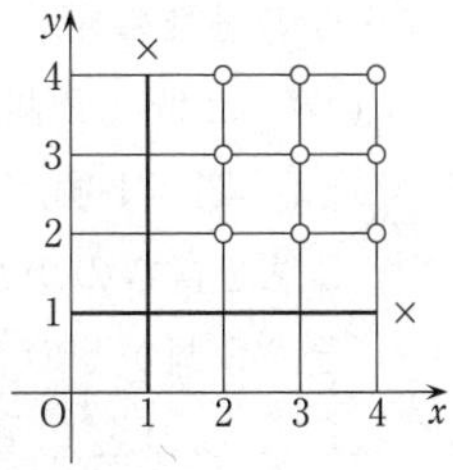

2 本の直線の選び方が ${}_4\mathrm{C}_1\cdot{}_4\mathrm{C}_1=16$ 通り。

そのそれぞれに対して, たとえば, 右図のように, 9 個の点から 5 個を選ぶ方法が ${}_9\mathrm{C}_5=126$ 通り ある。

これら 126 通りのうち, 選んだ点を含まない直

線が3本になるとき，直線 $x=l$ または直線 $y=l$ $(2\leqq l\leqq 4)$ から1本の選び方が ${}_6\mathrm{C}_1=6$ 通り ある。

そのそれぞれに対して，5点の選び方が ${}_6\mathrm{C}_5=6$ 通り ある。

よって，(iii)の場合は，$16(126-6\cdot 6)=1440$ 通り ある。

以上から，条件を満たす選び方は

$$2\cdot 192+1440=1824 \text{ 通り}$$

(2) 選んだ点を含まない直線がちょうど3本であるときと，ちょうど1本であるときを考える。

まず，選んだ点を含まない直線がちょうど3本であるときを考える。

その3本が x 軸，y 軸に垂直な直線がそれぞれ1本，2本のときと，2本，1本のときがある。どちらも同様である。

前者のとき，

x 軸に垂直な1本の直線の選び方が ${}_4\mathrm{C}_1=4$ 通り，

y 軸に垂直な2本の直線の選び方が ${}_4\mathrm{C}_2=6$ 通り，

計 $4\cdot 6=24$ 通りのそれぞれで，6点から5点を選ぶのが ${}_6\mathrm{C}_5=6$ 通りあるので，$24\cdot 6=144$ 通りある。

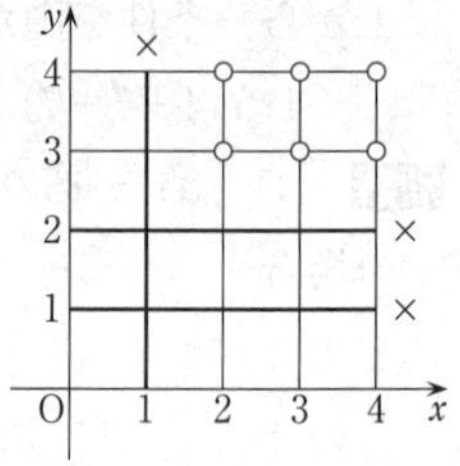

よって，選んだ点を含まない直線がちょうど3本であるのは

$$2\cdot 144=288 \text{ 通り} \quad \cdots\cdots①$$

次に，選んだ点を含まない直線がちょうど1本であるときを考える。

そのような直線の選び方が8通りある。

その直線が $x=1$ であるときを考える（他の7本の場合も同じである）。

残りの3本の直線 $x=2$，$x=3$，$x=4$ から選ぶ5点の個数の組合せは {1個，1個，3個} と，{1個，2個，2個} がある。

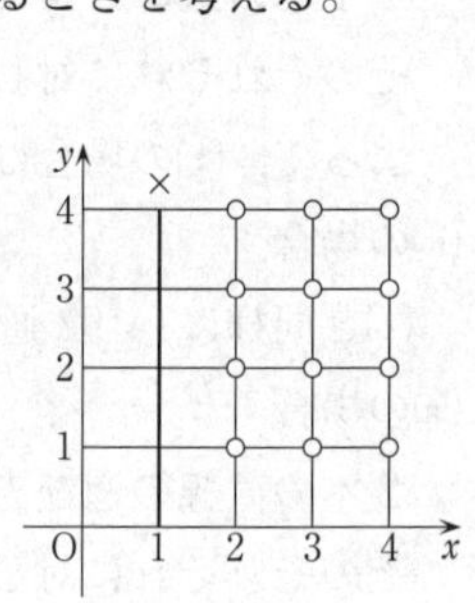

(i) {1個，1個，3個} のとき

3個を含むのがどの直線かで ${}_3\mathrm{C}_1=3$ 通り，

その3個がどの点かで ${}_4\mathrm{C}_3=4$ 通り，

それらのどの場合も，残りの2直線から1個ずつの選び方は

$_2C_1 \cdot 1 \cdot {}_4C_1 - 1 = 7$ 通り　あるので

$3 \cdot 4 \cdot 7 = 84$ 通り

(ii)　{1個，2個，2個} のとき

1個を含むのがどの直線かで $_3C_1 = 3$ 通り，

その1個（Aとする）がどの点かで $_4C_1 = 4$ 通り，

そのどの場合も，残りの2直線から2個ずつの選び方は，2個のうち1個がAを含む y 軸に垂直な直線上にある場合と，そうでない場合に分けて数えると

$_2C_1 \cdot {}_3C_1 \cdot {}_2C_2 + {}_3C_2 \cdot 1 \cdot {}_2C_1 = 12$ 通り

（y 軸に垂直な4本のどれからも点が選ばれるようにする）

あるので

$3 \cdot 4 \cdot 12 = 144$ 通り

よって，選んだ点を含まない直線がちょうど1本であるのは

$8(84 + 144) = 1824$ 通り　……②

選んだ点を含まない直線は，ちょうど1本，ちょうど2本，ちょうど3本のいずれかであり，選んだ点を含まない直線がある場合は，(1)と①，②から

$1824 + 288 + 1824 = 3936$ 通り

ゆえに，条件を満たす5点の選び方は

$_{16}C_5 - 3936 = 4368 - 3936 = 432$ 通り

◀解　説▶

≪16個の格子点から条件を満たす5点を選ぶ場合の数≫

(1)，(2)とも適切な場合分けのもとで丹念に数える。いずれの設問も条件をつかむことは難しくはないが，数え間違いが起きやすいので，試験時間内に正答を得ることは易しいわけではない。

▶(1)　最初のポイントは，〔解答〕の(i)，(ii)，(iii)の場合分けを行うことである。次いで，それぞれの場合を具体的な例で図を描いて数えるとよい。このとき，選んだ点を含まない直線が増えないように数えることもポイントである。また，(iii)では，重複に注意して数えることも大切である。

〔別解〕のように，選んだ点を含まない直線が3本になってしまう場合を除く数え方もある。

▶(2)　x 軸に垂直な4本の直線上から選ぶ点の個数の組が {1個，1個，1個，2個} であることをつかむのがポイントである。次

いで，２個の点を選ぶ直線を具体的に定めて丁寧に数えあげる。このときも重複に気をつける。(2)は(1)よりも数えやすい。〔別解〕は，(1)を(2)の誘導設問ととらえ，選んだ点を含まない直線がちょうど３本であるときと，ちょうど１本であるときを考える方法だが，〔解答〕より煩雑となる。(1)を利用して(2)を〔別解〕のように考えるのが問題の意図かもしれないが，(1)に引きずられるとちょっと大変になる。(1)と独立に(2)を考えるのがよいだろう。

3

◇発想◇　(1)　直線OPの傾きの取り得る値の範囲を求める。

(2)　直線 $y=2x$ と y 軸を原点のまわりに $\pm\dfrac{\pi}{3}$ だけ回転した直線の傾きを利用する。

解答　(1)　C 上の点 $\mathrm{P}(p,\ p^2-2p+4)$ $(p>0)$ に対して直線OPの傾きを k とすると

$$k=p-2+\frac{4}{p}\quad\cdots\cdots①$$

である。k の取り得る値の範囲は，①を満たす正の実数 p が存在するための実数 k の範囲である。

①は

$$p^2-(k+2)p+4=0\quad\cdots\cdots①'$$

と同値である。

$f(p)=p^2-(k+2)p+4$ について，$f(0)=4$ であることから，①′が正の解 p をもつための条件は，①′が正の２解をもつための条件となり

$$\begin{cases}(k+2)^2-16\geqq 0 & [(\text{判別式})\geqq 0]\\ k+2>0 & [(2\text{解の和})>0]\\ 4>0 & [(2\text{解の積})>0]\end{cases}$$

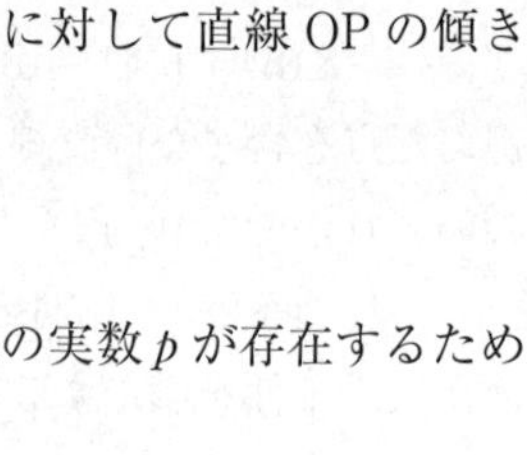

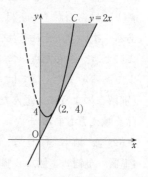

これより，$k+2\geqq 4$ すなわち $k\geqq 2$ である。

特に $k=2$ のとき，①′は重解２をもち，C と直線 $y=2x$ は点 $(2,\ 4)$ で接する。

また，$\mathrm{P}(0,\ 4)$ のときの半直線OPは y 軸の $y\geqq 0$ の部分となる。

ゆえに，求める領域は上図の網かけ部分（境界を含む）となる。

〔注 1〕 (1)では相加・相乗平均から

$$k=p-2+\frac{4}{p}\geqq 2\sqrt{p\cdot\frac{4}{p}}-2\geqq 2$$

であるが，これだけでは k が 2 以上のすべての実数値をとるかどうかはわからないので，〔解答〕では厳密な記述にしてある。

(2) 直線 $y=2x$ を原点のまわりに $-\frac{\pi}{3}$ だけ回転した直線の傾きを a_1，$\frac{\pi}{3}$ だけ回転した直線の傾きを a_2，y 軸を原点のまわりに $-\frac{\pi}{3}$ だけ回転した直線の傾きを a_3，$\frac{\pi}{3}$ だけ回転した直線の傾きを a_4 とする。

このとき，(1)の図から，条件を満たす a の範囲は

$$a_1\leqq a\leqq a_3 \quad \text{または} \quad a_2\leqq a\leqq a_4$$

となる。

$$a_3=\frac{1}{\sqrt{3}}=\frac{\sqrt{3}}{3},\ \ a_4=-\frac{1}{\sqrt{3}}=-\frac{\sqrt{3}}{3}$$

である。

A (2, 4) としたとき，三角形 OAB が正三角形となるような B の座標を求める。

M (1, 2) とおくと

$$\overrightarrow{\mathrm{MA}}\perp\overrightarrow{\mathrm{MB}} \quad \text{かつ} \quad |\overrightarrow{\mathrm{MB}}|=\sqrt{3}\,|\overrightarrow{\mathrm{MA}}|$$

と $\overrightarrow{\mathrm{MA}}=(1,\ 2)$ から

$$\overrightarrow{\mathrm{MB}}=\sqrt{3}\,(\pm 2,\ \mp 1)$$ （複号同順，以下同様）

$$\begin{aligned}\overrightarrow{\mathrm{OB}}&=\overrightarrow{\mathrm{OM}}+\overrightarrow{\mathrm{MB}}\\&=(1,\ 2)+\sqrt{3}\,(\pm 2,\ \mp 1)\\&=(1\pm 2\sqrt{3},\ 2\mp\sqrt{3})\end{aligned}$$

直線 OB の傾きを考えて

$$a_1=\frac{2-\sqrt{3}}{1+2\sqrt{3}}=\frac{5\sqrt{3}-8}{11},\ \ a_2=\frac{2+\sqrt{3}}{1-2\sqrt{3}}=-\frac{5\sqrt{3}+8}{11}$$

ゆえに

$$\frac{5\sqrt{3}-8}{11}\leqq a\leqq\frac{\sqrt{3}}{3} \quad \text{または} \quad -\frac{5\sqrt{3}+8}{11}\leqq a\leqq-\frac{\sqrt{3}}{3}$$ ……(答)

〔注2〕 (2)では，直線OBの傾きをtanの加法定理を用いて次のように求めてもよい。

x 軸と直線OA，OBのなす角をそれぞれ α，β $\left(0<\alpha<\dfrac{\pi}{2},\ 0<\beta<\pi\right)$ とする。$\tan\alpha=2$ である。

• $0<\beta<\alpha$ のとき，$\beta=\alpha-\dfrac{\pi}{3}$ であるから

$$\tan\beta=\tan\left(\alpha-\frac{\pi}{3}\right)=\frac{\tan\alpha-\tan\frac{\pi}{3}}{1+\tan\alpha\tan\frac{\pi}{3}}=\frac{2-\sqrt{3}}{1+2\sqrt{3}}=\frac{5\sqrt{3}-8}{11}$$

• $0<\alpha<\beta$ のとき，$\beta=\alpha+\dfrac{\pi}{3}$ であるから

$$\tan\beta=\tan\left(\alpha+\frac{\pi}{3}\right)=\frac{\tan\alpha+\tan\frac{\pi}{3}}{1-\tan\alpha\tan\frac{\pi}{3}}=\frac{2+\sqrt{3}}{1-2\sqrt{3}}=-\frac{5\sqrt{3}+8}{11}$$

◀解　説▶

≪放物線上の動点と領域，正三角形の頂点，直線の回転≫

▶(1) 〔解答〕ではかなり厳密な解法にしてあるが，直線 $y=kx$ $(k>0)$ と曲線 C が接するときの k を求めて図示する程度でも可と思われる。これは落とせない設問である。

▶(2) (1)の図がよいヒントになっている。(1)の図により，直線 $y=2x$ と y 軸をそれぞれ原点のまわりに $\pm\dfrac{\pi}{3}$ だけ回転した直線の傾きを利用する発想がポイントであり，本設問に対する解答の成否を分ける。これに気づかず，C 上の点A $(p,\ p^2-2p+4)$ ごとに正三角形OABを考えると煩雑となる。また，正三角形の頂点の座標を求めるには，〔解答〕のように線分OAの中点Mを利用してベクトルで処理するのが簡単であるが，〔注2〕のように傾きについてのtanの加法定理を用いる方法もよい。「数学Ⅲ」の複素数平面を学んだ受験生は，複素数を利用した原点のまわりの回転の式処理も利用できる。いずれにしても，この部分の処理もポイントであり，差が出るところである。

4

◇発想◇　(1)　$(2^0+2^1+\cdots+2^{n-1})^2$ の展開式を利用する。

(2)　例えば，$(1+2^0x)(1+2^1x)(1+2^2x)$ の展開式は，

$1+(2^0+2^1+2^2)x+(2^0\cdot2^1+2^1\cdot2^2+2^2\cdot2^0)x^2+2^0\cdot2^1\cdot2^2x^3$ となり，

$(1+2^0x)(1+2^1x)(1+2^2x)=f_3(x)$ である。

別解として，

$a_{n,1}=2^n-1$，$a_{n+1,k}=a_{n,k}+2^na_{n,k-1}$，$a_{n,n}=2^{\frac{n(n-1)}{2}}$ を導いておき，

$f_{n+1}(x)$ を $f_n(x)$ を用いて表し，$\dfrac{f_{n+1}(x)}{f_n(x)}$ を得る解法もある。

$\dfrac{f_{n+1}(x)}{f_n(2x)}$ については，$\dfrac{f_{n+1}(x)}{f_n(2x)}=A_nx+B_n$ とおき，

$\dfrac{f_{n+1}(x)}{f_n(2x)}=\dfrac{f_{n+1}(x)}{f_n(x)}\cdot\dfrac{f_n(x)}{f_{n-1}(2x)}\cdot\dfrac{f_{n-1}(2x)}{f_n(2x)}$ と $\dfrac{f_{n+1}(x)}{f_n(x)}$ の結果を用いて，

$\{A_n\}$，$\{B_n\}$ の漸化式を見出す。

(3)　(2)の $\dfrac{f_{n+1}(x)}{f_n(2x)}$ についての結果を利用し，分母を払った式の両辺の係数を比較して得られる関係式を利用する。

解答　(1)　$(2^0+2^1+\cdots+2^{n-1})^2=\sum_{k=0}^{n-1}(2^k)^2+2a_{n,2}$ より

$$a_{n,2}=\frac{1}{2}\left\{\left(\frac{2^n-1}{2-1}\right)^2-\sum_{k=0}^{n-1}(2^k)^2\right\}=\frac{1}{2}\left\{(2^n-1)^2-\sum_{k=0}^{n-1}4^k\right\}$$

$$=\frac{1}{2}\left\{(2^n)^2-2\cdot2^n+1-\frac{4^n-1}{4-1}\right\}=\frac{1}{2}\left(\frac{2\cdot4^n}{3}-2\cdot2^n+\frac{4}{3}\right)$$

$$=\frac{4^n}{3}-2^n+\frac{2}{3}\quad\cdots\cdots(\text{答})$$

(2)　x の多項式 $(1+2^0x)(1+2^1x)(1+2^2x)\cdots(1+2^{n-2}x)(1+2^{n-1}x)$ の展開式における x^k $(k=1,\ 2,\ \cdots,\ n)$ の係数は，2^m $(m=0,\ 1,\ 2,\ \cdots,\ n-1)$ から異なる k 個を選んでそれらの積をとって得られる ${}_n\mathrm{C}_k$ 個の整数の和 $a_{n,k}$ となっている。また，定数項は1であるから

$$f_n(x)=(1+2^0x)(1+2^1x)(1+2^2x)\cdots(1+2^{n-2}x)(1+2^{n-1}x)$$

よって

$$f_{n+1}(x)=(1+2^0x)(1+2^1x)(1+2^2x)\cdots(1+2^{n-1}x)(1+2^nx)$$

$$f_n(2x)=(1+2^0\cdot2x)(1+2^1\cdot2x)(1+2^2\cdot2x)\cdots(1+2^{n-2}\cdot2x)(1+2^{n-1}\cdot2x)$$

$$=(1+2^1x)(1+2^2x)(1+2^3x)\cdots(1+2^{n-1}x)(1+2^nx)$$

ゆえに

$$\frac{f_{n+1}(x)}{f_n(x)}=1+2^nx \quad , \quad \frac{f_{n+1}(x)}{f_n(2x)}=1+x \quad \cdots\cdots(\text{答})$$

(3)　(2)から，$f_{n+1}(x)=(1+x)f_n(2x)$ であり

$$f_{n+1}(x)=(1+x)(1+2a_{n,1}x+2^2a_{n,2}x^2+\cdots+2^{n-1}a_{n,n-1}x^{n-1}+2^na_{n,n}x^n)$$

両辺の x^{k+1} の項の係数を比較して

$$a_{n+1,k+1}=2^{k+1}a_{n,k+1}+2^ka_{n,k} \quad (1\leqq k\leqq n-1) \quad \cdots\cdots①$$

$$a_{n+1,n+1}=2^na_{n,n} \quad \cdots\cdots②$$

また

$$a_{n+1,k+1}=a_{n,k+1}+2^na_{n,k} \quad \cdots\cdots③$$

（(2^n を含まない積の和)＋(2^n を含む積の和)）

③×2^{k+1}−① から

$$(2^{k+1}-1)a_{n+1,k+1}=(2^{n+k+1}-2^k)a_{n,k}$$

$$\frac{a_{n+1,k+1}}{a_{n,k}}=\frac{2^{n+k+1}-2^k}{2^{k+1}-1} \quad (1\leqq k\leqq n-1)$$

②より，これは $k=n$ でも有効であるから

$$\frac{a_{n+1,k+1}}{a_{n,k}}=\frac{2^{n+k+1}-2^k}{2^{k+1}-1} \quad \cdots\cdots(\text{答})$$

別解　(2)　まず，$\dfrac{f_{n+1}(x)}{f_n(x)}$ を考える。

$n=1$ のとき

$$f_2(x)=1+a_{2,1}x+a_{2,2}x^2=1+(2^0+2^1)x+2^0\cdot2^1x^2=1+3x+2x^2$$

$$f_1(x)=1+a_{1,1}x=1+2^0x=1+x$$

から

$$\frac{f_2(x)}{f_1(x)}=\frac{1+3x+2x^2}{1+x}=\frac{(1+2x)(1+x)}{1+x}=1+2x$$

$n\geqq2$ のとき，以下の④，⑤，⑥が成り立つ。ここで，$2\leqq k\leqq n$ である。

$$a_{n,1}=2^0+2^1+\cdots+2^{n-1}=2^n-1 \quad \cdots\cdots④$$

$$a_{n+1,k}=a_{n,k}+2^na_{n,k-1} \quad \cdots\cdots⑤$$

（(2^n を含まない積の和)＋(2^n を含む積の和)）

$$a_{n,n}=2^0\cdot2^1\cdot\cdots\cdot2^{n-1}=2^{\frac{n(n-1)}{2}} \quad \cdots\cdots⑥$$

特に，④，⑥から

$$a_{n+1,1}=a_{n,1}+2^n \quad \cdots\cdots ④', \quad a_{n+1,n+1}=2^{\frac{n(n+1)}{2}} \quad \cdots\cdots ⑥'$$

である。

$$f_{n+1}(x)=1+a_{n+1,1}x+a_{n+1,2}x^2+\cdots+a_{n+1,n}x^n+a_{n+1,n+1}x^{n+1}$$

$$=1+(a_{n,1}+2^n)x+\sum_{k=2}^{n}(a_{n,k}+2^na_{n,k-1})x^k+2^{\frac{n(n+1)}{2}}x^{n+1}$$

（④′，⑤，⑥′ より）

$$=f_n(x)+2^nx\left\{1+a_{n,1}x+\cdots+a_{n,n-1}x^{n-1}+2^{\frac{n(n-1)}{2}}x^n\right\}$$

$$=f_n(x)+2^nxf_n(x) \quad (⑥より)$$

$$=(1+2^nx)f_n(x)$$

ゆえに，$\dfrac{f_{n+1}(x)}{f_n(x)}=1+2^nx$ となり，これは $n=1$ でも有効なので

$$\frac{f_{n+1}(x)}{f_n(x)}=1+2^nx$$

次いで，$\dfrac{f_{n+1}(x)}{f_n(2x)}$ を考える。

$n=1$ のとき

$$\frac{f_2(x)}{f_1(2x)}=\frac{1+3x+2x^2}{1+2x}=\frac{(1+2x)(1+x)}{1+2x}=1+x \quad \cdots\cdots ⑦$$

以下，$n\geqq 2$ とする。$f_{n+1}(x)$，$f_n(x)$ の次数はそれぞれ $n+1$，n であり，$\dfrac{f_{n+1}(x)}{f_n(2x)}$ を x の整式で表すと

$$\frac{f_{n+1}(x)}{f_n(2x)}=A_nx+B_n \quad (A_n,\ B_n \text{ は } n \text{ に依存する定数}) \quad \cdots\cdots ⑧$$

でなければならない。これと $\dfrac{f_{n+1}(x)}{f_n(x)}=1+2^nx$ から

$$A_nx+B_n=\frac{f_{n+1}(x)}{f_n(2x)}$$

$$=\frac{f_{n+1}(x)}{f_n(x)}\cdot\frac{f_n(x)}{f_{n-1}(2x)}\cdot\frac{f_{n-1}(2x)}{f_n(2x)}$$

$$=(1+2^nx)(A_{n-1}x+B_{n-1})\cdot\frac{1}{1+2^{n-1}(2x)}$$

$$=A_{n-1}x+B_{n-1}$$

これより，$\begin{cases} A_n = A_{n-1} \\ B_n = B_{n-1} \end{cases}$ $(n \geqq 2)$ となり，$A_n = A_1$，$B_n = B_1$ となる。

ここで，⑦から，$A_1 = B_1 = 1$ であるから，$A_n = B_n = 1$ となる。

ゆえに，⑧より

$$\frac{f_{n+1}(x)}{f_n(2x)} = x + 1$$

〔注1〕〔別解〕の前半も後半と同様に，$f_{n+1}(x) = (C_n x + D_n) f_n(x)$ として求めることもできる。以下，その概略である。

$f_{n+1}(x) = (C_n x + D_n) f_n(x)$ の両辺で，$x = 0$ とすると，$1 = D_n \cdot 1$ となり，$D_n = 1$ が必要。

$$f_{n+1}(x) = (C_n x + 1) f_n(x)$$

の両辺の係数を比べて

$$\begin{cases} a_{n+1,1} = C_n + a_{n,1} & \cdots\cdots(ア) \\ a_{n+1,k} = C_n a_{n,k-1} + a_{n,k} \quad (2 \leqq k \leqq n) & \cdots\cdots(イ) \\ a_{n+1,n+1} = C_n a_{n,n} & \cdots\cdots(ウ) \end{cases}$$

ただし，$n = 1$ のときは(ア)，(ウ)から，$\begin{cases} a_{2,1} = C_1 + a_{1,1} \\ a_{2,2} = C_1 a_{1,1} \end{cases}$ であり

$$\begin{cases} C_1 = a_{2,1} - a_{1,1} = 2 \\ C_1 = \dfrac{a_{2,2}}{a_{1,1}} = 2 \end{cases} \quad \text{より} \quad C_1 = 2 \quad \cdots\cdots(エ)$$

〔別解〕の④～⑥と(ア)～(エ)から，$C_n = 2^n$ を得て，$\dfrac{f_{n+1}(x)}{f_n(x)} = 2^n x + 1$ となる。

〔注2〕〔別解〕の後半では，$n = 1$ のときに $1 + x$ となることから結果を予想して

$$\frac{f_{n+1}(x)}{f_n(2x)} = \frac{f_{n+1}(x)}{f_n(x)} \cdot \frac{f_n(x)}{f_{n-1}(2x)} \cdot \frac{f_{n-1}(2x)}{f_n(2x)}$$

を利用して帰納法で示す方法も可である。

◀解　説▶

≪多項式の係数と数列≫

理科との共通問題であるが，易しくはなく，とりわけ文系受験者には厳しい問題である。(2)の発想が難しい。

▶(1)　$(x_1 + x_2 + \cdots + x_n)^2$ の展開式を利用する発想は経験済みと思われる。

この設問は確実に取っておきたい。

▶(2)　$(1+2^0x)(1+2^1x)(1+2^2x)\cdots(1+2^{n-1}x)$ の展開式を利用する発想があると，簡潔な問題となる。この発想が難しく，これが浮かばないときは，〔別解〕となる。その場合，$\{a_n\}$ について必要な関係式を自ら準備すること，(2)の後半部分に発想力と式処理力を要するところが難しい。$f_{n+1}(x)$ と $f_n(x)$ の関係を調べていくと，$a_{n,1}$，$a_{n+1,k}$ と $a_{n,k}$ の関係，$a_{n,n}$ についての情報が必要となるので，それらを導いておく。これらを導くこと自体は難しくないが，誘導なしで自ら準備していくという経験が最近の東大入試ではあまりないので，関門となったかもしれない。これらを用いて，$f_{n+1}(x)$ の中に $f_n(x)$ を作り出す式変形から，$f_{n+1}(x)=(1+2^nx)f_n(x)$ が自然に得られる。後半については，前半の結果式 $\dfrac{f_{n+1}(x)}{f_n(x)}=1+2^nx$ を利用するのではないかという発想から，$\dfrac{f_{n+1}(x)}{f_n(2x)}=\dfrac{f_{n+1}(x)}{f_n(x)}\cdot\dfrac{f_n(x)}{f_{n-1}(2x)}\cdot\dfrac{f_{n-1}(2x)}{f_n(2x)}$ という式変形がポイントとなるが，ここが難しい。これに気づくと，〔別解〕のように，$\dfrac{f_{n+1}(x)}{f_n(2x)}=A_nx+B_n$ とおいて，$\{A_n\}$，$\{B_n\}$ の漸化式を得て解決する。A_nx+B_n とおく発想とは別に，〔注 2〕のように帰納法によることもよい。

▶(3)　(2)の $f_{n+1}(x)=(1+x)f_n(2x)$ から，両辺の x^{k+1} の項の係数を比較して $a_{n+1,k+1}=2^{k+1}a_{n,k+1}+2^ka_{n,k}$ を得る。これと $a_{n+1,k+1}=a_{n,k+1}+2^na_{n,k}$ を組み合わせて解決する。ただし，x^{k+1} の項の係数の比較で得られる $a_{n+1,k+1}=2^{k+1}a_{n,k+1}+2^ka_{n,k}$ は，$k\leqq n-1$ で有効なので，$k=n$ のときの $a_{n+1,n+1}=2^na_{n,n}$ は別に用意しておく。いずれにしても，(2)ができないと(3)は解決しないので，(3)までできた受験生は多くはないかもしれない。

❖講　評

大変易しいセットであった 2017 年度から，毎年少しずつ難化していたが，2020 年度は 2019 年度よりさらに厳しいセットとなった。例年より小さな発想を要する問題が 2 題（1・2），煩雑な数え上げの問題が 1 題（3），かなりの発想と処理力を要する問題が 1 題（4）の構成であった。4 題中 3 題で誘導小問があり，小問数は全部で 7 問であるが，そのうち易しいものは2問のみであり，簡単な小問による得点の積み上げが例年よりも期待できない構成であった。また，何らかの「存在」が条件に含まれる問題が4題中3題もあったのが特徴的である。確率ではなく，数え上げによる場合の数からの問題が出題された。また，例年通り，空間図形やベクトルからの出題はなく，特に2020年度は積分もなかった。理科との共通問題は4の1題で，理系としても難しく，文系にはかなり厳しい問題であった。全体として，例年の東大文科入試の作題傾向と少し趣きが異なり，発想の良しあしで大きな差が出る内容で，得点が伸びにくいセットであった。

東大文科入試としての難易度は，1標準，2(1)標準～やや難，(2)標準，3(1)易，(2)標準～やや難，4(1)易，(2)難，(3)難であった。

1　3次関数のグラフと格子点の問題。式処理と計算量は少ないが，少しの発想と根拠記述が問われる問題である。

2　数え上げの問題。数え間違いが起きやすい問題である。(1)より(2)が易しく，(2)で(1)の結果を利用しようとするとかえって煩雑となるので，(1)とは独立して考えた方が楽だっただろう。

3　図形と方程式の問題。(1)が(2)のためのよい誘導になっているが，(1)を利用する発想の有無で大きく差が出る問題。

4　多項式の係数と数列の問題。理科との共通問題で，(1)と(2)のわずかの部分点しか期待できない問題。特に(2)は発想が難しく，これができないと(3)もできない。

「数学」の出題の意図（東京大学 発表）

数学は自然科学の基底的分野として，自然科学に留まらず人間文化の様々な領域で活用される学問であり，科学技術だけでなく社会現象を表現し予測などを行なうために必須です。

そのため，本学を受験しようとする皆さんには，高等学校学習指導要領に基づく基本的な数学の知識と技法について習得しておくことはもちろんのこと，将来，数学を十分に活用できる能力を身につけるために，以下に掲げる総合的な数学力を養うための学習をこころがけて欲しいと考えています。

1） 数学的に思考する力

問題の本質を数学的な考え方で把握・整理し，それらを数学の概念を用いて定式化する力

2） 数学的に表現する力

自分の考えた道筋を他者が明確に理解できるよう，解答に至る道筋を論理的かつ簡潔に表現する力

3） 総合的な数学力

数学を用いて様々な課題を解決するために，数学を自在に活用できると同時に，幅広い分野の知識・技術を統合して総合的に問題を捉える力

これらの数学的な思考力・表現力・総合力が身についているかどうかを評価するために，今年度は，高等学校学習指導要領の範囲のなかから，次のような題材を選び，問題を作成しました。

第1問：3次関数のグラフと領域

第2問：場合の数

第3問：放物線，図形と式

第4問：数列，整式

「国語」の出題の意図（東京大学 発表）

国語の問題は、高等学校までに培った国語の総合力を測ることを目的とするもので、文科・理科を問わず、現代文・古文・漢文のすべてから出題されます。選択式の設問では測りがたい国語の主体的な運用能力を測るため、解答はすべて記述式としています。なお、文科・理科それぞれの教育目標と、入学試験での配点・実施時間をふまえ、一部に文科のみを対象とした問いを設けています。

第一問は現代文の論理的文章についての問題で、小坂井敏晶の文章を題材としました。平等な上昇の可能性を謳った近代が、実は個人の責任という建前のもとに階層構造を固定化していることを論じたものです。論旨を正確に捉える読解力と、簡潔に記述する表現力が試されています。また、ある程度の長さで文章を書く能力を測る問題も設けています。

第二問は古文の問題で、中世の寺社縁起である『春日権現験記』を題材としました。古文の基礎的な語彙・文法の理解をふまえ、自分の心の弱さに苦悩する僧の心情や、霊験が現れるまでの話の展開を、文章に沿って理解できたかを問いました。文科ではさらに、和歌についての説明を求める問題も出題しました。

第三問は漢文の問題で、中国の正史の一つである『漢書』を題材としました。漢文の基礎的な語彙・文法をふまえ、孝行者の嫁を無実の罪で処刑した後に起こった日照りが公正な官吏の進言で解消されるという展開を、文章に沿って理解できたかを問いました。文科ではさらに、より踏み込んだ文脈を理解する説明問題も出題しました。

第四問は文科のみを対象とします。谷川俊太郎の『詩を考える――言葉が生まれる現場』から題材をとりました。「作品」と「文章」という、「書くこと」をめぐる詩人のエッセイを充分に理解し、適切かつ簡潔に表現できるかどうかを問いました。

具体的な出来事が順を追って記されている平易な文章といえる。㈠の口語訳はごく標準的。cの「事」とdの「聞」の解釈ができたかどうかで差がつくと思われる。㈡の人物関係を示しての口語訳は、「嫁」が他動詞であることの理解がポイント。㈢・㈣の内容説明は、本文の内容や問われている事柄は容易につかめるだろうが、解答欄に収まるように要領よくまとめる必要がある。

四　**現代文（随筆）**　現代の代表的な詩人谷川俊太郎の文章からの出題である。創作と一般の文章との違いについて随想風に述べたもので、婉曲的、暗示的な文章であるため、読み取りに苦労する。設問はすべてやや難である。よく理解できないままに、本文の語句を適当につないでお茶を濁したような解答ばかりになる恐れがある。㈠はどこまで具体的に書けばよいのか、㈡との書き分けに留意する必要がある。㈡は他の設問よりは書きやすいかもしれない。㈢は本文の読み取りを間違えると見当違いの解答になる。㈣は全体の内容をふまえてまとめる必要がある。この大問で高得点を取れた受験生は少なかったのではないかと思われる。

業。十代から詩作を始め、処女詩集『二十億光年の孤独』で注目される。その後も詩作、脚本、評論活動など幅広い活動を展開する。他の代表的な詩集として『六十二のソネット』『旅』『夜中に台所でぼくはきみに話しかけたかった』『はだか』『私』などがある。「発語の根はどこにあるのか」は『現代詩手帖』一九七二年一月号に発表され、その後『詩を考える——言葉が生まれる現場』に収められた。

❖講　評

一　現代文（評論）　今日問題となっている格差・不平等を近代の原理に遡及して論じた文章で、非常に示唆的かつ説得的である。ただPR誌に掲載された文章ということもあってか、論旨の展開がやや急な箇所がある。しかし全体として見れば筆者の主張は明快であり、読解につまずくことはないだろう。設問は例年通りの構成である。㈠～㈢の部分読解問題はいずれも標準レベルである。ただし㈠は、傍線部自体が理由を述べた箇所であるうえに、さらにその理由を尋ねるという形になるため、戸惑うだろう。㈢は「そう」の指示内容まで説明する必要がある。㈣は全体の要約が必要な読解問題であり、レベル的にはやや難といえる。㈤の書き取りはミスが許されない。

二　古文（絵巻の詞書）　鎌倉時代の絵巻物『春日権現験記』の詞書からの出題。珍しい出典ではあるが、ある僧に神託が下されるという説話的な文章であり、内容を読み取るのは易しい。㈠の口語訳は、「けし」「習ひ」「恨み」「つらし」などの語意や、接続助詞「ば」の接続による意味の違いや反語表現など、基本事項をふまえた本文内容の理解を問うものであった。㈡の内容説明は、「思ひのどむ」の意味をつかむことがポイント。㈢の内容説明は、巫女の言葉のうち、壹和が反論していることを過不足なく見出して答える。㈣の内容説明は、和歌の掛詞の理解を前提に、要するにどのようなことを伝えるために示された歌かを説明する。修辞にあたる余分な内容を書くと的外れな答案になるので注意が必要であった。㈤の内容説明は、「ついで」と「次第」の語意がわかれば素直にまとめることができる。

三　漢文（史伝）　後漢時代の歴史書である『漢書』からの出題。公正な判決を下す裁判官の逸話を紹介したもので、

「そのような作品の成り立ちかた」であるという。すなわち作品に責任を負う読者によって作品の価値が決められるというのである。言い換えれば古典を作るのは作者ではなく読者であるということになる。よって以上の事情を次の二点をポイントにして説明すればよい。

① 作品が世に出てしまえばもはや創作者に責任はない

② 作品の価値に責任を持たねばならないのは読者である

▼㈣ 傍線部の前文に「初めに述べた」とあるように、終わり二段落は第一～第六段落の内容に戻って、作品と文章の違いがテーマとなる。「自己の発語の根を、文章を書くとき私は見失う」のはなぜかと設問は尋ねている。「自己の発語の根」については第八段落の内容や、最終段落に「日本語という言語共同体の中に内在している力であり、私の根源性はそこに含まれていて」などとあるように、言語共同体（あるいは他者と言ってもよい）との根源的なつながりをいう。ではなぜこの根源的なつながりを失うのか。それを考える前に、直後の文の「文章を書くときには自分と他者を結ぶ論理を計算ずくでつかまなければならない」に着眼しよう。これは前後の「非論理的な深み」や「呪術的な力」との対比で考えれば、自分の考えを他者に伝えるために必要な論理を自分自身で探し当てることであると考えられる。そう考えられるのは第二段落に「私の考えることが、その人たちにとってどれだけ意味のあることか、私には確信がない」とあるからである。要するに筆者は、他者と根源的につながっているところからことばを発する創作とは異なり、自分の個人的な考えを他者に伝えるための論理を自ら探し出して構築することが文章を書くことであるとみなしているようだ。このように考えれば、解答のポイントは次の二点となる。

① 文章を書くときは創作時のような他者との根源的なつながりを失う

② 自分の考えを相手に伝えるための論理を自分で探さなければならない

〔注〕 小田久郎＝おだきゅうろう（一九三一年～）。出版経営者。詩誌『現代詩手帖』などを創刊する。

参考 谷川俊太郎（一九三一年～）は詩人・翻訳家・絵本作家・脚本家。東京都出身。現在の東京都立豊多摩高等学校卒

ては次の設問㈡で問われることなので、ここでは具体的に説明する必要はない。むしろ「文章」と「作品」、「私的」と「公的」「無名」の各対比をふまえた説明が求められる。よって解答のポイントは次の二点となる。

①　文章を書くときは自分を前面に出す必要がある

②　作品をつくるときは自分を無名とすら考えることができる

▼㈡　傍線部は「詩とは何か」（第六段落）について考察した第七・第八段落の中の一節である。「そこ」は直前の「アモルフな自己の根源性（オリジナリティ）」を指している。この「根源性」については同段落で「その言語を話す民族の経験の総体を自己のうちにとりこみ」「自己の一端がある超越者……に向かって予見的に開かれている」と述べられ、さらに前問で引用したように第七段落でも「媒介者としての詩人」として説明される。これらを総合して考えれば、詩人とはどういう人間かということについての筆者の考えがおぼろげながらわかってくる。すなわち、詩人とは民族の経験の総体と深く結びつき、自己を超えた何ものかの声を代弁する者（＝媒介者）であること、そしてそういう意味で他者（同じ言語共同体に属する通時的ならびに共時的他者）と根源的につながっているということであり、「作品をつくっているときの自分」もそのように存在しているということであろう。このように考えれば解答のポイントは次の二点となる。

①　創作時の自分は民族の経験の総体と深く結びつき、自己を超えたものの声を代弁する存在である

②　他者と根源的に深くつながっている

▼㈢　第九段落に「自分の書きものに対する責任のとりかた」とあり、これが第十一段落までのテーマとなる。筆者は自分の作品について責任をとる必要はないと述べ、あるとすればせいぜい巧拙くらいのものだという。そしてもし責任があるとすれば、それは読者にあるという。つまり作品は作者の手を離れてしまえば、後はそれがどのように読まれるかは読者次第だというのである。第十一段落初めに「それは作品の名に値する」とあるのはこの事情をいう。そして「離れた時代の優れた作品」に古典としての価値を付与して「時代を超えてある力を与えているひとつの契機」が

筆者は「（適当なことばがないから仮にそう区別しておく）」（第六段落）と述べて明確にしてはいないが、後者については「このような文章」（第四段落）とあって、本文自体を指していることから考えて、創作以外に発表した随筆や評論の類をいうと考えてよいだろう。さて本文は全十三段落。これを四つの部分に分けて、内容をまとめよう。

1　第一～第六段落（「あなたが何を考えているのか…）
作品と文章――作品をつくるときは自分から自由でいられるが、文章を書くときは自分を私的と感じる

2　第七・第八段落（もちろん私が仮に作品…）
詩とは何か――詩人は自己を超えた何ものかに声をかす媒介者であり、発語の根が自己の根源性に根ざしている

3　第九～第十一段落（そこには無論のこと…）
作品に対する責任――自己の根源性に根ざす言語世界を成立させ得たとき、創作者が自分の作品に責任を持つ必要はない

4　第十二・第十三段落（〈作品〉と〈文章〉の対比を、…）
作品と文章の違い――作品と違い文章を書くとき、自己の発語の根を失い、論理の力が必要になる

▼㈠　第一～第四段落で、筆者は文章を書くときの自分を「私的」と感じるのに対して、作品をつくるときの自分を「私的」と感じることはなく、「公的」あるいは「無名」であると考えていると述べる。「私的」とは、第二段落に「私の考えることが、その人たち（＝読者）にとってどれだけ意味のあることか」「私の書くことはみな、まったく私的なことで」とあるように、読者に対して自分を前面に出すといったことである。また「公的」あるいは「無名」については、第七段落の「無名」の直後に「詩人とは自己を超えた何ものかに声をかす存在であるという、いわば媒介者……」とあるように、「超越者」（第八段落）や「媒介者」といった言葉と関連づけられるものであるが、これについ

百二十巻にわたって記録されている。

四

出典　谷川俊太郎『詩を考える――言葉が生まれる現場』〈Ⅱ　クリティック　発語の根はどこにあるのか〉（思潮社　詩の森文庫）

解答

㈠　作品をつくるときは文章を書くときのように自分を前面に出す必要がなく、自分を無名とすら考えることができるから。

㈡　創作時の自分は民族の経験の総体と深く結びつき、自己を超えたものの声を代弁する存在として、他者と根源的につながっているということ。

㈢　作品が世に出てしまえばもはや創作者に責任はなく、その価値に責任を持たねばならないのは読者であるということ。

㈣　文章を書くときは、他者との根源的なつながりに根ざす創作と異なり、自分の考えを相手に伝えるための論理を自分で探さなければならないから。

◆要　旨◆

作品をつくっているとき、私の中に日本語という言語共同体の中に内在している力が働いており、そういう根源性から書いていると信じることが私にある安心感を与える。そのとき私はある程度まで私自身から自由であり、むしろ自分を無名とすら考えていることができる。これに対して文章を書くとき、私の書くことはみなまったく私的なことであり、このような根源性を見失い、不安になる。作品を書くときのように他者に非論理的な深みで賭けるのではなく、自分と他者を結ぶ論理を計算ずくでつかまなければならないのだ。

▲解　説▼

本文は、「発語の根はどこにあるのか」と題する随筆の前半部分である。「作品」と「文章」という二つのキーワードを対比させながら、作品をつくるときと文章を書くときの違いを個人的な実感としてつづっている。両者の区別について、る・嫁《とつ》がせる〝の意の他動詞で、「之」は「孝婦」を指す。「終」は〝最後まで・とうとう・結局〟の意の副詞。「肯」は〝承知する・聞き入れる〟の意の動詞で、「終不肯」の主語は「孝婦」。夫を亡くした孝婦を、その姑が嫁がせようとしたが、孝婦は嫁ぐことを承知しなかったということなので、内容に応じた表現を用いてわかりやすく訳す。

▼㈢「于公之《これ》を争《あらそ》ふも、得《う》る能《あた》はず」と訓読する。「之」は、孝婦が姑を殺したとする疑いを指す。「争」は〝諫める・たしなめる〟の意で、「弗能得」は、その于公の行為が成果を得ることができなかったということ。その後、于公は、裁判に関わる文書一式を抱いて役所の前で慟哭し、辞職したとされているので、結局、傍線部eの時点で孝婦の罪が確定してしまったということになる。傍線部自体の構文に即して説明すると、〝于公は孝婦が姑を殺したとする役所や長官の考えを諫めたけれども、それを覆すことはできなかったということ〟となるが、要するにどういうことかをわかりやすく示して解答欄に収まるように簡潔にまとめる。解答のポイントは次の二点となる。

① 于公は孝婦の無実を訴えたが
② 孝婦の姑殺しの罪が確定した

▼㈣ 傍線部fは〝郡の人々は皆このことによって非常に于公を敬い重んじた〟の意。第二段落の孝婦の一件の後、第三段落では、孝婦の住んでいた郡にひでりが起き、その原因は前任の太守が孝婦を無実の罪で処刑したことにあるという于公の進言に応じて後任の太守が孝婦の墓を作って供養したところ、雨が降って作物が実ったとして、傍線部fに至っている。于公が郡の人々に尊敬された理由は、于公の進言によって孝婦の供養が行われ、ひでりの害を免れることができたということ。解答欄に収まるように簡潔にまとめる必要がある。解答のポイントは次の三点となる。

① 無実の孝婦を処刑したことがひでりの原因だと説き
② 後任の太守に孝婦を供養させて
③ ひでりの害を免れた

参考 『漢書』は、後漢時代に成立した歴史書で、儒学者班固の撰による。『史記』に倣った紀伝体で、前漢一代の歴史がと辞して去《さ》る。太守竟《つひ》に論《ろん》じて孝婦を殺す。

郡中《ちゆう》枯《こ》旱《かん》すること三年《さんねん》。後の太守至《いた》り、其の故《ゆゑ》を卜筮《ぼくぜい》す。于公曰はく、「孝婦死に当《あ》たらざるに、前《さき》の太守彊《し》ひて之を断《だん》ず。咎《とが》党《も》しくは是《ここ》に在《あ》るか」と。是に於《お》いて太守牛を殺し、自ら孝婦の冢《つか》を祭《まつ》り、因りて其の墓《はか》に表《へう》す。天《てん》立《たちどころ》に大《おほ》いに雨《あめ》ふり、歳《とし》孰《じゆく》す。郡中此を以て大いに于公を敬重《けいちよう》す。

◀解　説▶

本文のおおまかな内容は次の通りである。

第一段落　于公は裁判をつかさどる役人として公平な判決を下し、人々の信頼も厚かった。

第二段落　夫の亡き後、姑に尽くす孝婦を姑が気の毒に思い、自ら命を絶つと、孝婦に姑殺しの疑いがかかった。于公は孝婦の無実を訴えたが聞き入れられず、郡の長官は孝婦を処刑した。

第三段落　郡にひでりが起き、于公は後任の長官に、前長官が無実の孝婦を処刑したことが原因ではないかと進言する。長官が孝婦を供養するとたちまち雨が降り、郡はひでりの害を免れ、人々は于公を尊敬した。

▼㈠　a、「獄史」の注に「裁判をつかさどる役人」とあることから、「獄」は〝裁判〟。「平」は、後に挙げられる逸話もふまえて、〝公平だ〟の意と解釈する。

c、「事」はここでは「事《つか》ふ」を基本形とする動詞として用いられている。嫁が姑に「事ふ」ということなので、〝世話をする・面倒をみる〟といった表現がふさわしい。

d、「孝《かう》を以《もつ》て聞《きこ》ゆ」と訓読する。「孝」は〝孝行〟、「以～」は〝～によって・～ということで〟の意。「聞」はここでは〝評判だ・有名だ〟ということ。後の「必不殺也」へと文が続いているので、順接または単純接続の言葉を添えて解答するのがよい。

▼㈡　「姑《しうとめ》之《これ》を嫁《か》せんと欲すれども、終《つひ》に肯《がへん》ぜず」と訓読する。「欲」は願望や意志を表す。「嫁」はここでは〝嫁にや

の裁きを受ける者も、于公の判決には誰も不満を持たなかった。

東海に孝婦（＝孝行な女性）がいて、若くして夫を亡くし、子はいなかった。非常に心を込めて姑の世話をした。姑は孝婦を再婚させようとしたけれども、最後まで聞き入れなかった。姑が隣人に言うには、「孝行な嫁は私の世話を骨を折って務めてくれている。彼女は子がいないのに再婚しないままでいるのは気の毒だ。私は年老いて、長い間若者につらい思いをさせているのを、どうしたらよいだろうか」と。その後姑は自ら首をくくって死んだ。姑の娘が役人に告げるには、「嫁が私の母を殺した」と。役人は孝婦を捕らえた。孝婦は姑を殺していないと否認した。役人が取り調べると、孝婦は自分から（姑を殺したと）偽りを言って罪に服した。裁判に関わる文書一式が郡の役所に提出された。于公は、この女性は姑を十年余りも世話し、孝行者として評判なので、決して殺していないと思った。太守（＝郡の長官）は聞き入れず、于公はそれを諫めたけれども、太守の考えを変えることはできなかった。そこで彼女の裁判に関わる文書一式を抱き、郡の役所の前で泣き叫び、病気だと偽って辞職して去った。太守は結局処罰を決めて孝婦を殺した。

郡全体に三年にもわたってひでりが起こった。後任の太守が着任し、その理由を占った。于公が言うには、「孝婦は死刑になるはずがないのに、前任の太守が強引に彼女を断罪した。（その）罪がひょっとしたらこの状況に及んでいるのではないでしょうか」と。そこで太守は牛を殺し、自分で孝婦の墓に供え、彼女の墓に墓標を立てた。天候はたちまち非常に雨が降り、作物が実った。郡の人々は皆このことによって非常に于公を尊敬した。

読み　于公《うこう》は県《けん》の獄史《ごくし》、郡《ぐん》の決曹《けつさう》たり。獄を決すること平《たひ》らかにして、文法《ぶんはふ》に羅《かか》る者《もの》も、于公の決する所《ところ》は皆恨《みなうら》みず。

東海《とうかい》に孝婦《かうふ》有《あ》り、少《わか》くして寡《くわ》となり、子亡《こな》し。姑《しうとめ》を養《やしな》ふこと甚《はなは》だ謹《つつし》む。姑之《これ》を嫁《か》せんと欲《ほっ》すれども、終《つひ》に肯《がへ》ぜず。姑隣人《りんじん》に謂《い》ひて曰《い》はく、「孝婦我《われ》に事《つか》へて勤苦《きんく》す。其《そ》の子亡くして寡を守《まも》るを哀《あは》れむ。我老いて、久《ひさ》しく丁壮《ていさう》を累《わづら》はす、奈何《いかん》せん」と。其の後《のち》姑自《みづか》ら経《くび》れて死《し》す。姑の女《むすめ》吏に告《つ》ぐるに、「婦我が母《はは》を殺《ころ》す」と。吏孝婦を捕《と》らふ。孝婦姑を殺さずと辞《じ》す。吏験治《けんち》するに、孝婦自ら誣《し》ひて服《ふく》す。具獄《ぐごく》府《ふ》に上《たてまつ》る。于公以為《おも》へらく此《こ》の婦姑を養ふこと十余年《じふよねん》、孝を以《もっ》て聞《きこ》ゆ、必《かなら》ず殺さざるなりと。太守《たいしゆ》聴《き》かず、于公之を争《あらそ》ふも、得《う》る能《あた》はず。乃《すなは》ち其の具獄を抱《いだ》き、府上《じやう》に哭《こく》し、因《よ》りて疾《しつ》釈宮の金札に記するなり。そのついで、すなはち祥延・壹和・喜操・観理とあるなり」とされている。「かの講匠」は、興福寺の維摩会で講義を行う高僧を指し、その「ついで」（＝順序）として、帝釈宮の金札に、四人の僧の名が「祥延・壹和・喜操・観理」と書かれているということ。この順によれば、祥延が一番、壹和は二番目に講師を務めることが神によって定められており、そのお告げの通りに、祥延の次には壹和が望み通り講師を務めることができたということである。解答のポイントは次の二点となる。

① 維摩の講師は
② 祥延・壹和・喜操・観理の順である

参考 『春日権現験記』は、鎌倉時代の絵巻物で、藤原氏の氏社である春日大社の春日明神の霊験を描いたもの。春日明神の加護や霊験の様子が大和絵で描かれ、各絵には詞書が添えられている。

三

出典 班固『漢書』〈于定国伝〉

解答

(一) a、裁判で公平な判決を下し
c、私の世話をして
d、孝行者として評判なので

(二) 姑は孝婦を再婚させようとしたが、孝婦は最後まで承知しなかった

(三) 于公は孝婦の無実を訴えたが、姑殺しの罪が確定したということ。

(四) 無実の孝婦を処刑したことがひでりの原因だと説き、後任の太守に孝婦を供養させて害を免れたから。

◆全　訳◆

于公は県の獄史《ごくし》（＝裁判をつかさどる役人）で、郡の決曹《けっそう》（＝裁判をつかさどる役人）であった。判決は公平で、法律

① 維摩の講師になれなかった不満を
② 前世の宿業だと考えて
③ 静めた

▼㈢ 傍線部オは、巫女の言葉に対して、〝あるはずもないことである。どうしてこのようには（言うのか）〟と強く否定しているものである。巫女が、壹和は不満を抱いて興福寺を離れてさまよっていると指摘し、不満は誰もが持つものなので逃れようとしても逃れることはできないと諭し、興福寺に戻って望みを遂げるように促したのを受けて、壹和は、「思ひもよらぬ仰せかな。かかる乞食修行者になにの恨みか侍るべき。あるべくもなきことなり、いかにかくは」と応じている。したがって、壹和が強く否定している肝心な内容は、壹和が「恨み」を抱いているという巫女の指摘であると判断できる。解答のポイントは次の二点となる。

① 壹和が不満を抱いているという巫女の指摘は
② 心外だ

▼㈣ 傍線部カの和歌は、「思ひ」に「火（＝蛍の光）」を掛け、〝包んでも隠れないものは、蛍の体からあふれ出ている光のように、自分の中からあふれ出ている思いであるなあ〟と、人が持つ強い気持ちは、隠そうとしても隠しきれず表に出てしまうということを詠んだものである。これは、巫女が壹和に示した託宣で、具体的には、壹和が不満を抱いていることを神はお見通しだということを伝えている。なお、〔解答〕では、本文の具体的な内容に即して説明したが、一般化して、「人が本心をいくら隠そうとしても、神は見抜いているということ」のように解答することもできる。解答のポイントは次の二点となる。

① 壹和が本心では不満を抱いていることを（＝人の持つ本心を）
② 神は見抜いている

▼㈤ 「神託」は、傍線部カの和歌の後に巫女が告げた内容で、「四人の次第」については、「かの講匠と言ふはよな、帝

いうものは皆〟のように訳すとよい。「恨み」は、思い通りにならないことに対するいやな思いを表す名詞で、ここでは〝不満〟と言い換えることができる。「堪へ」は〝耐える・こらえる〟の意の動詞「堪ふ」の未然形。「ぬ」は打消の助動詞「ず」の連体形。「なれ」は断定の助動詞「なり」の已然形。「ば」は、ここでは已然形に接続しているので順接確定条件を表す。

エ、「それ」は前の「陸奥国えびすが城」（＝陸奥国の異民族の城）を指し、はるかに遠い未知の場所を表している。「つらき」は、他者からの仕打ちや不如意な状況を恨めしく思う気持ちを表す形容詞「つらし」の連体形。「つらき人」は、自分をつらく思わせるような他者のことで、簡潔には〝恨めしい人〟とする。「ば」はここでは未然形に接続して順接仮定条件を表している。「さて」は前の内容を受けて話を進める副詞または接続詞として、〝それで・それなら・そのときは〟といった訳でよい。「いづち」は不定の方向や場所を表す名詞。「か」は係助詞で、ここでは、反語または相手に疑問を呈して翻意を促す意味で用いられている。「ん」（「む」）は、まだ実現していないことや不確定なことをいう助動詞で、ここでは、推量・可能推量・適当・（相手の）意志のいずれの解釈でも通りそうだが、「いづちか」と併せて解答欄に収めるために、〈解答〉以外に、〝どこへも行けないだろう〟のように反語を打消表現のみで解釈してもよいだろう。一文全体で、興福寺で同僚の僧に先を越されて講師を務めることができなかった壹和僧都に対して、別の寺に行って望みをかなえようとしても、そこにもまた自分に先んじて重要な地位を得るような人がいたらもうどうしようもないということを示し、諸国をさまようことをやめるように促している。

▼(二)「思ひのどむれ」は、〝心をのどかにする・気持ちを落ち着かせる〟の意のマ行下二段活用動詞「思ひのどむ」の已然形。壹和僧都が、維摩の講師になりたいと望んだけれども、別の僧に先を越されてしまったという内容と、傍線部アの後に「その恨みしのびがたくおぼえければ」とあることから、「何を」については、〈維摩の講師になれなかった不満を〉となる。「思ひのどむれ」自体は、傍線部アの前の心内文「なにごとも前世の宿業にこそ」にも言及しておくのがよいだろう。解答のポイントは次の三点となる。

ある。春日山の老人（＝春日大社の神である私）は、もう疲れた」と言って、空にお昇りになってしまったので、壹和は、もったいなく思う気持ちや、敬う気持ちが、並一通りではなく、深い信仰心からあふれる涙をこらえて急いで（興福寺に）戻って行った。その後、次の年の講師になることができて、四人の順番は、まさに神のお告げと異ならなかったということだ。

◀解　説▶

本文のおおまかな内容は次の通りである。

第一段落（興福寺の壹和僧都は、…）
興福寺の壹和僧都は、務めたいと望んでいた維摩の講師に自分ではなく祥延という僧が選ばれた無念をこらえることができず、春日大社の神に最後の法施を捧げて放浪修行に出た。

第二段落（潮干のひまをうかがひて、…）
熱田神宮に参拝していると、異様な様子の巫女が現れ、壹和が不満を抱いて興福寺を去ったことを指摘し、興福寺に戻るように促した。不満を抱いてなどいないと壹和が反論すると、巫女は、本心は見抜いているという託宣を示し、維摩の講師を務める者の順は帝釈宮の札にすでに記されており、壹和は祥延の次に選ばれることになっていると告げ、興福寺に戻るように再度促した。巫女の言葉が春日大社の神の託宣だと知って感激した壹和が興福寺に戻ると、維摩の講師はお告げの通りの順に選ばれ、壹和も祥延の次に務めることができた。

▼㈠　イ、「けしかる」は、異様な様子を表す形容詞「けし」の連体形。「～をさして」は、ここではその方向に動作することを表しているとみて〝～に向かって〟と訳すとよい。「言ふやう」は、後に発言が引用されることを示す表現で、〝言うことは〟と訳す。

ウ、「人の習ひ」は、人というものは皆同じような様子であるということを示すものとして、〝人の習性として・人と持経だけを竹の笈《おい》（＝法具などを背負う箱）に入れて、こっそりと（興福寺の）三面の僧坊を出て（春日大社の）四所の霊社に参詣して、泣きながらもう最後の法施《ほうせ》を奉ったとかいう心の中は、ただ推察するがよい。そうはいってもやはりこれまで住んでいた寺も離れるのがつらく、慣れ親しんだ友人も見捨てることができないけれども、決意したことであるので、行く先をどことさえも定めず、何となく東の方へ向かううちに、尾張の鳴海潟に着いた。

（干潟の）潮干の機会を待ち構えて、熱田神宮に参詣して、何度も法施を手向けるうちに、異様な巫女《みこ》が来て、壹和に向かって言うことは、「おまえは、不満を持つことがあってもといた寺を離れてさまよっている。人の習性として、不満には耐えきれないものであるので、当然だけれども、思い通りにならないことはこの世の友のようなものである。陸奥国の異民族の城へ（行って思い通りの地位を得よう）と思っても、そこにもまた恨めしい人がいたら、そのときはどこへ行けばよいのか。急いでもといた寺に帰って、平生《へいぜい》の望みを遂げるがよい」とおっしゃるので、壹和は頭を下げて、「思いも寄らないお言葉だなあ。このような乞食修行者に何の不満があるはずでしょうか。あるはずもないことである、どうしてこのようには（おっしゃるのか）」と申し上げるとき、巫女はひどくばかにして、

包んでも隠れないものは、蛍の身からあふれ出ている光のように、自分の中からあふれ出ている思いであるなあ

という歌の託宣《たくせん》を出して、「おまえは、愚かにも私に疑念を抱くのか。さあそれなら言って聞かせよう。おまえは、維摩の講師を祥延に先を越されて不満を持っているのではないのか。あの講師というのはな、帝釈宮《たいしゃくぐう》の金札に書き付けてあるのである。その順序は、くわしく言うと祥延・壹和・喜操・観理とあるのである。帝釈宮の札に書いてあるのも、これは前世からの導きであるにちがいない。私がすることではない。早く早くつらい気持ちを納めてもといた寺に帰るのがよいのである。和光同塵（＝仏が衆生《しゅじょう》を救うために仮の姿となって俗世に現れること）は仏道へ入る機縁の初めで、八相成道（＝釈迦が衆生を救うためにその一生に起こした八つの大事）は衆生に恵みを与える最終のことであるので、神と言い仏と言うその名は異なるけれども、同じように衆生に慈悲の心をかけることは、慈悲深い母が子供を愛するようなものだ。おまえは無情にも私をないがしろにするといっても、私はおまえを見捨てずに、このように追って来て示現《じげん》するので

参考　小坂井敏晶（一九五六年〜）は社会心理学者。愛知県生まれ。早稲田大学文学部中退。フランス国立社会科学高等研究院修了。現在、パリ第八大学心理学部准教授。著書に『異文化受容のパラドックス』『民族という虚構』『責任という虚構』『人が人を裁くということ』などがある。「神の亡霊」は東京大学出版会のＰＲ雑誌『ＵＰ』に、二〇一四年六月から二〇一六年四月まで、隔月で十二回にわたって連載された。その後、二〇一八年、大幅に注を付けた形で単行本『神の亡霊――近代という物語』（東京大学出版会）として出版された。

二

出典　鷹司基忠ら『春日権現験記』

解答

(一)　イ、異様な巫女が来て、壹和に向かって言うことは

ウ、人の習性として、不満には耐えきれないものであるので

エ、そこにもまた恨めしい人がいたら、そのときはどこへ行けばよいのか

(二)　維摩の講師になれなかった不満を、前世の宿縁と考えて静めた。

(三)　壹和が不満を抱いているという巫女の指摘は心外だという主張。

(四)　壹和が本心で不満を抱いていることを神は見抜いているということ。

(五)　維摩の講師は祥延・壹和・喜操・観理の順に務めるということ。

◆全　訳◆

興福寺の壹和《いちわ》僧都は、学問を十分に修めて、才智が比類なかった。後には出家して、外山《とやま》という山里に住んでいた。当時、維摩会《ゆいまかい》の講師を望み申し上げたときに、予想外に祥延《しょうえん》という人に先を越されてしまった。何事も前世の宿業《しゅくごう》である、とは思って気持ちを落ち着かせるけれども、その不満を抑えることができなく思われたので、長い間その寺（＝興福寺）での議論や談話の交際を辞退して、諸国を歩いて修行する身となろうと思って、弟子たちにもこうとも知らせず、本尊・

▼㈣　②　能力主義は機会均等を見せかけにして人間を差異化し、格差を正当化する

傍線部は二文から成る。まず前文について。近代は人間に自由と平等をもたらさなかったという趣旨になる。これは「自由意志に導かれる主体」の否定（第六・第七段落）や、「民主主義社会では平等が建前だ」（第十段落）という言明などからもわかる。次に後文について。「不平等を隠蔽し、正当化する論理が変わった」という以上、変化の内容を説明する必要がある。すなわち近代以前と近代との違いである。まず近代以前については、第九段落が手がかりになる。封建制度やカースト制度などのもとでは、貧富や身分の区別の根拠が神や自然といった共同体の〈外部〉に求められたことが説明される。これに対して近代は機会均等によって平等が保障されたように見えながら、格差や不平等は依然として存在する。でもそれは自由と平等の建前に反するから、「格差を正当化する必要がある」（傍線部二文前）。そこで持ち出されるのが能力主義であり、不平等の根拠を個人に帰するわけである（第六段落）。そして「努力しない者の不幸は自業自得だ」（傍線部前文）と言い放つ。よって以上の事情をまとめることになり、解答のポイントとして次の三点が挙げられる。

①　近代以前は貧富や身分を区別する根拠を神や自然など共同体の〈外部〉に見出した

②　近代における自由と平等は建前にすぎない

③　近代は能力主義を持ち出して、不平等の根拠を個人のせいにする

▼㈤　a、「培う」は〝養い育てる〟、b、「誕生」は〝物事が新しくできること〟、c、「欠陥」は〝不備。欠点〟の意。

語句

●出来レース＝事前の話し合いで、やる前から結果がわかっている競争や勝負。

●桎梏＝自由を束縛するもの。手かせ足かせ。

●「地獄への道は善意で敷き詰められている」＝善意でなされた行為が悲劇的な結果を招く、あるいは善意を持っていても実行が伴わなければ地獄に落ちるという意味のヨーロッパのことわざ。

●未曾有＝今までに一度もなかったこと。

① 米国は機会均等が実現された社会である

② 不平等の責任が社会にではなく個人の才能と努力に帰せられる

▼(二) 傍線部の直前に「したがって」と理由づけされているので、その前の部分の内容をまとめることになるが、「自己責任」論は「近代の人間像」（第四段落最終文）と深く関わるので、第五段落以下の内容をまとめることになる。まず第五・第六段落で、自由意志をもった個人という近代の人間像は、才能や人格という内部を根拠に自己責任を問うと述べられる。続く第七段落はこれに反論する形で、才能や人格は遺伝形質に、家庭・学校・地域などの社会影響が作用して形成されると述べられ、さらに意志や意識さえも記憶と外来情報の相互作用によって生成すると述べられる。すなわち自己責任論が根拠とする個人の「内部」などというものは存在しないというわけである。以上の事情をまとめることになるが、枠内に収めるために要点を絞る必要がある。解答のポイントは次の二点である。もし余裕があれば、②の「外因」についてその具体例を挙げておくとよいだろう。

① 自己責任論は個人の内部を根拠にしている

② 才能や人格、意志や意識は内因ではなく外因に由来する

▼(三) 「詭弁」は〝間違っていることを正しいように見せかけようとする議論〟の意。「先に挙げたメリトクラシー」とは第四段落の内容を指す。この段落に「巧妙に仕組まれた罠」とあり、機会均等のもとで歓迎された能力主義が平等な社会を実現するどころか、既存の階層構造を正当化し固定するためのイデオロギーとして働いたと述べられる。しかしこの機会均等が見せかけだけのものであることは、同段落で学校が「平等」と「差異化」の二面性を持つと述べられていることからもわかる。次に傍線部に「そう」とあるのは、直前のマックス・ヴェーバーの議論を指す。すなわち支配者は支配を自然の摂理のごとく正しい状態として被支配者に思わせることで支配を長続きさせるというのがそれである。よってこの事情についても補足的に触れる必要がある。解答のポイントは次の二点。

① 支配者が支配を正当化する

庭・学校・地域条件などの社会影響が作用して形成される。したがって才能や人格を根拠に自己責任を問うことはできない。にもかかわらず人間は自由だと社会は宣言し、努力しない者の不幸は自業自得だと宣告するのだ。

◀解　説▶

本文は、近代が格差を温存しながら機会均等や能力主義を掲げてそれを隠蔽しようとする欺瞞を告発した文章である。全十四段落。これを三つの部分に分けて、内容をまとめよう。

1　第一～第四段落（学校教育を媒介に…）
　機会均等のパラドクス――機会均等と能力主義は階層構造を再生産している

2　第五～第八段落（親から子を取り上げて…）
　近代の人間像――近代は才能や人格を内因ととらえて自己責任の根拠にした

3　第九～第十四段落（封建制度やカースト制度などでは、…）
　不平等の隠蔽――近代は格差を正当化するために自由と平等を宣揚した

▼㈠　傍線部の「そこ」は直前の三文の内容を指す。すなわち集団間の不平等を是正すれば、個人は才能と努力で社会上昇が可能であり、弱肉強食のルールは正当であるというものである。よって傍線部の趣旨は、米国で社会主義政党が育たなかった理由の一つは個人の才能と努力を何よりも重視したことにあるということになる。すると、なぜ個人の才能と努力を重視すると社会主義政党が育たないのかという疑問が続き、これが「なぜそういえるのか」という設問になる。そこで第二段落に戻ると、機会均等が保障されない社会では不平等な社会を変えようとする機運が高まるけれども、機会均等が実現された社会では不成功は自分に才能がないからだと思って変革運動に関心を示さないという趣旨のことが述べられる。すなわち機会均等を実現した社会では、不平等の責任が社会ではなく個人に向けられるというのである。以上より解答のポイントは次の二点となる。

国語

一

出典　小坂井敏晶「神の亡霊」〈6　近代の原罪〉（『UP』二〇一五年四月号　東京大学出版会）

解答

㈠　機会均等を実現した米国では、現に不平等が顕著であっても、その責任は社会にあるのではなく個人の才能と努力に帰せられるから。

㈡　自己責任論が根拠とする個人の才能や人格、意志や意識は内発的なものではなく、全て遺伝形質や外来情報などの外因に由来するから。

㈢　支配者が支配を正当化するように、能力主義は機会均等を見せかけにして人間を差異化し、格差を正当化するものだということ。

㈣　近代以前が貧富や身分を区別する根拠を神や自然など共同体の〈外部〉に見出したのに対して、近代は格差を正当化するために自由と平等の建前のもとで能力主義を持ち出して、不平等の根拠を個人に帰し、努力しない者の不幸は自業自得だと宣告するということ。（一〇〇字以上一二〇字以内）

㈤　a―培　b―誕生　c―欠陥

◆要　旨◆

近代になって身分制が打倒され、不平等が緩和された。教育機会も均等になった。だが現実にはヒエラルキーが必ず発生し、貧富の差が現れる。平等は実現不可能である。そこで格差を正当化するために、自分の力で未来を切り開く可能性として、能力主義（メリトクラシー）が持ち出される。しかし才能も人格も本を正せば、親から受けた遺伝形質と、家

· memo ·

2019年度

解答編

解答編

英語

1 (A) 解答

＜解答1＞　産業化以前のヨーロッパでは，子どもは親の所有する労働力とみなされていたが，19世紀後半から，独自の権利を有し，国が保護し支援すべきものへと見方が変化した。(70～80字)

＜解答2＞　19世紀になっても児童労働は当然で，子どもは親の私的所有物だった。19世紀後半から子どもの権利という概念が広まり，法で保護され，国が福祉を授ける対象となった。(70～80字)

＜解答3＞　19世紀後半まで，子どもは経済的価値しかない親の所有物だったが，以後，独自の法的権利をもつ社会集団とみなされ，国が保護し教育や福祉を与えるべきものへと変わった。(70～80字)

◆全　訳◆

≪子どもの権利という概念の誕生≫

産業化以前のヨーロッパでは，児童労働は広くみられた事象であり，経済体制の重要な一部であった。19世紀まで，また19世紀の間も，6歳を超えた子どもは，その能力に応じて社会に貢献することが求められた。7歳くらいから，彼らは労働の世界へとゆっくり入って行き始めたが，それは大人も子どももいる世界であった。教育や学校，危険からの保護といった概念はまれであるか，まったく欠如していた。19世紀の初期，子どもはまた，親の個人的所有物とみなされることが大半で，法的権利はほとんどないか，あるいはまったくなかった。親，主に父親は，子どもに対する無制限の権力と支配力を与えられており，自分の望むとおりに子どもを扱うことが許されていた。体罰はほとんどどこでもみられ，社会的に受け入れられていたのである。

この状況は，19世紀が進んでいくにつれて変わり始めた。特に1870年から1920年の50年の間に，親や雇用者や他の人たちに対する子どもの権利が，法的保護という形で発展した。徐々に，子どもはひとつの独立した範疇であり，単なる大人の所有物ではないとみなされるようになった。子どもは経済的価値しかもたないという考え方は変わり始め，彼らは社会が支え，彼らの直面するさまざまな危険から守る責任のある，独特の集団だという認識に取って代わられだした。

この時期のもうひとつの変化は，親による虐待や放置からの子どもの保護であり，これらはだんだんと政府当局から厳しい調査を受け，異議を唱えられるようになった。1889年に，フランス，英国の両国では，親によるものも含めて，子どもに対する虐待を禁止する法を可決した。国家は，子どもの権利の擁護者となったのである。保護を受ける子どもの権利はその後，さまざまなものを与えられる権利へとつながり，中央政府がサービスを提供する責任をもつこととなった。労働から解放されることや公教育を受けられることとともに，健康管理，問題のない住居，遊び場といったものが，子どもの権利の要素として現れた。

◀解　説▶

◆読解する

設問文に「ヨーロッパで生じたとされる変化の内容を…要約せよ」とあることに注意を払い，全体の構成を意識しながら，各段を検討しよう。

〔第1段〕

この段は，産業化以前のヨーロッパで，子どもがどのように扱われていたかを述べている。「変化」が起こる前の状態を説明していることになる。

〔第2段〕

この段では，変化のひとつめが述べられており，大人に対する子どもの権利という考え方が発展したことが述べられている。

〔第3段〕

この段では，もうひとつの変化として，子どもの保護と国家の責任という考え方が生まれたことを述べている。

各段と各文の内容をまとめると次表のようになる。

各段の要旨		各センテンスの内容
第1段	産業化以前のヨーロッパで子どもが置かれていた状況	第 1 文：産業化以前のヨーロッパでは，児童労働が広くみられ，経済体制の重要な一部だった。 第 2 文：19 世紀まで，また 19 世紀の間も，6 歳を超える子どもは社会への貢献が求められた。 第 3 文：子どもは 7 歳くらいから，大人も子どももいる労働の世界に入った。 第 4 文：教育や危険からの保護という概念はほとんどないか，あるいはまったくなかった。 第 5 文：また，19 世紀の初期には，子どもは親の個人的所有物とみなされ，法的権利はほとんどないか，あるいはまったくなかった。 第 6 文：とりわけ父親は，子どもを自分の思うままに扱うことが許され，体罰も認められていた。
第2段	子どもの権利という概念の発展	第 1 文：19 世紀が進むと，この状況が変わり始めた。 第 2 文：19 世紀後半から 20 世紀の初期にかけて，子どもの権利が法的保護という形で発展した。 第 3 文：子どもは大人の所有物ではなく，独立した範疇とみなされるようになり始めた。 第 4 文：子どもは，社会が支え守る責任をもつ独特な集団であるという考えが広まり始めた。
第3段	子どもの保護と国家の責任	第 1 文：もうひとつの変化は，親の虐待や放置からの子どもの保護だった。 第 2 文：1889 年，フランスと英国で，児童虐待を禁止する法が可決された。 第 3 文：国家が，子どもの権利の擁護者となった。 第 4 文：その後，さまざまなものを与えられる権利へとつながり，サービスの提供は中央政府が責任をもつものとなった。 第 5 文：労働からの解放，公教育をはじめ，健康管理，住居，遊び場が子どもの権利の項目となった。

◆答案を作成する

第 1 段に述べられている変化前の状況は，第 4 文（The concepts of …）・第 5 文にある「子どもの教育や保護という概念がなかった」「親の所有物とみなされ，法的権利がなかった」という点に注目する。ただし，「教育や保護という概念」「法的権利」は，変化後に現れたものなので，第 1 段の内容としては「子どもは労働力で親の所有物とみなされていた」などと，当時の現状にとどめておくのがよいだろう。第 2 段の要点は，ひとつめの変化として，子どもは親の所有物ではなく，権利をもち，社会の中で大人とは区別される独特な集団であるという考え方が発展したことである。第3段は，もうひとつの変化として述べられている，子どもの保護という考え方が要点。虐待や放置から守るというだけでなく，教育や健康管理，住居，遊び場など，子どもに必要なものを与えるという考え方も生まれたことを，含めておきたい。

●語句・構文●

（第1段）　●according to ～「～にしたがって，～に応じて」
（第2段）　●no more than ～「～にすぎない」
（第3段）　●scrutiny「綿密な調査，監視」

1 (B) 解答

(ア) meaning
(イ)(1)—a）　(2)—e）　(3)—d）　(4)—f）　(5)—h）　(6)—c）

◆全　訳◆

≪音楽は世界共通言語か≫

音楽は世界共通言語である。あるいは，音楽家はそう主張したがる。「音楽でなら，英語やフランス語といったふつうの言語ではできないような仕方で，文化や言語の壁を超えた伝達ができる」と，彼らは言うだろう。ある面では，この言い分は明らかに正しい。フランス人作曲家のクロード＝ドビュッシーの書いた曲を楽しむのに，フランス語を話す必要はない。(1)［a）しかし，音楽は本当に世界共通言語なのだろうか。］それは，「universal（世界共通の，普遍的な）」という言葉で何を意味するのか，そして「language（言語）」という言葉で何を意味するのかによる。

人間の文化はどれも言語をもっているのとちょうど同じように，音楽をもっている。したがって，音楽が人間の経験の普遍的な特徴だというのは本当だ。同時に，音楽の体系も言語の体系も文化によってかなり異なる。それでも，外国の音楽体系がどれほどなじみのないものに思えても，人がなじみのない音楽形態で伝えられる感情，つまり，幸福と悲しみという少なくとも2つの基本的な感情を特定するのが非常に上手いことを，さまざまな研究が示している。(2)［e）音楽の一定の特徴が，こうした感情の表現に寄与する。］たとえば，音が高く，高さとリズムの変化が多く，テンポが速いものは幸福を伝え，一方，その逆は悲しみを伝える。

したがって，おそらく私たちは音楽的感覚をもって生まれるのだ。しかし，言語もまた，言語学者が韻律と呼ぶメロディーをもっている。高さ，リズム，テンポというまさにこうした同じ特徴が，言語を超えて普遍的だと思えるような仕方で，発話中の感情を伝えるのに使われている。フランス語か日本語か何か他の自分が話さない言語の会話を，ふと耳にするとしよう。内容はわからないだろうが，話し手の感情の状態の移り変わりはわかるだろう。女性は気持ちが乱れているし，男性は守りに入っている。今度は彼女は本当に怒り，彼は引き下がっている。彼は彼女に懇願するが，彼女は納得していない…。私たちが外国語のこのやりとりを理解できるのは，それが私たち自身の言語ならどのように聞こえるか知っているからである。同様に，私たちが自分の文化のものであれ他の文化のものであれ，ある音楽を聞くとき，普遍的な韻律の特徴を反映するメロディーの特徴に基づいて感情を認識する。(3)［d）この意味では，音楽は実際，感情を伝達する普遍的な仕組みである。］

しかし，音楽は言語の一種なのだろうか。再び，用語の定義をしなくてはならない。(4)［f）科学者も含めて，私たちは「伝達システム」という意味で「言語」という言葉を使うことが多い。］生物学者は，「ハチの言語」について語るが，これは仲間のハチたちに新しい食糧源の位置を伝える方法である。人々は「花言葉」を話題にする。それを使って自分の意図を表すことができるのである。「赤いバラは…を意味する。ピンクのカーネーションは…を意味する。白いユリは…を意味する」というわけだ。それから「身体言語」がある。これは，感情や社会的地位などを伝えるために使う仕草，身振り，顔の表情のことを意味する。私たちは話すときに身体言語をよく使うが，言語学者はそれを真の言語形態とはみなしていない。そうではなく，それはいわゆるハチの言語や花言葉とちょうど同じように，伝達システムなのである。

定義上，言語とは，意味のある一組の記号（単語）とその記号を組み合わせてより大きな意味のある単位（文）にするための一連の規則（統語法）から成る伝達システムである。多くの種が伝達システムをもっているものの，これらのうちのどれも言語とみなされないのは，それらが何らかの要素を欠いているからである。多くの種の警告の声やエサがあることを知らせる声は，一連の意味のある記号から成ってはいるが，彼らは規則にしたがって生産的にそうした記号を組み合わせはしない。同様に，鳥のさえずりやクジラの歌は要素を組み合わせる規則はもっているが，これらの要素は意味のある記号ではない。歌が全体として意味をもつだけである。

言語と同じように，音楽にも統語法，つまり音，和音，音程といった要素を配列して複雑な構造にする規則がある。(5)［h）それでも，これらの要素のどれも，それだけでは意味をもたない。］むしろ，感情的な意味を伝えるのは，もっと大きな構造，メロディーである。そして，それは言語の韻律を反映することで，感情的な意味を伝えているのである。

音楽と言語は特徴が共通しているので，言語を処理する脳の領域の多くが音楽も処理していることは驚くにはあたらない。(6)［c）しかし，だからといって，音楽は言語だということではない。］私たちは，脳の特定の領域が専門的に特定の機能と結びついていると考えがちだが，言語だろうと音楽だろうと車の運転だろうと，複雑な行動は何でも，脳の多くの異なる領域からの助力を呼び入れるのである。

音楽は確かに，地球上のどんな人にどんな考えを伝えるのにも使えるという意味での世界共通言語ではない。しかし音楽は，人間に共通の経験の核心にある基本的な感情を呼び起こす力は間違いなくもっている。それは文化を超えるだけでなく，私たちが進化してきた過去に深く到達する。そしてその意味では，音楽は実際に世界共通言語なのである。

◀解　説▶

◆(ア)　当該の第5段は第1文で「意味のある一組の記号（単語）とその記号を組み合わせてより大きな意味のある単位（文）にするための一連の規則（統語法）から成る伝達システム」という「言語」の定義を挙げ，他の動物の種の伝達システムが言語とは言えないことを述べている。第4文（Likewise, bird song…）に「鳥のさえずりやクジラの歌は要素を組み合わせる規則はもっているが，これらの要素は意味のある記号ではない」と，そこに人間の言語の「単語」にあたるものがない点を指摘している。それでも，同じ種の個体間で情報伝達できるのは，「歌全体で何らかの意味を表す」からだと考えられる。第6段第3文（Rather, it's the…）にある meaning「意味」を補うのが適切。

◆(イ)　▶(1)　空所の直後に「それは，universal という言葉で…そして language という言葉で何を意味するのかによる」とある。空所には「それ」が指すもので，universal と language という語を含む文が入ると判断できる。同段冒頭で「音楽は世界共通言語（a universal language）である」と述べられており，a）の「しかし，音楽は本当に世界共通言語なのだろうか」が，段落の内容として適切。

▶(2)　空所のあとに「たとえば」として，幸福や悲しみを表す音楽の特徴が述べられている。e）の「音楽の一定の特徴が，こうした感情の表現に寄与する」が適切。

▶(3)　同段第 2 文（But language also …）で，言語が音楽と同じ特徴をもつと述べられ，第 3 ～ 9 文では，知らない言語でも，話し手の口調でその感情を判断できることが説明されている。空所直前の第 10 文は「同様に」で始まり，「私たちは…ある音楽を聞くとき，普遍的な韻律の特徴を反映するメロディーの特徴に基づいて感情を認識する」と述べている。つまり，音楽は，言語と同じように音で感情を伝えることができると言っていることになる。d）の「この意味では，音楽は実際，感情を伝達する普遍的な仕組みである」が適切。

▶(4)　空所の直前に「用語の定義をしなくてはならない」，直後に「生物学者は，『ハチの言語』について語る」とあり，「言語」という言葉の定義をしようとしていると考えられる。f）の「科学者も含めて，私たちは『伝達システム』という意味で『言語』という言葉を使うことが多い」が適切。

▶(5)　空所の直前で「言語と同じように，音楽にも…要素を配列して複雑な構造にする規則がある」と，言語と音楽の類似点を述べている。空所の直後には「むしろ，感情的な意味を伝えるのは，もっと大きな構造，メロディーである」とあり，音楽で意味をもつのは，言語で言えば「文」にあたり，「単語」に相当する要素には意味がないという内容が空所に入るのがふさわしい。h）の「それでも，これらの要素のどれも，それだけでは意味をもたない」が適切。

▶(6)　空所の直前には，言語を処理する脳の領域が音楽も処理していることが述べられている。空所のあとでは「言語だろうと音楽だろうと…複雑な行動は何でも，脳の多くの異なる領域からの助力を呼び入れる」とあり，言語を処理する領域と音楽を処理する領域が重なっていても，それだけを処理する専門的な領域があるわけではないことが示唆されている。c）の

「しかし，だからといって，音楽は言語だということではない」が適切。

●語句・構文●

(第２段)　●vary from culture to culture「文化によって変わる，さまざまである」

(第３段)　●listen in on ～「～をふと耳にする，盗み聞きする」　●back off「退く」　●plead with ～「～に懇願する」

(第５段)　●by definition「定義上」　●count as ～「～とみなされる」

2 (A)　解答例

＜解答例１＞　I would like to propose a worldwide holiday: Plastic Day. This is not to celebrate plastic but to enhance public awareness of plastic pollution as one of the most serious environmental issues. Since it is difficult to stop using plastic all at once, we should start with an awareness of how many plastic things we use in a single day and consider which ones we can do without or replace with eco-friendly alternatives. (60～80 語)

＜解答例２＞　I would like to propose “Offline Day”: a day we would turn off our smartphones. Many of us would be at a loss regarding what to do with the time. However, without the gadget, people could probably pay more attention to others around them—on the train, for example — and talk face-to-face with family members and friends. Additionally, they may rediscover the joy of spending time just relaxing. Offline Day would help people take their eyes off of their screens. (60～80 語)

◀解　説▶

▶＜解答例＞の全訳は以下のとおり。

＜解答例１＞　私は世界的な祝日プラスチック・デーを提案したい。これはプラスチックを祝うのではなく，最も深刻な環境問題のひとつであるプラスチック汚染に対する人々の認識を高めるためのものだ。プラスチック製品を使うことを即座にやめるのは難しいので，１日のうちに私たちがどれほどたくさんのプラスチック製品を使っているかを認識することから始め，どれがなくても済ませられるか，あるいは環境に優しい代替品と取り替えられるかを考えるべきである。

＜解答例 2 ＞　私は「オフライン・デー」を提案したい。スマートフォンの電源を切る日だ。私たちの多くはこの時間に何をすればいいか途方に暮れるだろう。しかし，あの機器がなかったら，おそらく人々は——たとえば電車の中で——自分の周りの人にもっと注意を払えるだろうし，家族や友人と顔を突き合わせて話せるだろう。また，ただくつろいで時間を過ごすことの喜びを再発見するかもしれない。オフライン・デーは，人々が画面から目を離す手助けとなるだろう。

▶新たに設ける祝日とその意義や望ましい理由を述べるという問題。どこで行うものかに制限がないので，かなり自由に考えることができるだろう。ポイントは，その意義や望ましいと思う理由を読み手に納得させることである。何をどのような順序で述べるか，効果的な提示の仕方をあらかじめ考えてまとめたい。

2 (B) 解答

＜解答例 1 ＞　(But) the most important thing is for each of us to realize in our daily lives that we are the ones polluting the indispensable natural environment with plastic waste.

＜解答例 2 ＞　(However,) what matters most is that, in our daily lives, each of us should be aware that we are the ones contaminating the precious natural environment with plastic garbage.

◀解　説▶

上記の〔解答例〕には下線部直前の「しかし」にあたる But / However, を括弧書きで加えている。

●「もっとも重要なのは…ことである」

「もっとも重要なこと」は the most important thing / what matters〔counts〕most とできる。「…ことである」は is that … と補語に that 節を使う以外に，不定詞の名詞用法を使うこともできる。

●「…と，私たちひとりひとりが日々の暮らしのなかで自覚する（こと）」

「〜と自覚する」は realize that 〜 / be aware that 〜 が使える。「(自覚する）こと」に that 節を用いるなら完全文を作ればよいので，文字どおりには each of us is aware that … となる。ただし，実際に自覚しているという事実を述べているのではなく，推奨や義務の内容なので，each of us should be のように助動詞 should を補うのが正しい。不定詞では文意上 should の含みは不定詞自体がもつので，for each of us to realize that … でよい。意味上の主語は通常どおり for を使って不定詞の前に置く。「日々の暮らしのなかで」in our daily〔everyday〕lives は「自覚する」にかかるので，自覚する内容にあたる that 節より前に置くこと。everyday は1語のつづり（形容詞）にすることに注意。every day と2語に分けると副詞になる。

●「（汚染している）のは私たち自身である」
「私たちこそが～している存在である」と考え the one(s) を使う。we are the ones ～ となる。「～している」なので現在分詞を続ける。

●「プラスチックごみによってかけがえのない自然環境を汚染している」
「かけがえのない」は文字どおりには irreplaceable「取り換えられない」だが，indispensable「欠くことのできない」もよく使われる。「非常に大切な，大事な」precious / treasured などで表すこともできる。「自然環境」は通常 the environment で表せるが，「かけがえのない」が入るのでどの環境なのかを明確にするために，natural を添えておくとよい。「汚染している」は polluting / contaminating が適切。「～によって」=「～で」は with を使う。contaminate は by の例もあるが，受動態の場合に限られる。「プラスチックごみ」は plastic waste や plastic garbage がよくみられる表現である。

3 (A) 解答

(7)―b)　(8)―b)　(9)―b)　(10)―a)
(11)―e)

◆全　訳◆

≪現代社会におけるスポーツの役割≫

司会者：みなさん，社会調査研究会の2019年度冬期連続講義へようこそ。
　今年は，私たちがスポーツや文化に注目しているオーストリアの美しい村ゼーフェルトでの開催です。高名な人類学者クリフォード=ターナーさんに口火を切っていただくべく，ここにお越しいただき，嬉しく思います。お話に入る前に，スタッフのみなさんには，懸命に仕事をしていただいたことを感謝し，私どものライブ・ビデオストリームにご参加いただいているみなさんに心からの大きなごあいさつを申し上げたいと思います。では，ターナー博士…。

ターナー博士：ありがとう，ハリー。みなさん，こんばんは。今日，多くの方を山の斜面でお見かけしたと思います。新雪で見事な景色ですね。スポーツについて語るにはうってつけの場所です。

ご存知のように，私たちの分野における多くの研究が古代のスポーツに目を向けていますが，それは，そうしたスポーツが，たとえば精神世界を扱ったり神を喜ばせたりするというような宗教的儀式か，あるいは，狩猟や戦闘といった生存の中心となる任務の訓練と密接に結びついているという文脈においてのことです。それから，もちろん通過儀礼，つまり人々を彼らの社会的役割にうまくなじませるというのもあります。どれも興味深いものですが，今夜は現代社会における団体競技に焦点を当てたいと思います。

現代スポーツ，特に団体競技は，さまざまに異なる機能を果たしていると，私は主張します。それらは，そうであればよいのにというものであれ，実際そうだと考えているものであれ，私たちの社会のモデルを投影すること，その表現に，以前よりもずっと関わるものです。そして，スポーツは今でも私たちを社会になじませるのに役立っていますが，今日の目標は，何か特定の役割というものではなく，生活全般に適応するというものです。

では，私はここで何を訴えているのでしょう。一方では，スポーツは社会の理想のイメージ，私たちがそうあるべきだと考えている生活，つまり競争は確かにありますが，明確で公正なルールのあるものを提示しています。団体競技の基本的な要素を考えてみてください。技能，戦略，運，そしてどのように競技を行うか，どのように勝者を決めるのかを規定するルールです。また，社会教育との密接なつながりもあります。今日，学校制度は，チームワーク，フェアプレー，規律，権威への敬意，対戦相手への敬意を教える方法として，こうしたスポーツを推奨しています。ここでのその主な目的は，学生たちを信頼できる社会の一員にすることです。

したがって，今述べたのは，物事がどうあるべきだと私たちが考えているかを反映しているスポーツです。ですが，その機能は，常にもうひとつの機能と一緒に存在しています。つまり，理想的ではない生活，私たちが経験しているとおりの生活，いわゆる「実生活」を表すというものです。この2番目の機能は，プロスポーツに向かうほど強くなり始めます。ここでは，競争はいっそう激しくなります。道徳的行動やフェアプレーよりも勝利が重視され，そのため失敗という惨めな結果，「敗北の苦悩」により多くの注意が向けられます。人々が何を言うか聞いたことがあるでしょう。「ずるをしていないというのなら，努力していないということだ」とか，「ともかく勝て，いいな」とかいったことです。

しかし，ここが興味深いところです。それは矛盾です。そういう言葉，そのような言い草は，儀式の目的の半分を隠し，否定さえしようとしているわけですから！ 実は，私たちが恐れる経験，つまり敗北は，私たちが欲する勝利と同じくらい重要なのです。スポーツは，この意味では，私たちに本当の「実生活」に対処する準備をさせているのです。悪いことは起こるものです。物事はいつも私たちの道を切り開いてくれるわけではありません。そして，私たちはしばしば負けるのです。よく言うとおり，「それが人生だ」というわけです。

はい，では一歩もどって，話を先に進める前に，もとの要点に返りたいと思います…

◀解　説▶

▶(7)「この講義が行われている場所を最もよく説明しているのは次のどれか」

司会者の発言の第1文（Welcome, everyone, …）に「冬期連続講義」，ターナー博士の発言第1段第3文（I believe I saw …）に「山の斜面〔ゲレンデ〕」，同段第4文に「新雪」とある。b）の「スキー・リゾート」が正解。

a）「地方自治体の中央施設」　c）「大学町」　d）「古代史跡」

e）「運動訓練場」

▶(8)「古代スポーツが，社会における自分の居場所を人々が見つける手助けをすることについて，講演者が挙げているのはどのような例か」

ターナー博士の発言第2段第2文（Then, of course, there are …）に「通過儀礼，つまり人々を彼らの社会的役割にうまくなじませるというのもある」とある。b）の「通過儀礼として機能するスポーツ」が正解。

a）「戦闘の訓練としてのスポーツ」

c）「宗教儀式の中で行われるスポーツ」

d）「理想的な社会秩序を表しているスポーツ」

e）「教育の初期の形態として役立っているスポーツ」

▶(9) 「講演者が言及している団体競技の核となる要素のどれとも合わないのは次のどれか」

ターナー博士の発言第 4 段第 3 文（Think of the basic elements …）に「団体競技の基本的な要素…技能（skill），戦略（strategy），運（chance），そして…ルール（rules)」とある。b）の Discipline「鍛錬」に相当するものが含まれておらず，これが正解。

a）Ability「能力」は「技能」と一致する。

c）Luck「幸運」は「運」と一致する。

d）Rules「ルール」はそのまま挙げられている。

e）Tactics「戦術」は「戦略」と一致する。

▶(10) 「学校制度にとっての団体競技の主な目標を最もよく説明しているのは次のどれか」

ターナー博士の発言第 4 段最終文（Today, school systems …）に「今日，学校制度は…こうしたスポーツを推奨し…ここでの主な目的は，学生たちを信頼できる社会の一員にすることだ」とある。a）の「それらは，学生によい市民になってもらいたいと思っている」が正解。

b）「それらは，学生に規則に従い，権威を尊重してもらいたいと思っている」

c）「それらは，学生にフェアプレーを実行してもらいたいと思っている」

d）「それらは，学生に他者に思いやりを示してもらいたいと思っている」

e）「それらは，学生にチームワークを尊重してもらいたいと思っている」

▶(11) 「ターナー博士は講義の終わりに近いところで，現代の団体競技は（　(ア)　）に至上の価値を置いているようだが，実際には，（　(イ)　）も同じくらい重要だと主張している」

（各選択肢は，文を完成するために空所を埋められる表現の組み合わせを含んでいる）

ターナー博士の発言第 6 段第 3 文（In fact, the experience …）に「敗

北は…勝利と同じくらい重要だ」とある。e）の「(ア)勝つこと　(イ)負けること」が正解。

a）「(ア)努力　(イ)ずるをすること」
b）「(ア)フェアプレー　(イ)勝利」
c）「(ア)技能　(イ)運」
d）「(ア)集団　(イ)個人」

●語句・構文●

(司会者の発言)　●renowned「有名な，高名な」
(ターナー博士の発言第2段)　●fit *A* into *B*「*A* を *B* にぴったりはめ込む，なじませる」
(ターナー博士の発言第4段)　●～, sure, but …「確かに～だが，…」
(ターナー博士の発言第5段)　●how we think things ought to be「物事がどうあるべきだと私たちが考えているか」　もとになる文は we think (that) things ought to be …「私たちは物事が…であるべきだと考えている」　●place emphasis on ～「～を重視する，強調する」
(ターナー博士の発言最終段)　●back up「もどる」

3（B）解答

(12)― a）　(13)― d）　(14)― d）　(15)― c）　(16)― a）

◆全　訳◆

≪現代社会におけるスポーツの意義に関する議論≫

司会者：ターナー博士の発表をお聞きのみなさんからの質問を受ける前に，パネリストからお話を聞きましょう。スポーツ心理学者のリサ=ドゥボア博士と文化人類学者のデール=ヴァン=クレイ博士です。ヴァン=クレイ博士，まずお話しいただけますか。

ヴァン=クレイ：そうですね，私はターナー博士の研究は好きですが，正直に言いますと，現代のグローバルな状況とかけ離れているように思います。スポーツが一種の社会教育，つまり，重要な社会的価値観を教える方法であるということには賛同しますが，彼のモデルは固定的です。今は，グローバルなスポーツ文化があります。ある特定のスポーツを，あたかも固定した価値観を伝えるかのように扱うことはできません。あるスポーツが別の社会に移ると，もともとの意味を失い，新しい意味をもつようになります。

司会者：あなたのご意見はどうですか，ドゥボア博士。

ドゥボア：それはターナー博士に対して公正な見方ではないと思います。そのような見方に彼はきっと賛成するでしょうが，彼はある文化から別の文化へと広がっていくスポーツのことを話していたわけではありません。あるひとつの社会の内部で，スポーツがどのように機能するかを話していたのです。興味深い事例は，フランスの 2018 年のワールドカップのチームです。フランスのメディアがそのチームに大いに好意的だったのは，さまざまな民族的背景をもつ選手がいたことで多様なフランスのイメージを示していたからです。メディアは，そのような多様性が真にフランスの現実であってほしいと思っていました。この例はターナー博士が言及しなかったことも提起しています。つまり，社会的あるいは政治的変化の手段としてのスポーツです。アメリカ合衆国の昨年のことを考えてください。アフリカ系アメリカ人のフットボール選手たちが開会式に参加するのを拒否することで，警察の暴力に抗議しました…

ヴァン=クレイ：そして，それが生み出した怒りの反応について考えてみてください！　私が言いたいのは，それはむしろスポーツの基本概念に反するのではないですか，ということです。人々は，スポーツが政治とは関係ないものであってほしいと思っています。

ドゥボア：私はそうは思いません。スポーツはこれまでずっと政治に関わるものでした。国粋主義や国旗を振る愛国心の誇示はどうですか？でも，スポーツは政治的変化を起こすこともできます。女性や少数派が，社会的な権利を勝ち取る前でも，スポーツでは平等な扱いをされるという事例がたくさんありました。たとえば，最近自分がゲイであることを公言したイングランド・リーグのラグビー選手は，有名な模範になりました。

ヴァン=クレイ：それは逆の例になるのではないかと言いたいですね。つまり，社会の変化のほうが，スポーツに携わる人たちが前進するのをいかに可能にするかという例です。

ドゥボア：そうですね，まさにそれですよ。スポーツと社会は強化し合っているんです。ラグビーのような，男らしさの文化が，少なくとも特定の社会においてその競技の残念な要素であり続けているスポーツでは，ゲイであることを表明するのはいっそう困難です。ですが，だれかが実行すれば，社会の他の領域の人たちがそうするのがもっと容易になります。

ヴァン=クレイ：私はスポーツが政治的意味をもちえないと言っているのではなく，ただ，スポーツは政治の外にあるものだと期待されていると言っているだけです。

ドゥボア：でも，スポーツが変化を生み出す最大の可能性をもつのは，まさにそうした期待に異議を唱えるときではありませんか？　アメリカンフットボールの選手たち，ラグビーの選手の例はどちらも，スポーツはどうあるべきかというこれまでの期待と決別することが，政治的な意味にとって重要だということを示しています。そして，当然のことですが，そうした期待が競技文化に影響を及ぼしてもいます。スポーツはこうした期待に異議を唱えるとき，単なるフェアプレー以上のことを社会に教えることができます。それが，ターナー博士が一種の社会教育としてのスポーツについて語ったときに何を意味していたのかを理解する，もうひとつの方法だと思います。

◀解　説▶

▶⑿　「ヴァン=クレイがターナーの分析に反対しているのはなぜか」

ヴァン=クレイの第1発言第1文（Well, I like Dr. Turner's work, …）に「ターナー博士の研究は…現代のグローバルな状況とかけ離れているように思う」とある。a）の「彼は，ターナーの分析が現代の世界に合っていないと考えている」が正解。

b）「彼は，ターナーの分析が社会化を十分重視していないと考えている」
c）「彼は，ターナーの分析が団体競技に焦点を当てすぎだと考えている」
d）「彼は，ターナーの分析があまりにも西洋志向だと考えている」
e）「彼は，ターナーの分析が政治を強調しすぎていると考えている」

▶⒀　「スポーツに関する議論にヴァン=クレイがつけ加えている新しい論点は何か」

ヴァン=クレイの第1発言最終文（Once a sport moves …）に「あるスポーツが別の社会に移ると，もともとの意味を失い，新しい意味をもつようになる」とある。d）の「あるスポーツによって反映されている価値観は，社会によって異なる」が正解。

a)「スポーツは，社会的，政治的改革で何らかの役割を果たすことはまったくできない」

b)「スポーツは，すべての社会において核となる価値観を反映しているわけではない」

c)「スポーツは，娯楽ではなく，実生活を反映している」

e)「スポーツがある社会から別の社会に移ると，もう核となる価値観を反映しなくなる」

▶⒁ 「ドゥボアが，ヴァン=クレイはターナーに対して公正ではないと言っているのは…からだ」

ドゥボアの第1発言第2文（I am sure he would …）・第3文に「彼はある文化から別の文化へと広がっていくスポーツのことを話していたわけではない。あるひとつの社会の内部で，スポーツがどのように機能するかを話していた」とある。d）の「ヴァン=クレイの論点は，ターナーが分析していた状況とは関係がない」が正解。

a)「ターナーは実際にはヴァン=クレイに賛成している」

b)「ターナーはヴァン=クレイの異議を聞く機会がなかった」

c)「ヴァン=クレイはターナーの主張を正確に説明していない」

e)「ヴァン=クレイの論点は証明されていない」

▶⒂ 「ラグビー選手の事例からドゥボアが引き出した最終的な結論は何か」

ラグビー選手については，ドゥボアの第2発言最終文（For example, the rugby player …）に「自分がゲイであることを公言した…ラグビー選手は，有名な模範になった」とあるが，これは同発言第3文（But sports are also …）の「スポーツは政治的変化を起こすこともできる」ことの例であり，模範だということ。これに対してヴァン=クレイは直後の第3発言で「それは逆の例…つまり，社会の変化のほうが，スポーツに携わる人たちが前進するのをいかに可能にするかという例だ」と述べている。続くドゥボアの第3発言第1文（Well, that's just it …）に「まさにそれだ。スポーツと社会は強化し合っている」とある。c）の「社会とスポーツは互いに影響し合うことがある」が正解。

a)「ラグビーのようなスポーツでゲイであることを公言するのは難しい」

b）「保守的な社会でゲイであることを公言するのは難しい」
d）「社会はスポーツをよい方に変えることがある」
e）「ラグビーのようなスポーツはあまりにも男性優位である」
▶(16)「ドゥボアは，スポーツがその最大の影響力をもてるのは…ときだと考えている」

ドゥボアの最終発言第1文（But isn't it exactly when …）に「スポーツが変化を生み出す最大の可能性をもつのは，まさにそうした期待に異議を唱えるときではないか」とある。「そうした期待」とは，直前のヴァン=クレイの発言にある「スポーツは政治の外にあるものだと期待されている」ということを指す。a）の「スポーツが既成の考え方に異議を唱える」が正解。

b）「スポーツが政治的意味をほとんどあるいはまったくもたない」
c）「スポーツが進歩的な態度によって変わる」
d）「スポーツがきちんとしたフェアプレーの感覚を教える」
e）「スポーツが競技の規則にどのように従えばよいかを私たちに教える」

●語句・構文●

（司会者の第1発言）　●open the floor to questions「聴衆から質問を受ける」

（ヴァン=クレイの第1発言）　●out of touch with ～「～とかけ離れている，～についての理解がない」

（ドゥボアの第1発言）　●touch on ～「～に言及する」

（ドゥボアの最終発言）　●isn't it exactly when ～ that sports have the greatest potential …?「スポーツが最大の可能性をもつのはまさに～ときではないか」は強調構文。　●break with ～「～(考え・伝統など)を捨てる，～と決別する」

3 (C) 解答

(17)— c ）　(18)— c ）　(19)— d ）　(20)— c ）　(21)— a ）

◆全　訳◆

≪幼児期の記憶がない理由≫

5歳の誕生日以前の自分の人生を思い出そうとするとき，遊び場で石を集めている，自分の寝室で指を使って絵を描いている，海の生き物についての映画を見ている，白い紙のシートの文字をなぞっているといった，とりとめもないイメージがいくつか浮かぶだけだ。それで終わりである。しかし，幼いあのころ，もっとずっと多くのことを経験したのは間違いない。そうした年月はどこへ行ってしまったのだろう。

心理学者たちは，記憶のこの劇的な喪失に対する名前をもっている。「幼児期健忘」である。平均して，私たちの記憶は 3 歳より前にさかのぼることはない。それ以前のすべては闇なのだ。

1900 年代初期，著名な心理学者であるジークムント=フロイトは，幼児期健忘にその名前を与えた。彼は，人生の初期，4 歳までのことを大人が忘れるのは，心を乱すような記憶を締め出すためだと主張した。この主張を受け入れた心理学者もいたが，多くは幼児期健忘の別の説明を採った。子どもは 7 歳までは単に安定した記憶を形成することができないというものである。ゆえに，100 年近くの間一般に受け入れられていた考えは，幼い子ども時代の記憶が永続しないのは，そもそもそれらはまったく永続性がないからだというものだった。

1980 年代になって，こうした理論を検証する現代的な科学的努力が初めて行われた。その 10 年に実験が次から次へと，3 歳以下の子どもの記憶は実は持続するが，限界があることを明らかにした。生後 6 カ月では，幼児の記憶は少なくとも 1 日続き，生後 9 カ月では 1 カ月続く。2 歳までには 1 年持続するようになる。のちの 1991 年の研究では，4 歳半の子どもは 18 カ月前に遊園地へ出かけたときの詳細な記憶を呼び起こせることが示された。

それでも，6 歳くらいで子どもは初期の記憶の多くを忘れ始める。3 歳のときに形成された記憶に関する 2005 年のある研究では，7 歳半の子どもは，その記憶の 40 パーセントしか思い出せないが，5 歳半だとその 2 倍多くのことを思い出せることがわかった。この研究は衝撃的な事実を明らかにした。子どもは人生の最初の 2，3 年の記憶を作ったり思い出したりできるが，こうした記憶のほとんどはまもなく，私たちが大人になってから経験するのよりもはるかに速い速度で消えていくということだ。

この突然の忘却の謎を何が説明してくれるだろうか。この 10 年で行われた研究は，その答えを明らかにし始めている。子ども時代を通じて，脳は信じられないほど急速に成長し，構造を建て増し，過剰な連結を作り出す。実は，そうした初期の細胞間の連結は，最終的に大人になったときの脳よりもはるかに多く作られるのである。そのような柔軟な脳がなければ，幼い子どもはそんなにも多くのことをそんなにも素早く学ぶことは決してできないだろう。しかし，過剰な連結のほとんどは，大人の頭の効率的な構造と機能を獲得するために，最終的には切り離されなければならない。

明らかになったのは，問題は，子ども時代の記憶が不安定だということよりむしろ，子ども時代の記憶は建設現場で，つまり急速な成長と変化を受けている立て込んだ労働現場で築かれているということだ。結果的に，そうした記憶の多くは効果的に取り除かれ，覆い隠されるものもあるが，それでいてのちの記憶や印象と結びつくものもあるということだ。そして，それはまさにそうあるべきなのだ。自然は，そうした初期の記憶よりも全体的な発達の過程を重視する。幼児の精神の脆弱さの結果であるとか悪い記憶の遮断の必要によるとかいうのとはまったく違って，幼児期健忘，あの最初期の忘却は，大人に向かう道筋における必要な一歩なのである。

◀解　説▶

▶(17)「講演者の幼い子ども時代の記憶のひとつと最も一致するのは次のどれか」

第1段第1文に「遊び場で石を集めている，自分の寝室で指を使って絵を描いている，海の生き物についての映画を見ている，白い紙のシートの文字をなぞっている」とある。c）の「海の生き物についての映画を見ている」が正解。

a）「海のそばで石を集めている」

b）「遊び場で指を使って絵を描いている」

d）「自分の寝室で文字をなぞっている」

e）「上記のいずれでもない」

▶(18)「1980年代以前には，ほとんどの心理学者が幼い子ども時代の記憶は…と考えていた」

第3段最終文（So, for nearly 100 years, …）に「一般に受け入れられていた考えは，幼い子ども時代の記憶が永続しないのは，そもそもそれらはまったく永続性がないからだというものだった」とある。c）の「もともと不安定である」が正解。

a）「自己防衛のために遮断されている」

b）「『建設現場』で築かれている」
d）「記憶される可能性が40パーセントしかない」
e）「ゆがんだ形で永続する」
▶⑲「1980年代に行われたある研究でわかったことではないのは次のどれか」

1980年代に行われた実験については第4段第2文（One experiment after another …）・第3文に述べられており，「3歳以下の子どもの記憶は…持続するが，限界がある…。生後6カ月では…少なくとも1日続き，生後9カ月では1カ月続く。2歳までには1年持続するようになる」とある。d）の「4歳半の子どもは，少なくとも18カ月の間の詳細な記憶を呼び起こすことができる」がここに含まれていない。これは同段最終文（And a later 1991 study …）にある1991年の研究結果である。これが正解。
a）「生後6カ月では，記憶は少なくとも1日持続する」
b）「生後9カ月では，記憶は1カ月持続する」
c）「2歳では，記憶は1年持続する」
e）「3歳以下の子どもの記憶は持続するが，限界がある」
▶⑳「2005年の研究でわかったことは下の文のうちどれか」

第5段第2文（A 2005 study of memories …）に「7歳半の子どもは，その記憶（＝3歳のときの記憶）の40パーセントしか思い出せないが，5歳半だとその2倍多くのことを思い出せる」とある。c）の「5歳半の子どもは，3歳のときに形成された記憶の80パーセントを保持している」が正解。
a）「子どもは大人よりも速く記憶を作り上げるが，その後忘れるのも速い」
b）「子どもの記憶は，大人の経験を築くにつれて消えていく」
d）「7歳半の子どもは，3歳のときに形成された記憶の半分を保持している」
e）「3歳の子どもは，自分の記憶の14パーセントしか保持していない」
▶㉑「講演者が最も訴えたいのは…ということだ」

この講演のテーマは，第1段最終文にWhere did those years go？「あの（幼いころの）年月はどこへ行ってしまったのだろう」とあることからわかるように，幼児期の記憶がないのはなぜかというものである。最終段第 1 文（The problem, it turns out, …）に「子ども時代の記憶は建設現場で，つまり急速な成長と変化を受けている立て込んだ労働現場で築かれている」，続く第 2 文には「結果的に，そうした記憶の多くは効果的に取り除かれ」とある。よって，a）の「子ども時代の記憶が失われるのは，それが急速に発達している脳で形成されるからだ」が正解。

b）「私たちの最も初期の記憶は，かつて思われていたよりもあてになる」

c）「幼児の脳はまだ発達途中で，そのおかげで非常に柔軟なのである」

d）「私たちは最も価値のある記憶を保持できるように，子ども時代の記憶のほとんどを忘れる」

e）「私たちは，大人になってからよりも幼い子ども時代のほうが脳細胞間の連結がたくさんある」

●語句・構文●

（第 1 段） ●finger-paint「指頭画法で描く」 指先を筆の代わりに使って描くことをいう。

（第 3 段） ●in the first place「そもそも，まず第一に」

（第 6 段） ●build out ～「～を建て増しする」

（最終段） ●not so much *A* as *B*「*A* というよりむしろ *B*」

4 (A) 解答 (22)―(a) (23)―(d) (24)―(c) (25)―(e) (26)―(e)

◆全 訳◆

≪ある女性数学者の生涯≫

(22) 女性は生来数学研究に適していないという時代遅れの固定観念は，2014 年に大打撃を被った。その年，マリアム=ミルザハニが，数学の最も権威ある賞であるフィールズ賞を受賞する最初の女性となったのだ。同じくらい重要な打撃が，300 年前に生まれたイタリア人数学者，マリア=ガエターナ=アニェージによって加えられていた。アニェージは，数学の教科書を書き，数学で大学教授の職に任命された最初の女性だったが，彼女の人生は矛盾が多かった。才気あふれ，裕福で，有名だったにもかかわらず，彼女は最終的には貧困生活と貧しい人たちへの奉仕を選んだのだ。

(23) 1718 年 5 月 16 日にミラノで生まれたアニェージは，裕福な父親の 21 人の子どものうち最も年上だった。成長するにつれ，彼女の才能は，特に言語の勉強で異彩を放った。一部には彼女にできるかぎり良い教育を与えるために，彼女の父親は当時の一流の知識人を家族の家に招いた。アニェージは9歳のとき，おそらく彼女の家庭教師のひとりが書いたラテン語の演説を暗記して，父親の客たちの前で復唱した。その演説は，人文科学と自然科学において女性を教育するのに反対する，広く行き渡った偏見を非難するものであった。そうした偏見は，家庭を切り盛りする人生にそのような学問はまったく必要ないという考えに根差したものであった。アニェージは，男性が手に入れられるどんな種類の知識でも，女性は自由に追求できるべきだという明快で説得力のある主張を提示したのである。

(24)　アニェージはやがて，人前で自分の知的能力を披露するのにうんざりしてしまい，隠遁して宗教的生活に身を捧げたいという願望を表明した。しかし，彼女の父親の2番目の妻が亡くなったとき，彼女は父親の所帯と多くの弟や妹の教育に対する責任を引き受けた。この役割を通じて，彼女はイタリア人の生徒たちを，最近の数学的発見を要約した基本的な手法に触れさせる，包括的な数学の教科書の必要性を認識した。

(25)　アニェージは数学に特別の魅力を見出した。彼女の信じていたところでは，経験から得た知識のほとんどは誤りやすく，議論の余地がある。しかし，数学からは絶対に確実な真理が得られる。1748年に2冊組で出版されたアニェージの著作は，『分析の基本原理』という名前であった。生徒たちが利用しやすいように，それはニュートンやオイラーのような偉大な数学者にとって習慣だったのとは違って，ラテン語ではなくイタリア語で書かれていた。アニェージの教科書は，1749年にフランス学士院から，「互いに非常に異なる多くの数学者の著作の中に散らばっているさまざまな発見を，ほとんど統一的な手法へと集約するには，相当の技量と優れた判断が必要だった」と称賛された。

(26)　女性と貧者の教育の熱心な支援者であったアニェージは，自然科学と数学は教育課程の中で重要な役割を果たすべきだと信じていた。しかし，深い信仰をもつ人として，彼女はまた，科学や数学の研究は神の創造の構想という，より大きな文脈で見なければならないと信じていた。彼女の父親が1752年に亡くなったとき，彼女は召命に応じ，自分が抱いていた他の大きな情熱，つまり貧しい人たちへの奉仕に，残りの人生を捧げる自由を得た。今日，アニェージのことを覚えている人はほとんどいないが，数学史における彼女の先駆的役割は，性別の固定観念に対する勝利についての奮い立たせるような物語として生きている。彼女は，その後の何世代にもわたって数学における女性の道を切り開くのに貢献した。アニェージは数学に秀でていたが，数学を愛してもいた。数学に熟達することの中に，自分と同じ人間と，より高みにあるものの両方に奉仕する機会を認めていたのである。

◀解　説▶

▶(22)　(a)の not suited by nature at が誤り。suited at ではなく suited for〔to〕～ で「～に適している」の意。

▶(23)　(d)の which had either been grounded in the view が誤り。否定文でもなく，あとに or もないため，either が意味をなさない。よってこれを削除するのが適切。

▶(24)　(c)の dedicate her to a religious life が誤り。同文の必要な部分だけを示すと，Agnesi expressed a desire to dedicate her to a religious life. となっている。her は主語の Agnesi のことであり，herself と再帰代名詞にする必要がある。

▶(25)　(e)の reduce almost uniform methods to が誤り。直訳は「ほとんど統一的な手法を…（さまざまな発見）に集約する」となる。このままでは意味をなさないが，to を reduce の直後に移動すれば，「(さまざまな発見を）ほとんど統一的な手法に集約する」となり，内容的に正しくなる。reduce discoveries … each other to almost uniform methods の discoveries … each other が長いため methods の後ろに置かれた形である。

▶(26)　(e)の in its mastery of an opportunity が誤り。下線部の直前に分詞構文の perceiving があるが，perceive「～に気づく」は他動詞なので，目的語が必要。また its mastery の its は math「数学」を指しており，「数学が機会に熟達することにおいて」では意味をなさない。of を取り除き，(perceiving) in its mastery an opportunity (to …) とすれば，「数学の熟達の中に，(…する) 機会を（見てとる)」となり，文法的にも内容的にも正しくなる。

●語句・構文●

(第 1 段)　●strike a blow「打撃を加える，打つ」

(第 2 段)　●shine in ～「～で異彩を放つ，～にすぐれる」

（第 3 段）　●retire from the world「隠遁する」

（第 5 段）　●a religious calling「神のお召し，召命」　●a higher order「より地位の高いもの」が文字どおりで，通常は「上流階級の人」を表すが，直前の her fellow human beings「彼女の仲間である人間」との関係から，ここでは「神」を指していると考えられる。

4 (B)　**解答**　全訳下線部(ア)・(イ)・(ウ)参照。

◆全　訳◆

≪両親の人生観≫

この前の 7 月，私はフレッドに会うため，そして夏を両親と過ごすためにホノルルへ行った。両親と私はいい関係にある。私がそれほど両親に話をしたり，彼らの元を訪れたりしないにもかかわらず，あるいはおそらくそうだから，いい関係にあるのだ。ホノルルを最後に訪れたこの前の 7 月まで，私は 6 年も両親に会っていなかった。私はニューヨークに住み，彼らはハワイで暮らしていて，(ア)ハワイ諸島まで行くのにはある程度の時間を割く必要があるのは確かだが，私が訪ねないでいた本当の理由は，訪れたい場所が他にあったということだ。両親が私に与えてくれたあらゆる贈り物や利点の中で，最も大きいもののひとつは，親元を離れ自分のしたいことをするのは子どもの義務であり，ただそれを受け入れるのではなく，後押しすることが親の義務だという彼らの信念である。私が 14 歳で，当時イーストテキサスで暮らしていたが，ホノルルの高校に行くために初めて両親の元を離れるとき，父は私に，子どもに何かを期待する親はだれでもきっと落胆することになるだろうと言った。なぜなら，(イ)子どもが生み育ててもらった恩にいつか報いてくれるかもしれないと期待して子どもを育てるのは愚かで身勝手だからである。父はそれ以後ずっとその考えを抱いている。

(ウ)この考え方で，私たちが一般にペットはこうあるべきだと思っているものと多くの点で食い違っているペットへの，両親の愛情が説明できる。私たちのうち，生活の中に動物がいる人たちは，自分が動物に対して期待を抱いていると考えるのを好まないが，実際には期待を抱いている。私たちは動物の忠誠や愛情を望んでいるし，こうしたものが私たちに理解できる形で表現されることを望んでいる。しかし，フレッドはこうしたものを何一つ与えてくれない。彼は彼なりに友好的だが，人に対して特別な愛情をもっていると感じるような生き物ではないのだ。

◀解　説▶

▶(ア) while it is true that traveling to the islands requires a certain commitment of time, the real reason I stayed away is that there were other places I wanted to visit

●while it is true that ～「～ことは確かだが」と譲歩を表している。

●traveling to the islands requires …「その島々へ行くことは…を必要とする」が直訳。the islands とは両親が暮らすハワイのことを指しているので，「ハワイ（諸島)」としておくとわかりやすい。

●a certain commitment of time「ある時間の投入」が直訳。a certain ～は「ある（特定の)～」の意だが，時間の話をしているので「ある程度の」と補うとよい。commitment of ～は「(時間・お金・人など）を充てること」の意であり，ここでは「時間を割くこと」を表している。

●the real reason I stayed away is that …「私が離れていた本当の理由は…である」が直訳。stay away「離れている，寄りつかない」は通常は「避ける」イメージだが，第１段第２文（My parents and …）に，著者と両親の関係は良好であると述べられているので，単に両親の元を長い間訪れていなかったことを表していると考えるのが妥当。あまりネガティブな意味合いが強くならないように工夫したい。

●there were other places I wanted to visit「私が訪れたい他の場所があった」が直訳で，そのままでも問題はないが，日本語は数量やそれに類する語句が名詞よりも述語のほうに寄る傾向があるので，「訪れたい場所が他にあった」とすれば，より自然な日本語になる。

▶(イ) it was foolish and selfish to raise children in the hope that they might someday pay back the debt of their existence

●it was foolish and selfish to raise children「子どもを育てるのは愚かで利己的である」が文字どおりの訳。to 以下を真主語とする形式主語の文である。ほぼ直訳でよいが，was は時制の一致で過去形になっているため，訳では現在形のようにしておくのが適切。

●in the hope that ～「～と期待して」の意の成句。

● they might someday pay back ～「彼らがいつか～を返してくれるかもしれない」が文字どおりの訳。pay back ～ は「(借金）を返済する」が基本の意味だが，次の debt との兼ね合いで訳語の選択を考えることになる。

● the debt of their existence「彼らの存在という恩義」 debt には「借金」だけでなく「恩義」の意味がある。「彼ら」は子どもを受けており，「子どもの存在という恩義」とは，子どもは親がいなければ存在しないので，親に借りがあるということである。「その借りを pay back する」のだから，訳は「恩返しする，恩に報いる」となる。their existence は「彼らの存在」という直訳では意味がわからないので，「自分を生み育ててくれたこと（への恩義)」などと内容を補う必要があるだろう。

▶(ウ)　This philosophy explains their love for a pet that, in many ways, contradicts what we generally believe a pet should be.

● This philosophy explains …「この哲学は…を説明する」が直訳。This philosophy は第1段最終文（When I was 14 …）に述べられている，子どもに対する親の態度についての著者の父親の考え方のこと。「哲学」より「考え（方)」や「方針」という訳語のほうがしっくりくる。explains は物事が主語の場合，「物事が（人に）…を説明してくれる」と言葉を足したり，「その物事によって…が説明できる〔わかる〕」と主語を副詞句のように訳したりするとよい。

● their love for a pet that, in many ways, contradicts …「…と矛盾するペットへの彼らの愛情」は that が pet を先行詞とする関係代名詞。in many ways は「多くの点で」の意。contradict は他に「～と相反する，食い違う」などの訳語も使える。what 以下（次項参照）とは異なるペットを愛している，ということ。

● what we generally believe a pet should be「私たちが一般にペットが（こう）あるべきだと信じているもの」が直訳。ほぼ文字どおりでもわかるが，what ～ should be は「～のあるべき姿」といった訳し方もよくみられる。この部分のもとになるのは，we generally believe (that) a pet should be ～「私たちは一般に，ペットは～であるべきだと信じている」という複文。be の補語が関係代名詞 what になって前に出ている。このような構文では，「～ということ」の意の接続詞は必ず省略される。

●語句・構文●

(第1段)　●the duty of parents not just to ～「～するのは親の義務である」は，直前の it is the duty of children to ～ と同じパターンであるため，冒頭の it is が省略されている。

(第2段)　●in *one's* way「それなりに」

5 解答

(A)彼が出していた雑誌は，何もしないことを勧めることが主旨であったのに，彼自身がその雑誌の運営で疲れ切ってしまったということ。

(B)インターネット上に驚くべきこととされているものがあふれているため，現代人は身の回りにあるものの中に驚きや喜びを感じられなくなってきているということ。

(C) what is it that's so pleasing about this layer of

(D) (ア) (27)— h ）　(28)— a ）　(29)— e ）　(30)— g ）　(31)— i ）　(32)— c ）

(イ)— d ）

(ウ)— a ）

◆全　訳◆

≪雲の魅力≫

ギャビン=プレイター=ピニーは，少し休憩することにした。それは2003年の夏のことで，過去10年の間，ロンドンでのグラフィックデザインの仕事に加えて，彼と友人のひとりは『アイドラー（無精者）』という雑誌を出してきた。このタイトルは「怠け者のための文学」を示唆している。それは，忙しさや出世第一主義に反対し，無目的，つまり想像力が静かに自由に働くままにしておくことの価値に賛成する論を張っている。プレイター=ピニーはあらゆる冗談を予期していた。それは，何もしないことをもっぱら勧める雑誌を出すことで燃え尽きたといったものだ。しかし，それは本当だった。その雑誌を出すのは疲れるもので，10年経って，しばらく立ち止まって無計画な暮らしをすること，彼自身がよい意味で怠け者になって，新しい着想が生まれる余地を作ることが正しいように思えた。それで彼はロンドンから，すべてが新しく，何でも起こりうるであろうローマに住む部屋を移した。

プレイター=ピニーは47歳で，背が高くて心優しく，白髪交じりのあごひげを生やし，淡い青色の目をしている。彼の顔は晴れやかであることが多く，まるで話を聞かされていて，何かとんでもない驚きがやってくるのを感じているかのようである。彼はローマに7カ月滞在し，そこを愛したが，とりわけ宗教芸術が気に入った。彼はあることに気づいた。彼が出会った絵画には雲がたくさん描かれていた。最近彼が私に話してくれた言葉で言えば，「聖人たちのソファのような，柔らかい雲」が至るところにあったのだ。しかし，屋外でプレイター=ピニーが空を見上げてみると，実際のローマの空はたいてい雲がなかった。彼は，そんな無限の青い空虚にはなじみがなかった。彼はイングランド人だ。雲には慣れていた。彼は，子どものとき雲に魅了され，人が長いはしごを上って行って，雲から綿を収穫しているに違いないと思ったことを覚えていた。今度はローマで，彼は雲のことを考えるのをやめられなくなった。「私は自分が雲を懐かしがっているのに気づいたんです」と，彼は私に語った。

雲。雲にとりつかれるなんて変だし，おそらくばかばかしくさえあるが，彼はそれに逆らわなかった。彼がよくやることだが，頭に特定の目的もなく，ざっくりとした方向さえないにもかかわらず，とりつかれるままにしていた。彼は物事がどこへ進むのかただ見ているのが好きなのだ。プレイター=ピニーはロンドンに戻ったとき，絶えず雲のことを話した。彼は雲に見とれながら歩き回り，「層積雲」のような科学上の名前や雲を形作る気象条件を知り，雲なんて憂鬱だとかつまらないとか文句を言う友人たちと議論した。のちに彼が言ったように，彼は「雲は文句を言うようなものではない。実際には，自然界の最も動的で詩的な側面だ」と気づき始めていた。

生活のペースをゆるめて雲のよさを味わうことが彼の人生を豊かにし，よく見えるところに隠れているその他のちょっとした美の価値を認める能力を研ぎ澄ました。同時にプレイター=ピニーは，私たちは驚きの感覚を失っていく時代に入りつつあるのだと気づかずにいられなかった。新しい，一般には驚くべきこととされているものがインターネット上であまりにも素早く飛び交うため，彼曰く，私たちは今やみんな「ああ，パンダが何か変わったことをしているのはちょうどネットで見たよ。今度は何が自分を驚かせてくれるのかな」といった態度で歩き回ることがある。彼の雲に対する情熱は，彼に「自分の身の回りにあるものに驚いたり喜んだりできるということに気づくほうが，私たちの心にはずっと素晴らしい」ことだと教えてくれていた。

2004年の終わり，ある友人が，サウス・ウェスト・イングランドで開かれる小規模な文学祭で，雲について話をしてくれないかとプレイター=ピニーに求めてきた。その前年は演者のほうが聴衆よりも数が多かったので，プレイター=ピニーは多くの人を呼び寄せるために，自分の講演に興味深いタイトルをつけたいと思った。「雲に対する悪評から雲を守る，雲のために立ち上がる団体があったらおもしろいんじゃないか」と彼は思った。それで彼は自分の講演を「雲評価協会の第1回年次講演」と呼んだ。そしてそれは効果を発揮した。立ち見席のみとなったのだ！　講演のあと，人々は彼のところへやって来て，雲評価協会についてもっと情報がほしいと言ってきた。彼らは入会を希望していたのである。「だから彼らに言わなくてはなりませんでした。えーっと，実は協会はありません，とね」とプレイター=ピニーは言った。そこで彼は協会を作り出すことにとりかかった。

彼は，雲の写真を掲載するギャラリー，入会申込フォーム，大胆な声明を載せた簡単なウェブサイトを作った。（それは「私たちは，雲が不当に侮辱されている，雲がなければ人生ははるかに貧しいものになるだろうと信じている」で始まっている。）彼はまた，会費をとり，会員証を郵便で発行することにした。彼がこういうことをしたのは，名前だけが存在するネット上の雲評価協会に入るなんて，ばかげているように見えるかもしれないと認識していたからであり，間違いなく無意味なものに見えないようにしたいと思ったからだった。

数カ月のうちに，同協会は会費を払う会員が2,000人になっていた。プレイター=ピニーは驚き，そして喜んだ。その上，ヤフーが雲評価協会を，2005年の英国における「どうかしている素晴らしいウェブサイト」のリストのトップに置いたのである。人々はそのリンクをクリックし続け，それは必ずしも驚くことではないのだが，そのうちの何千もの人たちがプレイター=ピニー自身のウェブサイトにまでクリックしてきて，会費を払った。他のニュースサイトも注意を向けた。そうしたサイトはそれぞれ独自に雲評価協会についての記事を載せ，人々はその記事のリンクもたどった。

以前，プレイター=ピニーは雲に関する本を書くことを提案して，28 人の編集者から却下されていた。今では彼は，多数のフォロワーをもつインターネット上の話題の人だった。彼は雲についての本を書く契約を得た。

執筆過程は骨の折れるものだった。以前に実際に本を書いたことがなかった上に，彼は自分に完璧を求めたので，作業は遅々としたものだった。しかし，2006 年に発行された『雲の楽しみ方』は楽しさと驚きに満ちている。プレイター=ピニーは芸術史，詩，現代の写真にある雲を考察している。本の中ほどに雲クイズがある。問題 5 はある写真について「一体この層積雲の層の何がそんなにも楽しいのか？」と尋ねている。プレイター=ピニーが与えている答えは，「それを楽しいとあなたが思う理由ならどんな理由でも楽しい」である。

この本はベストセラーになった。

◀解　説▶

◆(A)　burn out は「燃え尽きる」で，ここでは比喩的に，人が精力を使い果たすことを表している。running a magazine「雑誌を出して」は分詞構文。「燃え尽きた」理由にあたる。devoted to doing nothing「何もしないことに捧げられた〔向けられた〕」は a magazine を修飾する形容詞用法の過去分詞の句。「何もしないことをもっぱら勧める」という意味である。全体で「彼は，何もしないことをもっぱら勧める雑誌を出すことで燃え尽きた」となる。これが冗談の例になるのは，何もしないことを勧める雑誌なのに，それを出している本人は，出版に一生懸命になって疲れ切ったという矛盾を起こしているからである。その点を解答欄に収まるようにまとめる。

◆(B)　下線部の訳は「私たちは驚きの感覚を失っていく時代に入りつつある」となる。直後の文に「新しい，一般には驚くべきこととされているものがインターネット上であまりにも素早く飛び交う」とあり，そのため人は「ネットで見た」ことで満足している様子が述べられている。同段最終文（His passion for …）には「自分の身の回りにあるものに驚いたり喜んだりできるということに気づくほうが，私たちの心にはずっと素晴らしい」とある。「驚きの感覚を失う」とは，現代人が新しい驚くべきこととされているものをインターネットで見て満足し，身の回りにあるものをじかに見て，その中に驚きや喜びを感じることができなくなっていることを表していると考えられる。それを解答欄に収まるようにまとめる。

◆(C)　当該箇所はクイズの内容で，その答えは直後の文に It is pleasing for whatever reason you find it to be.「それを楽しいとあなたが思う理由ならどんな理由でも楽しい」とある。空所の直後にある stratocumulus を楽しいと思う理由を尋ねる問題であることがわかる。stratocumulus は「層積雲」で，与えられた語のうち layer「層」はこれを修飾する句を作ると考えられる。冠詞類が this しかないので this layer of (stratocumulus)「この層積雲の層」となる。「この層積雲の層の何がそんなに楽しいのか」という問いの内容としてふさわしい文にするには what is so pleasing about this layer of (stratocumulus ?) で十分だが，it と that's が残る。文構造には不要な it，that が与えられていることから，強調構文だと考えられる。疑問詞の強調は，疑問詞＋is it that＋平叙文の語順の文＋? となるので，単独の is は強調構文の一部，that's の is は元の文の述語動詞と考えて，what is it that's so pleasing about this layer of (stratocumulus ?) となる。

◆(D)　▶(ア)　(27)選択肢はすべて現在分詞形なので，当該文は「私は自分がそれら（＝雲）を…しているのに気づいた」となる。第 2 段第 6 文（But outside, when …）～第 8 文に「ローマの空はたいてい雲がなかった。彼は，そんな無限の青い空虚にはなじみがなかった。彼はイングランド人だ。雲には慣れていた」とあり，第 10 文（Now, in Rome, …）には「彼は雲のことを考えるのをやめられなくなった」とある。h）の missing を補えば「雲がなくて寂しいと思っている〔雲を懐かしがっている〕のに気づいた」となり，文脈に合う。

(28)　直前の文に「彼は絶えず雲のことを話した」とあり，雲の魅力にとりつかれていた様子が述べられている。a）の admiring を補えば，「彼は雲に見とれながら〔感嘆しながら〕歩き回り」となり，文脈に合う。

(29)　当該文は「生活のペースをゆるめて雲のよさを味わうことが彼の人生を豊かにし，よく見えるところに…その他のちょっとした美の価値を認める能力を研ぎ澄ました」となっている。in plain sight は「よく見えるところに」の意。雲はだれでも目にするものだが，多くの人にとっては関心の対象とならない，つまりそのよさは「見えない」。同様に，どこにでも見られる他の美も，ものは目に見えていてもその美しさは「見えていない」，つまり「隠れている」とするのが文意に合う。e）の hiding「隠れている」が正解。

(30)　set about *doing* は「～することにとりかかる」の意なので，当該文は「それで彼はひとつ（＝協会）を…（こと）にとりかかった」となる。プレイター=ピニーは「雲評価協会」なるものがあるかのように講演を行い，その協会に人々が関心を示したので，それなら実際に作ってしまおうと考えたということ。直後の第 6 段ではその様子が述べられている。g）の inventing「作り出すこと，考案すること」が正解。

(31)　当該文は「数カ月のうちに，同協会は 2,000 人の…会員をもっていた」が直訳。直前の段落である第 6 段第 3 文（He also decided …）に「彼はまた，会費をとり，会員証を郵便で発行することにした」とある。会員は会費を払っているので，i）の paying「（会費を）払っている」が正解。

(32)　当該文は「執筆過程は…だった」となっており，直後の文に「以前に実際に本を書いたことがなかった上に，彼は自分に完璧を求めたので，作業は遅々としたものだった」と，執筆に苦労したことが述べられている。c）の exhausting「心身を疲れさせる，骨の折れる」が正解。

▶(イ)　同段では，「雲評価協会」のウェブサイトを作ったとき，プレイター=ピニーが会費をとって会員証を郵便で送ることにしたことが述べられている。その理由にあたるのが当該文であり，because 節の前半に「名前だけが存在するネット上の雲評価協会に入るのは，ばかげているように見えるかもしれないと認識していた」とある。当該箇所の「それが間違いなく（　　　）に見えないようにしたいと思った」も，「ばかげているものに見えないようにしたい」という内容になるはずである。d）の pointless「無意味な，不毛な」が適切。

▶(ウ)　a）「ローマに行って初めて，プレイター=ピニーは雲が魅力的だと思った」

第 2 段第 9 文（He remembered, as …）に「彼は，子どものとき雲に魅了され」とある。この選択肢は本文の内容と一致しない。これが正解。

b）「プレイター=ピニーは，ロンドンに戻ってきてから雲について多くのことを学び，それが『雲の楽しみ方』を執筆するのに役立った」

第 3 段第 4 文（When Pretor-Pinney returned …）・第 5 文に「ロンドン

に戻ったとき，彼は絶えず雲のことを話し…雲に見とれながら歩き回り…雲の科学上の名前や雲を形作る気象条件を知り…友人たちと議論した」とある。それが雲に関する講演，彼の「協会」への関心の高まり，本の執筆へとつながったと考えられる。この選択肢は本文の内容と一致する。

c）「プレイター=ピニーの雲評価協会はすぐに人々の注意を引いた」
第7段第1文（Within a couple …）に「数カ月のうちに，同協会は…会員が2,000人になっていた」とあることと一致する。

d）「小規模な文学祭でのプレイター=ピニーの雲に関する講演は，結果的に並外れた成功を収めた」
第5段第2文（The previous year, …）に「その前年は，演者のほうが聴衆よりも数が多かった」とあるのに対して，プレイター=ピニーが講演をした年は，同段第6文でStanding room only!「立ち見席のみ！」とあることと一致する。

e）「プレイター=ピニーは，『アイドラー』の共編者だったときも，雲評価協会の創立者になったときも忙しかった」
第1段最後から2つ目の文（Getting the magazine …）に「その雑誌を出すのは疲れるもので」とあり，第6段第1文（He created a …）〜第3文に，ウェブサイトを作り，会員証を作ったことが述べられている。この選択肢は本文の内容と一致する。

●語句・構文●

(第1段) ●argue against〔for〕〜「〜に反対の〔賛成の〕論を張る」

(第2段) ●He was an Englishman; he was accustomed to clouds.「彼はイングランド人で，雲には慣れていた」というのは，イギリスは「1日のうちに四季がある」と言われるほど天気が移ろいやすいという事情が背景にある。

(第3段) ●as *A* put(s) it「*A*（人）が言う〔言った〕ように」 人の言葉を引用するときの常套句。

(第4段) ●pockets of 〜「〜の小集団，ちょっとした〜(の集まり)」

(第5段) ●defend *A* against *B*「*B* に対して *A* を擁護する」

(第8段) ●demand *A* of *B*「*B* に *A* を要求する」

❖講　評

大問数は5題で例年どおりである。選択問題での解答方式がマークシート法であることも2015～2018年度と同じである。内容や出題形式に多少の変化があるのは例年のことであり，2019年度も1(B)や4(A)が2018年度とは異なっていた。

1　(A)英文の内容を日本語で要約するもの。字数は70～80字。(B)単語の空所補充と文の空所補充。

2　(A)テーマ英作文。与えられたテーマに沿って，自分の考えを理由などとともに述べるもの。60～80語。(B)和文英訳。1段落程度の和文中の1文を英訳するもの。

3　リスニング。3つのパートに分かれており，いずれも2回ずつ読まれる。(A)講義，(B)会話，(C)講義という構成で，(A)と(B)は関連する内容になっている。リスニングは試験開始後45分経過した頃から約30分間行われる。

4　(A)文法・語彙・読解問題。各段落に5カ所ある下線部のうち，誤りを含む箇所を一つ指摘するもの。(B)英文和訳問題。一連の英文中の3カ所を和訳するもの。

5　長文読解。ある人物を紹介した評伝。

以下，各問題の詳細をみる。

1　(A)　英文量は約320語で例年同様の長さである。子どもの権利を巡る論説文で，内容は理解しやすい。設問に「ヨーロッパで生じたとされる変化の内容を要約せよ」とあり，変化前と変化後を対比して述べるという要約文の方向性が定めやすい。

(B)　英文量は約760語で例年同様の長さである。空所に合う単語を文中から抜き出す問題と，6カ所ある空所に合う文を選ぶ問題の2種類。文脈がたどりやすく，選択肢には紛らわしいものはない。素早く解答したい。

2　(A)　テーマ英作文。新たに祝日を設けるとしたらどのような祝日を提案したいか，その祝日の意義や望ましいと思う理由とともに述べるもの。近年ではあまりみられなかった古典的な設問である。内容は比較的考えつきやすいだろう。

(B)　和文英訳。一連の文章中の1文を英訳するもの。英訳箇所の長さは2018年度と同程度。やや長めの1文だが，必要な語彙や構文は基本的なものであり，解答はしやすい。それだけに小さなミスのないように仕上げる必要がある。

3　(A)　連続講義の基調講演にあたるもの。「現代社会におけるスポーツの役割」について述べており，スポーツは社会や生活の「理想と現実」の両方を表すものだという主旨をおさえること。

(B)　(A)で述べられたことに関する，2人の人物の討論。2人の意見の相違点が何かを聞き取ることがポイントになる。

(C)「幼児期の記憶がない理由」を論じた講義。出てくる数値を正確に聞き取ることが重要である。

4　(A)　5段落構成の一連の文章で，各段落に5カ所ずつ下線が入っており，そのうち誤りを含むものを選ぶ問題。語句や文法事項の単純な知識に関するものから，文意上成立しないものまで，誤りの判断の根拠はさまざまである。

(B)　一連の文章中の3カ所の英文和訳。いずれの箇所も比較的短く，語句・構文面も難解なものはないが，わかりやすい日本語を工夫する必要があるものも含まれている。

5　雲の魅力にとりつかれた人物を紹介した評伝である。話題としては珍しいものかもしれないが，内容は理解しやすい。設問は，記述式の内容説明，語句整序，選択式の空所補充，内容真偽であった。

―――「英語」の記述式問題の出題の意図（東京大学 発表）―――

本学の学生に期待される外国語力とは，知的活動の一環として，外国語で円滑に意思疎通を図る能力を意味しています。相手が発信した内容を正しく理解し，自分が相手に伝えたい事柄を適切に表現する能力がその根幹をなしていることは言うまでもありませんが，そうした理解力や表現力を十分に発揮するためには，その言語についての正確な知識を土台として培われた論理的な思考力と，場面や状況に応じた的確な判断力も必要になります。これらの能力が現時点でどの程度身についているかを測るために，外国語科目の記述式問題には以下のような設問が含まれています。

1．要約問題【1(A)】

各段落の構成と段落間のつながりに注意を払いながら，文章全体の論理的な展開を正確にたどり，主要な論点を把捉する力が試されています。

2．作文問題【2(A)・2(B)】

和文の外国語訳においては，日本語で与えられた情報を外国語で過不足なく，正確に読み手に伝える能力が試されています。自分の考えを外国語で表現する問題においては，自らの意見が読み手に明確に伝わるよう，適切な語句や表現を用いて，論理的で説得力のある文章を作成する能力が試されています。

3．外国語文の和訳問題【4(B)】

文中に含まれる語句の意味とその使い方，文構造，文法事項についての基本的な知識が問われています。和訳の対象となる文が長い文章の一部となっている場合には，前後の文脈を踏まえて該当箇所の意味を解釈する能力も問われています。

4．長文読解問題【5】

文章全体の流れを大局的に把握しながら，文章の細部に含まれる表現のニュアンスをも同時に読み取れるような総合的な理解力が求められています。より具体的には，文章に書かれた出来事や事象がどのような経緯をたどって生起しているのかを正確に把握しつつ，細部の表現に込められた書き手や登場人物の心情や価値観，ものの見方などを的確に理解することが重要です。

日本史

1 解答

A 責任者となった朝廷の諸行事を先例に基づき滞りなく行う能力。(30 字以内)

B 朝廷の政務・儀式が年中行事化すると，先例の蓄積が進み，貴族社会では諸行事を執り行う際の行動規範が重視された。担当できる行事は家ごとに固定的だったので，上級貴族は行事の手順や作法を先例として子孫に伝えるため，日々の政務・儀式を日記に記した。(120 字以内)

◀解　説▶

≪平安時代の貴族の日記≫

A 〔解答の指針〕

▶設問の要求

(主題) この時代の上級貴族にはどのような能力が求められたか。

▶資料文の検討

「この時代」と「上級貴族」のあり方は，資料文(1)・(2)に説明されている。資料文(3)・(4)には，二人の上級貴族の対照的な事例が述べられている。

(1) 政務・儀式の「年中行事」化

朝廷で行われる政務・儀式が「年中行事」として整備された。……①

執り行う手順や作法に関する先例が蓄積されていった。……②

(2) 年中行事の担当者

諸行事は「上卿」と呼ばれる責任者が主導した。……③

「大臣・大納言など」が「上卿」をつとめた。……④

(3) 藤原顕光の事例

手順や作法を誤ることが多かった。……⑤

他の貴族から「前例に違う」と評され，「至愚」と嘲笑された。……⑥

(4) 藤原実資の事例

儀式や政務の先例に通じていた。……⑦

朝廷で重んじられ，後世，「賢人右府」と称された。……⑧

▶論点の抽出

まず，設問にいう「この時代」と「上級貴族」を確認しよう。

「この時代」は，問題文の冒頭に「10 世紀から 11 世紀前半の貴族社会」とある。そのあり方は，資料文(1)に，朝廷で行われる政務・儀式が「年中行事」として整備され（①），執り行う手順や作法に関する先例が蓄積されていった（②）と説明されている。

「上級貴族」とは，一般的な知識に基づけば，三位以上の位階をもち，左大臣・右大臣・大納言などの官職をつとめる太政官の公卿をいう。資料文(2)に「大臣・大納言など」が諸行事の責任者である「上卿」をつとめた（③・④）とあるので，朝廷の諸行事は上級貴族が責任者となって執り行われたことがわかる。

すなわち，年中行事との関係において，上級貴族に求められた能力を考えればよいと判断できる。諸行事の責任者をつとめた上級貴族の事例が，資料文(3)・(4)に対照的に述べられている。

藤原顕光が他の貴族から嘲笑されたのは，手順や作法を誤り，先例に従わなかったからである（⑤・⑥）。一方，藤原実資が朝廷で重んじられたのは，儀式や政務の先例に通じていたからである（⑦・⑧）。

以上をふまえれば，年中行事を先例に基づいて滞りなく行う能力が求められていたとわかる。

▶注意点

年中行事を先例に基づいて行うという趣旨が表現されていれば，正解として扱われるだろう。「先例」を書き落としてはいけない。

B 〔解答の指針〕

▶設問の要求

（主題） 日記が書かれた目的。

▶資料文の検討

日記の記述は資料文(4)・(5)にある。日記は年中行事化した政務・儀式と関わるので，資料文(1)・(2)にも目を向けよう。

(1) 政務・儀式の年中行事化

蓄積された先例は細かな動作にも及んだ。……①

(2) 年中行事の担当者

地位によって担当できる行事が異なっていた。……②

(4) 藤原実資の事例

祖父の藤原実頼は「左大臣」 ……③

祖父実頼の日記を受け継ぎ，自らも長年日記を記していた。……④
儀式や政務の先例に通じていた。……⑤

⑸ 藤原師輔の遺訓
藤原師輔は「右大臣」 ……⑥
前日のことを日記につける。……⑦
「重要な朝廷の行事と天皇や父親に関すること」 ……⑧
「後々の参考のため」 ……⑨

▶論点の抽出

設問には，貴族の日記の事例として，藤原道長の『御堂関白記』と藤原実資の『小右記』があげられている。また，資料文⑷・⑸には日記に関連して藤原実頼と藤原師輔が出てくるが，それぞれ「左大臣」（③)，「右大臣」（⑥）と明記されているので，上級貴族の日記を考察すればよい。

日記には何が書かれているか，日記がどのように利用され，扱われているかを，資料文⑷・⑸から読み取ろう。

資料文⑷には，祖父の日記を受け継ぎ，自らも長年日記を記していたことが，儀式や政務の先例に通じていた理由と述べられている（④・⑤)。ここから，日記には政務・儀式の手順や作法が書かれていると推測できる。また，日記は政務・儀式の先例を知るために参照され，子孫に受け継がれていくこともわかる。資料文⑸では，毎日つける日記（⑦）で，特に記録しておくべき事柄として「重要な朝廷の行事と天皇や父親に関すること」（⑧）があげられている。ここから，日々の政務・儀式といった朝廷内での公務などを日記に書き記していると理解できる。さらに「後々の参考のため」（⑨）という理由から，日記の利用が想定されていたこと，子孫への遺訓であるから，子孫にもまた日記を記すよう求めていることがわかる。

つまり，上級貴族の日記は日々の政務・儀式が記され，子孫への継承を前提に，行事の手順や作法を先例として子孫に伝えるために書かれたのである。ただし，これを述べただけでは，字数に余裕が出てしまう。**A**で考察した上級貴族に求められる能力をふまえつつ，なぜ先例を子孫に伝えなければならなかったかを考え，目的が生じた背景を記すとよい。

政務・儀式が年中行事化するなかで，先例の蓄積が進んだことは，**A**で考えた通りだが，資料文⑴には，それが細かな動作にまで及んだとある（①)。つまり，貴族社会では諸行事を執り行う際に，手順や作法といった具体的な行動規範が求められるようになっていたのである。

資料文(2)には，地位によって担当できる行事が異なると指摘されている（②）。ここにいう「地位」とは官職である。摂関政治期には，家柄によって官職の昇進の順序や限度はほぼ決まっていた。子孫は，自分と同じ官職につくことが想定され，自分が担当した行事を再び担当する可能性が高い。担当できる行事は家ごとにほぼ固定されていたと判断できる。だから，自分が関わった行事を，先例として子孫に伝えることは，家の繁栄・維持に大きな意味をもったのである。

▶注意点

日記が書かれた目的は，字数の半分程度でまとめられる。目的が生じた背景を含めて考察することが求められていると考えたい。先例が重視された背景の指摘は難しくない。子孫に伝えた背景まで考察できるとよい。

2 解答

A　北条義時追討の兵をあげた後鳥羽上皇が，御家人を結集した幕府軍に敗れた。その結果，朝幕関係における幕府の優位が確立した。(60字以内)

B　両統は皇位継承や院政を行う権利などをめぐって対立していた。承久の乱後，幕府は皇位継承に干渉しその実質的決定権を握っていたので，両統とも幕府に働きかけて有利な地位を得ようとした。(90字以内)

◀解　説▶

≪鎌倉時代の朝廷と幕府≫

A　〔解答の指針〕

▶設問の要求

(主題)　後鳥羽上皇が隠岐に流される原因となった事件を説明する。

(条件)　その事件がその後の朝廷と幕府の関係に与えた影響にふれる。

▶資料文の検討

資料文(1)に後鳥羽上皇の帰京をめぐる朝廷と幕府のやりとりが説明されている。

(1)　後鳥羽上皇の帰京問題

朝廷は後鳥羽上皇の帰京を提案したが，幕府は拒否した。……①

▶論点の抽出

「後鳥羽上皇が隠岐に流される原因となった事件」とは，承久の乱である。承久の乱を自分の知識に基づいて説明すればよい。

1219年，源実朝が暗殺されると，朝廷と幕府の関係は不安定となった。幕府と対決して朝廷の勢力を挽回しようとした後鳥羽上皇は，1221年，幕府に不満をもつ武士らを頼みに，北条義時追討の命令を諸国に発して兵をあげた。しかし，幕府では北条政子の呼びかけで御家人が結集し，北条泰時・時房率いる幕府軍が京都に進撃を開始した。戦いは幕府の圧倒的な勝利に終わり，後鳥羽上皇ら3上皇は配流された。さらに幕府は，六波羅探題の設置や新補地頭の任命などの政策を進めた。

以上が承久の乱の経緯だが，本問では字数も限られているので，後鳥羽上皇の挙兵と敗北を軸にして，要点をまとめればよい。

「その後の朝廷と幕府の関係に与えた影響」とは何だろうか。鎌倉時代は，西国を拠点とする朝廷と東国を拠点とする幕府の二元的支配が行われていたことを想起したい。承久の乱によって，二元的支配の状況は大きく変わった。朝幕関係における幕府の優位が確立し，幕府は皇位の継承や朝廷の政治に干渉するようになった。資料文(1)にいう，朝廷が提案した後鳥羽上皇の帰京を幕府が拒否した（①）という出来事は，朝廷の政治が幕府の意向を無視して行えない状況をよく示している。

▶注意点

承久の乱の説明が求められているので，後鳥羽上皇の行動とその結果がわかるように簡潔に表現したい。その後の朝廷と幕府の関係に与えた影響は，二元的支配のもとで幕府の優位が確立したことを指摘する。六波羅探題の設置や新補地頭の任命を記述するのではなく，関係の変化に注目する必要がある。

B　〔解答の指針〕

▶設問の要求

（主題）　持明院統と大覚寺統の双方から鎌倉に使者が派遣されたのはなぜか。

（条件）　系図を参考にする。朝廷側の事情，および**A**の事件以後の朝廷と幕府の関係に留意する。

▶資料文の検討

主題として問われていることは，資料文(3)に述べられている。資料文(2)には，持明院統と大覚寺統が分立した事情が説明されている。

(2)　持明院統と大覚寺統の分立

後嵯峨上皇が，後深草上皇と亀山天皇のどちらが次に院政を行うかを決めなかった。……①

(3)　鎌倉への使者派遣

持明院統と大覚寺統の双方から鎌倉に使者が派遣された。……②

▶論点の抽出

持明院統と大覚寺統の双方から鎌倉に使者が派遣されている（②）のは，両統がそれぞれ鎌倉幕府に何らかの働きかけを行うためであったと，まずは類推したい。何のために双方が働きかけたのだろうか。

系図を見ると，天皇家が持明院統と大覚寺統に分立し，両統が交代で皇位につく方式が行われるようになったことがわかる。この両統迭立は，幕府が分立する両統の調停をたびたび行い，その結果として行われた方式である。両統は何をめぐって分立し，なぜ幕府が調停を行っているのかを，留意すべき条件から考えるとよい。

朝廷側の事情から考えよう。分立した理由は，資料文(2)に，後嵯峨上皇が後深草上皇と亀山天皇のどちらが次に院政を行うか決めなかったためと説明されている（①）。院政を行うためには，直系の天皇に皇位を継承させることが条件である。それゆえ，院政を行う権利をめぐって後深草上皇と亀山天皇の争いがおこり，両統が分立して，皇位の継承で対立することになったのである。

次に，承久の乱以後の朝廷と幕府の関係を考えたい。承久の乱以降，優位を確立した幕府は，皇位の継承や朝廷の政治に干渉するようになった。皇位の継承の実質的決定権は，幕府が握っていたのである。両統迭立という方式で皇位の継承が行われた理由もここにある。分立し対立する両統は，有利な地位を得ようとして，双方ともに幕府に働きかけを行っていたと判断できる。

▶注意点

Bでも朝廷と幕府の関係に留意することが求められている。皇位の継承への干渉は，**A**ではなく**B**で書くとよいだろう。「承久の乱」の語句は，**A**・**B**のいずれかで明示しておくのが無難である。両統の対立の背景には，天皇家領荘園の相続問題もあるが，資料文には示唆されていないので言及しなくてよい。

3　解答

A　貿易額が増加する一方で金銀の産出量が減少したため幕府は輸入の制限と主要輸入品の国産化を進め，金銀の海外流出を抑制した。(60字以内)

B　全国市場が確立し，都市を中心とした商品経済が発展するなか，絹織物の原料となる生糸，医療活動で用いられる朝鮮人参，菓子類の原料となる砂糖といった高級品・奢侈品の消費が拡大していた。(90字以内)

◀解　説▶

≪江戸時代の輸入品の国産化≫

A　〔解答の指針〕

▶設問の要求

(主題)　江戸幕府が(2)～(4)のような政策をとった背景や意図。

(条件)　貿易との関連で考える。

▶資料文の検討

まず，資料文(2)～(4)から幕府がどのような政策を行ったのかを把握しよう。背景や意図は，資料文(1)と結びつけて考えたい。

(1)　17世紀の貿易状況

中国産の生糸が最大の輸入品だった。……①

東南アジア産の砂糖や朝鮮人参などの薬種も多く輸入された。……②

対価として，初めは銀が，やがて金や銅が支払われた。……③

(2)　生糸に関する政策

1685年，長崎における生糸などの輸入額を制限した。……④

1712年，京都の織屋に日本産の生糸の使用を命じた。……⑤

1713年，諸国に養蚕や製糸を奨励する触れを出した。……⑥

(3)　朝鮮人参に関する政策

1720年に対馬藩に朝鮮人参を取り寄せさせ，栽培を試みた。……⑦

1738年，朝鮮人参の種を希望者に販売する触れを出した。……⑧

(4)　砂糖に関する政策

1727年に薩摩藩士に教えを受け，サトウキビの栽培を試みた。……⑨

製糖の方法を調査・研究した。……⑩

▶論点の抽出

まず，「(2)～(4)のような政策」がどのような政策であるかを確認しよう。資料文(2)～(4)に述べられている政策は，17世紀末から18世紀前半にかけて行われたもので，その内容を整理すれば以下の 2 点となる。

㈠　幕府は長崎貿易で生糸などの輸入額を制限し（④），京都の織屋に日本産生糸の使用を命じている（⑤）。

㈡　幕府は，生糸・朝鮮人参・砂糖について，国内生産を奨励したり（⑥・⑧），試行したり（⑦・⑨），研究したりしている（⑩）。

㈠・㈡の政策の趣旨を，貿易との関連で考えてみよう。資料文⑴に 17 世紀の貿易状況が説明されている。

㈠は，中国産生糸が最大の輸入品であったこと（①）をふまえれば，輸入抑制策といえる。生糸だけでなく，朝鮮人参や砂糖も主要な輸入品であった（②）。㈡の一連の取り組みは，主要な輸入品の国産化を図ろうとする政策だったとまとめることができる。

このような政策に直結する背景と意図は何だろうか。ここは自分の知識と理解に基づいて導き出す必要がある。長崎貿易における輸入額の制限は，1715 年の海舶互市新例でも行われている。海舶互市新例が発令された時代状況を想起しつつ，貿易との関連で考察するとよい。

17 世紀半ばに明清交代の動乱が終息すると，長崎での貿易額は年々増加するようになった。輸入の対価として支払われたのは，初めは銀，やがて金や銅であった（③）。しかし，17 世紀後半になると，国内鉱山の金銀の産出量は減少した。つまり，17 世紀後半には，貿易額が増加する一方で，金銀の産出量が減少するという時代状況があったため，幕府は貿易額を制限し，金銀の海外流出を防ぐことを意図して主要輸入品の国産化を進めたのである。

なお，教科書には記載がないが，対馬藩が行った日朝貿易でも，朝鮮人参や中国産生糸などを輸入する対価として主に銀が用いられていた。17 世紀半ば以降，貿易額は増加の一途をたどり，銀の海外流出が問題化したため，1686 年に幕府は貿易額の制限を命じている。

▶注意点

貿易との関連で幕府の政策の趣旨を把握したうえで，それに結びつく背景・意図を時代状況のなかで考える。長崎貿易の理解に基づいて考えるとよいが，長崎貿易に限定して問われているわけではないので，注意が必要である。

B　〔解答の指針〕

▶設問の要求

(主題)　そうした政策（＝(2)〜(4)のような政策）の背景として，国内の消費生活においてどのような動きがあったのか。

(条件)　それぞれの産物の用途に留意する。

▶資料文の検討

産物の用途に関係する事項が，資料文(1)・(2)に書かれている。

(1)　17 世紀の貿易状況

朝鮮人参などの薬種　……①

(2)　生糸に関する政策

京都の織屋　……②

▶論点の抽出

題意の確認から始めたい。「そうした政策」とは，**A**の考察に基づけば，輸入を抑制し，主要輸入品の国産化を図ろうとする政策である。「国内の消費生活」は，資料文に手がかりはなく，どのようにとらえればよいかは明確でない。そこで，まず条件として提示された「それぞれの産物の用途」から考えてみよう。

資料文(1)に「朝鮮人参などの薬種」(①) と記載されている。朝鮮人参は，現在でも滋養強壮の薬として使われているから，江戸時代においても医療活動で用いられたと判断できる。

生糸は絹織物の原料であること，絹織物は高級衣料品であることは，自分の知識から導き出す。資料文(2)の「京都の織屋」は，金襴《きんらん》・緞子《どんす》などの高級絹織物を生産する西陣織の業者と類推したい。

砂糖は資料文に手がかりはなく，教科書にも説明はないので，少し難しかったかもしれない。羊羹などの江戸時代の和菓子を想起できただろうか。砂糖は菓子類の原料として用いられた。

上で個別に用途を確認したが，これらの共通点に気づくことがポイントとなる。生糸・朝鮮人参・砂糖は，いずれも高級品・奢侈品である。生活必需品の類ではない。この点に注目して考えれば，設問にある「国内の消費生活」とは，高級品・奢侈品の消費を指していると判断できる。国内で高級品・奢侈品の消費が増大していった社会状況を説明すればよい。

「そうした政策」がとられた時期は，**A**で考察したように，17 世紀末から 18 世紀前半である。元禄期から享保期に該当し，幕藩体制の安定にともなって，経済発展が顕著に進んだ時期である。

17 世紀後半，東廻り海運・西廻り海運の整備で全国を結びつける商品流通網が完成した。全国市場の確立である。江戸・大坂などの都市では問屋を中心とする商業活動が活発となり，商品経済が発展した。このような経済発展のもとで，武士や富裕な町人などが高級品・奢侈品を消費する動きが進んでいた。生糸・朝鮮人参・砂糖はいずれも商品として流通したから，都市を中心とした商品経済の発展を軸にして説明するとよい。

▶注意点

それぞれの産物の用途に言及すると同時に，高級品・奢侈品という共通点に注目して消費生活を述べる必要がある。解答では，高級品・奢侈品を消費する担い手が，富裕層であったことに言及してもよい。

4 解答

A　大戦の勃発で連合国の戦時需要と世界的な船舶不足が生じ，兵器や船舶の輸出が増大した。また，紡績業・電力業が発展する一方，欧州から輸入が途絶したため紡績・電気機械の国産化が進展した。(90 字以内)

B　自動車や機械修理などの朝鮮特需で好景気となり，電源開発で電気機械の需要も増大した。政府主導の計画造船で造船業が復興，内需の回復と対米輸出の増加で繊維・金属機械の生産が活発化した。(90 字以内)

◀解　説▶

≪近現代の機械工業≫

A　〔解答の指針〕

▶設問の要求

(主題)　(1)に示された第一次世界大戦期の機械工業の活況はなぜ生じたのか。

(条件)　機械類の需要や貿易の状況に留意する。

▶問題文の検討

問題文には，設問**A**・**B**に答える前提として，20 世紀初頭と高度経済成長期の機械工業の動向が述べられている。

まず，機械工業とは何かを確認しよう。一般に，機械とは人力以外の動力で動く複雑で大規模なものをいう。問題文には，力織機，小型のポンプ，船，紡績機械，耐久消費財があげられている。生産，運輸，家庭に関わる多種多様な機械が示されているから，幅広い分野を包括する工業を指していると考えたい。

問題文では，「機械類の需要や貿易の状況に留意しながら」，設問**A**・**B**に答えることを求めている。「20世紀初頭」と「高度経済成長期」の動向は，この留意点を例示した記述とみてよい。「繊維産業や鉱山業」，「国の奨励政策」に注目すれば，機械工業を考察する際に，諸産業の動向や政府の政策を視野に入れる必要があるとわかる。また，20世紀初頭の動向に「紡績機械をはじめ大型の機械は輸入されることが多かった」と述べられていることに注意しておこう。

▶史料の検討

史料⑴にどのような機械が掲出されているかを確認する。

⑴　第一次世界大戦期の機械工業

ヨーロッパの大戦は我が国の工業界にかつてない好影響　……①

発展が最も顕著
- 兵器，船舶　……②
- その他の機械類　……③

▶論点の抽出

第一次世界大戦期は大戦景気にあたる。史料⑴には，「発展が最も顕著」として，兵器，船舶，その他の機械類があげられている（②・③）。これらの機械類の生産がなぜ発展したのかを，ヨーロッパの大戦がもたらした好影響（①）を念頭において考えよう。

貿易の状況から確認したい。大戦景気は大幅な輸出超過に支えられていた。輸出が急増した要因の一つに，イギリス・ロシアなど連合国の戦時需要が発生したことがある。兵器・船舶の製造が活況となったのは，この要因と結びつく。連合国からの需要によって軍需産業が，世界的な船舶不足によって造船業が発展し，兵器・船舶の輸出が増大した。

「その他の機械類」（③）とは何を指すのだろうか。大戦の勃発により，ヨーロッパ諸国が後退したアジア市場への綿織物の輸出が増加した。一方で，ヨーロッパ諸国から薬品・肥料・機械などの輸入が途絶し，重化学工業が発展する契機となった。問題文に20世紀初頭の動向として，「紡績機械をはじめ大型の機械は輸入されることが多かった」とあることに注目しよう。大戦の勃発で紡績機械の輸入も途絶したはずである。紡績業・綿織物業の生産が拡大したことをふまえれば，紡績機械の国産化が進展したと類推できる。

他産業の動向から，さらに機械類の需要を考えてみよう。大戦景気の時期には工業原動力の蒸気力から電力への転換が進んだ。このような電力業の発展にともなって，電気機械の国産化も進展した。電気機械も「その他の機械類」に含まれるのである。

▶注意点

兵器・船舶の輸出増大だけでなく，「その他の機械類」にはどのような機械が含まれるかを，国内需要にも目を向けて考察しよう。設問では「なぜ」と問いかけられているので，輸出増大と国内需要が生じた理由を明確に表現できるとよい。

B〔解答の指針〕

▶設問の要求

(主題)　この時期（＝サンフランシスコ平和条約が発効した直後）の機械工業の活況はどのような事情で生じたのか。

(条件)　機械類の需要や貿易の状況に留意する。

▶史料の検討

史料(2)にどのような機械が掲出されているかを確認する。

(2)　平和条約が発効した直後の機械工業

近来特に伸びの著しい機種：

電源開発に関連した機械類　……①
小型自動車及びスクーター　……②
蛍光灯　……③

機械輸出の主力：

船舶（大型タンカー）　……④

比較的軽機械に類するものが好調：

繊維機械，ミシン，自転車，エンジン，カメラ，双眼鏡　……⑤

▶論点の抽出

サンフランシスコ平和条約が発効したのは，1952年4月28日である。この時期は特需景気にあたる。1950年に朝鮮戦争が勃発すると，兵器の製造，自動車や機械修理など，アメリカ軍による膨大な特需が発生した。この朝鮮特需によって，日本経済は好景気となり，鉱工業生産は1951年に戦前水準を取り戻した。

ここで史料(2)をみてみよう。史料(2)に出てくる品目をみると，小型自動車やスクーター（②)，自動車部品であるエンジン（⑤）は朝鮮特需の影響ともいえそうだが，船舶（大型タンカー）（④）や蛍光灯（③）などは朝鮮特需と接点を見出しにくい。つまり，史料(2)の状況がすべて朝鮮特需に起因するわけではない。品目として出てくる機械の生産が活発化した事情を，機械類の需要や貿易の状況から，ある程度，個別に考えたほうがよい。

電源開発に関連した機械類（①）の需要は，大規模な水力発電所の建設が始まっていたことが背景にある。蛍光灯（③）も電化製品である。電源開発の進展と電力供給の安定が，電気機械の新たな需要を生み出したのである。

船舶（大型タンカー）（④）が機械輸出の主力と述べられている。これは，政府が主導する計画造船が進展し，造船業が復興していったという事情がある。

好調な「比較的軽機械」として，繊維機械，ミシン，自転車，エンジン，カメラ，双眼鏡（⑤）が挙げられている。これらは繊維機械・金属機械である。特需景気の時期には，繊維・金属の生産が拡大し，世界的な景気回復のなかでアメリカに向けた輸出が伸張した。また，1951 年には実質国民総生産や実質個人消費なども戦前の水準を回復している。輸出の増加だけでなく，国内需要が回復していたことに注意したい。

▶注意点

問われている時期が特需景気であることをおさえ，朝鮮特需に言及することは必要だが，朝鮮特需以外の要因も考察しなければならない。設問では「事情」が問われているので，個々の機械の生産が拡大していった要因をまとめるとよい。

❖講　評

1　平安時代の貴族の日記をテーマに，資料文を読み取る形式の出題である。東大の教員が執筆陣に名を連ねている教科書『新日本史』（山川出版社）に，「貴族の日記」と題するコラムがあり，読んでいた受験生は有利だっただろう。とはいえ，必要なデータは資料文にすべて示されているので，着実な考察を重ねれば解答を作成するのは難しくない。**B**は設問の要求にストレートに答えただけでは字数に余裕が生じてしまう。このあたりに戸惑った受験生がいるかもしれない。

2　鎌倉時代の朝廷と幕府の関係を問う問題である。資料文が提示されているが，読み取るというよりは，自分の知識・理解に基づいて解答する問題である。**A**は，承久の乱と判断するのは容易で，概要を簡潔に説明する。「与えた影響」については，朝廷と幕府の関係の変化に注目しよう。**B**は，系図をどう利用するかに戸惑いがあっただろう。幕府の関与によって，両統迭立という皇位の継承が行われたことを示す系図と理解しておきたい。**A**・**B**ともに基本的な知識・理解で対応できる問題であるから，取り組みやすかったと思われる。

3　江戸時代の輸入品の国産化をテーマとする出題である。**A**は，資料文に基づいて「(2)〜(4)のような政策」がどのような政策であるかを確認し，その意図・背景を考察することが求められている。背景として金銀の産出量の減少を指摘できるかがポイントとなる。**B**は，資料文から読み取れる情報は少なく，自分の知識・理解をもとに考えていかなければならない。題意の把握も少し難しかった。生糸・朝鮮人参・砂糖が高級品・奢侈品であることを見抜き，その消費の拡大を経済発展と結びつけて説明すればよい。

4　大戦景気と特需景気の時期の機械工業を考察する問題である。**A**は，兵器・船舶が活況となった理由は容易だが，「その他の機械類」に着目できたかで点差がつくだろう。**B**は，朝鮮特需を想起するのは易しいが，それ以外の要因にも目を向けなければならない。特需景気の細かな経済状況は知識的にはかなり難しい。例年言えることだが，近現代では正確な知識・理解がないと解答できない。知識・理解の習得が，もっとも重要であることを改めて明記しておきたい。

「日本史」の出題の意図（東京大学 発表）

問題はいずれも，①日本史に関する基礎的な知識を，暗記だけではなく理解して習得しているか，②設問に即して，習得してきた知識と，設問で与えられた情報を関連付けて考察することができるか，③考察の結果を，設問への解答として論理的に文章で表現することができているか，を問うものになっています。歴史的事象について，なぜ，どのように起こったのか，相互にどのような関係や影響があったのか，常に自ら考えて学んできたかを測るものです。

第１問は，摂関時代における朝廷行事運営の特徴，そしてその特徴とこの時期から貴族の日記が数多く伝えられることの具体的な相関を問うものです。なお，説明文⑷で極官が太政大臣である藤原実頼の官名を左大臣としたのは，設問の意図に鑑みたものです。

第２問は，鎌倉時代の二つの政治権力，朝廷と鎌倉幕府との関係，およびその変化について問うものです。まず承久の乱をきっかけとする両者の関係の変化をおさえることが求められます。さらに，後嵯峨上皇の没後，天皇家が二つに分かれて皇位をめぐって対立するようになった時に，鎌倉幕府がどのような役割を果たすようになったかを考えてもらうことを意図しています。

第３問は，説明文を読み取って，近世中期における貿易や産業に関する政策，貨幣とその素材になる金属の国外流出，国内消費の動向などが相互に連関していたことを，どの程度理解したか問うものです。また，当時の社会における諸産物の具体的な用途を考えて，人々の生活や経済の変化をとらえられるかどうかもみています。

第４問は，第一次世界大戦期と戦後復興期の工業発展の要因を問うものです。戦争の影響，貿易の状況，国内の需要とその背景，政策や国際的な環境，技術の発達とその担い手，労働者の状況など多面的に思いを巡らして論述することを期待しています。重点の置き方によってはＢで朝鮮戦争に論及しないような解答も考えられます。

世界史

1 **解答** 18世紀半ば以降，アラビア半島ではワッハーブ派がサウード家と結んで王国を建て，ロシアには黒海北岸を奪われた。19世紀に入るとイェニチェリ廃止で軍制改革を行ったが，ギリシアがロンドン会議（1830）で独立を認められ，エジプトでもムハンマド=アリーが自立した。オスマン帝国はギュルハネ勅令で西欧モデルの近代化を目指すタンジマートを開始し，宗教の別を問わない法的な平等を認めて帝国の統一を図った。しかし，クリミア戦争以後の外債累積で列強への対外的従属は深まっていった。こうした中，立憲運動が起こりミドハト憲法が制定されて法治国家の体制が整うかに見えたが，アブデュルハミト2世は露土戦争を口実に憲法を停止して専制政治を復活させた。その後，露土戦争でバルカンのキリスト教地域が独立すると，アフガーニーが唱えたパン=イスラーム主義を利用して帝国の統一を保とうとした。これに対して，日露戦争での日本の勝利に刺激されて起きた青年トルコ革命によって憲法は復活され，以後トルコ民族主義が強まっていったが，伊土戦争やバルカン戦争では領土をさらに喪失した。第一次世界大戦が起こると同盟国側で参戦したがアラブの独立運動は激化し，イギリスはフサイン=マクマホン協定でアラブの独立を約束して支援を取り付け，一方バルフォア宣言でユダヤ人国家の建設を支援した。大戦に敗れた帝国はセーヴル条約によって解体し，ムスタファ=ケマルのトルコ革命によって滅亡したが，英仏の委任統治領となったアラブ居住地域ではパレスチナ問題など現代の諸問題の火種が残ることになった。（660字以内）

◀解　説▶

≪オスマン帝国の解体過程≫

▶設問の要求

（主題）　18世紀半ばから1920年代までのオスマン帝国の解体過程

（条件）　帝国内の民族運動や帝国の維持を目指す動きに注目する

▶論述の方向性

「オスマン帝国の解体過程」として18世紀半ば以降どのようにオスマン

帝国の領土が失われていったかを「帝国内の民族運動」と「帝国の維持を目指す動き」の具体例と関連づけて年代順に論じていきたい。

以下に簡単にオスマン帝国の解体過程を年表でまとめた。

「帝国内の民族運動」に関連する項目には右上に※を，「帝国の維持を目指す動き」には二重下線を付した。

●18 世紀
- アラビア半島でのワッハーブ王国の建国（1744 年頃）※
- ロシア（エカチェリーナ２世）が黒海北岸奪取（1774 年）

●19 世紀
- イェニチェリ廃止（1826 年）
- ギリシア独立戦争（1821～29 年）：1830 年列強がギリシア独立を承認※
- エジプト＝トルコ戦争（1831～33 年，1839～40 年）：エジプトのムハンマド＝アリーが実質的に独立※
- タンジマート（1839～76 年）：アブデュルメジト１世がギュルハネ勅令で開始。帝国の臣民はムスリム・非ムスリムを問わず平等とするオスマン主義による帝国の維持を指向
- クリミア戦争（1853～56 年）：英仏の援助でロシアに勝利→列強への経済的依存
- ミドハト憲法制定（1876 年）：ミドハト＝パシャが起草。アジア初の憲法
- 露土戦争（ロシア＝トルコ戦争：1877～78 年）：ミドハト憲法停止（1878 年）。ベルリン条約でルーマニア・セルビア・モンテネグロなどが独立※
- パン＝イスラーム主義を利用した帝国の維持を指向（1880 年以降）
- 統一と進歩団結成（1889 年）

●20 世紀
- 青年トルコ革命（1908 年）：ブルガリア独立※
- トルコ民族主義の台頭（1908 年以降）
- 伊土戦争（イタリア＝トルコ戦争：1911～12 年）：リビアを失う
- バルカン戦争（1912～13 年，1913 年）：ヨーロッパの領土をほぼ失う※
- 第一次世界大戦（1914～18 年）：同盟国側で参戦し敗北
- フサイン＝マクマホン協定（1915 年）：イギリスがアラブ人の国家建設を承認※
- バルフォア宣言（1917 年）：イギリスがユダヤ人の国家建設を承認※
- セーヴル条約（1920 年）：イスタンブル周辺を除くヨーロッパ領を喪失
- オスマン帝国滅亡（1922 年）

＊　＊　＊

● 18 世紀のオスマン帝国

【関連する指定語句】サウード家

オスマン帝国は 16 世紀にはスレイマン１世のウィーン包囲などでヨーロッパに脅威を与え続けたが，17 世紀末のカルロヴィッツ条約でオーストリアにハンガリーを奪われたあたりから力関係が逆転するとともに，帝国内のアラブ人，スラヴ人などの民族運動が活発になってきた。

18 世紀にアラビア半島ではイブン=アブドゥル=ワッハーブが神秘主義を否定しイスラームの原点復帰を唱えて支持を得た。このワッハーブ派の運動は豪族サウード家の政治運動と結びつき，1744 年頃にワッハーブ王国が建設された。この国は 1818 年にムハンマド=アリーに敗れるが 1823 年に再興され，後に中断したものの，現在のサウジアラビアにつながることは周知であろう。オスマン帝国では，北からのロシアの圧迫も強まり，1774 年にはロシアのエカチェリーナ 2 世との間で結ばれたキュチュク=カイナルジ条約で黒海北岸を奪われ，保護下にあったクリミア半島のクリム=ハン国も支配下から離れた。

● 19 世紀のオスマン帝国

●ギリシア独立戦争とエジプト=トルコ戦争

【関連する指定語句】ロンドン会議（1830）

19 世紀に入ると，オスマン帝国では宮廷紛争の原因となっていたイェニチェリをマフムト 2 世が全廃するなど改革を模索し始めたが，1821 年から始まったギリシア独立戦争にはオスマン帝国の弱体化をねらうロシア・イギリス・フランスが参加し，1830 年のロンドン会議でギリシア独立が認められた。また，この戦争でオスマン帝国を支援したエジプト総督ムハンマド=アリーが独立とシリアを要求して 2 度にわたるエジプト=トルコ戦争を起こした。結局 1840 年のロンドン会議では，完全独立ではなく総督の世襲権が認められただけであったが，実質的にエジプトはオスマン帝国支配から離れ，またこれを機に列強の干渉が強まっていった。

●タンジマート，クリミア戦争

【関連する指定語句】ギュルハネ勅令

このような帝国の危機の中，アブデュルメジト 1 世が 1839 年に発したギュルハネ勅令で開始されたのが，タンジマート（恩恵改革）である。タンジマートは，西欧モデルの近代化を目指して行政・司法・軍事・経済・教育などの改革を行う富国強兵策であるが，ムスリム・非ムスリムを問わず全国民の法の下の平等を掲げることで民族運動を抑え帝国の統一を強化するねらいがあった。これをオスマン主義と呼ぶ。しかし，保守派の抵抗で改革は思うように進まず，改革にともなう出費の増大による財政難が厳しくなった。さらに，ロシアがギリシア正教徒保護を口実に仕掛けたクリミア戦争（1853～56 年）が勃発し，戦争自体はロシアの南下を警戒する英仏の支援で勝利したが，列強への対外債務は激増し，市場開放に便乗した列強の経済進出が激しくなった。

●ミドハト憲法，露土戦争とパン=イスラーム主義

【関連する指定語句】ミドハト憲法，アフガーニー

一方，クリミア戦争後，バルカン半島ではスラヴ人の民族意識が高まり，ロシアもパン=スラヴ主義を唱えてそれをあおったが，帝国は西欧的な立憲制を確立することでこうした動きに対応しようとした。

1876年に即位したアブデュルハミト2世はミドハト=パシャを登用して，アジア最初の憲法であるミドハト憲法を発布し，立憲君主政を確立することで帝国の破綻を食い止めようとした。しかし翌年，露土戦争（ロシア=トルコ戦争）が起こるとそれを口実に憲法を停止し，専制政治を復活している。

そして戦争後は，ヨーロッパ植民地主義に対抗するため一致協力してイスラーム世界を打ち立てるべきだとアフガーニーが唱えたパン=イスラーム主義を政治的に利用し，ムスリムを団結させることで帝国の統一と自己の独裁権の強化を図った。実際，アブデュルハミト2世はアフガーニーを宮廷に招いているが，途中から意見が対立したため宮殿内に幽閉している。

また，露土戦争はロシアの勝利に終わりサン=ステファノ条約が結ばれたが，これに英墺が異議を唱えたためビスマルクの主催でベルリン会議が開かれ，新たにベルリン条約が結ばれた。これによって，バルカン半島でルーマニア・セルビア・モンテネグロが独立し，ブルガリアには自治権が与えられ，オーストリアにはボスニア・ヘルツェゴヴィナの，イギリスにはキプロス島の行政権が与えられたため，帝国の支配領域は大きく縮小した。

● 20世紀のオスマン帝国

●青年トルコ革命

【関連する指定語句】日露戦争

このような状況の中，タンジマートによって西欧思想の影響を受けた新しいエリート層は1889年に「統一と進歩団」を結成し，専制政治を打倒し憲法を復活しようとする運動を起こした。彼らは日露戦争における日本の勝利やイラン立憲革命に刺激され，青年将校を中心に1908年，青年トルコ革命を起こしスルタンに憲法の復活を認めさせ，翌年にはアブデュル

ハミト2世を退位に追い込んで政権を握ることになった。そしてこれ以後はパン=イスラーム主義に代わって，民族としてのトルコ人を優先するトルコ民族主義が台頭していくことになる。しかし，青年トルコ革命後も政情は不安定であり，外圧はさらに強まっていった。1908年の革命に便乗してブルガリアが正式に独立し，イタリアとの戦争(伊土戦争：1911～12年）に敗れてアフリカに唯一保持していたトリポリ・キレナイカ(現リビア）を失い，さらにロシアの支援を受けたバルカン同盟との戦争（バルカン戦争：1912～13年，1913年）に敗れて，ヨーロッパの領土はほぼ失われた。

●第一次世界大戦とオスマン帝国の滅亡

【関連する指定語句】フサイン=マクマホン協定，セーヴル条約

こうした中で第一次世界大戦が勃発すると，ロシアに対抗するためにドイツの支援を受けていた帝国は同盟国側で参戦し領土の奪回を図ったが，この間にアラブ人の民族主義はさらに高まり，イギリスはこれを利用するためにフサイン=マクマホン協定を結んで帝国内のアラブ人の独立を約束して協力を得た。一方でイギリスは，ユダヤ民族国家建設を目指すシオニズムを支援するバルフォア宣言を発してユダヤ系財閥の援助を得たため，現在のパレスチナ問題の元凶をつくった。さらにイギリスは，フランスとのサイクス=ピコ協定でアラブ人居住地域の分割を図ったため，現在のシリア問題などのアラブ人内部の対立を招くことになった。

大戦に敗北したオスマン帝国はセーヴル条約でトルコ人居住地域以外を失って実質的に解体し，アラブ居住地域は英仏の委任統治下におかれた。帝国はムスタファ=ケマルらが指導するトルコ革命によって1922年に滅亡することになる。

▶注意点

領域の縮小については繁雑になるため，そのすべてを書く必要はないと思われる。ただ羅列するのではなく，帝国の維持を目指す動きとの関係が明白になるようにして論述を進めていきたい。また，戦争に勝利して領土は縮小していないクリミア戦争の扱いには注意が必要である。

2 解答

(1)　ベンガル分割令は民族運動が盛んだったベンガル州をヒンドゥー教徒が多い西部と，イスラーム教徒が多い

東部に分断し，彼らの宗教対立を利用して民族運動を分断することを目的としていた。(90 字以内)

(2)　(a)　19 世紀末ドイツが植民地を形成したが，第一次世界大戦中日本が占領し，戦後ヴェルサイユ条約で日本の委任統治領となった。(60 字以内)

(b)　大英帝国内の自治領として本国に従属していたが，ウェストミンスター憲章により英連邦の一員として本国と対等の地位を得た。(60 字以内)

(3)　(a)　高句麗が満州を拠点に朝鮮半島へ進出し，南部の百済・新羅と対立したが，唐と結んだ新羅が両国を滅ぼして半島を統一した。(60 字以内)

(b)　建国者の大祚栄は唐から冊封を受けて律令制などの唐の制度や仏教文化を導入し，長安の都城制をまねて上京竜泉府を造営した。(60 字以内)

◀解　説▶

≪国家の歴史と境界線≫

◆問(1)　ベンガル州はガンジス川下流域のデルタ地帯に位置し，古くから穀倉地帯で，13 世紀以降イスラーム化が進み，ムガル帝国の時代にはインドで最も豊かな地域であった。イギリスの植民地時代にはベンガル州の中心都市カルカッタ（現コルカタ）がインド帝国の首都とされ，インドの西欧化・近代化の中心であり民族運動が最も盛んな地域でもあった。ベンガル分割令は西部にヒンドゥー教徒，東部にイスラーム教徒が多く住むことを利用して，宗教対立をあおることで民族運動を分断することを目的としていた。これに対して反対運動が盛り上がり，翌 1906 年の国民会議派カルカッタ大会ではスワラージ・スワデーシなどの四大綱領が決議されるなどしたため，1911 年分割令は撤回された。

◆問(2)　▶(a)　太平洋西部の赤道以北の地域はミクロネシアと呼ばれ，マーシャル諸島，パラオ諸島，カロリン諸島，マリアナ諸島などからなる。ここは 16 世紀以降スペインの支配下に入ったが，19 世紀末にアメリカ領となったグアム島を除いてドイツ領となった。この地域における植民地の維持が難しくなったスペインがドイツに売却したのである。その後，第一次世界大戦中日本が占領，戦後のヴェルサイユ条約で日本が国際連盟から統治を委任される委任統治領となった。第二次世界大戦後はアメリカの信託統治を経て独立している。なお，太平洋西部の赤道以南の地域は「メラネシア」と呼ばれ，ビスマルク諸島などのドイツ領があった（問題の地図の太線枠よりも下）が，この地域は第一次世界大戦後オーストラリアの委任統治領となっている。

▶(b)　ニュージーランドは 1769 年クックがイギリス領と宣言し，1840 年に先住民のマオリ人とのワイタンギ条約でイギリス領となった。1907 年に正式にイギリスの自治領となったが，あくまで英本国に従属する立場であった。しかし 1931 年のウェストミンスター憲章で，ニュージーランド，オーストラリアなどの自治領は本国と平等な存在であり，君主に対する共通の忠誠心で結ばれたものであるとされた。

◆問(3)　▶(a)　1990 年代後半から中国と韓国の間で生じた中国東北部の帰属の歴史的解釈をめぐる対立は「高句麗論争」と呼ばれる。

中国の主張は，高句麗はあくまで中国東北部に生まれた国が朝鮮半島北部まで進出したにすぎないというものだが，韓国は古代の韓国史は高句麗・百済・新羅の三国の抗争が満州南部までを舞台にして展開したものだと主張している。実際は高句麗の民族はツングース系とされてきたが，近年は特定されておらず北方系の民族などと表記されることも多い。

高句麗は前 1 世紀頃に中国東北地方南部に建国され，朝鮮半島に南下して 313 年楽浪郡を滅ぼし，半島南部の百済・新羅と抗争を続けた。7 世紀に新羅は，唐と結んで百済，次いで高句麗を滅ぼし（668 年），唐の勢力も半島から駆逐して初めて朝鮮半島を統一（676 年）している。

▶(b)　渤海に関しても「高句麗論争」が影響している。渤海は高句麗滅亡後，大《だい》祚《そ》栄《えい》が高句麗の遺民と現地の靺鞨《まっかつ》人を統合して建てた国とされているが，韓国では大祚栄は高句麗人であり，渤海は建国後朝鮮半島の新羅と対立した，つまり渤海は高句麗の後継国家であるから，渤海と新羅の対立の歴史は古代朝鮮史の続きであると考えられている。渤海が契丹によって滅ぼされ，半島では新羅に代わって高麗が再統一するまでこの流れは続くとする。高麗の建国者である王建が国名を高句麗と似た高麗としたのは，自らが高句麗の後継者であり，高麗は高句麗と新羅の抗争を終わらせて真の統一を果たした国であると主張しているととらえられている。

一方，中国では渤海は中国の周辺国家の一つにすぎないとされ，その根拠として中国（唐）の強い影響がみられることを指摘している。大祚栄は 713 年唐から渤海郡王として冊封され，唐の律令国家体制を取り入れただけでなく，仏教文化も熱心に導入した。また国都の上京竜泉府は日本の平城京・平安京と同じように長安の都城制を模倣したものとして知られている。つまり渤海は朝鮮の歴史とは関係のない国と考えられている。

3 **解答**　(1)　世界市民主義〔コスモポリタニズム〕

(2)　エリュトゥラー海案内記

(3)　班超

(4)　義浄

(5)　ドニエプル川

(6)　スワヒリ語

(7)　(a)　プラノ=カルピニ

(b)　ルブルック

(8)　ジャガイモ，トウモロコシ，サツマイモから2つ

(9)　綿織物（綿布，キャラコ）

(10)　マサチューセッツ，コネティカット，ロードアイランド，ニューハンプシャーから2つ

◀解　説▶

≪人の移動による文化の交流と生活や意識の変化≫

▶問(1)　アリストテレスは「人間はポリス的な動物である」と言ったが，古代ギリシアにおける世界とはまさにポリスであり，人間の存在や活動自体もポリスを単位・基準としたものであった。しかし，前4世紀以後，傭兵制の一般化などでポリス社会が変容し，アレクサンドロス大王の遠征による東西世界の融合が拍車をかけ，人類全体を一つの世界の市民とみなす世界市民主義がストア派などによって唱えられた。

▶問(2)　エリュトゥラー海とは現在の紅海にあたり，『エリュトゥラー海案内記』は1世紀における紅海・インド洋の航海事情や貿易品，各地の特産物などを記したもので，エジプト在住のギリシア人航海士が著したものとされている。インド洋航海における季節風の利用の仕方から，東アフリカ，インド沿岸，スリランカ，マレー半島にまで及ぶ各港の貿易商品を生き生きと描いており，東西交渉史上重要な史料である。

▶問(3)　班超は後漢の将軍で，『漢書』を著した班固の弟であることでも有名。73年西域の征服を開始し91年には和帝によって西域都護に任命さ

れて西域50余国を統括した。97年には部下の甘英《かんえい》を大秦（ローマ）に派遣したが，甘英は大海（地中海かペルシア湾と言われる）の航海を諦め帰国したとされる。

▶問(4)　義浄は671年海路インドに赴き695年に海路で帰国している。ナーランダー僧院で学び，多くの仏典を携えて帰国したが，その途上スマトラ島で栄えていたシュリーヴィジャヤ王国に数年間滞在し，そこで著した『南海寄帰内法伝』は当時の東南アジアの事情を知る貴重な史料である。

▶問(5)　ルーシと呼ばれるスウェーデン系ノルマン人の首領リューリクは，862年ロシア最初の国家ノヴゴロド国を建てた。その後ノヴゴロド国の大公オレーグがドニエプル川を下りキエフに都して建てたのがキエフ公国とされる。

▶問(6)　スワヒリ語はアフリカ中部以南の言語であるバントゥー語に，ここを訪れるムスリム商人の影響でアラビア語の語彙が取り込まれて成立した言語で，現在もケニア，タンザニア，ウガンダなどの主要言語となっている。

▶問(7)　(a)のプラノ=カルピニはローマ教皇インノケンティウス4世の，(b)のルブルックはフランス王ルイ9世の使者としてモンゴルを訪れた。どちらもフランチェスコ派の修道士である。目的はモンゴルの内情偵察だが，あわよくばモンゴルのキリスト教への改宗，そして当時ヨーロッパ諸国が行っていた対イスラーム十字軍への協力を実現しようと考えていた。ルイ9世は第6回・第7回十字軍を行ったことで知られる国王である。もちろん改宗や十字軍への協力はうまくいかず，モンゴル人の改宗はその後に派遣されるモンテ=コルヴィノに委ねられることになるが，中国人のキリスト教改宗は少数にとどまった。

▶問(8)　ジャガイモは地下で育つため寒冷な地でも栽培が可能であることから北ヨーロッパ，特にアイルランド，ドイツなどでは主食として栽培され人口増加を支えた。トウモロコシは食料としてだけではなく，牛・豚の飼料として畜産業の発達を支えた。サツマイモも江戸時代に青木昆陽《こんよう》が救荒作物として奨励したことで知られる。なお，新大陸原産の作物としては他にトマト，トウガラシなどもあるが，「飢饉を減らし，人口の増大を支える」という性格の作物ではないため解答にはそぐわないと判断した。

▶問(9)　設問文中の「ある植物の花」とは綿花のこと。キャラコの名称はインドの綿織物積み出し港であったカリカットに由来する。綿織物の輸入増加は従来の毛織物業者との対立を生み，輸入禁止措置がとられるようになったため，イギリスでは綿織物を国内で生産する動きが強まり，これが産業革命の原動力となった。

▶問⑽　難問。現在のアメリカ合衆国でニューイングランドに属する州は解答の「マサチューセッツ，コネティカット，ロードアイランド，ニューハンプシャー」の他にメーン州とヴァーモント州があるので 6 つである。しかし，メーン州は 1820 年まではマサチューセッツ州の一部であったし，ヴァーモント州は独立後の 1791 年に州と認められて合衆国に参加しているため，「イギリスの 13 植民地」には入らない。なおプリマスは 1620 年にピルグリム=ファーザーズが最初に上陸した地で，1691 年にマサチューセッツ州に併合されているので，これも 13 植民地には含まれない。

❖講　評

2019 年度も，1 が長文論述，2 が小論述，3 が記述式という基本構成は変わらなかった。2018 年度には 2 に 2 問の語句記述や選択問題が含まれ，3 にも短文論述問題や選択問題が出題されていたが，2019 年度はわかりやすい形に戻っている。

1 の長文論述は 22 行=660 字で，2014 年度から 5 年続いた 600 字がさらに増加し，少なくともここ 30 年間では最も多い字数であった。ただ，2 の小論述は 3 行（90 字）が 1 問，2 行（60 字）が 4 問だったので，総字数は 330 字。1・2 を合わせた字数は 990 字で，2018 年度 1～3 の総字数 1080 字に比べるとむしろ減少している。

時代的には 1 が近世～現代，2 が前近代と現代，3 が古代～近世でバランスはとれている。2019 年度は 1・2 が近現代中心の問題だったので，例年は時代が幅広く出題される 3 の記述問題は古代・中世中心の問題となった。

地域は 1 がヨーロッパが関係しているものの西アジア史で，2 も太平洋地域とインド・中国・朝鮮，3 にも 10 問中 4 問アジア史が含まれているので，全体ではかなりアジア史が重視された問題となっている。

1　18 世紀中頃からのオスマン帝国の解体過程を 660 字で論述する問題。字数は過去最長である。しかし，単なる「オスマン帝国の領土が縮小する過程」なら書きやすい問題といえるが，「帝国内の民族運動や帝国の維持を目指す動き」に注目しつつ論述するには，正確な歴史理解と文章構成力が求められるだろう。それでも，2018年度の女性解放運動の歴史などに比べると，論述ではある意味定番のテーマではあるので，ある程度は書ける問題だったといえるだろう。

2　国家の歴史と境界線に関する小論述で，地域はインド，太平洋地域，中国，朝鮮と多彩である。論述の総字数は330字で，2018年度の450字からは120字減少している。問(1)のベンガル分割令，問(2)(b)のニュージーランドに関する問題は基本的。問(2)(a)は西太平洋の地図を使った問題で，そこがドイツ領であったことがわからないとまったく対処できない問題であったが，教科書の地図には記載されている。問(3)は中国と韓国の歴史解釈に関する対立をテーマとしたものだが，実際の設問は4～7世紀の朝鮮半島の状況，渤海への唐の影響を述べるもので，この地域を丁寧に学習していればまったく書けないということはなかったと思われる。

3　人の移動による諸地域の文化の交わりや伝播，その結果としてもたらされた生活や意識の変化などを基本テーマとして，さまざまな地域の人物・思想・言語・作物などを問う語句記述問題。『エリュトゥラー海案内記』,「スワヒリ語」,「義浄」など大学入試では定番の語句が中心であるが，問(10)は注意が必要。北米のイギリス13植民地のうちニューイングランドに属する植民地を2つあげる問題である。マサチューセッツは答えられると思うが，もう1つとなるとかなり難しい。

「世界史」の出題の意図（東京大学 発表）

本年度の世界史の問題においては，世界各地で過去から現代にいたるまで生起してきた諸事象の正確な知識とともに，広い視野を確保しながらそれらを関連づけて分析・思考できるかどうかを問うた。

第1問では，近代におけるオスマン帝国の解体過程を，分離と統合の双方向の動き，および現代の諸問題とのつながりに注目しつつ論ずることを求めた。そして広大な帝国の領域において近代に生じた主要な出来事を時間的・空間的に整理し，それぞれの意義や重要性をおさえつつ相互に関連づけて総体的に歴史の流れをとらえ理解できているか，また，過去に起きたそれらの一連の出来事が現在有する意味を十分に意識しているか，さらにはそれらの分析と思考の結果を論理的な文章として的確に表現できるか，などの点を問うことを意図した。

第2問では，世界史における境界線を主題とした上で，南アジア，太平洋諸地域，東アジアというさまざまな地域に関連して，諸時代における事例についての総合的な知識を問うた。また境界線を引く側と引かれる側の双方の観点に留意しながら，それぞれについての知識を関連づけられるような分析的思考力を確かめた。さらに，同一の地域・事件に対する複数の異なる観点について，論理的に整理して表現する力を問うた。

第3問では，各地域の歴史に関する幅広い総合的な知識の有無を確認したが，問題をつうじて，一見ばらばらに発展してきたように見える地理的隔たりの大きな地域間の交流について改めて考えさせることをめざした。教科書には個々の地域の歴史過程の一部として説明されている遠征や商業活動，宗教上の出来事を，世界史的な視野の中で問い直し，古代から人々は地域の枠を越えて遠隔地まで移動し，その結果，知識や技術，ものが伝播して各地域の人々の生活や意識が変化してきたことを考えさせようとした。

地理

1 解答

A (1) P—ウ　Q—ア　R—イ

(2) 雨季と乾季が明瞭な気候で，高床式家屋は雨季の浸水を避けるため，ため池は乾季の生活・農業用水の確保のために作られた。(60 字以内)

(3) マングローブ林。薪炭材としての伐採や農地への転用のほか，市場経済化に伴い輸出向けのエビの養殖池の造成が急増したため。(60 字以内)

B (1) 北部と東部に山地が広がり，北東部では山地の間を比較的大きな河川が南西に向かって流れている。河川が注ぐ南西端は海面で，南西部の河川沿いや河口付近には沖積低地，山麓には台地がある。(90 字以内)

(2) 722 人/km^2

(3) 平地に乏しい山地や谷間，河川沿いの低地などは人口が少なく，水害を受けにくい台地や沖積低地中の微高地では人口が多い。(60 字以内)

◀解　説▶

≪東アジア・東南アジアの自然と人間活動，メッシュマップの読図≫

◆設問A　▶(1)　a の長江下流に位置するアは温暖湿潤気候（Cfa），c のメコン川下流域に位置するイはサバナ気候（Aw），赤道に近いマレー半島の先に位置するウは熱帯雨林気候（Af）である。アとウは乾季がないが，イは低日季に乾季となる。よってイはRである。大陸東岸の温暖湿潤気候では乾季はないが，冬季の降水量が少なくなる。よってアはQである。熱帯雨林気候は月降水量が常に 60mm 以上ある。よってウはPである。

▶(2)　「ため池が作られてきた」理由と家屋が「高床式となっている」理由を説明する。ため池は水不足への対応であり，高床式家屋は浸水を防ぐ目的がある。水不足と浸水（水の過剰）という相反する現象は，この地域の気候による。メコン川下流域では，南西モンスーンの吹く高日季は雨季，北東モンスーンの吹く低日季は乾季となり，乾季には水が不足し，雨季には河川が増水して氾濫する。

▶(3)　河川 d はエーヤワディー川であり，河口付近にはマングローブ林が広がっている。河川 b のホン川から河川 c のメコン川河口にかけてのベトナム沿岸にもマングローブ林が多かったが，ここでは急速にマングローブ林が消失している。その理由が問われている。ベトナム沿岸のマングローブ林が消失した最大の要因は，エビ養殖池の造成である。ベトナムでは，ドイモイ政策による市場経済の導入後，外貨獲得のために輸出向けのエビの養殖が盛んになり，マングローブ林が伐採されエビ養殖池に転換された。このほか，薪炭材としての伐採，水田などの農地への転用，最近では工場用地への転用などによりマングローブ林が伐採されている。

◆設問B　**▶(1)**　メッシュマップの標高データから，どこにどのような地形が分布するかを述べる問題である。設問文にある5つの地形の分布を，例文のように「位置―地形」の順に説明すればよい。北部と東部には，標高の高い地域が広がっているので，これが「山地」である。この中で，北東部には標高の低い部分が北東から南西に列状に並んでいる。ここは山地の中を流れる「比較的大きな河川」となる。南西端は標高0mなので「海面」であり，河川の河口となる。南西部は標高が低いが，その中で，標高10m未満の地域は三角州などの「沖積低地」，標高10m以上の地域は「台地」であると考えられる。

▶(2)　人口密度は人口÷面積で計算する。1つのメッシュの大きさが1辺500mなので，地域Xの面積は9km^{2}である。人口は図1－4の数値を全部足せばよい。6500人となる。よって人口密度は　6500÷9＝722.2…
「有効数字は3桁」「単位をつけて」という設問の指示から，722人/km^{2}と答える。

▶(3)　地形と人口分布との関係について述べる。北部，東部の山地と北東部の河川沿いは人口が少ない。南西部は人口が多いが，その中でも人口の多いところと少ないところがあることに留意する。河川の流路沿いは人口が少ないが，標高15mや18mの台地と考えられる地域と沖積低地のうちの標高5mや6mの地域は人口が多い。後者は沖積低地中の微高地（自然堤防など）と考えられ，浸水被害を受けにくいため人口が多くなっている。

2　解答

A　(1)　大気汚染（酸性雨，水質汚濁なども可）
(2)　(ア)―日本　(イ)―アメリカ合衆国　(ウ)―ロシア　(エ)―中国
(3)　窒素排出量の多い肉類，羊毛，小麦などの農産物や石炭，天然ガスな

どの化石燃料の輸出は多いが，これらの輸入は少ないため。(60 字以内)

(4) 国ごとに排出量規制を行うと，国内で排出しない輸入国は規制の対象外となり，輸出国も輸出した分を国内排出分から除くよう規制を緩めるなど，貿易を考慮した排出総量の規制にはならないため。(90 字以内)

B (1) (ア)―フランス　(イ)―アメリカ合衆国　(ウ)―スペイン

(2) 夏に晴天が多く，美しい海岸などの自然や多数の歴史・文化遺産などの観光資源に恵まれており，宿泊施設などが整備されている。(60 字以内)

(3) 近年の経済成長による中・高所得階層の増加や，LCC の就航増加による航空運賃の低下に加えて，日本の入国管理に関してもビザ発給要件の緩和などの外国人観光客誘致政策が進められたため。(90 字以内)

◀解　説▶

≪窒素排出量からみた国際貿易，世界と日本の外国人旅行者≫

◆設問A ▶(1) 窒素は，窒素酸化物として大気中に放出されると，大気汚染や酸性雨の原因となる。また，肥料などに含まれる窒素が河川や湖沼，海に流出し，水中の窒素濃度が上昇すると，富栄養化して水質が悪化する。

▶(2) 窒素は農産物や化石燃料の生産過程で排出されるので，「輸入品の生産過程での排出の方が多い」国は，これらの産品の輸入国，「輸出品の生産過程での排出の方が多い」国は，これらの産品の輸出国と考えられる。また，火力発電の電力を利用した商品の輸出が多い国は，輸出品の生産過程での窒素酸化物の排出が多くなる。

(ア)は窒素の種類のいずれも輸入品の生産過程での排出の方が多いから，農産物や化石燃料の輸入国であり，日本が該当する。(イ)は水溶性窒素だけ輸出品の生産過程での排出の方が多いから，農産物の輸出が多いアメリカ合衆国が該当する。(ウ)は窒素酸化物だけ輸出品の生産過程での排出の方が多いから，化石燃料の輸出国で，ロシアが該当する。(エ)はいずれも輸出品の生産過程での排出の方が多いから，中国である。中国は衣類などの軽工業品をはじめ各種の工業製品の輸出が多いが，これらの生産には火力発電の電力，特に窒素排出量の多い石炭火力発電の電力が利用されているから，輸出品の生産過程での水溶性窒素や窒素酸化物の排出が多くなる。

▶(3) オーストラリアは農産物や化石燃料の輸出国であるため，いずれの種類の窒素も輸出品の生産過程による排出の方が多い。この点について具体的な品目をあげて述べる。農産物では肉類，羊毛，小麦など，化石燃料では石炭，天然ガスの輸出が多い。

▶(4)　世界全体の窒素排出量を削減するために，国際的なルール作りが必要とされているのは，各国の自主的な規制では，国際貿易が行われる限り，世界全体の窒素排出量の削減にならないからである。それは具体的にどういうことなのかを述べる。

貿易がまったく行われていない場合，各国がそれぞれ国内での生産過程による窒素の排出量を規制すれば，世界の排出総量は削減される。しかし，貿易が行われた場合，窒素排出量の多い農産物や化石燃料の輸入国は，これらの産品をいくら消費しても，国内では生産過程において窒素を排出していないため，削減のための規制を行う必要がない。逆に，これらの産品の輸出国は，輸出品の国内での生産過程において窒素を排出するが，排出規制をすれば，生産コストの上昇や生産量の減少などを招き，輸出の縮小につながりかねないし，そもそもこれらの輸出品は国外で消費されるため，国内での排出規制には積極的にならないであろう。

このように生産過程において窒素排出量の多い貿易品に関しては，生産国（輸出国）も消費国（輸入国）も排出規制をする誘因（動機づけ）がないことになる。国際貿易を前提として世界全体の窒素排出量を削減するには，農産物や化石燃料の輸出国だけでなく，輸入国も自国で生産したものとみなして排出量を削減するといった国際的なルール作りが必要となる。

ここでは問題の資料に基づいて，生産過程での排出について考えてみたが，窒素は消費過程（化石燃料の燃焼など）においても排出される。しかし，消費過程で排出される窒素は，貿易品であってもなくても，消費国がその消費量に応じて排出量を削減すれば公平性が保たれるので，「国際貿易に関連」していない。

◆設問B　▶(1)　選択肢の5カ国のうち，ドイツは外国人旅行者受け入れ数が中国よりも少なく，ロシアは人口1人あたり国民総所得が1万ドル以下なので，両国は(ア)〜(ウ)には該当しない。外国人旅行者受け入れ数と自国人口100人あたり外国人旅行者受け入れ数から，人口は(イ)，(ア)，(ウ)の順となり，人口1人あたり国民総所得の順からも，(ア)がフランス，(イ)がアメリカ合衆国，(ウ)がスペインとなる。

▶(2)　(ア)のフランスと(ウ)のスペインの両国に共通する外国人旅行者受け入

れ数が多い自然的条件と社会的条件を述べる問題である。自然的条件は，両国が地中海に面し，夏に晴天の多い気候や美しい海岸などの自然に恵まれていること，社会的条件は，多数の歴史・文化遺産などの観光資源があり，ホテルなどの宿泊施設が整備され，海浜リゾート施設，ゴルフ場などのスポーツ施設，劇場・美術館などの娯楽・文化施設が充実していること，所得が高く，長期休暇が取得できる国々が近隣にあることなどが考えられる。なお，シェンゲン協定も外国人旅行者が増加する社会的条件として考えられるが，両国とも国別観光客数でイギリスが上位に入っており，解答とするには説得力に欠ける。

▶**(3)** 中国とタイからの訪日旅行者数が増加している共通の理由を述べる問題。指定語句はいずれも旅行者が増加する要因や背景に関連するものであるが，「所得階層」は中国・タイ側の理由，「航空」は路線の拡大や運賃の低下などの理由，「政策」と「入国管理」は日本側の理由として使用する。中国・タイとも訪日旅行者が増えているのは，両国とも外国旅行が可能な中・高「所得階層」が増えたためであり，その背景として近年の経済成長がある。また，両国から日本に就航する LCC（格安「航空」会社）が増加しており，「航空」路線・便数の増加や「航空」運賃の低下も旅行者増加の要因となる。このため，より下位の「所得階層」にとっても日本への旅行が容易になった。さらに，日本の外国人観光客誘致「政策」による旅行者数の増加もあるが，両国に共通するものとしては「入国管理」に関して日本への入国の際に必要な査証（ビザ）の発給要件の緩和があげられる。これまで中国人に対しては段階的にビザの発給要件が緩和されてきており，タイ人についてはIC 旅券の所持者に対してビザが免除されている。

3 解答

A (1) 知識経済の中心となる情報通信業や専門・技術サービス業が現在以上に東京に集中し，地方と東京との経済格差が大きくなる。(60 字以内)

(2) 人口流出で高齢化が進んでおり需要の高い医療や福祉の雇用は多いが，製造業が未発達で若年労働力の雇用先として不十分である。(60 字以内)

(3) 復興事業の需要が多い建設業は増加したが，製造業や宿泊業，飲食サービス業は工場の被災や観光客の減少により縮小している。(60 字以内)

(4)　大都市圏から離れていて製造業は未発達だが，豊かな自然を生かした観光業や公共事業による建設業が相対的に発達している。(60 字以内)

B　(1)　A―②　B―⑤　C―①

(2)　住宅地開発時に移住した人々の高齢化と若年層の転出のため。(30 字以内)

(3)　D半島では空港に近接した地域に国際航空輸送を利用するハイテク産業が立地し，E半島では空港を利用した外国人観光客の増加により観光業が成長するなど，地域経済のグローバル化が進んだ。(90 字以内)

◀解　説▶

≪産業構造と都道府県の特徴，日本の５つの半島の社会・経済≫

◆設問A　▶(1)　知識経済化・情報社会化の進展により，全国レベルでどのような地域的変化が生じていくかが問われている。表があるので，その内容に即して述べなければならない。表３－１中の産業のうち，知識経済化・情報社会化の進展に関係する産業は，「情報通信業」と「学術研究，専門・技術サービス業」である。これらは 2010 年の時点で，表中の都道府県の中では東京都の割合が最も高い。2015 年では東京都の割合がさらに高くなっているので，将来も東京ではこれらの産業の就業者が増加し，発展していくと予想できる。知識経済化・情報社会化が進展すると，その中心となる産業は，現在でも東京に集中しているが，今後はますます東京への集中度が高くなり，他の道府県との格差が大きくなると言える。

▶(2)　医療，福祉の就業者比率が高い都道府県は，表３－１中では高知県が該当する。設問文には「どのような特徴があると考えられるか」とあるが，高知県の自然や文化の特徴を書く問題ではなかろう。やはり医療，福祉の就業者比率が高くなる特徴について説明すべきである。「２つの点」は，医療，福祉の就業者比率が高くなる人口的背景と，医療，福祉の就業者比率が高くならざるを得ない経済的背景と考えよう。医療，福祉というサービス業の対象者は高齢者が多い。高知県などの大都市から離れた地方の県では，人口流出により早くから少子高齢化が進み，高齢者の割合が高い。このため，高齢者を主な対象とする医療，福祉関係のサービス業は雇用も多く，就業者比率が高くなる。この反面，製造業や情報通信業などの産業は未発達で，雇用を求める若年労働力にとって十分な雇用があるわけではない。それゆえ医療，福祉関係のサービス業の就業者比率が相対的に高くなってくる。

▶(3)　表3－1中の東日本大震災の被災地は福島県なので，2010 年から 2015 年の間の福島県の産業構造の変化とその理由を述べる。福島県で就業者比率が上昇したのは，「学術研究，専門・技術サービス業」，「医療，福祉」，「建設業」であり，低下したのは「宿泊業，飲食サービス業」と「製造業」である。「学術研究，専門・技術サービス業」と「医療，福祉」の上昇は全国的傾向と言えるので，上昇した産業としては「建設業」だけを取り上げればよい。建設業の就業者比率が上昇したのは，震災後の復興事業として建設需要が増加したためである。宿泊業，飲食サービス業の就業者比率が低下したのは，震災後の観光客の減少が原因であり，製造業の就業者比率が低下したのは，工場などが被災したためである。

▶(4)　北海道と沖縄県の共通の経済的特徴を，表3－1から読み取って述べる。ともに「宿泊業，飲食サービス業」の就業者比率が他の都府県よりも高く，「建設業」の就業者比率も福島県を除くと高い。これに対して，「製造業」の就業者比率は低い。どちらも消費地である大都市圏から離れていて，輸送面などの条件が不利なため，製造業は未発達である。しかし，観光資源が豊富なため，宿泊業，飲食サービス業（あわせて観光業と言ってもよい）が発達している。さらに，他産業の雇用が少ないため，相対的に公共事業への依存度が高く，建設業も他の都府県に比べて経済に占める地位が高くなっている。

◆設問B　▶(1)　Aは「遠洋漁業の拠点」「大都市の通勤圏」などから，②の三浦半島である。Bは「リアス式海岸」「真珠の養殖」などから，⑤の志摩半島である。Cは「1960 年代に大規模工業基地の建設が計画」「核燃料廃棄物関連の施設が立地」などから，①の下北半島である。1969 年からの新全国総合開発計画では，下北半島のむつ・小川原に大規模工業基地の建設が計画された。

▶(2)　大都市圏に比較的近い半島にもかかわらず，高齢化や人口減少が進んでいるのは，文章中の「高度成長期に大都市の通勤圏が外側に拡大するなかで，住宅地開発が盛んに進められた」ことが関係する。この時期に住宅地開発によって移住してきた人々が高齢となり，その子ども世代は雇用が少ないことなどから大都市へ転出したため，高齢化と人口減少が進んだ。

▶(3)　Dは「海を挟んだ隣の県」「ミカン」から⑦の国東半島，Eは「漆器産業」から⑥の能登半島で，「漆器」は輪島塗である。国東半島と能登半島で，空港の整備によって地域経済がどのように変化したのかを述べる問題である。指定語句の「グローバル化」は結論として用いると説明しやすい。空港の整備によって地域経済が「グローバル化」したと結論づけ，その内容をそれぞれの半島について具体的に説明すればよい。「外国人」は能登半島，「ハイテク産業」は国東半島の説明で用いる。国東半島では，大分空港に近いという利点から，半導体等の電子部品を製造するハイテク産業が立地している。ハイテク産業の国際分業が進む中で，日本で生産された電子部品は航空機で輸送され，中国などで電子機器の組み立てに使われている。能登半島では，2003 年に能登空港が開設され，国内線だけでなく国際チャーター便を利用した外国人観光客の増加につながった。和倉温泉の老舗旅館や地元産の食を取り入れた観光ツアーなどが人気で，観光業が成長している。

❖講　評

2019 年度も大問 3 題である。1 は自然環境と人間活動の関係，2 は資源と産業のうちの貿易と観光，3 は日本の経済と社会に関する問題で，それぞれテーマの異なる**A**・**B**の設問に分割されている。論述の設問数は 14 問（1 行 1 問，2 行 9 問，3 行 4 問）で，総字数は 31 行 930 字である。2018 年度に比べて，設問数，論述字数ともやや減少している。使用語句指定は 2 問で，これも大きく減少した。論述以外の設問は，選択式 4 問，記述式 2 問（1 問は人口密度の計算），解答個数はあわせて 15 個で，2018 年度よりもやや増加した。例年通り，統計表，グラフ，地図などが設問ごとに使用されているが，2019 年度は 1 の設問**B**でメッシュマップが使用されたことが特筆される。2009 年度から 2015 年度まで，奇数年度には地形図が出題されていたが，2017 年度には出題されず，2019 年度も出題されなかった。メッシュマップはその代わりと言えるかもしれない。2 の図 2 − 1 のように，どの受験生にとってもおそらく初めて見るような図も使用されており，統計表やグラフの読み取り能力が問われているのも例年通りである。

1　自然環境と人間活動の関係について，設問**A**では，東アジア・東南アジアの河川下流域や海岸部の自然と人間活動，設問**B**では，メッシュマップの読図が問われた。設問Aの論述問題は，(2)メコン川下流域にため池と高床式家屋がある理由の説明と(3)ベトナム沿岸のマングローブ林が減少している理由の説明で，いずれも基本的な内容であり，ここは得点源にしたいところである。設問Bは，(1)メッシュマップの標高データに基づく地形の分布の説明，(2)人口データからの人口密度の計算，(3)両者を組み合わせた地形と人口分布の関係の説明の3問からなる。メッシュマップを初めて見たという受験生もいるかもしれないが，人口密度の計算は必ず正解したい。論述は，地形の種類と標高との関係，標高と人口分布との関係を読み取れれば，あとは文章力の問題である。

2　世界の国際貿易と国際旅行者に関する問題。設問Aは，輸入品の生産過程で排出される窒素量から輸出品の生産過程で排出される窒素量を引いた差を示したグラフに基づいた問題である。初めて見る図であろうが，設問文をよく読んで，図の意味するところを理解できれば，答えられよう。論述問題のうち，(3)はオーストラリアの主要な輸出品目を知っていれば平易な問題であるが，(4)は何が問われ，何を書けばよいのかがわからなかった受験生も多かったのではないだろうか。「国際貿易に関連させて」という設問文の指示から，貿易品の生産過程における排出量は輸入国には削減できないし，それらの産品を国内で消費していない輸出国に削減を義務づけることも公平ではない，といった点に気づくかどうかが鍵となろう。設問Bの(2)の，フランスとスペインで外国人旅行者受け入れ数が多い共通の自然的条件と社会的条件の説明は，定番問題であるが，それぞれ2つずつくらいの内容は盛り込みたい。(3)はやや時事的な問題であり，指定語句の「入国管理」と「政策」の使い方が難しい。「政策」を包括的な外国人観光客誘致政策とし，「入国管理」をその具体策であるビザの発給要件の緩和に結びつけて書けばよいだろう。

3　日本の産業と国土に関する問題。設問Aは産業別就業者比率の変化からみたいくつかの都道府県の産業構造の変化や経済的特徴が問われている。いずれの小問とも表を正確に読み取ることが正解への第一歩となる。このうち(2)は，特徴を2つあげるという設問文の指示に戸惑った受験生も多かったのではないだろうか。医療，福祉の就業者比率が高くなる背景である高齢化は，すぐに思い浮かぶ特徴であろうが，もう1つの特徴として若年労働力の雇用先となる他の産業が未発達という点も，表から読み取って説明しておきたい。設問**B**は5つの半島についての文章から半島の位置や人口構成の変化，地域経済の変化が問われた。地域に関する知識が必要であり，特に(3)の論述は，やや細かい知識が問われているという印象である。指定語句があるので，なんとか説明できるかもしれないが，半島の判定が前提となっており，難しかったであろう。

「地理」の出題の意図（東京大学 発表）

本年度の地理の問題では次のような能力や知識を問うた。

第1問

設問A　気候の地域性を俯瞰的に理解する。また，自然環境と日常生活との関わりを考究する。さらに，地域の自然環境特性の変化と土地開発との関係をグローバルな視点から捉える。

設問B　地形の形態と分布の特徴を理解し，数量的な表現と結びつける。また，地理の重要な統計指標を活用する。さらに，地形の特徴と，地形に規定される環境の要素を人間活動と関連付ける。

第2問

設問A　一般的な環境問題の背景を理解し，提示された資料を参考に環境問題の社会的背景を論じる。また，資料を各国の貿易上の特徴と結びつける。さらに，資料を国際貿易と環境問題の知識と組み合わせて読み解く。

設問B　世界の国・地域に関する統計データを読み取り，それぞれの地理的特徴と結びつけて理解する。また，世界の国・地域と日本との関係に関する統計データと，各国・地域および日本の状況とを結びつけて理解する。

第3問

設問A　地域の動態を筋道立てて説明し，地理的現象を引き起す特性を導き出す。また統計を活用し，地域に対する量的・質的影響を読み取る。さらに，地域の等質性と固有性を理解する。

設問B　地域の事象に関する説明文を読んで，それぞれの地域の位置を日本地図の上で特定する。また，キーワードを用いて地域の人口や産業の変化について説明する。

数学

1　◇発想◇　(1)　$\triangle\mathrm{OPQ}=\dfrac{1}{3}$ から p，q の関係式を得る。点Rと直線PQとの距離を利用すると，$\triangle\mathrm{PQR}=\dfrac{1}{3}$ から p，q，r の関係式を得る。別解として，台形OPRCの面積を利用する解法も考えられる。とりうる値の範囲は双曲線，放物線のグラフを用いる。

(2)　p の3次関数の増減表を利用する。

解答　(1)　$\triangle\mathrm{OPQ}=\dfrac{1}{3}$ から $\dfrac{1}{2}pq=\dfrac{1}{3}$ なので

$$q=\frac{2}{3p}\quad\cdots\cdots(\text{答})$$

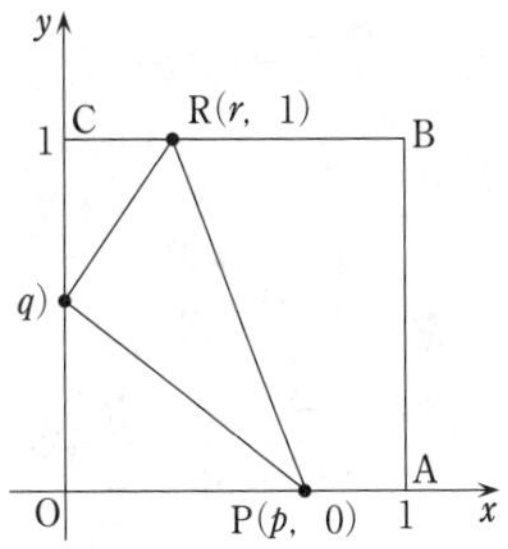

直線PQの方程式は $\dfrac{x}{p}+\dfrac{y}{q}=1$ より

$$qx+py-pq=0$$

$$qx+py-\frac{2}{3}=0\quad\cdots\cdots①$$

$$\left(pq=\frac{2}{3}\ \text{より}\right)$$

Oは領域 $qx+py-\dfrac{2}{3}<0$ にあり，点R $(r,\ 1)$ は直線①に関してOと反対側にあるので，点Rは領域 $qx+py-\dfrac{2}{3}>0$ にある。よって，点Rと直線①との距離 d は

$$d=\frac{qr+p-\dfrac{2}{3}}{\sqrt{p^2+q^2}}\quad\cdots\cdots②$$

また　　$\mathrm{PQ}=\sqrt{p^2+q^2}\quad\cdots\cdots③$

$\triangle\mathrm{PQR}=\dfrac{1}{3}$ から $\dfrac{1}{2}\mathrm{PQ}\cdot d=\dfrac{1}{3}$ であり，②，③より

$$qr+p-\frac{2}{3}=\frac{2}{3}$$

$$r=\frac{1}{q}\left(\frac{4}{3}-p\right)$$

$$=\frac{3p}{2}\left(\frac{4}{3}-p\right)\quad \left(q=\frac{2}{3p}\text{ より}\right)$$

$$=2p-\frac{3}{2}p^2\quad \cdots\cdots(\text{答})$$

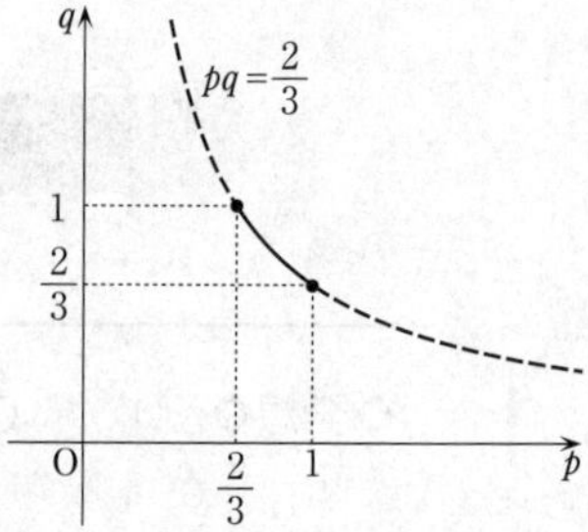

$pq=\dfrac{2}{3}$ と $0<p\leqq 1$，$0<q\leqq 1$ から

$$\frac{2}{3}\leqq p\leqq 1,\ \frac{2}{3}\leqq q\leqq 1\quad \cdots\cdots(\text{答})$$

また

$$r=2p-\frac{3}{2}p^2$$

$$=-\frac{3}{2}\left(p-\frac{2}{3}\right)^2+\frac{2}{3}\quad \left(\frac{2}{3}\leqq p\leqq 1\right)$$

から

$$\frac{1}{2}\leqq r\leqq \frac{2}{3}\quad \cdots\cdots(\text{答})$$

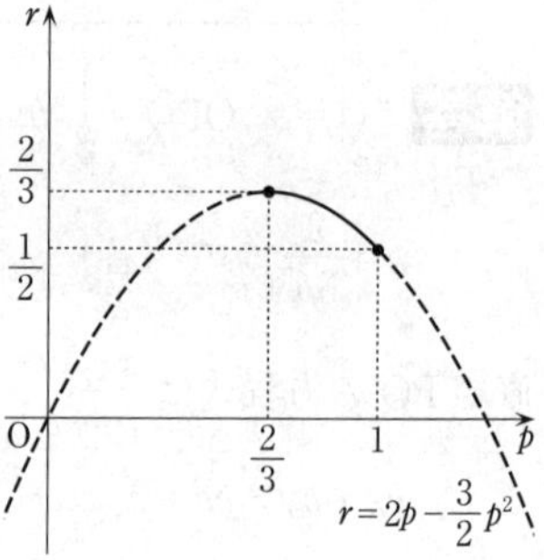

(2)　$$\frac{\mathrm{CR}}{\mathrm{OQ}}=\frac{r}{q}=\frac{3p}{2}\left(2p-\frac{3}{2}p^2\right)$$

$$=3p^2-\frac{9}{4}p^3$$

この右辺を $f(p)$ $\left(\dfrac{2}{3}\leqq p\leqq 1\right)$ とおくと

$$f'(p)=6p-\frac{27}{4}p^2$$

$$=-\frac{27}{4}p\left(p-\frac{8}{9}\right)$$

ゆえに，増減表から

p	$\frac{2}{3}$	…	$\frac{8}{9}$	…	1
$f'(p)$		+	0	−	
$f(p)$	$\frac{2}{3}$	↗	$\frac{64}{81}$	↘	$\frac{3}{4}$

$\dfrac{\mathrm{CR}}{\mathrm{OQ}}$ の最大値は $\dfrac{64}{81}$，最小値は $\dfrac{2}{3}$

……(答)

別解 (1)　$\triangle\mathrm{OPQ}=\dfrac{1}{3}$ から $\dfrac{1}{2}pq=\dfrac{1}{3}$ なので

$$q=\frac{2}{3p}$$

$$\begin{aligned}\triangle\mathrm{PQR}&=(\text{台形 OPRC})-\triangle\mathrm{OPQ}-\triangle\mathrm{CQR}\\&=\frac{1}{2}(p+r)-\frac{1}{3}-\frac{1}{2}(1-q)r\\&=\frac{1}{2}(p+qr)-\frac{1}{3}\end{aligned}$$

これと $\triangle\mathrm{PQR}=\dfrac{1}{3}$ から，$p+qr=\dfrac{4}{3}$ となり

$$r=\frac{4}{3q}-\frac{p}{q}=2p-\frac{3}{2}p^2\quad\left(q=\frac{2}{3p}\text{ より}\right)$$

（以下，〔解答〕に同じ）

◀解　説▶

≪三角形の面積，３文字の関係式から１変数関数への帰着≫

▶(1)　$q=\dfrac{2}{3p}$ を得るのは易しい。r を p で表すためには２通りの方法が考えられる。〔解答〕は点Rと直線PQとの距離を用いる方法であり，〔別解〕は台形OPRCの面積を利用する方法である。どちらも発想としては自然だが，前者の場合，はじめから $q=\dfrac{2}{3p}$ を用いてすべて p で表して進めると計算が煩雑になる。PQの方程式の定数項 pq を $\dfrac{2}{3}$ で置き換えた後は p，q を用いて計算を進め，最後のところで再度 $q=\dfrac{2}{3p}$ を用いるとよい。

p，q のとりうる値の範囲は $q=\dfrac{2}{3p}$ から双曲線のグラフを用いるのが簡明である。r のとりうる値の範囲は放物線のグラフを用いるが，式変形と計算に注意したい。

▶(2)　(1)の結果から，p の３次関数の増減表に帰着されるので，発想で迷うことはない。

▶本問は素材の図形が易しく，設問誘導が親切なので，やや易〜標準レベルの問題である。

2

◇発想◇　(1)　条件 1 から得られる不等式により $p+q-4\geqq 0$ であり，d は絶対値を用いずに表すことができる。接点，交点の計算が大切。

(2)　原点を通る直線と D の境界の放物線が接するときの接点の座標を求める。このうち，第 2 象限にある接点は D の外にあることに注意する。また，$1+\tan^2 x=\dfrac{1}{\cos^2 x}$ を利用する。

解答　(1)　条件 1 から，$8\leqq 2p+2q\leqq 17$ であり

$$4\leqq p+q\leqq \frac{17}{2}\quad \cdots\cdots ①$$

l の方程式は $x+y-4=0$ である。

①から，$p+q-4\geqq 0$ であり

$$d=\frac{|p+q-4|}{\sqrt{2}}=\frac{p+q-4}{\sqrt{2}}$$

また，$c=2\sqrt{2}$ なので，条件 2 から

$$2(p+q-4)\geqq (p-1)^2$$

よって　$q\geqq \dfrac{1}{2}p^2-2p+\dfrac{9}{2}\quad \cdots\cdots ②$

$$\begin{cases} p+q=4 \\ q=\dfrac{1}{2}p^2-2p+\dfrac{9}{2} \end{cases} \text{より}\quad (p,\ q)=(1,\ 3)$$

$$\begin{cases} p+q=\dfrac{17}{2} \\ q=\dfrac{1}{2}p^2-2p+\dfrac{9}{2} \end{cases} \text{より}\quad (p,\ q)=\left(-2,\ \frac{21}{2}\right),\ \left(4,\ \frac{9}{2}\right)$$

ゆえに，①かつ②から，D は次図の網かけ部分（境界含む）である。

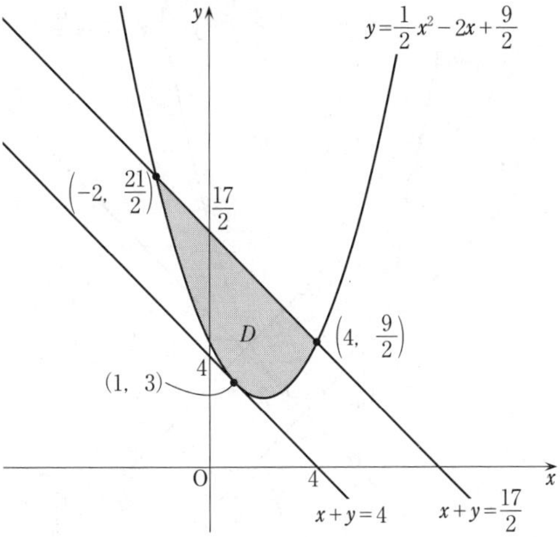

D の面積は

$$\int_{-2}^{4}\left\{\left(-x+\frac{17}{2}\right)-\left(\frac{1}{2}x^2-2x+\frac{9}{2}\right)\right\}dx$$

$$=-\frac{1}{2}\int_{-2}^{4}(x+2)(x-4)\,dx=-\frac{1}{2}\cdot\left(-\frac{1}{6}\right)\{4-(-2)\}^3$$

$$=\frac{1}{2}\cdot\frac{1}{6}\cdot6^3=18\quad\cdots\cdots(答)$$

(2)　原点を通る直線 $y=ax$（a は実数）と放物線 $y=\frac{1}{2}x^2-2x+\frac{9}{2}$ が接するときの a の値と接点の座標を求める。

$$\frac{1}{2}x^2-2x+\frac{9}{2}=ax$$

$$x^2-2(2+a)x+9=0\quad\cdots\cdots③$$

③の（判別式）$=0$ から

$$(2+a)^2-9=0\qquad 2+a=\pm3$$

よって　　$a=-5,\ 1$

③の重解は，$a=-5,\ 1$ のそれぞれに対して $x=-3,\ 3$ であり，接点の座標はそれぞれ $(-3,\ 15)$，$(3,\ 3)$ である。

D は領域 $-2\leqq x\leqq4$ に含まれ，点 $(3,\ 3)$ は D 内にあるが，点 $(-3,\ 15)$ は D の外にある。

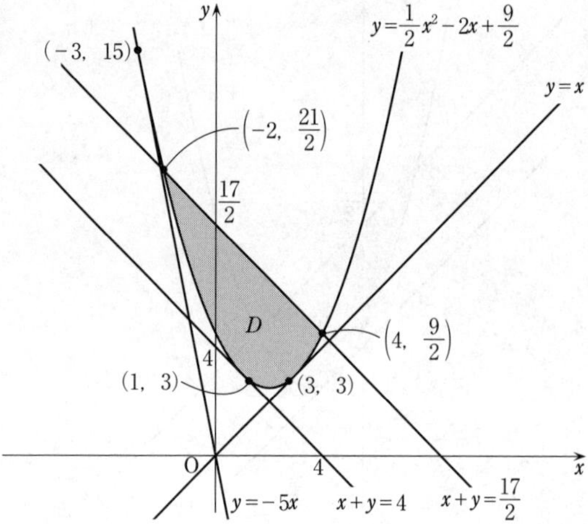

点 $(3,\ 3)$ と原点を結ぶ線分，点 $\left(-2,\ \dfrac{21}{2}\right)$ と原点を結ぶ線分と x 軸の正の部分がなす角をそれぞれ α，β $\left(0<\alpha<\dfrac{\pi}{2}<\beta<\pi\right)$ とすると

$$\tan\alpha=1,\ \tan\beta=-\frac{21}{4}\quad\cdots\cdots④$$

このとき，図から，$\mathrm{P}(p,\ q)$ が領域 D 内を動くときの θ について

$$0<\alpha\leqq\theta\leqq\beta<\pi$$

よって

$$\cos\beta\leqq\cos\theta\leqq\cos\alpha$$

ここで，一般に $\cos^2x=\dfrac{1}{1+\tan^2x}$ であることと，$\cos\beta<0<\cos\alpha$ および④から

$$\cos\alpha=\sqrt{\frac{1}{1+1^2}}=\frac{\sqrt{2}}{2}$$

$$\cos\beta=-\sqrt{\frac{1}{1+\left(-\frac{21}{4}\right)^2}}=-\frac{4}{\sqrt{457}}=-\frac{4\sqrt{457}}{457}$$

ゆえに　$-\dfrac{4\sqrt{457}}{457}\leqq\cos\theta\leqq\dfrac{\sqrt{2}}{2}$　……(答)

◀解　説▶

≪不等式と領域，領域内の点と原点を結ぶ線分と x 軸とのなす角≫

▶(1)　ベクトルの内積，点と直線の距離から得られる不等式の処理と領域の図示，交点や接点の座標，積分による面積など計算が主体の設問である。ひとつひとつの計算は易しいので確実に解きたい。点と直線の距離の公式を用いるところで絶対値がはずれることに気づかないと煩雑な計算になるので，これに気づくかどうかで差が生じると思われる。

▶(2)　まず，原点を通る直線と放物線が接するときの接点の座標を求めることが糸口となる。これにより，線分 OP の動く範囲をつかみ，その傾きを tan で表現する。$0<\theta<\pi$ で考え，この範囲では $\cos\theta$ が単調減少であることもポイントである。最後は，$1+\tan^2x=\dfrac{1}{\cos^2x}$ を用いる。

▶本問は，1 に比べると誘導の割合が少なく，自ら方向性を見出していく必要があり，計算量も多いので，文科としては標準〜やや難の問題である。無理な発想ではないが，最後の答えも自信がもてる数値ではなく，かなり差が出そうな問題である。本問ができると合格にはかなり有利になると思われる。

3

◇発想◇　(1)　コインの表が a 回，裏が b 回出るとして，条件を満たす $(a,\ b)$ の組それぞれの確率の和を求める。別解として，偶数回後には A，C または G，E のいずれかにあるので，$n=2k$ として，それぞれの確率 A_k，C_k，E_k の漸化式を立式し，それを解く方法でもよい。

(2)　一度も F を通らずに 10 回後に A に移動する経路の個数を経路図を用いて計算し，それから得られる確率を(1)の確率から引く。

解答　(1)　事象 S が起こるとき，コインの表が a 回，裏が b 回出るとすると，a，b は 0 以上の整数で

$$\begin{cases} a+b=10 \\ |a-b| \text{ は } 8 \text{ の倍数} \end{cases}$$

これより

$$\begin{cases} a+b=10 \\ a-b=-8 \end{cases},\quad \begin{cases} a+b=10 \\ a-b=0 \end{cases},\quad \begin{cases} a+b=10 \\ a-b=8 \end{cases}$$

となり，$(a,\ b)=(1,\ 9),\ (5,\ 5),\ (9,\ 1)$ となる。

ゆえに，求める確率は

$$2\cdot{}_{10}\mathrm{C}_1\left(\frac{1}{2}\right)^1\left(\frac{1}{2}\right)^9+{}_{10}\mathrm{C}_5\left(\frac{1}{2}\right)^5\left(\frac{1}{2}\right)^5=2\cdot10\cdot\frac{1}{1024}+252\cdot\frac{1}{1024}$$

$$=\frac{5}{256}+\frac{63}{256}=\frac{17}{64}\quad\cdots\cdots(答)$$

(2)　10 回中一度もFを通ることのない移動で 10 回後にAに移動する経路の個数は図から 206 個である。

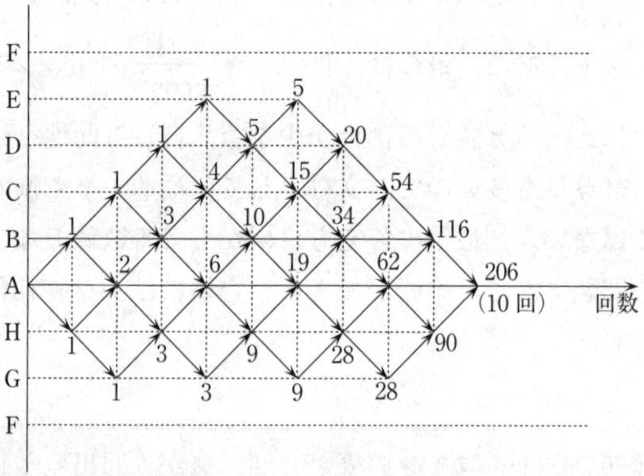

よって，事象 $S\cap\overline{T}$ の確率は

$$\frac{206}{2^{10}}=\frac{103}{512}$$

求める確率は，事象 $S\cap T$ の確率であり

$$\frac{17}{64}-\frac{103}{512}=\frac{33}{512}\quad\cdots\cdots(答)$$

別解　(1)　点Aに関する頂点の位置の対称性と点Pの移動の規則から，n 回後に動点Pが頂点BとHにある確率，CとGにある確率，DとFにある確率はそれぞれ等しい。

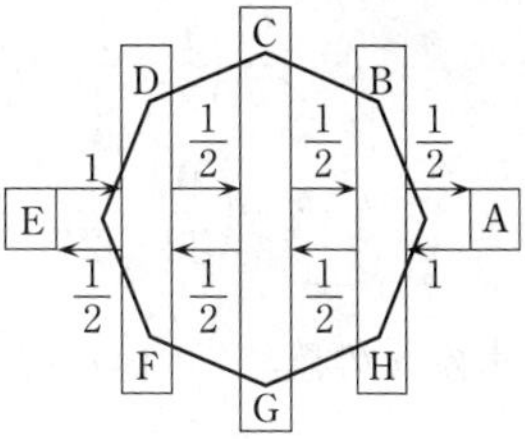

また，帰納的に，偶数回後にはA，C，E，Gにあり，奇数回後にはB，D，F，Hにある。そこで，$n=2k$（k は自然数）のとき，PがAにある確率を A_k，CまたはGにある確率を C_k，Eにある確率を E_k とおくと，確率の推移は右図のようになるので，次の漸化式が成り立つ。

$$\begin{cases} A_{k+1}=1\cdot\dfrac{1}{2}A_k+\left(\dfrac{1}{2}\right)^2C_k=\dfrac{1}{2}A_k+\dfrac{1}{4}C_k \quad \cdots\cdots\text{①} \\ C_{k+1}=1\cdot\dfrac{1}{2}A_k+1\cdot\dfrac{1}{2}C_k+1\cdot\dfrac{1}{2}E_k=\dfrac{1}{2}(A_k+C_k+E_k) \quad \cdots\cdots\text{②} \\ E_{k+1}=\left(\dfrac{1}{2}\right)^2C_k+1\cdot\dfrac{1}{2}E_k=\dfrac{1}{4}C_k+\dfrac{1}{2}E_k \quad \cdots\cdots\text{③} \\ A_1=\dfrac{1}{2},\ C_1=\dfrac{1}{2},\ E_1=0 \quad \cdots\cdots\text{④} \end{cases}$$

②と $A_k+C_k+E_k=1$ から　　$C_{k+1}=\dfrac{1}{2}$

これと④から　　$C_k=\dfrac{1}{2}$　$(k\geqq 1)$　……⑤

①，⑤から，$A_{k+1}=\dfrac{1}{2}A_k+\dfrac{1}{8}$ となり

$$A_{k+1}-\frac{1}{4}=\frac{1}{2}\left(A_k-\frac{1}{4}\right)$$

$$A_k-\frac{1}{4}=\frac{1}{2^{k-1}}\left(A_1-\frac{1}{4}\right)$$

$$=\frac{1}{2^{k+1}}\quad\text{（④より）}$$

よって　　$A_k=\dfrac{1}{4}+\dfrac{1}{2^{k+1}}$

事象 S の確率は A_5 なので　　$\dfrac{1}{4}+\dfrac{1}{2^6}=\dfrac{17}{64}$

〔注１〕 (1)の〔別解〕では漸化式を解かなくても，漸化式を用いて（A_k，C_k，E_k）（$1\leqq k\leqq 5$）を順次求める解法でもよい。この場合は以下のようになる。

$k=1\cdots\left(\frac{1}{2},\ \frac{1}{2},\ 0\right)$,　$k=2\cdots\left(\frac{3}{8},\ \frac{1}{2},\ \frac{1}{8}\right)$,　$k=3\cdots\left(\frac{5}{16},\ \frac{1}{2},\ \frac{3}{16}\right)$,

$k=4\cdots\left(\frac{9}{32},\ \frac{1}{2},\ \frac{7}{32}\right)$,　$k=5\cdots\left(\frac{17}{64},\ \frac{1}{2},\ \frac{15}{64}\right)$

事象 S の確率は A_5 なので，$\frac{17}{64}$ である。

〔注 2〕 n 回後にPがAにある確率，BまたはHにある確率，CまたはGにある確率，DまたはFにある確率，Eにある確率をそれぞれ a_n，b_n，c_n，d_n，e_n とおくと

$$a_{n+1}=\frac{1}{2}b_n,\quad b_{n+1}=a_n+\frac{1}{2}c_n,\quad c_{n+1}=\frac{1}{2}(b_n+d_n),$$

$$d_{n+1}=\frac{1}{2}c_n+e_n,\quad e_{n+1}=\frac{1}{2}d_n,$$

$$a_1=0,\quad b_1=1,\quad c_1=d_1=e_1=0$$

が成り立ち，$(a_n,\ b_n,\ c_n,\ d_n,\ e_n)$ $(n=1,\ 2,\ \cdots,\ 10)$ は順次，以下のようになる。

$n=1\cdots(0,\ 1,\ 0,\ 0,\ 0)$,　$n=2\cdots\left(\frac{1}{2},\ 0,\ \frac{1}{2},\ 0,\ 0\right)$,

$n=3\cdots\left(0,\ \frac{3}{4},\ 0,\ \frac{1}{4},\ 0\right)$,　$n=4\cdots\left(\frac{3}{8},\ 0,\ \frac{1}{2},\ 0,\ \frac{1}{8}\right)$,

$n=5\cdots\left(0,\ \frac{5}{8},\ 0,\ \frac{3}{8},\ 0\right)$,　$n=6\cdots\left(\frac{5}{16},\ 0,\ \frac{1}{2},\ 0,\ \frac{3}{16}\right)$,

$n=7\cdots\left(0,\ \frac{9}{16},\ 0,\ \frac{7}{16},\ 0\right)$,　$n=8\cdots\left(\frac{9}{32},\ 0,\ \frac{1}{2},\ 0,\ \frac{7}{32}\right)$,

$n=9\cdots\left(0,\ \frac{17}{32},\ 0,\ \frac{15}{32},\ 0\right)$,　$n=10\cdots\left(\frac{17}{64},\ 0,\ \frac{1}{2},\ 0,\ \frac{15}{64}\right)$

ちなみに，各確率は次のようになる。

- n が偶数のとき

$$a_n=\frac{1}{4}+\left(\frac{1}{2}\right)^{\frac{n+2}{2}},\ c_n=\frac{1}{2},\ e_n=\frac{1}{4}-\left(\frac{1}{2}\right)^{\frac{n+2}{2}},$$

$$b_n=d_n=0$$

- n が奇数のとき

$$a_n=c_n=e_n=0,\ b_n=\frac{1}{2}+\left(\frac{1}{2}\right)^{\frac{n+1}{2}},\ d_n=\frac{1}{2}-\left(\frac{1}{2}\right)^{\frac{n+1}{2}}$$

◀解　説▶

≪正八角形の頂点を移動する動点についての確率≫

▶(1)　数直線上や座標平面上の点の移動などでは，コインの表・裏の出る回数の設定が定石である。本問でもこの発想が有効であり，この発想が浮かべば易問である。〔別解〕は東大入試で頻出の漸化式による解法である。この場合には，n 回後に動点がAにあるのは n が偶数のときに限ることに気づくと，漸化式の立式の煩雑さが軽減される。〔別解〕では，さらに，$n=2k$ として添え字を k にした確率 A_k 等を用いる工夫を行っている。これは n と $n+2$ のときの確率の変化を k と $k+1$ のときの確率の変化でとらえることができて，漸化式処理がしやすいからである。もちろん，この添え字の工夫によらず，n 回後にAにある確率を a_n 等と表して，$a_{n+2}=\frac{1}{2}a_n+\frac{1}{4}c_n$ 等の漸化式で考えてもよい。このとき，点の位置と動点の移動の規則の対称性を利用すると，設定する確率の個数を減らすことができる。偶奇への着目とともに，東大入試の過去問でも有効な観点なので経験しておきたい工夫である。

▶(2)　事象 T の余事象を利用することと経路の個数を考える発想がポイントである。経路の個数に帰着させる発想は中学入試や高校入試で経験すると思われるが，東大の過去問ではあまり経験することがないので，ここで差が出ると思われる。ただし，途中計算での誤りが起こりやすいので気をつけたい。

▶本問は(1)が易，(2)が標準のレベルである。

4　◇発想◇　A$\left(\frac{1}{2},\ \frac{1}{2}\right)$，B$\left(\frac{1}{2},\ -\frac{1}{2}\right)$ とおくと，D は

$$\overrightarrow{OC}=c_1\overrightarrow{OA}+c_2\overrightarrow{OB}\quad(-1\leqq c_1\leqq 1,\ -1\leqq c_2\leqq 1)$$

で得られる点Cの全体である。さらに，$-\overrightarrow{OQ}=\overrightarrow{OQ'}$ となる点Q′を用いると，$\overrightarrow{OR}=\overrightarrow{OP}+\overrightarrow{OQ'}$ となることを利用する。

別解として，D は連立不等式 $\begin{cases}-1\leqq x+y\leqq 1\\ -1\leqq x-y\leqq 1\end{cases}$ を満たす領域でもあることを利用し

$$(X,\ Y)=(p_1-q_1,\ p_2-q_2)\ \text{かつ}\ \begin{cases}-1\leqq p_1+p_2\leqq 1\\ -1\leqq p_1-p_2\leqq 1\end{cases}$$

$$\text{かつ}\ \begin{cases}-1\leqq q_1+q_2\leqq 1\\ -1\leqq q_1-q_2\leqq 1\end{cases}$$

を満たす p_1, p_2, q_1, q_2 が存在するための $(X,\ Y)$ の条件を求める方法も考えられる。

解答 (1) $D:|x|+|y|\leqq 1$ は両軸および原点に関して対称である。

$|x|+|y|\leqq 1$ は，$x\geqq 0$ かつ $y\geqq 0$ では，$x+y\leqq 1$ であるから，これを両軸および原点に関して対称移動したものが D となり，図 1 の網かけ部分（境界含む）となる。

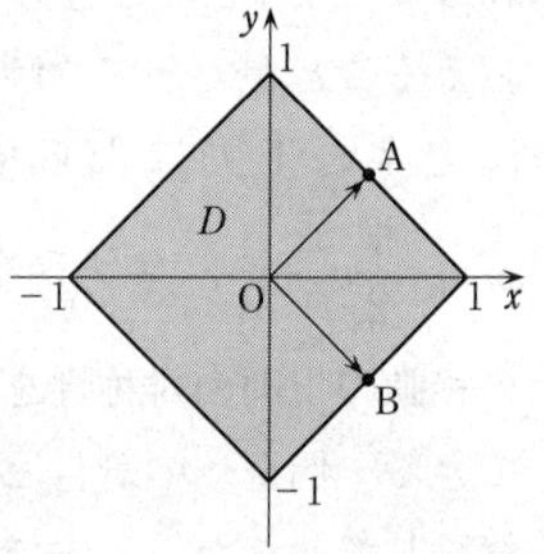

図 1

$\mathrm{A}\left(\dfrac{1}{2},\ \dfrac{1}{2}\right)$, $\mathrm{B}\left(\dfrac{1}{2},\ -\dfrac{1}{2}\right)$ とおくと，D は

$$\overrightarrow{\mathrm{OC}}=c_1\overrightarrow{\mathrm{OA}}+c_2\overrightarrow{\mathrm{OB}}$$

$$(-1\leqq c_1\leqq 1,\ -1\leqq c_2\leqq 1)$$

と表される点Cの全体である。

また，D は原点に関して対称であるから，$-\overrightarrow{\mathrm{OQ}}=\overrightarrow{\mathrm{OQ'}}$ となる点 Q′ を考えると，Qが D 全体を動くとき，Q′ も D 全体を動く。このとき

$$\overrightarrow{\mathrm{OR}}=\overrightarrow{\mathrm{OP}}-\overrightarrow{\mathrm{OQ}}=\overrightarrow{\mathrm{OP}}+\overrightarrow{\mathrm{OQ'}}$$

であり

$$\begin{cases}\overrightarrow{\mathrm{OP}}=p_1\overrightarrow{\mathrm{OA}}+p_2\overrightarrow{\mathrm{OB}} & (-1\leqq p_1\leqq 1,\ -1\leqq p_2\leqq 1)\\ \overrightarrow{\mathrm{OQ'}}=q_1\overrightarrow{\mathrm{OA}}+q_2\overrightarrow{\mathrm{OB}} & (-1\leqq q_1\leqq 1,\ -1\leqq q_2\leqq 1)\end{cases}$$

とおくと

$$\overrightarrow{\mathrm{OR}}=(p_1+q_1)\overrightarrow{\mathrm{OA}}+(p_2+q_2)\overrightarrow{\mathrm{OB}}$$

ここで，P，Q′ が D を動くとき，p_1+q_1, p_2+q_2 はそれぞれ -2 以上 2 以下のあらゆる値をとって変化する。

ゆえに，E は図 2 の網かけ部分（境界含む）となる。

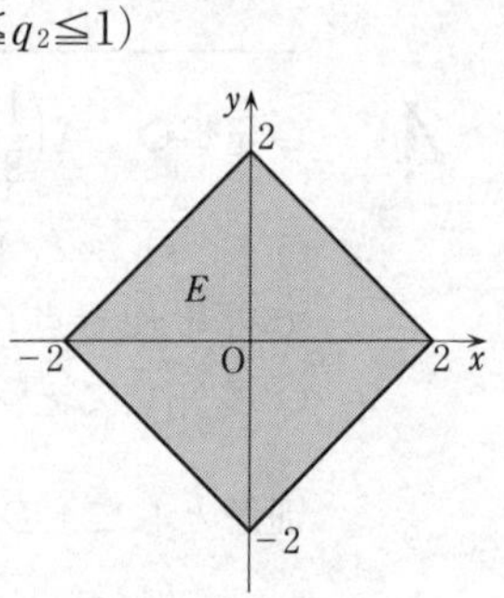

図 2

(2) F は D を x 軸正方向に a，y 軸正方向に b

平行移動したものである。

よって，H$(a,\ b)$ とすると，F の点S，Tに対して

$$\overrightarrow{OS}=\overrightarrow{OP}+\overrightarrow{OH},\quad \overrightarrow{OT}=\overrightarrow{OQ}+\overrightarrow{OH}$$

となる D の点P，Qがとれる。

このとき

$$\begin{aligned}\overrightarrow{OU}&=\overrightarrow{OS}-\overrightarrow{OT}\\&=(\overrightarrow{OP}+\overrightarrow{OH})-(\overrightarrow{OQ}+\overrightarrow{OH})\\&=\overrightarrow{OP}-\overrightarrow{OQ}\end{aligned}$$

であり，S，Tが F をもれなく動くとき，P，Qは D をもれなく動くので，G は E と一致する。　　　　　　　　　　(証明終)

別解 (1) (E の図示について)

P$(p_1,\ p_2)$，Q$(q_1,\ q_2)$，R$(r_1,\ r_2)$ とおくと，$\overrightarrow{OR}=\overrightarrow{OP}-\overrightarrow{OQ}$ は

$$(r_1,\ r_2)=(p_1-q_1,\ p_2-q_2)$$

となる。

また，D は連立不等式 $\begin{cases}-1\leqq x+y\leqq 1\\-1\leqq x-y\leqq 1\end{cases}$ を満たす領域でもある。

よって，平面上の点 $(X,\ Y)$ が E に属するための条件は

$$\begin{cases}p_1-q_1=X & \cdots\cdots①\\p_2-q_2=Y & \cdots\cdots②\\-1\leqq p_1+p_2\leqq 1 & \cdots\cdots③\\-1\leqq p_1-p_2\leqq 1 & \cdots\cdots④\\-1\leqq q_1+q_2\leqq 1 & \cdots\cdots⑤\\-1\leqq q_1-q_2\leqq 1 & \cdots\cdots⑥\end{cases}$$

を満たす実数 p_1，p_2，q_1，q_2 が存在するための X，Y の条件として得られる。

$$\begin{cases}①\\②\end{cases}\iff\begin{cases}p_1=q_1+X & \cdots\cdots①'\\p_2=q_2+Y & \cdots\cdots②'\end{cases}$$

①′，②′ のもとで

$$\begin{aligned}\begin{cases}③\\④\end{cases}&\iff\begin{cases}-1\leqq q_1+q_2+X+Y\leqq 1\\-1\leqq q_1-q_2+X-Y\leqq 1\end{cases}\\&\iff\begin{cases}-1-X-Y\leqq q_1+q_2\leqq 1-X-Y & \cdots\cdots③'\\-1-X+Y\leqq q_1-q_2\leqq 1-X+Y & \cdots\cdots④'\end{cases}\end{aligned}$$

③′，④′，⑤，⑥をすべて満たす実数q_1，q_2が存在するためのX，Yの条件は

$$\begin{cases} -1-X-Y\leqq 1 \\ 1-X-Y\geqq -1 \\ -1-X+Y\leqq 1 \\ 1-X+Y\geqq -1 \end{cases} \quad \text{すなわち} \quad \begin{cases} -2\leqq X+Y\leqq 2 \\ -2\leqq X-Y\leqq 2 \end{cases} \quad \cdots\cdots ⑦$$

である。逆に⑦を満たす（X，Y）に対して③′かつ④′を満たすq_1，q_2がとれて，これを用いて，①′，②′でp_1，p_2を与えると，①かつ②を満たす実数p_1，p_2が得られる。

以上から，領域Eは⑦で与えられ，図2の網かけ部分（境界含む）となる。

◀解　説▶

≪領域内を動く2点で定まる点の動く範囲，ベクトルと図形の移動≫

▶(1)　図形の移動は2018年度でも問われていて，東大入試での頻出事項である。$-\overrightarrow{\mathrm{OQ}}=\overrightarrow{\mathrm{OQ'}}$となる点Q′を考え，Pを固定するごとに，Q′を領域D全体を動かしてRの動きうる図形をとらえ，次いでPを動かすとして考えてもよいが，ここからEを確定するところで曖昧な記述になる恐れがある。本問では，〔解答〕のように，D内の点Cが

$$\overrightarrow{\mathrm{OC}}=c_1\overrightarrow{\mathrm{OA}}+c_2\overrightarrow{\mathrm{OB}} \quad (-1\leqq c_1\leqq 1,\ -1\leqq c_2\leqq 1)$$

で表現できることを用いるときちんとした説明ができる。煩雑であるが，〔別解〕のように，R(X，Y)とおいて，(X，Y)$=\overrightarrow{\mathrm{OP}}-\overrightarrow{\mathrm{OQ}}$となる$D$内の点P，Qが存在するための$X$，$Y$の条件を求める方法もある。この考え方も重要であるから，本問を通して訓練するとよい。この場合には，例えば，$-1\leqq q_1+q_2\leqq 1$かつ$-1-X-Y\leqq q_1+q_2\leqq 1-X-Y$を満たす$q_1$，$q_2$が存在するための$X$，$Y$の条件が，$-1-X-Y\leqq 1$かつ$1-X-Y\geqq -1$となることは，このような$q_1$，$q_2$が存在しないのが次の2通りの図のような場合（$-1-X-Y>1$または$1-X-Y<-1$）であることから得られる。他も同様である。

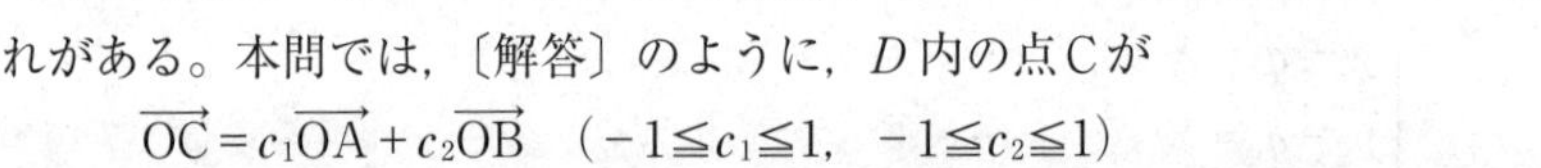

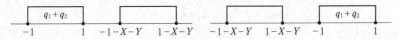

▶(2)　FがDをx軸正方向にa，y軸正方向にb平行移動したものであることは与えられた式から直ちにわかるので，F上の2点S，TをD上の

２点P，Qで表現することで，自然に解決する。

▶本問は⑴・⑵ともに標準の問題である。

❖講　評

ほとんど易問の 2017 年度から，2018 年度は標準レベルが少し入った程度の易しいセットとなったが，2019 年度はそれより標準レベルの割合の多いセットとなり，処理力や計算の面で難化し，最後まで詰め切ることが難しかったと思われる。ただし，全問で誘導小問があり，得点を積み上げていくことができる。2019 年度は理科との類題が１題で，理科では誘導のないものに誘導を付した出題だった。2018 年度はなかった確率・場合の数の出題が復活したが，試行回数が 10 回という具体的な出題だった。代わりに，整数や数列の出題がなかった。2018 年度は図示が３問と多かったが，2019 年度も２問見られた。2018 年度同様，領域の移動の問題が出された。

東大文科入試としての難易度は，1⑴やや易～標準，⑵やや易～標準，2⑴標準，⑵標準～やや難，3⑴易，⑵標準，4⑴標準，⑵標準であった。

1　図形と方程式の問題。⑴の誘導があり，発想で迷うことはないが，式処理と計算は少なくはない。なお，理科の２では誘導なしで⑵が問われている。

2　領域の図示と領域内の点と原点を結ぶ線分の傾きの問題。1より，少し煩雑な式処理や細かな計算が問われており，さらに三角関数のちょっとした知識も問われ，差が出る問題であった。

3　試行回数が具体的な 10 回の確率の問題。⑵で差が出る問題で，数え間違いも起きやすい。

4　2018 年度同様，領域の移動をベクトルで与えられた問題。領域をベクトルの線形和でとらえると明快な説明ができるが，気づかずに最後の詰めをなんとなくといった記述で済ませた受験生も多かったかもしれない。

「数学」の出題の意図（東京大学 発表）

数学は自然科学の基底的分野として，自然科学に留まらず人間文化の様々な領域で活用される学問であり，科学技術だけでなく社会現象を表現し予測などを行なうために必須である。

そのため，本学を受験しようとする皆さんには，高等学校学習指導要領に基づく基本的な数学の知識と技法について習得しておくことはもちろんのこと，将来，数学を十分に活用できる能力を身につけるために，以下に掲げる総合的な数学力を養うための学習を心がけて欲しいと考えている。

1） 数学的に思考する力
　問題の本質を数学的な考え方で把握・整理し，それらを数学の概念を用いて定式化する力

2） 数学的に表現する力
　自分の考えた道筋を他者が明確に理解できるよう，解答に至る道筋を論理的かつ簡潔に表現する力

3） 総合的な数学力
　数学を用いて様々な課題を解決するために，数学を自在に活用できると同時に，幅広い分野の知識・技術を統合して総合的に問題を捉える力

これらの数学的な思考力・表現力・総合力がバランスよく身についているかどうかを評価するために，高等学校学習指導要領の範囲のなかから多様な題材を今年度は次のように選択し問題を作成した。

第1問：平面図形，最大・最小

第2問：ベクトル，平面図形，関数のとりあつかい

第3問：確率，場合の数

第4問：ベクトル，平面上の領域

はそれなりに深い読みが必要である。㈠・㈢が標準、㈡・㈣がやや難のレベル。㈡はどのように説明するか、表現力がものをいう。㈣は解釈力が問われる。

「国語」の出題の意図（東京大学 発表）

国語の問題は、高等学校までに培った国語の総合力を測ることを目的として、文科・理科を問わず、現代文・古文・漢文の三分野すべてから出題されます。選択式の設問では測りがたい国語の主体的な運用能力を測るため、解答はすべて記述式としています。なお、文科・理科それぞれの教育目標と、入学試験での配点・実施時間をふまえ、一部に文科のみを対象とした問いを設けています。

第一問は現代文の論理的文章についての問題で、中屋敷均の文章を題材としました。生命現象から世界に対する見方にまで展開してゆく論旨を正確に捉える読解力と、それを簡潔に記述する表現力が試されます。また、ある程度の長文によって全体の論旨をふまえつつまとめる能力を問う問題を設けています。

第二問は古文についての問題で、江戸時代の蘭更（らんこう）の編んだ『誹諧世説（はいかいせせつ）』を題材としました。古文の基礎的な語彙・文法の理解をふまえ、猫をかわいがる妻をめぐる話の展開が文章に沿って理解できたかを問いました。文科ではさらに、話の鍵となる箇所を具体的に説明する問題をも出題しました。

第三問は漢文についての問題で、明末清初の黄宗羲（こうそうぎ）の『明夷待訪録（めいいたいほうろく）』を題材としました。漢文の基礎的な語彙・文法をふまえ、「学校」の現状に対する筆者の批判を文章に沿って理解できたかが問われます。文科ではさらに、筆者のとらえた現実について文脈をふまえて説明する問題をも出題しました。

第四問は文科のみを対象とします。文学的内容をもつ文章についての問題で、是枝裕和の文章を題材としました。迷子をめぐる筆者の体験と思索を理解し、それを簡潔に表現できるかどうかを問いました。

❖講　評

一　現代文（評論）「カオスの縁」をキーワードに、分子生物学の観点から、生命現象、人間の営み、科学の営為を論じた科学論である。一般向けに書かれた文章なので、文科の受験生も抵抗なく読めるだろう。設問は例年通りの構成である。㈠〜㈢の部分読解問題はいずれも標準レベル。解答の方向性がはっきりしており、まとめやすい。㈣は全体の要約が必要な読解問題で、傍線部およびその前後の解釈が難しいうえに、本文前半の内容と結びつけてまとめなければならず、その点でも難しい。やや難のレベルといえる。㈤は書き取りである。

二　古文（俳文）江戸時代の俳人高桑闌更の俳文『誹諧世説』からの出題。猫を過度にかわいがる妻をだまして猫を引き離したが、計略が露見してけんかになり、結局は周囲の取りなしで事が収まったという話。ごく平易で読みやすい内容のものであった。㈠の口語訳は、「うるさし」「程あり」「あらはる」「是非なし」の本文中での意味をとらえることがポイント。㈡の言葉を補っての口語訳は、「行く」「尋ぬ」それぞれの主語と「尋ぬ」の対象を明示する。㈢〜㈤の内容説明は、問われている内容は無理なく理解できるだろうが、適切な表現で簡明にまとめる答案の完成度が求められる。

三　漢文（思想）清代初期の学者、黄宗羲が著した『明夷待訪録』からの出題。学校の持つ本来の意義と、それが損なわれている現状について論じたもので、皇帝による専制的な政治を批判する内容となっている。抽象的でかなり高度な文章と言える。㈠の語意（口語訳）は、前後の文脈に基づき、本文中の意味を考える必要がある。㈡の口語訳は、「不敢」「為」を適切に解釈することがポイント。㈢の内容説明は、学校が何によってどう変化したかをわかりやすい表現で説明する。㈣の本文の趣旨を踏まえた内容説明は、設問の指示に応じて、「亦」に込められた意味の理解を明確に示すことができるかどうかが決め手となる。

四　現代文（随筆）注目を集める映画監督である是枝裕和の文章からの出題。迷い子について考察したもので、筆者の体験談が記されていて興味深く、また洞察に富む内容である。設問はどれも一見易しくみえるが、高得点を得るに

▼㈢「邂逅」は〝思いがけなく出会うこと〟の意。直前に「『他者』（それが善意であれ悪意であれ）としての世界と向き合う――人が大人になっていく過程でいずれは誰もが経験しなくてはいけない」とあるように、他者の世界と突然向き合うのが迷い子の経験だと述べている。「予行演習」とあるのは、他者の世界との出会いがまだ心の準備のできていない子供時代に訪れることをいう。また「暴力的」とあるのは、二文前に「否応なく直面させられる」とあるように、迷い子の経験が前触れもなく突然襲ってくることをいう。以上より解答のポイントは次の二点となる。

① 邂逅＝大人になる過程で誰もが他者の世界と向き合う

② 暴力的＝前触れもなく否応なく直面させられる

▼㈣「こっそりと泣く」とあるのは、三文前の（迷い子が）「これでもかと泣くのだ」に対するもので、大人が独り心の中で悲しむことをいう。その理由として二点考えられる。二文前の「そして、どんなに泣いても」以下に着眼すると、まず「迷い子であることと訣別し、大人になる」ことがあげられる。母の庇護下にあった子供にはもう戻れないことの寂しさである。次に「母は、自分を包み込んでくれる世界そのものではなく、世界の片隅で自分を待っていてくれるだけの小さな存在に変質してしまう」ことがあげられる。子供にとって自分を包み込んでくれる大きな世界であった母が、大人になると世界の片隅に生きる小さな存在になったことに気づいて感じる悲しみである。この二点をまとめればよい。

① 母の庇護下にあった子供には戻れない

② 母が小さな存在になってしまった

参考　是枝裕和（一九六二年～）は映画監督。東京都生まれ。早稲田大学第一文学部卒業。テレビ番組制作会社で多くのドキュメンタリー番組を手がけた後、『幻の光』で映画監督デビューし、注目を集める。『誰も知らない』『歩いても歩いても』『空気人形』など次々に発表し、国内外の多数の賞を受賞する。近年では『万引き家族』（二〇一八年）がカンヌ国際映画祭でパルム・ドールを受賞した。

前半　第一～第六段落（迷い子になった。…）
　電車の中で迷い子になり、周囲の無関心が不安を加速させた。でも駅員からヌガーをもらって不安は消えた
後半　第七・第八段落（迷い子になったときに…）
　迷い子の経験とは他者の世界と直面することの暴力的な予行演習であり、その孤独の経験が子供を大人にする

▼㈠　「その風景」とは直前文の「ぞっとするくらい冷たい風景」であり、「僕」が電車の中で母とはぐれ迷い子になったのに、乗客たちが「何の関心も示さない」という光景を指す。また「僕との無縁さ」とは、第七段落の「僕のことなど誰も知ることのない『世界』と、そしてその無関心と、否応なく直面させられる」、「その疎外感の体験が少年を恐怖の底につき落とす」ということだと理解できる。このように考えれば、「不安を一層加速させた」とは、迷い子になった「不安」に、自分が誰にも関心を持ってもらえないという「不安」が積み重なったことをいう。よって解答のポイントは次の二点となる。

①　その風景＝電車の中で迷い子になったのに、他の乗客たちは無関心である
②　僕との無縁さ＝乗客たちの無関心による疎外感

▼㈡　「その瞬間」とは直前文の「今度このお菓子を母親に買ってもらおう」と思った瞬間をいう。このとき「僕」はもう母のいる日常生活に戻っている。もちろん母はまだ迎えに来ていないが、心の中では母の存在を身近に感じている。そしてそれを可能にしたのは、親切な駅員が寂しそうな「僕」を慰めようとして与えてくれたヌガーの味である。その甘い美味しさが母の存在につながり、「僕」に安心感を与えてくれたといえよう。このように考えれば、解答のポイントは次の二点となる。

①　親切な駅員がくれたヌガーの美味しい味
②　母のいる日常生活を取り戻したように感じられた

録』によって「中国のルソー」とも称される。

四

出典　是枝裕和「ヌガー」（『是枝裕和対談集　世界といまを考える　2』　PHP文庫）

解答

(一)　母とはぐれて迷い子になった不安のうえに、他の乗客たちが無関心であったことによる疎外感が自分の不安を募らせたということ。

(二)　親切な駅員がくれたヌガーの美味しい味を通して、母のいる日常生活をもう取り戻したように感じられたから。

(三)　大人になる過程で誰もが向き合う他者の世界に、子供が何の準備もないまま否応なく直面させられるのが迷い子の経験だということ。

(四)　母の庇護下にあった子供にはもう戻れず、世界そのものであった母も小さな存在になってしまったことに気づいて悲しくなるから。

◆要　旨◆

「僕」は子供のとき、電車の中で迷い子になった。乗客たちは何の関心も示さず、それが不安を加速させた。迷い子という経験は、自分を庇護してくれる存在から離れ、「他者」としての世界と向き合うことを、大人になる予行演習として暴力的に体験させられる。そして、もう孤独に世界と向き合わねばならないと悟ったとき、少年は大人になるのだ。

▲解　説▼

本文はエッセー「ヌガー」の全文で、八段落から成る。筆者の体験を記した前半と、それを一般化して考察した後半とに分けることができる。

し」と読み、〝関係を持つことがない・関わりを持たない〟という解釈になる。

▼㈡「敢《あ》へて自《みづか》ら非是を為《な》さず」と読む。「不敢〜」は〝進んで〜しない〟の意。「自」は〝自分で・自分から〟という意味の副詞。「為」はここでは〝判断する・決める〟という意味の動詞。

▼㈢逐語訳は〝朝廷の権勢や利益によってその本来のあり方を一変させた〟。「朝廷之勢利」は、この段落の初めから述べられているように、朝廷が世の中の是非を決める権勢を持ち、民衆もそれに追従している状態を言っている。「其」は学校を指す。「一変」はすっかり変わるということで、第一段落の「治天下之具皆出於学校」にあたる学校の本来のあり方が、傍線部ｃの前の「科挙囂争、富貴熏心」のように利益を追求する状態に変化したということ。変化の説明なので、変化前と変化後を丁寧に説明したいところではあるが、一行の解答欄に収めるためには、肝心な内容として、朝廷の影響による変化後の有様に絞ってまとめることになるだろう。

▼㈣傍線部自体の読みは「亦之《またこれ》を失《うしな》ふ」で、逐語訳は〝またこれも失った〟。「之」は直前の「養士一事」を指し、人材を養成するという学校の一つの役割を言っている。設問では、なぜ「亦」と言っているのかを本文の趣旨を踏まえて説明することが求められているので、学校が「養士一事」以前に失ったものがあるということを明示する必要がある。学校の役割はひとまずは「養士」であるとされているが、古代の聖王は、第一段落の三文目に「必使治天下之具皆出於学校、而後設学校之意始備」とあり、傍線部ｂの後に「公其非是於学校」とあるように、社会全体を治めるための手立てをすべて発することこそが学校の意義であり、学校において社会の是非が公的に定められるべきだと考えていた。ところが、第二段落では、後世になってその意義が失われ、さらには「養士」という役割も失われたという流れになっている。以上の内容をまとめれば十分かと思われるが、〔解答〕では、古代の聖王の考えを学校の本質ととらえ、「養士」についてはあくまでも「一事」としているという筆者の見解を踏まえ、前者には「本質的意義」、後者には「最低限の役割」という表現を用いてその理解を示した。

参考　黄宗羲は明代末から清代初めの学者・思想家。君主や役人の権勢を批判して民本主義を唱えた著である『明夷待訪

読み　学校《がくかう》は士《し》を養《やしな》ふ所以《ゆゑん》なり。然《しか》れども古《いにしへ》の聖王《せいわう》、其《そ》の意《い》僅《わづ》かに此《これ》のみならざるなり。必《かなら》ず天下《てんか》を治《をさ》むるの具《ぐ》をして皆《みな》学校より出《い》でしめ、而《しか》る後《のち》に学校を設《まう》くるの意始《はじ》めて備《そな》はる。天子《てんし》の是《ぜ》とする所《ところ》未《いま》だ必ずしも是ならず、天子の非《ひ》とする所未だ必ずしも非ならず。天子亦遂《またつひ》に敢《あ》へて自《みづか》ら非是を為《な》さず、而《しか》して其の非是を学校に公《おほやけ》にす。是《こ》の故《ゆゑ》に士を養ふは学校の一事《いちじ》たるも、学校は僅かに士を養ふ為《ため》に設くるのみならざるなり。

三代以下《さんだいいか》、天下の是非一《いつ》に朝廷《てうてい》より出づ。天子之《これ》を栄《えい》とすれば則《すなは》ち群趨《ぐんはし》りて以《もつ》て是と為し、天子之を辱《じよく》とすれば則ち群擿《なげう》ちて以て非と為す。而して其の所謂《いはゆる》学校なる者《もの》は、科挙《くわきよ》もて囂争《がうさう》し、富貴《ふうき》もて熏心《くんしん》す。亦遂に朝廷の勢利《せいり》を以て其の本《ほん》領《りやう》を一変《いつぺん》す。而して士の才能学術《さいのうがくじゆつ》有《あ》る者、且《か》つ往往《わうわう》にして自ら草野《さうや》の間《かん》より抜《ぬ》きんで、学校に於《お》いて初《はじ》めより与《あづか》る無きなり。究竟《きうきやう》士を養ふの一事も亦之を失《うしな》ふ。

▲解　説▼

本文のおおまかな内容は次の通りである。

第一段落　学校は有能な人材を養う機関ではあるが、古代の聖王は、それだけではなく、世の中を治めるすべての手立てが学校から発せられることこそが学校の意義だと考え、是非の判断を学校に委ねていた。

第二段落　しかし後世、世の中の是非がすべて朝廷から発せられ、群衆が君主の意向に盲従するようになるにつれて、学校も名誉や利益を求める場となった。有能な人材も学校に行かなくなり、学校は、本来の意義ばかりか、有能な人材を養成する役割までも失うこととなった。

▼(一)　a、「僅」は〝ほんの少し〟の意から、〝ただ〜(だけ)〟と限定を表す。「此」は「これ」と読む指示代名詞。

d、「草野之間」は〝民間・在野〟の意。「自抜於草野之間」は、公的な養成機関などを経て官職に就くのではなく、自分の力で民間から身を起こして頭角を現すことを言っている。

e、「与」は、ここでは「与《あづか》る」を基本形とする動詞で、〝関係を持つ・関わる〟の意。「無与」は「与る（こと）無

三

出典 黄宗羲『明夷待訪録』〈学校〉

解答

(一) a、これだけではない
d、民間
e、関係を持つことがない

(二) 進んで自分からは物事の是非を判断しようとせず

(三) 学校が、朝廷の権勢に影響され利益追求の場に本質を変えたこと。

(四) 学校は、社会の是非を定めるという本質的意義に加え、人材養成という最低限の役割まで失ったから。

◆全　訳◆

学校は有能な人材を養成するためのものである。けれども昔の聖王は、学校の意義はただそれだけとはしなかったのである。必ず世の中を治めるための手立てをすべて学校から発するようにさせ、その後に学校を設ける意義が初めて満たされる。君主が是とすることがこれまでに必ずしも是であったわけではなく、君主が非とすることがこれまでに必ずしも非であったわけではない。君主もまた一貫して進んで自分からは是非を判断しようとせず、是非を学校において社会に共通のものとした。だから有能な人材を養成することは学校の一つの役割であるけれども、学校はただ有能な人材を養成するために設けられるだけのものではないのである。

夏・殷・周という理想の治世が終わった後の時代、世の中の是非はすべて朝廷から発せられてきた。君主がほめると群衆はこぞって進んでそれを是とし、君主がけなすと群衆はこぞって捨ててそれを非とする。そしていわゆる学校というものは、科挙のために騒ぎ争い、財産や高い地位のために心をこがす。同時に結局朝廷の権勢や利益によって学校本来のあり方を一変させた。そして有能な人材で才能や学術がある者も、またしばしば自力で民間から身を起こし、学校に対して初めから関係を持つことがないのである。つまり（学校は）有能な人材を養成するという一つの役割もまた失った。

はっきりさせようとする動作を表す。〝質問する〟の意に限らないことに注意しよう。ここでは、妻が猫を探したということ。

▼㈢「我が知らせしとなく」は、隣家の内室が嵐雪の妻に猫の居場所を知らせたということは内密にするようにということ。「何町、何方」は、猫が預けられている家の場所を具体的に教えたもの。「取り返しに遣はし給へ」は、猫を取り返すために人を行かせよということ。一行の解答欄に収まるように簡潔にまとめる。

▼㈣第二段落の前半の内容に基づき、嵐雪が猫をどのようにして、妻にはどう言ったかをまとめる。妻が実家へ行っている間に、もともと話をつけておいた家に猫を連れて行かせ、帰宅した妻には、妻の後を追おうとして綱を逃れようとするのが苦しそうだったため、綱を緩めたところ、妻を探して外へ出たのか、姿が見えなくなったと嘘をついたという事情を、ごく簡潔にまとめる。

▼㈤嵐雪の妻がどのように猫をかわいがっていたかは、第一段落に書かれている。そのうち、「余り他に異なる愛し様」にあたるのは、嵐雪の発言の「人にもまさりたる敷き物（＝「ふとん」）・器、食ひ物とても、忌むべき日にも、猫には生ざかなを食はする」様子である。設問の「具体的に」という指示に従いつつ、一行の解答欄に収めるために、「ふとん」「器」「食ひ物」を挙げ、それらが贅沢で非常識なものであったというまとめ方をすることになるだろう。

参考 高桑闌更は江戸時代の俳人で、松尾芭蕉に私淑し、蕉風復興に努めた。『誹諧世説』は五巻から成る俳文集で、芭蕉やその門弟らの逸話が集められている。

本文の発句について、「猫の妻いかなる君のうばひ行く」は、自分の飼っている猫をどこかの男性が妻とするために奪って行ったのではないかと詠み、猫がいなくなったことを嘆くとともに、雌猫と思われるその猫はこの上なくかわいらしいということをアピールしたものとなっている。「喜ぶを見よや初ねの玉ばは木」は、夫婦げんかをした際には振り上げたりもした箒も、正月の初子の日の行事では本来の役割で用いられることになって喜んでいると詠み、夫婦のいさかいが一件落着した安堵感をユーモラスに表現している。

第一段落（嵐雪が妻、唐猫のかたちよきを愛して…）
猫を非常識なほど過度にかわいがる妻に対して、嵐雪は苦言を呈していたが、妻はまったく改めなかった。
第二段落前半（さてある日、…ここちあしくなり侍りければ）
ある日、妻が猫を大切につないで外出した際に、嵐雪は、前もって計画していた通り、猫を他所へやり、帰宅した妻には、おまえを探してどこかへ行ったと嘘をついた。いくら探し回っても猫は見つからず、妻は深く悲しんだ。
第二段落後半（妻の友とする隣家の内室、…）
隣家の奥様が嵐雪の計略を知り、猫を取り返すように嵐雪の妻に告げると、妻は自分をだました夫をなじり、嵐雪と言い争いになったが、周囲の人の取りなしによって、夫婦は仲直りして猫も連れ戻した。

▼㈠ ア、「うるさし」は、煩わしく面倒に思う様子を表す形容詞。音声がやかましいという意味に限らないので注意しよう。

イ、「程」は、ここでは、「獣を愛する」場合の「程」を言っていて、後に、妻の過剰な愛し方をあげつらっていることから、〝限度〟という訳が最適。「べき」は強い当然性を表す助動詞「べし」で、〝～はずだ・～に違いない・～なければならない・～て当然だ〟といった訳がふさわしい。〝～だろう〟では助動詞「む」の訳にあたるので不十分。「なり」は断定の助動詞。

カ、「あらはれたる上は」は、〝（自分の企てが妻に）露見した以上は〟ということ。「是非なく」は、あれこれ言い立てることもできない様子を表す表現で、〝どうしようもなく・しかたがなく〟といった訳がふさわしい。

▼㈡ 「行くまじき方」は、〝猫が普通なら行くはずがない辺り〟の意。「まじき」は強い当然性をもった打消の助動詞「まじ」の連体形で、〝～はずがない・～ないに違いない・～そうにない〟と訳す。動詞「尋ぬ」は、不明なものを

て、人に連れて行かせた。妻が、日が暮れて帰り、真っ先に猫を探すけれども見つからない。「猫はどこへ行っていますか」と尋ねたので、（嵐雪は）「さては、あなたの後を追ったのだろうか、むやみに鳴き、綱を切るほどに激しく動き、毛も抜け、首も絞まるほどであったので、あまりにも苦しいだろうと思い、綱を緩めて魚などを与えたけれども、食べ物も食べないで、ただうろうろと（あなたを）探す様子で、門口・裏口・二階などを行ったり戻ったりしたが、それから外へ出たのでしょうか、近隣を探すけれどもまだ見つからない」と言う。妻は、泣き叫んで、行くはずがない辺りまでも探したけれども、（猫は）戻って来ずに、三日、四日過ぎたので、妻は、涙を流しながら、

　猫の妻を、どのようなお方が奪って行くのか　　妻

このように言って、体調が悪くなりましたので、妻が友とする隣家の奥様が、この人も猫を好きだったが、嵐雪が企てて他所へ連れて行ったことを聞き出し、こっそりと妻に告げ、「（猫は）無事でおりますとのことです。決して心をお痛めになるな。私が知らせたとはわからないように、どこそこ町、だれそれの辺りへ（猫を）取り返しに人を行かせなさい」と語ったので、妻は、「このようなことがあってよいのか。私の夫は、猫をかわいがることを嫌っていらっしゃいましたが、それでは私をだましてのことであるのか」と、あれこれと非難して互いに言い争った。嵐雪も露見した以上はどうしようもなく、「たしかにあなたをだまして（猫を他所の家に）連れて行かせたのだ。いつも言うように、あまりにも他の人とは異なるかわいがりようだ。非常にいけないことである。これ以上私が言う通りにしないならば、取り返してはならない」と、あれこれと言い争ったけれども、隣家・門人たちがさまざまに言って、妻に謝らせて、嵐雪の心を静め、猫も取り返し、何事もなくなったので、

　　一月の初めの夫婦のもめ事を人々に笑われて
　喜ぶのを見なさいよ、初子《はつね》の日の玉のついた小さな箒《ほうき》は　　嵐雪

◀解　説▶

本文のおおまかな内容は次の通りである。

いる』などがある。

二

出典　高桑闌更『誹諧世説』〈嵐雪が妻、猫を愛する説〉

解答

㈠　ア、煩わしく思う人もいるだろうと
　　イ、限度があるはずのことである
　　カ、露見した以上はどうしようもなく

㈡　妻が、猫が行くはずがない辺りまでも猫を探したけれども

㈢　自分が教えたとは言わず、猫がいる家に人を行かせて猫を取り返せ。

㈣　妻の留守中に猫を他所へ預け、猫が妻を探して姿を消したと嘘をついた。

㈤　非常識なほど贅沢な布団・器や食べ物を与える過度なかわいがり方。

◆全　訳◆

嵐雪の妻が、猫で姿がかわいらしいものを愛して、美しい布団を敷かせ、食べ物も並々ではない立派な器に入れて、いつも膝元を離さなかったので、門人・友人たちにも煩わしく思う人もいるだろうと、嵐雪は、折に触れては、「獣を愛するにも、限度があるはずのことである。人間よりも上等な敷き物・器（を使って）、食べ物にしても、（肉食を）慎まなければならない日にも、猫には生魚を食べさせるなど、良くないこと」とつぶやいたけれども、妻はほんの少しもこれを改めなかった。

そしてある日、妻が実家へ行った際に、留守の間、（猫が）外へ出ないように、例の猫をつないで、いつもの布団の上に寝させて、魚などを多く食べさせて、くれぐれも綱を緩めないようにあらかじめ頼んで出て行った。嵐雪は、例の猫をどこへでも行かせ、妻をだまして猫を飼うことをやめようと思い、前もって約束しておいた所があったので、遠い道を隔

はどういうことかという観点から、科学が世界に秩序を与えることによって人類の不安や病気のような不幸が解消されることを説明すればよいことになる。以上より解答のポイントは次の三点となる。

① 科学が混沌とした世界の法則を解明する
② 科学が人類の不安や不幸を解消する
③ 福音＝喜びを与える・幸福をもたらす

▼㈣ 第十三段落以下、直前の四段落の内容を否定的に受け継いで、新たな「形」を作る営みそのものが「人の〝喜び〟」であり、まだ「分からない」世界が存在することも人間にとって福音だと述べられる。そして最終段落で、世界が確定的でないからこそ人間が知的に生きていけるのであり、その世界は、解明された「科学」の世界と解明されていない「非科学」の世界とのはざまにあると結論づけられる。傍線部直前の「『アホな選択』も、また許される」は、科学を例にすれば、実験で失敗を繰り返したり予想外の収穫があったりするといった試行錯誤をいったものと理解できよう。「本文全体の趣旨を踏まえ」ることが求められており、冒頭で提示された「カオスの縁」という現象が、生命現象につながり、また科学の真理探究にも似た側面があり、さらに「知的な存在としての人間」の営みに当てはまることが指摘される。以上を踏まえると、次の三点を指摘できる。

① 秩序と無秩序の間に生命が「形あるもの」を生み出す複雑な現象が現れる
② 科学の営為は解明された世界と解明されていない世界とのはざまにある
③ 「分からない」世界でこそ試行錯誤を伴う知的活動が行われる

▼㈤ a、「貢献」は〝社会やある物事のために尽力して、よい結果をもたらすこと〟。b、「代替」は〝他のもので代えること〟。

参考 中屋敷均（一九六四年～）は分子生物学者。福岡県生まれ。京都大学農学部農林生物学科卒業。同大学院農学研究科博士後期課程修了。二〇一九年現在、神戸大学大学院農学研究科教授。著書に『生命のからくり』『ウイルスは生きて世界はカオスへ向かっていること、および形を保ち安定しているのは主に単調な物質であること、この二点によるということになる。以上より解答のポイントは次の三点となる。なお「例外的」は「特殊」と置き換えるのが簡便である。

① 世界は無秩序へと向かう
② 形を保ち安定しているのは主に単調な物質である
③ 形を生み出す複雑な生命現象は極めて特殊である

▼㈡ 前問と関連する。第六段落で生命現象は特殊で複雑な現象だと述べられたのを受けて、第七・第八段落ではそれがさらに具体化される。まず第七段落で、生命は静的な自己複製と動的な変異という正反対のベクトルが絶妙なバランスで作用すると述べられる。まさに「動的な現象」であり、この絶妙なバランスの霊妙不思議さを傍線部では「何か」と表現する。第八段落では、生命は秩序の世界と無秩序の世界のはざまの空間でしか生きていけないと述べられる。この「はざま」という空間の微妙さもまた「何か」という表現と結びつくだろう。以上のように傍線部前後の文脈をおさえると、解答の方向性が見えてくる。そのポイントは次の二点となる。

① 生命は秩序と無秩序のはざまの空間でこそ生きていける
② 生命は自己複製と変異の絶妙なバランスを保ち続ける

▼㈢ 第九段落以下、科学の営みがテーマとなる。第九・第十段落では日食・月食を例に、科学が世界の法則を解明して人類の不安を解消することが説明され、第十一・第十二段落ではガンの治療を例に、科学によってガンの特効薬が開発されれば人類にとって大きな救いとなることが説明される。傍線部はこの四段落の内容をまとめたものである。直前の「それ」は直前文の「人類が科学により……新たな『形』がどんどん生まれていく」ことを指す。この「形」が生まれるとは、混沌とした世界に秩序、法則が与えられることをいう。また傍線部の「福音」は〝喜ばしい知らせ〟の意で、人類にとって喜びとなること、あるいは人類を幸福にすることをいう。よって科学が人類に喜びを与えると

▲解　説▼

本文は「カオスの縁」という言葉をキーワードに、秩序と無秩序の間で生まれる生命現象、科学の営為、人間の営みについて論じた文章である。原文の最初と最後のいずれも短い箇所がカットされている。また原文は小見出しによって四つの部分に分かれている（それぞれ次に《　》で示す）。それに従い本文（十七段落から成る）の内容をまとめよう。

1　第一～第三段落　《カオスの縁》（「カオスの縁」という言葉…）
「カオスの縁」＝二つの大きく異なる相の中間に現れる、複雑性が非常に増大した特殊な状態

2　第四～第八段落　《「縁」にたたずむ生命》（この「カオスの縁」という現象…）
生命は、秩序に縛られた静的な世界と無秩序な世界との間、すなわち「カオスの縁」に存在する

3　第九～第十二段落　《世界を形作っていく科学》（「生きている」科学にも…）
科学も、混沌とした世界に「形」を与えていく営為であり、それは人類にとって福音である

4　第十三～第十七段落　《もう一つの「福音」》（しかし、また一方…）
科学にはまだ「分からない」世界があるからこそ、いろんな「形」、多様性が花開く

▼㈠　傍線部の主語である「こういった生物の営み」とは、直前の段落で具体例をあげて説明される「生命現象」をいう。この「生命現象」は「カオスの縁」という現象に通じると指摘され、「カオスの縁」とは第一段落で「複雑性が非常に増大した（中間的な）特殊な状態」であると述べられている。続いて傍線部以下を見ると、カオス（無秩序）へと向かう法則に支配された世界にあって、「形あるもの」として安定しているのは「反応性に乏しい単調な物質が主」であると説明される。さらに第六段落で、ところが生命は「反応性に富んだ物質」を取り入れ、「複雑なパターンとして」「形あるもの」を生み出し続けていると述べられ、そして「〝安定〟と〝無秩序〟の間に存在する、極めて特殊で複雑性に富んだ現象である」とまとめられる。このように論旨をたどると、生命現象が「例外的」と言われるのは、

国語

一

出典　中屋敷均「科学と非科学のはざまで」（『本』二〇一八年七月号　講談社）

解答

(一) 無秩序へと向かう世界で形を保ち安定しているのは主に単調な物質であるのに、形を生み出す複雑な生命現象は極めて特殊だということ。

(二) 生命は秩序と無秩序のはざまの空間で、自己複製と変異の絶妙なバランスを保ちながら存在しているということ。

(三) 科学が混沌とした世界の法則を解明し、人類の不安や不幸が解消されるのは喜ばしいことだということ。

(四) 秩序と無秩序の間で生命が形を生み出すように、科学によって解明され秩序づけられた世界とまだ解明されていない無秩序の混沌とした世界とのはざまでこそ、試行錯誤を伴う人間の知的活動が意味を持ち、世界の新たな秩序が明らかにされ続けていくということ。（一〇〇字以上一二〇字以内）

(五) a―貢献　b―代替　c―細菌

◆要　旨◆

「カオスの縁」とは、二つの大きく異なった状態（相）の中間に、その両側の相のいずれとも異なった、複雑性が非常に増大した特殊な状態が現れることをいう。例えば、生命は秩序に縛られた静的な世界と、形を持たない無秩序な世界との間に存在する、複雑で動的な現象である。また科学は、混沌とした世界に法則のような「形」を与えていく営為である。それは人類にとって大きな福音だが、「分からないこと」が存在することも福音ではないだろうか。「分からない」世界こそが、人間の知性や決断に意味が生まれ、多様性が花開く場所となる。それは「科学」と「非科学」のはざまである。

2018年度

解答編

解答編

英語

1 (A) 解答

＜解答 1＞　噂はたとえ虚偽でも，多勢への追従や集団内での見解の激化で広まる。表現の自由を守り事実を伝えても，感情や情報摂取の偏りが妨げとなり，人の誤信を正すことは難しい。(70～80 字)

＜解答 2＞　大勢への追随や集団内での意見の強化による誤った噂の拡散を防ぐ策として表現の自由が考えられるが，人は情報を公平に受け入れず感情も邪魔するため，完全には機能しない。(70～80 字)

＜解答 3＞　虚報は周囲への同調や仲間内での先鋭化を経て広がる。表現の自由に基づく調整や訂正に接しても人は中立ではなく，感情に妨げられて，信じたことを容易に変えることはない。(70～80 字)

◆全　訳◆

≪噂の広まり方≫

噂は，異なりはするが重なり合う 2 つの過程で広まる。大衆の承認と集団内のはずみである。1 つめのものが起こるのは，私たちの一人一人が，他の人たちが考えたりしたりすることに依存する傾向があるからだ。いったん一定数の人たちがある噂を信じているようだということになると，それが虚偽であるという十分な理由がないかぎり，他の人たちもそれを信じるようになる。噂というものはたいてい，人々が直接あるいは個人的な知識がない事柄に関係しており，そのため私たちの大半は，単純に群衆を信用することがよくある。群衆の見解を受け入れる人が増えるにつれ，その群衆がますます大きくなり，噂が完全な虚偽であっても，多数の人から成る集団がそれを信じるようになるという現実的な危険を生み出す。

集団内のはずみとは，同じ考え方の人たちが集まると，彼らが以前に思っていたことについて，より極端な解釈を信じる結果になることが多いという事実を表す。ある特定の集団に属する人たちが，たとえば，ある国の悪意に関する噂を受け入れがちだとしよう。おそらく，お互いに言葉を交わしたあとには，彼らはその噂にもっとのめり込んでいるだろう。実際，彼らはためらいがちに信じている状態から，絶対的な確信を抱いている状態に移るかもしれない。たとえ，彼らの得た新しい証拠が，その集団内の他の人たちが信じている事柄だけだとしても，である。こうした場合のインターネットの役割を考えてみよう。似たような考えの人たちのツイートやメッセージをたくさん見ると，人々は噂を本当のこととして受け入れる傾向が強くなる。

こうした2つの過程によってまちがった噂を受け入れることになる危険を減らすために，何ができるだろうか。最も明らかな答えであり通常の解決策は，表現の自由という仕組みを伴う。つまり，人々はバランスのとれた（＝公正な）情報や，真実を知っている人たちからの訂正に接することができる状態にあるべきだということだ。自由であることでたいていことはうまく運ぶが，状況によっては，それが十分な解決策ではないこともある。人は，情報を中立的に処理せず，多くの場合，感情が真実にたどり着くのを邪魔する。人は，新しい情報を非常にむらのあるやり方で取り入れ，まちがった噂を受け入れてしまった人たちは，容易に自分の考えを放棄しない。とりわけ，強い感情的な関わりを伴っているときはそうである。たとえ事実を提示しても，人の考えを変えるのは極めて困難なこともある。

◀解　説▶

◆読解する

全体の構成を意識しながら，各段を検討しよう。

〔第1段〕

この段は，噂の広まり方には「大衆の承認」と「集団内のはずみ」の2つがあると述べることから始まっており，第2文以下は前者「大衆の承認」がどのようなものか，どのようにして起こるのかを説明している。

〔第2段〕

この段では，噂の2つの広まり方の後者「集団内のはずみ」について説明している。

〔第3段〕

この段では，第1・2段で検討した噂の広まり方を踏まえて，まちがった噂を信じてしまう危険を減らす方法に話を転じている。同時に，一般的に考えられる方法でも完全ではない場合があることに触れている。

各段と各文の内容をまとめると下表のようになる。

各段の要旨		各センテンスの内容
第1段	噂の2つの広まり方の1つ「大衆の承認」とは	第1文：噂の広まり方には「大衆の承認」と「集団内のはずみ」の2つがある。 第2文：「大衆の承認」は，私たちが他の人たちの考え・行動に依存する傾向があるせいで起こる。 第3文：一定数の人がある噂を信じると，他の人もそれを信じる。 第4文：たいていの噂は，人々が自分では直接知らないことに関するものであり，群衆を信用することが多い。 第5文：群衆の見解を受け入れる人が増えれば，群衆がさらに大きくなり，多くの人が誤った噂を信じる危険が生まれる。
第2段	もう1つの噂の広まり方「集団内のはずみ」とは	第1文：「集団内のはずみ」とは，同じ考え方の人たちが集まると，以前の考えがより極端なものになることをいう。 第2文：ある集団の人たちが何らかの噂を受け入れがちだとしよう。 第3文：そのことについて彼らが言葉を交わすと，その噂にいっそうのめり込む。 第4文：集団内の他の人が信じていることしか根拠がない場合でも，ためらいがちに信じていた人が，絶対的な確信を持つようになるかもしれない。 第5文：インターネットで同じ考え方の人たちから挙がる多くのツイートやメッセージを見ると，噂を真実だと思うようになりがちだ。
第3段	誤った噂を信じる危険性を低減する方法とその問題点	第1文：このような2つの過程によってまちがった噂を信じる危険を減らすのに何ができるか。 第2文：最も明らかで通常の解決策は表現の自由の確保で，これにより人々は公正な情報と真実に触れる。 第3文：それでも，場合によっては十分な解決策ではないこともある。 第4文：人は情報を処理するとき，中立的には行わず，多くの場合感情が真実に至るのを邪魔する。 第5文：新情報の受け入れ方にはむらがあり，いったんまちがった噂を受け入れると，特に感情的な関わり方をしていると，人はそれを簡単には放棄しない。 第6文：事実を示しても，人の考えを変えるのは極めて困難なこともある。

◆答案を作成する

第1・2段で述べられている噂の広まり方を簡潔にまとめることが第一要件である。本文にある popular confirmation「大衆の承認」，in-group momentum「集団内のはずみ」は，そのままの訳だと本文を読んでいない人には何を表すか伝わりにくい。それぞれの説明から前者は「多勢への追従」，「大勢への追随」，「周囲への同調」，後者は「集団内での見解の激化」，「集団内での意見の強化」，「仲間内での先鋭化」など，意味の伝わるまとめ方をしたい。それに続いて，まちがった噂を信じないための解決策として挙げられた「表現の自由」に言及する。字数に余裕があれば，その具体的効用である「公正な情報と真実に接すること」にも触れておきたい。最後に，それでもまちがった噂が広まったりそれを信じたりするのを防ぐのが簡単ではないことを述べる。このことの理由として，「人が情報の取り入れにおいて中立的でないこと」や「感情の介入があること」を添える。

●語句・構文●

（第１段）●in-group「内集団の，（排他的）小集団の」●momentum「勢い，はずみ」この文章では，噂への確信度が高まったり，噂の内容が極端になったりすることを表す。

（第２段）●like-minded「同じ考え〔趣味・目的〕を持った」●in all likelihood「おそらく，十中八九」

（第３段）●get in the way of ～「～の邪魔をする，～の妨げとなる」

1 (B) 解答

(ア)(1)―b）(2)―d）(3)―c）(4)―f）(5)―h）

(イ)＜解答１＞ When we try to describe what we have experienced non-verbally, the original memory of it is distorted or even lost in part.（15～20語程度）

＜解答２＞ By putting what we perceived non-verbally into words, we make it harder to recall its details as they were.（15～20語程度）

◆全　訳◆

≪言語化による記憶の劣化≫

過去の情緒的な出来事を振り返るとき，私たちの記憶は心のうちで影響を及ぼすさまざまなものによってゆがめられがちである。これの起こり方の１つは，記憶を他の人と共有することによるものであり，たいていの人が重要なライフイベントのあとによく行うことである。それは家族に電話をかけて心躍るようなことを伝えることも，仕事上の大問題を上司に折り返し報告することも，また警察に何らかの陳述をする場合さえもあてはまる。このような状況では，もともと視覚的に（あるいは実際には他の感覚を通じて）受け取った情報を言語情報へと移行させている。五感から得た情報を言葉に変換しているということだ。(1)［b）しかしこの過程は不完全なものだ。］視覚像や音やにおいを取り込み，それを言語化するたびに，情報を変化させたり喪失したりしている可能性がある。言語を通じて伝達できる細部の量には限界があるため，端折らざるをえないのだ。つまり簡略化するのである。これは「言語隠蔽効果」として知られている過程であり，この用語は心理学者のジョナサン=スクーラーが作り出したものである。

スクーラーはピッツバーグ大学の研究者で，言語隠蔽効果に関する最初の一連の研究を，共同研究者のトーニャ=エングストラー=スクーラーとともに，1990 年に発表した。彼らの主たる研究には，実験参加者に銀行強盗のビデオを 30 秒間見てもらうというものが含まれていた。それから無関係な作業を 20 分間行い，さらにその後，参加者の半分は銀行強盗の顔の説明を 5 分間書きとめ，もう半分はさまざまな国とその首都の名前を挙げる作業をした。このあと，参加者全員が，研究者たちの言うところでは「言語的に類似した」8 つの顔の一覧を示された。「言語的に類似した」とは，「金髪，青い目，中くらいの鼻，小さな耳，薄い唇」といった，同じ種類の（言葉による）描写と一致する顔を意味する。これは，純粋に視覚的な類似性にもとづいて一致する写真を選ぶのとは違う。写真では顔の各部分の間の数理的距離といった，言葉で表すのはより困難なものに意識が向くかもしれないからである。

ある顔を言語で表現してその外見を補強するほど，記憶の中の顔のイメージをいっそう忘れなくなるはずだと思うだろう。(2)［d）ところが，その逆が正しいようだ。］実際には，強盗の顔の説明を書きとめた人たちはそうしなかった人たちと比べると，一覧から正しい人物を特定する成績がかなり悪いことを研究者たちは発見した。たとえば，ある実験では，犯人の説明を書きとめた人たちのうち，一覧から正しい人物を選んだのは 27 パーセントしかいなかったのに対し，説明を書きとめなかった人たちでは 61 パーセントが正しく選べた。この違いは極めて大きい。簡単に言葉にできる詳細だけを述べることによって，実験の参加者はもとの視覚的な記憶の細部のいくつかを見落としてしまったのである。

(3)［ｃ）この効果は信じがたいほど強い。］そのことは，一つの心理学の実験結果を再現しようとしたものの中では，おそらくこれまでで最大の取り組みであったものの結果にも示されているとおりである。これは，33の研究所と，ジョナサン=スクーラーとダニエル=サイモンズをはじめとする，100人近い学者による大規模なプロジェクトで，2014年に発表された。研究者全員が同じ方法に倣い，異なる研究者が，異なる国で，異なる実験参加者で実験を行ったときでも，言語隠蔽効果は変わらないということを発見した。画像を言葉で表すと，その画像に関する記憶は常に劣化するのである。

スクーラーとその他の研究者によるさらなる調査は，この効果が他の状況や感覚にも当てはまるかもしれないことを示唆している。何かが言葉にするのが難しいときには常に，それの言語化は概して記憶の呼び起こしを低下させるようなのだ。色や味や旋律を描写しようとすれば，その記憶を劣化させることになる。試しに地図や何らかの決意，あるいは感情のからむ判断を描写してみれば，もともとの状況の詳細のすべてを思い出すのはよけいに難しくなる。(4)［ｆ）このことは，他の人が私たちの代わりに物事を言語化するときにもあてはまる。］私たちが見たことを他のだれかが描写するのを聞くと，その場合でもその事柄に関する私たちの記憶は弱まるのである。友人たちは，起こったことを口述するとき，私たちを手助けしようとしているかもしれないが，逆に私たち自身のもともとの記憶を陰らせているかもしれない。

スクーラーによれば，詳細を失うことに加えて，非言語的な事柄を言語化することで，私たちは相容れない記憶を生み出すことになる。私たちは，その出来事を描写したときの記憶と，実際にその出来事を経験したときの記憶の両方を持つという状況に置かれる。言語化したこの記憶は，もともとの記憶の断片を圧倒するらしく，その後は言語化したものの方を，起こったことの最善の説明として思い出すのかもしれない。写真の一覧のように，もともとの詳細のすべてを思い出す必要がある同一性確認の作業に直面すると，言語化した描写を無視して考えることが難しくなる。要するに，記憶をよりはっきりさせようとする私たち自身の試みによって，記憶は悪影響を受けるらしいということである。

(5)［h）これは，言語化するのがいつも悪い考えだということではない。］スクーラーの調査は，記憶を言語化することで，もともと言葉の形で示された情報，たとえば，単語のリスト，口頭での陳述や申し立て，といったものに関しては，記憶の呼び起こしは低下しない，あるいは向上させさえするかもしれないということも示している。

◀解　説▶

◆(ア)　▶(1)　空所の直前には「(過去に起きたことを人に伝えるとき）私たちは五感から得た情報を言葉に変換している」，直後には「視覚像や音やにおいを取り込み，それを言語化するたびに，情報を変化させたり喪失したりしている可能性がある」とある。自分の経験を人に伝えるのに私たちは言語を使うが，これは何の疑問も持たずに日常的に行っていることである。ところが，空所のあとには「それが情報を変化させたり喪失したりしている可能性がある」と，言語化の欠点が述べられている。よってb）の「しかしこの過程は不完全なものだ」が適切。

▶(2)　空所の直前には「ある顔を言語で表現してその外見を補強するほど，記憶の中の顔のイメージをいっそう忘れなくなるはずだと思う」とあり，直後には「実際には，強盗の顔の説明を書きとめた人たちはそうしなかった人たちと比べると，一覧から正しい人物を特定する成績がかなり悪かった」とある。一般的に想像されることと，実際の調査結果が逆だったことがわかる。よってd）の「ところが，その逆が正しいようなのである」が適切。

▶(3)　空所の直後に「心理学の実験結果を再現しようとする，おそらくこれまでで最大の取り組みの結果に示されているように」とあり，「取り組みの結果」は同段の第3文（All researchers followed …）に示されている。すなわち「(100人近い）研究者全員が同じ方法に倣い，異なる研究者が，異なる国で，異なる実験参加者で実験を行ったときでも，言語隠蔽効果は変わらないということを発見した」となっており，「言語隠蔽効果」が人間に広く見られる現象であることがわかる。よってc）の「この効果は信じがたいほど強い」が適切。

▶(4)　同段の第1文（Further research by …）には「さらなる調査は，この（言語隠蔽）効果は他の状況や感覚にも当てはまるかもしれないことを示唆している」とあり，第2文（It seems that …）～第4文で「他の感覚」，つまり視覚的記憶以外の記憶にもこの効果が及ぶことが述べられている。空所のあとには「私たちが見たことを他のだれかが描写するのを聞くと，その場合でもその事柄に関する私たちの記憶は弱まる」とあり，「他の状況」での言語隠蔽効果に話が転じたことがわかる。よってｆ）の「このことは，他の人が私たちの代わりに物事を言語化するときにもあてはまる」が適切。

▶(5)　空所で始まる最終段の前までは，記憶の言語化は記憶を劣化させるという言語隠蔽効果のことが述べられている。空所の直後には「スクーラーの調査は，記憶を言語化することで，もともと言葉の形で示された情報…に関しては，記憶の呼び起こしは低下しない，あるいは向上させさえするかもしれないということも示している」とあり，言語化のよい面が述べられている。よってｈ）の「これは，言語化するのがいつも悪い考えだということではない」が適切。

◆(イ)　スクーラーの名前は第１段最終文で初めて登場し，「言語隠蔽効果」という言葉を作った人であると紹介されている。空所(1)で始まる第１段第５文で，すでにこの効果のことが「視覚像や音やにおいを取り込み，それを言語化するたびに，情報を変化させたり喪失したりしている可能性がある」と述べられている。第２～６段では，彼と共同研究者，その他の研究者が行った実験と実験結果，こうした効果が視覚以外の知覚記憶や他の人が言語化するのを聞いた場合でも現れるというさらなる調査の結果を示して，言語隠蔽効果がどのようなものかを詳しく伝えた上で，そのような現象が現れる理由がまとめられている。ただし，最終段には，もともとの情報が言葉によるものなら言語隠蔽効果は現れないことが付け加えられている。つまり，スクーラーらの発見は「非言語的に経験したことを言語で表現すると，もとの記憶（の詳細）がゆがめられたり，損なわれたりする」ということである。「文章から答えを抜き出すのではなく，できるだけ自分の英語で」という条件なので，単語レベルでの参照にとどめてまとめる。

●語句・構文●

（第１段）　●cut corners「手抜きをする，端折る」
（第２段）　●as *A* put it「*A* が言うように，*A* が言うには」
（第５段）　●transfer to ～「～に転移する」　●account of ～「～の記述，報告」

2 (A) 解答例

＜解答例1＞ This conversation tells us that it is very difficult for us to judge ourselves objectively. It is not unusual that our friends know far better about our personal habits and shortcomings. And the converse is also true. We see their faults better than they do. So, when we notice others' defects, we should reflect on ourselves. (40～60語)

＜解答例2＞ This dialogue reminds me of the proverb that he who touches pitch will be defiled. A newcomer to a group is surely affected by the other members and likely to become similar to them. Brutus is not yet aware that he and Cassius are already of a kind, and Cassius is trying to make Brutus realize the fact. (40～60語)

◀解　説▶

▶＜解答例＞の全訳は以下のとおり。

＜解答例1＞　この対話は，私たちが自分自身を客観的に判断するのは非常に難しいことを伝えている。自分の個人的な癖や欠点について，私たちよりも友人のほうがはるかによくわかっていることは珍しくない。そして，その逆もまた正しい。私たちは彼らの短所が彼らよりもよく見えるものだ。したがって，人の欠点に気づいたら，私たちは自分のことを省みるべきである。

＜解答例2＞　この対話は私に「朱に交われば赤くなる」ということわざを思い出させる。ある集団に新しく加わった人は，他のメンバーに必ず影響され，彼らと似てくる可能性が高い。ブルータスは自分とキャシアスがすでに同類であることにまだ気づいておらず，キャシアスはブルータスにその事実を気づかせようとしている。

▶シェイクスピア作『ジュリアス・シーザー』の一節であるキャシアスとブルータスの「対話の内容について思うことを」述べよという比較的緩やかな条件である。「自分の顔は自分では見ることができない，他のものを通してしか自分自身を見ることができない」というブルータスの言葉から考えられるのは「人は自分を客観的に見ることが難しい」といった解釈だろう。また，「私が，きみの鏡として，きみの姿を見せてやろう」というキャシアスの言葉から，二人が同類であり，それに気づいていないブルータスにキャシアスが事実をわからせようとしているという説明も成り立つ。

ちなみに，キャシアスもブルータスもシーザーの部下だが，共謀してシーザーを暗殺する人物である。

2 (B) 解答

＜解答 1＞ Probably he meant that your life will end before you know it if you are content just with doing what you assume you should do in your daily life.

＜解答 2＞ His words might mean that if you are satisfied just to do what you believe you have to do in your everyday life, your life will come to an end all too soon.

◀解　説▶

●「それは恐らく…という意味であろう」

「それ」は前文にある小林秀雄の言葉を指しており，It〔This〕probably means that … と文字どおりに表現できる。また，その言葉を小林秀雄がどのようなつもりで言ったのかを筆者が推測している箇所でもあり，「たぶん彼は…ことを意味していたのだろう」Probably he meant that … や，「彼の言葉は…ことを意味しているのかもしれない」His words might mean that … などと表すこともできる。

●「自分が日常生活においてすべきだと思い込んでいること」

「自分」は一般論なので you を用いるのが妥当。「思い込んでいる」は assume / believe が考えられるが，単に「思う」think でも問題はない。「〜こと」は関係代名詞 what を使う。もとになる文は「あなたはあなたがそのことを日常生活においてすべきだと思い込んでいる」you assume (that) you should do it in your daily life であり，what you assume you should do in your daily life とできる。このような場合，「〜ということ」の意の接続詞 that は必ず省く。「〜すべきだ」は should 以外に，ought to 〜 や「〜しなくてはならない」have to 〜 / must も使える。また，「〜することになっている」be supposed〔expected〕to〜 も考えられる。「日常生活」は everyday life ともできる。

●「…をやってそれでよしとしているようでは」

「〜ようでは」は「もし〜なら」と if で表せる。「〜をやってそれでよしとする」は，「(ただ) 〜だけをして満足する」be content just with doing 〜 / be satisfied just to do 〜 とできる。あるいは「〜しさえすればよいと思っている」think (that) you have only to do ～と読み換えることもできるだろう。

●「人生などいつのまにか終わってしまう」

「など」と「しまう」は日本語では文のニュアンスを伝えるのに必要だろうが，英語では不要。「人生は終わる」は life ends が文字どおりだが，一般論とはいえ主語として you を想定しているので，your life ends とするのが妥当。同様の観点から，「あなたの死」は未来のことなので will end とする。「終わる」は他に come to an end / be over などが使える。「いつのまにか」は before you know〔realize〕it がよく使われる表現。「あまりにもすぐに」all too soon といった表現もある。

なお，if 節は主節の前でも後でもよい。

3 (A) 解答

(6)― d）　(7)― e）　(8)― a）　(9)― b）
(10)― d）

◆全　訳◆

≪マサイ族の互恵制度≫

聞き手：今回も『世界への窓』にようこそ。今日のゲストはアビ=ギセンバ博士です。博士は東アフリカのマサイ族の人たちと2年間暮らし，最近戻ってこられました。ギセンバ博士，調査についてお話しいただけますか？

ギセンバ博士：ええ，いいですよ。テーマは協力ということだと思います。私の主張は，私たち人間は互いに助け合うという一種の本能を持っているということです。

聞き手：それで，マサイ族との経験はその主張を裏づけると…？

ギセンバ博士：大いにそうです。伝統的なマサイの文化と社会は，牧畜に基礎を置いています。財産とは畜牛のことです。しかし，その財産は，どれほど注意していても，あるいは懸命に働いても，常に泥棒や雨不足などの脅威にさらされています。

聞き手：なるほど。

ギセンバ博士：ですが，マサイの文化はその危険を減らす仕組みを発展させてきました。相互義務という仕組みです。

聞き手：人々が互いに助け合わなくてはならない，ということですか？

ギセンバ博士：そのとおりです。彼らはそれを「オソトゥア」と呼んでいます。「オソトゥア」という言葉は，妊娠している女性が，生まれる前に不可欠な栄養を赤ん坊に与える管を意味します。

聞き手：ああ，へその緒のことですね。

ギセンバ博士：そうです，へその緒です。ですから，私はそれを「コード」システムと呼んでいます。

聞き手：それはどのように機能するんですか？

ギセンバ博士：だれもが，助けを求めることのできる相手に関する一種のネットワークを持っています。そのネットワークに属する人はだれでも，困ったときには助けを求めることができ，頼まれた人は助ける義務があります。

聞き手：私たちの間にある友情のネットワークのように…？

ギセンバ博士：いいえ，もっとずっと根本的なもので，はるかに重く受け取られているものです。親は自分のコードのネットワークを子どもたちに受け継がせます。そして，だれが依頼し，だれが手を貸すのかをたどれる人はいません。見返りの期待はまったくありません。

聞き手：驚きです…。

ギセンバ博士：これは極端な例ですが，実際，人間は他の動物よりも物惜しみしない，つまり，他者を助けたがるようなのです。そして，それは困惑するような事実です。人は，手を貸す個人にとって何の得もない場合でも手助けをします。こんな話を知っていますか？　幼い子どもが，おそらく生後18カ月という幼い子でも，大人が「誤って」何かを落とすのを見ると，その子はその大人の代わりにそれを拾い上げたり，その大人に注意を促そうとしたりするものなのです。進化の上で私たちの最も近い親戚にあたるチンパンジーでもそんなことはしません。

聞き手：では，あなたの本当の関心は，他者を助けるという人間の傾向にあるのですね？

ギセンバ博士：えー，実際には，私の主な関心は，そのような傾向がどのようにして進化した可能性があるか理解することにあります。そこで，マサイ族の登場，ということです。

聞き手：ああ，なるほど。たしか，コンピュータ・モデルをお持ちだったかと…？

ギセンバ博士：私たちは3つの異なる種類の社会における寿命を計算するコンピュータ・シミュレーションを行いました。与えることのまったくない社会，見返りを求めて与える社会，そして最後に，見返りを期待せずに無償で与える社会…。

聞き手：「コード」システムのように…。

ギセンバ博士：そうです。そして，シミュレーションした社会を比較したとき，「コード」システムがある場合，一族が生き延びていく率が最も高いことがわかりました。

聞き手：ということは，いずれにしても，進化という観点からすると理屈に合いますね？

ギセンバ博士：唯一の例外は，集団全体が，たとえば，本当に深刻な伝染病のように，彼ら全員を同じように脅かすような大規模な危険に直面したときです。そのような状況では，見返りを期待せずに与えることは，役に立ちません。しかし，そのような状況では，どうしようもありませんから，気前よく与えることが状況を悪くすることはありません。

◀解　説▶

▶(6) 「ギセンバ博士によると，『コード』システムが伝統的にその害を防いできた危険の１つは何か」

ギセンバ博士の２番目の発言第４文（But that wealth is…）に「その財産（＝畜牛）は…常に泥棒や雨不足などの脅威にさらされている」とある。この脅威を軽減する仕組みとして，博士の３・４番目の発言で「オソトゥア」のことが紹介されている。さらに５番目の発言で博士自身はこの仕組みを「コード」システムと呼んでいることが述べられている。d）の「雨の降らない時期が長引いて畜牛を失う危険」が正解。

a）「窃盗のせいでお金を失う危険」

b）「あまりにも多くの義務に巻き込まれる危険」

c）「妊娠中の母子への害という危険」

e）「共同体全体に広がる伝染病のせいで畜牛を大幅に失う危険」

▶(7) 「『コード』システムが実際にはどのように機能するのか，最もよく説明しているのは次のどれか」

ギセンバ博士の6番目の発言第2文（Anyone in the …）に「そのネットワークに属する人はだれでも，困ったときには助けを求めることができ，頼まれた人は助ける義務がある」，7番目の発言第3文（And no one …）に「だれが依頼し，だれが手を貸すのかをたどれる人はいません」とある。これらの記述に当てはまるのは，e）の「手助けは，常に，ネットワークに属するだれであれ，必要なときにその人の求めに応じて与えられる」。

a）「それは，母親と胎児をつなぐへその緒のようである」

b）「友情で結ばれたグループと同じように，グループに属する人たちは，互いに自由に頼み事ができる」

c）「だれもが，困ったときに助けてくれる一人の他者とつながっている」

d）「困難な時期に，同じネットワークに属する人たちは，自ら進んで助け合うことを申し出なくてはならない」

▶(8)「ギセンバ博士が『困惑するような事実』と言っているのはどんなことか」

“puzzling fact”は，ギセンバ博士の8番目の発言第2文 And that is a puzzling fact. にある。that が指すのは直前の文の内容と考えられる。そこには「人間は他の動物よりも物惜しみしない，つまり，他者を助けたがるようだ」とある。a）の「人間は最も物惜しみしない動物である」が正解。

b）「チンパンジーですら互いに対して気前がよくはない」

c）「幼い子どもは，大人が何か落としたとき，大人を助けようとする」

d）「人間は，自分にとって何も得になることがなければ他者を助けない傾向がある」

e）「幼い子どもは，大人が何かを落とすのを見ると，それは偶然だと知っている」

▶(9)「マサイ族の研究における，ギセンバ博士の『主な関心』とは何か」

ギセンバ博士の9番目の発言（Well, actually, my main interest …）に「私の主な関心は，そのような傾向がどのようにして進化した可能性があるか理解することにある。そこで，マサイ族の登場，ということだ」とある。「そのような傾向」は，直前の聞き手の発言にある「人々が他者を助ける傾向にある」を受けている。よってb）の「マサイ族は，人間の気前のよさの発達を理解するのに役立つ」が正解。

a)「マサイ族は，牧畜文化がどのように危険を減らしているか理解するのに役立つ」

c)「マサイ族は，現代社会が気前のよさを保ったり，増したりしうる方法を示している」

d)「マサイ族は，気前のよさが根本的な特徴であるような文化の好例である」

e)「マサイ族は，多くの異なる危険に対して，いかにひとつの仕組みが社会を守れるか示している」

▶⑽「コンピュータ・シミュレーションでの主な発見に最もよく合致するのは次の文のどれか」

ギセンバ博士の 11 番目の発言第 2 文（And when we compared …）に「『コード』システムがある場合，一族が生き延びていく率が最も高いことがわかった」とある。「コード」システムは博士の 6・7 番目の発言にあるように，「助けを求められたら，見返りを期待せずに与える仕組み」である。d）の「見返りを期待せずに与えることが行われている場合，共同体はよりうまく生き延びる」が正解。

a)「気前のよい人は長生きする傾向がある」

b)「気前のよい社会は，より利己的な社会と同じくらい成功している」

c)「家族制度に属する個人は，そうではない人よりも長生きする」

e)「ある非常に厳しい問題がある共同体全体に影響を及ぼす場合，気前よく与えることは，事態を悪くしかねない」

●語句・構文●

(聞き手第 1 発言)　●edition「連続番組の 1 回分」

(ギセンバ博士第 2 発言)　●be under threat「脅かされている」

(ギセンバ博士第 7 発言)　●keep track of ～「～を見失わないようにする」

(ギセンバ博士第 9 発言)　●…, which is where *A* come in「そこで *A* が登場する，そこが *A* を取り上げるのに適切なところだ」

3 (B) 解答

(11)— c)　(12)— e)　(13)— c)　(14)— c)
(15)— c)

◆全　訳◆

≪気前のよさの是非をめぐる議論≫

聞き手：ギセンバ博士，ありがとうございました。さて，もう一人のゲスト，ユージン=パークさんのお話を伺いたいと思います。パーク氏は「セルフ=リライアンス」という保守系政治団体の代表を務めていらっしゃいます。パークさん，こうした，気前よく与える，つまり見返りなく与えるという考え方について，どのようにお感じでしょうか？

パーク氏：そうですね，ギセンバ博士の調査は非常に興味深かったです。しかし，これにはまちがった一般化をしてしまう危険性があります。マサイ族が気前よく与えるということを実践しているからというだけでは，この仕組みが他の社会にも当てはまるということにはなりません。

聞き手：実のところ，あなたはギセンバ博士が説明したような種類の気前のよさにはさまざまな危険があるとお考えですよね？

パーク氏：そのとおりです。私たちは，他の人たちに頼るよりもむしろ，できるかぎり人は自活すべきだと考えています。もし無条件で，つまり彼らが働いていようといまいと，また成功しようと失敗しようと，気前よく人に物を与えるだけなら，まあ，それは怠惰を促し，依存を促します。天国のように聞こえますが，現実の世界では機能しません。

聞き手：ギセンバ博士，それについてはどうお考えでしょう？

ギセンバ博士：そうですね，私の研究での疑問は，なぜ人は気前よさの本能を持っているのだろうということでした。パークさんの疑問は，最善の結果のためには私たちはどのように社会を組織するべきか，ということです。これらは2つの異なる疑問で…。

パーク氏：問題は，「人間が気前よさの本能を持っているのであれば，それなら政府も気前がよくて当たり前だ」と考えるようになる人がいるということです。ギセンバ博士は，正しくも，これらの問題が別個のものだと理解しておられますが，中には，博士の論点から私の論点へ，まちがって飛躍してしまう人も出るでしょう。

聞き手：ですが，これらの疑問をどうして結び付けてはいけないのかと言う人もいるかもしれませんね。もし人間が助け合う本能を持っているのなら，そして，ギセンバ博士が示したように，気前よく与える社会のほうが繁栄する可能性が高いのなら，なぜ政府も気前よくあるべきではないのでしょう？

パーク氏：そうですね，現代の都市社会は，マサイ族の社会とは組織のされ方が非常に異なっています。もし財産が主に畜牛という形なら，隣人が本当に困っているかどうか見てとるのはだれでも簡単にできるでしょう。私たちに関しては，財産は，たとえば銀行口座の中に隠されているというように，多くの場合目に見えません。したがって，実は困っているわけではない人間がその仕組みを悪用するのは簡単です。

ギセンバ博士：でも，気前のよさという仕組みは，他の社会にも見られます。例えばフィジーを取り上げましょう。フィジーの文化では，財産はもっと隠しやすいですが，それでも「コード」システムと非常に似た仕組みを持っています。それは「ケレケレ」と呼ばれており，「要請する」という意味です。ある実験では，フィジーの50人の男性が，1日の労働に相当する額のお金を単に与えられました。彼らが自分のために取ったのは，平均して12パーセントにすぎず，半数近くはそのお金を全部，人に与えてしまいました。

パーク氏：もちろん，人がそれを選択するならお金を人に与えるのは素晴らしいことです。実際，私たちは政府が慈善事業や教会などへの寄付を奨励すべきだと思っています。しかし，求めている人ならだれにでもお金を手渡してしまうなら，当然受けるべき人たちだけではなく，受けるに値しない人たちにもいい思いをさせてしまいます。

ギセンバ博士：ですが，「ケレケレ」の仕組みを分析すれば，友人から最も多くのお金を受け取る人は，彼ら自身が物惜しみせず与えるというよい評判を持っている人たちだとわかります。ですから，気前のよさの仕組みは，人に「仕組みを悪用する」ように誘うというより，実際には正直な行動を促すと思われます。

パーク氏：えー，もう1つの重要な違いは，ギセンバ博士の調査は，人々が互いのことを知っている小さな共同体に基づいたものである点です。おそらく，気前のよさは，こうした状況ではうまく機能するでしょうが，これは，会ったこともない他人を助けるために人々に税金を払うこと，いわゆる「セーフティー・ネット」ですが，それを強いる規模の大きな統治制度とは非常に異なります。これ（＝セーフティー・ネット）は，最低限度のものだけを与えてそれ以上は与えるべきではないと我々は考えます。

ギセンバ博士：「セーフティー・ネット」は，可能なかぎり気前のよいものにすべきだという正当な理由はたくさんあると思いますよ。まず，私たちは公正さを重視します。人生は非常に不公正なこともあり，可能ならこれを正したいと思います。次に，私たちは文明社会で暮らしたいと思っています。そして，数多くの人たちが貧困線以下の暮らしをしているのは文明的とは言えません。

パーク氏：もちろんそうです。私は本当に困っている人たちが飢えて死ぬのを政府が放っておくべきだと主張しているのではありません。ですが，政府が勤勉な納税者に，しようと思えば自活できる人を養うように強制するのも正しいわけがありません。

聞き手：えー，政治は常に，相容れない考え方の間にバランスを見出すことに関わるものだと思います。さて，ここで終わりにしなくてはなりませんが，お二人ともありがとうございました。

◀解　説▶

▶(11)「パーク氏によると，『気前よく与えること』の主な危険は何か」

パーク氏の２番目の発言第３文（If you just give people …）の最終部分に「それは怠惰を促し，依存を促す」とある。c）の「無償で物を与えられる人々は，自力で何かをしたいと思わなくなる」が正解。

a）「もし人々が働かなければ，最終的には雇用に適さなくなる」

b）「それは，人々が何もお返しをせずに何かを受け取ることを促す」

d）「無償で与えることが全く当たり前の社会では，それは評価されなくなる」

e）「人々が無償で物を与えられると，彼らは達成感を全く得られない」

▶(12)「パーク氏によると，現代の都市社会がマサイの社会と異なる重要な点は何か」

パーク氏の４番目の発言第２文（If wealth is mainly …）に「財産が主に畜牛という形なら，隣人が本当に困っているかどうか見てとるのはだれでも簡単にできる」とある。e）の「マサイ族のほうが，周りにいる人たちが困っているかどうか知るのは簡単である」が正解。

a)「マサイ族のほうが，物質的に必要とするものが少ない」

b)「マサイ族のほうが，気前のよさの本能が強い」

c)「マサイ族には，収入を再分配する税制がない」

d)「マサイ族のほうが，隣人たちの財産について嫉妬深い可能性が高い」

▶⒀「ギセンバ博士によると，フィジーの『ケレケレ』の仕組みは，どのように気前のよい行動を促すか」

ギセンバ博士の3番目の発言第1文（But if you analyze …）に「友人から最も多くのお金を受け取る人は，彼ら自身が物惜しみせず与えるというよい評判を持っている人たちだ」とある。c）の「気前がよいという評判を持つフィジー人は，報われる傾向にある」が正解。

a)「フィジー人は，忠実な友人に対して気前がよい傾向がある」

b)「フィジー人は，最もお金を必要としている人たちに対して気前がよい傾向がある」

d)「フィジー人は，自分のお金に関してより気前がよくなれるように，一生懸命働く」

e)「気前がよいという評判を持つフィジー人は，他の人たちよりも多くのお金を与える」

▶⒁「この会話に基づくと，ギセンバ博士が最も同意しそうな意見は以下のどれか」

ギセンバ博士の3番目の発言第2文（So it seems that systems …）に「気前のよさの仕組みは，人に『仕組みを悪用する』ように誘うというより，実際には正直な行動を促す」とある。c）の「気前のよさの仕組みの中では，人々がずるをしようとする可能性は低い」が正解。

a)「社会は貧しい人たちに対して親切ではなくなりつつある」

b)「財産が容易に隠せる社会は，気前がよくない」

d)「現代の財政制度は，裕福な人から貧しい人へのお金の再分配をより容易にしている」

e)「一部の人が異常に裕福であるかぎり，どんな社会も文明化しているとは見なせない」

▶⒂「この会話に基づくと，パーク氏が同意する意見は次のどれか」

パーク氏の6番目の発言第1文（Well, another important difference

…)・第 2 文に「ギセンバ博士の調査は，人々が互いのことを知っている小さな共同体に基づいたもので…気前のよさは，こうした状況ではうまく機能する」とある。c）の「無償で与えるという仕組みは，小さな共同体の内部では機能するかもしれない」が正解。

a）「政府は貧しい人たちを助けるべきではない」

b）「貧しい人たちが基本的に必要とするものは，寄付でまかなうべきである」

d）「税金制度は，自発的な寄付に変えるべきである」

e）「知らない人よりも友人のほうに気前よくするべきではない」

●語句・構文●

（パーク氏第 2 発言）　● provide for *oneself*「自活する」　● without conditions「無条件で」

（ギセンバ博士第 1 発言）　● for the best「（結局は）いちばんよくなるように」

3 (C) 解答

(16)— a）　(17)— c）　(18)— b）　(19)— b）　(20)— d）

◆全　訳◆

≪巨大波の実態≫

何世紀にもわたって，船乗りたちは巨大波に関する話をしてきた。これは，全くどこからともなく，海の真っただ中で突然に盛り上がる，9 階建て，10 階建てのビルほどの高さの巨大な波のことである。そして，何世紀にもわたって，陸上で暮らしている人たちはこのような波を見たことがなかったため，人魚や竜に関する昔話のように，この波のことをおとぎ話，つまり誇張や全くの空想として片づけてきた。しかし，新しい証拠が，巨大波は現実のものであること，そして人が思うよりもずっと頻繁に発生することを裏づけている。

1978 年，あるドイツの貨物船が大西洋の真ん中で姿を消し，27 人の乗組員の命が失われた。捜索隊は，極度の力が打ちつけた痕跡のある救命ボートを回収した。その船の救命ボートは，水面から 20 メートルの高さに備えられていたのである。

そして 1995 年には，ハリケーンが発生しているときにノルウェー沖にある石油掘削施設を巨大な波が襲った。12 メートルの波が施設に打ちつけていた。全員が嵐を避けるために内部にいたため，巨大波を見た人はいなかったが，レーザー機器はそれが 26 メートルの高さだったことを測定していた。

波の形成に関する標準的な理論によると，それほど巨大な波は，1 万年に 1 回しか起こらないはずである。

科学者たちはショックを受け，こうした巨大波の位置を突き止め，数を数えるために人工衛星の画像を使い始めた。2003 年の 3 週間にわたるある調査では 3 万枚の衛星画像を使い，25 メートル以上の高さの 10 個の波が見つかった。

この現象はどのように説明できるだろうか。標準的な理論では波を個別のものとして扱い，1 つの波が別の波を追い越し，それと一緒になるときに波はより大きくなると考える。しかし，新しい説では，複数の波が集団を形成し，長時間そのままの状態である傾向を持つことを示唆している。その説によると，集団内の複数の波が互いにエネルギーを渡し合うことができ，1978 年と 1995 年に襲ったような恐ろしい波を形成する。もしこの説が正しいとなれば，このような巨大波を予測することができ，したがって，危険にさらされる船舶や石油掘削施設に早めの警告ができるかもしれない。

船乗りたちは以前からずっと知っていることだが，海は予測ができない。それでも，我々は最も危険な海での出来事に備えようとしている。巨大波は甚大な被害をもたらしうる。2015 年 10 月には，また別のそうした波がアメリカの貨物船を沈め，33 人が犠牲となったのである。そして，地球温暖化が地球の風と海洋のシステムにさらなるエネルギーを注入するため，こうした途方もない出来事がもっと頻繁に起こる可能性がある。そのため，船舶や石油掘削施設を安全に保つために，新しい取り組みが進展中であり，それには巨大波の，かつては船乗りの空想の中にしか存在しないと思われていた波の，破壊的な衝撃を切り抜けられる，新しい設計も含まれている。

◀解　説▶

▶(16) 「巨大波は以前に思われていたよりも…」

第 1 段最終文（But new evidence confirms …）に「新しい証拠が，巨大波は…人が思うよりもずっと頻繁に発生することを裏づけている」とある。a）の「ありふれている」が正解。

b）「巨大である」　c）「激しい」　d）「予測可能である」

e）「突然である」

▶⒄「証拠は，ドイツの貨物船を襲った巨大波は，少なくとも…メートルの高さだったことを示唆している」

極度の力が打ちつけた跡のある，回収された救命ボートについて，第2段最終文（The lifeboats on …）に「救命ボートは，水面から 20 メートルの高さに備えられていた」とある。c）の「20」が正解。

▶⒅「2003 年，人工衛星画像を使った調査で…の期間に 25 メートル以上の高さの 10 個の波が見つかった」

第5段第2文（A study of one three-week period …）に「2003 年の3週間にわたるある調査では…25 メートル以上の高さの 10 個の波が見つかった」とある。b）の「3週間」が正解。

a）「1週間」　c）「10 週間」　d）「1年」　e）「10 年」

▶⒆「新説の主張の特別なところは…ということだ」

第6段第3文（But a new theory suggests …）に「新しい説では，複数の波が集団を形成し，長時間そのままの状態である傾向を持つことを示唆している」とある。b）の「波は必ずしも個々のものとして扱うべきではない」が正解。

a）「波はそのエネルギーの観点で考えるほうがよい」

c）「波の形成は，思っていたよりもさらに予測しにくい」

d）「個々の波は，他の波を追い越したり，それと一緒になったりすることがある」

e）「巨大波を早めに警告するシステムは，開発するのが難しいだろう」

▶⒇「語り手は，将来，…のような，巨大波の脅威から身を守る方法が見つかるかもしれないと示唆している」

最終段最終文（That is why new approaches …）に「新しい取り組みが進展中であり，それには巨大波の…破壊的な衝撃を切り抜けられる，新しい設計も含まれている」とある。d）の「それらに襲われたときに耐えられる構造を設計すること」が正解。

a）「その形成を防ぐこと」

b）「それらに対する船乗りたちの認識を高めること」

c）「地球温暖化が海洋系に与える影響を減らすこと」
e）「それらによって船が沈没したときに失われる命を少なくすることを確実にすること」

●語句・構文●

(第１段)　●dismiss A as B「A を B として退ける，片づける」　●outright「全くの」

4 (A) 解答

(21)— g）　(22)— b）　(23)— d）　(24)— f）
(25)— d）　(26)— h）　(27)— c）　(28)— e）

◆全　訳◆

≪初期の推理小説が流行した理由≫

推理小説の起源は，シェイクスピアにまでもさかのぼる。しかし，エドガー=アラン=ポーの論理的な犯罪解決の物語は，重要なジャンルを作り上げた。彼の物語は，だれが罪を犯したのかという謎をめぐって展開し，読者に謎を解くようにも誘う。

そのような物語のカギとなる人物こそ探偵である。ポーの創造した探偵オーギュスト=デュパンは，有閑階級の紳士である。彼に働く必要はないのだ。その代わりに，彼は実際の警察が犯罪を解決する手助けをするために「分析」を使うことに専念する。

シャーロック=ホームズを作り出したアーサー=コナン=ドイルでさえ，ポーの影響を認めざるをえなかった。デュパンはシャーロックのようにパイプをふかす。彼もまた異常に頭が切れて論理的，つまり犯罪解決という偉業を成すために思考力を使う，一種のスーパーヒーローである。そして，どちらの場合も，物語の語り手は，文字通りいつも探偵について回る人物で，彼の同居人である。

ポーのやり方は，19 世紀の科学的精神に訴えた。それは推理小説が，どのような疑問であっても推論でその答えを得ることができると約束したからだ。推理小説が受け入れられたのは，知性がきっと勝利することを約束したからである。犯罪は，理知的な探偵によって必ず解決される。科学は厄介ごとを引き起こす者を追い詰めて捕らえ，正直な人たちが夜眠れるようにしてくれる。

◀解　説▶

▶(21-22)　完成する並びは次の通り。不要語：f）them

(…,) inviting readers to solve the puzzle (too.)

「(ポーの物語は) …読者に謎を解くようにも誘う」

空所の直前にも与えられた語の中にも and などの接続詞がないため，a）の inviting が分詞構文を作っていると考えられる。invite *A* to *do*「*A* を～するように誘う」という語法に当てはめて[a)]inviting [c)]readers [g)]to [d)]solve と並べられる。solve の目的語としてb）の puzzle があるが，可算名詞の単数形でありe）の the をつけて使うことになる。

▶(23-24)　完成する並びは次の通り。不要語：b）is

(a kind of superhero) who uses powers of thinking to accomplish (great feats of …)

「(…という偉業) を成すために思考力を使う (一種のスーパーヒーロー)」

空所の前に a kind of superhero「一種のスーパーヒーロー」と名詞があり，与えられた語の中にh）の who があることから，関係代名詞節になると考えられる。who に続く述語動詞に使えるものはb）の is とg）の uses があるが，is ではこのあとが続かない。uses の目的語にはd）の powers「力」が使える。「～する力」には to *do* も of *doing* も使えるが，空所後の great feats of crime-solving「犯罪解決という偉業」へ続けるために，ここで to を使って to accomplish とすると，of thinking が余るので，[d)]powers [c)]of [e)]thinking [f)]to [a)]accomplish (great feats …) と並べられる。

▶(25-26)　完成する並びは次の通り。不要語：e）in

reasoning could hold the answer to any (question)

「どのような (疑問) であっても推論でその答えを得ることができる」

空所は promised の目的語にあたる that 節の内部。空所直後の question と合わせて完全文を作る。当該文全体は，直前文「ポーのやり方は，19 世紀の科学的精神に訴えた」ことの理由にあたる。推理小説の特性を描写すると考えられるため，f）の reasoning「推論」が主語と考えられる。c）の could に続く原形の動詞にはa）の answer とd）の hold が考えられるが，g）の the と hold の目的語のことを考慮すると，answer を名詞とするのが妥当。「～の答え」は the answer to ～ だから，残る any を空所直後の question と合わせて the answer to any question「どのような疑問にもその答え（を得る)」とすれば，文意が通る。

▶(27-28)　完成する並びは次の通り。不要語：d）nor

(track down the) troublemakers and let honest souls sleep

「厄介ごとを引き起こす者（を追い詰めて捕らえ)，正直な人たちを眠れるようにしてくれる」

当該文は否定文ではなく，neither もみられないことから，あらかじめ不要語は nor だと判断できる。空所直前に the があるので，並べ替えの冒頭は名詞と考えられる。さらに，ここは track down ～「～を追い詰めて捕らえる」の目的語であることから，g）の troublemakers が適切。c）の let は let *A* *do*「*A* に～させ（てや）る」が基本語法であり，目的語にあたる *A* には名詞である f）の souls，補語の原形動詞に e）の sleep が使える。souls は「魂」が基本義だが，形容詞を伴って「～な人」の意になるので，b）の honest でこれを修飾する。残る a）の and は track down と let を結ぶ接続詞として使う。

●語句・構文●

(第 1 段)　●go as far back as ～「～にまでもさかのぼる」 as … as は far back を強調する。

(第 2 段)　●a gentleman of leisure「暇な紳士」 ●keep *oneself* occupied「自らを忙しくさせておく，忙しくしている，専念している」

(第 3 段)　●feat「偉業，功績」

(第 4 段)　●catch on「受け入れられる，流行する」

4 (B) 解答　全訳下線部(ア)・(イ)・(ウ)参照。

◆全　訳◆

≪鳥類の知的能力≫

（生物分類学上の）1 つの綱として，鳥類は 1 億年以上前から存在している。鳥類は，自然の偉大な成功物語の 1 つであり，彼ら独自の知性を使って生き延びる新しい方法を編み出したが，少なくともいくつかの点でこの知性は，私たち人間の知性をはるかに凌駕しているようである。

遠い昔という霧の中のどこかで，あらゆる鳥の共通の祖先が暮らしていた。現在，およそ10,400の異なる種の鳥がいる。これは哺乳動物の種の2倍以上の数である。1990年代終わりごろに，科学者たちは地球上の野生の鳥の総数を推定した。鳥には2000億から4000億の個体がいるとわかった。(ア)それは，人間1人あたり，およそ30羽から60羽の生きた鳥がいるということである。人間のほうが成功しているとか進歩しているなどということは，実際には，これらの言葉をどのように定義するかによる。いずれにしても，進化とは進歩ということではない。それは，生き残りに関わることなのだ。進化とは，自分がいる環境が持つ問題を解決できるようになることであり，鳥類がはるか昔から驚くほどうまくこなしてきていることである。(イ)私の考えでは，このために，鳥は私たちが想像もできない点で賢いのかもしれないという考えを，私たちの多くが受け入れ難いと思ってきたことが，いっそう驚くべきものになる。

鳥は学習する。彼らは新たに出合った問題を解決し，以前からある問題に対して新しい解決策を編み出す。彼らは道具を作り，使用する。彼らは数を数える。彼らは互いの行動を模倣する。彼らは自分がどこに物を置いたか記憶している。(ウ)鳥類の知的能力が，私たち自身の複雑な思考に完全には匹敵も類似もしていない場合でも，その中にはその萌芽が含まれていることが多い。たとえば，試行錯誤という学習なしに，完全な解決法が突然浮かぶことと定義されてきた，洞察がそれである。

◀解　説▶

▶(ア)　That's roughly 30 to 60 live birds per person.

「それは1人の人間につき約30から60の生きた鳥である」が直訳。Thatが指すのは直前の文にある，地球上には総数2000億羽から4000億羽の鳥がいるということを指している。その数を人間1人に対して何羽になるかを示して，鳥類の多さを伝えようとしているのが当該文である。したがって，単純なThat's…「それは…である」という文だが，「それは人間1人あたり…ということになる〔ことである〕」などとするのがよい。また，「約30から60の生きた鳥」も，「約30羽から60羽の生きた鳥がいる」と言葉を補い，日本語としての自然さ，伝わりやすさを工夫したい。

▶(イ)　This, to my mind, makes it all the more surprising that many of us have found it hard to swallow the idea that birds may be bright in ways we can't imagine.

●This, to my mind, makes it all the more surprising「このことは，私の考えでは，それをいっそう驚くべきものにする」が直訳。to my mind は「私の考えでは」の意の成句。all the＋比較級は「(ある理由があって）その分いっそう…」の意。無生物主語なので，「私の考えでは，このためにそれがいっそう驚くべきものになる」などとするとよい。なお，it はこのあとにある that 節を受ける形式目的語。

●that many of us have found it hard「私たちの多くがそれを難しいと思ってきたこと」が直訳。it はこのあとに続く to swallow … を受ける形式目的語。

●to swallow the idea「その考えを飲み込むこと」が直訳。swallow「～を飲み込む」は，日本語でも「理解する，納得する」の意で使われるのと同様で，「受け入れる，信じる」の意。

●that birds may be bright in ways we can't imagine「鳥は私たちが想像できない仕方で賢いのかもしれないこと」が直訳。この that 節は直前の the idea と同格関係にある。in ways は「～の点で」とすると日本語が滑らかになる。

▶(ウ)　Even when their mental powers don't quite match or mirror our own complex thinking, they often contain the seeds of it—insight, for instance, which has been defined as the sudden emergence of a complete solution without trial-and-error learning.

●Even when their mental powers don't quite match or mirror our own complex thinking「彼らの知的能力が私たちの複雑な思考に完全には匹敵せず，似てもいないときでも」が直訳。their は birds を受けており，「彼らの」より「鳥類の」と訳出しておくのがよいだろう。mental powers は「知的能力，知力」の意。not quite ～ は「完全には～ない，完全に～というわけではない」と部分否定を表す。また not *A* or *B* は「*A* も *B* も～ない」の意。match「～に匹敵する」，mirror「～に似ている」の共通の目的語が our own complex thinking「私たち自身の複雑な思考」である。なお，even when ～ は「～するときでも」と時間の意味を強く出すと，時によって鳥類の知的能力が変わるかのように聞こえるので，「～する場合でも」，あるいはほとんど if のように

「～するとしても」などとしたほうがよいだろう。

●they often contain the seeds of it「それらはしばしばその種を含んでいる」が直訳。they は their mental powers を受け，it は complex thinking を受けることを把握しておきたい。the seeds「種（タネ）」は「もととなるもの」を表す比喩であり，日本語でもこの意味で使うのでそのままでもよいし，「もと（となるもの），萌芽」などとしてもよい。なお，*A* contain〔include〕*B*「*A* は *B* を含む」の文は，「*A* には *B* が含まれている」とすると，日本語として自然になることが多い。

●— insight, for instance, which has been defined as the sudden emergence of a complete solution without trial-and-error learning「たとえば，試行錯誤学習なしの，完全な解決の突然の出現と定義されてきた洞察」が直訳。「複雑な思考のタネ」の一例を挙げている。for instance が挿入されているが，which 以下は insight「洞察」を先行詞とする関係代名詞節。define *A* as *B*「*A* を *B* と定義する」が受動態になり現在完了で使われているので，「～と定義されてきた洞察」となる。as 以下は名詞を中心とした英語らしい表現になっているので，動詞（述語）が入るのを好む日本語としてわかりやすいものにする。たとえば the sudden emergence of a complete solution「完全な解決策の突然の出現」は「完全な解決策が突然出現すること」などとできる。「洞察」の定義であることから，emergence は「(頭に）浮かぶこと，ひらめくこと」などとすることもできる。without trial-and-error learning「試行錯誤学習なしに」も言葉を補って，「試行錯誤という〔による〕学習なしに〔を伴わずに〕」などとするとよい。

●語句・構文●

（第1段）　●a class「(分類学上の）綱（こう）」　●be around「存在する，いる」　●*one's* own brand of ～「…独自の（種類の)～」

（第2段）　●Somewhere … lived the common ancestor of all birds.「…のどこかにすべての鳥の共通の祖先が暮らしていた」 S V＋副詞の第1文型が，副詞が前に置かれてＶＳに倒置された形。●deep time「はるか昔」　●come up with ～「～を発見する，見つける」

●S is about ～「Ｓは～に関わる，Ｓは～ということである」

5　解答

(A)ジェイニーの耳が不自由であることを（クラーク氏に）言わなかったのは，いかにも彼女の母親らしいことであろう。

(B)(29)— e ）　(30)— d ）　(31)— a ）　(32)— f ）

(C)— d ）　(D)— d ）

(E)ジェイニーに手を上げてしまうといった，ジェイニーの母親の感情的な行動は，母親自身にも抑えられないということ。

(F) know something about the buildings, the ones I will photograph

(G)— d ）

◆全　訳◆

≪母と娘の確執≫

「ジェイニー，こちらはクラークさんよ。階段下の部屋をご覧になるの」彼女の母親があまりにもゆっくりと注意深く話したため，ジェイニーは1語1語を読み取ることができた。彼女は何度もそんなことをする必要はないと言ってきたのだが，母親はほぼいつも，人前でも，そうした。それが彼女をどぎまぎさせた。

クラーク氏はジェイニーを一心に見続けた。おそらく，母親の話し方のせいで，彼女は耳が不自由なのだろうかと思っているのだろう。そのことを言わなかったのは，いかにもお母さんらしいわ。たぶん，彼は自分の疑問を確かめられるように，彼女が話すかどうか見守っているのだろう。彼女は，ただ自分の沈黙を解釈されるに任せた。

「お部屋を案内してくれる？」と母親は言った。

彼女は再びうなずき，彼があとをついてくるように向きを変えた。すぐ先の階段の下の区割りに，シングルの部屋があった。彼女が扉を開けると，彼は彼女の横を通って部屋に入り，振り返って彼女を見た。彼女は見つめられて落ち着かない気持ちになった。もっとも彼が彼女を一人の女性として見ているようには，もしふさわしい男性なら以前はそうしてほしいと思ったかもしれないようには，感じなかった。彼女は自分が恋愛にふさわしい年齢を過ぎてしまったと思っていた。それは，彼女が嘆き，その後克服した時間の経過だった。

「この部屋が気に入りました」と，彼は手話でつづった。「ここにします」

それで終わりだった。会話もなく，彼女の耳が聞こえないことを彼がどうして確信できたのかにも，どのようにして手話で話せるようになったのかにも説明はなかった。

ジェイニーは母親のところに戻り，1つの質問を手話で示した。

「彼は写真家よ」と，母親はまたあまりにもゆっくりと言った。「世界中を旅して写真を撮っているんですって」

「何の？」

「建物よ」

＊　＊

彼女の沈黙への入口は音楽だった。彼女はほんの 10 歳で，階段上のポーチの端に座って教会の聖歌隊の歌を聞いていた。そのとき，めまいがし始め，突然音楽の中にうしろ向きに落下した。

その後，彼女は自分の部屋の，自分のベッドの中で，音のしない夜に目覚めた。どんな子どもでもそうするだろうが，彼女は混乱して叫び声をあげ，すぐに母親が駆けつけた。しかし，何かがおかしく聞こえた，あるいは，何も音は響かなかった。病と混乱が大きくなっている彼女の内部以外では。彼女は自分の声も聞こえず，自分の出した叫び声――ママ――も聞こえていなかった。そして，母親がもうしっかりと彼女を抱きしめていたのに，また叫び声をあげていた。だが，それも無音に向かってだった。その世界は彼女が今暮らしているところであり，これまであまりにも長く暮らしてきたので，人からは見て取れないその内側にいて居心地悪く感じてはいなかった。彼女は，それが彼女を救っている，どんなときでも必要なだけ深く引きこもる隔絶した場所を与えてくれていると思うこともある。そしてそのような（沈黙の中に逃れる必要のある）時が多々あった。

床はこれまでいつも母親の怒りを彼女に伝えてきた。彼女がこのことを知ったのは，彼女が幼いころに父と母が口論をしていたときのことだった。彼女にとっては，彼らの言葉は音としては存在していなかったかもしれないが，怒りはいつもそれ独特の振動を起こした。

何年も前のそのころは，なぜ両親が口論しているのかはっきりとはわからなかったが，子どもにはありがちなように，それがたいていは自分に関することだと感じ取った。ある日，彼女が家の裏にある森の中で遊んでいるのを母親が見つけ，母親について家に戻ろうとしなかったとき，母親は彼女の腕をつかんで木々の間を引きずっていった。やっと身を引いて母親に向かって叫んだが，それは言葉ではなく，彼女が感じていることすべてを１つの大きな振動で表す金切り声だった。母親は彼女の顔を平手で強くひっぱたいた。彼女は母親が震えているのを見て，母親が自分を愛してくれているのがわかった。しかし，愛は時として，沈黙と同じように，美しいが耐え難いものだった。父親は彼女に「母さんは自分を抑えられないんだ」と言った。

＊　＊

数週間後，クラーク氏はジェイニーに言った。「手伝ってもらえるかな」

「私でできるなら」と彼女は指でつづった。

「建物のことを知る必要があってね。明日撮影する建物なんだけれど。その歴史を何か教えてもらえるかな」

彼女はうなずいて，必要とされていること，ちょっとしたことで役に立つことを嬉しく思った。すると，クラーク氏はオークヒルの頂上にある古い家屋のところまで一緒に行ってくれないかと彼女に言った。「楽しいと思うよ。ここを少し離れるのもね」

彼女は台所の扉のほうを見たが，初めはなぜ自分がそちらを向いたのか意識していなかった。たぶん，何か無意識のレベルで，一瞬前にはわかっていなかったことがわかったのだ。母親がそこに立っていた。母は彼の言っていることを聞いていたのである。

彼のほうに向きなおったとき，ジェイニーは彼の唇を読んだ。「明日，僕と一緒に行かないか？」

彼女は母親が近づいてくる素早い振動を感じた。彼女は母親のほうを向き，母親の怒りと恐れを見て取った。これまでいつも見てきたようにして。ジェイニーは息を吸い込み，よくはわからないが，病気の子どもか死にかけている人のように聞こえたかもしれない，呼気のほうが多い，ざらざらしたささやき声で２つの言葉を押し出した。彼女は「私，行くわ」と言った。

母親は驚いて彼女を見つめ，ジェイニーは自分の声の残されているものを使ったことと，自分の言ったことのどちらに母親が驚いているのかよくわからなかった。

「だめよ。だめでしょ」と母親は言った。「明日は家回りのことをするのを手伝ってもらわなくちゃいけないわ」

「いいえ」と彼女は手話で示し，頭を振った。「必要じゃないでしょ」

「私がお前を必要としていることは重々わかっているでしょう。しなくちゃいけない掃除があるじゃないの」

「明日でなくてもいいじゃない」と彼女は言い，母親が返事をする暇も与えずに出て行った。

◀解　説▶

◆(A)　It is like *A* to *do* は「～するのは *A* らしい，～するのは *A* の特徴を示している」の意。It は形式主語，不定詞が真主語である。当該文では不定詞が not を伴い，to have mentioned it と完了形になっているので，「それに言及しなかったのは」となる。述語動詞の would は断言を和らげる可能性・推量の would と考えられる。「それに言及しなかったのは，いかにも彼女の母親らしいことだろう」などとなる。直前の文で，「彼（＝クラーク）は，彼女は耳が聞こえないのではないかと思った」とあるので，it の指す内容は，「ジェイニーの耳が聞こえないこと」である。全体で，「ジェイニーの耳が不自由であることを（クラークに）言わなかったのは，いかにも彼女の母親らしいことであろう」などとなる。なお，この部分は，ジェイニーの思ったことを地の文に埋め込んだ描出話法とも考えられる。したがって〔全訳〕では「そのことを言わなかったのは，いかにもお母さんらしいわ」と，ジェイニーの（頭の中の）言葉として訳してある。この話法は通常，間接話法と同様に時制を一致させるが，文中の would は時制の一致による will の活用形ではなく，仮定法由来の控えめな推量を表す would であるため時制の一致は起こっていない。

◆(B)　▶(29)　まず，空所がだれの発言かを確認する。一般に "……," *A* said. "……." という書き方なら，*A* said の前後ともに *A* の発言である。したがって，空所は彼＝クラークの発言。前の発言の「この部屋が気に入った」と内容がつながるのは e）の I'll take it.「この部屋にします」である。

▶(30)　空所の前で母親が，クラークは写真を撮りながら世界中を旅しているとジェイニーに話しており，空所のあとでは「建物よ」と述べている。d）の Of what?「何の（写真を撮っているの）？」を補えば流れが自然。

▶(31)　クラークに，翌日の撮影に同行してほしいと言われたジェイニーが，それを聞いていた母親の存在に気づいて声を振り絞っている箇所。同文の前半に the two … words「2つの…語」とあることも選択肢の絞り込みに使う。ジェイニーの発言を聞いた母親は“You can't. You just can't”と言っており，空所に補う発言には can't のあとに省かれている動詞が含まれていることになる。a）の I'll go. を補えば，直前段落のクラークの誘いの言葉“Why don't you go with me tomorrow ?”とも合う。

▶(32)　母親が“I need you to help me …”「私はお前に手伝ってもらう必要がある」と言ったのに対して，ジェイニーが答えている箇所。一度“No”と言ったあとに続く部分だが，直後で母親が“You know good and well I do.”「私が（～する）ことをお前は重々知っている」と言っており，この do は need の代用なので，ジェイニーの“No”に続く否定文は f）の You don't. がふさわしい。つまり You don't need me to help you. ということである。

◆(C)　3カ所ある空所の最初は something (　　　) wrong で，過去のことを述べている述語動詞として過去形，2番目は had not (　　　)，3番目は might have (　　　) と完了形なので，過去形と過去分詞形が同形のものでなくてはならない。b）の gone と e）の went は除外。最初の空所のあとには wrong がある。この語は形容詞にも副詞にもなるが，a）の ended と合わせて ended wrong としても意味をなさないので，a）は除外できる。2番目の空所のあとには文型上の要素が何もなく，補語を必要とする c）の seemed も除外できる。残る d）の sounded なら，something sounded wrong「何かがおかしく聞こえた」，(something) had not sounded「何か響いてはいなかった」，… whisper that might have sounded, …, like a sick child …「病気の子ども…のように聞こえたかもしれないささやき声」となり，文構造・意味ともに成立する。

◆(D)　当該文は，ジェイニーが，「それ（＝耳が聞こえないこと）が自分を救っていると思うこともあった」と始まり，続く部分で「救い」の意味を「どんなときでも必要なだけ深く引きこもる隔絶した場所を与えてくれる」と説明している。下線部は at any given moment「どんなときでも」のあとにダーシで補足的に，and there were moments「そして時が（たくさん）あった」と続いている。d）の when she needed to retreat into silence「沈黙の中に逃れる必要のある（時）」を補えば，moments を先行詞とする関係副詞節としてどのような時かを表し，当該文前半の内容とうまくつながる。

a)「必要な時に彼女に与えられた（時）」

b)「彼女が居心地悪く感じない（時）」

c)「彼女の母親が彼女をどうしても自由にさせてくれない（時）」

◆(E)　下線部直前の her がジェイニーのことだから，She はジェイニーの母親である。can't help ～ は「～を避けられない，どうしようもない」の意。～＝*oneself* の場合は「自分をどうしようもない」というところから，「感情を抑えられない」の意になる。ここでは，同段第 4 文（Her mother slapped her …）に「母親は彼女の顔を平手で強くひっぱたいた」とある。そして父親がジェイニーに向かって "She can't help herself." と言っているので，「ジェイニーに手を上げてしまうといった，ジェイニーの母親の感情的な行動は，母親自身にも抑えられないということ」などとまとめられる。

◆(F)　当該箇所は，クラークがジェイニーに手助けをしてほしいと言っている場面。空所のある文の直後に「そ（れら）の歴史を何か教えてもらえるかな」とあり，「それら」は写真家のクラークが関心を持つ被写体だと考えられる。「その歴史を何か教えてほしい」と述べているところから，I'll need to に続く原形の動詞に know，目的語に something を使い，それに about the buildings と続けることで，意味を成すまとまりが作れる。「どこか 1 か所にコンマを入れる」という条件があるので，ジェイニーにとっては何のことか不明の the buildings「その建物」について「写真に撮ろうと思っている建物だ」とクラークが補足していると考えられる。コンマを置いて，the ones I will photograph（tomorrow）と続けることができる。the ones のあとには目的格の関係代名詞が省略されている。photograph「～を写真に撮る」

◆(G)　翌日クラークと出かけるというジェイニーを，母親は家回りのことで手伝ってもらう必要があると言って止めようとしている場面。直前で「しなくてはいけない掃除がある」と母親が言っており，当該文の主語 It は「掃除」を指すと考えられる。d）の wait は物事が主語の場合「物事が待ってくれる」，つまり「すぐに取り組まなくてもよい」の意。「掃除なんか，明日しなくてはならないことではない」というジェイニーの気持ちを表す。c）の postpone は「～を延期する」という他動詞で，目的語がないため不可。

●語句・構文●

（第1段）　●to her embarrassment「（前述のことで）彼女は当惑した，どぎまぎした」 to *one's* ～（感情を表す名詞）は，通常文頭に置いて「人が～したことには」と前置きの意に使うが，本来この to は「結果」の意で，前述の出来事が人の感情という結果に至ることを表す。ここは文末にあり，内容上も結果とするのがふさわしいと考え，全訳では訳し下ろしてある。

（第2段）　●open to interpretation「いろいろな解釈ができる（状態で）」

（下線部(E)を含む段落）　●slap *A* across the face「*A* の横面を張りとばす」 the face と定冠詞がつくのがふつう。本文では her と所有格になっている。

（空所（B31）を含む段落）　●draw in *one's* breath「息を吸い込む」 ●breath-filled words「息が満ちた単語」が直訳。このあと「病気の子どもか死にかけている人のように」とあるとおり，ぜいぜいした声ではっきり発音できていないことを表す。

❖講　評

大問数は5題で変わりない。選択問題での解答方式がマークシート法であることも2015～2017年度と同じである。内容や出題形式に多少の変化があるのは例年のことであり，2018年度も2017年度と異なる点があった。1(B)は例年空所補充のみであったが，2018年度は文中で述べられていることの内容を英語で簡単に要約する問題も出題された。2の英作文問題は2013年度以降(A)・(B)とも自由英作文であったが，2018年度は(A)が自由英作文，(B)は和文英訳であった。また4(A)は，2016・2017年度は誤り指摘であったが，2018年度は2015年度のように，一連の文章中の空所を語句整序で埋める問題であった。

1　(A)英文の内容を日本語で要約するもの。字数は70～80字。(B)文の空所補充および，文中で述べられていることの内容を15～20語程度の英語で要約するもの。

2　(A)自由英作文。戯曲の一場面から引用された対話の内容について思うことを述べるもの。40〜60 語。(B)和文英訳。数行の和文中の 1 文を英訳するもの。

3　リスニング。3 つのパートに分かれており，いずれも 2 回ずつ読まれる。(A)会話，(B)会話，(C)講義という構成で，(A)と(B)は関連する内容になっている。リスニングは試験開始後 45 分経過した頃から約 30 分間行われる。

4　(A)文法・語彙，読解問題。文章中の 4 カ所の空所を語句整序で埋めるもの。(B)英文和訳問題。一連の英文中の 3 カ所を和訳するもの。

5　長文読解。文章は小説で，耳の不自由な娘とその母親の確執を描いたもの。

以下，各問題の詳細をみる。

1　(A)　英文量は約 350 語で近年では標準的な長さである。聞き慣れない用語が使われているが，具体的な例を使って説明してあり，内容はわかりやすい。要約は説明されている事柄を簡潔な表現に収めることがポイントとなる。

(B)　英文量は約 840 語と，例年よりやや多めである。5 カ所ある空所に合う文を選ぶ問題と，文章で取り上げられている発見の内容を 15〜20 語程度の英文で要約する問題。空所補充は紛らわしい選択肢はなく，解答しやすい。要約は文章中から抜き出すのではなく，できるだけ自分の英語で答えるという条件がついている。新傾向の問題である。

2　(A)　自由英作文。シェイクスピアの戯曲『ジュリアス・シーザー』から引用された対話の内容について思うことを述べるもの。条件が緩やかなので自由に内容を考えられるが，逆に書きにくいと感じた受験生もいたかもしれない。対話から引き出せる一般則を考えればまとめやすいだろう。

(B)　和文英訳。2 文からなる和文の 1 文が対象となった部分英訳。2 は長らく自由英作文 2 問が続いていたので，久々の出題である。やや長めの 1 文だが，文の構成をよく整理して考えれば，それほど困難ではない。

3　(A)はラジオのインタビュー番組。「マサイ族の互恵制度」について述べられており，どのような制度なのか理解できるよう十分な情報を聞き取りたい。

(B)は(A)に続いて，(A)の論者と対照的な意見を持つ人物が加わった3人の会話。2人の論者の考え方の違いを整理しながら聞き取る。

(C)は「巨大波」に関する講義。述べられている事実・事件を正確に聞き取る必要がある。数値も問われるので注意したい。

4　(A)　4段落構成の一連の文章中の4カ所を語句整序で埋める問題。文章自体は比較的短い。与えられた語群にはそれぞれ1語不要なものが含まれている。並べ替える語は6語か7語。文脈をつかみ，動詞の語法や前置詞の知識を活用して考えれば，比較的容易。

(B)　一連の文章中の3カ所の英文和訳。短い文も長い文もあり，文脈を考えて文意が伝わるように工夫する必要があった。

5　耳の不自由な娘とその母親の確執を描いた小説。娘の心理を十分につかんで各場面の状況を思い描きたい。設問は，英文和訳，空所補充，内容説明，語句整序であった。

日本史

1 **解答** 大王宮は大王一代ごとに営まれ，豪族は大王宮とは別に邸宅をかまえ，王権の政務を分担していた。一方，藤原京は三代の天皇の都として継続し，宮の周囲に条坊制に基づく京を配置して豪族の集住がはかられた。また，藤原宮には国家の政務・儀式の場として大極殿や朝堂院が新たにつくられた。宮と京をもつ都城の完成で豪族の官人化が可能となり，律令国家の基盤をなす官僚制の整備が進んだ。(180字以内)

◆ねらい◆

≪律令制の確立過程と藤原京≫

藤原京の歴史的意義を問う出題である。それまでの大王宮と比較しながら，藤原京で起きた変化を律令制の確立過程のなかでとらえることが求められている。例年とは異なって資料文はなく，指定語句を用いて解答する形式である。指定語句のうち，「官僚制」の使い方をよく考えよう。

◀解　説▶

〔解答の指針〕

▶設問の要求

(主題)　それまでの大王の王宮のあり方と比べて，藤原京ではどのような変化が起きたのか。

(条件)　律令制の確立過程における藤原京の歴史的意義にふれる。４つの指定語句を用いる。

▶問題文と指定語句の検討

問題文の冒頭に，藤原京が中国の都城にならって営まれた最初の宮都であると述べられている。問われていることは，①それまでの大王の王宮のあり方，②藤原京で起きた変化，③律令制の確立過程における藤原京の歴史的意義，の３点である。②は，中国の都城にならって営まれたことを具体的に説明すればよいとわかる。

４つの指定語句のうち，「大王宮」は当然のことながら①の説明で用いる。「条坊制」と「大極殿」は②の説明で用いればよい。「官僚制」は，律令制の根幹であるから，③の説明で用いよう。藤原京の成立と官僚制の関係を述べることとなる。

▶論点の抽出

本問は，大王宮と藤原京についての知識・理解がなければ解答できない。ここでは，解答に必要な要素を中心に説明を加えたい。

大王の邸宅である大王宮は，一代ごとに造営されるものであった。また，有力な王族や中央豪族は，大王宮とは別にそれぞれ邸宅をかまえていた。氏族制のもとでは，氏ごとに王権の政務を分担したから，政務は王族や豪族の邸宅を基盤として行われていた。6 世紀末の推古天皇以来，飛鳥の地に大王宮が集中して次々に営まれると，次第に王権の諸施設の整備が進むなど都としての姿を見せ始めるが，豪族は別に邸宅をかまえ，大王宮は代替わりごとに移転するというあり方に変わりはなかった。

これに対して，藤原京はどのような特徴があったのだろうか。694 年に持統天皇のもとで遷都が行われたが，その後も文武天皇・元明天皇のもとでも用いられ，三代の天皇の都として継続した。構造は，天皇の住む内裏，政務・儀式の場である大極殿や朝堂院，諸官庁が立ち並んだ「宮」（藤原宮）が中央に配置され，その周囲に皇族・貴族や役人たちが住む広大な「京」（藤原京）が設けられた。京には，東西・南北に走る道路で碁盤の目状に区画する条坊制が採用された。この京が初めて成立したことで，有力な王族や中央豪族の宅地が京に設定された。宮にある大極殿や朝堂院は，中国にならった瓦葺で礎石建ちの建築技法が用いられた。このように藤原京は，それまでの大王宮とは大きく異なり，律令国家にふさわしい宮都として造営されたのである。

大王宮と藤原京の比較が求められているから，下の表のように整理して，藤原京で起きた変化に重点を置いて説明すればよい。

大王宮	藤原京
大王一代ごと	三代の天皇の都
豪族は別に邸宅をかまえる	京に豪族の宅地を設定する
邸宅を基盤に王権の政務を分担	宮に国家の政務・儀式の場を整備

「律令制の確立過程における藤原京の歴史的意義」については，藤原京の成立と官僚制の関係を述べればよい。藤原京は，宮と京をあわせもつ最

初の都城である。これによって，豪族を京に住まわせて官人とし，宮に出仕させて政務・儀式を行わせるということが初めて可能となった。官僚制は都城の整備と不可分な関係にあったのである。以上をふまえて，藤原京の成立によって豪族の官人化が可能となり，律令国家の基盤である官僚制の整備に大きく寄与したとまとめればよい。

▶注意点

上のような比較表を考えれば，論点が明確となる。説明は藤原京で起きた変化に重点をおけばよい。指定語句のうち「官僚制」は，藤原京の成立との関係で使わなければ，歴史的意義を説明したことにはならない。

2 解答

A 商工業の発達した京都に拠点を置く室町幕府の財政は，土倉・酒屋から役銭を徴収するなど，貨幣収入に依存する特徴をもった。(60字以内)

B 徳政令の発布で高利貸を営む土倉・酒屋が打撃を受けると，幕府の役銭収入は減少した。そこで幕府は，徳政令の発布の際に債権保護または債務破棄の条件として分一銭を徴収するようになった。(90字以内)

◆ねらい◆

≪室町幕府の財政と徳政令≫

資料文をもとにした出題で，**A**では室町幕府の財政の特徴が，**B**では徳政令が幕府に財政難をもたらした理由とその打開策が問われている。**A**・**B**ともに教科書に説明されている基本事項がストレートに問われているだけに，隙のない答案作成をこころがけたい。

◀解 説▶

A 〔解答の指針〕

▶設問の要求

(主題) 室町幕府の財政にはどのような特徴があるか。

(条件) その所在地との関係に注目する。

▶資料文の検討

資料文(2)に幕府が徴収した土倉役・酒屋役が説明されている。そこから特徴を抽出し，資料文(1)が示唆するところを考えよう。

(1) 『建武式目』と土倉

土倉の荒廃を問題視し，再興が急務であるとうたっている。……①

(2)　土倉役・酒屋役の課税

1393 年から土倉役・酒屋役を恒常的に課税した。……②

幕府の年中行事費用を土倉役・酒屋役をもとに支出した。……③

「6000 貫文」 ……④

▶論点の抽出

基本事項として，土倉・酒屋が京都で高利貸しを営んでいたこと，幕府は土倉役・酒屋役を課して財源としていたことは知っているはずである。資料文(2)は，このことを述べたものであるが，土倉役・酒屋役は幕府の年中行事費用をまかなう恒常的な課税である（②・③）という。公的性格をもつ恒常的財源と明示されているので，幕府の財源は御料所からの収入，守護の分担金，日明貿易の利益など多岐にわたるが，土倉役・酒屋役に限定して考察し，財政の特徴を抽出すればよい。

土倉役・酒屋役は役銭とよばれる貨幣で徴収されるものであり，幕府の年中行事費用も貨幣で支出されている（④)。ここから，幕府財政が貨幣収入に依存していたという特徴を指摘したい。

幕府の所在地は，もちろん京都である。京都は，鎌倉時代に荘園公領制のもとで経済都市となり，室町時代にかけて商工業がさらに発達していった。この理解を前提にすれば，『建武式目』で土倉の再興を急務としているのは（①)，成立当時から幕府は京都の商工業や金融業の発達に注目していたからだということがわかる。それゆえ，南北朝の合体後，足利義満のもとで商業課税権などの京都市政権を掌握し，土倉役・酒屋役を課すようになるのである。

▶注意点

財源ではなく，幕府の財政の「特徴」を述べなければならない。京都という経済先進地に拠点を置いたことを「所在地との関係」として指摘し，貨幣収入に依存した財政だったことを「特徴」としてまとめよう。

B　〔解答の指針〕

▶設問の要求

（主題）　徳政令の発布が室町幕府に深刻な財政難をもたらしたのはなぜか。

それを打開するために，幕府はどのような方策をとったか。

▶資料文の検討

資料文(3)に土一揆が土倉に対してとった行動が述べられている。幕府がとった方策は，財政難がもたらされた後のこととして，資料文(5)に示唆されている。

(3) 土一揆と土倉

土一揆は土倉の質物を奪い返し，借用証書を焼いた。……①

(4) 土一揆と徳政令

徳政令が幕府に深刻な財政難をもたらした。……②

(5) 徳政令と分一銭

「去年冬徳政十分の一，諸人進上分」 ……③

▶論点の抽出

徳政令の発布が室町幕府に深刻な財政難をもたらした理由は，きわめて容易だろう。資料文(3)・(4)に述べられていることも既知の知識であろうが，簡単に経緯を述べると以下のようになる。

1428年の正長の土一揆では，人々は貸し手である土倉・酒屋を襲撃し，質物を奪い返し，借用証書を焼くなどの行為を行った（①)。1441年の嘉吉の土一揆でも同様の行為が行われ（①)，幕府は土一揆の要求を受け入れて徳政令を発布した。

徳政令とは，債権の破棄や土地の取り戻しを認める法令である。幕府が徳政令を発布すれば，貸し手である土倉・酒屋は債権を失い，大打撃を受ける。土倉・酒屋が衰退すれば，幕府の役銭収入が減少するのは自明であり，それゆえ深刻な財政難をもたらした（②）のである。

その打開策であるが，幕府が分一徳政令を出すようになったという知識が必要である。分一徳政令とは，債権・債務の10分の1といった一定割合にあたる分一銭を，土倉・酒屋などの債権者が幕府に納めれば債権の保護を，債務者が納めれば債務の破棄を幕府が認めたものである。分一銭は，債権保護または債務破棄のための手数料といえるだろう。

このような知識があれば，「去年冬徳政十分の一，諸人進上分」（③）とは，前年の冬に徳政令を発布した際に徴収した分一銭を指し，幕府はその収入をもって賀茂祭の費用をまかなったことがわかる。打開策として，徳政令の発布に際して分一銭を徴収するようにしたと述べればよい。

▶注意点

「分一銭」もしくは「分一徳政令」の語句は，答案に明示しよう。それを，限られた字数のなかで誤ることなく説明するようにこころがけたい。

3 解答

A　幕府は，日本近海に出現する異国船は，交戦する意思をもった軍艦ではなく，薪水や食料の補給を求める捕鯨船と認識していた。(60 字以内)

B　幕府は，来航した異国船と日本人が接触するなかで，密貿易やキリスト教の布教が行われることを危惧し，これを禁じるとともに，打払令を発令して異国船の沿岸接近を阻止しようとした。(90 字以内)

◆ねらい◆

≪江戸幕府の対外政策と異国船打払令≫

1825 年に出された異国船打払令の前後の出来事を述べた資料文をもとに，**A**では幕府の異国船に対する認識が，**B**では打払令と関連法令を同時に出した幕府の政策意図が問われている。**A**は，打払いの対象となる異国船は，どのような船で，何を目的に接近を試みたのかということに注目するとよい。**B**は，幕府が厳禁した「親しみ候」事態とは何であるかを考えよう。

◀解　説▶

A　〔解答の指針〕

▶設問の要求

(主題)　幕府の姿勢（異国船打払いを命じながら，沿岸防備を強化しなかったということ）は，異国船に対するどのような認識にもとづいたものか。

▶資料文の検討

まず，資料文(5)から幕府の沿岸防備の状況を確認しよう。出現する異国船がどのような船であったかは，資料文(1)〜(3)に示されている。また，資料文(3)には沿岸防備との関係が述べられている。

(1)　1823 年来航の異国船

「イギリスの捕鯨船」……①

密かに交易を行った。……②

(2)　1824 年来航の異国船

「イギリス捕鯨船」……③

乗組員が上陸した。……④

(3)　異国船打払令の裁可

「近海に出没する異国の漁船」……⑤

老中は「格別の防備は不要である」と将軍に説明した。……⑥

(5)　江戸湾防備の変化

1810年から江戸湾防備を会津藩・白河藩に課した。……⑦

1820年に会津藩，1823年に白河藩は防備を免除された。……⑧

以後，防備体制は縮小され，1825年以後も拡充されなかった。……⑨

▶論点の抽出

1825年に出された異国船打払令は，無二念打払令ともよばれるように，沿岸に接近する異国船を砲撃によって撃退することを命じた法令である。迷いなく打払うことを命じているにもかかわらず，なぜ沿岸防備を強化しなかったのだろうか。

資料文(5)によれば，1820年代に江戸湾防備の体制は縮小され，1825年の異国船打払令の発令後も拡充されなかった（⑧・⑨）。一方，幕府が会津藩と白河藩に江戸湾防備を命じたのは1810年である（⑦）。ここから，1810年の時点で幕府はなぜ江戸湾防備を必要としたのか，また1820年代になぜ防備体制を縮小してよいと判断したのかを考えるとよい。

19世紀初めに幕府が直面した対外的危機を想起しよう。1806年から翌年にかけてロシア軍艦が択捉島など蝦夷地を襲撃し，銃撃戦となる事件が起きていた。また，1808年にはイギリス軍艦フェートン号が長崎に侵入して，食料などを強要する事件が起きた。ロシア・イギリスとの軍事的衝突という事態を受けて，幕府は江戸湾に侵入する軍艦の軍事行動を危惧し，1810年にその防備を会津・白河藩に命じたのである。

このような状況は1820年代に変化していた。資料文(1)～(3)をみると，日本の沿岸に接近したのは，軍艦ではなくイギリスの捕鯨船だった（①・③）。交易や上陸を試みた（②・④）のは，航海中に不足した薪水や食料を求めたからである。沿岸に接近する異国船が捕鯨船であることは，「近海に出没する異国の漁船」（⑤）と幕府の老中も認識していた。交戦する意思をもった軍艦ではないと考えていたから，老中は「格別の防備は不要である」と将軍に説明したのである（⑥）。

以上の考察をふまえて，幕府は沿岸に出現する異国船が捕鯨船だと認識していたこと，軍事行動ではなく薪水や食料の補給を求めて来航すると認識していたことの2点をまとめればよい。

▶注意点

沿岸防備を強化しなかった幕府の認識は，異国船が軍事行動をとらない，交戦する意思はないといったように，それらの軍事的脅威を感じていなかったということを表現しよう。

B 〔解答の指針〕

▶設問の要求

(主題)　幕府の政策（異国船打払令と同時に関連法令を出したこと）にはどのような意図があったと考えられるか。

▶資料文の検討

資料文(4)にいう「親しみ候」事態とは何であるかを考えよう。その事態の一つが資料文(1)に示されている。

(1)　1823年来航の異国船

密かに交易を行ったとして漁師が処罰された。……①

(4)　異国船打払令と関連法令

異国船と「親しみ候」事態をあらためて厳禁した。……②

▶論点の抽出

資料文(4)に示された異国船打払令と同時に出された関連法令は，海上で日本船が異国船と「親しみ候」事態をあらためて厳禁したものである（②)。「親しみ候」事態とは何だろうか。

資料文(1)によれば，1823年，水戸藩領の漁師は，捕鯨船に遭遇した際に密かに交易を行ったとして処罰されたという（①)。ここから，幕府が密貿易の発生を懸念していたことを指摘するのは容易だろう。

幕府の懸念はそれだけだろうか。「あらためて厳禁」した（②）とあるので，従来から幕府が厳禁していたことが何かを考えたい。幕府が貿易を統制下においていた理由は，そもそもキリスト教の禁教政策にあった。異国船打払令には「南蛮・西洋の儀は，御制禁邪教の国」と述べられている。幕府は，密貿易のみならず，日本人に対してキリスト教の布教が行われることを危惧したと判断できる。

以上の考察から，幕府が関連法令を出した意図は，従来から厳禁してきた密貿易とキリスト教の布教が，異国船との接触のなかで行われないようにするためだったとまとめられる。

では，異国船打払令には，どのような幕府の意図があったのか。発令以前，幕府は来航した異国船には薪水や食料を与えて帰国させる方針をとっていた。しかし，これでは薪水や食料の補給を求める捕鯨船の来航を加速させる恐れが生じる。幕府は，相手は捕鯨船だから反撃してこないと認識していた。それゆえ，砲撃による撃退を命令して，沿岸への接近を阻止しようとしたのである。

▶注意点

関連法令の政策意図として，密貿易の禁止だけでなく，キリスト教の布教の禁止も指摘する。さらに，異国船打払令を発令した幕府の政策意図についても説明しよう。

4　解答

A　西園寺は，日清戦争後に国家主義的な風潮が強まった社会状況を危惧し，内地雑居の実施を前に，欧米の価値観を共有する文明的な国民の育成が必要と考え，国家主義的な教育を改めようとした。(90 字以内)

B　国民主権と象徴天皇制を定めた日本国憲法の施行と新憲法下での教育理念を示した教育基本法の制定により，天皇が忠君愛国を臣民に求める教育勅語は形式と内容から否定されるべきものだった。(90 字以内)

◆ねらい◆

≪教育勅語をめぐる政治・社会情勢≫

2つの史料をもとに，時代の変化のなかで新たな教育勅語が模索されたことを考察する問題である。**A**は日清戦争後に新たな勅語を模索した社会状況が問われている。一方，**B**では，第二次世界大戦後に新たな勅語は実現せず，教育勅語が排除・失効した理由を，日本国憲法の公布・施行という政治状況との関連で述べることが求められている。**A**は，史料をもとに西園寺公望がどのような現状認識をもっていたのかを考えよう。**B**は，教育勅語の内容・形式が，日本国憲法との関連で否定されるべきものであったことを説明すればよい。

◀解　説▶

A　〔解答の指針〕

▶設問の要求

(主題)　西園寺は，どのような状況を危惧し，それにどう対処しようとしたのか。

▶史料と設問の検討

史料(1)は，「日清戦争後に西園寺公望文部大臣が記した勅語の草稿」と設問に示されている。「日清戦争後」という時期をふまえて，史料(1)を考察しよう。

(1)　西園寺公望が記した勅語の草稿

「旧来の悪しき慣習を破り，知識を世界に求め，上下心を一つにして怠らない」 ……①

「条約改正の結果として，相手国の臣民が来て」 ……②

「相手国の臣民に丁寧・親切に接し」 ……③

「大国としての寛容の気風を発揮しなければならない」 ……④

▶論点の抽出

まず，教育勅語がどのようなものであるかを確認しておく。教育勅語（教育に関する勅語）は，大日本帝国憲法が公布された翌年の 1890 年に発布された。教育の基本として忠君愛国の精神を強調する内容をもち，国家主義的な教育観が示されている。

さて，西園寺公望の危惧と対処が問われているが，新たな教育勅語を模索していたことは教科書に記述がないので，史料(1)をもとに考えるしかない。

日清戦争後という状況を念頭に史料(1)を読み，後半部分に「条約改正の結果」（②）とあることに注目したい。これは，1894 年に締結された日英通商航海条約が 1899 年に発効することを指し，「相手国の臣民が来て」（②）というのは内地雑居の状態になることを述べている。その状況を迎えるにあたって，③・④の部分で，日本人が欧米人に丁寧・親切・寛容の態度で接することを求めている。一方，前半部分をみると，①の部分は 1868 年に出された五箇条の誓文の引用で，攘夷禁止と開国和親の方針を明示した箇所である。これをあらためて取り上げている意図を考えると，西園寺は，内地雑居が始まると外国人排斥の風潮が高まる恐れがあるのを危惧していたとわかる。

ただ，外国人排斥の風潮は今後に予想されることであり，当時現実に起こっていたことではない。西園寺が危惧する状況は，もう少し広く一般化してとらえる必要がある。

日清戦争が思想界や国民感情に与えた影響を考えるとよい。平民欧化主義を唱えていた徳富蘇峰は，日清戦争を機に日本の対外膨張を支持するようになった。また，三国干渉の受諾は国民の間に反露感情を巻き起こしていた。西園寺は，日清戦争後に国家主義的な風潮が強まった社会状況を危惧しており，このような状況下では内地雑居の開始が外国人排斥につながるとみていたと判断できる。

では，西園寺はどう対処しようとしたのか。西園寺は，現状の教育勅語の内容が国家主義的な風潮を助長していると考え，新たな教育勅語を準備することで，忠君愛国を強調する国家主義的な教育を改めようとしたのである。現状の教育勅語に代わる新たな教育理念は，③・④に示されている。これをうまくまとめるのは難しいが，「欧米の価値観を共有する文明的な国民の育成」などと表現すればよい。

▶注意点

史料(1)には，外国人排斥の風潮への危惧が述べられているから，これを指摘しても評価は与えられるだろうが，より一般化して国家主義的な風潮の強まりと表現したほうが，現状の教育勅語との関係を明確にできる。新たな教育勅語で国民に求めようとした内容については，多様な表現が考えられるが，なるべく史料(1)の引き写しにならないように配慮したい。

B　〔解答の指針〕

▶設問の要求

(主題)　新たな勅語が実現することなく，国会で教育勅語の排除および失効確認がなされたのはなぜか。

(条件)　日本国憲法との関連に留意する。

▶史料と設問の検討

史料(2)は，「1946 年 3 月に来日した米国教育使節団に協力するため，日本政府が設けた教育関係者による委員会が準備した報告書」と設問に示されている。史料(2)では，天皇から新たな教育理念を示す「詔書」を賜ることが提案されている。

(2)　教育関係者による委員会の報告書

「国民教育の新方針並びに国民の精神生活の新方向」……①

「明示し給うごとき詔書をたまわりたきこと」……②

▶論点の抽出

Aで確認したように，教育勅語は忠君愛国を強調した国家主義的な教育観を示したものであった。**B**では，教育勅語の内容だけでなく形式にも注目したい。「勅語」とは天皇が臣民に対して発した意思表示をいう。史料⑵は，第二次世界大戦後，占領にともなう民主化改革のなかで日本政府側から出された意見である。ここでは，国民教育の新方針と国民の精神生活の新方向を示すことが必要である（①）として，「詔書」という形式で天皇が国民に示すこと（②）が提案されている。

条件として日本国憲法との関連に留意することが求められているから，時系列にそって事項を整理してみれば，以下のようになる。

1946 年 3 月　教育関係者による委員会の報告書
1946 年 11 月　日本国憲法公布
1947 年 5 月　日本国憲法施行
1948 年 6 月　国会で教育勅語の排除および失効確認の決議

史料⑵の後に公布された日本国憲法では，国民主権が明示され，天皇はその統治権を否定されて「日本国民統合の象徴」と位置づけられた。教育勅語は，天皇を統治権の総攬者とする大日本帝国憲法のもとで発布されたものである。「勅語」という形式は，国民主権と象徴天皇制を定めた日本国憲法に反するから，「国権の最高機関」と位置づけられた国会の決議により，排除および失効確認がなされたのである。

もう一つ日本国憲法との関連で想起すべき事項がある。米国教育使節団の勧告により，1947 年 3 月に教育基本法が制定されたことである。教育基本法は，「日本国憲法の精神に則り，教育の目的を明示して，新しい日本の教育の基本を確立するため」に制定され，個人の尊厳を重んじ，真理と平和を求める国民の育成が新たな教育理念として掲げられた。これによって，忠君愛国を強調する教育勅語は，内容の面からも否定されることになったのである。

▶注意点

教育勅語の内容と形式が，日本国憲法との関連で否定されるべきものであったことを説明すればよい。日本国憲法の特徴だけでなく，新憲法下での教育理念を示す教育基本法の制定も指摘しなければならない。

❖講 評

1 藤原京の歴史的意義を問う出題である。資料文を読み取る形式ではなく，指定語句を用いて解答する形式であった。指定語句を用いる出題は 2002 年度以来であったから，面食らった受験生も多かっただろう。難易度の高い問題ではないだけに，知識・理解の差がそのまま得点差につながったと思われる。教科書を通じて知識を蓄え，理解を深める学習姿勢を疎かにできない。

2 中世史では，2017 年度 2 は鎌倉時代からの出題であったが，2018 年度は室町時代からの出題となった。資料文のほとんどは教科書に書かれている基本事項であり，読み取るというよりも，解答の方向性を指し示すものといった性格が強い。設問の問いかけも明確で，2018 年度の出題のなかではもっとも取り組みやすい問題だといえる。

3 異国船打払令を，教科書などとはやや異なる視点から考察する問題である。異国船打払令の理解をめぐる最近の研究動向を反映した出題と考えられ，2017 年度 3 の出題と方向性が似ている。2 とは異なり，3 は資料文を読み取って思考を重ねないと解答にたどりつけない。過去問演習を通じて，そのような訓練を行ってきたかが点差に影響しただろう。

4 教育勅語をめぐる政治・社会情勢が出題された。近年，何かと話題になる教育勅語がテーマとなっており，現代的な関心に基づく出題といえる。**A** は日清戦争後の社会状況を念頭に史料を読み込めばよいが，西園寺公望の対処はまとめづらい。**B** は，史料の読み込みというより，第二次世界大戦後の政治状況について，時系列にそった知識・理解が問われている。

世界史

1 解答

フランス革命の人権宣言で唱えられた自然権は男性に限定されたものであり，ナポレオンのフランス民法典でも男性の家父長権が強調された。産業革命は男性は職場，女性は家庭という分業関係を強めたが，一方で女性の社会進出の端緒ともなった。女性の労働環境は劣悪で，男性との賃金格差も大きかったが，クリミア戦争で活躍し近代看護制度を確立したナイティンゲールや，放射性物質を発見したキュリー（マリー）のような女性も現れた。イギリスやアメリカで男性の参政権が拡大していくにつれ，女性参政権獲得運動も始まった。20 世紀初頭の第一次世界大戦は，国家の生産力が勝敗を左右する総力戦となり，女性も軍需工場での労働などで戦争遂行に大きく貢献した。このため，大戦末期のイギリスでは，第 4 次選挙法改正（1918）で 30 歳以上の女性に参政権が認められ，大戦後にはアメリカ・ドイツなど各国で女性参政権が実現し，トルコなどアジアにも拡大していった。第二次世界大戦後，国際連合の世界人権宣言で男女の平等がうたわれたが，社会的・経済的な女性差別は依然として残存していた。1960 年代には公民権運動などに刺激を受け，すべての男女差別撤廃をめざし，あらゆる意識改革を行う必要性を訴えるフェミニズム運動が起こった。こうした動きは 1970 年代には世界的な広がりをみせ，国連総会で女性差別撤廃条約（1979）が決議され，これを受け日本でも男女雇用機会均等法が施行された。(600 字以内)

◆ねらい◆

≪19～20 世紀の女性の活動，女性参政権獲得の歩み，女性解放運動≫

本格的な女性史というテーマが，東京大学の長文論述で取り上げられたことは受験生にとって予想外であったと思われる。「ジェンダー（生物学上の雌雄ではなく，歴史的・文化的・社会的に作られた男女の差異）」について問題意識を持つことの重要性を進んで提示するような出題となった。指定語句の「産業革命」「人権宣言」「総力戦」などを女性の問題と結びつけて論述する構成力と歴史理解が求められた。

◀解　説▶

▶設問の要求

(主題)　①19～20 世紀の女性の活動

②女性参政権獲得の歩み

③女性解放運動

▶論述の方向性

設問の要求する主題について，19 世紀と 20 世紀に分けて述べていくのが書きやすいと思われる。

①　19 世紀の女性

【関連する指定語句】人権宣言，産業革命，ナイティンゲール，
キュリー（マリー）

フランス革命時の人権宣言は女性の権利にはふれていないことや，選挙権の拡大は男性に限られていたこと，また産業革命が女性に与えた影響などについて述べればよい。この時代，男性に比べると女性はほぼ無権利状態であったが，そうした男性中心の社会においても活躍した女性として，指定語句のナイティンゲール，キュリーについて説明する。

●人権宣言と女性

フランス革命の際，1789 年 8 月に国民議会で採択された人権宣言（人と市民の権利の宣言）第 2 条では，自由・所有・安全・圧政への抵抗を自然権と規定しているが，これは男性の権利を指すもので，女性の権利は全く考慮されていない。これに対してオランプ＝ド＝グージュという女性が抗議運動を始め，1791 年憲法でも女性が無視されたため，同年「女性と女性市民の権利宣言（女権宣言）」を発表している。しかし，当時の社会ではグージュの女権論には反発も強く，ルイ 16 世の処刑に反対したこともあって，彼女は 1793 年に反革命の嫌疑で処刑されている。いずれにしても人権宣言は女性の権利について言及していない点を指摘しておきたい。

また，ナポレオンが 1804 年に公布したナポレオン法典（フランス民法典）は，所有権の絶対，個人意志の自由，家族の尊重の 3 点を基本原則とするが，このうちの家族の尊重では男性の家父長権が強化され，妻の権利は徹底して無力化されている。

●産業革命と女性

産業革命と女性に関しては 2 つの側面がある。1 つは産業革命によって

職住分離（職場と家庭の分離）が進み，男性は外（工場や会社）で仕事をし，女性は家庭を守るという近代の家族形態が成立した点である。産業革命以前の農業中心社会では女性も補助的ではあろうと農業労働に従事していたが，産業革命の進展によって男性が外で働き女性は家庭内で家事を行うという家族形態が一般化していくことになった。

もう 1 つの側面は，いかに低賃金で労働環境が劣悪であろうが，産業革命によって女性も外で働き，経済的に自立できる環境が整うことになり，社会進出の機会が得られるようになった点があげられる。女性労働者は男性労働者と一緒に働くことで，賃金格差だけでなく，政治的にも無権利であることを自覚していくことになる。

●男性中心社会の中で活躍した女性

ナイティンゲールは，クリミア戦争（1853～56 年）で献身的に傷病者の救護活動を行い近代看護制度を確立した。その活動は国際赤十字社を創設したデュナンにも大きな影響を与えている。ここではクリミア戦争，看護制度，あるいは国際赤十字社への影響などに言及すれば十分だろう。

キュリー（マリー）はポーランド出身で，フランスの物理学者ピエールと結婚し，夫とともにラジウム，ポロニウムを発見し 1903 年ノーベル物理学賞を受賞，夫の死後，ラジウムの純粋な分離に成功し 1911 年には単独でノーベル化学賞を受賞している。

その他，教科書に記載されている 19 世紀～20 世紀初頭の女性で，この問題の主題に合致する人物としては，『アンクル=トムの小屋』で奴隷制の悲惨な現実を描いたストウ，ドイツ共産党を創立し 1919 年に蜂起したが虐殺されたローザ=ルクセンブルクなどがいるが，女性解放運動という観点からいえばオランダ支配下のインドネシアで女子教育の普及に貢献し，インドネシアの女性解放運動の先駆者とされるカルティニ（1879～1904 年）を取り上げることもできる。

●女性参政権獲得運動

イギリスでは 1832 年の第 1 次選挙法改正で新たに産業資本家などが参政権を得たが，参政権を獲得できなかった労働者はチャーティスト運動を展開し，「人民憲章」を議会に提出した。この「人民憲章」では男性普通選挙が目的の 1 つに掲げられたが，女性参政権は目標とさえされていなかった。その後，次第に男性の選挙権が拡大していく過程で，産業革命で社会進出を始めた女性の中から，男性と同様の参政権獲得のための運動が始まることになる。

② 20世紀の女性

【関連する指定語句】総力戦，第4次選挙法改正（1918），フェミニズム，
女性差別撤廃条約（1979）

総力戦となった第一次世界大戦で女性が労働力として活躍したことで，イギリスのように一部の国では女性参政権が実現していった。第二次世界大戦後は世界的に女性参政権が一般化していくが，社会的・経済的差別は残ったため，1960年代からフェミニズムと呼ばれる女性解放運動が世界に拡大し，国連で女性差別撤廃条約が決議された，という流れで書きたい。

●第一次世界大戦と女性参政権

1914年に勃発した第一次世界大戦は世界初の「総力戦」となった。総力戦とは戦争の勝敗が個々の戦闘ではなく，国家全体の経済力や生産力，国民の動員力によって決する戦争であるため，戦場で戦う男性だけでなく，女性も軍需工場での労働や治安維持などで戦争遂行に大きな役割を果たすようになった。その結果，戦争中や戦後にかけて女性の発言権が強まり，女性参政権が実現していくことになる。

具体的な女性参政権については，指定語句の第4次選挙法改正（1918）で女性参政権が実現したイギリスは必須だが，そのほかアメリカ・ドイツ，そしてソヴィエト政権などを取り上げてもよいだろう。イギリスの第4次選挙法改正（1918年）では30歳以上の女性（男性は21歳）に参政権が与えられ，1928年の第5次選挙法改正では男女とも21歳以上となった。アメリカではウィルソン政権下の1920年，ドイツでは1919年に発布されたヴァイマル憲法で実現している。また，アジアではトルコ革命によって成立したトルコ共和国で，一夫多妻制や女性特有の外衣チャドルが廃止され，1934年には女性参政権が与えられている。

なお，1893年に女性参政権が実現したニュージーランドやそれに続くオーストラリア，第二次世界大戦末期以後に実現したフランスや日本はリード文中に取り上げられているため言及は避けたい。

●第二次世界大戦以後

第二次世界大戦では，第一次世界大戦以上に女性が戦争遂行に大きな役割を果たした。大戦直後に発足した国際連合では，男女同権が明記された

世界人権宣言が採択されている（1948 年）。しかし，家電の普及などで家事負担が減少した女性の社会進出が進展する一方，現実の社会では進学・就職・昇進の面や，賃金格差など様々な男女差別が残存した。

こうした中，1960 年代のアメリカで公民権運動やベトナム反戦運動が盛り上がると，その刺激を受けてフェミニズム運動が高揚していった。フェミニズムは男性中心の社会を批判し，意識改革を行い，諸権利の獲得だけでなく，目には見えない日常的な性差別の撤廃によって女性解放を実現しようとするものである。

このフェミニズムが 1970 年代以降世界的な広がりをみせると，1979 年の国連総会では女性差別撤廃条約が採択された。これを受けて，日本でも 1986 年に男女雇用機会均等法が施行され，1999 年には男女が社会の対等な構成員として社会活動に参画する機会を確保する男女共同参画社会基本法が制定されている。

しかし，こうした問題の解決については，アフリカやアジアなどの発展途上国と先進国の間では明らかな差異があり，文化的・宗教的背景などもあって女性の活動や解放が一様に進んでいるわけではない。男女差別の解消は現在進行中の問題としてとらえる必要があるということを最後でまとめてもよいだろう。

2 解答

(1) (a) 司祭階層であるバラモンを最高位とするヴァルナ制や，バラモン教の祭式至上主義，ヴェーダの権威などを否定し，修行による解脱を説き，当時台頭してきた新興階層の支持を得た。(90 字以内)

(b) ウパニシャッド哲学

(c) 出家者が厳しい修行によって自らの解脱と救済を目指す従来の仏教を利己的であると批判し，菩薩信仰を中心に自らの悟りよりもあらゆる人々を救済することに重点を置いた活動を行った。(90 字以内)

(2) (a) 都の名称：平城　石窟の名称：雲崗石窟　位置：B

(b) 中国人信者の儒教的な典礼への参加を認めるイエズス会を他派が批判し，教皇が典礼参加を禁止すると，康熙帝はイエズス会以外の布教を禁止し，雍正帝はキリスト教布教を全面的に禁止した。(90 字以内)

(3) (a) 世俗から離れて生活する従来の修道会に対し，都市民衆への説教

活動を重視し，財産所有を禁じて信者からの施しで生活した。(60 字以内)

(b)　ヘンリ 8 世が国王至上法でカトリックから離脱し，その後カルヴァンの教義が導入され，エリザベス 1 世が統一法でイギリス国教会を確立した。しかし，教会は国家に従属し，制度や儀式の面でカトリック的な要素が残されたためカルヴァン派の批判を受けた。(120 字以内)

◆ねらい◆

≪世界各地の宗教の生成・伝播・変容≫

古代から近世までの世界各地の宗教についての理解を問う問題。問(2)(a)では写真と地図を利用した問題が出題された。問(1)(a)仏教・ジャイナ教に共通した特徴を 90 字で書くのは教科書学習だけではやや難しいと思われる。問(1)(c)大乗仏教の特徴と問(2)(b)清の「典礼問題」はよく取り上げられる標準的な問題。問(3)(a)托鉢修道会の説明は意外に書きにくいと思われる。問(3)(b)イギリス国教会の成立過程は基本事項だが，カルヴァン派からの批判点に必ず言及しなければならないため，そこで得点差が生じるだろう。

◀解　説▶

◆問(1)　▶(a)　仏教・ジャイナ教に共通する特徴として，バラモン教に対する批判として成立したこと，支持層やその思想について述べればよい。

両宗教とも，バラモン・クシャトリヤ・ヴァイシャ・シュードラの 4 身分であるヴァルナ制や複雑な祭式を重視するバラモン教を否定した。また，バラモン教の根本聖典であるヴェーダの権威も否定している。

また，当時台頭してきたクシャトリヤ・ヴァイシャなど新興階層の支持を受けた点も指摘したい。修行によって輪廻からの解脱が可能であるとしたことも共通点である。

▶(b)　ウパニシャッド哲学は，祭式至上主義に陥ったバラモン教の思想面を深めようという動きから起こった哲学を指す。バラモン教の祭式の意義を根本的に見直すとともに，宇宙の根本原理であるブラフマン（梵）と，人間存在の根本原理であるアートマン（我）を究め，それを一体化させる（梵我一如）ことによって輪廻からの解脱をめざした。

▶(c)　大乗仏教成立以前の仏教（上座部仏教）では，八正道を実践することによって人間世界の生・病・老・死の苦しみや煩悩から解脱し，八正道実践のために出家して修行を行うことが必要とされた。これに対して，大乗仏教は，出家者が自身の解脱のみを目指すのは利己的であると批判した。自らを犠牲に他者の救済を目指すものを菩薩として信仰し，一般大衆の救済も目指した。大乗とは「多くの人々を乗せることができる大きな乗り物」という意味で，自身の解脱のみを目指す従来の仏教を小さな乗り物しか持たない小乗仏教と批判している。

◆問(2)　▶(a)　北魏の第3代太武帝は439年に華北統一に成功し，寇謙之《こうけんし》を重用して道教を国教とし，仏教を弾圧した。彼の死後，第4代文成帝は仏教を復興し，首都平城（現在の大同）郊外の雲崗《うんこう》に多くの石窟が開かれた。その後，第6代孝文帝は洛陽（地図上のC）に遷都し，その郊外に新たに竜門石窟を造営させた。「太武帝がおこなった仏教に対する弾圧の後に，都の近くに造られた石窟」を竜門石窟と勘違いしないように注意したい。

▶(b)　いわゆる「典礼問題」を説明する問題。イエズス会は明末期のマテオ=リッチ以来，中国で布教活動を行ったが，布教方針として，キリスト教に改宗した中国人信者に対して中国の伝統的な儀礼（典礼）への参加を認めている。典礼とは孔子廟への参拝，儒教・道教・仏教の様式で埋葬された祖先の墓参り（祖先崇拝）などの儀礼のことで，イエズス会はそれらの典礼は「宗教行事ではなく，単なる慣習である」として認めていた。しかし，遅れて中国の布教活動に乗り出したフランチェスコ会やドミニコ会はこの布教方針を批判し，典礼問題に発展した。両派はイエズス会の非をローマ教皇に訴え，教皇はイエズス会の布教方針を禁止した。これに対して康熙帝はイエズス会以外の布教活動を禁止し，続く雍正帝は1724年キリスト教布教を全面的に禁止している。

◆問(3)　▶(a)　6世紀にベネディクトゥスが創始した西欧キリスト教世界の修道院は，「祈り，働け」をモットーとし，世俗と切り離された地で自給自足的生活をしつつ宗教活動を行うことが基本であった。しかし，次第に所領を拡大して地主化し，財産を蓄える修道院も現れるようになった。これに対して，フランチェスコ会やドミニコ会などの托鉢修道会は土地などの財産を否定し，都市の中で説教活動を行うことで都市民の教化を図り，その活動の中で自らの修行を進めていった。

▶(b)　イギリス国教会成立（宗教改革）が国王中心に進められたこと，その結果どのような問題が生まれて「カルヴァン派（ピューリタン）」から批判されたかを述べればよいが，批判点を明確に示せるかどうかがやや難しいと思われる。

ヘンリ8世はルターの宗教改革を批判し，「信仰擁護者」の称号を教皇から得ていたが，自身の離婚問題から（教皇が離婚を認めないので）1534年議会の支持を得て国王至上法（首長法）を発布した。これは，イギリスの教会の首長は（教皇ではなく）国王であるという法令で，イギリスの教会がローマ=カトリックから離脱したことを意味し，イギリス独自の教会組織である国教会が成立した。しかし，組織としてカトリック教会から離れたものの，国教会の教義はカトリックと同じであった。その後，エドワード6世によって一般祈禱書（1549年）が制定され，祈禱などで英語を使用することや，カルヴァンの予定説などを教義に取り入れた。さらにエリザベス1世は1559年第3回統一法を制定して祈禱や礼拝を統一し，イギリス国教会が確立することになる。

しかし，国教会では予定説などは取り入れたが，カルヴァンのもう一つの重要な主張である長老主義（個々の教会は司教・大司教・教皇など上位者からの命令ではなく，司祭と信者の代表である長老によって独立して運営されるべきであるという考え）は取り入れず，国王を頂点とするカトリック的な階層性（主教制）が維持された。また，国教会の礼拝方式にもカトリック的な様式が残るなどしていたため，当時増加しつつあったカルヴァン派（ピューリタン）はこうした点を批判したのである。

3 解答

(1) 燕雲十六州

(2) パスパ文字

(3) チャンパー

(4) (a) アウグスティヌス

(b) ヴァンダル人

(5) イスラーム教の礼拝堂モスクから，キリスト教の教会になった。(30字以内)

(6) ニース

(7) 第五共和政

(8) イ

(9)　(a)　ソグド人

(b)　正統カリフ

(10)　ウルドゥー語

◆ねらい◆

≪地域の人々のまとまりとその変容≫

ある地域のまとまりに関連させて，その地域の文字・言語，宗教，都市の様態などを問う問題。文字や紙幣の写真，地図，史料，都市の略図などが多く使われ，史料や略図はそれを読み取る力も求められたため，標準レベルであるが，やや時間をとられる出題形式であった。また，30 字の小論述問題が出題されている。

◀解　説▶

◆問(1)　問題文中の「モンゴル系の遊牧国家」とは遼（契丹）で，その文字は契丹文字，「南に接する王朝」とは後晋である。燕雲《えんうん》十六州とは長城以南の河北省・山西省の一部で，北京などを含む。遼はここを後晋の建国を支援した代償として獲得した。なお，図版 a の契丹文字は大字・小字からなり，大字は漢字をもとに，小字はウイグル文字をもとに作られたといわれる。

◆問(2)　図版 b の紙幣は交鈔で，交鈔は問題文中の「滅ぼした国家」＝金で発行されていたものを元が引き継いだものである。パスパ文字は，フビライがチベット仏教の高僧パスパに作らせた文字で，チベット文字をもとに作成された。

◆問(3)　図版 c は「インドシナ半島」「漢字を基にして作られた文字」から，13 世紀に成立したベトナムの陳朝で作られたチュノム（字喃）と判断できる。陳朝はその南方にあるチャンパーに領域を拡大している。チャンパーは 2 世紀頃に中部ベトナムでチャム人が建てた国。南シナ海の要衝に位置したことから海上貿易で繁栄し，中国からは林邑《りんゆう》・環王《かんおう》・占城《せんじょう》などと呼ばれた。

◆問(4)　▶(a)　マニ教から回心し，その膨大な著作（『神の国』など）が中世西欧世界に大きな影響を与えたことなどからアウグスティヌスと判断できる。アウグスティヌスが司教をしていた地図中の A はヒッポという都市で，現在のアルジェリア北東部の都市アンナバにあたる。

▶(b)　アウグスティヌスは 396 年ヒッポの司教となり，430 年ヴァンダル人がヒッポを包囲する中で病死した。ヴァンダル人はその後，都市Ｂ（カルタゴ）も征服したが，534 年ビザンツ帝国に滅ぼされている。

◆問(5)　地図中の都市Ｃはシチリア島の中心都市であるパレルモ。空所あにはモスクが入る。「新支配者勢力」とはノルマン人である。パレルモは，9 世紀にはイスラーム勢力が侵入し，イスラーム教が普及して多くのモスク（礼拝堂）が建てられた。しかし 11 世紀にはノルマン人がこの地を征服し，ノルマン人のルッジェーロ 2 世は 1130 年にシチリア島と南イタリアにまたがる両シチリア王国を建てている。なお，この史料文の著者イドリーシーはモロッコ生まれの地理学者で，ルッジェーロ 2 世に招かれてシチリア島に行き，地理書『遠き世界を知りたいと望む者の慰みの書（ルッジェーロの書)』を著している。

◆問(6)　1860 年に地図中の都市Ｄ（ナポリ)に入り，「サルデーニャ王国による国民国家建設に大きな役割を果たした」のはガリバルディ。ガリバルディは「千人隊」と呼ばれる義勇軍を率いてシチリア島やナポリを含む南イタリアを征服，これをサルデーニャ王に献上したことでイタリア統一が大きく前進した。ガリバルディがニース生まれという知識をもっておくのは難しいが，サルデーニャ王国が，イタリア統一の過程で中部イタリアの併合を認めてもらうために「隣国」フランスのナポレオン 3 世にニースとサヴォイアを割譲（1860 年）したことを思い出してほしい。「港町」はニースで，サヴォイアは内陸部の地域名である。

◆問(7)　地図中の都市Ａを含む地域はアルジェリア，宗主国とはフランス。アルジェリアでは，第二次世界大戦後，独立要求が高まり，1954 年民族解放戦線（FLN）が結成されてアルジェリア戦争が始まった。フランスでは第二次世界大戦後，第四共和政が成立していたが，アルジェリア戦争をめぐって国内対立が激化したことから，第二次世界大戦の英雄で第四共和政では下野していたド=ゴールに事態収拾の期待が集まった。ド=ゴールは 1958 年に大統領権限の強い新憲法を国民投票にかけて第五共和政を成立させ，翌年大統領に就任，1962 年のエヴィアン協定によってアルジェリアの独立を認めている。

◆問(8)　資料Ｘ・Ｙから，空所いがティムール朝の首都サマルカンドであることはわかるであろう。略図イの「天文台」はティムール朝第 4 代ウルグ=ベクが建設したものである。略図のアはイスタンブル，ウは長安城，エはバグダード。

◆問(9)　▶(a)　ソグド人はサマルカンドが位置するソグディアナのイラン系民族で，古くから東西交易で活躍した。唐代の中国では「胡人」と呼ばれ，自らが信仰するゾロアスター教やマニ教を中国に伝えた。

▶(b)　問題文に「資料X中の下線部②の記述は正確ではない」とあるが，これは，ソグディアナは 9 世紀以後，特に 10 世紀にカラハン朝が成立して以後にトルコ化とイスラーム化が進んだのであって，正統カリフ時代（632～661 年）の第 3 代正統カリフである「ウスマーン閣下の時代」ではないということを述べている。正統カリフとはムハンマドの死後ムスリムの選挙で選ばれたアブー=バクル・ウマル・ウスマーン・アリーの 4 人の後継者（カリフ）をさす。

◆問(10)　資料Xの著者バーブルはティムールの直系子孫で，サマルカンドで混乱したティムール朝を再建しようとしたが果たせず，ウズベク人の南下でサマルカンドを追われ，インドに入ってロディー朝を破りムガル帝国を建設した。ウルドゥー語はムガル帝国の宮廷を中心に，北インドの言語にペルシア語・アラビア語の語彙が取り入れられて成立したもので，パキスタン独立後は公用語に指定されている。

❖講　評

2018 年度も，1 が長文論述，2 が小論述中心，3 が語句記述中心という基本構成は変わらなかった。2 では 2014 年度以後 5 年続けて語句記述が含まれ，また選択問題も出題された。3 では 2015 年度以後みられなかった短文論述問題が出題されるとともに，図版（写真・地図・略図）と史料が多数使用された。

1（600 字）・2（450 字）・3（30 字）を合わせた論述の総字数は 1080 字で，2012 年度以降では最も多くなったため，受験生の負担がやや増加したといえる。

時代的には 1 が近現代，2 が古代～近世，3 が古代から現代まで含む問題でバランスはとれている。地域的には 1 が欧米中心の問題だったので，2・3 はややアジア重視の問題となった。

1　歴史上有名な女性や女性参政権・女性解放に関する問題が大学入試で取り上げられることはあるが，長文論述問題で出題されることはほとんどないといってよい。しかし,「ジェンダー」に関する問題は現代世界の大きな論点となっているので,そうした問題意識からの出題であろう。論述全体の構成として抑圧から解放へ,無権利から参政権獲得へという大きな流れは組み立てやすいのだが,「産業革命」「人権宣言」「総力戦」といった指定語句が女性の問題とどのような関わりがあるのか理解できていないと600字を埋めるのはかなり難しい。教科書や資料集に掲載されている女性に関する特集やコラムに,興味をもって接していたか否かで論述の充実度に差が出たと思われる。

2 宗教関係の小論述中心の問題だが,地域はインド,中国,ヨーロッパと多彩である。典礼問題の90字論述,イギリス国教会の成立過程とカルヴァン派からの批判点の120字論述は書きやすい字数と思われるが,仏教・ジャイナ教共通の特徴,大乗仏教の特徴をそれぞれ90字で書く問題は教科書学習だけでは字数が埋まらなかったのではないかと思われる。托鉢修道会の説明も同じように60字で書くのに苦労するだろう。

3 諸地域の文字・言語・宗教・都市の様態などを問う問題で,ほとんど語句記述問題だが,パレルモ(シチリア)の宗教の変遷を問う30字小論述が出題された。論述といっても簡単な説明なので苦労することはないだろう。文字や紙幣の写真,地中海周辺の地図,都市の略図,史料などが多数使われていたのは新傾向であるが,語句記述問題で求められている解答はすべて教科書レベルである。ただし図版や地図・史料が多用されていることもあって,例年よりも解答に時間がかかったはずで,その点でこの大問から解いた受験生は,1・2に当てる時間が減ってしまった者も多かったのではないかと思われる。

地理

1

解答 **A** (1) 化石燃料の消費量の増加と森林資源の伐採の拡大。(30字以内)

(2) 夏は植物の光合成が活発なので二酸化炭素濃度が下がるが，冬は逆に不活発となり暖房用燃料消費も増えるので濃度が高まるため。(60字以内)

(3) Aはエネルギー消費を抑制せず二酸化炭素濃度が高まって気温上昇が進むシナリオ，Dはエネルギー消費の抑制や二酸化炭素の固定を進め二酸化炭素濃度と気温上昇を最低限に抑えるシナリオ。(90字以内)

B (1) ハリケーン―北～中央アメリカ

サイクロン―南アジア～環インド洋地域～オーストラリア

(2) 低緯度で東寄りの貿易風，中緯度で偏西風に流されるため。(30字以内)

(3) 寒流の影響により海水温が低く上昇気流が発生しにくいため。(30字以内)

(4) 地球温暖化による海面上昇で高潮の被害地域が拡大し，人口増加に伴い浸水しやすい河口部など低地への居住者も増えるため。(60字以内)

◆ねらい◆

≪大気中の二酸化炭素濃度の変化と将来予測，熱帯低気圧と地球環境≫

地球環境と気候という共通のテーマのもと，二酸化炭素濃度の変化と人間活動，熱帯低気圧の発生と災害という2つの内容が出題された。東大の地理問題で出されるグラフや地図は，教科書などに記載されていないものも少なくないので，地理的知識に加えて，それらを読み取る能力も試されている。設問**A**は，一部に地学的知識も求められるものの，思考力を働かせればわかるのでそれほど難しくはない。ことに**(1)**は地球温暖化の基本的知識なので必答である。**(2)**は細かい増加と減少が1年ごとに繰り返されていることに気付くかどうかが鍵であろう。**(3)**は時事的内容も含まれており，現代社会と地理とを合わせたユニークな問題である。設問**B**の**(1)**は単純な知識問題なので必答，**(2)**・**(3)**も大気の大循環という気候現象のメカニズムさえ理解できておればそれほど難しくないが，制限字数が少ないので悩むかもしれない。(4)は東大地理で頻出の自然災害に関する問題だが，社会の変化まで含めて考えさせるところに思考力を問う東大らしさがうかがえる。

◀解　説▶

◆設問A　▶(1)　大気中の二酸化炭素濃度を増加させる人間活動を２つ答えるのだから，語句で答える記述法に近い。石炭や石油など化石燃料の燃焼による増加はわかりやすいが，森林の伐採は二酸化炭素の吸収量を減らすため二酸化炭素濃度が高まることに気付いてほしい。

▶(2)　二酸化炭素濃度の増加と減少が１年ごとに起こっていることに注目する。このような季節変動は主に植物の活動によるもので，夏には植物の光合成が活発化して濃度が減少し，冬にはそれが不活発になって濃度が高まることが大きい。夏・冬の表現は南北両半球で逆になるが，陸地面積が広い北半球の影響が強いので，60 字という字数制限からもそのまま用いてよいだろう。なお，人間活動も二酸化炭素濃度の増加と無関係ではないことを示す意味で，冬の暖房用燃料消費の増加にもふれておくのがよい。

▶(3)　二酸化炭素濃度の増加の予測グラフなので，もっとも右上がりのＡは濃度が最大になるという予測，Ｄは逆に濃度があまり増えずに推移するという予測を示している。二酸化炭素濃度は化石エネルギーの消費量の増加が大きく関係するといわれており，したがってＡは省エネや自然エネルギーの活用といった地球環境保全の対策などを講じなかった場合，Ｄは十分な対策をした場合のシナリオとみることができる。指定語句の「固定」の扱い方が難しいが，植物が光合成によって空気中から取り込んだ二酸化炭素を炭素化合物として留めておく機能を考えればわかりやすい。森林の保全による温暖化の抑制のような生物学的な固定法のほかに，排ガスの中の二酸化炭素を分離回収する物理化学的方法，地中や海中に隔離する大規模な方法などが研究されている。

◆設問B　▶(1)　名称が使われる地域をどのように表現するか。ハリケーンをカリブ海〜アメリカ合衆国南部などとする答えもある。図１－４の分布図からみて，範囲をあまり限定的に答えるのはよくないだろう。サイクロンの名称はインド洋の北部と南部，太平洋南部で用いられる。かつてオーストラリア周辺の熱帯低気圧はウィリーウィリー（塵旋風をさすアボリジニ語）と呼ばれていたが，現在は使われていない。

▶(2)　熱帯低気圧は，南北両半球とも最初は西方向へ，その後東方向へと移動していく。熱帯低気圧の移動は自らのエネルギーによるのではなく風に流されるためであるから，低緯度と中緯度でどのような卓越風が吹いているのかを答えることになる。

▶(3)　熱帯低気圧の発生には海面からの持続的な水蒸気の供給と上昇気流が必要なので，海面水温 26℃以上のところが発生海域とされる。「南米大陸の周辺」だから太平洋側と大西洋側の両方を考えねばならないが，わずか 1 行での解答なので，太平洋側の寒流のペルー海流が低緯度まで達することを答えたい。大西洋側のブラジル海流は暖流だが勢力は強くない。

▶(4)　熱帯低気圧が原因の災害としては，強風による家屋崩壊や豪雨と高潮による浸水などであろう。それに関して「熱帯低気圧の強度や発生頻度」に変化がなくても被災する人が増えるというのは，被災しやすい場所そのものが増えるとともに，そのような場所に住む人が増えるためにほかならない。ということは，地球温暖化による海面上昇で高潮を受ける範囲が広がること，水害に弱い低地まで家屋が立ち並ぶようになることが解答として求められているといえよう。なお，後者に関しては，「被災する人が世界的に増える」背景として発展途上国の人口増加と貧困という社会問題もあるので，字数の限界から詳細な記述は難しいとしても，ニュアンスが伝わるような記述が望まれる。

2　解答

A　(1)　香港は中国の経済発展で他の港湾が整備されて地位が下がり，シンガポールは工業製品の域内分業での中継機能を維持するから。(60 字以内)

(2)　(ア)―オーストラリア　(イ)―ブラジル

(3)　アメリカ大陸横断の陸上輸送が必要だった穀物の東アジア向け輸出にばら積み船を用いることができ，東アジアからの工業製品の輸入には大型コンテナ船が使えるので輸送費が減り輸送量が増える。(90 字以内)

B　(1)　A―インドネシア　B―インド

イランは政教一致のイスラム共和国でイスラム法を基本に統治され，A国は世俗主義のもと多様性を尊重した民主主義で統治される。(60 字以内)

(2)　イギリスの植民地支配のもとマレーシアへは天然ゴム，南アフリカ共和国へはさとうきびの農園労働者としてインドから移住した。(60 字以

内)

(3)　東南アジアからアフリカ東岸への工業製品輸出が増え，労働集約型工業や資源開発のための投資も活発化し大きな経済圏ができる。(60 字以内)

◆ねらい◆

≪国際海運と港湾・輸出入品輸送，インド洋周辺地域の住民と域内協力≫

海域をはさんだ地域のつながりというテーマでまとめられているが，設問**A**は国際海運に関する経済地理の問題，設問**B**はインド洋周辺の地誌的内容の問題となっている。東大の経済地理に関する問題は，これまでどちらかといえば第１次・第２次産業に焦点をあてた出題が多かったが，設問**A**では運輸という第３次産業が中心になった。しかし，貨物取扱量の背後にある鉱産資源開発とか工業の発展，農産物生産への理解度を試すところにねらいがあって，思考力の必要な東大地理らしい良問であった。(**1**)は中国と東南アジアの経済発展と物流の関係に気付くかどうかがポイントである。(**2**)は鉄鉱石の上位産出国を問う基本問題で必答。(**3**)は表２－２とも関連した問題であるが，東アジアの輸出入品輸送をどうとらえるかが難しい。設問**B**は具体的な資料が示されていない問題で，東大地理としては珍しい形式であった。(**1**)と(**2**)は知識力をもとに答える問題なのでそれほど難しくない。(**3**)は「今後，どのような分野での貿易や投資が活発になっていくと考えられるか」と受験生の意見を求めており，思考力が問われるだけに難度が高い。東大地理で必要な学力は，このように知識の背後にある事柄を考える能力であろう。

◀解　説▶

◆設問**A**　▶(**1**)　コンテナ取扱量であるから，運搬されるのは工業製品であることが多い。中国では，工業化の過程で香港が製品輸出の中核的中継地の役割を果たしてきたが，中国各地の経済発展に伴いそれぞれの地域の港湾が整備されて取扱量が増え，香港の地位が相対的に低下した。これに対してシンガポールは，東南アジアという近年の経済発展が著しい地域の中心に位置する地理的条件を背景に，かつてのような原材料の輸出，工業製品の輸入といった中継港の枠組みを超えて，東南アジア全体の域内分業の拠点という中継機能を発揮しているのである。

▶(**2**)　ポイントになるのは鉄鉱石で，世界の産出量の約 70％を中国，オーストラリア，ブラジルの上位3カ国で産出し（2014年），輸出量はオーストラリアとブラジルの2カ国で世界の約75％（2015年）を占める。(ア)は石炭の出発国でもあることに注意する。到着国がいずれも東アジア諸国なので，距離的な遠近も考えてみるとよい。

▶(3)　パナマ運河拡張工事の影響だから，大西洋と太平洋を結ぶ貨物輸送の輸送力増強に関する問題である。ただ，「東アジアの輸出入品輸送」への影響が問われるので，アメリカ大陸の東海岸側と東アジアとの輸送がしやすくなることにポイントをおいて答えることになる。輸出・輸入の語はどちらからの言い方かで相手先は逆になるが，ここではアメリカ大陸側からの表現と考えるのが無難であろう。「輸出品と輸入品の例」に何を取り上げるかが問題だが，東アジアからは工業製品，アメリカ大陸からは穀物や原燃料などが考えられる。ただし，リード文に「タンカーや鉱石専用船は非常に大型のものが多い」とあり，一方で，問題文には拡張されたパナマ運河は「非常に大型の船舶以外は通行が可能」とあるから，この矛盾をなくすため穀物を例にするのがよい。指定語句のうち，「陸上輸送」の使い方が難しい。

◆設問B　▶(1)　A．東南アジアにおいて人口が2億人を超えるのはインドネシアのみ（2.6億人，2017年）。うち87％がムスリムである。

B．インドのムスリムは国民の14％にすぎないが，総人口が13.4億人と多いので（2017年），ムスリム人口は1億人を大きく超える。

イランとA国（インドネシア）の統治の違いは，前者が政治とイスラム教とが深く結びついたイスラム共和国であるのに対し，後者は政治への宗教の影響力が小さいことにある。この違いを象徴的に表すのが，イランは宗教上の最高指導者が国の最高権力を持っていることであり，インドネシアは多様な民族をまとめるため「多様性の中の統一」をスローガンに政治を行っていることである。

▶(2)　指定語句がいずれも農作物であるから，それらの栽培の労働力として移住した（移住させられた）インド人の子孫たちが多く居住するためとわかる。歴史的背景としては，南アフリカ共和国，マレーシア，インドがいずれもかつてイギリスの植民地であり，農園経営の労働者を人口の多いインドから導入したことがある。なお，南アフリカ共和国では，石炭採掘の労働者としてもインド人が多数移住した。

▶(3)　IORA は Indian Ocean Rim Association（環インド洋連合）の略。オーストラリアのほか，インドネシア・マレーシアなど東南アジア諸国，インドをはじめとした南アジア諸国，アフリカ大陸東岸のケニア・南アフリカ共和国など，インド洋を取り巻く21カ国の経済協力組織。「東南アジア諸国からアフリカ東南部インド洋沿岸諸国に対して」とあるので，この２つの地域の経済発展の違い，すなわち前者が経済発展で先行，後者が後発の途上国の地域であることに注目して，今後，貿易や投資が活発になるのはどのような分野かを答えることになる。将来的には域内 FTA が検討されようが，現時点では東南アジア諸国の発展に伴って南アジアやアフリカの資源開発や労働力を活用するといった側面が大きな比重を占める。

3　解答

A　(1)　A－沖縄県　B－東京都　C－埼玉県　D－福岡県

(2)　ともに大都市から近い距離に位置するが山がちな地形なので日常的な移動が難しく県内の農村から県外への人口流出が進んだため。(60字以内)

(3)　三大都市圏に近い県や地方でも広域中心都市をもつ県は，高速交通の整備や工業化もあって雇用が多いので人口減少率が低く，遠い県は農村が多く過疎化・高齢化が進むので減少率が高くなるため。(90字以内)

B　(1)　鹿児島は台地の麓から海岸低地や埋立地，台地上へ拡大した。(30字以内)

広島は三角州中央部から海岸の埋立地や周辺の丘陵地へ拡大した。(30字以内)

金沢は台地の末端付近から沖積低地や砂丘近くまで拡大した。(30字以内)

(2)　台地への拡大では豪雨時の土石流など土砂災害が懸念され，海岸近くの低地では台風襲来時の高潮による浸水災害の危険がある。(60字以内)

C　(1)　地価の高い都心はオフィスが集積する中心業務地区や買回り品中心の商業地区となり，地価の安い郊外に向かうと住宅や生鮮食品など最寄り品を扱う商店ができ住民の日常生活圏が形成される。(90字以内)

(2)　郊外住宅地では高齢化と少子化に伴う人口減少で住民の購買力が低下し，郊外型大型店も増えて徒歩圏内の日用品店が撤退したため。(60字以

内）

◆ねらい◆

≪日本の地域別人口増減，地方都市の地形と自然災害，大都市の暮らし≫

東大地理では日本に関する問題が必出であるが，2018 年度は人口と都市に焦点をあてた内容が出題された。設問 **A**～**C** とも資料類をもとに思考力を試すねらいのある良問で，東大地理らしいユニークな問い方の問題が並べられている。設問 **A** は，国勢調査による都道府県別の人口増減率の相違から日本の地域構造を考えさせる問題で，日本経済の時代の変化とも関わる(**1**)は確実に得点をとりたい。(**2**)と(**3**)は指定語句群が同じでしかも語句の選択が求められるため，題意に合わせた文章表現に悩んだかもしれない。(**2**)・(**3**)ともに「理由として考えられること」が問われるので，資料の読解力が求められている。設問 **B** は 3 つの地方都市の発展についての問題だが，与えられた地図から考えられることを答えさせるのがねらいだから，3 都市に関する知識を思い出そうとするとかえって間違えるので注意したい。(**1**)で考えた地形を思い浮かべつつ，(**2**)では 2 つの都市に共通する自然災害を考えることになる。設問 **C** は，会話文という珍しい形式に戸惑った受験生もいたであろうが，大都市の地域構造と土地利用を理解しておれば難問ではない。ただ，(**1**)では「2 人が話している内容」のどこを取り上げるか，(**2**)では日用品の購入に際しての「不便や困難」の中味は何なのかなど，想像力とでもいえる考える力が問われている。単純に知識の豊かさを試すのが東大地理の問題ではないことがよくわかり，地理的な思考の大切さを教えてくれる問いといえよう。

◀解　説▶

◆設問 **A**　▶(**1**)　人口増減には自然増加のほか社会増加が加わるので，その変化は，社会・経済の動向の影響を受けていることに注目したい。1985～90 年は安定成長期の最後でバブル期のころ，90～95 年はバブル崩壊期，その後は失われた 20 年と呼ばれる時期に相当する。それぞれの時期は，巨大都市東京都，その周辺の埼玉県，地方の中心地福岡県，離島の沖縄県の人口増減とどう関係したか考える。

A．人口増減の変動が少ないのは自然増加が安定的に推移したため。

B．バブル崩壊後も人口の都心回帰などもあって一極集中がみられる。

C．人口の郊外流出がバブル崩壊に伴い急激に減少，一方でかつて郊外住宅地などに移動した人びとの高齢化もあって死亡率が上昇している。

D．地方の中心地の機能を有しているのでバブル崩壊の影響が少なかった。

▶(2)　指定語句が多いので，そのなかのどれを用いるかで内容に違いが生まれる。山梨県と和歌山県の人口減少率が大きい「共通の理由」だから，大都市に近接しながらもそこへの日常的な通勤・通学に時間を要し，居住地そのものを移動せざるを得ないということであろう。その背景には両県とも山がちで交通網の整備が遅れているとか，農村が多くて雇用機会に恵まれないことなども関係する。ただし，60 字以内と字数が少ないため，内容の取捨選択がポイントになろう。

▶(3)　本問も，多くの指定語句から 2 つ以上用いる形式なので，どれを選択するかが重要である。全国的な人口増加率の違いと同じ地方ブロック内の違いは，その規模に差異はあるが，「これらの点が生じた理由」としては都市機能集中の影響を受ける地域かどうかということなので，特に分けて述べる必要はない。三大都市圏に近い県は都市機能の集中するところまでの時間距離が短く，ブロック内でも東北地方の宮城県や九州地方の福岡県のように，範囲は狭いが同じことがいえるからである。人口増減率は人口の自然的増減と社会的増減を合わせたものであるが，その減少率が高いのは流出人口が多い結果なので，当該県では就業機会に恵まれないこと，交通網の整備が進まず家からの通勤・通学が困難なことなどが関係する。

◆設問 B　▶(1)　与えられた地図では地表起伏が陰影で示されるのみだから，濃から淡へと山地，台地または丘陵，平地の順と考えて地形名は類推することになる。城跡の付近が当初の都市域なので，そこが濃淡いずれの場所かということと，ドットで示された人口集中地区の両方の地形を答える。30 字以内で答えねばならないので，ポイントになる地形条件の選び方が重要である。

鹿児島は海岸埋立地を含む平地全体への拡大のほか，台地（シラス台地）上にも広がっていったことに注意する。

広島は三角州の中央部（河川の分流点付近）から三角州の全域に広がったが，周辺部では丘陵上への拡大だけでなく，谷間を埋め尽くすように人口集中地区がみられることに注目する。

金沢の城跡付近の陰影が周囲よりやや濃くなっていることなどから，ここは台地（段丘）の末端部である。人口集中地区が扇型に広がるので扇状地上への拡大と短絡しがちなので気を付けてほしい。なお，金沢市からかほく市にかけての沿岸部には，日本で 3 番目に大きい砂丘である内灘砂丘が広がっている。

▶(2)　広島と鹿児島の都市域が拡大していった場所に共通する地形条件は何かを考える。その一つは台地（丘陵地）に住宅地が広がっていったこと，もう一つは海岸付近の埋立地まで人口集中地区になっていることである。したがって，前者は豪雨にみまわれた時の土砂災害，後者は台風襲来時の高潮による浸水災害が両都市に共通する自然災害のリスクとなる。その他にも，平坦地の全体が都市域になったため排水機能の限界に伴う都市型水害の発生とか，海岸埋立地では地震に伴う液状化現象に遭遇する恐れなどもある。制限字数が 60 字以内と短いので，何を選択して述べるかがポイントとなろう。

◆設問 C　▶(1)「会話で 2 人が話している内容」とは何か。彼らは住まいを探しており，都心での生活は，憧れはあるものの家賃の高さもあって日常の暮らしやすさとは違うのではないかと話し合っている。これを「大都市の土地利用と生活圏との関係」でいえば，都心部はオフィスなどが集まる仕事の場所あるいは買回り品を買うための場所であり，郊外は個人の暮らしのための住まいがあり普段の生活に必要なもの（最寄り品）の買い物をするところという違いとなる。都心と郊外という対比のなかで，人びとの生活行動や生活圏がいかに違うかを述べるのがポイントである。

▶(2)「日常の買い物」とは食料品や日用品など毎日のように購入の対象とするような商品，いわゆる最寄り品の買い物をいう。これらは日々の暮らしに関わる商品なので，かつては近所の市場などで買うことが多かったし，店舗も一定の顧客があって経営が成り立っていた。しかし，ニュータウンのような住宅地では高齢化が進むとともに年金生活者が多くなり，また子供世代の流出もあって定住人口が減少するため地域としての購買力が低下する。このことは地域に根ざして立地した最寄り品の店舗の経営が難しくなることを意味し，店舗の撤退を余儀なくさせるのである。さらに，自動車の普及を背景にした郊外型の大型店舗が出現して最寄り品でさえそこで購入する生活スタイルが広がり，それが住宅地近くの最寄り品の店舗の経営を一層困難にした。「居住者が日用品の購入に不便や困難を感じるようになった地域」を代表するのは，かつては多くの働き盛りの人びとが暮らした郊外の住宅地であろう。

❖講　評

2017年度までと同じく分布図・統計表・グラフといった資料類のほかに2018年度には会話文の形式を加え，地理的思考力を働かせて地理事象の特徴や地域の特色を考えさせるという，まさに東大地理らしい問題が並べられた。資料類の数は11（図3－3は3つとカウント）で，2017年度の9から増えたものの2016年度と同数で，そこから何を読み取り，どのように解釈するかの能力が試されることになる。ことに2018年度は，従来から続く資料類からの地理的な判断という設問のほかに，受験生自身の考えはどうかにまで踏み込んだ設問もみられ，出題姿勢の変化をうかがわせる資料類の扱いも少なくなかった。

出題形式別の解答個数を2017年度と比べてみると，選択法は15個から4個へと減少したが，記述法は5個から6個で大差はない。論述法は15個から19個へと増加し，しかも総字数が930字から1080字へと大幅に増えている。これは，2行論述（60字以内）が1問減って9問になったものの，3行論述（90字以内）が1問増の4問へ，1行論述（30字以内）が4問増の6問になったためである。しかも指定語句のある設問が4問から7問へと増加，使用する語句を語群から選択させる形式も2014年度以来4年ぶりに出題されている。解答内容を短文にまとめさせるのは東大地理の特徴だが，2018年度は文章表現の能力がより一層強く試されたことになる。

全体としての分量や難易度はどうか。分量は，2017年度がやや減少したためでもあるが，全体としてやや増加したようである。難易度は，大問ごとや設問ごとに違いはあるものの，論述法の増加や指定語句の扱いなども関わってやや難化した。ことに今後の予測を含め「どう考えられるか」といった意見を問う設問など，考える力が試されていて，見かけは平易そうなのに正解が見えづらく難度が高くなった面もある。2018年度は，資料の読み取りが一層重要になったこと，題意を取り違えると違った方向の解答になってしまうことなど，受験生の地理的思考力の幅の広さと深さがより一層強く求められたといえよう。

なお，東大地理では自然環境，統計の読み取りによる経済活動，人口・都市など生活関連，世界の地誌的特徴，日本に関する事項の問題の組み合わせが多いが，2018 年度も自然環境，経済活動を含む世界地誌，日本の人口と都市の 3 題で構成された。

1　地球環境と気候という共通のテーマのもと，二酸化炭素濃度の変化と人間活動，熱帯低気圧の発生と災害という 2 つの内容が出題された。設問 **A** は地球環境の問題で，一部に地学的知識も求められるものの，環境問題への理解度を問う良問であった。**(1)**・**(2)**では温室効果ガスの発生要因，**(3)**では地球温暖化に関わる時事的内容が問われており，人間活動と地球環境の関係という地理学習の原点ともいえる問題であった。設問 **B** では熱帯低気圧が取り上げられたが，**(1)**ではその名称と発生場所，**(2)**・**(3)**では大気の大循環という気候現象のメカニズムと熱帯低気圧との関係のような基本的理解が問われた。**(4)**は東大地理で頻出の自然災害の問題であるが，社会の変化をふまえた思考力に重点がおかれ，東大らしさをうかがわせる問題であった。

2　海域をはさんだ地域のつながりというテーマでまとめられ，設問 **A** は国際海運に関する経済地理，設問 **B** はインド洋周辺の地誌的内容という 2 つの問題で構成される。東大の経済地理では，どちらかといえば農牧業や鉱工業に焦点をあてた出題が多いが，設問 **A** では海上運輸という 2014 年度の航空運輸以来の交通に焦点があてられた。貨物取扱量の背後にある資源開発とか工業の発展，農産物生産への理解度を試すところにねらいがあり，思考力の必要な東大地理らしい良問であった。**(1)**は中国と東南アジアの経済発展と物流の関係，**(2)**は鉄鉱石の上位産出国，**(3)**はパナマ運河の拡幅による東アジアの輸出入品輸送への影響に関する問題である。設問 **B** は，大陸など陸地を地域単元にしがちな地誌において，2017 年度の太平洋の島々に続き環インド洋が出題されたことが注目され，**(1)**の統治のあり方，**(2)**のインド系住民についての問題では知識力が問われた。**(3)**では域内協力について「今後，どのような分野での貿易や投資が活発になっていくと考えられるか」と受験生の意見を求めており，知識の背後を考える能力こそが東大地理で必要な学力であるとわかる。

3　東大地理では日本に関する問題が必出だが，2018 年度は人口と都市に焦点をあてた内容であった。設問 **A**～**C** とも資料類をもとに思考力を試しており，東大地理らしいユニークな問題が並んだ。設問Ａは都道府県別人口増減率から日本の地域構造を考えさせる問題で，(1)は人口増減率と経済の変化の関係，(2)は大都市圏近くなのに人口減少する理由，(3)は人口減少率の差異の理由が問われた。設問Ｂは３つの地方都市の発展に関する問題だが，地表起伏を示す地図をもとに(1)では地形条件，(2)では自然災害を判断させる内容であった。設問Ｃは会話文という珍しい形式に戸惑ったかもしれないが，問われているのは(1)では大都市の地域構造と土地利用，(2)では大都市の日常の暮らしで不便さを感じるようになった地域についてであった。会話文の読解という形式は，そこから想像する力ともいえる地理的判断の能力が求められているということに結びつく。東大地理の問題は単なる知識の豊かさを試しているのではないことがわかり，地理的な思考の大切さを教えてくれているといえよう。

数学

1

◇発想◇　(1)　2 接線 l, m の方程式を求め，点 A の x 座標 a の 1 次式で $\sqrt{L}+\sqrt{M}$ を表し，その増減を考える。

(2)　領域 D が領域 $px+qy\leqq 0$ に含まれるための p, q の条件を求める。D, l, m の図をもとに，q の符号で場合分けを行う。

解答　(1)　y 軸は放物線 C に接することはないので，2 接線 l, m の方程式は $y=kx$（k は実数）とおくことができる。これと C の方程式から y を消去した x の 2 次方程式は

$$x^2-3x+4=kx \qquad x^2-(3+k)x+4=0$$

この（判別式）$=0$ から

$$(3+k)^2-16=0 \qquad 3+k=\pm 4$$

$$k=-7,\ 1$$

これより

$$l : y=-7x \quad (7x+y=0)$$

$$m : y=x \quad (x-y=0)$$

として考えてよい。

C は領域 $7x+y\geqq 0$ かつ $x-y\leqq 0$ にあり，C 上の点 A の x 座標を a として

$$L=\frac{|7a+a^2-3a+4|}{\sqrt{49+1}}=\frac{a^2+4a+4}{5\sqrt{2}}=\frac{(a+2)^2}{5\sqrt{2}}$$

$$M=\frac{|a-a^2+3a-4|}{\sqrt{2}}=\frac{a^2-4a+4}{\sqrt{2}}=\frac{(a-2)^2}{\sqrt{2}}$$

よって

$$\sqrt{L}+\sqrt{M}=\frac{\sqrt{(a+2)^2}}{\sqrt{5}\sqrt{\sqrt{2}}}+\frac{\sqrt{(a-2)^2}}{\sqrt{\sqrt{2}}}$$

$$=\frac{|a+2|+\sqrt{5}\,|a-2|}{\sqrt{5}\sqrt{\sqrt{2}}} \quad \cdots\cdots①$$

次に，①の分子が最小となるときの A の座標を求める。

$$|a+2|+\sqrt{5}\,|a-2|$$

$$=\begin{cases} -a-2-\sqrt{5}\,(a-2)=-(\sqrt{5}+1)\,a+2\,(\sqrt{5}-1) & (a\leqq -2\text{ のとき}) \\ a+2-\sqrt{5}\,(a-2)=-(\sqrt{5}-1)\,a+2\,(\sqrt{5}+1) & (-2\leqq a\leqq 2\text{ のとき}) \\ a+2+\sqrt{5}\,(a-2)=(\sqrt{5}+1)\,a-2\,(\sqrt{5}-1) & (a\geqq 2\text{ のとき}) \end{cases}$$

よって，$|a+2|+\sqrt{5}\,|a-2|$ は $a\leqq 2$ で減少，$a\geqq 2$ で増加な連続関数である。ゆえに，$\sqrt{L}+\sqrt{M}$ が最小となるのは $a=2$ のときであり，このとき，Aの座標は　　A$(2,\ 2)$　……(答)

〔注〕　$(x^2-3x+4)'=2x-3$

なので，C 上の点（t，t^2-3t+4）における接線

$$y=(2t-3)(x-t)+t^2-3t+4$$

すなわち　　$y=(2t-3)x-t^2+4$

が原点を通る条件から，$t=\pm 2$ として，2接線 l，m の方程式を求めてもよい。

(2)「領域 D が領域 $px+qy\leqq 0$ に含まれる」　……(＊)

ための p，q の条件を求める。

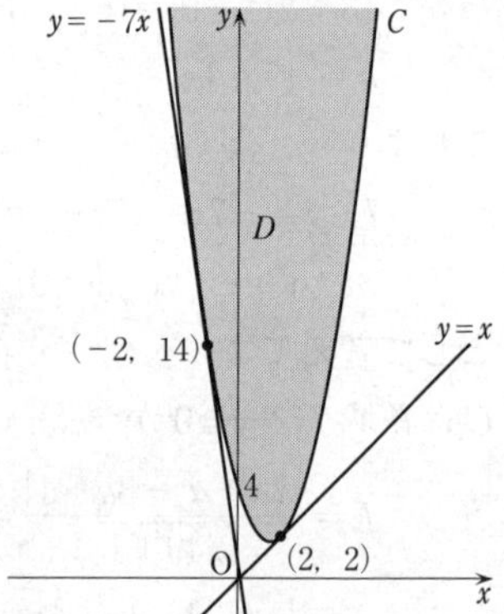

図1

(i)　$q=0$ のとき

$px+qy\leqq 0$ は $px\leqq 0$ となる。D 内の点の x 座標は正も負もあり得るので，(＊)が成り立つための条件は $p=0$ である。

(ii)　$q>0$ のとき

$px+qy\leqq 0$ は $y\leqq -\dfrac{p}{q}x$ である。D 内の点 (0，4) はこれを満たさないので，(＊)は成り立たない。

(iii)　$q<0$ のとき

$px+qy\leqq 0$ は $y\geqq -\dfrac{p}{q}x$ である。

領域 D は図1の網かけ部分（境界含む）であるから，(＊)が成り立つための条件は，直線 $y=-\dfrac{p}{q}x$ の傾きを考えて

$$-7\leqq -\frac{p}{q}\leqq 1 \quad (q<0)$$

である。

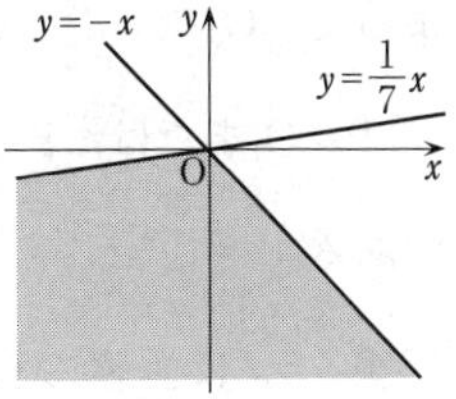

図2

$q<0$ から，これは $q\leqq\frac{1}{7}p$ かつ $q\leqq -p$ である。

以上(i)，(ii)，(iii)から，条件を満たす点 $\mathrm{P}(p,\ q)$ の動き得る範囲は

$$y\leqq\frac{1}{7}x \quad かつ \quad y\leqq -x \quad \cdots\cdots(答)$$

これを図示すると，図2の網かけ部分（境界含む）となる。

別解 (2)　点 $\mathrm{P}(p,\ q)$ と領域 D 内の点 $\mathrm{Q}(x,\ y)$ に対して

$$px+qy=\overrightarrow{\mathrm{OP}}\cdot\overrightarrow{\mathrm{OQ}}$$

$\overrightarrow{\mathrm{OQ}}\neq\vec{0}$ であるから

$$px+qy=0$$

となるのは，$\overrightarrow{\mathrm{OP}}=\vec{0}$ または $\overrightarrow{\mathrm{OP}}\perp\overrightarrow{\mathrm{OQ}}$ のときである。

また　　$px+qy<0$

となるのは，$\overrightarrow{\mathrm{OP}}$ $(\neq\vec{0})$ と $\overrightarrow{\mathrm{OQ}}$ の成す角が鈍角のときである。

よって，点Pが満たすべき条件は

「P＝Oであるか，またはP≠Oで D 内のすべての点Qに対して，

$\angle\mathrm{POQ}\geqq\frac{\pi}{2}$ となる」　……②

ことである。

C と直線 $y=x$，$y=-7x$ との接点はそれぞれ $(2,\ 2)$，$(-2,\ 14)$ であり，また，D は領域 $y\geqq x$ かつ $y\geqq -7x$ に含まれる（図3）。

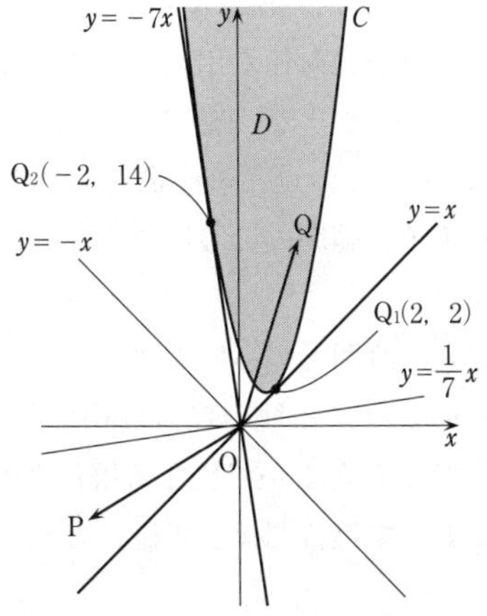

図3

よって，$Q_1(2,\ 2)$，$Q_2(-2,\ 14)$ として，条件②は

「$P=O$ または，$P\neq O$ かつ $\angle POQ_1\geqq\dfrac{\pi}{2}$ かつ $\angle POQ_2\geqq\dfrac{\pi}{2}$」　……②′

である。

直線 $y=x$ に垂直な直線 $y=-x$ と，直線 $y=-7x$ に垂直な直線 $y=\dfrac{1}{7}x$ を考えて，条件②′は

「点 $P(p,\ q)$ が領域 $y\leqq -x$ かつ $y\leqq\dfrac{1}{7}x$ に属すこと」

である（図示すると図２）。

〔注〕 (2)の**別解**において，②′を「$\overrightarrow{OP}\cdot\overrightarrow{OQ_1}\leqq 0$ かつ $\overrightarrow{OP}\cdot\overrightarrow{OQ_2}\leqq 0$」として，これより　「$2p+2q\leqq 0$ かつ $-2p+14q\leqq 0$」

すなわち　「$q\leqq -p$ かつ $q\leqq\dfrac{1}{7}p$」

とする記述も可。

◀解　説▶

≪直線と点の距離，点の存在範囲≫

▶(1)　2接線 l，m の方程式を求めるには，2次方程式の判別式によってもよいし，微分係数を用いた接線の方程式によってもよい。これらと点 $A(a,\ a^2-3a+4)$ の距離を求める際に，本問では，分子の絶対値の中が a の平方式なので，素直に絶対値がはずれる。しかし，〔解答〕に記したことから，平方式でない場合でもここでの絶対値をはずすことができることにも注意したい。ここまでが，第1ステップである。次の $\sqrt{L}+\sqrt{M}$ の平方根をはずすところで再び絶対値が用いられる。ここまでが第2ステップである。a の値の場合分けでこの絶対値をはずし，折れ線を考えて $\sqrt{L}+\sqrt{M}$ が最小値をとるときの点Aの座標を求めることが最後のステップである。すべて基本事項の範囲内の設問であるが，粘り強く処理を続けることがポイントとなる。

▶(2)　これは(1)とは独立の設問といってもよく，珍しい出題である。与えられた条件を〔解答〕のように領域の包含関係でとらえるか，〔別解〕のようにベクトルの内積でとらえるかで異なる解法となる。前者の場合は q の符号での場合分けによって包含関係を正確にとらえるところがポイント

である。

後者の場合は P≠O のとき，$\angle \mathrm{POQ} \geqq \dfrac{\pi}{2}$ を図からとらえるところがポイントである。

(1)での接線 l，m の方程式と放物線 C のグラフは(2)でも用いるが，(2)の内容は(1)とは異なる発想の設問なので，全体の処理量が多くなる。第1問として予想以上に時間を要したとしても，ここであわてないことが大切である。

本問はそれぞれの設問は標準レベルの問題であるが，2つの設問の式処理量を考慮するとやや難かもしれない。

2

◇発想◇　(1)　a_7 の値を計算する。

(2)　$\dfrac{a_n}{a_{n-1}}$ を計算し，不等式の整数解を求める。

(3)　(2)からの $a_1<a_2<a_3>a_4>a_5>a_6>a_7>\cdots$ と，(1)の結果を利用する。

解答　(1)　$a_7=\dfrac{{}_{14}\mathrm{C}_7}{7!}=\dfrac{14\cdot13\cdot12\cdot11\cdot10\cdot9\cdot8}{7^2\cdot6^2\cdot5^2\cdot4^2\cdot3^2\cdot2^2}=\dfrac{143}{210}$ から

$a_7<1$　……(答)

(2)　$a_n=\dfrac{{}_{2n}\mathrm{C}_n}{n!}$ より

$$\frac{a_n}{a_{n-1}}=\frac{{}_{2n}\mathrm{C}_n}{n!}\cdot\frac{(n-1)!}{{}_{2n-2}\mathrm{C}_{n-1}}$$

$$=\frac{(2n)!}{n!n!n!}\cdot\frac{(n-1)!(n-1)!(n-1)!}{(2n-2)!}$$

$$=\frac{2n(2n-1)}{n^3}=\frac{4n-2}{n^2}$$

$\dfrac{a_n}{a_{n-1}}<1$ から

$$\frac{4n-2}{n^2}<1$$

$$n^2-4n+2>0$$

$(n-2)^2>2$

ゆえに，n は 4 以上の整数である。 ……(答)

(3)　(2)から，$2\leqq n\leqq 3$ では $\dfrac{a_n}{a_{n-1}}>1$，$n\geqq 4$ では $0<\dfrac{a_n}{a_{n-1}}<1$ であり

$a_1<a_2<a_3>a_4>a_5>a_6>a_7>\cdots$

(1)から，$a_7<1$ なので，a_n が整数となるためには $1\leqq n\leqq 6$ が必要。

$$a_1=\frac{{}_2\mathrm{C}_1}{1!}=2,\ a_2=\frac{{}_4\mathrm{C}_2}{2!}=\frac{4\cdot 3}{2^2}=3,\ a_3=\frac{{}_6\mathrm{C}_3}{3!}=\frac{6\cdot 5\cdot 4}{(3\cdot 2)^2}=\frac{10}{3},$$

$$a_4=\frac{{}_8\mathrm{C}_4}{4!}=\frac{8\cdot 7\cdot 6\cdot 5}{(4\cdot 3\cdot 2)^2}=\frac{35}{12},\ a_5=\frac{{}_{10}\mathrm{C}_5}{5!}=\frac{10\cdot 9\cdot 8\cdot 7\cdot 6}{(5\cdot 4\cdot 3\cdot 2)^2}=\frac{21}{10},$$

$$a_6=\frac{{}_{12}\mathrm{C}_6}{6!}=\frac{12\cdot 11\cdot 10\cdot 9\cdot 8\cdot 7}{(6\cdot 5\cdot 4\cdot 3\cdot 2)^2}=\frac{77}{60}$$

ゆえに，a_n が整数となる n は

$n=1,\ 2$ ……(答)

◀解　説▶

≪項の大小と不等式≫

(3)のための親切な設問(1)，(2)が用意されているので，誘導にしたがって確実に解きたい問題である。

▶(1)・(2)　確実な計算で得られる。

▶(3)　(2)からの $a_1<a_2<a_3>a_4>a_5>a_6>a_7>\cdots$ と(1)からの $1>a_7$ によって，$1\leqq n\leqq 6$ について調べればよいという論理を明記し，あとは計算によって確認する。

本問は全設問が易の問題である。

3

◇発想◇　(1)　$f(x)$ の増減表による。

(2)　$y=f(x)$ と $y=b$ のグラフの交点の x 座標を考える。

解答　(1)　$f(x)=x^3-3a^2x$ より

$f'(x)=3x^2-3a^2=3(x+a)(x-a)$

x	$\cdots$	$-a$	$\cdots$	a	$\cdots$
$f'(x)$	$+$	0	$-$	0	$+$
$f(x)$	↗	$2a^3$	↘	$-2a^3$	↗

ゆえに，$x \geqq 1$ で $f(x)$ が単調に増加するための a (>0) の条件は

$$0 < a \leqq 1 \quad \cdots\cdots(\text{答})$$

(2)　$y=f(x)$ と $y=b$ のグラフを考えて，条件 1 が成り立つための a，b の条件は

$$-2a^3 < b < 2a^3 \quad \cdots\cdots①$$

①のとき，$\alpha < -a < \beta < a < \gamma$ である。

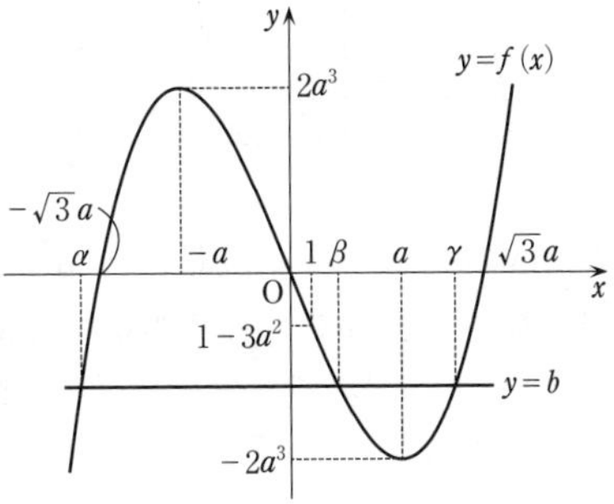

$y=f(x)$ のグラフは $-a \leqq x \leqq a$ で単調減少であり，条件 2 が成り立つための a，b の条件はグラフから

$$a>1 \quad \text{かつ} \quad -2a^3 < b < 1-3a^2 \quad \cdots\cdots②$$

$a>1$ のときは $1-3a^2<0<2a^3$ が成り立つので，②のとき①は成り立つ。
ゆえに，a，b の満たすべき条件は

$$a>1 \quad \text{かつ} \quad -2a^3 < b < 1-3a^2 \quad \cdots\cdots(\text{答})$$

ここで，$-2a^3=1-3a^2$ より

$$2a^3-3a^2+1=0 \qquad (a-1)^2(2a+1)=0$$

$$a=1 \ (\text{重解}),\ -\frac{1}{2}$$

よって，$b=-2a^3$ と $b=1-3a^2$ のグラフは点 $(1,\ -2)$ で接する。
これを図示すると，次図の網かけ部分（境界は含まない）となる。

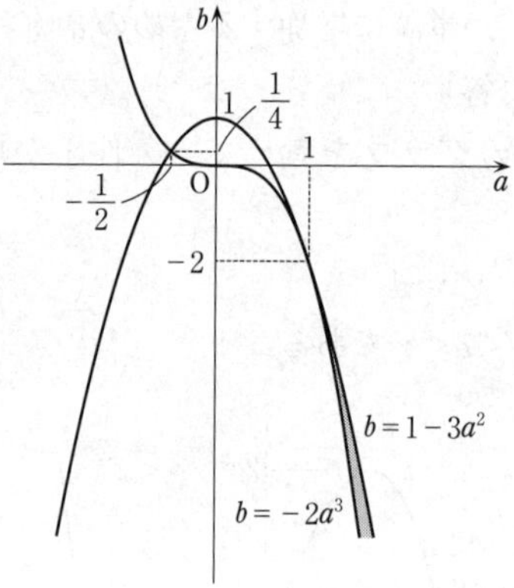

〔注〕 $a \leqq 1$ の場合には次のグラフのように，$-2a^3 < b < 1-3a^2$ だけでは必ずしも $\beta > 1$ とは限らない。よって，$a > 1$ も必要である。

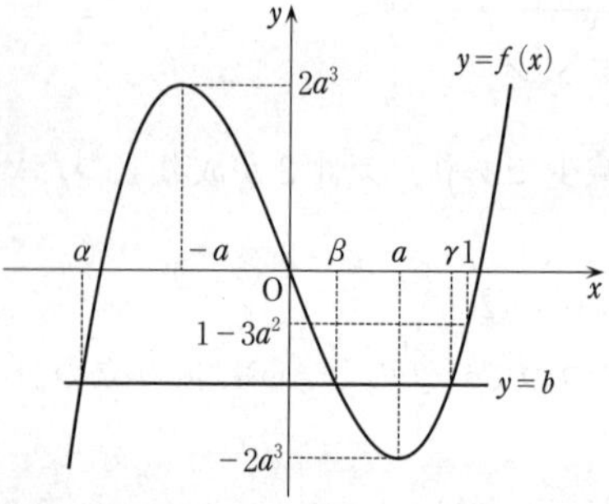

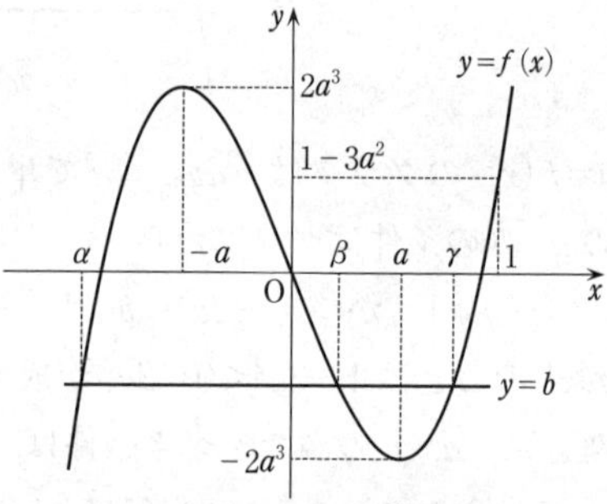

◀解　説▶

≪３次方程式の実数解の評価と３次関数のグラフ≫

▶(1)　$f(x)$ の増減表を用いて確実に得点したい設問である。

▶(2)　$y=f(x)$ と $y=b$ のグラフを考えて解決する。グラフを用いた３次方程式の実数解の値の評価は類題の経験もあると思われ，その場合，発想で迷うことはない。ただし，〔注〕で示したように，$f(a) < b < f(1)$ だけでは必ずしも $\beta > 1$ とは限らず，$a > 1$ も必要であるところを見逃さないことがポイントである。

(1)は易の設問，(2)は標準の設問である。

4

◇発想◇ (1)　点 P，Q を $P(p,\ p^2)$，$Q(x,\ y)$ とおき，$\overrightarrow{OP}=\frac{1}{2}\overrightarrow{OQ}$ から，x，y の満たすべき関係式と x の範囲を求める。

(2)　$\overrightarrow{OS}=\overrightarrow{OQ}+\overrightarrow{OR}$ から点 Q の軌跡を x 軸正方向に r（r は R の x 座標）だけ平行移動した曲線が，$0\leqq r\leqq 1$ で r が変化する間に通過する領域を考える。

解答　(1)　$P(p,\ p^2)$，$Q(x,\ y)$ とおくと，$\overrightarrow{OP}=\frac{1}{2}\overrightarrow{OQ}$ から，

$(p,\ p^2)=\left(\frac{1}{2}x,\ \frac{1}{2}y\right)$ であり，$\frac{1}{2}y=\left(\frac{1}{2}x\right)^2$ なので

$$y=\frac{1}{2}x^2\quad\cdots\cdots①$$

ここで，$-1\leqq p\leqq 1$ から

$$-1\leqq\frac{1}{2}x\leqq 1\qquad -2\leqq x\leqq 2\quad\cdots\cdots②$$

①，②から，点 Q の軌跡は，放物線 $y=\frac{1}{2}x^2$ の $-2\leqq x\leqq 2$ の部分である。

……(答)

〔注〕　$\overrightarrow{OQ}=2\overrightarrow{OP}$ から，$(x,\ y)=(2p,\ 2p^2)$ として，$y=\frac{1}{2}x^2$，$-2\leqq x\leqq 2$ を導いてもよい。

(2)　(1)の点 Q を用ると　$\overrightarrow{OS}=\overrightarrow{OQ}+\overrightarrow{OR}$

$R(r,\ 0)$（$0\leqq r\leqq 1$）とおけるので，点 S は点 Q を x 軸正方向に r 平行移動したものである。よって，(1)で求めた点 Q の軌跡を F として，点 S が動く領域は F を x 軸正方向に 1 平行移動する間に F が通過する領域であり，図の網かけ部分（境界含む）となる。

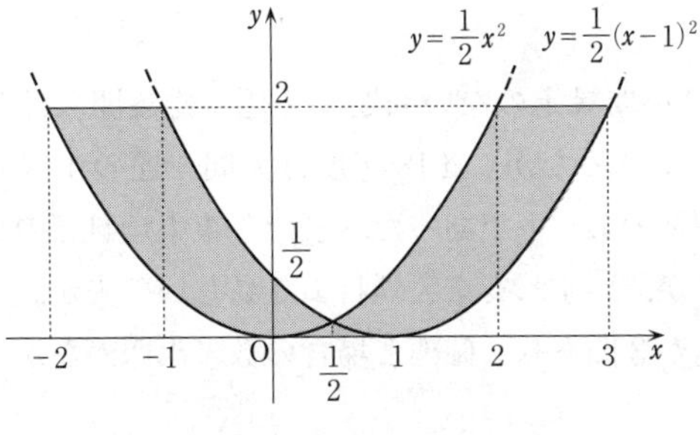

この面積は，直線 $x=\dfrac{1}{2}$ に関する対称性から

$$2\left\{\int_{\frac{1}{2}}^{2}\frac{1}{2}x^2dx+(3-2)\cdot 2-\int_{1}^{3}\frac{1}{2}(x-1)^2dx\right\}$$

$$=2\left\{\frac{1}{6}\Big[x^3\Big]_{\frac{1}{2}}^{2}+2-\frac{1}{6}\Big[(x-1)^3\Big]_{1}^{3}\right\}$$

$$=2\left\{\frac{1}{6}\left(8-\frac{1}{8}\right)+2-\frac{1}{6}\cdot 8\right\}$$

$$=\frac{95}{24}$$ ……(答)

〔注〕　面積計算では，右図の考え方を用いて

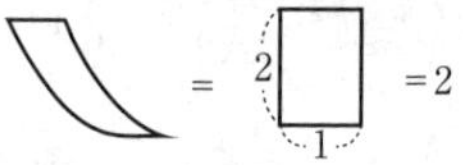

$$2+2-2\int_{0}^{\frac{1}{2}}\frac{1}{2}x^2dx$$

と立式すると，計算量が軽減される。

◀解　説▶

≪放物線の通過範囲と面積≫

曲線を平行移動するときの曲線の通過範囲という類題を解いた経験があるのではないだろうか。

▶(1)　(2)のための親切な誘導設問である。$\overrightarrow{OQ}=2\overrightarrow{OP}$ をそのまま用いてもよいし，〔解答〕のように，$\overrightarrow{OP}=\dfrac{1}{2}\overrightarrow{OQ}$ を用いてもよい。

▶(2)　$\overrightarrow{OS}=\overrightarrow{OQ}+\overrightarrow{OR}$ となるので，求める領域は，(1)の点Qの軌跡を x 軸正方向に1平行移動する間に，点Qの軌跡が通過する領域であるという発想が直ちに得られる。図示も面積も迷うところは何もないが，交点の座標や積分計算での間違いが命取りとなる。

(1)は易，(2)は標準の設問である。

❖講　評

2017 年度は小問設定のない問題が 2 題，総設問数は 8 問で，かなり易しいセットであったが，2018 年度は大問 4 題のすべてに小問設定があり，易～標準のセットであった。また，東大理科との類題が 3 題（2～4）と多いが，いずれも東大理科より易しい工夫が施されていた。

図示の問題が 3 問あり，確率と場合の数の出題がなかった。

東大文科の入試としての難易度は，1(1)標準，(2)標準，2(1)易，(2)易，(3)易，3(1)易，(2)標準，4(1)易，(2)標準であった。

1　問題設定は同じであるが，内容の異なる小問2問という珍しい構成である。そのため，例年の1に比べて処理時間を要し，小問誘導のある他の問題より難度も上で，得点差が最も出る問題。

2　数列と整数の問題。親切な2つの小問で誘導されていて発想において迷うことはない。これは落とせない。

3　3次方程式の解の配置として類題の経験があるであろう問題で，これも落とせないが，$1<a$ を忘れないか否かで差が出る。

4　曲線の通過範囲と面積という頻出分野の問題。曲線の平行移動ととらえることに気づきたい。計算間違いで差が出る。

三　漢文（上書）　人材登用などについて王安石（北宋の政治家・詩人・文章家）が皇帝に進言した上書で、古代の帝王の考え方を挙げ、皇帝の持つべき心構えを論じている。抽象的で高度な内容であるが、対比や因果関係などの論理は明確に示されている。㈠の語意（口語訳）は、本文に即した表現で訳す配慮が必要。㈡・㈣の内容説明は、それぞれの主語を正しくつかむことを前提に、反語の文をわかりやすく説明することが求められている。㈢の口語訳は、「待」「尽」の文脈に応じた解釈ができるかどうかが決め手となる。

四　現代文（随筆）　串田孫一のやや古い文章からの出題。一見したところ平易に思われるが、筆者の真意を読み取るのは容易でなく、そのため誤読しやすい、手ごわい文章である。設問は構成・解答欄ともに例年通りで、四問とも傍線部についての内容説明を求めている。総じてやや難のレベル。㈠～㈢は解答の方向性を定めやすく、そこそこ得点できるだろう。㈣は「対話」の意味を正確につかむのが難しく、勝手な読み込みをして的外れな解答になる恐れがある。

うに理解すれば解答のポイントは次の二点となる。

① 命とは何か、命ある者とどのように関わるべきなのかを学ぶ

② 小動物と直接触れ合う

参考 串田孫一（一九一五～二〇〇五年）は哲学者・詩人・随筆家。東京都生まれ。東京帝国大学哲学科卒業。パスカルやモンテーニュの研究者として上智大学、東京外国語大学で教鞭をとるかたわら、詩や随筆などを発表する。また登山家としても知られる。代表作に哲学書『永遠の沈黙　パスカル小論』、詩集『羊飼の時計』、随筆『山のパンセ』などがある。「動物との対話」は一九八一年に発表された文章。

❖講　評

一　現代文（評論）　入試現代文に頻出している野家啓一の最近の著作からの出題。歴史的事実とはどのような存在であるのかを論じた、いたって明快な文章である。設問は構成・解答欄ともに例年通りで、㈠～㈢が部分読解問題、㈣が要約、㈤が書き取りとなっている。難易度は㈣がやや難、他は標準レベルといえる。ただ、㈠はポイントを絞りにくく、意外と書きにくいだろう。㈡は「理論的虚構」の意味を取り違えないようにしたい。㈢は比較的書きやすい。㈣は本文の語句をただ引用してまとめるだけでは十分な解答にならない。そのため最も難度が高い。

二　古文（軍記物語）　『太平記』からの出題。師直が女房に求愛する場面で、手紙の代筆や引き歌など、貴族の物語世界に典型的な内容が盛り込まれている。㈠の口語訳は、副助詞「だに」の用法や「なかなか」「たより」の語意などの知識項目に基づきつつ、文脈に応じた表現を熟考して訳す力量が試されている。㈡の理由説明は、和歌が詠まれるに至った状況の理解と和歌自体の解釈を問うもの。㈢～㈤の内容説明は、傍線部自体の単なる口語訳ではなく、設問の意図や条件をふまえた理解を示す必要がある。㈣は和歌解釈を含み、問われている掛詞は、高等学校の教科書に収録されている『伊勢物語』〈九段　東下り〉の有名な和歌と同様のものであった。

れた、生き物と生き物との原初的なぶつかり合いが存在することが指摘される。ところが子供と動物を題材とした物語は、このような本能的な関わり合いを無視してハートフルな交遊を描いたものに仕立ててしまうというのが傍線部の趣旨である。右の直喩は、「人間性の匂い」という言葉からわかるように、温かい心の持ち主たちによるヒューマニズムのドラマをいったものであり、これを子供と動物の関係に置き換えれば、両者の純粋で温かい心の交流が描かれた物語ということになる。以上より解答のポイントは次の二点となる。

① ヒューマニズムあふれるドラマ仕立てになっている

② 動物と子供との純粋で温かい心の交流が作為的に描かれる

▼㈢「この少年」とは自分の血を与えて蚤を飼育する少年を指す。筆者はこの行為を、自分の皮膚を毒虫に刺させてその変化を記録するファーブルの行為に似ているという（第十一段落）。両者の共通点は、自分の身体を提供して小動物を観察しようという好奇心あるいは探究心である。だがこれを「動物愛護」の精神として賞賛するとしたら、それはまったくの見当違いであり、愚かで滑稽なことだというのが傍線部の趣旨。少年は蚤のささやかな命を助けたくて自分を犠牲にしているわけではないのだ。以上より、解答のポイントは次の二点となる。

① 自分の血を提供して蚤を飼育してみようという好奇心・探究心

② 動物愛護の精神と理解するのは愚かで滑稽だ

▼㈣「対話」について、「特殊な対話」（第九段落）、「あまり使いたくない」（第十四段落）、「沈黙の間に行われる対話」（最終段落）などさまざまに述べられるが、やはり傍線部直前文の「小型自動車とは子供は対話をしない」が最も手がかりを与えてくれるだろう。すなわち無生物とは対話をしないというのであるから、簡単にいえば、対話とは、生き物とじかに触れ合うことだといえる。そして触れ合いを通して、命があるとはどういうことか、命のある者とどのように関わればよいのかということを、みずからの体験を通して学んでいくと筆者は考えるのであろう。だとすれば、このような対話は確かに沈黙の対話になろうし、また命を奪うことの残酷さも如実に感得するにちがいない。このよ

1　第一～第六段落（有袋類は胎生であって胎盤がない。…）
親は教育のために子供に動物の生活を書いた本を読み聞かせるが、逆効果となる恐れがある

2　第七～第十二段落（それよりも、子供はある機会に…）
子供はある機会に動物の生活の一部分に出会い、動物との間で特殊な対話を行う

3　第十三～第十五段落（親はしばしば子供に玩具の一つとして…）
子供と動物の間での対話は沈黙のうちに行われるが、その対話が聞こえる者はいない

▼㈠　「お膳立て」は〝物事がうまく運ぶように準備を整えること〟の意。ここでは「教育の材料」（第五段落）、「動物の本は興味を持たれ、感動を与える」（第四段落）などとあるように、教育効果を狙って感動的な動物の話を子供に聞かせることをいう。しかしそれが過ぎると効果は薄れ、場合によっては逆効果となるというのが傍線部の趣旨である。その理由を次段落以下に求めると、子供は動物の生活の一部分に出会い、動物と「特殊な対話」（第九段落）をすると述べられている。例えば第十一段落で、少年が蚤に自分の血を与えたエピソードが紹介されている。これは、子供はそれぞれ自分固有の動物との関わり方をするものであることを指摘したものといえよう。ところが動物の本ばかり読み聞かせると、このような動物との作為のない生《なま》の交流に対する興味を子供は失ってしまうことになる。それが「逆の効果」と筆者が危惧する理由だと思われる。このように読み解けば、解答のポイントは次の二点となる。

①　教育効果を狙った感動的な動物の話ばかり子供に聞かせる

②　動物との子供独自の交流を阻害しかねない

▼㈡　「人間性の匂い豊かな舞台で演じられた芝居のように」という直喩の内容、およびこれによってたとえられている事柄を、前後の段落の内容をふまえて説明する。第七段落以下、子供と動物の「対話」がテーマとなるが、「残酷」という語を繰り返し用いて強調しているように、両者の間には心の触れ合いといった人間的な温かい交流とはかけ離

参考　王安石（一〇二一～一〇八六年）は北宋の政治家。出身地にちなんで臨川先生と呼ばれる。「介甫」は字《あざな》。唐宋八大家の一人で詩人としても有名である。

四

出典　串田孫一『緑の色鉛筆』〈動物との対話〉（平凡社）

解答

㈠　教育効果を狙った感動的な動物の話ばかりを子供に聞かせると、動物との子供独自の交流を阻害しかねないから。

㈡　ヒューマニズムあふれるドラマのように、動物と子供との純粋で温かい心の交流が作為的に描かれているということ。

㈢　自分の血を提供して蚤を飼育してみようという少年の動物の生態への好奇心を、動物愛護の精神と理解するのは愚かだから。

㈣　命とは何か、命ある者とどのように関わるべきなのかということを学びながら、小動物と直接触れ合うこと。

◆要　旨◆

子供はある機会に動物の生活の一部分に出会うことが必ずある。そのとき子供がいきなり残酷に見える行動に出ても、親は黙って見ていなければならない。その行動には必ず何か別の意味が含まれている。動物と子供との間には特殊な対話があるのだ。その対話は沈黙のうちに行われるのが普通である。しかし親は子供と動物との間での対話がどの程度大切なものかを忘れているか、さもなければ見誤っている。その沈黙の間に行われる対話の聞こえる耳を持っている者は、残念ながら一人もいない。

▲解　説▼

本文は子供と動物の間で行われる対話をテーマとした「動物との対話」の全文で、十五段落から成る。これを三区分して内容をまとめよう。

分が得たいと望むものを捨てて自分から努力して有能な人材とならないだろうか〟。「才」は、人材登用について述べた文章であるという前書きをふまえ、〝登用に堪えうる有能な人材〟といった意味でとらえる。傍線部d全体は反語の文で、要するに〝誰もが自分が得たいと望むものを捨てるはずもなく、自分から努力して有能な人材となろうとするはずだ〟ということ。「孰」は、第二段落第三文から用いられている「天下之士」を指し、為政者が統治しその中から人材を登用する対象である「人」にあたる。

▼㈢　「人を待つ所以《ゆゑん》の者を尽くす」と訓読し、逐語訳は〝人民を待遇する方法がすべてに行き渡っていた〟。「待」はここでは〝待遇する・扱う〟の意。「所以〜者」は〝〜ためのもの・〜の方法〟、「尽」は〝すべてに行き届いている・できる限りのことをする〟といった意味で、「先王之法」について、人民を待遇するための制度が世の中全体に行き届いていたということを表している。さらに次の文「自非下愚不可移之才、未有不能赴者也」は、〝きわめて愚かで賢明な者になることができない者でない限りは、これまでに（人材登用に）加わりたいと申し出ることができない者はいなかった〟という意味で、きわめて愚かな者でなければ、あらゆる人民に登用される可能性が開かれていたとされているので、「待」は、その人の能力に見合った正当な待遇をするという意味でとらえることができる。

▼㈣　傍線部fの逐語訳は〝それを考慮するにあたって誠意とあわれみの心で努力してそれに先んじなければ、誠意とあわれみの心で努力してそれに応じることができる者がいたことはまだないのである〟。この文章全体は、リード文にあるように、人材登用について皇帝に進言する上書で、傍線部fの前文の「赴者」および傍線部fの「応之者」は人材登用に応じる人民を指している。ということは、「謀之以至誠惻怛之心力行而先之」は、人材を登用する側の皇帝のありかたを述べたものであると判断できる。「至誠惻怛之心」は、「惻怛」の〔注〕からもわかるように、誠実で慈悲深い心のこと。皇帝が自ら人民よりも先に誠実で慈悲深い心を持つように努力しない限り、人民が誠実で慈悲深い心で努力して人材登用に応じることができたためしはないということで、「誰がどうすべき」かという形で説明すると、皇帝が人民に先んじて自ら誠実で慈悲深い心を持つように努力すべきだということになる。

之に先《さき》んぜざれば、未だ能く至誠惻怛の心を以て力行して之に応《おう》ずる者有らざるなり。故に曰はく、人の能はざるを患へずして己の勉めざるを患ふと。

◀解　説▶

各段落の中心的な内容は次の通りである。

第一段落　古代の帝王が治世の際に憂慮したことは、「人之不為」ではなく「人之不能」であり、「人之不能」ではなく「己之不勉」である

第二段落　「人之不為」ではなく「人之不能」を憂慮するとは、為政者が、人民が能力を発揮できるような政治をしなければならないということである

第三段落　「人之不能」ではなく「己之不勉」を憂慮するとは、為政者が、有能な人材を得るためには人民に先んじて努力しなければならないということである

▼㈠　a、「患」は心身に苦痛を感じることを表す。この文章では、書き手の王安石が、世を治める皇帝が気に病み避けるように努めなければならないことを挙げる際に用いているので、為政者が政務において「患」うという文脈に合うように、〝憂慮する・心配する〟といった表現で訳す。単に〝苦しむ・つらく思う〟等ではやや不足な感がある。

b、「尊」は〝尊い・価値が高い〟の意、「爵」は「爵位」「侯爵」等の「爵」で、〝地位・身分〟の意。人民が得たいと望むものとして、「善行」「美名」「厚利」と並んで挙げられていることも確認しよう。

c、この「已」は〝終わる〟という意味の動詞。「矣」は強調を表す置き字。〝そのまま終わる・それまでだ〟という語義を示すのみでよいかもしれないが、〔解答〕では、念のために、前文の「悉以其所願得者以与之」ということがないままで終わるという理解を簡潔にふまえたものを示した。

▼㈡　「孰《たれ》か肯《あ》へて其《そ》の得《う》るを願ふ所を舎《す》てて自《みづか》ら勉《つと》めて以《もつ》て才と為《な》らざらんや」と訓読し、逐語訳は〝誰がわざわざ自

行・美名・尊爵（＝高い地位）・厚利（＝大きな利益）である。そういうわけで古代の帝王はそれらを掌握することができたことによって世の中の人々を治めた。世の中の人々で、それらに従って治めることができる者がいれば、（統治者は）その者が得たいと望むものをすべてその者に与える。人々がそうできなければ（＝望みに従って治めることができない人々ならば）そのままで終わる（＝その者が望むものを与えないまでだ）。もしできるなら、誰がわざわざ自分が得たいと望むものを捨てて自分から努力して有能な人材とならないだろうか。だから、人民がしないことを憂慮せず、人民ができないことを憂慮すると言う。

　何を人民ができないことを憂慮せず自分が努力しないことを憂慮すると言うのか。古代の帝王の法は、人民を待遇する制度が行き届いていた。きわめて愚かで賢明な者になることができない者でない限りは、これまでに（人材登用に）加わりたいと申し出ることができない者はいなかった。そういうわけで（帝王が）それ（＝人材登用）を考慮するにあたって誠意とあわれみの心で努力して人民よりも優れていようとしなければ、誠意とあわれみの心で努力してそれに応じることができる者がいたことはまだないのである。だから、人民ができないことを憂慮せず自分が努力しないことを憂慮すると言うのである。

読み　先王《せんわう》の天下を為《をさ》むるや、人の為《な》さざるを患《うれ》へずして人の能《あた》はざるを患へ、人の能はざるを患へずして己《おのれ》の勉《つと》めざるを患ふ。

　何をか人の為さざるを患へずして人の能はざるを患ふと謂《い》ふ。人の情の得るを願ふ所の者は、善行《ぜんかう》・美名《びめい》・尊爵《そんしやく》・厚《こう》利《り》なり。而《しか》うして先王能《よ》く之《これ》を操《と》り以《もつ》て天下の士に臨む。天下の士、能く之に遵《したが》ひて以て治《をさ》むる者有れば、則《すなは》ち悉《ことごと》く其の得るを願ふ所の者を以て以て之に与ふ。士能はざれば則ち已《や》む。苟《いや》しくも能くすれば、則ち孰《たれ》か肯《あ》へて其の得るを願ふ所を舎《す》てて自《みづか》ら勉めて以て才と為《な》らざらんや。故《ゆゑ》に曰《い》はく、人の為さざるを患へず、人の能はざるを患ふと。

　何をか人の能はざるを患へずして己の勉めざるを患ふと謂ふ。先王の法、人を待つ所以《ゆゑん》の者を尽《つ》くす。下愚《かぐ》にして移るべからざるの才に非《あら》ざるよりは、未《いま》だ赴《おもむ》く能はざる者有らざるなり。然《しか》り而して之を謀《はか》るに至誠惻怛《しせいそくだつ》の心を以て力行《りつかう》して

▼㈤ 傍線部キの逐語訳は〝人目だけを気にしますもの〟。師直はそれを聞いて非常に喜んでいるので、公義のこの解釈は、師直にとって喜ばしいものであるとわかる。人目だけを憚るということは、人目以外には憚るものはないということで、女房が「さなきだに…」の歌を引いて「重きが上の小夜衣」と言ったのは、人目を避けることを条件に、師直の求愛に応じるという意向を示したものであるととらえているのである。

参考 『太平記』は室町時代に成立した軍記物語、全四十巻。後醍醐天皇の関東討伐計画から南北朝分裂、細川頼之の管領就任までの約五十年を描いたもの。本文は高師直が塩冶高貞の妻に恋文を送って拒絶される場面。これが原因で師直の讒言により、塩冶高貞と妻子は死に、高貞の一族は没落するという話が続く。

三

出典 王安石『新刻臨川王介甫先生文集《しんこくりんせんおうかいほせんせいぶんしゅう》』〈上仁宗皇帝言事書《じんそうこうていにたてまつるしょ》〉

解答

㈠ a、憂慮する
b、高い地位
c、与えないままで終わる

㈡ 統治下の人が、望むものを得るために自ら努力して有能な人材になろうとするはずだということ。

㈢ 人民を正当に待遇するための制度が行き届いていた

㈣ 皇帝が、良い人材を登用するためにはまず自ら誠実で慈悲深くあるように努力すべきだということ。

◆全 訳◆

古代の帝王が天下を治めるにあたっては、人民がしないことを憂慮せず人民ができないことを憂慮し、人民ができないことを憂慮せず自分が努力しないことを憂慮した。

何を人民がしないことを憂慮せず人民ができないことを憂慮すると言うのか。人民の気持ちが得たいと望むものは、善

▼(二)　傍線部ウを含む和歌は、女房に読んでさえもらえずに捨てられて師直の手許に戻った手紙にちなんだもので、逐語訳は〝返すものでさえも手が触れただろうかと思うので、自分の手紙ながらも捨て置くこともできない〟となる。結果的に突き返されたような形になった手紙ではあるけれども、女房は一旦手に取りはしたとのことなので、愛しい女房が触れたものだと思うと捨て置くことができないということが詠まれている。第二・三句の「手や触れけんと思ふに」が、傍線部ウの理由にあたる。「手」「触れ」は愛しい女房の手が触れることであるという理解を明確に示すことが必須。過去推量の助動詞「けん」（「けむ」）・疑問の係助詞「や」もなるべく忠実に反映し、手紙を捨て置けない気持ちがわかるように、〝慕わしい・大切に思われる〟などの表現を添えてまとめるとよい。

▼(三)　傍線部オは公義の言葉で、女房が言い残した「重きが上の小夜衣」という言葉について、師直が自分なりの考えを述べたことを受けたものである。ここでの「心」は〝意味・内容〟という意味で、「さ」は、師直が示した「衣・小袖をととのへて送れ」という推察を指している。これは続く文の「装束」「仕立て」と同じ意味で、衣や小袖などの着物を仕立てるということ。「さやうの心」自体の解釈は〝着物を仕立てて送れというような意味〟であるが、設問は「何を指しているか」と問うているので、それは師直が「…とにや」（「と」は引用を表す格助詞、「に」は断定の助動詞「なり」の連用形、「や」は疑問の係助詞）と推察したことであるという客観的な説明も添えてまとめるのが適切だろう。

▼(四)　傍線部カの逐語訳は〝自分のつまではないつまを重ねてはならない〟。「十戒の歌」の〔注〕と、第三句に詠み込まれている「小夜衣」をふまえると、「つま」は、配偶者の意で男女を問わず用いられる「妻《つま》」「夫《つま》」と、衣の裾の意の「褄《つま》」との掛詞で、「重ね」も、加えて関係を持つという意味と、衣の裾を重ねて共寝するという意味が掛けられている。「な…そ」は禁止を表し、仏道の教えとしては、自分の配偶者以外の者と関係を持ってはならないと戒めるものであるが、女房は、その戒めを師直に示すことによって、すでに人妻となっている自分は夫以外の男と関係を持つことはできない立場にあるということを表明している。

師直は今度は公義に女房への手紙を代筆させ、「返すさへ…」の歌のみを記した手紙を再び侍従が女房に届けると、女房は読んで顔を赤らめ、「重きが上の小夜衣」という言葉を残して去った。

第二段落後半（暫くあれば、使ひ急ぎ帰つて…）

侍従から報告を受けた師直が、「重きが上の小夜衣」という言葉の意味を公義に尋ねると、公義は女房が師直の求愛に応じる意向であろうと答えたため、師直は喜んだ。

▼㈠　ア、「だに」は、極端に程度の軽いことを挙げ、それ以上のものはまして当然だと類推させる用法の副助詞。ここでは、「御文をば手に取りながら、あけてだに見たまはず、庭に捨てられたる」という文脈なので、女房は手紙を開くことも見ることもなかったということが明確になるように、「あけて」「見る」動作をひとまとまりで示した上で、尊敬と類推と打消の要素を添えるという形で解答する。

イ、「なかなか」は、通常の認識やもともとの予想とは異なる側面があることを表す副詞で、〝かえって・むしろ・逆に〟という一般的な訳でもよいだろうが、ここでは、女房への手紙の代筆を引き受けた公義が、通常なら恋心を連綿と書き連ねそうなところを、思い切って一首の歌のみを記したという状況に応じて、〔解答〕では〝あえて〟とした。「言葉」は、ここでは「返すさへ…」の歌以外の散文の文章のことを表している。

エ、「たより」（「便り」「頼り」で、もとは「手寄り」とされる）は、都合のよいことや、うまくことが運ぶと期待できるものを広く表す。「あしからず」は、形容詞「あし」（「悪し」）の未然形に打消の助動詞「ず」の終止形が接続したもの。ここでは、師直からの手紙の和歌を見て顔を赤らめ袖に入れて立ち去ろうとした女房の様子について、仲立ちをした侍従が「さてはたよりあしからず」と思い、女房の袖を押さえて返事を催促したという文脈なので、「たより」は、女房に返事を求めるのに都合がよい機会・女房が返事を書いてくれることが期待できる様子といった意味でとらえることができる。〔解答〕は〝見込みは悪くない〟などとしてもよいだろう。

め、袖に入れて立ったのを、仲立ちはこれならば機会としては悪くないと、（女房の）袖を押さえて（引きとめて）、「それではお返事はどのように」と申し上げたところ、「重きが上の小夜衣」とだけ言い残して、中へ入って居場所がわからなくなった。しばらく経つと、使者（＝仲立ちの侍従）は急いで帰って、「このようでございました」と語ると、師直は嬉しそうにふと考えて、すぐに薬師寺（＝公義）を呼び寄せ、「この女房の返事に、『重きが上の小夜衣』とだけ言い残してお立ちになったと仲立ちが申すのは、衣・小袖を用意して送れということであろうか。そのことであったならば、どのような装束であっても仕立てるようなことについては、実にたやすいにちがいない。これはどういう意味か」とお尋ねになったところ、公義は「いやこれはそのような意味ではございませんで、『新古今和歌集』の十戒の歌に、

　そうでなくてさえも重い小夜衣の上に、自分の衣の裾ではない裾を重ねてはならない（＝ただでさえ〈＝僧が自分の妻と関係を持つことでさえ〉重い罪である上に、自分の妻ではない妻と重ねて関係を持ってはならない）

という歌の意味によって、人目だけを気にしますものと思い当たっております」と歌の意味を解釈したので、師直は非常に喜んで、「あああなたは弓矢の道だけではなく、歌道にまでも並ぶ者のない達人であるなあ。さあ贈り物をしよう」と言って、黄金作りの丸鞘の太刀を一振り、自らの手で取り出して薬師寺にお与えになった。兼好の不幸と、公義の幸運は、栄耀と衰廃がほんの短い間に入れ違いになった。

▲解　説▼

本文のおおまかな内容は次の通りである。

第一段落（侍従帰りて…）

　師直は兼好を呼び出して手紙を代筆させ、侍従を介して女房に届けるが、女房は開きさえせずに捨てたという報告とともに手紙は師直のもとに戻され、師直は兼好に立腹した。

第二段落前半（かかるところに…）

　　エ、ことを運ぶ機会としては悪くない

(二)　愛しい女房の手が触れたのだろうかと慕わしく感じられるから。

(三)　着物を仕立てて送れという意味であろうかと師直が推察したこと。

(四)　夫以外の男と衣の裾を重ねて共寝することはできないということ。

(五)　人目さえ避ければ師直の求愛に応じる気があると解釈している。

◆全　訳◆

侍従は帰って、「こう」と語ったところ、武蔵守はたいそう心を上《うわ》の空にして、「何度も続いたならば情にほだされて（強硬な心が）やわらぐこともあるかもしれない、手紙を送ってみたい」と思って、兼好といった能書の遁世者を呼び寄せて、紅葉襲の薄様で、持つ手も香りが立つほどに香を焚きしめている紙に、（兼好が代筆して）言葉を尽くして申し上げた（＝手紙を送り申し上げた）。返事がなかなか来ないと（思いながら）待つところに、使者（＝仲立ちの侍従）が帰って来て、「（女房は）お手紙を手に取りながらも、開いて御覧になることさえなく、庭にお捨てになっているのを、人目につかないようにしようと、懐に入れ帰参いたしました」と語ったので、師直は非常に気分を損ねて、「いやいや何の役にも立たないものは能書家であるなあ。今日からその兼好法師は、こちらへ近付けてはならない」と怒った。

このようなところに薬師寺次郎左衛門公義が、所用の事があって、ふと現れた。師直は側へ招いて、「ここに、手紙を送っても手に取っても見ず、とんでもないほどに態度が冷たい女房がいたのを、どうするのがよいか」と微笑んだところ、公義は「人は誰でも岩や木（のような感情のないもの）ではないので、どのような女房も、（自分を）恋しく思う男になびかない者がいるはずがありましょうか。もう一度お手紙をお送りになって御覧になってくださいませ」と言って、師直に代わって手紙を書いたが、あえて文章は書かずに、

　　返すものでさえも手が触れただろうかと思うので、自分の手紙ながらも捨て置くこともできない

繰り返し、仲立ち（＝侍従）がこの手紙を持って行ったところ、女房はどのように思ったのだろうか、歌を見て顔を赤ら

（傍線部の直前文）と述べる。また傍線部に「フィクションといった誤解をあらかじめ防止しておくならば」とあるのは、第四段落の「史料批判や年代測定など一連の理論的手続きが要求される」ことをふまえている。よって「歴史的出来事」がひとまとまりの物語として記述されることで初めて存在するというその存在性格を中心におき、「本文全体の論旨を踏まえた上で」という指示に従い、以上の事情を補足しながらまとめればよい。解答のポイントは次の三点である。

① 物理学や地理学の理論的存在と同じく知覚できる対象ではない
② 史料批判や年代測定などの一連の理論的手続きが要求される
③ 個々の事実を関係づけてひとまとまりの物語として記述される

▼(五) aの「身も蓋もない」は〝言葉が露骨すぎて、含みも潤いもない〟の意。bの「隣接」は〝隣り合わせになっていること〟の意。cの「呼称」は〝呼び名〟の意。

参考 野家啓一（一九四九〜）は宮城県仙台市出身。東北大学理学部物理学科卒業。東京大学大学院理学系研究科科学史・科学基礎理論専門課程修士課程修了、同博士課程中退。南山大学文学部講師、東北大学文学部教授などを経て、現在、東北大学名誉教授。専攻は科学哲学。著書に『言語行為の現象学』『無根拠からの出発』『科学の解釈学』『物語の哲学』『科学の哲学』などがある。『歴史を哲学する——七日間の集中講義』は『双書　哲学塾　歴史を哲学する』（二〇〇七年刊）の増補版として二〇一六年に刊行された。

二

出典 『太平記』〈巻第二十一〉

解答

(一) ア、開いて御覧になることさえなく
イ、あえて通常の文章は書かずに

た「理論的虚構」にカギ括弧が付いているのも、理論を装った作り物というニュアンスを表現するためである。この「理論的」は〈観念的〉と置き換えることもできる。解答にあたってはこの「虚構」の意味を反映した「作り物」あるいは「フィクション」（最終段落）といった語句を用いる必要がある。ポイントは次の二点。

① 理論的探究の手続きと実験的証拠の裏づけに支えられている

② たんに理論を装っただけの作り物ではない

▼㈢ 傍線部は歴史的事実あるいは歴史的出来事の存在性格を述べたものである。すなわち歴史記述の対象は個々の事物のように知覚できるものではなく、「関係の糸で結ばれた『事件』や『出来事』」として把握されるものであり、「理論的構成体」（いずれも同段落）なのであるといわれる。また直前の段落に「史料批判や年代測定など一連の理論的手続きが要求される」とあるのも、歴史的事実（出来事）がさまざまな考証を経て確定されることを指摘している。傍線部の「抽象的概念」および「『思考』の対象」とはこのような事情を表したものである。よってこれらの引用箇所を利用してまとめることになるが、「『フランス革命』や『明治維新』」をそのまま用いると長くなるうえ、これらは歴史的事実（出来事）の一例であるから、「歴史的事実」あるいは「歴史的出来事」と一般化する。解答のポイントは次の二点。

① 歴史的出来事は知覚可能な事物ではない

② 過去の事実を関係づけ考証した理論的構成体である

▼㈣ 「物語り」という語はすでに第一段落に見えるが（「物語り行為」）、第六段落末尾に「この『理論』を『物語り』と呼び換えるならば」とあり、そして最終段落で「『物語り』のネットワーク」「一定の『物語り』のコンテクスト」「物語り負荷的」（＝物語りという性格を負わされた）などと使われる。これは「歴史的出来事」が個々の事実を関係づけてひとまとまりの物語（ストーリー）に仕上げられたものであることをいう。そして「歴史的出来事」のこのような「存在性格」を「物語り的存在」と呼び、「素粒子や赤道などの『理論的存在』と異なるところはありません」

▲解　説▼

本文は歴史的事実の実在性とはいかなるものであるかを、ミクロ物理学と地理学を例に引きながらわかりやすく説明したものである。全七段落から成り、その構成は次の通りである。

1	第一段落	歴史学――歴史的過去の「実在」は発掘や史料批判の手続きによって確証される
2	第二・第三段落	物理学――素粒子の「実在」は物理学理論のネットワークと不即不離である
3	第四・第五段落	歴史学――歴史的事実は一連の理論的手続きを経た、一種の「理論的存在」である
4	第六段落	地理学――赤道や日付変更線の「実在」は地理学の理論によって保証される
5	第七段落	歴史学――歴史的出来事の存在は「物語り内在的」であり、「物語り的存在」である

▼㈠　傍線部は直後の文で「素粒子の『実在』の意味は……間接的証拠を支えている物理学理論によって与えられている」と言い換えられ、さらに続く文でも「物理学理論の支えと実験的証拠の裏づけ」と述べられる。すなわち傍線部の「保証している」とは「支えている」ということである。また「その痕跡」とは「間接的証拠」あるいは「実験的証拠」であり、具体的には傍線部前文の「荷電粒子が通過してできた水滴や泡」をいう。その前文にも「霧箱や泡箱によって捉えられた素粒子の飛跡」とある。以上より解答のポイントは次の二点となる。

①　素粒子の実在はその飛跡である水滴や泡によって示される
②　その間接的証拠は物理学理論によって支えられる

▼㈡　傍線部は、「理論的存在」は知覚できないものであるとはいえ、単なる「理論的虚構」ではないと断る文脈になる。「理論的存在」については前問でも引用したように「理論の支えと実験的証拠の裏づけ」があるものをいう。「理論的虚構」は「理論的存在」に対するものであるから、「理論の支え」（傍線部の段落にも「理論的『探究』の手続き」とある）と「実験的証拠の裏づけ」の両方を欠いたものをいう。前段落では「雷子」が例としてあげられている。ま

一

出典　野家啓一『歴史を哲学する――七日間の集中講義』〈第7日　歴史記述の「論理」と「倫理」〉（岩波現代文庫）

解答

㈠　素粒子の実在は、その飛跡である水滴や泡という間接的証拠を支える物理学理論によって確証されるということ。

㈡　理論的探究の手続きと実験的証拠の裏づけに支えられており、理論を装っただけの作り物ではないということ。

㈢　歴史的出来事は知覚可能な事物ではなく、過去の事実を関係づけ考証した理論的構成体であるということ。

㈣　歴史的出来事は物理学や地理学や天文学の理論的存在と同じく、知覚できるような対象ではなく、史料批判や年代測定などの一連の理論的手続きを経ながら、個々の事実を関係づけてひとまとまりの物語として記述されることで初めて存在するものであるから。（一〇〇字以上一二〇字以内）

㈤　a―蓋　b―隣接　c―呼称

◆要　旨◆

素粒子は知覚できなくても、われわれはその実在を疑わない。それは素粒子が物理学理論のネットワークと不即不離だからであり、その意味で理論的存在としての実在性をもつ。同様に歴史的事実も、知覚できなくても、史料批判や年代測定など一連の理論的手続きを行えば、その実在を主張できる。逆にいえば、この理論、いい換えれば物語りのネットワークから独立して歴史的事実を主張することはできない。またそれゆえに歴史的事実はフィクションではない。要するに歴史的出来事の存在は「理論内在的」あるいは「物語り内在的」なのであり、「物語り的存在」と呼ぶこともできる。

//////////////////// ・memo・ ////////////////////

////////////////////// · memo · //////////////////////

/////////////////// · memo · ///////////////////

/////////////////// · memo · ///////////////////

大学赤本シリーズ

東京大学

文科

文科一類・文科二類・文科三類

別冊問題編

2025

矢印の方向に引くと
本体から取り外せます

教学社

目　次

問題編

2018年度

●前期日程

音声配信のご案内

英語リスニング問題の音声を，専用サイトにて配信しています。

ストリーミング再生
&
ダウンロード対応（PC推奨）

以下からアクセス!

PCで開く

https://akahon.net/lstng/aktodai

ブラウザのアドレスバーにURLを入力してください。

スマートフォンで開く

本書利用者のみの特典となります。
それ以外のご利用はお控えください。
URLの共有は固く禁止いたします。

パスワード：ut1878

ウェブで再生する場合

- スマホやタブレットでもご利用いただけます。
- 音声の再生スピードを 4 段階で調整できます。

オフラインで再生する場合

- 各年度のページから音声ファイル（MP3 形式・ZIP圧縮）をダウンロードしてご利用ください。

配信期間

2025年3月末まで（予定）

※ダウンロードした音源は，上記期間を過ぎてもご利用いただけます。
※配信期間は，予告なく変更する場合がございます。

対応ブラウザ

▶ＰＣ … Microsoft Edge※ ／ Google Chrome※ ／ Mozilla Firefox※ ／ Apple Safari※
▶スマートフォン・タブレット … Android 4.4 以上 ／ iOS 9 以上　　※最新版（2024 年 5 月現在）

【利用上の注意】

- 本サービスの内容は，予告なしに変更・中断・中止される場合がございます。利用ができなかった場合に損害が生じたとしても，当社は一切の責任を負いかねます。
- 本サービスのコンテンツは著作権法によって保護されています。同法により認められた範囲を超えて利用することはできません。
- ご使用の機器や音声再生ソフト，インターネット環境などに関するご質問につきましては，当社では対応いたしかねます。各製品のメーカーにお尋ねください。

英語リスニング問題　専用サイトの配信内容

◆以下は 2024 年 5 月時点の配信内容です。

◆著作権等の理由により，予告なく変更される可能性がございます。あらかじめご了承ください。

年度	問題番号
2024	〔3〕(A)
	〔3〕(B)
	〔3〕(C)
2023	〔3〕(A)
	〔3〕(B)
	〔3〕(C)は著作権の都合上省略
2022	〔3〕(A)は著作権の都合上省略
	〔3〕(B)
	〔3〕(C)
2021	〔3〕(A)
	〔3〕(B)
	〔3〕(C)

年度	問題番号
2020	〔3〕(A)は著作権の都合上省略
	〔3〕(B)は著作権の都合上省略
	〔3〕(C)
2019	〔3〕(A)
	〔3〕(B)
	〔3〕(C)
2018	〔3〕(A)
	〔3〕(B)
	〔3〕(C)

【ご使用にあたって】

- 設問文は各年度の問題編に掲載されています。
- これらの音声ファイルは，大学から公表された資料をもとに当社が独自に録音して再現したものであり，実際の放送音源とは異なります。英文を読むスピードやリピート回数などは，編集部推定によるものです。

2024年度

問題編

前期日程

問題編

▶試験科目・配点

教　科	科　　目	配　点
外国語	「コミュニケーション英語Ⅰ・Ⅱ・Ⅲ」，ドイツ語，フランス語，中国語から１外国語を出願時に選択。英語試験の一部分に聞き取り試験（30分程度）を行う。 　ただし，英語の選択者に限り，英語の問題の一部分に代えて，ドイツ語，フランス語，中国語，韓国朝鮮語のうちから１つを試験場で選択することができる。	120点
地　歴	日本史Ｂ，世界史Ｂ，地理Ｂから２科目を出願時に選択	120点
数　学	数学Ⅰ・Ⅱ・Ａ・Ｂ	80点
国　語	国語総合，国語表現，現代文Ｂ，古典Ｂ	120点

▶備　考

- 英語以外の外国語は省略。
- 数学Ⅰ，数学Ⅱ，数学Ａは全範囲から，数学Ｂは「数列」，「ベクトル」から出題する。

英語

（120分）

（注　意）

- 3の聞き取り問題は試験開始後45分経過した頃から約30分間放送される。
- 4，5の代わりに，他の外国語のⅣ，Ⅴを選んでもよい。ⅣとⅤとは必ず同じ外国語の問題でなければならない。また，解答は，5題を越えてはならない。

（他の外国語の問題は省略－編集部）

1 (A) 以下の英文を読み，その内容を70～80字の日本語で要約せよ。句読点も字数に含める。

There is no doubt that one of the major issues of contemporary U.S. history is corporate propaganda. It extends over the commercial media, but includes the whole range of systems that reach the public: the entertainment industry, television, a good bit of what appears in schools, a lot of what appears in the newspapers, and so on. A huge amount of that comes straight out of the public relations industry, which was established in this country and developed mainly from the 1920s on. It is now spreading over the rest of the world.

Its goal from the very beginning, perfectly openly and consciously, was to "control the public mind," as they put it. The public mind was seen as the greatest threat to corporations. As it is a very free country, it is hard to call upon state violence to crush people's efforts to achieve freedom, rights, and justice. Therefore it was recognized early on that it is going to be necessary to control people's minds. All sorts of mechanisms of control are going to have to be devised which will replace the efficient use of force and violence. That use was available to a much greater extent early on, and has been, fortunately, declining — although not uniformly — through the years.

The leading figure of the public relations industry is a highly regarded liberal, Edward Bernays. He wrote the standard manual of the public relations industry back in the 1920s, which is very much worth reading. I'm not talking about the right wing here. This is way over at the left-liberal end of American politics. His book is called *Propaganda*.

Bernays's *Propaganda* opens by pointing out that the conscious manipulation of the organized habits and opinions of the masses is the central feature of a democratic society. He said: we have the means to carry this out, and we must do this. First of all, it's the essential feature of democracy. But also (as a footnote) it's the way to maintain power structures, and authority structures, and wealth, and so on, roughly the way it is.

I should mention that terminology changed during the Second World War. Prior to World War II, the term *propaganda* was used, quite openly and freely. Its image got pretty bad during the war because of Hitler, so the term was dropped. Now there are other terms used.

(B) 以下の英文を読み，(ア)，(イ)の問いに答えよ。

In the mid-1990s my wife served as the United Nations human rights officer in Liberia. At the time, I had just started writing for the magazine *New York*, and my editor did not have the Liberian civil war high on his list of most urgent topics. But I was lucky — my editor was understanding enough to let me write about the war for *The New York Times Magazine*, my first legitimate foreign assignment.

Everything about the Liberian civil war was unusual and terrible and fascinating. I was especially taken, though, by the Liberian press — a group of reporters, editors, and photographers who were aggressive, clever, and

出典追記：(A) Chomsky on Democracy and Education by Noam Chomsky, Routledge determined. There was not enough food in Monrovia, no clean water, barely any electricity, yet the press somehow found enough ink and paper to produce some astonishing journalism.

The strange thing is that, after all this time, it is an advertisement from these Liberian papers that I remember most clearly. It was an ad that helped me understand — in a real lightning strike of understanding — the best way to approach magazine writing and editing, which I was just then learning.

The ad was for a local butcher shop and read "All Parts of the Cow." (1) . "All Parts of the Cow" has stayed with me for almost thirty years because it became the way I explain the difference between newspaper writing and magazine writing.

Like many magazine people, I started in newspapers, and I loved the work: the adrenaline, the urgency, the high-pressure collaboration. When I was a novice reporter on the night police beat at *The Washington Post*, I once left the newsroom at four a.m., wandered to the basement pressroom, and grabbed an actually hot-off-the-presses copy of the morning's paper, one with my signed article on the front page. At the bottom, but never mind. It still felt great.

(2) . What I'm about to say is not meant to be a criticism of newspapers or newspaper people. Obviously, newspapers, especially the big national papers, are stuffed with creative, brave, and talented people who are also, by the way, helping to save our democracy, which is no small thing.

The problem I had was twofold: First was the amount of clichés. On the police desk, we joked that the city had only two types of streets: "quiet, tree-lined streets" or "trash-scattered, drug-plagued streets." I once (イ), but he didn't have time to get the joke.

Cliché is everywhere, especially in writing. Clichés are one of the prices we pay in journalism for speed, but alertness and a brisk pre-edit scrub will eliminate most of them. (3) .

The second problem: In newspaper editing it is common to remove wild feeling, weird detail, irregular observation, and the disturbing dynamics of writers interacting with their subjects and the world. A smart *New Yorker* editor, the late John Bennet, once told me that the real bias in journalism is toward consistency, and though there are other biases — of course — this seemed undoubtedly true. This unexamined bias causes us to think that stories have beginnings, middles and endings, that all questions must be answered, and that everything that happens in the universe happens for a reason.

Magazine people, generally speaking, have a different understanding: Not every story has an ending; not every story even has a beginning. Not everything has to make sense. Not everything is knowable. And most importantly, something that always and forever adds confusion and complexity to story making: The presence of writers (and their experiences, beliefs, personalities, histories, and dispositions) inevitably changes the reality of whatever the writers are observing and describing. [(4)]. "Put it in, put it all in," is an efficient way to describe this style of editing. Another way to describe it: "All parts of the cow."

Last year, when I asked Jennifer Senior, who had just joined the staff of *The Atlantic*, if she had anything original to say about the twentieth anniversary of the 9/11 terrorist attacks (originality traditionally being scarce on anniversaries of world-historical events), she thought for a minute and then said, "Maybe, but it's complicated." The story she sketched for me then was something more than complicated. It was exquisitely personal, and it featured — of all people — a 9/11 truther. "A good man," Jen said, something never previously said by sane people about 9/11 truthers. We talked and talked and talked. And then I thought, "All parts of the cow," and I said, "Let's try it." Just put it all in. And then Jen and her editor, Scott Stossel, made something magical happen, and we published her story and it won the National Magazine Award for Feature Writing and the Pulitzer Prize for Feature Writing. [(5)]. Jen, Scott, and I realized, late in the process, that the story didn't even have anything resembling a nut graf — a term, borrowed from newspapering, for the paragraph that explains why you, the reader, should continue reading this story. Sometimes a magazine piece is so magnetic that the entire thing is its own nut graf, and this was true in Jen's case.

注

Liberia リベリア共和国

New York アメリカ合衆国ニューヨークで創刊された雑誌

The New York Times Magazine 『ニューヨーク・タイムズ』紙の日曜版に挿入される冊子

Monrovia モンロビア(リベリア共和国の首都)

adrenaline アドレナリン

The Washington Post アメリカ合衆国ワシントンD.C.で発行されている新聞

cliché 決まり文句，常套《じょうとう》句《く》

[*The*] *New Yorker* アメリカ合衆国ニューヨークで創刊された雑誌

The Atlantic アメリカ合衆国ボストンで創刊された雑誌

9/11 truther 2001年9月11日に起きた米国同時多発テロは米国政府の陰謀だという説を「真実」として主張する人

nut graf 要点をまとめたパラグラフ(ジャーナリズム用語)

(ア) 空所(1)～(5)に入れるのに最も適切な文を以下のa)～f)より一つずつ選び，マークシートの(1)～(5)にその記号をマークせよ。ただし，同じ記号を複数回用いてはならない。また，文頭であっても小文字で表記してあるので注意せよ。

a) by then, though, I had really started caring about my sentences, and I was worried about the limitations of newspapering

b) I don't remember if this was the name of the butcher shop or its marketing slogan or simply a statement of fact, but it doesn't matter

c) I learned, over time, that the best magazine editors don't fear complication but run to it

d) I'm no great sentence maker, but I wanted — and still want — to try to be one, and I hoped to work for people who wanted me to try

e) it's impossible to describe, except to say that it contains all the mess of life and that it is written like poetry but in prose

f) self-distancing, of the sort we see to good effect in professional newspaper reporters, has its place

(イ) 下に与えられた語句を正しい順に並べ替え，空所(　イ　)を埋めるのに最も適切な表現を完成させ，記述解答用紙の 1 (B)に記入せよ。

a / an editor / as / asked / but trash-scattered / could / describe / I / if / particular / street / tree-lined

2 (A) 以下の主張のいずれかを選び，その主張に対するあなたの考えを，理由を添えて，60～80 語の英語で述べよ。

「紙は人類の最も偉大な発明の一つである」
「自転車は人類の最も偉大な発明の一つである」

(B) 以下の下線部を英訳せよ。

政治の世界でのクオータ制(quota system)は，議員の構成と，彼らが代表する集団全体の構成とが適切に対応することを目指す制度である。また企業などの民間の組織においても，例えば意思決定に関わる役員職に女性が一定の割合を占めることが求められている。そのような仕組みが本当に平等につながるのか賛否両論の声も聞かれるが，現状では多くの社会において，何かしらこのような制度により，不平等を是正する必要が生じている。

クオータ制は，それが一時的であろうがなかろうが一つの有効な手段であって，長い時間の中で根付いてしまった不平等を迅速に解消することを目的としている。それが達成されたあかつきには，クオータ制は，まさに平等の原理に照らして廃止することもできる。

3 放送を聞いて問題(A)，(B)，(C)に答えよ。(A)，(B)，(C)のいずれも 2 回ずつ放送される。

・聞き取り問題は**試験開始後 45 分**経過した頃から約 30 分間放送される。

・放送を聞きながらメモを取ってもよい。

・放送が終わったあとも，この問題の解答を続けてかまわない。

(A)　これから放送するのは，2021 年にスエズ運河で起きた出来事とその影響について解説した記事である。これを聞き，(6) ~ (10) の問いに対して，それぞれ最も適切な答えを一つ選び，マークシートの (6) ~ (10) にその記号をマークせよ。

注

skyscraper　超高層ビル

(6) The situation in March 2021 is described as “the perfect mix of absurd and frightening.” What do you think the speaker meant by this?

a) Although funny in a sense, the fragility of global trade was also revealed.

b) It was ridiculous that a single ship could destroy one section of the canal.

c) Modern container ships are so large they make everything else look tiny.

d) Online comments were split between jokes and messages of distress.

e) The incident reminds us of how things can go unexpectedly wrong.

(7) According to the speaker, how did the "Ever Given" become stuck?

a) Extremely strong winds blew the ship out of control.

b) There was a build-up of sand in that part of the canal.

c) The sand completely blocked up the ship's engine.

d) The ship became wedged when changing lanes during a storm.

e) The ship was travelling too fast, given the weather conditions.

(8) According to the speaker, the "Ever Given" was carrying

a) a model dinosaur and an entire adventure golf course.

b) goods worth 75 million dollars.

c) mainly fruits and vegetables.

d) over 20000 containers.

e) thirty replica Eiffel Towers.

(9) Why does the speaker describe the incident as "a disaster waiting to happen"?

a) Climate change has increased the water pressure in the canal.

b) Increasing global trade has put routes like this under stress.

c) It is not the first time that this sort of event has happened.

d) The canal was slowly damaged by excessive traffic.

e) Widened canals make ships hard to control.

(10) What does the speaker mention as one of the biggest problems arising from the blockage?

a) Although the blockage was fixed, sand in the canal remains a problem.

b) Attempts to solve the issue have caused delays in shipping worldwide.

c) Modern ships are so long that this kind of accident will occur regularly.

d) Shipping companies are now using smaller ships, reducing capacity.

e) The number of containers stuck on ships led to a shortage.

(B)　これから放送するのは，架空のラジオ番組の一部である。これを聞き，(11) ~ (15) の問題に対して，それぞれ最も適切な答えを一つ選び，マークシートの (11) ~ (15) にその記号をマークせよ。

注

funnel　漏斗《ろうと》(口の小さい容器に液体等を注ぎ入れるための道具)

(11)　According to Adisa, many things can cause a delivery to be missed, but what did she NOT mention?

a)　It can take a long time to search for a parking spot.

b)　The incorrect product might be picked for delivery.

c)　There could be a mistake handling the order.

d)　There might be too many cars on the route.

e)　The vehicle used to deliver could have an accident.

(12)　What is the point of the funnel metaphor?

a)　A good funnel allows material to pass through slowly.

b)　A lack of preparation can cause a system to fail.

c)　A sudden increase in deliveries can have a big effect.

d)　There are more steps in the delivery process than we think.

e)　The road system encourages efficient deliveries.

(13)　What does Patrick say about technology and transportation?

a)　Discussions about transportation problems usually turn to technology.

b)　Drones are often used to deliver goods.

c)　It would be better if delivery could be autonomous.

d)　Some people doubt that technology is the only solution.

e)　Transportation problems can only be solved by a mixture of technologies.

(14) What does Patrick warn about ordering a product on the internet?

a) A site might offer quick delivery, but that cannot be guaranteed.

b) It is easy to mistake "same day" and "next day" delivery.

c) Sites that offer fast, free delivery usually have hidden costs.

d) Some sites will offer free delivery but actually charge you.

e) Websites often use visual tricks like flashing banners to lure you in.

(15) What does Adisa mention as a cost of cheap, fast delivery?

a) Delivery drivers are becoming over-worked.

b) Goods made quickly also break easily.

c) Products are often discarded soon after purchase.

d) The price of deliveries will eventually rise.

e) There is an extra burden on the planet.

(C) これから放送するのは，パプア・ニューギニアにおける言語についての講義である。これを聞き，(16) ~ (20) の問いに対して，それぞれ最も適切な答えを一つ選び，マークシートの (16) ~ (20) にその記号をマークせよ。

(16) How is Papua New Guinea linguistically diverse, according to the speaker?

a) Five percent of the world's 850 languages are spoken there.

b) It has almost as many spoken languages as India.

c) It has the most languages per person compared to any other country.

d) It has the most languages relative to its small area.

e) More languages are spoken there than the rest of the world combined.

(17) For how many years have Papuan languages been spoken in Papua New Guinea?

a) 850

b) 1800

c) 3500

d) 14000

e) 40000

(18) How did things change after independence from Australia in 1975?

a) English was declared one of the official languages.

b) German and English became more widespread.

c) New languages were discovered which are spoken by just a few dozen people.

d) The new independent government promoted linguistic variety.

e) The number of spoken languages dropped below 850.

(19) What helps explain linguistic diversity in Papua New Guinea, according to the speaker?

a) Frequent interactions between villages.

b) Rich biological diversity.

c) The arrival of new settlers every 1000 years.

d) The difficulty moving from place to place.

e) The influence of linguist William Foley.

(20) Which statement describes "Tok Pisin" in contemporary Papua New Guinea?

a) Because "Tok Pisin" is more expressive, other local languages are slowly disappearing.

b) Papuans have found "Tok Pisin" useful, but at the cost of linguistic diversity.

c) The spread of religion has recently boosted the popularity of "Tok Pisin."

d) "Tok Pisin" is easier to learn because it contains elements of several languages.

e) Traders decided to create “Tok Pisin” to promote European languages.

4 (A) 以下の英文の段落 (21) ～ (25) にはそれぞれ文法上または内容上の誤りがある。修正が必要な下線部を各段落から一つずつ選び，マークシートの(21) ～ (25) にその記号をマークせよ。

(21) Our perception of time is (a) anything but constant. Two new studies suggest our heartbeat can cause passing moments (b) to feel either slower and faster. The experiments, led by separate research groups, have (c) uncovered corresponding findings. Together, their work confirms that the heart’s activity influences our perception of time (d) as it passes. They show that we can’t look at the experience of time (e) in isolation from the body.

(22) In April 2023, a group of neuroscientists led by Irena Arslanova of Royal Holloway, University of London, (a) reported that time perception changes (b) with each heartbeat. In their experiment, 28 people (c) learned to distinguish the duration of (d) two visual or two auditory stimuli. For example, the study participants looked at two shapes or heard two distinct tones. One item or sound from each pair (e) presented for 200 milliseconds, and the other lasted for 400 milliseconds.

(23) Next, people saw a new cue — another tone or shape — and had to estimate (a) how the presentation felt shorter or longer, using the previous pair for reference. But there was an added twist. These new sounds and shapes were (b) matched with a particular moment in the rhythm of someone’s heart rate: when the heart either contracted (the systole) or relaxed (the diastole) (c) during the heartbeat. During systole, the volunteers (d) perceived time duration to be shorter than it actually was. During diastole, (e) the exact opposite was true.

(24) According to Arslanova and her colleagues, the phenomenon may

be (a)explained by the fact that pressure sensors in blood vessel walls send signals to the brain and affect (b)its capacity to process incoming information. (c)This increase in sensory impressions could make time feel longer. A similar finding was published in March 2023 by a group of researchers at Cornell University, who (d)focused on differences in time perception between single heartbeats. When that span is longer, they discovered, time feels slower. (e)When there is more time between two beats, time seems to move faster.

(25) Researchers from both groups caution that those experiences are influenced by many factors, (a)including our emotion and attention. They also happen (b)at a totally different scale. As Adam K. Anderson, one of the authors of the March study, explains, however, the new work illuminates how the heart influences the experience of time as it unfolds. He confirms that how the body and brain relate is (c)of growing interest in neuroscience. "People are (d)comfortable with the idea that the brain can influence what the heart does," he says. But reversing that relationship is novel and really fascinating. "Your brain," he adds, "might be listening to patterns in your heart to shape something (e)similarly fundamental as the passage of time."

注

neuroscientist　神経科学者

cue　心理学の実験などにおける解釈の手がかり

systole　心臓収縮(期)

diastole　心臓弛緩《しかん》(期)

blood vessel walls　血管壁

出典追記：The Heart Can Sway Our Perception of Time, Scientific American on June 22, 2023 by Anton Benz and Daisy Yuhas

(B) 以下の英文を読み，下線部(ア)，(イ)，(ウ)を和訳せよ。

My mother had raised me vegetarian, and though I harbored no real desire to eat meat, sometimes, in summer, I would take a large piece of watermelon to a remote corner of our yard and pretend it was a fresh dead animal. On all fours, I would bury my face in the sweet red fruit-meat and bite into it. (ア)Sometimes, I'd rip handfuls out and stuff them in my mouth, which wasn't much like the way any animal I knew of ate. I was less playing a particular kind of animal than enacting a form of wildness that I recognized in myself.

I watched *Wild America*, a PBS show on which conservationist Marty Stouffer revealed the wildness of the animal world. (イ)Alone in the woods behind our house I had beaten my chest, acted out my own invented stories without a thought to how another's gaze might see me. I sympathized with the restless business of squirrels and wild obsessions of our golden retriever. I was embarrassed by forks and knives — why they should exist when we had such perfect instruments at the ends of our arms.

However often Stouffer imposed human narratives on the animals depicted (very often), it was still always clear that survival was the priority that assigned value to everything in the animal world. If the wild marten was overcome by her own feelings, she didn't let it stop her from getting dinner for her babies. (ウ)I learned in elementary school that we were animals, but unlike other animals we did not seem driven by the instinct for physical survival. My teachers emphasized the continuity, but we were so far up the food chain that survival was no longer even visible to us. We were beyond survival, in a dark and sky-high realm where our instincts had been twisted into atrocities like capitalism and hair removal. I might not have been able to name this, but I recognized it.

注

vegetarian　ベジタリアン(菜食主義者)

watermelon　スイカ

PBS　アメリカ合衆国のテレビ局の一つ

squirrel　リス

golden retriever　ゴールデンレトリーバー(犬)

marten　テン(イタチ科の動物)

5　以下の英文を読み，(A) ~ (D) の問いに答えよ。

My love for walking started in childhood, out of necessity. I didn't want to stay at home. I found every reason to stay away from home and was usually out — at some friend's house or at a street party where no kids should be — until it was too late to get public transportation. So I walked.

The streets of Kingston, Jamaica, in the 1980s were often terrifying, but I [ア(26)] friends with strangers. The beggar, the vendor, the poor laborer — those were experienced wanderers, and they became my nighttime instructors; they knew the streets and delivered lessons on how to explore and enjoy them. The streets had their own safety: Unlike at home, there I could be myself without fear. Walking became so regular and familiar that (A) the way home became home.

The streets had their rules, and I loved the challenge of trying to master them. I learned how to be alert to surrounding dangers and nearby delights, and [ア(27)] myself on recognizing significant details that my peers missed. Kingston was a map of complex, and often bizarre, cultural and political and social activity, and I appointed myself its nighttime mapmaker.

I left Jamaica in 1996 to attend college in New Orleans, a city I'd heard called "the northernmost Caribbean city." I wanted to discover — on foot, of course — what was Caribbean and what was American about it.

On my first day in the city, I went walking for a few hours to get a feel for the place and to buy supplies to transform my dormitory room into a welcoming space. When some university staff members found out what I'd been up to, they [ア(28)] me to restrict my walking to the places recommended as safe to tourists and the parents of new students. They mentioned statistics about New Orleans's crime rate. But Kingston's crime rate far exceeded those numbers, and I decided to ignore these well-meant cautions. A city was waiting to be discovered, and I wouldn't let inconvenient facts get in the way. These American criminals are nothing compared to Kingston's, I thought. They're no real threat to me.

What no one (B)________ who would be considered a threat.

Within days I noticed that many people on the street seemed afraid of me: Some gave me a glance as they approached, and then crossed the street; others, ahead, would glance behind, notice my presence, and then speed up; older white women clutched their bags; young white men nervously greeted me, as if exchanging a salutation for their safety: "What's up, bro?" On one occasion, less than a month after my arrival, I tried to help a man whose wheelchair was stuck in the middle of a street; he threatened to shoot me in the face, then asked a white person for help.

I wasn't prepared for any of this. I had come from a majority-black country in which no one was wary of me because of my skin color. Now I wasn't sure who was afraid of me. I was especially unprepared for the cops. They regularly stopped and [ア(29)] me, asking questions that took my guilt for granted. I'd never received what many of my African American friends call "The Talk": No parents had told me how to behave when I was stopped by the police, how to be as polite and cooperative as possible, no matter what they said or did to me.

My survival tactics began. In this city of energetic streets, walking became a complex and often oppressive negotiation. I would see a white woman walking toward me at night and cross the street to reassure her that she was safe. I would forget something at home but not immediately turn around if someone was behind me, because I discovered that a sudden turn could cause alarm. New Orleans suddenly felt more dangerous than Jamaica. Despite my best efforts, the streets never felt comfortably safe. Even a simple salutation was suspect.

After Hurricane Katrina hit the area, my aunt persuaded me to come to stay in New York City. I explored the city with friends, and then with a woman I'd begun dating. She walked around endlessly with me, taking in New York City's many pleasures. My impressions of the city took shape during my walks with her. But it wasn't long before reality reminded me I wasn't [イ] , especially when I walked alone.

One night in the East Village, I was running to dinner when a white man in front of me turned and suddenly punched me in the chest. I assumed he was drunk or had mistaken me for an old enemy, but found out soon enough that he'd merely assumed I was a criminal because of my race. When he discovered I wasn't what he [ア(30)] , he went on to tell me that his assault was my own fault for running up behind him. (C) I returned to the old rules I'd set for myself in New Orleans.

I'm still trying to arrive in a city that isn't quite mine. One definition of home is that it's somewhere we can most be ourselves. And when are we more ourselves but when walking, that natural state in which we repeat one of the first actions we learned? A foot leaves, a foot lands, and our longing gives it momentum from rest to rest. We long to look, to think, to talk, to get away. But more than anything else, we long to be free. We want the freedom and pleasure of walking without fear — without others' fear — wherever we choose. I've lived in New York City for almost a decade and have not [ア(31)] walking its fascinating streets. And I still long to find the comfort that I found as a kid on the streets of Kingston.

注

Kingston　キングストン(カリブ海の島国ジャマイカの首都)

beggar　物乞いをする人

出典追記：Walking While Black by Garnette Cadogan

vendor　街頭の物売り

New Orleans　ニューオーリンズ(アメリカ合衆国ルイジアナ州の都市)

dormitory　(大学などの)寮，寄宿舎

salutation　挨拶，挨拶のことば

oppressive　ふさぎこませるような，重苦しい

Hurricane Katrina　ハリケーン・カトリーナ(2005年8月にアメリカ合衆国南東部に大きな被害をもたらした大型ハリケーン)

East Village　イースト・ヴィレッジ(ニューヨーク市マンハッタンにある地区の一つ)

(A)　下線部(A)の内容を分かりやすく説明せよ。その際，2回出てくるhomeという語がそれぞれどのような意味で使われているかを明らかにすること。

〔解答欄〕 約17センチ×2行

(B)　下に与えられた語を正しい順に並べ替え，下線部(B)を埋めるのに最も適切な表現を完成させよ。

had / I / me / one / that / the / told / was / was

(C)　下線部(C)の“the old rules”に則って著者が実際に取った行動の例を本文から探して二つあげよ。

〔解答欄〕 約17センチ×3行

(D)　以下の問いに解答し，その答えとなる記号をマークシートにマークせよ。

(ア)　空所 ア の(26)～(31)には単語が1語ずつ入る。それぞれに文脈上最も適切な語を次のうちから一つずつ選び，マークシートの(26)～(31)にその記号をマークせよ。ただし，同じ記号を複数回用いてはならない。

a) advised　b) bullied　c) imagined　d) made

e) prided　f) stopped

（イ） 空所 イ に入れるのに最も適切な語を次のうちから一つ選び，マークシートの (32) にその記号をマークせよ。

a) afraid　　b) courageous　　c) guilty
d) interested　　e) invulnerable　　f) unprepared

（ウ） 本文の内容と合致する文は次のうちどれか。最も適切なものを一つ選び，マークシートの (33) にその記号をマークせよ。

a) After living in the United States for a while, the author realizes that Kingston, New Orleans, and New York City do not differ much in terms of safety.
b) Being able to walk the streets of a city without fear or concern is a significant source of freedom for the author.
c) For the author, walking is an act of rebellion against racism and the police.
d) Walking in U.S. cities is not a stressful experience for the author because he is used to paying attention to every move he makes on the street.
e) While living in Kingston, the author feels equally comfortable at his childhood home and on the city's various streets.

3 聞き取り問題放送用スクリプト

[問題(A)]

At first it seemed like a joke. A ship was blocking the Suez Canal? How could that even happen? But this was no joke, even though it rapidly became one online. Soon, a flood of comments were pointing out the obvious: a giant ship somehow stuck in a narrow canal was a too-perfect metaphor for all the problems that the world was facing in 2021. Even if you were having a bad day, at least you weren't a 50,000-ton container ship that was somehow blocking 10% of global trade. It was the perfect mix of absurd and frightening. How could one ship in one place bring global trade to a halt?

It all began on 23 of March 2021. While travelling along the Suez Canal, a container ship called *Ever Given* was hit by a seasonal sandstorm, with winds of up to 50 miles per hour. Blown off course, the crew struggled to keep control overnight in the face of violent winds. By morning, Egyptian officials announced the unthinkable; the massive ship was wedged diagonally across the Suez Canal. It wasn't going anywhere — and because it was blocking a single-lane section of the canal, neither was anyone else.

One of the world's largest container ships, the *Ever Given* is basically a floating skyscraper, a sea-going giant the size of the Empire State Building and heavier than 30 Eiffel Towers, capable of carrying 20,000 containers of cargo. When it got stuck, the estimated value of its cargo was 775 million, much of it fruit and vegetables which later had to be destroyed. It also held a 10-metre model of a dinosaur nicknamed Dino destined for an adventure golf course.

During the six days the canal was blocked, almost 400 cargo ships were held up at either end, bringing to a halt almost 10 billion dollars' worth of trade. Global oil prices rose and fell due to delays in supplies, markets for other commodities such as computer chips also took a hit and the effects on global supply chains were still being felt months later. All of which you'd think would have provided a lot of motivation to avoid this exact thing happening. What went wrong?

In many ways this was a disaster waiting to happen. Global trade has expanded enormously over the last 50 years, with the sheer volume of traffic putting global choke-points like the Suez Canal under increasing pressure, and while there are constant efforts to widen and deepen the canal, they're still behind.

The *Ever Given* is one of the first of a new generation of extra-large container ships, and its sheer size causes problems not faced by smaller ships. For one, when it's fully stacked it's 164 feet high — that's like a sail larger than two soccer fields. When faced with fierce side-on winds, keeping it on course is a major challenge.

The blockage was solved within a week, but the effects on deliveries took months to diminish. One of the biggest problems caused by the *Ever Given* was holding up supply of shipping containers, which were already scarce; even now that's still a pressing issue. Today, with delays for almost everything lengthening and even regular post slowing down, we're living in the world this disaster warned us about. The Suez Canal might be flowing freely, but global trade is still stuck in the sand.

［問題(B)］

P：Hello. Welcome to Thinking Transportation with Patrick Smith — conversations about how we get ourselves and what we need from one place to another. Our guest, Adisa Ibrahim, is with the Transportation Institute and is here to help us understand more about that.

A：Thanks for having me, Patrick. Looking forward to it.

出典追記：(A) How did that happen: the real story of the ship 'Stuck in the Suez', SBS on November 16, 2021 by Anthony Morris

P：To begin, I'd like to talk about an experience that many of us have had. Let's say we ordered a package early and it still got there late. Next-day delivery turns into next-week delivery. Is it fair for me to blame the delivery service or the shipper, or is it more complicated than that?

A：It's much more complicated than that. There're many moving parts that are involved with this delivery supply chain and really a breakdown anywhere can cause a missed delivery. If you think about it, there has to be a correct order processing, they have to select the right inventory, they have to select a carrier, they have to put that product on the right route and avoid traffic jams and they have to find a place to park. There're just so many places along that line where things can break down.

P：And that's why they call it a supply chain, right? Because it's only as strong as its weakest link?

A：Absolutely. That's a fantastic metaphor, and it really is a chain. And I think often we forget the length of that chain that leads up to that person who's standing at our front door. To take one aspect, if you think about the roadway system as a big funnel and think about pouring rice into that funnel, rather slowly, it flows through and there really isn't any problem. But if you pour it very quickly, it can lock up. The reality is, is suddenly we've got more trucks on more routes, perhaps routes we didn't anticipate, and our system really wasn't prepared for.

P：And anytime we talk about transportation challenges in most conversations, technology gets brought up as a potential area of solutions in the context of freight and delivery. And that would perhaps be autonomous deliveries, drone deliveries? To what extent do you think technology fits into the solution mix in the near term?

A：Technology certainly plays into the solution mix. And it always will. How near term it will be, is probably the better question.

Autonomous delivery is coming. I think it's probably a little bit of a ways off. There are drones. There are some immediate obstacles with drones related to air space regulations, noise, privacy, but there are big investments being made.

P：Whenever we have that website open and we're placing that order, there's a big flashing banner that says, "free next-day delivery" or "free same-day delivery," in reality, that free delivery isn't really free.

A：That's exactly right. It might feel free to you — next-day, free shipping. There's always a cost and we're all going to, as a society, pay for the impacts of that. It may be environmental impacts. It could be impacts in what we're producing with all this packaging and plastic and unnecessary things that are being produced.

P：Adisa Ibrahim, senior research engineer at the Transportation Institute. Thanks so much for sharing your insights, Adisa.

A：Thanks for the opportunity, Patrick.

[**問題**(C)]

India, with its 1.3 billion people, vast territory and twenty-two official languages (along with hundreds of unofficial ones), is well known as one of the most linguistically diverse countries in the world. Yet it is no match for a country of just 7.6 million inhabitants in the Pacific Ocean: Papua New Guinea. This country, which hosts the world's third largest rainforest and five percent of the world's biological diversity, is also home to an astonishing diversity of spoken languages. There are nearly 850 languages spoken in the country, making it the most linguistically diverse place on earth by far, both in total and per person.

Why does Papua New Guinea have so many languages, and how do locals cope? The oldest group of languages in Papua New Guinea are the so-called "Papuan" languages, introduced by the first human settlers 40,000 years ago. Despite falling under this category, these languages

出典追記：(B) Episode 8. Hey, Where's My Amazon Order? Promises of super-fast delivery are straining our transportation system., Thinking Transportation on May 11, 2021 by Bernie Fette and Bill Eisele, Texas A&M Transportation Institute do not share a single root. Instead, they are dozens of unrelated families, with some "isolates", or languages with no relatives at all. This contrasts with Papua New Guinea's more modern languages, which arrived some 3,500 years ago, probably from a single Taiwanese source. Things were further complicated in the 1800s by the arrival of English- and German-speaking colonists. After achieving political independence from Australia in 1975, Papua New Guinea adopted only three official languages, including English. But the lack of state recognition for the rest did not reduce variety. Today, the country's 850 languages each have between a few dozen and 650,000 speakers. In some places, the people speaking just one language live in an area of less than 5 square kilometres.

In part, so many of these languages have survived thanks to Papua New Guinea's wild landscapes. Mountains, jungles and swamps keep villagers isolated, preserving their languages. A rural population helps too: only about 13% of Papuans live in towns. Indeed, some Papuans have never had any contact with the outside world. Fierce tribal divisions also encourage people to be proud of their own languages. The passing of time is another important factor. It takes about a thousand years for a single language to split in two, according to linguist William Foley. With 40,000 years to evolve, Papuan languages have had plenty of time to change naturally.

In the face of this incredible linguistic variety, Papuans have embraced a language called "Tok Pisin", which is based on English, but with German, Portuguese and native Papuan languages mixed in. It was developed by traders in the 19th century, for ease of communication. But in recent decades, it has become the main language in Papua New Guinea. There is a Tok Pisin newspaper, and it is popular in church. Tok Pisin is now spoken by 4 million Papuans, a majority of the population. Its root as a trading language helps explain its success:

simple vocabulary makes it easy to learn. Its mixed heritage also makes it amazingly expressive.

Yet Tok Pisin's success may also threaten Papua New Guinea's linguistic diversity: it is also slowly crowding out other languages. A dozen have already vanished. As a modern Papuan language flourishes, ancient ones risk falling away.

日本史

（2科目150分）

(注)　解答用紙は，横書きで〈地理歴史〉共通。1行：30字詰。

第 1 問

次の⑴～⑸の文章を読んで，下記の設問Ａ・Ｂに答えよ。解答は，解答用紙(イ)の欄に，設問ごとに改行し，設問の記号を付して記入せよ。

⑴　大宝令によって，朝廷の位階や官職の仕組みが整えられたが，この仕組みは，要職を占める五位以上の官人が特権的な待遇を受けるものであった。彼らの多くは，古くから天皇に奉仕してきた畿内の有力氏族であった。

⑵　孝謙天皇は，758年に淳仁天皇に譲位したが，しばらくして淳仁天皇と対立すると，国家の大事は孝謙太上天皇が自らおこなうことを宣言した。これを不満とする藤原仲麻呂が反乱を起こすと，孝謙太上天皇はこれを鎮め，ついで淳仁天皇を廃して再び天皇となった。

⑶　平城天皇は，809年に嵯峨天皇に譲位したが，しばらくすると平城京に遷《うつ》って国政への意欲を強めたため，政治的混乱が生じた。嵯峨天皇は，兵を動かして混乱をおさめ，平城太上天皇は自ら出家した。そののち嵯峨天皇は823年に淳和天皇に譲位すると，内裏から離宮に居所を移して隠棲《いんせい》した。

⑷　平安京に遷都して以降，官司の統廃合が積極的におこなわれたほか，大学の制度を改変して学問を奨励し，優秀な者は家柄によらず中央や地方の要職に採用するなど，令制に定められた官人制度の改革がおこなわれた。

⑸　嵯峨天皇の弘仁年間(810～823)には，平安宮の諸門の呼び名が中国風に改めら

れた。また中国唐の儀礼を参考に朝廷の儀礼を整え，『内裏式』などの儀式書が編纂された。このとき，天皇に対する拝礼の作法が，日本の古い習俗を起源とするものから中国風のものに改められた。

設　問

A　9世紀前半に，太上天皇の政治的立場は大きく変化した。それはどのようなものか。2行以内で述べよ。

B　9世紀前半に，天皇と官人との関係は，どのように変化したか。奈良時代までとの違いに留意しつつ，4行以内で述べよ。

第 2 問

東大寺の再建に関する次の(1)～(4)の文章を読んで，下記の設問A・Bに答えよ。解答は，解答用紙(ロ)の欄に，設問ごとに改行し，設問の記号を付して記入せよ。

(1)　朝廷は，1180年に焼失した東大寺の再建を，人々から広く財物の寄付を集めておこなうこととした。その責任者に任じられた重源は，宋に渡った経験もあった。

(2)　重源は，後白河院から庶民に至る広範な人々に寄付をよびかけた。これを受けて藤原秀衡は奥州産の金の寄付を約束し，源頼朝は米や金，絹など，たびたび多額の寄付をおこなった。

(3)　大仏の鋳造は当初，技術者不足で難航していたが，重源は，宋から来日していた商人で，技術にも通じていた陳和卿を抜擢し，これを成功させた。また伽藍の造営には大仏様とよばれる建築技法が用いられた。

(4)　1191年，頼朝は周防国で伐り出された材木を翌年中に東大寺に運搬するよう，西国の地頭に命じた。さらに1194年には，畠山重忠や梶原景時ら有力御家人たちの責任で仏像や伽藍を造営するよう命じた。

設　問

A　東大寺再建に用いられた技術の特徴について，その背景にふれながら，2行以内で説明せよ。

B　源頼朝は東大寺再建にどのように協力したか。頼朝の権力のあり方に留意しつつ，3行以内で説明せよ。

第 3 問

次の(1)〜(5)の文章を読んで，下記の設問A・Bに答えよ。解答は，解答用紙(ハ)の欄に，設問ごとに改行し，設問の記号を付して記入せよ。

(1)　1633年，幕府は，長崎へ赴く奉行に命令書を出した。その第1条〜第3条は，奉書船以外の海外渡航禁止，日本人の海外渡航禁止，海外在住5年以上の日本人の帰国禁止を規定し，第6条〜第16条は，長崎に来るポルトガル船とその貿易に関わる諸規定であった。

(2)　1634年には，前年と同一内容の命令書が出された。この年から長崎では，貿易に従事するポルトガル人を収容する施設として出島の築造が開始され，1636年，彼らは出島に移された。

(3)　1635年の命令書は，第1条〜第3条で，日本船と日本人の海外渡航禁止，海外在住日本人の帰国禁止を規定した。第6条〜第16条は，前年までとほぼ変わりがなかった。1636年の命令書には，長崎の町に残っていたポルトガル人の血縁者を追放する規定が追加されたが，来航ポルトガル船とその貿易に関わる諸規定は前年と変わりがなかった。

⑷ 島原の乱(島原・天草一揆)鎮圧後の1638年から翌1639年にかけて，幕府は，江戸参府中のオランダ商館長に対して，ポルトガル人が日本にもたらしているような商品を，オランダ人は供給することができるかと複数回尋ねた。

⑸ 1639年，幕府は，長崎に使者を派遣してポルトガル船の日本来航禁止を申し渡すことにした。幕府は，この決定を諸大名にも伝えて警戒を呼びかけた。

設 問

A この間，長崎やポルトガル船に対する幕府の政策は，どのように転換したか。島原の乱の影響を考慮しつつ，3行以内で述べよ。

B ⑸において，幕府が，それまでと異なり，政策を広く大名たちに知らせたのは，何のためだったと考えられるか。2行以内で述べよ。

第 4 問

近代の土地制度は1870年代と1930～1940年代とに大きく変化した。1870年代前半には農地売買が自由化され，農地を担保に借り入れた資金を返せない際に，土地所有権を移転することも容易になった。貸し主にとっては安全に貸せるようになり，借り主にとっては農地を担保として資金を借り入れやすくなった。一方，1930年代後半から1940年代前半には，農地改革に先立ち，地主の権利への規制が強められた。これらに関する以下の資料と図とを読んで，下記の設問A・Bに答えよ。解答は，解答用紙(二)の欄に，設問ごとに改行し，設問の記号を付して記入せよ。

資料1 1873年1月地所質入書入規則(大意)

・ 所有地を担保として金銭を借り入れ，かつ，その所有地を引き続き耕作し，その収益から借入金の利息を貸し主に支払うことを書入《かきいれ》という。

・ 書入した土地は借り主が耕作しているので，その土地の地租および地方税は借り主が納付する。

・ 借入金を返済せずに，書入した土地を借り主から貸し主に引き渡すときには，貸し主が新しい地券の発行を申請し，以後，地租と地方税を納付する。

図1　小作地と自作地の比率

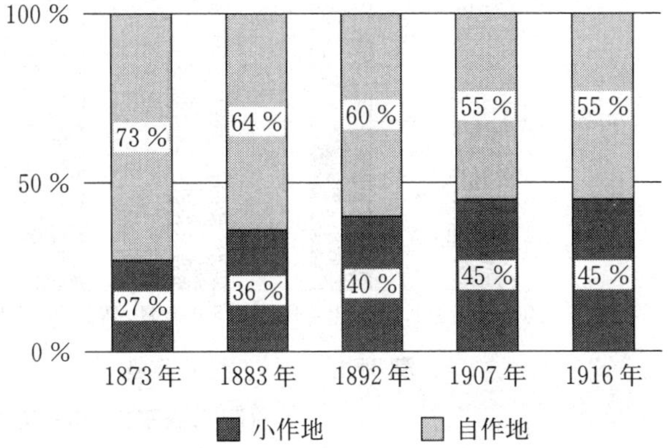

（古島敏雄編『日本地主制史研究』）

資料2　1938 年 4 月農地調整法（大意）

地主は，事情もなく小作料を滞納するなど小作農側に信義に反する行為がない限り，小作契約を解約したり小作契約の更新を拒否したりすることはできない。

資料3　1941 年 11 月農林次官通牒（大意）

米の政府買上《かいあげ》価格の引き上げや，自作農と小作農への生産奨励金の交付により，米の生産が有利になるため，農業経験の乏しい地主が小作契約を解約して自作しようとするなどの恐れもある。そのような行為は食料増産のためにあってはならず，また農地調整法に照らしても認められないので，特に適切な措置を講じる。

図2　地主と小作農の間の収益配分の変化（米の政府買上価格引き上げと生産奨励金交付の効果，概算）

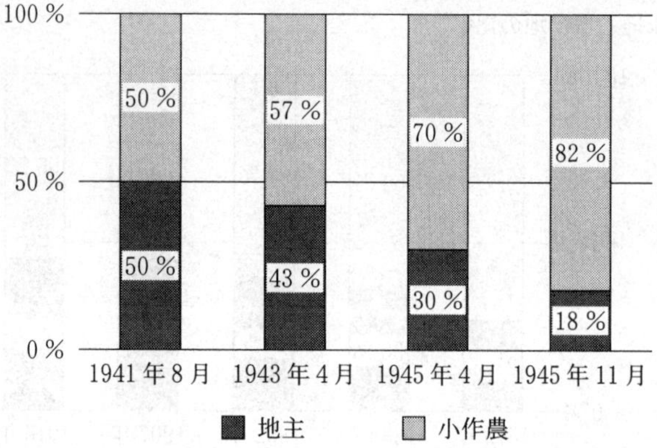

（『岩波講座　日本経済の歴史　5』）

設　問

A　小作地の比率は図1のように変化した。その要因を3行以内で述べよ。

B　図2に見られる収益配分の変化はどのような政策的意図によってもたらされたか。3行以内で述べよ。

世界史

（2科目150分）

（注） 解答用紙は，横書きで〈地理歴史〉共通。1行：30字詰。

第 1 問

次の文章は，1964年3月に国際連合の事務総長ウ・タントが，ある会議でおこなった演説の一部である。これを読んで下記の2つの設問に答えよ。解答は，解答欄(イ)を用い，設問ごとに行を改め，冒頭に(1)(2)の番号を付して記せ。

世界では二つの変化が並行して進みつつあり，戦争いらい，重要性を増してきました。一つはおもに政治的な，もう一つはおもに経済的な変化です。(中略)

戦後には，植民地および半植民地とされていた諸民族の政治的解放が，すみやかに進みました。第二次世界大戦後，アジアの諸民族の大半は独立した存在として世界の舞台に登場してきました。1960年代になると，アフリカの台頭がみられました。より最近では，ラテンアメリカ諸国のなかで，重要な変化にはずみがついているようです。(中略)

すでに言及した政治動向は世界の広範な部分でみられるでしょう。国際連合では発展途上地域と普通よばれているところです。しかし，これらの地域は実際には発展していないか，あるいは十分な速さでは発展していません。程度はさまざまですが，深刻かつ持続的な低開発の状態に苦しんでいます。これらの地域は，工業化された社会に比べて，ますます遅れをとっています。それだけでなく，とくに人口増加を考慮に入れれば，生活水準が絶対的に悪化している場合もあります。ここから現代のジレンマをみてとることができます。政治的な解放が得られても，それにともなって，期待どおりの経済的な進歩が生じるわけではないのです。

問(1) 演説で述べられているように，諸民族の政治的解放が進んだが，独立を得る過程では戦乱が起こっただけでなく，独立した国どうしが対立を深めるなど，道のりが容易ではない場合も多かった。1960 年代のアジアとアフリカにおける，このような戦乱や対立について，12 行以内で記述せよ。その際，以下の 4 つの語句を必ず一度は用い，その語句に下線を付すこと。

アルジェリア　　コンゴ　　パキスタン　　南ベトナム解放民族戦線

問(2) 演説で述べられている経済的な問題は，どのような歴史的背景をもち，その解決のため 1960 年代に国際連合はいかなる取り組みをおこなったのかについて，5 行以内で記述せよ。

第 2 問

ある書物が，なぜ，どのように，書かれ，読まれ，伝えられてきたのかを問うこと，あるいはそれが葬り去られたり忘れ去られたりした理由を考えることは，歴史をみる一つの有効な視点となりうる。このことに関連する以下の 3 つの設問に答えよ。解答は，解答欄(ロ)を用い，設問ごとに行を改め，冒頭に(1)～(3)の番号を付して記せ。

問(1) キリスト教の正典の一つである『新約聖書』は，1 世紀末から 4 世紀末にかけての時期に次第に現在の形になったとされる。このことに関連する以下の(a)・(b)・(c)の問いに，冒頭に(a)・(b)・(c)を付して答えよ。

(a) 1 世紀から 4 世紀末にかけてのローマ帝国におけるキリスト教と政治権力との関係の推移について，4 行以内で説明せよ。

(b) 325 年，キリスト教の教義形成にとって重要な会議が開催された。この会議について，その名称に触れながら 3 行以内で説明せよ。

(c)　『新約聖書』などの正典のほかにも，キリスト教の歴史において重要な意味をもった書物は多く挙げられる。そこにはキリスト教成立以前の書物も含まれる。その著作やそれへの注釈が翻訳されることを通じて中世のスコラ学者たちに多大な影響を与えた，「万学の祖」とも呼ばれる古代ギリシアの哲学者の名前を記せ。

問(2)　史上初のトルコ語・アラビア語辞書とされるカシュガリー著『トルコ諸語集成』は，1077 年頃にバグダードで書かれた。この本は 20 世紀前半に①イスタンブルで初めて刊行されたが，その際に使われた写本は，②セリム 1 世の治世以降に彼の征服地からもたらされたものと考えられている。このことに関する以下の(a)・(b)・(c)の問いに，冒頭に(a)・(b)・(c)を付して答えよ。

(a)　『トルコ諸語集成』の著者序文には，トルコ人が広く権力を握る執筆当時の様子が記されている。その頃の西アジア一帯はあるトルコ系王朝の支配下にあったが，その王朝の初代スルタンの名前を記せ。

(b)　下線部①に関連して，13 世紀初めにこの地に建てられた国家の成立の経緯を，国家の名称を挙げながら 2 行以内で記せ。

(c)　下線部②に関連して，セリム 1 世治下のオスマン帝国による対外戦争の成果について，2 行以内で記せ。

問(3)　17 世紀半ばに中国の支配王朝となった清は，従来の制度や慣習を認めつつ，満洲人による支配の徹底をはかった。このことに関する以下の(a)・(b)の問いに，冒頭に(a)・(b)を付して答えよ。

(a)　書物に関して，清はどのような政策を展開したか。書物や編纂物の名称を挙げながら，3 行以内で説明せよ。

(b)　清の支配のもとでは，儒学の経典や歴史書を厳密に校訂・検討する学問が発展した。この学問の名称と，清初にこの学問の基礎をつくった学者のうち，1名の名前を記せ。

第 3 問

人類の歴史において，軍事的征服や領土の拡大が新しい統治の形態を生み出したり，支配された人々の抵抗運動が当該地域における政治意識を形成したりする現象は，時代や地域を問わず，みることができる。征服と支配，それに対する抵抗などに関する以下の設問(1)～(10)に答えよ。解答は，解答欄（ハ）を用い，設問ごとに行を改め，冒頭に(1)～(10)の番号を付して記せ。

問(1)　ローマは第1回ポエニ戦争でカルタゴに勝利し，シチリアを獲得した。ローマはこれ以後も征服戦争を進め，地中海周辺地域を中心に多くの地域を支配下においていった。こうしたローマによるイタリア半島以外の支配地は何と呼ばれているかを記せ。

問(2)　衛氏朝鮮を滅ぼした前漢の武帝は，その領域一帯に4つの郡を設置した。このうち現在の平壌付近を中心とする地域に設けられた楽浪郡は，中国から派遣された官僚により統治され，400年あまり存続した。4世紀初めに楽浪郡を滅ぼした国の名称を記せ。

問(3)　13世紀初めにハン位についたチンギス＝ハンは，モンゴル系・トルコ系の諸部族を統合するとともに周辺の諸地域も次々に征服した。その後もモンゴル帝国の膨張は続いたが，広大な帝国内の交通を円滑にするために整備された駅伝制の名称を記せ。

問(4)　モスクワ大公として東北ロシアを統一し，「タタールのくびき」と呼ばれたキプチャク＝ハン国によるロシア支配を15世紀後半に終わらせた人物の名前を記せ。

問(5)　18世紀のアラビア半島において，［　　　］派はイスラーム教の教えの厳格な解釈を目指す改革運動をおこない，サウード家と協力してイスラーム法に基づく国家建設を主導した。文中の空欄に入る適切な語を記せ。

問(6)　イギリスの植民地となったインドでは，西洋的教養を身につけたインド知識人による社会変革の運動が起こった。そのなかには，妻が夫の遺体とともに焼かれて死ぬという慣習の禁止を求める運動もあった。この寡婦殉死の慣習の名称を記せ。

問(7)　19世紀後半，ベトナムでは，フランスが軍事的進出を企て，支配を強めていった。この動きに対して，黒旗軍を組織して抵抗運動をおこなった人物の名前を記せ。

問(8)　ヨーロッパ列強がアフリカでの領土獲得競争に本格的に乗り出すなかで，1898年，アフリカを横断して領土拡大をめざしていた国(a)と縦断政策を進めていた国(b)との間で軍事衝突の危機が発生した。この2国の名称を，冒頭に(a)・(b)を付して記せ。

問(9)　ディアス大統領による長期にわたる独裁体制がしかれていたメキシコでは，1910年，自由主義者マデロの呼びかけによりメキシコ革命が起こり，ディアス政権は打倒された。この時，北部出身の指導者ビリャとともに農地改革の推進をめざした農民運動指導者の名前を記せ。

問(10)　20世紀後半，非西洋に対する西洋のまなざしを批判的に検討する動きが活発化する。このような潮流のなかで，ポスト＝コロニアル研究の代表作の一つである『オリエンタリズム』(1978年)を著し，東洋に対する西洋の見方を批判的に論じた人物もいる。その人物の名前を記せ。

地　理

（2科目150分）

(注)　解答用紙は，横書きで〈地理歴史〉共通。1行：30字詰。

第 1 問

世界の食料資源とエネルギー資源に関する以下の設問Ａ～Ｂに答えよ。解答は，解答用紙の(イ)欄を用い，設問・小問ごとに改行し，設問記号・小問番号をつけて記入せよ。

設問Ａ

乳と乳製品は，ヒトが体内で合成できず食品から摂取しなければならないアミノ酸(必須アミノ酸)などの栄養素を豊富に含み，栄養学的なメリットが大きいため，現在世界中で利用されている。ヒトは大人になると乳に含まれる乳糖を分解する酵素が働かなくなり，乳をそのまま飲用すると腹痛や下痢をもよおすため，乳の利用が始まった先史時代においては，乳糖を減らす加工を施していたと考えられている。のちに，大人になっても乳糖を分解でき，乳をそのまま飲用できる(乳糖耐性がある)人が，世界の複数の地域で独立に出現した。乳糖耐性が過去にその地域で獲得されたかどうかは，現在の世界各地の成人における乳糖耐性者の割合に現れている。図１－１は，この推定割合の分布を示している。

一方で，過去だけでなく現在も乳製品を積極的に利用しない地域もある。その背景には，単純に乳糖耐性の有無だけでなく，その他の様々な要因も関わっている。

(1)　図１－２の円グラフは，１人１日あたり供給されるカロリーの食品内訳を，４つの国について示したものである。Ａ～Ｄに当てはまる国を以下から選び，Ａ—○○，Ｂ—△△のように答えよ。

中　国　　ナイジェリア　　パキスタン　　フィンランド

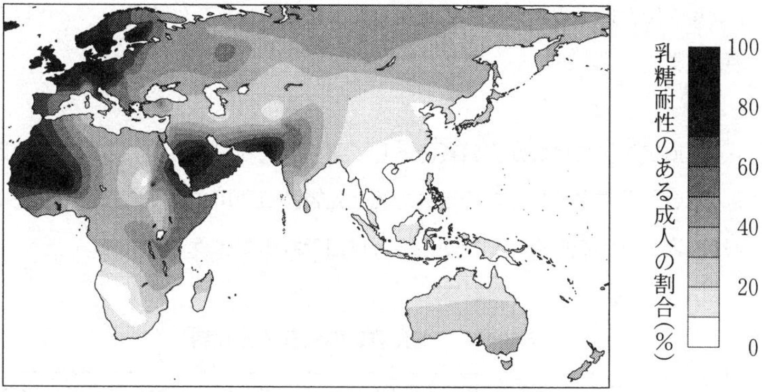

図1—1

Itan ほか(2010)による。

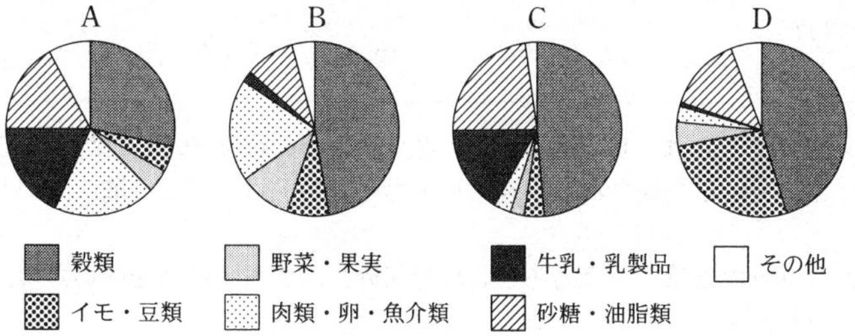

図1—2

FAOSTAT による。

⑵　世界の各地で乳糖耐性が獲得された背景は地域によっても異なると考えられる。西アフリカ，アラビア半島から南アジアにかけての地域で乳糖耐性者の割合が高いことについて，共通して考えられる理由を以下の語句をすべて用いて2行以内で説明せよ。語句は繰り返し用いてもよいが，使用した箇所には下線を引くこと。

適　応　　気　候　　飲　用

⑶ 伝統的な遊牧生活を送るモンゴル人においては，乳糖耐性者の割合は高くはないが，夏場は1日の摂取カロリーのうち3分の1以上が乳由来である。モンゴル人は乳にどのような加工を施して乳糖を減らしているのか，2行以内で説明せよ。

⑷ 東南アジアでは乳が食料資源として積極的に利用されておらず，乳糖耐性者の割合も非常に低い。この地域で乳と乳製品が利用されてこなかった主な理由を，表1―1を参考にしながら2行以内で説明せよ。

表1―1 主食穀類の栄養成分比較

	エネルギー (kcal/100 g)	炭水化物 (g/100 g)	脂 質 (g/100 g)	タンパク質 (g/100 g)	アミノ酸スコア*
精白米	342	77.6	0.9	6.1	65
小麦粉(薄力粉)	349	75.8	1.5	8.3	44
トウモロコシ (コーングリッツ**)	352	76.4	1.0	8.2	31

*アミノ酸スコアとは，必須アミノ酸の必要量をどの程度満たしているかを，基準値を100として示した値である。肉・魚・卵・乳製品は，アミノ酸スコアが100である。

**コーングリッツとは，とうもろこし粒を粗砕し，表皮・胚芽を除いた後，粉砕，ふるい分けしたものである。

文部科学省食品栄養データベースによる。

設問B

天然ガスは，石油や石炭よりもクリーンなエネルギー資源として需要が高まっている。世界の7つの地域における天然ガス資源に関わる以下の問いに答えよ。なお，7つの地域は，アジア太平洋，アフリカ，中東，中南米，独立国家共同体，北米，ヨーロッパである。

⑴ 図1―3は，1970年から2021年の天然ガス年間生産量の推移を示した図である。A，B，Cに該当する地域を以下の3つの地域から選んで，A―○○の

ように答えよ。なお，独立国家共同体は，ロシアおよびソビエト連邦から独立した共和国からなる国家連合を示す。

独立国家共同体　　中 東　　北 米

⑵ 図1―3のAの地域では，新しい技術の導入により2010年頃から天然ガスの生産量が急激に増え，この変化は(　　　)革命と呼ばれている。

括弧内に入る語句を答えよ。

⑶ 図1―4は，世界の7つの地域(ア～キ)における2021年の天然ガスの輸出・輸入量を，パイプラインによる輸送とLNG(液化天然ガス)としての輸送に分けて示したものである。見出し行(横軸)が輸出した地域，見出し列(縦軸)が輸入した地域を示す。輸出と輸入の地域が同じ箇所は，同じ地域内の国家間の輸出入を示す。以下の3つの地域はア～キのどれにあたるか，地域名―○のように答えよ。

アジア太平洋　　独立国家共同体　　ヨーロッパ

⑷ 図1―3と図1―4を参考に，日本のエネルギー資源確保の観点からみた天然ガスの特徴を石油と比較しながら3行以内で述べよ。

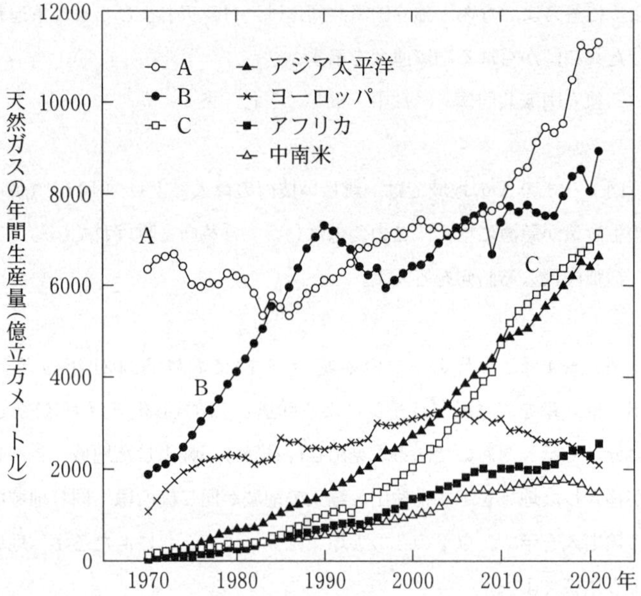

図1—3

BP(英国石油会社)の統計データによる。

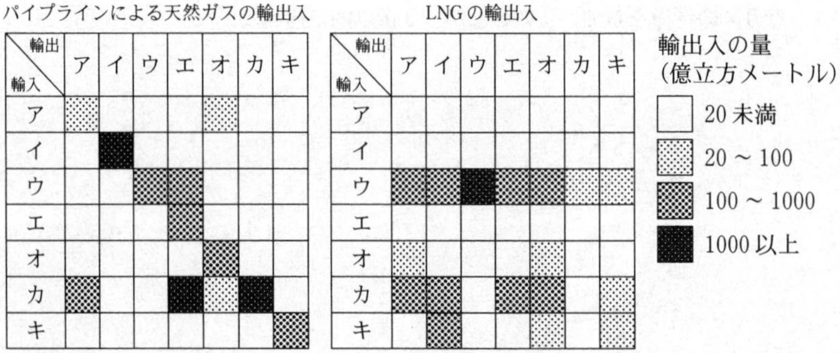

図1—4

輸出入量はいずれも気体状態の体積。BP(英国石油会社)の統計データによる。

第 2 問

世界の地勢と人口の変化に関する以下の設問A～Bに答えよ。解答は，解答用紙の(ロ)欄を用い，設問・小問ごとに改行し，設問記号・小問番号をつけて記入せよ。

設問A

図2―1の左のグラフは，地球の1km毎の高度帯に属する土地の面積の比率(%)を示したものである。ここでいう土地は陸上と海底の両方を含み，面積が非常に小さい標高5km以上と水深7km以深の値は示されていない。図2―1の右のグラフは，左のグラフのようなデータを用いて，ある高度よりも下にあるすべての土地の面積の比率(%)が高度とともに変わる様子を示しており，低所では値が小さく，高所では100％に近づく。このグラフは地球の平均的な断面とみなせる。図2―2は，アジア，アフリカ，オーストラリア，北アメリカ，南アメリカ，ヨーロッパの6つの大陸のそれぞれについて，図2―1の右のグラフと同じ方法で作成したグラフを示したものである。ただし図2―2では，各大陸の周辺の海底は水深200mまでのみを対象としており，高所の面積が非常に小さい部分は示していない。

(1) 図2―1によると，水深0～3kmの海底の面積は陸地の全面積よりも小さいが，水深3～6kmの範囲の海底の面積は陸地の全面積よりも大きい。後者を含む深海底は，陸地からは離れているものの，将来の世界の経済に大きな影響を与えると考えられている。その理由を2行以内で述べよ。

(2) 図2―2のア～カのうち，ウは北アメリカ，カはアフリカである。他の4つがどの大陸に対応するかを，ア―○○のように答えよ。

(3) 図2―2のアの大陸は，他の5つの大陸に比べて標高が高い土地の面積が大きい傾向が明瞭である。この原因となっている大地形の特徴を1行で述べよ。

⑷　図2―2のエとオの大陸は，共に標高500 m以下の陸地の面積比率が，他の大陸よりも大きいが，そこでの土地利用・土地被覆の特徴は2つの大陸で大きく異なっている。どのように異なっているかを，相違が生じた理由とともに2行以内で述べよ。

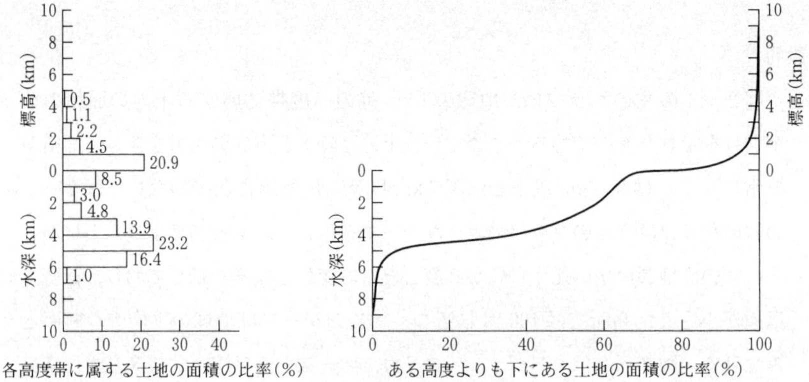

図2―1

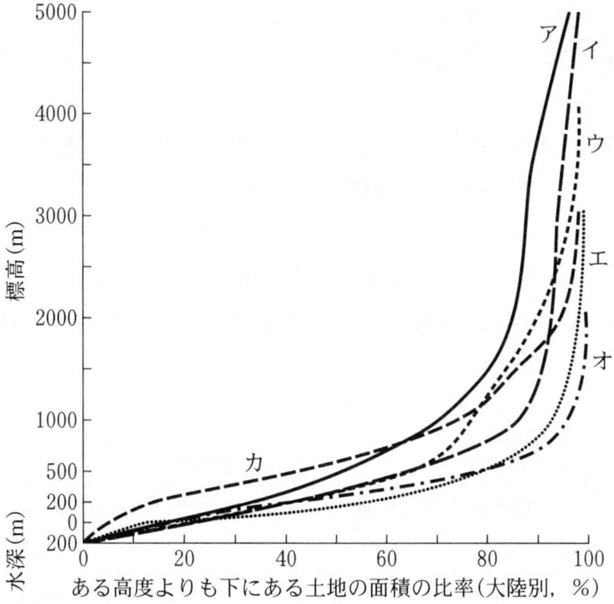

図２—２

Artyushkov and Hofmann(1998)の図を一部改変。

設問B

表２—１は，2020年時点で人口が１億を超える世界14カ国の2020年の人口規模(A：10億以上，B：２億～３億台，C：１億台の３ランクで表示)と，1960～2020年の20年ごとの人口変化率を示したものである。表では2000～2020年の人口変化率の大きい順に国を並べている。

(1) 2000～2020年の人口変化率の上位３カ国(ア，イ，ウ)は，同じ大陸に位置する。これらの国々が位置する大陸名を答えよ。

(2) 2020年の人口規模がBの国々のうち，イ，ケ，コの３カ国は1960～1980年の人口変化率がいずれも60％台であった。イ国のその後の人口変化率の推移と，人口と経済に関わる社会状況の推移を，ケ国・コ国と比較しながら，以下の語句をすべて用いて３行以内で説明せよ。語句は繰り返し用いてもよいが，使用した箇所には下線を引くこと。

経済発展　　生活水準

(3)　2020年の人口規模がAの2カ国(カ，シ)の，人口変化率の推移にみられる差異とその背景を2行以内で説明せよ。

(4)　1960～1980年の人口変化率が20％台の低水準にあった2カ国(サ，セ)の，その後の人口変化率の推移にみられる差異とその背景を2行以内で説明せよ。

表2―1

国	人口規模	人口変化率(%)		
	2020年	1960-1980年	1980-2000年	2000-2020年
ア	C	—	—	74.8
イ	B	62.4	68.4	69.6
ウ	C	61.8	63.1	50.6
エ	B	75.4	91.5	47.2
オ	C	70.0	61.0	43.9
カ	A	56.3	52.1	31.8
キ	C	66.5	53.9	29.6
ク	C	86.7	44.6	28.7
ケ	B	67.7	44.5	27.0
コ	B	67.3	43.8	21.2
サ	B	26.6	26.6	19.0
シ	A	50.2	28.7	12.7
ス	C	—	—	－0.8
セ	C	24.5	7.8	－1.2

人口規模：A：10億以上，B：2億～3億台，C：1億台。

—：国家の解体・分裂があったため，当該期間の値を提示していない。

国連統計による。

第 3 問

都市に関する以下の設問Ａ～Ｂに答えよ。解答は，解答用紙の(ハ)欄を用い，設問・小問ごとに改行し，設問記号・小問番号をつけて記入せよ。

設問Ａ

次の文は，アメリカ合衆国のある都市に関するものである。

もともとこの都市を含む地域一帯は，アメリカ合衆国成立期の係争地だった。18 世紀半ばに，カナダ東部に入植したアカディアンが追放され離散した際，その一部がここに定住し，異なる文化が融合して独特の料理や音楽などが生まれた地として知られる。

この都市周辺は，メキシコ湾に注ぐ広大な(ア)川が氾濫し，運んできた土砂が堆積して形成された(イ)にあり，周辺より少し高い河畔の(ウ)上に市街地が形成された。そして，(ア)川の河口に位置する地理的特性を活かし，港湾都市(A)として発展を遂げた。

20 世紀以降は，ポンプ排水技術が進歩し，堤防が築かれたことにより，さらに低地に市域が拡大したが，21 世紀に入り，大規模な災害に相次いで見舞われている。そのうち，2005 年 8 月に発生したハリケーンに伴って生じた自然現象による被害(B)を検証してみると，特定のエスニック集団が顕著に被災したことがわかった。復興過程でもこの問題が顕在化(C)し，政治問題に発展した。

⑴　この都市の名称を答えよ。

⑵　上記文中の(ア)の河川名と，(イ)と(ウ)の地形名称を，ア―○○のように答えよ。

⑶　下線部(A)「港湾都市」としてこの都市が栄えた理由を，(ア)川流域の産業との関係から，1 行で述べよ。

⑷　表3－1は，下線部(B)の災害が生じた直後と，その約1週間後の都市域における人口と自宅の浸水状況についてエスニック集団別に示したものである。この表を参照し，なぜ，下線部(C)のような事態が生じたのか，考えられる理由を2行以内で述べよ。

表3－1

	都市域人口	直後に自宅が浸水していた人口	1週間後にも自宅が浸水していた人口
全人口	988,182	574,798	397,048
白　人	500,672	256,123	121,262
黒　人	429,902	286,391	257,375
アジア系	25,552	14,578	9,240
ヒスパニック	49,342	28,450	11,830

注：集団内で複数カウントされた者を含むため，各集団の合計が全人口を上回る。

Campanella (2006) の表を一部改変。

⑸　この都市の周辺地域では，近年，(ア)川の水位が大幅に低下する年もある。このことが，この地域の経済活動に与える影響を2行以内で述べよ。

設問B

表3－2と表3－3は，2020年の都市圏人口が500万を超える都市のうち，1945年以前に地下鉄が開業した都市と，1990年以降に開業した都市を，それぞれ開業年順にならべたものである。ただし，表3－3では，この時期に多数の都市で地下鉄が開業した中国については，示していない。

表３―２

開業年	都　市
1863	ロンドン
1900	パ　リ
1904	ニューヨーク
1907	フィラデルフィア
1913	ブエノスアイレス
1919	マドリード
1924	バルセロナ
1927	東　京
1933	大　阪
1935	モスクワ
1943	シカゴ

表３―３

開業年	都　市
1993	ロサンゼルス
1996	アンカラ
2000	テヘラン
2002	デリー
2004	バンコク
2011	ベンガルール
2015	チェンナイ
2016	クアラルンプール
2019	ジャカルタ
2019	アーメダバード
2020	ラホール

注：ここで言う地下鉄は，都市圏の中心都市内部の交通のために建設された鉄道路線網のうち，少なくとも２駅とその間の区間が地下にある路線を含むものを指す。ただし，モノレールと路面電車は除く。

(1) 表３―２は，地下鉄が開業した時期が，世界ではロンドンがもっとも早く，アジアでは東京と大阪がもっとも早いことを示している。当時の東京や大阪では，どのような都市交通の問題から，地下鉄の建設に踏み切ったと考えられるか，以下の語句をすべて用いて２行以内で説明せよ。語句は繰り返し用いてもよいが，使用した箇所には下線を引くこと。

路面電車　　密　度

(2) 表３―３の都市のうち，ロサンゼルスだけが欧米の都市である。それ以外の欧米の大都市では，より早い時期に地下鉄が開業している。なぜロサンゼルスで開業が遅かったのか。２行以内で説明せよ。

(3) 表３―３から分かるように，1990年代以降，アジアの大都市で地下鉄を建設する動きが目立っている。これらの都市で地下鉄を建設する必要が生じた背景にはどのような都市問題があるか。1行で答えよ。

(4) 1990年代以降，表3―3に現れるアジアの大都市で地下鉄の建設が可能になった要因には様々なものがある。主な要因を二つとりあげて，合わせて2行以内で説明せよ。

数　学

（100 分）

第　1　問

座標平面上で，放物線 $C: y = ax^2 + bx + c$ が 2 点 $\mathrm{P}(\cos\theta, \sin\theta)$，$\mathrm{Q}(-\cos\theta, \sin\theta)$ を通り，点 P と点 Q のそれぞれにおいて円 $x^2 + y^2 = 1$ と共通の接線を持っている。ただし，$0° < \theta < 90°$ とする。

(1) a，b，c を $s = \sin\theta$ を用いて表せ。

(2) 放物線 C と x 軸で囲まれた図形の面積 A を s を用いて表せ。

(3) $A \geqq \sqrt{3}$ を示せ。

第　2　問

以下の問いに答えよ。必要ならば，$0.3 < \log_{10} 2 < 0.31$ であることを用いてよい。

(1) $5^n > 10^{19}$ となる最小の自然数 n を求めよ。

(2) $5^m + 4^m > 10^{19}$ となる最小の自然数 m を求めよ。

第　3　問

座標平面上に 2 点 O$(0, 0)$，A$(0, 1)$ をとる。x 軸上の 2 点 P$(p, 0)$，Q$(q, 0)$ が，次の条件 (i), (ii) をともに満たすとする。

(i) $0 < p < 1$ かつ $p < q$

(ii) 線分 AP の中点を M とするとき，$\angle\mathrm{OAP} = \angle\mathrm{PMQ}$

(1) q を p を用いて表せ。

(2) $q = \dfrac{1}{3}$ となる p の値を求めよ。

(3) $\triangle\mathrm{OAP}$ の面積を S，$\triangle\mathrm{PMQ}$ の面積を T とする。$S > T$ となる p の範囲を求めよ。

第　4　問

n を 5 以上の奇数とする。平面上の点 O を中心とする円をとり，それに内接する正 n 角形を考える。n 個の頂点から異なる 4 点を同時に選ぶ。ただし，どの 4 点も等確率で選ばれるものとする。選んだ 4 点を頂点とする四角形が O を内部に含む確率 p_n を求めよ。

は、不思議と静かな慰めを与えてくれる経験でもある。

（菅原百合絵「クレリエール」による）

〔注〕　○パスカル――Blaise Pascal（一六二三～一六六二）。フランスの思想家・数学者・物理学者。

設　問

㈠　「ガラスは薄くなっていくが、障壁がなくなる日は決して来ない」（傍線部ア）とはどういうことか、説明せよ。

㈡　「世界の見方が変容する経験」（傍線部イ）とはどういうことか、本文に即して具体的に説明せよ。

㈢　「『本当の答え』が口から飛び出てくる」（傍線部ウ）とはどういうことか、説明せよ。

㈣　「そのようなほの暗い場所を自分のうちに見出し、認めるのは、不思議と静かな慰めを与えてくれる経験でもある」（傍線部エ）とあるが、それはなぜだと考えられるか、説明せよ。

〔解答欄〕㈠～㈣各約一三・五センチ×二行

ていく。そのやり取りの中で、今まで何度も読んできた短編小説が、不意にひとつのすばらしく精巧な構造として立ち上がってきたときの驚きは忘れがたい。もちろん、文章を的確に捉えられる人が丁寧に読めば、日本語だけでも作品の機序を完璧に捉えることはできるに違いない。だがわたしにとっては、作家がすべての単語を無駄なく有機的に絡みあわせ、クライマックスに向けて文章を盛り上げていくその手つきを知ることができたのは、彼女の部屋でお茶を飲みながら二つの言語を往還したあの時間あってこそだった。

　文学の話からは逸《そ》れてしまうけれども、母語でない言語は、「もうひとりの自分」を発見させてくれることもある。フランスにいた頃、よく家事をしながらフランス語でひとりごとを言うことがあった。洗濯物をたたみながら、食器を拭きながら、あるいはくたびれて単にベッドの縁に腰掛けながら。そういう時に考えているのは大概、抱えていた様々な悩みごとだった。なぜそうなったのか、どうすればよいのか、何が悪かったのか。原因や解決法をぼんやり思案していると、ふとウ「本当の答え」が口から飛び出てくる。自分の愚かさ、認めたくない欠点、人から見えないように守ってきた心の柔らかな未熟な部分。とても直視に堪えないこうした自分の瑕疵《かし》が、外国語という「ガラスの壁」を通すことではじめて、検閲と抵抗をくぐり抜けて言葉になる。まるで檻《おり》に閉じ込められた小動物が外に出ようと身をよじっているうちに、狭い柵の間をするりと通り抜けてしまうように。母語は自分に近い「本当」の言葉で、外国語は後から学んだ「借り物」の言葉のように思えるが、実はその「借り物」の言葉こそが、まさにそのよそよそしさゆえに、心のもっとも奥ふかくに秘匿されている自己を——無惨なまでに——あらわにするのだった。

　先に見たクレリエールという言葉は、森の空き地や布地の薄い部分の意から転じて比喩的な意味でも用いられる。ある辞書には「追憶の間隙」という用例が記されていた。ふと口をついて出た独言が剝《む》き出しにする「もうひとりの自分」も、おそらくひとつのクレリエールだと言えるのだろう。意識と無意識の隙間に明滅し、エ母語という手綱が手放されたときだけ束《つか》の間浮かび上がる心の「空き地」。それは決して光降りそそぐ明るい場所ではないけれども、そのようなほの暗い場所を自分のうちに見出《いだ》し、認めるのそう言われてみれば、たしかに外国文学を学ぶというのは奇妙なことだ。自国にもすぐれた作品は無数にあるのに、なぜか遠い国の言葉をわざわざ習得してものを読み、書こうとする。難解な構文をどう訳すか手を焼くたび、辞書を引きながら拙《つたな》いフランス語でなんとか表現しようとして言葉に詰まるたび、じかに触れたいものにガラス越しにしか接近できないようなもどかしさが募る。少しずつ言葉を覚えるにつれてアガラスは薄くなっていくが、障壁がなくなる日は決して来ない。

しかし、このガラスの壁は障害になっているだけではなく、わたしたちに世界を見る新しい方法を教えてくれもするのではないか。遅まきながらこのことを心底実感するに至ったのは、質問された時から何年も経ってからのことだった。外国語を学ぶことは、イ世界の見方が変容する経験を伴わずにはいない。たとえば、clairière（クレリエール）という言葉がある。これは「明るい、澄んだ、透けた」を意味するclairという形容詞からくる言葉で、森の中の木のまばらな空き地の部分や布地の薄い部分をあらわす。それまでただの「ひらけた土地」でしかなかった場所は、この言葉を知ることで、木々の葉を透かして空き地を照らす陽光のまばゆさと結びつくようになった。

母語でないテクストを読むときの「遅さ」それ自体に、欠点だけではなく意義もあるのだ、ということを実感したのは、それよりもっとあとのことだった。たしかに、言葉の端々に宿る微細な意味の揺らぎやズレを感知する点にかけては母語話者のほうがずっと優れているかもしれない。けれども、ひとつずつ言葉を手繰りながら舐《な》めるように繰り返し読む中でしか現れてこない文章の表情もある。「速く読みすぎても、遅く読みすぎても、何も分からない」というパスカルの箴言《しんげん》は、外国語で文学作品を読む人にとって大いなる示唆を与えてくれるものでもある。

ひるがえって、外国語のフィルターを通すことで母語で書かれた文学作品の輪郭がより鮮明に見えてくることもある。それを知ったのは、日本語を学ぶフランス人の友人と一緒にいくつかの日本語のテクストを読んだときだった。彼女がフランス語に翻訳した芥川龍之介の『羅生門』を原文と突き合わせながら、「この言葉はここにつながっているの」と説明し

(二)「著レ書立レ論、必本二於不レ得レ已而有一レ言」(傍線部a)とはどういうことか、簡潔に説明せよ。

(三)「寒暑昼夜」(傍線部c)は「君子之言」のどのようなありかたをたとえているか、簡潔に説明せよ。

(四)「有レ識者恒病二書之多一也、豈不レ由レ此也哉」(傍線部f)とあるが、「此」は何を指しているか、わかりやすく説明せよ。

〔解答欄〕(二)・(四)各約一三・五センチ×一・五行
(三)約一三・五センチ×一行

第四問

次の文章を読んで、後の設問に答えよ。

「日本語を母語としているのに、なぜフランス文学を研究するんですか?」と尋ねられたことがある。十年以上前、ようやく文学を勉強しはじめた大学三年の夏。この質問をわたしにしたのは、才媛という表現がこの上なく似合う、理系畑の聡明な後輩だった。そのときどう答えたのか、今となっては思い出せない。しどろもどろに、当時感じていたフランス文学の魅力を伝えたような気がする。ただ、うまく答えられなかったなりに、それが重要な問いで、時間をかけて向き合うべき宿題だと直感的に感じたことだけはよく覚えている。

古《ノ》文章之士《ハ》猶《ホ》能《ク》及《ブ》レ之《ニ》。降《くだリテ》而不《シテ》レ能《よクセ》乃《チ》剽《へう》賊《ぞくセリ》矣。夫《レ》剽賊《シテ》以《テ》為《つくルスラ》レ文《ヲ》、且《ツ》不レ足《ラ》二以《テ》伝《フルニ》レ後《ニ》、而《ルニ》況《ンヤ》剽賊《シテ》以《テ》著《スヲヤ》レ書《ヲ》邪。然《リ》而《シテ》f有《ル》レ識者恒《つねニ》病《ム》二書之多《キヲ》一也、豈《ニ》不《ランヤ》レ由《ラ》レ此《ニ》也哉。

（方東樹『書林揚《よう》觶《し》』による）

〔注〕
○敷衍流宕――節度なく述べ立てること。
○布帛――ぬのときぬ。日常の衣服を指す。
○菽粟――マメとアワ。日常の食物を指す。
○鬻――売ること。
○老荘申韓――老子・荘子（道家）、申不害・韓非子（法家）の略。
○剽賊――剽窃。賊は、ぬすむ。

設問

(一) 傍線部b・d・eを平易な現代語に訳せ。

第三問

次の文章を読んで、後の設問に答えよ。

a凡ソ著シレ書ヲ立ツルハレ論ヲ、必ズ本《もと》ヅク二於不シテレ得レ已ムヲ而有ルニレ言。而ル後ニ其ノ言当タリ、其ノ言信《まこと》ニシテ、其ノ言有リレ用。故ニ君子之言、達シテ二事理ニ一而止ミ、不レ為サ三敷《ふ》衍《えん》流《りう》宕《たう》、放言高論シ、b取ルヲ二快ヲ一時ニ一。蓋シ非ザレバレ要ニ則チ可クレ厭《いと》フ、不レバレ確ナラ則チ可シレ疑フ。既ニ厭ヒ且ツ疑ヘバ、而其ノ書不レ可カラ二貴ビ信ズ一矣。君子之言ハ、如ク二c寒暑昼夜、布《ふ》帛《はく》菽《しゆく》粟《ぞく》ノ一、無クレ可キレ疑フ、無シレ可キレ厭フ。天下万世信ジテ而用ヰレ之ヲ、有リテ二d丘山之利一、無シ二毫《がう》末《まつ》之損一。以テレ此ヲ観レバ二古今ノ作者ヲ一、昭然トシテ若シ二白黒ノ一矣。著スニレ書ヲ不レバレ本ヅケ二諸ヲ身ニ一、則チ只ダ是レ鬻《ひさ》グ二其ノ言ヲ一者ナル耳《のみ》。老荘申韓之徒、学術e雖モレ偏ナリト、要ハ各《おのおの》能ク自《みづか》ラ見《あらは》ル二於天下後世ニ一。斯ノ義也、

○海人の刈る藻に――「みだれ」を引き出す序詞的表現。
○もの参らせぬことなり――天皇の食事の世話が出来ないことをいう。
○わたくしのもの思ひ――筆者の一身上の悩み。

設問

(一)　傍線部ア・ウ・オを現代語訳せよ。

(二)　「いつしかといひ顔に参らんこと、あさましき」（傍線部イ）とはどういうことか、説明せよ。

(三)　「いかなるついでを取り出でん」（傍線部エ）とはどういうことか、言葉を補って説明せよ。

(四)　「うち見ん人はよしとやはあらん」（傍線部カ）とあるが、なぜ「うち見ん人」は良いとは思わないのか、説明せよ。

(五)　「乾くまもなき墨染めの袂かなあはれ昔のかたみと思ふに」（傍線部キ）の和歌の大意を説明せよ。

〔解答欄〕(二)～(五)各約一三・五センチ×一行

や』などこそいふめれ、わが心にも、げにさおぼゆることなれば、さすがにまめやかにも思ひ立たず。オかやうにて心づから弱りゆけかし。さらば、ことつけても」と思ひつづけられて、日ごろ経《ふ》るに、「御乳母《めのと》たち、まだ六位にて、五位にならぬかぎりは、もの参らせぬことなり。この二十三日、六日、八日ぞよき日。とく、とく」とある文、たびたび見ゆれど、思ひ立つべき心地もせず。

「過ぎにし年月だに、わたくしのもの思ひののちは、人などにたちまじるべき有様にもなく、見苦しくやせおとろへにしかば、いかにせましとのみ思ひあつかはれしかど、御心のなつかしさに、人たちなどの御心も、三位のさてものしたまへば、その御心にたがはじとかや、はかなきことにつけても、用意せられてのみ過ぎしに、いまさらに立ち出でて、見し世のやうにあらんこともかたし。君はいはけなくおはします。さてならひにしものぞとおぼしめすこともあらじ。さらんままには、昔のみ恋しくて、カうち見ん人はよしとやはあらん」など思ひつづくるに、袖のひまなくぬるれば、

キ乾くまもなき墨染めの袂《たもと》かなあはれ昔のかたみと思ふに

〔注〕○弁の三位殿――鳥羽天皇の乳母、藤原光子。

○この内――鳥羽天皇の御所。

○登時――すぐに。

○周防の内侍――平仲子。仕えていた後冷泉天皇が崩御すると家に下がったが、後冷泉天皇の弟、後三条天皇の即位後、再び出仕した。

○故院――亡き堀河天皇。

○三位殿――「弁の三位殿」とは別人で、筆者の姉、藤原兼子。やはり宮中に出仕している。この下の「三位」も兼子を指す。

第二問

次の文章は『讃岐典侍日記《さぬきのすけにっき》』の一節である。堀河天皇は病のため崩御し、看病にあたった作者も家で喪に服している。そこへ、女官の弁《べん》の三位《さんみ》を通じて堀河天皇の父白河上皇(院)から仰せがあった。新天皇は、幼い鳥羽天皇(堀河天皇の子)である。これを読んで、後の設問に答えよ。

かくいふほどに、十月になりぬ。「弁の三位殿より御文」といへば、取り入れて見れば、ア「年ごろ、宮仕へせさせたまふ御心のありがたさなど、よく聞きおかせたまひたりしかばにや、院よりこそ、この内にさやうなる人の大切《たいせち》なり、登時参るべきよし、おほせごとあれば、さる心地せさせたまへ」とある、見るにぞ、あさましく、ひがめかと思ふまであきれられける。おはしましし折より、かくは聞こえしかど、いかにも御いらへのなかりしには、さらでもとおぼしめすにや、それを、イいつしかといひ顔に参らんこと、あさましき。周防《すはう》の内侍《ないし》、後冷泉院《ごれいぜいゐん》におくれまゐらせて、後三条院より、七月七日参るべきよし、おほせられたりけるに、

天の川おなじ流れと聞きながらわたらんことはなほぞかなしき

とよみけんこそ、げにとおぼゆれ。

「故院の御かたみには、ウゆかしく思ひまゐらすれど、さし出《い》でんこと、なほあるべきことならず。そのかみ立ち出でしだに、はればれしさは思ひあつかひしかど、親たち、三位殿などしてせられんことをとなん思ひて、いふべきことならざりしかば、心のうちばかりにこそ、海人《あま》の刈《か》る藻《も》に思ひみだれしか。げに、これも、わが心にはまかせずともいひつべきことなれど、また、世を思ひ捨てつと聞かせたまはば、さまで大切にもおぼしめさじ」と思ひみだれて、いますこし月ごろよりもものの思ひ添ひぬる心地して、エ「いかなるついでを取り出でん。さすがに、われと削《そ》ぎすてんも、昔物語にも、かやうにしたる人をば、人も『うとましの心

か、説明せよ。

㈡「まだ返してもらっていないだけだ」（傍線部イ）とあるが、なぜそう主張できるのか、説明せよ。

㈢「生活全般の上では帳尻があっている」（傍線部ウ）とはどういうことか、説明せよ。

㈣「この余韻が商交渉の帳尻をあわせる失敗を時間や機会の贈与交換に回収させるステップになる」（傍線部エ）とあるが、筆者はどのようなことを言っているのか、本文全体の趣旨を踏まえて一〇〇字以上一二〇字以内で説明せよ（句読点も一字と数える）。

㈤　傍線部a・b・cのカタカナに相当する漢字を楷書で書け。

a　アイマイ　b　イキドオり　c　コウデイ

〔解答欄〕㈠～㈢各約一三・五センチ×二行

日から何も食べていない」「取り締まりに遭って商品を失った」ので「高く買ってくれ」などと訴え、客は「滞納した家賃の支払いを迫られている」「息子が病気である」ので「安く売ってくれ」などと訴える。こうした値段交渉を「リジキ（*riziki*）（食い扶持《ぶち》。サブシステンス）を分けあう」という言葉で彼らは表現した。行商人は、交渉において客の表情や言葉尻などから相手のその時点での状況を察知し、多少の嘘《うそ》や誇張はあってもおそらく生活が苦しいのだと判断すれば、価格を下げ、それなりに好調な生活をしていると判断すれば、価格を上げる。このときに行商人と客とのあいだには、「私は騙《だま》された（駆け引きに負けた）かもしれないが、それは相手を助けたのかもしれない」「私は騙した（駆け引きに勝った）かもしれないが、それは相手に助けてもらったのかもしれない」という余韻が残る。ツケの交渉も同様であり、行商人も客も互いに真実を話しているという確証はないが、それでもツケが成功裏に認められると、商売上では判断を誤った／うまくやったかもしれないが、「彼／彼女は事情を汲《く》んでできる限りのことをした／してくれた」という余韻が残る。エこの余韻が商交渉の帳尻をあわせる失敗を時間や機会の贈与交換に回収させるステップになるのだとすると、この交渉で実践されているのは、市場取引の体裁を維持しながら、二者間の基盤的コミュニズムを胚胎《はいたい》させることに他ならない。

（小川さやか「時間を与えあう――商業経済と人間経済の連環を築く「負債」をめぐって」による）

〔注〕　○貯蓄講――各人が一定金額を積み立て、その引き出しと活用を可能とする相互扶助団体。

設　問

㈠　「行商人たちにとって掛け売りを認めることは、商売戦略上の合理性とも合致していた」（傍線部ア）とあるが、それはなぜの困難を解決し、ツケを支払う余裕ができるようになるまでの時間や機会は「贈与」したものなので、ひとたび「あげた」時間／機会を取り上げるには特別な理由がいる、あるいはその機会をいつ返すかはプレゼントの返礼のように与えられた側が決めるのだと。

しかし支払い期限を決めるのが貸し手ではなく借り手であり、しかも「生活に余裕が生まれた」という借り手の主観に左右される期限であるならば、支払いは五〇年後になることも、結果として死ぬまで負債が支払われないことだってありうる。明らかに貸し手に不利な契約であるが、「支払い猶予を与える契約」を「代金支払いの契約」と「時間・機会の贈与交換」に分割して考えると、彼らの言動はつじつまがあい、商売の次元とは異なる次元で帳尻があっているようにも見えた。

まず掛け売りが支払いの遅延を伴う売買契約に過ぎない場合、ツケを支払った時点で客には負債がないことになる。しかし実際には、ツケを支払っても客は、行商人に「借り」をもつかのように語ったりふるまったりする。行商人たちは客との交渉で「君がピンチのときに、ツケにしてあげたじゃないか」と言うことで、高値で買ったり、在庫を引き取ったりするよう説得する。客も「いつものツケのお礼に、今日は二枚買うよ」などと応じることもある。より奇妙なことは、ツケが未払いな客が「ツケのお礼に」と食事を奢《おご》ってくれることだ。奢る余裕があるなら、なぜツケを払わないのかと疑問に思うが、行商人たちは喜んで応じる。さらに客は「ツケのお礼に」自身の商売で行商人に掛け売りしてくれたりもするが、行商人がしたツケと客が行商人にしたツケが相殺されることもない。行商人は自身の商売でしたツケが未払いな客に対し、儲《もう》かった日に掛け売りの代金を払うのだ。こうした事態を説明するには、一つひとつの掛け売りの中に商品支払いと別に贈与交換が含まれていると考えるしかない。そして仮に「商品代金の支払い」は遂行されなくても、「時間や機会の贈与」に何らかの返礼が遂行されるのだとしたら、商売の帳尻があわなくても、ウ生活全般の上では帳尻があっているような気もするのだ。

いまから振り返ると、掛け売りが代金支払いの契約と同時に「贈与交換」を含むという了解は、彼ら自身が交渉の過程において共同で生み出していることでもあった。行商人と客との値段交渉は、互いに私的な困難を訴えあうことを基本とする。行商人は「昨仕入れた古着の売れ行きに響くことになる。結局、行商人たちは何度か通って相手に支払う気がないとわかると、しばらく放置し、機会があったときに訪ねていくようになる。ただ、数カ月、半年と時間が経つにつれ、訪問回数は減っていき、ついには訪問をやめてしまう。

こうした事態が生じる原因のひとつは、行商人が帳簿をつけないことにあった。「なぜ帳簿をつけないのか」と尋ねると、「払える人は払うし、払えない人からはどうしたって取り立てられないのだから、気がかりなことが増えるだけだ」などと返答された。たしかに毎日のように掛け売りをし、ツケの支払いは早くて数日、通常は数週間、時には何カ月も先になるので、ツケは雪だるま式に増えていく。そのすべてを回収しようとするよりも、焦げ付きを価格等に織り込んで商売をしたほうが合理的だろう。それでも私は、日々余裕がない中で、ツケを何カ月も放置する者に怒りもせず、不満も言わず、ただ許している彼らの態度が不思議であった。みな生活が苦しいのに支払う人と支払わない人がいるのは不平等ではないかと思ったのだ。私は時々、「あそこの家には未払いの代金があるから取り立てに行こう」と誘ったが、彼らは「まだ彼／彼女は困難のさなかにあり、いま取り立てにいっても交渉に負ける」と渋ることも多かった。

ただし、「このままツケが返ってこなくてもよいのか」と聞くと、「ツケは返してもらう」という答えが返ってくる。その上で彼らは、「いまはその時ではない」「カネを稼ぐまでは待つと言ったのに、相手の時間的な余地（*nafasi*）を奪うのは難しい」と主張するのだ。実際、数年が経って私が「信用の不履行が生じた」と認識した負債についても、彼らは「まだ返してもらっていないだけだ」と言い張り、「いつ返してもらうのか」としつこく聞くと、「そんなこと、俺にわかるわけがないだろう」と怒り出した。

これらの商人や客の言葉や態度から、私はしだいに、彼らは商品やサービスの支払いを先延ばしにする取引契約である掛け売りを「市場交換」と「贈与交換」のセットで捉えているのではないかと考えるようになった。つまり、ツケは商品やサービスの対価であり、支払うべき金銭的「負債」である。だが、ツケを支払うまでの時間的猶予、すなわち客が現在と支払期限のアイマイな口約束をした。実際、行商人の得意客の多くも給料日が決まっている労働者ではなく、浮き沈みの激しい零細自営業者や不安定な日雇い労働者であったので、客がその日の生活費を超える余剰の現金をいつ獲得できるかは客自身にも予想がつかないものだった。行商人たちは、「最近、羽振りがいい」などの噂《うわさ》を頼りに客の懐が温かくなる頃を見計らって訪ねて行ったが、居留守を使われたり、「子どもがマラリアになったので、まだ払えない」「貯蓄講で受け取った金は、他の借金の支払いに消えた」などと言われたりし、ツケの取り立てには非常に苦労していた。しつこく取り立てに通うと、得意客はイキドオり、「待ってくれないなら、返品する」と古着を突き返したり、「洗濯したら色落ちしたので、ツケを負けろ」など過去にさかのぼって値段交渉に持ち込んできたりもした。

もちろん行商人たちにとって掛け売りを認めることは、商売戦略上の合理性とも合致していた。貧しい消費者はツケを認めてくれる行商人を贔屓《ひいき》にするため、得意客の確保や維持につながる。ツケの支払いのついでに新たな商品を購入してくれる可能性もある。また行商人たち自身も、仕入れ先の仲卸商人から信用取引で商品を仕入れており、販売枚数を稼げば、仕入れ先の仲卸商人から仕入れの順番や価格交渉において優遇されることもあった。さらに銀行口座をもたない行商人たちの中には、ツケを緊急時に使用する「預金」のようにみなし、商売が不調の時に回収するべく、好調なときにはあえてツケを取り立てに行かないと語る者も多くいた。

ただ、それはツケが返済されてこその戦略である。行商人たちは通常、他の行商人と競争しながら偶然に仕入れた古着の種類や品質に則してその日の行商ルートを選択していた。「高品質で高価なシャツを多く仕入れた場合には、高級住宅街カプリポイントを巡回する」「若者向けの派手なシャツがたくさん手に入った場合には、サッカースタジアム周辺を回る」といった選択である。また、仕入れた古着を見ながら「そういえば、薬局の店主がデニムシャツを欲しがっていた」と具体的な客を思い出し、その人物の職場や家がある地域を通るルートを選択することも多い。そのため、行商ルートから外れるツケの回収にコウデイすると、その日に

国語

（一五〇分）

（注）　解答は、一行の枠内に二行以上書いてはいけない。

第一問

次の文章を読んで、後の設問に答えよ。

タンザニアの行商人の間では現在、SNSを通じて注文を集めたり配達したり、商品代金を電子マネーでやり取りすることが増えている。しかし少なくとも二〇〇〇年代末までの同国の行商人は、仕入れた商品を携えて客を探しながら練り歩き、遭遇した客と対面で値段交渉する業態が一般的であった。

当時、私がムワンザ市で調査していた古着の行商人たちにとって商売上の悩み事のひとつは、貧しい得意客から頻繁に掛け売りを求められることであった。たとえば、二〇〇二年から二〇〇三年に調査した行商人Aの八五日間の売り上げ記録では、一日に平均して三・六枚の掛け売りがなされていた。客の中には「今度の給料日に払う」「次の日曜に貯蓄講の順番が回ってくるので払う」など支払計画を提示する者もいたが、多くは「カネが手に入ったら払う」「また行商に来たついでに（支払えるかを）聞いてくれ」など

/////////////////// · memo · ///////////////////

//////////////////// · memo · ////////////////////

/////////////////// · memo · ///////////////////

/////////////////// · memo · ///////////////////

//////////////////// · memo · ////////////////////

· memo ·

//////////////////// · memo · ////////////////////

2023年度

問題編

■前期日程

問題編

▶試験科目・配点

教 科	科 目	配 点
外国語	「コミュニケーション英語Ⅰ・Ⅱ・Ⅲ」，ドイツ語，フランス語，中国語から1外国語を出願時に選択。英語試験の一部分に聞き取り試験（30分程度）を行う。 　ただし，英語の選択者に限り，英語の問題の一部分に代えて，ドイツ語，フランス語，中国語，韓国朝鮮語のうちから1つを試験場で選択することができる。	120点
地 歴	日本史B，世界史B，地理Bから2科目を出願時に選択	120点
数 学	数学Ⅰ・Ⅱ・A・B	80点
国 語	国語総合，国語表現，現代文B，古典B	120点

▶備 考

- 英語以外の外国語は省略。
- 数学Ⅰ，数学Ⅱ，数学Aは全範囲から，数学Bは「数列」，「ベクトル」から出題する。

英語

（120分）

（注　意）

1．3の聞き取り問題は試験開始後45分経過した頃から約30分間放送される。

2．4・5の代わりに，他の外国語のⅣ・Ⅴを選んでもよい。ⅣとⅤとは必ず同じ外国語の問題でなければならない。また，解答は，5題を越えてはならない。

（他の外国語の問題は省略 ― 編集部）

1 (A)　以下の英文を読み，その内容を70～80字の日本語で要約せよ。句読点も字数に含める。

In the 2010s, we worried about having too many things. A growing awareness of consumerism's effect on the environment and a desire to broadcast our lives on social media led us to value experience over things. Now we've started to worry about something new: too little time.

Psychologists have found that experiences are more likely than material goods to deliver happiness, but of course we must make choices about which experiences to pursue. The fear of making the wrong one, and therefore wasting valuable time, is something many of us feel deeply.

There is some irony to this problem: we have more free time now than we have had in decades. But for a number of reasons, it doesn't feel that way.

In his 2019 book *Spending Time*, Daniel S. Hamermesh explains that while our life spans have gotten a bit longer — 13% since 1960 — our spending power has surged by 198%. "It makes it difficult to stuff all the things that we want and can now afford into the growing, but increasingly relatively much more limited, time that we have available to purchase and to enjoy them over our lifetimes," he writes.

Next, there is our cellphone addiction. American adults spend around three and a half hours on their devices each day, trying to keep up with the volume of emails, texts, social media updates and 24/7 news. And much of our time is "contaminated time" — when we are doing one thing but thinking about something else. Trying to get more out of every minute — scanning Twitter while watching TV, for example — makes us think we are being productive, but really it just makes us feel more tired out.

Add to this the ever expanding options in today's experience economy. Think of all the plays, talks, and workshops you could go to tonight.

No wonder many of us suffer from what psychologists call "time famine." There have been calls to resist the attention economy, but the factors that make us feel time-poor aren't going away anytime soon. Tech companies, for instance, may have built apps to tell you how much time you spend on your device, but their business models rely on your continued use.

People who feel short of time are more likely to be anxious or depressed. They are less likely to exercise or eat healthy foods. And they are less productive at work. It makes sense then that there has been growing interest from psychologists in the best ways to spend our time.

注

consumerism　大量消費

cellphone　携帯電話

app　アプリ

出典追記：Why We're All So Worried About Having Too Little Time, TIME on January 30, 2020 by James Wallman

(B) 以下の英文を読み，(ア)，(イ)の問いに答えよ。

"While there is infection in disease and sorrow, there is nothing in the world so irresistibly contagious as laughter and good-humour." So wrote Charles Dickens in *A Christmas Carol*. He was in London in the 1840s, but these words ring true in any time or place. Laughter is one of humanity's few universal characteristics. Many people have found that a good chuckle has helped them cope with the stresses and uncertainties even in times of difficulties.

It is surprising, then, that psychologists were once reluctant to devote serious attention to laughter, with many believing it to be less important than unhappiness or despair. (1) .

This has been science's loss because recent studies reveal that there is far more to laughter than you might think. Beyond the obvious connection with humour, it offers some truly profound insights into the nature of our relationships and the state of our health. The study of infant giggles may even help us understand how we develop our sense of self and the ability to read the minds of others.

While laughter is surprisingly common in other species, human relationships are much more complicated than those of the average animals, and we have much more control over our voice. (2) . According to Adrienne Wood at the University of Virginia, it serves three main purposes. The first is reward: when we laugh together, it shows appreciation of a particular behaviour and reinforces the interaction, so that we are more likely to act in the same way in the future.

Laughter's second function is to signal connection. These affiliation laughs tend to be voluntary (or "fake") and help to smooth over tension and embarrassment rather than reinforcing a particular behaviour. If you have said something potentially hurtful, for example, a polite chuckle might help to reassure someone that it was just playful teasing.

The third purpose of laughter is to signal dominance — like when your boss laughs dismissively at your unorthodox idea. Whereas a direct challenge or criticism might trigger aggression, laughter indicates disapproval in a more subtle way. " (3) ," says Wood.

To provide evidence for this argument, Wood and her colleagues asked 762 people to rate various samples of laughter on whether they sounded rewarding, reassuring (a sign of affiliation) or mocking (a sign of dominance). Each type was found to have different acoustic properties. The reward laughs were louder and longer. The affiliation laughs were quieter, shorter and more delicate. The dominance laughs, meanwhile, lacked the pleasing melodic features of the others. "They were basically uglier and noisier and had all these acoustic markers of chaos," says Wood.

The conclusion that laughter is a powerful social signal fits in with findings by Gregory Bryant at the University of California, Los Angeles, and his colleagues that participants could predict the closeness of people's relationships based solely on the sound of their laughter. The laughers were all from the US, yet people from Europe, Asia and Africa were just (イ) were. People's capacity to tell whether a laugh is spontaneous or fake is also equally good across cultures. Other research has identified subtle differences in the ways that people laugh between cultures, but Bryant's results suggest that the core signals remain recognisable across the world.

Further evidence for laughter's universality comes from its early emergence in a child's emotional vocabulary. A baby's first laugh typically arrives by the age of four months — long before their first words. "It is the least complicated type of laughter because it is purely emotional," says Gina Mireault at Northern Vermont University.

As any caregiver knows, people will go to ridiculous lengths to make a baby giggle. In Wood's framework, these are reward laughs, reinforcing the loving interactions. Mireault makes a similar argument, and points out that laughter brings obvious evolutionary benefits. " (4) ," she says.

"The infant subsequently benefits from having an engaged caregiver, both in terms of its physical survival and in terms of developing those critical feelings of attachment toward the caregivers."

Because laughter is so intimately linked with social interactions, learning to laugh is a serious business. "If you can't join in with laughter, or you don't want to join in with laughter, or laughter straightforward irritates you, that will have a really big impact on the interactions that you have with people," says Sophie Scott at University College London.

Like many scientists studying laughter, Scott initially faced some resistance from colleagues who saw her research as unworthy of serious interest. She is now more convinced than ever of the profound insights it can offer for understanding the human condition. " (5) ," she says. We may think of laughter as just a simple expression of humour, but it really is no joke.

Given the importance of laughter in our social lives, you may also wonder whether you can use it strategically to boost your friendships or romantic relationships. A study across 21 societies revealed that, in general, people are able to tell the difference between fake and authentic laughs — but further experiments suggest that both kinds can increase someone's likeability.

As people's perceptions of your laughter will depend on their existing opinions of you, however, it will not be effective if they already find you irritating. Instead, you might do better to look for situations that will allow you and your acquaintance to laugh spontaneously. One study found that people who watched a funny film together tended to open up afterwards, disclosing more personal information to each other. So, if you want to get serious with someone, get funny first.

注

contagious　うつりやすい

出典追記：The real reasons we laugh and what different types of laughter mean, New Scientist on December 15, 2021 by David Robson

Charles Dickens　チャールズ・ディケンズ(1812–1870; 英国の小説家)

chuckle　穏やかな笑い

affiliation　友好関係

(ア)　空所(1)～(5)に入れるのに最も適切な文を以下のa)～g)より一つずつ選び，マークシートの(1)～(5)にその記号をマークせよ。ただし，同じ記号を複数回用いてはならない。また，文頭であっても小文字で表記してあるので注意せよ。

a) a phenomenon once thought to be particularly human turns out to be closely tied to behaviour shared with other species

b) as a result, human laughter has evolved to be a potent and flexible social tool

c) it maintains the appearance of social harmony

d) it may serve as a kind of "bonding agent" that keeps caregivers connected to an infant

e) it reveals that the infant understands that it can influence what someone else is thinking

f) psychology still has a lot of catching up to do to balance out what is known about negative emotions with positive ones

g) things that seem silly and insignificant may actually be the most important elements of people's lives

(イ)　下に与えられた語句を正しい順に並べ替え，空所(　イ　)を埋めるのに最も適切な表現を完成させ，記述解答用紙の1(B)に記入せよ。

able / Americans / as / as / fellow /

identify / of / the laughs / the nature / to

2 (A)　今から30年後，移動(例えば，通勤や通学，旅行)の手段はどうなっていると考えるか。理由を添えて，60～80語の英語で述べよ。

(B)　以下の下線部を英訳せよ。

なぜ歴史を学ぶようになったのか，理由はいろいろあるのだが，いまの自分たちの住む世界について，それがどのように出来上がってきたのか，なぜいまのような形になったのか，ということにぼんやりとした関心があったことは確かだろう。さらにもう少し掘り下げてみると，日本の近代化がヨーロッパの影響を受けながら辿《たど》ってきた道筋を考えるには，そのヨーロッパのことをもっと知らなければならない，といったことも感じていたのだった。高校時代はアメリカにあこがれていた。当時流行っていたフォークソングに惹《ひ》かれていたし，西部劇や東部の有名大学の学生たちのファッションにも夢中になっていた。それが大学に入ってからヨーロッパ，最初はドイツ，やがて英国に関心が移っていったのは自分でもはっきりと説明することは出来ない。

(草光俊雄『歴史の工房　英国で学んだこと』)

3 放送を聞いて問題(A)，(B)，(C)に答えよ。(A)，(B)，(C)のいずれも 2 回ずつ放送される。

・聞き取り問題は**試験開始後 45 分**経過した頃から約 30 分間放送される。

・放送を聞きながらメモを取ってもよい。

・放送が終わったあとも，この問題の解答を続けてかまわない。

(A)　これから放送するのは，伝書鳩が特定のルートを通って帰巣(homing)する特性についての研究の紹介である。これを聞き，(6) ~ (10) の問題に対して，それぞれ最も適切な答えを一つ選び，マークシートの (6) ~ (10) にその記号をマークせよ。

注

zoologist　動物学者

loft　ハト小屋

(6) How often are animals required to use the information stored several years before, according to Dora Biro?

a)　Almost every day.

b)　Hardly ever.

c)　Once a month.

d)　Once a year.

e)　Once in four years.

(7) The study by Biro and her colleagues examined if domestic homing pigeons would take the same route from

a)　a farm 8.6 kilometers away, after an interval of three or four years.

b)　a farm built in 2016, without GPS devices attached to the pigeons' backs.

c)　a hill located as far as 8.6 kilometers away, after a gap of ten years.

d)　a house three or four kilometers away, after several years.

e)　three or four different places, which are located 8.6 kilometers away from one another.

(8) The flight paths which a group of pigeons took in 2016

a) proved to be similar when they were escorted by the pigeons which knew the route.

b) varied as many pigeons lost their way.

c) were surprisingly similar to their routes in 2019 or 2020.

d) were never followed by the other pigeons which did not know their way.

e) were significantly different from those taken by pigeons flying in 2019 or 2020.

(9) The research confirms that homing pigeons depend on

a) the information which they memorize only when they fly alone.

b) the memory of landmarks which they store only while flying in company.

c) their internal compasses and sense of smell.

d) their memory of landmarks as well as their internal compasses.

e) visual signs as well as their peers.

(10) According to Vermer Bingman, the research shows that animals' capacity is

a) almost equal to humans', just as we tend to think it should be.

b) closer to what we thought of as humans' capacity.

c) equal to humans' in terms of memory capacity.

d) much more developed than humans' in comparing the lengths of different routes.

e) only slightly inferior to humans', just as we imagine it should be.

(B)　これから放送するのは，大気中の二酸化炭素を減らす取り組みについての説明である。これを聞き，(11) ~ (15) の問題に対して，最も適切な答えを一つ選び，マークシートの (11) ~ (15) にその記号をマークせよ。

注

buoy　ブイ(浮標)

kelp　昆布など大形で緑褐色の海藻

robotics　ロボット工学

limestone　石灰石

(11) The “buoys” designed by Running Tide are intended to

a) be boiled in water and eaten.

b) float away into the atmosphere.

c) release carbon into the atmosphere.

d) sink to the bottom of the sea.

e) warn ships of shallow waters.

(12) Which of the following is NOT a reason for Running Tide to use kelp as its material of choice?

a) It can be allowed to sink to the ocean floor.

b) It can be easily discarded.

c) It can be harvested.

d) It can be used as a building material.

e) It can grow fast and absorb a lot of carbon.

(13) According to Marty Odlin, how much carbon produced by fossil fuels do we need to remove in order to effectively combat climate change?

a) Gigatons.

b) Hundreds of gigatons.

c) Hundreds of tons.

d) Megatons.

e) Thousands of tons.

(14) What happens in the “fast cycle”?

a) Carbon becomes neutral.

b) Carbon is pumped deep into the ocean.

c) Carbon is transferred to fossil fuels.

d) Carbon moves from fossil fuels to the air to plant matter.

e) Carbon remains locked away in the earth.

(15) Which of the following statements about Odlin is NOT correct?

a) He founded Running Tide in 2017.

b) He is CEO of Running Tide.

c) He lives in Maine.

d) He taught robotics in college.

e) He was born into a fishing family.

(C) これから放送するのは，脱成長(degrowth)に関する本を書いた Jason Hickel をゲストに迎えたラジオ番組の一部である。これを聞き，(16) ~ (20) の問いに対して，それぞれ最も適切な答えを一つ選び，マークシートの (16) ~ (20) にその記号をマークせよ。

注

indigenous　先住民族の

(16) According to Hickel, the aim of “degrowth” is

a) combining traditional economics with indigenous philosophies.

b) holding high-income countries accountable for environmental destruction.

c) promoting capitalism at the expense of environmental protection.

d) providing good lives for all through technological innovation.

e) reducing inequality and resource use to stay within planetary boundaries.

(17) According to Hickel, the idea of "growth"

a) has been sold by countries in the Global South to high-income countries.

b) is a fundamental concept in the emerging field of ecological economics.

c) is a natural phenomenon in nature, but is unnatural in the discipline of economics.

d) is essential for economists, but needs to be redefined.

e) is generally accepted on both sides of the political spectrum.

(18) Which of the following statements about "the steady-state" in ecological economics is NOT consistent with what Hickel says in the interview?

a) It is important to maintain a balance with the ecosystem that you live with.

b) It is similar to indigenous thoughts about economies and exchange.

c) You should never extract more from the environment than can be replaced on a yearly basis.

d) You should never extract natural resources from indigenous communities.

e) You should never produce more waste than the environment can safely absorb.

(19) The interviewer suggests that ecological economics

a) has rebranded ideas from indigenous knowledge for the Global North.

b) is fundamentally different from indigenous knowledge.

c) is highly critical of ideas from indigenous knowledge.

d) is just catching up with indigenous knowledge that has been around for thousands of years.

e) is just copying ideas from indigenous knowledge that has been around for thousands of years.

(20) According to Hickel, people who live close to the land interact with the living world

a) in a variety of ways.

b) in similar ways.

c) in the same ways as rich economies do.

d) in ways which have remained the same for thousands of years.

e) with respect for their ancestors.

4 (A) 以下の英文の段落 (21) ～ (25) にはそれぞれ誤りがある。修正が必要な下線部を各段落から一つずつ選び，マークシートの (21) ～ (25) にその記号をマークせよ。

(21) Language is never neutral. There is no language which unambiguously brings peace and well-being to humankind. The choice of (a) one particular language over another might be considered more neutral (b) in a given context by certain speakers. This one language, however, could be considered (c) a politically loaded and biased choice in another context and by other speakers. (d) The English language has no exception to these social realities although (e) its often unquestioned status as a global lingua franca might make it seem to be such.

(22) English as a lingua franca (a) has often portrayed as a 'neutral' medium between people who speak a different first language. In South Africa, (b) English is far from a generally 'neutral' medium and I examine precisely (c) the non-neutral and ambiguous nature of the way South Africans speak, hear, write, perceive, and (d) interpret English ways of speaking in a lingua franca context. In fact, my major argument is that ambiguity is (e) the least disputed, most defining, and yet insufficiently acknowledged feature of English as a lingua franca in the South African context.

(23) Investigating ambivalence among English lingua franca users is an

opportunity (a)to reassess how they view their linguistic and social belongings as they (b)attempt to make sense of an ever-changing world. For linguistic anthropologists (c)there is a benefit in observing these ambivalent positions and ambiguous dimensions by paying more attention to (d)inconsistencies and seeming contradictory positions. Several languages have acquired lingua franca functions throughout human history and lingua francas are utilized not only in international and cross-cultural contexts (e)but within national boundaries, such as South Africa.

(24) There are many different English lingua franca contexts in the world, (a)but they are all marked by various levels of competencies in the language among speakers. Language ideological frameworks position one variety, most commonly the 'Standard', as superior and dominant. The coexistence of such a Standard English alongside non-Standard and lingua franca forms (b)create complex power dynamics which are often racialized. We would be ignoring reality if an analysis of English lingua franca contexts (c)were to exclude interactions where monolingual native speakers interact with bilinguals and poor English speakers. My own conceptualization of lingua franca interaction (d)is, to some extent, a type of communication characterized by much sociolinguistic variation (e)which serves as the platform of interaction by a group of English speakers with diverse levels of competencies.

(25) My argument is (a)essentially, but not only, about power and ideology because these concepts have (b)a fundamental impact to the politics of language. The various contexts in which I analyse the ambiguity of the lingua franca status of English are (c)fundamentally based on a dialogue of unequal power relations. Much of this unequal power and politics is due to the simple fact that African people (d)have been discriminated against throughout history. My argument is thus not only linguistic but also about (e)racial identity politics in its multiple forms, with a focus on English lingua franca communication.

出典追記：The Ambiguity of English as a Lingua Franca : Politics of Language and Race in South Africa by Stephanie Rudwick, Routledge

注

lingua franca　共通語

ambiguous　両義的な，曖昧な

ambivalent　両価的な，両面的な

linguistic　言語(学)の

anthropologist　人類学者

monolingual　一言語のみの

bilingual　二言語の(話者)

sociolinguistic　社会言語学の

(B)　コンフォート・フードについて説明した以下の英文を読み，下線部(ア)，(イ)，(ウ)を和訳せよ。

Food and feelings become mixed from early childhood, according to some theories of relationships based on food and feeding. (ア)Right from the start food becomes a way to satisfy our feelings, and throughout life feelings influence when, what and how much we eat. One of the most reliable, everyday examples is that many of us tend to be bad-tempered or irritated as a result of hunger — a feeling that has come to be known as ‘hangry’. But sometimes the greatest insights into feelings occur when we eat but are not even hungry.

Sometimes the food itself allows us to work backwards to find the feelings and the context; opening a bottle of champagne tends to signal the celebration of success, whereas the food writer Nigella Lawson suggests her chocolate cake is ‘the sort of cake you’d want to eat the whole of when you’d been chucked’. (イ)The power of sugar to soothe appears to be present from the very beginning, with effects demonstrated in those as young as one day old. Yet Lawson’s philosophy takes us to an area of food research that still has many unresolved questions: emotional or comfort eating; the kind of eating where the body is in no real need of calories and feelings take over.

The research on comfort eating and emotional eating tends to produce conflicting results, which has led some to conclude that comfort food is a myth. For example, chicken soup is often a front-runner for comfort food, coming in first place for nearly half of the participants in one study.

However, another study found that chicken soup was comforting only for those who considered chicken soup to be a comfort food. This makes sense — (ウ) <u>the choice of comfort food depends on unique memories of both good and bad times and the foods associated with them; what's comforting to me, might not be to you.</u> Comfort foods have been shown to vary by age, sex, culture, the type of food itself and the feeling that brings out comfort eating — it is a big melting pot.

注
chucked　ふられた

5　以下の英文を読み，(A) ~ (D) の問いに答えよ。

There's an episode that Ruth Wilson Gilmore likes to share about being at a conference on environmental justice in Fresno in 2003. People from all over California's Central Valley had gathered to talk about the serious environmental hazards their communities [ア(26)] , mostly as a result of decades of industrial farming, conditions that still have not changed. There was a workshop for the youth at the conference, in which children were meant to talk about their [ア(27)] and then decide as a group what needed to be done most in the name of environmental justice. Gilmore, a renowned geography professor and an influential figure in the prison-abolition movement, was a guest speaker.

She was preparing her talk when someone told her that the kids wanted to speak with her. She went into the room where they were gathered. The children were primarily Latinx, many of them the sons and daughters of farmworkers or other people in the agriculture industry. They were of different ages, but most were middle schoolers: old enough to have strong opinions and to distrust adults. They were frowning at her with their shoulders up and their arms [ア(28)] . She didn't know these kids, but

出典追記：4(B) Food and feelings by Andrea Oskis, Attachment, Relationships and Food : From Cradle to Kitchen edited by Linda Cundy, Routledge she understood that they were against her.

"What's going on?" she asked.

"We hear you're a prison abolitionist," one said. "You want to *close* prisons?"

Gilmore said that was right; she did want to close prisons.

But why? they asked. And before she could answer, one said, "But what about the people who do something seriously wrong?" Others agreed. "What about people who hurt other people?" "What about if someone kills someone?"

Whether from tiny farm towns or from public housing around cities like Fresno, these children, it was obvious to Gilmore, understood the [イ] of the world from their own experience. They were not going to be easily persuaded.

"I can understand why you want to ask those questions," she said. "But how about this: instead of asking whether anyone should be locked up or go free, why don't we think about why we solve (A)＿＿＿＿ the problem in the first place?" She was asking them to consider why, as a society, we would choose to allow cruelty and punishment.

As she spoke, she felt the kids trying to ignore her, as if she were a new teacher who had come to offer some false argument and tell them it was for their own good. But Gilmore pressed on, determined. She told them that in Spain, where it's quite rare for one person to kill another, the average time you might serve for murdering someone is seven years.

"What? Is that all? Seven years!" The kids were in such disbelief about a seven-year sentence for murder that (B)they relaxed a little bit. They could be outraged about that, instead of about Gilmore's ideas.

Gilmore told them that if someone in Spain thinks he is going to solve a problem by killing another person, the response is that the person loses seven years of his life, to think about what he has done and to figure out how to live when released. “What this policy tells me,” she said, “is that (ウ)where life is precious, life *is* precious.” Which is to say, she went on, in Spain people have decided that life has enough value that they are not going to behave in a violent and life-destroying way toward people who hurt people. “And what this demonstrates is that for people trying to solve their everyday problems, behaving in a violent and life-destroying way is not a solution.”

The children showed Gilmore no emotion except [ア(29)]. She kept talking. She believed her own arguments and had given them many years of [ア(30)] as an activist and a scholar, but it was difficult to persuade the kids. They told Gilmore that they would think about what she said and dismissed her. As she left the room, she felt totally [ア(31)].

At the end of the day, the kids made a presentation to the conference, announcing, to Gilmore’s surprise, that in their workshop they had come to the conclusion that there were three environmental hazards that affected their lives as children growing up in the Central Valley. Those hazards were pesticides, the police, and prisons.

“(C)Sitting there listening to the kids stopped my heart,” Gilmore told me. “Why? When I gave the kids an example from a different place, I worried they might conclude that some people elsewhere were just better or kinder than people in the Central Valley — in other words, they’d decide what happened elsewhere was irrelevant to their lives. But judging from their presentation, the kids understood the larger point of what I’d tried to share: where life is precious, life is precious. They asked themselves, ‘Why do we feel every day that life here is *not* precious?’ In trying to answer, they identified what makes them vulnerable.”

注

environmental justice　環境正義（環境問題が経済的格差や人種・民族差別などの社会問題と密接に結びついていると捉え，両者をともに是正する必要があると考える立場）

Fresno　フレズノ（アメリカ合衆国カリフォルニア州中部の市）

Central Valley　セントラル・ヴァレー（カリフォルニア州中央部に広がる谷，農業地帯）

Latinx　ラテンアメリカ系の

middle schoolers　中等学校生（日本の小学校高学年から中学校にほぼ相当する学年の生徒）

public housing　（低所得層向けの）公共住宅，公営住宅

pesticide　農薬

(A)　下に与えられた語句を正しい順に並べ替え，下線部(A)を埋めるのに最も適切な表現を完成させよ。

behavior / brought / by / of / problems / repeating / that / the kind / us

(B)　下線部(B)について，子供たちの態度がなぜ，どのように変化したのかを説明せよ。

〔解答欄〕約17センチ×3行

(C)　下線部(C)について，Gilmoreがこのように感じたのは子供たちのどのような反応を予想していたからなのかを説明せよ。

〔解答欄〕約17センチ×3行

(D)　以下の問いに解答し，その答えとなる記号をマークシートにマークせよ。

(ア)　空所［ア］の(26)～(31)には単語が一語ずつ入る。それぞれに文脈上最も適切な語を次のうちから一つずつ選び，マークシートの(26)～(31)にその記号をマークせよ。ただし，同じ記号を複数回用いてはならない。

a)　crossed　b)　defeated　c)　doubt　d)　faced

e)　thought　f)　worries

(イ) 空所 [イ] に入れるのに最も適切な語を次のうちから一つ選び，マークシートの (32) にその記号をマークせよ。

a) expensiveness　　b) happiness　　c) harshness

d) mysteriousness　　e) richness　　f) tiredness

(ウ) 下線部(ウ)の説明として最も適切なものを一つ選び，マークシートの (33) にその記号をマークせよ。

a) A society that understands the value of life would protect not only the well-being of humans but also the lives of animals and plants.

b) In a society where life is very precious, murderers would be made to spend their lives making up for their crimes.

c) People who are truly aware of the preciousness of life would not allow any violent or life-destroying system in their society.

d) The policies of the United States and Spain regarding the prison system are similar in that they both take into consideration the preciousness of life.

e) Those who really appreciate the meaning of life would claim that their own lives are more precious than those of prisoners.

3 聞き取り問題放送用スクリプト

[問題(A)]

Domestic pigeons are known to take some specific routes on their way home. Can you guess what supports this homing instinct? I am going to talk about a new study which discovered that they can retrace the same path back home even four years after they made the first trip. Isn't it impressive?

It is actually very challenging to test animals' memory capacity. Dora Biro, a zoologist at the University of Oxford, admits that an animal is rarely required to retrieve the information it stored in its memory several years before. In a recent article, Biro and her colleagues compared domestic homing pigeons' routes three or four years after they established routes back to their loft from a farm 8.6 kilometers away. The study initially collected data from a 2016 experiment in which pigeons learned routes in different social contexts during several flights. They travelled sometimes on their own, and sometimes with peers that did or did not know the way.

Using data from GPS devices temporarily attached to the birds' backs, the researchers compared the flight paths a group of pigeons took in 2016 with many of the same birds' routes in 2019 or 2020. Some birds missed a handful of landmarks along the way, but many others took "strikingly similar" routes to those they used in 2016. Julien Collet, another Oxford zoologist and co-author of the study, says, "It was as if the last time they flew there was just the day before, not four years ago."

The team found that the pigeons remembered a route just as well if they first flew it alone or with others and performed much better than those that had not made the journey in 2016. Homing pigeons, like other migrating animals, have been known to use accurate internal compasses when they fly back home, but the research showed that they also memorize landmarks to retrace a route back to their lofts many years afterwards.

The result is not surprising, says Vermer Bingman, who studies animal behavior at Bowling Green State University and was not involved with the study. And he also points out that it provides new confirmation of homing pigeons' remarkable memory. "It closes the distance a little bit between our self-centered sense of human abilities and what animals can actually do."

[問題(B)]

Last month, off the coast of Maine in the eastern United States, a team of researchers and engineers released a series of tiny, floating objects into the water. The team called them "buoys," but they looked more like a packet of uncooked ramen noodles glued to green ribbons. They had only one role: to go away and never be seen again. With any luck, their successors would soon be released into the open ocean, where they would float away, absorb a small amount of carbon from the atmosphere, then sink to the bottom of the seafloor, where their remains would stay for thousands of years.

The team is trying to create a business model. They work for a company called Running Tide, which claims it can remove carbon dioxide from the ocean and atmosphere through the magic of kelp. Running Tide is one of a series of carbon-removal companies that have appeared over the past few years with the hope of taking heat-trapping pollution out of the atmosphere and locking it away for centuries. The most famous companies, such as Switzerland's Climeworks or Canada's Carbon Engineering, perform direct air capture, using common industrial processes to chemically clean the air of carbon.

出典追記：(A) Homing Pigeons Remember Routes for Years, Scientific American on March 1, 2022 by Robin Donovan

Running Tide's focus is kelp. Kelp grows as fast as two feet a day, which means it absorbs a huge amount of carbon. That kelp could then be harvested, disposed of, or allowed to naturally drift to the bottom of the ocean. It seemed like the perfect natural tool to absorb carbon from the ocean and atmosphere. But that made me suspicious. The idea that humanity could remove carbon dioxide from the atmosphere by growing kelp just sounded too good to be true.

So I was pleasantly surprised when I met the leaders of Running Tide earlier this month. At its core, carbon removal is about transferring a mass of carbon from one location to another, Marty Odlin, Running Tide's CEO, told me from his home in Maine. The key issue is how to transfer the hundreds of gigatons of carbon released by fossil fuels from the "fast cycle," where carbon moves from fossil fuels to the air to plant matter, back to the "slow cycle," where they remain locked away in the earth for thousands of years. "What's the most efficient way possible to accomplish that mass transfer?" This question is really, really important. The United Nations recently said that carbon removal is "essential" to remedying climate change, but so far, we don't have the technology to do it cheaply and on a large scale.

Odlin, who comes from a Maine fishing family and studied robotics at college, founded Running Tide in 2017 on the theory that the ocean, which covers two-thirds of the planet's surface, would be essential to carbon removal. At least for now, the key aspect of Running Tide's system is its buoys. Each buoy is made of waste wood, limestone, and kelp, materials that are meant to address the climate problem in some way: The wood represents forest carbon that would otherwise be thrown out, the limestone helps reverse ocean acidification, and, most importantly, the kelp grows rapidly, absorbing carbon from the land and sea. Eventually, the buoy is meant to break down, with the limestone dissolving and the wood and kelp drifting to the bottom of the seafloor.

出典追記：Kelp Is Weirdly Great at Sucking Carbon Out of the Sky, The Atlantic on May 25, 2022 by Robinson Meyer

［**問題**(C)］

著作権の都合上，省略。

出典追記：FreshEd #214 – Less is More (Jason Hickel), FreshEd with Will Brehm

著作権の都合上，省略。

著作権の都合上，省略。

日本史

（2科目150分）

（注）　解答用紙は，横書きで〈地理歴史〉共通。1行：30字詰。

第 1 問

古代の宮都などの大規模造営では，建築工事の現場だけでなく，山林での材木の伐り出し，瓦の製作，それらの輸送(陸運・水運)など，資材調達の作業にも多くの労働力が必要であった。国家的造営工事に関する次の(1)～(4)の文章を読んで，下記の設問に答えよ。解答は，解答用紙(イ)の欄に記入せよ。

(1)　律令制のもとでは，仕丁《しちょう》と雇夫《こふ》が国家的造営工事に動員された。仕丁は，全国から50戸ごとに成年男子2名が徴発され，都に出仕し役務に従事した。雇夫は官司に雇用された人夫で，諸国から納められた庸が雇用の財源となった。

(2)　奈良時代に朝廷が行った石山寺の造営工事では，仕丁・雇夫らが従事した作業の内容が記録に残されている。また，恭仁京・長岡京・平安京の造営など，大規模な工事を実施する際には，労働力不足への対処として，畿内周辺の諸国に多数の雇夫を集めることが命じられた。

(3)　960年9月，平安京の内裏が火災ではじめて焼失した。その再建は，修理職《しゅりしき》や木工寮《もくりょう》といった中央官司だけでなく，美濃・周防・山城など27カ国の受領に建物ごとの工事を割り当てて行われた。こうした方式はこの後の定例となった。

(4)　1068年に即位した後三条天皇は，10年前に焼失した内裏をはじめ，平安宮全体の復興工事を進めた。これを契機に，造営費用をまかなうための臨時雑役を，国衙領《こくがりょう》だけでなく荘園にも一律に賦課する一国平均役《いっこくへいきんやく》の制度が確立した。

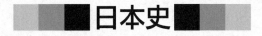

設　問

国家的造営工事のあり方は，国家財政とそれを支える地方支配との関係を反映して変化した。その変化について，律令制期，摂関期，院政期の違いにふれながら，6 行以内で説明せよ。

第 2 問

次の(1)〜(4)の文章を読んで，下記の設問に答えよ。解答は，解答用紙（ロ）の欄に記入せよ。

(1)　1433 年 4 月，安芸国の国人小早川家の家督をめぐり，持平《もちひら》・凞平《ひろひら》兄弟が争った。兄弟の父則平《のりひら》は，当初持平を後継者に指名したが，死去の直前あらためて凞平を指名していた。将軍足利義教が有力守護に意見を問うたところ，まず一族・家臣の考えを尋ねるべしという回答が大勢を占めた。

(2)　1433 年 11 月，義教は，かつて管領を務めた斯波義淳《よしあつ》の後継者として，その弟たちのなかで以前から有力な候補と目されていた持有《もちあり》をしりぞけ，その兄義郷《よしさと》を指名して斯波家の家督を継がせた。

(3)　畠山家では，惣領持国《もちくに》と将軍義教との関係が良くなかったため，1441 年，有力家臣たちが義教に願い出て，弟の持永《もちなが》を家督に擁立した。しかし同年，義教が嘉吉の変で討たれると，持国は軍勢を率いて持永を京都から追い落とし，家督に復帰した。

(4)　斯波家では，義郷の跡を継いだ義健《よしたけ》が幼少だったため，有力家臣甲斐常治《じょうじ》が主導権を握った。義健が早世したあと一族の義敏《よしとし》が跡を継いだが，常治と義敏の父持種《もちたね》が対立した結果，義敏は家臣たちの支持を失い，1459 年，家督をしりぞいた。

設　問

1467 年に応仁・文明の乱が起きた。乱の発生と拡大には，この時期の武士の家における家督継承決定のあり方の変化がかかわっていたと考えられる。その変化と乱との関係について，5 行以内で述べよ。

第 3 問

次の⑴～⑸の文章を読んで，下記の設問Ａ・Ｂに答えよ。解答は，解答用紙(ハ)の欄に，設問ごとに改行し，設問の記号を付して記入せよ。

⑴　江戸の寄席は多様な芸能を興行し，1820 年頃から急増して，1841 年には 211 カ所にのぼっていた。歌舞伎(芝居)は日中だけ興行し，入場料が次第に高額化したのに対し，寄席は夜も興行し，入場料は歌舞伎の 100 分の 1 ほどであった。

⑵　1841 年，老中水野忠邦は，江戸の寄席の全廃を主張した。町奉行は，寄席は歌舞伎などに行けない職人や日雇い稼ぎの者などのささやかな娯楽の場で，そこで働く人々の仕事も失われるとして反対した。結局，15 カ所だけが引き続き営業を認められた。

⑶　これより以前の 1837 年，町奉行は，江戸で例年に比べ米価などが高く，盛り場もにぎわっておらず，建物の普請による仕事の口も少ないことを問題視した。この先さらに状況が悪くなると，職人などは何をするかわからないと懸念し，彼らが騒ぎ立てないよう手を打つべきだと述べた。

⑷　1842 年，町奉行は，江戸の町方人口 56 万人のうち，28 万人余りは日々の暮らしをその日に稼いだわずかな収入でまかなう「その日稼ぎの者」であると述べた。

⑸　1844 年，新任の町奉行は，⑵とほぼ同様の趣旨を述べて，寄席に対する統制の緩和を主張した。軒数の制限が撤廃されると，その数は急増し，700 カ所に達したと噂された。

設　問

A　(1)のように江戸で寄席が急増したのは，どのような理由によったと考えられるか。歌舞伎と対比される寄席の特徴に留意しながら，２行以内で述べよ。

B　町奉行が(2)(5)のように寄席を擁護したのは，どのような事態が生じることを懸念したためと考えられるか。江戸に関する幕府の当時の政策や，幕府がこれ以前に直面したできごとにふれながら，３行以内で述べよ。

第 4 問

次の(1)～(4)の文章と図を読んで，下記の設問Ａ・Ｂに答えよ。解答は，解答用紙(二)の欄に，設問ごとに改行し，設問の記号を付して記入せよ。

(1)　この憲法の改正は，各議院の総議員の三分の二以上の賛成で，国会が，これを発議し，国民に提案してその承認を経なければならない。この承認には，特別の国民投票又は国会の定める選挙の際行はれる投票において，その過半数の賛成を必要とする。(以下略)

(日本国憲法第 96 条)

(2)　1951 年 9 月，サンフランシスコ平和条約が調印され，吉田茂首相は日米安全保障条約に日本側ではただ一人署名した。1952 年 8 月，吉田首相は，初めて憲法第 7 条により，与野党議員の多くに対して事前に知らせずに，突如，衆議院の解散を断行した。選挙結果における各党の当選者数は次の通りである。

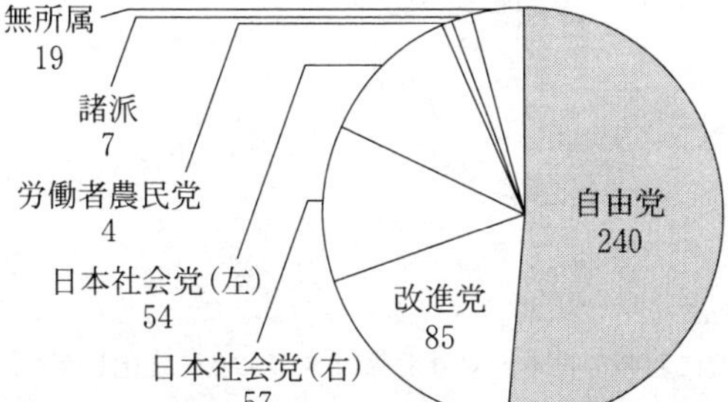

(総議席数 466)

(3)　1954年12月，吉田内閣が総辞職した後，早期解散を求める左右両社会党の支持を得て鳩山一郎内閣が成立した。鳩山首相は翌年1月に衆議院の解散を決めた。選挙結果は次の通りである。1956年10月，鳩山首相は，モスクワで日ソ共同宣言に調印し，12月に内閣は総辞職した。

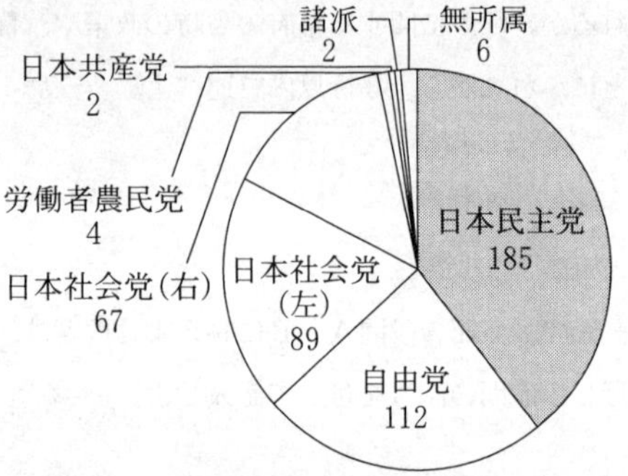

(総議席数467)

(4)　鳩山内閣の後に成立した石橋湛山内閣が首相の病気により総辞職し，それを継いで首相となった岸信介は，1958年4月，日本社会党の鈴木茂三郎委員長と会談を行い，衆議院は解散された。選挙結果は次の通りである。1960年6月，岸首相は，新しい日米安全保障条約が発効した日に退陣を表明し，翌月，内閣は総辞職した。

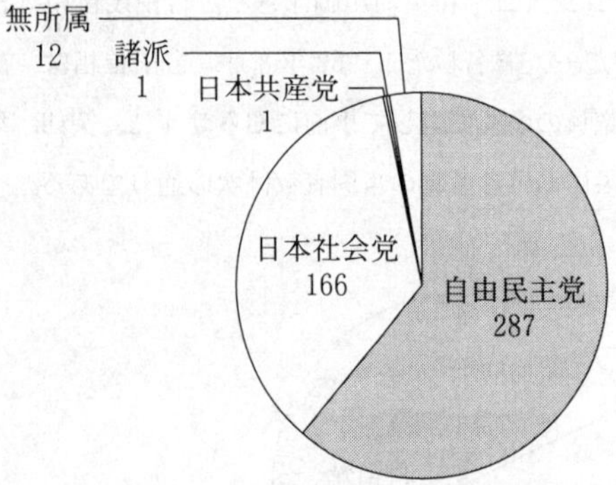

(総議席数467)

設　問

A　占領終結から岸内閣期において日本の対外関係はどのように変化したか。国際政治の動向に留意しながら，3行以内で述べよ。

B　1950年代後半から岸内閣期における政党間対立はどのように変化したか。内閣の施策に留意しながら，3行以内で述べよ。

世界史

（2科目150分）

（注）　解答用紙は，横書きで〈地理歴史〉共通。1行：30字詰。

第 1 問

近代世界は主に，君主政体や共和政体をとる独立国と，その植民地からなっていた。この状態は固定的なものではなく，植民地が独立して国家をつくったり，一つの国の分裂や解体によって新しい独立国が生まれたりすることがあった。当初からの独立国であっても，革命によって政体が変わることがあり，また憲法を定めるか，議会にどこまで権力を与えるか，国民の政治参加をどの範囲まで認めるか，などといった課題についても，さまざまな対応がとられた。総じて，それぞれの国や地域が，多様な選択肢の間でよりよい方途を模索しながら近代の歴史が進んできたといえる。

以上のことを踏まえて，1770年前後から1920年前後までの約150年間の時期に，ヨーロッパ，南北アメリカ，東アジアにおいて，諸国で政治のしくみがどのように変わったか，およびどのような政体の独立国が誕生したかを，後の地図Ⅰ・Ⅱも参考にして記述せよ。解答は，解答欄(イ)に20行以内で記述し，以下の8つの語句を必ず一度は用いて，それらの語句全てに下線を付すこと。

アメリカ独立革命　　ヴェルサイユ体制　　光緒新政　　シモン＝ボリバル
選挙法改正*　　大日本帝国憲法　　帝国議会**　　二月革命***

*イギリスにおける4度にわたる選挙法改正
**ドイツ帝国の議会
***フランス二月革命

地図Ⅰ (1815 年頃)

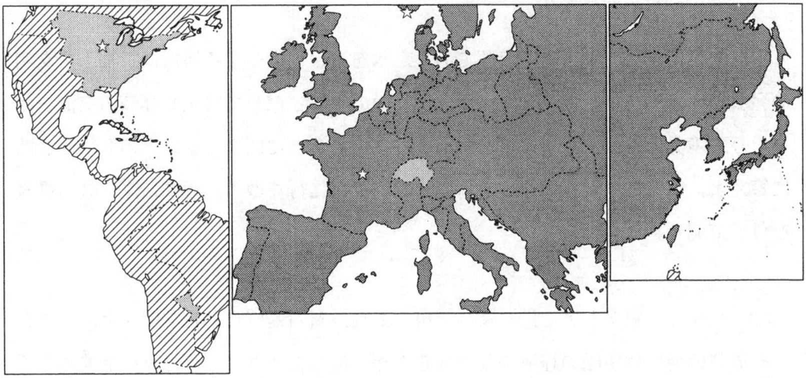

地図Ⅱ (1914 年頃)

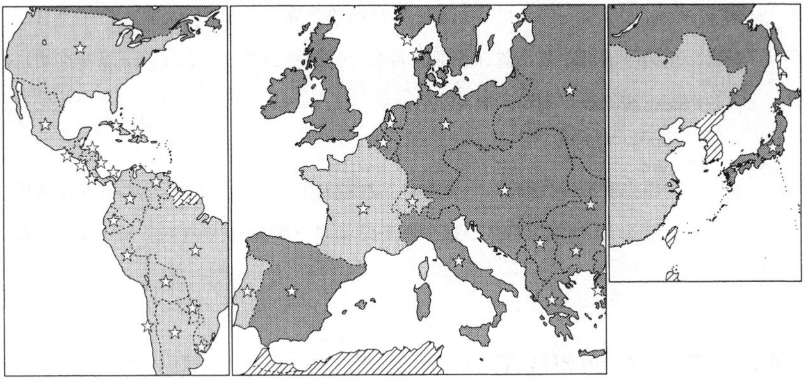

＊ ▨は君主政，▤は共和政の独立国，▧は植民地。☆は成文憲法を制定した主な国。
(縮尺は図ごとに異なる)

第 2 問

水は人類にとって不可欠の資源であり，水を大量に供給する河川は，都市や文明の発展に大きく寄与した。また河川は，交通の手段となって文化や経済の交流を促したり，境界となったりすることもあった。このことに関連する以下の 3 つの設問に答えよ。解答は，解答欄（ロ）を用い，設問ごとに行を改め，冒頭に(1)～(3)の番号を付して記せ。

問(1)　長江は，東アジアで最も長い河川であり，新石器時代から文明を育み，この流域の発展は中国の経済的な発展を大きく促してきた。このことに関する以下の(a)・(b)の問いに，冒頭に(a)・(b)を付して答えよ。

(a)　中国では 3 世紀前半に，3 人の皇帝が並び立つ時代を迎えた。このうち，この川の下流域に都を置いた国の名前とその都の名前，および 3 世紀後半にその国を滅ぼした国の名前を記せ。

(b)　この川の流域の発展は，「湖広熟すれば天下足る」ということわざを生み出した。このことばの背景にある経済の発展と変化について，3 行以内で記せ。

問(2)　西アジアは一部を除いて，雨が少なく乾燥しており，大河が流れる地域がしばしば農業の中心地となった。そこには，ときに王朝の都が置かれ，政治や文化の中心地にもなった。これに関する以下の(a)・(b)・(c)の問いに，冒頭に(a)・(b)・(c)を付して答えよ。

(a)　次の**資料**は，ある王朝における都の建設の経緯を説明したものである。その王朝の名前と都の名前を記せ。

資　料

言うには，「ここは軍営地にふさわしい場所である。このティグリス川は我々と中国との隔てをなくし，これによってインド洋からの物品すべてが我々のもとに，またジャジーラやアルメニアまたその周辺からは食糧が至る。このユーフラテス川からは，それによってシリアやラッカまたその周辺からのあらゆるものが到着する」。こうしてマンスールはこの地に降り立ち，サラート運河周辺に軍営地を設営し，都のプランを定め，区画ごとに武将を配置した。

タバリー『預言者たちと諸王の歴史』

(歴史学研究会編『世界史史料 2』より，一部表記変更)

(b)　**資料**中の下線部に関連して，のちの9世紀に活躍するようになったマムルークの特徴と，彼らがこの王朝で果たした役割とについて，2行以内で記せ。

(c)　**資料**に記されている都が建設されたのは，西アジアの政治的中心地として栄えたクテシフォンの近くにおいてであった。クテシフォンを建設した国の名前に言及しつつ，その国で起こった文化的変容について，言語面を中心に，2行以内で記せ。

問(3)　ナイル川はその流域に暮らす人々の生活を支えるとともに，人々の行きかう場ともなった。このことに関する以下の(a)・(b)の問いに，冒頭に(a)・(b)を付して答えよ。

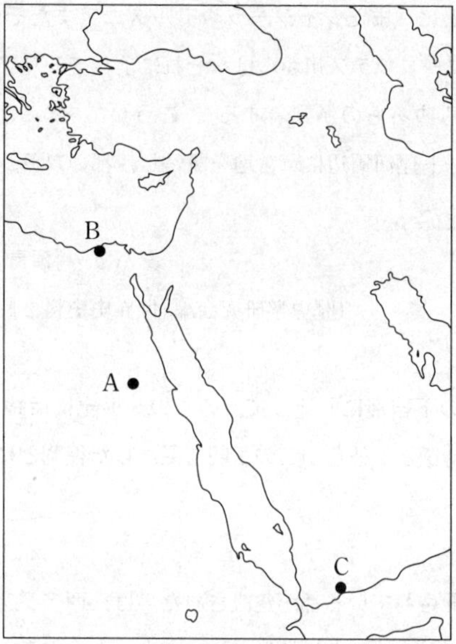

地　図

(a)　**地図**中の A で，ナセル政権下に作られた公共建造物は，この川の自然特性を利用した農業のあり方を決定的に変えることとなった。近代以前において，この川の自然特性を利用する形で展開した農業について，2 行以内で説明せよ。

(b)　**地図**中の都市 B はこの川の河口近くにあり，12 世紀から 15 世紀頃，国際的な東西交易の一翼を担う商人たちが，この都市と都市 C との間で活発な交易を行った。この交易で扱われた物産と取引相手について，2 行以内で説明せよ。

第 3 問

健康への希求および病気は，まさに現在進行形でわれわれが経験しつつあるように，政治・経済・文化などさまざまな方面において，人類の歴史に影響を与えてきた。そして人類はそれらに対応するために，医学を発達させてきた。このことに関連する以下の設問(1)～(10)に答えよ。解答は，解答欄(ハ)を用い，設問ごとに行を改め，冒頭に(1)～(10)の番号を付して記せ。

問(1)　歴史上，影響力の大きい政治家が疫病に倒れることもあった。紀元前5世紀，アテネのペリクレスは全ギリシアを二分する戦争の最中に病死し，その後アテネの民主政は混乱していくことになる。この戦争の名称を記せ。

問(2)　14世紀半ばのヨーロッパは，ペストの流行に見舞われた。このペスト流行を経験した作者が，これを背景として人間の愛や欲望などをイタリア語で赤裸々につづった物語の名称を記せ。

問(3)　明代の中国では，科学技術への関心の高まりとともに医学・薬学が発達した。16世紀末に李時珍が編纂し，江戸時代初期に日本に伝来した，薬物に関する書物の名称を記せ。

問(4)　18世紀にジェンナーによって考案された種痘は，牛痘苗を用いて天然痘を予防するものであり，19世紀には，ジャワ島のオランダ東インド会社の根拠地から日本の長崎にもたらされた。この根拠地であった都市の当時の名称を記せ。

問(5)　19世紀には世界各地でコレラの流行が繰り返されたが，同世紀後半には細菌学が発達し，様々な病原菌が発見された。結核菌やコレラ菌を発見したドイツの医師のもとには，日本の北里柴三郎が留学して破傷風菌の純粋培養に成功し，破傷風の血清療法を確立した。このドイツの医師の名前を記せ。

問(6)　1980年代以降，温室効果ガスによる地球温暖化の危険性が強く認識されるようになった。温暖化の影響には，低緯度地域の感染症がより寒冷な地域へ広がることも含まれる。1990年代後半，日本で開催された国際会議で，温室効果ガス削減の数値目標が設定された。この取り決めの名称を記せ。

問(7)　今日の嗜《し》好品は，過去においてしばしば薬品としての意味をもった。ある嗜好飲料は唐代に民衆に普及し，後に欧米にも広がり，これに関する貿易問題がアヘン戦争の原因にもなった。この飲料の名称を記せ。

問(8)　仏教では病が生・老・病・死という四苦の一つとされる。その経典の編纂やスリランカへの布教を行った王が統治し，インド亜大陸を最初にほぼ統一した王朝の名称を記せ。

問(9)　イスラーム医学は古代ギリシアの医学をもとに発展した。アリストテレスの著作にもとづいて哲学を追究するのみならず，医学者として『医学典範』を著し，ラテン語名アヴィケンナとして中世以降のヨーロッパの医学に影響を与えた人物の名前を記せ。

問(10)　漢代の医学書には，天体の運行と人間生活との関係を議論する思想がしばしば見られる。その思想を唱えた集団の名称を記せ。

地理

（2 科目 150 分）

（注）　解答用紙は，横書きで〈地理歴史〉共通。1 行：30 字詰。

第 1 問

人間活動と地球環境の関わりに関する以下の設問A～Bに答えなさい。解答は，解答用紙の(イ)欄を用い，設問・小問ごとに改行し，設問記号・小問番号をつけて記入せよ。

設問A

地球の地質時代は，地層に残された地球規模の変化の証拠によって区分される。たとえば，今から約 6600 万年前の白亜紀の終わりは，地球に隕石が衝突したために高濃度のイリジウムが含まれる地層と，恐竜などの生物が大量に絶滅した層準で定義される。

人間活動が，地球に対し地層にも残るような広範なインパクトを与えていることから，現在を「人新世」という新しい地質時代に区分する提案が，最近なされている。人新世のはじまりの時期は，16 世紀とする意見，18 世紀後半とする意見，1950 年代とする意見などがあった。いずれの時期を人新世の開始とするにしても，全地球的な証拠が地層中に残されることが必要であることに留意して，以下の問いに答えよ。

(1)　人新世の開始時期を 16 世紀とする意見は，それまで別の地域に分かれて分布していた動物や植物が，この時期に全地球的に広がったことが，湖の堆積物や遺跡の記録から明らかになったことに基づいている。どのような動物や植物が，どのような過程で全地球的に広がったのか。具体的な動物と植物の例を 1 つずつあげて，2 行以内で述べよ。

⑵　人新世の最初の提案は，その開始時期を18世紀後半とするものだった。しかし，この案はその証拠が全地球的に同時期に起こったわけではないことから，候補からはずされている。開始時期を18世紀後半とする意見は，どのような人間活動と証拠に基づくものであったのか。2行以内で述べよ。

⑶　人新世の開始時期について検討した地質学者のグループは，放射性物質のピークが地層中に認められることから，開始時期を1950年代とする提案をまとめた。1950年代に放射性物質のピークが現れる理由を，1行で述べよ。

⑷　図1―1のA～Cは，人新世の地層に残る可能性のある，人間が作った物質の，積算生産量を示したグラフである。いずれも1950年以降急激に増加していることが分かる。3つは以下のどれか，A―○のように答えよ。

アルミニウム　　コンクリート　　プラスティック

⑸　⑷の物質は，いずれも経済活動の加速によって1950年以降生産が急激に増加した。このうち，プラスティックの生産の増加がひきおこした環境問題を2行以内で述べよ。

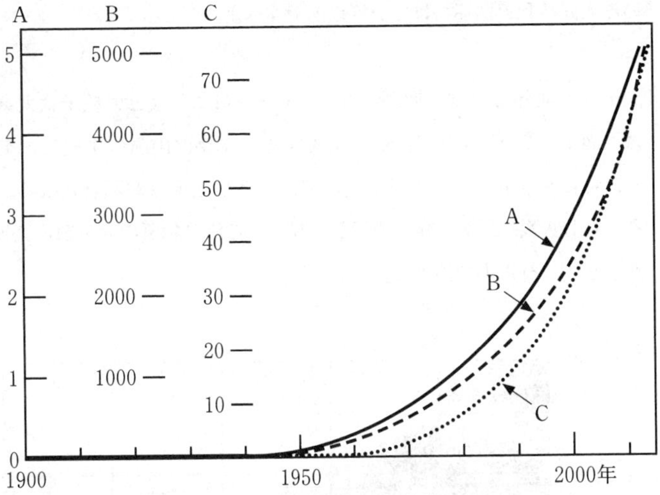

図 1 — 1

人間が作った 3 つの物質の積算生産量。縦軸の数字の単位は億トン。A，B，C それぞれのスケールは異なっている。Waters ら(2016)による。

設問 B

近年，南アジアにおいて，地球温暖化や大気汚染などの環境問題への人間活動による影響が深刻化している。図 1 — 2 (a)は，地球観測衛星のデータから推定された，ある種の温室効果ガスの大気中平均濃度（黒色が濃いほど高濃度）の分布の概要を示す地図であり，図 1 — 2 (b)は，森林や農地などにおける林野火災（黒点で表示）の分布の概要を示す地図である。これらの図をみて，以下の問いに答えなさい。

(1)　図 1 — 2 (a)に示された温室効果ガスは，一般に湿地などから発生するとされているが，A の地域では，ある農作物の生産が盛んなために，この温室効果ガスが大量に発生していると考えられている。このガスの名称と農作物を答えよ。

(2)　図 1 — 2 (b)に示された森林や農地などにおける林野火災の発生は，B の地域においては毎年 5 月と 11 月に極大となる。この理由を，この地域で行われている人間活動と関連づけて2行以内で述べよ。

(3)　インド北部で深刻な問題となっているPM 2.5などの粒子状大気汚染物質は，図1—2(b)のC(破線内)に位置するヒマラヤ山脈の中腹にまで達しており，特に毎年6月から9月にかけて，こうした現象が顕著になる。その理由を，林野火災以外の，年間を通して見られる汚染物質の発生源と気候条件に関連させて2行以内で述べよ。

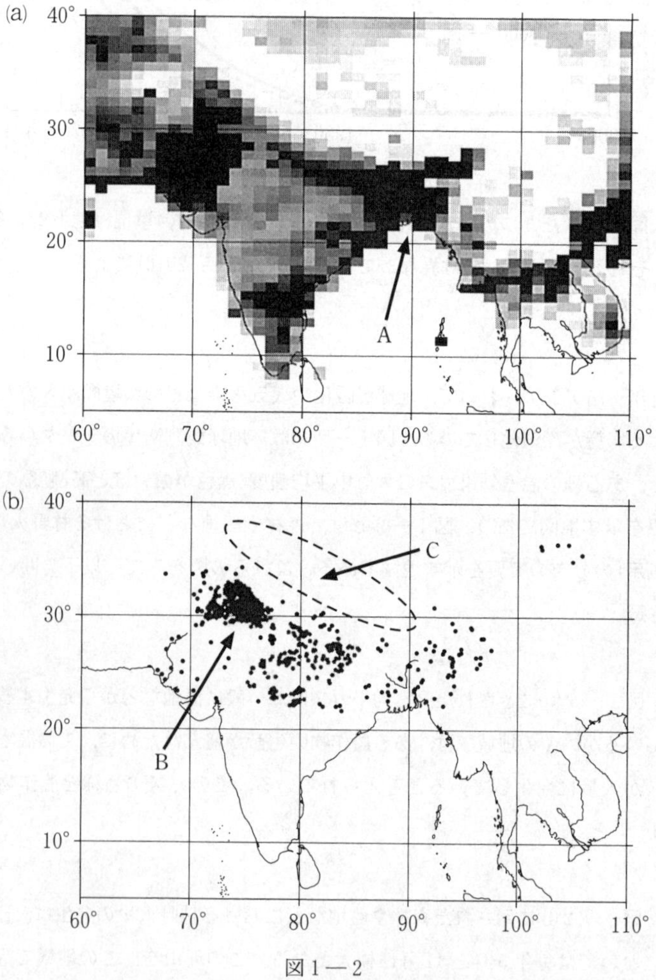

図1—2

第 2 問

第一次産業の国際比較に関する以下の設問A～Bに答えなさい。解答は，解答用紙の(ロ)欄を用い，設問・小問ごとに改行し，設問記号・小問番号をつけて記入せよ。

設問A

表2―1は，水産物の養殖業が盛んないくつかの国を取り上げ，1990年と2020年の生産量とその比，2020年の生産量の水域別の割合，2020年の生産量に占める水生植物(主に海藻類)の割合を示したものである。

(1) 表2―1のア，イ，ウに該当する国名を，韓国，ベトナム，チリの中から選んでア―○のように答えよ。

(2) 1990年～2020年にかけては，全世界の水産物の養殖生産量に著しい増大がみられた。その背景を，水産物の需要・供給の両面に注目し2行以内で述べよ。

(3) 表2―1の国のうち，中国，インドネシア，ア国の淡水域(A)，インドネシア，ア国の汽水域(B)，ウ国，ノルウェーの海水域(C)のそれぞれにおける代表的な水産物の名称と養殖が行われる場所の地形ないしは生態環境を，A―水産物，地形ないしは生態環境のように答えよ。

(4) 今日の水産物の養殖業はその持続性において様々な課題を抱え，解決に向けた取り組みがなされている。その内容を以下の語句を全て用いて2行以内で述べよ。語句は繰り返し用いてもよいが，使用した箇所には下線を引くこと。

稚　魚　　　生態系

表2―1

国	養殖生産量 1990年(トン)	養殖生産量 2020年(トン)	海水域 (%)	汽水域 (%)	淡水域 (%)	水生植物 (%)	2020年/1990年
中国	8,392,965	70,483,538	53.3	2.8	43.9	29.6	8.4
インドネシア	599,824	14,845,014	55.4	21.8	22.8	64.8	24.7
ア	162,076	4,614,692	5.4	31.0	63.6	0.3	28.5
イ	788,565	2,327,903	98.8	0.3	0.8	75.7	3.0
ウ	70,464	1,505,486	99.8	0.0	0.1	1.3	21.4
ノルウェー	150,583	1,490,412	100.0	0.0	0.0	0.0	9.9

FAO統計による。

設問B

図2―1は，1962年以降における各国の小麦の単位収量(トン/ha)の変化を示したものである(数値は前年・当該年・翌年の平均値を使用)。

(1)　中国とインドの単位収量は1970年代までほぼ同じ水準にあったが，1980年代前半に中国の単位収量が急激に増加し，両国の間で大きな差がみられるようになった。このような変化を引き起こした理由を1行で述べよ。

(2)　ハンガリーは，1980年代までフランスに準じた単位収量を記録していたが，1990年代に入ると大幅に低下する。このような低下を引き起こした理由を，以下の語句を全て用いて2行以内で述べよ。語句は繰り返し用いてもよいが，使用した箇所には下線を引くこと。

　　農業補助金削減　　　肥　料

(3)　中国では，国内での価格の下落により1997年から2003年にかけて小麦の生産量が約30％減少するが，その後の17年間は約55％の増加を記録している。このような増加が生じた政策的な背景を以下の語句を全て用いて2行以内で述べよ。語句は繰り返し用いてもよいが，使用した箇所には下線を引くこと。

　　食料安全保障　　　肉類消費

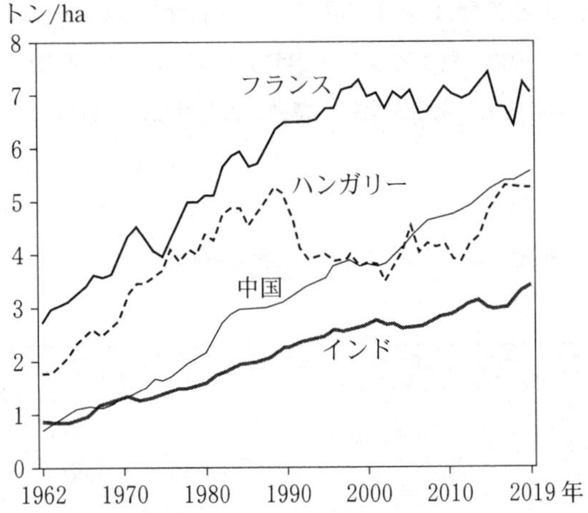

図 2 ― 1

FAO 統計による。

第 3 問

居住と自然環境に関する以下の設問A～Bに答えなさい。解答は，解答用紙の(ハ)欄を用い，設問・小問ごとに改行し，設問記号・小問番号をつけて記入せよ。

設問A

図 3 ― 1 は，2014 年に自然災害が発生した地域の 2022 年の地形図である。これをみて，以下の問いに答えよ。

(1) 図 3 ― 1 において，鉄道より北西側の住宅地域と概ね重なる地形の名称を答えよ。

(2) 図 3 ― 1 中の山地には，主に土地被覆に関する 2 種類の地図記号がみられる。それらの地図記号が示す土地被覆と地形との対応関係を 1 行で説明せよ。

(3) 図 3 ― 1 の山ぞいには，図中にA，Bで示すような人工構造物が多数みられる。これらの構造物は，2014年に発生した自然災害の後に建設されたものである。これらの構造物が建設された目的を，⑵の土地被覆の成立要因も考慮して，2014年に発生した自然災害の特徴とあわせて，3行以内で述べよ。

⑷　この地域では，1970年代以降に宅地化が進んだ。こうした災害リスクの高い土地でも宅地化が進んだ理由として考えられることを2行以内で答えよ。

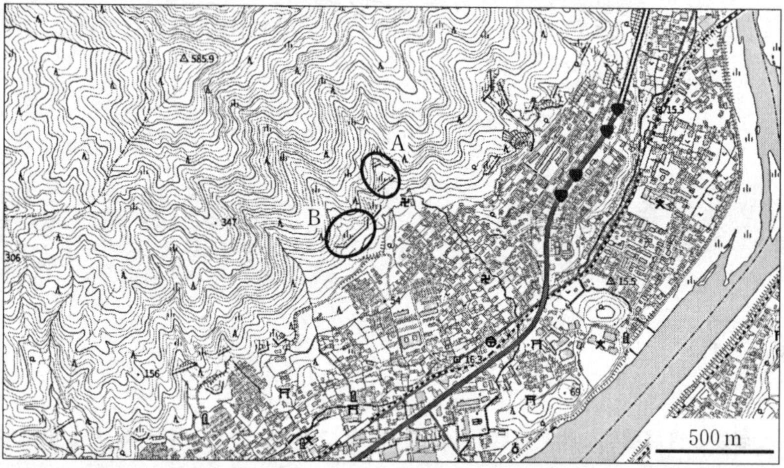

図３—１

地理院地図による。

（編集の都合上，80%に縮小 —— 編集部）

設問B

⑴　図３—２は，横軸に2018年の都道府県別の１世帯当たり人員数を，縦軸に同年の１住宅当たり居住室数を示したものであり，A，B，C，Dは，北海道，東京都，富山県，沖縄県のいずれかである。A，B，C，Dの都道府県名を，A—○のように答えよ。

⑵　北海道と沖縄県の都市部では，平らな屋根の住宅が多く見られるが，その理由は両地域で異なっている。それぞれの理由を，気候に関連づけ，あわせて2

行以内で述べよ。

(3)　日本における住宅数の構造別割合を見ると，1978 年には 81.7 % が木造であったが，2018 年には非木造(主に鉄筋・鉄骨コンクリート造，鉄骨造)の割合が 43.1 % にまで上昇している。非木造住宅の割合が上昇してきた理由を，日本における人口移動の特徴も踏まえて，2 行以内で述べよ。

(4)　図 3 ― 3 で示すように，日本において，住宅総数は長期的に増加を続けてきたが，空き家率(図 3 ― 3 の下の※を参照)も近年上昇が著しい。これらの事象が生じてきた理由として考えられることについて，以下の語句を全て用いて 3 行以内で述べよ。語句は繰り返し用いてもよいが，使用した箇所には下線を引くこと。

世帯規模　　　地方圏　　　高齢化

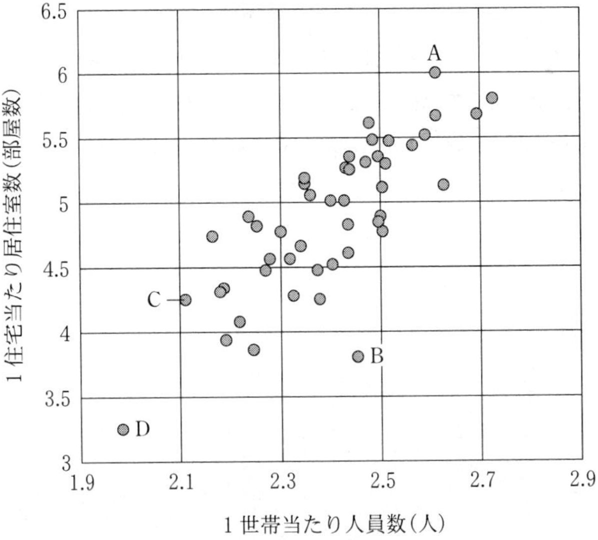

図 3 ― 2

住宅・土地統計調査による。

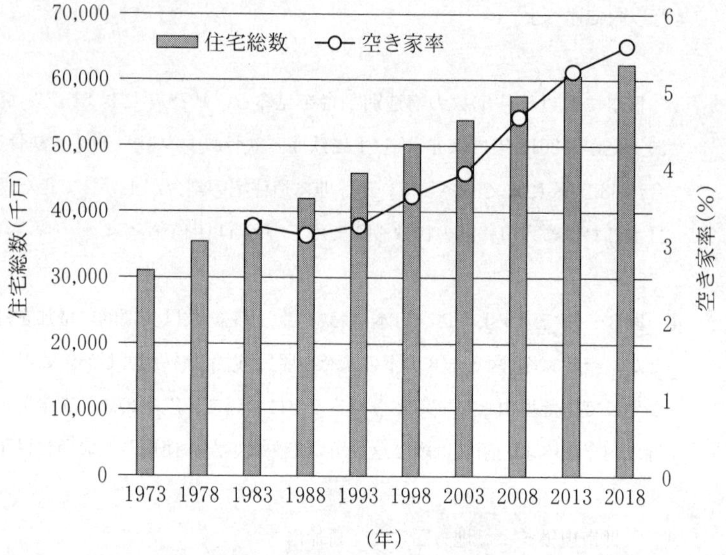

図３—３

住宅・土地統計調査による。

※ここでの「空き家率」とは，住宅・土地統計調査における定義とは異なり，同定義による「空き家」から「賃貸用の住宅」，「売却用の住宅」，「二次的住宅（別荘など）」を除いたものが，住宅総数に占める割合を指している。

数学

（100分）

第 1 問

k を正の実数とし，2 次方程式 $x^2+x-k=0$ の 2 つの実数解を α, β とする。k が $k>2$ の範囲を動くとき，

$$\frac{\alpha^3}{1-\beta}+\frac{\beta^3}{1-\alpha}$$

の最小値を求めよ。

第 2 問

座標平面上の放物線 $y=3x^2-4x$ を C とおき，直線 $y=2x$ を ℓ とおく。実数 t に対し，C 上の点 $\mathrm{P}\,(t,\, 3t^2-4t)$ と ℓ の距離を $f(t)$ とする。

(1) $-1 \leqq a \leqq 2$ の範囲の実数 a に対し，定積分

$$g(a)=\int_{-1}^{a} f(t)\,dt$$

を求めよ。

(2) a が $0 \leqq a \leqq 2$ の範囲を動くとき，$g(a)-f(a)$ の最大値および最小値を求めよ。

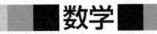

第　3　問

黒玉3個，赤玉4個，白玉5個が入っている袋から玉を1個ずつ取り出し，取り出した玉を順に横一列に12個すべて並べる。ただし，袋から個々の玉が取り出される確率は等しいものとする。

(1) どの赤玉も隣り合わない確率 p を求めよ。

(2) どの赤玉も隣り合わないとき，どの黒玉も隣り合わない条件付き確率 q を求めよ。

第　4　問

半径1の球面上の相異なる4点 A, B, C, D が

$$\mathrm{AB}=1,\quad \mathrm{AC}=\mathrm{BC},\quad \mathrm{AD}=\mathrm{BD},\quad \cos\angle\mathrm{ACB}=\cos\angle\mathrm{ADB}=\frac{4}{5}$$

を満たしているとする。

(1) 三角形 ABC の面積を求めよ。

(2) 四面体 ABCD の体積を求めよ。

設問

(一)「観念の錠剤のように定義されやすい」(傍線部ア)とはどういうことか、説明せよ。

(二)「言葉にたいする一人のわたしの自律」(傍線部イ)とはどういうことか、説明せよ。

(三)「『公共』の言葉、『全体』の意見というような口吻をかりて合言葉によってかんがえる」(傍線部ウ)とはどういうことか、説明せよ。

(四)「一つの言葉は、そこで一人のわたしが他者と出会う場所である」(傍線部エ)とはどういうことか、説明せよ。

〔解答欄〕(一)～(四)各約一三・五センチ×二行

言葉というものを、それを信じるものとしてでなく、むしろそれによってみずから疑うことを可能にするものとしてかんがえたい。わたしたちはふつう他者を、じぶんとの平等においてみとめるのではなく、じぶんとの差異においてみとめる。この単純な原理を活《い》かすすべを、わたしたちの今日の言葉の大勢はどこか決定的に欠いているのではないか。「私」については饒舌《じょうぜつ》に語りえても、他者について非常にまずく、すくなくしか語ることのできない言葉だ。そうしたわたしたちのもつ今日の言葉の足腰のよわさは、「共通の言葉」をのぞんでいまだそれをじゅうぶんに獲得しえないでいる結果であるというよりは、むしろ、わたしたちの言葉がみずから「差異の言葉」であることを正面きって受けいれることができないままできたことの必然の結果、なのではないだろうか。

たがいのあいだにある差異をじゅうぶん活かしてゆけるような「差異の言葉」をつくりだしてゆくことが、ひつようなのだ。わたしたちはたがいに現にさまざまなかたち、位相で、差異をもちあっているのだから、一つひとつの言葉をとおして、わたしたちがいま、ここに何を共有しえていないかを確かめてゆく力を、じぶんにもちこたえられるようにする。言葉とはつまるところ、一人のわたしにとってひつような他者を発見することなのだ、とおもう。わたしたちは言葉をとおして他者をみいだし、他者をみいだすことによって避けがたくじぶんの限界をみいだす。一つの言葉は、そこで一人のわたしが他者と出会う場所である。たいせつなのは、だから、わたしたちの何がおなじか、をでなく、何がちがうかを、まっすぐに語りうる言葉なのだ。

（長田弘『詩人であること』による）

〔注〕○割れない手形――現金化できない証券。

ども、わたしがはじめてそれらの言葉をおぼえたのは、子どものころ暮らしていた川のある地方都市に新しくつくられた「平和通り」「文化通り」という二つの街路の名によって、日々の光景のなかに開かれた街路の具体的な名をとおしてだった。

「舟場町」といった江戸以来の町名、「万世町」といった明治以来の町名をもつ古い小都市にできた「平和通り」「文化通り」といった人通りのおおい新しい街路の名は、いかにも戦後という時代をかんじさせるものだった。たかが街の通りの名というだけにすぎないかもしれないが、しかしわたしたちが戦後という一つの時代を経験することがなかったならば、そうした言葉をそんなふうなしかたで知るということはおそらくなかっただろう。「平和」という言葉、「文化」という言葉についてかんがえるとき、いまもまずおもいうかぶのは、わたしのそだった地方の小都市の、殺風景だったが、闊然《かつぜん》としていた街路のイメージである。

一つの言葉がじぶんのなかにはいってくる。そのはいってくるきかたのところから、その言葉の一人のわたしにとっての関係の根をさだめてゆくことをしなければ、イ言葉にたいする一人のわたしの自律をしっかりとつくってゆくことはできない。言葉にたいする一人のわたしの自律がつらぬかれなければ、「そうとおもいたい」言葉にじぶんを預けてみずからあやしむことはないのだ。「そうとおもいたい」言葉にくみするということは、言葉を一人のわたしの経験をいれる容器としてでなく、言葉を社会の合言葉のようにかんがえるということである。

わたしたちの戦後の言葉が、たがいにもちあえる「共通の言葉」をのぞみながら、そのじつウ「公共」の言葉、「全体」の意見というような口吻《こうふん》をかりて合言葉によってかんがえる、一人のわたしの自律をもたない言葉との関係を、社会的につくりだしてきたということがなかったか、どうなのか。合言葉としての言葉は、その言葉によってたがいのあいだに、まずもって敵か味方かという一線をどうしようなく引いてしまうような言葉である。しかし、言葉を合言葉としてつかって、逆に簡単に独善の言葉にはしって、たがいのあいだに敵か味方かというしかたでしか差異をみない、あるいはみとめないような姿勢が社会的につくられてゆくことへの怖《おそ》れが、わたしのなかには打ち消しがたくあり、わたしは言葉というものを先験的に、不用意に信じきるということはできない。

(三)「後 言」（傍線部 e）とあるが、これは誰のどのような発言を指すか、簡潔に説明せよ。

(四)「顛 而 不レ扶、安 用ニ彼 相一」（傍線部 f）とあるが、何を言おうとしているのか、本文の趣旨を踏まえてわかりやすく説明せよ。

〔解答欄〕(三)・(四)各約一三・五センチ×一・五行

第四問

次の文章を読んで、後の設問に答えよ。

それぞれに独自の、特殊な、具体的な経験の言葉を、「公共」の言葉や「全体」の意見というレベルに抽象して引きあげてしまうとき、そうした公準化の手つづきのうちにみうしなわれやすいのは、それぞれのもつとりかえのきかない経験を、それぞれに固有なしかたで言葉化してゆく意味＝方向をもった努力なのだ。たとえどのように仮構の言葉であっても、言葉は、その言葉をどう経験したかという一人の経験の具体性の裏書きなしには、その額面がどんなにおおきくとも割れない手形でしかない、ただ「そうともいいたい」言葉であるしかできない。

たとえば、「平和」や「文化」といったような言葉に、わたしはどんなふうに出会ったかをおもいだす。「平和」も「文化」も、どのようにも抽象的なしかたで、誰もが知ってて誰もが弁《わきま》えていないような言葉として、ア観念の錠剤のように定義されやすい言葉だけれ

曽位極《メ》二台司《ヲ》一、名器崇重《ナリ》。当《ニ》《シ》二c直レ辞正《せい》諫《かんシ》、論《ジテ》レ道《ヲ》d佐レ時。今乃《チ》退《キテハ》有《リ》二e後言一、進《ミテハ》無《シ》二廷《てい》諍《さう》一。以《テ》為《スハ》二明智《ト》一、不二亦《タ》謬《あやまリナラ》一乎。f顚《たふレテ》而不《ンバ》レ扶《たすケ》、安《クンゾ》用《ヰンヤ》二彼《ノ》相《ヲ》一。

（『貞観政要』による）

〔注〕○晋武帝――司馬炎（二三六～二九〇）、魏から禅譲を受けて晋を建てた。　○呉――国の名。
○驕奢――おごってぜいたくであること。
○何曽――魏と晋に仕えた人物（一九九～二七八）。子に劭、孫に綏がいる。
○淫刑――不当な刑罰。　○将順――助け従う。　○匡救――正し救う。
○台司――最高位の官職。　○名器――名は爵位、器は爵位にふさわしい車や衣服。
○廷諍――朝廷で強く意見を言うこと。　○相――補助する者。

設問

㈠　傍線部ｂ・ｃ・ｄを平易な現代語に訳せ。

㈡　「爾身猶可二以免一」（傍線部ａ）を、「爾」の指す対象を明らかにして、平易な現代語に訳せ。

第三問

次の文章は唐の太宗、李世民（在位六二六〜六四九）が語った言葉である。これを読んで、後の設問に答えよ。ただし、設問の都合で送り仮名を省いたところがある。

朕聞《ク》晋《ノ》武帝自《リ》レ平《ゲ》レ呉《ヲ》已後、務《メ》在《リ》二驕《けう》奢《しやニ》一、不三復《タ》留《メ》二心《ヲ》治政《ニ》一。何曽《かそう》退《キ》レ朝《ヨリ》、謂《ヒテ》二其《ノ》子劭《せうニ》一曰《ハク》、「吾毎《ニ》レ見《ユル》二主上《ニ》一、不レ論《ゼ》二経国《ノ》遠図《ヲ》一、但《ダ》説《ク》二平生《ノ》常語《ヲ》一。此非《ザル》下貽《のこス》二厥《そノ》子孫《ニ》一者《ニ》上也。a爾《なんぢ》身猶可二以免《ル》一。」指《サシテ》二諸孫《ヲ》一曰《ハク》、「此等《ら》必《ズ》遇《ヒテ》レ乱《ニ》死《セント》。」及《ビ》二孫《ノ》綏《すいニ》一、果《シテ》為《ル》二淫刑《ノ》所《ところ》レ戮《ス》。b前史美レ之、以《テ》為《ス》レ明《カナリト》二於先見《ニ》一。

朕《ガ》意《ハ》不レ然《ラ》。謂《おもヘラク》曽之不忠《ハ》、其《ノ》罪大《ナリ》矣。夫《レ》為《リテハ》二人臣《ト》一、当《ニ》《シ》下進《ミテハ》思《ヒ》レ竭《つクサンコトヲ》レ誠《ヲ》、退《キテハ》思《ヒ》レ補《ハンコトヲ》レ過《チヲ》、将二順《シ》其《ノ》美《ヲ》一、匡《きやう》中救《きうス》其《ノ》悪《ヲ》上。所二以共《ニ》為《ス》レ治《ヲ》也。

設問

㈠ 傍線部ア・イ・ウを現代語訳せよ。

㈡ 「何れも得たる事なり」（傍線部エ）について、「何れも」の中身がわかるように現代語訳せよ。

㈢ 僧が「一滴も飲まず」（傍線部オ）と言ったのはなぜか、説明せよ。

㈣ 「中々とかく申すばかりなくして」（傍線部カ）について、状況がわかるように現代語訳せよ。

㈤ 「心も卑しくなりにけり」（傍線部キ）とはどういうことか、具体的に説明せよ。

〔解答欄〕㈢・㈤各約一三・五センチ×一行

「安きことにて候ふ。参るほどにては、仰せに従ふべし。エ何《いづ》れも得たる事なり。殊《こと》に祈禱は吾《わ》が宗の秘法なり。必ず霊験あるべし」と云ふ。

「さて、酒はきこしめすや」と申す。大方はよき上戸《じやうご》にてはあれども、「酒を愛すと云ふは、信仰《しんがう》薄からん」と思ひて、「いかにも貴《たつと》げなる体《てい》ならん」と思ひて、オ「一滴も飲まず」と云ふ。「しからば」とて、温かなる餅《もち》を勧《すす》めけり。よりて、大般若経の啓白《けいびやく》して、かの餅を食はしめて、「これは大般若の法味《ほふみ》、不死の薬にて候ふ」とて、病者《びやうじや》に与へけり。病者貴く思ひて、臥《ふ》しながら合掌《がつしやう》して、三宝諸天《さんぼうしよてん》の御恵みと信じて、一口に食ひけるほどに、日ごろ不食《ふじき》の故、疲れたる気《け》にて、食ひ損じて、むせけり。女房、子供、抱へて、とかくしけれども、かなはずして、息絶えにければ、カ中々とかく申すばかりなくして、「孝養《けうやう》の時こそ、案内《あない》を申さめ」とて返しけり。

帰る路《みち》にて、風波荒くして、浪を凌《しの》ぎ、やうやう命助かり、衣裳《いしやう》以下《いげ》損失す。また今一所の経営は、布施、巨多《こた》なりける。これも、耳の福売りたる効《しるし》かと覚えたり。万事齟齬《そご》する上、キ心も卑しくなりにけり。

〔注〕○耳のびく――耳たぶ。　○五百文――「文」は通貨単位。千文が銭一貫（一貫文）に相当する。
○相者――人相見。　○世間不階――暮らし向きがよくないこと。
○逆修――生前に死後の冥福を祈る仏事を修すること。
○不例――病気。　○真読の大般若――『大般若経』六百巻を省略せずに読誦《どくじゆ》すること。　○無下――最悪。　○八旬――八十。
○置き物――ここでは、手に入ったも同然なことをいう。　○啓白――法会の趣旨や願意を仏に申し上げること。
○法味――仏法の妙味。　○孝養――亡き親の追善供養。

第二問

次の文章は『沙石集《しやせきしゆう》』の一話「耳売りたる事」である。これを読んで、後の設問に答えよ。

南都に、ある寺の僧、耳のびく厚きを、ある貧《ひん》なる僧ありて、「アたべ。御坊《ごばう》の耳買はん」と云《い》ふ。「とく買ひ給へ」と云ふ。「いかほどに買ひ給はん」と云ふ。「五百文《もん》に買はん」と云ふ。「さらば」とて、銭《ぜに》を取りて売りつ。その後《のち》、京へ上《のぼ》りて、相者《さうじや》のもとに、耳売りたる僧と同じく行く。相して云はく、「福分《ふくぶん》おはしまさず」と云ふ時に、耳買ひたる僧の云はく、「あの御坊の耳、その代銭《だいせん》かくのごとき数にて買ひ候《さうら》ふ」と云ふ。「さては御耳にして、明年の春のころより、御福分かなひて、御心安からん」と相す。さて、耳売りたる僧をば、「イ耳ばかりこそ福相《ふくさう》おはすれ、その外《ほか》は見えず」と云ふ。かの僧、当時まで世間不階《せけんふかい》の人なり。「かく耳売る事もあれば、貧窮《びんぐう》を売ることもありぬべし」と思ひ、南都を立ち出でて、東《あづま》の方に住み侍《はべ》りけるが、学生《がくしやう》にて、説法などもする僧なり。

ある上人《しやうにん》の云はく、「老僧を仏事に請《しやう》ずる事あり。身老いて道遠し。ウ予に代はりて、赴き給へかし。ただし三日路《みつかぢ》なり。想像するに、施物《せもつ》十五貫文《くわんもん》には過ぐべからず。またこれより一日路《ひとひぢ》なる所に、ある神主の有徳《うとく》なるが、七日逆修《ぎやくしゆ》をする事あり。これも予を招請《せうしやう》すといへども行かんことを欲せず。これは、一日に無下《むげ》ならば五貫、ようせば十貫づつはせんずらん。公《こう》、いづれに行き給はん」と云ふ。かの僧、「仰《おほ》すまでもなし。遠路を凌《しの》ぎて、十五貫文など取り候はんより、一日路行きて七十貫こそ取り候はめ」と云ふ。「しからば」とて、一所へは別人《べつにん》をして行かしむ。神主のもとへはこの僧行きけり。

既に海を渡りて、その処《ところ》に至りぬ。神主は齢《よはひ》八旬《はちじゆん》に及びて、病床に臥《ふ》したり。子息申しけるは、「老体の上、不例《ふれい》日久しくして、安泰頼み難く候へども、もしやと、先《ま》づ祈禱《きたう》に、真読《しんどく》の大般若《だいはんにや》ありたく候ふ」と申す。「また、逆修は、いかさま用意仕《つかまつ》り候ひて、やがてひきつぎ仕り候はん」と云ふ。この僧思ふやう、「先づ大般若の布施《ふせ》取るべし。また逆修の布施は置き物」と思ひて、

㈡　「仮面は憑依を前提としなくなっても存続しうる」（傍線部イ）とはどういうことか、説明せよ。

㈢　「他者と私とのあいだの新たな境界となる」（傍線部ウ）とはどういうことか、説明せよ。

㈣　「『異界』と自分自身とを、つかの間にせよ、可視的なかたちでつかみ取るための装置」（傍線部エ）とはどのようなことを言っているのか、本文全体の趣旨を踏まえて一〇〇字以上一二〇字以内で説明せよ（句読点も一字と数える）。

㈤　傍線部ａ・ｂ・ｃのカタカナに相当する漢字を楷書で書け。

ａ　シュリョウ　　ｂ　トげて　　ｃ　ショウゲキ

〔解答欄〕㈠～㈢各約一三・五センチ×二行

りない私の顔に、固定し対象化したかたどりを与えるのである。したがって、「仮面をかぶると、それまでの自分とは違った自分になったような気がする」という、人びとが漏らす感想も、固定された素顔から別のかたちに固定された顔への変化にともなう感想なのではない。それはむしろ、常に揺れ動き定まることのなかった自身の可視的なありかたが、はじめて固定されたことにともなうｃショウゲキの表明としてうけとられるべきである。また、精霊の仮面をかぶった男が精霊に憑依されたと確信するのも、そしてウルトラマンの仮面をかぶった少年がウルトラマンに「なりきれる」のも、仮面によってかぶり手の世界に対する関係がそのかたちに固定されてしまうからにほかならない。

仮面は、私たちにとって自分の目ではけっしてとらえられない二つの存在、すなわちエ「異界」と自分自身とを、つかの間にせよ、可視的なかたちでつかみ取るための装置なのである。

（吉田憲司「仮面と身体」による）

〔注〕　○ディオニソス――ギリシア神話の酒の神。

　　　○和辻哲郎――日本の倫理学者（一八八九～一九六〇）。

設　問

㈠　「その意味で、仮面の探求は、人間のなかにある普遍的なもの、根源的なものの探求につながる可能性をもっている」（傍線部ア）とはどういうことか、説明せよ。

ちろん、世界を広くみわたしたとき、顔の前につける仮面は、必ずしも一般的だとはいえない。むしろ、顔と体の全体を覆ってしまうかぶりもののほうが多数を占めるかもしれない。しかし、その場合でも、顔が隠されることが要件であることは間違いない。

　変身にとって、顔を隠すこと、顔を変えることが核心的な意味をもつ理由をはじめて明確に示したのは、和《わ》辻《つじ》哲郎であった。私たちは、たとえ未知の他人《ひと》であっても、その他人の顔を思い浮かべることなしに、その他人とかかわることはできない。また、肖像画や肖像彫刻にみるように、顔だけで人を表象することはできても、顔を除いて特定の人物を表象することはできない。このような経験をもとに、和辻は「人の存在にとっての顔の核心的意義」を指摘し、顔はたんに肉体の一部としてあるのでなく、「肉体を己れに従える主体的なるものの座、すなわち人格の座」を占めていると述べたのであった。

　この和辻の指摘の通り、確かに私たちの他者の認識の方法は顔に集中している。逆にいえば、他者もまた私の顔から私についてのもっとも多くの情報を得ているということになる。しかし、他者が私を私として認知する要《かなめ》となるその顔を、私自身は見ることができない。自分の身体でも他の部分なら鏡を使わずになんとか見えるのに、顔だけは絶対に見ることができないのである。和辻の言葉を借りていえば、顔は私の人格の座であるはずなのに、その顔は私にとってもっとも不可知な部分として、終生、私につきまとうことになる。

　顔は、しかも身体のなかでも、時々刻々ともっとも大きな変化をトげている部分であろう。喜ぶとき、悲しむとき、笑うとき、苦しむとき、顔はひとときとして同じ状態でそこにあることはない。

　もっとも他者から注目され、もっとも豊かな変化を示すにもかかわらず、けして自分ではみることのできない顔。仮面は、まさにそのような顔につけられる。そして、他者と私とのあいだの新たな境界となる。

　ここで仮面が、木製のものと繊維製のものとを問わず、それぞれにほぼ定まった形をもったものだという点を忘れてはならない。そのうえ、私たちは、その仮面、自分と他者との新たな境界を、自分の目で見て確かめることができる。仮面は、変転きわまローたちの活躍もまた、それと同じ欲求に根ざしているのである。

　ここでは、仮面が神や霊など、異界の力を可視化し、コントロールする装置であることを強調してきた。しかし、そのような装置は少なくとももうひとつある。神霊の憑依《ひょうい》、つまり憑霊である。しかも、仮面は、これまで、憑依の道具として語られることが多かった。いちいち引用の出典を記すまでもない。仮面をかぶった踊り手には、霊が依り憑《つ》き、踊り手はその霊になりきるのだ。あるいは、仮面をかぶった踊り手はもはや仮面をかぶる前の彼ではない、それは神そのものだといった議論は、世界各地の仮面についての民族誌のなかに数多く見いだされる。

　たしかに、神や精霊に扮《ふん》した者は、少なくとも何がしか神や精霊の属性を帯びることになるという信念が維持されていなければ、彼らとかかわることで福や幸運が享受できるかもしれないという、かすかな期待を人びとが抱くことすら不可能になる。その意味で、儀礼における仮面と憑依との結びつきは、動かしえない事実のようである。

　しかし、その一方で神事を脱し芸能化した仮面や子どもたちが好んでかぶる仮面に、憑依という宗教的な体験を想定することはできない。仮面のありかたの歴史的変化が語っているのは、イ仮面は憑依を前提としなくなっても存続しうるという事実である。そしてその点で、仮面は決定的に霊媒と異なる。霊媒は憑依という信念が失われた瞬間、存立しえなくなるからである。

　仮面と憑依の相同性を強調した従来の議論に反して、民族誌的事実と歴史的事実は、このように、ともに仮面と憑依との違いを主張している。仮面は憑依と重なりあいつつも、それとは異なる固有の場をもっているのである。では、その固有性とは何か。それを考えるには、顔をもうひとつの顔で覆うという、仮面の定義に戻る以外にないであろう。そして、その定義において、仮面が人間の顔ないし身体をその存立の与件としている以上、仮面の固有性の考察も、私たちの身体とのかかわりにおいて進められなければならない。以下では、仮面を私たちの身体的経験に照らして考察することにする。

　仮面と身体とのかかわり。それはいうまでもなく、仮面が顔、素顔の上につけられるものだという単純な事実に求められる。も様性がみられる一方で、随所に、地域や民族の違いを越えて、驚くほどよく似た慣習や信念がみとめられるという事実である。相互に民族移動や文化の交流がおこったとは考えられない、遠く隔たった場所で酷似した現象がみとめられるというのは、やはり一定の条件のもとでの人類に普遍的な思考や行動のありかたのあらわれだと考えてよい。ア その意味で、仮面の探求は、人間のなかにある普遍的なもの、根源的なものの探求につながる可能性をもっている。

地域と時代を問わず、仮面に共通した特性としてあげられるのは、それがいずれも、「異界」の存在を表現したものだという点である。ヨーロッパでいえば、ギリシアのディオニソスの祭典に用いられた仮面から、現代のカーニヴァルに登場する異形の仮面や魔女の仮面まで、日本でいえば、能・狂言や民俗行事のなかで用いられる神がみや死者の仮面から、現代の月光仮面（「月からの使者」といわれる）やウルトラマン（M78星雲からやって来た人類の味方）に至るまで、仮面はつねに、時間の変わり目や危機的な状況において、異界から一時的に来たり、人びとと交わって去っていく存在を可視化するために用いられてきた。それは、アフリカやメラネシアの葬儀や成人儀礼に登場する死者や精霊の仮面についてもあてはまる。そこにあるのは、異界を、山や森に設定するか、月に設定するか、あるいは宇宙の果てに設定するかの違いだけである。たしかに、知識の増大とともに、人間の知識の及ばぬ世界＝異界は、村をとりまく山や森から、月へ、そして宇宙へと、どんどん遠くへ退いていく。しかし、世界を改変するものとしての異界の力に対する人びとの憧憬《しょうけい》、異界からの来訪者への期待が変わることはなかったのである。

ただ、忘れてならないのは、人びとはその仮面のかぶり手を、あるときは歓待し、あるときは慰撫《いぶ》し、またあるときは痛めつけてきたということである。仮面は異界からの来訪者を可視化するものだとはいっても、それはけっして視《み》られるためだけのものではない。それは、あくまでもいったん可視化した対象に人間が積極的にはたらきかけるための装置であった。仮面は、大きな変化や危機に際して、人間がそうした異界の力を一時的に目にみえるかたちにし、それにはたらきかけることで、その力そのものをコントロールしようとして創《つく》りだしてきたもののように思われる。そして、テレビの画面のなかで繰り広げられる現代の仮面のヒー

国語

（一五〇分）

（注）解答は、一行の枠内に二行以上書いてはいけない。

第一問

次の文章を読んで、後の設問に答えよ。

いまさらいうまでもなく、仮面はどこにでもあるというものではない。日本の祭に常に仮面が登場するわけではない。世界に視野を広げても、仮面を有する社会は、一部の地域にしか分布しない。オセアニアでは、メラネシアでしか、仮面はつくられていない。アフリカなら赤道をはさんで南北に広がる熱帯雨林やウッドランド、サヴァンナ地帯だけで仮面がつくられている。南北アメリカやユーラシアでは広い範囲で仮面の制作と使用が確認できるが、それでもすべての社会に仮面が存在するというわけではない。いまひとつ、仮面が農耕やa シュリョウ・漁撈《ぎょろう》・採集を主たる生業とする社会にはみられても、牧畜社会にはみられないという点も忘れてはならない。いずれにせよ、仮面は、人類文化に普遍的にみられるものではけっしてない。

ただ、世界の仮面の文化を広くみわたして注目されるのは、仮面の造形や仮面の制作と使用を支える組織のありかたに大きな多

////////////////////// · memo · //////////////////////

2022年度

問題編

■前期日程

問題編

▶試験科目・配点

教　科	科　　目	配　点
外国語	「コミュニケーション英語Ⅰ・Ⅱ・Ⅲ」，ドイツ語，フランス語，中国語から１外国語を出願時に選択。英語試験の一部分に聞き取り試験（30分程度）を行う。 　ただし，英語の選択者に限り，英語の問題の一部分に代えて，ドイツ語，フランス語，中国語，韓国朝鮮語のうちから１つを試験場で選択することができる。	120点
地　歴	日本史Ｂ，世界史Ｂ，地理Ｂから２科目を出願時に選択	120点
数　学	数学Ⅰ・Ⅱ・Ａ・Ｂ	80点
国　語	国語総合，国語表現，現代文Ｂ，古典Ｂ	120点

▶備　考

- 英語以外の外国語は省略。
- 数学Ⅰ，数学Ⅱ，数学Ａは全範囲から，数学Ｂは「数列」，「ベクトル」から出題する。

英語

（120分）

（注　意）

1．3は聞き取り問題である。問題は試験開始後45分経過した頃から約30分間放送される。

2．解答は，5題を越えてはならない。

3．5題全部英語の問題を解答してもよいし，また，4・5の代わりに他の外国語の問題Ⅳ・Ⅴを選んでもよい。ただし，ⅣとⅤとは必ず同じ外国語の問題でなければならない。

（他の外国語の問題は省略 ― 編集部）

1 (A)　以下の英文を読み，その内容を70〜80字の日本語で要約せよ。句読点も字数に含める。

Table manners are as old as human society itself, the reason being that no human society can exist without them. The active sharing of food — not consuming all the food we find on the spot, but carrying some back home and then giving it out systematically — is believed, even nowadays, to lie at the root of what makes us different from animals. Birds, dogs, and hyenas carry home food for their young until they are ready to find food for themselves, and chimpanzees may even demand and receive pieces of meat from other adults in their group. (Chimpanzees apparently exhibit this behaviour only on the occasions when they consume meat; their main, vegetable diet they almost invariably eat where they find it, without sharing.) Only people actively, regularly, and continuously work on the distribution of their food.

This activity is based on and probably helped give rise to many basic human characteristics, such as family and community (who belongs with whom; which people eat together), language (for discussing food past, present, and future, for planning the acquisition of food, and deciding how to divide it out while preventing fights), technology (how to kill, cut, keep, and carry), and morality (what is a fair portion?). The basic need of our stomachs for food continues to supply a good deal of the driving force behind all of human enterprise: we have to hunt for food, fight for it, find it, or sow it and wait for it to be ready; we then have to transport it, and distribute it before it goes rotten. It is in addition easier for us to consume food chopped, ground, cooked, or left to soften. Civilization itself cannot begin until a food supply is assured. And where food is concerned we can never stop; appetite keeps us at it.

The active sharing out of what we are going to eat is only the beginning. We cannot help being choosy about our food: preference enters into every mouthful we consume. We play with food, show off with it, honour and despise it. The main rules about eating are simple: if you do not eat you die; and no matter how large your dinner, you will soon be hungry again. Precisely because we must both eat and keep on eating, human beings have poured enormous effort into making food more than itself, so that it bears multiple meanings beyond its primary purpose of physical nutrition.

(B)　以下の英文を読み，(ア)，(イ)の問いに答えよ。

One evening Adam Mastroianni was reluctantly putting on his bow tie for yet another formal party at the University of Oxford that he had no interest in attending. Inevitably, Mastroianni, then a master's student in psychology at the university, knew that he would be stuck in some endless

出典追記：(A) The Rituals of Dinner by Margaret Visser, Penguin Books Ltd.

conversation that he did not want, with no way to politely excuse himself. Even worse, he suddenly realized, he might unknowingly be the one to set up unwanted conversation traps for others. "What if both people are thinking exactly the same thing, but we're both stuck because we can't move on when we're really done?" he wondered.

Mastroianni's idea may have been on the mark. A recent study reports on what researchers discovered when they climbed into the heads of speakers to gauge their feelings about how long a particular conversation should last. [(1)] In fact, people are very poor judges of when their partner wishes to stop it. In some cases, however, people were dissatisfied not because the conversation went on for too long but because it was too short.

"Whatever you think the other person wants, you may well be wrong," says Mastroianni, who is now a psychology research student at Harvard University. "So you might as well leave at the first time it seems appropriate because it's better to be left wanting more than less."

Most past research about conversations has been conducted by linguists or sociologists. Psychologists who have studied conversations, on the other hand, have mostly used their research as a means of investigating other things, such as how people use words to persuade. A few studies have explored what phrases individuals say at the ends of conversations, but the focus has not been on when people choose to say them. "Psychology is just now waking up to the fact that this is a really interesting and fundamental social behavior," Mastroianni says.

He and his colleagues undertook two experiments to examine the dynamics of conversation. In the first, they quizzed 806 online participants about the duration of their most recent conversation. [(2)] The individuals involved reported whether there was a point in the conversation at which they wanted it to end and estimated when that was in relation to when the conversation actually ended.

In the second experiment, held in the lab, the researchers split 252 participants into pairs of strangers and instructed them to talk about whatever they liked for anywhere from one to 45 minutes. Afterward the team asked the subjects (イ) and to guess about their partner's answer to the same question.

Mastroianni and his colleagues found that only two percent of conversations ended at the time both parties desired, and only 30 percent of them finished when one of the pair wanted them to. In about half of the conversations, both people wanted to talk less, but the points they wanted it to end were usually different. [(3)] To the researchers' surprise, they also found that it was not always the case that people wanted to talk less: in 10 percent of conversations, both study participants wished their exchange had lasted longer. And in about 31 percent of the interactions between strangers, at least one of the two wanted to continue.

Most people also failed at guessing their partner's desires correctly. When participants guessed at when their partner had wanted to stop talking, they were off by about 64 percent of the total conversation length.

That people fail so completely in judging when a conversation partner wishes to end the conversation "is an astonishing and important finding," says Thalia Wheatley, a social psychologist at Dartmouth College, who was not involved in the research. Conversations are otherwise "such an elegant expression of mutual coordination," she says. "And yet it all falls apart at the end because we just can't figure out when to stop." This puzzle is probably one reason why people like to have talks over coffee, drinks or a meal, Wheatley adds, because "the empty cup or plate gives us a way out — a critical conversation-ending cue."

Nicholas Epley, a behavioral scientist at the University of Chicago, who was not on the research team, wonders what would happen if most conversations ended exactly when we wanted them to. " [(4)] " he asks.

While this cannot be determined in the countless exchanges of everyday life, scientists can design an experiment in which conversations either end at precisely the point when a participant first wants to stop or continue for some point beyond. "Do those whose conversations end just when they want them to actually end up with better conversations than those that last longer?" Epley asks. "I don't know, but I'd love to see the results of that experiment."

The findings also open up many other questions. Are the rules of conversation clearer in other cultures? Which cues, if any, do expert conversationalists pick up on? [(5)]

"The new science of conversation needs rigorous descriptive studies like this one, but we also need causal experiments to test strategies that might help us navigate the important and pervasive challenges of conversation," says Alison Wood Brooks, a professor of business administration at Harvard Business School, who was not involved in the study. "I think it's pretty wild, and yet we're just beginning to rigorously understand how people talk to each other."

注
linguist　言語学者

(ア)　空所 (1) ～ (5) に入れるのに最も適切な文を以下の a) ～ f) より一つずつ選び，マークシートの (1) ～ (5) にその記号をマークせよ。ただし，同じ記号を複数回用いてはならない。

a)　How is it possible for anybody to correctly guess when their partner wants to start the conversation?

b)　How many new insights, novel perspectives or interesting facts of life

出典追記：People Literally Don't Know When to Shut Up—or Keep Talking—Science Confirms, Scientific American on March 1, 2021 by Rachel Nuwer have we missed because we avoided a longer or deeper conversation that we might have had with another person?

c)　Most of them had taken place with a family member or friend.

d)　Participants in both studies reported, on average, that the desired length of their conversation was about half of its actual length.

e)　The team found that conversations almost never end when both parties want them to.

f)　What about the dynamics of group chats?

(イ)　下に与えられた語を正しい順に並べ替え，空所(　イ　)を埋めるのに最も適切な表現を完成させ，記述解答用紙の 1 (B)に記入せよ。

been　　conversation　　have　　have　　liked

over　　the　　they　　to　　when　　would

2 (A)　「芸術は社会の役に立つべきだ」という主張について，あなたはどう考えるか。理由を添えて，60～80 語の英語で述べよ。

(B)　以下の下線部を英訳せよ。

旅人は遠い町にたどりつき，街路樹や家並み，ショーウインドウの中の商品や市場に並べられた野菜や美術館に飾られた絵画を眺めて歩き，驚き，感心し，時には不安を覚える。旅人は，その町に長年住んでいる人たちよりもずっとたくさんのものを意識的に見るだろう。しかし，いくら大量の情報を目で吸収しても旅人はあくまで「よそ者」，あるいは「お客様」のままだ。外部に立っているからこそ見えるものがあるのだから，それはそれでいいのだが，わたしなどは，もし自分が旅人ではなく現地人だったらこの町はどんな風に見えるのだろう，と考えることも多い。

(多和田葉子『溶ける街　透ける路』)

3 放送を聞いて問題(A)，(B)，(C)に答えよ。(A)，(B)，(C)のいずれも 2 回ずつ放送される。

・聞き取り問題は**試験開始後 45 分**経過した頃から約 30 分間放送される。

・放送を聞きながらメモを取ってもよい。

・放送が終わったあとも，この問題の解答を続けてかまわない。

(A) これから放送するのは，オウム貝の一種である crusty nautilus の生体を発見した記録である。これを聞き，(6) ～ (10) の問題に対して，最も適切な答えを一つ選び，マークシートの (6) ～ (10) にその記号をマークせよ。

注

crust 外殻	ecosystem 生態系
buoy ブイ(浮標)	coral reef サンゴ礁

(6) The speaker became interested in the crusty nautilus because

a) as a marine biologist, she is interested in the life cycle of the creatures.

b) empty shells seen on the beach suggested that it may have died out.

c) from an interest in conservation, she wanted to know whether they still exist.

d) marine biologists have speculated that the crust on its shell only forms in certain areas.

e) the crust covering the creature is environmentally significant.

(7) The speaker felt that the trip should be undertaken soon because

a) deep-sea ecosystems may be under threat, and gathering information could help preserve them.

b) due to climate change, deep-sea environments are changing rapidly.

c) it was important to capture the creatures on video before they died out.

d) mining companies were moving to prevent environmental research in the area.

e) waste from mining on the land in Papua New Guinea was affecting the nearby sea.

(8) After flying to Papua New Guinea from Brisbane, the team travelled to

a) an island recently declared a protected area in order to meet local communities.

b) an island where the crusty nautilus was found alive in the 1980s.

c) greet a local community whose chief had declared the beach protected.

d) greet a small island community which had been trying to protect the crusty nautilus.

e) Manus Island, then to a smaller island to see some crusty nautiluses caught by locals.

(9) From the island, after taking a banana boat out to sea, the team lowered

a) a trap 300 metres deep, though this trap did not return anything.

b) traps overnight, but were disappointed to find the traps completely empty.

c) traps with buoys on the surface, but the buoys drifted away from the traps.

d) traps without realising that traps would not be useful in the fast currents.

e) two traps at the same depth, which both drifted during the night.

(10) After the initial disappointment,

a) based on advice from older fishermen, the team left the traps in the water longer.

b) rather than raising the traps, the speaker dived down to inspect them.

c) the team decided to use traps that the elder fishermen had successfully used in the past.

d) the team took the traps to where the creatures were last seen in 1984.

e) the traps were put in water not as deep as the first attempt.

(B)　これから放送する講義を聞き，(11) ~ (15) の問題に対して，それぞれ最も適切な答えを一つ選び，マークシートの (11) ~ (15) にその記号をマークせよ。

(11)　According to the speaker, the difficulty in investigating our own minds is that

a)　attempting to look at one's own mind necessarily modifies it.

b)　clarifying our own minds is not as simple as just turning on a light.

c)　in the same way that we cannot shine a light on a light itself, the mind cannot think of itself.

d)　it can be emotionally difficult to see the darkness in our thoughts.

e)　when we try to look at our own thoughts, it is unclear how to measure them.

(12)　According to psychologist Russell Hurlburt,

a)　in daily life we think in words, but with a surprisingly limited vocabulary.

b)　in normal circumstances, people do not have as many thoughts as they suppose.

c)　people assume that they think in words, but this is often not true.

d)　the words we use in our thoughts are a lot more varied than previously assumed.

e)　we use words to think in various situations.

(13)　In the small study involving 16 college students,

a)　after reading short stories, college students were asked to record their opinions.

b)　hardly any of the thoughts sampled involved inner speech and most were wordless.

c)　only a third of the thoughts students had while reading involved words.

d) over 25 percent of thoughts sampled involved inner speech.

e) while listening to short stories, college students were asked to think freely.

(14) In Famira Racy's research, the participants talked to themselves

a) about a wide variety of topics.

b) especially when walking and getting in and out of bed.

c) in emotional situations.

d) in the same way as they talk to other people.

e) mainly about other people.

(15) Jill Bolte Taylor's case is referred to as evidence that

a) as we get older, inner speech becomes more important to our identity.

b) brain damage can be affected by inner speech.

c) inner speech is important to our sense of self.

d) the lack of inner speech can lead us to reflect on who we are.

e) without inner speech, short-term memory disappears.

(C) これから放送する講義を聞き，(16) ~ (20) の問題に対して，それぞれ最も適切な答えを一つ選び，マークシートの (16) ~ (20) にその記号をマークせよ。

(16) According to the lecture, what is forensics?

a) The analysis of the reliability of enhanced audio recordings.

b) The analysis of witness accounts.

c) The use of advanced technology in criminal courts.

d) The use of DNA evidence to convict a suspect.

e) The use of scientific methods to investigate a crime.

(17) In this lecture, the instructor tells us that DNA evidence

a) can be too easy to manipulate in some cases.

b) can give a false sense of confidence to the court.

c) is certainly available.

d) is most likely inaccurate.

e) is not always reliable.

(18) According to the instructor, it is

a) challenging to identify specific voices.

b) difficult to know whether a person is tired from a recording.

c) easy to match a voice with a recording.

d) important to record witness statements.

e) impossible to use a recording to convict a criminal.

(19) Which of the following statements about "enhanced audio recordings" is NOT correct?

a) It can give the listeners a false impression.

b) It is produced by manipulating the speech signal.

c) It is sometimes presented to criminal courts.

d) It makes the court more confident.

e) It makes the recording easier to understand.

(20) According to the instructor, the transcript of the audio recording

a) can be misleading.

b) can never be used in court.

c) is fairly reliable.

d) is usually of very poor quality.

e) must be presented to the court.

4 (A) 以下の英文の段落 (21) ～ (25) にはそれぞれ誤りがある。修正が必要な下線部を各段落から一つずつ選び，マークシートの (21) ～ (25) にその記号をマークせよ。

(21) I learnt several things from my conversations with Ian Stephens, (a)most profoundly why the suppression of public discussion can be disastrous for a population, even helping to bring about a famine. A government that generates a disaster like this may have (b)some chance of escaping public anger if the news of (c)it is to be effectively suppressed, so that it doesn't have to face criticism of its policy failure. That is what the British achieved, to some extent, (d)in the case of the Bengal famine. It was only after Stephens spoke up that the British Parliament had to discuss the famine and the British press demanded (e)that it be stopped immediately. It was only then that the colonial government had to take action.

(22) Public discussion clearly has (a)an important role in determining how a society performs. John Maynard Keynes's emphasis on persuasion (b)fits in very well with John Stuart Mill's advocacy of (c)public reasoning in good policy-making. Mill's characterization of democracy as 'government by discussion' (d)belongs to the same territory. Those, incidentally, are not Mill's exact words, but those of Walter Bagehot — though Mill (e)had made the most for the idea to be understood.

(23) Public reasoning in pursuit of better decision-making (a)has been used not just in the post-Enlightenment Western world, but (b)in other societies and at other time, too. While the Athenian origins of voting procedures are often remembered, it is important to note that the Athenians also engaged in discussion as a source of enlightenment. The idea (c)received a good deal of attention in India, too, particularly in Buddhist traditions. In the third century BC, Emperor Ashoka, the Buddhist emperor (d)who ruled over nearly all of the Indian subcontinent (and well into what is now Afghanistan), hosted the third — and largest — Buddhist Council in his capital city of Patna (then called Pataliputra) to settle disputes in the same

way. He emphasized the contribution that open discussions could make to a better understanding of what society needed. He tried to popularize the idea by carving easily readable words on stone pillars across the country and beyond, advocating peace and tolerance as well as (e)regular and orderly public discussion to resolve differences.

(24) Similarly, when (a)in early seventh-century Japan the Buddhist Prince Shotoku produced the so-called 'constitution of seventeen articles' in AD 604, (b)he argued for the need to be better informed through consultation: 'Decisions on important matters should not be made by one person alone. They (c)should be discussed with many.' The idea that democracy is 'government by discussion' — and not just about voting — (d)remains as extremely relevant today. Many of the large failures of democratic governments in recent years have arisen, I would argue, (e)precisely from inadequate public discussion, rather than from any obvious institutional barrier.

(25) (a)I was interested in this question since my schooldays when my grandfather Kshiti Mohan drew my attention to Emperor Ashoka's rulings on public arguments, but Mill and Keynes offered me a new understanding about the role of public discussion in social choice. This was not an aspect of social choice that had particular prominence in Kenneth Arrow's thinking about the subject, (b)which influenced me so much in other ways, but I was happy that it was (c)another of the many topics in social choice theory that Piero Sraffa and I could discuss during our afternoon walks. Despite (d)Piero's reluctance to use the term 'social choice theory' (which he found too technical), (e)he was influential in teaching me that discussion and persuasion are just as much a part of social choice as voting.

注

post-Enlightenment　18世紀の啓蒙運動以降の

Athenian　アテーナイ(アテネ)の

Buddhist　仏教(徒)の

出典追記：Home in the World : A Memoir by Amartya Sen, Liveright Publishing Corporation

(B) 以下の英文を読み，下線部(ア)，(イ)，(ウ)を和訳せよ。(ア)については“so”が指す内容を明らかにして訳すこと。

One year, as the school library supervisor, I was in an elementary school library that had begun circulating books on the first day of school. I was helping at the circulation desk. One fourth grader asked if he could have a specific book. “Of course!” I said. (ア)He didn’t think so, as his teacher had told him to check out a book with a yellow label. So, I took out my library supervisor’s business card, wrote a note to the teacher on the back of it, stuck the note in the book, and checked it out to the child.

I imagine this scenario — in which children must choose between books based on instructional priorities and those they want to read for pleasure — plays out frequently in school libraries or classrooms. (イ)There is a divide between the noble calling to teach children how to read and the equally noble calling to inspire a love of reading. We school librarians dance across this divide daily.

The motivation to read is largely self-determined, and choice is a powerful driver. People, including children, choose to do that which is fun, personally rewarding, or easy. This is where the dance begins! If learners develop and satisfy personal curiosity by reading widely and deeply in multiple formats, then we must surround our learners with opportunity and help them make connections between the school library’s resources and their interests. Finding and borrowing books (or using other kinds of texts) should be fun, accessible, and free of barriers. We need to consider how our policies, procedures, and routines inspire children and encourage their engagement with text, as well as how they guarantee all learners’ rights to intellectual freedom. (ウ)Reducing choice, whether through labeling, age-related rules, or restrictive policies, is not a strategy that makes children fall in love with books and reading. If our goal is to help learners self-identify as readers, then we must help them make connections with text through practices that celebrate the reading life.

出典追記：Dancing across the Literacy Divide, Knowledge Quest Vol. 48, Issue 5 by Mary Keeling, American Library Association

5 以下の英文を読み，(A) ~ (D) の問いに答えよ。

I am eight years old, sitting in my childhood kitchen, ready to watch one of the home videos my father has made. The videotape still exists somewhere, so somewhere she still is, that girl on the screen: hair that tangles, freckles across her nose that in time will spread across one side of her forehead. A body that can throw a baseball the way her father has shown her. A body in which bones and hormones lie in wait, ready to bloom into the wide hips her mother has given her. A body that has scars: the scars over her lungs and heart from the scalpel that saved her when she was a baby, the invisible scars left by a man who touched her when she was young. A body is a record or a body is freedom or a body is a battleground. Already, at eight, she knows it to be all three.

But somebody has slipped. The school is putting on the musical *South Pacific*, and there are not enough roles for the girls, and she is as tall as or taller than the boys, and so they have done (A)<u>what is unthinkable in this typical 1980s American town</u>, in this place where the men do the driving and the women make their mouths into perfect Os to apply lipstick in the rearview mirror. For the musical, they have made her a boy.

No, she thinks. They have *allowed* her to be a boy.

What I remember is feeling my face [ア(26)] as my father loads the tape into the player. Usually I [ア(27)] watching videos of myself. Usually there is this stranger on the screen, this girl with her pastel-colored clothing, and I am supposed to pretend that she is me. And she is, I know she is, but also she isn't. In the third grade I'll be asked to draw a self-portrait in art class, and for years into the future, when I try to understand when this feeling began — this feeling of not having words to explain what my body is, to explain who I am — I'll remember my [ア(28)] as I placed my drawing next to my classmates'. They'd drawn stick figures with round heads and blond curls or crew cuts; they'd drawn their families and their dogs and the bright yellow spikes of a sun. One had drawn long hair and the triangle shape of a dress, and another short hair and jeans. (B)________ so easily?

I had drawn a swirl.

Now, in the kitchen, what I notice is that my brothers and sisters are feeling embarrassed in their seats, asking if they can leave — and that I, somehow, am not. I am sitting perfectly still. Is it possible that I want to see this video? The feeling is peculiar. I have not yet known the [ア(29)] of taking something intimately mine and watching the world respond. Someday, I will be a writer. Someday, I will [ア(30)] this feeling. But at eight years old, my private world both pains and sustains me, and sharing it is new.

My mother makes my brothers and sisters quiet and passes popcorn around the table. My father takes his spot at the head. Onscreen, the auditorium of an elementary school appears. At the corner of the stage, there are painted palm trees on the board.

Then the curtains part, and there I am. My hair brushed back, my ponytail pinned away, a white sailor's cap perched on my head. Without the hair, my face looks different: angular, fine-boned. I am wearing a plain white T-shirt tucked into blue jeans, all the frill and fluff of my normal clothing stripped away — and with it, somehow, so much else. All my life, I have felt awkward — wrong-sized and wrong-shaped.

But look. On the screen. (C)There is only ease.

I don't know whether the silence I remember spread through the kitchen or only through me. My mother is the first to speak. "You make a good-looking boy!" she says.

I feel the words I'm not brave enough to say. *I know.*

Soon after, I began to ignore the long hair that marked me so firmly as a girl, leaving it in the same ponytail for days on end, until it knotted into a solid, dark mass. All my friends were boys, and my dearest hours were spent playing Teenage Mutant Ninja Turtles on the lawn with my twin brother and the neighbor boy. My room was blue, and my teddy bear was blue, and the turtle I wanted to be was Leonardo, not only because he was smart but because his color was blue. When my twin brother got something I didn't — to go to the baseball game, though we were all fans; to camp with the Boy Scouts while my sisters and I were taken to the [イ] ; to keep the adult magazines I discovered in his bedroom — and the reason given was that he was a boy, [ア(31)] choked me with tears. That was grief, I think now, the grief of being misunderstood.

One afternoon, when my brother yet again went shirtless for a game of catch and I wasn't allowed to, I announced to my father that I didn't want to be a girl, not if being a girl meant I had to wear a shirt. My father went to get my mother. They whispered together, then my mother explained that I should be happy to be a girl — there were so many good things about it. I knew there were; that wasn't the problem. The problem was that people kept calling me one. I remember realizing I couldn't explain this to her.

Back then, in 1985, the word *genderqueer* — how I now identify, the language that would eventually help me see myself — hadn't yet been invented.

注

freckles　そばかす

scalpel　(外科手術用の)メス

rearview mirror　車のバックミラー

stick figure　手足を線で描くなど，簡略化された人物画

crew cut　毛を短く刈る髪型

swirl　渦巻き

auditorium　講堂

angular　骨ばった，やせこけた

frill and fluff　フリルや飾り

Teenage Mutant Ninja Turtles　1980年代から米国で人気のある同名のコミックやアニメ，映画に登場するスーパーヒーローの集団

出典追記：Body Language, Harper's Magazine December 2019 by Alex Marzano-Lesnevich

(A)　下線部 (A) が指している内容を示したうえで，それがなぜ “unthinkable” なのかを説明せよ。

（解答欄：約 17 センチ × 3 行）

(B)　下に与えられた語を正しい順に並べ替え，下線部 (B) を埋めるのに最も適切な表現を完成させよ。本文では大文字で始まる語も小文字にしている。

had　how　known　like　looked　they　they　what

(C)　下線部 (C) について，誰がどのように感じたかを，その理由も含めて説明せよ。

（解答欄：約 17 センチ × 2 行）

(D)　以下の問いに解答し，その答えとなる記号をマークシートにマークせよ。

(ア)　空所アの (26) ~ (31) には単語が一語ずつ入る。それぞれに文脈上最も適切な語を次のうちから一つずつ選び，マークシートの (26) ~ (31) にその記号をマークせよ。ただし，同じ記号を複数回用いてはならない。

a)　flush　　b)　hate　　c)　love　　d)　pleasure

e)　rage　　f)　shock

(イ)　空所 [イ] に入れるのに最も適切な語を次のうちから一つ選び，マークシートの (32) にその記号をマークせよ。

a)　ballet　　b)　football game

c)　hospital　　d)　shopping

(ウ)　本文の内容と合致するものはどれか。最も適切なものを一つ選び，マークシートの (33) にその記号をマークせよ。なお，以下の選択肢において they および their は三人称単数を示す代名詞である。

a)　The author did not like their body.

b)　The author had to play with boys because there were only boys in their family and neighborhood.

c)　The author played a male role in the musical in elementary school.

d)　The author thought there was nothing good about being a girl.

e)　The author was happy to be a girl when they were in elementary school.

3　聞き取り問題放送用スクリプト

[問題(A)]

著作権の都合上，省略。

出典追記：Nautical Quest, The Nature Conservancy June/July 2016 by Richard Hamilton

著作権の都合上，省略。

[問題(B)]

What were you thinking about a second ago? Or, rather, how were you thinking about it? It's a surprisingly tricky question to answer.

Investigating what's going on inside our own minds doesn't seem to be a difficult task. But by trying to shine a light on those thoughts, we're disturbing the very thing we want to measure in the first place. It's like turning a light on quickly to see how the darkness looks.

Psychologist Russell Hurlburt at the University of Nevada, Las Vegas, has spent the last few decades training people to see inside their own minds more clearly in an attempt to learn something about our inner experiences. What he's found suggests that the thoughts running through our heads are a lot more varied than we might suppose.

For one thing, words don't seem to be as important in our day-to-day thoughts as many of us think they are. "Most people think that they

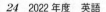

think in words, but many people are mistaken about that," he says.

In one small study, for example, 16 college students were given short stories to read. While reading, they were asked at random times what they were thinking. Only a quarter of their sampled thoughts included words at all, and just 3% involved inner speech.

But for psychologists like Hurlburt, researching inner speech is not an easy task. Simply asking people what they're thinking about won't necessarily prompt an accurate answer, says Hurlburt. That is partly because we're not used to paying close attention to our wandering minds.

Famira Racy, who is the co-ordinator of the Inner Speech Lab at Mount Royal University in Canada and her colleagues, recently used a method called thought listing—which, unsurprisingly, involves getting participants to list their thoughts at certain times—to take a broader look at why and when people use inner speech, as well as what they say to themselves. They found that the participants in the study were talking to themselves about everything from school to their emotions, other people, and themselves, while they were doing everyday tasks like walking and getting in and out of bed.

According to Racy, research shows that inner speech plays an important role in self-regulation behaviour, problem solving, critical and logical thinking and future thinking.

There's also growing evidence that inner speech is important for self-reflection. After scientist Jill Bolte Taylor recovered from a stroke she suffered when she was 37, she wrote about what it was like to experience a "silent mind" without inner speech for several weeks. It was such an overwhelming task, she wrote, to simply sit there in the centre of a silent mind, trying to remember who she was and what she was doing.

But even though current research can't yet shine a light on those bigger truths about the inner workings of our minds, learning how to pay attention to your thoughts could help you on an individual level.

出典追記：What the voice inside your head says about you, BBC Future on August 20, 2019 by Kelly Oakes

[問題(C)]

Hi, my name is Jane Kentala, the instructor for this introductory course in Forensic Science. First, what's forensic science, or forensics? In order to convict a criminal, we need evidence that the suspect has committed the crime. Forensics is about how to apply scientific methods to investigate a crime. I'm sure you've all seen movies in which they used DNA to convict the criminal. In real life, however, while some suspects have been found guilty based on DNA evidence, some of them were judged innocent many years later based on a more reliable DNA technique. So, we must keep in mind that, even today, DNA evidence is still not 100% reliable *and*, very importantly, not always available. So what other types of evidence can be used instead of or in addition to DNA?

The testimony of a witness? Can we trust the witness' recall of the events, is it really reliable? Can their memory be influenced by their expectations or affected by trauma? What if a witness has only *heard* voices? Can a person reliably distinguish a voice from another? We will discuss all of these issues later. But for today let's talk about audio recordings made at the crime scene or over the phone.

In many movies, the audio recordings are clear enough to understand most of the words recorded, and it is just a question of matching the recording with the voice of the suspect. The investigators usually do this with fantastic technology that can produce a match within a few seconds. I'm afraid that in reality, however, this amazing technology doesn't exist. At least, not yet. Why?

To assess the possible match between a person's voice and the recording of a voice, the speech can be analyzed with computer software. Although speech scientists can analyze various features of speech, it is not yet clear which features can be used to distinguish one voice from another. That is because speech does not only vary *between* individuals, it also varies *within* the same person. Obviously, the voice of a person may be affected by sickness, tiredness and let's not forget alcohol, but it may also vary according to whom that person is speaking to, the social context, environmental conditions, and so on.

An additional problem lies in the quality of the recording, which is more often than not, very poor. And I mean, really, really poor. Since the recording has been done most likely in secret or by accident, it is usually done with a low quality microphone, possibly hidden in a suitcase, sometimes far from the center of the crime and with considerable background noises. This lack of quality interferes further with the ability to analyze the speech in the recording properly. Not only can it be difficult to identify who is speaking, but it may be difficult to even figure out what has been said or done.

In an attempt to solve this problem, a recording is sometimes "enhanced" before being presented in a court of law. This is usually done through manipulation of the speech signal, which gives the *impression* that we can understand the recording better. And I say "*impression*", because forensic researchers have demonstrated that it does NOT make the recording easier to understand. Instead, it provides a false sense of confidence in what people "*think*" they heard. To make matters worse, a transcript of the recording is sometimes presented to the court of law, which further increases this false sense of confidence, while the reliability of the transcript remains questionable.

日本史

（2科目150分）

（注）　解答用紙は，横書きで〈地理歴史〉共通。1行：30字詰。

第 1 問

次の⑴〜⑷の文章を読んで，下記の設問A・Bに答えよ。解答は，解答用紙（イ）の欄に，設問ごとに改行し，設問の記号を付して記入せよ。

⑴　律令制のもと，中央政府から諸国への連絡には文書が用いられた。その際，たとえば改元のように，全国一律に同じ内容を伝える場合には，各国宛てに1通ずつ作成されるのではなく，あわせて8通の文書が作成され，中央政府から畿内や七道の諸国に伝達された。受けとった国司はそれを写しとり，国内で施行したものとみられる。

⑵　734年に出雲国が中央政府や他国との間でやりとりした文書の目録によれば，3月23日に中央政府が出雲国に宛てて発給した文書が，4月8日に伯耆国を通過し，4月10日に出雲国に到着したことが知られる。また出雲国を経由して，隠岐国や石見国に文書が伝達されることもあった。

⑶　石川県で発掘された木札には，849年の郡司の命令が記されていた。そのなかで郡司は，国司からの命令を引用した上で，管轄下の役人に対し，その内容を道路沿いに掲示し，村人たちに諭し聞かせるようにと指示している。この木札には，一定期間，屋外に掲示されていた痕跡が残っている。

⑷　奈良時代の村落における農耕祭祀の様子を伝える史料によれば，祭りの日には

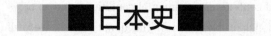

酒や食事が用意され，村の成人男女が集合すると「国家の法」が告知され，その後に宴会がおこなわれたという。

設　問

A　中央政府から諸国に命令を伝えるときに，都から個別に使者を派遣する場合もあったが，そうではない場合はどのような方法がとられていたか。2 行以内で述べよ。

B　諸国では，どのようにして命令が民衆にまで周知されたと考えられるか。具体的な伝達方法に注意しつつ，4 行以内で述べよ。

第 2 問

次の(1)〜(5)の文章を読んで，下記の設問に答えよ。解答は，解答用紙(ロ)の欄に記入せよ。

(1)　後嵯峨天皇の死後，皇統が分かれて両統迭立がおこなわれると，皇位経験者が増加し，1301 年から 1304 年にかけては上皇が 5 人も存在した。上皇たちの生活は，持明院統では長講堂領，大覚寺統では八条院領という荘園群に支えられていた。

(2)　室町幕府が出した半済令には，諸国の守護や武士による荘園公領への侵略がすすむなか，荘園領主の権益を半分は保全するという目的もあった。さらに 1368 年には，天皇や院，摂関家などの所領については全面的に半済を禁止した。

(3)　内裏の造営や即位にともなう大嘗祭などの経費は，平安時代後期から各国内の荘園公領に一律に賦課する一国平均役によってまかなわれており，室町時代には幕府が段銭や棟別銭として守護に徴収させた。

(4)　1464 年，後花園天皇は譲位して院政を始めるにあたり，上皇のための所領を設定するよう足利義政に求めた。位を譲られた後土御門天皇は，２年後に幕府の経費負担で大嘗祭をおこなったが，これが室町時代最後の大嘗祭になった。

⑸　1573年，織田信長から譲位を取りはからうとの意思を示された正親町天皇は，後土御門天皇から３代のあいだ望みながらも果たせなかった譲位を実現できることは朝廷の復興につながるとして大いに喜んだ。

設　問

⑸に述べる３代の天皇が譲位を果たせなかったのはなぜか。鎌倉時代以来の朝廷の経済基盤をめぐる状況の変化と，それに関する室町幕府の対応にふれながら，５行以内で述べよ。

第３問

次の⑴～⑷の文章を読んで，下記の設問Ａ・Ｂに答えよ。解答は，解答用紙(ハ)の欄に，設問ごとに改行し，設問の記号を付して記入せよ。

⑴　1588年，豊臣秀吉は諸国の百姓から刀・鉄砲など武具の類を没収し，百姓は農具さえ持って耕作に専念すれば子孫まで末長く繁栄すると述べた。

⑵　1675年12月，ある大名の江戸藩邸の門外に，むしろに包んだものが置かれていた。役人が，江戸の事情に詳しい商人に聞くと「それはきっと死んだ乞食を捨てたのでしょう。江戸ではそういうことが時々あるので，捨てさせればよいでしょう」と言ったので，他所へ捨てさせた。

⑶　1687年，江戸幕府は全国の村々で，条件をつけて鉄砲の所持や使用を認め，それ以外の鉄砲をすべて領主や代官に取りあげさせた。1689年，諸藩の役人を呼んで，作毛を荒らされるか，人間や家畜の命に関わるような場合には鉄砲を使ってよい，と補足説明した。

⑷　1696年6月，⑵と同じ藩邸の堀に老女が落ちたのを番人が見つけて，すぐに引きあげた。医師に容体を診察させたところ無事だったので，着替えさせ食事を与え，幕府に報告した。幕府の役人の指示で，その者をできるだけ介抱し，翌日，藩邸の者17人で町奉行所へ出向いて引き渡した。

設　問

A　⑶で江戸幕府は，条件をつけて鉄砲の所持と使用を認めている。どのような用途を想定して鉄砲の所持や使用を認めたと考えられるか。⑴で没収された理由と対比して，3行以内で述べよ。

B　⑵⑶をふまえると，⑷のような手厚い対応をとるようになった背景として，どのようなことが考えられるか。2行以内で述べよ。

第4問

労働生産性は，働き手1人が一定の時間に生み出す付加価値額(生産額から原材料費や燃料費を差し引いた額)によって計られる。その上昇は，機械など，働き手1人当たり資本設備の増加による部分と，その他の要因による部分とに分けられる。後者の要因には，教育による労働の質の向上，技術の進歩，財産権を保護する法などの制度が含まれる。労働生産性に関わる以下の図と史料を読み，下記の設問A・Bに答えよ。解答は，解答用紙(ニ)の欄に，設問ごとに改行し，設問の記号を付して記入せよ。

図　労働生産性上昇率の推移　1885～1940年(年率)

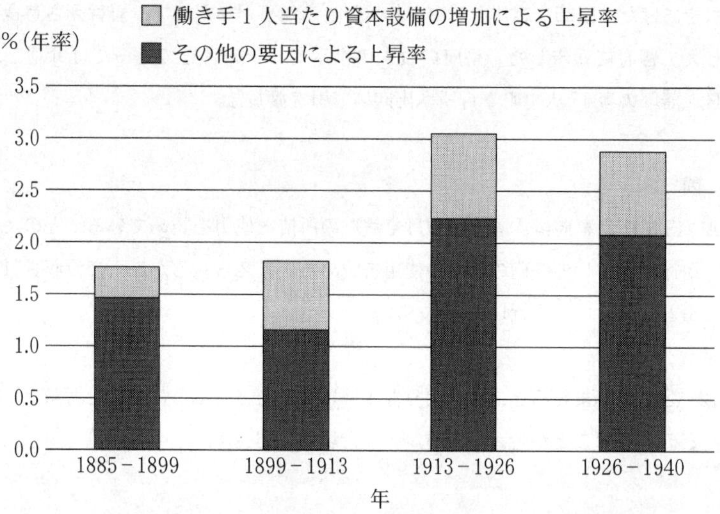

(深尾京司他『岩波講座　日本経済の歴史』より)

史　料

専《もっぱ》ら勤《いそし》むべきは人間普通日用《ふつうにちよう》に近き実学なり。譬《たと》えば，いろは四十七文字を習い，手紙の文言《もんごん》，帳合《ちょうあい》の仕方，算盤《そろばん》の稽古《けいこ》，天秤《てんびん》の取扱い等を心得《こころえ》，なおまた進んで学ぶべき箇条は甚だ多し。(中略) 一科一学も実事を押え，その事に就《つ》きその物に従い，近く物事の道理を求めて今日の用を達すべきなり。上記は人間普通の実学にて，人たる者は貴賤上下の区別なく皆悉《ことごと》くたしなむべき心得なれば，この心得ありて後に士農工商各々その分を尽《つく》し銘々《めいめい》の家業を営み，身も独立し家も独立し天下国家も独立すべきなり。

(福沢諭吉『学問のすゝめ』初編，1872年，表現を一部改変)

国民たる者は一人にて二人前の役目を勤《つと》むるが如し。即ちその一の役目は，自分の名代《みょうだい》として政府を立て一国中の悪人を取押《とりおさ》えて善人を保護することなり。その二の役目は，固く政府の約束を守りその法に従って保護を受くることなり。

(福沢諭吉『学問のすゝめ』六編，1874年，表現を一部改変)

設　問

A　1880 年代半ばから 1890 年代における労働生産性の上昇をもたらした要因は何か。具体的に 3 行以内で述べよ。

B　第一次世界大戦期以後において，労働生産性の上昇はさらに加速しているが，その要因は何か。具体的に 3 行以内で述べよ。

世界史

（2 科目 150 分）

（注）　解答用紙は，横書きで〈地理歴史〉共通。1 行：30 字詰。

第 1 問

内陸アジアに位置するパミール高原の東西に広がる乾燥地帯と，そこに点在するオアシス都市は，ユーラシア大陸の交易ネットワークの中心として，様々な文化が交錯する場であった。この地は，トルコ化が進むなかで，ペルシア語で「トルコ人の地域」を意味するトルキスタンの名で呼ばれるようになった。トルキスタンの支配をめぐり，その周辺の地域に興った勢力がたびたび進出してきたが，その一方で，トルキスタンに勃興した勢力が，周辺の地域に影響を及ぼすこともあった。

以上のことを踏まえて，8 世紀から 19 世紀までの時期におけるトルキスタンの歴史的展開について記述せよ。解答は解答欄（イ）に 20 行以内で記し，次の 8 つの語句をそれぞれ必ず一度は用い，その語句に下線を引くこと。

アンカラの戦い	カラハン朝	乾隆帝
宋	トルコ＝イスラーム文化	バーブル
ブハラ・ヒヴァ両ハン国	ホラズム朝	

第 2 問

支配や統治には，法や制度が不可欠である。それらは，基盤となる理念や思想と，それを具体化する運動を通じてつくられることが多い。このことに関連する以下の 3 つの設問に答えよ。解答は，解答欄(ロ)を用い，設問ごとに行を改め，冒頭に(1)～(3)の番号を付して記せ。

問(1)　イスラーム教が支配宗教となった地域や国家では，民族や出自にかかわらず，宗教を第一とする統治体制が敷かれることが多かった。そこでは，啓典『クルアーン(コーラン)』と預言者ムハンマドの言行がもとになったイスラーム法が重視された。このことに関する以下の(a)・(b)・(c)の問いに，冒頭に(a)・(b)・(c)を付して答えよ。

(a)　最古の成文法の一つであるハンムラビ法典は，イスラーム法にも影響を与えたとされる。この法典が制定された時期と，その内容の特徴を，2 行以内で説明せよ。

(b)　14 世紀に北アフリカの諸王朝に仕え，『世界史序説(歴史序説)』を著して王朝の興亡の法則性を説いた学者の名前を記せ。

(c)　1979 年のイラン革命では，イスラーム法に通じた宗教指導者(法学者)ホメイニらが中心となり，それまでのイランで推進されていた政策を批判した。このとき批判された政策について，2 行以内で説明せよ。

問(2)　中世から近世にかけてのヨーロッパでは，多くの国が君主を頂点とする統治体制のもとにあった。君主の権力に関しては，それを強化することで体制を安定させようとする試みや，それが恣意的にならないよう抑制する試みがみられた。このことに関する以下の(a)・(b)の問いに，冒頭に(a)・(b)を付して答えよ。

(a)　大憲章(マグナ＝カルタ)が作成された経緯を，課税をめぐる事柄を中心に，4行以内で説明せよ。

(b) マキァヴェリが『君主論』で述べた主張について，2行以内で説明せよ。

問(3) 19世紀末の清では，日清戦争における敗北を契機に，国家の存亡をめぐる危機意識が高まった。この結果生じた運動について，以下の(a)・(b)の問いに，冒頭に(a)・(b)を付して答えよ。

(a) この運動の中心となり，後に日本に亡命した2名の人物の名前を記せ。

(b) この運動の主張と経緯を4行以内で説明せよ。

第 3 問

戦争や軍事的な衝突は，国際秩序や権力のあり方を大きく変えただけでなく，人々の生活や意識にも多大な影響を与えてきた。このことに関連する以下の設問(1)～(10)に答えよ。解答は，解答欄(ハ)を用い，設問ごとに行を改め，冒頭に(1)～(10)の番号を付して記せ。

問(1) イスラーム教成立以前のアラビア半島には，エチオピア高原を拠点とする王国が紅海を渡ってたびたび侵攻し，イエメン地方に影響力を及ぼしていた。4世紀にキリスト教を受容したこの王国の名称を記せ。

問(2) 1096年に遠征を開始した十字軍は，イェルサレム王国などの十字軍国家を建設した。当初，イスラーム勢力の側は地方勢力の分立により，十字軍に対抗することができなかった。しかし，13世紀末になって十字軍の最後の拠点アッコン(アッコ，アッカー)が陥落し，十字軍勢力はシリア地方から駆逐された。このときアッコンを陥落させた王朝の名称を記せ。

問(3) 1511年にポルトガルはマラッカを占領した。マラッカは東南アジアの海上交易の一大中心拠点であったため，ムスリム商人たちは拠点をマラッカから移動させて対抗し，東南アジア各地の港に新たな交易中心地が発展することになった。こうして新たに発展した交易港のうち，スマトラ島北西部にあり，インド洋に面した港市の名前を記せ。

問(4)　16世紀，アメリカ大陸に進出したスペイン人征服者たちは，多数の先住民を殺害し，現地の社会を破壊した。また，彼らは征服地の農園や鉱山などで先住民に過酷な労働を強制した。スペイン人征服者のこのような行為を告発し，先住民の救済を訴えて『インディアスの破壊についての簡潔な報告』を著した人物の名前を記せ。

問(5)　プロイセンは，ナポレオン軍に敗れて首都を制圧され，フランスとの過酷な内容の講和条約の締結を余儀なくされた。国家存亡の危機を目の当たりにして，連続講演「ドイツ国民に告ぐ」をおこない，国民意識の覚醒を訴えた哲学者の名前を記せ。

問(6)　ヨーロッパ諸国も加わった多国間戦争のさなか，ナイティンゲールは38名の女性看護師とともにオスマン帝国に派遣され，その首都イスタンブルの対岸にある傷病兵のための病院で，看護体制の改革に尽力した。この戦争でオスマン帝国側に立って参戦した国のうち，サルデーニャ以外の2か国の名を記せ。

問(7)　南北戦争後のアメリカ合衆国では，北部を中心に工業発展がめざましく，西部も開拓によって農業が発展した。合衆国の東西を結んで人・物・情報の流れを促し，経済発展に大きく寄与した鉄道は何と呼ばれるか。その名称を記せ。

問(8)　第一次世界大戦に敗れたドイツでは，帝政が崩壊し，当時，世界で最も民主主義的といわれたヴァイマル憲法を擁する共和国が成立した。この憲法は，代議制民主主義の弱点を補うというねらいから，国民に直接立法の可能性を与え，同時に国民の直接選挙で選ばれる大統領に首相任免権や緊急措置権など大きな権限を与えていた。世界恐慌のさなか，1932年に大統領に再選され，翌年にヒトラーを首相に任命した人物の名前を記せ。

問(9)　1945年8月14日，日本はポツダム宣言を受諾して降伏した。翌15日には昭和天皇がラジオを通じてポツダム宣言受諾を国民に明らかにした。その日本の占領下にあったインドネシアでは，8 月 17 日にインドネシア共和国の成立が宣言されたが，この宣言を読み上げ，インドネシア共和国の初代大統領となった人物の名前を記せ。

問⑽　第 3 次中東戦争の結果，イスラエルは占領地をさらに拡大させ，それによって多数の難民が新たに発生した。一方，占領地に残ったパレスチナ人住民のあいだで，1987 年末から投石などによるイスラエルに対する抵抗運動が始まった。この抵抗運動の名称をカタカナで記せ。

地理

（2科目150分）

（注）解答用紙は，横書きで〈地理歴史〉共通。1行：30字詰。

第 1 問

世界規模の事象の分布や変化に関する以下の設問A～Bに答えよ。解答は，解答用紙の(イ)欄を用い，設問・小問ごとに改行し，設問記号・小問番号をつけて記入せよ。

設問A

人獣共通感染症とは，人とそれ以外の動物の両方に感染または寄生する病原体により生じる感染症である。人獣共通感染症の発生件数は，1980年代から2000年代にかけて4倍に増加しており，その背景には，a)動物性タンパクの需要増加と畜産の拡大，b)人と野生動物との接触機会の増加，c)土地利用形態の変化，d)地球温暖化，などが要因として挙げられている。

これらの要因の関係をモデル化し，野生動物に由来する人獣共通感染症の発生リスクを示したのが図1―1である。分析が行われた2017年時点で，野生動物に由来する人獣共通感染症が発生しやすい地域が可視化されている。

(1) 人獣共通感染症の増加の要因のうち，上記のa)～d)以外の社会経済的要因を1つ答えよ。

(2) d)の地球温暖化がどのように人獣共通感染症の増加に影響するか，以下の語句をすべて用いて，2行以内で説明せよ。語句は繰り返し用いてもよいが，使用した箇所には下線を引くこと。

媒介生物　　気象災害

⑶　図１―１で南アジア・東南アジアから東アジアにかけての地域が高リスク地域となっている。この理由を，この地域の自然環境と生業の観点から３行以内で説明せよ。

⑷　日本も野生動物に由来する人獣共通感染症の発生リスクが高いことが図１―１から読みとれる。また，日本では近年発生リスクがさらに高まりつつあると考えられているが，その主要な原因を，前記のｂ)人と野生動物との接触機会の増加，ｃ)土地利用形態の変化，と関連づけて２行以内で説明せよ。

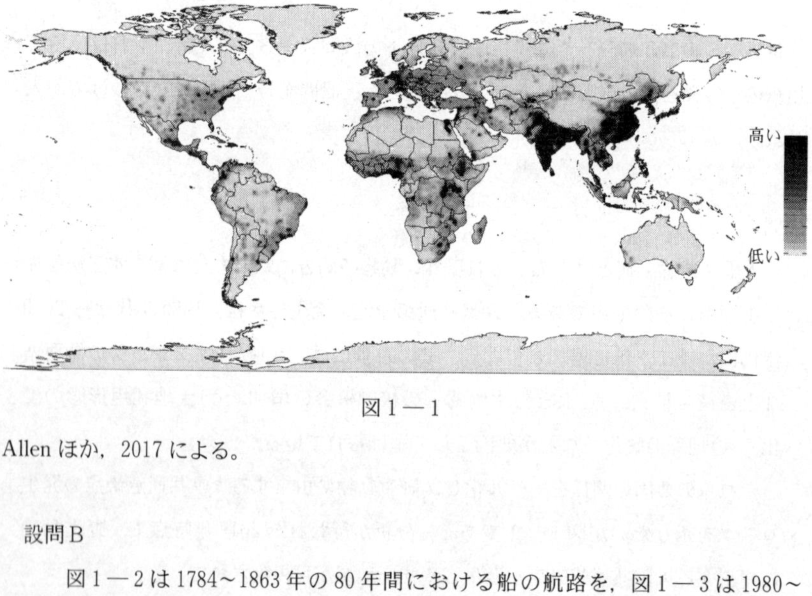

図１―１

Allen ほか，2017 による。

設問Ｂ

図１―２は1784～1863年の80年間における船の航路を，図１―３は1980～1997年の18年間における船の航路を示した地図である。二つの図は，船上での定期的な気象観測の記録や航海日誌などに記載された船の位置を，線でつないだものである。海岸線などの他の情報は描かれていないが，多くの場所で大陸の概形を読みとれる。

⑴　図１―２では，赤道付近と中緯度において水平な帯のように見える航路の集まりが見られる。これは，ほぼ特定の緯度に沿って船が移動する傾向があった

ことを示す。この理由を，当時の船の構造も考慮して2行以内で述べよ。

(2)　図1―2は図1―3よりも対象とする期間が長いにも関わらず，航路の密度が低く，19世紀以前の水運は近年よりも規模がかなり小さかったことを示す。ただし，図1―2の時期にはかなり活発であったが図1―3の時期にはすたれた水運の経路も読みとれる。すたれた経路の例を挙げ，その理由とともに2行以内で述べよ。

(3)　図1―2と図1―3の比較から，水運の分布の拡大や，水運の経済性を高めるために行われてきた技術的な進歩を読みとることができる。その内容を，以下の語句をすべて用いて3行以内で説明せよ。語句は繰り返し用いてもよいが，使用した箇所には下線を引くこと。

高緯度　　　等角航路

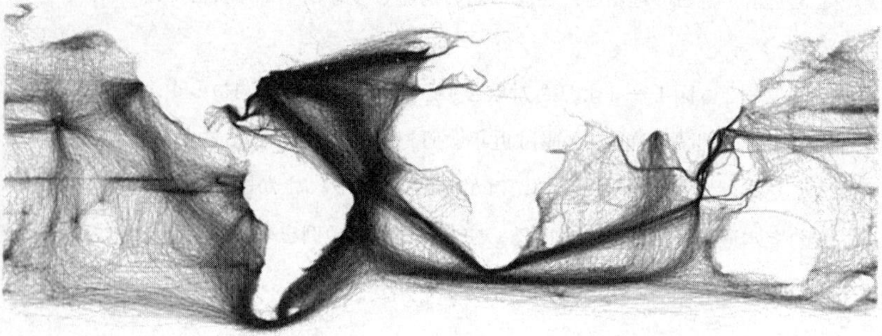

図１－２

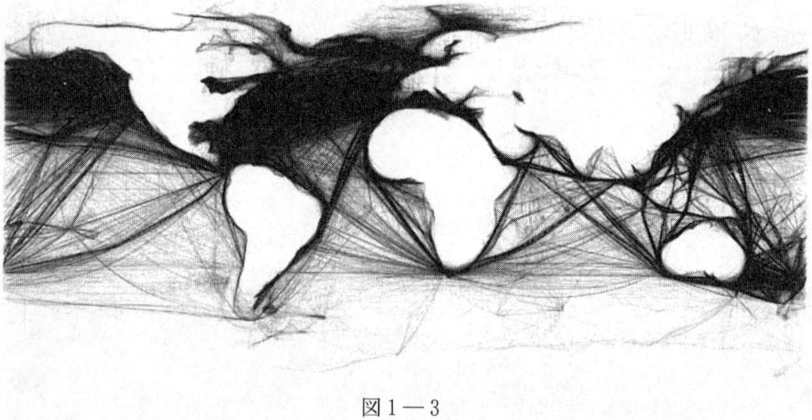

図１－３

図１－２と図１－３は，どちらもアメリカ海洋大気庁のデータを用いて Ben Schmidt 氏が作成した地図による。

第 2 問

南北アメリカの経済と社会に関する以下の設問A～Bに答えよ。解答は，解答用紙の(ロ)欄を用い，設問・小問ごとに改行し，設問記号・小問番号をつけて記入せよ。

設問A

図2―1は，アメリカ合衆国(アラスカ・ハワイ両州を除く)の州別の人口変化率(1970～2010年)を示したものであり，表2―1は，4つの州の人口構成をまとめたものである。以下の問いに答えよ。

(1) 1970～1990年と1990～2010年に分けて人口変化率を見ると，ア州では49.1％から25.2％へと増加率が半減しているのに対し，隣接するイ州では107.0％，74.4％と増加率は高い水準を維持している。両州でこのような違いが生じた理由を2行以内で述べよ。

(2) ウ州とエ州は共に75歳以上人口比率が高いが，その背景は大きく異なる。それぞれの州で75歳以上人口比率が高くなる理由を，両州の違いが分かるように2行以内で述べよ。

(3) 中西部に位置する多くの州では人口増加率が低い。これらの州の中心都市では，基幹産業の斜陽化，およびそれが引き起こした社会問題によって人口減少に拍車がかかっている。こうした社会問題として考えられることを2つ，合わせて1行で述べよ。

(4) エ州は，中南米諸国と国境が接していないにもかかわらず，ヒスパニック系人口の比率が高い。このような状況をもたらした政治的理由を1行で述べよ。

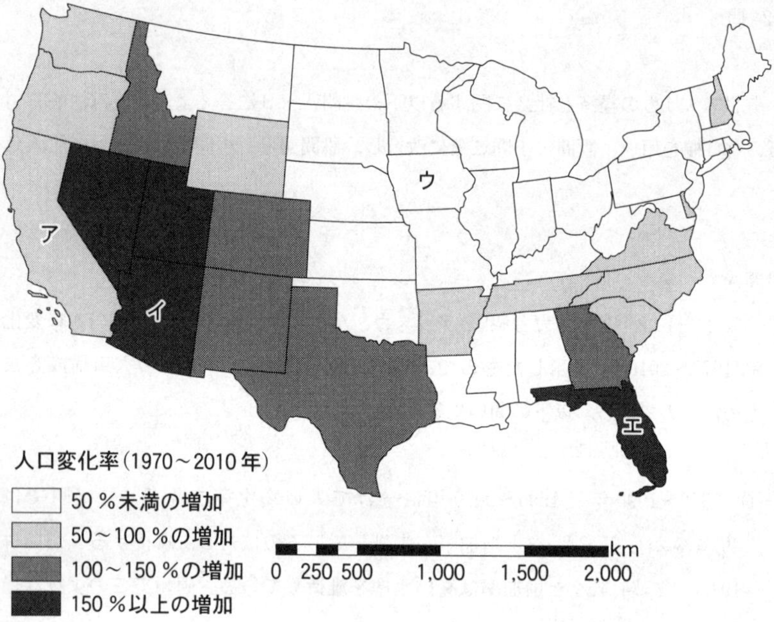

図２―１

アメリカ・センサス局による。

表２―１

(2010年)

州　名	ヒスパニック系 人口比率(％)	75歳以上 人口比率(％)
ア	37.6	5.3
イ	26.5	4.7
ウ	5.0	7.5
エ	22.5	8.1

アメリカ・センサス局による。

設問Ｂ

広大な国土と大人口を有するブラジルは，経済開発の状況に大きな地域的差異を伴いながら，国家としての経済発展を遂げてきた。こうした地域的な差異は，

図 2 ― 2 に示すように，ブラジルを構成する各州を北部，北東部，南東部，南部，中西部の 5 つの地域に分けてその特徴や課題が把握されることが多い。表 2 ― 2 は，ブラジルの GDP と人口をこの 5 地域に分割し，関連する指標とともにまとめたものである。

(1) 表 2 ― 2 のア，イ，ウに該当する地域名を，北部，北東部，南部の 3 つの地域の中から選んでア―○のように答えよ。

(2) 表 2 ― 2 では GDP のシェアが上位の地域から並べられているが，2002 年を 100 としたときの 2018 年の GDP の値をみると順位が逆になる。とくにその値が大きい中西部やウ地域において，この間にどのような経済開発・経済発展がみられたか，これらの地域の自然環境にもふれながら，以下の語句をすべて用いて 3 行以内で述べよ。語句は繰り返し用いてもよいが，使用した箇所には下線を引くこと。

ブラジル高原　　　農　地　　　自由貿易地区

(3) 表 2 ― 2 からは，ブラジルの深刻な地域的な経済格差が読みとれる。南東部とイ地域の間にはどのような経済格差が読みとれるか，その背景と合わせて 2 行以内で述べよ。

(4) 南東部には，人口でブラジル第 1 位の都市サンパウロ，第 2 位のリオデジャネイロが存在する。これらの巨大都市が抱える問題のうち，国内の地域的な経済格差を背景に持つ問題を，それとの関係が明らかになるように，以下の語句をすべて用いて 2 行以内で述べよ。語句は繰り返し用いてもよいが，使用した箇所には下線を引くこと。

低所得層　　　インフォーマルセクター

図2―2

表2―2

地　域	GDP 2018年 (100万レアル)	GDP シェア 2018年(%)	GDP 2018年 (2002年 =100)	人口 2018年	GDP/人口 2018年 (レアル)
南東部	3,721,317	53.1	138	87,711,946	42,427
ア	1,195,550	17.1	140	29,754,036	40,181
イ	1,004,827	14.3	152	56,760,780	17,703
中西部	694,911	9.9	173	16,085,885	43,200
ウ	387,535	5.5	178	18,182,253	21,314
全国	7,004,141	100.0	145	208,494,900	33,594

人口は2018年推計値。レアルはブラジルの通貨単位。
ブラジル地理統計院による。

第 3 問

日本の都市と農業に関する以下の設問A～Bに答えよ。解答は，解答用紙の(ハ)欄を用い，設問・小問ごとに改行し，設問記号・小問番号をつけて記入せよ。

設問A

図3―1と図3―2は，東京都心から北東方向約30 kmに位置するX市の北部を中心に，異なる時点の国土地理院発行の2万5千分の1地形図をもとに作図したものである。図3―1によると，台地の部分で，1960年代から大規模な土地改変が行われる一方で，(1)従来からの地形と土地利用との対応関係も読みとれる。

X市では，第2次世界大戦前に飛行場や軍需工場などが置かれていたが，それらの土地が戦後，アメリカ軍に接収され，その通信施設となっていた。図3―2では，米軍通信施設跡地が，大きな公園や総合競技場，住宅団地，大学の新キャンパスに変わっていることがわかる。

図3―1と図3―2を比べると，交通体系が大きく変わってきたことがわかる。図3―2では，高速道路がみられるが，(2)高速道路のインターチェンジ付近を詳しくみると，工業団地の敷地内も含め，新たな施設が建設されてきている。

鉄道の新線が開通し，新たに駅が設けられたことも大きな変化で，(3)X市では，図3―1の大規模改変とは異なる新しい空間が出現し，これまでのX市の産業構造を変えるような動きや「スマートシティ」をめざす新たな街づくりが進められてきている。

(1)　下線部(1)に関して，図3―1から読みとれる地形と土地利用との対応関係を，1行で述べよ。

(2)　下線部(2)に関して，どのような施設が建設されてきているか，そうした変化の理由とともに，2行以内で述べよ。

⑶　図3－3は，2010年，2015年，2020年におけるX市内のA地区，B地区，C地区の年齢階層別人口構成の変化を示したものである。A地区，B地区，C地区は，図3－2に太枠で示した地区①，②，③のいずれに該当するか，A－○のように答えよ。

⑷　下線部⑶に関して，こうした新たな動きの特徴として考えられることを，以下の語句をすべて用いて，3行以内で述べよ。語句は繰り返し用いてもよいが，使用した箇所には下線を引くこと。

情報通信技術　　新規創業　　高齢化社会

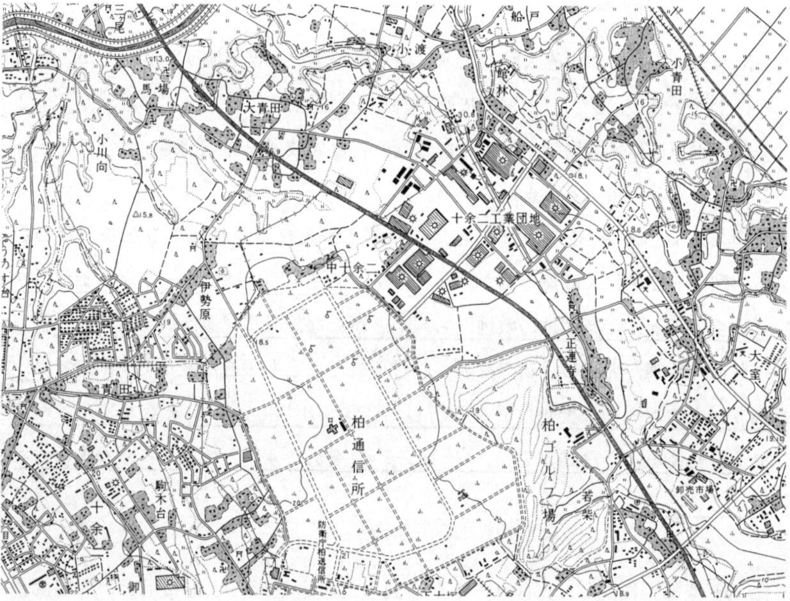

図3－1

1975年発行の2万5千分の1地形図をもとに作図。

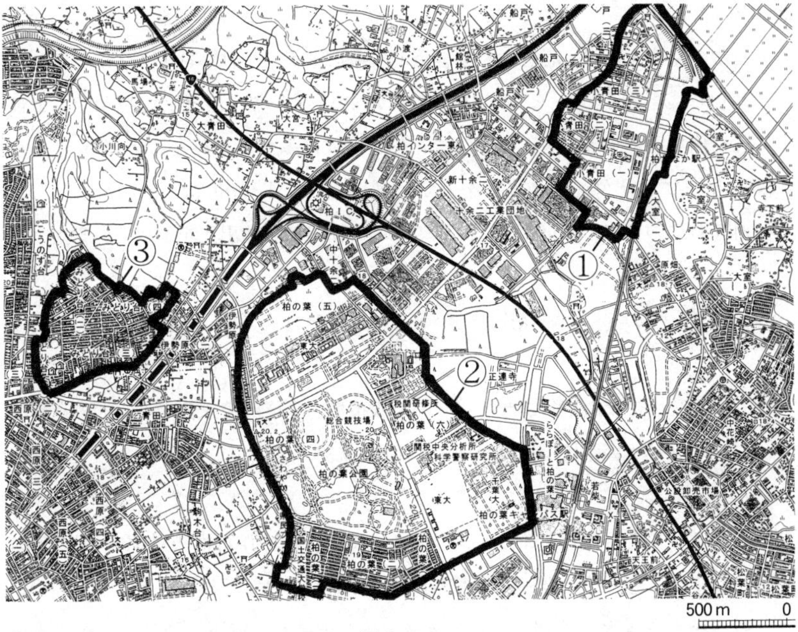

図 3 — 2

2019 年発行の 2 万 5 千分の 1 地形図をもとに作図。

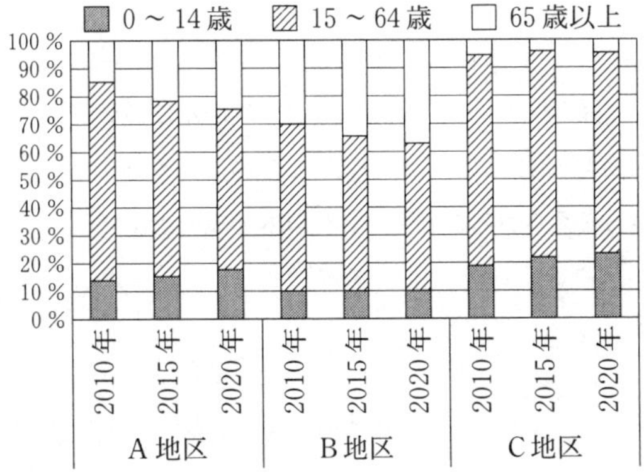

図 3 — 3

X 市の統計書による。

設問B

日本の果樹生産は，様々な社会経済的事象に影響を受け，戦後から現在にかけて変化してきた。表3—1は，果樹5種の2018年の都道府県別収穫量を，上位5都道府県に絞り示している。また，図3—4はみかんとりんごの1960年から2018年までの作付面積の推移を表す。図3—5と図3—6は，みかんとりんごそれぞれについて1990年から2018年までの輸出量と輸出先を示している。

⑴　表3—1のア～ウに該当する県名を，それぞれ，ア—○のように答えよ。

⑵　表3—1によれば，ブルーベリーの収穫量第1位は東京都である。東京都でブルーベリーの栽培が盛んな理由を1行で説明せよ。

⑶　図3—4をみると，みかん，りんごともに現在の作付面積は1960年比で減少しているが，その推移は両者で異なっていることが読みとれる。みかんの作付面積が一旦大きく増加しその後減少した理由を，以下の語句をすべて使用し，3行以内で説明せよ。語句は繰り返し用いてもよいが，使用した箇所には下線を引くこと。

政　策　　　需　要　　　生産調整

⑷　図3—5と図3—6の輸出量をみると，みかんについては減少傾向である一方，りんごは増加傾向にある。りんごの輸出量が増加している理由として図3—6から考えられることを，2行以内で説明せよ。

表３―１

順位	みかん		りんご		なし	
1	ア	155,600	青森	445,500	ウ	30,400
2	静岡	114,500	イ	142,200	茨城	23,800
3	愛媛	113,500	岩手	47,300	栃木	20,400
4	熊本	90,400	山形	41,300	福島	17,100
5	長崎	49,700	福島	25,700	鳥取	15,900

順位	うめ		ブルーベリー	
1	ア	73,200	東京	384
2	群馬	5,740	群馬	271
3	三重	2,090	イ	259
4	神奈川	1,810	茨城	240
5	イ	1,770	ウ	105

単位：トン

果樹生産出荷統計(みかん，りんご，なし，うめ)および特産果樹生産動態等調査(ブルーベリー)による。

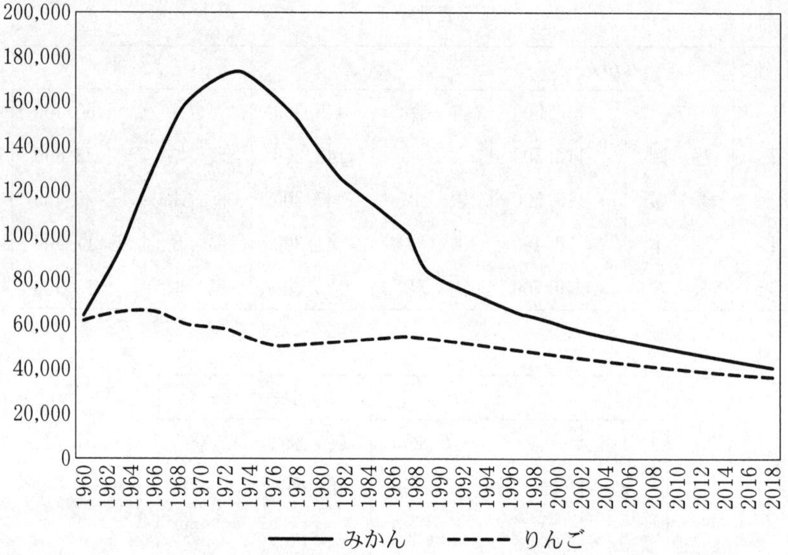

図3－4

単位：ヘクタール

耕地及び作付け面積統計による。

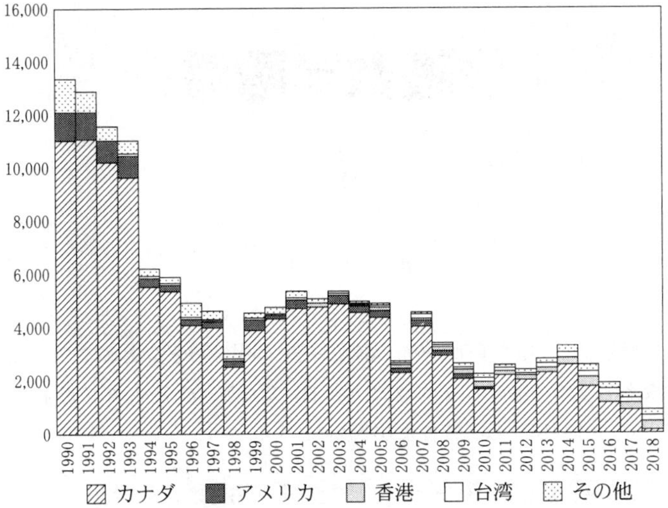

図３―５

単位：トン

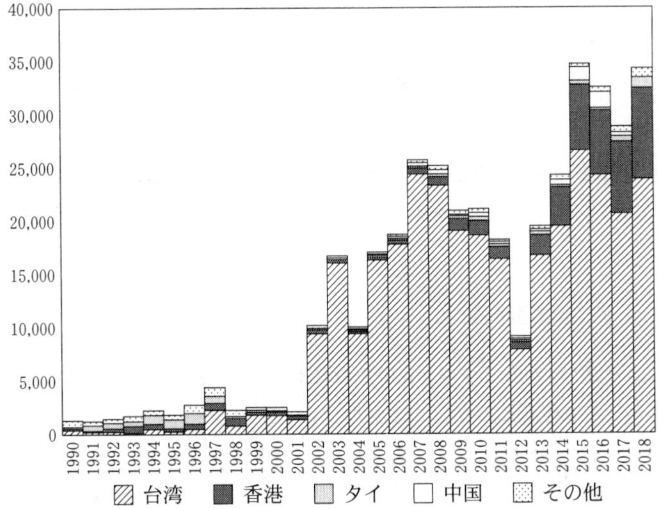

図３―６

単位：トン

図３―５，図３―６は，どちらも貿易統計による。（川久保 2019 を改変。）

数学

（100分）

第　1　問

a, b を実数とする。座標平面上の放物線 $y = x^2 + ax + b$ を C とおく。C は，原点で垂直に交わる 2 本の接線 ℓ_1, ℓ_2 を持つとする。ただし，C と ℓ_1 の接点 P_1 の x 座標は，C と ℓ_2 の接点 P_2 の x 座標より小さいとする。

(1) b を a で表せ。また a の値はすべての実数をとりうることを示せ。

(2) $i = 1, 2$ に対し，円 D_i を，放物線 C の軸上に中心を持ち，点 P_i で ℓ_i と接するものと定める。D_2 の半径が D_1 の半径の 2 倍となるとき，a の値を求めよ。

第　2　問

$y = x^3 - x$ により定まる座標平面上の曲線を C とする。C 上の点 $\mathrm{P}(\alpha, \alpha^3 - \alpha)$ を通り，点 P における C の接線と垂直に交わる直線を ℓ とする。C と ℓ は相異なる 3 点で交わるとする。

(1) α のとりうる値の範囲を求めよ。

(2) C と ℓ の点 P 以外の 2 つの交点の x 座標を β, γ とする。ただし $\beta < \gamma$ とする。$\beta^2 + \beta\gamma + \gamma^2 - 1 \neq 0$ となることを示せ。

(3) (2) の β, γ を用いて，

$$u = 4\alpha^3 + \frac{1}{\beta^2 + \beta\gamma + \gamma^2 - 1}$$

と定める。このとき，u のとりうる値の範囲を求めよ。

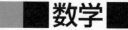

第　3　問

数列 $\{a_n\}$ を次のように定める。

$$a_1 = 4, \quad a_{n+1} = a_n^2 + n(n+2) \qquad (n = 1,\ 2,\ 3,\ \cdots\cdots)$$

(1) a_{2022} を 3 で割った余りを求めよ。

(2) a_{2022}, a_{2023}, a_{2024} の最大公約数を求めよ。

第　4　問

O を原点とする座標平面上で考える。0 以上の整数 k に対して，ベクトル $\overrightarrow{v_k}$ を

$$\overrightarrow{v_k} = \left(\cos\frac{2k\pi}{3},\ \sin\frac{2k\pi}{3}\right)$$

と定める。投げたとき表と裏がどちらも $\frac{1}{2}$ の確率で出るコインを N 回投げて，座標平面上に点 X_0, X_1, X_2, $\cdots\cdots$, X_N を以下の規則 (i), (ii) に従って定める。

(i) X_0 は O にある。

(ii) n を 1 以上 N 以下の整数とする。X_{n-1} が定まったとし，X_n を次のように定める。

- n 回目のコイン投げで表が出た場合，

$$\overrightarrow{\mathrm{OX}_n} = \overrightarrow{\mathrm{OX}_{n-1}} + \overrightarrow{v_k}$$

により X_n を定める。ただし，k は 1 回目から n 回目までのコイン投げで裏が出た回数とする。

- n 回目のコイン投げで裏が出た場合，X_n を X_{n-1} と定める。

(1) $N = 5$ とする。X_5 が O にある確率を求めよ。

(2) $N = 98$ とする。X_{98} が O にあり，かつ，表が 90 回，裏が 8 回出る確率を求めよ。

㈣　「そして、やがて何かをそこに見出したように思った」（傍線部エ）とはどういうことか、説明せよ。

（解答欄：㈠〜㈣各約一三・五センチ×二行）

るのか。ワヤンの口を経て老人は、自分自身のためにそして多くの精霊のために星の光を通して宇宙と会話《コレスポンデンス》しているのだと応えた。そして何かを、宇宙からこの世界《ユニヴァース》へ返すのだと言ったらしいのだ。たぶん、これもまたバカラシイことかもしれない。だがその時、私は意識の彼方からやってくるものがあるのを感じた。私は何も現われはしない小さなスクリーンを眺めつづけた。エそして、やがて何かをそこに見出したように思った。

（武満徹『影絵《ワヤン・クリット》の鏡』）

〔注〕○ジョン・ケージ——John Milton Cage Jr.（一九一二～九二）。アメリカの作曲家。
○ガムラン——インドネシアの民族音楽。さまざまな銅鑼《どら》や鍵盤打楽器で行われる合奏。
○影絵《ワヤン・クリット》——インドネシアの伝統芸能で、人形を用いた影絵芝居。

設問

㈠「私のひととしての意識は少しも働きはしなかったのである」（傍線部ア）とあるが、それはなぜか、説明せよ。

㈡「周囲の空気にかれはただちょっとした振動をあたえたにすぎない」（傍線部イ）とはどういうことか、説明せよ。

㈢「かれらが示した反応は〈これは素晴らしい新資源《ニュー・ソース》だ〉ということだった」（傍線部ウ）とはどういうことか、説明せよ。

昨年の暮れから新年にかけて、フランスの学術グループに加わり、インドネシアを旅した。デンパサル（バリ島の中心地）から北西へ四十キロほど離れた小さなヴィレッジへガムランの演奏を聴きに行った夜のことだ。寺院の庭で幾組かのグループが椰子《やし》油を灯《とも》してあちこちで一斉に演奏していた。群衆はうたいながら踊りつづけた。私は独特の香料にむせながら、聴こえてくる響きのなかに身を浸した。そこでは聴くということは困難だ、音の外にあって特定のグループの演奏する音楽を択《えら》ぶことなどはできない。「聴く」ということは（もちろん）だいじなことには違いないのだが、私たちはともすると記憶や知識の範囲でその行為を意味づけようとしがちなのではないか。ほんとうは、聴くということはそうしたことを超える行為であるはずである。それは音の内に在るということで音そのものと化すことなのだろう。

フランスの音楽家たちはエキゾチックなガムランの響きに夢中だった。かれらの感受性にとってそれは途方もない未知の領域から響くものであった。そして驚きのあとにウかれらが示した反応は〈これは素晴らしい新資源《ニュー・ソース》だ〉ということだった。私は現地のインドネシアの人々とも、またフランスの音楽家たちとも異なる反応を示す自分を見出していた。私の生活は、バリ島の人々のごとくには、その音楽と分《わ》ちがたく一致することはないだろう。かといってフランスの音楽家のようには、その異質の音源を自分たちの音楽表現の論理へ組みこむことにも熱中しえないだろう。

通訳のベルナール・ワヤンが寺院の隣の庭で影絵《ワヤン・クリット》が演じられているというので、踊る人々をぬけて石の門をくぐった。急に天が低く感じられたのは、夜の暗さのなかで星が砂礫《されき》のように降りしきって見えたからであった。庭の一隅の、そこだけはなおいっそう夜の気配の濃い片隅で影絵《ワヤン・クリット》は演じられていた。奇異なことに一本の蠟燭《ろうそく》すら点《とも》されていない。影絵《ワヤン・クリット》は精緻に切抜かれた型をスクリーンに映して宗教的な説話を演ずるものである。事実、その後ジャワ島のどの場所で観た影絵《ワヤン・クリット》も灯を用いないものはなかった。私は、演ずる老人のまぢかに寄ってゆき、布で張られたスクリーンに眼をこらした。無論なにも見えはしない。老人の側に廻《まわ》ってみると、かれは地に坐《ざ》し、組まれた膝の前に置かれた多くの型のなかからひとつあるいはふたつを手にとっては呟《つぶや》くように説話を語りながらスクリーンへ翳《かざ》していた。私は通訳のワヤンに訊《たず》ねた、老人は何のためにまた誰のために行なってい生物としての進化の階梯《かいてい》を無限に経て、然《しか》し人間は何処《どこ》へ行きつくのであろうか。

八年程前、ハワイ島のキラウェア火山にのぼり、火口に臨むロッジの横長に切られた窓から、私は家族と友人たち、それに数人の泊り客らとぼんやりと外景を眺めていた。日没時の窓の下に見えるものはただ水蒸気に煙る巨大なクレーターであった。朱の太陽が、灰色の厚いフェルトを敷きつめた雲の涯《はて》に消えて闇がたちこめると、クレーターはいっそう深く黯《くら》い様相をあらわにしてきた。それは、陽のあるうちは気づかずにいた地の火が、クレーターの遥《はる》かな底で星のように輝きはじめたからであった。

誰の仕業であろうか、この地表を穿《うが》ちあけられた巨大な火口は、私たちの空想や思考の一切を拒むもののようであった。それはどのような形容をも排《しりぞ》けてしまう絶対の力をもっていた。今ふりかえって、あの沈黙に支配された時空とそのなかに在った自分を考えると、アそこでは私のひとりとしての意識は少しも働きはしなかったのである。しかし私は言いしれぬ力によって突き動かされていた。あの時私の意識が働かなかったのではなく、意識は意識それ自体を超える大いなるものにとらえられていたのであろうと思う。私は意識の彼方《かなた》からやって来るものに眼と耳を向けていた。私は何かを聴いたし、また見たかも知れないのだが、いまそれを記憶してはいない。

その時、同行していた作曲家のジョン・ケージが私を呼び、かれは微笑しながらnonsense！と言った。そして日本語で歌うようにバカラシイと言うのだった。そこに居合せた人々はたぶんごく素直な気持でその言葉を受容《うけい》れていたように思う。

そうなのだ、これはバカラシイことだ。私たちの眼前にあるのは地表にぽかっと空いたひとつの穴にすぎない。それを気むずかしい表情で眺めている私たちはおかしい。人間もおかしければ穴だっておかしい。だが私を含めて人々はケージの言葉をかならずしも否定的な意味で受けとめたのではなかった。またケージはこの沈黙の劇に註解《ちゅうかい》をくわえようとしたのでもない。イ周囲の空気にかれはただちょっとした振動をあたえたにすぎない。

(四)「此殷夏之所㆓以絶㆒也」(傍線部f)とあるが、なぜなのか、本文の趣旨を踏まえて簡潔に説明せよ。

(解答欄：(三)約一三・五センチ×一・五行　(四)一三・五センチ×一行)

第四問

次の文章を読んで、後の設問に答えよ。

私がこれまでに作曲した音楽の量は数時間あまりにすぎない。たぶんそれは、私がひととしての意識を所有しはじめてからの時間の総量に比べれば瞬間ともいえるほどに短い。しかもそのなかで他人にも聴いて欲しいと思える作品は僅か数曲なのである。私は、今日までの全ての時間を、この無にも等しい短い時のために費やしたのであろうか。あるいは、私が過ごした時の大半が、宇宙的時間からすれば無にちかい束《つか》の間であり、この、惑星のただ一回の自転のために必要な時間にも充《み》たない数時間の作品と、これからの僅かな時が、ひととしての私を定めるのであろうか、などと考えるのであるが、それは、もうどうでも良いことであり、いずれにせよ私がすることなどはたかが知れたことであり、それだから後ろめたい気分にたえず落ちいることもなしにやっても行けるのだろう、と思うのである。

寒気の未だ去らない信州で、棘《とげ》のように空へ立つ裸形の樹林を歩き、頂を灰褐色の噴煙にかくした火山のそこかしこに雪を残した黒々とした地表を凝視《みつ》めていると、知的生物として、宇宙そのものと対峙《たいじ》するほどの意識をもつようになった人類も、結局は大きな、眼《め》には感知しえない仕組の内にあるのであり、宇宙の法則の外では一刻として生きることもなるまいと感じられるのである。

悪《クニカ》乎託《スル》。託《ス》二於愛《ト》利《ニ》一。愛利之心諭《さとラレテ》、威乃《チ》可《シ》レ行《フ》。威太《はなはダ》甚《ダシケレバ》則《チ》愛利之心息《やム》。愛利之心息《ミテ》、而徒《ダ》疾《はげシク》行《へバ》レ威《ヲ》、身必《ズ》咎《とがアリ》矣。f此殷《ト》夏之所二以絶《ユル》一也。

（『呂氏春秋』による）

〔注〕　○濁水——川の名。　○造父——人名、昔の車馬を御する名人。
　　　○殷夏——ともに中国古代の王朝。

設　問

㈠　傍線部a・c・dを現代語訳せよ。

㈡　「人主之不肖者有レ似二於此一」（傍線部b）を、「此」の指す内容を明らかにして、平易な現代語に訳せ。

㈢　「譬レ之若二塩之於一レ味」（傍線部e）とあるが、たとえの内容をわかりやすく説明せよ。

第三問

次の文章を読んで、後の設問に答えよ。ただし、設問の都合で送り仮名を省いたところがある。

宋人《ニ》有《リ》㆓取《ル》㆑道《ヲ》者㆒。其《ノ》馬不㆑進《マ》、剄《ころシテ》而投《ズ》㆓之《ヲ》濁《けい》水《ニ》㆒。又《タ》復《タ》取《ルモ》㆑道《ヲ》、其《ノ》馬不㆑進《マ》、又《タ》剄《シテ》而投《ズ》㆓之《ヲ》濁水《ニ》㆒。如《キ》㆑此《クノ》者《こと》三《タビアリ》。雖《モ》㆔造父之 a 所㆓以《ト》威《スル》㆒㆑馬《ヲ》、不㆑過《ギ》㆑此《ニ》矣。不《シテ》㆑得㆓造父之道《ヲ》㆒而徒《ダ》得《ルモ》㆓其《ノ》威《ヲ》㆒、無《シ》㆑益㆓於御《ニ》㆒。

b 人主之不肖《ナル》者有《リ》㆑似《タル》㆓於此《ニ》㆒。不《シテ》㆑得㆓其《ノ》道《ヲ》㆒而徒《ダ》多《クス》㆓其《ノ》威《ヲ》㆒。威愈《いよいよ》多《クシテ》、c 民愈不㆑用《ヰラレ》。亡国之主、多《シ》㆘以《テ》㆓多威《ヲ》㆒使《フコト》㆗其《ノ》民《ヲ》㆖矣。

故《ニ》 d 威不㆑可㆑無㆑有、而不㆑足《ラ》㆓専《ラ》恃《たのムニ》㆒。e 譬《たとフレバ》㆑之《ヲ》若《シ》㆓塩之於《ケルガ》㆒㆑味《ニ》。凡《ソ》塩之用《ハ》、有《リ》㆑所㆑託《スル》也。不《レバ》㆑適《セ》則《チ》敗《リテ》㆑託《ヲ》而不㆑可《カラ》㆑食《ラフ》。威《モ》亦《タ》然《リ》。必《ズ》有《リテ》㆑所㆑託《スル》、然《ル》後《ニ》可《シ》㆑行《フ》。

○東宮――御門の第一皇子。
○わが世――ここでは日本を指す。

設問

㈠　傍線部ア・ウ・キを現代語訳せよ。

㈡　「ただまぼろしに見るは見るかは」（傍線部イ）の大意を示せ。

㈢　「たぐひあらじと人やりならずおぼえしかど」（傍線部エ）とあるが、何についてどのように思ったのか、説明せよ。

㈣　「よろづ目とまり、あはれなるをさることにて」（傍線部オ）とあるが、それはなぜか、説明せよ。

㈤　「われをばひたぶるにおぼし放たぬなんめり」（傍線部カ）とあるが、なぜそう思うのか、説明せよ。

（解答欄：㈡〜㈤各約一三・五センチ×一行）

忍びやるべうもあらぬ御けしきの苦しさに、言ふともなく、ほのかにまぎらはして、すべり入り給ひぬ。おぼろけに人目思はずは、ひきもとどめたてまつるべけれど、ウかしこう思ひつつむ。

内裏《うち》より皇子出でさせ給ひて、御遊びはじまる。何のものの音もおぼえぬ心地すれど、今宵《こよひ》をかぎりと思へば、心強く思ひ念じて、琵琶《びは》賜はり給ふも、うつつの心地はせず。御簾《みす》のうちに、琴《きん》のことかき合はせられたるは、未央宮《びやうきう》にて聞きしなるべし。やがてその世の御おくりものに添へさせ給ふ。「今は」といふかひなく思ひ立ち果てぬるを、いとなつかしうのたまはせつる御けはひ、ありさま、耳につき心にしみて、肝消えまどひ、さらにものおぼえ給はず。「日本に母上をはじめ、大将殿の君に、見馴《みな》れしほどなく引き別れにしあはれなど、エたぐひあらじと人やりならずおぼえしかど、ながらへば、三年がうちに行き帰りなむと思ふ思ひになぐさめしにも、胸のひまはありき。これは、またかへり見るべき世かは」と思ひとぢむるに、オよろづ目とまり、あはれなるをさることにて、后の、今ひとたびの行き逢ひをば、かけ離れながら、おほかたにいとなつかしうもてなしおぼしたるも、さまことなる心づくしいとどまさりつつ、わが身人の御身、さまざまに乱れがはしきこと出で来ぬべき世のつつましさを、おぼしつつめることわりも、ひたぶるに恨みたてまつらむかたなければ、いかさまにせば、と思ひ乱るる心のうちは、言ひやるかたもなかりけり。「いとせめてはかけ離れ、なさけなく、つらくもてなし給はばいかがはせむ。若君のかたざまにつけても、カわれをばひたぶるにおぼし放たぬなんめり」と、推し量らるる心ときめきても、消え入りぬべく思ひ沈みて、暮れゆく秋の別れ、キなほいとせちにやるかたなきほどなり。御門、東宮をはじめたてまつりて、惜しみかなしませ給ふさま、わが世を離れしにも、やや立ちまさりたり。

〔注〕○琴のこと——弦が七本の琴《こと》。
○未央宮にて聞きしなるべし——中納言は、以前、未央宮で女房に身をやつした后の琴のことの演奏を聞いた。
○その世——ここでは中国を指す。

(五)　傍線部a・b・cのカタカナに相当する漢字を楷書で書け。

a　ユルんで　　b　コッケイ　　c　シンチョウ

（解答欄：(一)〜(三)各約一三・五センチ×二行）

第二問

次の文章は『浜松中納言物語』の一節である。中納言は亡き父が中国の御門《みかど》の第三皇子に転生したことを知り、契りを結んだ大将殿の姫君を残して、朝廷に三年間の暇《いとま》を請い、中国に渡った。そして、中納言は物忌《ものい》みで籠もる女性と結ばれたが、その女性は御門の后《きさき》であり、第三皇子の母であった。后は中納言との間の子（若君）を産んだ。三年後、中納言は日本に戻ることになる。以下は、人々が集まる別れの宴で、中納言が后に和歌を詠み贈る場面である。これを読んで、後の設問に答えよ。

忍びがたき心のうちをうち出《い》でぬべきにも、ア さすがにあらず、わりなくかなしきに、皇子《みこ》もすこし立ち出でさせ給ふに、御前なる人々も、おのおのものうち言ふにやと聞こゆるまぎれに、

ふたたびと思ひ合はするかたもなしいかに見し夜の夢にかあるらむ

いみじう忍びてまぎらはかし給へり。

夢とだに何か思ひも出でつらむ イ ただまぼろしに見るは見るかは

ていたことが、突然自然でなくなることがある。だから、エ日本人であることに、誰も安心はできない。

（鵜飼哲「ナショナリズム、その〈彼方〉への隘路《あいろ》」による）

〔注〕○パラサイト――寄生。

○菊の紋章付きの旅券――日本国旅券（パスポート）のこと。表紙に菊の紋章が印刷されている。

○「甘えの構造」――ここでは、精神分析学者の土居健郎が提唱した著名な日本人論を指す。日本人の心性の大きな特徴として「甘え」の心理を論じた。

設問

(一)「その『甘さ』において私はまぎれもなく『日本人』だった」（傍線部ア）とはどういうことか、説明せよ。

(二)「その残忍な顔を、〈外〉と〈内〉とに同時に見せ始めている」（傍線部イ）とはどういうことか、説明せよ。

(三)「文字通りの『自然』のなかには、もともとどんな名も存在しない」（傍線部ウ）とはどういうことか、説明せよ。

(四)「日本人であることに、誰も安心はできない」（傍線部エ）とはどういうことか、本文全体の趣旨を踏まえて一〇〇字以上一二〇字以内で説明せよ（句読点も一字と数える）。

「出生」を意味する。そして英語で naturally と言えば、「自然に」から転じて「当然に」「自明に」「無論」という意味になる。

「生まれ」が「同じ」者の間で、「自然」だからこそ「当然」として主張される平等性。そして、それと表裏一体の、「生まれ」が「違う」者に対する排他性。歴史的状況や文化的文脈によってナショナリズムにもさまざまな異型があるが、この性格はこの政治現象の不変の核と言っていいだろう。だからいまも、世界のほとんどの国で、国籍は生地か血統にもとづいて付与されている。

しかし、生地にしても血統にしても、「生まれ」が「同じ」とはどういう意味だろう。ある土地の広がりが「フランス」とか「日本」という名で呼ばれるかどうかは少しも「自然」ではない。ウ文字通りの「自然」のなかには、もともとどんな名も存在しないからだ。また両親が「同じ」でも、たとえ一卵性双生児でも、人は「ただひとり」生まれることにかわりはない。私たちは知らないうちに名を与えられ、ある家族の一員にされる。それがどのようになされたかは、言葉を身につけたのち、人づてに聞くことができるだけだ。親が本当に「生みの親」かどうか、自然に、感覚的確信に即して知っている人は誰もいない。苗字《みょうじ》が同じであることも、母の言葉が母語になったことも、顔が似ていることも、何も私の血統を自然にはしない。

一言で言えば、あらゆるナショナリズムが主張する「生まれ」の「同一性」の自然的性格は仮構されたものなのだ。それは自然ではなく、ひとつの制度である。ただし、他のどんな制度よりも強力に自然化された制度である。日本語で「帰化」(もともとは天皇の権威に帰順するという意味)と呼ばれる外国人による国籍の取得は、フランス語や英語では naturalis(z)ation、「自然化」と呼ばれる。この言葉は意味cシンチョウだ。なぜなら、外国人ばかりでなく、たとえば血統主義の国籍法を採用する日本で日本人の親から生まれた人でも、その人に国籍が付与されるとき、あるいはその人がなにがしかの国民的同一性を身につけるとき、それはいつでも、自然でないものを自然なものとする操作、つまり「自然化」によってなされるしかないからだ。

「自然化」とは、繰り返すが、自然でないものを自然なものとする操作のことである。言い換えれば、この操作はけっして完了することがない。そして、いつ逆流するか分からない。「非自然化」はいつでも起こりうる。昨日まで自然だったこと、自然だと信じ人でも「よそ者」は目ざとく見つけ容赦なく切り捨てるガイドの方だろうか。確かだと思えるのは、私のような「日本人」ばかりではナショナリズムを「立ち上げる」のは容易ではないだろうということ、日本のナショナリズムは、かつても現在も、このガイドのようにきちんと振る舞える人々を欠かせない人材として要請し、養成してきたに違いないということである。少なくとも可能的に、「国民」の一部を「非国民」として、「獅子《しし》身中の虫」として、摘発し、切断し、除去する能力、それなくしてナショナリズムは「外国人」を排除する「力」をわがものにできない。それはどんなナショナリズムにも共通する一般的な構造だが、日本のナショナリズムはこの点で特異な道を歩んでもきた。この数十年のあいだ中流幻想に浸っていた日本人の社会は、いまふたたび、急速に階級に分断されつつある。それにつれてナショナリズムも、ふたたび、イその残忍な顔を、〈外〉と〈内〉とに同時に見せ始めている。

もちろん私は、この出来事の後、外国で日本人の団体ツアーにはけっして近づかないようにしている。「折り目正しい」日本人でないことが、いつ、なぜ、どうして「ばれる」か知れたものではないからだ。しかし、外国では贅沢《ぜいたく》にも、私は日本人の団体に近づかない「自由」がある。でも、日本ではどうだろう。日本人の団体の近くにいない「自由」があるだろうか。この「自由」がないかきわめて乏しいことこそは、近代的な意味で「ナショナルな空間」と呼ばれるものの本質ではないだろうか。

子供も、大人も、日本にいる人はみな、たとえ日本で生まれても、日本人の親から生まれても、ただひとり日本人に取り囲まれている。生まれてから死ぬまで。そして、おそらく、死んだあとも。「ただひとり」なのは、生地も血統も、その人の「生まれ」にまつわるどんな「自然」も、自然にその人を日本人にはしてくれないからだ。

ナショナリズム nationalism というヨーロッパ起源の現象を理解しようとするなら、nation という言葉の語源だけは知っておきたい。それはラテン語で「生まれる」という意味の nasci という動詞である。この動詞から派生した名詞 natio はまず「出生」「誕生」を意味するが、ラテン語のなかですでに「人種」「種族」「国民」へと意味の移動が生じていた。一方、「自然」を意味するラテン語、英語やフランス語の nature のもととなった natura も、実は同じ動詞から派生したもう一つの名詞なのだ。この言葉もやはりまずそうに小さな笑みを浮かべていたか。少なくとも、とっさに日本人でないふりをすることはできなかった。

この状況は、ちょっと考えてみるとなかなか奇妙なものだ。というのも、私がこんな目に遭う危険は、日本以外の国のツアー客に「パラサイト」しているときにはまずありえないからだ。英語やフランス語のガイドたちは自分のグループのそばに「アジア人」が一人たたずんでいても気にも止めないだろう。それに、顧客以外の誰かが自分の説明に耳を傾けていたとして、それがガイドにどんな不都合になるというのか。博物館内の、障壁のない、公的な空間で、自分の言葉を対価を払った人々の耳だけに独占的に届けよう、どんなにおとなしくしていても「たかり」は「たかり」、「盗み聞き」は断固許すまじという使命感。それは空しい使命感にちがいない。日本語の分かる非日本人はいまではどこにでもいるし、私のような顔をしていないかもしれないし、まして私のような反応は、おそらく誰もしないだろうから。

しかし、その日ガイドの「排外神経」の正確な標的になったのは私だった。彼女は私が日本人であることを見切り、見とがめられたのちの私の反応も読んでいた。私は自分の油断を反省した。日本人がこのような状況でこのように振る舞いうることをうっかり忘れていたのである。日本にいるときはこちらもそれなりに張りつめている神経が、外国だからこそ（a）ユルんでいたらしい。日本のなかでは日本人同士種々の集団に分かれてたがいに壁を築く。しかし、ひとたび国外に出れば……。だがそれは、菊の紋章付きの旅券を持つ者の、無意識の、甘い想定だったようだ。（ア）その「甘さ」において私はまぎれもなく「日本人」だった。「日本人」だったからこそ日本人にパラサイトの現場を押さえられ、追い払われ、そして、逆説的にも、その排除を通じてある種の帰属を確認することを余儀なくされたのである。

この些細《ささい》で（b）コッケイな場面が、このところ、「ナショナルな空間」というものの縮図のように思えることがある。ときどき考えるのだが、このときの私とガイドを較《くら》べた場合、どちらがより「ナショナリスト」と言えるだろう。「同じ日本人なんだからちょっと説明を聞くくらい……」と、「甘えの構造」の「日本人」よろしくどうやら思っていたらしい私の方だろうか。それとも、たとえ日本

国語

（一五〇分）

（注）解答は、一行の枠内に二行以上書いてはいけない。

第一問

次の文章を読んで、後の設問に答えよ。

五年ほど前の夏のことだ。カイロの考古学博物館で私はある小さな経験をした。一人で見学をしていたとき、ふと見ると日本のツアー団体客がガイドの説明に耳を傾けていた。私は足を止め、団体の後ろで何とはなしにその解説を聞いていた。その前にすでに、仕事柄多少は理解できる他の言葉、英語やフランス語で他の国々の団体客向けになされていた解説もそれとなく耳に入っていたから、私にはそれは、ごく自然な、行為ともいえないような行為だった。ところが、日本人のガイドはぴたりと説明を止め、私を指差してこう言ったのだ。「あなたこのグループの人じゃないでしょ。説明を聞く資格はありません！」

要するに、あっちに行けということである。エジプトの博物館で、日本人が日本人に、お前はそこにいる権利はないと言われたのである。そのとき自分がどんな表情をしていたか、われながら見てみたいものだと思う。むっとしていたか、それともきまり悪

2021年度

問題編

■前期日程

問題編

▶試験科目・配点

教　科	科　　目	配　点
外国語	「コミュニケーション英語Ⅰ・Ⅱ・Ⅲ」，ドイツ語，フランス語，中国語から1外国語を出願時に選択。英語試験の一部分に聞き取り試験（30分程度）を行う。 ただし，英語の選択者に限り，英語の問題の一部分に代えて，ドイツ語，フランス語，中国語，韓国朝鮮語のうちから1つを試験場で選択することができる。	120点
地　歴	日本史Ｂ，世界史Ｂ，地理Ｂから２科目を出願時に選択	120点
数　学	数学Ⅰ・Ⅱ・Ａ・Ｂ	80点
国　語	国語総合，国語表現，現代文Ｂ，古典Ｂ	120点

▶備　考

- 英語以外の外国語は省略。
- 数学Ⅰ，数学Ⅱ，数学Ａは全範囲から，数学Ｂは「数列」，「ベクトル」から出題する。

英語

(120 分)

(注 意)

1．3は聞き取り問題である。問題は試験開始後 45 分経過した頃から約 30 分間放送される。

2．解答は，5題を越えてはならない。

3．5題全部英語の問題を解答してもよいし，また，4・5の代わりに他の外国語の問題Ⅳ・Ⅴを選んでもよい。ただし，ⅣとⅤとは必ず同じ外国語の問題でなければならない。

(他の外国語の問題は省略―編集部)

1 (A) 以下の英文を読み，10 代の若者の気質の変化について，70～80 字の日本語で要約せよ。句読点も字数に含める。

Consider a study of thousands of Dutch teenagers — the youngest were aged 12 at the start — who completed personality tests each year for six or seven years, beginning in 2005. The results seemed to back up some of the stereotypes we have of messy teen bedrooms and mood swings. Thankfully this negative change in personality is short-lived, with the Dutch data showing that the teenagers' previous positive features rebound in later adolescence.

Both parents and their teenage children agree that changes occur, but surprisingly, the perceived change can depend on who is measuring, according to a 2017 study of over 2,700 German teenagers. They rated their own personalities twice, at age 11 and age 14, and their parents also rated their personalities at these times. Some revealing differences emerged: for instance, while the teenagers rated themselves as declining in ability to get along with adults, their parents saw this decline as much sharper. Also, the teens saw themselves as increasingly friendly to each other, but their parents saw them as increasingly withdrawn. "Parents, as a whole, see their children as becoming less nice," was the researchers' interpretation. On a more positive note, the parents saw their children's declines in honesty as less striking than their children did.

This mismatch may seem contradictory at first, but can perhaps be explained by the big changes underway in the parent-child relationship brought on by teenagers' growing desire for autonomy and privacy. The researchers point out that parents and teens might also be using different reference points — parents are measuring their teenagers' features against a typical adult, while the teenagers are comparing their own features against those displayed by their peers.

This is in line with several further studies, which also reveal a pattern of a temporary reduction in advantageous features — especially niceness and self-discipline — in early adolescence. The general picture of the teenage years as a temporary personality conflict therefore seems accurate.

(B) 以下の英文を読み，(ア)，(イ)の問いに答えよ。

Many artists are turned off by artificial intelligence. They may be discouraged by fears that A.I., with its efficiency, will take away people's jobs. They may question the ability of machines to be creative. Or they may have a desire to explore A.I.'s uses — but aren't able to understand its technical terms.

This all reminds me of when people were similarly doubtful of another technology: the camera. In the 19th century, with the invention of modern photography, cameras introduced both challenges and benefits. [(1)].

出典追記：(A) How our teenage years shape our personalities, BBC Future on June 11, 2018 by Christian Jarrett

Some felt this posed a threat to their jobs.

But for those artists willing to explore cameras as tools in their work, the possibilities of photography proved inspiring. Indeed cameras, which became more accessible to the average user with advancements in technology, offered another technique and form for artistic endeavors like portrait-making.

Art matters because as humans, we all have the ability to be creative. [(2)] . History has shown that photography, as a novel tool and medium, helped revolutionize the way modern artists create works by expanding the idea of what could be considered art. Photography eventually found its way into museums. Today we know that cameras didn't kill art; they simply provided people with another way to express themselves visually.

This comparison is crucial to understanding the potential for artificial intelligence to influence art in this century.

As machine learning becomes an increasing part of our everyday lives — incorporated into everything from the phones we text with to the cars we drive — [(3)] . This question becomes even more relevant as machines step into the artistic realm as *creators* of art. In summer 2019, the Barbican Centre in London presented A.I.-produced pieces in a show called "A.I.: More Than Human." And in November later that year, over one million people attended an exhibition exploring art and science at the National Museum of China in which many works were created using computer programs.

I founded the Art and Artificial Intelligence Laboratory at Rutgers University in 2012. As an A.I. researcher, my main goal is to advance the technology. For me, this requires looking at human creativity to develop programs that not only understand our achievements in visual art, music and literature, but also produce or co-produce works in those fields. After all, it is our capacity to expand our creative skills beyond basic problem-solving into artistic expression that uniquely distinguishes us as humans.

Human creativity has led to the invention of artificial intelligence, and now machines themselves can be forces of creativity. Naturally we are curious to see what A.I. is capable of and how it can develop. During the past eight years at the lab, our researchers have realized that A.I. has great potential for solving problems in art. For example, as a tool, machine intelligence can help distinguish authentic paintings from fake ones by analyzing individual brush strokes.

A.I. can also make sense of art by helping uncover potentially similar influences among artworks from different periods. In one test, machine learning was able to identify works that changed the course of art history and highlight new aspects of how that history evolved.

[(4)] — nearly entirely on their own — that viewers are unable to distinguish from works made by human artists. A.I. is even able to compose music that you can listen to on your mobile phone.

Artists have long integrated new technologies into their practices. A.I. is no exception, yet there is a fundamental difference. This time, the machine is its own source of creativity — with the ability to search through vast amounts of historical and social data, artificial intelligence can produce imagery that is beyond our imagination. This element of surprise is the force that can advance artistic mediums in new directions, with the machines functioning not only as tools for artists, but also as their partners.

But can an artificially intelligent machine be an artist in its own right? My answer is no.

While the definition of art is ever-evolving, at its core it is a form of communication among humans. Without a human artist behind the machine, A.I. can (イ), whether that means manipulating *pixels on a screen or notes on *a music ledger. These activities can be engaging and interesting for the human senses, but they lack meaning without interaction between artist and audience.

I've noticed that new technologies are often met first with doubt before eventually being adopted. I see the same path emerging for artificial intelligence. Like the camera, A.I. offers a means for artists and non-artists alike to express themselves. That makes me confident that [(5)]. The future of art looks promising.

注

pixel　ピクセル，画素

a music ledger　五線譜

(ア)　空所 (1) ~ (5)に入れるのに最も適切な文を以下の a) ~ h) より一つずつ選び，マークシートの (1) ~ (5) にその記号をマークせよ。ただし，同じ記号を複数回用いてはならない。また，文頭であっても小文字で表記してあるので注意せよ。

a)　beyond digesting information, machines have also been able to create novel images

b)　but this is an age of harmony between humanities and technologies

c)　it's only natural to ask what the future of art in such an A.I.-dominated society will be

d)　smart machines can only help, not hurt, human creativity

e)　the machine would not contribute to human creativity

f)　the problem is whether art will overcome the limit of photography

g)　while some artists embraced the technology, others saw them as alien devices that required expertise to operate

h)　with time, the art we create evolves, and technology plays a crucial role in that process

(イ)　下に与えられた語を正しい順に並べ替え，空所 (イ) を埋めるのに最も適切な表現を完成させ，記述解答用紙の 1 (B) に記入せよ。

do　　form　　little　　more　　play　　than　　with

2 (A)　あなたにとって暮らしやすい街の，最も重要な条件とは何か。理由を添えて，60～80 語の英語で述べよ。

(B)　以下の下線部を英訳せよ。

私が遊び好きだと言うと，欺《だま》されたような気になる方がおられるかもしれない。たしかに，ギリシア語やラテン語をモノにするには，一日七，八時間，八十日間一日も休まずやらなければならなかった。基本的テキストを読むときは，毎日四，五ページ，休まずに読みつづけなければならなかった。それでは遊ぶ暇なんかないじゃないか。何が遊び好きだ，と。

いや，別に嘘をついているわけではない。たしかに，大学に入ってしばらくのあいだ，語学を仕込む期間はこんなふうにやらなければならなかった。だが，語学の習得は自転車に乗る練習のようなもので，練習しているあいだは大変でも，一度乗れるようになってしまえばなんでもない。あとはいつも乗ってさえいればいいのだ。

(木田元『新人生論ノート』を一部改変)

3 放送を聞いて問題 (A), (B), (C) に答えよ。(A) と (B) は内容的に関連している。(C) は独立した問題である。(A), (B), (C) のいずれも 2 回ずつ放送される。

- 聞き取り問題は**試験開始後 45 分**経過した頃から約 30 分間放送される。
- 放送を聞きながらメモを取ってもよい。
- 放送が終わったあとも，この問題の解答を続けてかまわない。

(A) これから放送するのは，絵画の贋作について，美術研究者 Noah Charney に行ったインタヴューである。これを聞き，(6) ～ (10) の問いに対して，それぞれ最も適切な答えを一つ選び，マークシートの (6) ～ (10) にその記号をマークせよ。

(6) What is "craquelure"?

a) Faults caused by covering a painting over time.

b) Lines produced by paint expanding and contracting.

c) Marks produced by spiders on the surface of a painting.

d) Patterns produced by worms eating through a painting.

e) Stains on a painting produced by artists.

(7) Of all the people Charney writes about, why is Eric Hebborn his favorite?

a) Because he has the same level of skill as the artists whose work he copies.

b) Because he has written several books on the subject of faking art.

c) Because he invented numerous techniques for imitating paintings.

d) Because he is the most famous.

e) Because he is the only person to successfully reproduce craquelure.

(8) Which of the following statements about wormholes is NOT true?

a) They are difficult to reproduce mechanically.

b) They are not regularly shaped.

c) They are one of the most difficult aspects of a painting to copy.

d) They are produced by insects eating the painting.

e) They can easily be reproduced by using the right kind of tools.

(9) According to Charney, the reason many fake paintings are not recognized as such is that

a) few works of art undergo close examination.

b) specialists seldom look at the frame of a painting.

c) the fakers have too many ways to imitate paintings.

d) there are not enough effective ways to identify fake paintings.

e) we have too little knowledge about how paintings change over time.

(10) We can distinguish an imitation from an authentic work most clearly

a) by checking that the style matches other known works by the artist.

b) by identifying the precise material used in the painting.

c) by looking at the writing and other marks on the back of the painting.

d) by studying the documented history attached to the painting.

e) by using the latest scientific techniques to test the painting.

(B) これから放送するのは，司会者と Noah Charney による，(A) と内容的に関連した会話である。これを聞き，(11) ～ (15) の問いに対して，それぞれ最も適切な答えを一つ選び，マークシートの (11) ～ (15) にその記号をマークせよ。

(11) Which of the following is NOT mentioned by Charney as a feature of the fake Rothko painting?

a) It is a large painting.

b) It is an abstract painting.

c) It is painted in Rothko's style.

d) It is painted on a canvas once used by Rothko.

e) It uses red and black.

(12) According to the dialogue, the painting resembles a work of Rothko so much that it deceived

a) Noah Charney.

b) the chairman of Sotheby's.

c) the columnist who first wrote about it.

d) the judge in a Manhattan court.

e) the reporter covering the trial.

(13) Where is the painting now?

a) It has been destroyed.

b) It is being used for education.

c) It is in a courtroom.

d) It is in a museum collection.

e) It is in Noah Charney's possession.

(14) Which of the following does the art world usually rely on to decide whether a painting is authentic?

a) Analysis of style.

b) Documented history.

c) Expert opinion.

d) Record of ownership.

e) Rigorous testing.

(15) Which of the following statements is an opinion shared by Noah Charney about art fakes?

a) They bring shame on people who are tricked by them.

b) They should be destroyed to prevent anyone from making a profit from them.

c) They should be preserved for educational purposes.

d) They should be tested scientifically to reveal how they were produced.

e) They should be treated like any other work of art and displayed in a museum.

(C) これから放送する講義を聞き，(16) ~ (20) の問いに対して，それぞれ最も適切な答えを一つ選び，マークシートの (16) ~ (20) にその記号をマークせよ。

注

Mayan　マヤの

ecosystem　生態系

Sumer　シュメール

(16) Which of the following statements does NOT match the collapse of the Mayan civilization?

a) An increasing number of people died as the civilization declined.

b) Some areas continued to flourish in spite of the downfall of the civilization.

c) Some cities were deserted because of the drop in population.

d) Some cultural activities continued until the arrival of the Spanish.

e) The Mayan civilization was destroyed relatively quickly.

(17) Which of the following statements about civilizational collapse is NOT mentioned in the lecture?

a) It is like a forest fire in which an entire ecosystem is forever lost.

b) It is part of a natural process of growth and decline.

c) It made it possible for the nation-state to emerge in Europe.

d) It tends to be seen in negative terms because we usually see history from the viewpoint of elites.

e) We have few records of what happened to the poorest members of a society.

(18) According to the lecture, the collapse of Sumer in ancient Mesopotamia

a) is an example of a decline that only affected cities.

b) led to heavy taxation.

c) took place at the end of the second millennium BCE.

d) was a relief to the lower classes of Sumerian society.

e) was the best thing that could have happened to land owners.

(19) Choose the statement that best matches the lecturer's observations on the blackout in New York in the 1970s.

a) A lot of people were injured by accidents in the subways.

b) Civilizational collapse can take place anywhere and at any time.

c) New York City should have taken more action to reduce crimes.

d) Our reliance on technology is now greater than at any other time.

e) The loss of electricity allowed criminals to escape from prisons.

(20) According to the lecture, modern societies are more likely to collapse than earlier ones because

a) climate change poses an urgent threat.

b) people are anxious about the possibility of a dark future.

c) the world is more interconnected than ever before.

d) their political structures are more fragile.

e) wars now have much greater destructive potential.

4 (A) 以下の英文の段落 (21) ~ (25) にはそれぞれ誤りがある。修正が必要な下線部を各段落から一つずつ選び，マークシートの (21) ~ (25) にその記号をマークせよ。

(21) First came the dog, (a) followed by sheep and goats. Then the floodgates opened: pigs, cows, cats, horses and birds (b) made the leap. Over the past 30,000 years or so, humans have *domesticated all manner of species for food, hunting, transport, materials, to (c) control savage beasts and to (d) keep as pets. But some say that before we domesticated any of them, we first (e) had little to domesticate ourselves.

(22) Started by Darwin and even Aristotle, the idea of human domestication (a) has since been just that: an idea. Now, for the first time, *genetic comparisons between us and *Neanderthals suggest that we really (b) may be the puppy dogs to their savage wolves. (c) Not only could this explain some long-standing mysteries — (d) but also including why our brains are strangely smaller than those of our Stone Age ancestors — (e) some say it is the only way to make sense of certain twists of human evolution.

(23) One major insight into what happens (a) when wild beasts are domesticated comes from a remarkable experiment that began in 1959, in Soviet Siberia. There, Dmitry Belyaev (b) took relatively wild foxes from an Estonian fur farm and bred them. In each new generation, he chose the most cooperative animals and (c) encouraged them to mating. Gradually, the foxes began to behave more and more like pets. But it (d) wasn't just their behaviour that changed. The gentler foxes also looked different. Within 10 generations, white patches started to appear on their fur. A few generations later, their ears became more folded. Eventually their skulls (e) began to shrink to a smaller size.

(24) These were precisely the features that Belyaev (a) was looking for. He had noticed that many domesticated mammals — most of which (b) weren't

selectively bred, but gradually adapted to live alongside humans — have similarities. Rabbits, dogs and pigs often have patches of white hair and folded ears, for instance, and their brains (c) are generally smaller like those of their wild relatives. Over the years, the collection of physical features associated with loss of wildness (d) has been extended to smaller teeth and shorter noses. Together, they (e) are known as the domestication syndrome.

(25) Many creatures carry aspects of the domestication syndrome, (a) including one notable species: our own. We too have relatively short faces and small teeth. Our relatively large brains (b) are smaller than those of our Neanderthal cousins — something that (c) has puzzled many an evolutionary biologist. And like many domesticated species, young humans (d) are also programmed to learn their peers for an unusually long time. Some of these similarities between humans and domesticated animals were noted early in the 20th century, but there was no follow-up. It was only after Belyaev made public his experiments (e) that a few evolutionary biologists once more began to consider the possibility that modern humans might be a domestic version of our *extinct relatives and ancestors.

注

domesticate　家畜化する（飼い慣らす）

genetic　遺伝子に基づく

Neanderthal　ネアンデルタール人

extinct　絶滅した

(B)　以下の英文を読み，下線部 (ア)，(イ)，(ウ) を和訳せよ。

We do not tell others everything we think. At least, this applies to most people in (perhaps) a majority of social situations. A scholar even concludes that "we lie — therefore we think." Perhaps, one would also want to reverse

出典追記：（A）The tamed ape : were humans the first animal to be domesticated?, New Scientist on February 21, 2018 by Colin Barras this saying ("we think, therefore we sometimes lie"). In any case, there is a constant struggle between revealing and hiding, between disclosure and non-disclosure in communication. We are more or less skilled in suppressing the impulses to express all kinds of responses. (ア)If we were to make everything we think public by saying it aloud, it would sometimes be quite embarrassing, or face-threatening, not only for the speaker, but for both (or all) parties. Another researcher points out that narration in social contexts often involves circumstances that promote non-disclosure such as silent resistance and secret alliances. (イ)Accordingly, some things get said, others not.

One may argue that we need a dialogical theory of inner dialogue to account for the struggle between disclosure and non-disclosure. Surely, ecological psychologist Edward Reed suggests that "one could argue that (ウ)the primary function of language is for concealing thoughts, diverting others' attention from knowing what one is thinking." *Monological theories of communication, with their conception of external dialogue as a mechanical transfer of messages produced by the individual, do not seem to be capable of developing the point.

注

monological theory　聞き手を前提としない monologue（個人発話）に基づく理論

出典追記：（B）Rethinking Language, Mind, and World Dialogically, Information Age Publishing

5 以下の英文を読み，(A)～(D)の問いに答えよ。

Have you ever been eating in a restaurant — just an ordinary café or dining room, [ア(26)] by the rush of waitresses, the buzz of conversation, and the smell of meat cooking on a grill — and when you take up the salt to sprinkle it over your eggs, you're struck by the simple wonder of the shaker, filled by unseen hands, ready and awaiting your pleasure? For you, the shaker exists only for today. But in reality it's there hour after hour, on the same table, refilled again and again. The evidence is visible in the threads beneath the cap, worn down by [ア(27)] twisting — someone else's labor, perhaps the girl with the pen and pad waiting patiently for you to choose an ice cream, the boy in an apron with dirty sneakers, perhaps someone you'll never in your life see. This shaker is work, materially realized. And there you are, undoing it.

Or you might have wandered through a department store, looking at neat stacks of buttoned shirts. The size or color you prefer is at the bottom of the stack, and though you're as gentle as can be lifting the shirts, extracting only the [ア(28)] one, the pile as you leave it is never quite as tidy, and it won't be again until the invisible person returns to set things right.

Cash in an ATM machine. Hotel towels on the floor. The world is full of (A) this kind of work, always waiting to be done and then undone, so it can be done again.

This morning, I gathered up all the cans and bottles thrown about the apartment by my boyfriend and put them in a bag to carry down to the building's rubbish area. He hasn't slept here in a week, but I'd been staying late at the university library and only managed to lift myself out of bed in time to bathe and run to my secretary job in an office in downtown Kobe, where every day I perform my own round of boring tasks. I'm fairly good at it, though. I'm careful to put the labels on file folders so they are perfectly centered, perfectly straight, and I have a system of the colors of ink and sticky notes that keeps everything [ア(29)] . I never run out of pens or paper clips. When anyone needs an aspirin or a piece of gum or a cough drop, I'm the one who has it in her desk drawer. Always. Like magic.

Today is Sunday and both the office and the university library are closed. My boyfriend texted he'd arrive at one o'clock, so I have all morning to straighten up the apartment and shop. Around eleven last night I finished my final paper of the year, and there won't be another until classes begin again in a few weeks. It's a comfortable feeling.

Besides the cans and bottles, there are the containers of takeout yakisoba, with dried spring onion stuck on them, from our dinner together last weekend. The oily paper bags that once held pastries I pick up half-price from the bakery in *Sannomiya before it closes. I eat these on weeknights, alone, in bed. Sometimes in the morning, I discover bits of pastries or spots of cream on my pillow. My boyfriend would be [ア(30)] .

After throwing away the containers and bags into the overflowing rubbish box, I strip the bed sheets and leave them in a pile beside the bed. There are many other things to do, but the sky is threatening rain and I decide to do the shopping before it starts to pour.

To go out, I put on a salmon-pink raincoat and hat my boyfriend gave me on my birthday. He mentioned, modestly, that it came from a special shop in Tokyo. Not long after, I spotted the same set in an ordinary clothing store in *Umeda. (B) It's possible the Tokyo salesgirl took advantage of him; she probably convinces every customer what he purchased was one-of-a-kind. Then, after he left, she simply brought out another from the back.

I didn't tell my boyfriend about the second coat, or that the shade of pink was exactly like the smocks worn by the small boys and girls in the daycare down the road. The first time I wore it, I found myself in a narrow alley with the daycare attendants and a long line of small children, moving like a grotesque pink worm. The attendants grinned at me as I pressed my back against the wall, trying to disappear, then hurried off the other way.

On a Sunday, though, the children should all be at home.

With my purse, shopping bag, and the collection of cans and bottles, I leave the apartment and lock the heavy metal door behind me. The apartment is on the top floor, so there are three flights of stairs before I reach the parking lot level. I rarely meet anyone going up or down. For several years, this building has been [ア(31)] by foreigners: English teachers from the neighborhood conversation schools, Korean preachers, now and then a performer from an amusement park. None of them stay very long. My apartment was the home of the former secretary in my office, and when she left to get married she offered her lease to me. That was five years ago. I am now the building's most [イ] tenant.

The rubbish area is in a sorry state. Despite the clearly marked containers for different types of glass and plastic, and the posted calendar of pick-up days, the other tenants leave their waste where and whenever they choose. I place my cans and bottles in the proper boxes, and with my foot attempt to move the other bundles toward their respective areas. Some of the tenants combine unlike items into a single bag, so even this small effort on my part doesn't clear up the mess. I feel sorry for the garbage collectors, the people (C)________ one by one.

注

Sannomiya（三宮）　神戸を代表する繁華街

Umeda（梅田）　大阪の二大繁華街の一つ

(A)　下線部 (A) の内容を説明せよ。

（解答欄：約 17 センチ × 3 行）

出典追記：This Will Only Take a Moment, New England Review ; Middlebury Volume 41, No. 1 by Elin Hawkinson

(B)　下線部 (B) の内容を具体的に説明せよ。

（解答欄：約 17 センチ × 3 行）

(C)　下に与えられた語を正しい順に並べ替え，下線部 (C) を埋めるのに最も適切な表現を完成させよ。

is　it　pieces　sort　task　the　to　whose

(D)　以下の問いに解答し，その答えとなる記号をマークシートにマークせよ。

(ア)　空所アの (26) ~ (31) には単語が一つずつ入る。それぞれに文脈上最も適切な語を次のうちから一つずつ選び，マークシートの (26) ~ (31) にその記号をマークせよ。ただし，同じ記号を複数回用いてはならない。

a)　chosen　　b)　encouraged　　c)　horrified　　d)　occupied

e)　organized　　f)　realized　　g)　repeated　　h)　surrounded

(イ)　空所 イ に入れるのに最も適切な語を次のうちから一つ選び，マークシートの (32) にその記号をマークせよ。

a)　boring　　b)　difficult　　c)　egocentric

d)　faithful　　e)　popular

(ウ)　本文の内容と合致するものはどれか。最も適切なものを一つ選び，マークシートの (33) にその記号をマークせよ。

a)　The author does not like her boyfriend who has no taste in clothes.

b)　The author focuses on the necessary labor which is done unnoticed.

c)　The author has a good friend in her office who always helps her like a magician.

d)　The author has an ambition to reform the local community and public welfare.

e)　The author is fed up with her domestic household routine and her job as a secretary.

3 聞き取り問題放送用スクリプト

[問題(A)]

DAVE DAVIES, HOST：If you had the artistic talent to create impressive paintings, could you imagine devoting that skill to copying the work of past artists? Our guest is art scholar Noah Charney, whose new book looks at the techniques, interesting characters and consequences of faking art, dating back to the Renaissance.

Noah Charney, welcome to the program. So what physical things would you look for in a painting to help determine its authenticity?

NOAH CHARNEY：Well, for an oil painting, one of the things that has to be copied is called craquelure.

DAVIES：Can you tell us what craquelure is?

CHARNEY：Craquelure is the web of cracks that appears naturally in oil paint over time as it expands and contracts, and it has a pattern on the surface like a spider web. What you can do is study that pattern and determine whether it was artificially produced to make it look old quickly or whether it appeared naturally.

DAVIES：How do you create craquelure?

CHARNEY：Some of the characters in my book gave accounts of their own recipes because they wanted to be famous, and one of them is Eric Hebborn—and if I'm allowed to have a favourite, it would be him.

DAVIES：Why is that?

CHARNEY：He's the only one who I would argue was at the same artistic level as the people he imitated. In his recent book, he explains how to cover an oil painting in something like butter, and then you literally bake the painting like cookies in an oven and it produces something that looks like craquelure. This takes time and effort but he was able to successfully achieve it.

DAVIES：What else matters — labels, letters, the material that it's painted on?

CHARNEY：Well it's very important to look at the back of paintings and prints. There's a lot of information there that people tend not to look at, like old stamps from auctions or previous owners. There might be information on the frame itself—where the canvas was purchased, for instance. These sorts of details are very important, but people tend to look at the front of a painting and not turn it over.

DAVIES：And wormholes also tell a story, right?

CHARNEY：Yes, and that is one of the most difficult things to reproduce. These are literally holes that tiny insects make. They eat their way through paintings and it's incredibly difficult to do anything that looks organic and irregular if you're trying to reproduce it by hand using tools like small drills or screws.

So for each means used by someone faking art, there's a way we can spot it. But the trick is that it rarely gets to the point of deep analysis. The nature of the art trade is that, if it looks pretty good and experts agree on it and if the documented history looks credible, then nobody bothers with scientific testing. And it probably shouldn't be that way but it's been that way for a very long time.

[問題(B)]

MARY LOUISE KELLY, HOST：In a Manhattan court, a trial is taking place that has attracted the art world's attention. The trial is about a painting that was believed to be by the famous artist Mark Rothko and valued at more than eight million dollars. Or at least it was right up to the moment it was discovered that the painting is not by Rothko but is in fact a fake and worth, well, a lot less than eight million dollars. To learn more we called up Noah Charney. He's the author of a new book on art fakes. Mr.

Charney, describe the painting for us if you would. I gather it's actually in the court room there, propped up next to the witness stand?

NOAH CHARNEY：It is. It's a large-scale work on canvas. It's red and black. And it's abstract the way we think of most of the Rothko works. Certainly, in terms of style, it looks like an authentic painting by Rothko.

KELLY：Now, it must be an awfully good fake. I was reading through some of the reports of the trial, and one columnist wrote, it's so good it almost looks as though Rothko was guiding the painter's hand. Apparently it was good enough to fool the buyer, who is none other than the chairman of Sotheby's, the best-known art auction house in the world.

CHARNEY：It's an interesting question because knowing whether an artwork is fake is a centuries-old problem. Sometimes, painters of fakes become more famous than the original artists whose style they have copied. And so as an object, it's an absolutely beautiful one.

KELLY：Are fakes getting better?

CHARNEY：Fakes might be getting better, but they wouldn't have to be. And this is where it's a little bit complicated. There has always been too much dependence on expert opinion, which is subjective. It's not good, but that's what people still rely on. So when experts say that this is original, people are inclined to believe them.

KELLY：You mean an expert like the owner of the gallery that sold this painting?

CHARNEY：Exactly. And so there's a dependence and a sort of general agreement within the art world that has existed for centuries now that says, you know, if we say this is genuine, it is to the best of our knowledge, and that's that. There are two other things to consider, though. You can do research that looks at the documented history of the object to see if it matches what we see on the surface. And then there's scientific testing. And very few fakes would pass scientific tests. But they don't have to, and painters of fakes know this. If it looks pretty good, and if the history of the artwork appears convincing enough, then it will almost never be tested scientifically.

KELLY：Any idea what will happen to this painting at the end of the trial?

CHARNEY：I would like to see it survive and be put on display in a museum as a fake, for educational purposes. But some countries require that fake artworks be destroyed. And that's a shame because it's a beautiful object and it's something we can learn from as long as it does no harm and doesn't trick anyone in the future.

KELLY：All right. That's art historian Noah Charney. Thank you so much.

CHARNEY：Thanks for having me.

[問題(C)]

In our history, the end of a civilization has rarely been sudden and unexpected. Usually the process is long, slow and leaves society and culture continuing for many years. The collapse of the Mayan civilization in Central America, for example, took place over three centuries between 750 and 1050 CE. It was marked by a 10 to 15 per cent increase in death rate and some cities were abandoned, but other areas flourished, and writing, trade and urban living remained until the arrival of the Spanish in the 1500s.

The collapse of civilizations can also provide benefits for some. The emergence of the nation-state in Europe wouldn't have happened without the end of the Western Roman Empire many centuries before. This has led some scholars to speculate that collapse is like a forest fire — an act of creative destruction that provides resources for evolution and space for reorganization.

Our visions of past collapses are typically seen through the eyes of its most privileged victims: the elite, whose lives, unlike those of the poor, remain comparatively well documented. But for the peasants of Sumer in ancient Mesopotamia, for instance, the political collapse that took place at the beginning of the second millennium BCE was the best thing that could have happened. Researchers have known for some time that early states had to restrict the freedom of much of their population. The end of the Sumerian civilization and the disappearance of harsh rulers from cities meant that the peasants could escape from hard labor and heavy taxation.

None of this means, however, that we should not be concerned about the prospects for a future fall. We are more dependent than ever on state infrastructure; lack of this can cause chaos. Take the near-total loss of electricity that affected New York City in 1977. Crime and destruction surged; 550 police officers were injured, and 4,500 people were arrested. This was the outcome of the financial crises in the 1970s as well as a simple loss of electricity. By contrast, a power cut in 1877 in New York City probably wouldn't even have been noticed.

Modern civilizations might be less capable of recovering from deep collapse than earlier ones. Individual hunter-gatherers knew how to live off the land—yet people in industrial society lack basic survival skills. Knowledge is increasingly held not by individuals but by groups and institutions. It is not clear if we could recover if our present society collapsed.

Finally, it's significant that the world has become more interconnected and complex. This enhances our capabilities but interconnected systems are more prone to random failure than isolated ones. Interconnectedness in financial systems can initially provide protection, but after a certain point it can actually cause everything to collapse. Historically this is what happened to Bronze Age societies in the Mediterranean. The interconnectedness of these people increased the prosperity of the region, but also set up a row of dominoes that could be knocked down by a powerful combination of earthquakes, warfare, climate change and rebellions.

Collapse, then, is a double-edged sword. Sometimes it's a chance to revive decaying institutions, yet it can also lead to loss of population, culture and political structures. If in the past, collapse has had both positive and negative consequences, in the modern world it might only lead to a dark future.

出典追記
問題(A)：Could The Masterpiece Be A Fake? Profit, Revenge And 'The Art Of Forgery', NPR on June 23, 2015
問題(B)：Art World Captivated By 'Fake Rothko' Trial, NPR on February 3, 2016　改変あり
問題(C)：Civilisational collapse has a bright past - but a dark future, Aeon on May 21, 2019 by Luke Kemp

日本史

（2 科目 150 分）

（注） 解答用紙は，横書きで〈地理歴史〉共通。1 行：30 字詰。

第 1 問

次の⑴～⑸の文章を読んで，下記の設問に答えなさい。解答は，解答用紙（イ）の欄に，記入しなさい。

⑴ 842 年嵯峨上皇が没すると，仁明天皇を廃して淳和天皇の子である皇太子恒貞親王を奉じようとする謀反が発覚し，恒貞親王は廃され，仁明天皇の長男道康親王（文徳天皇）が皇太子に立てられた。以後皇位は，直系で継承されていく。

⑵ 嵯峨・淳和天皇は学者など有能な文人官僚を公卿に取り立てていくが，承和の変の背景には，淳和天皇と恒貞親王に仕える官人の排斥があった。これ以後，文人官僚はその勢力を失っていき，太政官の中枢は嵯峨源氏と藤原北家で占められるようになった。

⑶ 文徳天皇は，仁寿年間以降（851～），内裏の中心である紫宸殿に出御して政治をみることがなかったという。官僚機構の整備によって天皇がその場に臨まなくても支障のない体制になったためだと考えられる。藤原氏の勧学院，在原氏や源氏の奨学院など，有力氏族は子弟のための教育施設を設けた。

⑷ 858 年清和天皇はわずか 9 歳で即位した。このとき外祖父で太政大臣の藤原良房が実質的に摂政となったと考えられる。876 年に陽成天皇に譲位する時に，清和天皇は藤原基経を摂政に任じ，良房が自分を補佐したように陽成天皇に仕えよと述べている。

⑸　清和天皇の貞観年間(859～876)には，『貞観格』『貞観式』が撰定されたほか，唐の儀礼書を手本に『儀式』が編纂されてさまざまな儀礼を規定するなど，法典編纂が進められた。

設　問

9 世紀後半になると，奈良時代以来くり返された皇位継承をめぐるクーデターや争いはみられなくなり，安定した体制になった。その背景にはどのような変化があったか。5 行以内で述べなさい。

第 2 問

13 世紀の荘園に関する次の⑴~⑷の文章を読んで，下記の設問Ａ・Ｂに答えなさい。解答は，解答用紙(ロ)の欄に，設問ごとに改行し，設問の記号を付して記入しなさい。

⑴　安芸国沼田《ぬた》荘の地頭小早川氏は，鎌倉時代半ば以降，荘内の低湿地を干拓し，田地にしていった。このように各地の地頭は積極的に荒野の開発を進め，田地を拡大していた。

⑵　若狭国太良《たら》荘の荘園領主は現地に使者を派遣し，検注とよばれる土地の調査を行った。検注では荘内の田地の面積などが調べられ，荘園領主に納める年貢の額が決定された。

⑶　検注は，荘園領主がかわった時などに実施されるのが慣例であった。下総国匝《そう》瑳《さ》南条《なんじょう》西方《にしかた》でも新たな領主による検注が予定されていたが，それ以前に開発された田地の検注を地頭が拒否して，鎌倉幕府の法廷で裁判となった。

⑷　越後国奥山《おくやま》荘の荘園領主は検注の実施を主張して，検注を拒否する地頭を鎌倉幕府に訴えたが，奥山荘は地頭請所であったため，検注の停止が命じられた。

設　問

A　荘園領主が検注を実施しようとした理由を，2行以内で説明しなさい。

B　地頭請は地頭の荘園支配にどのような役割をはたしたか。検注や開発との関係にふれながら，3行以内で説明しなさい。

第 3 問

次の(1)～(4)の文章を読んで，下記の設問A・Bに答えなさい。解答は，解答用紙(ハ)の欄に，設問ごとに改行し，設問の記号を付して記入しなさい。

(1)　1707年に富士山が大噴火して広範囲に砂(火山灰)が降り，砂はさらに川に流れ込んで大きな被害をもたらした。幕府は，砂除川浚《すなよけかわざらい》奉行を任命するとともに，「近年出費がかさんでおり，砂が積もった村々の御救も必要」として，全国の村々から「諸国高役金」を徴収した。

(2)　豊かな足柄平野を潤す酒匂《さかわ》川では，上流から砂が流れ込んで堆積し，氾濫の危険性が高まっていた。幕府は他地域の大名にも費用を分担させ，最も危険な箇所を補強する工事を緊急に行ったが，砂の除去が不十分で堤が切れ，下流域で洪水が繰り返された。

(3)　砂が最も深く積もったのは，酒匂川上流の冷涼な富士山麓の村々であった。砂除には莫大な費用が見込まれたが，幕府からの手当はわずかであり，一部の田畑を潰して砂を捨てていた。後には砂を流す水路の開削費用が支給されるようになったものの，捨てた砂は酒匂川に流れ込み，下流部に堆積してしまった。

(4)　幕府に上納された約49万両の「諸国高役金」のうち，被災地の救済に使われたことがはっきりしているのは6万両余にすぎなかった。その6万両の大半は酒匂川の工事にあてられた。

設　問

A　幕府が(1)(4)のような対応をとる背景となった 17 世紀後半以降の幕府財政上の問題について，2 行以内で述べなさい。

B　被災地の救済にあたって幕府はどのような方針をとり，それにはどのような問題があったか。(2)(3)のように対応が異なる理由に注意して，3 行以内で述べなさい。

第 4 問

1869 年に，公卿・諸侯の称を廃し，華族と称す，として誕生した華族は，1947 年に廃止されるまで，士族や平民とは区別された存在であった。それに関する次の(1)～(4)の文章を読んで，下記の設問 A・B に答えなさい。解答は，解答用紙(二)の欄に，設問ごとに改行し，設問の記号を付して記入しなさい。

(1)　公爵に叙せらるべき者

一，親王諸王より臣位に列せらるる者

一，旧摂家

一，徳川宗家

一，国家に偉勲ある者

（「華族叙爵内規」1884 年より抜粋）

(2)　第 34 条　貴族院は貴族院令の定むる所に依り皇族華族及勅任せられたる議員を以て組織す

（「大日本帝国憲法」1889 年）

(3)　第 36 条　何人も同時に両議院の議員たることを得ず

（「大日本帝国憲法」1889 年）

(4) 第 12 条 華族の戸主は選挙権及被選挙権を有せず

(「改正衆議院議員選挙法」1900 年)

設 問

A 1884 年に制定された華族令は，公・侯・伯・子・男の 5 つの爵位を設けただけでなく，華族の構成に大きな変化をもたらした。その変化はどのようなものであり，またそれはどのような意図でなされたのか。3 行以内で述べなさい。

B 1924 年に発足した清浦奎吾内閣は，衆議院を解散したため，衆議院議員総選挙が行われた。これに対し，立憲政友会の総裁で，子爵であった高橋是清は，隠居をして，貴族院議員を辞職した上で，衆議院議員総選挙に立候補した。高橋がこうした行動をとったのはどうしてか。この時期の国内政治の状況にふれながら，3 行以内で述べなさい。

世界史

（2 科目 150 分）

(注)　解答用紙は，横書きで〈地理歴史〉共通。1 行：30 字詰。

第 1 問

ローマ帝国の覇権下におかれていた古代地中海世界は，諸民族の大移動を契機として，大きな社会的変動を経験した。その際，新しく軍事的覇権を手にした征服者と被征服者との間，あるいは生き延びたローマ帝国と周辺勢力との間には，宗教をめぐるさまざまな葛藤が生じ，それが政権の交替や特定地域の帰属関係の変動につながることもあった。それらの摩擦を経ながら，かつてローマの覇権のもとに統合されていた地中海世界には，現在にもその刻印を色濃く残す，3 つの文化圏が並存するようになっていった。

以上のことを踏まえ，5 世紀から 9 世紀にかけての地中海世界において 3 つの文化圏が成立していった過程を，宗教の問題に着目しながら，記述しなさい。解答は，解答欄(イ)に 20 行以内で記し，次の 7 つの語句をそれぞれ必ず一度は用い，その語句に下線を付しなさい。

ギリシア語　　グレゴリウス 1 世　　クローヴィス　　ジズヤ
聖像画(イコン)　　バルカン半島　　マワーリー

第 2 問

歴史上では，さまざまな社会で，異なる形態の身分制度や集団間の不平等があらわれている。こうした身分や不平等は，批判され，撤廃されていくこともあれば，かたちを変えながら残存することもあった。このことに関する以下の3つの設問に答えなさい。解答は，解答欄(ロ)を用い，設問ごとに行を改め，冒頭に⑴～⑶の番号を付して答えなさい。

問⑴　身分制や身分にもとづく差別の状況は，国家による法整備，あるいは民衆の反乱のような直接的な働きかけだけでなく，社会的・経済的要因によっても左右されることがある。このことに関する以下の⒜・⒝の問いに，冒頭に⒜・⒝を付して答えなさい。

⒜　14世紀から15世紀にかけての西ヨーロッパでは，農民による反乱が起こる以前から，農民の地位は向上しはじめていた。その複数の要因を3行以内で説明しなさい。

⒝　ロシアの農奴解放令によって農民の身分は自由になったが，農民の生活状況はあまり改善されなかった。それはなぜだったのかを3行以内で説明しなさい。

問⑵　16世紀後半以降，植民地となっていたフィリピンでは，19世紀後半，植民地支配に対する批判が高まっていた。このことに関する以下の⒜・⒝の問いに，冒頭に⒜・⒝を付して答えなさい。

⒜　小説『ノリ・メ・タンヘレ(われにふれるな)』などを通じて民族主義的な主張を展開した知識人が現れた。その人物の名前を記しなさい。

⒝　1896年に起きたフィリピン革命によって，フィリピンの統治体制はどのように変化していくか。その歴史的過程を4行以内で説明しなさい。

問(3) 1990年代，南アフリカ共和国において，それまで継続していた人種差別的な政策が撤廃された。このことに関する以下の(a)・(b)の問いに，冒頭に(a)・(b)を付して答えなさい。

(a) この政策の名称を片仮名で記しなさい。

(b) この政策の内容，および，この政策が撤廃された背景について，3行以内で説明しなさい。

第 3 問

人類の歴史を通じて，多様な集団が，住んでいた場所を離れて他の地域に移動した。移動の原因は政治・経済・宗教など多岐にわたり，自発的な移動も多かったが，移動を強制されることもあった。こうした移動の結果，先住民が圧迫されることも少なくなかった一方で，新しい文物がもたらされたり，新しい国家が築かれたりすることもあった。このことに関連する以下の設問(1)～(10)に答えなさい。解答は，解答欄（ハ）を用い，設問ごとに行を改め，冒頭に(1)～(10)の番号を付して記しなさい。

(1) ユーラシア大陸の東西を結ぶ「絹の道」では，さまざまな民族が交易に従事しており，その中でもイラン系のソグド人は，中央アジアから中国にいたる地域に入植・定住して交易ネットワークを築いた。ソグド人の出自をもつとされ，唐王朝で節度使を務めた人物が755年に起こした反乱の名称を記しなさい。

(2) 北欧に住んでいたノルマン人は，8世紀頃から南方に移動しはじめ，各地を襲撃してヴァイキングとして恐れられたほか，フランスのノルマンディー公国やイングランドのノルマン朝のように新しい国家や王朝を築くこともあった。彼らが地中海に築いた国家の名称を記しなさい。

⑶ 9 世紀以降，トルコ系の人びとは，軍事奴隷として売却されて，あるいは部族集団を保ちつつ，中東や南アジアに移動して，各地で権力を握るようになった。トルコ系の支配者のもとで 10 世紀後半にアフガニスタンで成立し，10 世紀末から北インドへの侵攻を繰り返した王朝の名称を記しなさい。

⑷ 16 世紀以降にヨーロッパの人間が南北アメリカ大陸を征服した結果，この地は先住民(インディオ)，ヨーロッパ系白人，アフリカ系黒人からなる複雑な社会に作りかえられていった。とりわけ中南米地域では，彼らの間の混血も進んだ。このうち，先住民と白人との間の混血の人々を表す名称を記しなさい。

⑸ 16 世紀までの台湾では，先住民が各地で部族社会を維持していたが，17 世紀にオランダ人が進出して，この地をアジア貿易の拠点とした。その後，東シナ海域で貿易活動に従事しながら反清活動を行っていた人物とその一族がオランダ人を駆逐し，この地を支配した。この人物の名前を記しなさい。

⑹ カリブ海地域にヨーロッパ諸国が築いた植民地のプランテーションでは，黒人奴隷が使役された。彼らの一部は，フランス植民地で反乱を起こし，自由な黒人からなる独立国家ハイチを築いた。本国は独立の動きを弾圧しようとしたが失敗した。弾圧を試みたフランスの指導者の名前を記しなさい。

⑺ 18 世紀後半からヨーロッパの諸国は南太平洋探検を本格化し，「発見」した地を支配下においた。その一つにイギリスが領有したニュージーランドがあるが，この地でイギリス人入植者によって武力で制圧された先住民の名称を記しなさい。

⑻ 19 世紀を通じて，ヨーロッパから多数の人々がアメリカ合衆国に移民したが，19 世紀半ばからはアイルランドからの移民が際立って増加した。そのきっかけとなった出来事の名称を記しなさい。

⑼ 日本統治下の朝鮮では，土地を失った農民の一部が中国東北部や日本への移住

を余儀なくされた。また武断政治に抵抗する人々の一部も，中国に渡って抗日運動を行った。朝鮮での三・一独立運動は鎮圧されたが，この年に朝鮮人は上海で抗日運動の団体を統合してある組織を結成した。この組織の名称を記しなさい。

⑽　1950 年代の西ドイツの急速な経済成長の大きな支えとなったのは，第二次世界大戦の敗戦で失った地域からの引き揚げ者や，社会主義化した東ドイツからの避難民であった。だが 1960 年代以降は，彼らの移動が制限されて労働力が不足したため，他のヨーロッパやアジア諸国から大量の労働移民を受け入れるようになった。この移動制限を象徴する建造物の名称を記しなさい。

地理

（2科目150分）

（注）　解答用紙は，横書きで〈地理歴史〉共通。1行：30字詰。

第 1 問

世界の環境と地形に関する以下の設問A～Bに答えなさい。解答は，解答用紙の(イ)欄を用い，設問・小問ごとに改行し，設問記号・小問番号をつけて記入しなさい。

設問A

気候変化に対する国際的な枠組みとして，2016年に発効したパリ協定は，地球の平均気温上昇を産業革命前に比べて2℃未満に抑制することを目標として掲げている。しかし，現在すでに，平均気温は産業革命前に比べて1℃上昇している。気温が上昇すると，降水量も変化する。国連の特別報告書では，$_{\text{x}}$気温と降水量の変化は地域によって異なることが予想されている。地球の平均気温上昇を2℃未満に抑制するためには，今世紀末までに二酸化炭素の排出を実質0にしなければならない。しかし$_{\text{y}}$20世紀後半以降，二酸化炭素排出量は増え続けている。

(1)　下線xについて，地球の平均気温が2℃上昇するとき，気温がとくに変わるのは，図1―1のような地域であると予想されている。また，地球の平均気温が2℃上昇するとき，降水量がとくに変わるのは，図1―2のような地域であると予想されている。

気温が3℃以上上昇する地域では，陸と海とにそれぞれどのような影響が現れると考えられるか。以下の語句をすべて使用して，あわせて3行以内で述べなさい。語句は繰り返し用いてもよいが，使用した箇所には下線を引くこと。

航　路　　資　源　　地　盤　　生態系

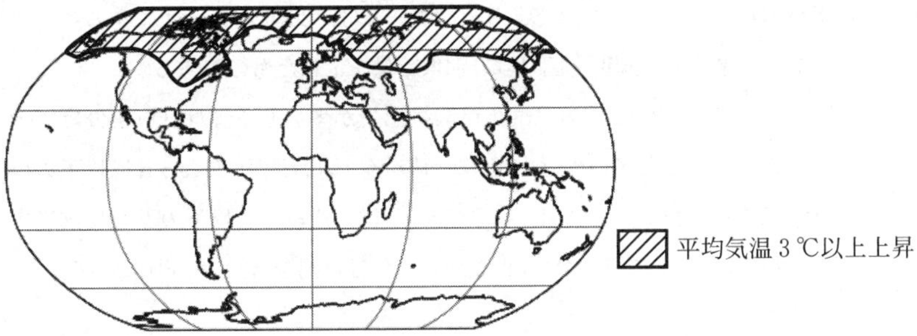

図 1 ― 1

国連の IPCC 特別報告書による。

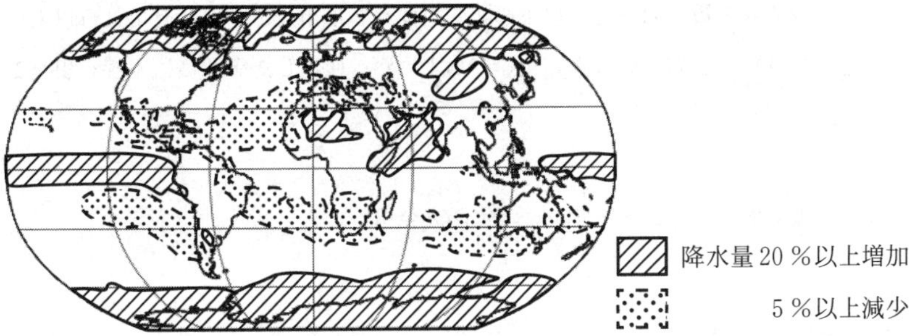

図 1 ― 2

国連の IPCC 特別報告書による。

⑵　図 1 ― 3 の A ～ D は，世界の 4 つの地点における気温と降水量の月平均の年変化を示したグラフ(雨温図)である。図 1 ― 2 で，温暖化により降水量が減少することが予想されている大陸上の地点と，増加することが予想されている大陸上の地点を，A ～ D の中から 1 つずつ選んで，減少―○，増加―○のように答えなさい。

⑶　図1―2で降水量が減少すると予想されている地域では，降水量の減少によってどのような災害が起こりやすくなるか，1行で述べなさい。

⑷　下線yについて，図1―4は，1900年から2018年までの世界の二酸化炭素排出量の推移を示したものであり，図1―5は，2016年の一次エネルギーについて，エネルギー源別，国(地域)別供給量を示したものである。

図1―4では，2018年の二酸化炭素排出量が多い6ヶ国(地域)を分けて示している。もっとも多いのは中国，次がアメリカ合衆国で，a～dは以下のいずれかである。図1―4と図1―5のa～dは，それぞれ以下のどれに該当するか，a―○のように答えなさい。なお，EUは英国を含む28ヶ国である。

インド　　EU　　日本　　ロシア

⑸　図1―5をもとに，中国とアメリカ合衆国の一次エネルギー供給の特徴とそれに対する政策的対応を，以下の語句をすべて使用して，あわせて3行以内で述べなさい。語句は繰り返し用いてもよいが，使用した箇所には下線を引くこと。

需要　　シェール　　太陽光発電

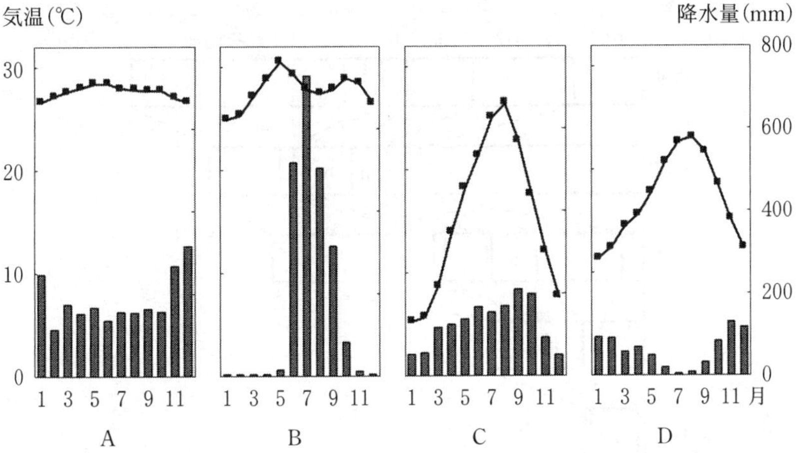

図 1 ― 3

理科年表による。1981 または 1982 年から 2010 年の平均。

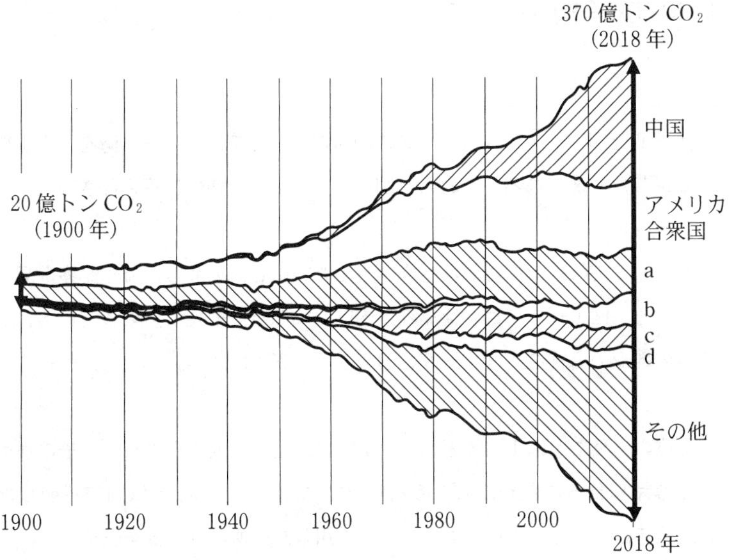

図 1 ― 4

Nature による。

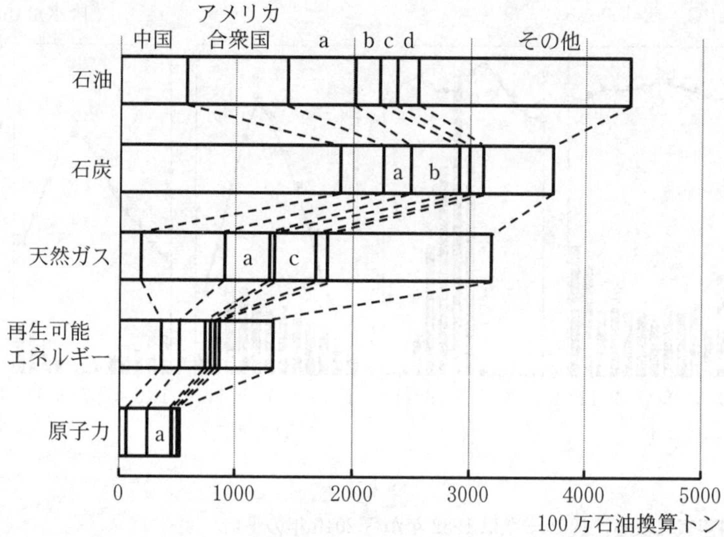

図1—5

BP(英国石油会社)などによる。

設問B

図1—6と図1—7は，ガンジス川の河口付近とチェサピーク湾を，人工衛星から撮影した画像である。これらの図をみて，以下の問いに答えなさい。

(1) 図1—6では，海岸線が海へ向かって張り出し，分岐した流路が多数見られる。一方，図1—7では，海岸線が内陸へ向かって細長く湾入している。それぞれの地形の名称を，図1—6 ○○のように答えなさい。

(2) 上述のように，図1—6と図1—7では，地形が大きく異なる。その理由として考えられることを，以下の語句をすべて用いて，2行以内で説明しなさい。語句は繰り返し用いてもよいが，使用した箇所には下線を引くこと。

河 谷　　土 砂

(3) 図1—7の水域に見られる主要な漁業の形態名を挙げ，そうした漁業の形態が発達した理由と，その持続を脅かす環境問題を，あわせて 2 行以内で述べなさい。

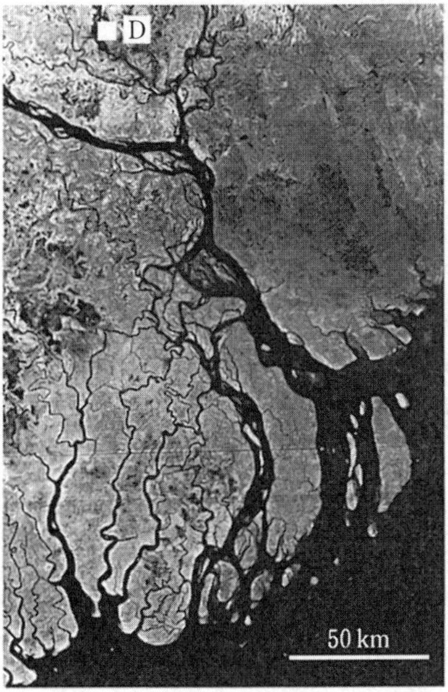

図 1 — 6

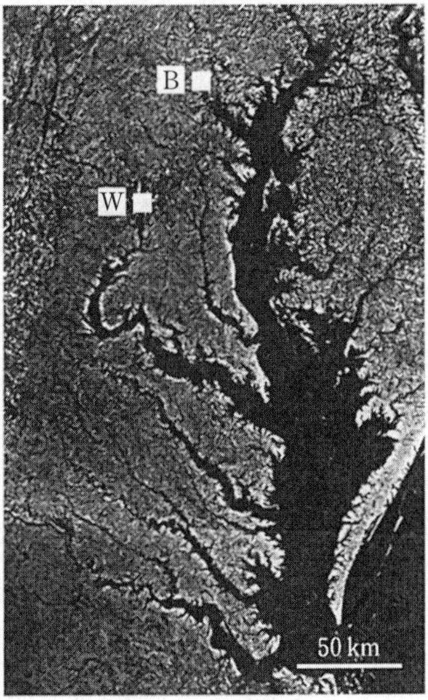

図 1 — 7

黒色は水域を，暗灰色は概ね植生に覆われた地域を，それぞれ示す。

図中のアルファベットで示した都市は，以下の通り。

D：ダッカ，B：ボルチモア，W：ワシントン D.C.

Short, N. and Blair R. Jr., Geomorphology from Space による。

第 2 問

世界の言語状況と教育に関する以下の設問 A～B に答えなさい。解答は，解答用紙の(ロ)欄を用い，設問・小問ごとに改行し，設問記号・小問番号をつけて記入しなさい。

設問 A

国連憲章が規定する国連の公用語は，（　ア　），フランス語，ロシア語，英語及びスペイン語の 5 カ国語であるが，今日では，（　イ　）を加えた 6 カ国語が，総会や安全保障理事会の用語として用いられている。世界の言語状況をみると，これら 6 カ国語以外にも，広大な国土の広い範囲で，あるいは国境を越える広い範囲で，異なる母語を持つ人々の間で共通語・通商語として用いられている言語が存在する。東アフリカのタンザニア，ケニア両国で国語となっている（　ウ　）がその代表例である。

(1)　上記文中の(ア)，(イ)，(ウ)にあてはまる言語を，ア―○のように答えなさい。

(2)　インターネットの普及は，国際社会で使われている言語の状況にどのような変化をもたらしたか，1 行で述べなさい。

(3)　インド，インドネシアはいずれも多民族・多言語国家であり，インドではヒンディー語が連邦公用語に，インドネシアではインドネシア語が国語になっている。しかし，これらの言語の公用語としての使用の広がりは両国で大きく異なっている。その違いを，以下の語句をすべて用いて 3 行以内で述べなさい。語句は繰り返し用いてもよいが，使用した箇所には下線を引くこと。

英　語　　地域語　　州

⑷　シンガポール，マレーシア，インドネシアの華人社会では，標準中国語(普通話)ではなく，いくつかの中国語の有力な方言が，日常生活で広く用いられている。例として具体的な方言名を 1 つ挙げ，こうした状況にある歴史的背景を 2 行以内で述べなさい。

設問 B

表は，20～24 歳人口(2015 年) 1 万人に対する 4 つの国への留学者数(2016 年)を示したものである。以下の問いに答えなさい。

⑴　A～C にはマレーシア，韓国，インドのいずれかの国が入る。それぞれどの国であるのかを，A―○のように答えなさい。また，C 国において留学国の構成が他の国と大きく異なっている理由をあわせて 3 行以内で述べなさい。

⑵　表に挙げられている国の間で，オーストラリアは，人気の高い留学国となっている。理由として考えられることを 2 つ，あわせて 2 行以内で述べなさい。

⑶　20～24 歳人口 1 万人に対する 4 つの国への留学者数の合計は，B 国が最も多い。同国から多くの若者がこれらの国に留学するようになった理由を，以下の語句をすべて用いて 2 行以内で述べなさい。語句は繰り返し用いてもよいが，使用した箇所には下線を引くこと。

学歴社会　　国際競争

表

(2016 年)

出身国	留学国			
	オーストラリア	カナダ	イギリス	アメリカ
中　国	11.1	6.0	8.8	30.6
A	3.9	1.7	1.4	11.5
日　本	2.8	2.5	4.8	25.1
B	17.0	13.3	14.1	169.2
C	48.7	3.2	55.2	26.8

単位：人

上記の値は，留学国の特定の日または特定の期間の在学者情報に基づいている。
そのため，留学期間が 1 年に満たない学生や在学を必要としない交換留学プログラムの学生等，上記の値に含まれない留学生が存在する。
国連および OECD 資料による。

第 3 問

世界と日本における女性の労働に関する以下の設問A～Bに答えなさい。解答は，解答用紙の(ハ)欄を用い，設問・小問ごとに改行し，設問記号・小問番号をつけて記入しなさい。

設問A

表 3―1 は，2002 年と 2017 年時点の女性(25 歳から 34 歳)の労働力率，管理職に占める女性の割合を国別に示したものである。

⑴　表のA，B，Cは，スウェーデン，日本，トルコのいずれかである。それぞれの国名をA―○のように答えなさい。

⑵　イスラエルは，周辺に位置する国と比較し，女性の労働力率が高くなっている。こうした違いが生じる要因について，2 行以内で述べなさい。

⑶ フィリピンでは，管理職に占める女性の割合が高い一方で，女性の労働力率はあまり高くない。こうした状況にある理由として考えられることを，3行以内で述べなさい。

表3―1

	女性の労働力率(25歳から34歳)		管理職に占める女性の割合	
	2002年	2017年	2002年	2017年
イスラエル	71.8	78.4	26.9	34.6
フィリピン	51.1	51.5	57.8	51.5
A	82.7	85.4	30.7	38.9
B	32.5	46.9	6.8	15.0
C	66.1	78.4	9.6	13.2
ドイツ	76.0	79.1	27.3	29.2
イタリア	65.8	65.1	20.2	27.5

単位：%

労働力率は，就業者と完全失業者(働く意思と能力があり，求職しているが就業できていない者)をあわせた人数を，当該年齢・性別の人数で除した値。
労働力率はILOによる推計値。
ILOSTATほかによる。

設問B

表3―2は，日本の地方別に，2010年～2015年における女性の職業別就業者数の増減をみたものである。図3―1は，同じく地方別に，1960年～2015年の合計特殊出生率の変化を示したものである。これについて以下の問いに答えなさい。

⑴ 表3―2のア，イ，ウの職業名は，農林漁業，生産工程，サービス職業のいずれかである。それぞれの職業名を，ア―○のように答えなさい。

⑵ 2010年～2015年にかけて，(ウ)と同様に，販売従事者は，いずれの地

方でも減少している。(ウ)と比較しながら，販売従事者が減少してきている理由として考えられることを，2行以内で述べなさい。

(3) 表3－2の左列では，管理的職業従事者，専門的・技術的職業従事者，事務従事者の合計を示しているが，いずれの地方でも増加している。この値が，首都圏で増加している理由として考えられることを，以下の語句をすべて用いて2行以内で述べなさい。語句は繰り返し用いてもよいが，使用した箇所には下線を引くこと。

オフィス　　若年層

(4) 図3－1をみると，首都圏では，1960年代後半から1970年にかけて合計特殊出生率が全国的にも高かったのに対し，1970年代以降，他の地方と比べて大幅に低下し，現在でも低い水準にとどまっている。こうした変化の理由として考えられることを，3行以内で述べなさい。

表3－2

	職業大分類別にみた2010年～2015年の増減数 (単位：千人)				
地方名	管理的職業，専門的・技術的職業，事務	販売	ア	イ	ウ
北海道	18	▲11	▲4	▲5	▲7
東北	47	▲20	1	▲16	▲28
北関東	33	▲7	6	▲5	▲9
首都圏	183	▲8	10	▲5	▲19
北陸	25	▲8	4	▲4	▲12
中部	94	▲12	16	▲12	▲22
近畿	100	▲16	13	▲3	▲17
中国・四国	49	▲19	6	▲13	▲14
九州・沖縄	87	▲22	9	▲16	▲14

東北は青森，岩手，宮城，秋田，山形，福島，北関東は茨城，栃木，群馬，首都圏は埼玉，千葉，東京，神奈川，北陸は新潟，富山，石川，福井，中部は山梨，長野，岐阜，静岡，愛知，三重，近畿は滋賀，京都，大阪，兵庫，奈良，和歌山，中国・四国は鳥取，島根，岡山，広島，山口と四国4県，九州・沖縄は九州7県と沖縄の各都府県からなる。

国勢調査による。

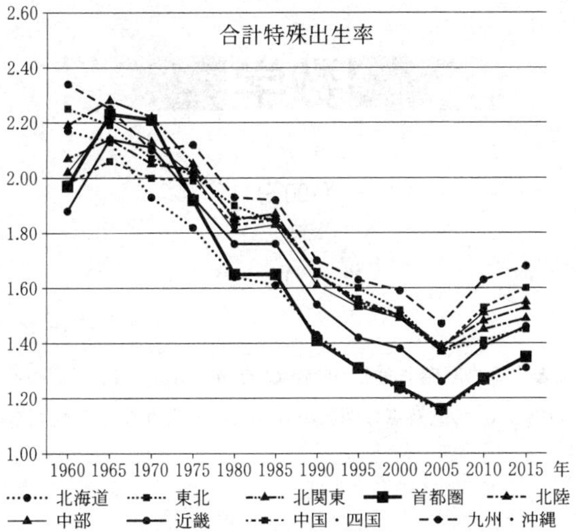

都道府県別の値の単純平均。九州・沖縄に，沖縄県が加えられるのは 1975 年以降。
厚生労働省「人口動態統計」による。

図 3 — 1

数学

（100 分）

第　1　問

a を正の実数とする。座標平面上の曲線 C を $y=ax^3-2x$ で定める。原点を中心とする半径 1 の円と C の共有点の個数が 6 個であるような a の範囲を求めよ。

第　2　問

N を 5 以上の整数とする。1 以上 $2N$ 以下の整数から，相異なる N 個の整数を選ぶ。ただし 1 は必ず選ぶこととする。選んだ数の集合を S とし，S に関する以下の条件を考える。

条件 1：S は連続する 2 個の整数からなる集合を 1 つも含まない。

条件 2：S は連続する $N-2$ 個の整数からなる集合を少なくとも 1 つ含む。

ただし，2 以上の整数 k に対して，連続する k 個の整数からなる集合とは，ある整数 l を用いて $\{l, l+1, \cdots\cdots, l+k-1\}$ と表される集合を指す。例えば $\{1, 2, 3, 5, 7, 8, 9, 10\}$ は連続する 3 個の整数からなる集合 $\{1, 2, 3\}$, $\{7, 8, 9\}$, $\{8, 9, 10\}$ を含む。

(1) 条件 1 を満たすような選び方は何通りあるか。

(2) 条件 2 を満たすような選び方は何通りあるか。

第　3　問

a, b を実数とする。座標平面上の放物線

$$C:\quad y = x^2 + ax + b$$

は放物線 $y = -x^2$ と 2 つの共有点を持ち，一方の共有点の x 座標は $-1 < x < 0$ を満たし，他方の共有点の x 座標は $0 < x < 1$ を満たす。

(1) 点 (a, b) のとりうる範囲を座標平面上に図示せよ。

(2) 放物線 C の通りうる範囲を座標平面上に図示せよ。

第　4　問

以下の問いに答えよ。

(1) 正の奇数 K, L と正の整数 A, B が $KA = LB$ を満たしているとする。K を 4 で割った余りが L を 4 で割った余りと等しいならば，A を 4 で割った余りは B を 4 で割った余りと等しいことを示せ。

(2) 正の整数 a, b が $a > b$ を満たしているとする。このとき，$A = {}_{4a+1}\mathrm{C}_{4b+1}$, $B = {}_{a}\mathrm{C}_{b}$ に対して $KA = LB$ となるような正の奇数 K, L が存在することを示せ。

(3) a, b は (2) の通りとし，さらに $a - b$ が 2 で割り切れるとする。${}_{4a+1}\mathrm{C}_{4b+1}$ を 4 で割った余りは ${}_{a}\mathrm{C}_{b}$ を 4 で割った余りと等しいことを示せ。

(4) ${}_{2021}\mathrm{C}_{37}$ を 4 で割った余りを求めよ。

㈢「余は微笑を禁じ得ないのである」（傍線部ウ）とあるが、それはなぜか、説明せよ。

㈣「淋しさの償いとしたかった」（傍線部エ）にあらわれた「余」の心情について説明せよ。

（解答欄：㈠～㈣各約一三・五センチ×二行）

はいまだかつて彼の拙を笑い得るの機会を捉え得たためしがない。また彼の拙に惚《ほ》れ込んだ瞬間の場合さえもたなかった。彼の歿後《ぼつご》ほとんど十年になろうとする今日《こんにち》、彼のわざわざ余のために描いた一輪の東菊の中《うち》に、確かにこの一拙字を認めることのできたのは、その結果が余をして失笑せしむると感服せしむるとに論なく、余にとっては多大の興味がある。ただ画がいかにも淋しい。できうるならば、子規にこの拙な所をもう少し雄大に発揮させて、エ淋しさの償いとしたかった。

（夏目漱石「子規の画」による）

〔注〕○東菊——キク科の多年草。切り花として好まれる。
○火の国——熊本。漱石は熊本の第五高等学校に赴任していた。
○不折——中村不折（一八六六～一九四三）。洋画家・書家。漱石と子規の共通の友人。
○虚子——高浜虚子（一八七四～一九五九）。俳人。
○才を呵して直ちに章をなす——才能のおもむくままに作品ができあがる。
○捷径——ちかみち。

設問

㈠　「下手《まず》いのは病気の所為《せい》だと思いたまえ」（傍線部ア）にあらわれた子規の心情について説明せよ。

㈡　「いかにも淋《さび》しい感じがする」（傍線部イ）とあるが、それはなぜか、説明せよ。

火の国に住みける君が帰り来るかなという一首の歌を添えて、熊本まで送って来たのである。

壁にかけて眺めて見るといかにも淋《さび》しい感じがする。色は花と茎《くき》と葉と硝子《ガラス》の瓶とを合わせてわずかに三色《みいろ》しか使ってない。花は開いたのが一輪に蕾《つぼみ》が二つだけである。葉の数を勘定して見たら、すべてでやっと九枚あった。それに周囲が白いのと、表装の絹地が寒い藍《あい》なので、どう眺めても冷たい心持ちが襲って来てならない。

子規はこの簡単な草花を描くために、非常な努力を惜しまなかったように見える。わずか三茎の花に、少なくとも五六時間の手間をかけて、どこからどこまで丹念に塗り上げている。これほどの骨折りは、ただに病中の根気仕事としてよほどの決心を要するのみならず、いかにも無雑作《むぞうさ》に俳句や歌を作り上げる彼の性情からいっても、明らかな矛盾である。思うに画ということに初心《しょしん》な彼は当時絵画における写生の必要を不折などから聞いて、それを一草一花の上にも実行しようと企てながら、彼が俳句の上で既に悟入した同一方法を、この方面に向かって適用することを忘れたか、または適用する腕がなかったのであろう。

東菊によって代表された子規の画は、拙《まず》くてかつ真面目である。才を呵《か》して直ちに章をなす彼の文筆が、絵の具皿に浸ると同時に、たちまち堅くなって、穂先の運行がねっとり竦《すく》んでしまったのかと思うと、余は微笑を禁じ得ないのである。虚子が来てこの幅《ふく》を見た時、正岡の絵は旨いじゃありませんかといったことがある。余はその時、だってあれだけの単純な平凡な特色を出すのに、あのぐらい時間と労力を費やさなければならなかったかと思うと、何だか正岡の頭と手が、いらざる働きを余儀なくされた観がある所に、隠しきれない拙《せつ》が溢《あふ》れていると思うと答えた。馬鹿律儀なものに厭味《いやみ》も利《き》いた風《ふう》もありようはない。そこに重厚な好《こう》所《しょ》があるとすれば、子規の画はまさに働きのない愚直ものの旨さである。けれども一線《せん》一画《かく》の瞬間作用で、優に始末をつけられべき特長を、咄嗟《とっさ》に弁ずる手際がないために、やむを得ず省略の捷径《しょうけい》を棄《す》てて、几帳面《きちょうめん》な塗抹主義を根気に実行したとすれば、拙の一字はどうしても免れ難い。

子規は人間として、また文学者として、もっとも「拙」の欠乏した男であった。永年彼と交際をしたどの月にも、どの日にも、余

㈣　「以㆔其無㆓近効㆒、行㆓之於未㆑信之民㆒、所㆔以不㆑服也」（傍線部 f）とはどういうことか、わかりやすく説明せよ。

（解答欄：㈡約一三・五センチ×一行　㈣約一三・五センチ×一・五行）

第四問

次の文章は、夏目漱石が正岡子規を偲《しの》んで記したものである。子規は闘病のかたわら「写生」を唱えて短歌・俳句の革新運動を行い、三十代半ばで逝去した。これを読んで、後の設問に答えよ。

余は子規の描いた画《え》をたった一枚持っている。亡友の記念《かたみ》だと思って長い間それを袋の中に入れてしまって置いた。年数の経つにつれて、ある時はまるで袋の所在を忘れて打ち過ぎることも多かった。近頃ふと思い出して、ああして置いては、転宅の際などに何処《どこ》へ散逸するかも知れないから、今のうちに表具屋へやって懸物《かけもの》にでも仕立てさせようという気が起こった。渋紙の袋を引き出して塵《ちり》をはたいて中を検《しら》べると、画は元のまま湿っぽく四つ折りに畳んであった。画のほかに、無いと思った子規の手紙も幾通《いくつう》か出て来た。余はその中《うち》から子規が余に宛てて寄こした最後のものと、それから年月の分からない短いものとを選び出して、その中間に例の画を挟んで、三つを一まとめに表装させた。

画は一輪ざしに挿した東菊《あずまぎく》で、図柄としては極めて単簡《たんかん》なものである。傍《わき》に「これは萎《しぼ》みかけた所と思いたまえ。ア下手《まず》いのは病気の所為《せい》だと思いたまえ。嘘《うそ》だと思わば肱《ひじ》をついて描いて見たまえ」という註釈《ちゅうしゃく》が加えてある所を以《もっ》て見ると、自分でもそう旨《うま》いとは考えていなかったのだろう。子規がこの画を描いた時は、余はもう東京にはいなかった。彼はこの画に、東菊活《い》けて置きけり

則《チ》愚者《ハ》狎《なレテ》㆓其《ノ》所《ニ》㆒㆑習《フ》、而不㆑肯《がへんぜ》㆑之《ヲ》。狡者《ハ》乃《チ》乗《ジテ》㆓其《ノ》機《ニ》㆒、啗《くらハスニ》㆑之《ニ》以《テス》㆑不《ルヲ》㆑利《アラ》。於《イテ》㆑是《ニ》乎擾乱《ぜうらんシテ》不㆑成《ラ》矣。大抵維㆓持《シ》数百世之後《ヲ》㆒、置《ク》㆓国家《ヲ》於泰山之安《キニ》㆒者《ハ》、如《シ》㆑無《キガ》㆓近効㆒。f以《テ》㆔其《ノ》無《キヲ》㆓近効㆒、行《フ》㆓之《ヲ》於未《ダ》《ル》㆑信《ゼ》之民《ニ》㆒、所㆓以不《ル》㆒㆑服《セ》也。

（井上金峨『霞城講義』による）

〔注〕○大体——政治の大要。　○啗——はたらきかけ、誘導する。
○泰山之安——名山として有名な泰山のように安定していること。

設問

㈠　傍線部a・d・eを現代語訳せよ。

㈡　「庸愚之主必無㆓斯憂㆒」（傍線部b）とあるが、なぜなのか、簡潔に説明せよ。

㈢　「与㆔其見㆓効於一時㆒、寧取㆓成於子孫㆒」（傍線部c）を、平易な現代語に訳せ。

第三問

次の文章を読んで、後の設問に答えよ。ただし、設問の都合で送り仮名を省いたところがある。

凡《ソ》為《たル》レ下者、a為二上所一レ信、然《ル》後言有《リ》レ所レ取《ル》。為《ル》レ上者、為二下所一レ信、然《ル》後令有《リ》レ所レ下《ル》。事不レ欲《セ》レ速《ヤカニセント》。欲《スレバ》レ速《ヤカニセント》則《チ》不《ル》レ行《ハレ》也。b庸愚之主《ハ》必《ズ》無《シ》二斯《ノ》憂《ヒ》一。唯《ダ》聡明之主恃《たのム》二其《ノ》材《ニ》一者《ノミ》、或《イハ》至《ル》二一旦行《ヒ》レ之《ヲ》、不《ルニ》一レ有《ラ》レ所レ顧《ミル》。夫《レ》知《リテ》レ善《ヲ》而欲《スル》二速《ヤカニ》成《サント》一者《は》、小人之事也。君子《ハ》則《チ》不レ然《ラ》。一言一行、其《ノ》所レ及《ブ》大《イニ》遠《シ》。c与《リハ》三其《ノ》見《ン》二効《ヲ》於一時《ニ》一、寧《ロ》取《レ》二成《ヲ》於子孫《ニ》一。是《レ》謂《フ》レ知《ルト》二大体《ヲ》一也。

下民之愚、承《うクル》レ弊《ヲ》之日久《シケレバ》、則《チ》安《ンジ》二於其《ノ》弊《ニ》一、以《テ》為《ス》レd無《シト》レ便二於此《ニ》一。加之《しかのみならず》狡《かう》猾《くわつナル》者《ハ》心知《リ》二其《ノ》弊《ヲ》一、而《レドモ》口不レ言《ハ》、因《リテ》以《テ》自《ラ》恣《ほしいままニス》レ之《ヲ》。今e欲レ矯二其弊一、

○雑色——雑役をする従者。
○真人たち——あなたたち。
○豪家だつるわが殿——権門らしく振舞う、あなたたちのご主人。
○強法——横暴なこと。
○左衛門の蔵人——落窪の君の侍女阿漕《あこぎ》の夫、帯刀《たちはき》。道頼と落窪の君の結婚に尽力した。
○人の家の門に入りて——牛車から離れて、よその家の門に入って。

設　問

㈠　傍線部ア・イ・ウを現代語訳せよ。

㈡　「しふねがりて聞かぬに」（傍線部エ）とは誰がどうしたのか、説明せよ。

㈢　「一条の大路も皆領じ給ふべきか」（傍線部オ）とはどういうことか、主語を補って現代語訳せよ。

㈣　「殿を一つ口にな言ひそ」（傍線部カ）とはどういうことか、「一つ口」の内容を明らかにして説明せよ。

㈤　「この殿の牛飼ひに手触れてむや」（傍線部キ）とは誰をどのように評価したものか、説明せよ。

（解答欄：㈡・㈣・㈤各約一三・五センチ×一行）

かひなる車、少し引き遣《や》らせよ。御車立てさせむ」と言ふに、エしふねがりて聞かぬに、「誰が車ぞ」と問はせ給ふに、「源中納言殿」と申せば、君、「中納言にもあれ、大納言にてもあれ、かばかり多かる所に、いかでこの打杭ありと見ながらは立てつるぞ。少し引き遣らせよ」とのたまはすれば、雑色《ざふしき》ども寄りて車に手をかくれば、車の人出で来て、「など、また真人《まうと》たちのかうする。いたう逸《はや》る雑色かな。豪家《かうけ》だつるわが殿も、中納言におはしますや。オ一条の大路も皆領じ給ふべきか。強法す」と笑ふ。「西東《にしひんがし》、斎院もおぢて、避《よ》き道しておはすべかなるは」と、口悪《あ》しき男また言へば、「同じものと、カ殿を一つ口にな言ひそ」などいさかひて、えとみに引き遣らねば、男君たちの御車ども、まだえ立てず。君、御前の人、左衛門《さゑもん》の蔵人《くらうど》を召して、「かれ、行《おこな》ひて、少し遠くなせ」とのたまへば、近く寄りて、ただ引きに引き遣らす。男ども少なくて、えふと引きとどめず。御前、三四人ありけれど、「益《やう》なし。この度《たび》、いさかひしつべかめり。ただ今の太政大臣の尻は蹴るとも、キこの殿の牛飼ひに手触れてむや」と言ひて、人の家の門《かど》に入りて立てり。目をはつかに見出して見る。

少し早う恐ろしきものに世に思はれ給へれど、実《じち》の御心は、いとなつかしう、のどかになむおはしける。

〔注〕○賀茂の祭――陰暦四月に行われる賀茂神社の祭。斎院の御禊《ごけい》がある。葵《あおい》祭。
○打杭――打ち込んで立てる杭。ここでは、車を停める場所を確保するための杭。
○御前――車列の先払いをする供の人。
○侍従なりしは今は少将、童におはせしは兵衛佐――それぞれ昇進したということ。
○次第どもに――身分の順に整然と。
○檳榔毛一つ、網代一つ――いずれも牛車の種類。「檳榔毛」は上流貴族の常用、「網代」は上流貴族の略式用。
○見渡しの北南に――互いに見えるように、一条大路の北側と南側に。

a　シンサツ　b　アキラめ　c　ラシン　（解答欄：㈠〜㈢各約一三・五センチ×二行）

第二問

次の文章は『落窪物語』の一節である。落窪の君は源中納言の娘で、高貴な実母とは死別し、継母《ままはは》にいじめられて育ったが、ひそかに道頼《みちより》と結婚して引き取られて、幸福に暮らしている。少将だった道頼は今では中納言に昇進し、衛門督を兼任している。以下は、道頼が継母たちに報復する場面である。これを読んで、後の設問に答えよ。

かくて、「今年の賀茂《かも》の祭、いとをかしからむ」と言へば、衛門督《ゑもんのかう》の殿、ア「さうざうしきに、御達《ごたち》に物見せむ」とて、かねてより御車新しく調じ、人々の装束《さうぞく》ども賜《た》びて、「よろしうせよ」とのたまひて、いそぎて、その日になりて、一条の大路《おほち》の打杭《うちぐひ》打たせ給へれば、「今は」と言へども、イ誰ばかりかは取らむと思して、のどかに出で給ふ。

御車五つばかり、大人二十人、二つは、童四人、下仕《しもづかひ》四人乗りたり。男君具し給へれば、御前《ごぜん》、四位五位、いと多かり。弟《おとと》の侍従なりしは今は少将、童におはせしは兵衛佐《ひやうゑのすけ》、ウ「もろともに見む」と聞こえ給ひければ、皆おはしたりける車どもさへ添《そ》はりたれば、二十《はたち》あまり引き続きて、皆、次第どもに立ちにけりと見おはするに、わが杭したる所の向かひに、古めかしき檳《び》榔《りやう》毛《げ》一つ、網代《あじろ》一つ立てり。

御車立つるに、「男車の交じらひも、疎《うと》き人にはあらで、親しう立て合はせて、見《み》渡《わた》しの北南に立てよ」とのたまへば、「この向な作業なのである。エそれは、人間だけを行為主体と見る世界像ではなく、関係するあらゆるものに行為の力能を見出す生きた世界像につながっている。

（松嶋健「ケアと共同性――個人主義を超えて」による）

設　問

㈠　「ケアをする者とされる者という二元的な関係とも家族とも異なったかたちでの、ケアをとおした親密性」（傍線部ア）とはどういうことか、説明せよ。

㈡　「『社会』を中心におく論理から『人間』を中心におく論理への転換」（傍線部イ）とはどういうことか、説明せよ。

㈢　「選択の論理は個人主義にもとづくものである」（傍線部ウ）とはどういうことか、説明せよ。

㈣　「それは、人間だけを行為主体と見る世界像ではなく、関係するあらゆるものに行為の力能を見出す生きた世界像につながっている」（傍線部エ）とはどういうことか、本文全体の趣旨を踏まえて一〇〇字以上一二〇字以内で説明せよ（句読点も一字と数える）。

㈤　傍線部a・b・cのカタカナに相当する漢字を楷書で書け。

践に見られる論理の特徴を「ケアの論理」として、「選択の論理」と対比して取り出してみせた。

ウ選択の論理は個人主義にもとづくものであるが、その具体的な存在のかたちは市民であり顧客である。この論理の下で患者は顧客となる。医療に従属させられるのではなく、顧客はみずからの欲望にしたがって商品やサービスを主体的に選択する。医師など専門職の役割は適切な情報を提供するだけである。選択はあなたの希望や欲望にしたがってご自由に、というわけだ。これはよい考え方のように見える。ただこの選択の論理の下では、顧客は一人の個人であり、孤独に、しかも自分だけの責任で選択することを強いられる。インフォームド・コンセントはその典型的な例である。しかも選択するには自分が何を欲しているかあらかじめ知っている必要があるが、それは本人にとってもそれほど自明ではない。

対してケアの論理の出発点は、人が何を欲しているかではなく、何を必要としているかである。それを知るには、当人がどういう状況で誰と生活していて、何に困っているか、どのような人的、技術的リソースが使えるのか、それを使うことで以前の生活から何をbアキラめなければならないのかなどを理解しなければならない。重要なのは、選択することではなく、状況を適切に判断することである。

そのためには感覚や情動が大切で、痛み苦しむ身体の声を無視してたとえば薬によっておさえこもうとするのではなく、身体に深く棲《す》みこむことが不可欠である。脆弱《ぜいじゃく》であり予測不可能で苦しみのもとになる身体は、同時に生を享受するための基体でもある。この薬を使うとたとえ痛みが軽減するとしても不快だが、別のやり方だと痛みがあっても気にならず心地よいといった感覚が、ケアの方向性を決めるcラシン盤になりうる。それゆえケアの論理では、身体を管理するのではなく、身体の世話をし調《ととの》えることに主眼がおかれる。そこではさらに、身体の養生にかかわる道具や機械、他の人との関係性など、かかわるすべてのものについて絶え間なく調整しつづけることも必要となる。つまりケアとは、「ケアをする人」と「ケアをされる人」の二者間での行為なのではなく、家族、関係のある人びと、同じ病気をもつ人、薬、食べ物、道具、機械、場所、環境などのすべてから成る共同的で協働的ある。精神病院は治療の場というより、社会を守るための隔離と収容の場であった。

　しかしこうした状況は、精神科医をはじめとする医療スタッフと精神障害をもつ人びとによる改革によって変わっていく。一九六〇年代に始まった反精神病院の動きは一九七八年には精神病院を廃止する法律の制定へと展開し、最終的にイタリア全土の精神病院が閉鎖されるまでに至る。病院での精神医療に取って代わったのは地域での精神保健サービスだった。これは医療の名のもとで病院に収容する代わりに、苦しみを抱える人びとが地域で生きることを集合的に支えようとするものであり、イ「社会」を中心におく論理から「人間」を中心におく論理への転換であった。精神医療から精神保健へのこうした転換は公的サービスのなかで起こったことであり、それは公的サービスのなかに国家の論理、とりわけ医療を介した管理と統治の論理とは異なる論理が出現したことを意味している。

　その論理は、私的自由の論理というより共同的で公共的な論理であった。たとえば、病院に代わって地域に設けられた精神保健センターで働く医師や看護師らスタッフは、患者のほうがセンターにやってくるのを待つのではなく、自分たちの方から出かけて行く。たとえば、地域に住む若者がひきこもっているような場合、個人の自由の論理にしたがうことで状況を放置すると、結局その若者自身と家族は自分たちではどうすることもできないところまで追い込まれてしまうことになる。そのような事態を回避し、地域における集合的な精神保健の責任をスタッフは負うのである。そこにはたしかに予防的に介入してリスクを管理するという側面がともないはするが、そうした統治の論理を最小限化しつつ、苦しむ人びとの傍らに寄り添い彼らの生の道程を共に歩むというケアの論理を最大化しようとするのである。

　二つの人類学的研究から見えてくるのは、個人を基盤にしたものとも社会全体を基盤におくものとも異なる共同性の論理である。この論理を、明確に取り出したのがアネマリー・モルである。モルはオランダのある町の大学病院の糖尿病の外来aシンサツ室でフィールドワークを行い、それにもとづいて実践誌を書いた。そのなかで彼女は、糖尿病をもつ人びとと医師や看護師の協働実人類学者が調査してきたなかには、国家を知らない未開社会の人びとだけではなく、すでに国民国家という枠組みに包摂されたなかで生きる人たちもいる。ただそこには、なんらかの理由で国家の論理とは別の仕方で生きている人たちがいて、国家に抗したり、その制度を利用したりしながら生きており、そうした人たちから人類学は大きなインスピレーションを得てきた。ここでは、国家のなかにありながら福祉国家の対象から排除された人びとが形づくる生にまつわる事例を二つ紹介しておこう。

第一の例は、田辺繁治が調査したタイのＨＩＶ感染者とエイズを発症した患者による自助グループに関するものである。タイでは一九八〇年代末から九〇年代初頭にかけてＨＩＶの爆発的な感染が起こった。そのなかでタイ国家がとった対策は、感染していない国民の感染予防であり、その結果すでに感染していた者たちは逆に医療機関から排除され、さらには家族や地域社会からも差別され排除されることになった。孤立した感染者・患者たちは互いに見知らぬ間柄であったにもかかわらず、生き延びるために、エイズとはどんなものでそれをいかに治療するか、この病気をもちながらいかに自分の生を保持するかなどをめぐって情報を交換し、徐々に自助グループを形成していった。

ＨＩＶをめぐるさまざまな苦しみや生活上の問題に耳を傾けたり、マッサージをしたりといった相互的なケアのなかで、感染者たちは自身の健康を保つことができたのだ。それは「新たな命の友」と呼ばれ、医学や疫学の知識とは異なる独自の知や実践を生み出していく。そこには非感染者も参加するようになり、ア ケアをする者とされる者という一元的な関係とも家族とも異なったかたちでの、ケアをとおした親密性にもとづく「ケアのコミュニティ」が形づくられていった。「近代医療全体は人間を徹底的に個人化することによって成立するものであるが、そこに出現したのはその対極としての生のもつ社会性」（田辺）だったのである。

こうした社会性は、福祉国家における公的医療のまっただなかにも出現しうる。たとえば筆者が調査したイタリアでは、精神障害者は二〇世紀後半にいたるまで精神病院に隔離され、市民権を剥奪され、実質的に福祉国家の対象の埒外《らちがい》に置かれていた。なぜなら精神障害者は社会的に危険であるとみなされていて、彼らから市民や社会を防衛しなければならないと考えられていたからで

国語

（一五〇分）

（注）　解答は、一行の枠内に二行以上書いてはいけない。

第一問

次の文章を読んで、後の設問に答えよ。

「近代化」は、それがどの範囲の人びとを包摂するかによって異なる様相を示す。「第一の近代」と呼ばれるフェーズでは、市民権をもつのは一定以上の財産をもつ人にかぎられている。それは、個人の基盤が私的所有におかれており、財の所有者であってはじめて自己自身を所有するという意味での自由を有し、ゆえに市民権を行使することができるとみなされたからである。この制限は徐々に取り払われ、成人男子全員や女性に市民権が拡張されていく。市民権の拡張とともに今度は、社会的所有という考えにもとづき財を再配分する社会保障制度によって、「第一の近代」から排除されていた人びとが包摂され、市民としての権利を享受できるようになる。これがいわゆる福祉国家であり、人びとはそこで健康や安全など生の基盤を国家によって保障されることになったのである。それでも、理念的には国民全体を包摂するはずの福祉国家の対象から排除される人びとはつねに存在する。

· memo ·

2020年度

問題編

■前期日程

問題編

▶試験科目・配点

教 科	科 目	配 点
外国語	「コミュニケーション英語Ⅰ・Ⅱ・Ⅲ」，ドイツ語，フランス語，中国語から１外国語を出願時に選択。英語試験の一部分に聞き取り試験（30 分程度）を行う。 　ただし，英語の選択者に限り，英語の問題の一部分に代えて，ドイツ語，フランス語，中国語，韓国朝鮮語のうちから１つを試験場で選択することができる。	120 点
地 歴	日本史Ｂ，世界史Ｂ，地理Ｂから２科目を出願時に選択	120 点
数 学	数学Ⅰ・Ⅱ・Ａ・Ｂ	80 点
国 語	国語総合，国語表現，現代文Ｂ，古典Ｂ	120 点

▶備 考

- 英語以外の外国語は省略。
- 数学Ⅰ，数学Ⅱ，数学Ａは全範囲から，数学Ｂは「数列」，「ベクトル」から出題する。

英語

(120分)

(注　意)

1. 3は聞き取り問題である。問題は試験開始後45分経過した頃から約30分間放送される。
2. 解答は，5題を越えてはならない。
3. 5題全部英語の問題を解答してもよいし，また，4・5の代わりに他の外国語の問題Ⅳ・Ⅴを選んでもよい。ただし，ⅣとⅤとは必ず同じ外国語の問題でなければならない。

(他の外国語の問題は省略―編集部)

1

(A)　以下の英文は，高齢者にやさしい（age-friendly）町づくりを促進するための世界的な取り組みについて論じたものである。この文章の内容を70〜80字の日本語で要約せよ。句読点も字数に含める。

The age-friendly community movement has emerged as a powerful response to the rapidly growing aging population. Although definitions of "age-friendly community" vary, reflecting multiple approaches and methods, many models highlight the importance of strengthening social ties and promote a vision that takes into account all ages. For example, Kofi Annan, who served as the seventh Secretary-General of the United Nations, declared in the opening speech at the UN International Conference on Aging in 1999, "A Society for All Ages embraces every generation. It is not fragmented, with youths, adults, and older persons going their separate ways. Rather, it is age-inclusive, with different generations recognizing and acting upon their common interests."

The World Health Organization and other international organizations further articulate this premise by defining aging as a lifelong process: "We are all aging at any moment in our life and we should all have the opportunity to do so in a healthy and active way. To safeguard the highest possible quality of life in older age, WHO endorses the approach of investing in factors which influence health throughout the life course."

In practice, however, the age-friendly community movement has focused primarily upon the needs and interests of older adults and their caregivers and service providers. In doing so, it has failed to gather enough data from youth and families about what produces good living conditions in a city or about opportunities for and barriers against working together with older adults.

What accounts for this gap between vision and practice? One answer may lie in the common assumption of the age-friendly community movement that what is good for older adults is good for everyone. In other words, if the age-friendly movement succeeds in making communities suitable for older adults, those communities will then be suitable for all generations. While there are many shared interests among different generations, recent studies in the United States and Europe indicate that young adults and older adults differ in their voting patterns and attitudes more than at any time since the 1970s. These studies suggest that in order to fully understand what constitutes a city that is friendly to people at different stages of the aging process, it is critical to gather data from multiple generations about what makes a city good for both growing up and growing older.

From The Global Age-Friendly Community Movement: A Critical Appraisal by Corita Brown and Nancy Henkin, Berghahn Books

(B)　以下の英文を読み，(ア)，(イ)の問いに答えよ。

Culex molestus is a subspecies of mosquito known as the London Underground mosquito. It gained this name because it was first reported during the German bombing raids of the city in 1940, when the subway tunnels were used as overnight bomb shelters. The *Culex* is a very common type of mosquito, and it has many forms. While they look the same as *Culex pipiens*, their above-ground relatives, the *molestus* mosquitoes behave in a very different way. Up on London's streets, the mosquitoes feed on bird, not human, blood. They need this blood meal before they can lay their eggs, and they sleep during the winter. Down in the subway, the mosquitoes suck passengers' blood and they lay eggs before feeding; they are also active the whole year round.

Despite its name, the Underground mosquito is not unique to London, as recent studies have revealed. It lives in basements and subways all over the world, and it has adapted its ways to its human-built environment. (　ア　) and planes, its genes spread from city to city, but at the same time it also cross-breeds with local above-ground mosquitoes, absorbing genes from that source as well. [(1)]—probably only since humans began constructing underground buildings, did *Culex molestus* evolve.

The evolution of the London Underground mosquito fascinates me not least because it seems such an interesting addition to evolution's standard portfolio. We all know about evolution perfecting the feathers of birds of paradise in distant jungles or the shape of rare flowers on high mountaintops. But apparently, the process is so ordinary that it is happening literally below our feet, among the dirty power cables of the city's subway system. Such a nice, unique, close-to-home example! The sort of thing you'd expect to find in a biology textbook.

But what if it is not an exception anymore? What if the Underground mosquito is representative of all plants and animals that come into contact with humans and the human-crafted environment? What if our grip on the Earth's ecosystems has become so firm that life on Earth is in the process of evolving ways to adapt to a thoroughly urban planet?

In 2007, for the first time in history, there were more people living in urban than in rural areas. [(2)]. By the mid-twenty-first century, two-thirds of the world's estimated 9.3 billion will be in cities. Mind you, that's for the entire world. In western Europe, more people have lived in cities than in the countryside since 1870, and in the US that turning point was reached in 1915. Areas like Europe and North America have been firmly on the way to becoming urban continents for more than a century. A recent study in the US showed that each year, the average distance between a given point on the map and the nearest forest increases by about 1.5 per cent.

In ecological terms, the world has never seen the situation that we find ourselves in today: a single large animal species completely occupying the planet and turning it to its advantage. At the moment, our species appropriates fully one-quarter of the food that all of the world's plants produce and much of all the world's fresh water. Again, this is something that has never happened before. No other species that evolution has produced has ever been able to play such a central ecological role on such a global scale.

[(3)]. By 2030, nearly 10 per cent of the land on the planet will be densely populated, and much of the rest covered by farms, fields, and plantations which humans have shaped. Altogether a set of entirely new habitats, the likes of which nature has not seen before. And yet, when we talk about ecology and evolution, about ecosystems and nature, we are stubbornly ignoring the human factor, focusing our attention instead on that diminishing fraction of habitats where human influence is still very small.

Such an attitude can no longer be maintained. It's time to acknowledge the fact that human actions are the world's single most influential ecological force. Whether we like it or not, we have become fully integrated with everything that happens on this planet. [(4)]. Out in the real world, however, the threads of human activity are tightly woven into nature's fabric. We build cities full of novel structures made of glass and steel. We pump greenhouse gases into the air that alter the climate ; we release non-native plants and animals, harvest other species, and use a variety of natural resources for our own needs. Every non-human life form on Earth will come across humans, either directly or indirectly. And, mostly, such encounters are not without consequence for the organism in question. They may threaten its survival and way of life. But they may also create new opportunities, as they did for the ancestors of *Culex molestus*.

So what does nature do when it meets challenges and opportunities ? It evolves. If at all possible, it changes and adapts. The greater the pressure, the faster and more widespread this process becomes. As subway passengers know all too well, in cities there is great opportunity, but also great competition. Every second matters if you want to survive, and nature is doing just that. [(5)].

注
mosquito 蚊
ecosystem 生態系

(ア) 下に与えられた語を正しい順に並べ替え，空所（ ア ）を埋めるのに最も適切な表現を完成させ，記述解答用紙の 1 (B)に記入せよ。なお文頭の語は大文字で始めよ。

cars get in mosquitoes thanks that to trapped

(イ)　空所(1)～(5)に入れるのに最も適切な文を以下のａ）～ｇ）より一つずつ選び，マークシートの(1)～(5)にその記号をマークせよ。ただし，同じ記号を複数回用いてはならない。

ａ）　And it has also become clear that all this has happened very recently

ｂ）　Otherwise, it may not be possible to reverse some of the changes we are imposing on Earth

ｃ）　Perhaps in our imaginations we can still keep nature divorced from the human environment

ｄ）　Since then, that statistic has been rising rapidly

ｅ）　So, our world is becoming thoroughly human-dominated

ｆ）　While we have all been focusing on the vanishing quantity of untouched nature, urban ecosystems have been rapidly evolving behind our backs

ｇ）　Yet the urban evolutionary rules are beginning to differ more and more from the ones we find in the natural world

2

(A)　私たちは言葉を操っているのか。それとも，言葉に操られているのか。あなたの意見を 60～80 語の英語で述べよ。

(B)　以下の下線部を英訳せよ。

生きてゆくためにはまず若干の自信を持たなくてはならぬ。しかし自信ばかりで押し切っては，やがていつかは他人を害する立場に立つ。自分たちは，いつも自分たちの信念がある程度までまゆつばものだということを悟り，かくて初めて寛容の態度を養うことができる。自信と疑問，独断主義と懐疑主義との二刀流によって，われわれは世界と渡り合うことにしたい。（鶴見俊輔『アメリカ哲学』）

3

放送を聞いて問題(A), (B), (C)に答えよ。(A)と(B)は内容的に関連している。(C)は独立した問題である。(A), (B), (C)のいずれも 2 回ずつ放送される。

- 聞き取り問題は試験開始後 45 分経過した頃から約 30 分間放送される。
- 放送を聞きながらメモを取ってもよい。
- 放送が終わったあとも，この問題の解答を続けてかまわない。

(A) これから放送するのは，心理学者 Gopnik 博士の著書 *The Gardener and the Carpenter*（『庭師と大工』）に関するインタヴューである。これを聞き，(6)～(10)の問いに対して，それぞれ最も適切な答えを一つ選び，マークシートの(6)～(10)にその記号をマークせよ。

(6) Which of the following statements does NOT match the carpenter concept of parenting?

a) It assumes parenting is like shaping basic materials into a particular form.

b) It includes a clear idea of the final goal of parenting.

c) It involves following a specific plan for raising children well.

d) It is the dominant model of parenting in the developed world today.

e) It requires cooperation between parents and other active agents.

(7) Which of the following changes in human society has been more important for producing the dominant model of parenting in the developed world?

a) The development of an industrial economy.

b) The emergence of higher education.

c) The reduced experience of caring for children before having one's own.

d) The rise of large, extended families.

e) The shift from hunting and gathering to settled agricultural society.

(8) Which of the following statements is NOT mentioned in the interview ?

a) In modern society, people often start a family without first having the experience of caring for children.

b) Parenting began to change in the 20th century.

c) Parenting has been viewed as similar to going to school or working.

d) Parenting will go more smoothly if you first have a successful career.

e) Some parents look for the right manual in order to bring up their children well.

(9) Which of the following does Gopnik mention as a reason why humans have an especially long childhood ?

a) It allows them to acquire language.

b) It allows them to become more flexible and adaptable.

c) It allows them to develop a larger brain.

d) It allows them to experience life more fully.

e) It allows them to protect their surrounding environment.

(10) Based on this conversation, which of the following statements best describes the views of Gopnik and the host, Vedantam ?

a) Gopnik and Vedantam both prefer the carpenter model.

b) Gopnik and Vedantam both prefer the gardening model.

c) Gopnik and Vedantam find much to appreciate in both models.

d) Gopnik prefers the carpenter model, but Vedantam prefers the gardening model.

e) Gopnik prefers the gardening model, but Vedantam prefers the carpenter model.

(B)　これから放送するのは，司会者（Vedantam）とGopnik博士，Webb博士の3人による，(A)と内容的に関連した会話である。これを聞き，(11)〜(15)の問いに対して，それぞれ最も適切な答えを一つ選び，マークシートの(11)〜(15)にその記号をマークせよ。

(11) According to Gopnik, what is a likely outcome of the carpenter model of parenting？

a） Children will achieve more by taking chances.

b） Children will be better able to deal with uncertainty.

c） Children will be more likely to be cautious.

d） Children will be well-balanced in their later life.

e） Children will benefit from greater freedom.

(12) According to Vedantam, what does Gopnik argue？

a） Children learn valuable lessons by taking risks.

b） Children need to develop specialized skills from an early age.

c） Parents need to have specific goals for their children.

d） The carpenter model is designed to increase the child's sense of freedom.

e） The current culture of parenting needs only minor adjustments to be successful.

(13) What objection does Webb raise to Gopnik's argument？

a） Giving children a lot of freedom can limit their future opportunities.

b） If you are going to be free of anxiety, you need a structured life.

c） If you are going to succeed, you need to try a lot of things before choosing one.

d） In order to be an Olympic athlete, you must start taking lessons before the age of fourteen.

e） Success in life is based on a child's natural ability.

(14) What does Gopnik think about the problem Webb describes?

a) Children should be encouraged to trust their parents.

b) Children should not be expected to work that hard in order to succeed.

c) Parents in a competitive culture should make great demands of their children.

d) Parents should give children every advantage possible to help them succeed.

e) We should feel sympathy for parents in this situation.

(15) What conclusion does Webb finally draw from this discussion?

a) Life is like an unfair competition.

b) Most models of parenting do not prepare children well enough for life.

c) Not enough parents understand how to help their children succeed in life.

d) Parenting can be a very unrewarding activity.

e) The real problem lies in society.

(C) これから放送する講義を聞き，(16)～(20)の問いに対して，それぞれ最も適切な答えを一つ選び，マークシートの(16)～(20)にその記号をマークせよ。

(16) Which scientific advance made the recent progress in speed breeding possible?

a) Better space flight technology.

b) Developments in LED technology.

c) Improvements in climate control technology.

d) More efficient methods of harvesting.

e) The invention of the carbon arc lamp.

(17) When did scientists in China achieve their breakthrough in making one of the world's vital food crops resistant to a disease?

a) 2002
b) 2004
c) 2008
d) 2012
e) 2014

(18) Which of the crops listed below is NOT used to illustrate how gene editing has protected plants from disease?

a) Bananas
b) Barley
c) Rice
d) Soybeans
e) Wheat

(19) Which of the following is NOT mentioned as a location where research projects are currently carried out?

a) Australia
b) China
c) Europe
d) India
e) South Korea

(20) According to Hickey, meeting the future challenges of food security will require

a) continuing advances in speed breeding.
b) efforts to control population growth.
c) new breakthroughs in gene editing.
d) the application of all available technologies.
e) the development of new tools.

4

(A)　以下の英文の段落(21)～(25)にはそれぞれ誤りがある。修正が必要な下線部を各段落から一つずつ選び，マークシートの(21)～(25)にその記号をマークせよ。

(21) Among the various elements of (a)the natural world which in fantasy fiction become invested with mysterious powers, trees and forests particularly often (b)undergo changes which elevate them from the domain of the natural into that of the super-natural. Consequently, their appearance (c)in fantastic stories lively characters and magical woodlands strengthens the charming and exotic appeal of a story. Yet it is a misunderstanding to perceive the trees and forests of fantasy (d)as hardly anything else than amusing (e)but otherwise insignificant characters.

(22) Various myths from across the world (a)include sacred trees which serve as a link between humankind and the divine. In other words, the tree was often associated with a particular god or, together with a sacred stone, it formed a place of worship, which was called a "microcosm," because (b)its structure reflected the nature of the cosmos. As the sacred "upside-down tree," whose roots were in the sky and branches reached the earth, it (c)was functioned also as a representation of the universe. Moreover, the location of the tree was often perceived as the ultimate center of reality, and the tree itself became a link between heaven and earth. (d)Because of its cycle of shedding and regrowing leaves, many cultures regarded the tree as symbol of life, and numerous myths (e)insisted that human life was connected to or, in fact, originated from trees and other plants.

(23) While some writers of fantasy fiction use fantastic trees and forests only (a)as important elements of their world-building, numerous others have recognized (b)the potential locking in the image of myths and fairy tales. As a result, in modern fantasy, trees and forests also (c)become a vessel of the divine, a space of trial and testing, a catalyst of the hero's physical and psychological change, and an active

agent in the resolution of conflict. Moreover, they are frequently (d)presented as the last trace of myth in the modern world, and their portrayal may be (e)a metaphor through which the author intends to convey an important message about humanity's relationship with the natural world.

(24) Today, many people treat our planet's ecosystems as commodities, and (a)acknowledge only their material and practical value. Of course, forests (b)have supplied people with resources for centuries, (c)yet now, more than ever, the environment is endangered by human progress, because (d)not only does our growing population require more and more space and resources, but also we are slowly "migrating" into the cyberspace (e)where we are easy to forget about our connection with the rest of the living world.

(25) Fortunately, fantasy fiction—(a)the heir to the traditions of myths and fairy tales—may still (b)remind us the spiritual value of nature. In fantasy fiction, trees and forests play vital roles and are presented as entities fundamental to the well-being of the imaginary world and its inhabitants. Staying in harmony with the natural world is (c)shown as a deeply rewarding experience, because the natural world is filled with the divine essence. Writers of fantasy fiction, such as MacDonald, Tolkien, and Lewis, (d)perceived nature religiously in their own lives and used myth to (e)convey this religious sensibility towards nature to their readers.

注
microcosm 小宇宙
cosmos 宇宙
ecosystem 生態系
catalyst 触媒
MacDonald G. マクドナルド（1824-1905；英国の作家）
Tolkien J. R. R. トールキン（1892-1973；英国の作家）
Lewis C. S. ルイス（1898-1963；英国の作家）

(B)　以下の英文を読み，下線部(ア)，(イ)，(ウ)を和訳せよ。下線部(イ)を訳す際には，“that same pool” が何を指しているかを明らかにせよ。

The social psychologist and writer Daniel Gilbert suggests that human beings are “works in progress that mistakenly think they're finished.” And he claims, “the person you are right now doesn't remain as it is. It is as temporary as all the people you've ever been. The one constant in our lives is change.” (ア)Time is a powerful force, he says, and one that perpetually revises our values, personalities, and preferences in everything from music and the places we would like to go to friendship.

Researchers at the University of Edinburgh, who conducted the longest-ever study of the stability of human character, have come to a similar conclusion, finding that those qualities that seemed to mark us as teenagers could be almost gone in our later lives. Characteristics might appear stable over short periods of time but change over decades. The researchers used data taken from a part of the 1947 Scottish Mental Survey, which tracked development in a pool of 70,805 children. They used a smaller sample of 1,208 fourteen-year-olds to study personality stability in the kids as they went from being adolescents to adults. The survey had identified six particular characteristics: self-confidence, determination, mood stability, sincerity, originality, and the desire to learn. (イ)In 2012, an attempt was made to track down that same pool of participants and, of those found, 174 agreed to take part in the continued research. They were asked to rate themselves on these same six characteristics and the degree to which they remained dominant factors in their behavior; family members, partners, and friends close to the participants were also asked to assess the continued presence of the earlier characteristics. The results determined that (ウ)while some of these characteristics remained steady over shorter periods of the participants' lives, most of them, with the exception of mood stability, had changed markedly, sometimes vanishing entirely.

From How to Disappear : Notes on Invisibility in a Time of Transparency by Akiko Busch, Penguin Press

5　以下の英文を読み，(A)～(D)の問いに答えよ。

"Let's make a bet," my father said, on my fifteenth birthday. I remember very clearly being fifteen ; or rather, I remember what fifteen feels like to a fifteen-year-old. The age is a diving board, a box half-opened.

We were sitting in stiff wooden chairs on the lawn, watching the evening settle over the neighborhood, all of that harmless fading light softening the world.

"I bet you'll leave here at eighteen and you'll never come back," he said. "Not once."

We lived two hours outside of Los Angeles, in a suburb attached to a string of other suburbs, where (A)the days rarely distinguished themselves unless you did it for them.

"You don't even think I'll come back and visit ?" I said.

"No," he said. "I don't." My father was a reasonable man. He did not generalize. He was not prone to big, dubious statements, and he rarely gambled. I felt hurt and excited by the suggestion.

"What about Mom ?" I asked.

"What about her ?"

I shrugged. It seemed she had little to do with his prediction.

"And James ?" I asked.

"Not sure about James," he said. "I can't bet on that one."

James was — and still is — my younger brother. I felt little responsibility for him. At ten, he was ［ア(26)］ but anxious and very much my parents' problem. My mother adored him, though she thought (B)_______. Make no mistake : we were equally loved but not equally preferred. If parents don't have favorites, they do have allies.

Inside, my mother was cooking dinner while James followed her around the kitchen, handing her bits of paper he'd folded into unusual shapes. Even then, he had a talent for geometry.

"Where will I go?" I asked my father. My grades were merely [ア(27)]. I'd planned—vaguely, at fifteen—to transfer somewhere after a few years at the local junior college.

"It doesn't matter where," he said, waving away a fly circling his nose.

Next door, the quiet neighbor kid, Carl, walked his dog, also called Carl, back and forth across his lawn. The weather was pleasant.

"What happens if I do come back?" I asked.

"You'll lose if you come back," he said.

I hated to lose, and my father knew it.

"Will I see you again?" I asked. I felt [イ] in a way that felt new, at fifteen, as though the day had turned shadowy and distant, already a memory. I felt [イ] about my father and his partly bald head and his toothpaste breath, even as he sat next to me, running his palms over his hairy knees.

"Of course," he said. "Your mother and I will visit."

My mother appeared at the front door with my brother, his fingers holding the back pocket of her jeans. "Dinnertime," she said, and I kissed my father's cheek as though I were standing on a train platform. I spent all of dinner feeling that way too, staring at him from across the table, mouthing goodbye.

My eighteenth birthday arrived the summer after I'd graduated from high school. To celebrate, I saw the musical *Wicked* at a theater in Los Angeles with four of my friends. The seats were deep and velvety. My parents drove us, and my father gave us each a glass of champagne in the parking lot before we entered the theater. We used small plastic cups he must have bought especially for the occasion. I pictured him walking around the supermarket, looking at all the cups, deciding.

A week after my birthday, my father woke me up, quieter than usual. He seemed [ア(28)]. I still had my graduation cap tacked up on the wall. My mother had taken the dress I'd worn that day to the dry cleaner, and it still lay on the floor in its cover.

"Are you ready to go ?" he asked.

"Where are you taking me ?" I wanted to know.

"To the train station," he said slowly. "It's time for you to go."

My father had always liked the idea of traveling. Even just walking through an airport gave him a thrill—it made him [ア(29)], seeing all those people hurrying through the world on their way to somewhere else. He had a deep interest in history and the architecture of places he'd never seen in person. It was the great tragedy of his life that he could never manage to travel. As for my mother, it was the great tragedy of her life that her husband was [ア(30)] and didn't take any pains to hide it. I can see that now, even if I didn't see it then.

"Where's Mom ?" I asked. "And where's James ?"

"The supermarket," my father said. James loved the supermarket—the order of things, all [ア(31)] in their rows. "Don't cry," Dad said then, smoothing my pillowcase, still warm with sleep. He had a pained look on his face. "Don't cry," he said again. I hadn't noticed it had started. (C)<u>My whole body felt emotional</u> in those days, like I was an egg balanced on a spoon.

"You'll be good," he said. "You'll do good."

"But what about junior college ?" I asked. "What about plans ?" I'd already received a stack of shiny school pamphlets in the mail. True, I didn't know what to do with them yet, but I had them just the same.

"No time," my father said, and the urgency in his voice made me hurry.

From Suburbia !, The Southern Review, Volume 53, Number 2, Spring 2017, by Amy Silverberg, Louisiana State University Press

(A)　下線部(A)の内容を本文に即して日本語で説明せよ。

(解答欄：17.3センチ×3行)

(B)　下に与えられた語を正しい順に並べ替え，下線部(B)を埋めるのに最も適切な表現を完成させよ。

equal　fooled　into　me　she　thinking　we　were

(C)　下線部(C)の内容をこの場面に即して具体的に日本語で説明せよ。

(解答欄：17.3センチ×2行)

(D)　以下の問いに解答し，その答えとなる記号をマークシートにマークせよ。

(ア)　空所(26)〜(31)には単語が一つずつ入る。それぞれに文脈上最も適切な語を次のうちから一つずつ選び，マークシートの(26)〜(31)にその記号をマークせよ。ただし，同じ記号を複数回用いてはならない。

a）average　b）cheerful　c）frightened
d）intelligent　e）neat　f）solemn
g）tolerant　h）unhappy

(イ)　空所（イ）に入れるのに最も適切な単語を次のうちから一つ選び，マークシートの(32)にその記号をマークせよ。

a）angry　b）delighted　c）excited
d）sentimental　e）unfair

(ウ)　本文の内容と合致するものはどれか。一つ選び，マークシートの(33)にその記号をマークせよ。

a）The author finally decided to go to the local junior college.
b）The author had planned to leave home since she was fifteen.
c）The author had to leave home because there was conflict between her parents.
d）The author's father drove her away because he hated her.
e）The author's father predicted that she would not come back home although he and her mother would visit her.

3 聞き取り問題放送用スクリプト

[問題(A)]

著作権の都合上，省略。

著作権の都合上，省略。

[問題(B)]

著作権の都合上，省略。

著作権の都合上，省略。

[問題(C)]

Farmers and plant breeders are in a race against time. According to Lee Hickey, an Australian plant scientist, “We face a grand challenge in terms of feeding the world. We're going to have about 10 billion people on the planet by 2050," he says, "so we'll need 60 to 80 percent more food to feed everybody."

Breeders develop new kinds of crops — more productive, disease-resistant — but it's a slow process that can take a decade or more using traditional techniques. So, to quicken the pace, Dr. Hickey's team in Australia has been working on "speed breeding," which allows them to harvest seeds and start the next generation of crops sooner. Their technique was inspired by NASA research on how to grow food on space stations. They trick crops into flowering early by shining blue and red LED lights 22 hours a day and keeping temperatures between 17 and 22 degrees Celsius. They can grow up to six generations of wheat in a year, whereas traditional methods would yield only one or two.

Researchers first started growing plants under artificial light about 150 years ago. At that time, the light was produced by what are called carbon arc lamps. Since then, advances in LED technology have vastly improved the precision with which scientists can adjust light settings to suit individual crop species.

Researchers have also adopted new genetic techniques that speed up the generation of desirable characteristics in plants. Historically, humans have relied on a combination of natural variation followed by artificial selection to achieve these gains. Now, breeders use gene-editing tools to alter DNA with great speed and accuracy. In 2004, scientists working in Europe identified a variation on a single gene that made a type of barley resistant to a serious disease. Ten years later, researchers in China edited the same gene in wheat, one of the world's most important crops, making it resistant as well.

Gene-editing tools have been used to protect rice against disease, to give corn and soybeans resistance to certain chemicals, and to save oranges from a type of bacteria that has destroyed crops in Asia and the Americas. In South Korea, scientists are using these tools to rescue an endangered variety of bananas from a devastating soil disease.

With cheaper, more powerful technology, opportunities are opening up to improve crops around the world. Dr. Hickey's team plans to use these discoveries to help farmers in India, Zimbabwe and Mali over the next couple of years, since he wants the discoveries to benefit developing countries, too.

According to Hickey, we will need to combine speed breeding and gene editing with all the other tools we have if we are to meet the food security challenges of the future. "One technology alone," he says, "is not going to solve our problems."

However, while basic speed breeding is generally accepted, many are reluctant to embrace gene-editing technology. They worry about unexpected long-term consequences. The benefits of this revolutionary technology, they feel, must be weighed against its potential dangers.

日本史

（2科目150分）

（注）　解答用紙は，横書きで〈地理歴史〉共通。1行：30字詰。

1　次の(1)～(5)の文章を読んで，下記の設問A・Bに答えなさい。解答は，解答用紙(イ)の欄に，設問ごとに改行し，設問の記号を付して記入しなさい。

(1)　『千字文』は6世紀前半に，初学の教科書として，書聖と称された王《おう》羲之《ぎし》の筆跡を集め，千字の漢字を四字句に綴ったものと言われる。習字の手本としても利用され，『古事記』によれば，百済から『論語』とともに倭国に伝えられたという。

(2)　唐の皇帝太宗は，王羲之の書を好み，模本（複製）をたくさん作らせた。遣唐使はそれらを下賜され，持ち帰ったと推測される。

(3)　大宝令では，中央に大学，地方に国学が置かれ，『論語』が共通の教科書とされていた。大学寮には書博士が置かれ，書学生もいた。長屋王家にも「書法模人」という書の手本を模写する人が存在したらしい。天平年間には国家事業としての写経所が設立され，多くの写経生が仏典の書写に従事していた。

(4)　律令国家は6年に1回，戸籍を国府で3通作成した。また地方から貢納される調は，郡家で郡司らが計帳などと照合し，貢進者・品名・量などを墨書した木簡がくくり付けられて，都に送られた。

(5)　756年に聖武天皇の遺愛の品を東大寺大仏に奉献した宝物目録には，王羲之の真筆や手本があったと記されている。光明皇后が王羲之の書を模写したという「楽毅論《がっきろん》」も正倉院に伝来している。平安時代の初めに留学した空海・橘逸勢も唐代の書を通して王羲之の書法を学んだという。

設　問

A　中央の都城や地方の官衙から出土する 8 世紀の木簡には，『千字文』や『論語』の文章の一部が多くみられる。その理由を 2 行以内で述べなさい。

B　中国大陸から毛筆による書が日本列島に伝えられ，定着していく。その過程において，唐を中心とした東アジアの中で，律令国家や天皇家が果たした役割を 4 行以内で具体的に述べなさい。

2

京都の夏の風物詩である祇園祭で行われる山鉾巡行《じゅんこう》は，数十基の山鉾が京中を練り歩く華麗な行事として知られる。16 世紀の山鉾巡行に関する次の(1)～(4)の文章を読んで，下記の設問に答えなさい。解答は，解答用紙(ロ)の欄に記入しなさい。

(1)　1533 年，祇園祭を延期するよう室町幕府が命じると，下京の六十六町の月行事たちは，山鉾の巡行は行いたいと主張した。

(2)　下京の各町では，祇園祭の山鉾を確実に用意するため，他町の者へ土地を売却することを禁じるよう幕府に求めたり，町の住人に賦課された「祇園会出銭」から「山の綱引き賃」を支出したりした。

(3)　上杉本『洛中洛外図屏風』に描かれている山鉾巡行の場面をみると（図 1），人々に綱で引かれて長刀鉾《なぎなたぼこ》が右方向へと進み，蟷螂《とうろう》（かまきり）山《やま》，傘鉾《かさぼこ》があとに続いている。

(4)　現代の京都市街図をみると（図 2），通りをはさむように町名が連なっている。そのなかには，16 世紀にさかのぼる町名もみえる。

設　問

16 世紀において，山鉾はどのように運営され，それは町の自治のあり方にどのように影響したのか。5 行以内で述べなさい。

図 1

(『国宝　上杉本　洛中洛外図屏風』米沢市上杉博物館より)

図 2

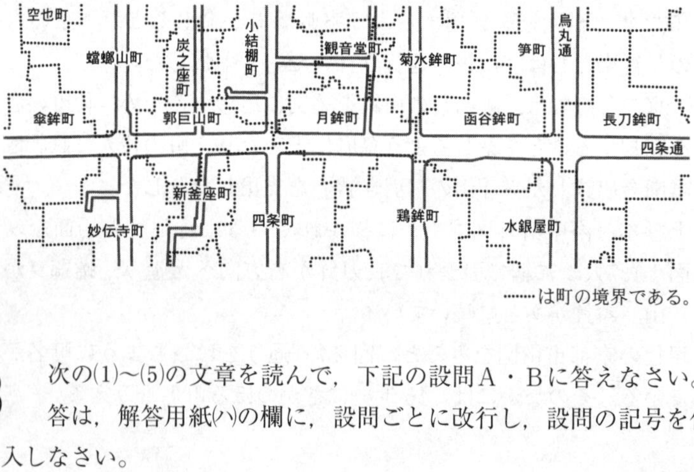

……は町の境界である。

3

次の(1)〜(5)の文章を読んで，下記の設問A・Bに答えなさい。解答は，解答用紙(ハ)の欄に，設問ごとに改行し，設問の記号を付して記入しなさい。

(1)　日本では古代国家が採用した唐の暦が長く用いられていた。渋川春海《しぶかわはるみ》は元《げん》の暦をもとに，明で作られた世界地図もみて，中国と日本（京都）の経度の違いを検討し，新たな暦を考えた。江戸幕府はこれを採用し，天体観測や暦作りを行う天文方を設置して，渋川春海を初代に任じた。

(2)　朝廷は幕府の申し入れをうけて，1684 年に暦を改める儀式を行い，渋川春海の新たな暦を貞享暦と命名した。幕府は翌 1685 年から貞享暦を全国で施行した。この手順は江戸時代を通じて変わらなかった。

(3)　西洋天文学の基礎を記した清の書物『天経或問《てんけいわくもん》』は，「禁書であったが内容は有益である」と幕府が判断して，1730 年に刊行が許可され，広く読まれるようになった。

(4)　1755 年から幕府が施行した宝暦暦は，公家の土御門泰邦《つちみかどやすくに》が幕府に働きかけて作成を主導したが，1763 年の日食の予測に失敗した。大坂の麻田剛立《あさだごうりゅう》ら各地の天文学者が事前に警告した通りで，幕府は天文方に人員を補充して暦の修正に当たらせ，以後天文方の学術面での強化を進めていった。

(5)　麻田剛立の弟子高橋至時《たかはしよしとき》は幕府天文方に登用され，清で編まれた西洋天文学の書物をもとに，1797 年に寛政暦を作った。天文方を継いだ高橋至時の子渋川景佑《しぶかわかげすけ》は，オランダ語の天文学書の翻訳を完成し，これを活かして 1842 年に天保暦を作った。

設　問

A　江戸時代に暦を改めるに際して，幕府と朝廷はそれぞれどのような役割を果たしたか。両者を対比させて，2 行以内で述べなさい。

B　江戸時代に暦を改める際に依拠した知識は，どのように推移したか。幕府の学問に対する政策とその影響に留意して，3 行以内で述べなさい。

4

次の(1)・(2)の文章は，軍人が実践すべき道徳を論じた明治時代の史料から，一部を抜き出して現代語訳したものである。これを読んで，下記の設問Ａ・Ｂに答えなさい。解答は，解答用紙(ニ)の欄に，設問ごとに改行し，設問の記号を付して記入しなさい。

(1)　維新以後の世の風潮の一つに「民権家風」があるが，軍人はこれに染まることを避けなくてはいけない。軍人は大元帥である天皇を戴き，あくまでも上下の序列を重んじて，命令に服従すべきである。いま政府はかつての幕府に見られた専権圧制の体制を脱し，人民の自治・自由の精神を鼓舞しようとしており，一般人民がそれに呼応するのは当然であるが，軍人は別であるべきだ。

（西周「兵家徳行」第 4 回，1878 年 5 月。陸軍将校に対する講演の記録）

(2)　軍人は忠節を尽くすことを本分とすべきである。兵力の消長はそのまま国運の盛衰となることをわきまえ，世論に惑わず，政治に関わらず，ひたすら忠節を守れ。それを守れず汚名を受けることのないようにせよ。

（「軍人勅諭」1882 年 1 月）

設　問

A　(1)の主張の背景にある，当時の政府の方針と社会の情勢について，3 行以内で述べなさい。

B　(2)のような規律を掲げた政府の意図はどのようなものだったか。当時の国内政治の状況に即しながら，3 行以内で述べなさい。

世界史

（2 科目 150 分）

(注)　解答用紙は，横書きで〈地理歴史〉共通。1 行：30 字詰。

1　国際関係にはさまざまな形式があり，それは国家間の関係を規定するだけでなく，各国の国内支配とも密接な関わりを持っている。近代以前の東アジアにおいて，中国王朝とその近隣諸国が取り結んだ国際関係の形式は，その一つである。そこでは，近隣諸国の君主は中国王朝の皇帝に対して臣下の礼をとる形で関係を取り結んだが，それは現実において従属関係を意味していたわけではない。また国内的には，それぞれがその関係を，自らの支配の強化に利用したり異なる説明で正当化したりしていた。しかし，このような関係は，ヨーロッパで形づくられた国際関係が近代になって持ち込まれてくると，現実と理念の両面で変容を余儀なくされることになる。

以上のことを踏まえて，15 世紀頃から 19 世紀末までの時期における，東アジアの伝統的な国際関係のあり方と近代におけるその変容について，朝鮮とベトナムの事例を中心に，具体的に記述しなさい。解答は，解答欄(イ)に 20 行以内で記述しなさい。その際，次の 6 つの語句を必ず一度は用いて，その語句に下線を付しなさい。また，下の史料Ａ～Ｃを読んで，例えば，「○○は××だった（史料Ａ）。」や，「史料Ｂに記されているように，○○が××した。」などといった形で史料番号を挙げて，論述内容の事例として，それぞれ必ず一度は用いなさい。

薩　摩　　下関条約　　小中華
条　約　　清仏戦争　　朝　貢

史料Ａ

なぜ，（私は）今なお崇禎《すうてい》という年号を使うのか。清《しん》人が中国に入って主となり，古代の聖王の制度は彼らのものに変えられてしまった。その東方の数千里の国土を持つわが朝鮮が，鴨緑江を境として国を立て，古代の聖王の制度を独り守っているのは明らかである。（中略）崇禎百五十六年（1780年），記す。

史料B

1875年から1878年までの間においても，わが国（フランス）の総督や領事や外交官たちの眼前で，フエの宮廷は何のためらいもなく使節団を送り出した。そのような使節団を3年ごとに北京に派遣して清に服従の意を示すのが，この宮廷の慣習であった。

史料C

琉球国は南海の恵まれた地域に立地しており，朝鮮の豊かな文化を一手に集め，明とは上下のあごのような，日本とは唇と歯のような密接な関係にある。この二つの中間にある琉球は，まさに理想郷といえよう。貿易船を操って諸外国との間の架け橋となり，異国の珍品・至宝が国中に満ちあふれている。

2

異なる文化に属する人々の移動や接触が活発になることは，より多様性のある豊かな文化を生む一方で，民族の対立や衝突に結びつくこともあった。民族の対立や共存に関する以下の3つの設問に答えなさい。解答は，解答欄(ロ)を用い，設問ごとに行を改め，冒頭に(1)～(3)の番号を付して記しなさい。

問(1)　大陸に位置する中国では，古くからさまざまな文化をもつ人々の間の交流がさかんであり，民族を固有のものとする意識は強くなかった。しかし，近代に入ると，中国でも日本や欧米列強との対抗を通じて民族意識が強まっていった。これに関する以下の(a)・(b)の問いに，冒頭に(a)・(b)を付して答えなさい。

(a)　漢の武帝の時代，中国の北辺の支配をめぐり激しい攻防を繰り返した騎馬遊牧民国家の前3世紀末頃の状況について，2行以内で記しなさい。

(b)　清末には，漢民族自立の気運がおこる一方で，清朝の下にあったモンゴルやチベットでも独立の気運が高まった。辛亥革命前後のモンゴルとチベットの独立の動きについて，3 行以内で記しなさい。

問(2)　近代に入ると，西洋列強の進出によって，さまざまな形の植民地支配が広がった。その下では，多様な差別や搾取があり，それに対する抵抗があった。これに関する以下の(a)・(b)の問いに，冒頭に(a)・(b)を付して答えなさい。

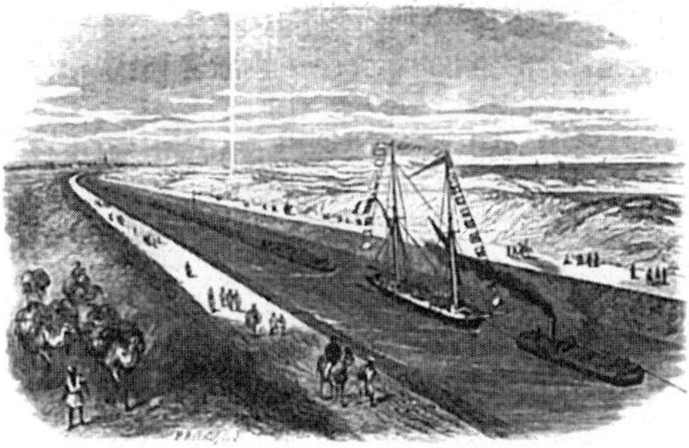

図　版

(a)　図版は，19 世紀後半の世界の一体化を進める画期となった一大工事を描いたものである。その施設を含む地域は，1922 年に王国として独立した。どこで何が造られたかを明らかにし，その完成から 20 年程の間のその地域に対するイギリスの関与とそれに対する反発とを，4 行以内で記しなさい。

(b)　オーストラリアは，ヨーロッパから最も遠く離れた植民地の一つであった。現在では多民族主義・多文化主義の国であるが，1970 年代までは白人中心主義がとられてきた。ヨーロッパ人の入植の経緯と白人中心主義が形成された過程とを，2 行以内で記しなさい。

問(3)　移民の国と言われるアメリカ合衆国では，移民社会特有の文化や社会的多様性が生まれたが，同時に，移民はしばしば排斥の対象ともなった。これに関する以下の(a)・(b)の問いに，冒頭に(a)・(b)を付して答えなさい。

(a) 第一次世界大戦後，1920 年代のアメリカ合衆国では，移民や黒人に対する排斥運動が活発化した。これらの運動やそれに関わる政策の概要を，3 行以内で記しなさい。

(b) アメリカ合衆国は，戦争による領土の拡大や併合によっても多様な住民を抱えることになった。このうち，1846 年に開始された戦争の名，およびその戦争の経緯について，2 行以内で記しなさい。

3

人間は言語を用いることによってその時代や地域に応じた思想を生みだし，またその思想は，人間ないし人間集団のあり方を変化させる原動力ともなった。このことに関連する以下の設問(1)～(10)に答えなさい。解答は，解答欄(ハ)を用い，設問ごとに行を改め，冒頭に(1)～(10)の番号を付して記しなさい。

問(1) 古代ギリシアの都市国家では，前 7 世紀に入ると，経済的格差や参政権の不平等といった問題があらわになりはじめた。ギリシア七賢人の一人に数えられ，前 6 世紀初頭のアテネで貴族と平民の調停者に選ばれて，さまざまな社会的・政治的改革を断行した思想家の名を記しなさい。

問(2) この思想集団は孔子を開祖とする学派を批判し，人をその身分や血縁に関係なく任用しかつ愛するよう唱える一方で，指導者に対して絶対的服従を強いる結束の固い組織でもあった。この集団は秦漢時代以降消え去り，清代以後その思想が見直された。この思想集団の名を記しなさい。

問(3) キリスト教徒によるレコンキスタの結果，イスラーム教勢力は 1492 年までにイベリア半島から駆逐された。その過程で，8 世紀後半に建造された大モスクが，13 世紀にキリスト教の大聖堂に転用された。この建造物が残り，後ウマイヤ朝の首都として知られる，イベリア半島の都市の名を記しなさい。

問(4)　10 世紀頃から，イスラーム教が普及した地域では，修行などによって神との一体感を求めようとする神秘主義がさかんになった。その後，12 世紀頃から神秘主義教団が生まれ，民衆の支持を獲得した。その過程で，神秘主義を理論化し，スンナ派の神学体系の中に位置づけるなど，神秘主義の発展に貢献したことで知られる，セルジューク朝時代に活躍したスンナ派学者の名を記しなさい。

問(5)　華北では金代になると，道教におけるそれまでの主流を批判して道教の革新をはかり，儒・仏・道の三教の融合をめざす教団が成立した。これは華北を中心に勢力を広げ，モンゴルのフビライの保護を受けるなどして，後の時代まで道教を二分する教団の一つとなった。この教団の名を記しなさい。

問(6)　アラビア半島で誕生したイスラーム教は西アフリカにまで広がり，13 世紀以降には，ムスリムを支配者とするマリ王国やソンガイ王国などが成立し，金などの交易で繁栄した。両王国の時代の中心的都市として知られ，交易の中心地としてだけではなく，学術の中心地としても栄えたニジェール川中流域の都市の名を記しなさい。

問(7)　清代に入ると，宋から明の学問の主流を批判し，訓詁学・文字学・音韻学などを重視し，精密な文献批判によって古典を研究する学問がさかんになった。この学問は，日本を含む近代以降の漢字文化圏における文献研究の基盤をも形成した。この学問の名を記しなさい。

問(8)　19 世紀半ば頃イランでは，イスラーム教シーア派から派生した宗教が生まれ，農民や商人の間に広まった。この宗教の信徒たちは 1848 年にカージャール朝に対して武装蜂起したが鎮圧された。この宗教の名を記しなさい。

問(9)　アダム＝スミスにはじまる古典派経済学は 19 世紀に発展し，経済理論を探究した。主著『人口論』で，食料生産が算術級数的にしか増えないのに対し，人口は幾何級数的に増えることを指摘して，人口抑制の必要を主張した古典派経済学者の名を記しなさい。

問⑽　19 世紀から 20 世紀への転換期には，人間の精神のあり方について，それまでの通念を根本的にくつがえすような思想が現れた。意識の表層の下に巨大な無意識の深層が隠れていると考え，夢の分析を精神治療に初めて取り入れたオーストリアの精神医学者の名を記しなさい。

地理

（2 科目 150 分）

（注）　解答用紙は，横書きで〈地理歴史〉共通。1 行：30 字詰。

1

日本列島の地形と自然資源利用に関する以下の設問Ａ～Ｂに答えなさい。解答は，解答用紙の(イ)欄を用い，設問・小問ごとに改行し，設問記号・小問番号をつけて記入しなさい。

設問Ａ

図１－１は日本列島の地形断面である。断面ア～ウの位置は，図１－２中の線分①～③のいずれかに対応している。各断面の左・右端は日本海・太平洋にそれぞれ面し，各断面の水平距離の縮尺は共通している。

(1)　Ｘ山地とＹ山地の地形的特徴の違いを述べるとともに，Ｙ山地でそのような特徴が生じた理由として考えられることを，以下の語句をすべて用いて，あわせて２行以内で述べなさい。語句は繰り返し用いてもよいが，使用した箇所には下線を引くこと。

内的営力　　外的営力

(2)　Ｚ山脈は，断面イにおいては，両側の山地とは大きく異なる形状を示す。その理由として考えられることを１行で述べなさい。

(3)　ａとｂは元来同じ環境であったが，ｂは 20 世紀半ばに人工的に形成された土地である。この大規模地形改変事業がなされた社会的背景を１行で述べなさい。

(4)　ｃとｄはいずれも大規模な平野であるが，卓越する地形が異なる。それぞれの平野で卓越する地形の名称と農業形態の特徴を，あわせて

2行以内で述べなさい。

(5)　地形断面図は，水平方向よりも鉛直（高度）方向に拡張して描かれることが多い。ア～ウに共通した，水平方向に対する高度方向の拡張率は，おおよそ何倍程度と見積もられるか，有効数字1桁で，$k\times10^n$倍のように答えなさい。kは1，2，5のなかから選び，nには最も適した整数を記しなさい。

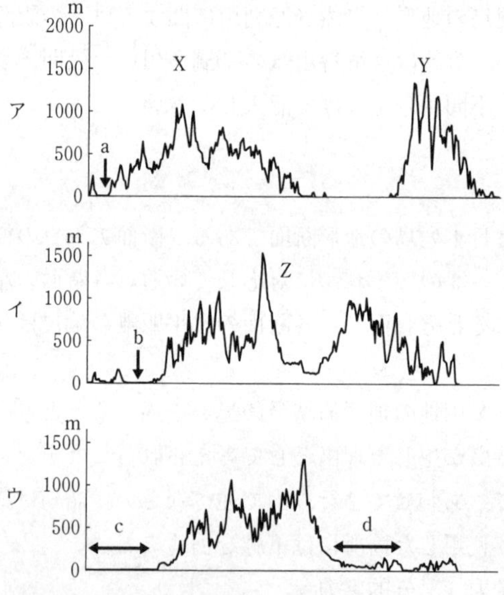

地理院地図(国土地理院)を用いて作成。

図1―1

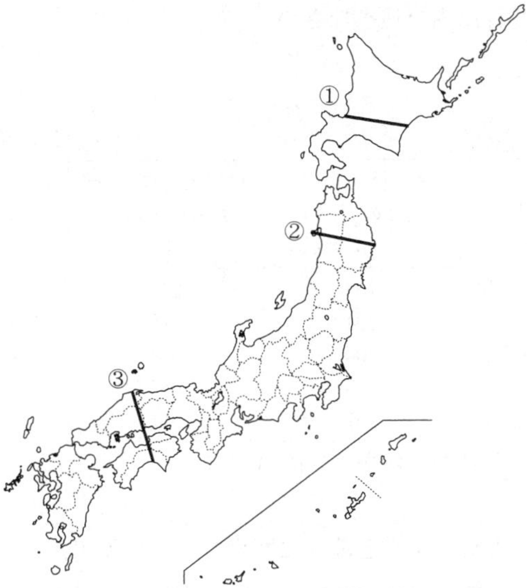

図1―2

設問B

表1―1は，5つの県の土地利用についてまとめたものである。なお，可住地面積とは，総面積から林野面積と主要湖沼面積を差し引いた面積を意味する。また，aは総面積1km^{2}あたりの人口密度を，bは可住地面積1km^{2}あたりの人口密度をさす。

(1)　b/aの値が高い県のうち，和歌山県と高知県に共通してみられる地形的特徴を2行以内で述べなさい。

(2)　高知県と香川県では，ある重要な資源をやりとりしている。資源の名称と，このようなやりとりが生じる理由を，この資源の供給と消費の両面から，あわせて3行以内で述べなさい。

(3)　長野県と茨城県は，ともに農業生産の盛んな地域として知られており，レタスの生産量は全国1位と2位（2017年）であるが，出荷時期は大きく異なる。その理由を，地形的要因と経済的要因の両面から，あわせて2行以内で述べなさい。

表1－1

(2017年)

県　名	総面積1km² あたりの人口密度 a	可住地面積1km² あたりの人口密度 b	b/a
長　野	153	644	4.2
茨　城	474	728	1.5
和歌山	200	848	4.2
香　川	515	962	1.9
高　知	101	614	6.1

総務省および農林水産省資料による。

2

世界の食料の生産と消費に関する以下の設問A～Bに答えなさい。

解答は，解答用紙の(ロ)欄を用い，設問・小問ごとに改行し，設問記号・小問番号をつけて記入しなさい。

設問A

世界経済の成長とともに，人々の食生活に占める動物性食品の割合が増えつつある。図2－1は1963年（○）から2013年（●）にかけての，各国の経済状況を表す1人あたりGDPの伸びと，国民1人あたりのカロリー摂取量に占める動物性食品の割合の変化を表している。

(1)　人々の食生活に占める動物性食品の割合が増えることで，陸上の自然環境に及ぶ悪影響を1つあげ，1行で述べなさい。

(2)　図2－1の1～6の国では，1963年以降も経済が成長しているにも関わらず，動物性食品の割合はあまり増えないか減少している。その理由を3行以内で述べなさい。

(3)　図2－1において，9ペルーは，同じ南米の7アルゼンチンや8ブラジルとは異なる特徴を示している。その理由を2つ，以下の語句をすべて用いて，あわせて4行以内で述べなさい。語句は繰り返し用いてもよいが，使用した箇所には下線を引くこと。

山岳地帯　　食文化　　農　業　　民族構成

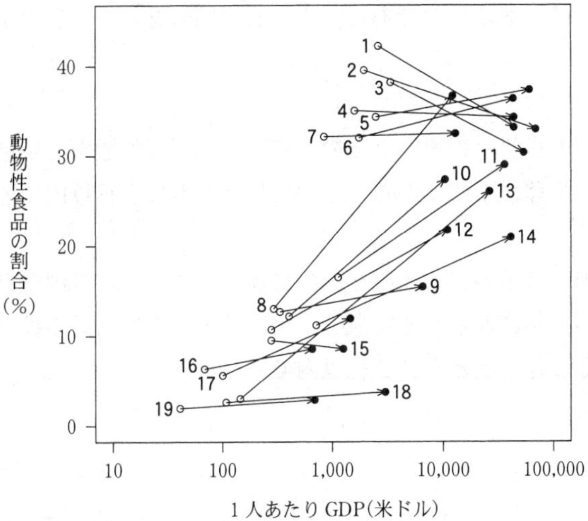

国　名：1 ニュージーランド，2 オーストラリア，3 イギリス，4 アメリカ合衆国，
5 スウェーデン，6 フランス，7 アルゼンチン，8 ブラジル，9 ペルー，
10 メキシコ，11 イタリア，12 マレーシア，13 韓国，14 日本，
15 ジンバブエ，16 ウガンダ，17 インド，18 ナイジェリア，19 ルワンダ。

国連食糧計画および世界銀行資料による。

図2－1

設問B

東南アジアは，世界の主要な米の生産・消費地域である。しかし，米の生産と消費のバランスは，国ごとに大きな違いがある。表2－1は，東南アジアの主要な米生産国について，生産量（a），国内供給量（b），生産量と国内供給量の差（生産量の過不足）（a－b），国内供給量に対する生産量の比（自給率）（a/b）を，Ⅰ期（1969年－1973年の5年間の平均），Ⅱ期（1989年－1993年の5年間の平均），Ⅲ期（2009年－2013年の5年間の平均）の3つの時期について示したものである。なおここで，国内供給量は，生産量＋輸入量－輸出量（ただし在庫分を補正）として定義される。

(1)　表２－１に掲げた５カ国は，ベトナム，タイ，フィリピン，マレーシア，インドネシアである。A～Eの国名を，A－○のように答えなさい。

(2)　A国の自給率の水準とその推移にみられる特徴を，生産量・国内供給量の推移にふれながら，その背景とともに２行以内で述べなさい。

(3)　D国は，米の自給達成を国の目標としてきた。D国の自給率の水準とその推移にみられる特徴を，生産量・国内供給量の推移にふれながら，その背景とともに２行以内で述べなさい。

表２－１

		Ⅰ期 1969―1973	Ⅱ期 1989―1993	Ⅲ期 2009―2013
A	a 生産量	1,188	1,290	1,702
	b 国内供給量	1,458	1,649	2,824
	a－b 過不足	－270	－359	－1,123
	a/b 自給率	81％	78％	60％
B	a 生産量	6,845	13,643	27,888
	b 国内供給量	7,526	12,225	20,659
	a－b 過不足	－682	1,418	7,229
	a/b 自給率	91％	112％	135％
C	a 生産量	9,113	13,026	23,503
	b 国内供給量	7,549	8,181	13,180
	a－b 過不足	1,564	4,844	10,324
	a/b 自給率	121％	159％	178％
D	a 生産量	13,130	30,817	44,951
	b 国内供給量	14,058	30,727	44,929
	a－b 過不足	－928	90	22
	a/b 自給率	93％	100％	100％
E	a 生産量	3,487	6,398	11,365
	b 国内供給量	3,608	6,600	12,639
	a－b 過不足	－121	－202	－1,274
	a/b 自給率	97％	97％	90％

単位：1000 トン（精米換算）

FAO 統計による。

3

ドイツと日本の人口の動向に関する以下の設問Ａ～Ｂに答えなさい。解答は，解答用紙の(ハ)欄を用い，設問・小問ごとに改行し，設問記号・小問番号をつけて記入しなさい。

設問Ａ

表３－１は，ドイツの州別の人口増減率と 2016 年時点の州別人口を示したものである。

(1)　次の文は，ドイツの３つの州について，それぞれの特徴を説明したものである。ア～ウは，表３－１および図３－１の番号５，６，16のいずれかである。該当する州の番号をア－○のように答えなさい。

ア　この州は，豊富な石炭資源をもとに，製鉄や化学といった重化学工業を中心とした工業都市が東西に連なり，コナベーションを形成していた。現在は，ライン川沿いの都市群が南北軸を形成し，ヨーロッパにおける重要な中心地の１つになっている。

イ　この州は，エルベ川の上流部に位置し，19世紀はドイツ工業の中心地域の１つで，繊維工業が栄えていた。州内には，２つの中心都市があり，１つは古くから交通の要衝で見本市の開催地，商都として栄え，もう１つは現在の州都で，かつての王国の宮殿があり，両都市とも，世界各地から多くの観光客が訪れる。

ウ　この州の人口の大半は，２つの主要な河川にはさまれた平野部に集中している。国際空港があり，鉄道や高速道路の結節点にもなっている。州最大の都市は，欧州中央銀行の本部が置かれるなど，金融都市として栄え，ドイツでは珍しく超高層ビルが林立している。

(2)　1990年～2000年にかけて，どのような人口増減率の地域差がみられるか，その特徴と要因として考えられることを２行以内で述べなさい。

(3)　1970年代から1980年代にかけては，西部ドイツのなかで，人口増減率の南北格差がみられた。これに対し，2000年代以降になると，南北格差は顕著ではなくなっている。こうした変化がみられるようになった要因として考えられることを，以下の語句をすべて用いて３行以内で述べなさい。語句は繰り返し用いてもよいが，使用した箇所には下線を引くこと。

国際競争力　　サービス経済化　　産業構造

(4)　2000年～2010年と比べ，2010年～2016年には，ドイツの多くの地域で，人口減少から人口増加に転じたり，人口減少率が小さくなるといった変化がみられる。そうした変化の要因として考えられることを1行で述べなさい。

表3－1

番号	州名	人口増減率（%）					人口（千人）
		1970年～1980年	1980年～1990年	1990年～2000年	2000年～2010年	2010年～2016年	2016年
1	シュレースヴィヒ・ホルシュタイン	4.0	0.6	6.2	1.6	1.7	2,882
2	ハンブルク	−8.3	0.4	3.8	4.1	1.3	1,810
3	ブレーメン	−5.6	−1.7	−3.2	0.2	2.7	679
4	ニーダーザクセン	1.9	1.8	7.3	−0.1	0.4	7,946
5	ノルトライン・ヴェストファーレン	0.3	1.7	3.8	−0.9	0.3	17,890
6	ヘッセン	3.2	2.9	5.3	0.0	2.4	6,213
7	ラインラント・プファルツ	−0.5	3.3	7.2	−0.8	1.5	4,066
8	ザールラント	−4.9	0.7	−0.4	−4.8	−2.1	997
9	バーデン・ヴュルテンベルク	3.4	6.1	7.1	2.2	1.8	10,952
10	バイエルン	3.5	4.8	6.8	2.5	3.1	12,931
11	メクレンブルク・フォアポンメルン	0.8	−1.0	−7.7	−7.5	−1.9	1,611
12	ベルリン	−4.7	12.6	−1.5	2.3	3.3	3,575
13	ブランデンブルク	0.1	−3.1	0.9	−3.8	−0.3	2,495
14	ザクセン・アンハルト	−4.4	−6.6	−9.0	−10.7	−4.2	2,236
15	テューリンゲン	−1.1	−4.4	−6.9	−8.1	−3.4	2,158
16	ザクセン	−4.5	−7.9	−7.1	−6.3	−1.6	4,082
	ドイツ全体	0.4	1.7	3.1	−0.6	0.9	82,522

表中の州名の番号は，図3－1の番号と対応している。
ドイツ連邦統計局資料による。

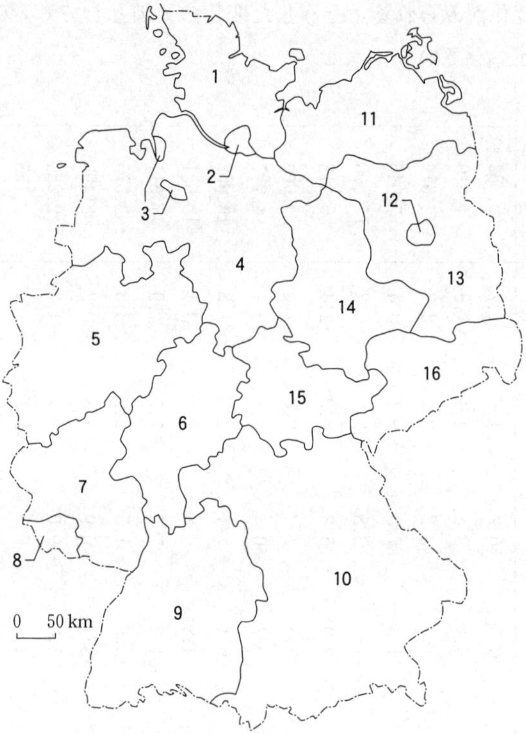

図3—1

設問B

図3－2は，三大都市圏と東京都特別区部の転入超過人口の推移を表したものである。三大都市圏とは，東京圏（東京都・埼玉県・千葉県・神奈川県），名古屋圏（岐阜県・愛知県・三重県），および大阪圏（京都府・大阪府・兵庫県・奈良県）である。

(1)　1960年代前半をピークに，人口が三大都市圏に集まってきた理由を，産業構造の変化と産業の立地の観点から，2行以内で述べなさい。

(2)　三大都市圏における転入超過人口の動向が，1980年代以降，都市圏間でどのように異なっているか，その理由として考えられることとあわせて，3行以内で述べなさい。

(3)　図３－２は，1990 年代初めを境として，東京圏内部における人口分布の空間構造が変化していることを示唆している。その内容を２行以内で述べなさい。

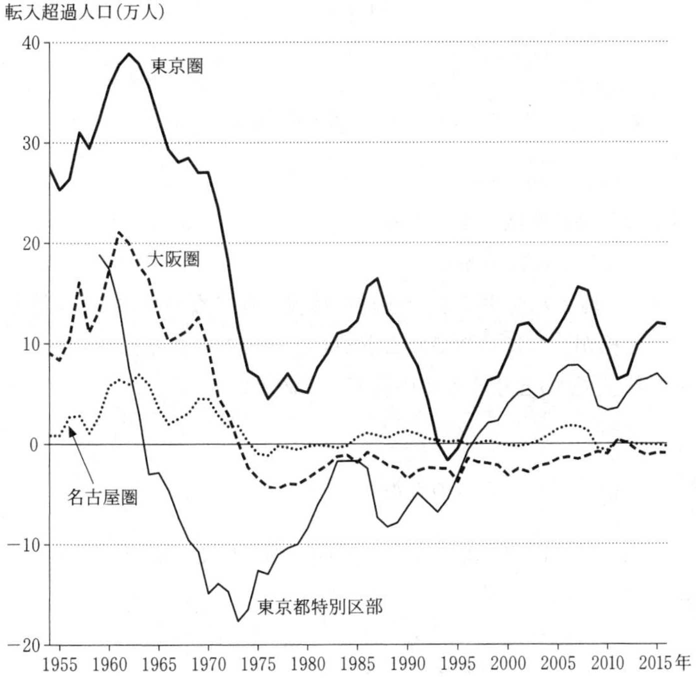

住民基本台帳人口移動報告による。

図３－２

数学

（100 分）

1

$a>0$，$b>0$ とする。座標平面上の曲線

$C : y=x^3-3ax^2+b$

が，以下の２条件を満たすとする。

条件１：C は x 軸に接する。

条件２：x 軸と C で囲まれた領域（境界は含まない）に，x 座標と y 座標がともに整数である点がちょうど１個ある。

b を a で表し，a のとりうる値の範囲を求めよ。

2

座標平面上に８本の直線

$x=a$　$(a=1,\ 2,\ 3,\ 4)$，　$y=b$　$(b=1,\ 2,\ 3,\ 4)$

がある。以下，16 個の点

$(a,\ b)$　$(a=1,\ 2,\ 3,\ 4,\quad b=1,\ 2,\ 3,\ 4)$

から異なる５個の点を選ぶことを考える。

(1)　次の条件を満たす５個の点の選び方は何通りあるか。

上の８本の直線のうち，選んだ点を１個も含まないものがちょうど２本ある。

(2)　次の条件を満たす５個の点の選び方は何通りあるか。

上の８本の直線は，いずれも選んだ点を少なくとも１個含む。

3

O を原点とする座標平面において，放物線

$y=x^2-2x+4$

のうち $x \geqq 0$ を満たす部分を C とする。

(1) 点Pが C 上を動くとき，Oを端点とする半直線OPが通過する領域を図示せよ。

(2) 実数 a に対して，直線

$$l : y = ax$$

を考える。次の条件を満たす a の範囲を求めよ。

C 上の点Aと l 上の点Bで，3点O，A，Bが正三角形の3頂点となるものがある。

4

n，k を，$1 \leqq k \leqq n$ を満たす整数とする。n 個の整数

$$2^m \quad (m = 0,\ 1,\ 2,\ \cdots\cdots,\ n-1)$$

から異なる k 個を選んでそれらの積をとる。k 個の整数の選び方すべてに対しこのように積をとることにより得られる ${}_n\mathrm{C}_k$ 個の整数の和を $a_{n,k}$ とおく。例えば，

$$a_{4,3} = 2^0 \cdot 2^1 \cdot 2^2 + 2^0 \cdot 2^1 \cdot 2^3 + 2^0 \cdot 2^2 \cdot 2^3 + 2^1 \cdot 2^2 \cdot 2^3 = 120$$

である。

(1) 2以上の整数 n に対し，$a_{n,2}$ を求めよ。

(2) 1以上の整数 n に対し，x についての整式

$$f_n(x) = 1 + a_{n,1}x + a_{n,2}x^2 + \cdots\cdots + a_{n,n}x^n$$

を考える。$\dfrac{f_{n+1}(x)}{f_n(x)}$ と $\dfrac{f_{n+1}(x)}{f_n(2x)}$ を x についての整式として表せ。

(3) $\dfrac{a_{n+1,k+1}}{a_{n,k}}$ を n，k で表せ。

〔注〕　○アモルフな――一定の形を持たない。

設　問

(一)「作品をつくっているとき、私はある程度まで私自身から自由であるような気がする」（傍線部ア）とあるが、それはなぜか、説明せよ。　（解答欄：一三・五センチ×二行）

(二)「そこで私が最も深く他者と結ばれている」（傍線部イ）とはどういうことか、説明せよ。　（解答欄：一三・五センチ×二行）

(三)「そのような作品の成り立ちかた」（傍線部ウ）とはどういうことか、説明せよ。　（解答欄：一三・五センチ×二行）

(四)「作品を書くときには、ほとんど盲目的に信じている自己の発語の根を、文章を書くとき私は見失う」（傍線部エ）とあるが、それはなぜか、説明せよ。　（解答欄：一三・五センチ×二行）

る言語とは本来そのようなものだと、個人的に私はそう思っている。もしそういうものとして読まぬならば、その責任は読者にあるので、私もまた創作者であって同時に読者であるという立場においてのみ、自分の作品に責任を負うことができる。

逆に言えばそのような形で言語世界を成立させ得たとき、それは作品の名に値するので、現実には作家も詩人も、創作者としての一面のみでなく、ある時代、ある社会の一員である俗人としての面を持つものだから、彼の発言と作品とを区別することは、とくに同時代者の場合、困難だろうし、それを切り離して評価するのが正しいかどうか確言する自信もないけれど、離れた時代の優れた作品を見るとき、あらゆる社会的条件にもかかわらずその作品に時代を超えてある力を与えているひとつの契機として、ウそのような作品の成り立ちかたを発見することができよう。

〈作品〉と〈文章〉の対比を、言語論的に記述する能力は私にはない。私はただ一種の貧しい体験談のような形で、たどたどしく書いてゆくしかないので、初めに述べた私のこういう文章を書くことへのためらいもそこにある。エ作品を書くときには、ほとんど盲目的に信じている自己の発語の根を、文章を書くとき私は見失う。作品を書くとき、私は他者にむしろ非論理的な深みで賭けざるを得ないが、文章を書くときには自分と他者を結ぶ論理を計算ずくでつかまなければならない、そういうふうに言うこともできる。

どんなに冷静にことばを綴っていても、作品をつくっている私の中には、何かしら呪術的な力が働いているように思う。インスピレーションというようなことばで呼ぶと、何か上のほうからひどく気まぐれに、しかも瞬間的に働く力のように受けとられるかもしれないが、この力は何と呼ぼうと、むしろ下のほうから持続的に私をとらえる。それは日本語という言語共同体の中に内在している力であり、私の根源性はそこに含まれていて、それが私の発語の根の土壌となっているのだ。

（谷川俊太郎『詩を考える―言葉が生まれる現場』による）

ちにたとえば詩とは何かということの答えにとぶことは私には不可能だが、その意識のうえでの差異が、私に詩のおぼろげな輪郭を他のものを包みこんだ形で少しでもあきらかにしてくれていることは否めない。

もちろん私が仮に作品（創作と呼んでもいい）と呼ぶ一群の書きものから、詩と呼ぶ書きものを分離するということはまた、別の問題なので、作品中には当然散文も含まれてくるから、作品と文章の対比を詩と散文の対比に置きかえることはできない。強いていえば、虚構と非虚構という切断面で切ることはできるかもしれぬが、そういう切りかたでは余ってしまうものもあるにちがいない。作品においては無名であることが許されると感じる私の感じかたの奥には、詩人とは自己を超えた何ものかに声をかす存在であるという、いわば媒介者としての詩人の姿が影を落としているかもしれないが、そういう考えかたが先行したのではなく、言語を扱う過程で自然にそういう状態になってきたのだということが、私の場合には言える。

真の媒介者となるためには、その言語を話す民族の経験の総体を自己のうちにとりこみ、なおかつその自己の一端がある超越者（それは神に限らないと思う。もしかすると人類の未来そのものかもしれない）に向かって予見的に開かれていることが必要で、私はそういう存在からはほど遠いが作品をつくっているときの自分の発語の根が、こういう文章ではとらえきれないアモルフな自己の根源性（オリジナリティ）に根ざしているということは言えて、イそこで私が最も深く他者と結ばれていると私は信じざるを得ないのだ。

そこには無論のこと多量のひとりよがりがあるわけだが、そういう根源性から書いていると信ずることが、私にある安心感を与える。これは私がこういう文章を書いているときの不安感と対照的なものなのだ。自分の書きものに対する責任のとりかたというものが、作品の場合と、文章の場合とでははっきりちがう。

これは一般的な話ではなくて、あくまで私個人の話だが、作品に関しては、そこに書かれている言語の正邪真偽に直接責任をとる必要はないと私は感じている。正邪真偽でないのなら、では美醜かとそう性急に問いつめる人もいるだろうが、美醜にさえ責任のとりようはなく、私が責任をとり得るのはせいぜい上手下手に関してくらいのものなのだ。創作におけ

四

次の文章を読んで、後の設問に答えよ。

「あなたが何を考えているのか知りたい」小田久郎さんはそうおっしゃった。電話口を通してぼそぼそと響いてきたその肉声だけが、私にとってこんな文章を綴《つづ》ろうとする唯一の理由だと、そんなふうに私は感じている。

編集者である小田さんの背後に、無限定な読者を想定することは、今の私にはむずかしい。私の考えることが、その人たちにとってどれだけ意味のあることか、私には確信がない。私の書くことはみな、まったく私的なことで、それを公表する理由がどこにあるのか見当がつかない、それが私の正直な気持ちだ。が、それでも私は電話口で小田さんの肉声に自分の肉声でためらいながらも答えたのである。

原稿を注文され、それをひきうけるという一種の商取引に私たち物書きは慣れ、その行為の意味を深く問いつめる余裕も持てないでいるけれど、その源にそんな肉声の変換があるとするならば、それを信じてみるのもいいだろう。

作品をつくること、たとえば詩であると自分でやみくもに仮定してかかっているある多くない分量のことばをつなぎあわせること、また歌や、子どもの絵本のためのことばを書くことと、このような文章を書くことの間には、私にとっては相当な距離がある。

ア作品をつくっているとき、私はある程度まで私自身から自由であるような気がする。自分についての反省は、作品をつくっている段階では、いわば下層に沈澱《ちんでん》していて、よかれあしかれ私は自分を濾過《ろか》して生成してきたある公的なものにかかわっている。私はそこでは自分を私的と感ずることはなくて、むしろ自分を無名とすら考えていることができるのであって、そこに私にとって第一義的な言語世界が立ち現れてくると言ってもいいであろう。

見えがかり上、どんなにこのような文章と似ていることばを綴っているとしても、私には作品と文章（適当なことばがないから仮にそう区別しておく）のちがいは、少なくとも私自身の書く意識の上では判然と分かれている。そこからただ獄ヲ一、哭《こく》シ二於府上ニ一、因リテ辞シテレ疾ト去ル。太守竟《つひ》ニ論ジテ殺ス二孝婦ヲ一。郡中枯《こ》旱《かん》スルコト三年。後ノ太守至リ、卜《ぼく》二‐筮《ぜい》ス其ノ故ヲ一。于公曰ハク、「孝婦不ルニレ当タラレ死ニ、前ノ太守彊《し》ヒテ断ズレ之ヲ。咎《とが》党《も》シクハ在ルレ是ニ乎ト」。於イテレ是ニ太守殺シレ牛ヲ、自ラ祭リ二孝婦ノ冢《つか》ヲ一、因リテ表ス二其ノ墓ニ一。天立《たちどころ》ニ大イニ雨フリ、歳孰《じゅく》ス。郡中以テレ此ヲ大イニ敬二‐重ス于公ヲ一。

（『漢書』による）

〔注〕○獄史、決曹——裁判をつかさどる役人。　○文法——法律。　○東海——郡の名。　○丁壮——若者。
○験治——取り調べる。　○具獄——裁判に関わる文書一式。　○府——郡の役所。
○太守——郡の長官。　○枯旱——ひでり。　○表——墓標を立てる。　○孰——熟と同じ。

設問

㈠ 傍線部a・c・dを現代語訳せよ。

㈡「姑欲レ嫁レ之、終不レ肯」（傍線部b）を、人物関係がわかるように平易な現代語に訳せ。

㈢「于公争レ之、弗レ能レ得」（傍線部e）とはどういうことか、わかりやすく説明せよ。（解答欄：一三・五センチ×一行）

㈣「郡中以レ此大敬二重于公一」（傍線部f）において、于公はなぜ尊敬されたのか、簡潔に説明せよ。（解答欄：一三・五センチ×一・五行）

設　問

(一)　傍線部イ・ウ・エを現代語訳せよ。

（解答欄：一三・五センチ×一行）

(二)　「思ひのどむれども」（傍線部ア）とあるが、何をどのようにしたのか、説明せよ。

（解答欄：一三・五センチ×一行）

(三)　「あるべくもなきことなり、いかにかくは」（傍線部オ）とあるが、これは壹和の巫女に対するどのような主張であるか、説明せよ。

（解答欄：一三・五センチ×一行）

(四)　歌占「つつめども隠れぬものは夏虫の身より余れる思ひなりけり」（傍線部カ）に示されているのはどのようなことか、説明せよ。

（解答欄：一三・五センチ×一行）

(五)　「あたかも神託に違はざりけりとなん」（傍線部キ）とあるが、神託の内容を簡潔に説明せよ。

（解答欄：一三・五センチ×一行）

三

次の文章を読んで、後の設問に答えよ。ただし、設問の都合で送り仮名を省いたところがある。

于《う》公《ハ》為《リ》二県《ノ》獄史、郡《ノ》決曹一。[a]決《スルコトヲ》レ獄平《ラカニシテ》、羅《かかル》二文法《ニ》一者《モ》、于公《ノ》所《ハ》レ決《スル》皆不レ恨《ミ》。東海《ニ》有《リ》二孝婦一、少《わかクシテ》寡《トナリ》、亡《シ》レ子。養《フコト》レ姑《しうとめヲ》甚《ダ》謹《ム》。[b]姑欲レ嫁レ之、終不レ肯。姑謂《ヒテ》二隣人《ニ》一曰《ハク》、「孝婦[c]事レ我勤苦《ス》。哀《レム》二其《ノ》亡《クシテ》レ子守《ルヲ》レ寡《ヲ》。我老《イテ》、久《シク》累《わづらハス》二丁壮《ヲ》一、奈何《セント》」。其《ノ》後姑自《ラ》経《くびレテ》死《ス》。姑《ノ》女《むすめ》告《グルニ》レ吏《ニ》、「婦殺《スト》二我《ガ》母《ヲ》一」。吏捕《ラフ》二孝婦《ヲ》一。孝婦辞《ス》レ不《ト》レ殺《サ》レ姑《ヲ》。吏験治《スルニ》、孝婦自《ラ》誣《しヒテ》服《ス》。具獄上《たてまつラル》レ府《ニ》。于公以《お》為《もヘラク》此《ノ》婦養《フコト》レ姑《ヲ》十余年、[d]以レ孝聞、必《ズ》不《ル》レ殺《サ》也《ト》。太守不レ聴《カ》、[e]于公争《フモ》レ之《ヲ》、弗レ能《ハ》レ得《ル》。乃《チ》抱《キ》二其《ノ》具

カつつめども隠れぬものは夏虫の身より余れる思ひなりけり

といふ歌占《うたうら》をいだして、「汝、心幼くも我を疑ひ思ふかは。いざさらば言ひて聞かせん。汝、維摩の講匠を祥延に越えられて恨みをなすにあらずや。かの講匠と言ふはよな、帝釈宮の金札《こんさつ》に記するなり。そのついで、すなはち祥延・壹和・喜操・観理とあるなり。帝釈の札に記するも、これ昔のしるべなるべし。我がしわざにあらず。とくとく愁へを休めて本寺に帰るべきなり。和光同塵は結縁の始め、八相成道は利物《りもつ》の終りなれば、神といひ仏といふその名は変はれども、同じく衆生を哀れぶこと、悲母の愛子のごとし。汝は情けなくも我を捨つといへども、我は汝を捨てずして、かくしも慕ひ示すなり。春日山の老骨、既に疲れぬ」とて、上がらせ給ひにければ、壹和、かたじけなさ、たふとさ、ひとかたならず、渇仰の涙を抑へていそぎ帰り上りぬ。その後、次の年の講師を遂げて、四人の次第、キあたかも神託に違はざりけりとなん。

〔注〕
○興福寺――奈良にある藤原氏の氏寺。隣接する藤原氏の氏社で春日明神を祭神とする春日大社とは関係が深い。
○維摩の講師――興福寺の重要な法会である維摩会で、講義を行う高僧。
○祥延――僧の名。
○斗藪――仏道修行のために諸国を歩くこと。
○三面の僧坊――興福寺の講堂の東・西・北を囲んで建つ、僧侶達の住居。
○四所の霊社――春日大社の社殿。四所の明神を、連なった四つの社殿にまつる。
○鳴海潟――今の名古屋市にあった干潟。東海道の鳴海と、熱田神宮のある熱田の間の通り道になっていた。
○夏虫――ここでは蛍のこと。
○歌占――歌によって示された託宣。
○帝釈宮――仏法の守護神である帝釈天の住む宮殿。
○喜操・観理――ともに僧の名。
○和光同塵――仏が、衆生を救うために仮の姿となって俗世に現れること。
○八相成道――釈迦が、衆生を救うためにその一生に起こした八つの大事。
○利物――衆生に恵みを与えること。

㈣「近代は人間に自由と平等をもたらしたのではない。不平等を隠蔽し、正当化する論理が変わっただけだ」（傍線部エ）とはどういうことか、本文全体の趣旨を踏まえて一〇〇字以上一二〇字以内で説明せよ（句読点も一字と数える）。

㈤傍線部a・b・cのカタカナに相当する漢字を楷書で書け。

a　ツチカウ　　b　タンジョウ　　c　ケッカン

二

次の文章は、春日明神の霊験に関する話を集めた『春日権現験記』の一節である。これを読んで、後の設問に答えよ。

興福寺の壹和《いちわ》僧都は、修学相兼ねて、才智たぐひなかりき。後には世を遁《のが》れて、外山《とやま》といふ山里に住みわたりけり。そのかみ、維摩《ゆいま》の講師を望み申しけるに、思ひの外に祥延といふ人に越されにけり。なにごとも前世の宿業にこそ、とはア思ひのどむれども、その恨みしのびがたくおぼえければ、ながく本寺論談の交はりを辞して、斗藪《とそう》修行の身とならんと思ひて、弟子どもにもかくとも知らせず、本尊・持経ばかり竹の笈《おひ》に入れて、ひそかに三面の僧坊をいでて四所の霊社にまうでて、泣く泣く今は限りの法施を奉りけん心の中、ただ思ひやるべし。さすがに住みこし寺も離れまうく、馴れぬる友も捨てがたけれども、思ひたちぬることなれば、行く先いづくとだに定めず、なにとなくあづまのかたに赴くほどに、尾張《をはり》の鳴海潟《なるみがた》に着きぬ。

潮干《しほひ》のひまをうかがひて、熱田の社に参りて、しばしば法施をたむくるほどに、イけしかる巫女《かんなぎ》来て、壹和をさして言ふやう、「汝《なんぢ》、恨みを含むことありて本寺を離れてまどへり。ウ人の習ひ、恨みには堪へぬものなれば、ことわりなれども、心にかなはぬはこの世の友なり。陸奥《むつ》国えびすが城へと思ふとも、エそれもまたつらき人あらば、さていづちか赴かん。いそぎ本寺に帰りて、日ごろの望みを遂ぐべし」と仰せらるれば、壹和 頭《かうべ》を垂れて、「思ひもよらぬ仰せかな。かかる乞食《こつじき》修行者になにの恨みか侍るべき。オあるべくもなきことなり、いかにかくは」と申すとき、巫女大いにあざけりて、別のせいでもなければ、社会制度にcケッカンがあるからでもない。まさしく自分の資質や能力が他人に比べて劣るからだ。格差が正当ではないと信じるおかげで、我々は自らの劣等性を認めなくて済む。しかし公正な社会では、この自己防衛が不可能になる。底辺に置かれる者に、もはや逃げ道はない。理想郷どころか、人間には住めない地獄の世界だ。

　身分制が打倒されて近代になり、不平等が緩和されたにもかかわらず、さらなる平等化の必要が叫ばれるのは何故か。人間は常に他者と自分を比較しながら生きる。そして比較は必然的に優劣をつける。民主主義社会では人間に本質的な差異はないとされる。だからこそ人はお互いに比べあい、小さな格差に悩む。そして自らの劣等性を否認するために、社会の不公平を糾弾する。〈外部〉を消し去り、優劣の根拠を個人の〈内部〉に押し込めようと謀る時、必然的に起こる防衛反応だ。

　自由に選択した人生だから自己責任が問われるのではない。逆だ。格差を正当化する必要があるから、人間は自由だと社会が宣言する。努力しない者の不幸は自業自得だと宣告する。エ近代は人間に自由と平等をもたらしたのではない。不平等を隠蔽し、正当化する論理が変わっただけだ。

（小坂井敏晶「『神の亡霊』6　近代の原罪」による）

設　問

㈠「不平等が顕著な米国で、社会主義政党が育たなかった一因はそこにある」（傍線部ア）とあるが、なぜそういえるのか、説明せよ。（解答欄：一三・五センチ×二行）

㈡「自己責任の根拠は出てこない」（傍線部イ）とあるが、なぜそういえるのか、説明せよ。（解答欄：一三・五センチ×二行）

㈢「先に挙げたメリトクラシーの詭弁《きべん》がそうだ」（傍線部ウ）とはどういうことか、説明せよ。（解答欄：一三・五センチ×二行）

情報の相互作用を通して脳の物理・化学的メカニズムが生成する。外因をいくつ掛け合わせても、内因には変身しない。したがってイ自己責任の根拠は出てこない。

遺伝や家庭環境のせいであろうと、他ならぬ当人の所与である以上、当人が責任を負うべきであり、したがって所与に応じて格差が出ても仕方ない。そう考える人は多い。では身体障害者はどうするのか。障害は誰のせいでもない。それでも、不幸が起きたのが、他でもない当人の身体であるがゆえに自業自得だと言うのか。能力差を自己責任とみなす論理も、それと同じだ。

封建制度やカースト制度などでは、貧富や身分を区別する根拠が、神や自然など、共同体の〈外部〉に投影されるため、不平等があっても社会秩序は安定する。人間の貴賤《きせん》は生まれで決まり、貧富や身分の差があるのは当然だ。平等は異常であり、社会の歯車が狂った状態に他ならない。

対して、自由な個人が共存する民主主義社会では平等が建前だ。人は誰もが同じ権利を持ち、正当な理由なくして格差は許されない。しかし現実にはヒエラルキーが必ず発生し、貧富の差が現れる。平等が実現不可能な以上、常に理屈を見つけて格差を弁明しなければならない。だが、どんなに考え抜いても人間が判断する以上、貧富の基準が正しい保証はない。下層に生きる者は既存秩序に不満を抱き、変革を求め続ける。〈外部〉に支えられる身分制と異なり、人間が主体性を勝ち取った社会は原理的に不安定なシステムだ。近代の激しい流動性の一因がここにある。

支配は社会および人間の同義語だ。子は親に従い、弟子は師を敬う。部下が上司に頭を垂れ、国民が国家元首に恭順の意を表す。「どこにもない場所」というギリシア語の語源通り、支配のないユートピアは建設できない。ところでドイツの社会学者マックス・ヴェーバーが『経済と社会』で説いたように、支配関係に対する被支配者の合意がなければ、ヒエラルキーは長続きしない。強制力の結果としてではなく、正しい状態として感知される必要がある。支配が理想的な状態で保たれる時、支配は真の姿を隠し、自然の摂理のごとく作用する。ウ先に挙げたメリトクラシーの詭弁《きべん》がそうだ。

近代に内在する瑕疵《かし》を理解するために、正義が実現した社会を想像しよう。階層分布の正しさが確かな以上、貧困は差力がないからだ。社会が悪くなければ、変革運動に関心を示さない。

　アファーマティブ・アクション（積極的差別是正措置）は、個人間の能力差には適用されない。人種・性別など集団間の不平等さえ是正されれば、あとは各人の才能と努力次第で社会上昇が可能だと信じられている。だからこそ、弱肉強食のルールが正当化される。[ア]不平等が顕著な米国で、社会主義政党が育たなかった一因はそこにある。

　子どもを分け隔てることなく、平等に知識を[a]ツチカう理想と同時に、能力別に人間を格付けし、差異化する役割を学校は担う。そこに矛盾が潜む。出身階層という過去の桎梏《しっこく》を逃れ、自らの力で未来を切り開く可能性として、能力主義（メリトクラシー）は歓迎された。そのための機会均等だ。だが、それは巧妙に仕組まれた罠《わな》だった。「地獄への道は善意で敷き詰められている」という。平等な社会を実現するための方策が、かえって既存の階層構造を正当化し、永続させる。社会を開くはずのメカニズムが、逆に社会構造を固定し、閉じるためのイデオロギーとして働く。しかし、それは歴史の皮肉や偶然のせいではない。近代の人間像が必然的に導く袋小路だ。

　親から子を取り上げて集団教育しない限り、家庭条件による能力差は避けられない。そのような政策は現実に不可能であるし、仮に強行しても遺伝の影響はどうしようもない。身体能力に恵まれる者も、そうでない者もいるように、勉強のできる子とそうでない子は必ず現れる。算数や英語の好きな生徒がいれば、絵や音楽あるいはスポーツに夢中になる子もいる。それに誰もが同じように努力できるわけではない。

　近代は神を棄て、〈個人〉という未曾有《みぞう》の表象を生み出した。自由意志に導かれる主体の[b]タンジョウだ。所与と行為を峻別《しゅんべつ》し、家庭条件や遺伝形質という〈外部〉から切り離された、才能や人格という〈内部〉を根拠に自己責任を問う。だが、これは虚構だ。人間の一生は受精卵から始まる。才能も人格も本を正せば、親から受けた遺伝形質に、家庭・学校・地域条件などの社会影響が作用して形成される。我々は結局、外来要素の沈殿物だ。確かに偶然にも左右される。しかし偶然も外因だ。能力を遡及的に分析してゆけば、いつか原因は各自の内部に定立できなくなる。社会の影響は外来要素であり、心理は内発的だという常識は誤りだ。認知心理学や脳科学が示すように意志や意識は、蓄積された記憶と外来

国語

（一五〇分）

（注）　解答は、一行の枠内に二行以上書いてはいけない。

一

次の文章を読んで、後の設問に答えよ。

学校教育を媒介に階層構造が再生産される事実が、日本では注目されてこなかった。米国のような人種問題がないし、英国のように明確な階級区分もない。エリートも庶民もほぼ同じ言語と文化を共有し、話をするだけでは相手の学歴も分からない。「一億総中流」という表現もかつて流行した。そんな状況の中、教育機会を均等にすれば、貧富の差が少しずつ解消されて公平な社会になると期待された。しかし、ここに大きな落とし穴があった。

機会均等のパラドクスを示すために、二つの事例に単純化して考えよう。ひとつは戦前のように庶民と金持ちが別々の学校に行くやり方。もうひとつは戦後に施行された一律の学校制度だ。どちらの場合も結果はあまり変わらない。見かけ上は自由競争でも、実は出来レースだからだ。それも競馬とは反対に、より大きなハンディキャップを弱い者が背負う競争だ。だが、生ずる心理は異なる。貧乏が原因で進学できず、出世を断念するならば、当人のせいではない。不平等な社会は変えるべきだ。批判の矛先が外に向く。対して自由競争の下では違う感覚が生まれる。成功しなかったのは自分に能

//////////////////// ・memo・ ////////////////////

2019年度

問題編

■前期日程

問題編

▶試験科目・配点

教　科	科　　目	配　点
外国語	「コミュニケーション英語Ⅰ・Ⅱ・Ⅲ」，ドイツ語，フランス語，中国語から１外国語を出願時に選択。英語試験の一部分に聞き取り試験（30 分程度）を行う。 　ただし，英語の選択者に限り，英語の問題の一部分に代えて，ドイツ語，フランス語，中国語，韓国朝鮮語のうちから１つを試験場で選択することができる。	120 点
地　歴	日本史Ｂ，世界史Ｂ，地理Ｂから２科目を出願時に選択	120 点
数　学	数学Ⅰ・Ⅱ・Ａ・Ｂ	80 点
国　語	国語総合，国語表現，現代文Ｂ，古典Ｂ	120 点

▶備　考

- 英語以外の外国語は省略。
- 数学Ⅰ，数学Ⅱ，数学Ａは全範囲から，数学Ｂは「数列」，「ベクトル」から出題する。

英語

（120分）

（注　意）

1．3は聞き取り問題である。問題は試験開始後45分経過した頃から約30分間放送される。

2．解答は，5題を越えてはならない。

3．5題全部英語の問題を解答してもよいし，また，4・5の代わりに他の外国語の問題Ⅳ・Ⅴを選んでもよい。ただし，ⅣとⅤとは必ず同じ外国語の問題でなければならない。

（他の外国語の問題は省略―編集部）

1

(A)　以下の英文を読み，ヨーロッパで生じたとされる変化の内容を70～80字の日本語で要約せよ。句読点も字数に含める。

In pre-industrial Europe, child labor was a widespread phenomenon and a significant part of the economic system. Until and during the nineteenth century, children beyond six years of age were required to contribute to society according to their abilities. From about the age of seven, they began a slow entry into the world of work, a world inhabited by both adults and children. The concepts of education, schooling, and protection against hazards were rare or entirely absent. In the early nineteenth century, children were also mostly viewed as the personal property of their parents, with few or no legal rights. Parents, mainly fathers, were given unlimited power and control over them and were allowed to treat them as they wished; physical punishment was almost universal and socially accepted.

This situation began to change as the nineteenth century progressed. Particularly in the half-century from 1870 to 1920, the rights of children in relation to parents, employers, and others expanded in the form of legal protection. Gradually, children began to be perceived as a separate category and not simply as the property of adults. The view that children have no more than economic value began to change and be replaced by the perception that they are a unique group that society has the responsibility to support and protect from the various dangers they face.

Another change in this period was the protection of children from parental abuse and neglect, which were subjected to intense scrutiny and challenged increasingly by government authorities. In 1889, both France and Great Britain passed laws against cruelty to children, including that caused by their parents. The nation became the defender of children's rights. The child's right to protection then led to the right to provision of various sorts, with the national government responsible for providing services. Health care, acceptable housing, and playgrounds—together with freedom from work and access to public schooling—emerged as elements of children's rights.

(B)　以下の英文を読み，(ア)，(イ)の問いに答えよ。なお，文章中の linguistic という単語は「言語の」，linguist は「言語学者」を意味する。

Music is a universal language. Or so musicians like to claim. "With music," they'll say, "you can communicate across cultural and linguistic boundaries in ways that you can't with ordinary languages like English or French." On one level, this statement is obviously true. You don't have to speak French to enjoy a piece of music written by the French composer Claude Debussy. [(1)] That depends on what you mean by "universal" and what you mean by "language."

Every human culture has music, just as each has language. So it's true that music is a universal feature of the human experience. At the same time, both music and language systems vary widely from culture to culture. Nevertheless, no matter how strange a foreign musical system may seem, studies show that people are pretty good at detecting the emotions conveyed in unfamiliar forms of music—that is, at least the two basic emotions of happiness and sadness. [(2)] For example, higher pitch, more variations in pitch and rhythm, and faster tempo convey happiness, while the opposite conveys sadness.

Perhaps, then, we are born with a musical sense. But language also has melody, which linguists call prosody. Exactly these same features —pitch, rhythm, and tempo—are used to convey emotion in speech in a way that appears to be universal across languages. Listen in on a conversation in French or Japanese or some other language you don't speak. You won't understand the content, but you will understand the shifting emotional states of the speakers. She's upset, and he's getting defensive. Now she's really angry, and he's backing off. He pleads with her, but she isn't convinced.... We understand this exchange in a foreign language because we know what it sounds like in our own language. Likewise, when we listen to a piece of music, either from our culture or from another, we recognize emotion on the basis of melodic features that mirror universal prosodic features. [(3)]

But is music a kind of language? Again, we have to define our terms. [(4)] Biologists talk about the "language of bees," which is a way to tell fellow bees about the location of a new source of food. People talk about the "language of flowers," through which they can express their intentions. "Red roses mean ... Pink carnations mean ... White lilies mean ..." And then there's "body language." By this we mean the gestures, movements, and facial expressions we use to convey emotions, social status, and so on. Although we often use body language when we speak, linguists don't consider it a true form of language. Instead, it's a communication system, just as are the so-called languages of bees and flowers.

By definition, language is a communication system consisting of a set of meaningful symbols (words) and a set of rules (syntax) for combining those symbols into larger meaningful units (sentences).

While many species have communication systems, none of these counts as language because they lack one or the other component. The alarm and food calls of many species consist of a set of meaningful symbols, but they don't combine those symbols productively according to rules. Likewise, bird song and whale song have rules for combining elements, but these elements aren't meaningful symbols. Only the song as a whole has (　ア　).

Like language, music has syntax—rules for ordering elements, such as notes, chords, and intervals, into complex structures. [(5)] Rather, it's the larger structure—the melody—that conveys emotional meaning. And it does that by mirroring the prosody of speech.

Since music and language share features in common, it's not surprising that many of the brain areas that process language also process music. [(6)] We tend to think that specific areas of the brain are tied exclusively to specific functions, but any complex behavior, whether language or music or driving a car, will recruit contributions from many different brain areas.

Music certainly isn't a universal language in the sense that you could use it to express any thought to any person on the planet. But music does have the power to evoke basic feelings at the core of the shared human experience. It not only crosses cultures, but it also reaches deep into our evolutionary past. And in that sense, music truly is a universal language.

From Is Music a Universal Language ?, Psychology Today by David Ludden

(ア)　空所（　ア　）に入れるのに最も適切な単語1語を同じページの本文中から抜き出し，その単語を記述解答用紙の1(B)に記入せよ。

編集部注：設問中の「同じページ」の範囲は，第4段冒頭（But is music ...）から第7段第3文（We tend to ...）12語目の tied までである。

(イ)　空所(1)～(6)に入れるのに最も適切な文を以下のａ）～ｈ）より一つずつ選び，マークシートの(1)～(6)にその記号をマークせよ。ただし，同じ記号を複数回用いてはならない。

a）But is music really a universal language?

b）But is the opposite true, that is, is language a universal music?

c）But this doesn't mean that music is language.

d）In this sense, music really is a universal system for communicating emotion.

e）Specific features of music contribute to the expression of these emotions.

f）We, including scientists, often use "language" to mean "communication system."

g）We usually do not define "language" as "communication."

h）Yet none of these elements has significance on its own.

2

(A)　新たに祝日を設けるとしたら，あなたはどのような祝日を提案したいか。その祝日の意義は何か。また，なぜそのような祝日が望ましいと考えるのか。60～80 語の英語で説明しなさい。なお，この場合の祝日は，国民のための祝日でもよいし，国内外の特定の地域，もしくは全世界で祝うようなものでもかまわない。

(B)　以下の下線部を英訳せよ。

世界中でプラスチックごみを減らす動きが活発だ。食品などのプラスチック製容器や包装をなくしたり，レジ袋を有料化したりするのはもっとも容易にできることだろう。それらを紙製品や生分解性の素材に変えたりする動きも目立つ。しかし，もっとも重要なのは，プラスチックごみによってかけがえのない自然環境を汚染しているのは私たち自身であると，私たちひとりひとりが日々の暮らしのなかで自覚することである。とはいえ，そうした意識改革が難しいことも確かで，先日もペットボトルの水を買った際に，水滴で本が濡れてはいけないと，ついレジ袋をもらってしまった。

3

放送を聞いて問題(A)，(B)，(C)に答えよ。(A)と(B)は内容的に関連している。(C)は独立した問題である。(A)，(B)，(C)のいずれも 2 回ずつ放送される。

- 聞き取り問題は試験開始後45分経過した頃から約30分間放送される。
- 放送を聞きながらメモを取ってもよい。
- 放送が終わったあとも，この問題の解答を続けてかまわない。

(A) これから放送するのは，文化人類学者 Turner 博士による講義である。これを聞き，(7)〜(11)の問いに対して，それぞれ最も適切な答えを一つ選び，マークシートの(7)〜(11)にその記号をマークせよ。

(7) Which of the following best describes the location where the lecture is being held?

a) A center of local government.

b) A ski resort.

c) A university town.

d) An ancient historical site.

e) An athletic training field.

(8) What example does the lecturer give of ancient sports helping people find their places in society?

a) Sports as training for combat.

b) Sports functioning as a rite of passage.

c) Sports occurring in a religious ceremony.

d) Sports representing an ideal social order.

e) Sports serving as an early form of education.

(9) Which of the following does not match any of the core elements of team sports mentioned by the lecturer?

a) Ability. b) Discipline. c) Luck.

d) Rules. e) Tactics.

(10) Which of the following best describes the chief goal of team sports for school systems?

a）They want students to become good citizens.

b）They want students to obey rules and respect authority.

c）They want students to practice fair play.

d）They want students to show consideration for others.

e）They want students to value teamwork.

⑾ Near the end of Dr. Turner's lecture, he argues that modern team sports appear to place supreme value on ＿⑺＿ but, in fact, ＿⑴＿ is of equal importance.

（*Each choice contains a pair of expressions that can fill in the blanks to complete the sentence.*）

a）⑺ effort　⑴ cheating

b）⑺ fair play　⑴ victory

c）⑺ skill　⑴ chance

d）⑺ the group　⑴ the individual

e）⑺ winning　⑴ losing

(B) これから放送するのは，司会者と DeBoer 博士，Van Klay 博士の 3 人による，(A)と内容的に関連した会話である。これを聞き，⑿～⒃の問いに対して，それぞれ最も適切な答えを一つ選び，マークシートの⑿～⒃にその記号をマークせよ。

⑿ Why does Van Klay object to Turner's analysis?

a）He thinks Turner's analysis doesn't match the contemporary world.

b）He thinks Turner's analysis doesn't put enough emphasis on socialization.

c）He thinks Turner's analysis focuses too much on team sports.

d）He thinks Turner's analysis is too Western-oriented.

e）He thinks Turner's analysis puts too much emphasis on politics.

(13) What new thesis does Van Klay add to the discussion about sports?

a) Sports can never play a role in social or political reform.

b) Sports do not reflect core values in every society.

c) Sports reflect real life, not entertainment.

d) The values reflected by a sport differ from society to society.

e) When a sport moves from one society to another, it no longer reflects core values.

(14) DeBoer says that Van Klay is unfair to Turner because

a) Turner actually agrees with Van Klay.

b) Turner did not have a chance to hear Van Klay's objection.

c) Van Klay does not accurately describe Turner's argument.

d) Van Klay's point is not relevant to the context Turner was analyzing.

e) Van Klay's thesis is not proven.

(15) What is the final conclusion drawn by DeBoer from the example of the rugby player?

a) It is difficult to come out as gay in a sport like rugby.

b) It is hard to come out in a conservative society.

c) Society and sports can influence each other.

d) Society can change a sport for the better.

e) Sports like rugby are too male dominated.

(16) DeBoer believes a sport can have its greatest impact when

a) it challenges established assumptions.

b) it has little or no political meaning.

c) it is changed by progressive attitudes.

d) it teaches a sense of proper fair play.

e) it teaches us how to follow the rules of the game.

(C) これから放送する講義を聞き，(17)～(21)の問いに対して，それぞれ最も適切な答えを一つ選び，マークシートの(17)～(21)にその記号をマークせよ。

(17) Which of the following best corresponds to one of the lecturer's early childhood memories?

a) Collecting rocks by the sea.

b) Finger-painting on a playground.

c) Seeing a movie about ocean creatures.

d) Tracing letters in his bedroom.

e) None of the above.

(18) Before the 1980s, most psychologists thought that early childhood memories

a) are blocked out for self-protection.

b) are built in a "construction zone."

c) are naturally unstable.

d) have only a 40% chance of being remembered.

e) will persist in a distorted form.

(19) Which of the following is not a finding from a study conducted in the 1980s?

a) At 6 months of age, memories last for at least a day.

b) At 9 months of age, memories last for a month.

c) At the age of 2, memories last for a year.

d) Children $4\frac{1}{2}$ years old can recall detailed memories for at least 18 months.

e) The memories of children aged 3 and under persist, but with limitations.

(20) Which of the statements below was a finding of the 2005 study?

a ）Children create memories faster than adults, but then forget faster as well.

b ）Children's memories vanish as they build up adult experiences.

c ）Five-and-a-half-year-olds retain 80％ of the memories formed at age 3.

d ）Seven-and-a-half-year-olds retain half of the memories formed at age 3.

e ）Three-year-olds only retain 14％ of their memories.

(21) The lecturer most wants to claim that :

a ）Childhood memories are lost because they are formed in a brain that is rapidly developing.

b ）Our earliest memories are more reliable than once thought.

c ）The infant brain is still developing, which gives it great flexibility.

d ）We forget most of our childhood memories so that we can retain the most valuable ones.

e ）We have more links between brain cells in early childhood than in adulthood.

4　(A)　以下の英文の段落(22)〜(26)にはそれぞれ誤りがある。修正が必要な下線部を各段落から一つずつ選び，マークシートの(22)〜(26)にその記号をマークせよ。

(22) The old-fashioned stereotype that women are (a)not suited by nature at mathematical study (b)suffered a major blow in 2014, when Maryam Mirzakhani became the first woman to receive the Fields Medal, math's most prestigious award. An equally important blow was struck by an Italian mathematician, Maria Gaetana Agnesi, born three hundred years ago. Agnesi was the first woman to write a mathematics textbook and to be (c)appointed to a university chair in

math, (d)yet her life was marked by paradox. (e)Though brilliant, rich and famous, she eventually chose a life of poverty and service to the poor.

(23) Born May 16, 1718, in Milan, Agnesi was the eldest of her wealthy father's twenty-one children. As she grew up, her talents shone, particularly in the study of languages. (a)In part to give her the best education possible, her father invited (b)leading intellectuals of the day to the family's home. When Agnesi was nine, she repeated from memory a Latin speech, (c)likely composed by one of her tutors, in front of her father's guests. The speech condemned the widespread prejudice against educating women in the arts and sciences, (d)which had either been grounded in the view that a life of managing a household would require no such learning. Agnesi presented a clear and convincing argument that women should be free to pursue (e)any kind of knowledge available to men.

(24) Agnesi eventually became (a)tired of displaying her intellectual abilities in public and (b)expressed a desire to retire from the world and to (c)dedicate her to a religious life. When her father's second wife died, however, she (d)assumed responsibility for his household and the education of her many younger brothers and sisters. Through this role, she (e)recognized the need for a comprehensive mathematics textbook to introduce Italian students to basic methods that summarized recent mathematical discoveries.

(25) Agnesi found a special appeal in mathematics. Most knowledge acquired from experience, she believed, is prone to error and open to dispute. From mathematics, however, (a)come truths that are wholly certain. (b)Published in two volumes in 1748, Agnesi's work was titled the *Basic Principles of Analysis*. It was composed not in Latin, (c)as was the custom for great mathematicians such as Newton and Euler, but in Italian, to (d)make it more accessible to students. Agnesi's textbook was praised in 1749 by the French Academy: "It took much skill and good judgment to (e)reduce almost uniform methods to discoveries scattered among the works of many mathematicians very different from each

other."

(26) (a)A passionate advocate for the education of women and the poor, Agnesi believed that the natural sciences and math should play an important role in an educational curriculum. As a person of deep religious faith, however, she also believed that scientific and mathematical studies must be (b)viewed in the larger context of God's plan for creation. When her father died in 1752, she was free to answer a religious calling and devote the rest of her life to her other great passion : service to the poor. Although few remember Agnesi today, her pioneering role in the history of mathematics serves as (c)an inspiring story of triumph over gender stereotypes. She helped to clear a path for women in math (d)for generations to follow. Agnesi excelled at math, but she also loved it, perceiving (e)in its mastery of an opportunity to serve both her fellow human beings and a higher order.

(B) 以下の英文を読み，下線部(ア)，(イ)，(ウ)を和訳せよ。なお，文章中の Fred は，著者の両親が飼っている大型のリクガメの名前である。

Last July, I went to Honolulu to meet Fred and to spend the summer with my parents. My parents and I have a warm relationship, even though, or perhaps because, I don't speak to or visit them frequently ; until my most recent trip there, the previous July, I hadn't seen them in six years. I live in New York, and they live in Hawaii, and (ア)while it is true that traveling to the islands requires a certain commitment of time, the real reason I stayed away is that there were other places I wanted to visit. Of all the gifts and advantages my parents have given me, one of the greatest is their conviction that it is the duty of children to leave and do what they want, and the duty of parents not just to accept this but to encourage it. When I was 14 and first leaving my parents — then living in East Texas — to attend high school in Honolulu, my father told me that any parent who expected anything from his child was bound to be disappointed, because (イ)it was foolish and selfish to raise children in the hope that they might someday pay back the debt of their existence; he has maintained this ever since.

(ウ)This philosophy explains their love for a pet that, in many ways, contradicts what we generally believe a pet should be. Those of us with animals in our lives don't like to think of ourselves as having expectations for them, but we do. We want their loyalty and affection, and we want these things to be expressed in a way that we can understand. Fred, however, provides none of these things. Although he is, in his way, friendly, he is not a creature who, you feel, has any particular fondness for you.

5

以下の文章を読み，(A)～(D)の問いに答えよ。なお，文章中のstratocumulusという単語は「層積雲」を意味する。

Gavin Pretor-Pinney decided to take a break. It was the summer of 2003, and for the last 10 years, in addition to his graphic-design business in London, he and a friend had been running a magazine called *The Idler*. This title suggests "literature for the lazy." It argues against busyness and careerism and for the value of aimlessness, of letting the imagination quietly run free. Pretor-Pinney anticipated all the jokes: that (A)he'd burned out running a magazine devoted to doing nothing, and so on. But it was true. Getting the magazine out was tiring, and after a decade, it seemed appropriate to stop for a while and live without a plan—to be an idler himself in a positive sense and make space for fresh ideas. So he exchanged his apartment in London for one in Rome, where everything would be new and anything could happen.

Pretor-Pinney is 47, tall and warm, with a grey beard and pale blue eyes. His face is often bright, as if he's being told a story and can feel some terrific surprise coming. He stayed in Rome for seven months and loved it, especially all the religious art. One thing he noticed : the paintings he encountered were crowded with clouds. They were everywhere, he told me recently, "these soft clouds, like the sofas of the saints." But outside, when Pretor-Pinney looked up, the real Roman sky was usually cloudless. He wasn't accustomed to such endless, blue emptiness. He was an Englishman ; he was accustomed to clouds. He remembered, as a child, being charmed by them and deciding that people must climb long ladders to harvest cotton from them. Now, in Rome, he couldn't stop thinking about clouds. "I found myself [ア(27)] them," he told me.

Clouds. They were a strange obsession, perhaps even a silly one, but he didn't resist it. He went with it, as he often does, despite not having a specific goal or even a general direction in mind ; he likes to see where things go. When Pretor-Pinney returned to London, he talked about clouds constantly. He walked around [ア(28)] them, learned their scientific names, like "stratocumulus," and the weather conditions that shape them and argued with friends who complained they were gloomy or dull. He was realizing, as he later put it, that "clouds are not something to complain about. They are, in fact, the most dynamic and poetic aspect of nature."

Slowing down to appreciate clouds enriched his life and sharpened his ability to appreciate other pockets of beauty [ア(29)] in plain sight. At the same time, Pretor-Pinney couldn't help noting, (B)<u>we were entering an era in which we were losing a sense of wonder</u>. New, supposedly amazing things bounced around the internet so quickly that, as he put it, we can now all walk around with an attitude like, "Well, I've just seen a panda doing something unusual online — what's going to amaze me now ?" His passion for clouds was teaching him that "it's much better for our souls to realize we can be amazed and delighted by what's around us."

At the end of 2004, a friend invited Pretor-Pinney to give a talk about clouds at a small literary festival in South West England. The previous year, there were more speakers than people in the audience, so Pretor-Pinney wanted an interesting title for his talk, to draw a crowd. "Wouldn't it be funny," he thought, "to have a society that defends clouds against the bad reputation they get—that stands up for clouds?" So he called it "The First Annual Lecture of the Cloud Appreciation Society." And it worked. Standing room only! Afterward, people came up to him and asked for more information about the Cloud Appreciation Society. They wanted to join the society. "And I had to tell them, well, I haven't really got a society," Pretor-Pinney said. So he set about ア(30) one.

He created a simple website with a gallery for posting photographs of clouds, a membership form and a bold manifesto. ("We believe that clouds are unjustly insulted and that life would be infinitely poorer without them," it began.) He also decided to charge a membership fee and issue a certificate in the mail. He did these things because he recognized that joining an online Cloud Appreciation Society that existed in name only might appear ridiculous, and he wanted to make sure that it did not seem (イ).

Within a couple of months, the society had 2,000 ア(31) members. Pretor-Pinney was surprised and delighted. Then, Yahoo placed the Cloud Appreciation Society first on its 2005 list of Britain's "Wild and Wonderful Websites." People kept clicking on that link, which wasn't necessarily surprising, but thousands of them also clicked through to Pretor-Pinney's own website, then paid for memberships. Other news sites noticed. They did their own articles about the Cloud Appreciation Society, and people followed the links in those articles too. Previously, Pretor-Pinney had proposed writing a book about clouds and had been rejected by 28 editors. Now he was an internet sensation with a large online following; he got a deal to write a book about clouds.

The writing process was ア(32). On top of not actually having written a book before, he demanded perfection of himself, so the work went slowly. But *The Cloudspotter's Guide*, published in 2006, is full of joy and wonder. Pretor-Pinney surveys clouds in art history, poetry, and modern photography. In the middle of the book, there's a cloud quiz. Question No. 5 asks of a particular photograph, "(C)______ stratocumulus?" The answer Pretor-Pinney supplies is, "It is pleasing for whatever reason you find it to be."

The book became a bestseller.

(A) 下線部(A)に関して，"all the jokes" の例であることがわかるように，その内容を日本語で説明せよ。　（解答欄：17.3 センチ × 3 行）

(B) 下線部(B)の内容を本文に即して日本語で説明せよ。
（解答欄：17.3 センチ × 3 行）

(C) 下に与えられた語を正しい順に並べ替え，下線部(C)を埋めるのに最も適切な表現を完成させよ。

about　is　it　layer　of　pleasing　so　that's
this　what

(D) 以下の問いに解答し，その答えとなる記号をマークシートにマークせよ。

(ア) 空所(27)〜(32)には単語が一つずつ入る。それぞれに文脈上最も適切な語を次のうちから一つずつ選び，マークシートの(27)〜(32)にその記号をマークせよ。ただし，同じ記号を複数回用いてはならない。

a) admiring　b) disturbing　c) exhausting
d) hating　e) hiding　f) ignoring
g) inventing　h) missing　i) paying
j) recovering

(イ) 空所(イ)に入れるのに最も適切な単語を次のうちから一つ選び，マークシートの(33)にその記号をマークせよ。

a) cloudy　b) expensive　c) lazy
d) pointless　e) serious

(ウ)　本文の内容と合致しないものはどれか。一つ選び，マークシートの(34)にその記号をマークせよ。

a）It was not until he went to Rome that Pretor-Pinney found clouds attractive.

b）Pretor-Pinney learned a lot about clouds after he came back to London, which helped him write *The Cloudspotter's Guide*.

c）Pretor-Pinney's Cloud Appreciation Society drew people's attention quickly.

d）Pretor-Pinney's talk about clouds at a small literary festival turned out to be exceptionally successful.

e）Pretor-Pinney was busy both when co-editor of *The Idler* and when founder of the Cloud Appreciation Society.

3　聞き取り問題放送用スクリプト

[問題(A)]

Moderator：Welcome, everyone, to the 2019 Winter Lecture Series of the Society for Social Research, held this year in the beautiful village of Seefeld, Austria, where we're looking at sports and culture. We're delighted to have the renowned anthropologist Clifford Turner here to start things off. Before going any further, I'd like to thank the staff for their hard work and extend a hearty mountain greeting to those joining us on our live video stream. And now, Dr. Turner ―― .

Dr. Turner：Thanks, Harry. Hello, everyone. I believe I saw many of you on the slopes today. Fresh snow, amazing scenery ―― a great place to talk about sports.

As you know, a lot of research in our field looks at ancient sports in contexts where they're closely tied either to religious ceremonies ―― say, dealing with the spirit world, pleasing the gods ―― or to practicing core tasks of survival like hunting and combat. Then, of course, there are rites of passage, you know, fitting people into their social roles. That's all fascinating stuff, but tonight I'd like to focus on team sports in modern societies.

I argue that modern sports, especially team sports, serve a different set of functions. They're much more about representation ―― projecting a model of our society, either as we wish it were or as we think it really is. And although sports still help us fit into society, the target today isn't any particular role, just adjusting to life in general.

So, what am I saying here? On the one hand, sports offer an ideal image of society, life as we think it should be ―― competition, sure, but with clear, fair rules. Think of the basic elements of team sports: skill, strategy, chance, and rules that govern how to play the game and how to determine a winner. And there's a close tie to social education. Today, school systems promote these sports as a way to teach teamwork, fair play, discipline, respect for authority, respect for opponents: their main objective here is to turn students into responsible members of society.

So, that's sports reflecting how we think things ought to be. But that function always exists alongside another one, the representation of *non*ideal life, life as we experience it, so-called "real life." This second function begins to take over as we move toward professional sports. Here, the competition is more intense; more emphasis is placed on victory than on moral behavior or fair play, and so more attention is paid to the terrible consequences of failure, "the agony of defeat." You've heard what people say: "If you're not cheating, you're not trying"; "Just win, baby."

But here's the interesting thing: It's a paradox. That language, those sayings hide and even try to deny half the purpose of the ritual! In fact, the experience we fear —— defeat —— is as important as the victory we desire. Sports, in this sense, is preparing us to deal with *real* "real life." Bad things happen. Things don't always break our way. And we often lose. As we say, "That's life."

Okay, now I want to back up a step and return to earlier points before I go further...

[問題(B)]

Moderator: Before we open the floor to questions about Dr. Turner's presentation, let's hear from our panelists: sports psychologist Dr. Lisa DeBoer and cultural anthropologist Dr. Dale Van Klay. Dr. Van Klay, can we start with you?

Van Klay: Well, I like Dr. Turner's work, but to be honest, it seems out of touch with the modern global scene. I agree that sports is a kind of social education, that is, a way of teaching important social values, but his model is fixed. We have a global sports culture now. You can't just treat a particular sport as if it carries a fixed set of values. Once a sport moves to another society, it loses its original meanings and gains new ones.

Moderator：What's your opinion, Dr. DeBoer?

DeBoer：I think that is not being fair to Dr. Turner. I am sure he would agree with that, but he wasn't talking about sports spreading from one culture to another. He was talking about how sports function within a single society. An interesting case is France's 2018 World Cup team —— the French media loved it because it showed this image of a diverse France with players from a variety of ethnic backgrounds. They wanted that diversity to be truly the French reality. This example also raises something Dr. Turner didn't touch on: sports as a means for social or political change. Think of last year in the United States, when African-American football players protested police violence by refusing to join the opening ceremony...

Van Klay：And think about the angry reaction that produced! I mean, that rather goes against the basic idea of sports, doesn't it? People want sports to be free from politics.

DeBoer：I disagree. Sports have always been about politics —— what about the nationalism and flag-waving? But sports are also capable of introducing political change. Women and minorities in many cases found equal treatment in sports before they won rights in society. For example, the rugby player in the England league who recently came out as gay became a famous role-model.

Van Klay：I would argue that that might be an example of the reverse, of how changes in society make it possible for people in sports to take steps forward.

DeBoer：Well, that's just it —— they're mutually reinforcing. In a sport like rugby, where male culture has been such an unfortunate element of the game, at least in certain societies, it's doubly hard to come out. But when someone does, that makes it easier for others in the rest of society.

Van Klay：I'm not saying that sports can't have political meaning, only that they're expected to be outside politics.

DeBoer: But isn't it exactly when they challenge that expectation that sports have the greatest potential to produce change? The examples of the American football players and the rugby player both show that breaking with prior expectations of what a sport should be is key to the political meaning. And, of course, those expectations govern the culture of the game, too. When a sport challenges these, it can teach society more than just fair play. I think that's another way of understanding what Dr. Turner meant when he talked about sports as a kind of social education.

[問題(C)]

When I try to remember my life before my fifth birthday, I recall only a few passing images —— collecting rocks in a playground, finger-painting in my bedroom, watching a film about ocean creatures, tracing letters on a sheet of white paper. And that's all. But I must have experienced so much more back then. Where did those years go?

Psychologists have a name for this dramatic loss of memory: "childhood amnesia." On average, our memories reach no farther back than age three. Everything before then is dark.

The famous psychologist Sigmund Freud gave childhood amnesia its name in the early 1900s. He argued that adults forget their earliest years of life, up to age four, in order to shut out disturbing memories. Some psychologists accepted this claim, but most adopted another explanation for childhood amnesia: Children simply couldn't form stable memories until age seven. So, for nearly 100 years, the commonly accepted view was that early childhood memories didn't endure because they were never durable in the first place.

The 1980s brought the first modern scientific efforts to test these theories. One experiment after another in that decade revealed that the memories of children three and younger do in fact persist, but with limitations. At six months of age, infants' memories last for at least a day; at nine months, for a month; by age two, for a year. And a later 1991 study showed that four-and-a-half-year-olds could recall detailed memories from a trip to an amusement park 18 months before.

Yet, at around age six, children begin to forget many of their first memories. A 2005 study of memories formed at age three found that seven-and-a-half-year-olds recalled only 40% of them, while five-and-a-half-year-olds remembered twice as many. This work revealed a striking fact: Children can create and access memories in their first few years of life, yet most of those memories will soon vanish at a rate far beyond what we experience as adults.

What might explain the puzzle of this sudden forgetting? Research conducted in the last decade has begun to reveal the solution. Throughout childhood, the brain grows at an incredibly rapid rate, building out structures and producing an excess of connections. In fact, far more links are created between cells in those early years than the brain ends up with in adulthood. Without such flexible brains, young children would never be able to learn so much so quickly. However, most of the excess connections must eventually be cut away to achieve the efficient structure and function of an adult mind.

The problem, it turns out, is not so much that our childhood memories are unstable as that they are built in a construction zone, a crowded work site undergoing rapid growth and change. As a result, many of those memories will be effectively removed, others covered up, and yet others combined with later memories and impressions. And that is just as it should be. Nature values the overall process of development more than those first memories. Far from being the result of an infant's mental weakness or the need to block out bad memories, childhood amnesia, that first forgetting, is a necessary step on the path to adulthood.

日本史

（2科目150分）

（注）解答用紙は，横書きで〈地理歴史〉共通。1行：30字詰。

1

10世紀から11世紀前半の貴族社会に関する次の(1)～(5)の文章を読んで，下記の設問A・Bに答えなさい。解答は，解答用紙(イ)の欄に，設問ごとに改行し，設問の記号を付して記入しなさい。

(1)　9世紀後半以降，朝廷で行われる神事・仏事や政務が「年中行事」として整えられた。それが繰り返されるにともない，あらゆる政務や儀式について，執り行う手順や作法に関する先例が蓄積されていき，それは細かな動作にまで及んだ。

(2)　そうした朝廷の諸行事は，「上卿《しょうけい》」と呼ばれる責任者の主導で執り行われた。「上卿」をつとめることができるのは大臣・大納言などであり，また地位によって担当できる行事が異なっていた。

(3)　藤原顕光《あきみつ》は名門に生まれ，左大臣にまで上ったため，重要行事の「上卿」をつとめたが，手順や作法を誤ることが多かった。他の貴族たちはそれを「前例に違《たが》う」などと評し，顕光を「至愚《しぐ》（たいへん愚か）」と嘲笑した。

(4)　右大臣藤原実資《さねすけ》は，祖父左大臣藤原実頼《さねより》の日記を受け継ぎ，また自らも長年日記を記していたので，様々な儀式や政務の先例に通じていた。実資は，重要行事の「上卿」をしばしば任されるなど朝廷で重んじられ，後世，「賢人右府（右大臣）」と称された。

(5)　藤原道長の祖父である右大臣藤原師輔《もろすけ》は，子孫に対して，朝起きたら前日のことを日記につけること，重要な朝廷の行事と天皇や父親に関することは，後々の参考のため，特に記録しておくことを遺訓した。

設　問

A　この時代の上級貴族にはどのような能力が求められたか。1 行以内で述べなさい。

B　この時期には，『御堂関白記』（藤原道長）や『小右記』（藤原実資）のような貴族の日記が多く書かれるようになった。日記が書かれた目的を 4 行以内で述べなさい。

2

次の(1)〜(3)の文章を読んで，下記の設問A・Bに答えなさい。解答は，解答用紙(ロ)の欄に，設問ごとに改行し，設問の記号を付して記入しなさい。

(1)　1235 年，隠岐に流されていた後鳥羽上皇の帰京を望む声が朝廷で高まったことをうけ，当時の朝廷を主導していた九条道家は鎌倉幕府に後鳥羽上皇の帰京を提案したが，幕府は拒否した。

(2)　後嵯峨上皇は，後深草上皇と亀山天皇のどちらが次に院政を行うか決めなかった。そのため，後嵯峨上皇の没後，天皇家は持明院統と大覚寺統に分かれた。

(3)　持明院統と大覚寺統からはしばしば鎌倉に使者が派遣され，その様子は「競馬のごとし」と言われた。

設　問

A　後鳥羽上皇が隠岐に流される原因となった事件について，その事件がその後の朝廷と幕府の関係に与えた影響にもふれつつ，2 行以内で説明しなさい。

B　持明院統と大覚寺統の双方から鎌倉に使者が派遣されたのはなぜか。次の系図を参考に，朝廷の側の事情，およびAの事件以後の朝廷と幕府の関係に留意して，3 行以内で述べなさい。

系図

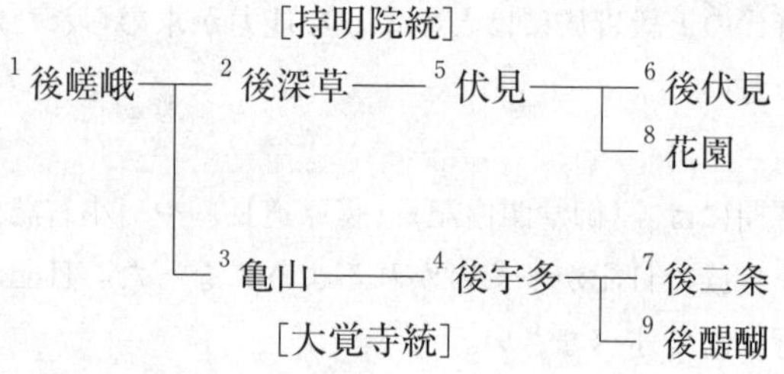

＊数字は天皇に即位した順

3

次の(1)〜(4)の文章を読んで，下記の設問Ａ・Ｂに答えなさい。解答は，解答用紙(ハ)の欄に，設問ごとに改行し，設問の記号を付して記入しなさい。

(1)　17 世紀を通じて，日本の最大の輸入品は中国産の生糸であった。ほかに，東南アジア産の砂糖や，朝鮮人参《にんじん》などの薬種も多く輸入された。それらの対価として，初めは銀が，やがて金や銅が支払われた。

(2)　江戸幕府は 1685 年に，長崎における生糸などの輸入額を制限した。1712 年には京都の織屋に日本産の生糸も使用するよう命じ，翌年には諸国に養蚕や製糸を奨励する触れを出した。

(3)　1720 年には，対馬藩に朝鮮人参を取り寄せるよう命じ，栽培を試みた。その後，試作に成功すると，1738 年には「江戸の御用達《ごようたし》町人に人参の種を販売させるので，誰でも希望する者は買うように」という触れを出した。

(4)　1727 年に幕府は，薩摩藩士を呼び出し，その教えに従って，サトウキビの栽培を試みた。その後も引き続き，製糖の方法を調査・研究した。

設　問

Ａ　江戸幕府が(2)〜(4)のような政策をとった背景や意図として，貿易との関連では，どのようなことが考えられるか。2 行以内で述べなさい。

Ｂ　そうした政策をとった背景として，国内の消費生活において，どのような動きがあったと考えられるか。それぞれの産物の用途に留意して，３行以内で述べなさい。

4　20 世紀初頭の日本の機械工業は，力織機や小型のポンプなど繊維産業や鉱山業で用いられる比較的簡易な機械を生産して，これらの産業の拡大を支えていた。また，造船業は国の奨励政策もあって比較的発展していたが，紡績機械をはじめ大型の機械は輸入されることが多かった。一方，高度経済成長期には，輸出品や耐久消費財の生産も活発で，機械工業の発展が著しかった。

次の(1)・(2)の文章は，この二つの時期にはさまれた期間の機械工業について記したものである。これらを読み，機械類の需要や貿易の状況に留意しながら，下記の設問Ａ・Ｂに答えなさい。解答は，解答用紙(ニ)の欄に，設問ごとに改行し，設問の記号を付して記入しなさい。

(1)　このたびのヨーロッパの大戦は我が国の工業界にかつてない好影響をもたらし，各種の機械工業はにわかに活況を呈した。特に兵器，船舶，その他の機械類の製作業はその発展が最も顕著で，非常な好況になった。

（農商務省工務局『主要工業概覧』1922 年による）

(2)　近来特に伸びの著しい機種は，電源開発に関連した機械類や小型自動車及びスクーター，蛍光灯などの新しい機種である。輸出額では船舶（大型タンカー）が 40％近くを占めて機械輸出の主力をなし，繊維機械，ミシン，自転車，エンジン，カメラ，双眼鏡など比較的軽機械に類するものが好調である。

（通商産業省重工業局『機械器具工業の概況と施策』1953 年による）

設　問

Ａ　(1)に示された第一次世界大戦期の機械工業の活況はなぜ生じたのか。３行以内で述べなさい。

Ｂ　(2)はサンフランシスコ平和条約が発効した直後の状況を示す。この時期の機械工業の活況はどのような事情で生じたのか。３行以内で述べなさい。

世界史

（2 科目 150 分）

（注） 解答用紙は，横書きで〈地理歴史〉共通。1 行：30 字詰。

1 1989 年（平成元年）の冷戦終結宣言からおよそ 30 年が経過した。冷戦の終結は，それまでの東西対立による政治的・軍事的緊張の緩和をもたらし，世界はより平和で安全になるかに思われたが，実際にはこの間，地球上の各地で様々な政治的混乱や対立，紛争，内戦が生じた。とりわけ，かつてのオスマン帝国の支配領域はいくつかの大きな紛争を経験し今日に至るが，それらの歴史的起源は，多くの場合，オスマン帝国がヨーロッパ列強の影響を受けて動揺した時代にまでさかのぼることができる。

以上のことを踏まえ，18 世紀半ばから 1920 年代までのオスマン帝国の解体過程について，帝国内の民族運動や帝国の維持を目指す動きに注目しつつ，記述しなさい。解答は，解答欄(イ)に 22 行以内で記し，必ず次の 8 つの語句を一度は用いて，その語句に下線を付しなさい。

アフガーニー	ギュルハネ勅令	サウード家
セーヴル条約	日露戦争	フサイン=マクマホン協定
ミドハト憲法	ロンドン会議（1830）	

2 国家の歴史は境界線と切り離せない。境界をめぐる争いは絶え間なく起こり，現地の生活を無視して恣意的に境界線が引かれることも頻繁であった。このことを踏まえて，以下の 3 つの設問に答えなさい。解答は，解答欄(ロ)を用い，設問ごとに行を改め，冒頭に(1)～(3)の番号を付して記しなさい。

問(1) 19 世紀半ば以降，南アジアではイギリスによる本格的な植民地支配が進展した。英領インドを支配する植民地当局は1905年にベンガル分割令を制定したが，この法令は，ベンガル州をどのように分割し，いかなる結果を生じさせることを意図して制定されたのかを3行以内で説明しなさい。

問(2)　太平洋諸地域は近代に入ると世界の一体化に組み込まれ，植民地支配の境界線が引かれた。このことに関連する以下の(a)・(b)の問いに，冒頭に(a)・(b)を付して答えなさい。

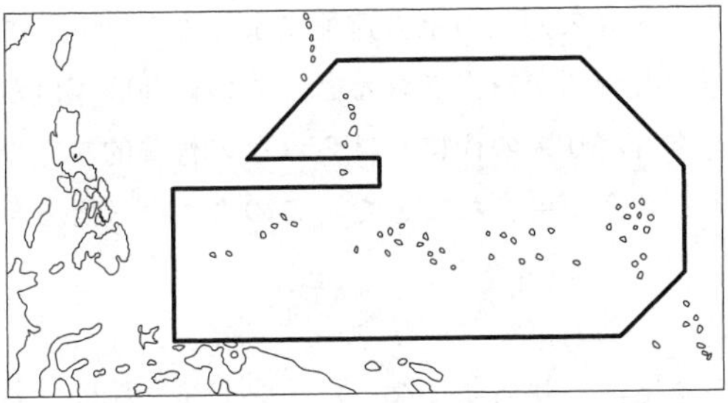

地　図

(a)　地図中の太線で囲まれた諸島が，19世紀末から1920年代までにたどった経緯を2行以内で説明しなさい。

(b)　ニュージーランドが1920〜30年代に経験した，政治的な地位の変化について2行以内で説明しなさい。

問(3)　1990年代後半より，中国と韓国の間で，中国東北地方の帰属の歴史的解釈をめぐる対立が生じた。このことに関連する以下の(a)・(b)の問いに，冒頭に(a)・(b)を付して答えなさい。

(a)　当時の韓国の歴史教科書では，韓国史は「満州と韓半島」を舞台に展開した，とされている。その考え方の根底にある4〜7世紀の政治状況について，2行以内で説明しなさい。

(b) 中国は，渤海の歴史的帰属を主張している。その根拠の1つとされる，渤海に対する唐の影響について，2行以内で説明しなさい。

3

歴史上，人の移動によって世界各地の異なる文化が交わり，知識や技術，ものが伝播し，その結果，人々の生活や意識に変化がもたらされた。このことに関連する以下の設問(1)〜(10)に答えなさい。解答は，解答欄(ハ)を用い，設問ごとに行を改め，冒頭に(1)〜(10)の番号を付して記しなさい。

問(1) アレクサンドロス大王の東方遠征によりエジプト，ギリシアからインダス川に至る大帝国が樹立されると，その後300年ほどの間に東西文化の融合が進み，ポリスの枠にしばられない普遍的な立場から価値判断をしようとする考えが生まれてきた。このような考え方を何というか，記しなさい。

問(2) 季節風の発見により活発になったインド洋交易は，各地の産物のみならず，様々な情報ももたらした。1世紀にこの交易に携わったギリシア人が，紅海からインド洋にかけての諸港市やそこで扱われる交易品について記録した書物の名を記しなさい。

問(3) ユーラシアの東西に位置した後漢とローマ帝国は，何度か直接の交流を試みた。97年に西方の「大秦」に使者を派遣した後漢の西域都護の名を記しなさい。

問(4) 唐の時代，多くの仏教僧がインドを訪れ，経典や様々な情報を持ち帰った。それらの仏教僧のうち，海路インドを訪れ，インドおよび東南アジアで見聞した仏教徒の生活規範・風俗などを『南海寄帰内法伝』として記録した人物の名を記しなさい。

問(5) ノルマン人は，8世紀後半から海を通じてヨーロッパ各地へ遠征し，河川をさかのぼって内陸にも侵入した。彼らの一派が建てたキエフ公国は何という川の流域にあるか。川の名を記しなさい。

問(6)　インド洋交易の主役となったムスリム商人は，10世紀以降，アフリカ東岸のモンバサやザンジバルなどに居住した。彼らの活動に伴ってアラビア語の影響を受けて発達し，アフリカ東海岸地帯で共通語として用いられるようになった言語の名を記しなさい。

問(7)　13世紀に教皇の命を受けてカラコルムを訪れた修道士(a)は，旅行記を書き，モンゴル帝国の実情を初めて西ヨーロッパに伝えた。また十字軍への協力を得るためフランス王によってモンゴル帝国に派遣された修道士(b)も，貴重な報告書を残している。これらの修道士の名を，冒頭に(a)・(b)を付して記しなさい。

問(8)　ヨーロッパ人によるアメリカ大陸の征服が，労働力としての酷使や伝染病の伝播によって先住民に災厄をもたらした一方で，アメリカ大陸原産の作物は世界各地に広がって栽培され，飢饉を減らし，人口の増大を支えるという恩恵をもたらした。これらの作物の名を，2つ記しなさい。

問(9)　インドの伝統技術によって生産された，ある植物の花から紡がれ織られた製品は，丈夫で洗濯に強く，染色性にもすぐれていることから，17世紀にはヨーロッパでも人気を博し，さかんに輸入されるようになった。この製品の名を記しなさい。

問(10)　宗教の自由を求めてイギリスから北米大陸に渡ったピューリタンは，入植地をニューイングランドと呼んだ。やがて東部海岸地域にイギリスの13植民地が築かれるが，このうち北部のニューイングランドの植民地の名を2つ記しなさい。

地理

（2科目150分）

（注）　解答用紙は，横書きで〈地理歴史〉共通。1行：30字詰。

1　自然環境と人間活動の関係に関する以下の設問A～Bに答えなさい。解答は，解答用紙の(イ)欄を用い，設問・小問ごとに改行し，設問記号・小問番号をつけて記入しなさい。

設問A

図1－1は，東アジアから東南アジアにかけての海岸線と主要な河川（a～d）を示している。また図1－2中のP～Rは，図1－1中のア～ウの各地点の月平均降水量の変化を示したものである。これらの図をみて，以下の問いに答えなさい。

(1)　図1－2中のP～Rに該当する地点の記号（ア～ウ）を，P－○のように答えなさい。

(2)　図1－1中の河川cの下流域では，かつて文明が栄えたことが知られている。都市の周辺には，巨大なため池が作られてきた一方で，川沿いの家屋は高床式となっているものが多い。その理由として考えられることを2行以内で述べなさい。

(3)　図1－1中の河川dの河口付近の海岸域では，ある植生が広がっており，2004年に発生したインド洋津波による内陸への被害の軽減に役立ったと考えられている。他方，この植生は，河川bの河口から河川cの河口にかけての海岸地域を中心に，急速に失われている。この植生の名称と，失われた原因を，あわせて2行以内で述べなさい。

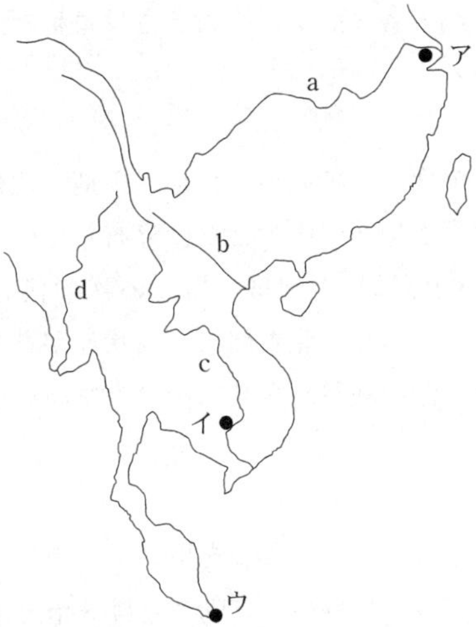

図１－１

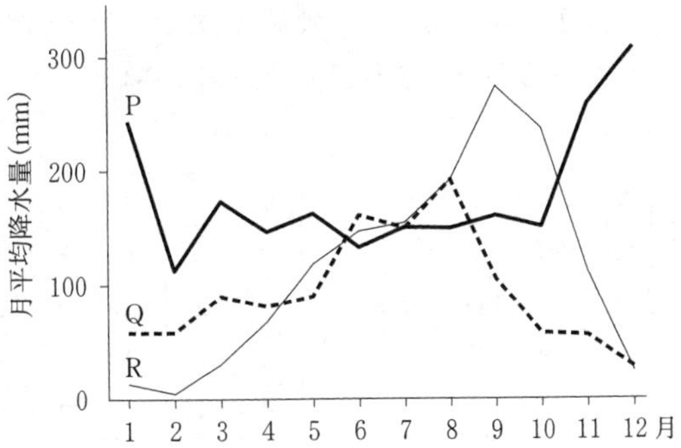

図１－２

設問Ｂ

メッシュマップは，地表面に一定の間隔の方眼線をかけ，各方眼の区域（メッシュ）ごとに土地の情報を示した地図である。コンピュータで扱いやすいため，地理情報システム（GIS）で使われる地図の代表的な形式の一つになっている。図１－３は，ある地域（地域Ｘ）の標高の分布をメッシュマップで示したものである。各メッシュに示された値はメッシュ内の平均標高（単位はm）である。図１－４は地域Ｘにおける人口の分布のメッシュマップで，各メッシュにおける人口が 100 人単位で示されている。両図の各メッシュの大きさは縦横ともに500mであり，方位は上が北である。

⑴　地域Xには，海面，沖積低地，台地，山地，比較的大きな河川がある。これらの要素が地域の中でどこに分布しているかを3行以内で述べなさい。記述の際には他地域に関する次の例を参考にしなさい。
「地域の中央に湖があり，北東部には扇状地がある。また，北西部から南西部にかけて深い峡谷があり，その底を河川が南に向かって流れている」。

⑵　図1－4に示された人口の数値を用いて，地域Xの人口密度を算出し，単位をつけて答えなさい。有効数字は3桁とする。

⑶　図1－3と図1－4に基づき，地域Xの人口の分布が地形にどのように影響されているかを，2行以内で述べなさい。

319	298	254	233	99	38
247	202	198	153	18	178
98	123	42	13	144	255
28	15	6	18	163	232
5	2	6	32	176	243
0	1	3	29	155	221

標高（m）
図1－3

0	0	0	0	2	1
0	0	1	2	1	2
1	2	3	2	2	0
3	5	2	5	1	0
6	2	10	3	1	0
0	1	4	3	0	0

人口（×100人）
図1－4

2

世界の国際貿易と国際旅行者に関する以下の設問A～Bに答えなさい。解答は，解答用紙の(ロ)欄を用い，設問・小問ごとに改行し，設問記号・小問番号をつけて記入しなさい。

設問A

経済活動に伴って環境中に排出される窒素は，様々な環境問題を引き起こしている。各国が排出する窒素には，国内の経済活動で排出される分だけでなく，国際貿易に関係して排出される分もある。図2－1は，各国の輸入品の生産過程で排出された窒素量から，輸出品の生産過程で排出された窒素量を引いた差を示している。図2－1に記された窒素の種類のうち，水溶性窒素は農産物や軽工業製品の生産過程，亜酸化窒素ガスやアンモニアは農産物の生産過程，窒素酸化物は化石燃料の生産過程や火力発電で，その大部分が排出される。

(1)　環境中への窒素の過剰な排出によって生じる悪影響の例を1つあげなさい。

(2)　図2－1の(ア)～(エ)は，アメリカ合衆国，中国，日本，ロシアのいずれかである。それぞれの国名を(ア)―○のように答えなさい。

(3)　オーストラリアでは他の先進国に比べて，輸出品の生産による窒素排出量が輸入品の生産による排出量を大きく上回っている。その理由を，オーストラリアの主要な輸出品の特徴を踏まえて2行以内で述べなさい。

(4)　地球環境への悪影響を防止するために，先進国を中心に窒素排出量を規制する動きが高まっている。しかし，世界全体の窒素排出量を削減するためには，各国の自主的な規制に任せるだけでなく，国際的なルール作りが必要とされている。その理由を，国際貿易に関連させて3行以内で述べなさい。

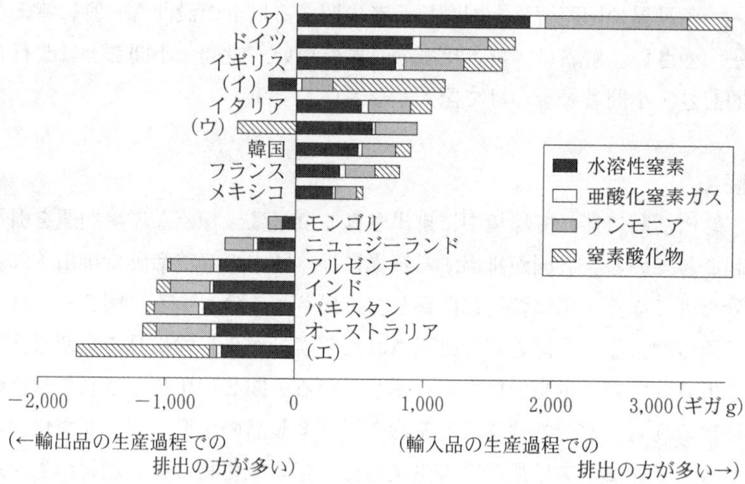

(Oita ほか，2016 より作成)

図2—1

設問B

近年，観光や商用などで外国を短期間訪問する国際旅行者が，世界的に増加している。表2—1は，2015年時点で外国からの旅行者の数が上位の国・地域について，外国人旅行者受け入れ数，自国人口100人あたりの外国人旅行者受け入れ数，人口1人あたり国民総所得（GNI）を示している。また，表2—2は，日本を訪れる旅行者が，2015年時点で上位の国・地域について，2005年と2015年の訪日旅行者数を示している。

(1)　表2—1の(ア)〜(ウ)は，下記の中のいずれかの国である。それぞれの国名を，(ア)—○のように答えなさい。

アメリカ合衆国　　スペイン　　ドイツ　　フランス　　ロシア

(2)　(ア)国と(ウ)国は，自国人口100人あたりの外国人旅行者受け入れ数が著しく多い。その両国に共通する理由として考えられる自然的および社会的条件を，あわせて2行以内で述べなさい。

(3)　表２－２からは，中国とタイからの訪日旅行者が，近年，とくに増加していることが読みとれる。中国とタイからの旅行者数が増加している共通の理由として考えられることを，下記の語句をすべて用いて，３行以内で述べなさい。語句は繰り返し用いてもよいが，使用した箇所には下線を引くこと。

所得階層　　政策　　航空　　入国管理

表２－１

(2015年)

順位	国・地域	外国人旅行者受け入れ数（百万人）	自国人口100人あたり外国人旅行者受け入れ数（人）	人口１人あたり国民総所得（千ドル）
1	(ア)	84.5	131	37.1
2	(イ)	77.5	24	58.1
3	(ウ)	68.5	149	25.8
4	中　国	56.9	4	8.0

国連資料による。
外国人旅行者の定義は国によって異なる。
中国には台湾・香港・マカオは含まれない。

表２－２

順位	国・地域	訪日旅行者数（万人）2015年(a)	訪日旅行者数（万人）2005年(b)	(a)/(b)
1	中　国	499	65	7.6
2	韓　国	400	175	2.3
3	台　湾	368	127	2.9
4	香　港	152	30	5.1
5	アメリカ合衆国	103	82	1.3
6	タ　イ	80	12	6.6
	世界計	1,974	673	2.9

日本政府観光局資料による。
中国には台湾・香港・マカオは含まれない。

3　日本の産業と国土に関する以下の設問A～Bに答えなさい。解答は，解答用紙の(ハ)欄を用い，設問・小問ごとに改行し，設問記号・小問番号をつけて記入しなさい。

設問A

表3－1は2010年と2015年について，それぞれの都道府県における6つの産業分類の就業者比率を都道府県別に示したものである。この表をみて，以下の問いに答えなさい。

(1)　近年，知識経済化・情報社会化の進展が加速しているが，このことによって全国レベルでどのような地域的変化が生じていくと考えられるか。そのように判断した理由とあわせて2行以内で述べなさい。

(2)　医療，福祉の就業者比率が高い都道府県にはどのような特徴があると考えられるか。2つの点をあげ，あわせて2行以内で述べなさい。

(3)　東日本大震災（2011年）前後で被災地の産業構造はどのように変化したか。表から読み取れることを，変化の理由とあわせて2行以内で述べなさい。

(4)　北海道と沖縄県にはどのような共通した経済的特徴があると考えられるか。2行以内で述べなさい。

表3－1

2010年

	宿泊業，飲食サービス業	製造業	情報通信業	学術研究，専門・技術サービス業	医療，福祉	建設業
北海道	6.2	8.1	1.6	2.6	11.6	8.9
福島県	5.5	20.1	0.9	2.0	10.2	9.0
東京都	6.1	9.8	7.0	5.2	8.0	5.4
滋賀県	5.2	26.5	1.2	2.7	9.8	6.2
大阪府	5.9	15.9	2.7	3.2	10.6	6.8
高知県	6.0	8.6	1.1	2.2	14.9	8.3
沖縄県	8.1	4.8	2.0	2.8	12.1	9.2

単位：%

2015年

	宿泊業，飲食サービス業	製造業	情報通信業	学術研究，専門・技術サービス業	医療，福祉	建設業
北海道	6.0	8.4	1.7	2.6	13.4	8.4
福島県	5.1	18.5	0.9	2.4	11.2	10.8
東京都	5.7	10.1	7.6	5.6	9.2	5.2
滋賀県	5.2	26.7	1.2	2.6	11.6	5.9
大阪府	5.6	15.7	2.8	3.2	12.1	6.5
高知県	5.7	8.4	1.1	2.4	16.8	8.1
沖縄県	7.8	4.9	2.2	2.9	13.9	8.9

単位：%

国勢調査による。

設問B

次の文は，日本の5つの半島について，それぞれの特徴を説明したものである。以下の問いに答えなさい。

A半島

この半島では，大手水産会社が手がける遠洋漁業の拠点が置かれ，ダイコンなどの畑作物の栽培が盛んであった。高度成長期に大都市の通勤圏が外側に拡大するなかで，住宅地開発が盛んに進められた。しかしながら，現在は，高齢化が進み，人口の減少が大きな問題となっている。

B半島

この半島は，リアス式海岸で知られ，第２次世界大戦前から真珠の養殖が行われてきた。また，大都市圏に比較的近いために，私鉄会社が半島の先まで路線網を伸ばし，大都市圏から行楽客を多く集めてきた。外国の街並みなどを模したテーマパークが開発されたり，世界的に著名な高級ホテルが進出したりしている。

C半島

この半島では，農業と漁業が中心的な産業であったが，1960年代に大規模工業基地の建設が計画され，広大な用地の買収，土地の造成がなされた。しかしながら，1970年代のオイルショックにより計画は頓挫した。その後，核燃料廃棄物関連の施設が立地しているものの，現在でも利用されないままの土地が少なくない。

D半島

この半島には，国宝にも指定されている平安時代の大堂で知られる寺院をはじめ，歴史の古い寺院が多くある。最近では「昭和の町」として知られるまちづくりにより，観光客を集めている。かつては，海を挟んだ隣の県の農民が，ミカンの出作りをしたことでも知られるが，現在では休耕地も多くなっている。

E半島

この半島では，平地は少ないが，棚田の風景は有名である。伝統産業として漆器産業が盛んであり，また1970年代には，農村労働力を求めて，繊維関係の工場が多く進出した。しかしながら，合繊不況により，繊維の工場は多くが閉鎖されている。従来から水産業，観光業が盛んであったが，最近ではその内容が大きく変わってきている。

(1)　A～Cの半島は，図３－１の①～⑦のいずれかである。該当する半島をA－◯のように答えなさい。

(2)　A半島の下線部で示したように，大都市圏に比較的近い半島で，高齢化や人口減少が進んでいる理由を１行以内で説明しなさい。

(3)　一般的に，半島は，条件不利地として捉えられることが多く，典型的な過疎地域として指摘されることが多い。しかしながら，D半島やE半島では，空港の整備によって，地域経済が大きく変わってきている。D半島，E半島でのそれぞれの地域経済の変化について，以下の用語を用いて，あわせて3行以内で説明しなさい。語句は繰り返し用いてもよいが，使用した箇所には下線を引くこと。

外国人　　グローバル化　　ハイテク産業

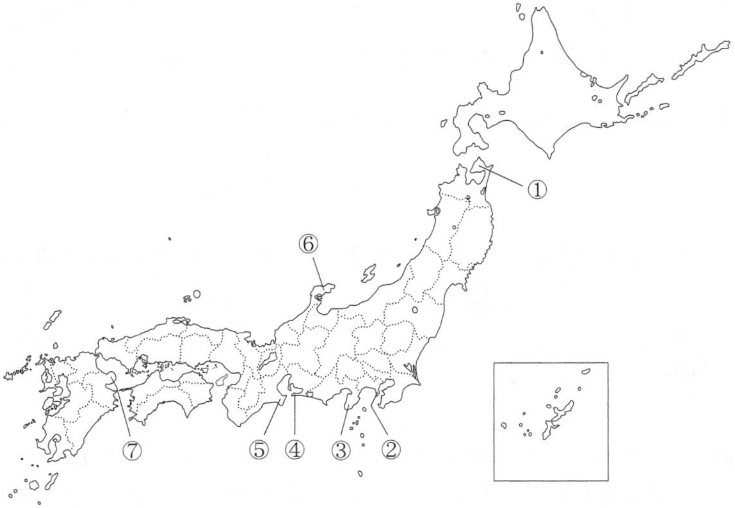

図3—1

数学

(100分)

1　座標平面の原点をOとし，O，A$(1,\ 0)$，B$(1,\ 1)$，C$(0,\ 1)$を辺の長さが1の正方形の頂点とする。3点P$(p,\ 0)$，Q$(0,\ q)$，R$(r,\ 1)$はそれぞれ辺OA，OC，BC上にあり，3点O，P，Qおよび3点P，Q，Rはどちらも面積が$\dfrac{1}{3}$の三角形の3頂点であるとする。

(1)　qとrをpで表し，p，q，rそれぞれのとりうる値の範囲を求めよ。

(2)　$\dfrac{\mathrm{CR}}{\mathrm{OQ}}$の最大値，最小値を求めよ。

2　Oを原点とする座標平面において，点A$(2,\ 2)$を通り，線分OAと垂直な直線をlとする。座標平面上を点P$(p,\ q)$が次の2つの条件をみたしながら動く。

条件1：$8 \leqq \overrightarrow{\mathrm{OA}} \cdot \overrightarrow{\mathrm{OP}} \leqq 17$

条件2：点Oと直線lの距離をcとし，点P$(p,\ q)$と直線lの距離をdとするとき$cd \geqq (p-1)^2$

このとき，Pが動く領域をDとする。さらに，x軸の正の部分と線分OPのなす角をθとする。

(1)　Dを図示し，その面積を求めよ。

(2)　$\cos\theta$のとりうる値の範囲を求めよ。

3　正八角形の頂点を反時計回りにA，B，C，D，E，F，G，Hとする。また，投げたとき表裏の出る確率がそれぞれ$\frac{1}{2}$のコインがある。

点Pが最初に点Aにある。次の操作を 10 回繰り返す。

操作：コインを投げ，表が出れば点Pを反時計回りに隣接する頂点に移動させ，裏が出れば点Pを時計回りに隣接する頂点に移動させる。

例えば，点Pが点Hにある状態で，投げたコインの表が出れば点Aに移動させ，裏が出れば点Gに移動させる。

以下の事象を考える。

事象 S：操作を 10 回行った後に点Pが点Aにある。

事象 T：1回目から 10 回目の操作によって，点Pは少なくとも 1 回，点Fに移動する。

(1)　事象 S が起こる確率を求めよ。

(2)　事象 S と事象 T がともに起こる確率を求めよ。

4　Oを原点とする座標平面を考える。不等式

$$|x|+|y|\leqq 1$$

が表す領域を D とする。また，点P，Qが領域 D を動くとき，$\overrightarrow{OR}=\overrightarrow{OP}-\overrightarrow{OQ}$ をみたす点Rが動く範囲を E とする。

(1)　D，E をそれぞれ図示せよ。

(2)　a，b を実数とし，不等式

$$|x-a|+|y-b|\leqq 1$$

が表す領域を F とする。また，点S，Tが領域 F を動くとき，$\overrightarrow{OU}=\overrightarrow{OS}-\overrightarrow{OT}$ をみたす点Uが動く範囲を G とする。G は E と一致することを示せ。

だと悟った時、少年は迷い子であることと訣別《けつべつ》し、大人になるのだと思う。その時を境にして、母は、自分を包み込んでくれる世界そのものではなく、世界の片隅で自分を待っていてくれるだけの小さな存在に変質してしまう——。かつて迷い子だった大人は、そのことに気付いた時、今度はこっそりと泣くのである。

あの日の夜、駅まで迎えに来てくれた母のことはどうしたわけか、全く覚えていない。ただ、今でも一緒に電車に乗ると、母はこの時のことを思い出しては「でもほんとうにお前に似た子だったんだよ、後ろ姿が……」と、申し訳無さそうな顔を僕へ向けるのである。

（是枝裕和「ヌガー」）

設問

(一)「その風景の、僕との無縁さが不安を一層加速させた」（傍線部ア）とはどういうことか、説明せよ。（解答欄：一三・五センチ×二行）

(二)「その瞬間、僕の中から不安は消えていた」（傍線部イ）とあるが、それはなぜか、説明せよ。（解答欄：一三・五センチ×二行）

(三)「このような邂逅を、予行演習として暴力的に体験させられる」（傍線部ウ）とはどういうことか、説明せよ。（解答欄：一三・五センチ×二行）

(四)「今度はこっそりと泣くのである」（傍線部エ）とあるが、それはなぜか、説明せよ。（解答欄：一三・五センチ×二行）

僕の背負い込んだ不幸には何の関心も示さない乗客たちの姿が強く印象に残っている。それはぞっとするくらい冷たい風景だった。ア その風景の、僕との無縁さが不安を一層加速させた。そのまま放って置いたら、終点の池袋まで連れて行かれてしまったと思うのだが、途中でひと組の母娘《おやこ》が僕に声を掛けてくれたらしい。らしい、というのはその瞬間は僕の記憶からはスッポリと抜け落ちてしまっているからだ。

　記憶の中の次のシーンでは、僕は駅のホームに設けられた薄暗い駅員室のような場所にポツンと座っている。恐らく彼らがかわいそうに思って僕を連れて電車を降り、駅員を呼んでくれたのだろう。僕はその部屋で母の迎えを待つことになったのだ。すっかり暗くなってしまった風景の中、恩人のふたりが、再び電車に乗って去っていく姿を覚えている。窓ガラス越しに見えた中学生くらいの女の子は（もう大丈夫よ）というように少し微笑《ほほえ》んでいた。

　母を待っている姿があんまり寂しそうだったからか、そばにいた駅員が僕の手のひらに菓子をひとつ握らせてくれた。ヌガーだった。キャラメルのような歯ごたえの、あの白いやつだ。駅員の顔は覚えていない。恥ずかしくてたぶん見られなかったのだろう。僕はお礼も言わずに、そのヌガーをほおばった。しばらく噛《か》んでいると甘さの奥にピーナッツの香《こう》ばしさが口いっぱいに広がった。美味《おい》しかった。あぁ……今度このお菓子を母親に買ってもらおうと、その時思った。イ その瞬間、僕の中から不安は消えていた。

　迷い子になったときにその子供を襲う不安は、両親を見失ったというような単純なものでは恐らくない。それは、僕のことなど誰も知ることのない「世界」と、そしてその無関心と、否応《いやおう》なく直面させられるという大きな戸惑《とまど》いである。その疎外感の体験が少年を恐怖の底につき落とすのだろう。自分を無条件に受け入れ庇護《ひご》してくれる存在の元を離れ、「他者」（それが善意であれ悪意であれ）としての世界と向き合う――人が大人になっていく過程でいずれは誰もが経験しなくてはいけない ウ このような邂逅《かいこう》を、予行演習として暴力的に体験させられる――それが迷い子という経験なのではないだろうか。だからこそ迷い子は、産まれたての赤ん坊のように泣き叫ぶのだ。たったひとりで世界へ放り出されたことへの恐怖から、これでもかと泣くのだ。そして、どんなに泣いても、もう孤独に世界と向き合っていかなくてはいけないの

㈢「以㆓朝廷之勢利㆒一‐変㆓其本領㆒」（傍線部c）とはどういうことか、わかりやすく説明せよ。
（解答欄：一三・五センチ×二行）

㈣「亦失㆑之矣」（傍線部f）とあるが、なぜ「亦」と言っているのか、本文の趣旨を踏まえて説明せよ。
（解答欄：一三・五センチ×一・五行）

四

次の文章を読んで、後の設問に答えよ。

迷い子になった。

僕が六歳か七歳の時だったと思う。母とふたりで買いものに出掛けた帰り途《みち》。乗り慣れた東武東上線の電車の中での出来事だった。車窓の風景を見るのが何より好きだった僕は、座っている母から少し離れたドアの前に立ち、夕暮れの街並みを目で追っていた。風景が止まり、又動き出す、その繰り返しに夢中になっていた僕は視界から遠ざかっていく「下赤塚」という駅名に気付いて凍りついた。それは僕たちが降りるはずの駅だった。あわてて車内を振り返ったが、母の姿は既にそこには無かった。あとになってわかったことだが、乗降客の波に一瞬僕を見失った母は、下赤塚で降りた別の少年を僕と見間違い、改札の外まで追い掛けてしまったらしい。

次の駅で降りれば、そこから家までは小学校の通学路だ。ひとりでもなんとか家に辿《たど》り着けるだろう。母はそう考えて、そのまま家へ戻り、夕飯を作りながら僕の帰りを待つことにしたようだ。しかし、車内に残された僕がそのことに気付いたのは、既に電車が次の駅を通過した後だった。その二度目の失敗に余程動揺したのだろう、僕は会社帰りのサラリーマンでほぼ座席の埋まった車内をウロウロと歩き始めた。

（どうしようどうしよう）じっとしていることに耐えられず、僕は途方に暮れてただ右往左往を繰り返した。その時の、

三

次の文章を読んで、後の設問に答えよ。ただし、設問の都合で送り仮名を省いたところがある。

学校《ハ》所コ以養《フ》レ士《ヲ》也。然《レドモ》古之聖王、其《ノ》意[a]不二僅此一也。必《ズ》使《メ》下治《ムル》二天下《ヲ》一之具《ヲシテ》皆出《デ》中於学校《ヨリ》上、而《ル》後《ニ》設《クル》二学校《ヲ》一之意始《メテ》備《ハル》。天子之所レ是《トスル》未《ダ》二必《ズシモ》是《ナラ》一、天子之所レ非《トスル》未《ダ》二必《ズシモ》非《ナラ》一。天子亦遂《ニ》[b]不三敢自為二非是一、而《シテ》公《ニス》二其《ノ》非是《ヲ》於学校《ニ》一。是《ノ》故《ニ》養《フハ》レ士《ヲ》為《ルモ》二学校之一事一、而学校不二僅為レ養レ士而設一也。

三代以下、天下之是非一《ニ》出《ヅ》二於朝廷《ヨリ》一。天子栄《トスレバ》レ之《ヲ》則《チ》群趨《はしリテ》以《テ》為《シ》レ是《ト》、天子辱《トスレバ》レ之《ヲ》則《チ》群擿《なげうチテ》以《テ》為《ス》レ非《ト》。而《シテ》其《ノ》所謂学校《ナル》者《ハ》、科挙《モテ》囂《がう》争《さうシ》、富貴《モテ》熏《くん》心《しんス》。亦遂《ニ》[c]以《テ》二朝廷之勢利《ヲ》一一コ変《ス》其《ノ》本領《ヲ》一。而《シテ》士之有《ル》二才能学術一者、且《ツ》往往《ニシテ》自《ラ》抜《キンデ》二於[d]草野之間一、於《イテ》二学校《ニ》一初《メヨリ》[e]無レ与也。究《きう》竟《きやう》養《フノ》レ士《ヲ》一事[f]亦失レ之矣。

〔注〕○三代以下——夏・殷・周という理想の治世が終わった後の時代。
○囂争——騒ぎ争う。
○熏心——心をこがす。

（黄宗羲『明夷待訪録』による）

設　問

㈠ 傍線部a・d・eの意味を現代語で記せ。

㈡ 「不三敢自為二非是一」（傍線部b）を平易な現代語に訳せ。

く、「実《げ》に汝《なんぢ》をはかりて遣はしたるなり。常々言ふごとく、余り他《た》に異なる愛し様《やう》なり。はなはだ悪しき事なり。重ねて我が言ふごとくなさずば、取り返すまじ」と、さまざま争ひけるに、隣家・門人などいろいろ言ひて、妻にわびさせて、嵐雪が心をやはらげ、猫も取り返し、何事なくなりけるに、

睦月《むつき》はじめの夫婦《めをと》いさかひを人々に笑はれて

喜ぶを見よや初ねの玉《たま》ばは木《き》　嵐雪

〔注〕○嵐雪――俳人。芭蕉の門人。
○唐猫――猫。もともと中国から渡来したためこう言う。
○門口・背戸口――家の表側の出入り口と裏側の出入り口。
○内室――奥様。
○玉ばは木――正月の初子《はつね》の日に、蚕《かいこ》部屋を掃《は》くために使う、玉のついた小さな箒《ほうき》。

設　問

㈠　傍線部ア・イ・カを現代語訳せよ。

㈡　「行くまじき方までも尋ねけれども」（傍線部ウ）を、誰が何をどうしたのかわかるように、言葉を補い現代語訳せよ。

㈢　「我が知らせしとなく、何町、何方へ取り返しに遣はし給へ」（傍線部エ）とあるが、隣家の内室は、どうせよといっているのか、説明せよ。（解答欄：一三・五センチ×一行）

㈣　「さては我をはかりてのわざなるか」（傍線部オ）とあるが、嵐雪は妻をどうだましたのか、説明せよ。（解答欄：一三・五センチ×一行）

㈤　「余り他に異なる愛し様」（傍線部キ）とあるが、どのような「愛し様」か、具体的に説明せよ。（解答欄：一三・五センチ×一行）

二

次の文章は、闌更《らんこう》編『誹諧《はいかい》世説《せせつ》』の「嵐雪《らんせつ》が妻、猫を愛する説」である。これを読んで、後の設問に答えよ。

　嵐雪が妻、唐猫《からねこ》のかたちよきを愛して、美しきふとんをしかせ、食ひ物も常ならぬ器に入れて、朝夕ひざもとをはなさざりけるに、門人・友どちなどにも、アうるさく思ふ人もあらんと、嵐雪、折々は、「獣《けもの》を愛するにも、イ程あるべき事なり。人にもまさりたる敷き物・器、食ひ物とても、忌むべき日にも、猫には生《なま》ざかなを食はするなど、よからぬ事」とつぶやきけれども、妻しのびてもこれを改めざりけり。

　さてある日、妻の里へ行きけるに、留守《るす》の内、外へ出でざるやうに、かの猫をつなぎて、例のふとんの上に寝させて、さかななど多く食はせて、くれぐれ綱ゆるさざるやうに頼みおきて出で行きぬ。嵐雪、かの猫をいづくへなりとも遣はし、妻をたばかりて猫を飼ふ事をやめんと思ひ、かねて約しおける所ありければ、遠き道を隔て、人して遣はしける。妻、日暮れて帰り、まづ猫を尋ぬるに見えず。「猫はいづくへ行き侍る」と尋ねければ、「されば、そこのあとを追ひけるにや、しきりに鳴き、綱を切るばかりに騒ぎ、毛も抜け、首もしまるほどなりけるゆゑ、あまり苦しからんと思ひ、綱をゆるしてさかななどあてけれども、食ひ物も食はで、ただうろうろと尋ぬるけしきにて、門口《かどぐち》・背戸口《せどぐち》・二階など行きつ戻りつしけるが、それより外へ出で侍るにや、近隣を尋ぬれども今に見えず」と言ふ。妻、泣き叫びて、ウ行くまじき方までも尋ねけれども、帰らずして、三日、四日過ぎければ、妻、袂《たもと》をしぼりながら、

　猫の妻いかなる君のうばひ行く　　妻

かく言ひて、ここちあしくなり侍りければ、妻の友とする隣家の内室、これも猫を好きけるが、嵐雪がはかりて他所へ遣はしける事を聞き出だし、ひそかに妻に告げ、「無事にて居侍るなり。必ず心を痛め給ふ事なかれ。エ我が知らせしとなく、何町、何方へ取り返しに遣はし給へ」と語りければ、妻、「かかる事のあるべきや。我が夫、猫を愛する事を憎み申されけるが、オさては我をはかりてのわざなるか」と、さまざま恨みいどみ合ひける。嵐雪もカあらはれたる上は是非な

音ではないだろうか。目をつぶってしがみつける何かがあることではなく。

「分からない」世界こそが、人が知的に生きていける場所であり、世界が確定的でないからこそ、人間の知性や「決断」に意味が生まれ、そして「アホな選択」も、また許される。いろんな「形」、多様性が花開く世界となるのだ。それは神の摂理のような〝真実の世界〟と、混沌が支配する〝無明の世界〟とのはざまにある場所であり、また「科学」と、まだ科学が把握できていない「非科学」のはざま、と言い換えることができる空間でもある。

（中屋敷均「科学と非科学のはざまで」による）

設　問

㈠「自然界ではある意味、例外的なものである」（傍線部ア）とはどういうことか、説明せよ。（解答欄：一三・五センチ×二行）

㈡「何か複雑で動的な現象」（傍線部イ）とはどういうことか、説明せよ。（解答欄：一三・五センチ×二行）

㈢「人類にもたらされる大きな福音」（傍線部ウ）とはどういうことか、説明せよ。（解答欄：一三・五センチ×二行）

㈣「いろんな『形』、多様性が花開く世界」（傍線部エ）とはどういうことか、本文全体の趣旨を踏まえて一〇〇字以上一二〇字以内で説明せよ（句読点も一字として数える）。

㈤傍線部a・b・cのカタカナに相当する漢字を楷書で書け。

a　コウケン　　b　ダイタイ　　c　サイキン

りしない闇のような領域がまだ大きく広がっている。しかし、この先、どんなガンにも効果があるような特効薬が開発されれば、ガンの治療にはそれを使えば良い、ということになるだろう。

それは、かつてcサイキンの感染症に対して抗生物質が発見された時のように、世界に新しい「形」がまた一つ生まれたことを意味することになる。このように人類が科学により世界の秩序・仕組みのようなものを次々と明らかにしていけば、世界の姿は固定され、新たな「形」がどんどん生まれていく。それはゥ人類にもたらされる大きな福音だ。

しかし、また一方、こんなことも思うのだ。もし、そうやって世界の形がどんどん決まっていき、すべてのことが予測でき、何に対しても正しい判断ができるようになったとして、その世界は果たして、人間にとってどんな世界なのだろう？　生まれてすぐに遺伝子診断を行えば、その人がどんな能力やリスクを持っているのか、たちどころに分かり、幼少時からその適性に合わせた教育・訓練をし、持ち合わせた病気のリスクに合わせて、毎日の食事やエクササイズなども最適化されたものが提供される。結婚相手は、お互いに遺伝子型の組合せと、男女の相性情報の膨大なデータベースに基づいて自動的に幾人かの候補者が選ばれる。

科学がその役目を終えた世界。病も事故も未知もない、そんな神様が作ったユートピアのような揺らぎのない世界に、むしろ「息苦しさ」を感じてしまうのは、私だけであろうか？

少なくとも現時点では、この世界は結局のところ、「分からないこと」に覆われた世界である。目をつぶって何かに、それは科学であれ、宗教であれ、すがりつく以外、心の拠《よ》りどころさえない。しかし、物理的な存在としての生命が、「カオスの縁」に立ち、混沌から分子を取り入れ「形」を作り生きているように、知的な存在としての人間はこの「分からない」世界から、少しずつ「分かること」を増やし「形」を作っていくことで、また別の意味で「生きて」いる。その営みが、何か世界に〝新しい空間〟を生み出し、その営みそのものに人の〝喜び〟が隠されている。そんなことを思うのだ。

だから、世界に新しい「形」が与えられることが福音なら、実は「分からないこと」が世界に存在することも、また福だ現象である。

また、生命の進化を考えてみよう。進化は、自己複製、つまり「自分と同じものを作る」という、生命の持続を可能とする静的な行為と、変異、つまり「自分と違うものを作る」という、秩序を破壊する、ある種、危険を伴った動的な行為の、二つのベクトルで成り立っている。現在の地球上に溢《あふ》れる、大きさも見た目も複雑さもその生態も、まったく違う様々な生命は、その静的・動的という正反対のベクトルが絶妙なバランスで作用する、その〝はざま〟から生まれ出てきたのだ。

生命は、原子の振動が激しすぎる太陽のような高温環境では生きていけないし、逆に原子がほとんど動かない絶対零度のような静謐《せいひつ》な結晶の世界でも生きていけない。この単純な事実を挙げるまでもなく、様々な意味で生命は、秩序に縛られた静的な世界と、形を持たない無秩序な世界の間に存在する、イ何か複雑で動的な現象である。「カオスの縁」、つまりそのはざまの空間こそが、生命が生きていける場所なのである。

「生きている」科学にも、少しこれと似た側面がある。科学は、混沌《こんとん》とした世界に、法則やそれを担う分子機構といった何かの実体、つまり「形」を与えていく人の営為と言える。たとえば、あなたが街を歩いている時、突然、太陽がなくなり、真っ暗になってしまったとする。一体、何が起こったのか、不安に思い、混乱するだろう。実際、古代における日食や月食は、そんな出来事だった。不吉な出来事の予兆とか、神の怒りとして、恐れられてきた歴史がある。

しかし、今日では日食も月食も物理法則により起こる現象であることが科学によって解明され、何百年先の発生場所、その日時さえ、きちんと予測することができる。それはある意味、人類が世界の秩序を理解し、変わることない〝不動〟の姿を、つかんだということだ。何が起こったのか訳が分からなかった世界に、確固とした「形」が与えられたのだ。

一方、たとえばガンの治療などは、現在まだ正答のない問題として残されている。外科的な手術、抗ガン剤、放射線治療。こういった標準治療に加えて、免疫療法、鍼灸《しんきゅう》、食事療法などbダイタイ医療と呼ばれる療法などもあるが、どんなガンでもこれをやれば、まず完治するというような療法は存在しない。そこには科学では解明できていない、形のはっき相互作用する独特な性質を多数持っている。水蒸気とも氷ともかなり異なった特性である。この〝水〟の状態で水分子が存在できる温度範囲は、宇宙のスケールで考えるなら、かなり狭いレンジであり、実際〝水〟を湛《たた》えた星はそうそう見つからない。巨視的に見れば〝水〟は分子同士が強固に束縛された氷という状態から、無秩序でカオス的に振舞う水蒸気という状態への過渡期にある特殊な状態、すなわち「カオスの縁」にある姿と言えるのかもしれない。

この「カオスの縁」という現象が注目されたのは、それが生命現象とどこかつながりを感じさせるものだったからである。生き物の特徴の一つは、この世界に「形」を生み出すことだ。それは微視的には有機物のような化学物質であり、少し大きく見れば、細胞であり、その細胞からなる我々人間のような個体である。そして、さらに巨視的に見れば、その個体の働きの結果できてくるアリ塚であったり、ビーバーのダムであったり、東京のような巨大なメガロポリスであったりする。

しかし、こういった生物の営みは、ア<u>自然界ではある意味、例外的なものである</u>。何故なら、この世界は熱力学第二法則（エントロピー増大の法則）に支配されており、世界にある様々な分子たちは、より無秩序に、言葉を変えればカオスの方向へと、時間と共に向かっているはずだからである。そんなカオスへ向かいつつある世界の中で、「形あるもの」として長期間存在できるのは、一般的に言えば、それを構成する原子間の結合が極めて強いものであり、鉱物や氷といった化学的な反応性に乏しい単調な物質が主なものである。

ところが、生命はそんな無秩序へと変わりつつある世界から、自分に必要な分子を取り入れ、そこに秩序を与え「形あるもの」を生み出していく。その姿はまるで「カオスの縁」にたたずみ、形のないカオスから小石を拾い、積み上げているかのようである。また、その積み上げられる分子の特徴は、鉱石などと違い、反応性に富んだ物質が主であり、〝不動〟のものとして作り出されるのではなく、偶発的な要素に反応し、次々に違う複雑なパターンとして、この世に生み出されてくる。そして、それらは生命が失われれば、また形のない世界へと飲み込まれ、そこへと還《かえ》っていくのだ。それは分子の、この世界における在り方という視点で考えれば、〝安定〟と〝無秩序〟の間に存在する、極めて特殊で複雑性に富ん

国語

（一五〇分）

（注）解答は、一行の枠内に二行以上書いてはいけない。

一　次の文章を読んで、後の設問に答えよ。

「カオスの縁《ふち》」という言葉をご存知だろうか？　この「カオスの縁」とは、一九六〇年代から行われているセル・オートマトンと呼ばれるコンピューター上のプログラムを使った研究が端緒となり提唱された概念である。とても大雑把に言えば、二つの大きく異なった状態（相）の中間には、その両側の相のいずれとも異なった、複雑性が非常に増大した特殊な状態が現れる、というようなことを指している。

身近なイメージで言えば、〝水〟を挙げられるだろうか。ご存知のように、水は気体・液体・固体という三つの形態をとる。たとえば気体の水蒸気は、水分子の熱運動が大きくなり、各分子が分子同士の結合力の束縛から放たれ、空間の中で自由気ままに振舞っている非常に動的な姿である。一方、氷は水分子同士が強固に結合し、各分子は自身が持つ特性に従って規則正しく配列され、理にかなった秩序正しい形を保っている静的な状態だ。

その中間にある液体の、いわゆる〝水〟は、生命の誕生に大きく[a]コウケンしたと考えられる、柔軟でいろんな物質と

2018年度

問題編

■前期日程

問題編

▶試験科目・配点

教　科	科　　　目	配　点
外国語	「コミュニケーション英語Ⅰ・Ⅱ・Ⅲ」，ドイツ語，フランス語，中国語から1外国語を出願時に選択。英語試験の一部分に聞き取り試験（30分程度）を行う。 　ただし，英語の選択者に限り，英語の問題の一部分に代えて，ドイツ語，フランス語，中国語，韓国朝鮮語のうちから1つを試験場で選択することができる。	120点
地　歴	日本史B，世界史B，地理Bから2科目を出願時に選択	120点
数　学	数学Ⅰ・Ⅱ・A・B	80点
国　語	国語総合，国語表現，現代文B，古典B	120点

▶備　考

- 英語以外の外国語は省略。
- 数学Ⅰ，数学Ⅱ，数学Aは全範囲から，数学Bは「数列」，「ベクトル」から出題する。

英語

（120分）

（注　意）

1．3は聞き取り問題である。問題は試験開始後45分経過した頃から約30分間放送される。

2．解答は，5題を越えてはならない。

3．5題全部英語の問題を解答してもよいし，また，4・5の代わりに他の外国語の問題Ⅳ・Ⅴを選んでもよい。ただし，ⅣとⅤとは必ず同じ外国語の問題でなければならない。

（他の外国語の問題は省略一編集部）

1

(A)　次の英文の要旨を70～80字の日本語にまとめよ。句読点も字数に含める。

Rumours spread by two different but overlapping processes: popular confirmation and in-group momentum. The first occurs because each of us tends to rely on what others think and do. Once a certain number of people appear to believe a rumour, others will believe it too, unless they have good reason to think it is false. Most rumours involve topics on which people lack direct or personal knowledge, and so most of us often simply trust the crowd. As more people accept the crowd view, the crowd grows larger, creating a real risk that large groups of people will believe rumours even though they are completely false.

In-group momentum refers to the fact that when like-minded people get together, they often end up believing a more extreme version of what they thought before. Suppose that members of a certain group are inclined to accept a rumour about, say, the evil intentions of a certain nation. In all likelihood, they will become more committed to that rumour after they have spoken to each other. Indeed, they may move from being tentative believers to being absolutely certain, even though their only new evidence is what other members of the group believe. Consider the role of the internet here: when people see many tweets or posts from like-minded people, they are strongly inclined to accept a rumour as true.

What can be done to reduce the risk that these two processes will lead us to accept false rumours? The most obvious answer, and the standard one, involves the system of free expression: people should be exposed to balanced information and to corrections from those who know the truth. Freedom usually works, but in some contexts it is an incomplete remedy. People do not process information in a neutral way, and emotions often get in the way of truth. People take in new information in a very uneven way, and those who have accepted false rumours do not easily give up their beliefs, especially when there are strong emotional commitments involved. It can be extremely hard to change what people think, even by presenting them with facts.

(B) 以下の英文を読み，(ア)，(イ)の問いに答えよ。

When we think back on emotional events from the past, our memories tend to be distorted by internal influences. One way this can happen is through sharing our memories with others, something that most of us are likely to do after important life events—whether it's calling our family to tell them some exciting news, reporting back to our boss about a big problem at work, or even giving a statement to police. In these kinds of situations we are transferring information that was originally received visually (or indeed through other senses) into verbal information. We are turning inputs from our five senses into words. [(1)] ; every time we take images, sounds, or smells and verbalise them, we potentially alter or lose information. There is a limit to the amount of detail we are able to communicate through language, so we have to cut corners. We simplify. This is a process known as "verbal overshadowing," a term invented by psychologist Jonathan Schooler.

Schooler, a researcher at the University of Pittsburgh, published the first set of studies on verbal overshadowing in 1990 with his colleague Tonya Engstler-Schooler. Their main study involved participants watching a video of a bank robbery for 30 seconds. After then doing an unrelated task for 20 minutes, half of the participants spent five minutes writing down a description of the bank robber's face, while the other half undertook a task naming countries and their capitals. After this, all the participants were presented with a line-up of eight faces that were, as the researchers put it, "verbally similar," meaning that the faces matched the same kind of description—such as "blonde hair, green eyes, medium nose, small ears, narrow lips." This is different from matching photos purely on visual similarity, which may focus on things that are harder to put into words, such as mathematical distances between facial features.

We would expect that the more often we verbally describe and reinforce the appearance of a face, the better we should retain the image of it in our memory. [(2)]. The researchers found that those who wrote down the description of the robber's face actually performed significantly worse at identifying the correct person out of the line-up than those who did not. In one experiment, for example, of those participants who had written down a description of the criminal, only 27 percent picked the correct person out of the line-up, while 61 percent of those who had not written a description managed to do so. That's a huge difference. By stating only details that could be readily put into words, the participants had overlooked some of the details of their original visual memory.

[(3)], as indicated by the outcome of possibly the biggest effort ever to reproduce the result of an experiment in psychology. This was a massive project by 33 labs and almost 100 scholars, including Jonathan Schooler and Daniel Simons, published in 2014. All researchers followed the same methods, and they found that even when the experiment was conducted by different researchers, in different countries, and with different participants, the verbal overshadowing effect was constant. Putting pictures into words always makes our memories of those pictures worse.

Further research by Schooler and others has suggested that this effect may also transfer to other situations and senses. It seems that whenever something is difficult to put into words, verbalisation of it generally diminishes recall. Try to describe a colour, taste, or melody, and you make your memory of it worse. Try describing a map, a decision, or an emotional judgement, and it becomes harder to remember all the details of the original situation. [(4)]. If we hear someone else's description of something we have seen, our memory of it is weakened in that case too. Our friends may be trying to help us when they give their verbal account of something that happened, but they may instead be overshadowing our own original memories.

According to Schooler, besides losing details, verbalising non-verbal things makes us generate competing memories. We put ourselves into a situation where we have both a memory of the time we described the event and a memory of the time we actually experienced the event. This memory of the verbalisation seems to overwhelm our original memory fragment, and we may subsequently remember the verbalisation as the best account of what happened. When faced with an identification task where we need all the original details back, such as a photo line-up, it then becomes difficult to think past our verbal description. In short, it appears our memories can be negatively affected by our own attempts to improve them.

[(5)]. Schooler's research also shows that verbalising our memories does not diminish performance — and may even improve it — for information that was originally in word form: word lists, spoken statements, or facts, for example.

From The Memory Illusion by Julia Shaw Published by Random House Books

(ア)　空所(1)〜(5)に入れるのに最も適切な文を以下の a)〜 h)より選び，マークシートの(1)〜(5)にその記号をマークせよ。ただし，同じ記号を複数回用いてはならない。

a)　All this is not surprising
b)　But this process is imperfect
c)　This effect is incredibly robust
d)　However, it seems that the opposite is true
e)　This is without doubt a highly sensitive area
f)　This is also true when others verbalise things for us
g)　This effect extends to more complex memories as well
h)　This does not mean that verbalising is always a bad idea

(イ)　Jonathan Schooler らが発見したと言われていることの内容を，15〜20 語程度の英語で要約せよ。文章から答えを抜き出すのではなく，できるだけ自分の英語で答えよ。

2

(A)　次の，シェイクスピアの戯曲『ジュリアス・シーザー』からの引用を読み，二人の対話の内容について思うことを 40〜60 語の英語で述べよ。

引用

CASSIUS　Tell me, good Brutus, can you see your face?
BRUTUS　No, Cassius; for the eye sees not itself,
But by reflection, by some other things.

……

CASSIUS　I, your glass,
Will modestly discover to yourself

That of yourself which you yet know not of.

引用の和訳

キャシアス　どうだ，ブルータス，きみは自分の顔が見えるか？

ブルータス　いや，キャシアス，見えない。目は，反射によってしか，つまり他のものを通してしか自分自身を見ることができないから。

（中略）

キャシアス　私が，きみの鏡として，
きみ自身もまだ知らないきみの姿を，
あるがままにきみに見せてやろう。

(B)　以下の下線部を英訳せよ。

「現在の行動にばかりかまけていては，生きるという意味が逃げてしまう」と小林秀雄は語った。それは恐らく，自分が日常生活においてすべきだと思い込んでいることをやってそれでよしとしているようでは，人生などいつのまにか終わってしまうという意味であろう。

3

放送を聞いて問題(A)，(B)，(C)に答えよ。(A)と(B)は内容的に関連している。(C)は独立した問題である。(A)，(B)，(C)のいずれも2回ずつ放送される。

- 聞き取り問題は試験開始後45分経過した頃から約30分間放送される。
- 放送を聞きながらメモを取ってもよい。
- 放送が終わったあとも，この問題の解答を続けてかまわない。

(A)　これから放送するのは，あるラジオ番組の一部である。これを聞き，(6)～(10)の問いに対して，それぞれ最も適切な答えを一つ選び，マークシートの(6)～(10)にその記号をマークせよ。なお，放送の中で使われている umbilical cord という表現は「へその緒」という意味である。

(6)　According to Dr. Gisemba, what is one risk that the "Cord" system has traditionally protected against?

a) The risk of losing money due to theft.

b) The risk of getting involved in too many obligations.

c) The risk of harm to mother and child during pregnancy.

d) The risk of losing cattle due to extended periods without rain.

e) The risk of large-scale loss of cattle in a community-wide epidemic.

(7) Which of the following best describes the way the "Cord" system works in actual practice?

a) It is like the umbilical cord that connects a mother and her unborn child.

b) As with friendship groups, members can freely ask each other for favors.

c) Everyone is connected to one other person who will help in times of difficulty.

d) In times of trouble, people in the same network must volunteer to help each other.

e) Assistance is always given on request from anyone in your network when it is needed.

(8) What is the "puzzling fact" referred to by Dr. Gisemba?

a) Humans are the most generous animals.

b) Even chimpanzees are not generous to each other.

c) Small children try to help adults when they drop something.

d) Humans tend not to help others if there is no advantage to themselves.

e) When small children see an adult drop something, they know it is accidental.

(9) What is Dr. Gisemba's "main interest" in studying the Maasai?

a) The Maasai help us understand how herding cultures reduce risk.

b) The Maasai help us understand the development of human generosity.

c) The Maasai show how modern societies can preserve or increase generosity.

d) The Maasai are a good example of a culture in which generosity is a fundamental feature.

e) The Maasai show how a single system can protect a society against many different risks.

(10) Which sentence below best matches the main finding of the computer simulation ?

a) Generous individuals tend to live longer.

b) Generous societies are as successful as more selfish societies.

c) Individuals who are part of a family system live longer than those who are not.

d) Communities survive better when giving is practiced without expectation of being repaid.

e) When a very severe problem affects an entire community, giving generously can make things worse.

(B) これから放送するのは(A)のラジオ番組の続きである。これを聞き，(11)〜(15)の問いに対して，それぞれ最も適切な答えを一つ選び，マークシートの(11)〜(15)にその記号をマークせよ。

(11) What, according to Mr. Park, is the main danger of “giving freely”?

a) If people do not work, they will eventually become unemployable.

b) It encourages people to receive something without giving anything back.

c) People who are given things for free stop wanting to do

things for themselves.

d) In a society where free giving is very common, it stops being appreciated.

e) When people are given things for free, they gain no sense of accomplishment.

(12) What, according to Mr. Park, is one important way in which modern urban societies differ from Maasai society?

a) The Maasai have fewer material needs.

b) The Maasai have a stronger instinct for generosity.

c) The Maasai do not have a tax system to redistribute income.

d) The Maasai are more likely to be jealous of their neighbors' wealth.

e) The Maasai find it easier to know whether those around them are in trouble.

(13) According to Dr. Gisemba, how does the *kerekere* system in Fiji encourage generous behavior?

a) Fijians tend to be generous towards loyal friends.

b) Fijians tend to be generous to those who need the money most.

c) Fijians with a reputation for being generous tend to be rewarded.

d) Fijians work hard so that they can be more generous with their money.

e) Fijians with a reputation for being generous give away more money than others.

(14) Based on the conversation, which of these statements would Dr. Gisemba be most likely to agree with?

a) Society is becoming less kind towards the poor.

b) Societies where wealth can be easily hidden are less generous.

c) People are unlikely to try to cheat within systems of generosity.

d) Modern financial systems make it easier to redistribute money from rich to poor.

e) No society can be considered civilized as long as some people have excessive wealth.

(15) Based on the conversation, which of these statements does Mr. Park agree with ?

a) Governments should not help the poor.

b) The basic needs of the poor should be met by charities.

c) Systems of free giving may work in small communities.

d) The tax system should be replaced with voluntary donations.

e) We should not be more generous to friends than to strangers.

(C) これから放送するのは，海洋で見られるある現象に関する講義である。これを聞き，(16)～(20)の文それぞれの空所に入れるのに最も適切な表現を一つ選び，マークシートの(16)～(20)にその記号をマークせよ。

(16) Monster waves are more ______ than previously thought.

a) common　b) enormous　c) forceful

d) predictable　e) sudden

(17) Evidence suggests that the monster wave that hit the German cargo ship was at least ______ meters high.

a) 9　b) 12　c) 20

d) 26　e) 27

(18) In 2003, a survey using satellite images found 10 waves that were 25 meters or more in height within a period of ______.

a) one week　b) three weeks　c) ten weeks
d) one year　e) ten years

(19) The special claim of the new theory is that ______.

a) it is better to think of waves in terms of their energy
b) waves should not necessarily be treated as individuals
c) wave formation is even more unpredictable than we thought
d) individual waves can pass through or merge with other waves
e) an early warning system for monster waves will be difficult to develop

(20) The narrator suggests that, in the future, we may find ways to protect against the threat of monster waves, such as ______.

a) preventing their formation
b) increasing awareness of them among sailors
c) reducing the impact of global warming on ocean systems
d) designing structures that can withstand being hit by them
e) ensuring that fewer lives are lost when ships are sunk by them

4

(A) 次の英文の空所(21-22), (23-24), (25-26), (27-28)それぞれについて，最も自然な英語となるように与えられた語を並べ替えて，その3番目と6番目に来る単語の記号をマークシートの(21)～(28)にマークせよ。3番目の単語の記号と6番目の単語の記号を，それぞれその順にマークすること。ただし，それぞれ不要な語が一つずつ入っている。

The roots of the detective story go as far back as Shakespeare. But Edgar Allan Poe's tales of rational crime-solving created an important genre. His stories revolve around solving the puzzle of who committed the crime, (21-22) too.

The key figure in such a story is the detective. Poe's detective, Auguste Dupin, is a gentleman of leisure. He has no need to work. Instead, he keeps himself occupied by using "analysis" to help the real police solve crimes.

Even Arthur Conan Doyle, creator of Sherlock Holmes, had to acknowledge Poe's influence. Dupin, like Sherlock, smokes a pipe. He's also unnaturally smart and rational, a kind of superhero [(23-24)] great feats of crime-solving. And in both cases, the story's narrator, who is literally following the detective around, is his roommate.

Poe's formula appealed to the scientific spirit of the 19th century. That's because detective stories promised that [(25-26)] question. The detective story caught on because it promised that intelligence will triumph. The crime will be solved by the rational detective. Science will track down the [(27-28)] at night.

(21-22)

a) inviting	b) puzzle	c) readers
d) solve	e) the	f) them
g) to		

(23-24)

a) accomplish	b) is	c) of
d) powers	e) thinking	f) to
g) uses	h) who	

(25-26)

a) answer	b) any	c) could
d) hold	e) in	f) reasoning
g) the	h) to	

(27-28)

a) and	b) honest	c) let

d) nor e) sleep f) souls
g) troublemakers

(B) 次の英文を読み，下線部(ア)，(イ)，(ウ)を和訳せよ。なお，文章中の mammalという単語は「哺乳動物」を意味する。

As a class, birds have been around for more than 100 million years. They are one of nature's great success stories, inventing new strategies for survival, using their own distinctive brands of intelligence, which, in some respects at least, seem to far exceed our own.

Somewhere in the mists of deep time lived the common ancestor of all birds. Now there are some 10,400 different bird species—more than double the number of mammal species. In the late 1990s, scientists estimated the total number of wild birds on the planet. They came up with 200 to 400 billion individual birds. (ア)That's roughly 30 to 60 live birds per person. To say that humans are more successful or advanced really depends on how you define those terms. After all, evolution isn't about advancement; it's about survival. It's about learning to solve the problems of your environment, something birds have done surprisingly well for a long, long time. (イ)This, to my mind, makes it all the more surprising that many of us have found it hard to swallow the idea that birds may be bright in ways we can't imagine.

Birds learn. They solve new problems and invent novel solutions to old ones. They make and use tools. They count. They copy behaviors from one another. They remember where they put things. (ウ)Even when their mental powers don't quite match or mirror our own complex thinking, they often contain the seeds of it — insight, for instance, which has been defined as the sudden emergence of a complete solution without trial-and-error learning.

5

次の文章を読み，問いに答えよ。なお，文章の中で使われている sign language という表現は「手話」を意味する。

"Janey, this is Mr. Clark. He's going to take a look at the room under the stairs." Her mother spoke too slowly and carefully, so that Janey could be sure to read each word. She had told her mother many times that she didn't have to do this, but her mother almost always did, even in front of people, to her embarrassment.

Mr. Clark kept looking at Janey intently. Maybe, because of the way her mother had spoken, he suspected she was deaf. (A)It would be like her mother not to have mentioned it. Perhaps he was waiting to see if she'd speak so that he could confirm his suspicion. She simply left her silence open to interpretation.

"Will you show him the room?" her mother said.

She nodded again, and turned so that he would follow her. Directly ahead and beneath a portion of the stairs was a single bedroom. She opened the door and he walked past her into the room, turned, and looked at her. She grew uncomfortable under his gaze, though she didn't feel as if he were looking at her as a woman, the way she might once have wanted if it were the right man. She felt she'd gone past the age for romance. It was a passing she'd lamented, then gotten over.

"I like the room," he spelled out in sign language. "[(B29)]"

That was all. No conversation, no explanation about how he'd known for certain that she was deaf or how he'd learned to speak with his hands.

Janey came back to her mother and signed a question.

"He is a photographer," she said, again speaking too slowly. "Travels around the world taking pictures, he says."

"[(B30)]"

"Buildings."

＊　　　＊

Music was her entry into silence. She'd been only ten years old, sitting on the end of the porch above the steps, listening to the church choir. Then she began to feel dizzy, and suddenly fell backwards into the music.

She woke into silence nights later, there in her room, in her bed. She'd called out from her confusion as any child would, and her mother was there instantly. But something [(C)] wrong, or had not [(C)], except inside her where illness and confusion grew. She hadn't heard herself, hadn't heard the call she'd made—*Mama*. And though her mother was already gripping her tightly, she'd called out again, but only into silence, which is where she lived now, had been living for so many years that she didn't feel uncomfortable inside its invisibility. Sometimes she thought it saved her, gave her a separate place to withdraw into as far as she might need at any given moment—and (D)<u>there were moments</u>.

The floor had always carried her mother's anger. She'd learned this first as a little girl when her mother and father argued. Their words might not have existed as sound for her, but anger always caused its own vibration.

She hadn't been exactly sure why they argued all those years ago, but sensed, the way a child will, that it was usually about her. One day her mother found her playing in the woods behind their house, and when she wouldn't follow her mother home, her mother grabbed her by the arm and dragged her through the trees. She finally pulled back and shouted at her mother, not in words but in a scream that expressed all she felt in one great vibration. Her mother slapped her hard across her face. She saw her mother shaking and knew her mother loved her, but love was sometimes like silence, beautiful but hard to bear. Her father told her, (E)<u>"She can't help herself."</u>

*　　　　　　　　*

Weeks later, Mr. Clark said to Janey, "You might be able to help me."

"If I can," she spelled with her fingers.

"I'll need to [(F)] tomorrow. Maybe you can tell me some history about them."

She nodded and felt glad to be needed, useful in some small way. Then Mr. Clark asked her to accompany him to the old house at the top of Oakhill. "You might enjoy that. Some time away from here."

She looked toward the kitchen door, not aware at first why she turned that way. Perhaps she understood, on some unconscious level, what she hadn't a moment before. Her mother was standing there. She'd been listening to him.

When Janey turned back to him, she read his lips. "Why don't you go with me tomorrow?"

She felt the quick vibration of her mother's approach. She turned to her mother, and saw her mother's anger and fear, the way she'd always seen them. Janey drew in her breath and forced the two breath-filled words out in a harsh whisper that might have [(C)], for all she knew, like a sick child or someone dying: she said, "[(B31)]"

Her mother stared at her in surprise, and Janey wasn't sure if her mother was more shocked that she had used what was left of her voice, or at what she'd said.

"You can't. You just can't," her mother said. "I need you to help me with some things around the house tomorrow."

"No," she signed, then shook her head. "[(B32)]"

"You know good and well I do. There's cleaning to be done."

"It will [(G)]," she said and walked out before her mother could reply.

First published in the Sewanee Review, vol. 117, no. 3, Summer 2009. Reprinted with permission of the author and the editor.

(A)　下線部(A)を，文末の it の内容がわかるように訳せ。

(B)　空所(B29)～(B32)を埋めるのに最も適切な表現を次のうちから選び，

それぞれの記号をマークシートの(29)〜(32)にマークせよ。同じ記号を複数回用いてはならない。

a）　I'll go.　　　　　b）　I can't.　　　　　c）　I won't.

d）　Of what ?　　　　e）　I'll take it.　　　f）　You don't.

g）　Don't you dare.

(C)　本文中に3か所ある空所(C)にはいずれも同じ単語が入る。最も適切な単語を次のうちから一つ選び，その記号をマークシートの(33)にマークせよ。

a）　ended　　　　b）　gone　　　　c）　seemed

d）　sounded　　　e）　went

(D)　下線部(D)の後にさらに言葉を続けるとしたら，以下のもののうちどれが最も適切か。一つ選び，その記号をマークシートの(34)にマークせよ。

a）　given her when needed

b）　when she didn't feel uncomfortable

c）　when her mother would not let her go

d）　when she needed to retreat into silence

(E)　下線部(E)の内容を，She が誰を指すか，また，She のどのような行動を指して言っているのかわかるように説明せよ。

(F)　下に与えられた語を正しい順に並べ替え，空所(F)を埋めるのに最も適切な表現を完成させよ。ただし，すべての語を用い，どこか1か所にコンマを入れること。

about　　buildings　　I　　know　　ones　　photograph

something　　the　　the　　will

(G)　空所(G)を埋めるのに最も適切な単語を次のうちから一つ選び，その記号をマークシートの(35)にマークせよ。

a）　do　　　　b）　not　　　　c）　postpone

d）　wait

3 聞き取り問題放送用スクリプト

[問題(A)]

Interviewer：Welcome to another edition of *Window on the World*. My guest today is Dr. Abi Gisemba, who has recently returned from living for two years among the Maasai people of Eastern Africa. Dr. Gisemba, why don't you tell us about your research ?

Dr. Gisemba：Well yes. I suppose the theme is cooperation. My argument is that we humans have a kind of instinct to help each other.

Interviewer：And your experiences with the Maasai support that argument...?

Dr. Gisemba：Very much so. Traditional Maasai culture and society is based on herding. Wealth means cattle. But that wealth is under constant threat from thieves and lack of rain and so on, no matter how careful or hard-working you are.

Interviewer：I see.

Dr. Gisemba：However, Maasai culture has evolved a system which reduces the risk—a system of mutual obligations.

Interviewer：People have to help each other ?

Dr. Gisemba：Exactly. They call it *osotua*—the word *osotua* means the tube through which a pregnant woman gives her baby its essential nutrition before it's born.

Interviewer：Oh, you mean the umbilical cord.

Dr. Gisemba：Yes, the umbilical cord. That's why I call it the "Cord" system.

Interviewer：How does it work ?

Dr. Gisemba：Everyone has a kind of network of others they can ask for help. Anyone in the network can ask for help if they're in trouble, and the person asked is obliged to help.

Interviewer：Rather like our own friendship networks...?

Dr. Gisemba：No, it's much more fundamental, and it's taken much more seriously. Parents pass their Cord network down to their children. And no one keeps track of who asks or who gives. There is no expectation of being paid back.

Interviewer：Extraordinary...

Dr. Gisemba：This is an extreme example, but in fact humans seem to be more generous than other animals, more inclined to help others. And that is a puzzling fact. They help even if there's no advantage to the individual who helps. Did you know that if a small child—as young as 18 months perhaps—sees an adult drop something "accidentally," the child will pick the thing up for the adult, or try to alert the adult? Even our closest evolutionary relatives, chimpanzees, don't do that.

Interviewer：So your real interest is in people's tendency to help others?

Dr. Gisemba：Well, actually, my main interest is in understanding how that tendency might have evolved, which is where the Maasai come in.

Interviewer：Oh I see. And I believe you have a computer model...?

Dr. Gisemba：We ran a computer simulation that measured life expectancy in three different kinds of societies: no giving at all, giving with the expectation of being repaid, and finally, giving freely without expectation of return...

Interviewer：Like the "Cord" system...

Dr. Gisemba：Yes. And when we compared the simulated societies, we found that the "Cord" system produced the highest family survival rates.

Interviewer：So it does make sense, after all, from the evolutionary point of view?

Dr. Gisemba：The only exception is when the whole group faces some large-scale risk which threatens them all equally—a really serious epidemic, for example. In that situation, giving without expectation of return doesn't help. But in that situation, nothing helps, so giving generously does no worse.

[問題(B)]

Interviewer：Thank you, Dr. Gisemba. I'd like to turn to my second guest, Mr. Eugene Park, who chairs a conservative political group called "Self-Reliance." I wonder how you react, Mr. Park, to these ideas about giving freely, giving for nothing ?

Mr. Park：Well, Dr. Gisemba's research was very interesting, but there's a danger of making a false generalization here. Just because the Maasai practice giving freely doesn't mean that this system can be applied to other societies.

Interviewer：In fact, you believe that there are dangers in the kind of generosity Dr. Gisemba has described ?

Mr. Park：That's right. We believe that, as far as possible, people should provide for themselves, rather than depending on other people. If you just give people things freely without conditions — whether they work or not, whether they succeed or whether they fail — well, that encourages laziness, it encourages dependence. It sounds like heaven, but it doesn't work in the real world.

Interviewer：Dr. Gisemba, I wonder how you respond to that ?

Dr. Gisemba：Well, my research question was, why do humans have an instinct for generosity ? Mr. Park's question is, how should we organize society for the best ? These are two different questions...

Mr. Park：The problem is, some people are going to think, "If humans have an instinct for generosity, then governments ought to be generous too." Dr. Gisemba rightly sees that these issues are separate, but some people are going to make the jump—mistakenly—from her question to mine.

Interviewer：But some people might say, why not connect these questions ? If humans have an instinct to help one another, and if, as Dr. Gisemba has shown, societies that give freely are more likely to prosper, then why shouldn't governments be generous too ?

Mr. Park：Well, modern urban societies are organized very differently from Maasai society. If wealth is mainly in cattle, everyone can easily see whether a neighbor is truly in need or not. With us, wealth is often invisible, hidden in bank accounts for example, so it's easy for people who aren't really in need to cheat the system.

Dr. Gisemba：But systems of generosity can be found in other societies as well. Take Fiji, for example. In Fijian culture, wealth is easier to hide, yet they have a system which is very like the "Cord" system. It's called *kerekere*, which means "to request." In one experiment, fifty Fijian men were simply given an amount of money equal to a day's wages. On average, they only kept 12％ for themselves, and almost half gave all the money away.

Mr. Park：Of course, it's fine for people to give money away if they choose to. In fact, we think that the government should encourage donations to charities, churches, and so on. But if you just hand out money to anybody who asks, you reward the undeserving as well as the deserving.

Dr. Gisemba：But if you analyze the *kerekere* system, you find that the people who receive the most money from their friends are those who themselves have a good reputation for giving. So it seems that systems of generosity actually encourage honest behavior, rather than inviting people to "cheat the system."

Mr. Park：Well, another important difference is that Dr. Gisemba's research is based on small communities where people know each other. Maybe generosity works under these circumstances, but this is very different from a large government system that forces people to pay taxes to help others they've never met — the so-called "safety net." We think that this should provide only a basic minimum and no more.

Dr. Gisemba：I think there are good reasons to make the "safety net" as generous as we can afford. Firstly, we value fairness: life can be very unfair and we want to correct that if we can. Second, we want to live in a civilized society, and it's not civilized for large numbers of people to live below the poverty line.

Mr. Park：Of course, I'm not arguing that governments should let people who are genuinely in need starve to death. But it can't be right either for the government to force hard-working taxpayers to support people who could support themselves.

Interviewer：Well, I suppose politics has always been about finding a balance between competing philosophies. There we must end. But let me thank you both.

[問題(C)]

For centuries, sailors have told stories about monster waves, giant waves as tall as a 9- or 10-storey building that suddenly rise in the middle of the ocean, as if out of nowhere. And for centuries, those who live on land, having never seen them, have dismissed stories of these waves as fairy tales—exaggerations or outright fantasies—like the old stories of mermaids and dragons. But new evidence confirms that monster waves are real, and happen much more often than anyone thought.

In 1978, a German cargo ship disappeared in the middle of the Atlantic, with the loss of 27 crew. Investigators recovered a lifeboat that showed signs of having been struck by an extreme force. The lifeboats on that ship were stored 20 metres above the water.

Then, in 1995, a huge wave hit an oil drilling platform off Norway during a hurricane. Twelve-metre waves were hitting the platform. Everyone was inside to escape the storm, so no one saw the monster wave, but laser equipment measured it at 26 metres high.

According to the standard theory of how waves form, a wave that enormous should occur only once every 10,000 years.

Scientists were shocked and began using satellite images to locate and count these monster waves. A study of one three-week period in 2003, using 30,000 satellite images, found 10 waves that were 25 metres or more in height.

How can this phenomenon be explained? The standard theory treats waves as individuals that grow larger when one wave overtakes and merges with another. But a new theory suggests that waves can organize themselves into groups, which tend to stay together over time. According to that theory, waves within groups can pass energy to each other, creating terrifying waves like the ones that struck in 1978 and 1995. If this theory proves true, it might be possible to forecast these giants, and thus give an early warning to ships and oil platforms that are in danger.

The sea, as sailors have always known, is unpredictable, yet still we try to prepare for the most dangerous ocean events. Monster waves can do immense damage—another such wave sank an American cargo ship in October 2015, taking 33 lives. And as global warming pumps more energy into the earth's wind and ocean systems, these extraordinary events are likely to become more frequent. That is why new approaches are being developed to keep ships and oil platforms safe, including new designs that can survive the devastating impact of monster waves, waves that were once thought to exist only in the imagination of sailors.

日本史

（2 科目 150 分）

（注）　解答用紙は，横書きで〈地理歴史〉共通。1 行：30 字詰。

1　中国の都城にならって営まれた日本古代の宮都は，藤原京（694～710 年）にはじまるとされる。それまでの大王の王宮のあり方と比べて，藤原京ではどのような変化が起きたのか。律令制の確立過程における藤原京の歴史的意義にふれながら，解答用紙(イ)の欄に 6 行以内で説明しなさい。なお，解答には下に示した語句を一度は用い，使用した語句には必ず下線を引きなさい。

官僚制　　条坊制　　大王宮　　大極殿

2　次の(1)～(5)の文章を読んで，下記の設問 A・B に答えなさい。解答は，解答用紙(ロ)の欄に，設問ごとに改行し，設問の記号を付して記入しなさい。

(1)　『建武式目』第 6 条は，治安の悪化による土倉の荒廃を問題視し，人々が安心して暮らせるようにするためには，それらの再興が急務であるとうたっている。

(2)　室町幕府は，南北朝合体の翌年である 1393 年に土倉役・酒屋役の恒常的な課税を開始した。土倉役は質物数を，酒屋役は酒壺数を基準に賦課され，幕府の年中行事費用のうち年間 6000 貫文がここから支出された。

(3)　正長・嘉吉の土一揆は，土倉に預けた質物を奪い返したり，借用証書を焼くなどの実力行使におよんだ。嘉吉の土一揆は，それに加え，室町幕府に対して徳政令の発布も求めた。

(4)　室町幕府は，1441 年，嘉吉の土一揆の要求をうけて徳政令を発布したが，この徳政令は幕府に深刻な財政難をもたらした。

(5)　室町幕府は，1455年の賀茂祭の費用を「去年冬徳政十分の一，諸人進上分」によってまかなった。

設　問

A　室町幕府の財政にはどのような特徴があるか。その所在地との関係に注目して2行以内で述べなさい。

B　徳政令の発布が室町幕府に深刻な財政難をもたらしたのはなぜか。また，それを打開するために，幕府はどのような方策をとったか。あわせて3行以内で述べなさい。

3

1825年，江戸幕府は異国船打払令（無二念打払令）を出した。この前後の出来事に関して述べた，次の(1)～(5)の文章を読んで，下記の設問A・Bに答えなさい。解答は，解答用紙(ハ)の欄に，設問ごとに改行し，設問の記号を付して記入しなさい。

(1)　1823年，水戸藩領の漁師らは，太平洋岸の沖合でイギリスの捕鯨船に遭遇した。彼らは，その際に密かに交易をおこなったとの嫌疑を受け，水戸藩の役人により処罰された。

(2)　1824年，イギリス捕鯨船の乗組員が，常陸の大津浜に上陸した。幕府および水戸藩は，この事件への対応に追われた。

(3)　この異国船打払令を将軍が裁可するにあたり，幕府老中は，近海に出没する異国の漁船については，格別の防備は不要であるとの見解を，将軍に説明していた。

(4)　異国船打払令と同時に，幕府は関連する法令も出した。それは，海上で廻船や漁船が異国の船と「親しみ候」事態について，あらためて厳禁する趣旨のものであった。

(5)　1810年から会津藩に課されていた江戸湾の防備は1820年に免除され，同じく白河藩による防備は1823年に免除された。以後，江戸湾の防備は，浦賀奉行および房総代官配下の役人が担当する体制に縮小され，1825年以後になっても拡充されることがなかった。

設　問

A　異国船打払いを命じる法令を出したにもかかわらず，⑸のように沿岸防備を強化しなかった幕府の姿勢は，異国船に対するどのような認識にもとづいたものか。2 行以内で説明しなさい。

B　異国船打払令と同時に⑷の法令も出されたことから，幕府の政策にはどのような意図があったと考えられるか。3 行以内で述べなさい。

4

教育勅語は，1890 年に発布されたが，その後も時代の変化に応じて何度か新たな教育勅語が模索された。それに関する次の⑴・⑵の文章を読んで，下記の設問Ａ・Ｂに答えなさい。解答は，解答用紙㈡の欄に，設問ごとに改行し，設問の記号を付して記入しなさい。

⑴　先帝（孝明天皇）が国を開き，朕が皇統を継ぎ，旧来の悪しき慣習を破り，知識を世界に求め，上下心を一つにして怠らない。ここに開国の国是が確立・一定して，動かすべからざるものとなった。（中略）条約改正の結果として，相手国の臣民が来て，我が統治の下に身を任せる時期もまた目前に迫ってきた。この時にあたり，我が臣民は，相手国の臣民に丁寧・親切に接し，はっきりと大国としての寛容の気風を発揮しなければならない。

『西園寺公望伝』別巻 2（大意）

⑵　従来の教育勅語は，天地の公道を示されしものとして，決して謬《あやま》りにはあらざるも，時勢の推移につれ，国民今後の精神生活の指針たるに適せざるものあるにつき，あらためて平和主義による新日本の建設の根幹となるべき，国民教育の新方針並びに国民の精神生活の新方向を明示し給うごとき詔書をたまわりたきこと。

「教育勅語に関する意見」

設　問

A　⑴は，日清戦争後に西園寺公望文部大臣が記した勅語の草稿である。西園寺は，どのような状況を危惧し，それにどう対処しようとしたのか。3 行以内で述べなさい。

B　(2)は，1946年3月に来日した米国教育使節団に協力するため，日本政府が設けた教育関係者による委員会が準備した報告書である。しかし新たな勅語は実現することなく，1948年6月には国会で教育勅語の排除および失効確認の決議がなされた。そのようになったのはなぜか。日本国憲法との関連に留意しながら，3行以内で述べなさい。

世界史

（2 科目 150 分）

(注)　解答用紙は，横書きで〈地理歴史〉共通。1 行：30 字詰。

1　近現代の社会が直面した大きな課題は，性別による差異や差別をどうとらえるかであった。18 世紀以降，欧米を中心に啓蒙思想が広がり，国民主権を基礎とする国家の形成が求められたが，女性は参政権を付与されず，政治から排除された。学問や芸術，社会活動など，女性が社会で活躍する事例も多かったが，家庭内や賃労働の現場では，性別による差別は存在し，強まることもあった。

このような状況の中で，19 世紀を通じて高まりをみせたのが，女性参政権獲得運動である。男性の普通選挙要求とも並行して進められたこの運動が成果をあげたのは，19 世紀末以降であった。国や地域によって時期は異なっていたが，ニュージーランドやオーストラリアでは 19 世紀末から 20 世紀初頭に，フランスや日本では第二次世界大戦末期以降に女性参政権が認められた。とはいえ，参政権獲得によって，女性の権利や地位の平等が実現したわけではなかった。その後，20 世紀後半には，根強い社会的差別や抑圧からの解放を目指す運動が繰り広げられていくことになる。

以上のことを踏まえ，19～20 世紀の男性中心の社会の中で活躍した女性の活動について，また女性参政権獲得の歩みや女性解放運動について，具体的に記述しなさい。解答は，解答欄(イ)に 20 行以内で記述し，必ず次の 8 つの語句を一度は用いて，その語句に下線を付しなさい。

キュリー（マリー）	産業革命	女性差別撤廃条約（1979）
人権宣言	総力戦	第 4 次選挙法改正（1918）
ナイティンゲール	フェミニズム	

2 現在に至るまで，宗教は人の心を強くとらえ，社会を動かす大きな原動力となってきた。宗教の生成，伝播，変容などに関する以下の3つの設問に答えなさい。解答は，解答欄(ロ)を用い，設問ごとに行を改め，冒頭に(1)〜(3)の番号を付して答えなさい。

問(1)　インドは，さまざまな宗教を生み出し，またいくつもの改革運動を経験してきた。古代インドでは，部族社会がくずれると，政治・経済の中心はガンジス川上流域から中・下流域へと移動し，都市国家が生まれた。そして，それらの中から，マガダ国がガンジス川流域の統一を成し遂げた。こうした状況の中で，仏教やジャイナ教などが生まれた。また，これらの宗教はその後も変化を遂げてきた。これに関する以下の(a)・(b)・(c)の問いに，冒頭に(a)・(b)・(c)を付して答えなさい。

(a)　新たに生まれた仏教やジャイナ教に共通のいくつかの特徴を3行以内で記しなさい。

(b)　仏教やジャイナ教などの新宗教が出現する一方で，従来の宗教でも改革の動きが進んでいた。その動きから出てきた哲学の名称を書きなさい。

(c)　紀元前後になると，仏教の中から新しい運動が生まれた。この運動を担った人々は，この仏教を大乗仏教と呼んだが，その特徴を3行以内で記しなさい。

問(2)　中国においては，仏教やキリスト教など外来の宗教は，時に王朝による弾圧や布教の禁止を経ながらも，長い時間をかけて浸透した。これに関する以下の(a)・(b)の問いに，冒頭に(a)・(b)を付して答えなさい。

(a)　図版1は，北魏の太武帝がおこなった仏教に対する弾圧の後に，都の近くに造られた石窟である。この都の名称と石窟の名称を記し，さらにその位置を図版2のA〜Cから1つ選んで記号で記しなさい。

図版1

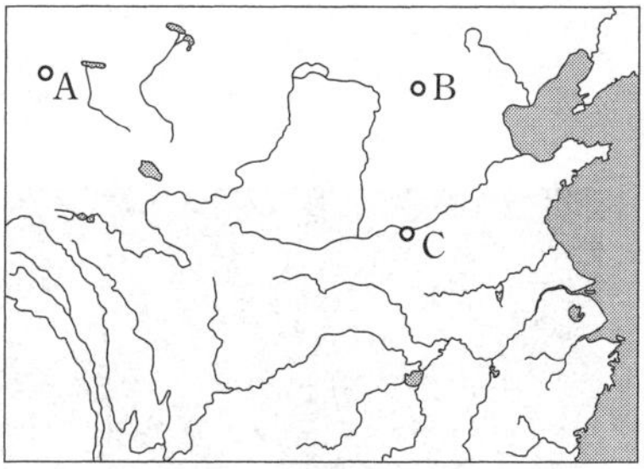

図版2

＊図版1は，編集の都合上，類似の写真と差し替えています。
（写真提供：ユニフォトプレス）

(b)　清朝でキリスト教の布教が制限されていく過程を3行以内で記しなさい。

問(3)　1517年に始まる宗教改革は西欧キリスト教世界の様相を一変させたが，教会を刷新しようとする動きはそれ以前にも見られたし，宗教改革開始以後，プロテスタンティズムの内部においても見られた。これに関する以下の(a)・(b)の問いに，冒頭に(a)・(b)を付して答えなさい。

(a)　13世紀に設立されたフランチェスコ会（フランシスコ会）やドミニコ会は，それまでの西欧キリスト教世界の修道会とは異なる活動形態をとっていた。その特徴を2行以内で記しなさい。

(b)　イギリス国教会の成立の経緯と，成立した国教会に対するカルヴァン派（ピューリタン）の批判点とを，4行以内で記しなさい。

3

世界史において，ある地域の政治的・文化的なまとまりは，文字・言語や宗教，都市の様態などによって特徴づけられ，またそれらの移り変わりに伴って，まとまりの形も変化してきた。下に掲げた図版や地図，資料を見ながら，このような，地域や人々のまとまりとその変容に関する以下の設問(1)～(10)に答えなさい。解答は解答欄(ハ)を用い，設問ごとに行を改め，冒頭に(1)～(10)の番号を付して記しなさい。

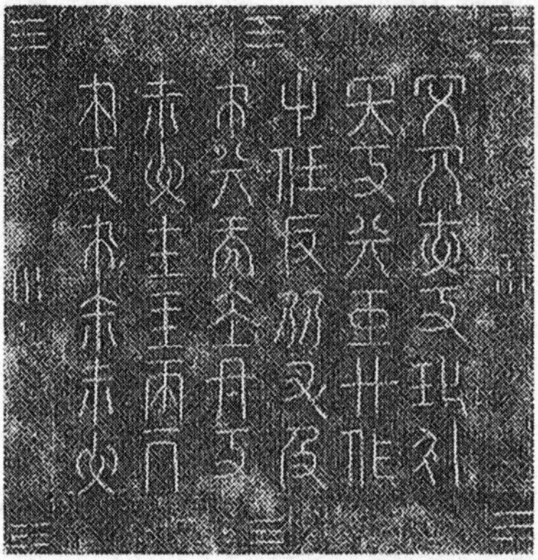

図版 a

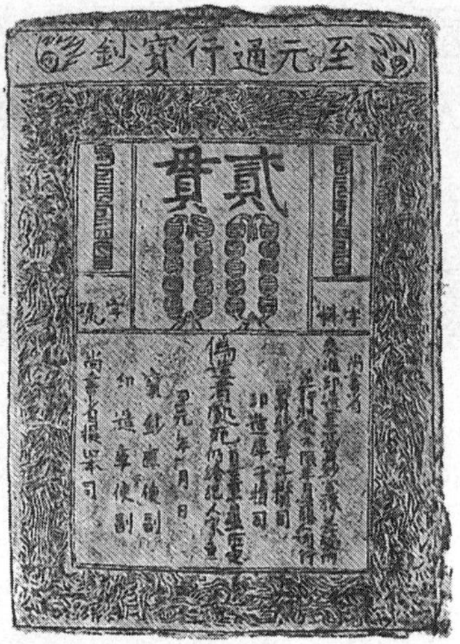

図版 b

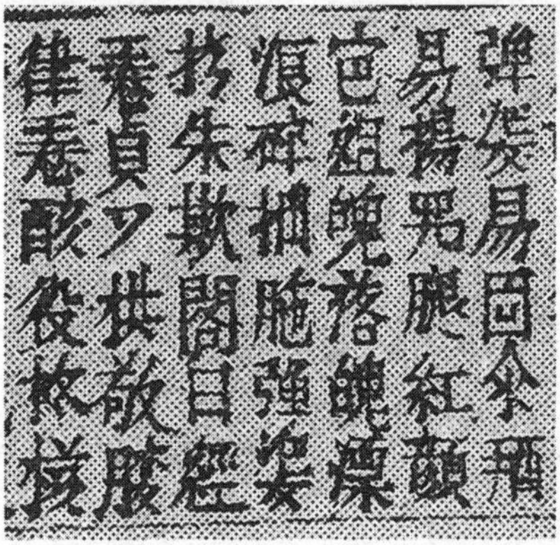

図版 c

問(1)　10〜13 世紀頃のユーラシア東方では，新たに成立した王権が，独自の文字を創出して統治に用いるという事象が広く見られた。図版 a は，10 世紀にモンゴル系の遊牧国家が創り出した文字である。この国家が，南に接する王朝から割譲させた領域を何というか，記しなさい。

問(2)　13 世紀にモンゴル高原に建てられた帝国は，周囲の国家をつぎつぎに併合するとともに，有用な制度や人材を取り入れた。図版 b は，この帝国が，滅ぼした国家の制度を引き継いで発行した紙幣であり，そこには，領内から迎えた宗教指導者に新たに作らせた文字が記されている。その新たな文字を何というか，記しなさい。

問(3)　図版 c に含まれるのは，インドシナ半島で漢字を基にして作られた文字であり，13 世紀に成立した王朝の頃に次第に用いられるようになった。この王朝は，その南方にある，半島東岸の地域に領域を拡大している。漢字文化圏とは異なる文化圏である，その領域にあった国を何というか，記しなさい。

地図

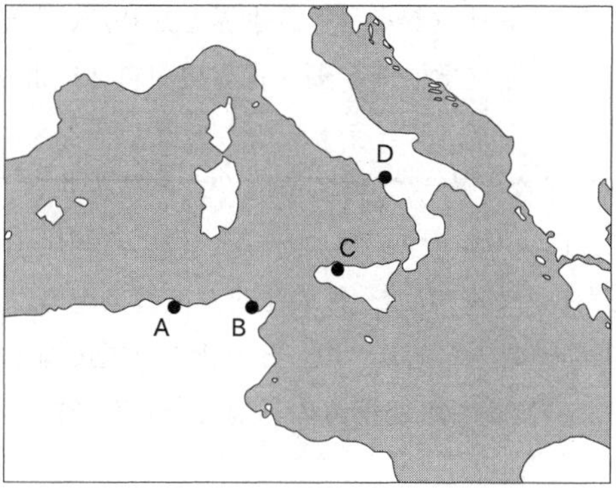

問(4)　430 年，地図中の都市 A の司教は，攻め寄せてきた部族集団に包囲される中，その生涯を閉じた。(a)若い頃にマニ教に関心を示し，その膨大な著作が中世西欧世界に大きな影響を及ぼした，この司教の名前を記しなさい。(b)また，この攻め寄せてきた部族集団は数年後には都市 B も征服した。この部族集団名を記しなさい。解答に際しては，(a)・(b)それぞれについて改行して記述しなさい。

問(5) 次の資料は，地図中の都市Cに関する1154年頃の記述である。下線部①は，直前の時期に起きたこの都市の支配者勢力の交替に伴って，旧来の宗教施設[あ]が新支配者勢力の信奉する宗教の施設に変化したことを述べている。この変化を1行で説明しなさい。

アル=カスル地区は，いにしえの城塞地区で，どこの国でもそう呼ばれている。三つの道路が走っており，その真ん中の通りに沿って，塔のある宮殿，素晴らしく高貴な館，多くの[あ]，商館，浴場，大商人の店が立ち並んでいる。残りの二つの通りに沿っても美しい館，そびえ立つ建物，多くの浴場，商館がある。この地区には，①大きな[あ]，あるいは少なくともかつて[あ]とされた建物があり，今は昔のようになっている。

イドリーシー『遠き世界を知りたいと望む者の慰みの書』
（歴史学研究会編『世界史史料2』より，一部表記変更）

問(6) ウルグアイなど南米で勇名を馳せたある人物は，1860年9月に地図中の都市Dに入り，サルデーニャ王国による国民国家建設に大きな役割を果たした。その一方で，彼の生まれ故郷の港町は同年4月にサルデーニャ王国から隣国に割譲され，その新たな国民国家に帰属することはなかった。この割譲された港町の名前を記しなさい。

問(7) 地図中の都市Aを含む地域は近代以降植民地とされていたが，20世紀後半に起きたこの地域の独立運動とそれに伴う政情不安が契機になり，宗主国の体制が転換することになった。この転換した後の体制の名称を記しなさい。

資料X

世界で[い]のようにすばらしい都市は稀である。…[い]は，②信徒たちの長ウスマーン閣下の時代にイスラームを受容した。…ティムール=ベグが首都とした。ティムール=ベグ以前に，彼ほどに強大な君主が[い]を首都としたことはなかった。

バーブル（間野英二訳）『バーブル=ナーマ』（一部表記変更）

資料Y

ティムールがわれわれに最初の謁見を賜った宮殿のある庭園は，ディルクシャーと呼ばれていた。そしてその周辺の果樹園の中には，壁が絹かもしくはそれに似たような天幕が，数多く張られていた。…今までお話ししてきたこれらの殿下（ティムール）の果樹園，宮殿などは，［い］の町のすぐ近くにあり，そのかなたは広大な平原で，そこには河から分かれる多くの水路が耕地の間を貫流している。その平原で，最近，ティムールは自身のための帳幕を設営させた。

クラヴィホ（山田信夫訳）『ティムール帝国紀行』（一部表記変更）

問(8)　次の図ア～エのうち，資料X・Yで述べられている都市［い］を描いたものを選び，その記号を記しなさい。

ア

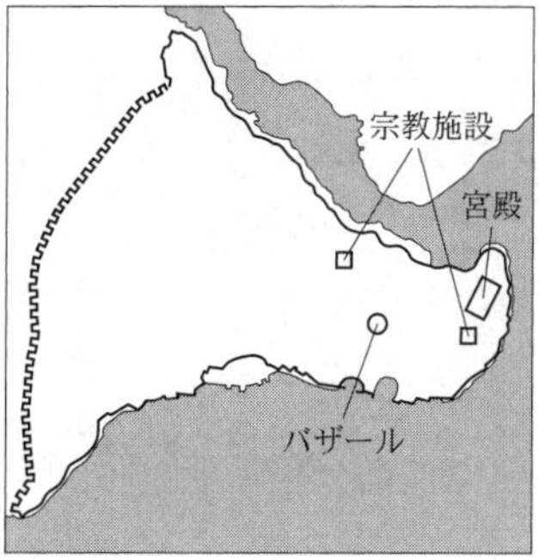

イ

ウ

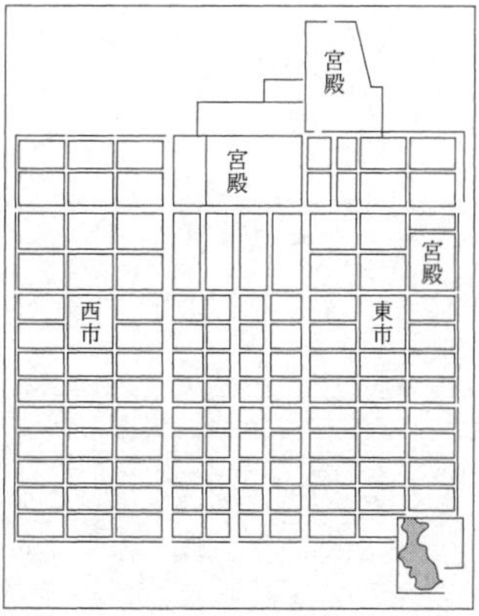

エ

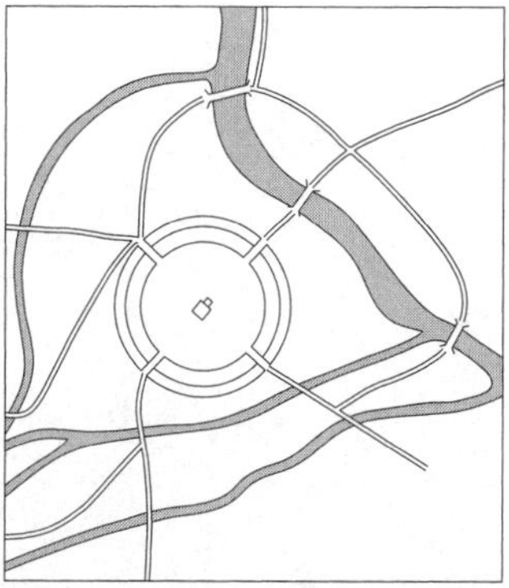

問(9)　(a)資料X中の下線部②の記述は正確ではないが，[い]を含む地域において，住民の信仰する宗教が変わったことは事実である。この改宗が進行する以前に，主にゾロアスター教を信仰し，遠距離商業で活躍していた，この地域の人々は何と呼ばれるか，その名称を答えなさい。
(b)また，下線部②に記されている人物を含む，ムスリム共同体の初期の4人の指導者は特に何と呼ばれるか，その名称を記しなさい。解答に際しては，(a)・(b)それぞれについて改行して記しなさい。

問(10)　資料Xは，もと[い]の君主であった著者の自伝である。この著者が創設した王朝の宮廷で発達し，現在のパキスタンの国語となった言語の名称を記しなさい。

地理

（2科目150分）

（注） 解答用紙は，横書きで〈地理歴史〉共通。1行：30字詰。

1

地球環境と気候に関する以下の設問Ａ～Ｂに答えなさい。解答は，解答用紙の(イ)欄を用い，設問・小問ごとに改行し，設問記号・小問番号をつけて記入しなさい。

設問Ａ

次の図１－１は，ハワイのマウナロアで観測された1958年から2017年までの，大気中の二酸化炭素濃度の変化を月単位で示したものである。二酸化炭素濃度は，増加と減少を繰り返しながら，全体としては増加している。この図をみて，以下の問いに答えなさい。

(1) 二酸化炭素濃度が全体として増加しているのは，主に２つの人間活動によっている。どのような活動か，１行で述べなさい。

(2) 大気中の二酸化炭素濃度が，細かく増加と減少を繰り返している現象は，どのような原因で起こっているか。２行以内で述べなさい。

(3) 図１－２は，今世紀の二酸化炭素濃度増加のシナリオである。ＡとＤは，それぞれ人間活動と地球環境がどのようになることを予想したシナリオか。以下の語句をすべて使用して，あわせて３行以内で述べなさい。語句は繰り返し用いてもよいが，使用した箇所には下線を引くこと。

エネルギー　　気温　　固定

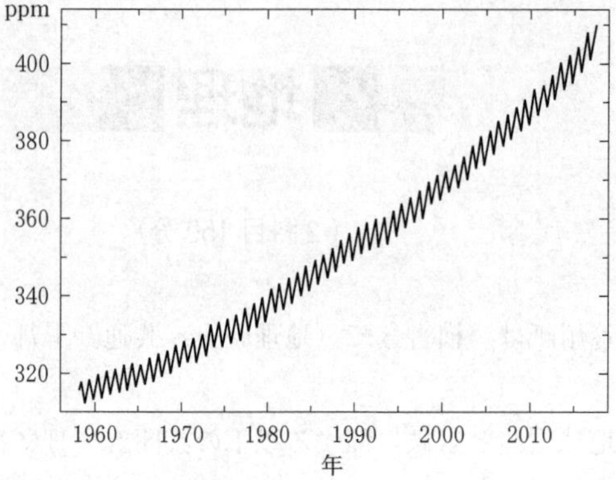

図１―１

1958 年 3 月から 2017 年 5 月までの大気二酸化炭素濃度の変化(ppm)。

米国海洋大気庁による。

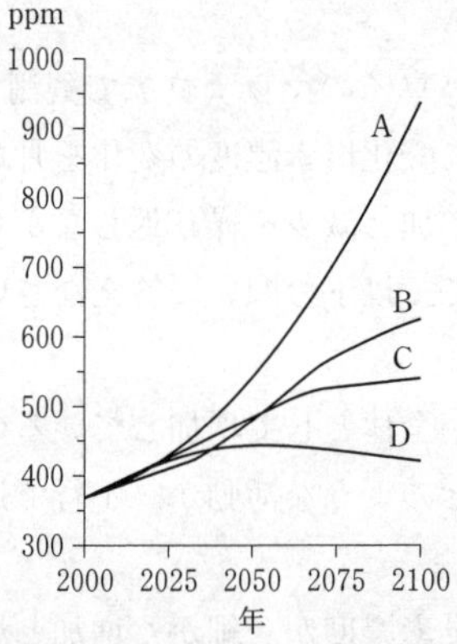

図１―２

異なるシナリオに基づいて予想された，今世紀の大気中の二酸化炭素濃度変化(ppm)。

気候変動に関する政府間パネル第 5 次評価報告書に基づく。

設問Ｂ

図１―３は，1848 年以降に発生した世界の熱帯低気圧の経路を示した地図である。経路の線の色は熱帯低気圧の強度を示し，白いほど弱く，灰色が濃いほど強い。図１―４は，1970 年に発生した熱帯低気圧のみの経路を例示している。

(1)　強い熱帯低気圧には地域別の名称があり，日本を含む東〜東南アジアに襲来するものは台風と呼ばれている。他の２つの代表的な名称と，それが使われる地域を「台風ー東〜東南アジア」のように記しなさい。

(2)　熱帯低気圧は赤道付近を除く熱帯〜亜熱帯の海上で発生し，その後は，北上または南下するが，北半球では進路の方向が最初は北西で次に北東に変わり，南半球では最初は南西で次に南東に変わる傾向がある。このような変化が生じる理由を１行で述べなさい。

(3)　南米大陸の周辺の海では熱帯低気圧がほとんど発生しない。この理由を１行で述べなさい。

(4)　今後，地球環境の変化により熱帯低気圧の強度や発生頻度が変化する可能性が指摘されている。しかし，仮に熱帯低気圧の強度や発生頻度が増大しなくても，熱帯低気圧が原因で被災する人が世界的に増えると予測されている。このような予測が行われる理由となっている自然や社会の今後の変化を，２行以内で述べなさい。

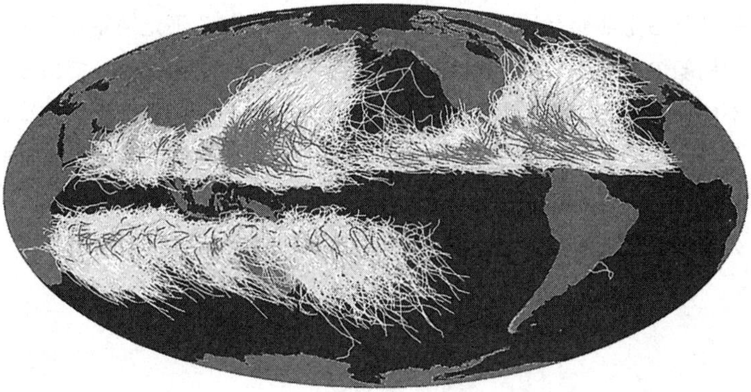

図１―３

米国海洋大気庁による。

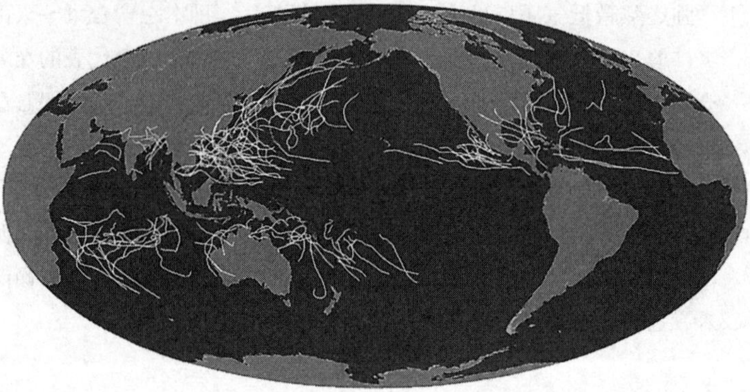

図1―4

米国海洋大気庁による。

2

世界で見られる，海域をはさんだ地域のつながりに関する以下の設問A～Bに答えなさい。解答は，解答用紙の(ロ)欄を用い，設問・小問ごとに改行し，設問記号・小問番号をつけて記入しなさい。

設問A

国際海運（外航海運）の形態には，あらかじめ航路や日程を定めて運航される定期船と，それを定めないで運航される不定期船とがあるが，定期船の多くは，コンテナを用いて貨物を運ぶコンテナ船である。一方，不定期船の多くは，大量の液体を運ぶタンカーや，鉱石や穀物などの梱包されていない貨物を運ぶ船舶である。それらは，ばら積み船と総称されている。ばら積み船のうち，タンカーや鉱石専用船は非常に大型のものが多い。

(1)　表2－1は，2000年と2014年のいずれかで，コンテナ取扱量が世界第5位までの港湾について，両年次の世界順位と2014年のコンテナ取扱量を示している。この表を見ると，2000年に世界1位であった香港は，2014年には4位になったのに対し，2000年に2位であったシンガポールは2014年でも2位と順位を保っている。両港でこのような違いが生じた理由として考えられることを，下記の語句をすべて用いて，2行以内で述べなさい。語句は繰り返し用いてもよいが，使用した箇所には下線を引くこと。

製品　　中継　　経済発展

表2－1

2014年 世界順位	2000年 世界順位	港湾名	2014年取扱量 (千TEU)
1	6	上　海	35,285
2	2	シンガポール	33,869
3	11	深　圳	24,037
4	1	香　港	22,283
5	—	寧　波	19,430
6	3	釜　山	18,678
11	5	ロッテルダム	12,297
13	4	高　雄	10,590

TEUは20フィートコンテナ換算の個数。
「—」はデータなし。
国土交通省『海事レポート』各年版による。

(2) 表2－2は，世界における主要なばら積み船輸送を，品目毎に出発国（地域）と到着国（地域）の組み合わせとして示している。表中の(ア)(イ)はそれぞれ1つの国である。その国名を(ア)－○のように答えなさい。

表2―2

(2014年)

品　名	出発国(地域)	到着国(地域)	輸送量(百万トン)
原　油	中　東	中　国	160
	中　東	日　本	143
	中　東	韓国・台湾	141
鉄鉱石	(ア)	中　国	548
	(ア)	日　本	83
	(ア)	韓国・台湾	67
	(イ)	中　国	173
	(イ)	日　本	37
原料炭	(ア)	東アジア	89
	北アメリカ	東アジア	32
一般炭	インドネシア	東アジア	187
	インドネシア	インド	133
	(ア)	東アジア	213
穀　物	北アメリカ	東アジア	66
	南アメリカ	東アジア	53

国土交通省『海事レポート 2016』による。

(3) 2016年6月に，9年の工期を要したパナマ運河拡張工事が完了した。これまでより運河の幅や水深が大きくなり，非常に大型の船舶以外は通行が可能になった。これによって，東アジアの輸出入品輸送はどのような影響を受けると考えられるか。輸出品と輸入品の例をあげ，下記の語句をすべて用いて，あわせて3行以内で述べなさい。語句は繰り返し用いてもよいが，使用した箇所には下線を引くこと。

コンテナ船　　ばら積み船　　陸上輸送　　輸送費

アメリカ大陸

設問B

インド洋を取り巻く地域では，古くから交易や文化的交流，人の移動が盛んに行われてきた。

(1) イスラームは，西アジアのアラビア半島に起源を持つ宗教であるが，西アジアには，イスラーム大国とされるイランも含め，ムスリム人口が1億を超える国は存在しない。これに対し，東南アジアには，2億を超える世界最大のムスリム人口を擁するA国，南アジアには1億を超えるムスリム人口を擁するB国，パキスタン，バングラデシュが存在する。A国，B国の国名を，A—○，B—○のように答えた上で，イランとA国の，国の統治のあり方の違いを，宗教の位置づけに注目して2行以内で述べなさい。

(2) インド洋を取り巻く地域には，南アジア以外にも，インド系住民が人口の数％～10％弱を占め，それなりの存在感を示す国々が存在する。東南アジアのマレーシアとシンガポール，アフリカ大陸部の南アフリカ共和国等がそれに該当する。マレーシアや南アフリカ共和国にインド系住民が多数居住するようになった歴史的背景を，下記の語句をすべて用いて2行以内で述べなさい。語句は繰り返し用いてもよいが，使用した箇所には下線を引くこと。

さとうきび　　ゴム

(3) インド洋を取り巻く国々は，1997年に「環インド洋連合（IORA）」を組織し，貿易・投資の促進など域内協力推進を図っている。東南アジア諸国からアフリカ東南部インド洋沿岸諸国に対して，今後，どのような分野での貿易や投資が活発になっていくと考えられるか。両地域の経済発展の状況を踏まえ，その理由とともに，2行以内で述べなさい。

3　人口と都市に関する以下の設問A～Cに答えなさい。解答は，解答用紙の(ハ)欄を用い，設問・小問ごとに改行し，設問記号・小問番号をつけて記入しなさい。

設問A

国勢調査の結果によると，2010年～15年の5年間で人口が増加したのは8都県のみであった。図3－1は，そのうちの4つの都県について，1985年以降の5年毎の人口増減率を示している。また，図3－2は，2010年～15年の都道府県別の人口増減率を示している。これらの図をみて，以下の問いに答えなさい。

(1)　図3－1のA，B，C，Dは，埼玉県，沖縄県，東京都，福岡県のいずれかである。それぞれの都県名を，A－○のように答えなさい。

(2)　図3－2で，山梨県と和歌山県では，周囲の都府県と比べて，人口減少率が相対的に大きくなっている。これらの2県で，そのようになった共通の理由として考えられることを，下の語群の中から適当な用語2つ以上を用いて，2行以内で述べなさい。語句は繰り返し用いてもよいが，使用した箇所には下線を引くこと。

(3)　図3－2において，沖縄県と北海道を除く地方圏について，人口減少率の大小を比較すると，①全国的には，北関東などの三大都市圏に近い県では人口減少率が相対的に小さく，北東北や四国などの遠い県では人口減少率が大きくなること，②同じ地方ブロック内でも，県によって人口減少率に差異があることの2点がみてとれる。これらの点が生じた理由として考えられることを，下の語群の中から適当な用語2つ以上を用いて，あわせて3行以内で述べなさい。語句は繰り返し用いてもよいが，使用した箇所には下線を引くこと。

語　群

移動	距離	過疎化	広域中心	工業化
高速交通	地形	都市規模	農村	半島

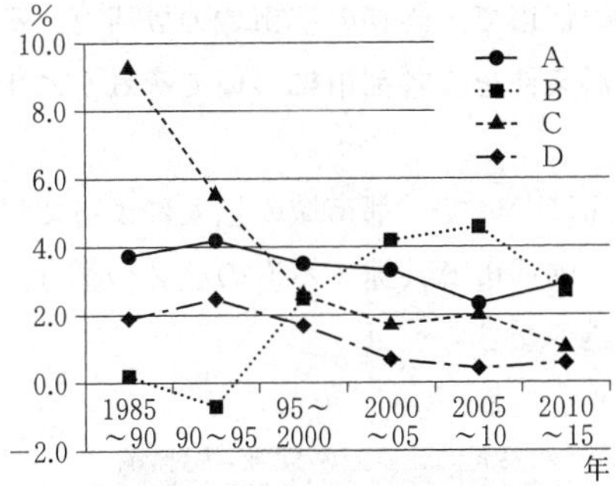

図3—1

国勢調査による。

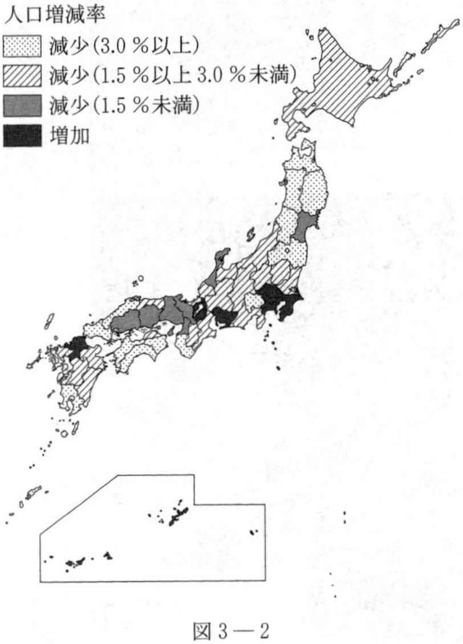

図3—2

国勢調査による。

設問B

図3—3は，日本の3つの地方都市，鹿児島，広島，金沢における地表起伏を陰影で，また，人口集中地区の範囲（2015年現在）をドットで示した地図である。地図には各都市の主要な城跡の位置も示しているが，それぞれの都市域は，この城跡の付近から拡大し始めたと考えられる。

(1)　これら３つの都市で，当初の都市域の場所と，その後，拡大していった場所の地形条件を，各都市についてそれぞれ１行で述べなさい。

(2)　広島と鹿児島において，都市域の拡大によって増大した自然災害のリスクのうち，両都市で共通するものを２つ挙げ，その特徴をあわせて２行以内で述べなさい。

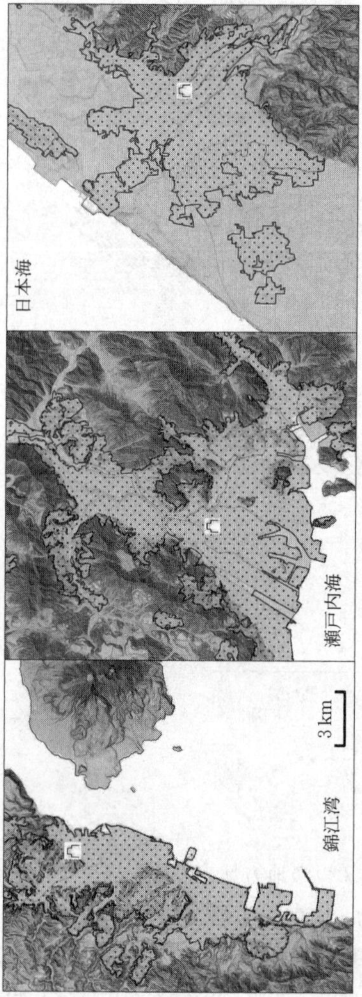

図３—３

地理院地図による。
縮尺は全て共通。

設問C

Ｔさんとさんは，それぞれ家族４人で地方に住んでいるが，転勤のため４月からある大都市に引っ越すことになった。２人の会話を読み，以下の問いに答えなさい。

Ｔさん：「引っ越しの時期が近づいてきましたね。Ｕさんは４月から住む場所はもう決めましたか？」
Ｕさん：「いま探しているところです。Ｔさんはどの辺りに住みたいと思っていますか？」
Ｔさん：「わたしは都心のターミナル駅や繁華街の周辺に憧れたりするのですが，家賃が高くてなかなか住めないですね。」
Ｕさん：「そうですね。都心はデパートや専門店，劇場なども多くあって便利だけれど，家賃を考えると部屋を借りるのはちょっと大変ですね。」
Ｔさん：「都心から電車で20分ぐらい離れた場所は，通勤や通学にも便利でいいですかね？　それでもまだ家賃は高そうですね。」
Ｕさん：「都心からさらに離れた郊外に住むということも考えられますね。」
Ｔさん：「あと，家から最寄り駅までの移動を考えると，駅からあまり遠くない方がいいですね。」
Ｕさん：「それと，毎日の買い物のことを考えると，家の近くにスーパーマーケットや食料品店があると便利ですね。」
Ｔさん：「そうですね。都心のデパートに行ってする買い物と，近所のスーパーでする買い物は違うものですね。都心の繁華街の楽しさや便利さと，日常生活の暮らしやすさや便利さは，また別の種類のものかもしれないですね。」
Ｕさん：「そういえば，このようなことを地理の授業で習った記憶がありますね。身近な話題でもあるんですね。」

(1) 上記の会話で２人が話している内容をふまえて，大都市の土地利用と生活圏との関係を，以下の語句をすべて用いて，３行以内で述べなさい。語句は繰り返し用いてもよいが，使用した箇所に下線を引くこと。

地価　　　生鮮食品　　　中心業務地区

(2) 大都市での日常の買い物についてみた場合，かつてはその利便性が確保されていたにもかかわらず，最近では，居住者が日用品の購入に不便や困難を感じるようになった地域も発生している。こうした地域が生じている理由について，２行以内で述べなさい。

数学

（100 分）

1　座標平面上に放物線 C を

$$y=x^2-3x+4$$

で定め，領域 D を

$$y \geqq x^2-3x+4$$

で定める。原点をとおる 2 直線 l，m は C に接するものとする。

(1)　放物線 C 上を動く点Aと直線 l，m の距離をそれぞれ L，M とする。$\sqrt{L}+\sqrt{M}$ が最小値をとるときの点Aの座標を求めよ。

(2)　次の条件をみたす点 $\mathrm{P}(p,\ q)$ の動きうる範囲を求め，座標平面上に図示せよ。

条件：領域 D のすべての点 $(x,\ y)$ に対し不等式 $px+qy \leqq 0$ がなりたつ。

2　数列 a_1，a_2，… を

$$a_n=\frac{{}_{2n}\mathrm{C}_n}{n!} \quad (n=1,\ 2,\ \cdots)$$

で定める。

(1)　a_7 と 1 の大小を調べよ。

(2)　$n \geqq 2$ とする。$\dfrac{a_n}{a_{n-1}}<1$ をみたす n の範囲を求めよ。

(3)　a_n が整数となる $n \geqq 1$ をすべて求めよ。

3

$a>0$ とし,

$$f(x)=x^3-3a^2x$$

とおく。

(1) $x \geqq 1$ で $f(x)$ が単調に増加するための，a についての条件を求めよ。

(2) 次の２条件をみたす点 $(a,\ b)$ の動きうる範囲を求め，座標平面上に図示せよ。

条件１：方程式 $f(x)=b$ は相異なる３実数解をもつ。

条件２：さらに，方程式 $f(x)=b$ の解を $\alpha<\beta<\gamma$ とすると $\beta>1$ である。

4

放物線 $y=x^2$ のうち $-1 \leqq x \leqq 1$ をみたす部分を C とする。座標平面上の原点Oと点 $\mathrm{A}(1,\ 0)$ を考える。

(1) 点Pが C 上を動くとき，

$$\overrightarrow{\mathrm{OQ}}=2\overrightarrow{\mathrm{OP}}$$

をみたす点Qの軌跡を求めよ。

(2) 点Pが C 上を動き，点Rが線分OA上を動くとき，

$$\overrightarrow{\mathrm{OS}}=2\overrightarrow{\mathrm{OP}}+\overrightarrow{\mathrm{OR}}$$

をみたす点Sが動く領域を座標平面上に図示し，その面積を求めよ。

て親は動物を与える。子供は掌《てのひら》に乗るほどの小型自動車と、一日中車を回転させている二十日鼠《はつかねずみ》とはきちんと区別をしている。本来はどちらかを選ばせるということのできない別種のものである。小型自動車とは子供は対話をしない。そこまで言うと、エ子供がしている小動物との対話の意味がそろそろ理解されてくる。人形に向って子供はよく話しかけるが、それは大人の真似《まね》に過ぎない。動物との大切な対話は沈黙のうちに行われているのが普通である。名前をつけてその名をよび、餌を与えたり叱ったりしている時は人形への話しかけと同じである。それは大した問題にはならない。

その、沈黙の間に行われる対話の聞こえる耳を持っている者は、残念ながら一人もいない。

（串田孫一『緑の色鉛筆』による）

〔注〕　○シートン――Ernest Thompson Seton（一八六〇～一九四六）。アメリカの作家・博物学者。
○ファーブル――Jean-Henri Fabre（一八二三～一九一五）。フランスの昆虫学者。
○プロヴァンス――Provence　フランスの南東部の地方の名。

設　問

(一)「お膳立てのでき過ぎた与え方は効果が薄れ、時には逆の効果の現われる虞れもある」（傍線部ア）とあるが、それはなぜか、説明せよ。　（解答欄：一三・五センチ×二行）

(二)「人間性の匂い豊かな舞台で演じられた芝居のように書かれている」（傍線部イ）とはどういうことか、説明せよ。　（解答欄：一三・五センチ×二行）

(三)「この少年を動物愛護の模範生のように扱う人がいたら、その思い違いを嘲う」（傍線部ウ）とあるが、なぜ嘲うのか、説明せよ。　（解答欄：一三・五センチ×二行）

(四)「子供がしている小動物との対話」（傍線部エ）とはどういうことか、説明せよ。　（解答欄：一三・五センチ×二行）

上がりに変貌しやすい。

親の眼に残酷に映る子供の行動には必ず何か別の意味が含まれている。残酷な行為だと親に教えられるよりも、自分からそれを感得する方がどれほど値打ちがあるかをまず考えることである。それが親にとっては一番難しいところかもしれない。

動物と子供との間には、特殊な対話がある。だが、それを題材にして大人が創った物語にはかなり用心しなければならない。それらの大部分はイ人間性の匂い豊かな舞台で演じられた芝居のように書かれているからだ。シートンの『動物記』を子供に与えていいものかと躊躇《ちゅうちょ》している親は、この本をかなりよく読み、大事なところを読み落としていない。

ファーブルは子供のような人であった。昆虫の気持ちを知ろうとしてしばしば苛立《いらだ》ち、プロヴァンスの畑の中で、時々は残酷とも見えることをしていた。

動物をじっと見ている子供に、最初から何が何でも動物愛護の精神を期待したり、生命の尊重を悟らせようとしてもそれは無理である。蚤《のみ》を飼育してみようと思い立ったある少年は、蚤の食事の時間を決めて、自分の腕にとまらせて血を与えた。その方法は自分の皮膚の最もやわらかい部分を毒虫に提供し、時計を見ながら何分後には虫が毒針を刺した部分がウどんな変化を見せたかを記録しているファーブルの思いつきによく似ている。

この少年を動物愛護の模範生のように扱う人がいたら、その思い違いを嘲《あざわら》う。それよりも蚤を飼育する子供を黙って見護《みまも》っていた親を讃《ほ》めなければならない。

親はしばしば子供に玩具の一つとして小動物を与える。愛玩用として選ばれたさまざまの小動物の多くは、その親子の犠牲になる。犠牲のすべてを救い出そうとする憐愍《れんびん》の情は、直接何の関係もない第三者が抱いて、それによって批評をするものである。その批評に耳を傾けてみると、子供と動物との間での対話がどの程度大切なものかを忘れているか、さもなければ見誤っている。

対話という言葉もある雰囲気は持っているがそれだけにごまかしが含まれていてあまり使いたくない。玩具の一種とし

四

次の文章を読んで、後の設問に答えよ。

有袋類は胎生であって胎盤がない。そのために胎児は不完全な発育状態で生まれてしまう。カンガルウは受胎してから約四十日後には生まれるが、そのままでは育たないので、育児嚢《のう》という袋があって、生まれた子供は多分自力でその袋の中にもぐり込んで発育を続ける。

これは動物学の復習である。どうして同じ哺乳類でありながら胎盤のない種類がいるのか。これは動物学では考えないことにしている問題である。それは専門を決めた学者にとっては、用心しなければならない穽《おとしあな》である。それに動物学の中でもこれに似た奇妙な例はいくらでも挙げられる。そして人間だけには、理解しにくいような奇妙な器官がないなどと思ってはならない。

鳥類は卵を産み、それを放っておけば孵化《ふか》しない。それを抱きあたためるために、鳥には抱卵斑《ほうらんはん》というものがある。そこには綿毛や脂肪がなくて血管が集まり、卵をあたためるのに都合がいいように皮膚の温度が高くなっている。

その他、自分の子供を育てるために、また敵から子供を守るために、どれほどの配慮が行われているか、それらの書かれている動物の本は興味を持たれ、感動を与える。

親は自分の少年少女時代の感動を蘇《よみがえ》らせて、ある機会にそれらの話を子供に聞かせ、動物の生活を書いた本を読ませる。人間はこうして教育の材料を見付け出すのが巧みである。それに効果も期待できる。

しかし ア お膳立てのでき過ぎた与え方は効果が薄れ、時には逆の効果の現われる虞《おそ》れもある。

それよりも、子供はある機会に、動物の生活の一部分に出会うことが必ずあると信じよう。その時には余計な口出しをしてはならない。たとい、いきなり残酷に見える行動に出ても、それも黙って見ている忍耐を養っておかなければならない。自分が産み、自分が育てている子供のことは、自分以上に知っている者はいないという自信は必要だが、自信は思い之不《ルヲ》一レ為《サ》、患《フト》二人之不《ルヲ》一レ能《ハ》。
何《ヲカ》謂《フ》下不《シテ》レ患《ヘ》二人之不《ルヲ》一レ能《ハ》而患《フト》中己之不《ルヲ》上レ勉《メ》。先王之法、所二以待一レ人者尽矣。自《リハ》レ非《ザル》二下愚《ニシテ》不《ル》レ可《カラ》レ移《ル》之才一、未《ダ》《ル》レ有《ラ》二不《ル》レ能《ハ》レ赴《ク》者一也。然《リ》而《シテ》不《レバ》下謀《ルニ》レ之《ヲ》以《テ》二至誠惻《そく》怛《だつ》之心《ヲ》一力行《シテ》而先《ンゼ》上レ之《ニ》、未《ダ》《ル》レ有《ラ》下能《ク》以《テ》二至誠惻怛之心《ヲ》一力行《シテ》而応《ズル》レ之《ニ》者上也。故《ニ》曰《ハク》、不《シテ》レ患《ヘ》二人之不《ルヲ》一レ能《ハ》而患《フト》二己之不《ルヲ》一レ勉《メ》。

（『新刻臨川王介甫先生文集』による）

〔注〕○先王――古代の帝王。
○下愚不レ可レ移之才――『論語』陽貨篇に「上知と下愚とは移らず（きわめて賢明な者ときわめて愚かな者は、何によっても変わらない）」とあるのにもとづく。
○惻怛――あわれむ、同情する。

設　問

㈠　傍線部a・b・cの意味を現代語で記せ。

㈡　「孰肯舎二其所一レ願得而不二自勉以為一レ才」（傍線部d）とは、誰がどうするはずだということか、わかりやすく説明せよ。（解答欄：一三・五センチ×一・五行）

㈢　「所二以待一レ人者尽矣」（傍線部e）を平易な現代語に訳せ。

㈣　「不下謀レ之以二至誠惻怛之心一力行而先上レ之、未レ有下能以二至誠惻怛之心一力行而応レ之者上也」（傍線部f）とは、誰がどうすべきだということか、わかりやすく説明せよ。（解答欄：一三・五センチ×一・五行）

○丸鞘――丸く削った鞘。

設問

㈠　傍線部ア・イ・エを現代語訳せよ。

㈡　「わが文ながらうちも置かれず」（傍線部ウ）とあるが、どうして自分が出した手紙なのに捨て置けないのか、説明せよ。

（解答欄：一三・五センチ×一行）

㈢　「さやうの心」（傍線部オ）とは、何を指しているか、説明せよ。

（解答欄：一三・五センチ×一行）

㈣　「わがつまならぬつまな重ねそ」（傍線部カ）とはどういうことか、掛詞に注意して女房の立場から説明せよ。

（解答欄：一三・五センチ×一行）

㈤　「人目ばかりを憚り候ふものぞ」（傍線部キ）とあるが、公義は女房の言葉をどう解釈しているか、説明せよ。

（解答欄：一三・五センチ×一行）

三

次の文章は、宋の王安石が人材登用などについて皇帝に進言した上書の一節である。これを読んで、後の設問に答えよ。ただし、設問の都合で送り仮名を省いたところがある。

先王之為《をさムルヤ》二天下《ヲ》一、不レ患《シテヘ》二人之不《ルヲ》レ為《なサ》而患《ヘ》二人之不《ルヲ》レ能《ハ》、不レ患《シテヘ》二人之不《ルヲ》レ能《ハ》而 a 患《フ》二己之不《ルヲ》レ勉《メ》。何《ヲカ》謂《フ》下不レ患《シテヘ》二人之不《ルヲ》レ為《サ》而患《フト》中人之不《ルヲ》上レ能《ハ》。人之情《ノ》所《ノ》レ願《フ》レ得《ルヲ》者《ハ》、善行・美名・b 尊爵・厚利也。而《シテ》先王能《ク》操《とリ》レ之《ヲ》以《テ》臨《ム》二天下之士《ニ》一。天下之士、有《レバ》二能《ク》遵《したがヒテ》レ之《ニ》以《テ》治《ムル》者一、則《チ》悉《ク》以《テ》二其《ノ》所《ノ》レ願《フ》レ得《ルヲ》者《ヲ》一以《テ》与《フ》レ之《ニ》。士不《レバ》レ能《ハ》則《チ》c 已《ム》矣。苟《シクモ》能《クスレバ》、則《チ》d 孰《たれカ》肯《ヘテ》舍《すテテ》二其《ノ》所《ヲ》レ願《フ》レ得《ルヲ》而不《ランヤ》二自《ラ》勉《メテ》以《テ》為《ラ》レ才《ト》。故《ニ》曰《ハク》、不レ患《ヘ》二人やれども取つても見ず、けしからぬ程に気色《けしき》つれなき女房のありけるをば、いかがすべき」とうち笑ひければ、公義「人皆岩木《いはき》ならねば、いかなる女房も、慕ふに靡《なび》かぬ者や候ふべき。今一度御文を遣はされて御覧候へ」とて、師直に代はつて文を書きけるが、イなかなか言葉はなくて、

　返すさへ手や触れけんと思ふにぞウわが文ながらうちも置かれず

押し返して、仲立ちこの文を持ちて行きたるに、女房いかが思ひけん、歌を見て顔うちあかめ、袖に入れて立ちけるを、仲立ちさてはエたよりあしからずと、袖をひかへて、「さて御返事はいかに」と申しければ、「重きが上の小夜衣《さよごろも》」とばかり言ひ捨てて、内へ紛れ入りぬ。暫《しばら》くあれば、使ひ急ぎ帰つて、「かくこそ候ひつれ」と語るに、師直うれしげにうち案じて、やがて薬師寺をよび寄せ、「この女房の返事に、『重きが上の小夜衣』と言ひ捨てて立たれけると仲立ちの申すは、衣・小袖をととのへて送れとにや。その事ならば、いかなる装束なりとも仕立てんずるに、いと安かるべし。これは何と言ふ心ぞ」と問はれければ、公義「いやこれはオさやうの心にては候はず、新古今の十戒《じつかい》の歌に、

　さなきだに重きが上のキ小夜衣カわがつまならぬつまな重ねそ

と言ふ歌の心を以つて、人目ばかりを憚《はばか》り候ふものぞとこそ覚えて候へ」と歌の心を釈しければ、師直大きに悦《よろこ》んで、「ああ御辺《ごへん》は弓箭《ゆみや》の道のみならず、歌道にさへ無双の達者なりけり。いで引出物せん」とて、金作《こがねづく》りの丸鞘《まるざや》の太刀《たち》一振り、手づから取り出だして薬師寺にこそ引かれけれ。兼好が不祥、公義が高運、栄枯一時に地をかへたり。

〔注〕○兼好――兼好法師。『徒然草』の作者。
○紅葉襲の薄様――表は紅、裏は青の薄手の紙。
○薬師寺次郎左衛門公義――師直の家来で歌人。
○仲立ち――仲介役の侍従。
○小夜衣――着物の形をした寝具。普通の着物よりも大きく重い。
○十戒の歌――僧が守るべき十種の戒律について詠んだ歌。

㈡「『理論的虚構』という意味はまったく含まれていない」（傍線部イ）とはどういうことか、説明せよ。

（解答欄：一三・五センチ×二行）

㈢「『フランス革命』や『明治維新』が抽象的概念であり、それらが『知覚』ではなく、『思考』の対象であること」（傍線部ウ）とはどういうことか、説明せよ。

（解答欄：一三・五センチ×二行）

㈣「歴史的出来事の存在は『理論内在的』あるいは『物語り内在的』なのであり、フィクションといった誤解をあらかじめ防止しておくならば、それを『物語り的存在』と呼ぶこともできます」（傍線部エ）とあるが、「歴史的出来事の存在」はなぜ「物語り的存在」といえるのか、本文全体の論旨を踏まえた上で、一〇〇字以上一二〇字以内で説明せよ（句読点も一字と数える）。

㈤傍線a・b・cのカタカナに相当する漢字を楷書で書け。

a　フタ　　b　リンセツ　　c　コショウ

二

次の文章は『太平記』の一節である。美しい女房の評判を聞いた武蔵守高師直《こうのもろなお》は、侍従の局《つぼね》に仲立ちを依頼したが、すでに人妻となっている女房は困惑するばかりであった。これを読んで、後の設問に答えよ。

侍従帰りて、「かくこそ」と語りければ、武蔵守いと心を空に成して、「たび重ならば情けに弱ることもこそあれ、文をやりてみばや」とて、兼好と言ひける能書の遁世者をよび寄せて、紅葉襲《もみぢがさね》の薄様《うすやう》の、取る手も燻《く》ゆるばかりに焦がれたるに、言葉を尽くしてぞ聞こえける。返事遅しと待つところに、使ひ帰り来て、「御文をば手に取りながら、[ア]あけてだに見たまはず、庭に捨てられたるを、人目にかけじと、懐《ふところ》に入れ帰りまゐつて候ひぬる」と語りければ、師直大きに気を損じて、「いやいや物の用に立たぬものは手書きなりけり。今日よりその兼好法師、これへ寄すべからず」とぞ怒りける。

かかるところに薬師寺次郎左衛門公義《きんよし》、所用の事有りて、ふとさし出でたり。師直かたはらへ招いて、「ここに、文をトワークに支えられています。このネットワークから独立に「前九年の役」を同定することはできません。それは物語りを超越した理想的年代記作者、すなわち「神の視点」を要請することにほかならないからです。だいいち「前九年の役」というcコショウそのものが、すでに一定の「物語り」のコンテクストを前提としています。つまり「前九年の役」という歴史的出来事はいわば「物語り負荷的」な存在なのであり、その存在性格は認識論的に見れば、素粒子や赤道などの「理論的存在」と異なるところはありません。言い換えれば、エ歴史的出来事の存在は「理論内在的」あるいは「物語り内在的」なのであり、フィクションといった誤解をあらかじめ防止しておくならば、それを「物語り的存在」と呼ぶこともできます。

（野家啓一『歴史を哲学する——七日間の集中講義』による）

〔注〕○霧箱——水やアルコールの蒸気で過飽和の気体の中を荷電粒子が通過するとき、進路に沿って発生する霧滴によって、粒子の飛跡を観測する装置。
○泡箱——沸点以上に加熱された液体の中を荷電粒子が通過するとき、進路に沿って発生する微小な気泡によって、粒子の飛跡を観測する装置。
○サイクロトロン——荷電粒子を加速する円形の装置。原子核の人工破壊や放射性同位体の製造に利用する。
○ポパー——Karl Raimund Popper（一九〇二～一九九四）。イギリスの哲学者。
○六分儀——天体などの目標物の高度や角度を計測する器具。外洋を航行するとき現在地を知るためなどに用いる。
○安倍貞任——平安時代中期の武将（？～一〇六二）。
○『陸奥話記』——平安時代後期に書かれた軍記。

設問

㈠「その痕跡が素粒子の『実在』を示す証拠であることを保証しているのは、量子力学を基盤とする現代の物理学理論にほかなりません」（傍線部ア）とはどういうことか、説明せよ。

（解答欄：一三・五センチ×二行）

それらは理論的構成体なのである（ある人々には奇妙に聞こえようが、「戦争」や「軍隊」ですら抽象的概念である。具体的なものは、殺される多くの人々であり、あるいは制服を着た男女等々である）」と述べています。同じことは、当然ながら歴史学にも当てはまります。歴史記述の対象は「もの」ではなく「こと」、すなわち個々の「事物」ではなく、関係の糸で結ばれた「事件」や「出来事」だからです。「戦争」や「軍隊」と同様に、ウ「フランス革命」や「明治維新」が抽象的概念であり、それらが「知覚」ではなく、「思考」の対象であることは、さほど抵抗なく納得していただけるのではないかと思います。

「理論的存在」と言っても、ミクロ物理学と歴史学とでは分野が少々かけ離れすぎておりますので、もっと身近なところ、歴史学のbリンセツ分野である地理学から例をとりましょう。われわれは富士山や地中海をもちろん目で見ることができますが、同じ地球上に存在するものでも、「赤道」や「日付変更線」を見ることはできません。確かに地図の上には赤い線が引いてありますが、太平洋を航行する船の上からも赤道を知覚的に捉えることは不可能です。しかし、船や飛行機で赤道や日付変更線を「通過」することは可能ですから、その意味ではそれらは確かに地球上に「実在」しています。その「通過」を、われわれは目ではなく六分儀などの「計器」によって確認します。計器による計測を支えているのは、地理学や天文学の「理論」にほかなりません。ですから赤道や日付変更線は、直接に知覚することはできませんが、地理学の理論によってその「実在」を保証された「理論的存在」と言うことができます。この「理論」を「物語り」と呼び換えるならば、われわれは歴史的出来事の存在論へと一歩足を踏み入れることになります。

具体的な例を挙げましょう。仙台から平泉へ向かう国道四号線の近くに「衣川の古戦場」があります。ご承知のように、前九年の役や後三年の役の戦場となった場所です。僕も行ったことがありますが、現在目に見えるのは草や樹木の生い茂った何もないただの野原にすぎません。しかし、この場所で行われた安倍貞任《あべのさだとう》と源義家の戦いがかつて「実在」したことをわれわれは疑いません。その確信は、言うまでもなく『陸奥話記《むつわき》』や『古今著聞集《ここんちょもんじゅう》』をはじめとする文書史料の記述や『前九年合戦絵巻』などの絵画資料、あるいは武具や人骨などの発掘物に関する調査など、すなわち「物語り」のネッことを保証しているのは、量子力学を基盤とする現代の物理学理論にほかなりません。その意味では、素粒子の「実在」の意味は直接的な観察によってではなく、間接的証拠を支えている物理学理論によって与えられていると言うことができます。逆に、物理学理論の支えと実験的証拠の裏づけなしに物理学者が「雷子」なる新粒子の存在を主張したとしても、それが実在するとは誰も考えませんし、だいいち根拠が明示されなければ検証や反証のしようがありません。ですから、素粒子が「実在」することは背景となる物理学理論のネットワークと不即不離なのであり、それらから独立に存在主張を行うことは意味をなしません。

科学哲学では、このように直接的に観察できない対象のことを「理論的存在（theoretical entity）」ないしは「理論的構成体（theoretical construct）」と呼んでいます。むろん理論的存在と言っても、「理論的虚構」という意味はまったく含まれていないことに注意してください。それは知覚的に観察できないというだけで、れっきとした「存在」であり、少なくとも現在のところ素粒子のような理論的存在の実在性を疑う人はおりません。しかし、その「実在」を確かめるためには、サイクロトロンを始めとする巨大な実験装置と一連の理論的手続きが要求されます。ですから、見聞臭触によって知覚的に観察可能なものだけが「実在」するという狭隘《きょうあい》な実証主義は捨て去らねばなりませんが、他方でその「実在」の意味は理論的「探究」の手続きと表裏一体のものであることにも留意せねばなりません。

以上の話から、物理学に見られるような理論的「探究」の手続きが、「物理的事実」のみならず「歴史的事実」を確定するためにも不可欠であることにお気づきになったと思います。そもそも「歴史（history）」の原義が「探究」であったことを思い出してください。歴史的事実は過去のものであり、もはや知覚的に見たり聞いたりすることはできませんので、その「実在」を主張するためには、直接間接の証拠が必要とされます。また、歴史学においては史料批判や年代測定など一連の理論的手続きが要求されることもご存じのとおりです。その意味で、歴史的事実を一種の「理論的存在」として特徴づけることは、抵抗感はあるでしょうが、それほど乱暴な議論ではありません。

実際ポパーは、『歴史主義の貧困』の中で「社会科学の大部分の対象は、すべてではないにせよ、抽象的対象であり、

国語

（一五〇分）

（注）　解答は、一行の枠内に二行以上書いてはいけない。

一

次の文章を読んで、後の設問に答えよ。

余りに単純で身も[a]フタもない話ですが、過去は知覚的に見ることも、聞くことも、触ることもできず、ただ想起することができるだけです。その体験的過去における「想起」に当たるものが、歴史的過去においては「物語り行為」であるというのが僕の主張にほかなりません。つまり、過去は知覚できないがゆえに、その「実在」を確証するためには、想起や物語り行為をもとにした「探究」の手続き、すなわち発掘や史料批判といった作業が不可欠なのです。

そこで、過去と同様に知覚できないにも拘《かかわ》らず、われわれがその「実在」を確信して疑わないものを取り上げましょう。それはミクロ物理学の対象、すなわち素粒子です。電子や陽子や中性子を見たり、触ったりすることはどんなに優秀な物理学者にもできません。素粒子には質量やエネルギーやスピンはありますが、色も形も味も匂いもないからです。われわれが見ることができるのは、霧箱や泡箱によって捉えられた素粒子の飛跡にすぎません。それらは荷電粒子が通過してできた水滴や泡、すなわちミクロな粒子の運動のマクロな「痕跡」です。[ア]その痕跡が素粒子の「実在」を示す証拠である

・memo・

· memo ·

/////////////////// · memo · ///////////////////

教学社 刊行一覧

2025年版 大学赤本シリーズ

374大学556点
全都道府県を網羅

国公立大学（都道府県順）

全国の書店で取り扱っています。店頭にない場合は，お取り寄せができます。

1 北海道大学（文系－前期日程）
2 北海道大学（理系－前期日程） 医
3 北海道大学（後期日程）
4 旭川医科大学（医学部〈医学科〉） 医
5 小樽商科大学
6 帯広畜産大学
7 北海道教育大学
8 室蘭工業大学／北見工業大学
9 釧路公立大学
10 公立千歳科学技術大学
11 公立はこだて未来大学 総推
12 札幌医科大学（医学部） 医
13 弘前大学 医
14 岩手大学
15 岩手県立大学・盛岡短期大学部・宮古短期大学部
16 東北大学（文系－前期日程）
17 東北大学（理系－前期日程） 医
18 東北大学（後期日程）
19 宮城教育大学
20 宮城大学
21 秋田大学 医
22 秋田県立大学
23 国際教養大学 総推
24 山形大学 医
25 福島大学
26 会津大学
27 福島県立医科大学（医・保健科学部） 医
28 茨城大学（文系）
29 茨城大学（理系）
30 筑波大学（推薦入試） 医 総推
31 筑波大学（文系－前期日程）
32 筑波大学（理系－前期日程） 医
33 筑波大学（後期日程）
34 宇都宮大学
35 群馬大学 医
36 群馬県立女子大学
37 高崎経済大学
38 前橋工科大学
39 埼玉大学（文系）
40 埼玉大学（理系）
41 千葉大学（文系－前期日程）
42 千葉大学（理系－前期日程） 医
43 千葉大学（後期日程） 医
44 東京大学（文科） DL
45 東京大学（理科） DL 医
46 お茶の水女子大学
47 電気通信大学
48 東京外国語大学 DL
49 東京海洋大学
50 東京科学大学（旧 東京工業大学）
51 東京科学大学（旧 東京医科歯科大学） 医
52 東京学芸大学
53 東京藝術大学
54 東京農工大学
55 一橋大学（前期日程）
56 一橋大学（後期日程）
57 東京都立大学（文系）
58 東京都立大学（理系）
59 横浜国立大学（文系）
60 横浜国立大学（理系）
61 横浜市立大学（国際教養・国際商・理・データサイエンス・医〈看護〉学部）
62 横浜市立大学（医学部〈医学科〉） 医
63 新潟大学（人文・教育〈文系〉・法・経済科・医〈看護〉・創生学部）
64 新潟大学（教育〈理系〉・理・医〈看護を除く〉・歯・工・農学部） 医
65 新潟県立大学
66 富山大学（文系）
67 富山大学（理系） 医
68 富山県立大学
69 金沢大学（文系）
70 金沢大学（理系） 医
71 福井大学（教育・医〈看護〉・工・国際地域学部）
72 福井大学（医学部〈医学科〉） 医
73 福井県立大学
74 山梨大学（教育・医〈看護〉・工・生命環境学部）
75 山梨大学（医学部〈医学科〉） 医
76 都留文科大学
77 信州大学（文系－前期日程）
78 信州大学（理系－前期日程） 医
79 信州大学（後期日程）
80 公立諏訪東京理科大学 総推
81 岐阜大学（前期日程） 医
82 岐阜大学（後期日程）
83 岐阜薬科大学
84 静岡大学（前期日程）
85 静岡大学（後期日程）
86 浜松医科大学（医学部〈医学科〉） 医
87 静岡県立大学
88 静岡文化芸術大学
89 名古屋大学（文系）
90 名古屋大学（理系） 医
91 愛知教育大学
92 名古屋工業大学
93 愛知県立大学
94 名古屋市立大学（経済・人文社会・芸術工・看護・総合生命理・データサイエンス学部）
95 名古屋市立大学（医学部〈医学科〉） 医
96 名古屋市立大学（薬学部）
97 三重大学（人文・教育・医〈看護〉学部）
98 三重大学（医〈医〉・工・生物資源学部） 医
99 滋賀大学
100 滋賀医科大学（医学部〈医学科〉） 医
101 滋賀県立大学
102 京都大学（文系）
103 京都大学（理系） 医
104 京都教育大学
105 京都工芸繊維大学
106 京都府立大学
107 京都府立医科大学（医学部〈医学科〉） 医
108 大阪大学（文系） DL
109 大阪大学（理系） 医
110 大阪教育大学
111 大阪公立大学（現代システム科学域〈文系〉・文・法・経済・商・看護・生活科〈居住環境・人間福祉〉学部－前期日程）
112 大阪公立大学（現代システム科学域〈理系〉・理・工・農・獣医・医・生活科〈食栄養〉学部－前期日程） 医
113 大阪公立大学（中期日程）
114 大阪公立大学（後期日程）
115 神戸大学（文系－前期日程）
116 神戸大学（理系－前期日程） 医
117 神戸大学（後期日程）
118 神戸市外国語大学 DL
119 兵庫県立大学（国際商経・社会情報科・看護学部）
120 兵庫県立大学（工・理・環境人間学部）
121 奈良教育大学／奈良県立大学
122 奈良女子大学
123 奈良県立医科大学（医学部〈医学科〉） 医
124 和歌山大学
125 和歌山県立医科大学（医・薬学部） 医
126 鳥取大学 医
127 公立鳥取環境大学
128 島根大学 医
129 岡山大学（文系）
130 岡山大学（理系） 医
131 岡山県立大学
132 広島大学（文系－前期日程）
133 広島大学（理系－前期日程） 医
134 広島大学（後期日程）
135 尾道市立大学 総推
136 県立広島大学
137 広島市立大学
138 福山市立大学 総推
139 山口大学（人文・教育〈文系〉・経済・医〈看護〉・国際総合科学部）
140 山口大学（教育〈理系〉・理・医〈看護を除く〉・工・農・共同獣医学部） 医
141 山陽小野田市立山口東京理科大学 総推
142 下関市立大学／山口県立大学
143 周南公立大学 新 総推
144 徳島大学 医
145 香川大学 医
146 愛媛大学 医
147 高知大学 医
148 高知工科大学
149 九州大学（文系－前期日程）
150 九州大学（理系－前期日程） 医
151 九州大学（後期日程）
152 九州工業大学
153 福岡教育大学
154 北九州市立大学
155 九州歯科大学
156 福岡県立大学／福岡女子大学
157 佐賀大学 医
158 長崎大学（多文化社会・教育〈文系〉・経済・医〈保健〉・環境科〈文系〉学部）
159 長崎大学（教育〈理系〉・医〈医〉・歯・薬・情報データ科・工・環境科〈理系〉・水産学部） 医
160 長崎県立大学 総推
161 熊本大学（文・教育・法・医〈看護〉学部・情報融合学環〈文系型〉）
162 熊本大学（理・医〈看護を除く〉・薬・工学部・情報融合学環〈理系型〉） 医
163 熊本県立大学
164 大分大学（教育・経済・医〈看護〉・理工・福祉健康科学部）
165 大分大学（医学部〈医・先進医療科学科〉） 医
166 宮崎大学（教育・医〈看護〉・工・農・地域資源創成学部）
167 宮崎大学（医学部〈医学科〉） 医
168 鹿児島大学（文系）
169 鹿児島大学（理系） 医
170 琉球大学 医

2025年版　大学赤本シリーズ

国公立大学 その他

171 〔国公立大〕医学部医学科 総合型選抜・学校推薦型選抜※ 医 総推
172 看護・医療系大学〈国公立 東日本〉※
173 看護・医療系大学〈国公立 中日本〉※
174 看護・医療系大学〈国公立 西日本〉※
175 海上保安大学校／気象大学校
176 航空保安大学校
177 国立看護大学校
178 防衛大学校 総推
179 防衛医科大学校(医学科) 医
180 防衛医科大学校(看護学科)

※No.171～174の収載大学は赤本ウェブサイト(http://akahon.net/)でご確認ください。

私立大学①

北海道の大学(50音順)

201 札幌大学
202 札幌学院大学
203 北星学園大学
204 北海学園大学
205 北海道医療大学
206 北海道科学大学
207 北海道武蔵女子大学・短期大学
208 酪農学園大学(獣医学群〈獣医学類〉)

東北の大学(50音順)

209 岩手医科大学(医・歯・薬学部) 医
210 仙台大学 総推
211 東北医科薬科大学(医・薬学部) 医
212 東北学院大学
213 東北工業大学
214 東北福祉大学
215 宮城学院女子大学 総推

関東の大学(50音順)

あ行(関東の大学)

216 青山学院大学(法・国際政治経済学部－個別学部日程)
217 青山学院大学(経済学部－個別学部日程)
218 青山学院大学(経営学部－個別学部日程)
219 青山学院大学(文・教育人間科学部－個別学部日程)
220 青山学院大学(総合文化政策・社会情報・地球社会共生・コミュニティ人間科学部－個別学部日程)
221 青山学院大学(理工学部－個別学部日程)
222 青山学院大学(全学部日程)
223 麻布大学(獣医、生命・環境科学部)
224 亜細亜大学
226 桜美林大学
227 大妻女子大学・短期大学部

か行(関東の大学)

228 学習院大学(法学部－コア試験)
229 学習院大学(経済学部－コア試験)
230 学習院大学(文学部－コア試験)
231 学習院大学(国際社会科学部－コア試験)
232 学習院大学(理学部－コア試験)
233 学習院女子大学
234 神奈川大学(給費生試験)
235 神奈川大学(一般入試)
236 神奈川工科大学
237 鎌倉女子大学・短期大学部
238 川村学園女子大学
239 神田外語大学
240 関東学院大学
241 北里大学(理学部)
242 北里大学(医学部) 医
243 北里大学(薬学部)
244 北里大学(看護・医療衛生学部)
245 北里大学(未来工・獣医・海洋生命科学部)
246 共立女子大学・短期大学
247 杏林大学(医学部) 医
248 杏林大学(保健学部)
249 群馬医療福祉大学・短期大学部
250 群馬パース大学 総推
251 慶應義塾大学(法学部)
252 慶應義塾大学(経済学部)
253 慶應義塾大学(商学部)
254 慶應義塾大学(文学部) 総推
255 慶應義塾大学(総合政策学部)
256 慶應義塾大学(環境情報学部)
257 慶應義塾大学(理工学部)
258 慶應義塾大学(医学部) 医
259 慶應義塾大学(薬学部)
260 慶應義塾大学(看護医療学部)
261 工学院大学
262 國學院大學
263 国際医療福祉大学 医
264 国際基督教大学
265 国士舘大学
266 駒澤大学(一般選抜T方式・S方式)
267 駒澤大学(全学部統一日程選抜)

さ行(関東の大学)

268 埼玉医科大学(医学部) 医
269 相模女子大学・短期大学部
270 産業能率大学
271 自治医科大学(医学部) 医
272 自治医科大学(看護学部)／東京慈恵会医科大学(医学部〈看護学科〉)
273 実践女子大学 総推
274 芝浦工業大学(前期日程)
275 芝浦工業大学(全学統一日程・後期日程)
276 十文字学園女子大学
277 淑徳大学
278 順天堂大学(医学部) 医
279 順天堂大学(スポーツ健康科・医療看護・保健看護・国際教養・保健医療・医療科・健康データサイエンス・薬学部) 総推
280 上智大学(神・文・総合人間科学部)
281 上智大学(法・経済学部)
282 上智大学(外国語・総合グローバル学部)
283 上智大学(理工学部)
284 上智大学(TEAPスコア利用方式)
285 湘南工科大学
286 昭和大学(医学部) 医
287 昭和大学(歯・薬・保健医療学部)
288 昭和女子大学
289 昭和薬科大学
290 女子栄養大学・短期大学部 総推
291 白百合女子大学
292 成蹊大学(法学部－A方式)
293 成蹊大学(経済・経営学部－A方式)
294 成蹊大学(文学部－A方式)
295 成蹊大学(理工学部－A方式)
296 成蹊大学(E方式・G方式・P方式)
297 成城大学(経済・社会イノベーション学部－A方式)
298 成城大学(文芸・法学部－A方式)
299 成城大学(S方式〈全学部統一選抜〉)
300 聖心女子大学
301 清泉女子大学
303 聖マリアンナ医科大学 医
304 聖路加国際大学(看護学部)
305 専修大学(スカラシップ・全国入試)
306 専修大学(前期入試〈学部個別入試〉)
307 専修大学(前期入試〈全学部入試・スカラシップ入試〉)

た行(関東の大学)

308 大正大学
309 大東文化大学
310 高崎健康福祉大学
311 拓殖大学
312 玉川大学
313 多摩美術大学
314 千葉工業大学
315 中央大学(法学部－学部別選抜)
316 中央大学(経済学部－学部別選抜)
317 中央大学(商学部－学部別選抜)
318 中央大学(文学部－学部別選抜)
319 中央大学(総合政策学部－学部別選抜)
320 中央大学(国際経営・国際情報学部－学部別選抜)
321 中央大学(理工学部－学部別選抜)
322 中央大学(5学部共通選抜)
323 中央学院大学
324 津田塾大学
325 帝京大学(薬・経済・法・文・外国語・教育・理工・医療技術・福岡医療技術学部)
326 帝京大学(医学部) 医
327 帝京科学大学 総推
328 帝京平成大学 総推
329 東海大学(医〈医〉学部を除く－一般選抜)
330 東海大学(文系・理系学部統一選抜)
331 東海大学(医学部〈医学科〉) 医
332 東京医科大学(医学部〈医学科〉) 医
333 東京家政大学・短期大学部 総推
334 東京経済大学
335 東京工科大学
336 東京工芸大学
337 東京国際大学
338 東京歯科大学
339 東京慈恵会医科大学(医学部〈医学科〉) 医
340 東京情報大学
341 東京女子大学
342 東京女子医科大学(医学部) 医
343 東京電機大学
344 東京都市大学
345 東京農業大学
346 東京薬科大学(薬学部) 総推
347 東京薬科大学(生命科学部) 総推
348 東京理科大学(理学部〈第一部〉－B方式)
349 東京理科大学(創域理工学部－B方式・S方式)
350 東京理科大学(工学部－B方式)
351 東京理科大学(先進工学部－B方式)
352 東京理科大学(薬学部－B方式)
353 東京理科大学(経営学部－B方式)
354 東京理科大学(C方式、グローバル方式、理学部〈第二部〉－B方式)
355 東邦大学(医学部) 医
356 東邦大学(薬学部)

2025年版　大学赤本シリーズ

私立大学②

357 東邦大学(理・看護・健康科学部)
358 東洋大学(文・経済・経営・法・社会・国際・国際観光学部)
359 東洋大学(情報連携・福祉社会デザイン・健康スポーツ科・理工・総合情報・生命科・食環境科学部)
360 東洋大学(英語〈3日程×3カ年〉)
361 東洋大学(国語〈3日程×3カ年〉)
362 東洋大学(日本史・世界史〈2日程×3カ年〉)
363 東洋英和女学院大学
364 常磐大学・短期大学 総推
365 獨協大学
366 獨協医科大学(医学部) 医

な行(関東の大学)

367 二松学舎大学
368 日本大学(法学部)
369 日本大学(経済学部)
370 日本大学(商学部)
371 日本大学(文理学部〈文系〉)
372 日本大学(文理学部〈理系〉)
373 日本大学(芸術学部〈専門試験併用型〉)
374 日本大学(国際関係学部)
375 日本大学(危機管理・スポーツ科学部)
376 日本大学(理工学部)
377 日本大学(生産工・工学部)
378 日本大学(生物資源科学部)
379 日本大学(医学部) 医
380 日本大学(歯・松戸歯学部)
381 日本大学(薬学部)
382 日本大学(N全学統一方式－医・芸術〈専門試験併用型〉学部を除く)
383 日本医科大学 医
384 日本工業大学
385 日本歯科大学
386 日本社会事業大学 総推
387 日本獣医生命科学大学
388 日本女子大学
389 日本体育大学

は行(関東の大学)

390 白鷗大学(学業特待選抜・一般選抜)
391 フェリス女学院大学
392 文教大学
393 法政大学(法〈Ⅰ日程〉・文〈Ⅱ日程〉・経営〈Ⅱ日程〉学部－A方式)
394 法政大学(法〈Ⅱ日程〉・国際文化・キャリアデザイン学部－A方式)
395 法政大学(文〈Ⅰ日程〉・経営〈Ⅰ日程〉・人間環境・グローバル教養学部－A方式)
396 法政大学(経済〈Ⅰ日程〉・社会〈Ⅰ日程〉・現代福祉学部－A方式)
397 法政大学(経済〈Ⅱ日程〉・社会〈Ⅱ日程〉・スポーツ健康学部－A方式)
398 法政大学(情報科・デザイン工・理工・生命科学部－A方式)
399 法政大学(T日程〈統一日程〉・英語外部試験利用入試)
400 星薬科大学 総推

ま行(関東の大学)

401 武蔵大学
402 武蔵野大学
403 武蔵野美術大学
404 明海大学
405 明治大学(法学部－学部別入試)
406 明治大学(政治経済学部－学部別入試)
407 明治大学(商学部－学部別入試)
408 明治大学(経営学部－学部別入試)
409 明治大学(文学部－学部別入試)
410 明治大学(国際日本学部－学部別入試)
411 明治大学(情報コミュニケーション学部－学部別入試)
412 明治大学(理工学部－学部別入試)
413 明治大学(総合数理学部－学部別入試)
414 明治大学(農学部－学部別入試)
415 明治大学(全学部統一入試)
416 明治学院大学(A日程)
417 明治学院大学(全学部日程)
418 明治薬科大学 総推
419 明星大学
420 目白大学・短期大学部

ら・わ行(関東の大学)

421 立教大学(文系学部－一般入試〈大学独自の英語を課さない日程〉)
422 立教大学(国語〈3日程×3カ年〉)
423 立教大学(日本史・世界史〈2日程×3カ年〉)
424 立教大学(文学部－一般入試〈大学独自の英語を課す日程〉)
425 立教大学(理学部－一般入試)
426 立正大学
427 早稲田大学(法学部)
428 早稲田大学(政治経済学部)
429 早稲田大学(商学部)
430 早稲田大学(社会科学部)
431 早稲田大学(文学部)
432 早稲田大学(文化構想学部)
433 早稲田大学(教育学部〈文科系〉)
434 早稲田大学(教育学部〈理科系〉)
435 早稲田大学(人間科・スポーツ科学部)
436 早稲田大学(国際教養学部)
437 早稲田大学(基幹理工・創造理工・先進理工学部)
438 和洋女子大学 総推

中部の大学(50音順)

439 愛知大学
440 愛知医科大学(医学部) 医
441 愛知学院大学・短期大学部
442 愛知工業大学 総推
443 愛知淑徳大学
444 朝日大学 総推
445 金沢医科大学(医学部) 医
446 金沢工業大学
447 岐阜聖徳学園大学 総推
448 金城学院大学
449 至学館大学 総推
450 静岡理工科大学
451 椙山女学園大学
452 大同大学
453 中京大学
454 中部大学
455 名古屋外国語大学 総推
456 名古屋学院大学 総推
457 名古屋学芸大学 総推
458 名古屋女子大学 総推
459 南山大学(外国語〈英米〉・法・総合政策・国際教養学部)
460 南山大学(人文・外国語〈英米を除く〉・経済・経営・理工学部)
461 新潟国際情報大学
462 日本福祉大学
463 福井工業大学
464 藤田医科大学(医学部) 医
465 藤田医科大学(医療科・保健衛生学部)
466 名城大学(法・経営・経済・外国語・人間・都市情報学部)
467 名城大学(情報工・理工・農・薬学部)
468 山梨学院大学

近畿の大学(50音順)

469 追手門学院大学 総推
470 大阪医科薬科大学(医学部) 医
471 大阪医科薬科大学(薬学部) 総推
472 大阪学院大学 総推
473 大阪経済大学 総推
474 大阪経済法科大学 総推
475 大阪工業大学 総推
476 大阪国際大学・短期大学部 総推
477 大阪産業大学 総推
478 大阪歯科大学(歯学部)
479 大阪商業大学 総推
480 大阪成蹊大学・短期大学 総推
481 大谷大学 総推
482 大手前大学・短期大学 総推
483 関西大学(文系)
484 関西大学(理系)
485 関西大学(英語〈3日程×3カ年〉)
486 関西大学(国語〈3日程×3カ年〉)
487 関西大学(日本史・世界史・文系数学〈3日程×3カ年〉)
488 関西医科大学(医学部) 医
489 関西医療大学 総推
490 関西外国語大学・短期大学部 総推
491 関西学院大学(文・法・商・人間福祉・総合政策学部－学部個別日程)
492 関西学院大学(神・社会・経済・国際・教育学部－学部個別日程)
493 関西学院大学(全学部日程〈文系型〉)
494 関西学院大学(全学部日程〈理系型〉)
495 関西学院大学(共通テスト併用日程〈数学〉・英数日程)
496 関西学院大学(英語〈3日程×3カ年〉) 新
497 関西学院大学(国語〈3日程×3カ年〉) 新
498 関西学院大学(日本史・世界史・文系数学〈3日程×3カ年〉) 新
499 畿央大学 総推
500 京都外国語大学・短期大学 総推
502 京都産業大学(公募推薦入試) 総推
503 京都産業大学(一般選抜入試〈前期日程〉)
504 京都女子大学 総推
505 京都先端科学大学 総推
506 京都橘大学 総推
507 京都ノートルダム女子大学 総推
508 京都薬科大学 総推
509 近畿大学・短期大学部(医学部を除く－推薦入試) 総推
510 近畿大学・短期大学部(医学部を除く－一般入試前期)
511 近畿大学(英語〈医学部を除く3日程×3カ年〉)
512 近畿大学(理系数学〈医学部を除く3日程×3カ年〉)
513 近畿大学(国語〈医学部を除く3日程×3カ年〉)
514 近畿大学(医学部－推薦入試・一般入試前期) 医 総推
515 近畿大学・短期大学部(一般入試後期) 医
516 皇學館大学 総推
517 甲南大学 総推
518 甲南女子大学(学校推薦型選抜) 新 総推
519 神戸学院大学 総推
520 神戸国際大学 総推
521 神戸女学院大学 総推
522 神戸女子大学・短期大学 総推
523 神戸薬科大学 総推
524 四天王寺大学・短期大学部 総推
525 摂南大学(公募制推薦入試) 総推
526 摂南大学(一般選抜前期日程)
527 帝塚山学院大学 総推
528 同志社大学(法、グローバル・コミュニケーション学部－学部個別日程)

いつも受験生のそばに ― 赤本

大学入試シリーズ＋α
入試対策も共通テスト対策も赤本で

入試対策

赤本プラス

赤本プラスとは，**過去問演習の効果を最大にする**ためのシリーズです。「赤本」であぶり出された弱点を，赤本プラスで克服しましょう。

大学入試 すぐわかる英文法 DL
大学入試 ひと目でわかる英文読解
大学入試 絶対できる英語リスニング DL
大学入試 すぐ書ける自由英作文
大学入試 ぐんぐん読める
英語長文〔BASIC〕 DL
大学入試 ぐんぐん読める
英語長文〔STANDARD〕 DL
大学入試 ぐんぐん読める
英語長文〔ADVANCED〕 DL
大学入試 正しく書ける英作文
大学入試 最短でマスターする
数学Ⅰ･Ⅱ･Ⅲ･A･B･C
大学入試 突破力を鍛える最難関の数学
大学入試 知らなきゃ解けない
古文常識･和歌
大学入試 ちゃんと身につく物理
大学入試 もっと身につく
物理問題集（①力学･波動）
大学入試 もっと身につく
物理問題集（②熱力学･電磁気･原子）

入試対策

英検®赤本シリーズ

英検®（実用英語技能検定）の対策書。
過去問集と参考書で万全の対策ができます。

▶**過去問集（2024年度版）**
英検®準1級過去問集 DL
英検®2級過去問集 DL
英検®準2級過去問集 DL
英検®3級過去問集 DL

▶**参考書**
竹岡の英検®準1級マスター DL
竹岡の英検®2級マスター CD DL
竹岡の英検®準2級マスター CD DL
竹岡の英検®3級マスター CD DL

CD リスニングCDつき　DL 音声無料配信
新 2024年新刊・改訂

入試対策

赤本プレミアム

赤本の教学社だからこそ作れた、
過去問ベストセレクション

東大数学プレミアム
東大現代文プレミアム
京大数学プレミアム〔改訂版〕
京大古典プレミアム

入試対策

赤本メディカルシリーズ

過去問を徹底的に研究し，独自の出題傾向をもつメディカル系の入試に役立つ内容を精選した実戦的なシリーズ。

〔国公立大〕医学部の英語〔3訂版〕
私立医大の英語〔長文読解編〕〔3訂版〕
私立医大の英語〔文法･語法編〕〔改訂版〕
医学部の実戦小論文〔3訂版〕
医歯薬系の英単語〔4訂版〕
医系小論文 最頻出論点20〔4訂版〕
医学部の面接〔4訂版〕

入試対策

体系シリーズ

国公立大二次・難関私大突破へ，自学自習に適したハイレベル問題集。

体系英語長文
体系英作文
体系現代文
体系世界史
体系物理〔第7版〕

入試対策

単行本

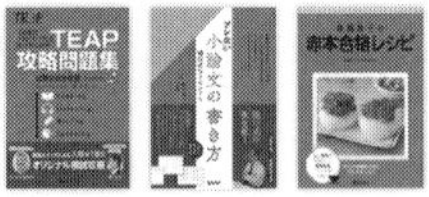

▶**英語**
Q&A即決英語勉強法
TEAP攻略問題集 CD
東大の英単語〔新装版〕
早慶上智の英単語〔改訂版〕

▶**国語・小論文**
著者に注目! 現代文問題集
ブレない小論文の書き方 樋口式ワークノート

▶**レシピ集**
奥薗壽子の赤本合格レシピ

入試対策　共通テスト対策

赤本手帳

赤本手帳（2025年度受験用）プラムレッド
赤本手帳（2025年度受験用）インディゴブルー
赤本手帳（2025年度受験用）ナチュラルホワイト

入試対策

風呂で覚えるシリーズ

水をはじく特殊な紙を使用。いつでもどこでも読めるから，ちょっとした時間を有効に使える！

風呂で覚える英単語〔4訂新装版〕
風呂で覚える英熟語〔改訂新装版〕
風呂で覚える古文単語〔改訂新装版〕
風呂で覚える古文文法〔改訂新装版〕
風呂で覚える漢文〔改訂新装版〕
風呂で覚える日本史〔年代〕〔改訂新装版〕
風呂で覚える世界史〔年代〕〔改訂新装版〕
風呂で覚える倫理〔改訂版〕
風呂で覚える百人一首〔改訂版〕

共通テスト対策

満点のコツシリーズ

共通テストで満点を狙うための実戦的参考書。
重要度の増したリスニング対策は
「カリスマ講師」竹岡広信が一回読みにも
対応できるコツを伝授！

共通テスト英語〔リスニング〕
満点のコツ〔改訂版〕 新 DL
共通テスト古文 満点のコツ〔改訂版〕 新
共通テスト漢文 満点のコツ〔改訂版〕 新

入試対策　共通テスト対策

赤本ポケットシリーズ

▶**共通テスト対策**
共通テスト日本史〔文化史〕

▶**系統別進路ガイド**
デザイン系学科をめざすあなたへ

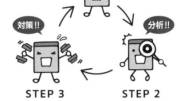

大学赤本シリーズ

別冊問題編

2025